자동채점 프로그램과 무료 동영상 강의 제공

iTQ 마스터종합서
한글 2022

한정수, IT연구회 지음

백발백중 2026
추천도서
전국컴퓨터교육협의회

★무료★
동영상
강의교재

[자료실]에서 제공
·스마트폰 수강가능·

1. 자동채점프로그램 답안작성프로그램 제공
2. 전 과정 무료 동영상 강의 제공
3. 학습자료 제공

BM (주)도서출판 성안당

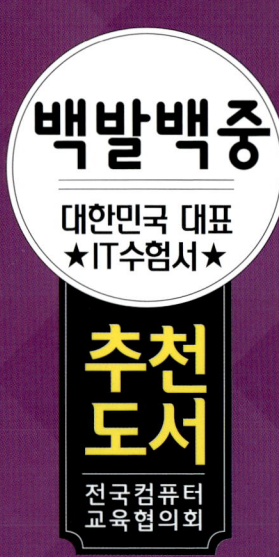

백발백중 | ITQ 마스터종합서
(한글 2022 + 엑셀 2021 + 파워포인트 2021 사용자용)

"자동채점프로그램, 무료 동영상 강의 제공"

iTQ 마스터종합서
한글2022+엑셀2021+파워포인트2021

한정수, 박윤정 지음 / 국배변형판 / 640쪽 / 34,000원

- ✓ 시험기준에 딱 맞춘 맞춤형 교재!
- ✓ 효율적으로 공부하고 확실히 합격할 수 있는 필수 교재!
- ✓ 고득점 합격을 보장하는 완성형 교재!

전국컴퓨터교육협의회 추천 도서!

1. 세 과목을 한 번에
ITQ 한글 2022, 엑셀 2021, 파워포인트 2021을 하나의 책으로 묶어 구성하였으며, 각 과목을 따로 분리하여 사용할 수 있게 제작하였습니다.

2. 전국컴퓨터교육협의회 추천도서
전국의 IT 교육을 책임지는 컴퓨터학원 모임인 전국컴퓨터교육협의회에서 도서의 내용과 구성 등에 참여하였고, 전국의 많은 컴퓨터학원에서 본 도서를 기본 교재로 추천하여 강의하고 있습니다.

3. 자동채점 프로그램 및 답안작성 프로그램([자료실]에서 다운로드)
자동채점 프로그램을 제공하여 틀린 부분을 집중적으로 학습·보완하여 성적을 향상시킬 수 있도록 하였으며, 답안작성 프로그램을 제공하여 실제 시험을 치르는 것처럼 프로그램을 사용하여 문제를 풀 수 있도록 하였습니다.

4. 무료 동영상 강의 제공([자료실]에서 다운로드)
무료 동영상 강의를 제공하여 쉽고 확실하게 시험을 준비할 수 있도록 하였습니다. 특히, 교재 본문에 QR코드를 표시하여 스마트폰으로도 학습할 수 있게 하였습니다.

5. A등급을 받기 위한 Tip
한국생산성본부에서 발표한 자주 틀리는 항목과 좋은 점수를 얻기 위한 Tip을 수록하여 A등급을 받을 수 있도록 하였습니다.

6. 따라하면서 배우는 기능(무료 동영상 강의 제공)
기출문제를 따라해 보면서 시험의 시작부터 마무리까지 진행 절차와 필요 기능을 학습할 수 있도록 하였습니다 ([자료실]에서 다운로드).

7. 기출유형 모의고사 10회(무료 동영상 강의 제공)
Part 1에서 익힌 시험에 나오는 기능을 토대로 시험에 출제되는 다양한 기능과 형태를 익혀 어떠한 문제가 출제되더라도 해결할 수 있도록 학습효과를 높였습니다.

8. 기출문제 10회(무료 동영상 강의 제공)
최신 기출문제를 풀어봄으로써 최근 출제경향을 파악하고 수검자의 실력을 확인할 수 있도록 하였습니다.

쇼핑몰 QR코드 ▶ 다양한 전문서적을 빠르고 신속하게 만나실 수 있습니다.

경기도 파주시 문발로 112 파주 출판 문화도시(제작 및 물류)   TEL. 031) 950-6300
서울시 마포구 양화로 127 첨단빌딩 3층(출판기획 R&D센터)   TEL. 02) 3142-0036

 (주)도서출판 성안당

자동채점 프로그램과 무료 동영상 강의 제공

ITQ 마스터종합서
한글 2022

한정수, IT연구회 지음

IT연구회
해당 분야의 IT 전문 컴퓨터학원과 전문가 선생님들이 최선의 책을 출간하고자 만든 집필/감수 전문연구회로서, 수년간의 강의 경험과 노하우를 수험생 여러분에게 전달하고자 최선을 다하고 있습니다. IT연구회에 참여를 원하시는 선생님이나 교육기관은 ccd770@hanmail.net으로 언제든지 연락주십시오. 좋은 교재를 만들기 위해 많은 선생님들의 참여를 부탁드립니다.

구경화_IT 전문강사	권경철_IT 전문강사	김선숙_IT 전문강사
김수현_IT 전문강사	김 숙_IT 전문강사	김시령_IT 전문강사
김현숙_IT 전문강사	남궁명주_IT 전문강사	노란주_IT 전문강사
류은순_IT 전문강사	민지희_IT 전문강사	문경순_IT 전문강사
박봉기_IT 전문강사	박상휘_IT 전문강사	박은주_IT 전문강사
문현철_IT 전문강사	백천식_IT 전문강사	변진숙_IT 전문강사
송기웅_IT 및 SW전문강사	송희원_IT 전문강사	신동수_IT 전문강사
신영진_신영진컴퓨터학원장	윤정아_IT 전문강사	이강용_IT 전문강사
이리라_IT 전문강사	이은미_IT 전문강사	임선자_IT 전문강사
장명희_IT 전문강사	장은경_ITQ 전문강사	장은주_IT 전문강사
전미정_IT 전문강사	조영식_IT 전문강사	조완희_IT 전문강사
조정례_IT 전문강사	차영란_IT 전문강사	최갑인_IT 전문강사
최은영_IT 전문강사	황선애_IT 전문강사	김건석_교육공학박사
김미애_강릉컴퓨터교육학원장	노일종_안양여성인력개발센터	은일신_충주열린학교 IT 전문강사
양은숙_경남도립남해대학 IT 전문강사	엄영숙_권선구청 IT 전문강사	옥향미_인천여성의광장 IT 전문강사
이은직_인천대학교 IT 전문강사	조은숙_동안여성회관 IT 전문강사	최윤석_용인직업전문교육원장
홍효미_다산직업전문학교		

BM (주)도서출판 성안당

■ 도서 A/S 안내

성안당에서 발행하는 모든 도서는 저자와 출판사, 그리고 독자가 함께 만들어 나갑니다.

좋은 책을 펴내기 위해 많은 노력을 기울이고 있습니다. 혹시라도 내용상의 오류나 오탈자 등이 발견되면 **"좋은 책은 나라의 보배"**로서 우리 모두가 함께 만들어 간다는 마음으로 연락주시기 바랍니다. 수정 보완하여 더 나은 책이 되도록 최선을 다하겠습니다.

성안당은 늘 독자 여러분들의 소중한 의견을 기다리고 있습니다. 좋은 의견을 보내주시는 분께는 성안당 쇼핑몰의 포인트(3,000포인트)를 적립해 드립니다.

잘못 만들어진 책이나 부록 등이 파손된 경우에는 교환해 드립니다.

저자 문의 e-mail : thismore@hanmail.net(한정수)
본서 기획자 e-mail : coh@cyber.co.kr(최옥현)
홈페이지 : http://www.cyber.co.kr   전화 : 031) 950-6300

자료 다운로드 및 자료파일 구조

다운로드 | 학습 자료 내려받기

1. 성안당 사이트(www.cyber.co.kr)에서 로그인한 후 [자료실]을 클릭합니다.

2. 검색란에 『ITQ』를 입력하고, 『2026 백발백중 ITQ 한글 2022』를 클릭합니다.

자료 다운로드 및 자료파일 구조

3. 「315-8359.zip」을 클릭하여 자료를 다운로드한 후 반드시 압축 파일을 해제하고 사용합니다.

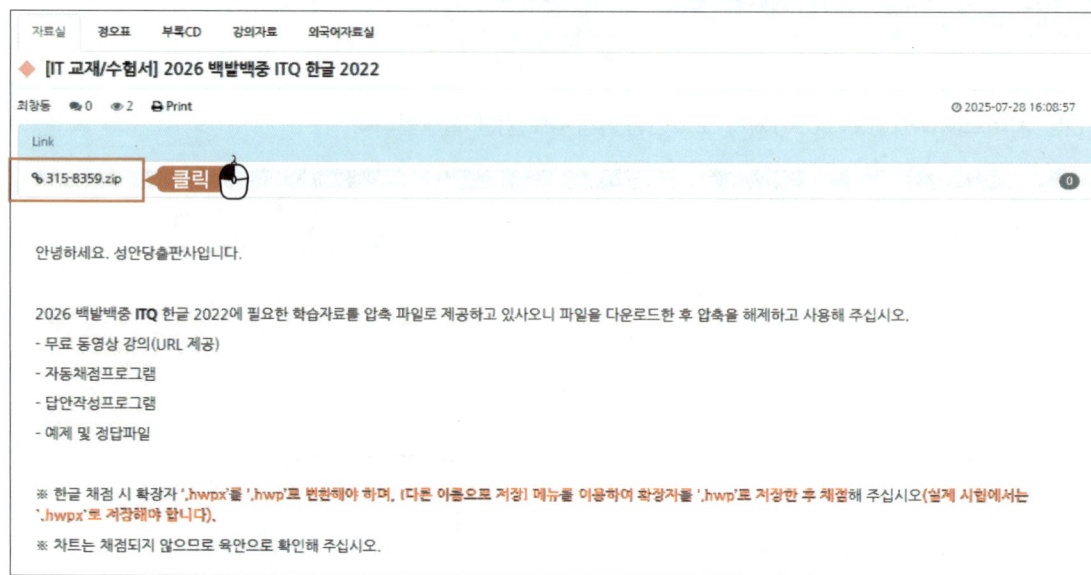

4. 자료파일 구조

① 소스/정답 파일 : Part1~3까지의 소스/정답 파일을 제공합니다.

② [picture] 폴더 : 답안 작성에 필요한 이미지를 제공합니다.

③ [답안작성프로그램] 폴더 : 답안작성 프로그램 설치파일이 있습니다.

④ [동영상 강의] 폴더 : 무료 동영상 강의 파일을 제공합니다.

⑤ [자동채점프로그램] 폴더 : 자동채점 프로그램 설치파일이 있습니다.

※ ③번과 ⑤번 프로그램은 마우스 오른쪽 버튼을 클릭하신 후 [관리자 권한 실행]을 클릭하여 설치하시기 바랍니다.

자동채점 프로그램 설치 및 사용법

1 자동채점 프로그램 설치

1 성안당ITQ한글2022채점프로그램.exe 파일을 마우스 오른쪽 버튼을 클릭한 후 [관리자 권한으로 실행] 메뉴를 클릭하여 설치합니다.

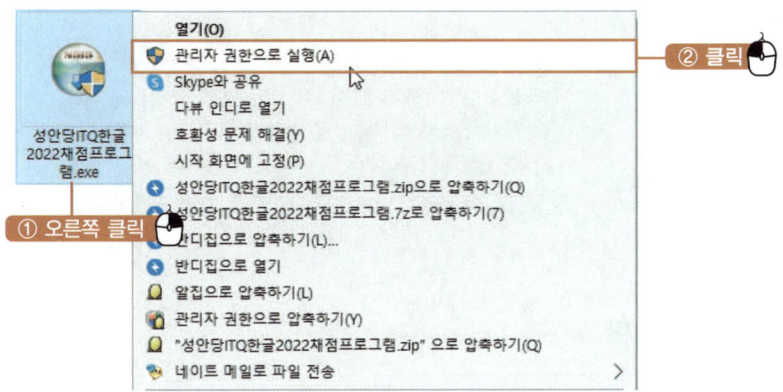

2 [성안당 ITQ 한글 2022 채점 프로그램 설치] 대화상자에서 프로그램을 설치할 폴더를 확인한 후 [설치] 단추를 클릭합니다.

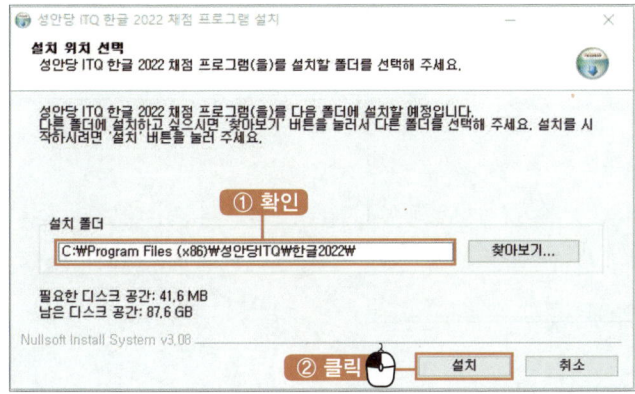

3 설치가 완료되면 [닫음] 단추를 클릭하여 설치를 완료합니다.

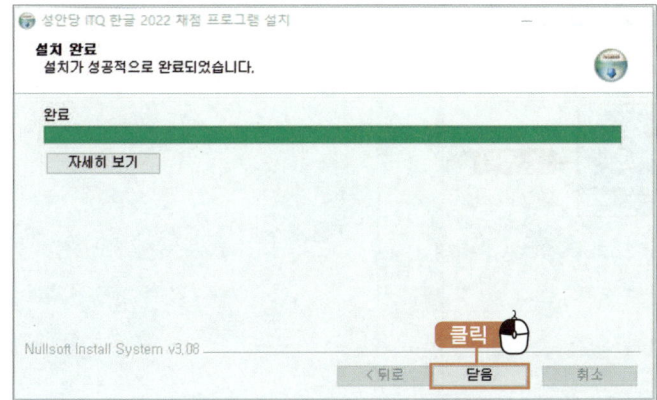

자동채점 프로그램 설치 및 사용법

2 자동채점 프로그램 사용법

1 바탕화면의 [성안당 ITQ 한글 2022 채점] 아이콘을 마우스 오른쪽 버튼을 클릭한 후 [관리자 권한으로 실행] 메뉴를 클릭하여 실행합니다.

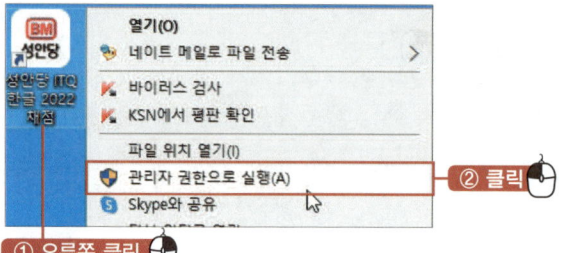

- 한글 채점 시 확장자를 '.hwp'로 저장한 후 채점해 주십시오. 이를 위해 [다른 이름으로 저장] 메뉴에서 확장자 '.hwpx'를 '.hwp'로 변환합니다(실제 시험에서는 .hwpx로 저장합니다).
- 차트는 채점되지 않으므로 육안으로 확인해 주십시오.

2 [문제 선택] 란에서 문제 횟수를 선택합니다.

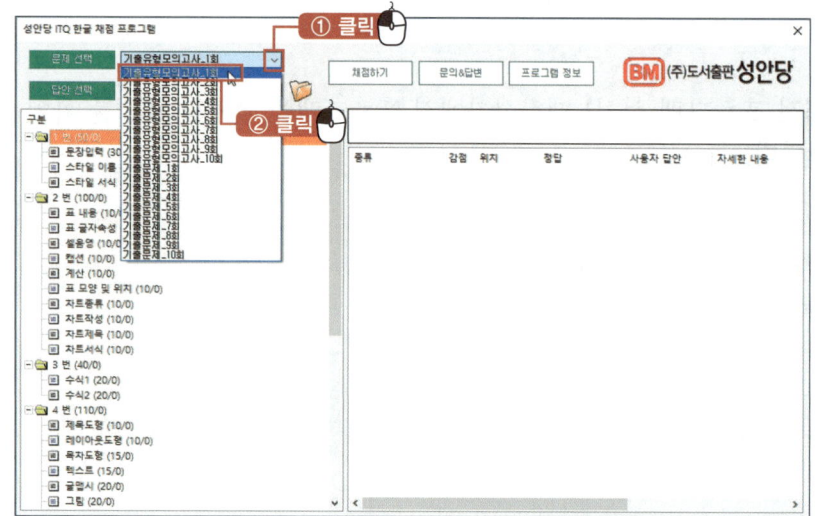

3 [답안 선택] 란에서 작성한 정답 파일을 선택합니다.

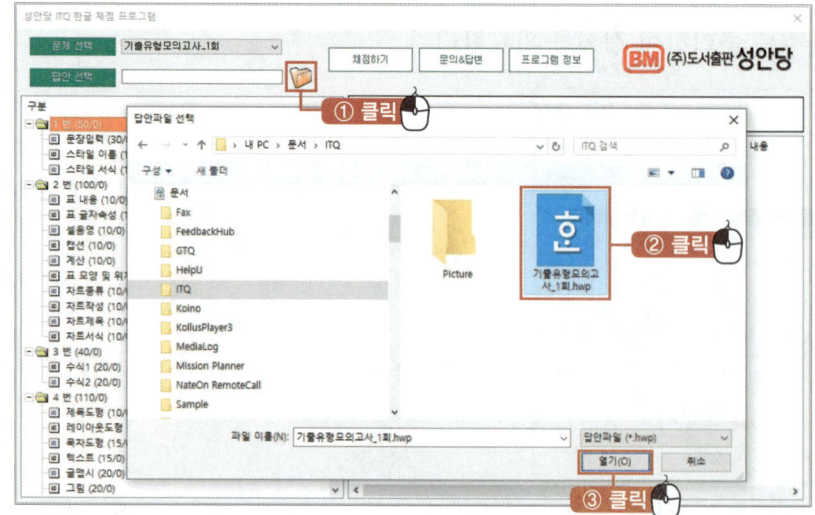

1-6

자동채점 프로그램 설치 및 사용법

④ [채점하기] 단추를 누르면 채점이 진행됩니다. 왼쪽 화면에는 문제 카테고리가 표시되고, 오른쪽 화면에는 감점 내용이 표시됩니다.

⑤ 왼쪽 화면에서 틀린 부분은 빨간색으로 표시되며, 해당 카테고리를 클릭하면 오른쪽 화면에 감점 내용이 표시됩니다.

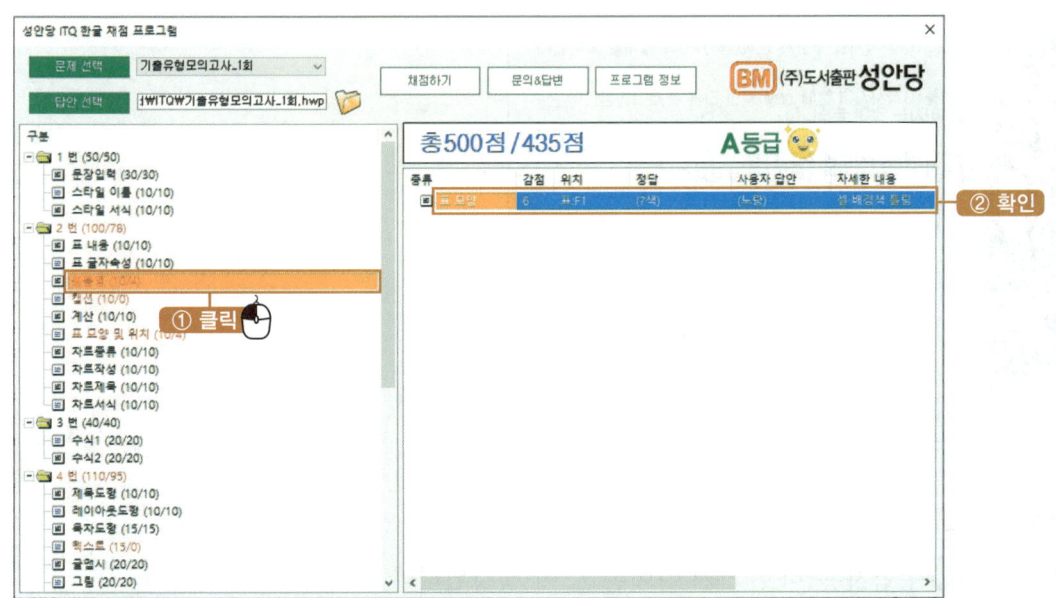

답안작성 프로그램 설치 및 사용법

단계 1 답안작성 프로그램 설치

1 [자료실]에서 다운로드한 'KOAS수험자용(성안당)' 실행 파일을 마우스 오른쪽 버튼을 클릭한 후 [관리자 권한으로 실행] 메뉴를 클릭하여 그림과 같이 설치 화면이 나오면 [다음] 단추를 클릭합니다.

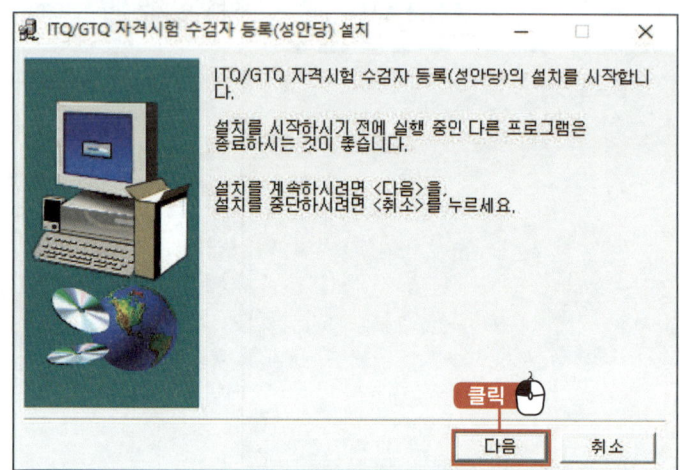

2 프로그램 설치 폴더를 확인한 후 [설치시작] 단추를 클릭합니다.

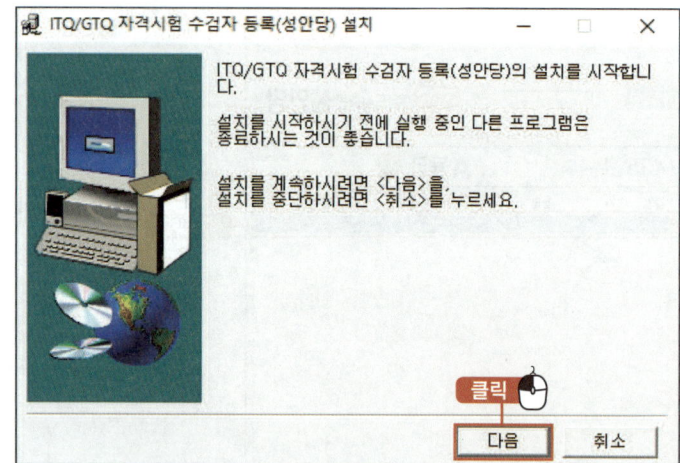

3 설치가 끝나면 [확인] 단추를 클릭합니다.

4 바탕화면에 'ITQ 수험자용' 바로 가기 아이콘이 생성됩니다.

※ 기존 답안작성 프로그램을 삭제하지 않고 ITQ의 다른 과목(엑셀, 파워포인트)에 수록된 답안 작성 프로그램을 중복설치해 사용해도 됩니다.

※ 'KOAS수험자용(성안당)' 실행 파일을 더블 클릭하여 설치하지 말고, 마우스 오른쪽 버튼을 클릭한 후 [관리자 권한으로 실행] 메뉴를 클릭하여 설치합니다.

답안작성 프로그램 설치 및 사용법

단계 2 답안작성 프로그램 사용

1. 바탕화면의 'KOAS 수험자용' 바로 가기 아이콘을 더블클릭하여 실행합니다.

2. [수험자 등록] 대화상자에 수험번호를 입력하고 [확인] 단추를 클릭합니다(문제지의 수험번호를 입력합니다).

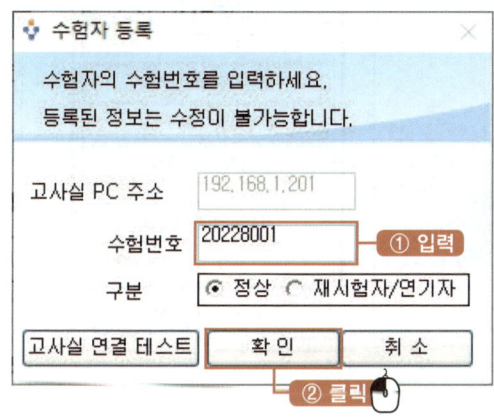

3. 시험 버전을 선택하고 [확인] 단추를 클릭합니다.

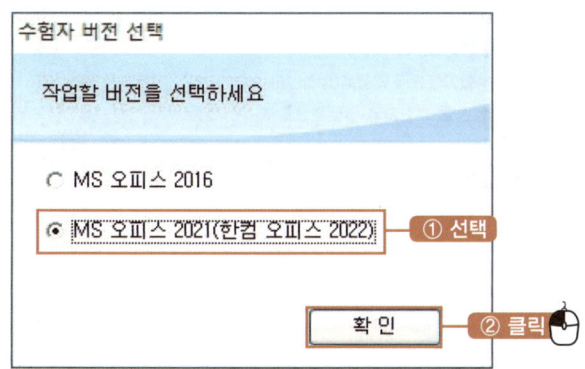

4. [수험자 정보] 창에서 수험번호, 성명, 수험과목, 좌석번호, 답안폴더를 확인하고 [확인] 단추를 클릭합니다.

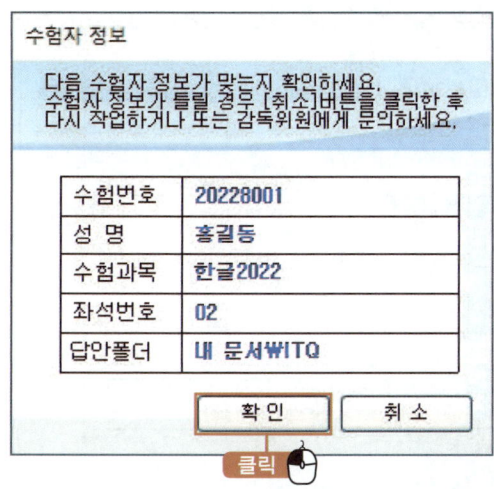

답안작성 프로그램 설치 및 사용법

5 감독관의 지시하에 시험이 시작되면 키보드의 아무 키나 클릭하여 시험을 시작합니다. 바탕화면의 오른쪽 상단에 답안작성 프로그램이 나타납니다.

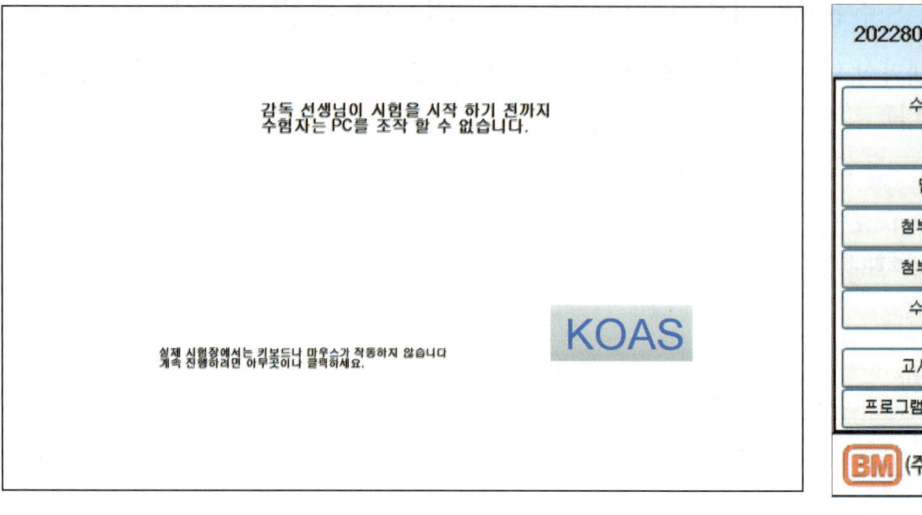

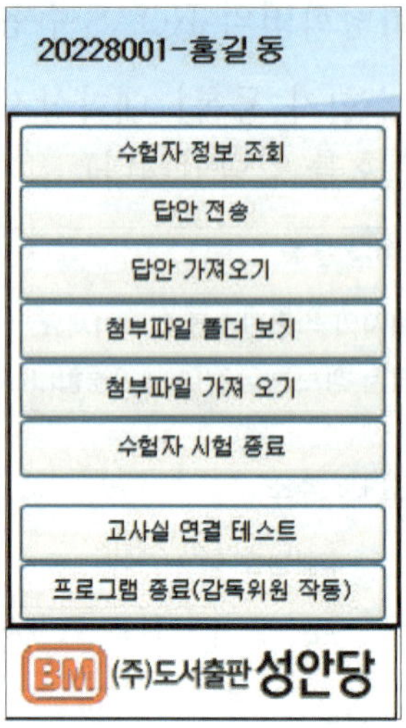

Check Point

답안작성 프로그램의 각 단추 설명

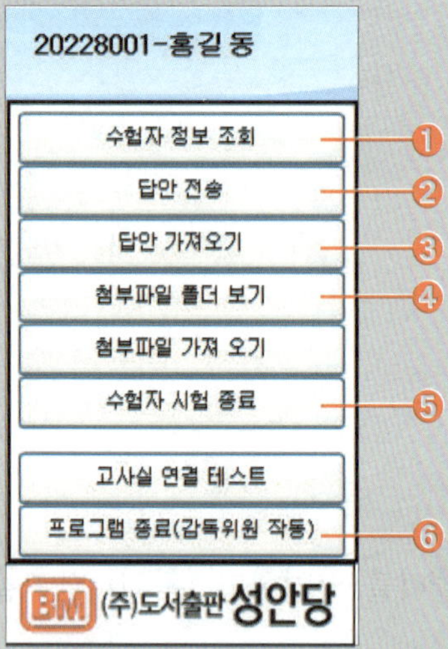

❶ 수험자 정보를 확인합니다.

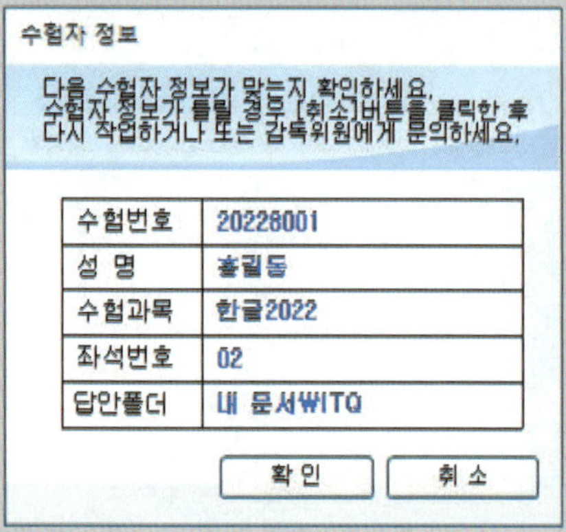

❷ 답안 파일을 감독 PC로 전송합니다.

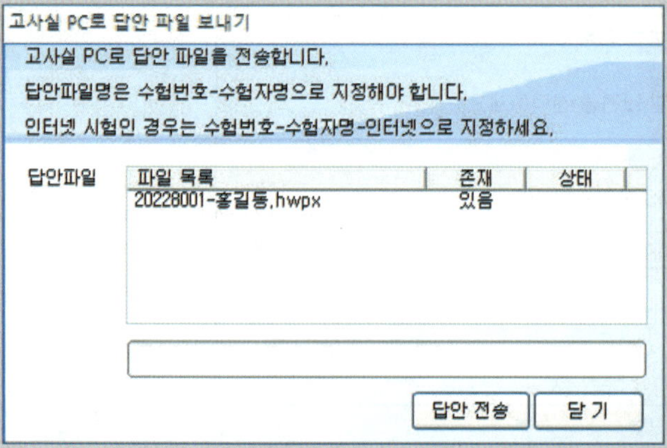

❸ 답안 파일을 재전송해야 할 경우 기존에 작성한 답안 파일을 불러옵니다.

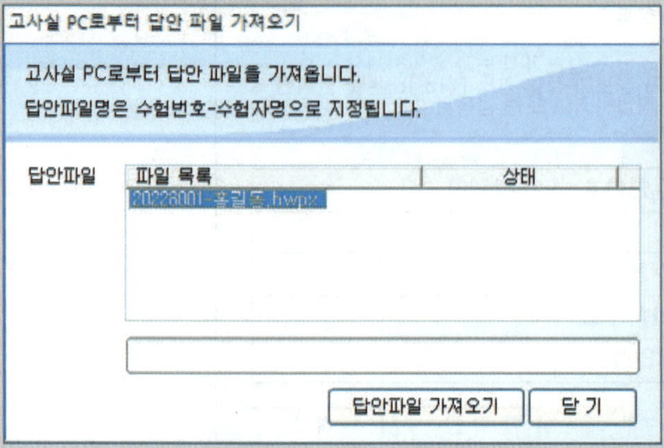

답안작성 프로그램 설치 및 사용법

Check Point

❹ 시험에 사용될 그림 파일을 확인합니다.
❺ [수험자 시험 종료] 단추 : 답안 전송을 하고 시험을 종료하려면 수험자가 클릭합니다.
❻ [프로그램 종료(감독위원 작동)] 단추 : 실제 시험장에서 감독 위원이 사용하는 단추이므로 수험자는 사용하지 않습니다.

※ 답안작성 프로그램은 수험자의 이해를 돕기 위한 프로그램으로 네트워크 기능이 없습니다.

6 답안 작성은 한글을 실행한 후 답안을 작성하며, '내 PC\문서\ITQ' 폴더에 저장합니다 (수험번호-성명.확장자).

7 답안 작성이 끝났으면 답안작성 프로그램의 [답안 전송] 단추를 클릭한 후 파일을 확인하고 [답안 전송] 단추를 클릭합니다.

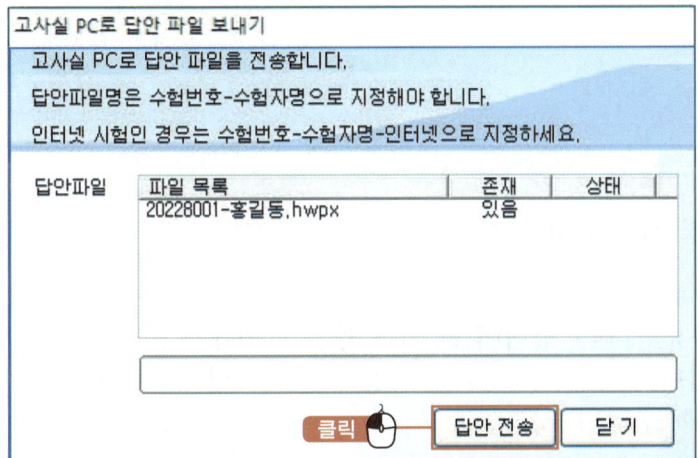

8 정답 파일이 정상적으로 감독 PC로 전송되면 상태에 '성공'이라고 표시됩니다. [닫기] 단추를 클릭합니다.

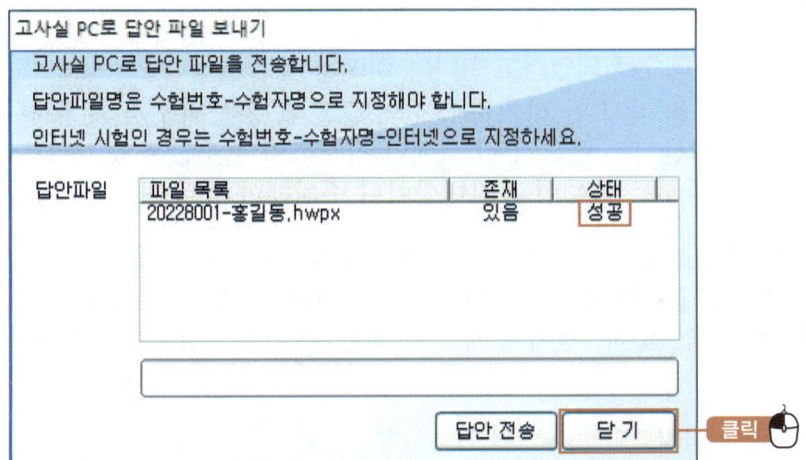

9 답안 전송이 끝났으면 [수험자 시험 종료] 단추를 클릭한 후 [ITQ 종료]와 [예]를 클릭하여 시험을 종료합니다.

A등급을 받기 위한 Tip

[공통사항]

1. KOAS 전송시 주의사항
   ※ 온라인 답안 작성 절차

   수험자 등록 ▶ 시험 시작 ▶ 수시로 답안 파일 저장 ▶ 답안 전송 ▶ 시험 종료

2. 모든 작업을 완성했는데 0점 처리되는 경우
   ① 아래한글 과목의 경우, 최종작업에서 블록씌운 부분만 저장된 블록저장이 원인일 수 있습니다. 반드시 블록저장이 되지 않도록 주의하세요.
   ② 대부분 최종 작업에서 저장하지 않고 KOAS로 전송했을 경우에 해당됩니다. 반드시 저장한 후 전송하세요.

[ITQ 한글 Q&A]

Q1 답안 작성 시 문제 번호를 작성하지 않았을 경우
A1 문제 번호를 입력하지 않아도 정상 채점합니다.

Q2 스타일에서 점수를 잘 받으려면 어떻게 해야 하나요?
A2 우선, 스타일에선 영문 입력이 중요합니다. 입력이 안 되어 있는 상태에서 스타일을 적용하여도 해당 항목은 0점 처리됩니다. 반드시 오타 없이 입력한 후 스타일 기능을 이용하여 글자 모양/문단 모양을 지정해야 합니다.

Q3 스타일 기능이 0점일 경우
A3 영문 텍스트를 작성하지 않을 시, 0점 처리됩니다. 스타일 적용 문제에서 한글과 영문은 따로 채점되지 않고 텍스트 입력 기능으로 일괄 채점되며, 한글, 영문 각각 일정 분량 이상 작성하셔야 부분 점수를 받으실 수 있습니다.

Q4 기능평가I의 표를 모두 작성하였는데 감점되었다고 합니다. 어디서 자주 틀리나요?
A4 수험자 파일 채점 시 블록 계산식을 작성 안 하거나 캡션의 글꼴 속성을 바꾸지 않은 경우가 많이 있습니다. 또한 블록 계산식은 반드시 빈 셀에만 작성하며 결괏값은 숫자이므로 오른쪽 정렬을 해야 합니다. 이 모든 부분이 감점대상이니 주의해야 합니다.

Q5 기능평가I의 차트를 모두 작성하였는데 감점되었다고 합니다. 어디서 자주 틀리나요?
A5 차트에서는 주어진 조건 외에도 출력형태를 참고하여 세부사항(특히 눈금 및 범례 등)을 맞춰야 하며, 글꼴 또한 항목 축, 값 축, 범례 등에 모두 적용해야 좋은 점수를 받을 수 있습니다.

Q6 수식 배점 및 부분 점수는 어떻게 되나요?
A6 수식은 각각 20점씩이며, 수식의 문제 특성상 부분점수는 없습니다(오타 및 기호가 출력형태와 다를 경우 0점). 반드시 출력형태와 동일하게 작성하시기 바랍니다.

A등급을 받기 위한 Tip

Q7 하이퍼링크를 제대로 한 것 같은데 어디서 감점되었을까요?
A7 하이퍼링크는 책갈피를 그림 또는 글맵시에 연결하도록 출제됩니다. 문제의 지시사항을 읽어보지 않고 무조건 그림에만 연결하는 경우가 종종 발생합니다. 반드시 지시사항을 확인하고 연결된 개체에 하이퍼링크를 적용해야 합니다.

Q8 문서작성 능력평가 두 번째 문단에서 들여쓰기는 어떻게 해야 하나요?
A8 들여쓰기는 문단 모양에서 첫 줄 들여쓰기 10pt를 지정하거나 한 글자(2칸) 띄어쓰기를 해도 모두 정답 처리됩니다.

Q9 문서작성 능력평가 본문 작성 시 시험지의 출력형태와 다를 경우
A9 본문 오른쪽의 출력형태의 글자는 같은 글꼴, 같은 크기로 작성하여도 컴퓨터 환경 등에 의해 다를 수 있습니다. 이는 채점 대상이 아니며, 감점되지 않습니다.

Q10 문서작성능력평가의 쪽 번호 입력 시, 앞 페이지(1,2페이지)의 쪽번호 삭제 여부
A10 앞 페이지의 쪽 번호는 채점 대상이 아니므로 삭제하지 않아도 됩니다.

Q11 각주의 글꼴 및 크기
A11 각주 작성 시 문제상에 지시사항이 없음으로 기본값으로 작성하시면 됩니다.
각주는 각주의 존재 여부, 오타, 각주 구분선만 채점합니다.

Q12 작성 페이지 오류는 무엇인가요?
A12 아래한글에서 작성 페이지는 매우 중요합니다. 기능평가Ⅰ 1,2번은 1페이지, 기능평가Ⅱ의 3,4번은 2페이지, 문서작성 능력평가는 3페이지에 반드시 작성해야 합니다. 페이지가 뒤바뀌었을 경우 해당 문자는 모두 0점 처리됩니다.

Q13 기본적으로 갖춰야 할 공통 사항이 있나요?
A13 글꼴에 대한 기본 설정은 함초롬바탕, 10포인트, 검정, 줄간격 160%, 양쪽정렬로 해야 하며, 각주 구분선은 기본값인 5cm, 색상은 조건의 색을 적용하고 색의 구분이 안 될 경우에는 RGB 값을 적용합니다(빨강 255.0.0 / 파랑 0.0.255 / 노랑 255.255.0).

Q14 문서작성능력평가의 문단번호 기능은 어떤 기능을 사용해야 하나요?
A14 문단번호는 왼쪽여백 기능을 사용하지 말고, 교재 82쪽~85쪽의 설명과 같이 작성해야 합니다.

Q15 노란색 채점은 어떻게 하나요?
A15 RGB 255,255,0과 255,215,0 모두 선택 시 '노랑'으로 나타나므로 '노랑' 색상 채점 시 두 RGB 값 모두 정답 처리됩니다.

Q16 차트 축 눈금(보조 눈금) 채점은 어떻게 하나요?
A16 ITQ 시험은 출력 형태와 동일하게 작성해야 감점되지 않으나, 차트 축 눈금(보조 눈금)의 경우 채점하지 않습니다.

A등급을 받기 위한 Tip

[ITQ 한글 2022 문제별 사용하는 단축키]

※ 한글에서 사용되는 단축키들의 기능은 보통 영문자 앞문자를 이용하여 단축키로 활용합니다.

예를 들어 복사의 단축키인 `Ctrl`+`C` 의 C자는 COPY의 앞글자를 이용한 것입니다. 위와 같이 영어단어와 연관지어서 단축키를 사용하면 쉽게 암기가 가능합니다.

문제	용도	단축키
기본 설정	편집 용지 설정	F7
	구역 나누기	Alt + Shift + Enter
	페이지 나누기	Ctrl + Enter
	저장	Alt + [S]ave
1번 문제 스타일(50점)	스타일 지정	F6
	스타일 바탕글 지정	Ctrl + [1]
2번 문제 표/차트(100점)	표 만들기	Ctrl + [N]ew, [T]able
	표 전체 블록 선택	F5 3번 클릭
	셀 병합	표 범위 지정 + [M]erge
	선 모양	표 범위 지정 + [L]ile
	셀 채우기	표 범위 지정 + [C]olor
	블록 합계 계산	Ctrl + Shift + [S]um
	블록 평균 계산	Ctrl + Shift + [A]verage
	캡션달기	Ctrl + [N]ew, [C]aption
	캡션위치	Ctrl + [N]ew, [K]
3번 문제 수식(40점)	수식편집기 실행	Ctrl + [N]ew, [M]ath
	수식편집기 종료	Shift + Esc
4번 문제 그림/그리기(110점)	그림 넣기	Ctrl + [N]ew, [I]mage
	그림 글 뒤로	도형선택 + Shift + End
5번 문제 문서작성 능력평가 (200점)	책갈피	Ctrl + [K], [B]ookmark
	문단 첫 글자 장식	Alt + J, D
	문단 모양	Alt + T
	글자 모양	Alt + L
	주석	Ctrl + [N]ew, [N]ote
	쪽 번호 넣기	Ctrl + [N]ew, [P]age

시험안내

1. ITQ시험 과목

자격종목(과목)		프로그램 및 버전		등급	시험방식	시험시간
		S/W	공식버전			
ITQ정보 기술자격	아래한글	한컴오피스	2022/2020	A등급 B등급 C등급	PBT	60분
	한셀	한컴오피스	2022			
	한쇼					
	MS워드	MS오피스	2021 2016			
	한글엑셀					
	한글액세스					
	한글파워포인트					
	인터넷	익스플로러				

※ PBT(Paper Based Testing) : 시험지를 통해 문제를 해결하는 시험방식

2. 시험 검정기준

ITQ 시험은 500점 만점을 기준으로 A등급부터 C등급까지 등급별 자격을 부여하며, 낮은 등급을 받은 수험생이 차기 시험에 재응시 하여 높은 등급을 받으면 등급을 업그레이드 해주는 방법으로 평가를 한다(500점 만점이며, 200점 미만은 불합격임).

A등급	B등급	C등급
500점 ~ 400점	399점 ~ 300점	299점 ~ 200점

3. 시험 출제기준

검정과목	문항	배점	출제기준
아래한글	1. 스타일	50점	※한글/영문 텍스트 작성 능력과 스타일 기능 사용 능력을 평가 • 한글/영문 텍스트 작성 • 스타일 이름/문단 모양/글자 모양
	2. 표와 차트	100점	※표를 작성하고 이를 이용하여 간단한 차트를 작성할 수 있는 능력을 평가 • 표 내용 작성/정렬/셀 배경색 • 표 계산 기능/캡션 기능/차트 기능
	3. 수식 편집기	40점	※수식 편집기 사용 능력 평가 • 수식 편집기를 이용한 수식 작성
	4. 그림/그리기	110점	※다양한 기능을 통합한 문제로 도형, 그림, 글맵시, 하이퍼링크 등 문서작성 시의 응용능력을 평가 • 도형 삽입 및 편집, 하이퍼링크 • 그림/글맵시(워드아트) 삽입 및 편집, 개체 배치 • 도형에 문자열 입력하기
	5. 문서작성능력	200점	※다문서 작성을 위한 다양한 능력 평가 • 문서작성 입력 및 편집(글자 모양/문단 모양), 한자 변환, 들여쓰기 • 책갈피, 덧말, 문단 첫 글자 장식, 문자표, 머리말, 쪽번호, 각주 • 표작성 및 편집, 그림 삽입 및 편집(자르기 등)

목 차

자료 다운로드 및 이벤트	1-3
자동채점 프로그램 설치 및 사용법	1-5
답안작성 프로그램 설치 및 사용법 (무료 동영상)	1-8
A등급을 받기 위한 Tip	1-12
시험안내	1-15

Part 01 따라하면서 배우는 한글 (무료 동영상)

Section 0 수험자 유의사항 및 답안 작성 요령	2
Section 1 [기능평가 I-1] 스타일	8
Section 2 [기능평가 I-2] 표	16
Section 3 [기능평가 I-3] 차트	27
Section 4 [기능평가 II-1] 수식	40
Section 5 [기능평가 II-2] 도형	50
Section 6 [문서작성 능력평가]	75

Part 02 기출유형 모의고사 (무료 동영상)

제1회 기출유형 모의고사	102
제2회 기출유형 모의고사	106
제3회 기출유형 모의고사	110
제4회 기출유형 모의고사	114
제5회 기출유형 모의고사	118
제6회 기출유형 모의고사	122
제7회 기출유형 모의고사	126
제8회 기출유형 모의고사	130
제9회 기출유형 모의고사	134
제10회 기출유형 모의고사	138

Part 03 기출문제 (무료 동영상)

제1회 기출문제	144
제2회 기출문제	148
제3회 기출문제	152
제4회 기출문제	156
제5회 기출문제	160
제6회 기출문제	164
제7회 기출문제	168
제8회 기출문제	172
제9회 기출문제	176
제10회 기출문제	180

[자료 파일]
- 소스 및 정답 파일
- 무료 동영상 강의
- 자동채점 프로그램 및 답안작성 프로그램

※[자료실]에서 다운로드하여 사용하세요(1-3쪽 참조).

따라하면서 배우는
한글 2022

기출문제를 따라해 보면서 시험의 시작부터 마무리까지
진행 절차와 필요 기능을 학습합니다.
※실전 연습문제의 정답 파일과 해설은 [자료실]에서 다운로드합니다.

무료 동영상	Section 0	수검자 유의사항 및 답안 작성 요령
무료 동영상	Section 1	기능평가 I-1 스타일
무료 동영상	Section 2	기능평가 I-2 표
무료 동영상	Section 3	기능평가 I-3 차트
무료 동영상	Section 4	기능평가 II-1 수식
무료 동영상	Section 5	기능평가 II-2 도형
무료 동영상	Section 6	문서작성 능력평가

Section 0

수험자 유의사항 및 답안 작성 요령

수험자는 문제지를 받는 즉시 수험표상의 시험과목(프로그램)이 동일한지 반드시 확인하여야 합니다.

수험자 유의사항

파일명은 본인의 "수험번호-성명"으로 입력하여 답안폴더(내 PC₩문서₩ITQ)에 하나의 파일로 저장해야 하며, 답안문서 파일명이 "수험번호-성명"과 일치하지 않거나, 답안파일을 전송하지 않아 미제출로 처리될 경우 실격 처리합니다(예 : 12345678-홍길동.hwpx).

답안 작성 요령

- **공통 부문**
  - 글꼴에 대한 기본설정은 함초롬바탕, 10포인트, 검정, 줄간격 160%, 양쪽정렬로 합니다.
  - 색상은 조건의 색을 적용하고 색의 구분이 안 될 경우에는 RGB 값을 적용하십시오.
    (빨강 255,0,0 / 파랑 0,0,255 / 노랑 255,255,0).
  - 각 문항에 주어진 ≪조건≫에 따라 작성하고 언급하지 않은 조건은 ≪출력형태≫와 같이 작성합니다.
  - 용지여백은 왼쪽·오른쪽 11mm, 위쪽·아래쪽·머리말·꼬리말 10mm, 제본 0mm로 합니다.
  - 그림 삽입 문제의 경우「내 PC₩문서₩ITQ₩Picture」폴더에서 지정된 파일을 선택하여 삽입하십시오.
  - 삽입한 그림은 반드시 문서에 포함하여 저장해야 합니다(미포함 시 감점 처리).
  - 각 항목은 지정된 페이지에 출력형태와 같이 정확히 작성하시기 바라며, 그렇지 않을 경우에 해당 항목은 0점 처리됩니다.
    ※ 페이지 구분 : 1페이지 - 기능평가 Ⅰ(문제번호 표시 : 1. 2.)
    　　　　　　　　2페이지 - 기능평가 Ⅱ(문제번호 표시 : 3. 4.)
    　　　　　　　　3페이지 - 문서작성 능력평가

- **기능 평가**
  - 문제와 ≪조건≫은 입력하지 않으며 문제번호와 답(≪출력형태≫)만 작성합니다.
  - 4번 문제는 묶기를 했을 경우 0점 처리됩니다.

- **문서작성 능력평가**
  - A4 용지(210mm×297mm) 1매 크기, 세로 서식 문서로 작성합니다.
  - ▭ 표시는 문서작성에 대한 지시사항이므로 작성하지 않습니다.

핵심 체크

① 용지 설정 F7 키 : 종류(A4), 방향(세로), 여백(왼쪽·오른쪽 11mm, 위쪽·아래쪽·머리말·꼬리말 10mm, 제본 0mm) 지정
② 서식 설정 [모양]-[글자 모양] : 글꼴(함초롬바탕), 글자 크기(10pt), 글자 색(검정), 양쪽 정렬, 줄 간격(160%)
③ 파일 저장 [파일]-[저장] : '내 PC₩문서₩ITQ' 폴더 안에 "수험번호-성명.hwpx"로 저장

※ 작성 순서
한글 2022 프로그램 열기 → 용지 설정 → 서식 설정 → 파일 저장

단계 1 용지 설정 및 서식 설정하기

1 [시작 ▦] 단추를 클릭하여 [한글]을 클릭하거나 바탕화면에서 한글 2022( ) 아이콘을 더블 클릭하여 프로그램을 실행합니다.

2 [새 문서 서식] 창이 열리면 [새 문서]를 클릭합니다.

3 [쪽] 탭의 [목록 단추 ∨]를 클릭한 후 [편집 용지] 메뉴를 클릭하거나 F7 키를 클릭하여 [편집 용지] 대화상자를 엽니다.

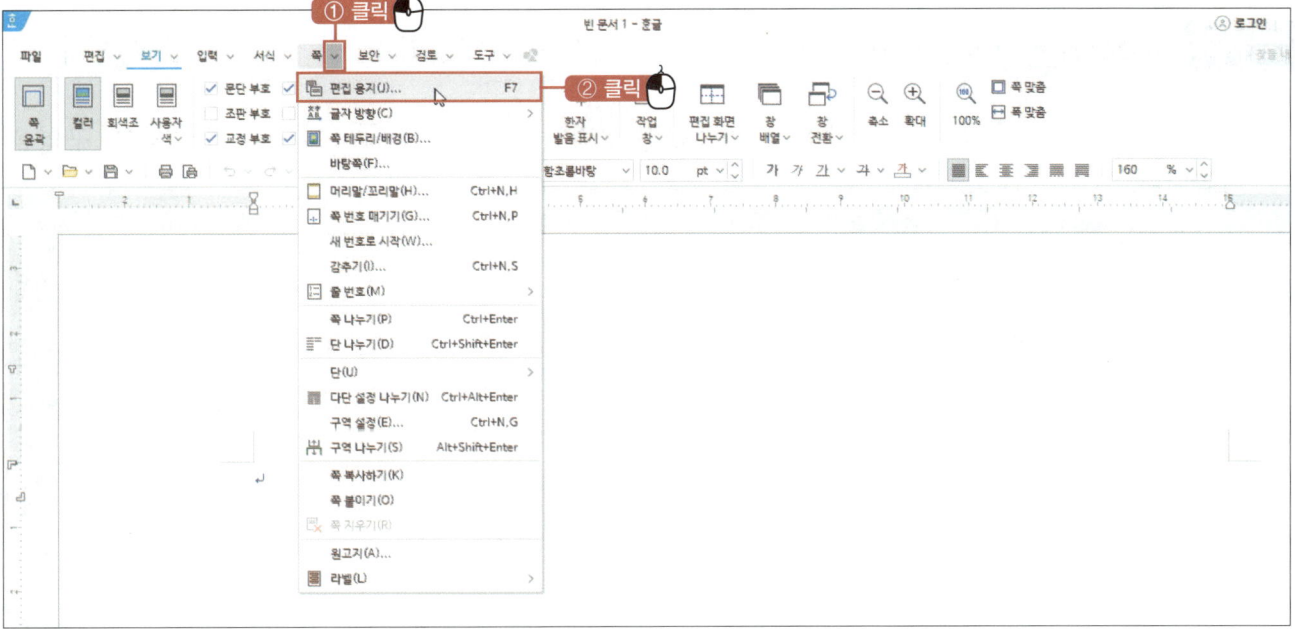

4 [기본] 탭에서 용지 종류, 용지 방향, 용지 여백을 그림과 같이 설정하고 [설정] 단추를 클릭합니다.

- 용지 종류 : A4, 용지 방향 : 세로, 제본 : 한쪽
- 용지 여백 : 왼쪽 · 오른쪽 11mm, 위쪽 · 아래쪽 · 머리말 · 꼬리말 10mm, 제본 0mm

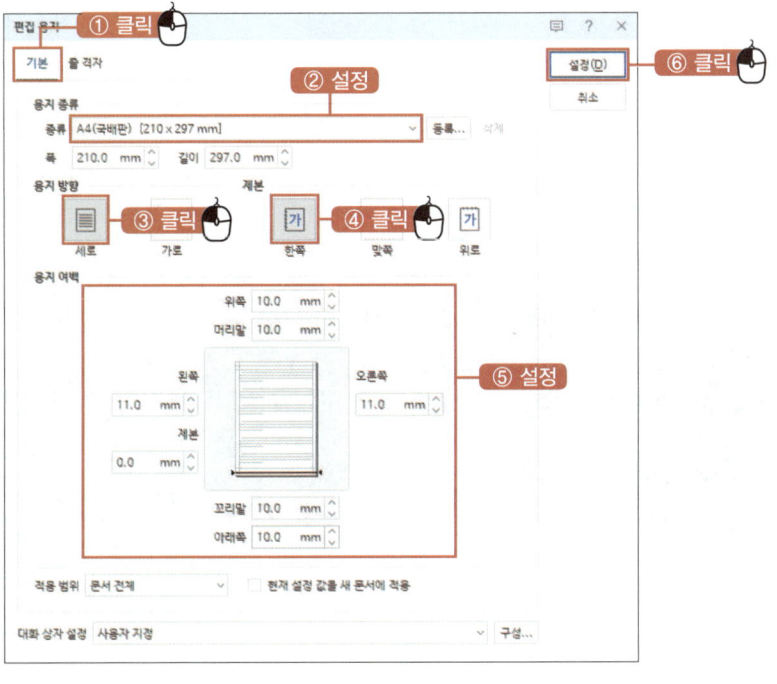

5 [서식] 도구상자에서 '글꼴 : 함초롬바탕', '글자 크기 : 10pt', '글자색 : 검정', '양쪽 정렬', '줄 간격 : 160%'로 지정합니다.

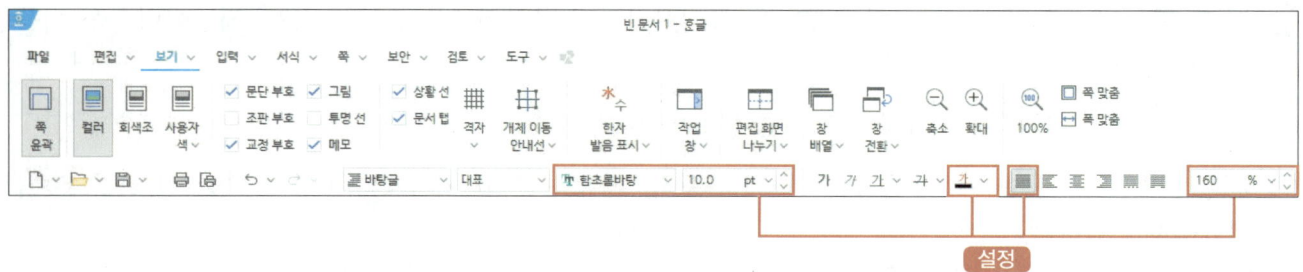

단계 2   3페이지로 구역 나누기

1 1페이지에서 그림과 같이 문제번호 '1.'과 '2.'를 입력한 후 Alt + Shift + Enter 키를 눌러 구역을 나눕니다.

Check Point

- ITQ 한글 2022 시험은 총 3페이지로 나누어 답안을 작성해야 하므로 미리 구역을 나누는 작업을 해두는 것이 시간을 단축할 수 있습니다.
- 문제 번호를 입력한 후 Enter 키를 이용하여 행 간격을 벌리지 않으면 스타일 작업 후 바탕글 스타일을 재지정해야 하는 번거로움이 있습니다.
- 반드시 1~4번까지의 문제 번호를 표시하고 답안을 작성해야 합니다.

2 2페이지에서 그림과 같이 문제번호 '3.'과 '4.'를 입력한 후 Alt + Shift + Enter 키를 눌러 구역을 나눕니다.

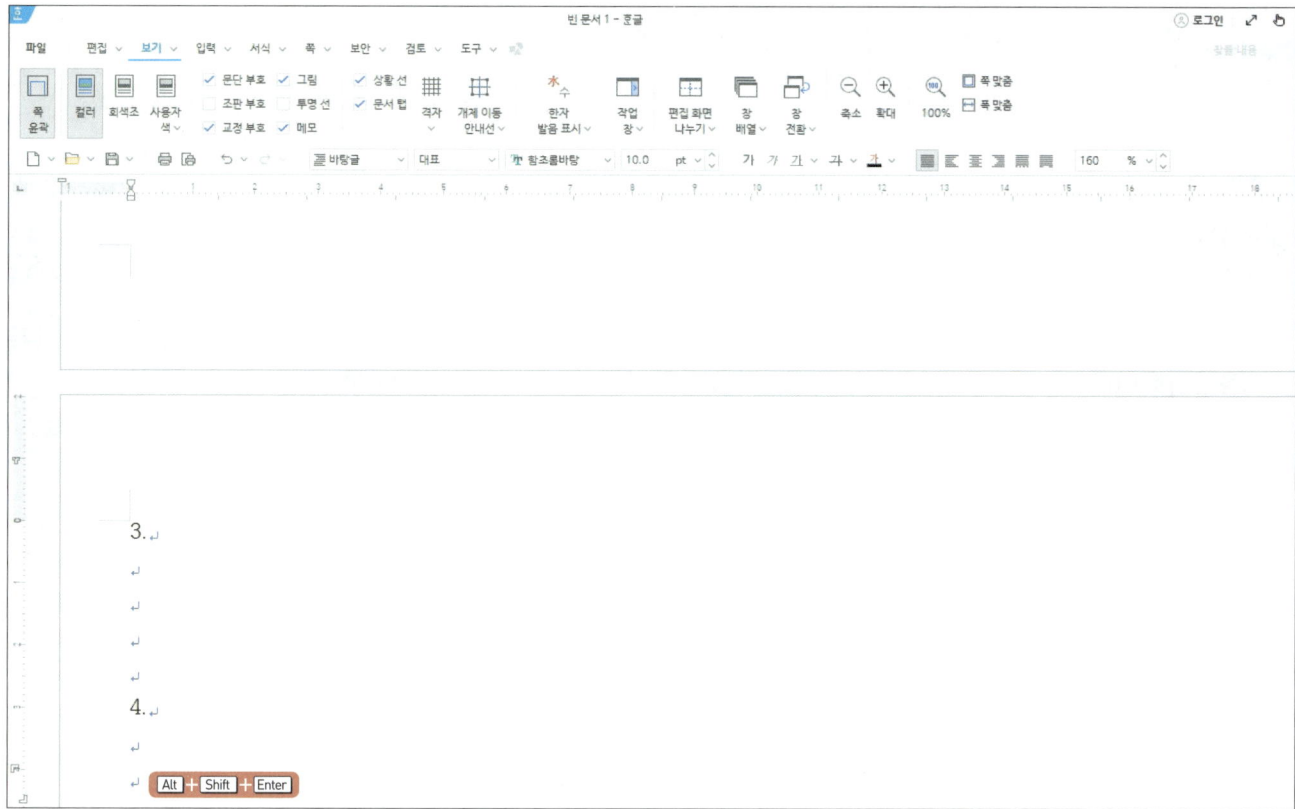

3 3페이지에 커서가 이동된 것을 확인합니다.

Check Point

쪽 나누기와 구역 나누기

- Ctrl + Enter 키를 이용하여 쪽 나누기를 하면 문서 작성(3페이지) 작업에서 페이지 번호 삽입 시 1, 2페이지 하단에 페이지 번호가 나타납니다.
- Alt + Shift + Enter 키를 이용하여 구역 나누기를 하면 문서 작성(3페이지) 작업에서 페이지 번호 삽입 시 1, 2페이지 하단에 페이지 번호가 나타나지 않습니다. 즉, 작업 후 별도로 1, 2페이지 번호를 숨길 필요가 없습니다.
- 다만, 앞 페이지의 쪽 번호는 채점 대상이 아니므로 삭제하지 않아도 됩니다.

Check Point

내용을 정확히 입력하기 위해 [보기] 탭에서 [문단 부호]에 체크 표시하면 문단의 줄 바꿈 기호(↵)를 표시하고, [조판 부호]를 체크 표시하면 단어 사이의 띄어쓰기 표시 기호까지 확인할 수 있습니다. 문단 부호와 조판 부호의 표시 여부는 시험 점수와는 무관합니다.

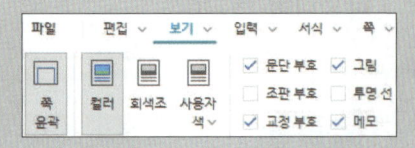

단계 2 저장하기

1. [파일]-[저장하기 💾] 메뉴 또는 Alt+S 키를 클릭하여 [다른 이름으로 저장하기] 대화상자를 활성화합니다.

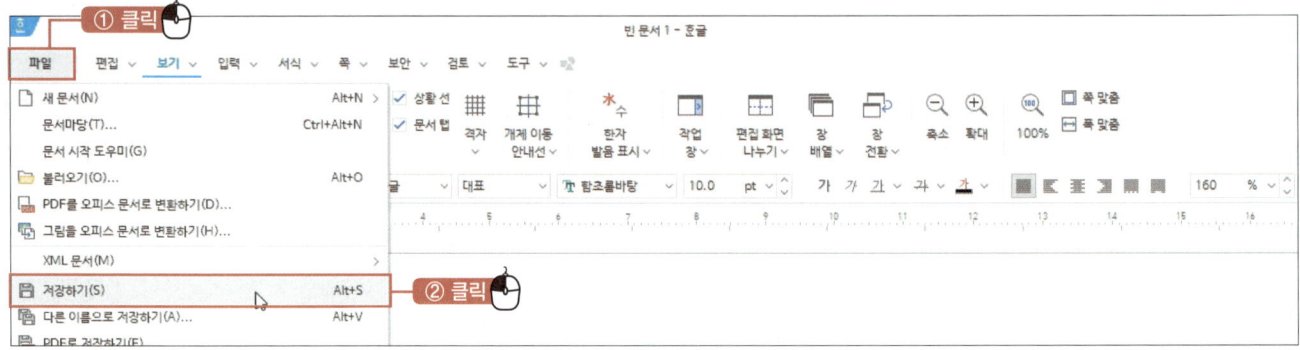

2. [다른 이름으로 저장하기] 대화상자의 왼쪽에 [내 PC]-[문서]-[ITQ] 폴더를 클릭한 후 파일 이름에 '수험번호-성명' 형식으로 입력하고, 파일 형식에 '한글 문서 (*.hwpx)'로 지정한 후 [저장] 단추를 클릭합니다.

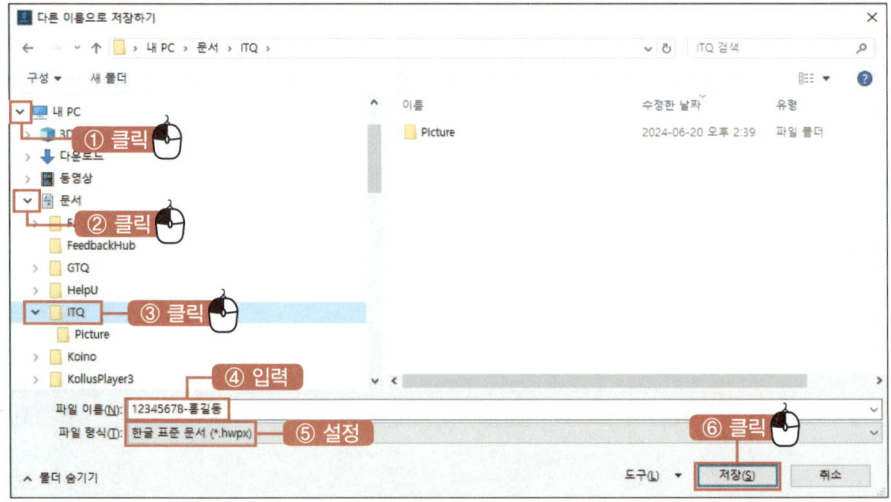

3. 제목 표시줄에 파일명(수험번호-성명)이 [ITQ] 폴더 위치에 저장되었는지 확인합니다.

Check Point

- 파일명은 본인의 "수험번호-성명"으로 입력하여 답안폴더(내 PC₩문서₩ITQ)에 하나의 파일로 저장해야 하며, 답안문서 파일명이 "수험번호-성명"과 일치하지 않거나, 답안파일을 전송하지 않아 미제출로 처리될 경우 실격 처리합니다.
- 한글 2022버전 파일 형식은 *.hwpx입니다.

 실력 향상을 위한 실전 연습문제

- 연습을 위해 문제 번호를 표시하고 3페이지로 구성하세요.
- 정답파일 및 해설은 [자료실]에서 다운로드 받으세요.

01 다음 조건에 따라 한글문서를 만든 후 저장하시오.

조건
(1) 아래와 같이 용지를 설정하시오.
  - 용지 종류 : A4, 용지 방향 : 세로
  - 용지 여백 : 왼쪽·오른쪽 11mm, 위쪽·아래쪽·머리말·꼬리말 : 10mm, 제본 : 0mm

(2) [내 PC₩문서₩ITQ] 폴더에 '20220001-성안당'으로 저장하시오.

02 다음 조건에 따라 한글문서를 만든 후 저장하시오.

조건
(1) 아래와 같이 용지를 설정하시오.
  - 용지 종류 : A4, 용지 방향 : 세로
  - 용지 여백 : 왼쪽·오른쪽 11mm, 위쪽·아래쪽·머리말·꼬리말 : 10mm, 제본 : 0mm

(2) [내 PC₩문서₩ITQ] 폴더에 '20220002-김대한'으로 저장하시오.

03 다음 조건에 따라 한글문서를 만든 후 저장하시오.

조건
(1) 아래와 같이 용지를 설정하시오.
  - 용지 종류 : A4, 용지 방향 : 세로
  - 용지 여백 : 왼쪽·오른쪽 11mm, 위쪽·아래쪽·머리말·꼬리말 : 10mm, 제본 : 0mm

(2) [내 PC₩문서₩ITQ] 폴더에 '20220003-강민국'으로 저장하시오.

04 다음 조건에 따라 한글 문서를 만든 후 저장하시오.

조건
(1) 아래와 같이 용지를 설정하시오.
  - 용지 종류 : A4, 용지 방향 : 세로
  - 용지 여백 : 왼쪽·오른쪽 11mm, 위쪽·아래쪽·머리말·꼬리말 : 10mm, 제본 : 0mm

(2) [내 PC₩문서₩ITQ] 폴더에 '20220004-최만세'로 저장하시오.

[기능평가 Ⅰ-1] 스타일

스타일 기능을 적용하는 문제로 ①영어/한글 문장 입력, ②스타일 설정 및 적용하는 과정을 진행하며, 스타일 작성에 필요한 세부 기능인 문단 모양과 글자 모양에 대해 자세히 학습합니다.

● **소스 파일** : Section01_예제.hwpx
● **정답 파일** : Section01_정답.hwpx

1. 다음의 ≪조건≫에 따라 스타일 기능을 적용하여 ≪출력형태≫와 같이 작성하시오. (50점)

조건
(1) 스타일 이름 - expo
(2) 문단 모양 - 왼쪽 여백 : 15pt, 문단 아래 간격 : 10pt
(3) 글자 모양 - 글꼴 : 한글(돋움)/영문(굴림), 크기 : 10pt, 장평 : 95%, 자간 : -5%

출력형태

1.
World Tea EXPO 2023 Hadong, Korea is held with the slogan 'The Scent of Nature, Healthy Future, Tea!' with the main venue Hadong Wild Tea Culture Festival Area of Hwagae-myeon.

하동세계차엑스포는 차 산업을 새로운 성장동력으로 키워가는 계기를 만들기 위해 '자연의 향기, 건강한 미래, 차!'를 주제로 하동스포츠파크와 화개면에 있는 하동야생차문화축제장을 중심으로 개최된다.

핵심체크

① 제시된 문장을 오탈자 없이 정확히 입력하기
② 스타일 만들기
   - [서식] 탭-[스타일] 도구를 선택하거나 F6 키 이용
   - 문단 모양과 글자 모양 설정
※ 영문과 한글 문장 사이에 Enter 키를 한 번만 클릭하여 강제 개행하고 [문단 모양]에서 설정합니다.

※ 작성 순서
문장 입력 → 스타일 설정 및 적용

단계 1 | 입력하기

1 문제 번호 '1.' 다음 줄에 커서를 위치시킨 후 《출력형태》와 같이 문장을 입력합니다. 문장 입력 시 강제로 줄을 변경하는 경우는 영문자의 마지막 "Hwagae-myeon."을 입력한 후 Enter 키를 누릅니다.

```
1.
World Tea EXPO 2023 Hadong, Korea is held with the slogan 'The Scent of Nature, Healthy Future,
Tea!' with the main venue Hadong Wild Tea Culture Festival Area of Hwagae-myeon. Enter
하동세계차엑스포는 차 산업을 새로운 성장동력으로 키워가는 계기를 만들기 위해 '자연의 향기, 건강한 미래, 차!'를
주제로 하동스포츠파크와 화개면에 있는 하동야생차문화축제장을 중심으로 개최된다.
```

Check Point

한영 전환 : 한/영 키를 클릭하거나 Shift + Space Bar 키를 누릅니다.

단계 2 | 스타일 만들기

1 입력한 문장을 드래그하여 범위 지정한 후 [서식] 탭에서 [스타일 추가하기] 도구를 클릭합니다.

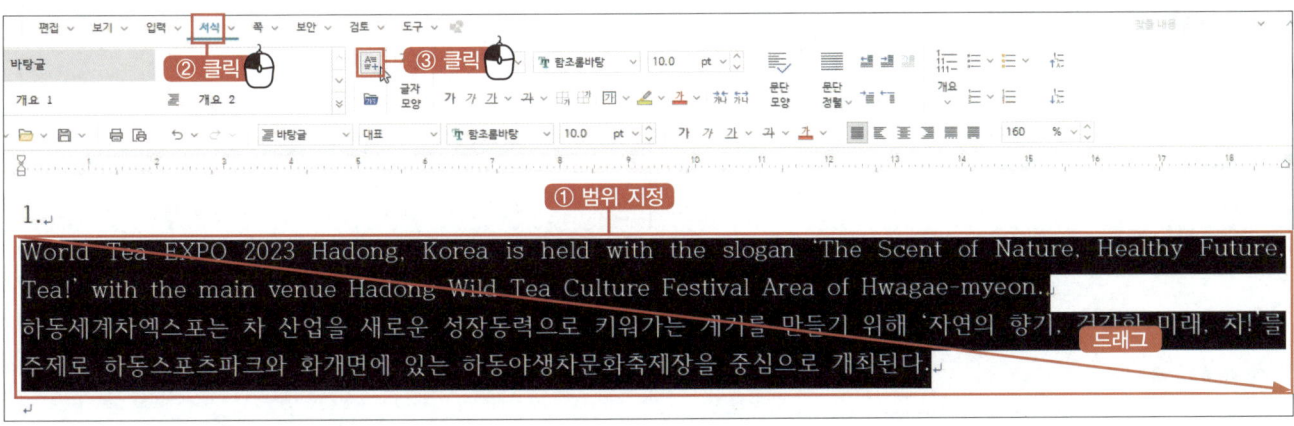

Check Point

F6 키를 클릭한 후 [스타일] 대화상자에서 [스타일 추가하기 +] 단추를 클릭해도 됩니다.

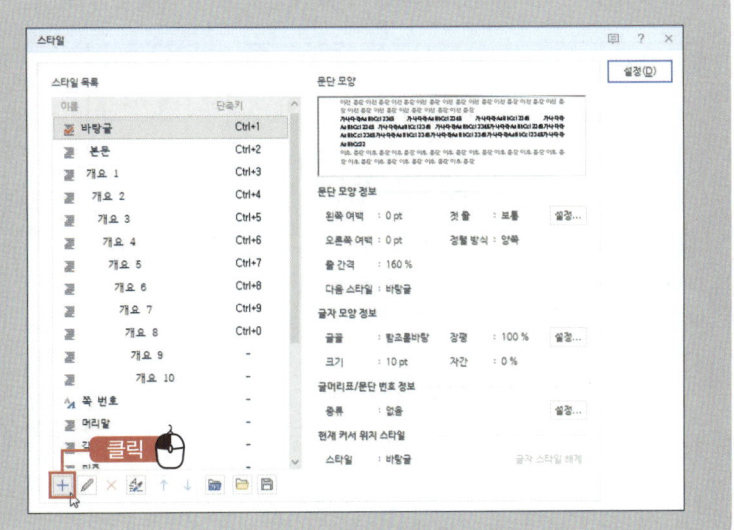

Part 1 따라하면서 배우는 한글 2022 **9**

2 [스타일 추가하기] 대화상자에서 스타일 이름에 "expo"를 입력한 후 [문단 모양] 단추를 클릭합니다.

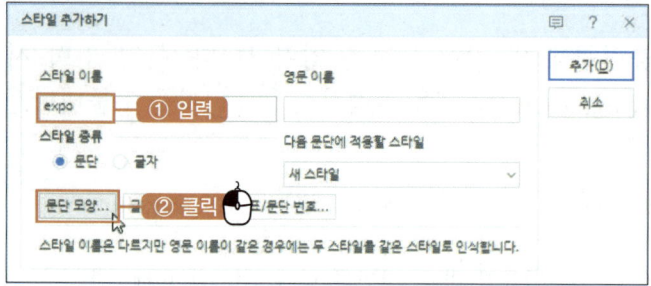

3 [문단 모양] 대화상자에서 '왼쪽 여백 : 15pt', '문단 아래 간격 : 10pt'를 설정한 후 [설정] 단추를 클릭합니다.

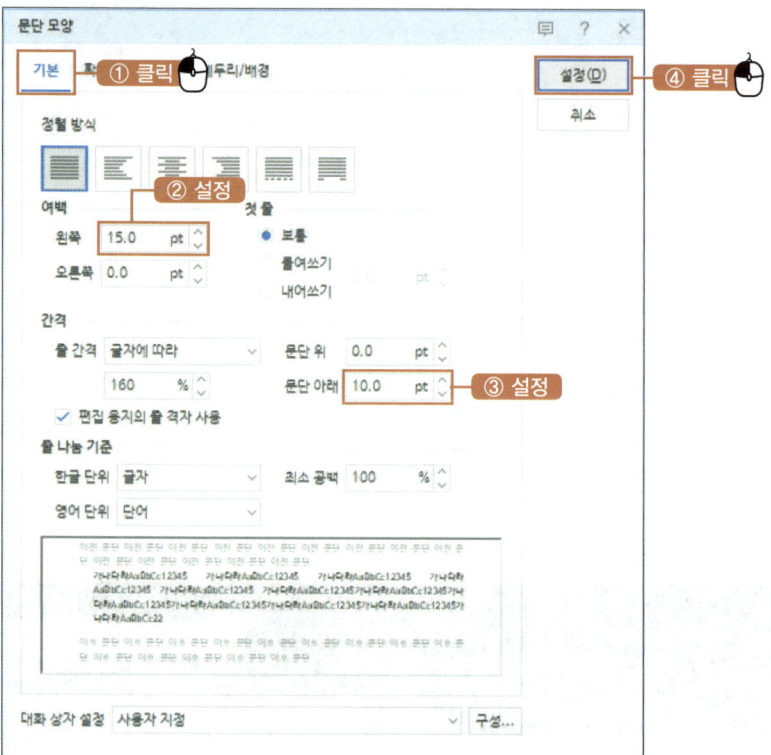

4 [스타일 추가하기] 대화상자에서 [글자 모양] 단추를 클릭합니다.

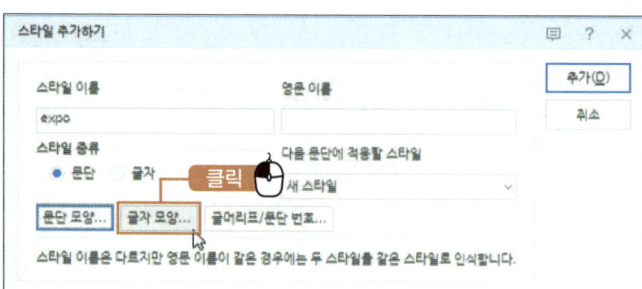

5 [글자 모양] 대화상자에서 '기준 크기 : 10pt', '장평 : 95%', '자간 : -5%'를 설정한 후 언어별 설정의 언어에서 '한글 : 돋움', '영문 : 굴림'을 지정하고 [설정] 단추를 클릭합니다.

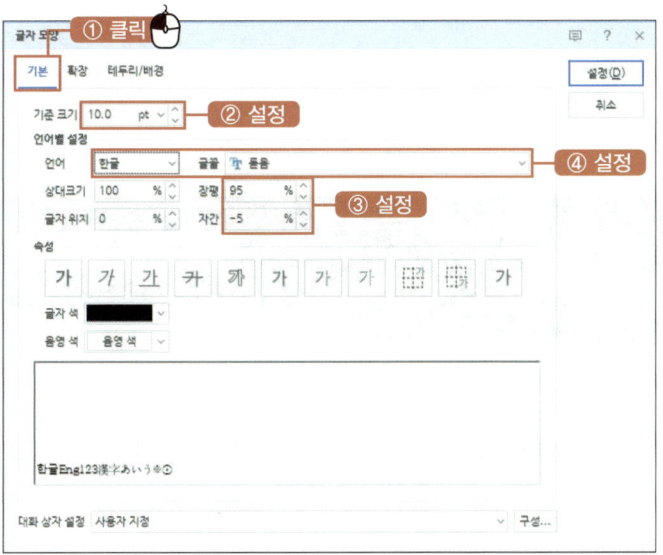

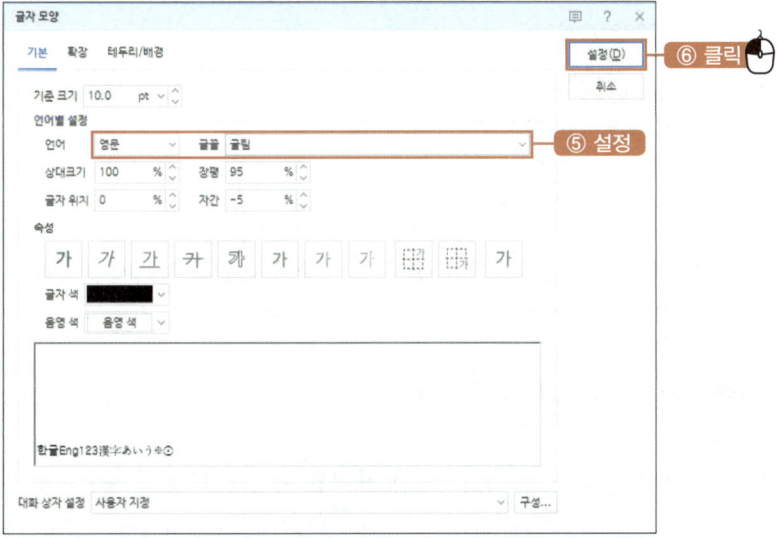

Check Point

한글과 영문의 서식을 각각 설정하는 방법보다 공통된 서식(장평, 자간 등)을 먼저 설정한 후 한글과 영문의 글꼴을 지정하는 방법이 시간을 단축할 수 있습니다.

6 [스타일 추가하기] 대화상자에서 [추가] 단추를 클릭합니다.

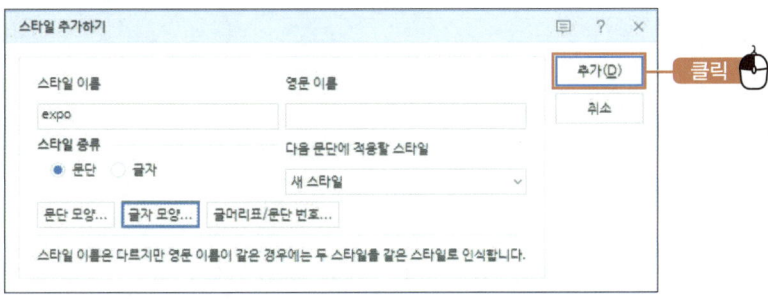

7 [서식] 탭에서 추가된 'expo' 스타일을 클릭하여 범위 지정한 문장에 스타일을 적용합니다.

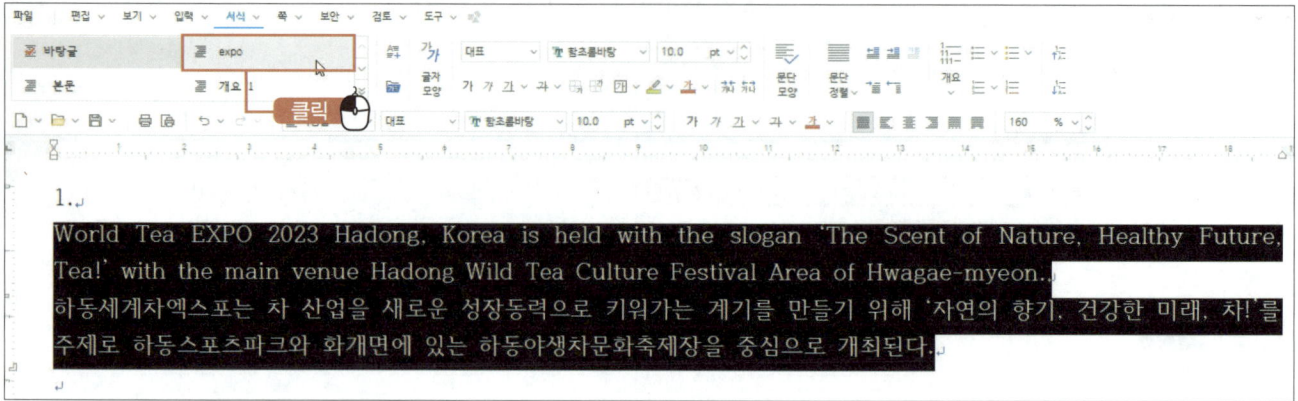

8 Esc 키를 눌러 범위를 해제한 후 스타일이 적용됐는지 확인하고, [파일]-[저장하기 💾] 메뉴(또는 Alt + S)를 클릭하여 저장합니다.

World Tea EXPO 2023 Hadong, Korea is held with the slogan 'The Scent of Nature, Healthy Future, Tea!' with the main venue Hadong Wild Tea Culture Festival Area of Hwagae-myeon.

하동세계차엑스포는 차 산업을 새로운 성장동력으로 키워가는 계기를 만들기 위해 '자연의 향기, 건강한 미래, 차!'를 주제로 하동스포츠파크와 화개면에 있는 하동야생차문화축제장을 중심으로 개최된다.

Check Point

- 스타일 작업을 마친 후 반드시 [바탕글] 스타일을 지정하여 다음 문제의 글자와 문단 모양에 영향을 미치지 않도록 합니다. 즉, 2번 문제를 작성하기 전에는 반드시 스타일이 바탕글 인지 확인해 주어야 합니다.
- 바탕글 스타일로 변환 단축키 : Ctrl + 1
- 최근 스타일 기능 문제에서 문단 모양은 왼쪽 여백이 주로 출제되며, 문단 아래 간격은 '10pt'가 고정적입니다. 글자 모양은 굴림, 돋움, 궁서 글꼴이 주로 출제됩니다.
- 작업 도중 불의의 사고로 작성한 답안 파일에 문제가 발생할 수도 있으므로 각 문제를 완성할 때마다 저장하는 습관을 길러야 합니다.

Check Point

- 영문 텍스트를 작성하지 않을 시, 0점 처리됩니다.
- 스타일 적용 문제에서 한글과 영문은 따로 채점되지 않고 텍스트 입력 기능으로 일괄 채점되며, 한글, 영문 각각 일정 분량 이상 작성해야 부분 점수를 받을 수 있습니다.

실력 향상을 위한 실전 연습문제

● 소스 파일 : Section01_예제01.hwpx   ● 정답 파일 : Section01_정답01.hwpx

01 다음의 《조건》에 따라 스타일 기능을 적용하여 《출력형태》와 같이 작성하시오.

조건
(1) 스타일 이름 – danjong
(2) 문단 모양 – 왼쪽 여백 : 15pt, 문단 아래 간격 : 10pt
(3) 글자 모양 – 글꼴 : 한글(굴림)/영문(궁서), 크기 : 10pt, 장평 : 105%, 자간 : 5%

출력형태

A figure of young Danjong is enshrined here. Every April 15, citizens gather and hold a memorial service.

단종문화제는 장릉사적 제196호이자 세계문화유산의 하나로 조선의 6대 임금인 단종의 고혼과 충신들의 넋을 축제로 승화시킨 영월의 대표적인 향토문화제이다.

● 소스 파일 : Section01_예제02.hwpx   ● 정답 파일 : Section01_정답02.hwpx

02 다음의 《조건》에 따라 스타일 기능을 적용하여 《출력형태》와 같이 작성하시오.

조건
(1) 스타일 이름 – skiing
(2) 문단 모양 – 왼쪽 여백 : 10pt, 문단 아래 간격 : 15pt
(3) 글자 모양 – 글꼴 : 한글(궁서)/영문(돋움), 크기 : 10pt, 장평 : 95%, 자간 : 5%

출력형태

New ski and binding designs, coupled with the introduction of ski lifts and snow cars to carry skiers up mountains, enabled the development of alpine skis.

역사 기록을 기준으로 보면 노르웨이의 레디 바위에 새겨진 스키 타는 사람의 모습은 4,500년 전의 것이라고 추정되며, 스웨덴의 중부 호팅 지방에서 발견된 4,500년 전의 스키가 가장 오래된 것으로 알려져 있다.

# 실력 향상을 위한 실전 연습문제

● 소스 파일 : Section01_예제03.hwpx   ● 정답 파일 : Section01_정답03.hwpx

03 다음의 《조건》에 따라 스타일 기능을 적용하여 《출력형태》와 같이 작성하시오.

조건
(1) 스타일 이름 – dmz
(2) 문단 모양 – 왼쪽 여백 : 15pt, 문단 아래 간격 : 10pt
(3) 글자 모양 – 글꼴 : 한글(돋움)/영문(궁서), 크기 : 10pt, 장평 : 95%, 자간 : -5%

출력형태

The Korean government is of a firm belief that all issues and conflicts should be resolved peacefully through dialogue.

비무장지대는 국제조약이나 협약에 의하여 무장이 금지된 완충 지역을 말하며 한국의 비무장지대는 한국전 정전협정에 의하여 1953년에 설정되었다.

● 소스 파일 : Section01_예제04.hwpx   ● 정답 파일 : Section01_정답04.hwpx

04 다음의 《조건》에 따라 스타일 기능을 적용하여 《출력형태》와 같이 작성하시오.

조건
(1) 스타일 이름 – car
(2) 문단 모양 – 왼쪽 여백 : 10pt, 문단 아래 간격 : 10pt
(3) 글자 모양 – 글꼴 : 한글(굴림)/영문(돋움), 크기 : 10pt, 장평 : 105%, 자간 : -5%

출력형태

It is our great pleasure to extend our heartfelt greeting to all those from around the world who are in the field of automobile industry.

오늘날 가장 널리 사용되는 내연기관 자동차는 19세기 말에 증기 자동차의 뒤를 이어 실용화되었으며 가솔린 자동차, 디젤기관 자동차, LPG 자동차가 이에 속한다.

● 소스 파일 : Section01_예제05.hwpx   ● 정답 파일 : Section01_정답05.hwpx

05 다음의 ≪조건≫에 따라 스타일 기능을 적용하여 ≪출력형태≫와 같이 작성하시오.

조건
(1) 스타일 이름 – volunteering
(2) 문단 모양 – 왼쪽 여백 : 15pt, 문단 아래 간격 : 10pt
(3) 글자 모양 – 글꼴 : 한글(굴림)/영문(돋움), 크기 : 10pt, 장평 : 95%, 자간 : 5%

출력형태

Volunteering is generally considered and altruistic activity where an individual or group provides services for no financial gain "to benefit another person, group or organization."

자원봉사는 일반적으로 개인이나 단체가 다른 사람 또는 조직을 위해 금전적 보상 없이 서비스를 제공하는 이타적인 행동으로 간주된다.

● 소스 파일 : Section01_예제06.hwpx   ● 정답 파일 : Section01_정답06.hwpx

06 다음의 ≪조건≫에 따라 스타일 기능을 적용하여 ≪출력형태≫와 같이 작성하시오.

조건
(1) 스타일 이름 – noise
(2) 문단 모양 – 왼쪽 여백 : 10pt, 문단 아래 간격 : 15pt
(3) 글자 모양 – 글꼴 : 한글(굴림)/영문(돋움), 크기 : 10pt, 장평 : 95%, 자간 : -5%

출력형태

The presence of unwanted sound is a called noise pollution. This unwanted sound can seriously damage and effect physiological and psychological health.

산업 현장, 운송 체계, 음향 체계, 기타 수단에 의해 발생하는 소리가 기준을 초과하는 경우에는 영구적 청력 상실, 이상 증후군 발생, 심리적 불안을 유발할 수 있다.

Section 2 [기능평가 I -2] 표

표를 만들어 작성하는 문제로 ①표 작성, ②글자 모양과 문단 모양, ③셀 테두리/배경 기능, ④계산 기능 및 캡션 기능에 대하여 학습합니다.

- **소스 파일** : Section02_예제.hwpx
- **정답 파일** : Section02_정답.hwpx

1. 다음의 ≪조건≫에 따라 ≪출력형태≫와 같이 표를 작성하시오. (100점)

조건
(1) 표 전체(표, 캡션) - 돋움, 10pt
(2) 정렬 - 문자 : 가운데 정렬, 숫자 : 오른쪽 정렬
(3) 셀 배경(면색) : 노랑
(4) 한글의 계산 기능을 이용하여 빈칸에 합계를 구하고, 캡션 기능 사용할 것
(5) 선 모양은 ≪출력형태≫와 동일하게 처리할 것

출력형태

주요 지역별 차 생산량의 변화(단위 : 백 톤)

구분	2019년	2020년	2021년	2022년	합계
전라남도	14	15	18	19	
경상남도	22	19	12	14	
제주특별자치도	3	7	8	16	
전라북도	1	3	2	2	

핵심 체크

① 표 만들기 : [입력]-[표] 메뉴 또는 Ctrl + N , T 이용
② 표 서식 : 글자 모양, 문자 정렬, 셀 배경색, 셀 테두리, 캡션 달기 설정
③ 표 계산 : 계산 범위를 지정한 후 [표 레이아웃]-[계산식]-[블록 합계] 메뉴를 이용하여 자동 계산 수행하기

※ 작성 순서
표 작성 → 데이터 입력 및 정렬 → 블록 계산식 → 셀 편집(테두리, 배경색 등) → 캡션 달기

Check Point

표 메뉴

기능	메뉴	단축키	도구
표 만들기	[입력]-[표]	Ctrl+N, T	
셀 합치기	[표 레이아웃]-[셀 합치기]	범위 지정 후 M	
셀 나누기	[표 레이아웃]-[셀 나누기]	범위 지정 후 S	
선 모양	[표 디자인]-[테두리]	범위 지정 후 L	
셀 배경색	[표 디자인]-[표 채우기]	범위 지정 후 C	
블록 합계	[표 레이아웃]-[계산식]-[블록 합계]	Ctrl+Shift+S	
블록 평균	[표 레이아웃]-[계산식]-[블록 평균]	Ctrl+Shift+A	
캡션 달기	[표 레이아웃]-[캡션]	Ctrl+N, C	

단계 1 표 작성하기

1 [입력] 탭에서 [표 ⊞] 도구를 클릭하거나 Ctrl+N, T 단축키를 눌러 [표 만들기] 대화상자를 활성화합니다.

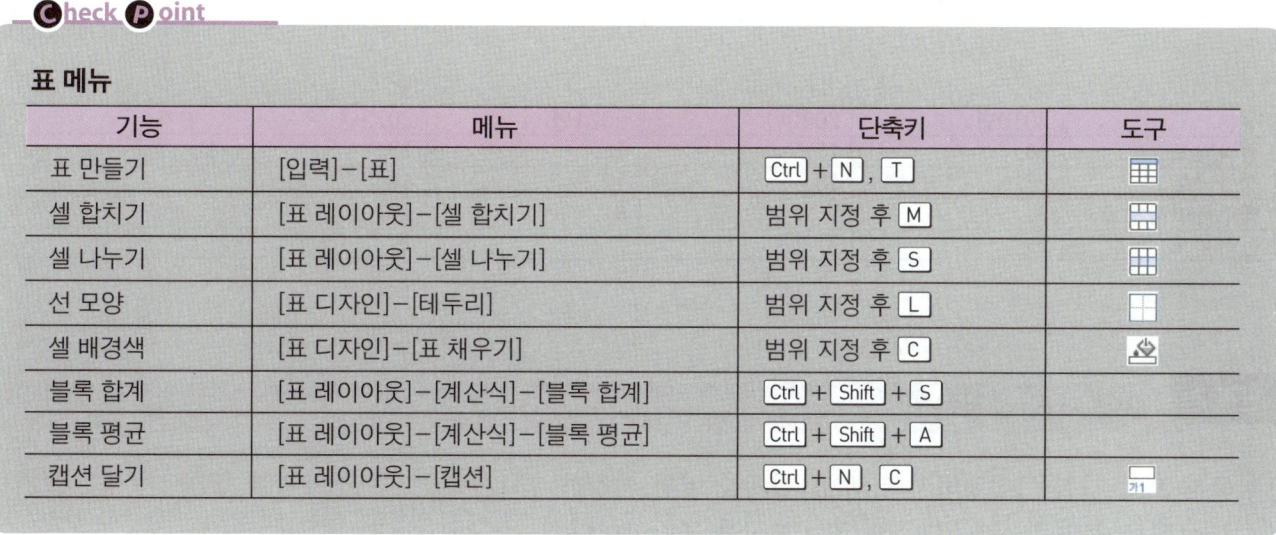

2 [표 만들기] 대화상자에서 '줄 개수 : 5', '칸 개수 : 6', '글자처럼 취급'에 체크한 후 [만들기] 단추를 클릭하여 표를 생성합니다.

Check Point

[입력] 탭-[표 ⊞]의 [목록 단추]를 클릭한 후 줄 개수와 칸 개수만큼 드래그하여 표를 작성할 수도 있습니다.

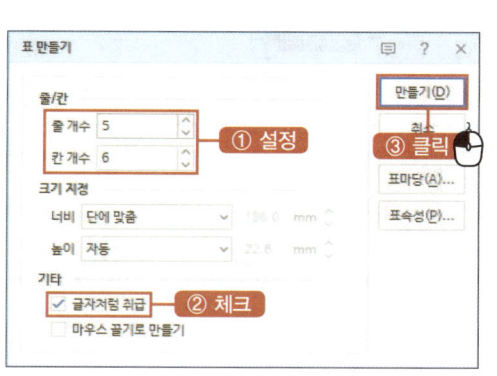

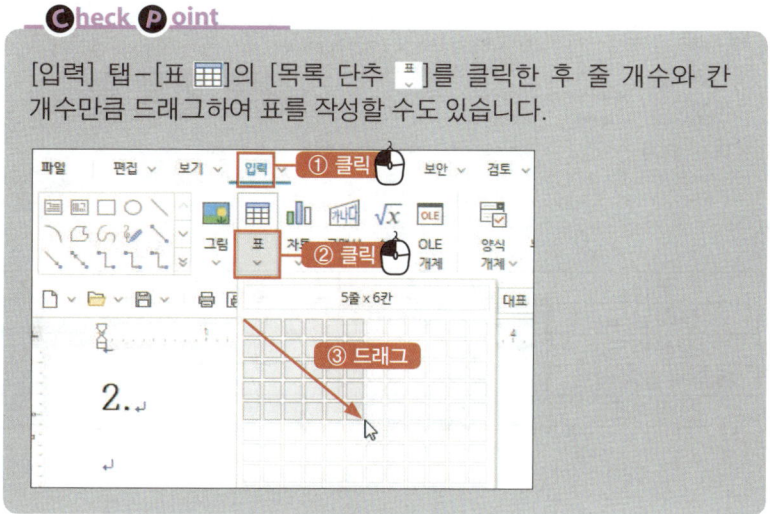

3 ≪출력형태≫와 동일하게 내용을 입력합니다.

2.

구분	2019년	2020년	2021년	2022년	합계
전라남도	14	15	18	19	
경상남도	22	19	12	14	
제주특별자치도	3	7	8	16	
전라북도	1	3	2	2	

단계 2 모양 서식 설정하기

1 글자 모양 서식을 설정하기 위해 표 전체를 범위 지정한 후 [서식] 도구 상자에서 '글꼴 : 돋움', '크기 : 10pt'로 설정하고, [가운데 정렬 ≡] 도구를 클릭합니다.

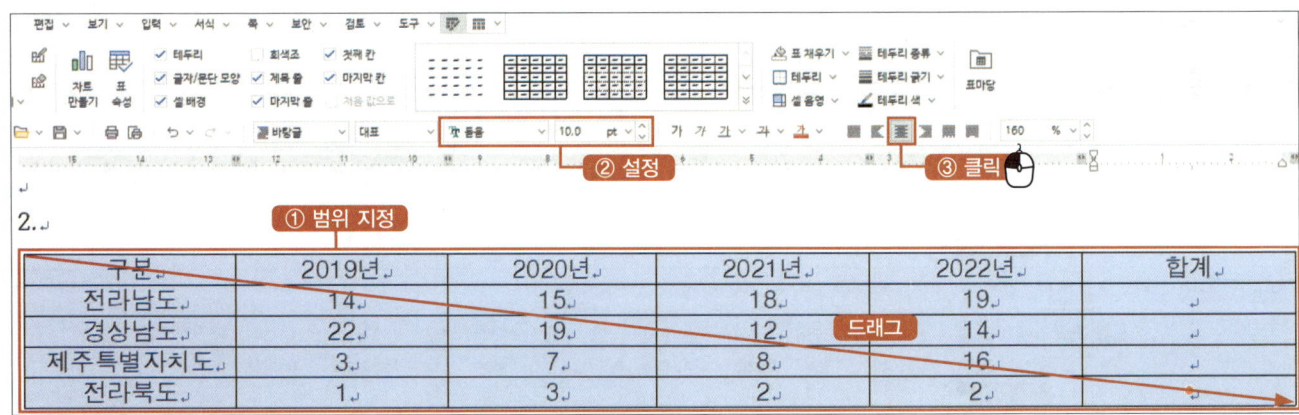

Check Point

표 범위 지정
① 한 셀 지정 : 해당 셀을 클릭한 후 F5 를 누름
② 두 셀 이상 범위 지정 : 해당 범위만큼 마우스로 드래그
③ 표 전체 범위 지정 : 해당 범위만큼 마우스로 드래그하거나 F5 를 세 번 누름

2 숫자 데이터 부분만 범위 지정한 후 [서식] 도구상자에서 [오른쪽 정렬 ≡] 도구를 클릭합니다.

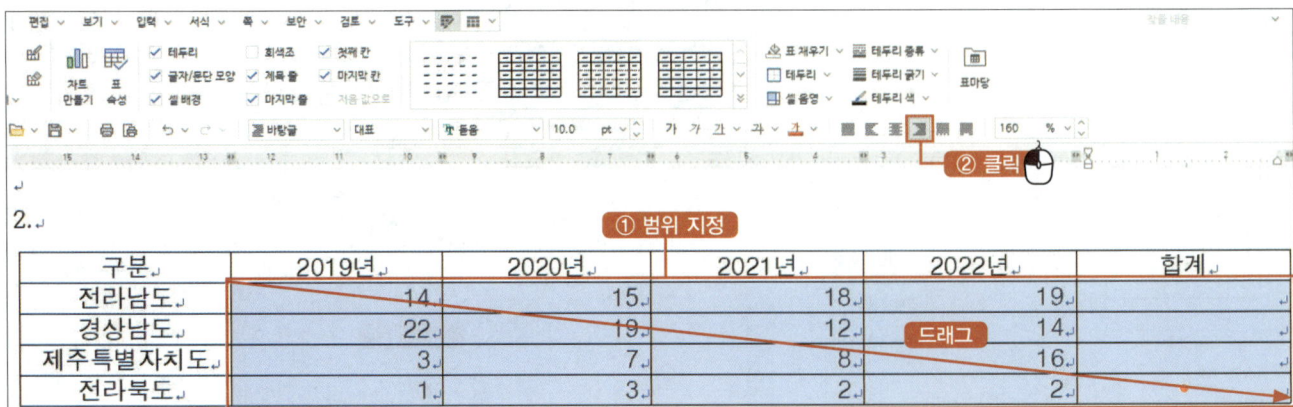

Check Point
- 합계 또는 평균을 구할 결과 값 셀까지 범위 지정하면 결과 값이 계산된 후 다시 정렬 작업을 하지 않아도 됩니다.
- 여러 범위 셀 지정 : 원하는 범위를 지정한 후 Ctrl 키를 누르고 추가 범위를 지정하면 서로 떨어져 있는 셀을 범위로 지정할 수 있으며, 먼저 설정한 범위를 다시 선택하면 범위 지정이 취소됩니다.

단계 3 블록 계산

1 계산될 숫자가 있는 셀과 계산된 결과가 표시될 셀이 포함되도록 그림과 같이 범위를 지정한 후 [표 레이아웃 ▦] 탭-[계산식 ➕✖️ ▾]의 [블록 합계]를 클릭합니다.

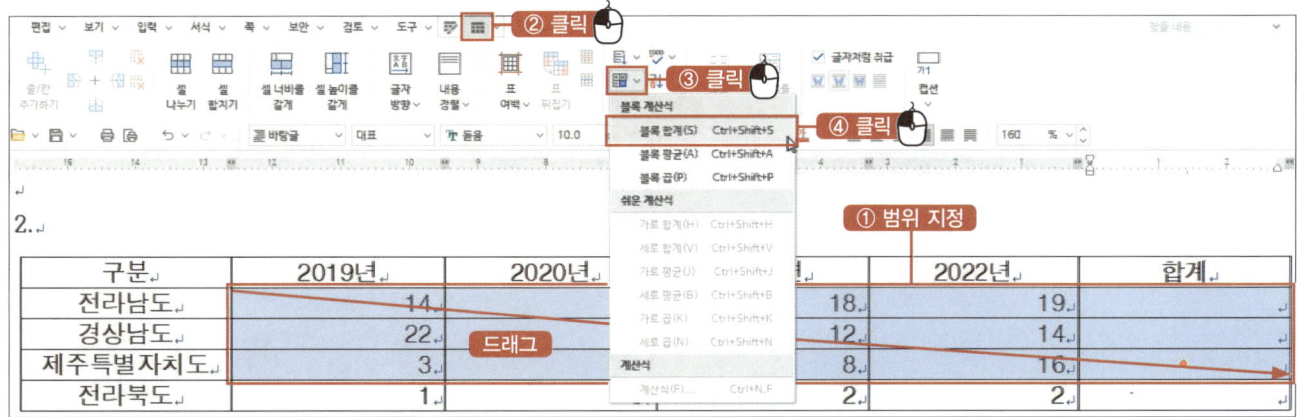

Check Point
- 블록 계산은 단축키를 이용하는 것이 시간을 단축할 수 있습니다.
- 블록 합계 : Ctrl + Shift + S , 블록 평균 : Ctrl + Shift + A
- 블록 평균을 계산하면 기본적으로 소수점 두 자리까지 표시됩니다.

2 빈 셀에 합계가 계산되어 표시되면 Esc 키를 눌러 범위 지정을 해제합니다.

단계 4 셀 테두리 및 배경색

1 표 바깥쪽 테두리 선 모양을 지정하기 위하여 표 전체를 범위 지정한 후 L 키를 눌러 [셀 테두리/배경] 대화상자를 엽니다.

2.

구분	2019년	2020년	2021년	2022년	합계
전라남도	14	15	18	19	66
경상남도	22	19	12	14	67
제주특별자치도	3	7	8	16	34
전라북도	1	3	2	2	

> **Check Point**
>
> 시간 단축을 위해 셀 테두리와 배경색 설정은 단축키를 사용하는 것이 좋습니다.
> - 셀 테두리 : 범위 지정 후 ㄴ 키
> - 셀 배경색 : 범위 지정 후 ㄷ 키

2 [테두리] 탭의 테두리 종류에서 '이중 실선 =========='을 선택하고 [바깥쪽 ▣] 단추를 선택한 후 [설정] 단추를 클릭합니다.

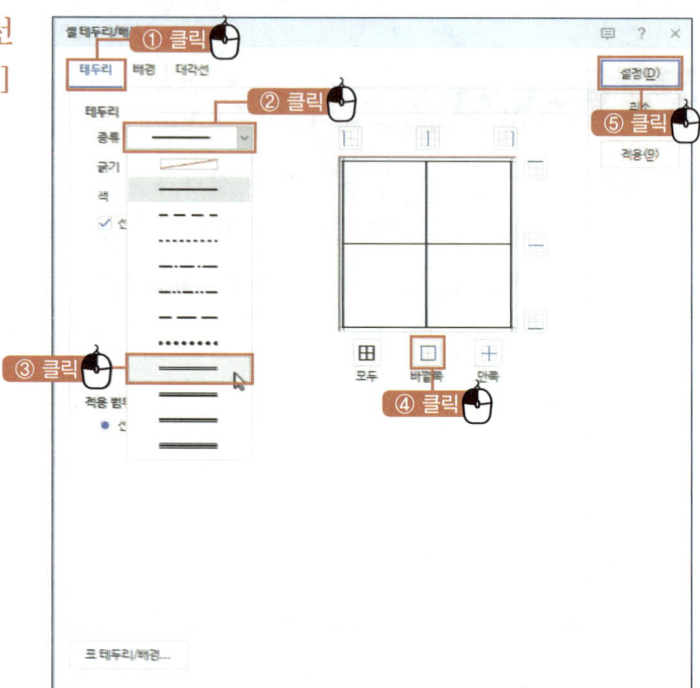

3 1행만 범위 지정한 후 ㄴ키를 눌러 [셀 테두리/배경] 대화상자의 [테두리] 탭에서 '이중 실선 =========='을 선택한 후 [아래쪽 테두리 ▭] 단추를 누르고 [설정] 단추를 클릭합니다.

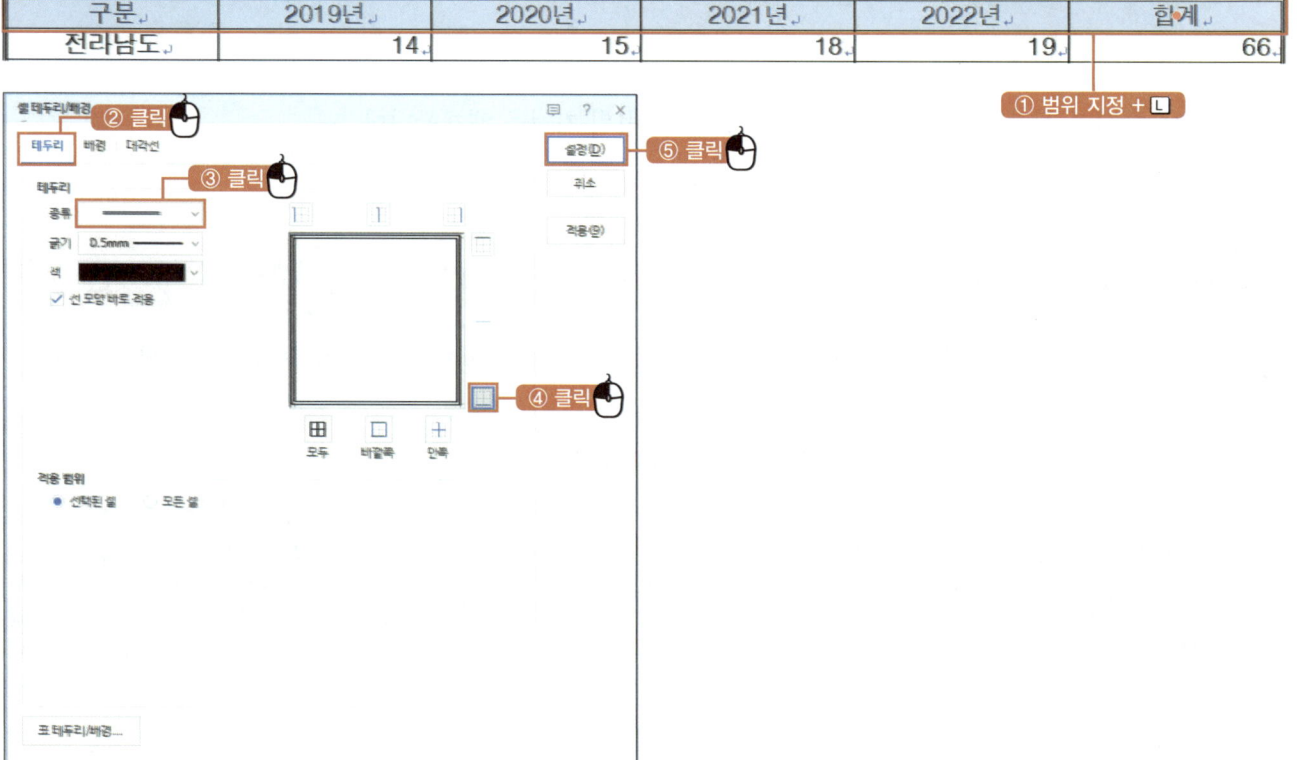

4 마지막 셀을 클릭한 후 F5 키를 눌러 하나의 셀만 범위 지정하고 L 키를 누른 후, [셀 테두리/배경] 대화상자의 [대각선] 탭에서 [대각선(1) ◪], [대각선(A) ◪] 단추를 각각 클릭하고 [설정] 단추를 클릭합니다.

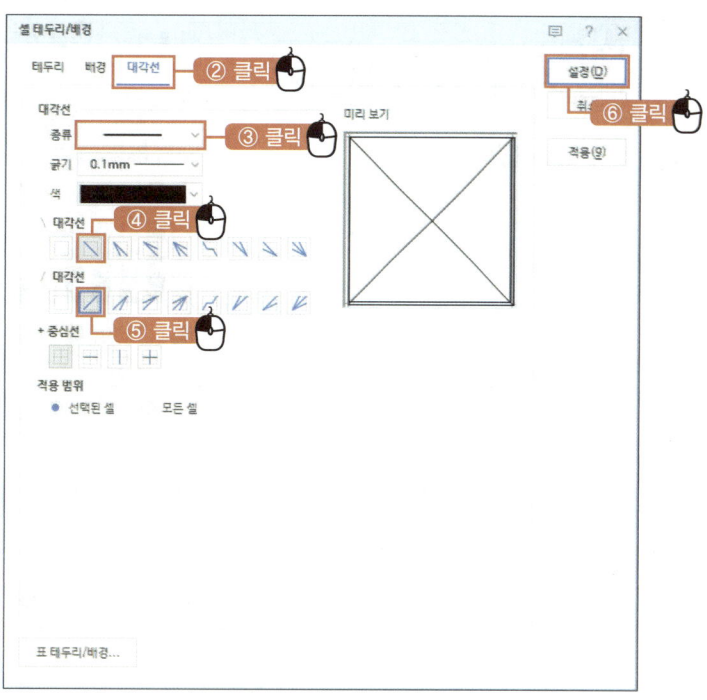

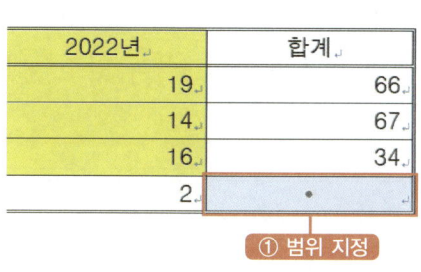

Check Point

- 범위를 지정한 후 [표 레이아웃 ▦] 탭의 [목록 단추 ⌄]를 클릭하고 [셀 테두리/배경]-[각 셀마다 적용]을 선택하여 셀 테두리를 설정할 수도 있습니다.

- 대각선을 '각 셀마다 적용'과 '하나의 셀처럼 적용' 예

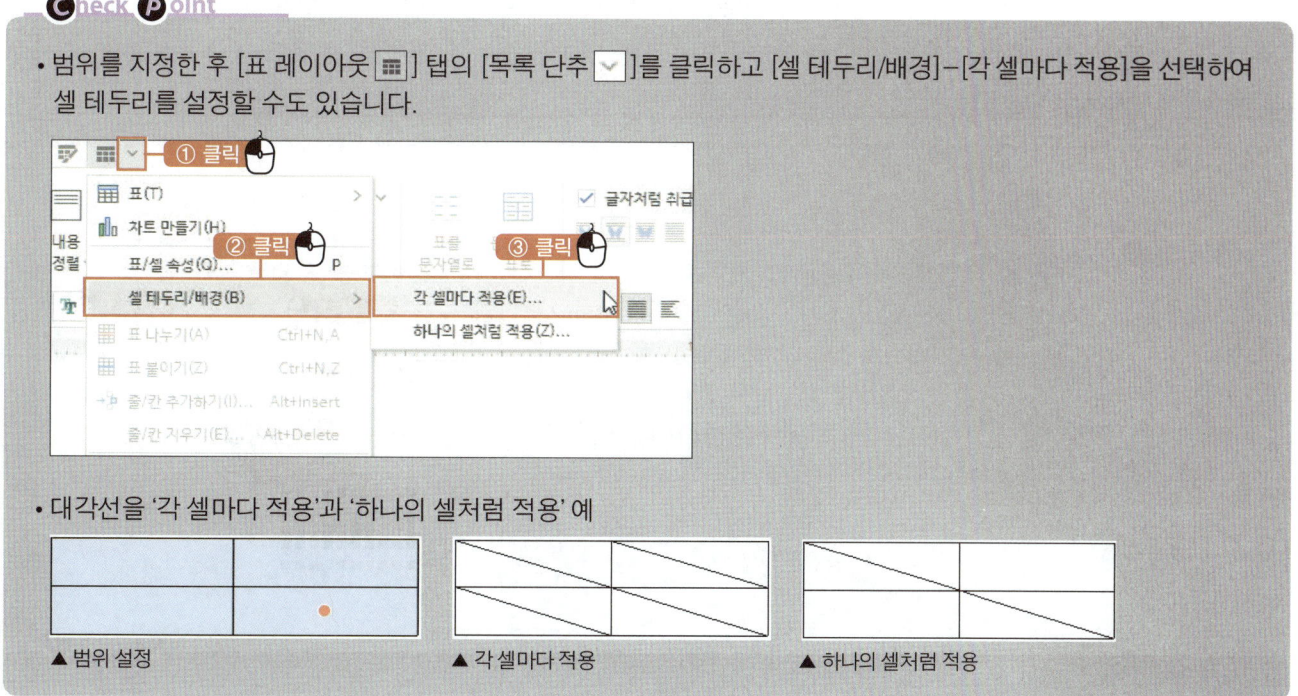

5 셀에 배경색을 설정하기 전에 [표 디자인] 탭에서 [표 채우기] 도구의 [목록 단추]를 클릭하고, [테마 색상표] 단추를 클릭한 후 '오피스' 테마를 클릭합니다.

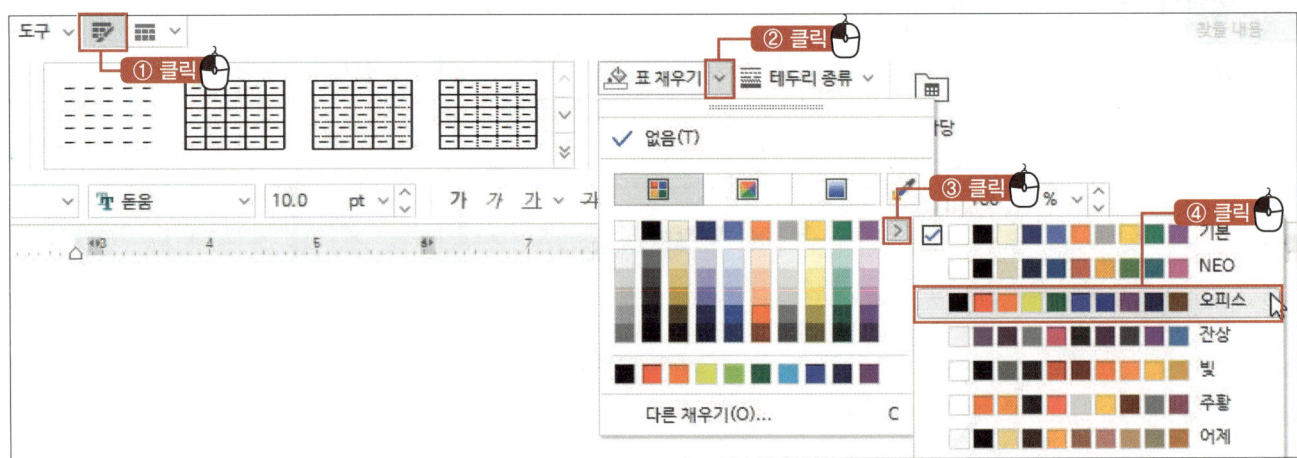

6 색상을 설정할 범위를 지정한 후 [표 디자인] 탭에서 [표 채우기] 도구의 [목록 단추]를 클릭하고 '노랑(RGB: 255,255,0)'을 지정합니다.

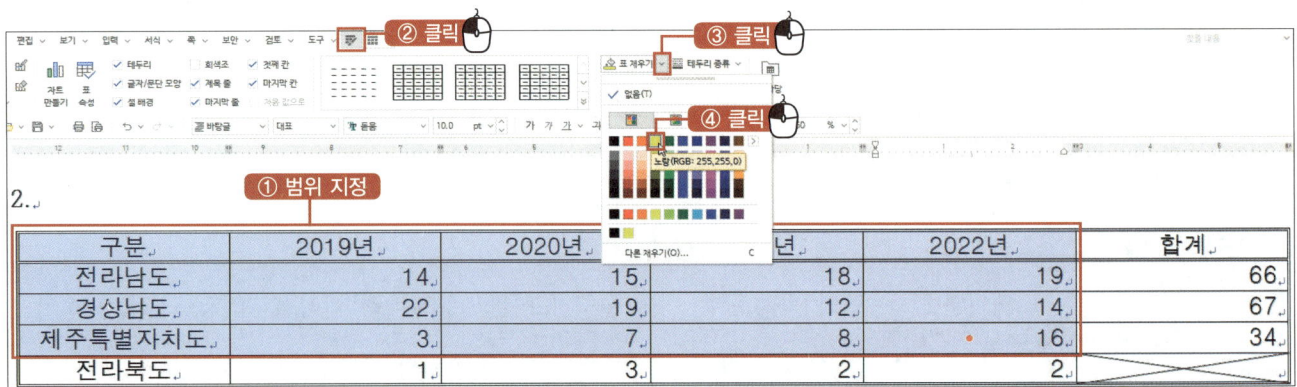

Check **P**oint

- 시험에서 지시하는 색상 중 검정, 빨강, 노랑, 파랑은 '오피스' 테마이고, 하양은 '기본' 테마이므로 상황에 맞게 테마를 변경하여 지정합니다.
- 셀 범위를 지정하고 C 키를 눌러 [셀 테두리/배경] 대화상자의 [배경] 탭에서 '면 색'을 노랑으로 선택하여 설정할 수도 있습니다.

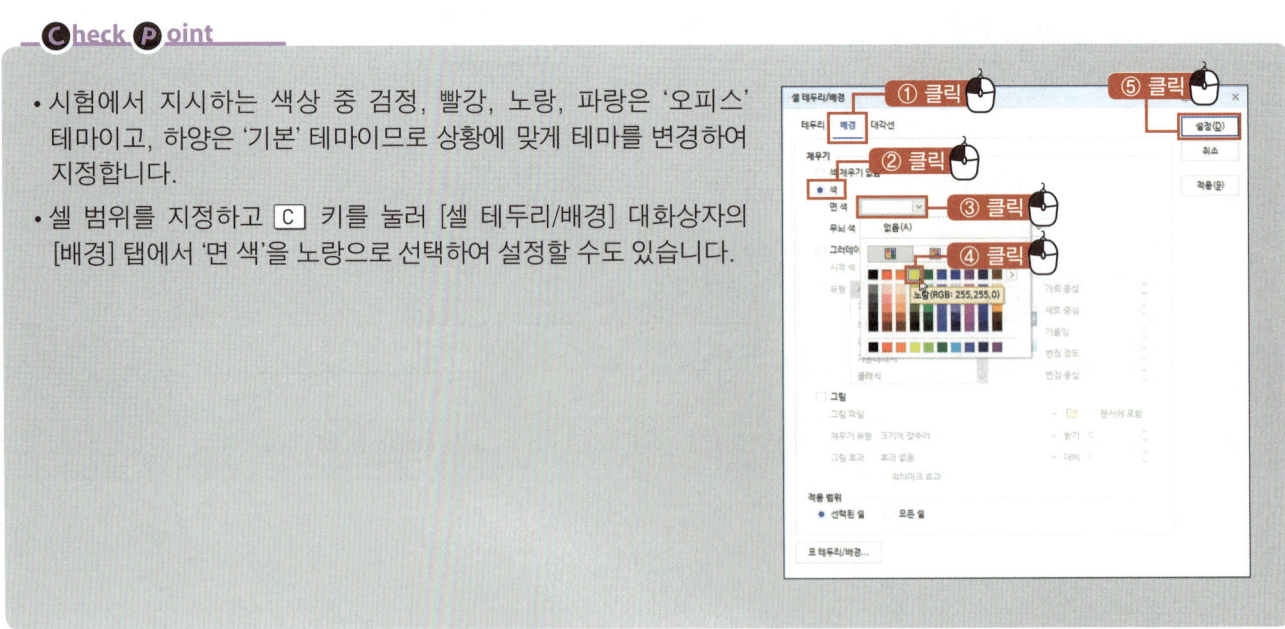

- [셀 테두리/배경] 대화상자의 [배경] 탭에서 [면 색]-[스펙트럼 ■]을 선택한 후 빨강(R), 녹색(G), 파랑(B)의 값을 직접 입력하여 설정(R 255, G 255, B 0)할 수도 있습니다.

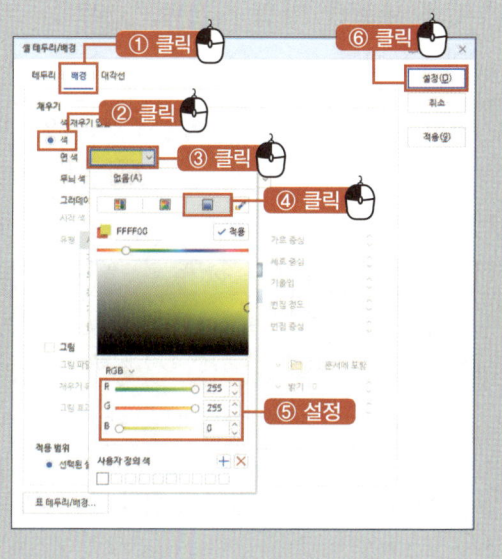

단계 5 캡션

1 [표 레이아웃 ▦] 탭에서 [캡션]의 [목록 단추]를 클릭한 후 '위'를 선택합니다.

2 자동으로 표시된 캡션명과 캡션번호(표 1)를 삭제하고 "**주요 지역별 차 생산량의 변화(단위 : 백 톤)**"를 입력합니다.

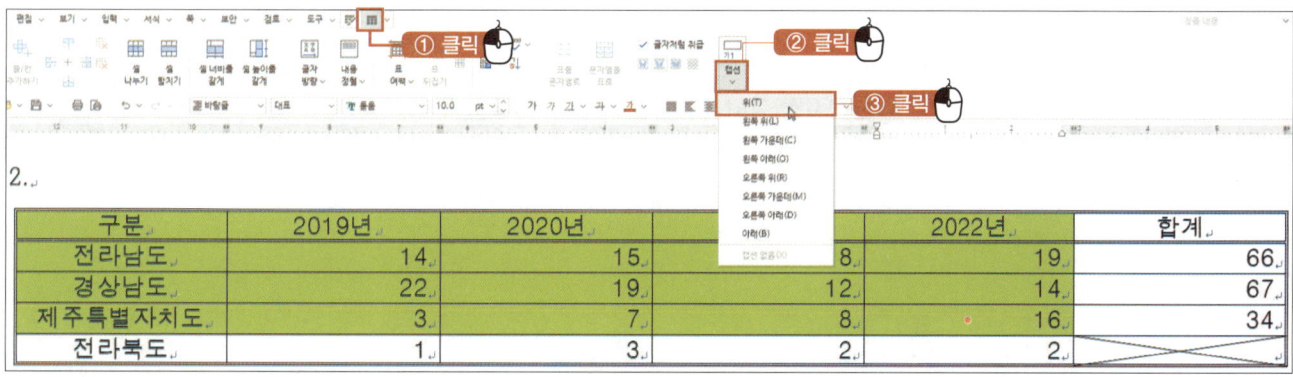

주요 지역별 차 생산량의 변화(단위 : 백 톤)

구분	2019년	2020년	2021년	2022년	합계
전라남도	14	15	18	19	66
경상남도	22	19	12	14	67
제주특별자치도	3	7	8	16	34
전라북도	1	3	2	2	

3 캡션 내용을 범위 지정하고 [서식] 도구에서 '글꼴 : 돋움', '글자 크기 : 10pt', '오른쪽 정렬'을 지정합니다.

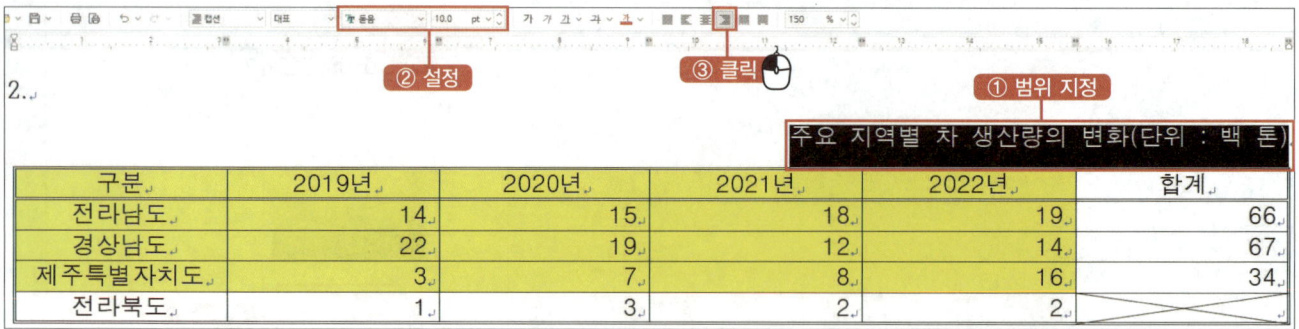

4 표의 셀 높이를 조절하기 위해 표 전체를 드래그하여 범위 지정한 후 Ctrl + ↓ 키를 한 번 누릅니다.

주요 지역별 차 생산량의 변화(단위 : 백 톤)

구분	2019년	2020년	2021년	2022년	합계
전라남도	14	15	18	19	66
경상남도	22	19	12	14	67
제주특별자치도	3	7	8	16	34
전라북도	1	3	2	2	

Check Point

표의 크기를 조절하지 않아도 감점 대상은 아닙니다.

실력 향상을 위한 실전 연습문제

● 소스 파일 : Section02_예제01.hwpx   ● 정답 파일 : Section02_정답01.hwpx

01 다음의 《조건》에 따라 《출력형태》와 같이 표를 작성하시오.

조건
(1) 표 전체(표, 캡션) – 돋움, 10pt
(2) 정렬 – 문자 : 가운데 정렬, 숫자 : 오른쪽 정렬
(3) 셀 배경색(면색) : 노랑
(4) 한글의 계산 기능을 이용하여 빈칸에 합계를 구하고, 캡션 기능 사용할 것
(5) 선 모양은 《출력형태》와 동일하게 처리할 것

출력형태

고령자 재취업 현황(단위 : %)

구분	2020년	2021년	2022년	2023년	합계
서울/경기	23.7	18.6	27.4	39.6	
부산	16.8	25.3	28.6	33.2	
광주	22.1	34.5	24.2	27.3	
강원	14.6	25.3	36.1	29.4	✕

● 소스 파일 : Section02_예제02.hwpx   ● 정답 파일 : Section02_정답02.hwpx

02 다음의 《조건》에 따라 《출력형태》와 같이 표를 작성하시오.

조건
(1) 표 전체(표, 캡션) – 굴림, 10pt
(2) 정렬 – 문자 : 가운데 정렬, 숫자 : 오른쪽 정렬
(3) 셀 배경색(면색) : 노랑
(4) 한글의 계산 기능을 이용하여 빈칸에 평균(소수점 두 자리)을 구하고, 캡션 기능 사용할 것
(5) 선 모양은 《출력형태》와 동일하게 처리할 것

출력형태

크로스컨트리 K-Point(단위 : 점)

구분	회장배	학생종별	전국체전	종별	평균
이건용	138	116	120	115	
정의명	136	133	151	114	
김진아	185	170	190	206	
김은지	160	145	153	168	✕

실력 향상을 위한 실전 연습문제

● 소스 파일 : Section02_예제03.hwpx ● 정답 파일 : Section02_정답03.hwpx

03 다음의 ≪조건≫에 따라 ≪출력형태≫와 같이 표를 작성하시오.

조건
(1) 표 전체(표, 캡션) - 궁서, 10pt
(2) 정렬 - 문자 : 가운데 정렬, 숫자 : 오른쪽 정렬
(3) 셀 배경색(면색) : 노랑
(4) 한글의 계산 기능을 이용하여 빈칸에 합계를 구하고, 캡션 기능 사용할 것
(5) 선 모양은 ≪출력형태≫와 동일하게 처리할 것

출력형태

통계자료 이용 현황(단위 : %)

구분	조사통계	가공통계	보고통계	지정통계	합계
법인	57.8	36.1	44.9	35.6	
단체	43.7	49.3	38.6	43.2	
개인	22.1	15.3	14.6	17.3	
기타	42.6	23.3	11.2	29.7	✕

● 소스 파일 : Section02_예제04.hwpx ● 정답 파일 : Section02_정답04.hwpx

04 다음의 ≪조건≫에 따라 ≪출력형태≫와 같이 표를 작성하시오.

조건
(1) 표 전체(표, 캡션) - 돋움, 10pt
(2) 정렬 - 문자 : 가운데 정렬, 숫자 : 오른쪽 정렬
(3) 셀 배경색 : 노랑
(4) 한글의 계산 기능을 이용하여 빈칸의 평균(소수점 두 자리)을 구하고, 캡션 기능 사용할 것
(5) 선 모양은 ≪출력형태≫와 동일하게 처리할 것

출력형태

대학 졸업 후 금융권 취업 현황(단위 : %)

구분	2020년	2021년	2022년	2023년	평균
서울	37.5	26.0	49.3	45.2	
대전	16.8	20.9	38.6	30.3	
부산	32.1	45.3	40.6	33.8	
강원도	22.6	15.3	19.6	34.7	✕

Section 3

[기능평가 I -3] 차트

배점 100 점

차트를 작성한 후 편집하는 문제로 ①차트의 원본 데이터 지정, ②차트 종류 지정, ③차트 서식(차트 제목, 축 제목, 범례 등) 지정 기능을 통하여 ≪출력형태≫와 동일한 차트를 작성합니다.

- 소스 파일 : Section03_예제.hwpx
- 정답 파일 : Section03_정답.hwpx

2. 다음의 ≪조건≫에 따라 ≪출력형태≫와 같이 차트를 작성하시오. (100점)

차트 조건
(1) 차트 데이터는 표 내용에서 연도별 전라남도, 경상남도, 제주특별자치도의 값만 이용할 것
(2) 종류 - <묶은 세로 막대형>으로 작업할 것
(3) 제목 - 글꼴 : 굴림, 진하게, 12pt,
　　　　속성 : 채우기(밝은 색 : 하양), 테두리, 그림자(바깥쪽 : 대각선 오른쪽 아래)
(4) 제목 이외의 전체 글꼴 - 굴림, 보통, 10pt
(5) 축제목과 범례는 ≪출력형태≫와 동일하게 처리할 것

출력형태

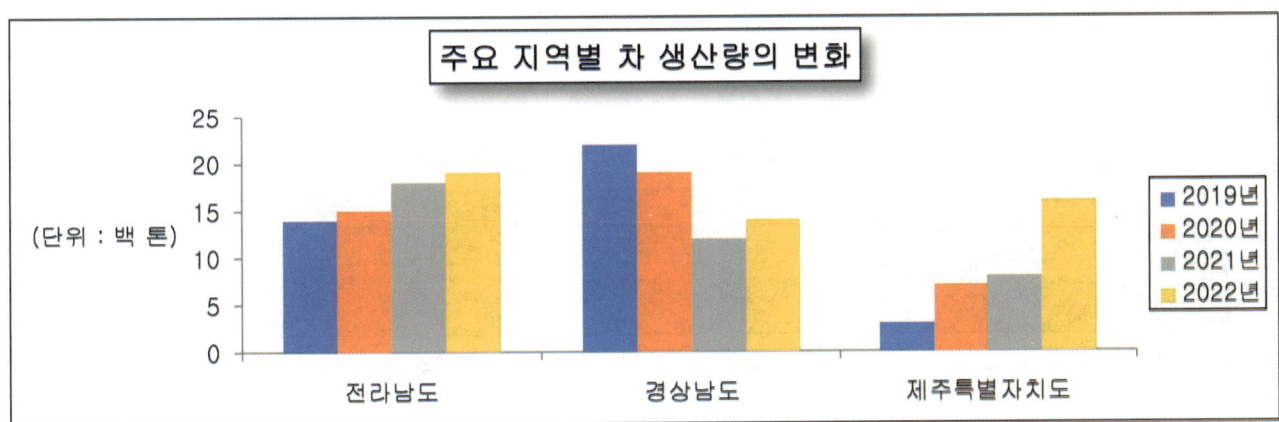

핵심 체크

① 차트 작성 : [표 디자인] 탭에서 [차트 만들기] 도구 클릭
② 차트 편집 : 차트 종류, 차트 제목, 축 제목, 전체 글꼴, 축 눈금, 범례 등을 설정

※ 작성 순서
차트 범위 지정 → 차트 편집(차트 종류, 차트 제목, 축, 범례 등)

Check Point

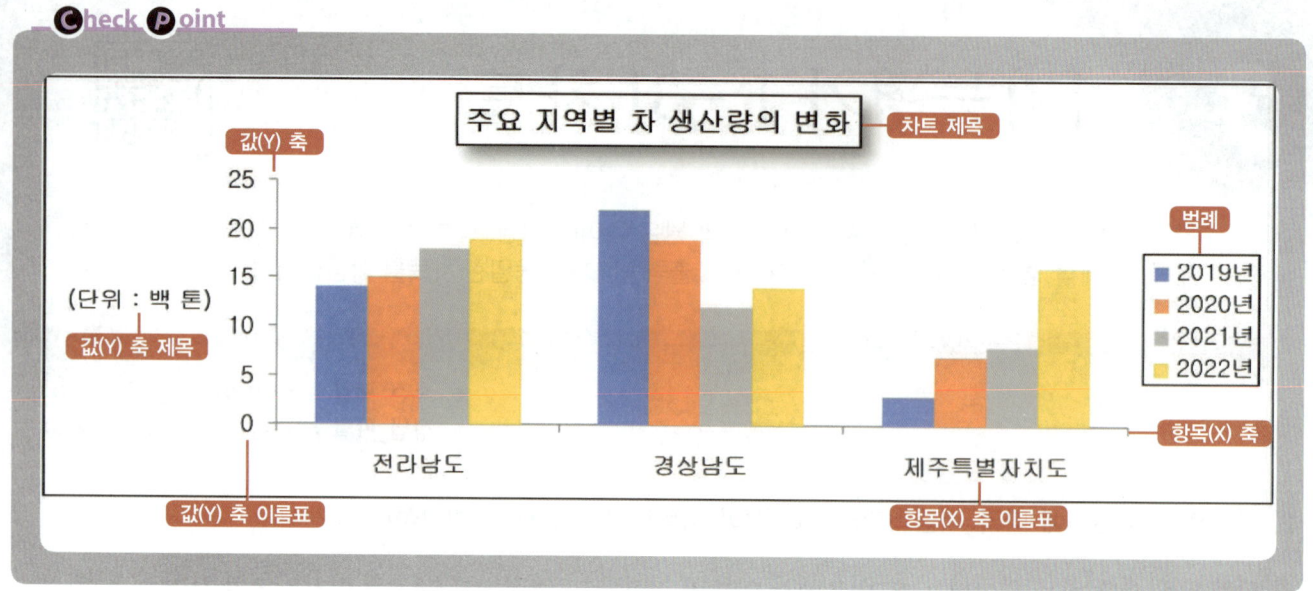

단계 1 차트 만들기

1 '기능평가Ⅰ-2'의 1번에서 작성한 표에서 차트에 사용될 원본 데이터의 범위를 지정한 후 [표 디자인] 탭에서 [차트 만들기] 도구를 클릭합니다.

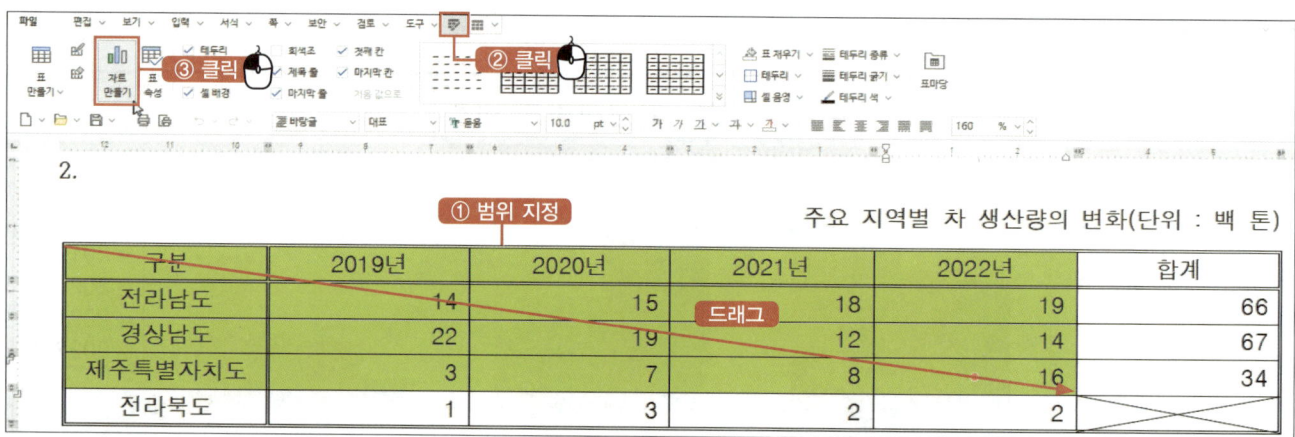

Check Point

• 범위를 지정한 후 바로가기 메뉴(마우스 오른쪽 버튼 클릭)에서 [차트] 메뉴를 선택해도 됩니다.
• 서로 떨어져 있는 셀의 범위를 지정할 때에는 Ctrl 키를 이용합니다.

2 차트가 표 위에 생성되고 [차트 데이터 편집] 대화상자가 표시되면 내용을 확인한 후 닫기 단추를 클릭하여 닫습니다.

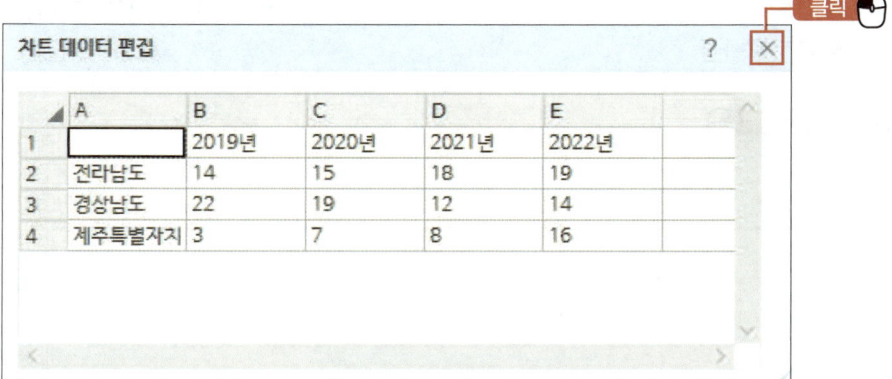

3 차트를 표 하단으로 이동하기 위해 [차트 서식] 탭에서 '글자처럼 취급'에 체크 표시합니다.

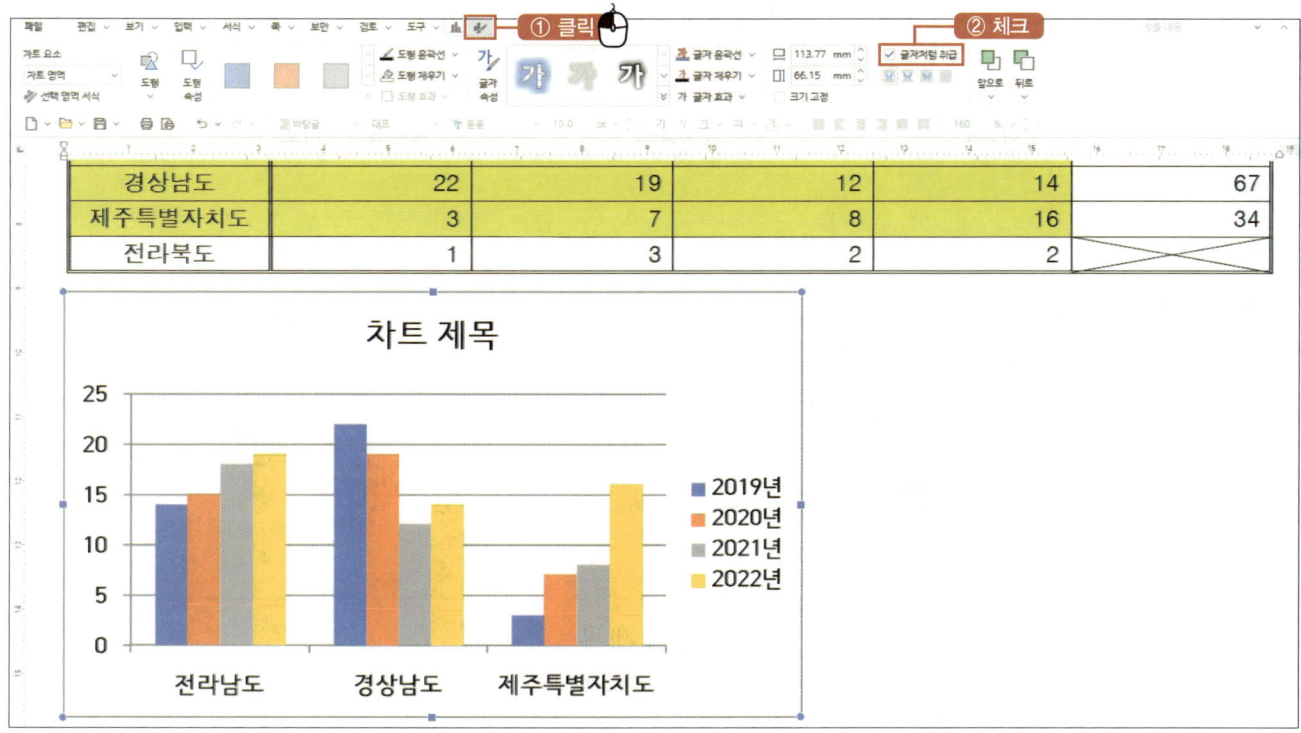

4 차트가 표 아래로 이동되면 차트의 조절점(■)을 드래그하여 적당한 크기로 차트의 크기를 조절합니다.

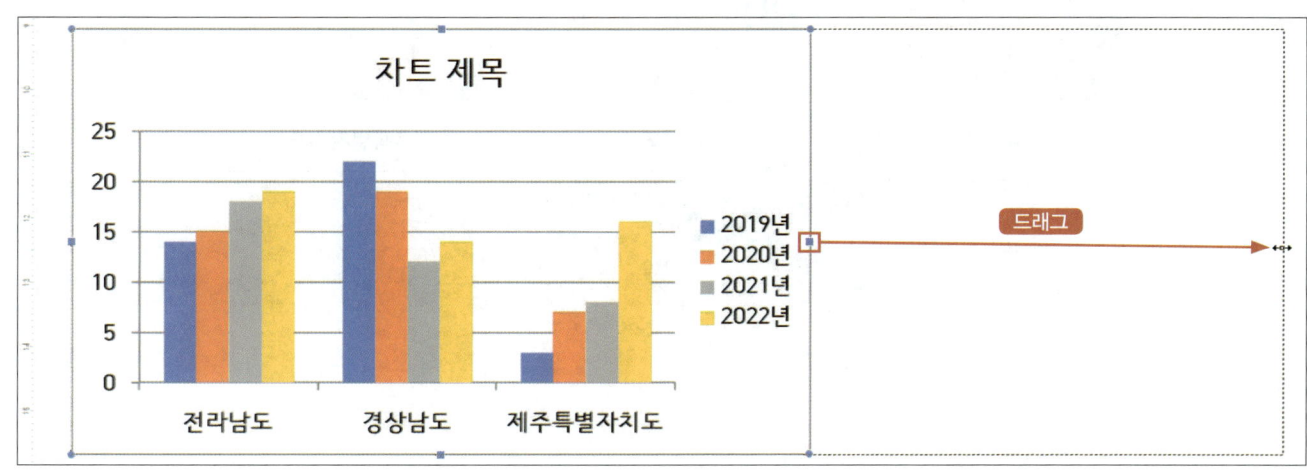

Check Point

차트를 만들면 <묶은 세로 막대형> 차트가 기본인데, 다른 차트로 변경할 경우 [차트 디자인 📊] 탭에서 [차트 종류 변경 📊] 도구를 클릭한 후 원하는 차트를 선택합니다.

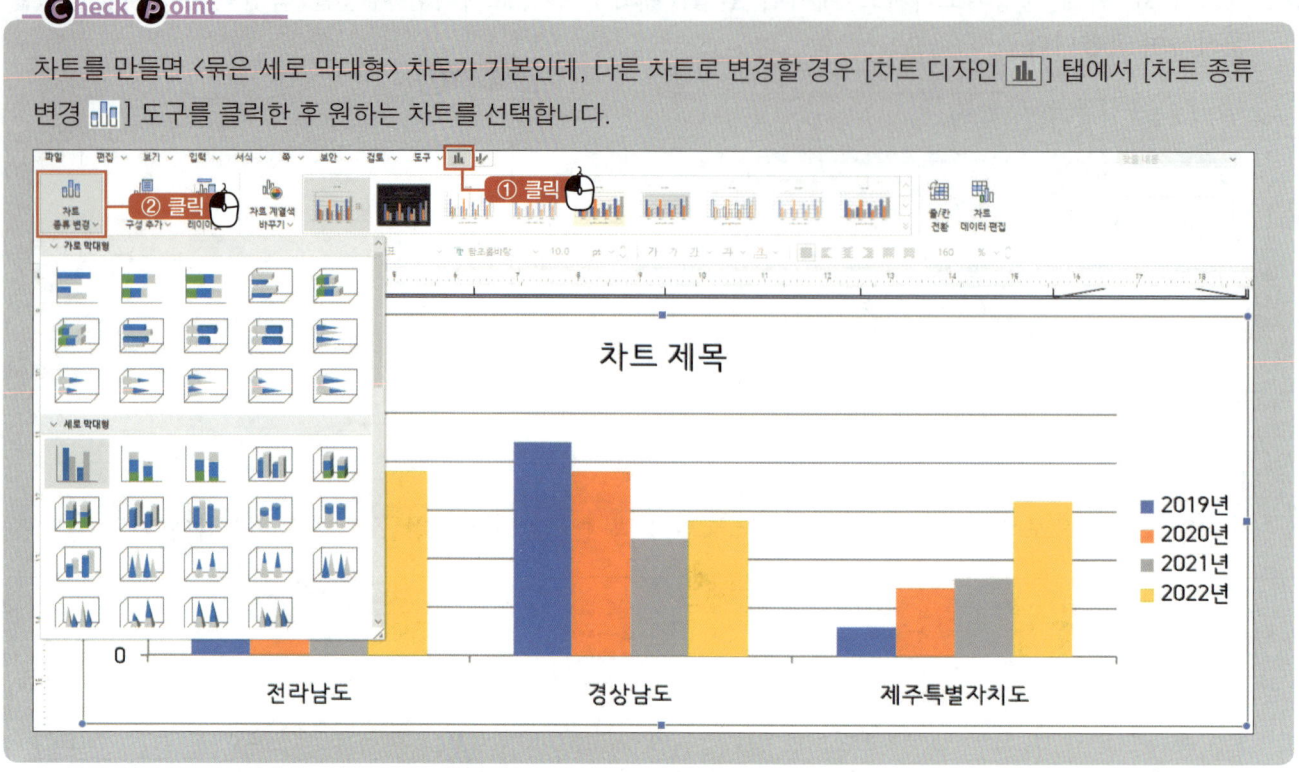

Check Point

- 최근 시험에는 '묶은 세로 막대형' 차트가 주로 출제됩니다.
- [줄/칸 전환 📊]을 클릭하여 차트의 '행/열'이나 'X/Y' 축을 변경할 수 있습니다.

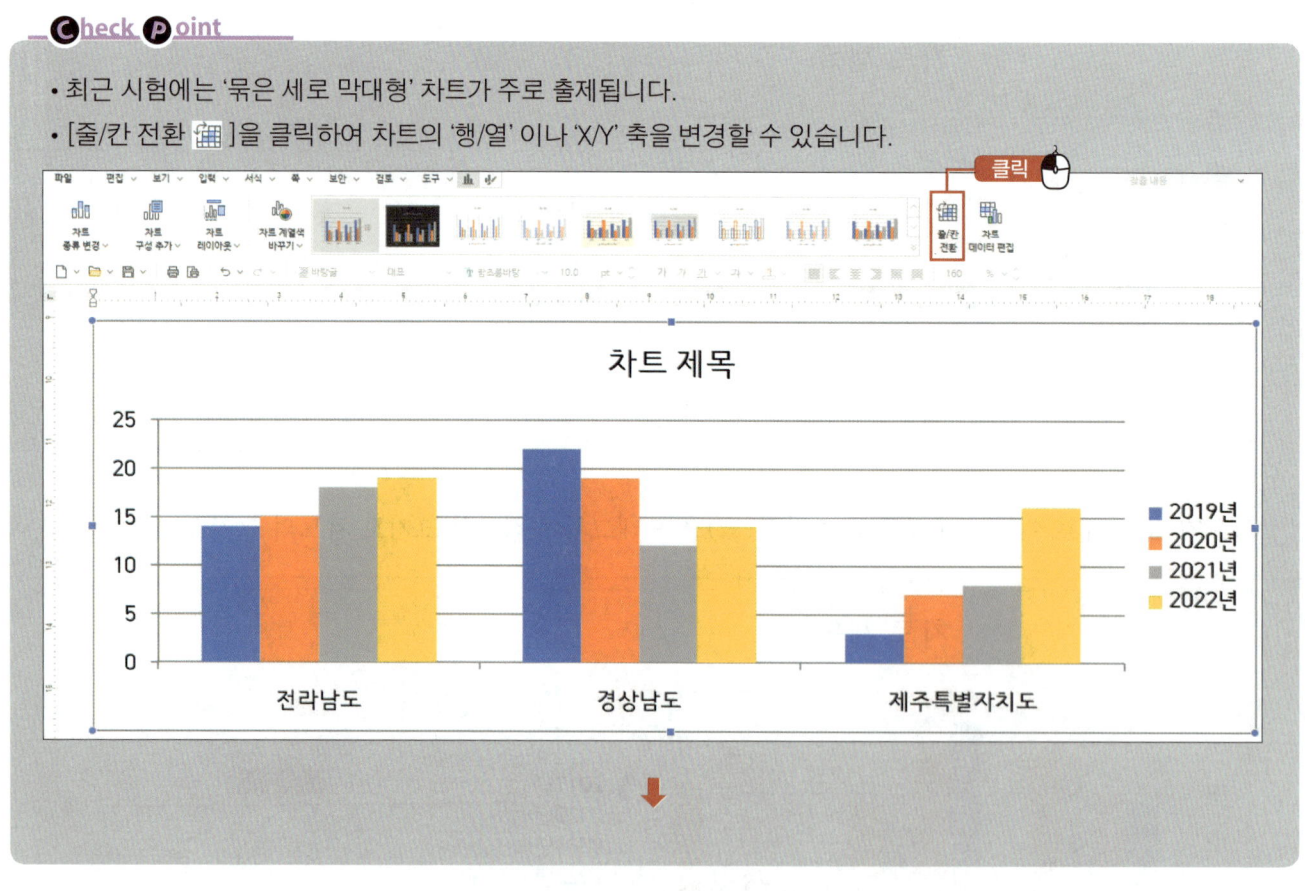

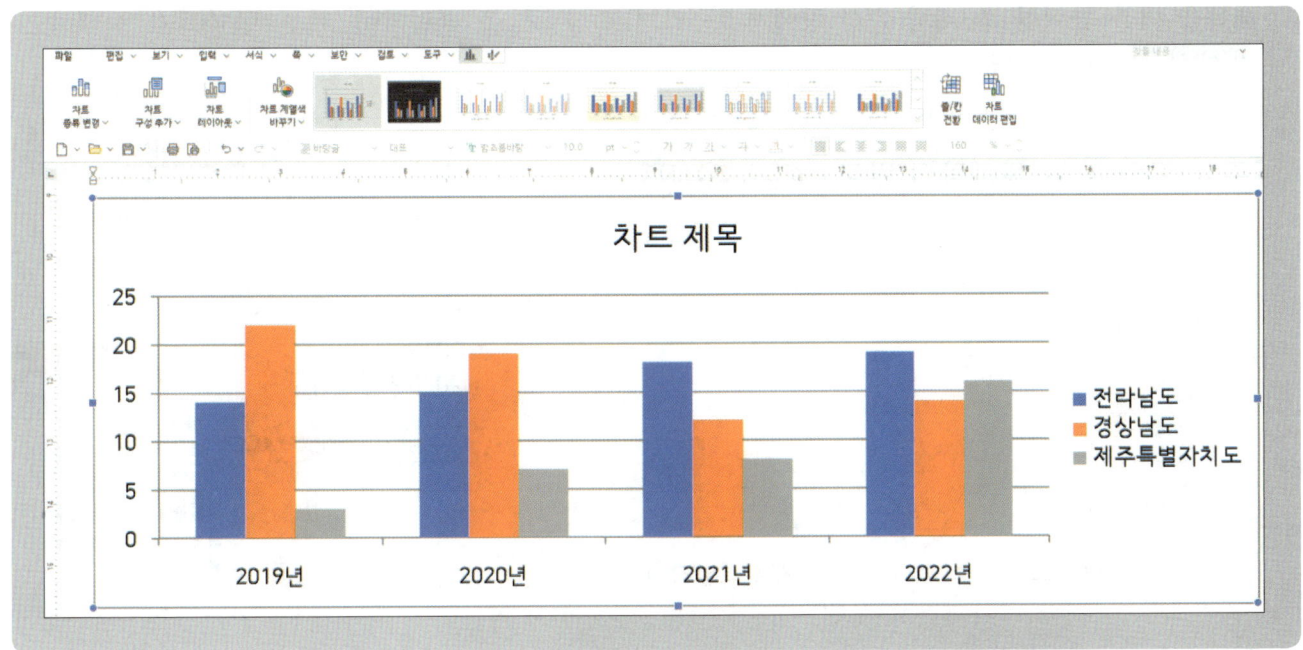

단계 2 차트 제목 편집

1. 차트 제목을 선택한 후 마우스 오른쪽 버튼을 클릭하여 바로가기 메뉴에서 [제목 편집] 메뉴를 클릭합니다.

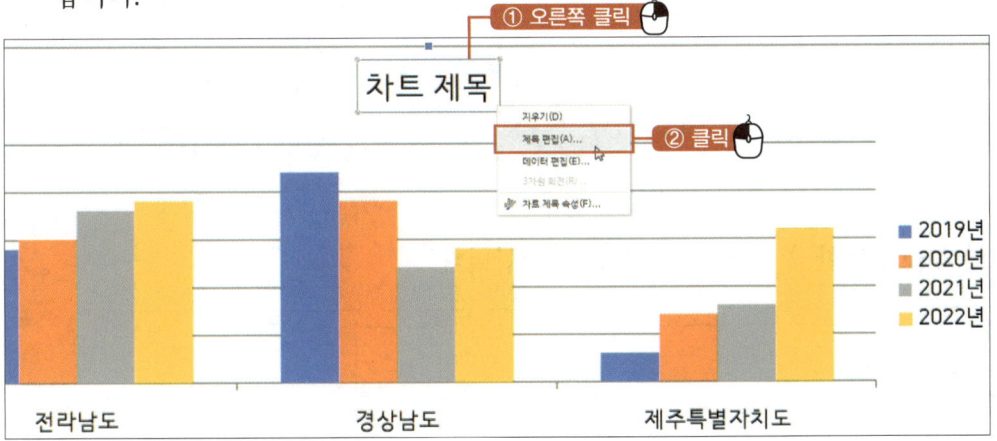

2. [차트 글자 모양] 대화상자에서 글자 내용에 "주요 지역별 차 생산량의 변화"를 입력하고, '언어별 설정-굴림', '속성-진하게', '크기-12pt'를 지정한 후 [설정] 단추를 클릭합니다.

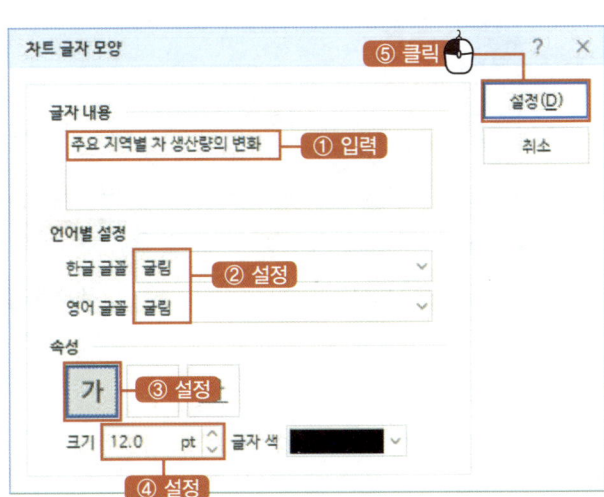

Check Point

한글과 영어 글꼴 모두 지시한 글꼴로 설정합니다.

3 제목을 더블 클릭한 후 개체 속성 창에서 [그리기 속성]을 클릭하여 '채우기-단색'을 선택하고, '색'에서 '하양'을 선택합니다.

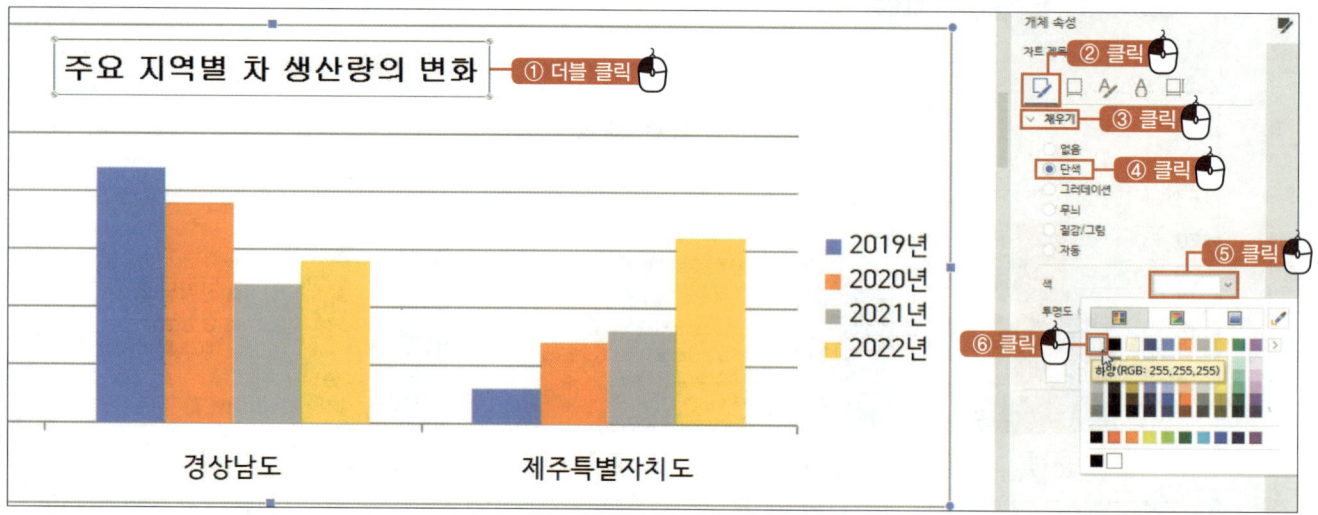

Check Point

개체 속성 창의 채우기에서 '밝은 색'을 선택해도 됩니다.

4 개체 속성 창에서 '선-단색'을 선택한 후 '색'에서 '검정'을 선택합니다.

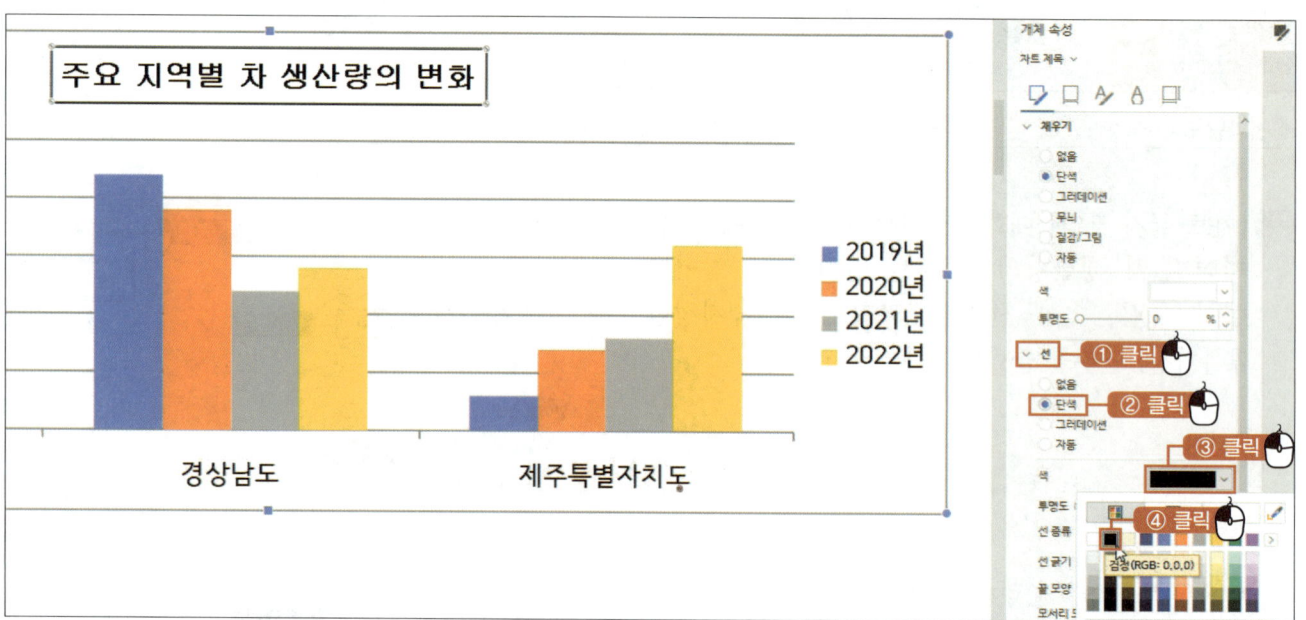

Check Point

- 테마 색(🎨)에서 테마 색상표(▶) 단추를 클릭하여 '기본' 색상표를 선택하면 하양(흰색)과 검정(검은색)을 선택할 수 있습니다.

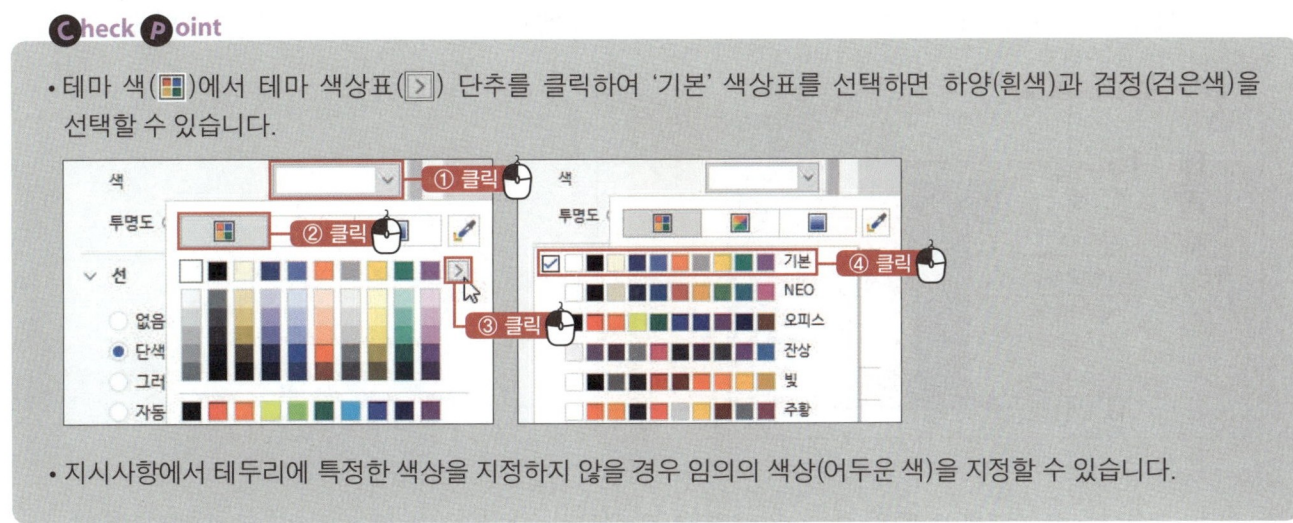

- 지시사항에서 테두리에 특정한 색상을 지정하지 않을 경우 임의의 색상(어두운 색)을 지정할 수 있습니다.

5 개체 속성 창에서 [효과 □]를 클릭한 후 '바깥쪽'의 '대각선 오른쪽 아래'를 선택합니다.

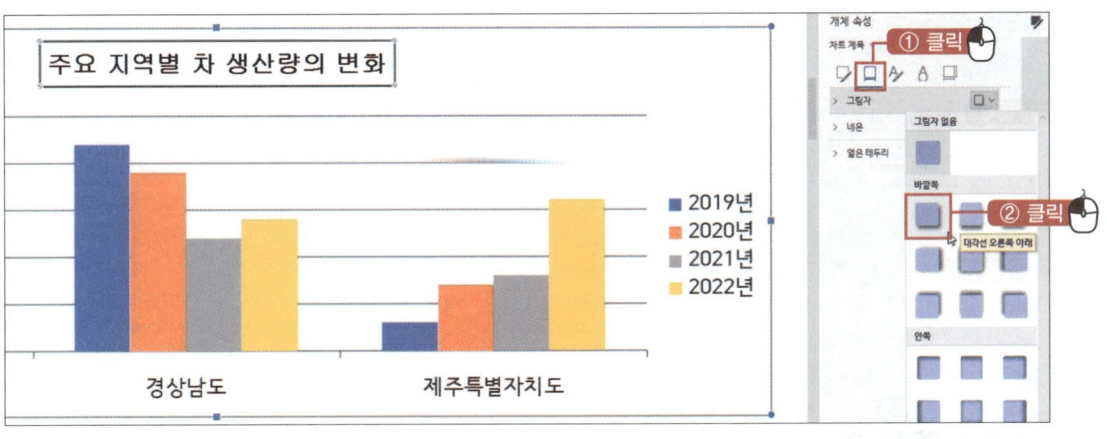

단계 3 축 제목 및 범례 편집

1 값 축 제목을 생성하기 위해 [차트 디자인 📊] 탭에서 [차트 구성 추가 📇]-[축 제목]-[기본 세로]를 클릭합니다.

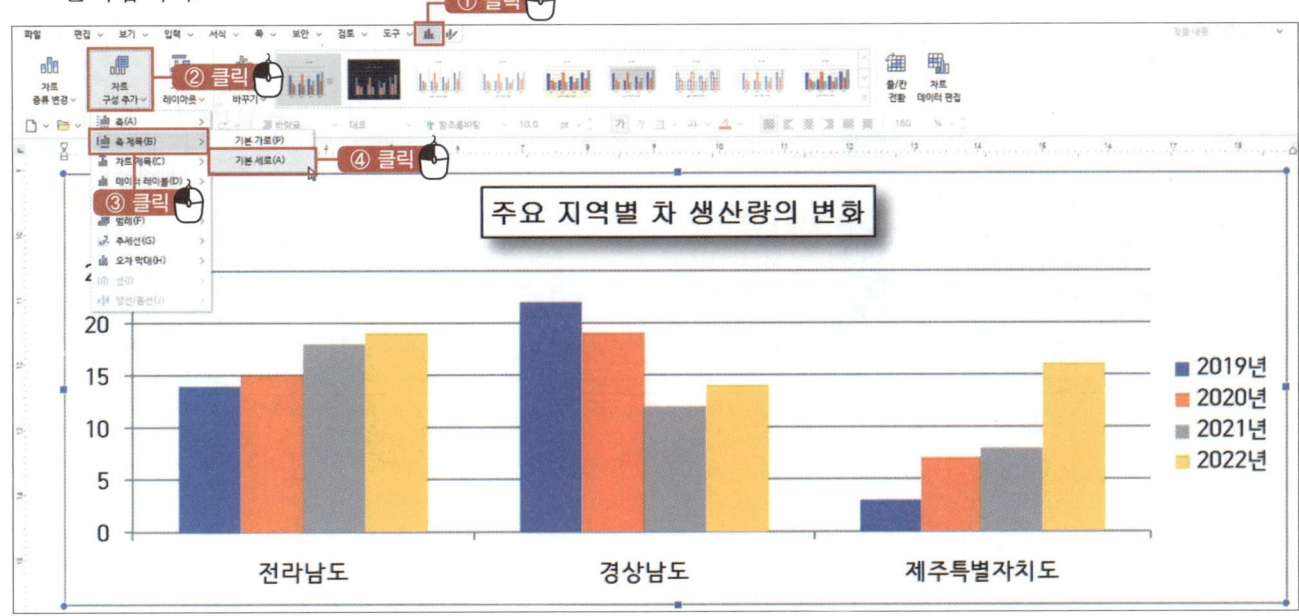

Part 1 따라하면서 배우는 한글 2022 **33**

2 값 축 제목에서 마우스 오른쪽 버튼을 클릭한 후 바로가기 메뉴에서 [제목 편집] 메뉴를 클릭 합니다.

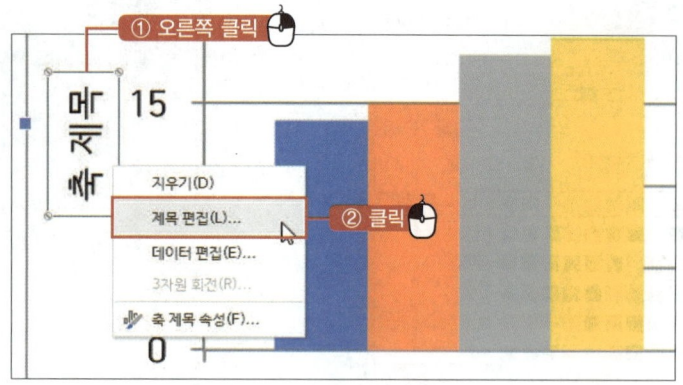

3 [차트 글자 모양] 대화상자에서 글자 내용에 "(단위 : 백 톤)"을 입력하고 '언어별 설정-굴림', '크기-10pt'를 지정한 후 [설정] 단추를 클릭합니다.

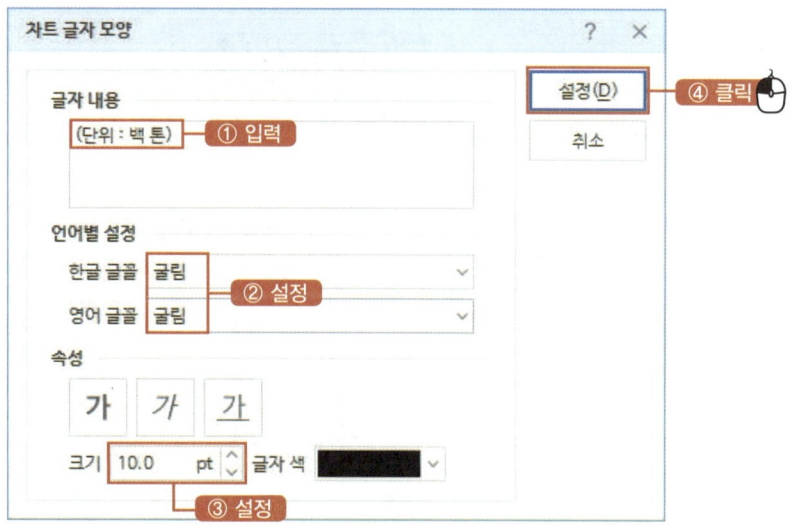

4 값 축 제목을 더블 클릭하여 개체 속성 창에서 [크기 및 속성 □]을 클릭한 후 글자 방향에서 '가로'를 선택합니다.

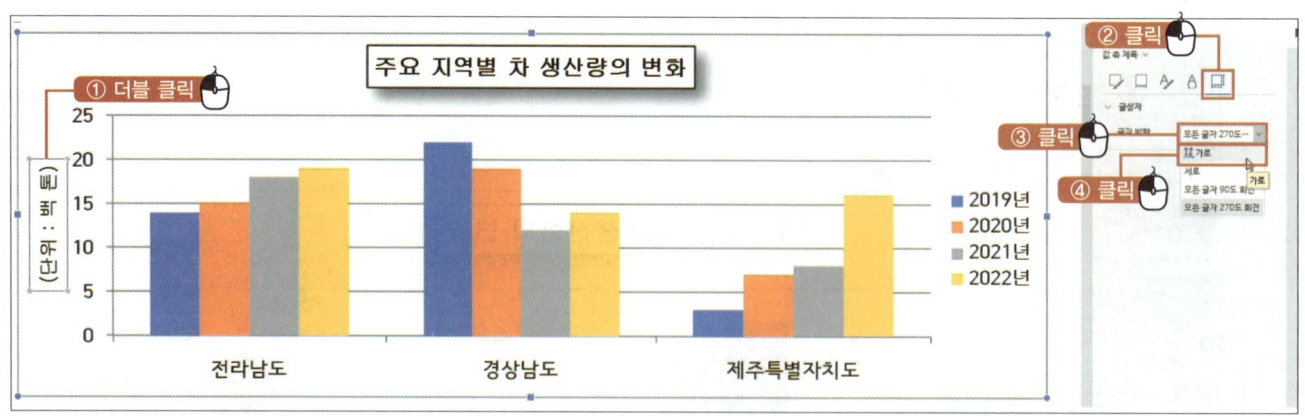

Check Point

값 축 제목에서 마우스 오른쪽 버튼을 클릭한 후 [축 제목 속성] 메뉴를 선택해도 개체 속성 창이 표시됩니다.

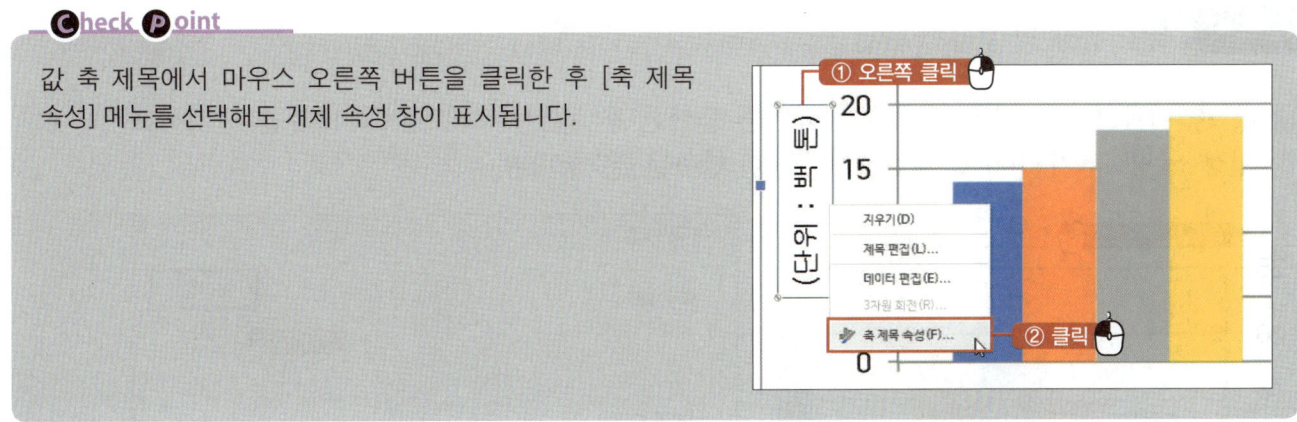

5 범례에서 마우스 오른쪽 버튼을 클릭한 후 [글자 모양 편집] 메뉴를 선택하고, [차트 글자 모양] 대화상자에서 '언어별 설정-굴림', '크기-10pt'를 지정한 후 [설정] 단추를 클릭합니다.

6 개체 속성 창의 [그리기 속성]에서 '선-단색'을 선택한 후 '색'에서 '검정'을 선택합니다.

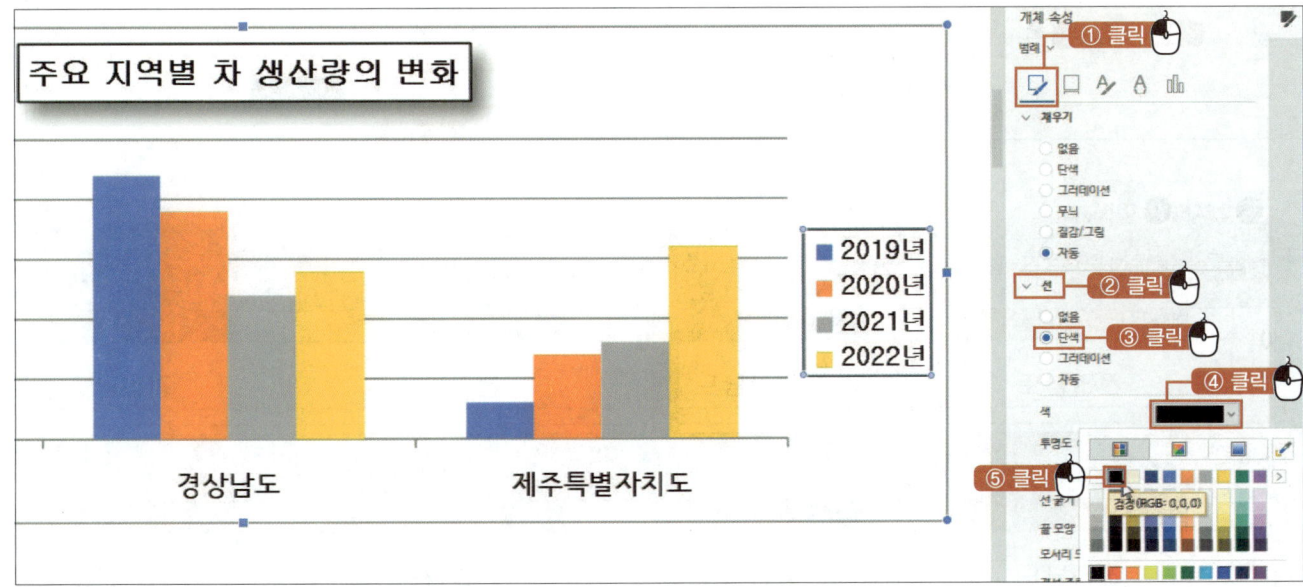

| 단계 4 | 축 이름표 및 눈금선 편집 |

❶ 값 축 이름표에서 마우스 오른쪽 버튼을 클릭한 후 [글자 모양 편집] 메뉴를 선택하고, '언어별 설정-굴림', '크기-10pt'를 지정한 후 [설정] 단추를 클릭합니다.

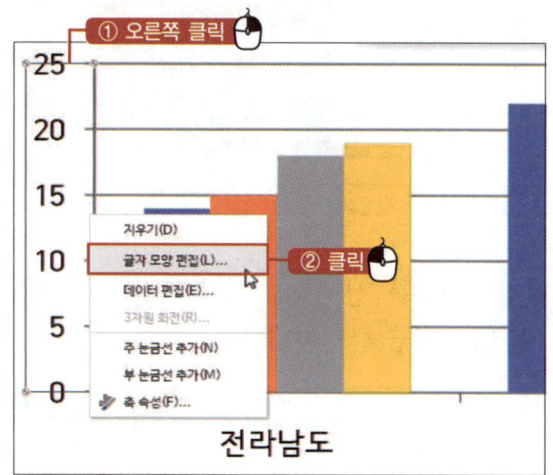
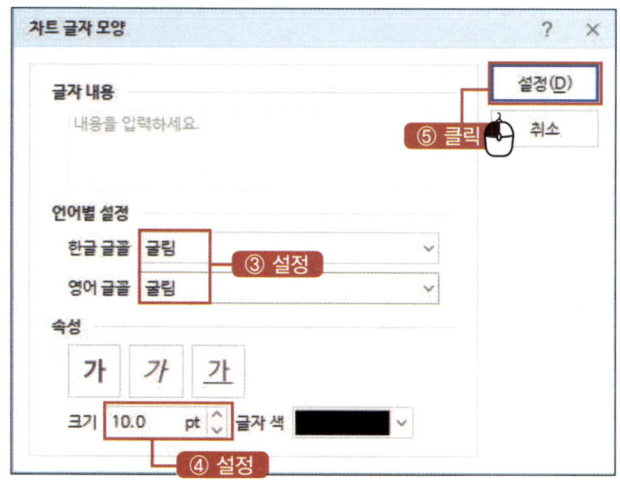

❷ 항목 축 이름표에서 마우스 오른쪽 버튼을 클릭한 후 [글자 모양 편집] 메뉴를 선택하고, '언어별 설정-굴림', '크기-10pt'를 지정한 후 [설정] 단추를 클릭합니다.

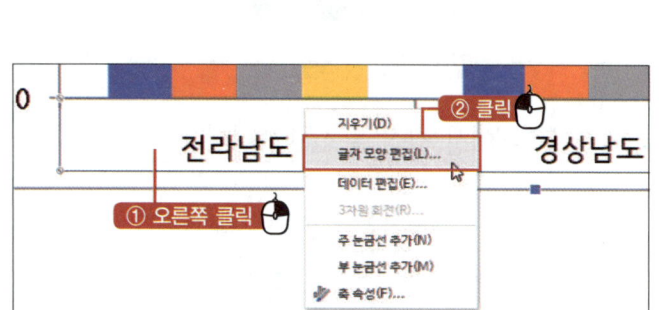
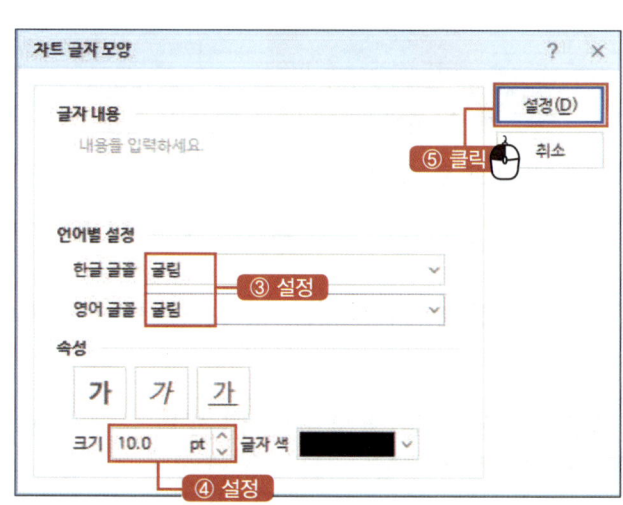

Check Point

값(Y) 축이나 항목(X) 축의 주 눈금 방향은 채점 대상이 아니므로 기본 설정값으로 작성합니다.

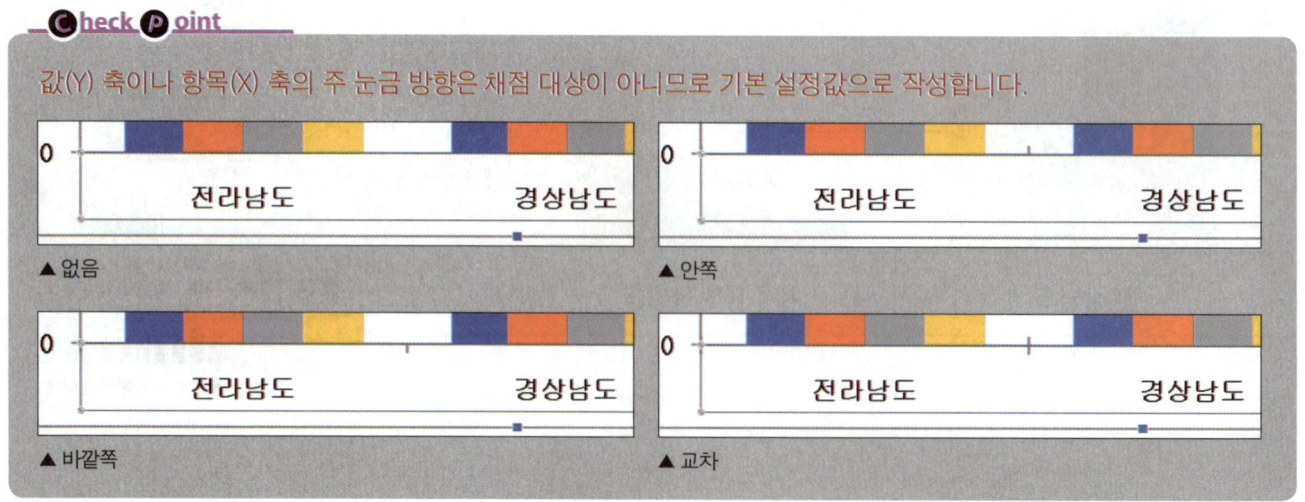

Check Point

작성한 차트가 출력형태의 값(Y) 축 수치와 다를 경우, 값(Y) 축 이름표를 더블 클릭하여 개체 속성 창의 [축 속성]을 클릭한 후 '경계'에서 최솟값과 최댓값 및 '단위'에서 '주'의 수치를 수정합니다. 이때 해당 항목에 체크 표시하고 수치를 수정합니다.

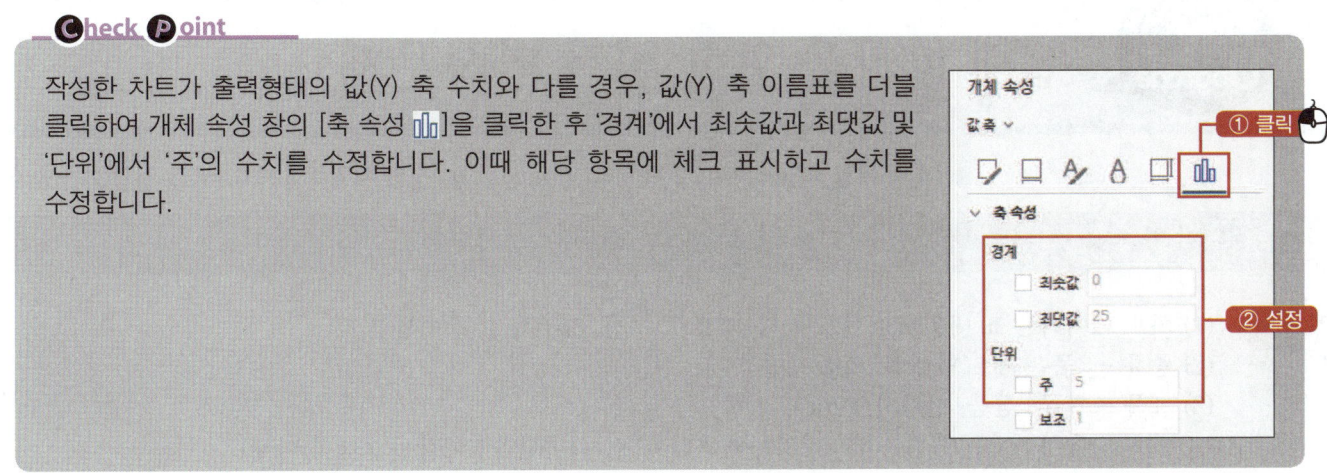

3 값 축 주 눈금선을 선택한 후 개체 속성 창의 [그리기 속성 ✏]을 클릭한 후 '선-없음'을 지정합니다.

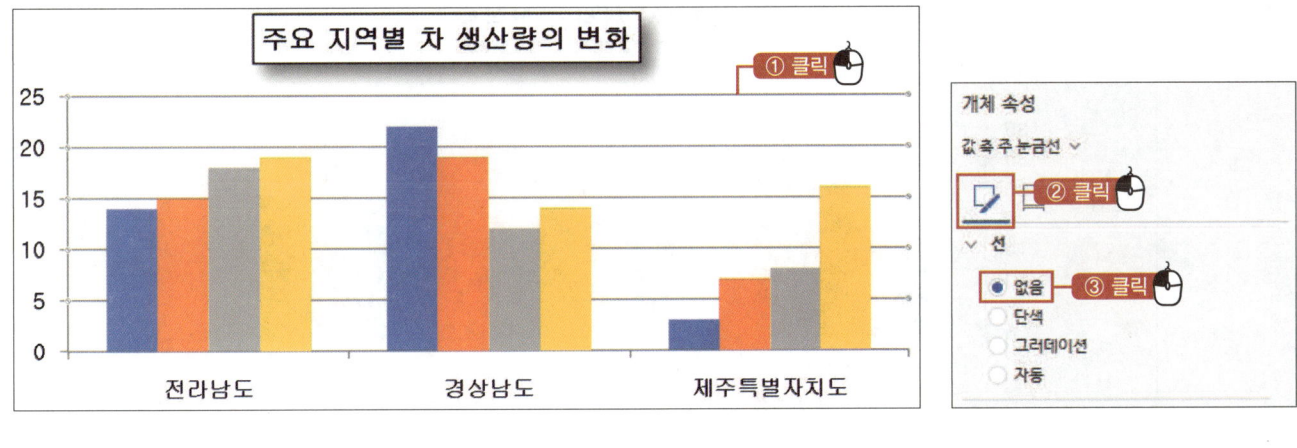

Check Point

눈금선을 클릭한 후 Delete 키를 눌러 삭제해도 됩니다.

4 차트 작업이 끝나면 빈 화면을 클릭하여 차트 편집 상태에서 빠져나와 《출력형태》와 비교하여 결과가 같은지 확인한 후 [파일]-[저장하기 💾] 메뉴를 클릭하여 저장합니다.

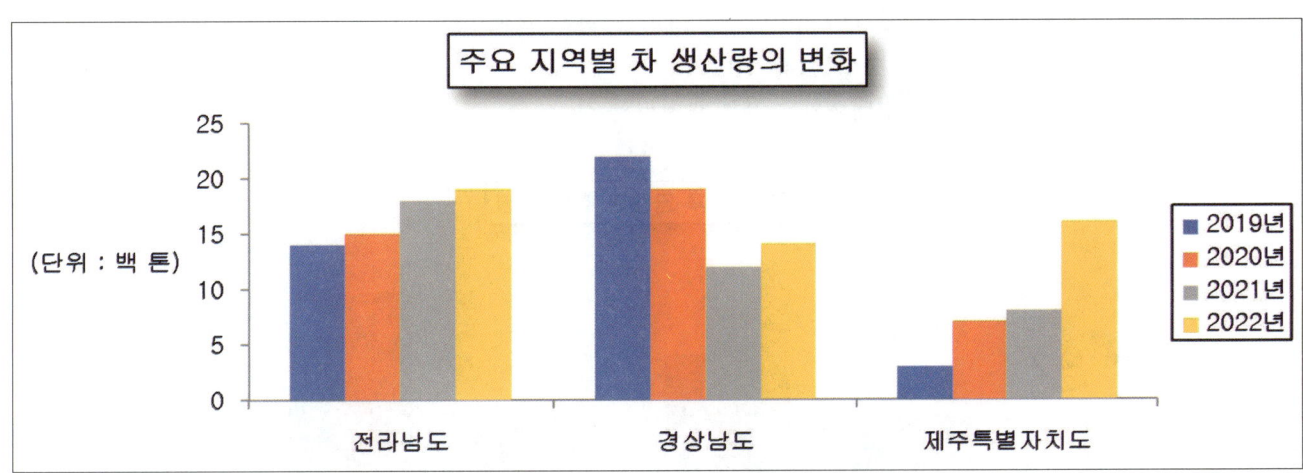

실력 향상을 위한 실전 연습문제

● 소스 파일 : Section03_예제01.hwpx   ● 정답 파일 : Section03_정답01.hwpx

01 다음의 ≪조건≫에 따라 ≪출력형태≫와 같이 차트를 작성하시오.

조건
(1) 차트 데이터는 표 내용에서 연도별 서울/경기, 부산, 광주의 값만 이용할 것
(2) 종류 - 〈묶은 세로 막대형〉으로 작업할 것
(3) 제목 - 글꼴 : 돋움, 진하게, 12pt
    속성 : 채우기(밝은 색 : 하양), 테두리, 그림자(바깥쪽 : 대각선 오른쪽 아래)
(4) 제목 이외의 전체 글꼴 - 돋움, 보통, 10pt
(5) 축제목과 범례는 ≪출력형태≫와 동일하게 처리할 것

출력형태

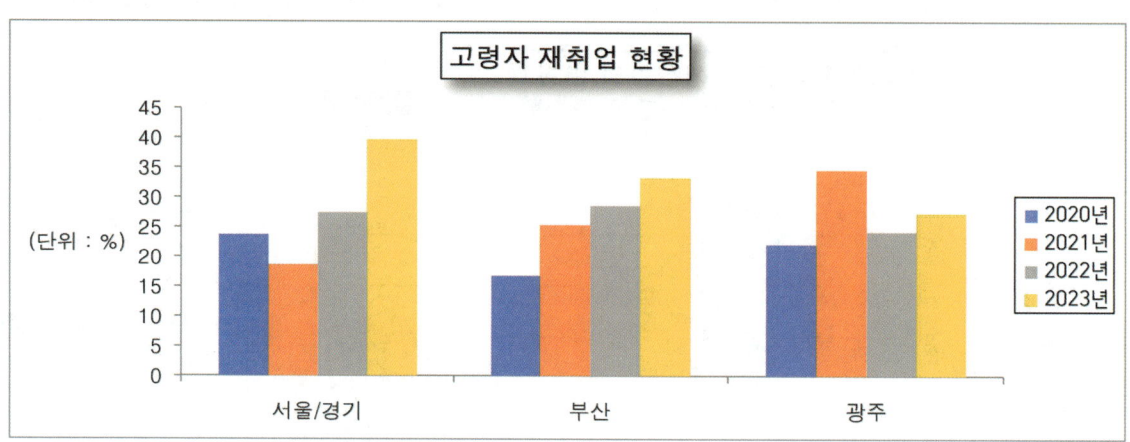

● 소스 파일 : Section03_예제02.hwpx   ● 정답 파일 : Section03_정답02.hwpx

02 다음의 ≪조건≫에 따라 ≪출력형태≫와 같이 차트를 작성하시오.

조건
(1) 차트 데이터는 표 내용에서 구분별 이건용, 정의명, 김진아의 값만 이용할 것
(2) 종류 - 〈묶은 세로 막대형〉으로 작업할 것
(3) 제목 - 글꼴 : 굴림, 진하게, 12pt
    속성 : 채우기(밝은 색 : 하양), 테두리, 그림자(바깥쪽 : 아래쪽)
(4) 제목 이외의 전체 글꼴 - 굴림, 보통, 10pt
(5) 축제목과 범례는 ≪출력형태≫와 동일하게 처리할 것

출력형태

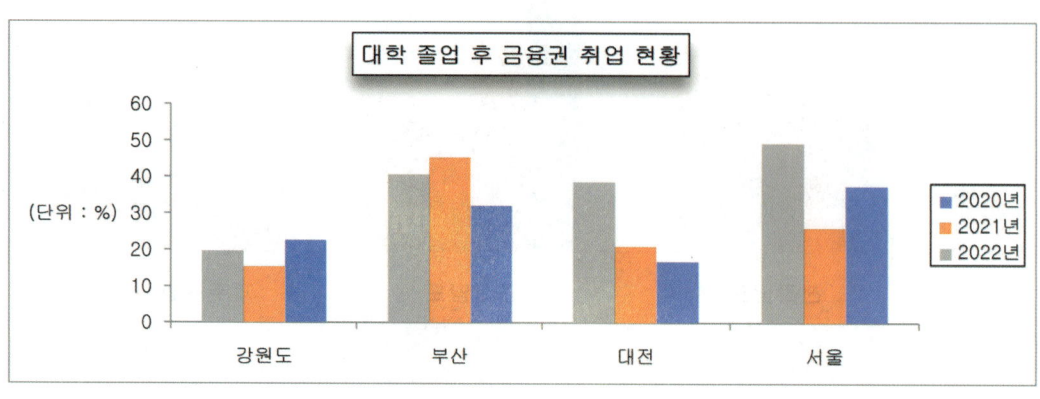

• 소스 파일 : Section03_예제03.hwpx   • 정답 파일 : Section03_정답03.hwpx

03 다음의 ≪조건≫에 따라 ≪출력형태≫와 같이 차트를 작성하시오.

(1) 차트 데이터는 표 내용에서 구분별 법인, 단체, 개인의 값만 이용할 것
(2) 종류 – 〈묶은 세로 막대형〉으로 작업할 것
(3) 제목 – 글꼴 : 돋움, 진하게, 12pt
   속성 : 채우기(밝은 색 : 하양), 테두리, 그림자(바깥쪽 : 대각선 오른쪽 아래)
(4) 제목 이외의 전체 글꼴 – 돋움, 보통, 10pt
(5) 축제목과 범례는 ≪출력형태≫와 동일하게 처리할 것

출력형태

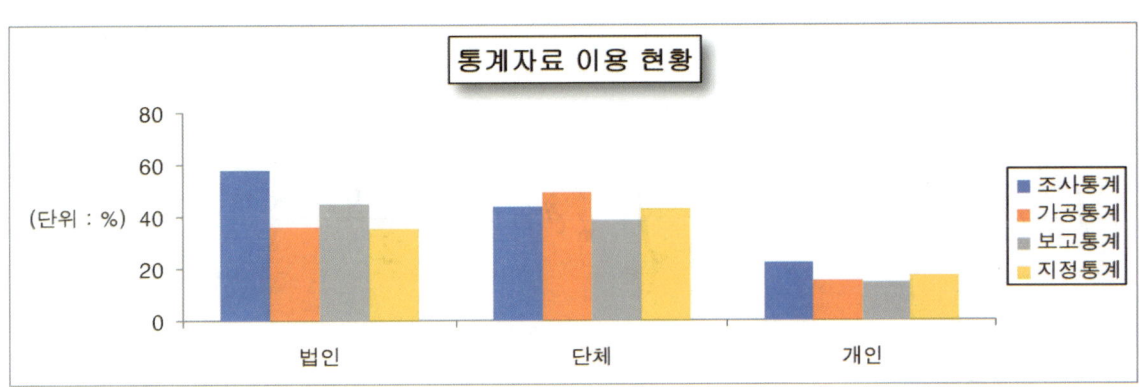

• 소스 파일 : Section03_예제04.hwpx   • 정답 파일 : Section03_정답04.hwpx

04 다음의 ≪조건≫에 따라 ≪출력형태≫와 같이 차트를 작성하시오.

조건

(1) 차트 데이터는 표 내용에서 구분별 강원도, 부산, 대전, 서울의 값만 이용할 것
(2) 종류 – 〈묶은 세로 막대형〉로 작업할 것
(3) 제목 – 글꼴 : 굴림, 진하게, 12pt
   속성 : 채우기(밝은 색 : 하양), 테두리, 그림자(바깥쪽 : 아래쪽)
(4) 제목 이외의 전체 글꼴 – 굴림, 보통, 10pt
(5) 축제목과 범례는 ≪출력형태≫와 동일하게 처리할 것

출력형태

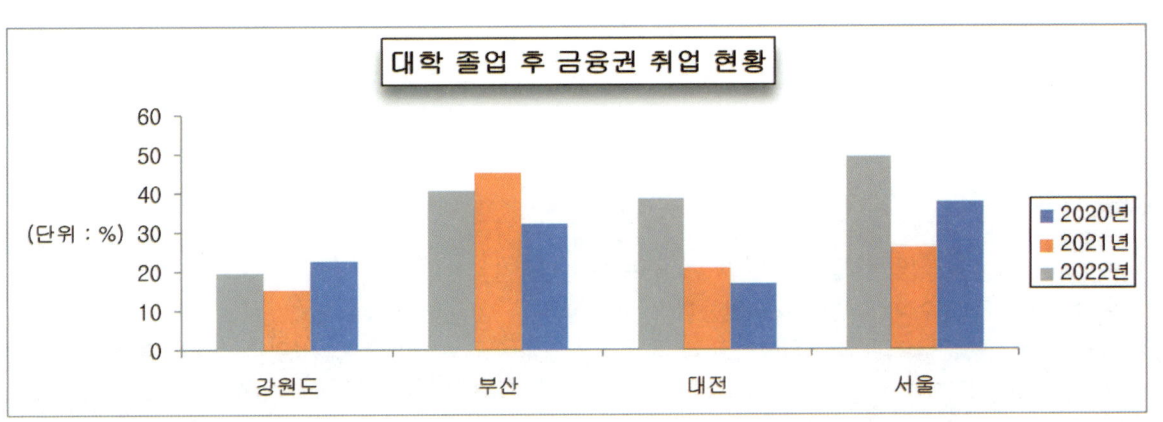

[기능평가 Ⅱ-1] 수식

배점 40 점

수식을 작성하는 문제로 ①수식 편집기 실행, ②수식 편집기 기능, ③수식 입력 형식 등에 대하여 자세히 학습합니다.

● 소스 파일 : Section04_예제.hwpx   ● 정답 파일 : Section04_정답.hwpx

1. 다음 (1), (2)의 수식을 수식 편집기로 각각 입력하시오. (40점)

출력형태

(1) $\int_a^b xf(x)dx = \dfrac{1}{b-a}\int_a^b xdx = \dfrac{a+b}{2}$

(2) $T = \dfrac{b^2}{a} + 2\pi\sqrt{\dfrac{r^3}{GM}}$

핵심체크

① 수식 편집기 실행 : [입력] 탭-[수식 √x] 도구 또는 Ctrl + N , M 이용
② 수식 작성하기 : [수식] 도구 상자를 이용하여 수식 작성
※ 첨자, 분수, 근호 등의 수식을 입력하고 다음 수식을 입력할 때는 해당 수식 범위를 벗어난 후에 입력해야 하며, 이때에는 [다음 항목 →] 도구나 키보드의 Tab 키 또는 마우스를 이용합니다.

Check Point

[수식 편집기] 창

① 첨자

② 장식 기호(Ctrl+D)

③ 분수(Ctrl+O)
④ 근호(Ctrl+R)
⑤ 합(Ctrl+S)

⑥ 적분(Ctrl+I)

⑦ 극한(Ctrl+L)

⑧ 세로 나눗셈
⑨ 최소공배수/ 최대공약수
⑩ 2진수로 변환
⑪ 상호 관계(Ctrl+E)

⑫ 괄호(Ctrl+9)

⑬ 경우(Ctrl+0)
⑭ 세로 쌓기(Ctrl+P)

⑮ 행렬(Ctrl+M)

⑯ 줄 맞춤
⑰ 줄 바꿈
⑱ 이전 항목
⑲ 다음 항목
⑳ 수식 형식 변경
㉑ 넣기(Shift+Esc)
㉒ 그리스 대문자

㉓ 그리스 소문자

㉔ 그리스 기호

㉕ 합, 집합 기호

㉖ 연산, 논리 기호

㉗ 화살표

㉘ 기타 기호

㉙ 명령어 입력
㉚ 수식 매크로
㉛ 글자 단위 영역
㉜ 줄 바꿈 영역
㉝ 글꼴
㉞ 글자 크기
㉟ 글자 색
㊱ 화면 확대

단계 1 　 수식 (1) 작성

※ 첫 번째 수식의 수식 간의 이동은 [다음 항목 →] 도구를 이용하여 설명합니다.

1 이미 Section 0에서 구역을 나눴으므로 2페이지로 이동합니다. 문제 번호 '3.'의 다음 줄에서 "(1)"을 입력한 후 SpaceBar 키를 누릅니다.

> **Check Point**
> • 구역을 나누지 않았다면 Alt + Shift + Enter 키를 눌러 2페이지로 이동합니다.
> • 수식의 문제 번호인 (1), (2)를 수식 편집기에서 작성하면 감점 처리됩니다.

2 [입력] 탭에서 [수식 √x] 도구를 클릭하여 [수식 편집기]를 실행합니다.

3 [적분 ∫▫ ∨] 도구를 클릭합니다.

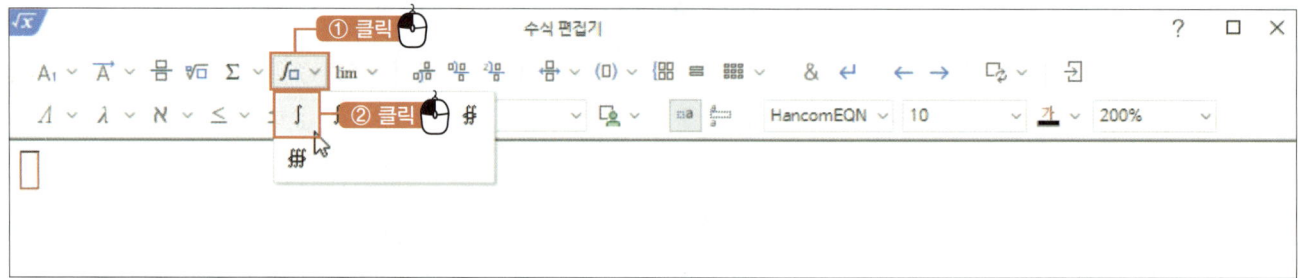

4 "a"를 입력한 후 [다음 항목 →]을 클릭하고, "b"를 입력한 후 [다음 항목 →]을 클릭합니다.

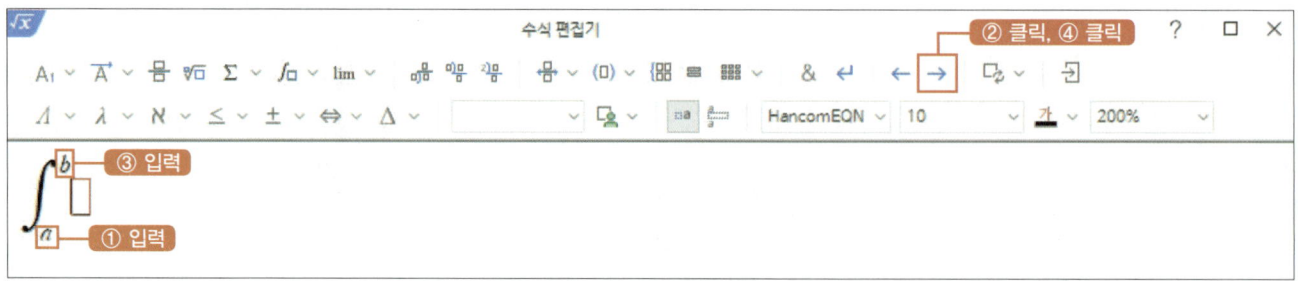

> **Check Point**
>
> [수식 편집기] 대화상자에서 항목 간을 이동할 때는 [다음 항목 →]/[이전 항목 ←] 도구, Tab 키, 방향키(←, →, ↑, ↓)를 이용하거나 마우스로 직접 항목을 선택하여 이동할 수 있습니다.

5 "xf(x)dx="를 입력한 후 [분수 🔲] 도구를 클릭합니다.

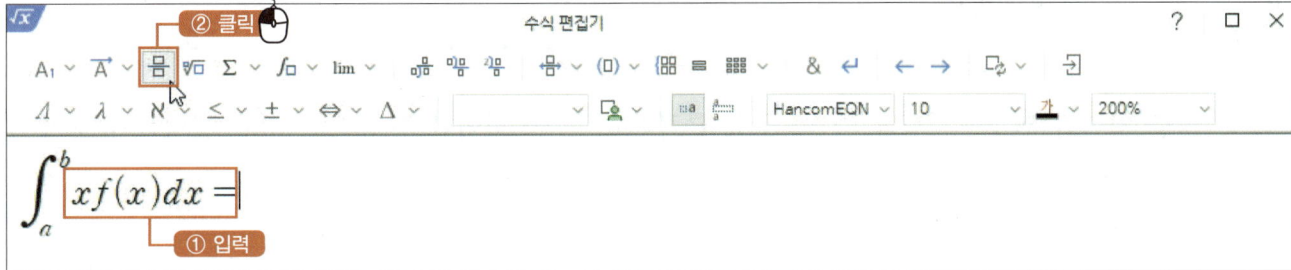

6 "1"을 입력한 후 [다음 항목 →]을 클릭하고, "b-a"를 입력한 후 [다음 항목 →]을 클릭합니다.

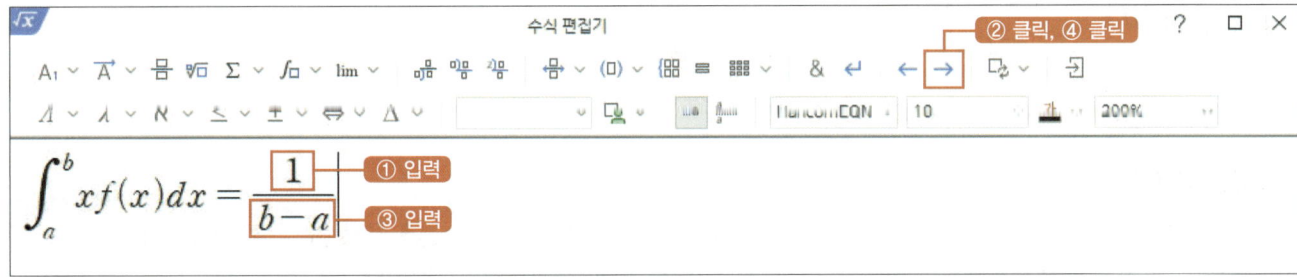

7 [적분 $f_\square$] 도구를 클릭합니다.

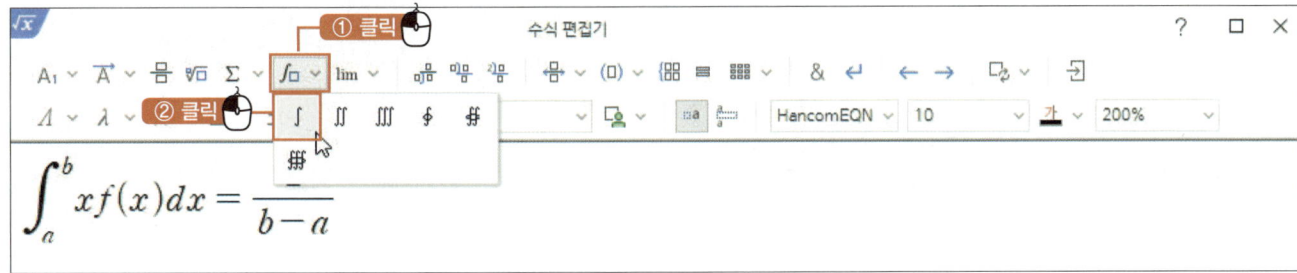

8 "a"를 입력한 후 [다음 항목 →]을 클릭하고, "b"를 입력한 후 [다음 항목 →]을 클릭합니다.

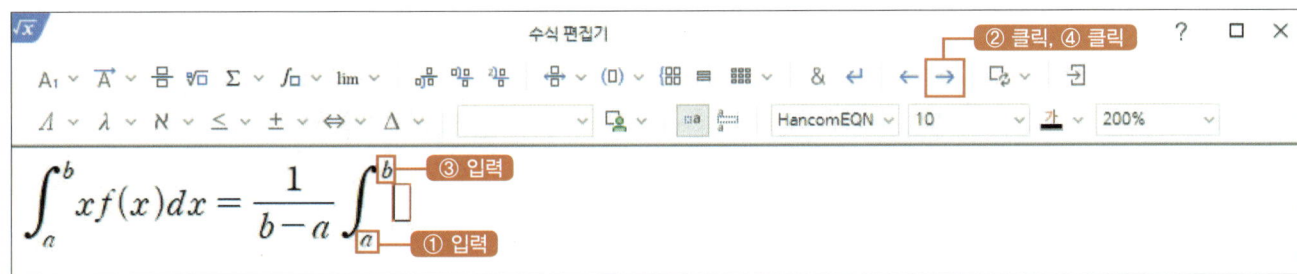

9 "xdx="를 입력한 후 [분수 믐] 도구를 클릭합니다.

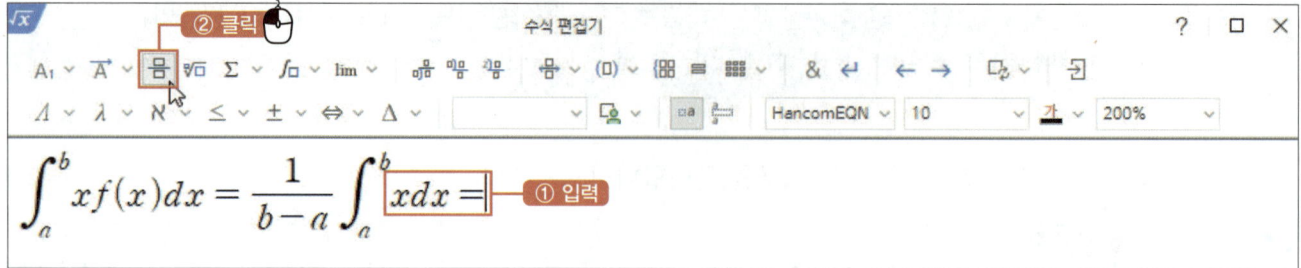

10 "a+b"를 입력한 후 [다음 항목 →] 도구를 클릭하고, "2"를 입력한 후 [넣기 ⤴]를 클릭하여 첫 번째 수식을 완성합니다.

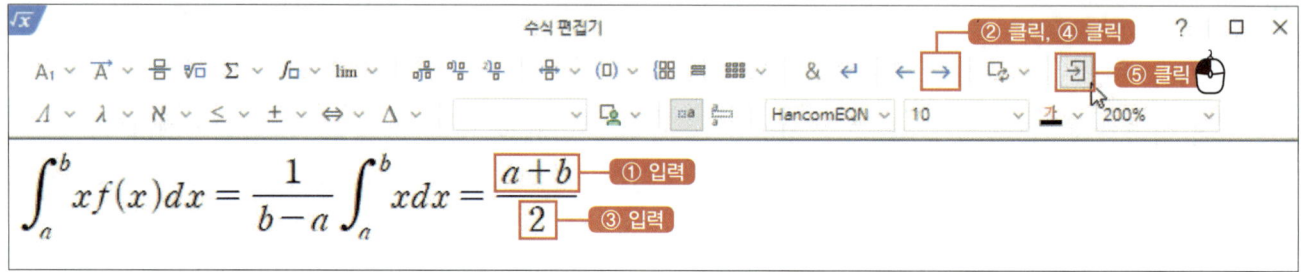

Check Point

- [넣기 ⤴] 도구나 단축키(Shift+Esc)로 수식을 넣지 않고 수식 편집 창을 닫게 되면 [수식] 대화상자가 나타나서 수식을 넣을지 묻게 되는데, 이때 [넣기] 단추를 클릭해도 완성된 수식이 삽입됩니다.

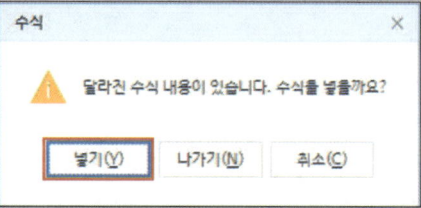

- 수식을 완성한 후 다시 수정하려면 수식을 더블 클릭하여 [수식 편집기] 창 상태에서 수정합니다.

단계 2 수식 (2) 작성

※ 두 번째 수식의 수식 간의 이동은 Tab 키를 이용하여 설명합니다.

1 첫 번째 수식 작성이 끝나면 Tab 키를 1~3번 정도 눌러 적당히 간격을 벌린 후 "(2)"를 입력하고 SpaceBar 키를 누릅니다. [입력] 탭에서 [수식 √x] 도구를 클릭하여 [수식 편집기]를 실행합니다.

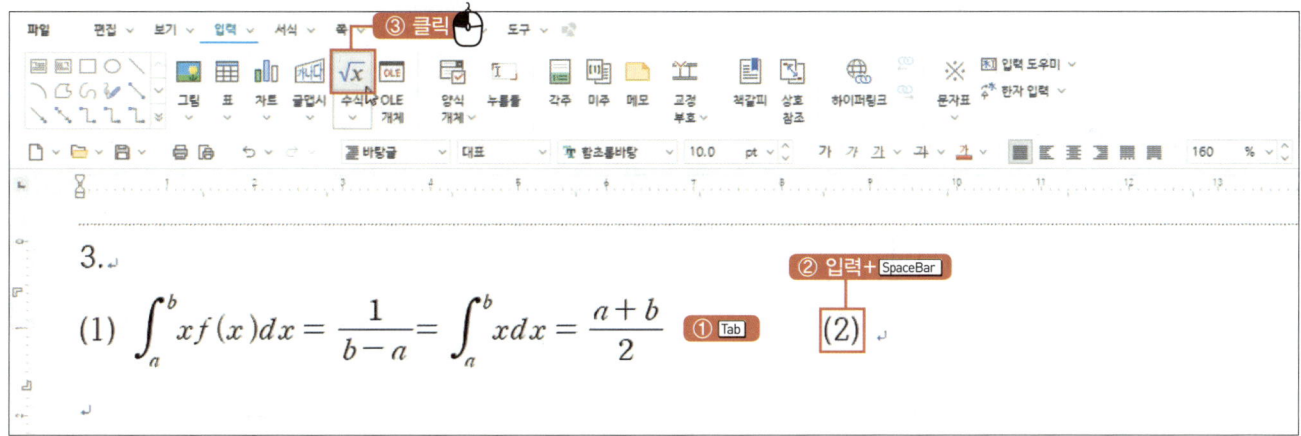

2 "T="를 입력한 후 [분수] 도구를 클릭합니다.

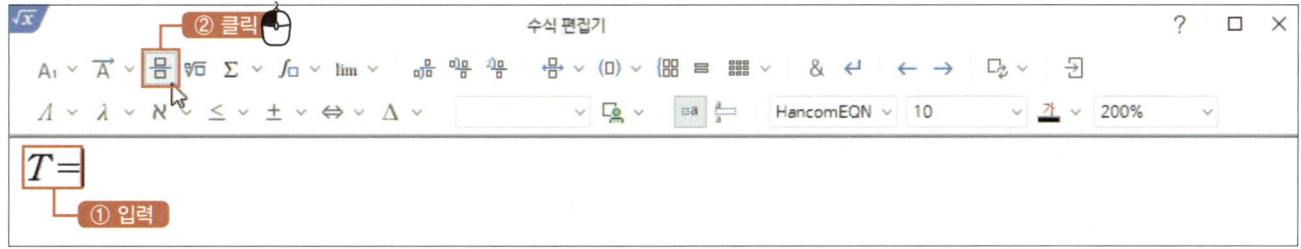

3 "b"를 입력 [첨자 A₁] 도구의 [위첨자 A¹]를 클릭합니다.

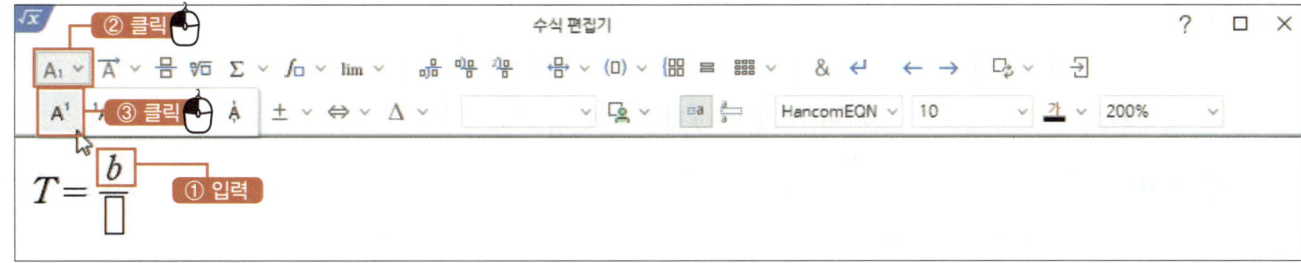

4 "2" 입력 → Tab 키 두 번 클릭 → "a" 입력 → Tab 키 → "+2" 순서로 입력합니다.

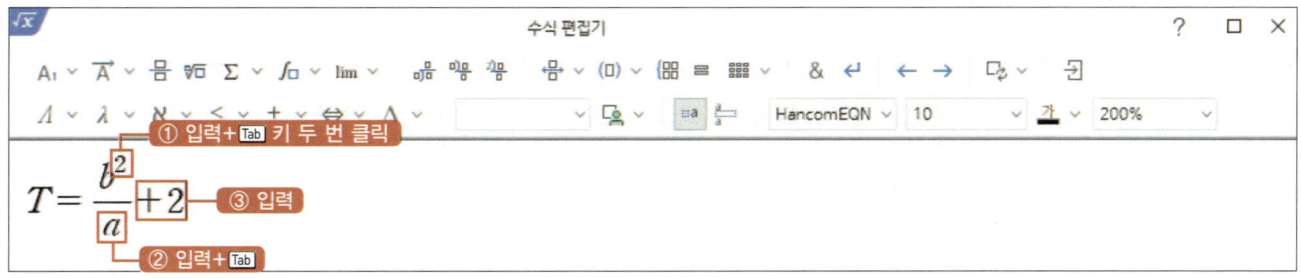

5 [그리스 소문자 λ ˅] 도구를 클릭한 후 "π"를 선택하여 입력합니다.

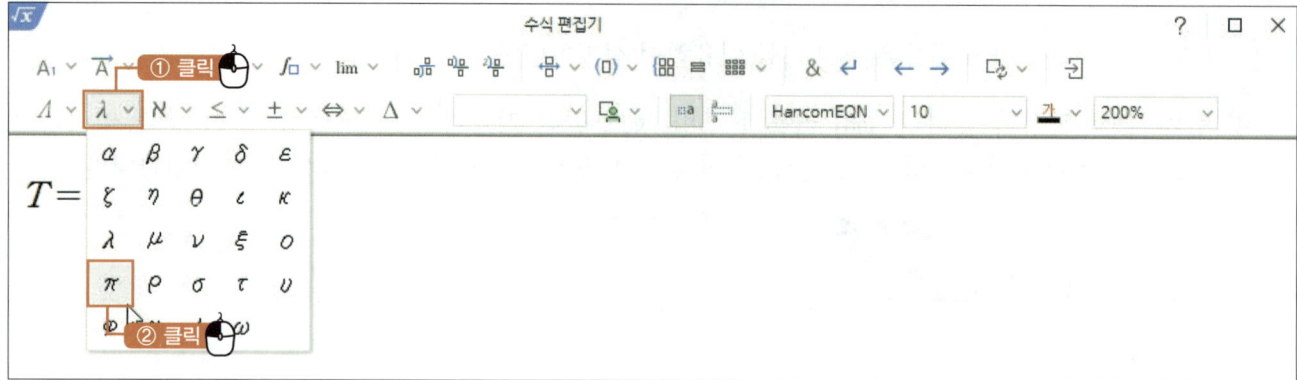

6 [근호 √☐] 도구를 클릭합니다.

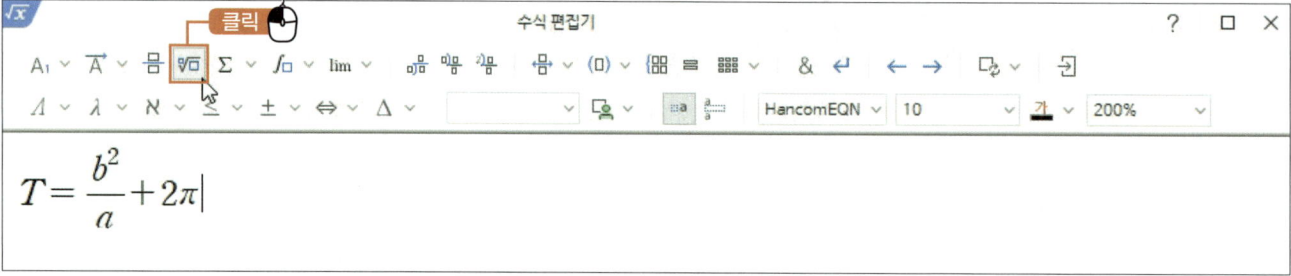

7 [분수 ☐/☐] 도구를 클릭합니다.

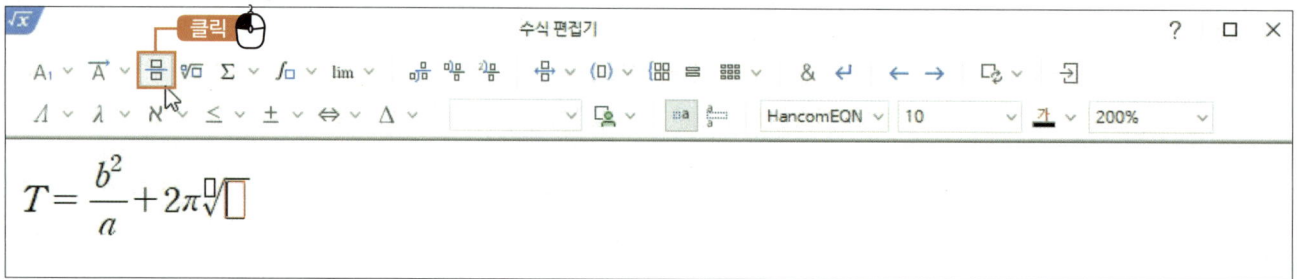

8 "r"을 입력한 후 [첨자 A₁ ˅] 도구의 [위첨자 A¹]를 클릭합니다.

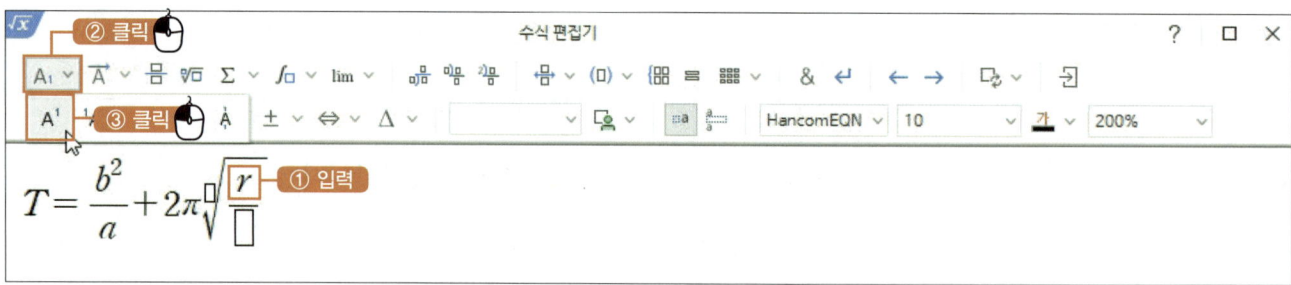

9 "3" 입력 → Tab 키 두 번 클릭 → "GM" 순서로 입력한 후 [넣기 ↵]를 클릭하여 두 번째 수식을 완성합니다.

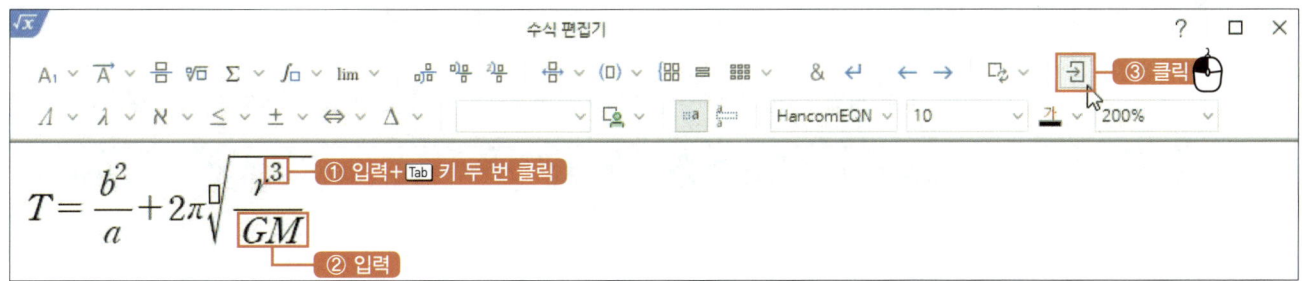

Check Point

수식 문제는 한 글자라도 오타가 있을 경우 0점 처리됩니다.

Level Upgrade 실력 향상을 위한 실전 연습문제

● 소스 파일 : Section04_예제01.hwpx   ● 정답 파일 : Section04_정답01.hwpx

01 다음 (1), (2)의 수식을 수식 편집기로 각각 입력하시오.

출력형태

(1) $f(x) = \dfrac{\dfrac{x}{2} - \sqrt{5} + 2}{\sqrt{1-x^2}}$

(2) $\int_0^1 (\sin x + \dfrac{x}{2})dx = \int_0^1 \dfrac{1+\sin x}{2}dx$

02 다음 (1), (2)의 수식을 수식 편집기로 각각 입력하시오.

출력형태

(1) $\int_0^3 \sqrt{6t^2 - 18t + 12dt} = 11$

(2) $F_n = \dfrac{a(r^n - 1)}{r-1} = \dfrac{a(1+r^n)}{1-r}(r \neq 1)$

03 다음 (1), (2)의 수식을 수식 편집기로 각각 입력하시오.

출력형태

(1) $\sqrt{a^2} = |a| = \begin{cases} a & (a \geq 0) \\ -a & (a < 0) \end{cases}$

(2) $\sum_{k=1}^{n} k^3 = \dfrac{n(n+1)}{2} = \sum_{k=1}^{n} k$

04 다음 (1), (2)의 수식을 수식 편집기로 각각 입력하시오.

출력형태

(1) $M = \dfrac{\triangle P}{K_a} = \dfrac{\triangle T_b}{K_b} = \dfrac{\triangle T_f}{K_f}$

(2) $R \times 3 = \dfrac{360h}{2\pi(\phi_A - \phi_B)} \times 3$

05 다음 (1), (2)의 수식을 수식 편집기로 각각 입력하시오.

출력형태

(1) $\vec{F} = -\dfrac{4\pi^2 m}{T^2} + \dfrac{m}{T^3}$

(2) $\overline{AB} = \sqrt{(x_2 - x_1)^2 + (y_2 - y_1)^2}$

06 다음 (1), (2)의 수식을 수식 편집기로 각각 입력하시오.

출력형태

(1) $E = mr^2 = \dfrac{nc^2}{\sqrt{1 - \dfrac{r^2}{d^2}}}$

(2) $Q = \lim\limits_{\triangle t \to 0} \dfrac{\triangle s}{\triangle t} = \dfrac{d^2 s}{dt^2} + 1$

07 다음 (1), (2)의 수식을 수식 편집기로 각각 입력하시오.

출력형태

(1) $G = 2 \int_{\frac{a}{2}}^{a} \dfrac{b\sqrt{a^2 - x^2}}{a} dx$

(2) $Q = \dfrac{F}{h^2} = \dfrac{1}{3} \dfrac{N}{h^3} m \overline{g^2}$

08 다음 (1), (2)의 수식을 수식 편집기로 각각 입력하시오.

출력형태

(1) $(a\ b\ c)\begin{pmatrix} p \\ q \\ r \end{pmatrix} = (ap + bq + cr)$

(2) $\dfrac{d}{dx} k = 0,\ \dfrac{d}{dx} x^n = nx^{n-1}$

Section 5 기능평가 Ⅱ-2 도형

배점 110 점

도형이나 글상자, 글맵시 개체를 그리고, 서식을 지정하는 문제로 ①[그리기] 도구 상자, ②그림 개체 삽입 및 편집, ③글맵시 기능, ④책갈피 및 하이퍼링크 기능 등에 대하여 자세히 학습합니다.

● 소스 파일 : Section05_예제.hwpx   ● 정답 파일 : Section05_정답.hwpx

4. 다음의 ≪조건≫에 따라 ≪출력형태≫와 같이 문서를 작성하시오. (110점)

조건 (1) 그리기 도구를 이용하여 작성하고, 모든 도형(글맵시, 지정된 그림 포함)을 ≪출력형태≫와 같이 작성하시오.
(2) 도형의 면색은 지시사항이 없으면 색 없음을 제외하고 서로 다르게 임의로 지정하시오.

출력형태

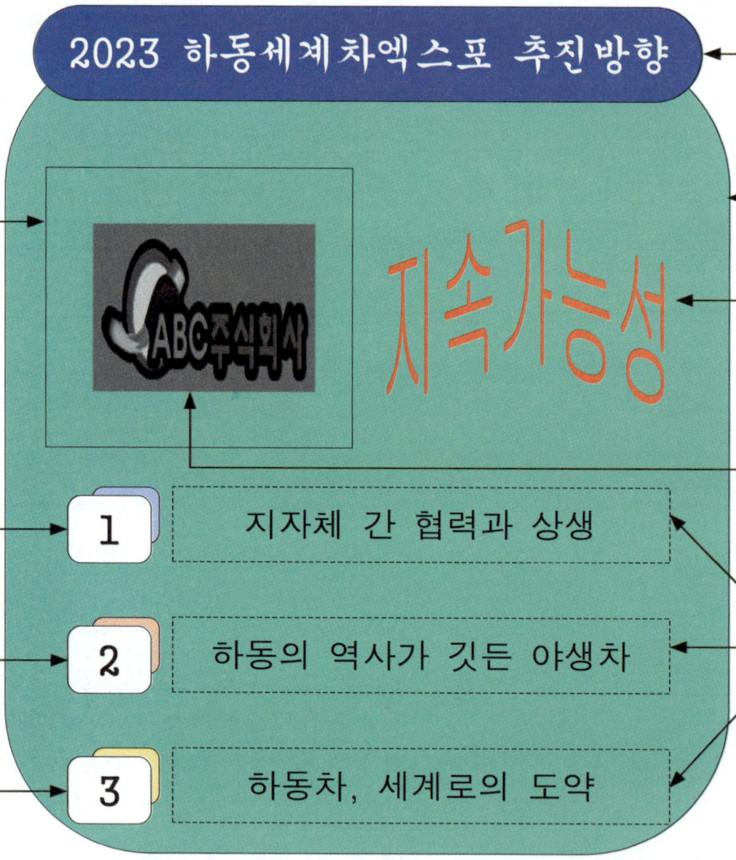

- 글상자 : 크기(120mm×17mm), 면색(파랑), 글꼴(궁서, 20pt, 하양), 정렬(수평·수직-가운데)
- 크기(130mm×145mm)
- 크기(55mm×50mm)
- 글맵시 이용(갈매기형 수장), 크기(50mm×35mm), 글꼴(굴림, 빨강)
- 그림위치 (내 PC₩문서₩ITQ₩Picture₩로고1.jpg, 문서에 포함), 크기(40mm×30mm), 그림 효과(회색조)
- 하이퍼링크 : 문서작성 능력평가의 **"2023 하동세계차엑스포"** 제목에 설정한 책갈피로 이동
- 직사각형 그리기 : 크기(15mm×12mm), 면색(하양), 글꼴(궁서, 20pt), 정렬(수평·수직-가운데)
- 글상자 이용, 선 종류(점선 또는 파선), 면색(색 없음), 글꼴(돋움, 18pt), 정렬(수평·수직-가운데)
- 직사각형 그리기 : 크기(12mm×10mm), 면색(하양을 제외한 임의의 색)

2023 하동세계차엑스포 추진방향

ABC주식회사
지속가능성

1 지자체 간 협력과 상생
2 하동의 역사가 깃든 야생차
3 하동차, 세계로의 도약

핵심 체크

① 도형 작성 : [입력] 탭에서 도형을 선택하여 작성한 후 바로가기 메뉴에서 [도형 안에 글자 넣기] 메뉴를 클릭하여 입력
② 글상자 작성 : 글상자를 작성한 후 사각형 모서리 곡률(테두리 모양) 변경
③ 그림 삽입하고 서식 변경하기   ④ 글맵시 삽입하고 편집하기
⑤ 책갈피 삽입과 하이퍼링크 설정하기(하이퍼링크는 책갈피를 주로 그림에 연결합니다.)

※ 작성 순서 : 도형(바탕 도형, 글상자) 작성 → 그림 삽입 → 글맵시 → 책갈피/하이퍼링크 → 도형(아래 도형, 글상자) 작성
• 또는 아래(뒤) 도형에서 위(앞) 도형의 순서나 위에서 아래로 작성하는 것이 좋습니다.
• 도형들을 개체 묶기로 그룹 지정하면 0점 처리되므로 주의합니다.

단계 1 직사각형 그리기(바탕 도형)

1 문제 번호 '4.'의 다음 줄에 커서를 위치한 후 [입력] 탭에서 '**직사각형** ☐' 도형을 클릭합니다.

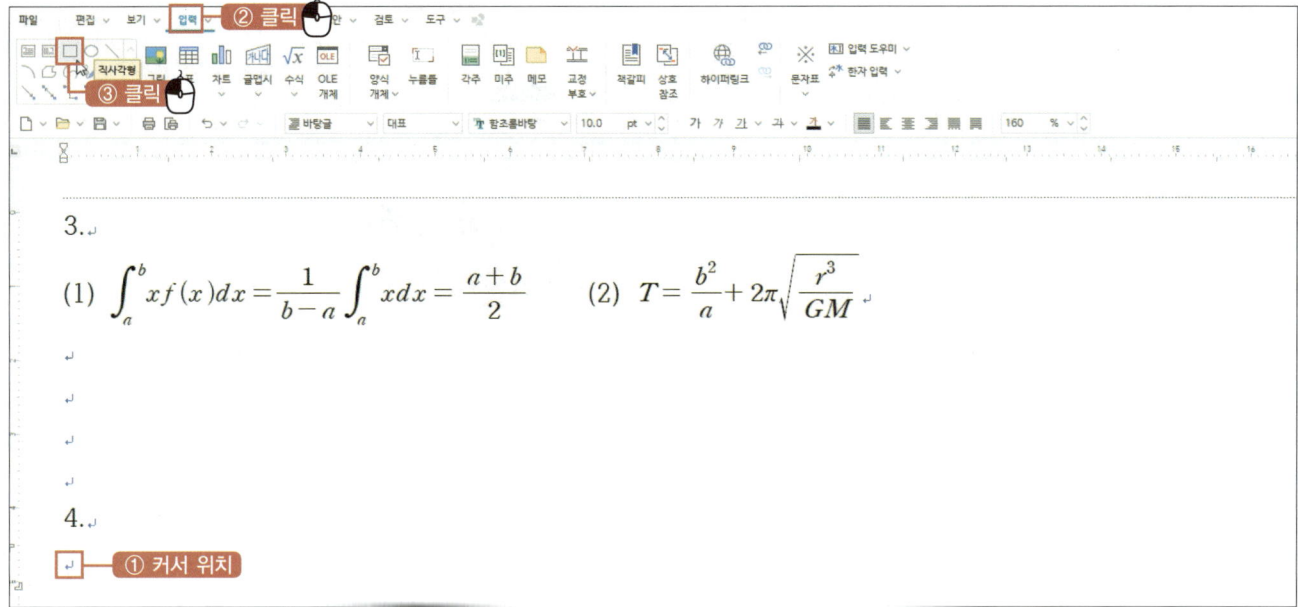

2 직사각형 도형을 적당한 위치에 드래그하여 그린 후 바로가기 메뉴(마우스 오른쪽 버튼 클릭)에서 [개체 속성] 메뉴를 클릭합니다.

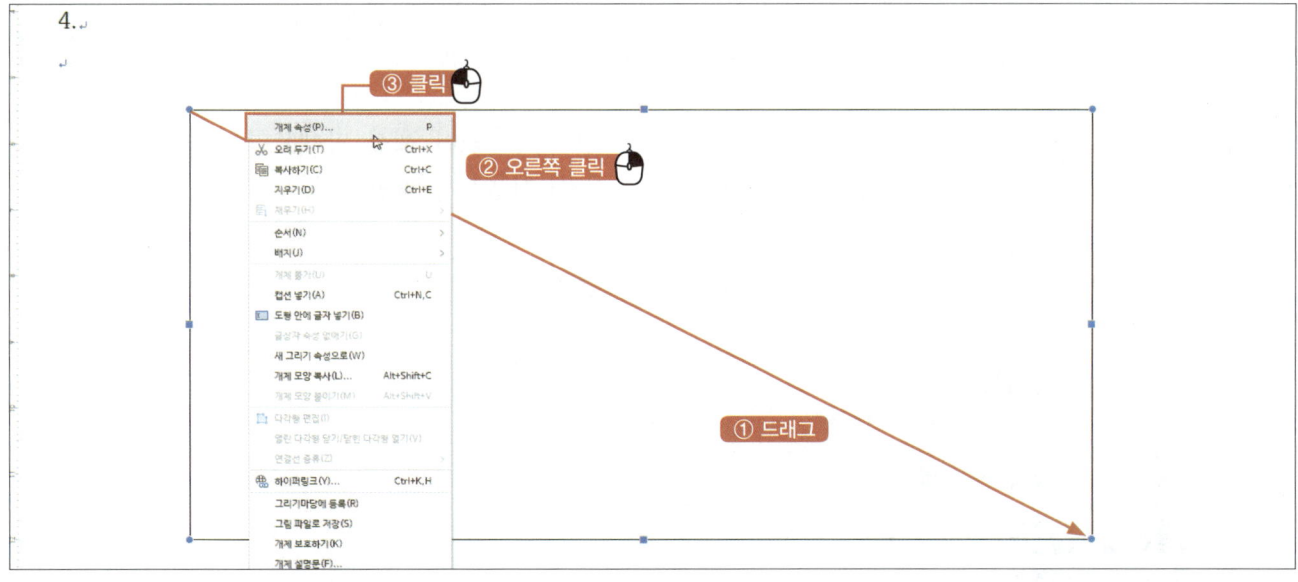

Check Point
도형을 더블 클릭해도 [개체 속성] 대화상자를 열 수 있습니다.

3 [개체 속성] 대화상자의 [기본] 탭에서 크기를 '너비-130mm', '높이-145mm'를 지정하고, '크기 고정'에 체크 표시합니다. 모서리 모양을 변경하기 위해 [선] 탭에서 사각형 모서리 곡률을 '둥근 모양 ▢'으로 선택합니다.

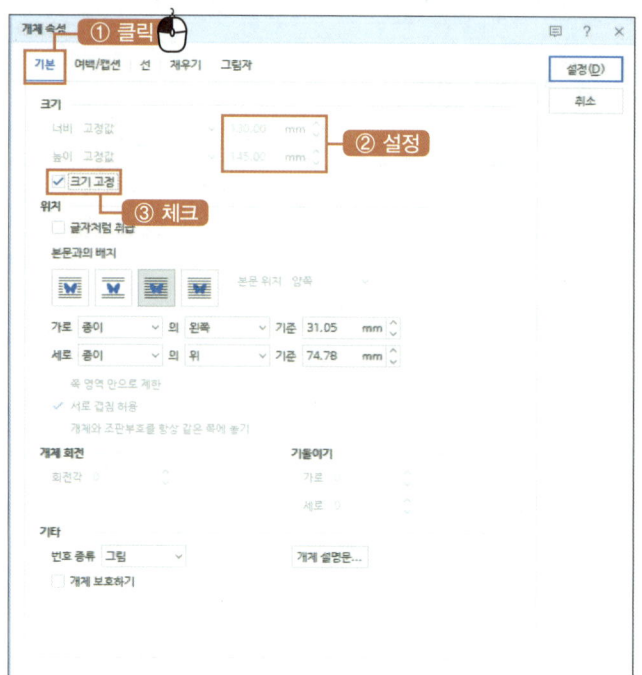 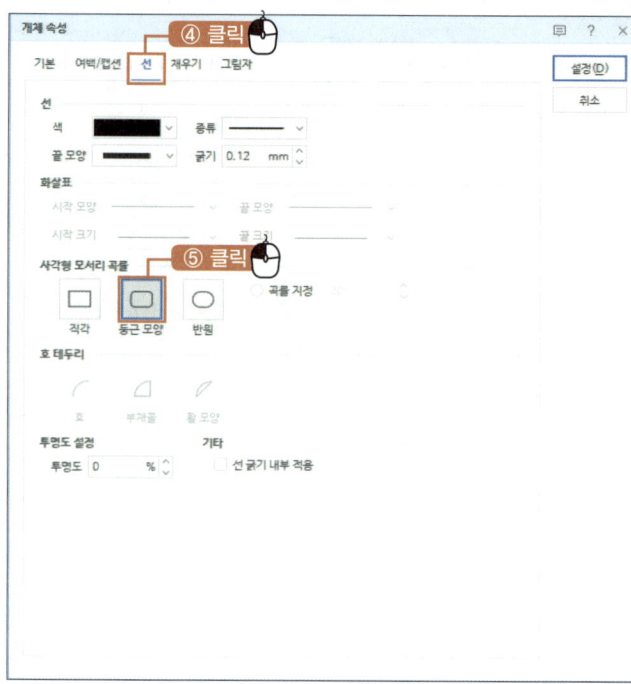

Check Point

'크기 고정'에 체크는 필수사항이 아니므로 체크를 하지 않아도 되지만, 작업 도중 실수로 크기가 변경될 수 있으므로 하는 것이 좋습니다.

4 색상 변경을 위해 [채우기] 탭에서 '색'을 선택하고 '면 색'을 눌러 색상 팔레트를 나타낸 후 임의의 색(초록(RGB: 40, 155, 110) 60% 밝게)을 선택하고 [설정] 단추를 클릭합니다.

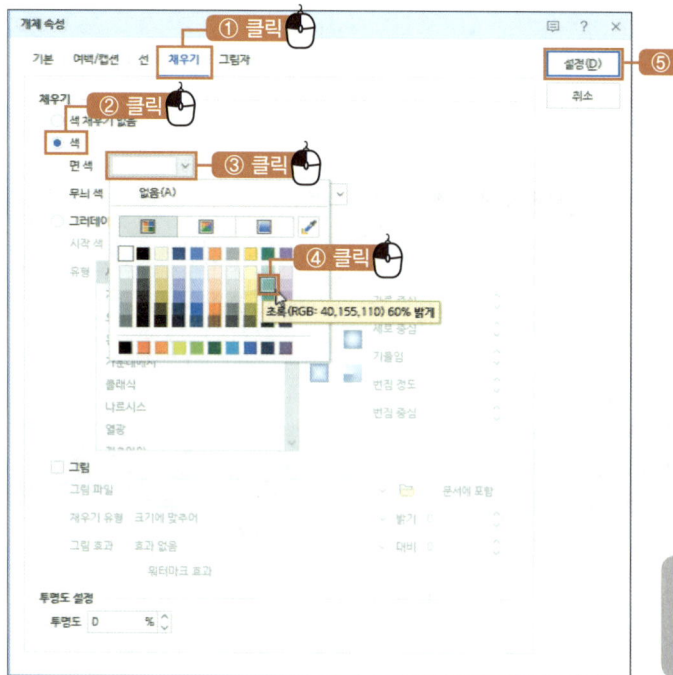

Check Point

지정된 색상이 없을 경우 겹쳐 있는 도형끼리 구별할 수 있도록 임의의 색을 지정합니다.

단계 2 　**글상자(제목 글상자) 작성**

1 [도형] 탭에서 [글상자] 도구를 클릭하여 작성된 직사각형 윗부분에 드래그하여 삽입합니다.

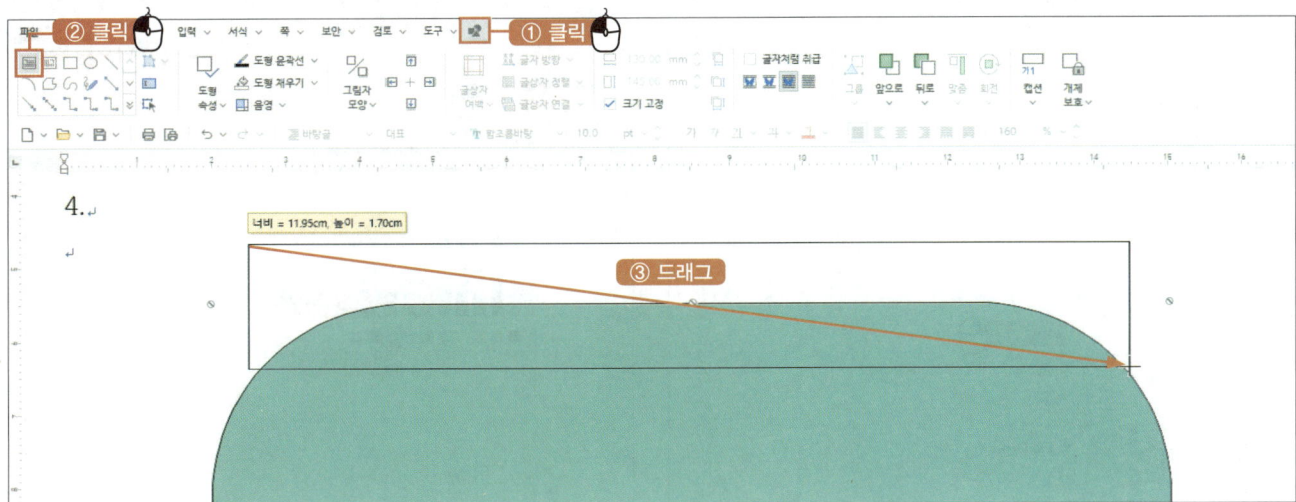

2 삽입된 글상자의 외곽 테두리를 선택한 후 바로가기 메뉴의 [개체 속성] 메뉴를 선택하고 [기본] 탭에서 아래와 같이 크기를 조질힙니다.
- 너비 : 120mm, 높이 : 17mm
- '크기 고정'에 체크 표시
- 본문과의 배치 : 글 앞으로( )

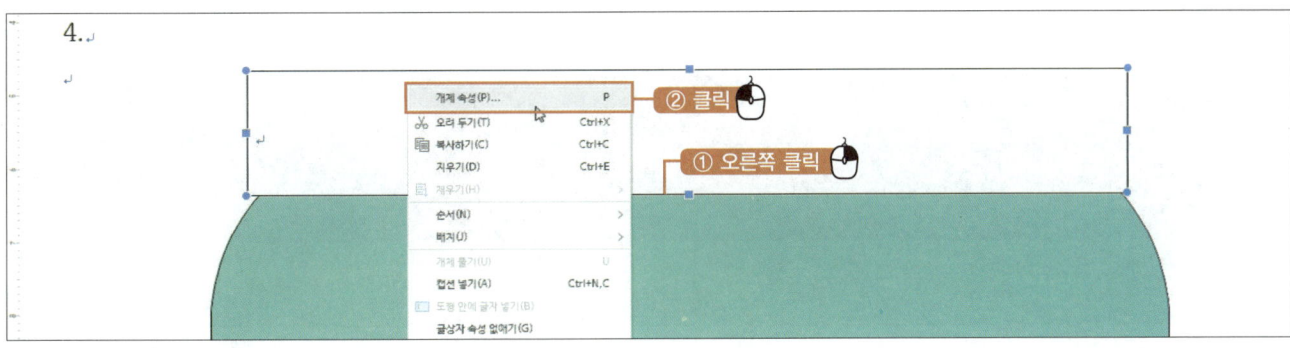

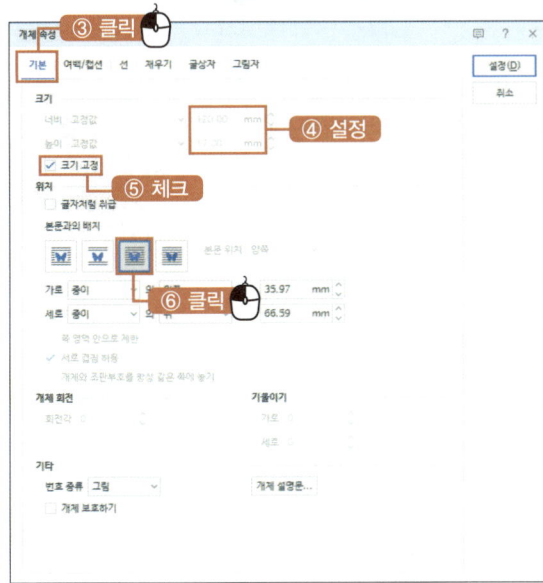

Check Point

[입력] 탭의 [그리기] 도구 상자에서 가로 글상자( ), 직사각형(□) 등을 선택하지만, 도형이 선택된 상태에서는 [입력] 탭이나 [도형] 탭에서 선택할 수 있습니다.

3 모서리를 반원으로 변경하기 위해 [선] 탭에서 사각형 모서리 곡률 항목 중 '반원 ◯'을 선택합니다. 색상 변경을 위해 [채우기] 탭에서 '색'을 선택하고 '면 색'을 클릭한 후 '파랑(RGB: 0,0,255)'을 선택하고 [설정] 단추를 클릭합니다.

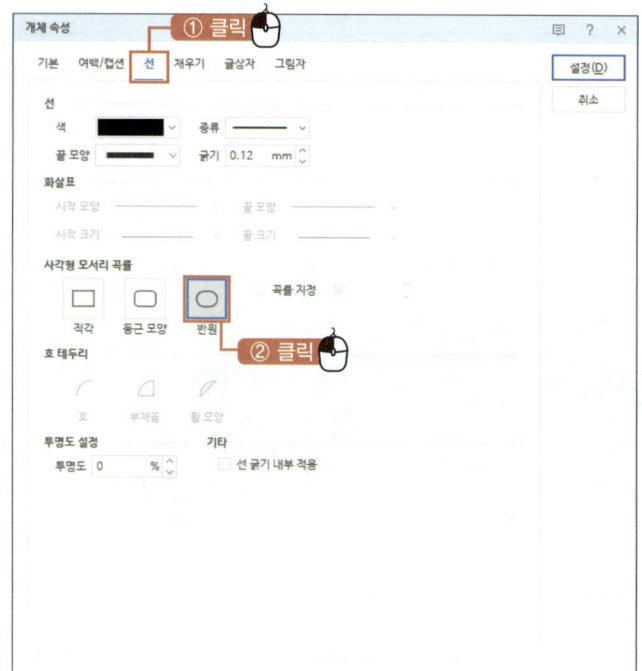
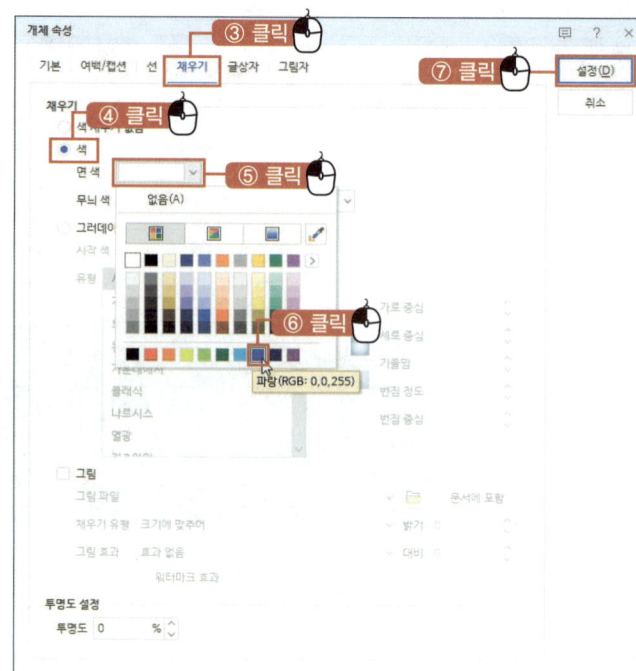

4 글상자를 ≪출력형태≫처럼 사각형 도형의 위에 위치하도록 위치를 이동시킨 후 "2023 하동세계차엑스포 추진방향"을 입력합니다.

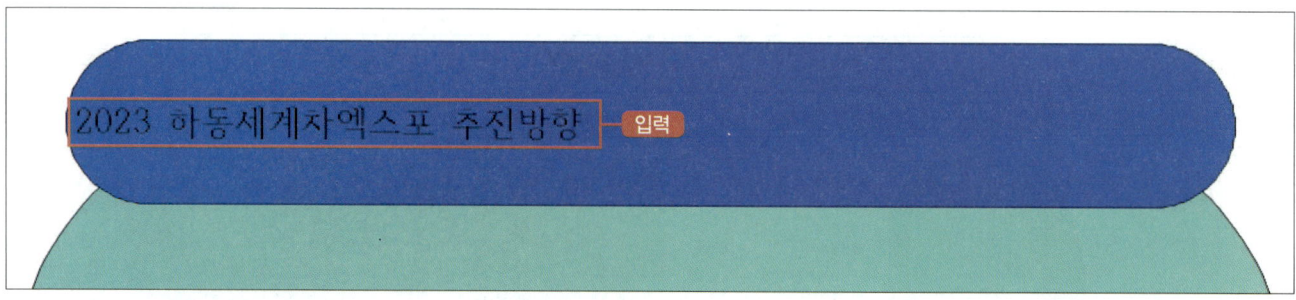

Check Point

글상자가 선택된 상태에서 글자 입력이 안 되는 경우, Esc 키를 누른 후 글상자 내부를 클릭하여 글자를 입력하거나 [도형] 탭에서 [글자 넣기] 도구를 클릭하여 입력합니다.

5 '2023 하동세계차엑스포 추진방향'을 범위 설정한 후 [서식] 도구 상자에서 '글꼴 : 궁서', '글자 크기 : 20pt', '글자 색 : 하양(RGB : 255,255,255)', '가운데 정렬 홀'을 지정합니다.

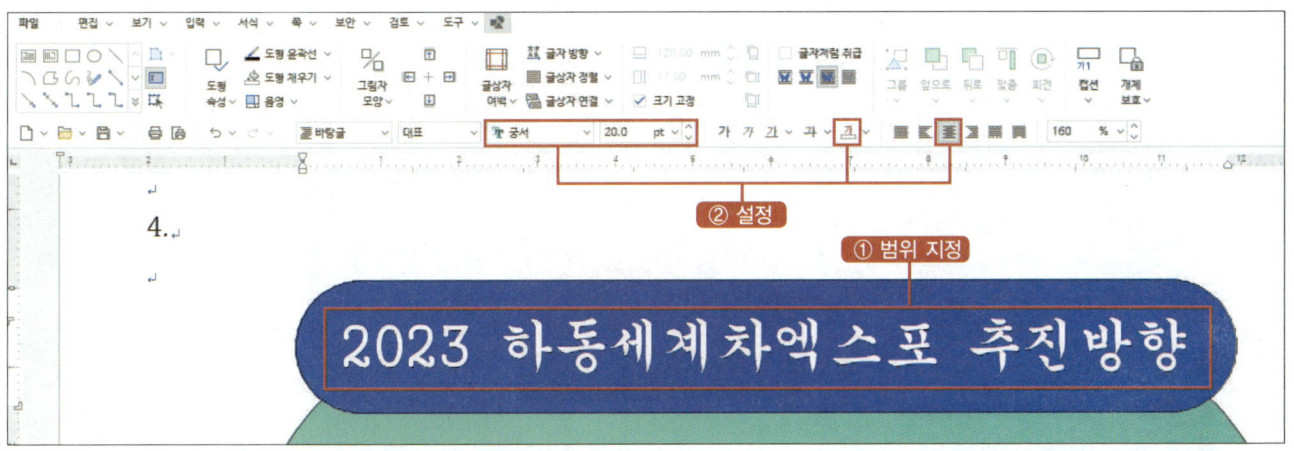

Check Point

- 글상자는 기본적으로 세로 가운데 정렬로 설정되어 있으므로 별도로 설정하지 않아도 됩니다.
- [도형] 탭–[글상자 정렬]–'정가운데'를 선택하면 가로, 세로 가운데 정렬됩니다.

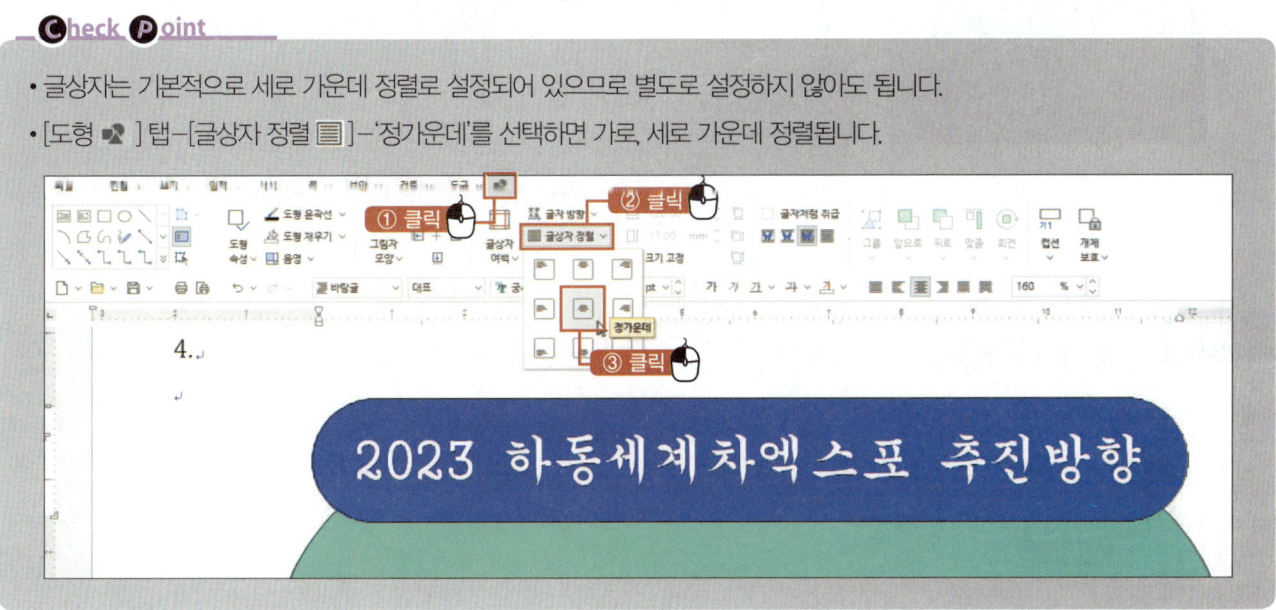

Check Point

- 하양(흰색) 선택 방법 ① : 색상 지정 시 '오피스'로 설정되었다면 '하양(흰색)'을 바로 선택할 수 없으므로 '기본'이나 'NEO'로 변경 후 선택합니다.

※ 다만, ITQ 시험 시 빨강, 파랑, 노랑 등을 많이 사용하므로 색상 테마를 '오피스'로 지정하면 편리하게 색을 지정할 수 있습니다.

• 하양(흰색) 선택 방법 ② : [팔레트 ▦]를 클릭한 후 '하양(RGB : 255,255,255)'을 선택하거나 [스펙트럼 ▢]을 클릭한 후 RGB 값을 설정합니다.

단계 3 그림 삽입, 책갈피 삽입 및 하이퍼링크 지정

1. [입력] 탭에서 '직사각형 ☐' 도형을 클릭하여 직사각형 도형을 적당한 위치에 드래그하여 그린 후 바로가기 메뉴(마우스 오른쪽 버튼 클릭)에서 [개체 속성] 메뉴를 클릭합니다.

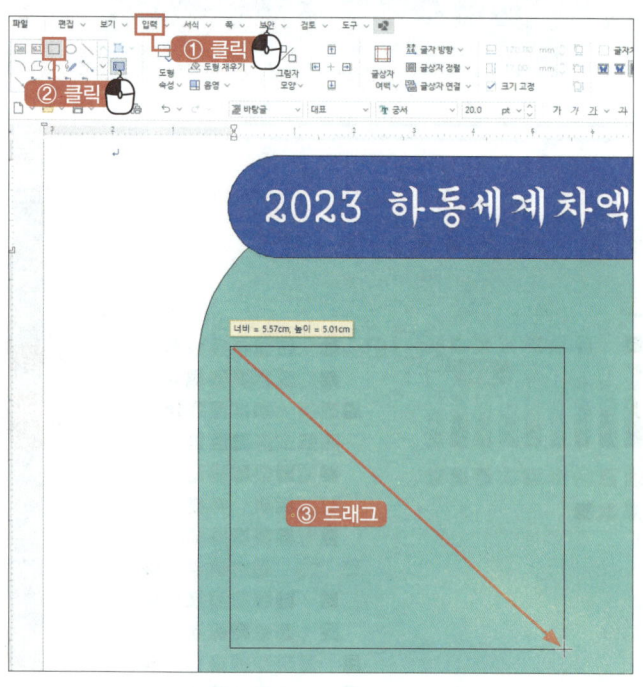
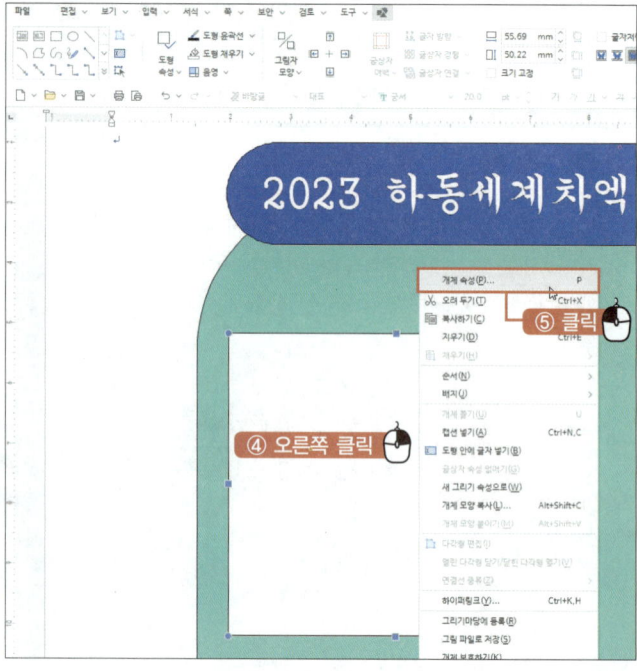

2 [개체 속성] 대화상자에서 다음과 같이 속성을 설정하고 [설정] 단추를 클릭합니다.
- [기본] 탭 : '크기 : 55mm×50mm', '크기 고정'에 체크, '본문과의 배치 : 글 앞으로(	)' 선택
- [채우기] 탭 : '채우기 : 색 채우기 없음'

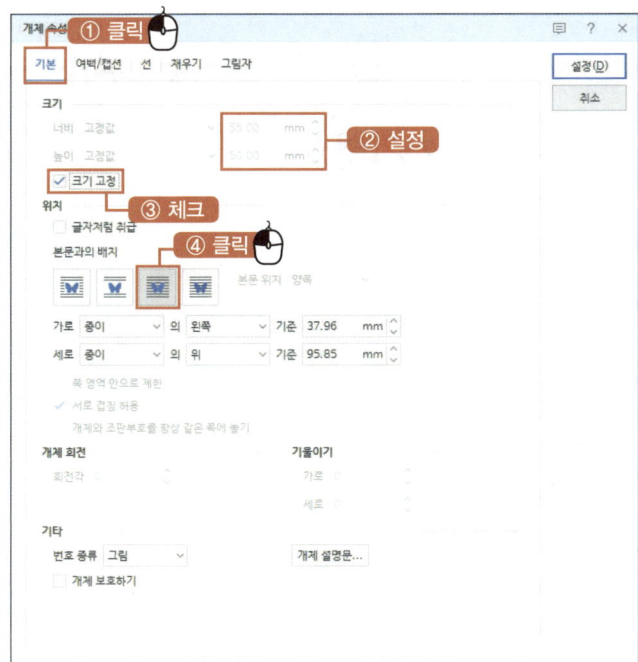
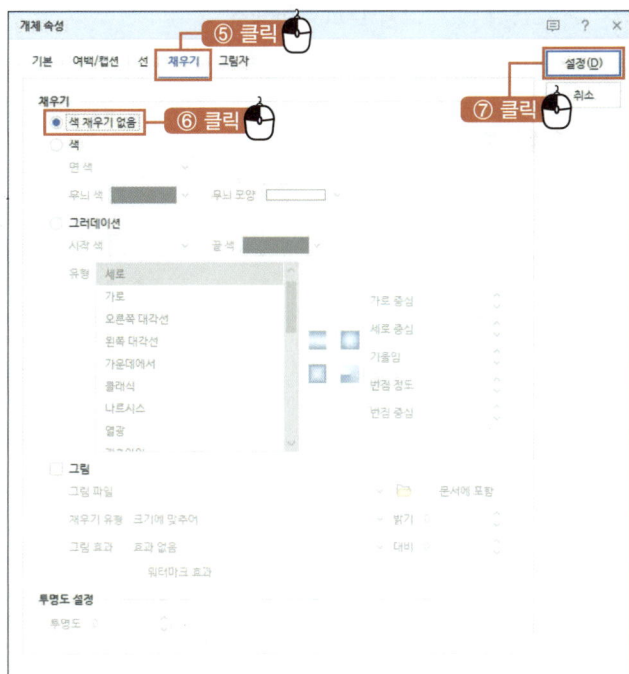

3 그림을 삽입하기 위해 [입력] 탭에서 [그림] 도구를 클릭하여 [그림 넣기] 대화상자를 엽니다(또는 Ctrl+N, I).

4 [그림 넣기] 대화상자에서 [내 PC\문서\ITQ\Picture] 폴더에 있는 '로고1'.jpg 파일을 선택한 후 '문서에 포함'에 체크하고, '글자처럼 취급'과 '마우스로 크기 지정'은 체크 해제한 후 [열기] 단추를 클릭합니다.

Check Point

삽입한 그림은 반드시 문서에 포함하여 저장해야 하며, 미포함 시 감점 처리됩니다.

5 삽입된 그림을 더블 클릭하여 [개체 속성] 대화상자를 열고 [기본] 탭과 [그림] 탭에서 아래와 같이 속성을 설정한 후 [설정] 단추를 클릭합니다.
- [기본] 탭 : '크기 : 40mm×30mm', '크기 고정'에 체크, '본문과의 배치 : 글 앞으로(▨)' 선택
- [그림] 탭 : '그림 효과 : 회색조'

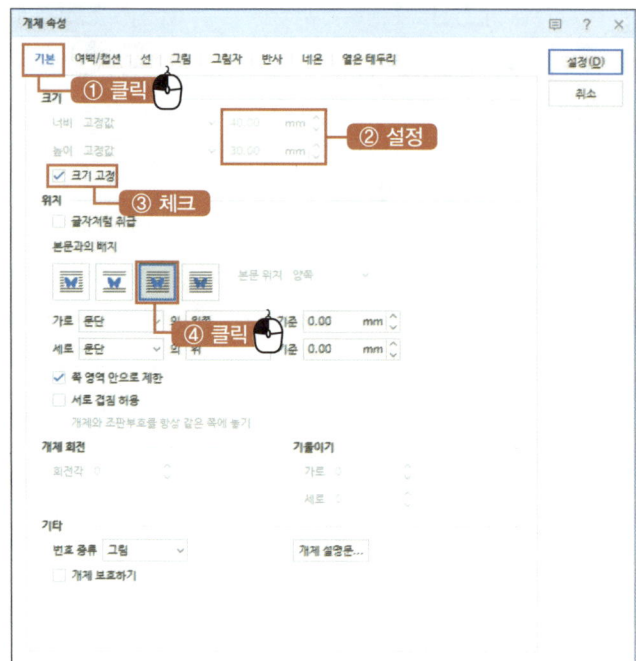
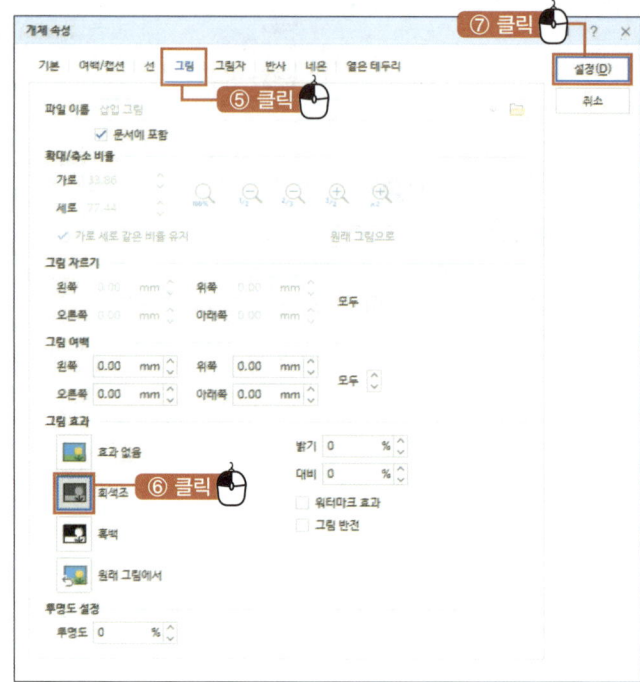

Check Point

바로가기 메뉴(마우스 오른쪽 버튼 클릭)에서 [개체 속성] 메뉴를 선택해도 됩니다.

6 변경된 그림을 ≪출력형태≫와 동일하게 이동하여 배치합니다.

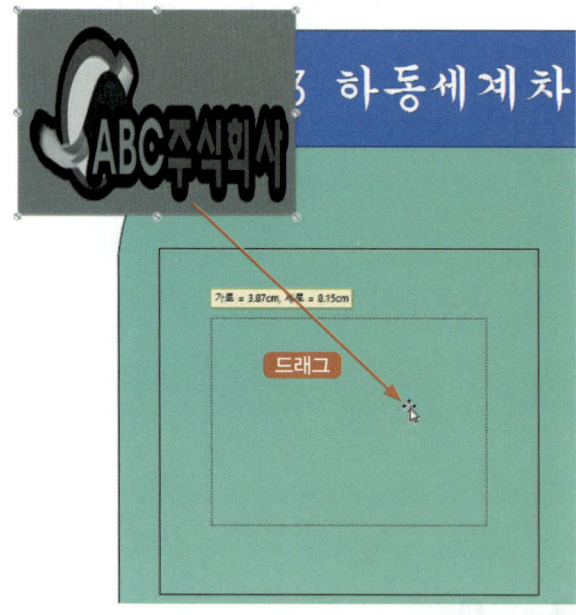

7 책갈피를 삽입하기 위해 3페이지 첫 줄에 문서작성 능력평가의 제목인 "2023 하동세계차엑스포"를 입력한 후 문장의 맨 앞에 커서를 위치시키고 [입력] 탭에서 [책갈피 📑] 도구를 클릭합니다.

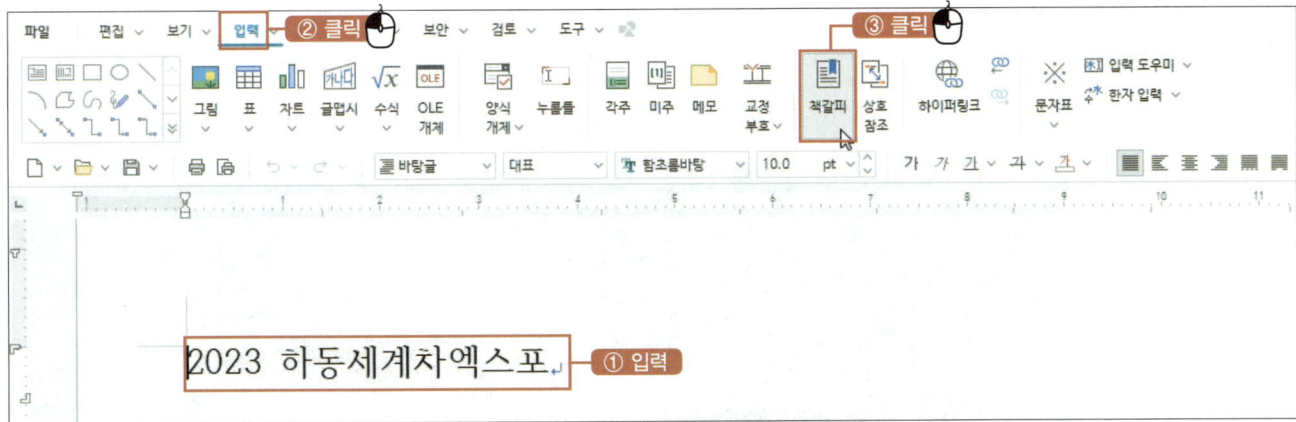

8 [책갈피] 대화상자에서 책갈피 이름에 "다양성"을 입력하고 [넣기] 단추를 클릭합니다.

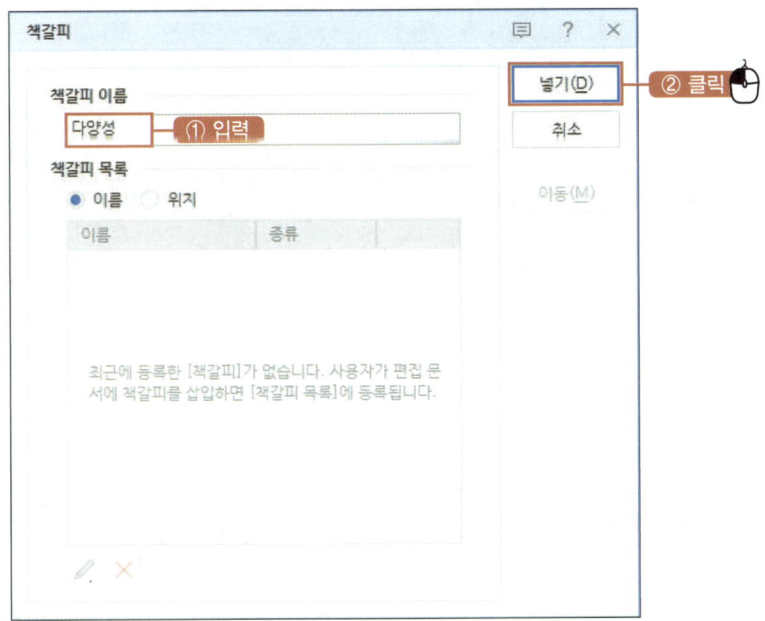

Check Point

- 단축키 Ctrl + K , B 키를 눌러도 됩니다.
- [문서작성 능력평가]의 제목 부분에 표시된 책갈피 이름을 입력합니다.
- 책갈피 삽입은 문서작성 능력평가에서 제시되는 조건이지만, 하이퍼링크를 설정하기 위해 문서작성 능력평가의 제목 부분에 책갈피를 먼저 설정합니다.
- 책갈피가 삽입된 것은 [책갈피] 대화상자에서 확인할 수 있습니다.

9 하이퍼링크를 설정하기 위해 2페이지에 삽입했던 '로고1.jpg' 그림을 클릭한 후 [입력] 탭에서 [하이퍼링크]를 선택합니다.

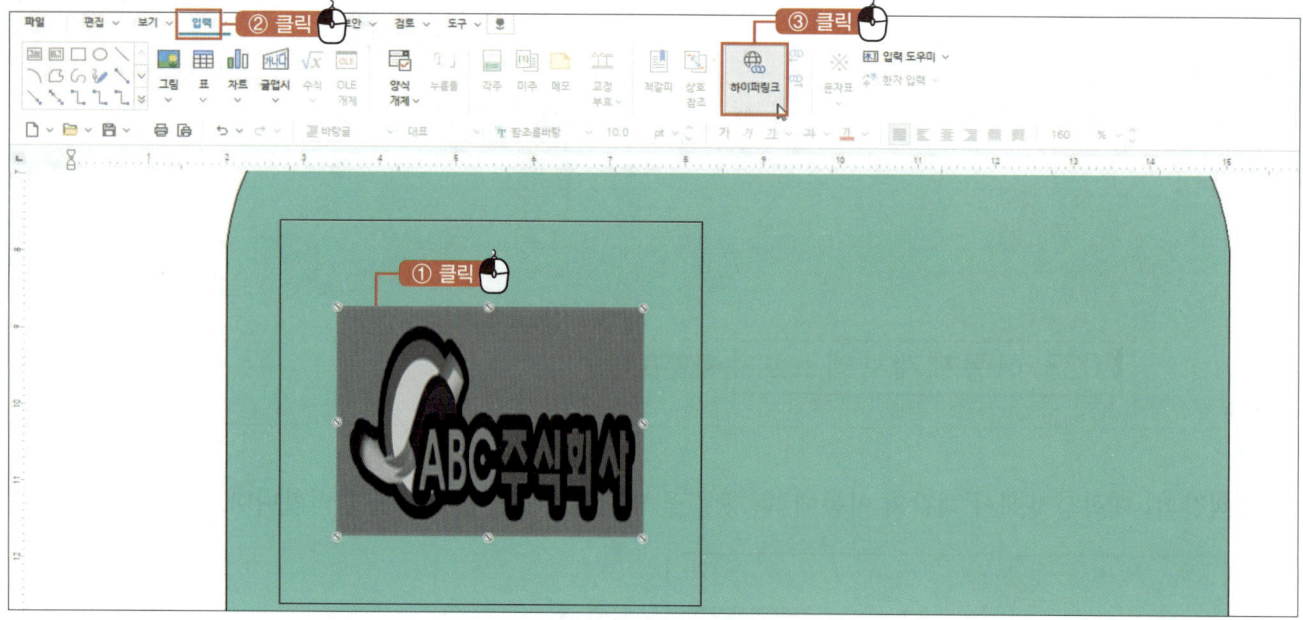

Check Point

개체(그림, 글맵시)를 선택하고 [입력] 탭의 [목록 단추]를 클릭한 후 [하이퍼링크]를 선택하거나 단축키로 Ctrl + K , H 키를 눌러도 됩니다.

10 [하이퍼링크] 대화상자에서 '연결 대상-한글 문서', '파일 이름-[현재 문서]-책갈피-다양성'을 선택하고 [넣기] 단추를 클릭합니다.

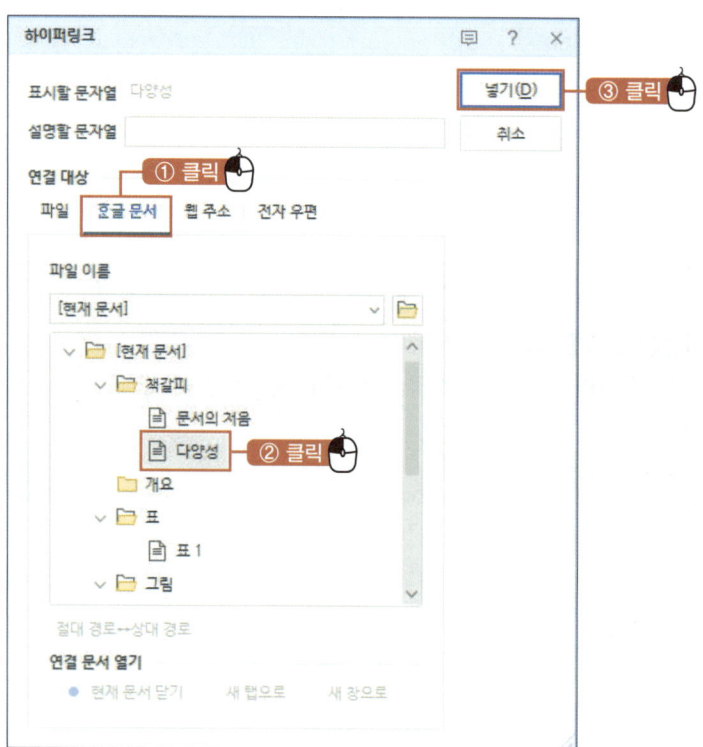

11 Esc 키를 눌러 그림 선택을 해제한 후 그림 위에서 Ctrl 키를 눌러 마우스 포인터가 손가락 모양으로 변경될 때 클릭하여 3페이지의 '2023 하동세계차엑스포'로 커서가 이동하면 정상적으로 설정된 것입니다.

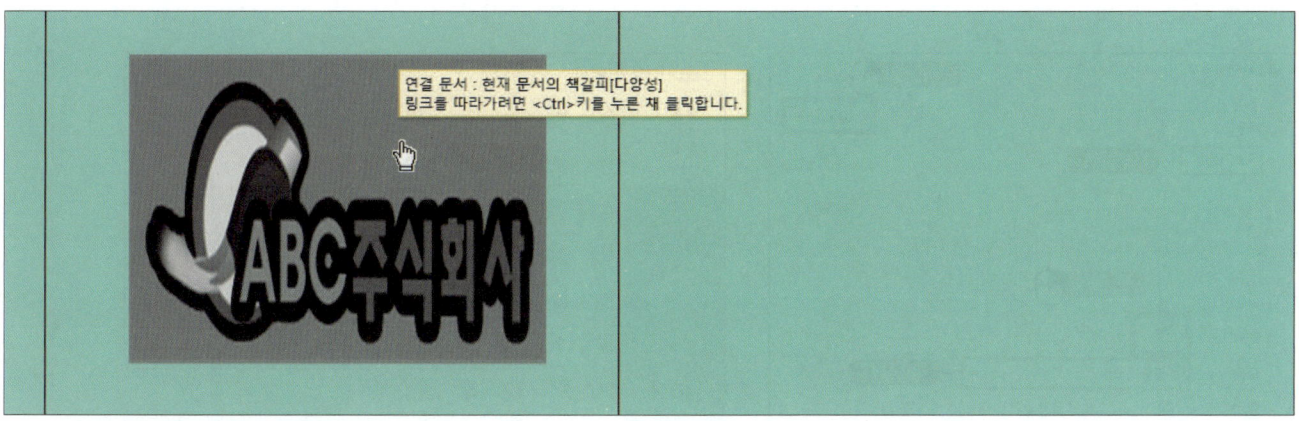

Check Point

- 하이퍼링크를 해제하려면 바로가기 메뉴의 [하이퍼링크 지우기] 메뉴를 선택하거나 [입력] 탭에서 [하이퍼링크]를 클릭한 후 [하이퍼링크 고치기] 대화상자에서 [링크 지우기]를 선택합니다.
- 하이퍼링크가 설정된 개체는 Ctrl 키를 누른 채 클릭하여 선택할 수 있습니다.

단계 4 글맵시 작성

1 글맵시를 작성하기 위해 [입력] 탭에서 [글맵시] 도구를 클릭합니다.

2 [글맵시 만들기] 대화상자에서 다음과 같이 설정하고 [설정] 단추를 클릭합니다.
- 내용 : 지속가능성
- 글맵시 모양 : 갈매기형 수장
- 글꼴 : 굴림

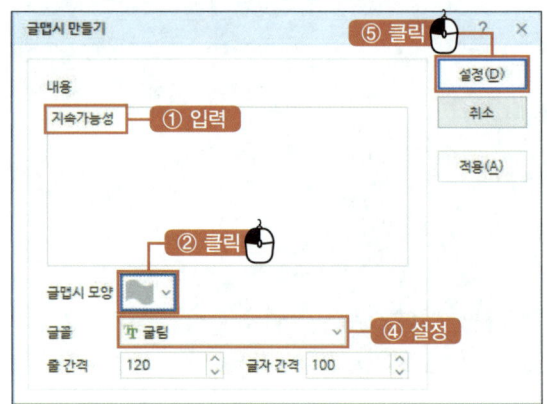
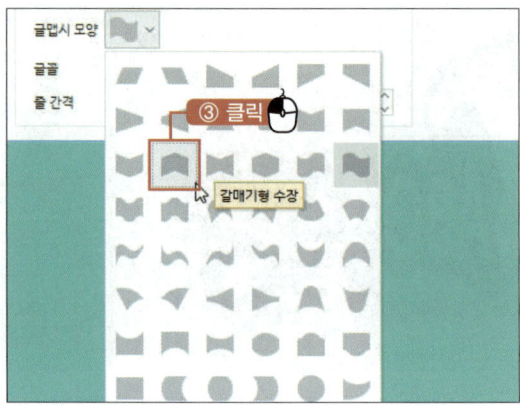

3 입력된 글맵시에서 바로가기 메뉴(마우스 오른쪽 버튼 클릭)의 [개체 속성] 메뉴를 선택합니다.

4 [개체 속성] 대화상자에서 다음과 같이 설정합니다.
- [기본] 탭 : '크기 : 50mm×35mm', '크기 고정'에 체크, '본문과의 배치 : 글 앞으로( )'
- [채우기] 탭 : '면 색 – 빨강(RGB: 255,0,0)'

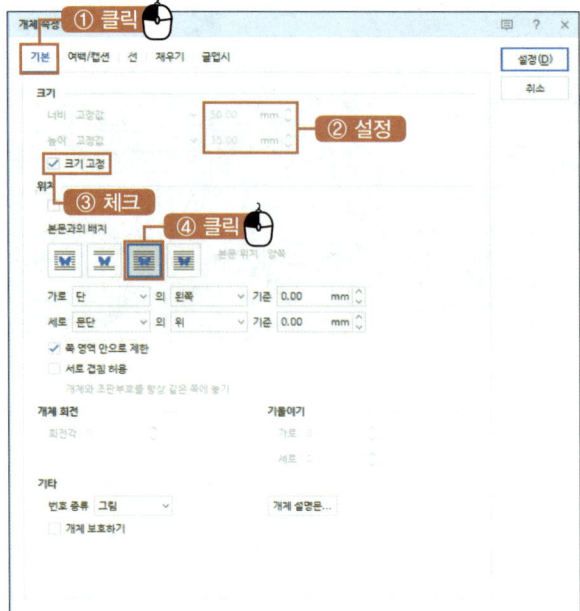
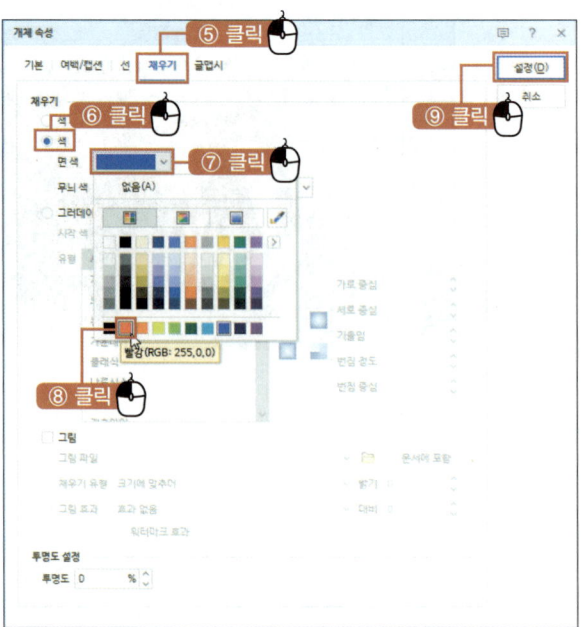

5 속성이 설정된 글맵시를 ≪출력형태≫처럼 드래그하여 이동합니다.

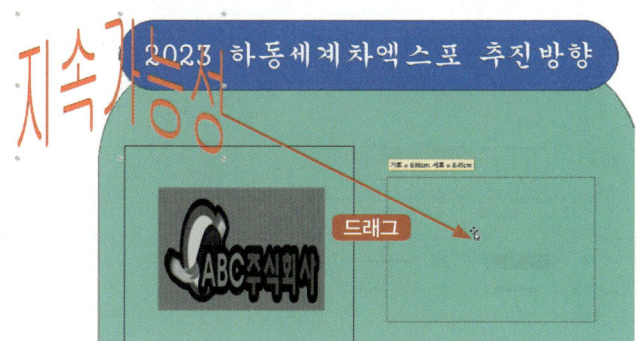
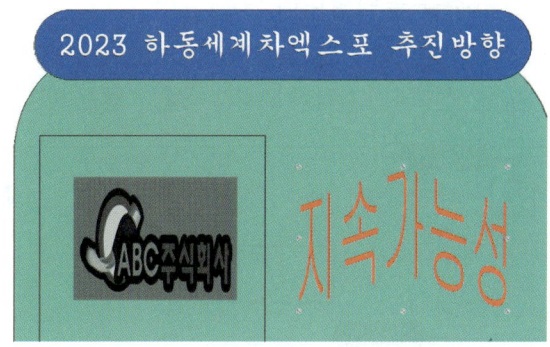

단계 5 도형 및 글상자 작성

1 [입력] 탭에서 '직사각형 □'을 클릭하여 사각형을 그립니다.

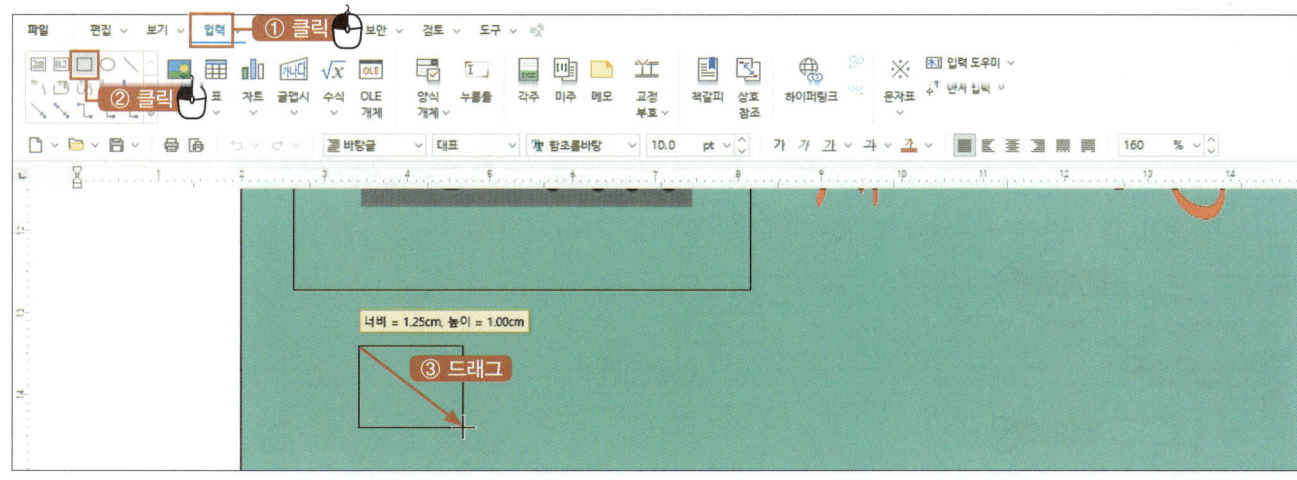

2 입력된 직사각형 도형을 더블 클릭한 후 [개체 속성] 대화상자에서 아래와 같이 속성을 변경하고 [설정] 단추를 클릭합니다.

- [기본] 탭 : '크기 – 12mm×10mm', '크기 고정'에 체크, '본문과의 배치 – 앞으로( )'
- [선] 탭 : '사각형 모서리 곡률 – 둥근 모양( )'

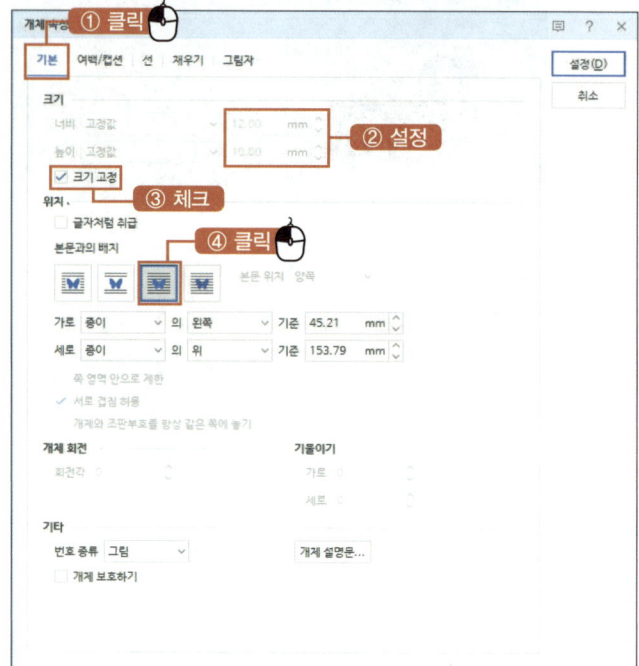
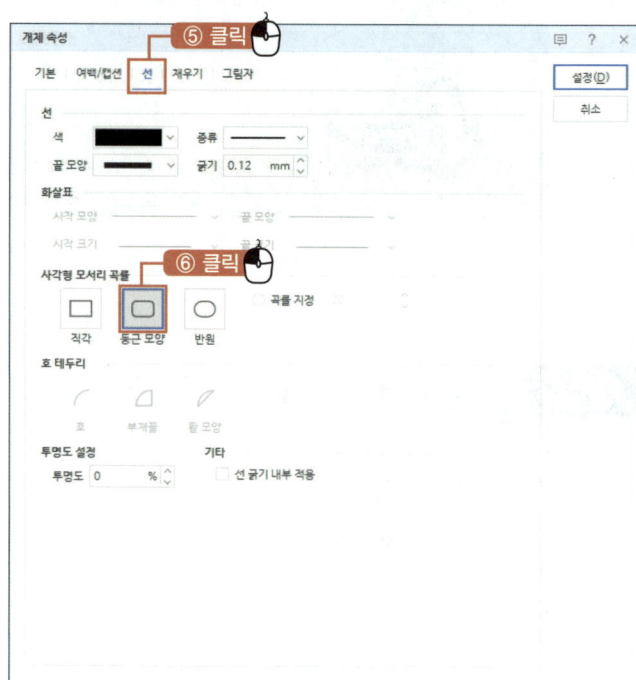

- [채우기] 탭 : '면 색 – 임의의 색(하늘색(RGB: 97,130,214) 60% 밝게)'

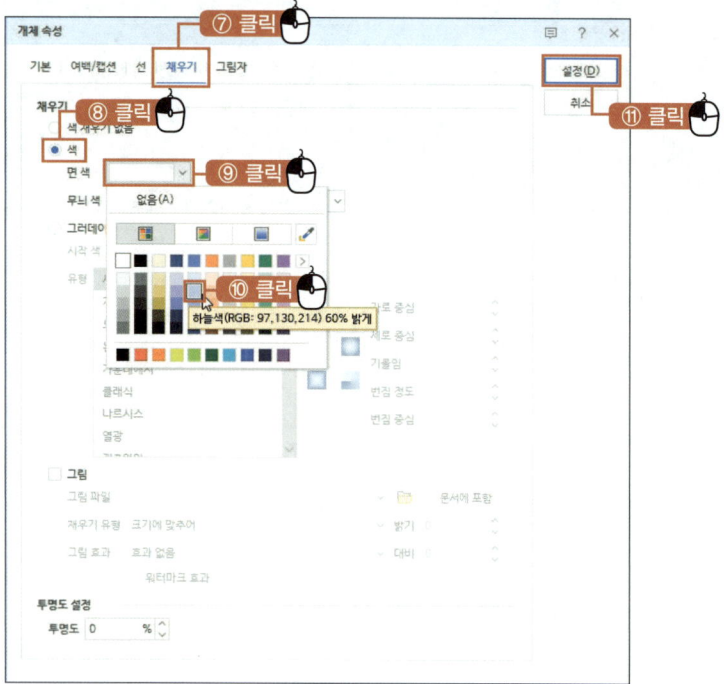

3 이번엔 [도형] 탭에서 '직사각형 □'을 클릭한 후 직사각형 도형 위에 드래그하여 그립니다.

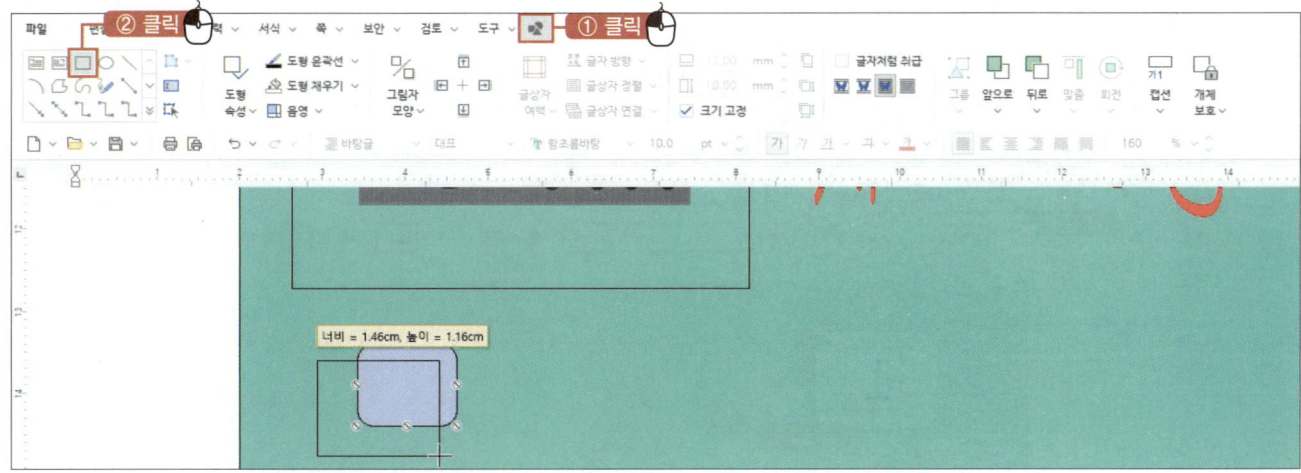

4 삽입된 도형의 위치를 《출력형태》처럼 조절하고 더블 클릭한 후 [개체 속성] 대화상자에서 다음과 같이 설정합니다.

- [기본] 탭 : '크기 – 15mm×12mm', '크기 고정'에 체크, '본문과의 배치 – 글 앞으로( )'
- [선] 탭 : '사각형 모서리 곡률 – 둥근 모양(◯)'
- [채우기] 탭 : '면 색 – 하양(RGB: 255,255,255)'

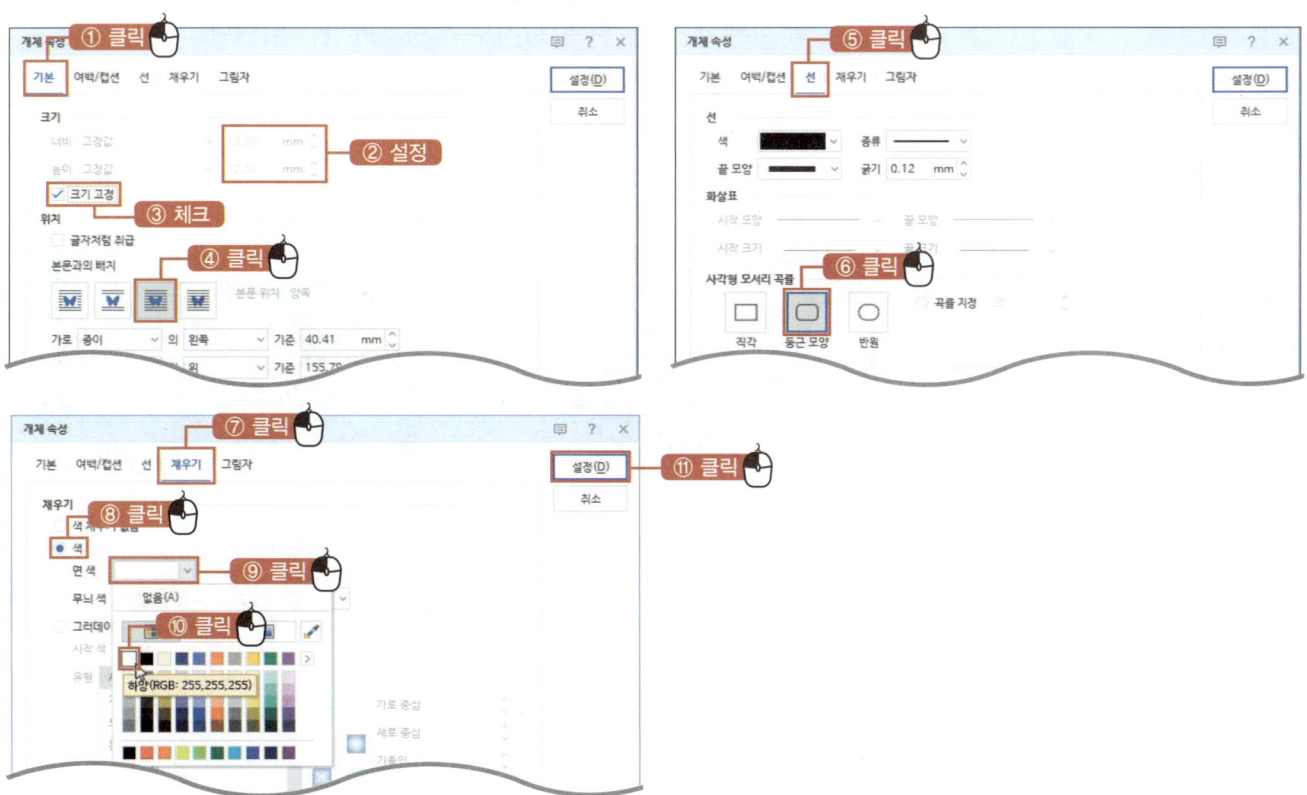

Check Point

- 도형의 기본 채우기 색은 하양(흰색)이며, 색상 지정 시 '기본'으로 설정되었으면 '하양(흰색)'을 바로 설정할 수 있고, '오피스'일 경우 '기본'으로 변경 후 설정하거나 [다른 색]에서 설정합니다. 다만, 이전에 해당 색상을 선택한 적이 있다면 어떤 테마에서도 선택할 수 있습니다.
- 직사각형이나 타원을 그릴 때 Shift 키를 누르고 그리면 정사각형이나 정원을 그릴 수 있습니다.
- 두 개의 도형을 그린 후 《출력 형태》와 비슷하게 위치를 조절합니다.

Part 1 따라하면서 배우는 한글 2022 **65**

5 도형 안에 숫자를 입력하기 위해 [도형] 탭에서 [글자 넣기] 도구를 클릭한 후 [서식] 도구 상자에서 '글꼴 : 궁서', '글자 크기 : 20pt', '글자 색 : 검정(RGB: 0,0,0)', '가운데 정렬 '을 설정한 후 "1"을 입력합니다.

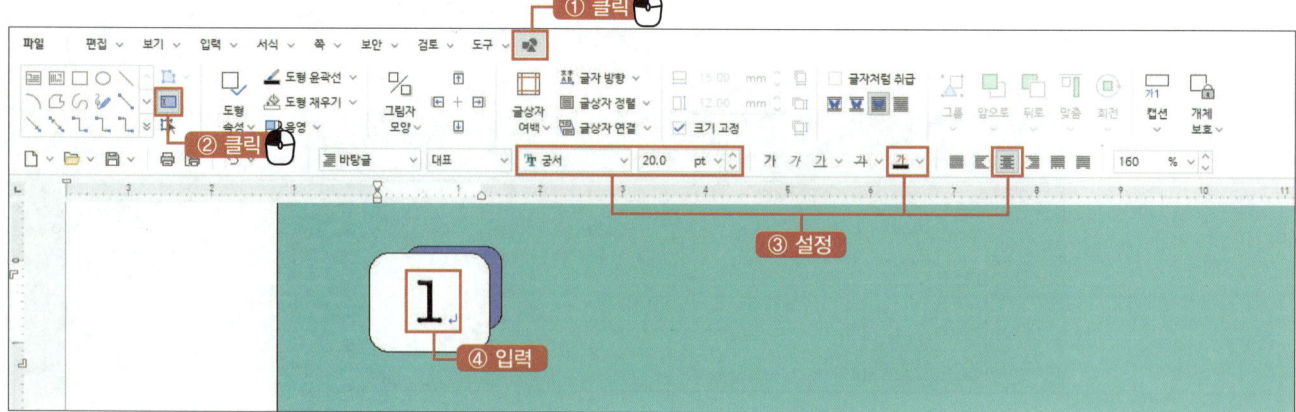

Check Point

- 도형을 선택하고 마우스 오른쪽 버튼을 눌러 [도형 안에 글자 넣기] 메뉴를 선택한 후 입력해도 됩니다.
- 숫자를 입력하고 범위 지정한 후 서식을 설정해도 됩니다.

6 [도형] 탭에서 [가로 글상자]를 선택한 후 《출력형태》처럼 드래그하여 그립니다.

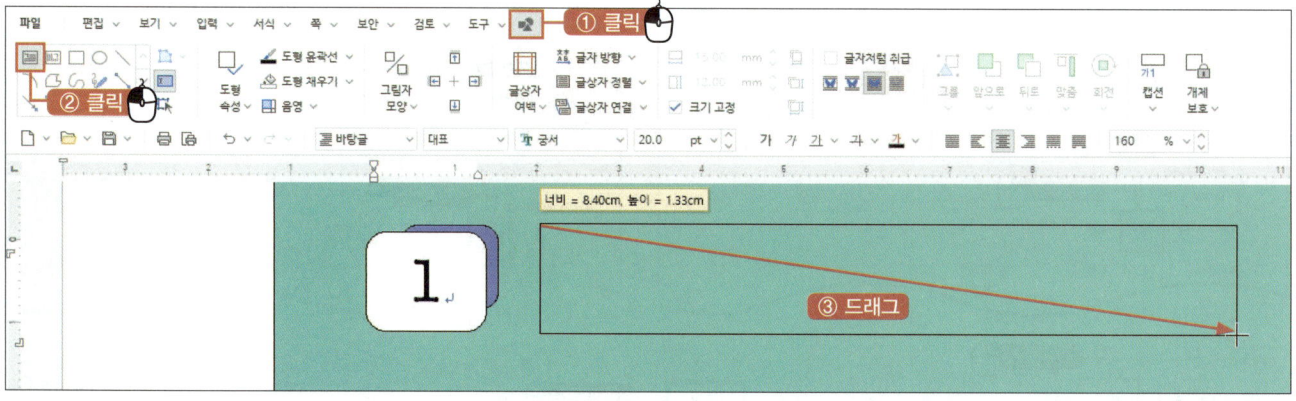

Check Point

도형은 [입력] 탭에서 선택할 수 있지만, [도형] 탭이 활성화되었을 경우 [도형] 탭에서도 선택할 수 있습니다.

7 [개체 속성] 대화상자에서 다음과 같이 설정한 후 [설정] 단추를 클릭합니다.
 - [기본] 탭 : '글 앞으로( )'
 - [선] 탭 : '종류 – 파선'
 - [채우기] 탭 : '색 채우기 없음'

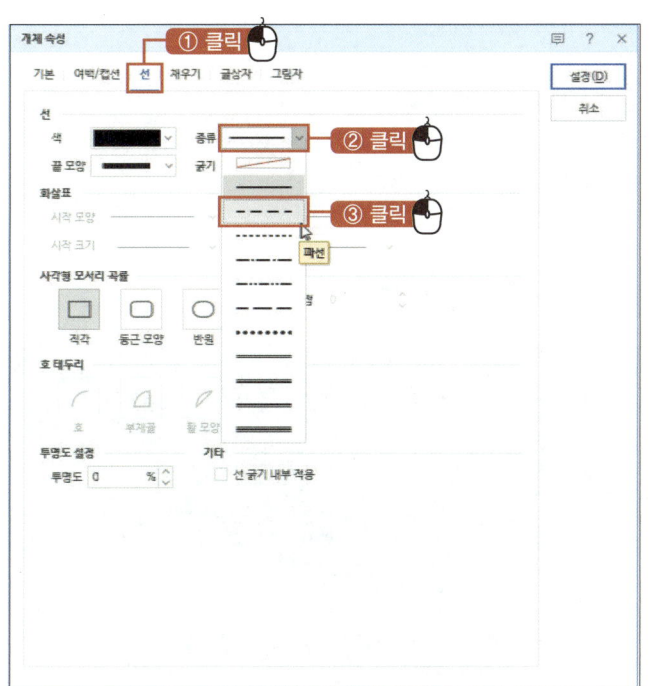 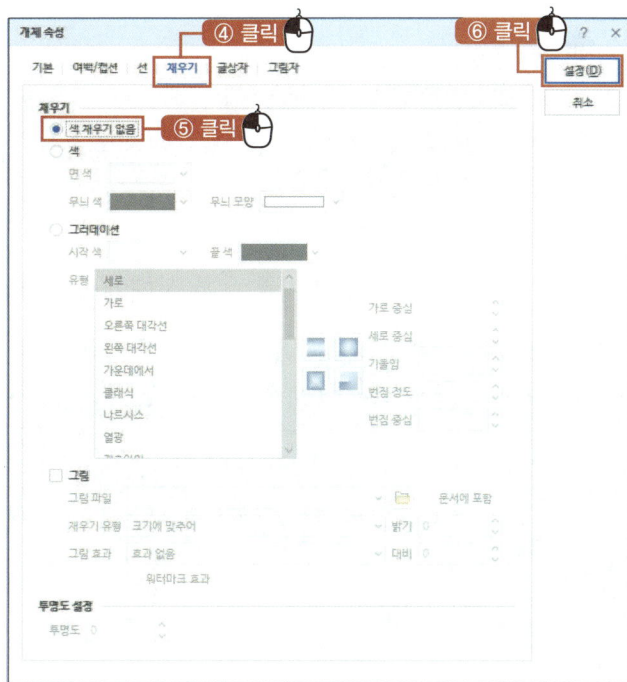

8 Esc 키를 눌러 가로 글상자 선택을 해제한 후 다시 가로 글상자 안을 클릭하고, [서식] 도구 상자에서 '글꼴 : 돋움', '글자 크기 : 18pt', '가운데 정렬 ≡'을 설정한 후 "지자체 간 협력과 상생"을 입력합니다.

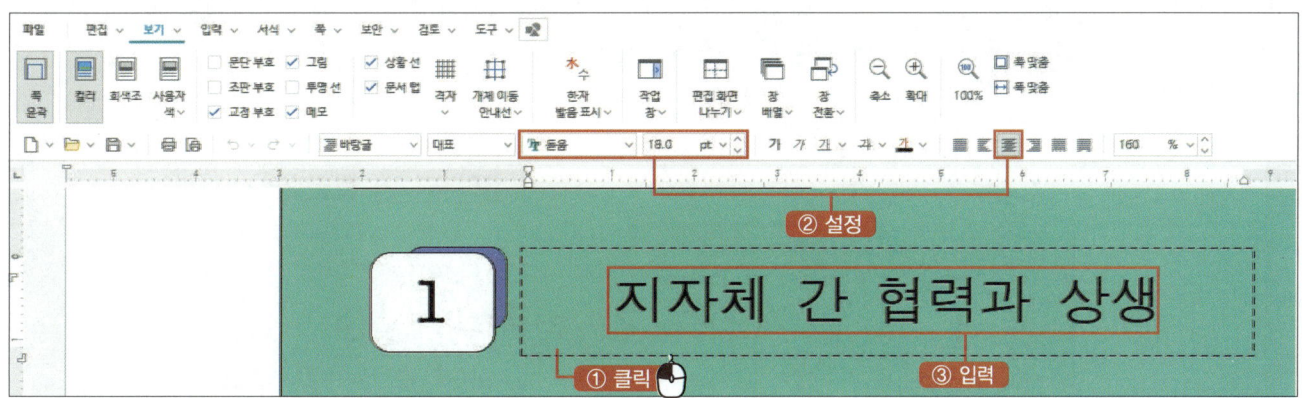

9 Shift 키를 이용하여 '직사각형'과 '가로 글상자'를 그림처럼 선택한 후 Ctrl + Shift 키를 누른 상태에서 아래로 드래그하여 복사합니다.

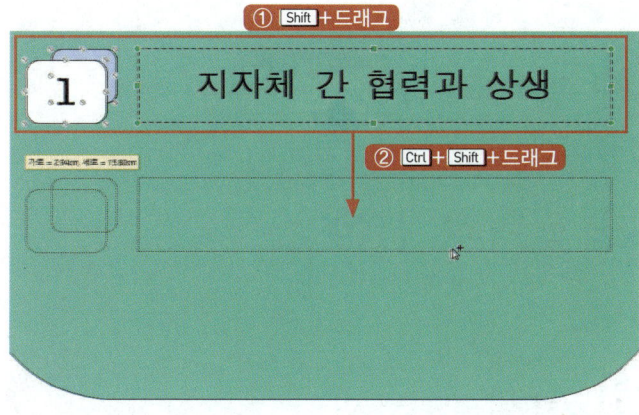 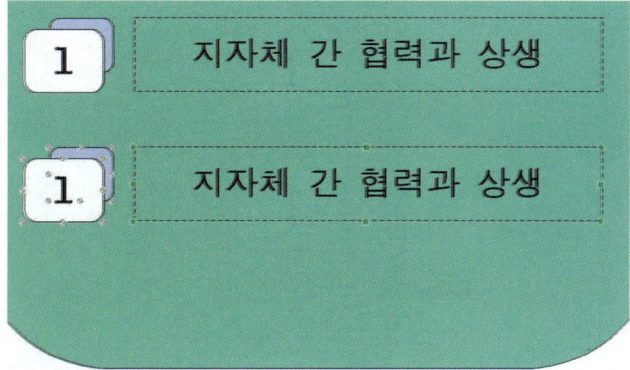

Check Point

- 여러 개의 도형을 한꺼번에 선택할 때는 [개체 선택] 도구로 드래그하여 선택할 수도 있습니다.
- 도형을 선택한 후 Ctrl 키를 누르고 드래그하면 복사되고, Ctrl + Shift 키를 누르고 드래그하면 수평 방향이나 수직 방향으로 복사할 수 있습니다.

10 다시 한번 Ctrl + Shift 키를 누른 상태에서 아래로 드래그하여 복사합니다.

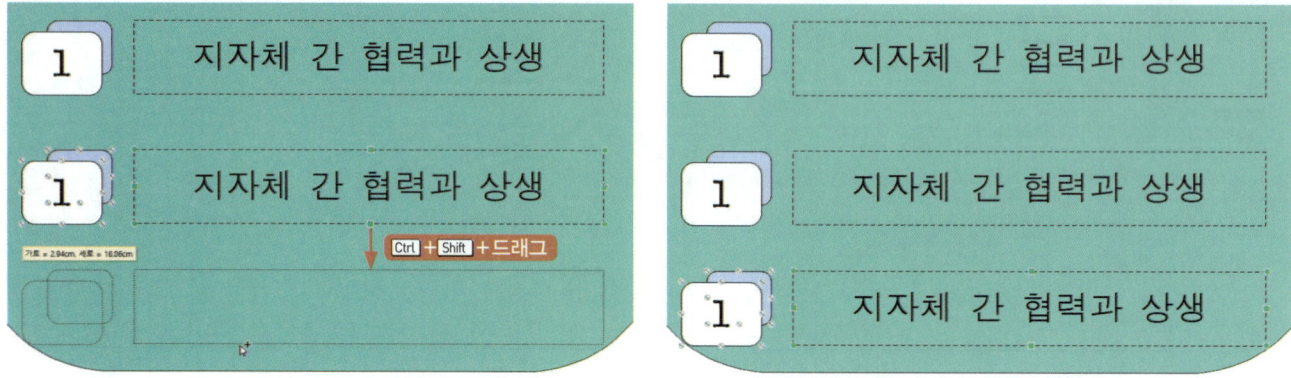

Check Point

[도형] 탭-[그룹]에서 '개체 묶기'를 선택하여 그룹화한 후 복사하고, 복사한 세 개의 도형을 선택한 후 [도형] 탭-[맞춤]에서 '세로 간격을 동일하게'를 선택하여 세로 간격을 동일하게 맞춘 후 그룹을 해제하는 방법도 있습니다. 다만, 그룹을 해제하지 않으면 감점이오니 주의해야 합니다.

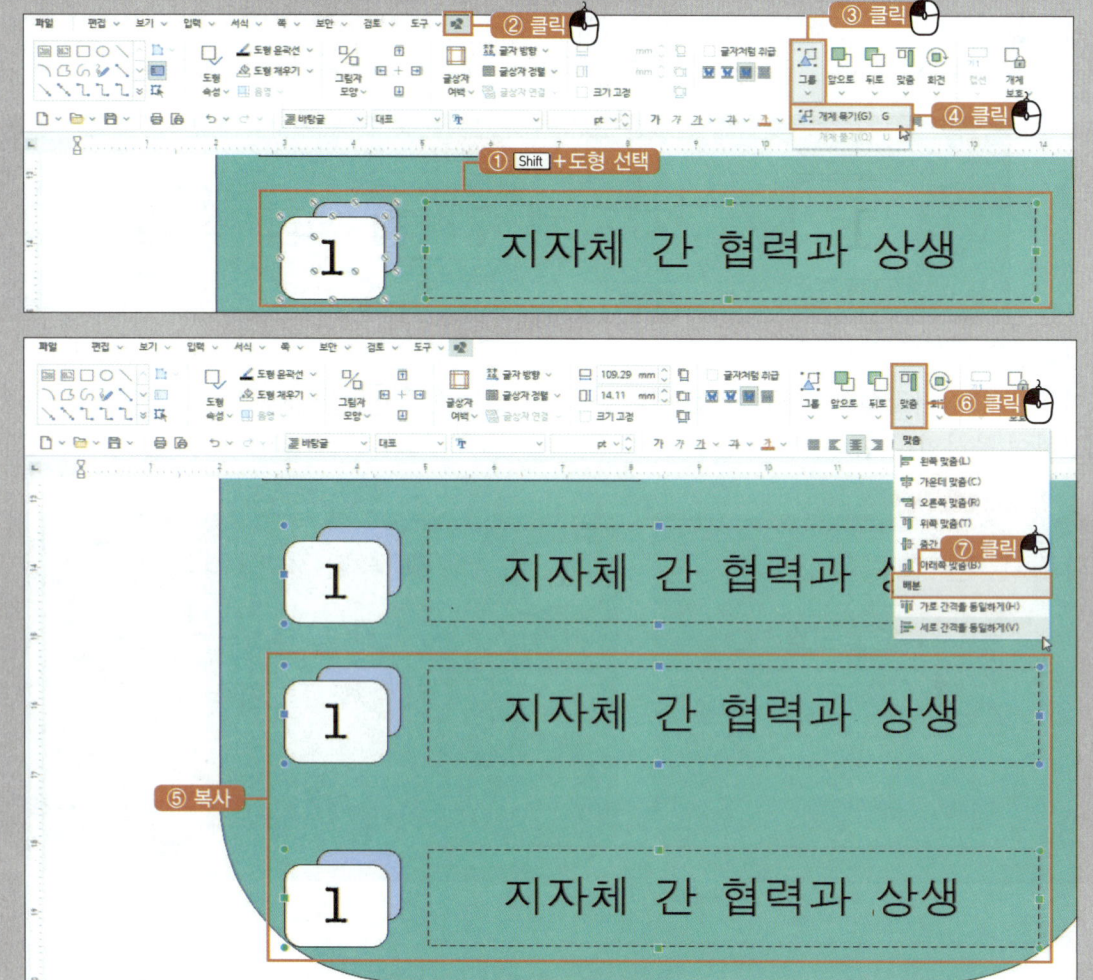

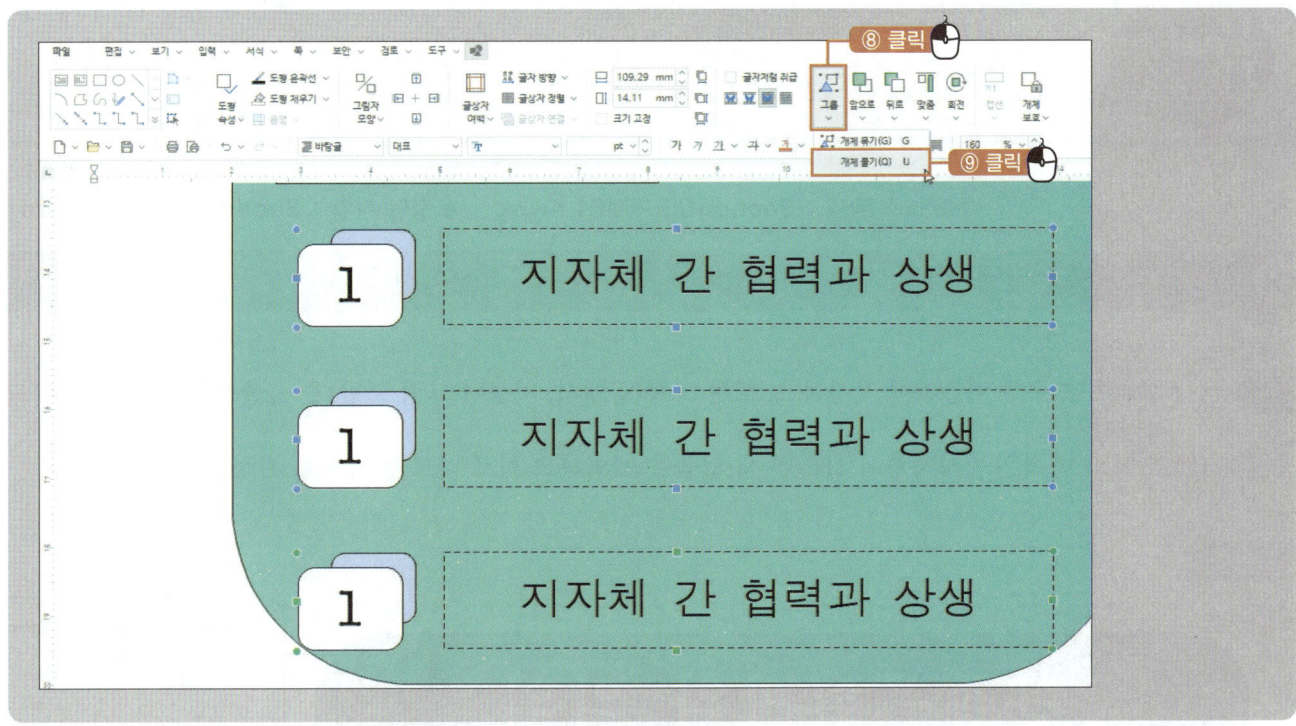

11 복사된 도형의 내용을 수정한 후 직사각형의 색상을 임의의 색으로 변경합니다.

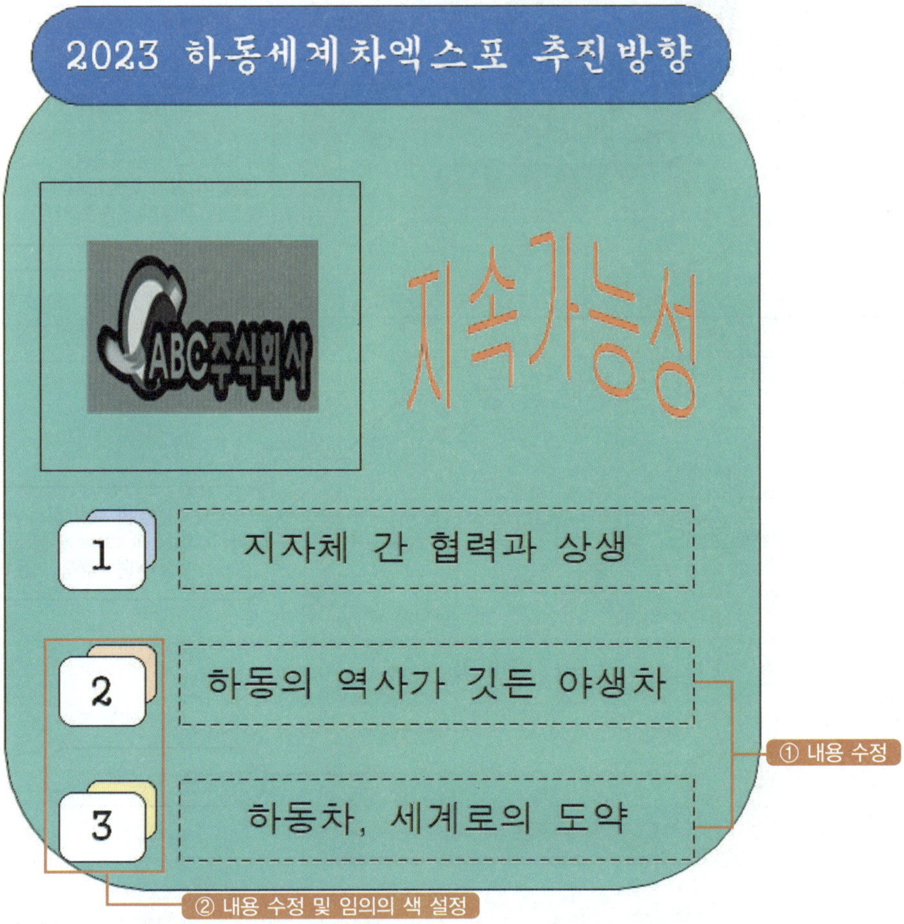

Check Point

불의의 사고를 방지하기 위해 [파일]-[저장하기 💾] 메뉴를 클릭하여 중간중간 파일을 저장합니다.

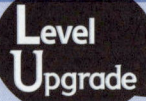

Level Upgrade 실력 향상을 위한 실전 연습문제

● 소스 파일 : Section05_예제01.hwpx　● 정답 파일 : Section05_정답01.hwpx

01 다음의 ≪조건≫에 따라 ≪출력형태≫와 같이 문서를 작성하시오.

조건

(1) 그리기 도구를 이용하여 작성하고, 모든 도형(글맵시, 지정된 그림 포함)을 ≪출력형태≫와 같이 작성하시오.

(2) 도형의 면색은 지시사항이 없으면 색 없음을 제외하고 서로 다르게 임의로 지정하시오.

출력형태

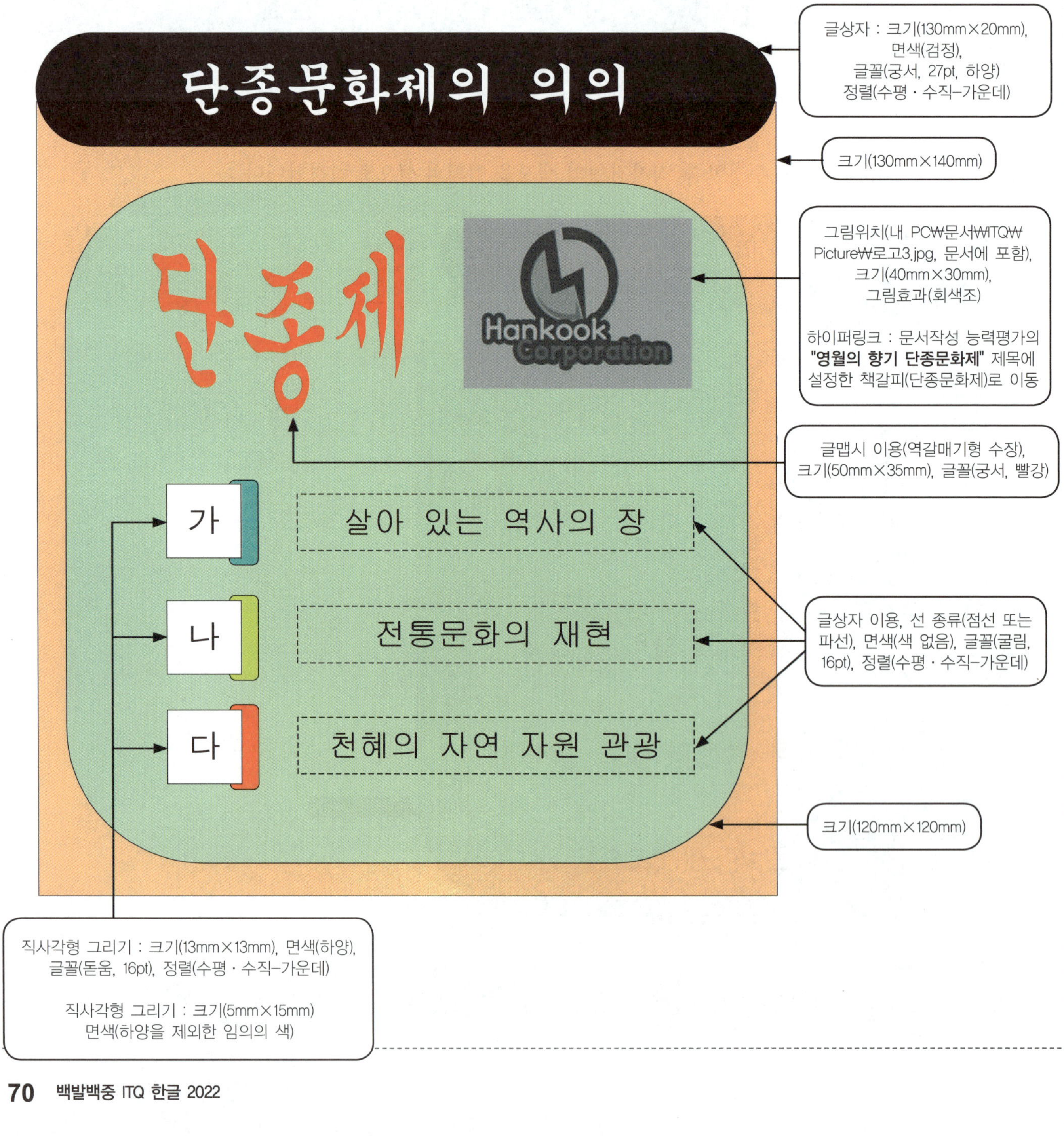

단종문화제의 의의
단종제
Hankook Corporation
가
살아 있는 역사의 장
나
전통문화의 재현
다
천혜의 자연 자원 관광
글상자 : 크기(130mm×20mm), 면색(검정), 글꼴(궁서, 27pt, 하양) 정렬(수평 · 수직-가운데)
크기(130mm×140mm)
그림위치(내 PC₩문서₩ITQ₩Picture₩로고3.jpg, 문서에 포함), 크기(40mm×30mm), 그림효과(회색조)
하이퍼링크 : 문서작성 능력평가의 "영월의 향기 단종문화제" 제목에 설정한 책갈피(단종문화제)로 이동
글맵시 이용(역갈매기형 수장), 크기(50mm×35mm), 글꼴(궁서, 빨강)
글상자 이용, 선 종류(점선 또는 파선), 면색(색 없음), 글꼴(굴림, 16pt), 정렬(수평 · 수직-가운데)
크기(120mm×120mm)
직사각형 그리기 : 크기(13mm×13mm), 면색(하양), 글꼴(돋움, 16pt), 정렬(수평 · 수직-가운데)
직사각형 그리기 : 크기(5mm×15mm) 면색(하양을 제외한 임의의 색)

● 소스 파일 : Section05_예제02.hwpx   ● 정답 파일 : Section05_정답02.hwpx

02 다음의 ≪조건≫에 따라 ≪출력형태≫와 같이 문서를 작성하시오.

조건
(1) 그리기 도구를 이용하여 작성하고, 모든 도형(글맵시, 지정된 그림 포함)을 ≪출력형태≫와 같이 작성하시오.
(2) 도형의 면색은 지시사항이 없으면 색없음을 제외하고 서로 다르게 임의로 지정하시오.

출력형태

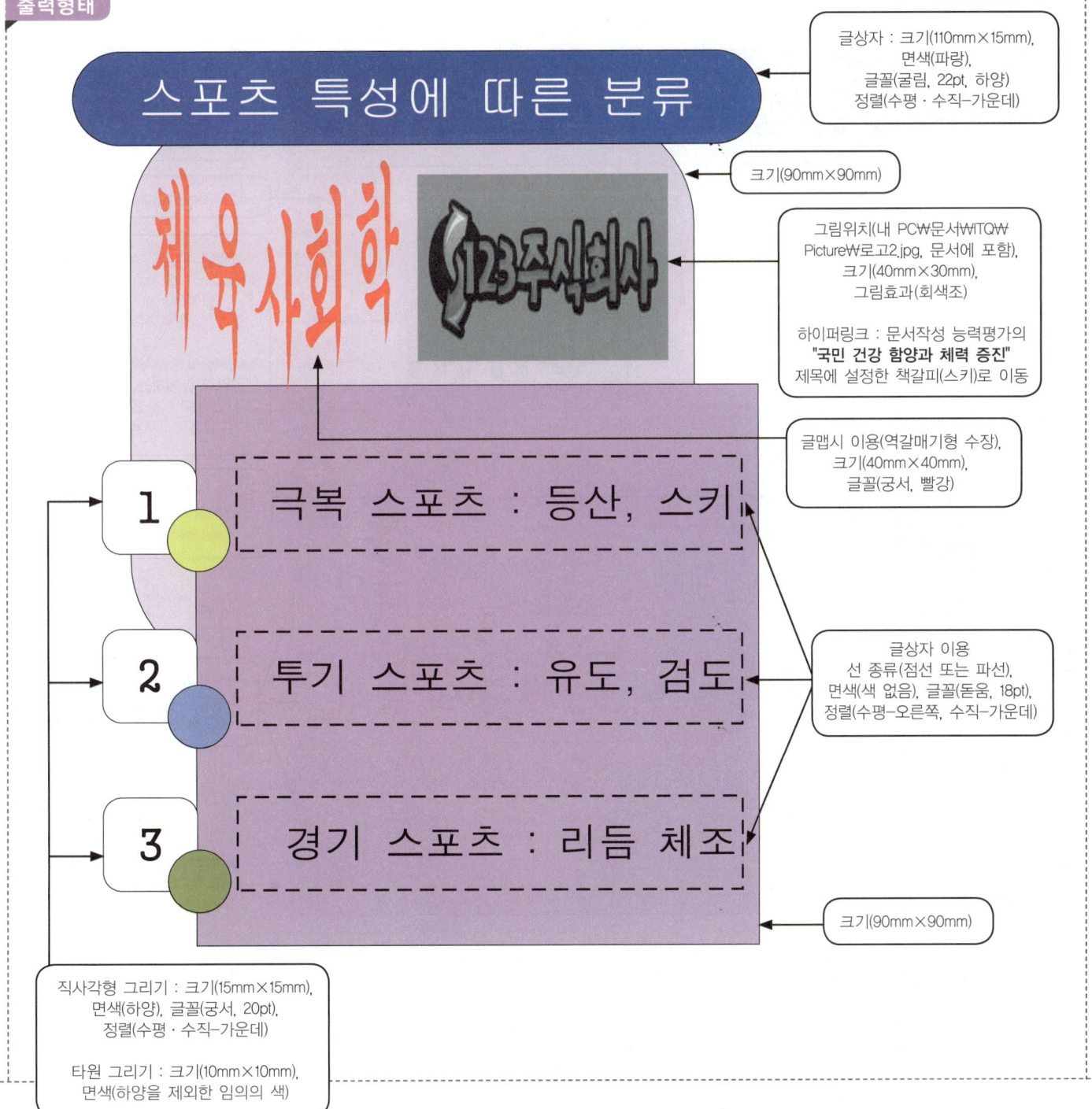

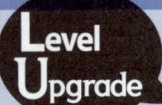

Level Upgrade 실력 향상을 위한 실전 연습문제

● 소스 파일 : Section05_예제03.hwpx ● 정답 파일 : Section05_정답03.hwpx

03 다음의 ≪조건≫에 따라 ≪출력형태≫와 같이 문서를 작성하시오.

조건

(1) 그리기 도구를 이용하여 작성하고, 모든 도형(글맵시, 지정된 그림 포함)을 ≪출력형태≫와 같이 작성하시오.

(2) 도형의 면 색은 지시사항이 없으면 색없음을 제외하고 서로 다르게 임의로 지정하시오.

출력형태

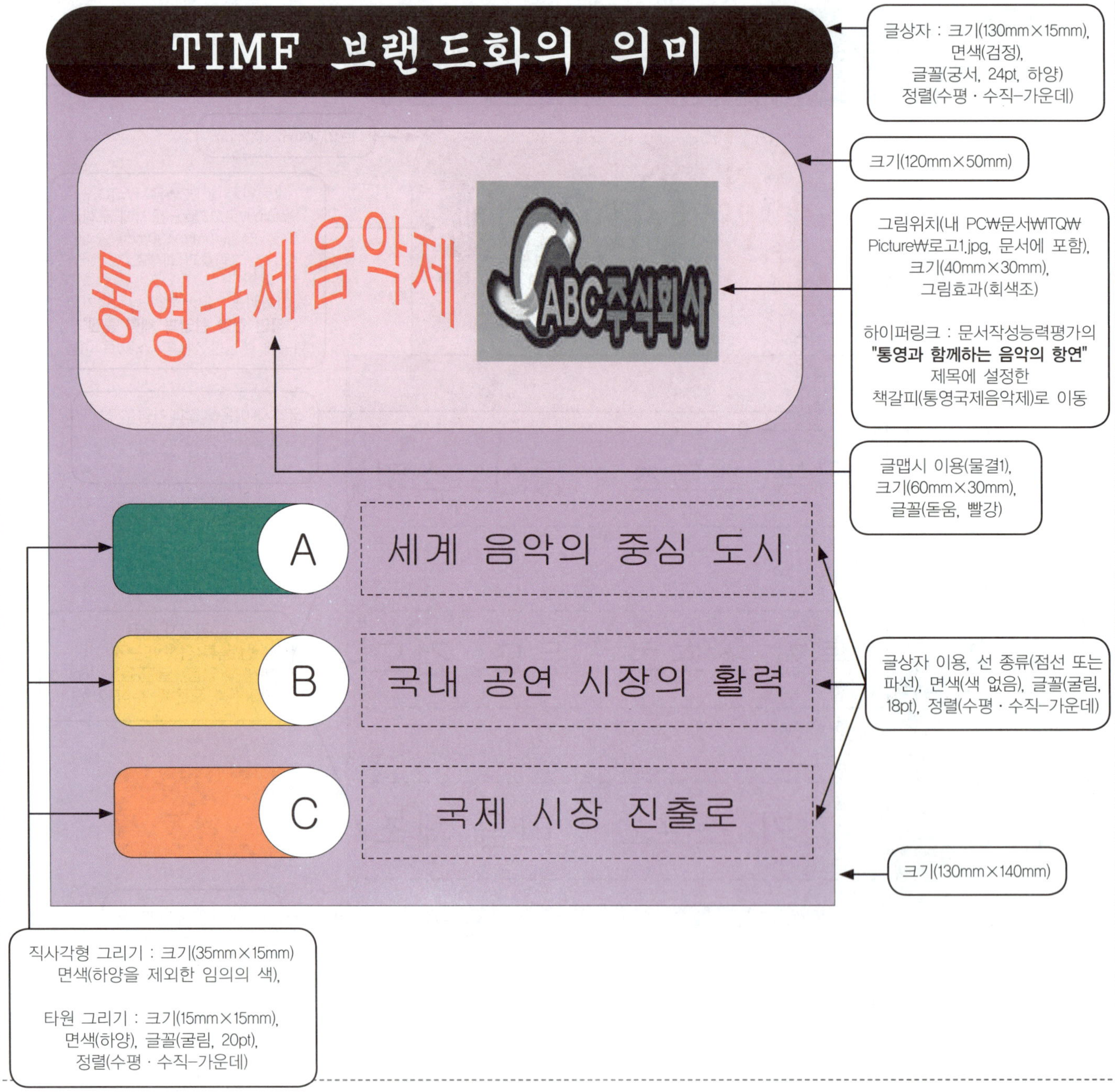
TIMF 브랜드화의 의미
통영국제음악제
ABC주식회사
A
세계 음악의 중심 도시
B
국내 공연 시장의 활력
C
국제 시장 진출로
글상자 : 크기(130mm×15mm), 면색(검정), 글꼴(궁서, 24pt, 하양) 정렬(수평 · 수직-가운데)
크기(120mm×50mm)
그림위치(내 PC₩문서₩ITQ₩Picture₩로고1.jpg, 문서에 포함), 크기(40mm×30mm), 그림효과(회색조)
하이퍼링크 : 문서작성능력평가의 "통영과 함께하는 음악의 향연" 제목에 설정한 책갈피(통영국제음악제)로 이동
글맵시 이용(물결1), 크기(60mm×30mm), 글꼴(돋움, 빨강)
글상자 이용, 선 종류(점선 또는 파선), 면색(색 없음), 글꼴(굴림, 18pt), 정렬(수평 · 수직-가운데)
크기(130mm×140mm)
직사각형 그리기 : 크기(35mm×15mm) 면색(하양을 제외한 임의의 색),
타원 그리기 : 크기(15mm×15mm), 면색(하양), 글꼴(굴림, 20pt), 정렬(수평 · 수직-가운데)

• 소스 파일 : Section05_예제04.hwpx   • 정답 파일 : Section05_정답04.hwpx

04 다음의 ≪조건≫에 따라 ≪출력형태≫와 같이 문서를 작성하시오.

조건
(1) 그리기 도구를 이용하여 작성하고, 모든 도형(글맵시, 지정된 그림 포함)을 ≪출력형태≫와 같이 작성하시오.
(2) 도형의 면 색은 지시사항이 없으면 색 없음을 제외하고 서로 다르게 임의로 지정하시오.

출력형태

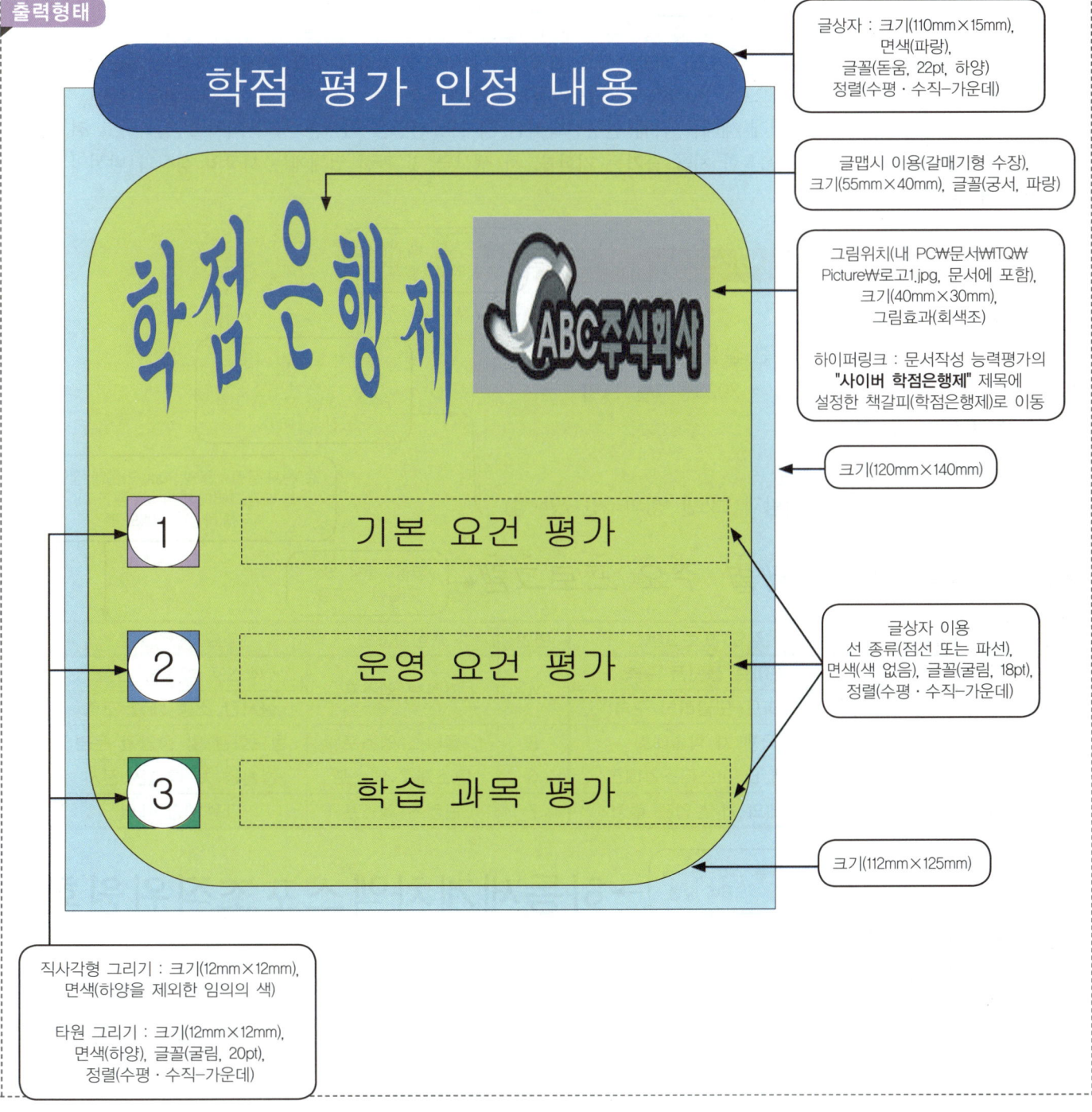

건강한 차

2023 하동세계차엑스포

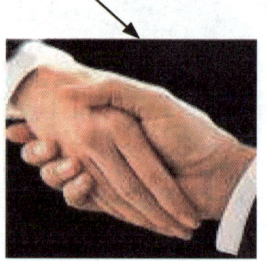

하동은 통일신라 시대, 우리나라에서 처음 차를 재배한 곳으로 1,200년 전 당나라 사신으로 갔던 대렴공이 차 씨앗을 들여왔고, 왕명을 받은 대렴공은 겨울에도 꽃이 핀다는 이름이 붙은 화개동천에 차 씨앗을 심었다. 하동은 차 시배지일 뿐만 아니라 다도(茶道)의 중흥지이기도 하다. 우리 조상들이 일찍이 알아보았듯이 하동의 기후와 토질은 차를 재배하기에 최적으로 일제 강점기에 개량종이 퍼져 나갈 때도 토종 야생차를 보존해 아직까지 자연 그대로의 차밭에서 재배하고 있기도 하다. 그 가치를 인정받아 하동 전통차 농업은 2017년 11월에 세계중요농업유산㉮으로 등재(登載)되었다.

차 분야에서는 국내 최초의 정부 공식 승인 국제행사로 하동차의 우수성을 알리고 생활 속에서 차를 즐기는 문화를 만들며, 차 산업을 새로운 성장동력으로 키워가는 계기를 만들기 위해 2023 하동세계차엑스포가 개최된다. 이번 하동세계차엑스포는 하나뿐인 지구와 미래 세대를 위해 환경친화적인 행사로 천년을 이어온 차의 역사를 경험하고 전 세계의 차 애호가들에게는 다양하고 훌륭한 차를 즐기는 기회를, 차 생산국 및 관련 업계에는 시장의 성장과 발전의 계기를 만들어 주리라 기대된다.

♣ 2023 하동세계차엑스포 개요

가. 비전 및 기간
   ㉠ 비전 : 인류의 지속 가능한 삶을 위한 차
   ㉡ 기간 : 2023년 6월 12일 - 2023년 7월 11일
나. 주최 및 참가 규모
   ㉠ 주최 : 경상남도, 하동군
   ㉡ 참가 규모 : 10개국, 관람객 135만 명(외국인 7만 명)

♣ 엑스포 핵심과제별 주요 프로그램

연번	핵심과제명	주요 프로그램	연번	핵심과제명	주요 프로그램
1	스마트 엑스포	스마트 플랫폼 구축	4	라이브 엑스포	엑스포 방송팀 신설
		스마트-모빌리티 구축			실시간 소통 채널 구축
2	공존 엑스포	국제 차 학술대회	5	웰니스 엑스포	항노화관 및 항암관 운영
		국제 티 마스터스컵대회	6	탄소제로 엑스포	친환경 차 특별관 전시
3	비즈니스 엑스포	국내외 차 산업관 설치	7	콘텐츠 엑스포	다원10경 체험

하동세계차엑스포조직위원회

㉮ FAO가 전 세계의 전통적 농업 시스템, 생물 다양성, 토지이용체계를 보전하기 위해 도입한 제도

Section 6 문서작성 능력평가

배점 **200** 점

①한자, 특수문자, 표 등을 포함하여 입력하기, ②제목 서식 및 표 등의 글꼴 서식 설정, ③문단 첫 글자 장식, 그림 등 개체 삽입 및 속성 변경, ④책갈피, 덧말 넣기, 머리말, 각주, 문단번호, 쪽 번호 매기기 등 문서작성 능력평가에 필요한 기능들을 학습합니다.

● 소스 파일 : Section06_예제.hwpx   ● 정답 파일 : Section06_정답.hwpx

핵심 체크

① 본문 작성 : 덧말 넣기, 글자 모양(Alt+L)과 문단 모양(Alt+T) 서식 설정, 책갈피(Ctrl+K, B), 그림 넣기(Ctrl+N, I) 및 자르기, 문단 번호(Ctrl+K, N)
② 표 작성 : 표 만들기(Ctrl+N, T), 셀 배경색(그러데이션)
③ 기능 설정 : 머리말(Ctrl+N, H), 각주(Ctrl+N, N), 쪽 번호 매기기(Ctrl+N, P)

> ※ 작성 순서
> 문서 입력 → 서식 설정(머리말, 덧말 넣기, 문단 첫 글자 장식, 그림 삽입 및 자르기, 각주, 중간 제목, 글자 모양, 문단 모양, 표 제목 설정 및 표 작성, 쪽 번호 넣기 등)

※ 《출력형태》는 74쪽에 있습니다.

단계 1 내용 입력-1, 제목 편집, 머리말 작성하기

1 3페이지 세 번째 줄부터 《출력형태》의 내용대로 입력합니다. (중간 제목 위까지 입력)
- 첫 번째 문단의 마지막 단어(~등재되었다.)를 입력한 후 Enter 키를 누릅니다.
- 두 번째 문단의 첫 글자는 SpaceBar 키를 두 번 눌러 들여 쓴 후에 입력합니다.
- 기능이 익숙해지면 문장을 입력하면서 기능을 설정합니다.
- 자세한 설명을 위해 편의상 세 번에 나눠 입력하는 방법을 채택했지만, 익숙해지면 전체 내용을 입력한 후 기능을 설정하거나 입력하면서 기능을 설정해도 됩니다.

2023 하동세계차엑스포 [Enter]
[Enter]
하동은 통일신라 시대, 우리나라에서 처음 차를 재배한 곳으로 1,200년 전 당나라 사신으로 갔던 대렴공이 차 씨앗을 들여왔고, 왕명을 받은 대렴공은 겨울에도 꽃이 핀다는 이름이 붙은 화개동천에 차 씨앗을 심었다. 하동은 차 시배지일 뿐만 아니라 다도의 중흥지이기도 하다. 우리 조상들이 일찍이 알아보았듯이 하동의 기후와 토질은 차를 재배하기에 최적으로 일제 강점기에 개량종이 퍼져 나갈 때도 토종 야생차를 보존해 아직까지 자연 그대로의 차밭에서 재배하고 있기도 하다. 그 가치를 인정받아 하동 전통차 농업은 2017년 11월에 세계중요농업유산으로 등재되었다. [Enter]
　차 분야에서는 국내 최초의 정부 공식 승인 국제행사로 하동차의 우수성을 알리고 생활 속에서 차를 즐기는 문화를 만들며, 차 산업을 새로운 성장동력으로 키워가는 계기를 만들기 위해 2023 하동세계차엑스포가 개최된다. 이번 하동세계차엑스포는 하나뿐인 지구와 미래 세대를 위해 환경친화적인 행사로 천년을 이어온 차의 역사를 경험하고 전 세계의 차 애호가들에게는 다양하고 훌륭한 차를 즐기는 기회를, 차 생산국 및 관련 업계에는 시장의 성장과 발전의 계기를 만들어 주리라 기대된다.

[SpaceBar 두 번 클릭 후 입력]

Check Point

두 번째 문장의 시작은 SpaceBar 키를 두 번 누르거나 [서식] 탭-[문단 모양]을 클릭한 후 [문단 모양] 대화상자의 [기본] 탭에서 '첫 줄' 들여쓰기를 '10pt'로 설정해도 됩니다.

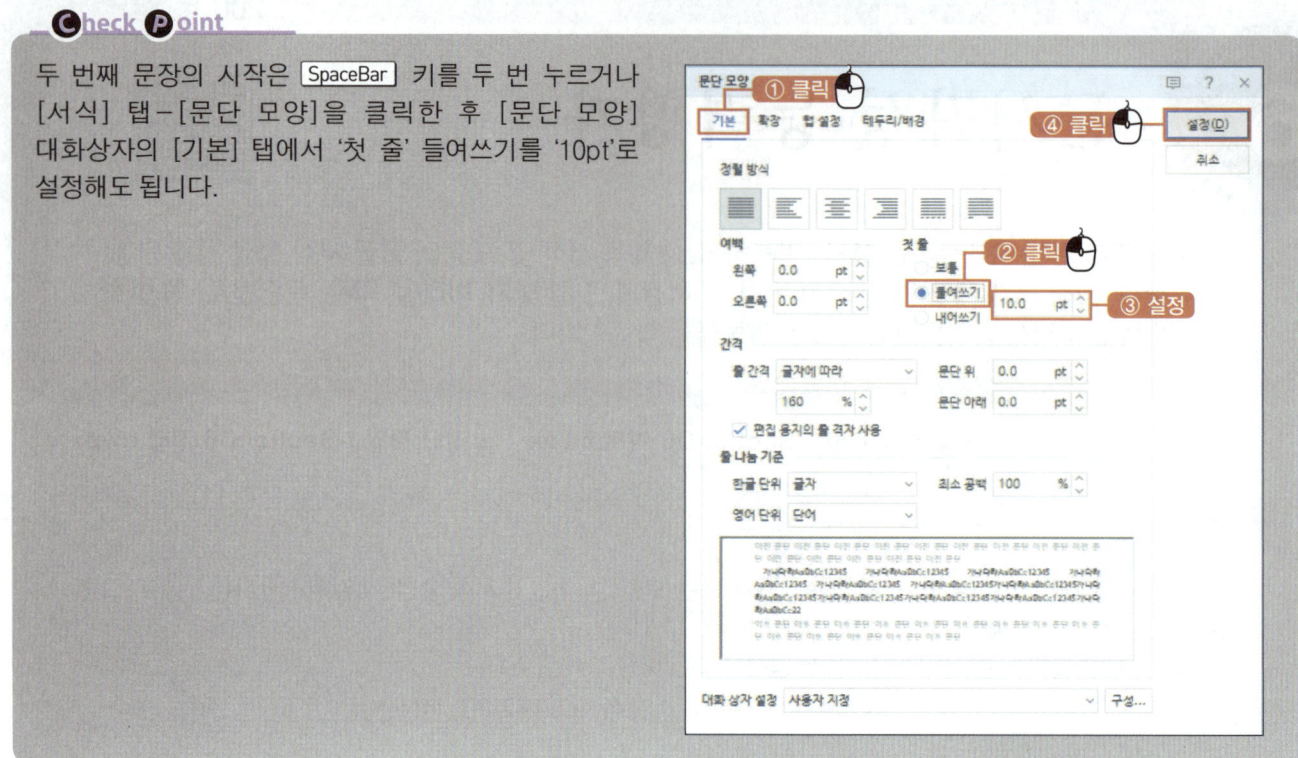

2 '2023 하동세계차엑스포'를 범위 지정한 후 [서식] 도구 상자에서 '글꼴 : 궁서', '글자 크기 : 18pt', '진하게', '정렬 : 가운데 정렬 '을 설정하고, [입력] 탭의 [덧말 넣기]를 클릭합니다.

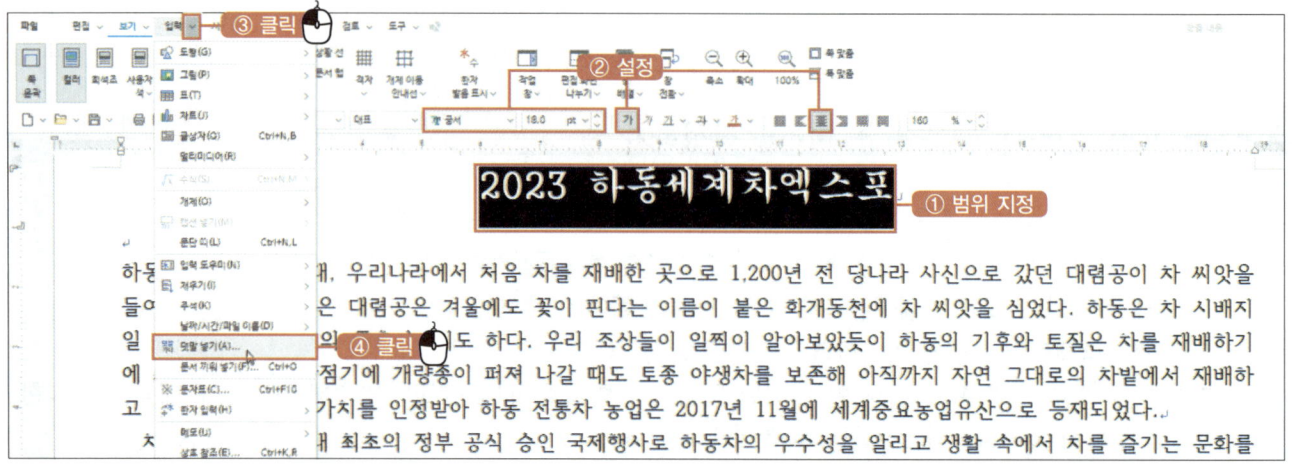

3 [덧말 넣기] 대화상자에서 덧말 란에 "자연의 향기"를 입력하고 덧말 위치에 '위'를 설정한 후 [넣기] 단추를 클릭합니다.

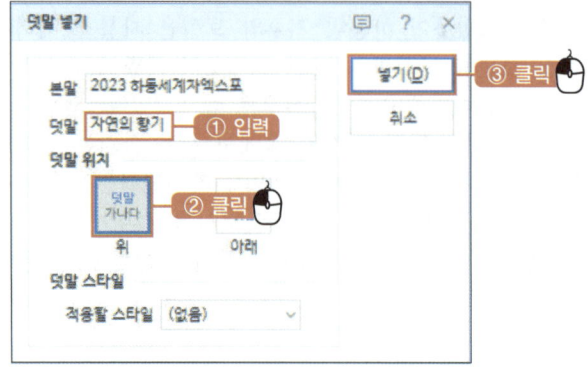

4 머리말을 추가하기 위해 [쪽] 탭의 [머리말]-[위쪽]-[양쪽]-[모양 없음]을 선택합니다.

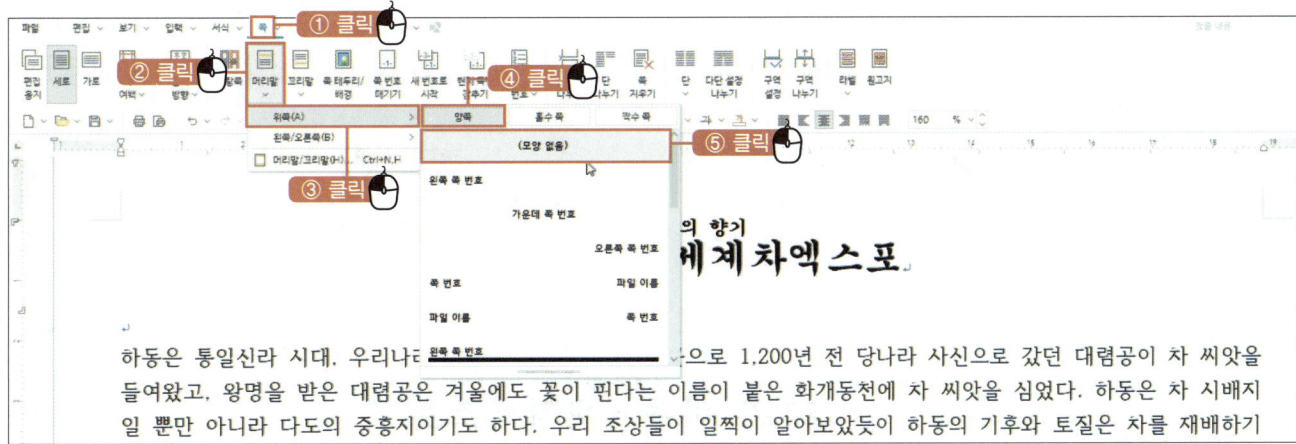

5 머리말(양쪽) 편집 화면에서 머리말을 "건강한 차"를 입력하고 범위를 지정한 후, [서식] 도구 상자에서 '글꼴 : 돋움', '글자 크기 : 10pt', '정렬 : 오른쪽 정렬'을 설정하고 [닫기] 도구를 클릭합니다.

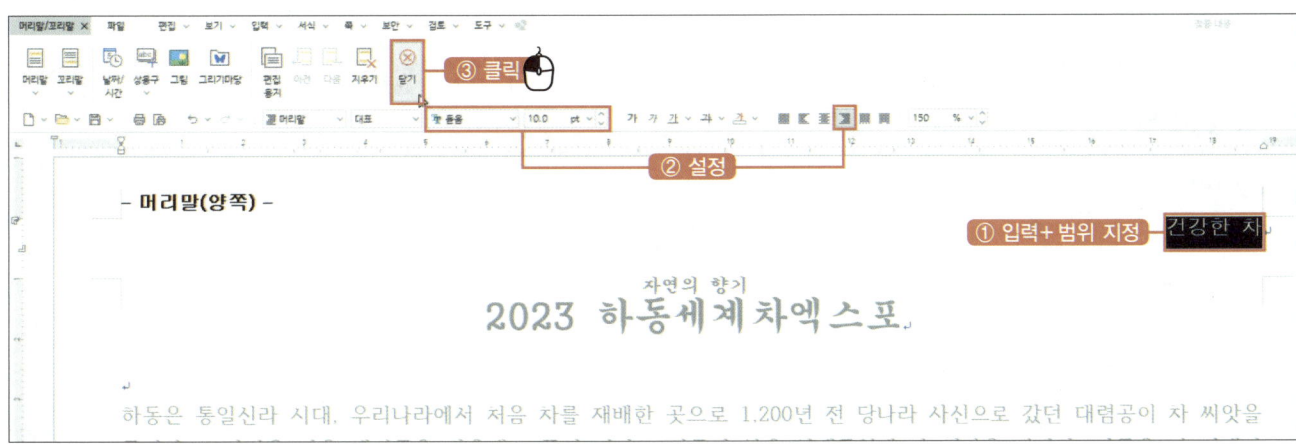

Check Point

입력된 덧말, 머리말을 더블 클릭하여 해당 내용을 수정할 수 있습니다.

단계 2 | 문단 첫 글자 장식, 각주 설정, 한자 변환

1 첫째 문단 첫째 줄 맨 앞 글자 '하' 앞에 커서를 위치시키고 [서식] 탭에서 [문단 첫 글자 장식] 도구를 선택합니다.

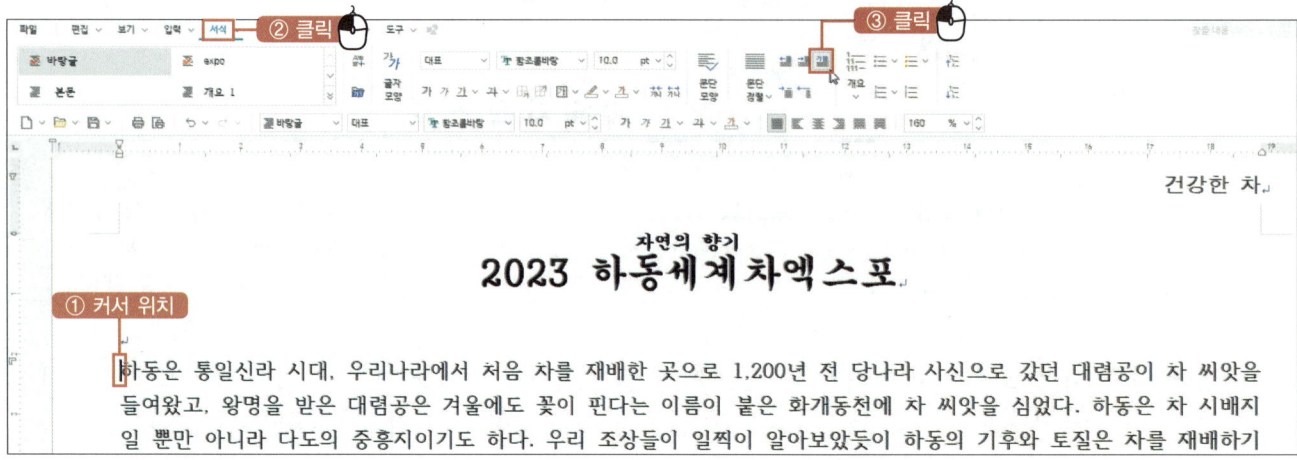

2 [문단 첫 글자 장식] 대화상자에서 '모양 : 2줄', '글꼴 : 굴림', '면색 : 노랑(RGB : 255,255,0)'을 지정하고 [설정] 단추를 클릭합니다.

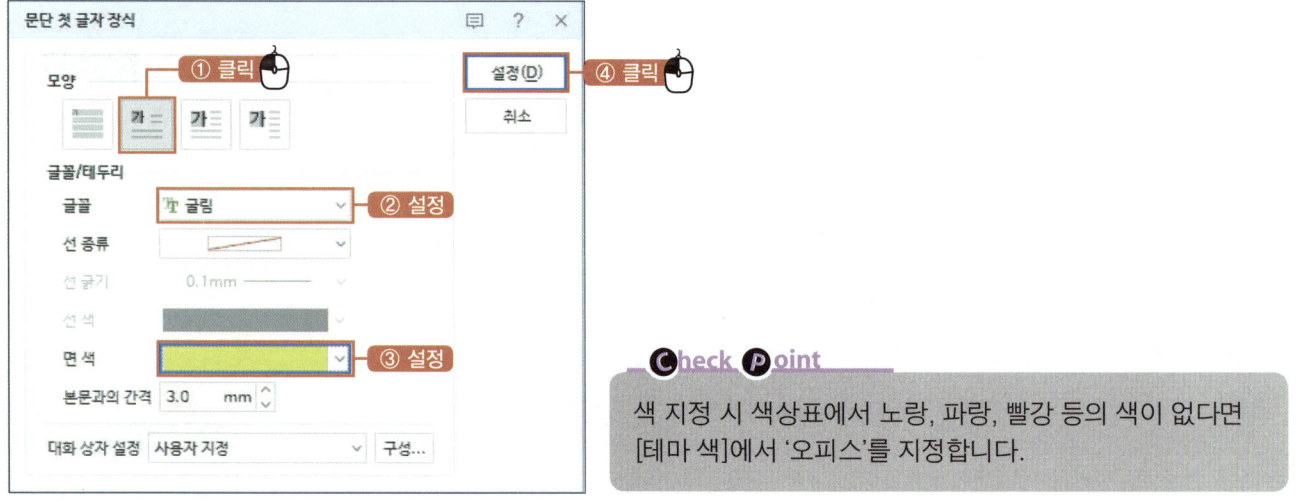

> **Check Point**
> 색 지정 시 색상표에서 노랑, 파랑, 빨강 등의 색이 없다면 [테마 색]에서 '오피스'를 지정합니다.

3 각주를 삽입할 단어(세계중요농업유산) 뒤에 커서를 위치시키고 [입력] 탭에서 [각주] 도구를 선택합니다(또는 Ctrl + N , N).

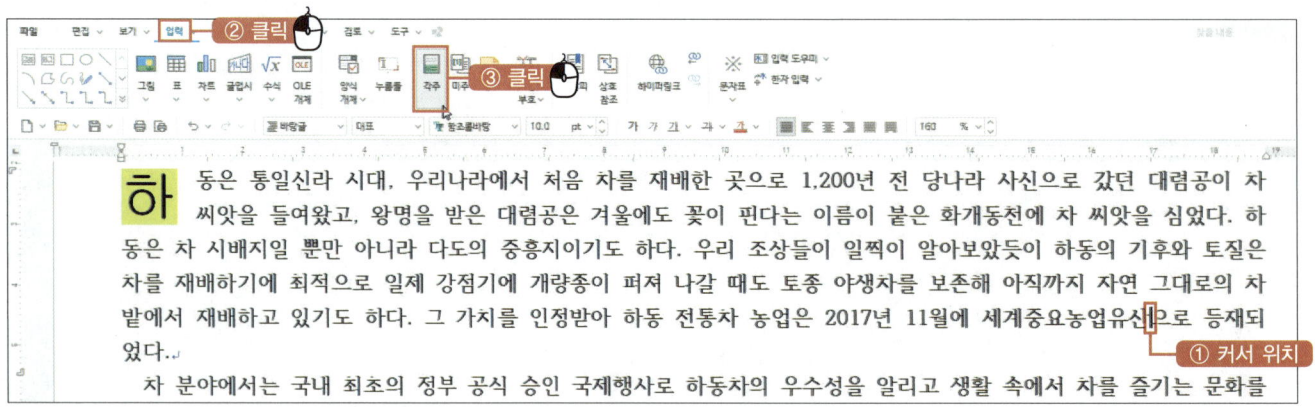

4 각주 모양을 변경하기 위해 [주석] 탭의 [번호 모양] 도구를 클릭하여 '㉮,㉯,㉰'를 선택한 후 각주 구분선의 길이 '5cm'를 확인합니다.

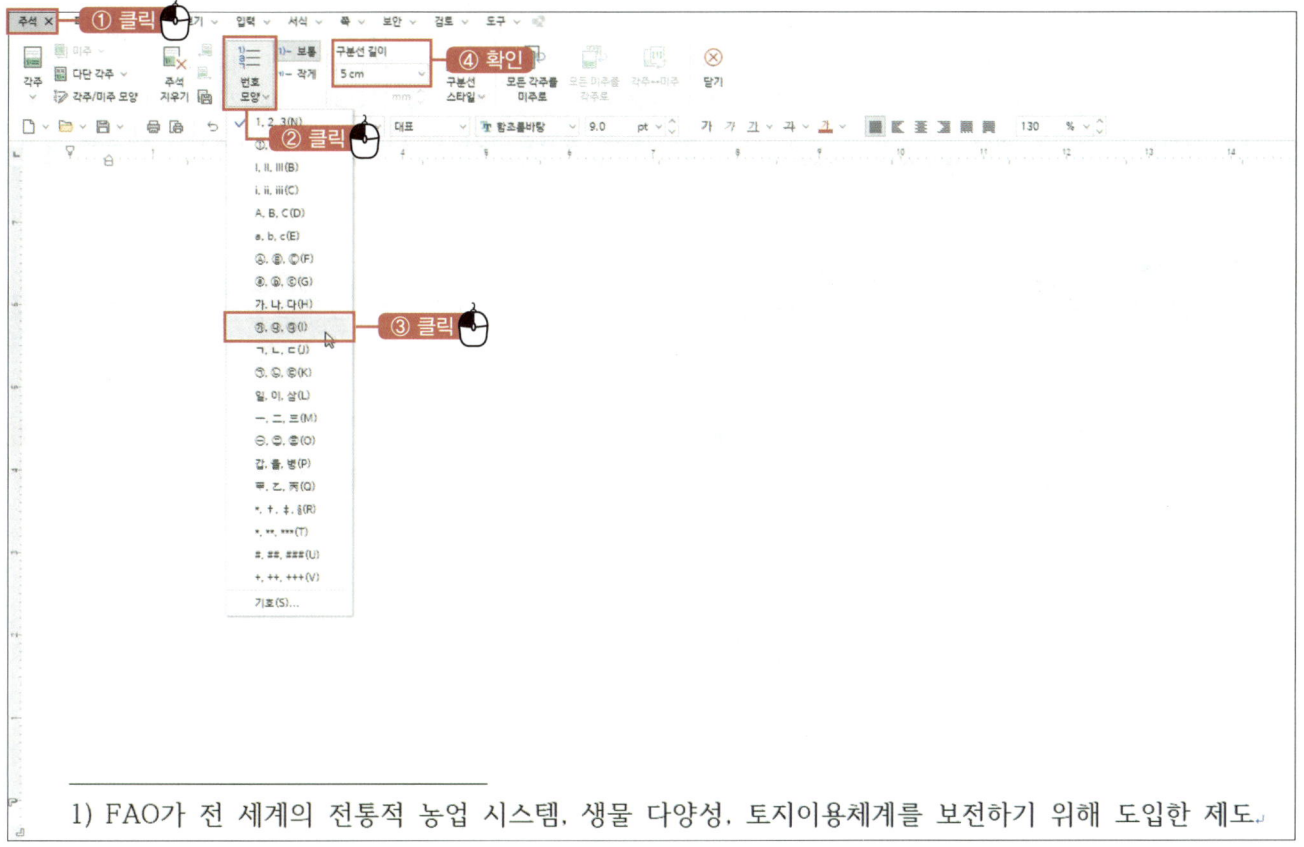

5 각주의 내용(FAO가 전 세계의 전통적 농업 시스템, 생물 다양성, 토지이용체계를 보전하기 위해 도입한 제도)을 입력한 후 [주석] 탭에서 [닫기 ⊗] 도구를 클릭하여 각주 편집을 종료합니다.

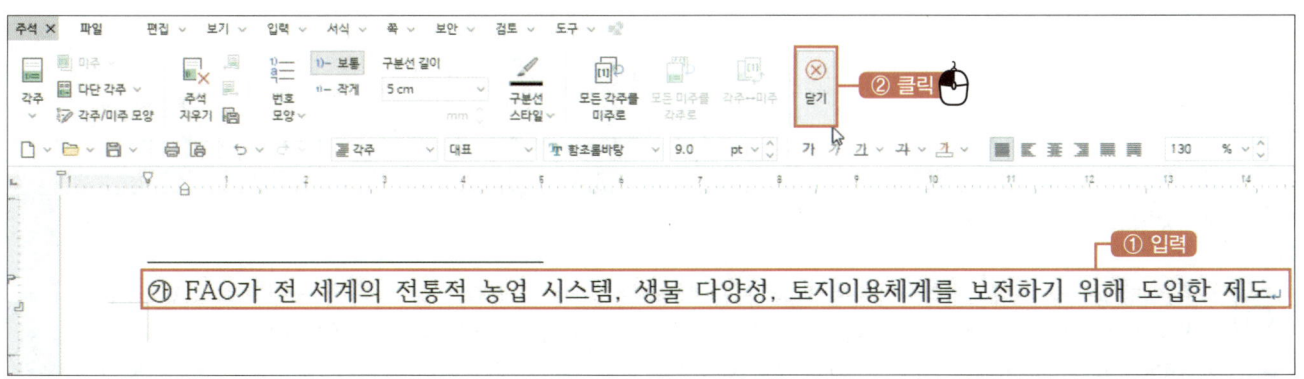

Check Point

각주 작성 시 문제상에 지시사항이 없음으로 기본 값으로 작성하면 됩니다. 각주는 각주의 존재 여부, 오타, 각주 구분선만 채점합니다.

6 한자로 변환할 단어인 '다도' 뒤에 커서를 클릭한 후 키보드의 [한자] 키를 누릅니다.

> 하동은 통일신라 시대, 우리나라에서 처음 차를 재배한 곳으로 1,200년 전 당나라 사신으로 갔던 대렴공이 차 씨앗을 들여왔고, 왕명을 받은 대렴공은 겨울에도 꽃이 핀다는 이름이 붙은 화개동천에 차 씨앗을 심었다. 하동은 차 시배지일 뿐만 아니라 다도의 중흥지이기도 하다. 우리 조상들이 일찍이 알아보았듯이 하동의 기후와 토질은 차를 재배하기에 최적으로 일제 강점기에 개량종이 퍼져 나갈 때도 토종 야생차를 보존해 아직까지 자연 그대로의 차밭에서 재배하고 있기도 하다. 그 가치를 인정받아 하동 전통차 농업은 2017년 11월에 세계중요농업유산으로 등재되었다.
> ① 커서 위치 + [한자]

Check Point

한자로 변환할 단어의 뒤를 클릭한 후 [F9] 키를 누르거나 [입력] 탭에서 [한자 입력] 도구를 클릭해도 됩니다.

7 [한자로 바꾸기] 대화상자의 한자 목록에서 '한자 목록 : 茶道', '입력 형식 : 한글(漢字)'를 선택한 후 [바꾸기] 단추를 클릭합니다.

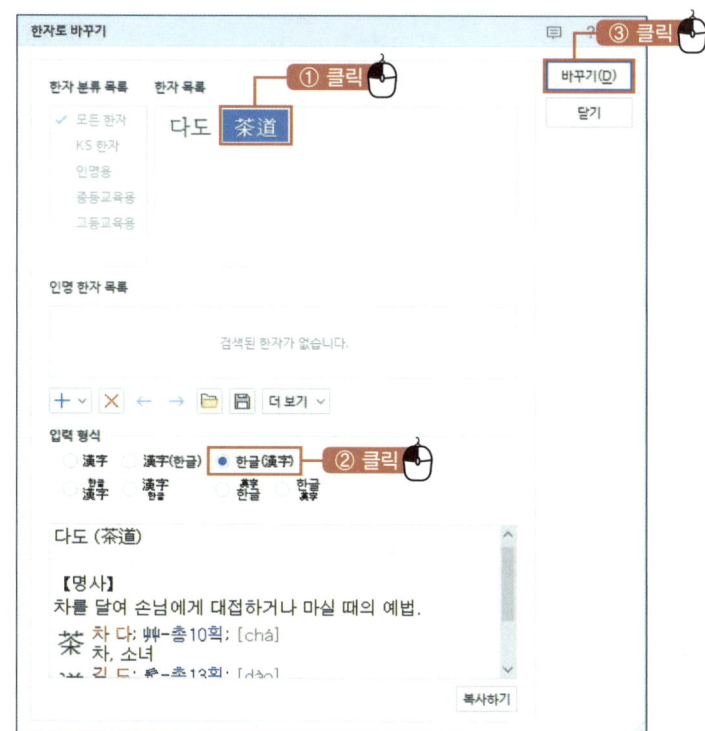

8 같은 방법으로 '등재(登載)'도 한자 변환합니다.

> 하동은 통일신라 시대, 우리나라에서 처음 차를 재배한 곳으로 1,200년 전 당나라 사신으로 갔던 대렴공이 차 씨앗을 들여왔고, 왕명을 받은 대렴공은 겨울에도 꽃이 핀다는 이름이 붙은 화개동천에 차 씨앗을 심었다. 하동은 차 시배지일 뿐만 아니라 다도(茶道)의 중흥지이기도 하다. 우리 조상들이 일찍이 알아보았듯이 하동의 기후와 토질은 차를 재배하기에 최적으로 일제 강점기에 개량종이 퍼져 나갈 때도 토종 야생차를 보존해 아직까지 자연 그대로의 차밭에서 재배하고 있기도 하다. 그 가치를 인정받아 하동 전통차 농업은 2017년 11월에 세계중요농업유산으로 등재(登載)되었다.
> 　차 분야에서는 국내 최초의 정부 공식 승인 국제행사로 하동차의 우수성을 알리고 생활 속에서 차를 즐기는 문화를 만들며, 차 산업을 새로운 성장동력으로 키워가는 계기를 만들기 위해 2023 하동세계차엑스포가 개최된다. 이번 하동세계차엑스포는 하나뿐인 지구와 미래 세대를 위해 환경친화적인 행사로 천년을 이어온 차의 역사를 경험하고 전 세계의 차 애호가들에게는 다양하고 훌륭한 차를 즐기는 기회를, 차 생산국 및 관련 업계에는 시장의 성장과 발전의 계기를 만들어 주리라 기대된다.

단계 3 그림 넣기

1 그림을 넣기 위해 [입력] 탭을 클릭한 후 [그림 🖼] 도구를 클릭합니다.

2 [그림 넣기] 대화상자에서 [문서₩ITQ₩Picture] 폴더에서 '그림4.jpg' 파일을 선택하고 '문서에 포함'에 체크한 후 [열기] 단추를 클릭하여 그림을 삽입합니다.

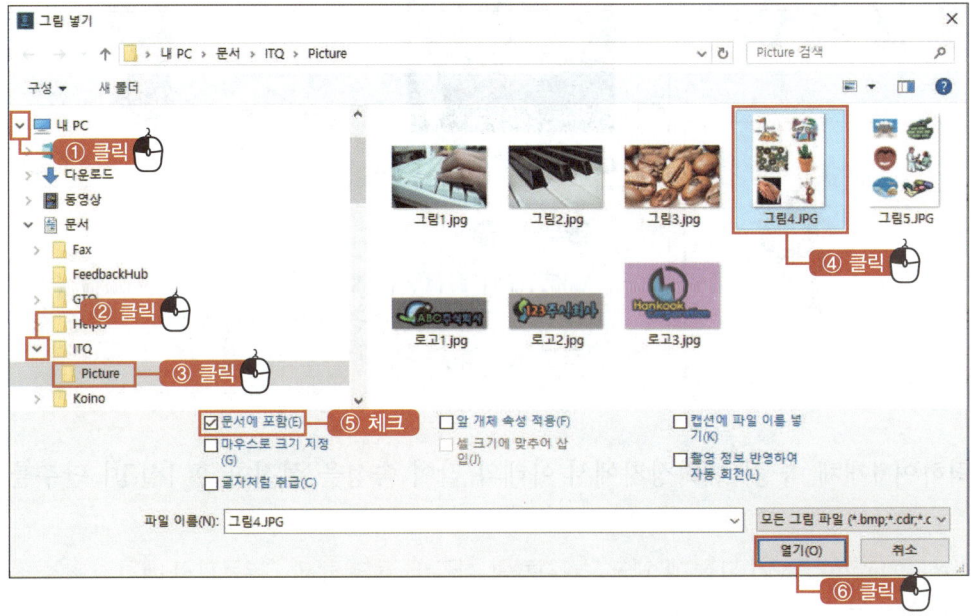

Check Point

'글자처럼 취급'과 '마우스로 크기 지정'의 체크는 해제합니다.

3 그림이 문서에 삽입되면 [그림 🖼] 탭에서 [자르기 🖼] 도구를 클릭합니다.

4 자르기 조절점(┐, ┘)을 드래그하여 원하는 그림 남깁니다.

Check Point

삽입된 그림을 선택한 후 Shift 키를 누르면 조절점이 자르기 조절점으로 변경되며, 이때 원하는 그림으로 잘라도 됩니다.

5 삽입된 그림을 더블 클릭하여 [개체 속성] 대화상자에서 아래와 같이 속성을 설정한 후 [설정] 단추를 클릭합니다.

- [기본] 탭 : '크기 : 40mm×35mm', '크기 고정'에 체크, '글자처럼 취급'에 체크 해제, '본문과의 배치 : 어울림, 가로 문단의 오른쪽 기준 0.00mm'
- [여백/캡션] 탭 : '바깥 여백 왼쪽 : 2mm'

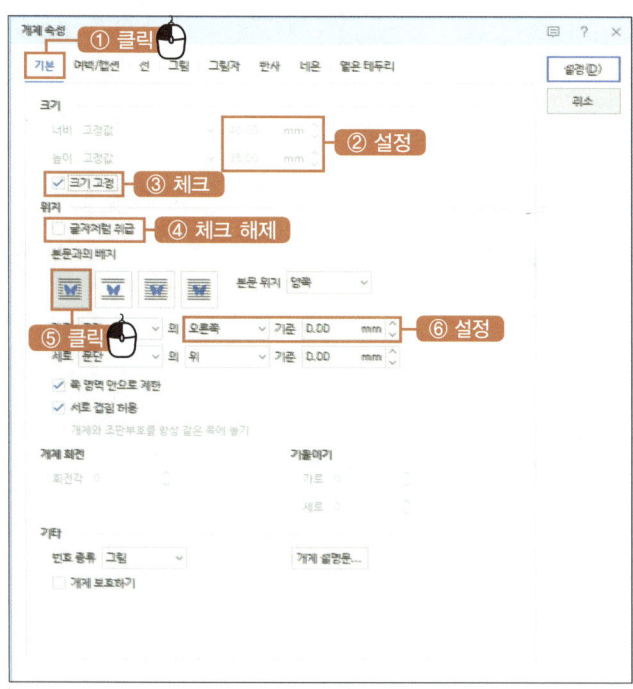

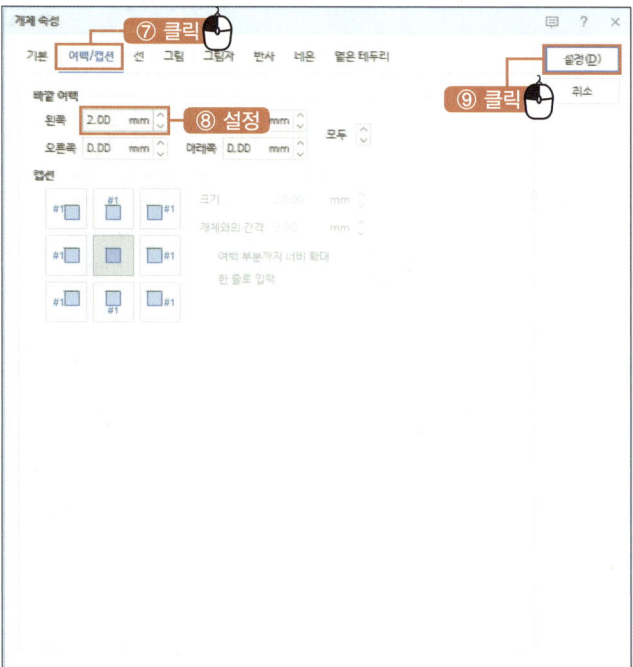

> **Check Point**
>
> 삽입된 그림을 클릭한 후 바로가기 메뉴(마우스 오른쪽 클릭)에서 [개체 속성]을 클릭해도 됩니다.

6 속성이 변경된 그림을 ≪출력형태≫와 동일한 위치에 이동하여 배치시킵니다.

하동은 통일신라 시대, 우리나라에서 처음 차를 재배한 곳으로 1,200년 전 당나라 사신으로 갔던 대렴공이 차 씨앗을 들여왔고, 왕명을 받은 대렴공은 겨울에도 꽃이 핀다는 이름이 붙은 화개동천에 차 씨앗을 심었다. 하동은 차 시배지일 뿐만 아니라 다도(茶道)의 중흥지이기도 하다. 우리 조상들이 일찍이 알아보았듯이 하동의 기후와 토질은 차를 재배하기에 최적으로 일제 강점기에 개량종이 퍼져 나갈 때도 토종 야생차를 보존해 아직까지 자연 그대로의 차밭에서 재배하고 있기도 하다. 그 가치를 인정받아 하동 전통차 농업은 2017년 11월에 세계중요농업유산ⓐ으로 등재(登載)되었다.

차 분야에서는 국내 최초의 정부 공식 승인 국제행사로 하동차의 우수성을 알리고 생활 속에서 차를 즐기는 문화를 만들며, 차 산업을 새로운 성장동력으로 키워가는 계기를 만들기 위해 2023 하동세계차엑스포가 개최된다. 이번 하동세계차엑스포는 하나뿐인 지구와 미래 세대를 위해 환경친화적인 행사로 천년을 이어온 차의 역사를 경험하고 전 세계의 차 애호가들에게는 다양하고 훌륭한 차를 즐기는 기회를, 차 생산국 및 관련 업계에는 시장의 성장과 발전의 계기를 만들어 주리라 기대된다.

> **Check Point**
>
> 본문 오른쪽 출력형태의 글자는 같은 글꼴, 같은 크기로 작성하여도 컴퓨터 환경 등에 의해 다를 수 있습니다. 이는 채점 대상이 아니며, 감점되지 않습니다. 다만, 출력형태와 다를 경우 띄어쓰기나 오타 등이 의심되므로 지시사항대로 입력 및 설정했는지 반드시 확인해야 합니다.

단계 4 | 내용 입력-2(중간 제목)

1 입력한 내용의 마지막 단어인 '기대된다.' 뒤쪽을 클릭한 후 Enter 키를 두 번 누르고 나머지 내용을 입력합니다. 표를 작성하기 위해 "엑스포 핵심과제별 주요 프로그램"을 입력한 후 Enter 키를 눌러 강제 개행합니다.

```
2023 하동세계차엑스포 개요
비전 및 기간
비전 : 인류의 지속 가능한 삶을 위한 차
기간 : 2023년 6월 12일 - 2023년 7월 11일
주최 및 참가 규모
주최 : 경상남도, 하동군
참가 규모 : 10개국, 관람객 135만 명(외국인 7만 명)

엑스포 핵심과제별 주요 프로그램
```

> **Check Point**
>
> 문단 번호로 처리될 부분의 번호나 기호는 입력하지 않습니다.

② 특수문자를 입력할 글자인 '2023' 앞을 클릭한 후 [입력] 탭-[문자표 ※]-[문자표]를 클릭합니다.

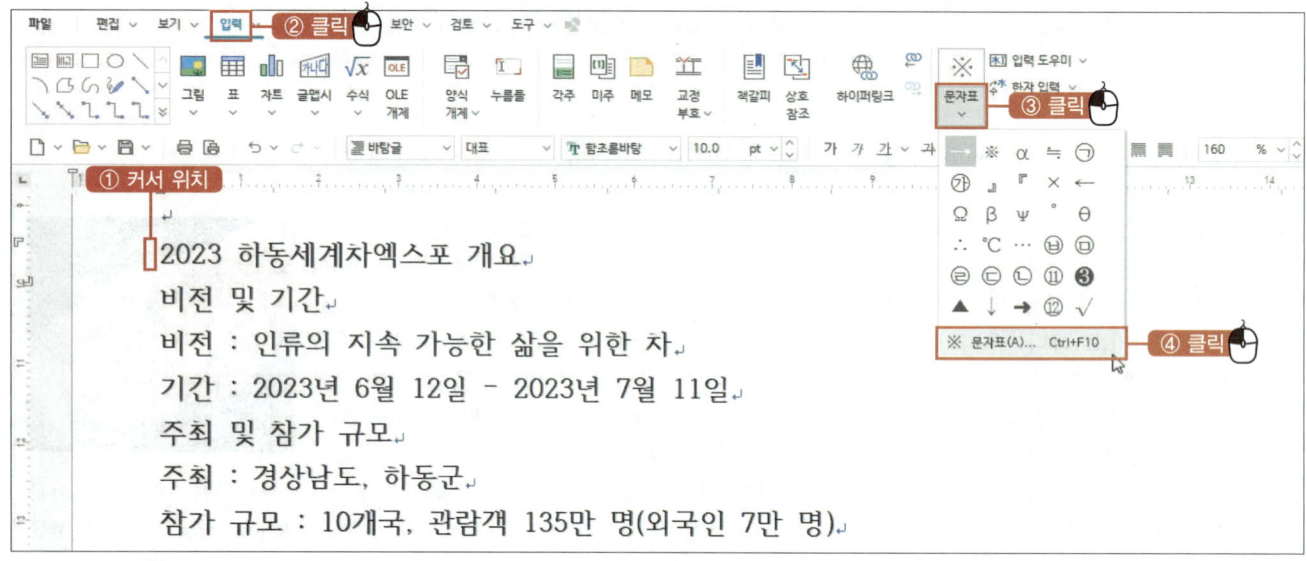

Check Point

문자표는 Ctrl + F10 키를 눌러도 됩니다.

③ [문자표 입력] 대화상자에서 [한글(HNC) 문자표] 탭을 클릭한 후 문자 영역에서 '전각 기호(일반)'을 클릭하고, '♣' 기호를 선택한 후 [넣기] 단추를 클릭합니다. '♣' 기호를 삽입한 후 SpaceBar 키를 눌러 한 칸 띄웁니다.

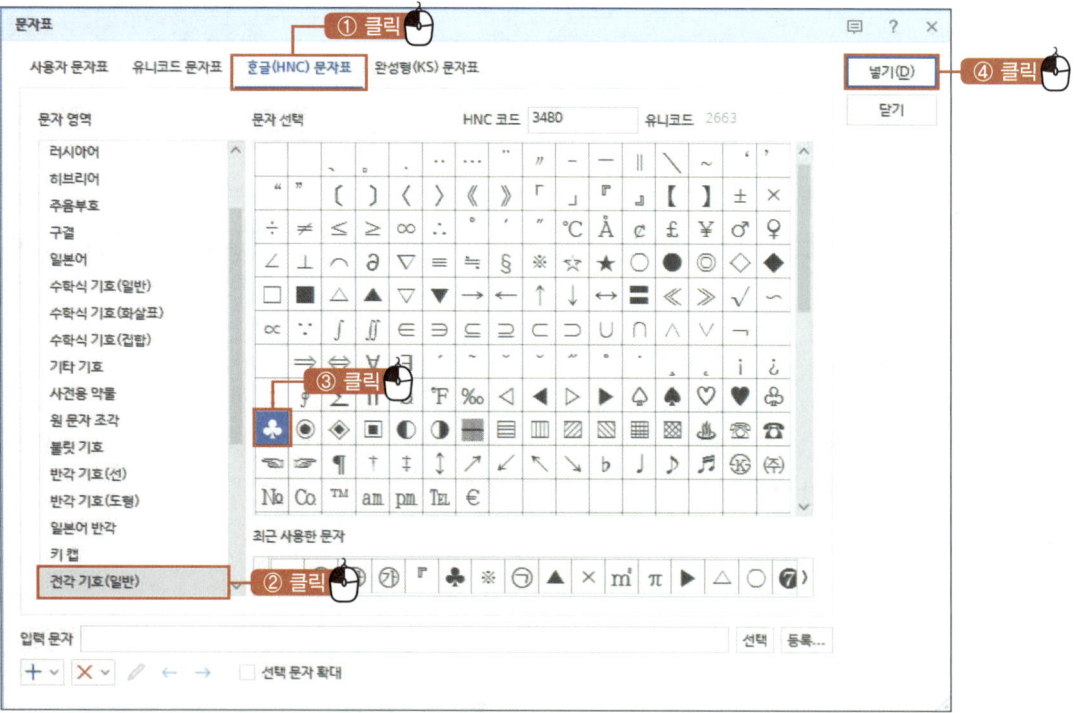

4 같은 방법으로 표 제목 앞에도 ♣ 기호를 삽입합니다.

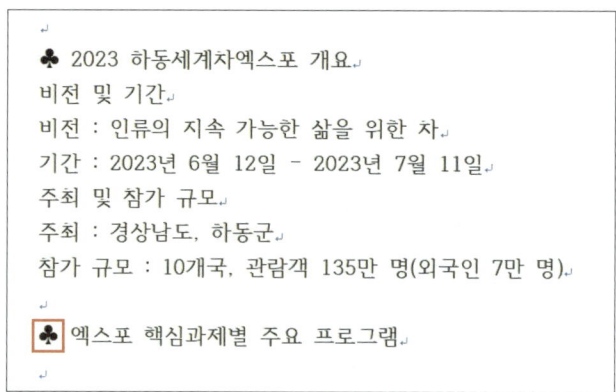

5 기호를 포함한 제목 부분을 범위 지정한 후 [서식] 도구 상자에서 '글꼴 : 돋움', '글자 크기 : 18pt'를 설정합니다.

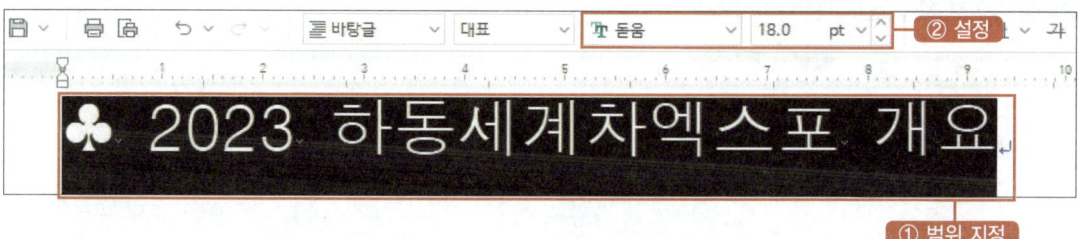

6 다시 '2023 하동세계차엑스포 개요'만 범위 지정한 후 [편집] 탭에서 [글자 모양 가] 도구를 클릭합니다(또는 Alt + L 키).

7 [글자 모양] 대화상자의 [기본] 탭에서 '글자 색 : 하양(RGB: 255,255,255)', '음영 색 : 빨강(RGB: 255,0,0)'을 설정하고 [설정] 단추를 클릭합니다. 작업이 완료되면 Esc 키를 눌러 범위를 해제합니다.

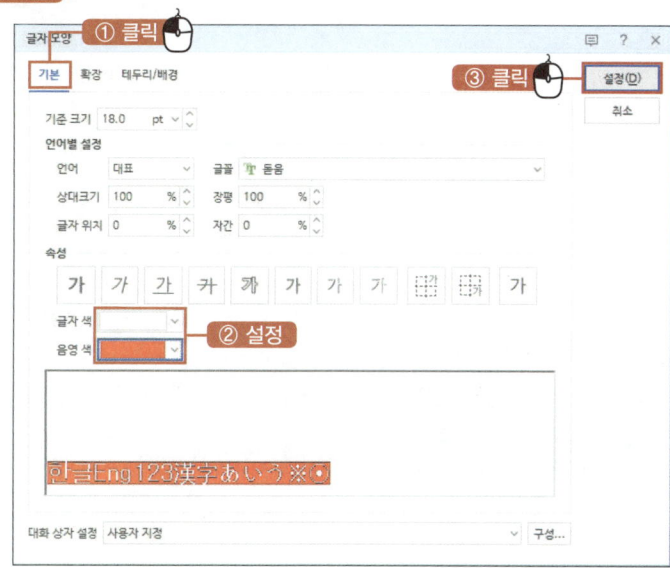

단계 5 문단 번호/문단 모양

1 문단 번호를 지정할 내용을 범위 지정한 후 [서식] 탭에서 [문단 번호]의 목록 단추(∨)를 클릭하고 [문단 번호 모양(N)]을 클릭합니다.

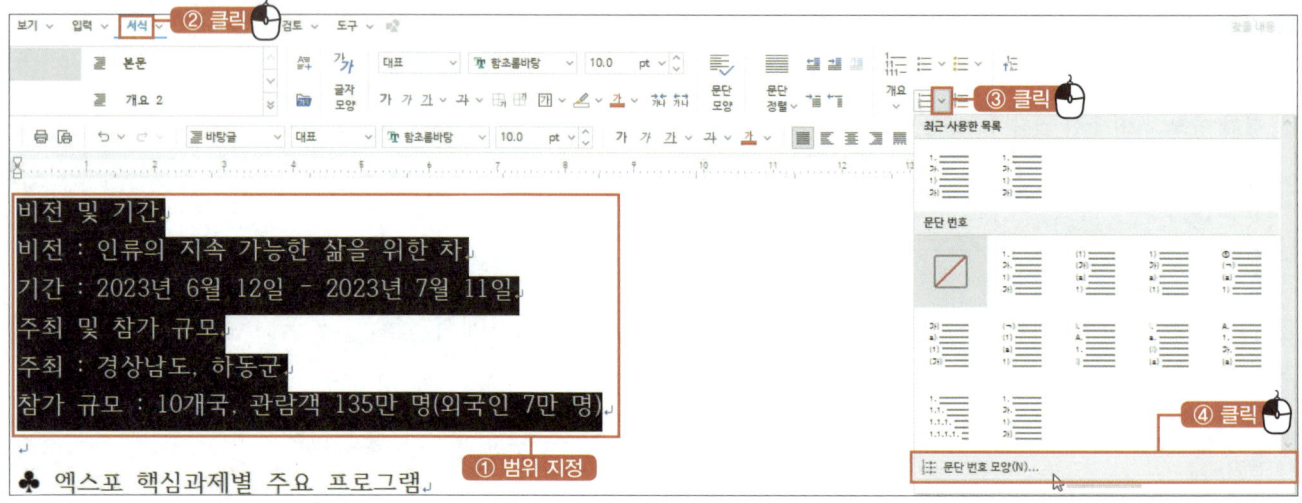

Check Point
[서식] 탭에서 목록 단추(∨)를 클릭한 후 [문단 번호 모양] 메뉴를 선택하거나 Ctrl + K, N 을 눌러 문단 번호를 지정할 수도 있습니다.

2 [글머리표 및 문단 번호] 대화상자에서 [문단 번호] 탭을 클릭한 후 첫 번째 문단 번호 모양을 선택하고 [사용자 정의] 단추를 클릭합니다.

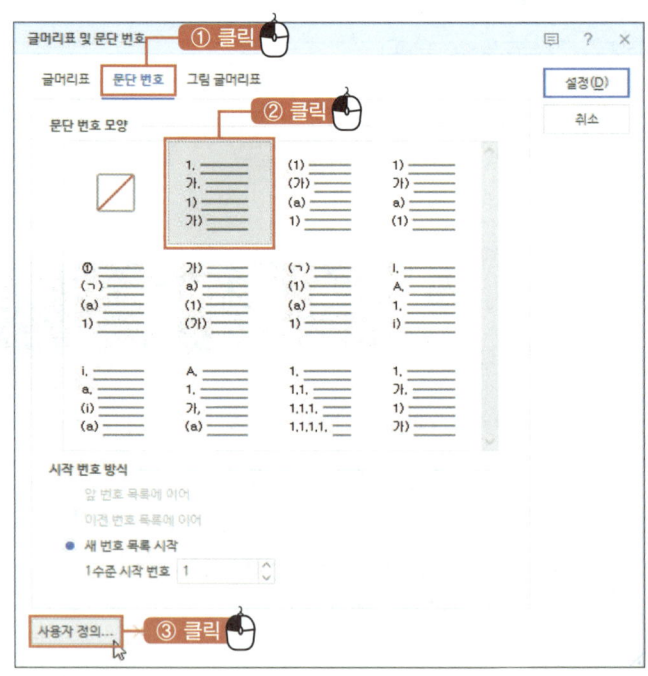

Check Point
출력형태와 같은 모양이 없을 경우 유사한 문단 번호 모양이나 첫 번째 문단 번호 모양을 선택한 후 [사용자 정의] 단추를 클릭하여 설정합니다.

3 [문단 번호 사용자 정의 모양] 대화상자에서 다음과 같이 설정합니다.

- '수준 : 1수준', '번호 모양 : 가,나,다'
- '너비 조정 : 20pt', '정렬 : 오른쪽'

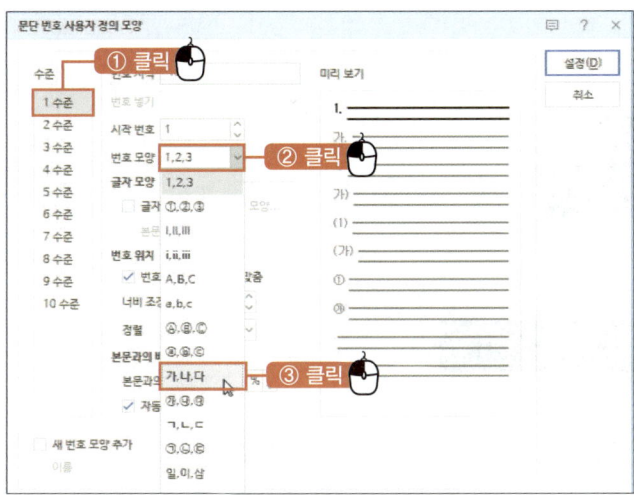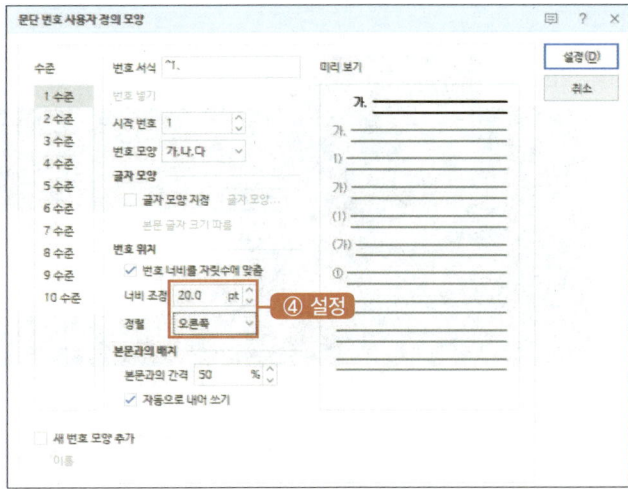

4 [문단 번호 사용자 정의 모양] 대화상자에서 다음과 같이 설정한 후 [설정] 단추를 클릭합니다.

- '수준 : 2수준', '번호 서식 : ^2('^2.'에서 '.' 삭제), 번호 모양 : ㉠,㉡,㉢'
- '너비 조정 : 30pt', '정렬 : 오른쪽'

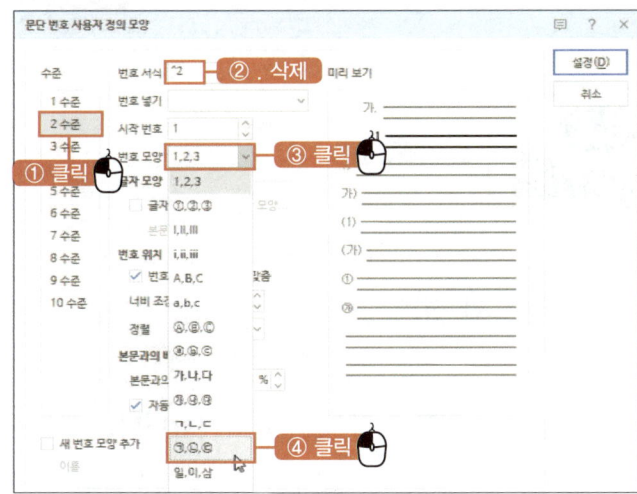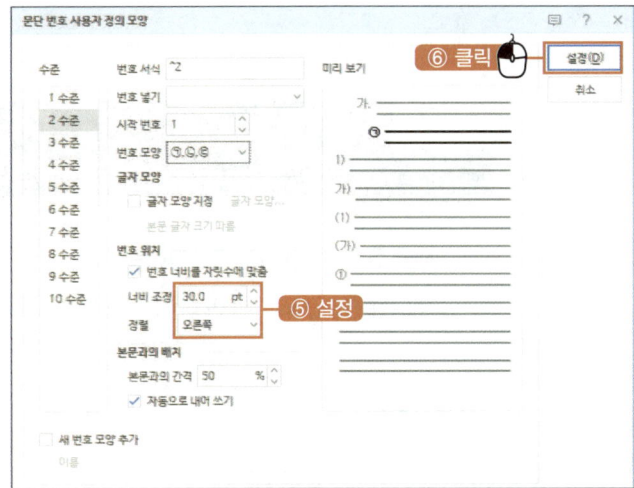

5 [문단 번호/글머리표] 대화상자에서 새로운 문단 번호 모양이 추가된 것을 확인한 후 [설정] 단추를 클릭합니다.

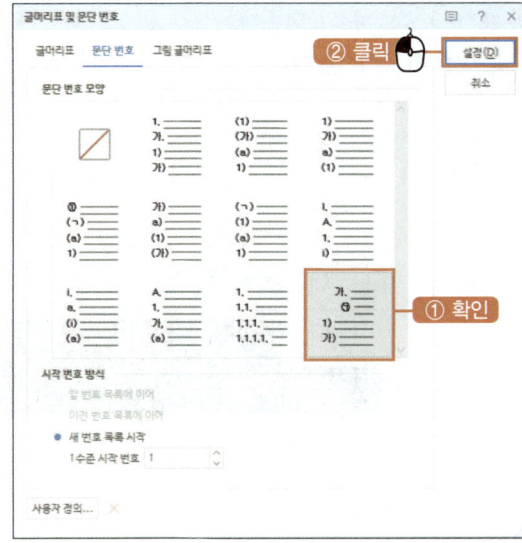

6 범위 지정한 모든 문단에 문단 번호 1수준이 적용되면, [서식] 도구 상자에서 '**줄 간격 : 180%**'를 설정합니다.

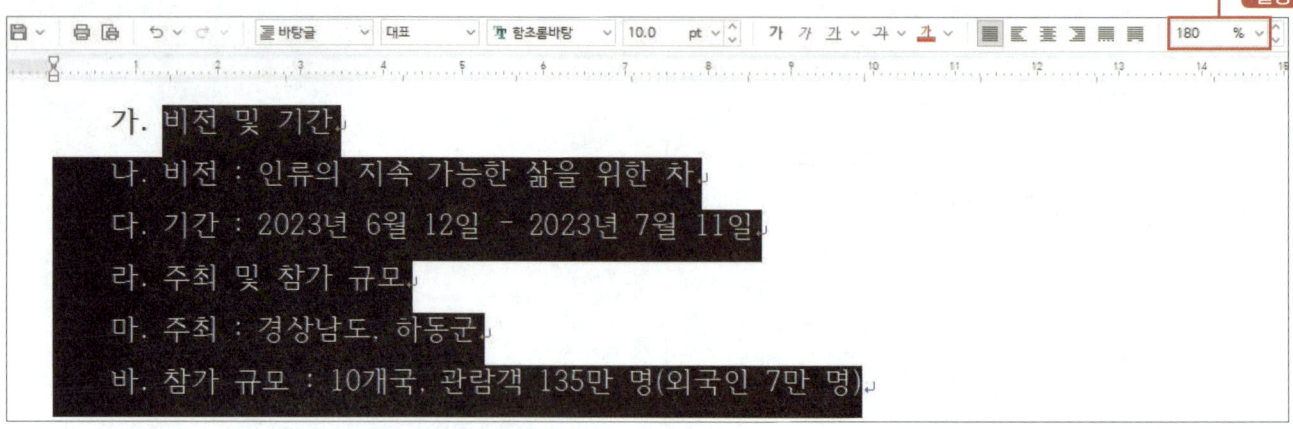

7 문단 번호를 2수준으로 지정할 부분을 범위 지정한 후 [서식] 탭에서 [한 수준 감소] 도구를 클릭합니다(또는 Ctrl + 숫자 키패드 +).

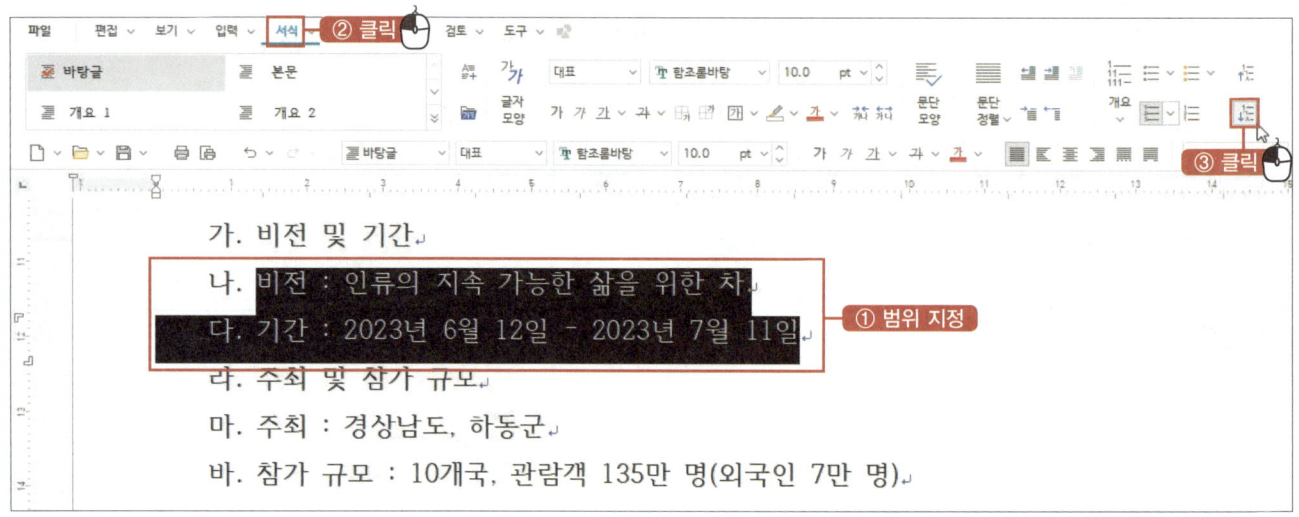

8 같은 방법으로 두 번째 2수준도 설정합니다. 작업이 완료되면 Esc 키를 눌러 범위를 해제합니다.

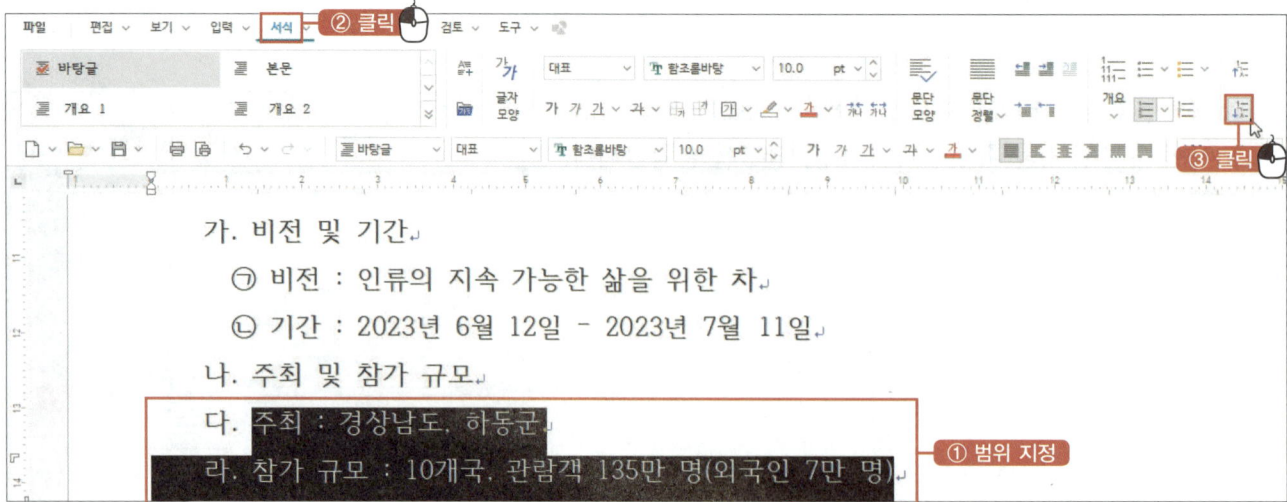

> **Check Point**
>
> 문단 번호를 지정한 후 다음 문장을 입력하려고 Enter 키를 누르면 2수준의 문단 번호가 자동적으로 설정되므로 문서작성 능력평가의 모든 문장을 입력한 후 문단 번호를 설정하는 것이 좋습니다. 문단 번호의 지정을 해제하려면 [서식] 도구 상자의 [바탕글]을 선택하면 됩니다.

단계 6 | 내용 입력-3(표 제목 및 표 작성)

1 '♣ 엑스포 핵심과제별 주요 프로그램'을 범위 지정한 후 [서식] 도구 상자에서 '글꼴 : 돋움', '글자 크기 : 18pt'을 설정합니다. 다시 '엑스포 핵심과제별 주요 프로그램'만 범위 지정한 후 [서식] 도구 상자에서 '기울임(가)'을 설정합니다.

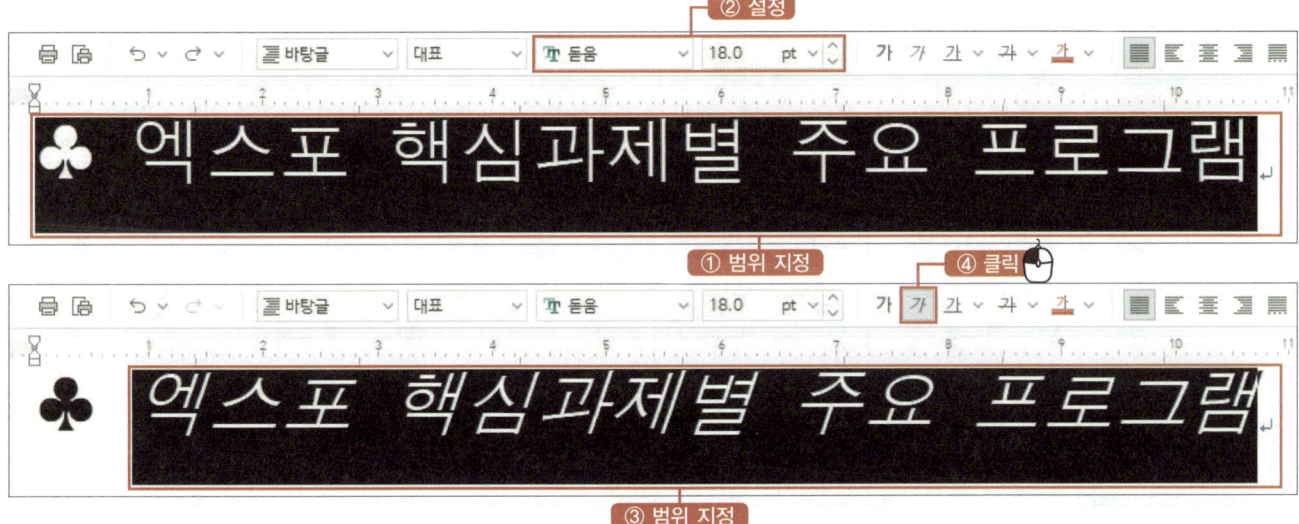

2 강조점을 설정하기 위해 '핵심과제별' 단어만 범위 지정한 후 [편집] 탭-[글자 모양 가] 도구를 클릭하여 [글자 모양] 대화상자에서 강조점을 선택하고 [설정] 단추를 클릭합니다. 같은 방법으로 '프로그램' 단어에도 강조점을 설정합니다. 작업이 완료되면 Esc 키를 눌러 범위를 해제합니다.

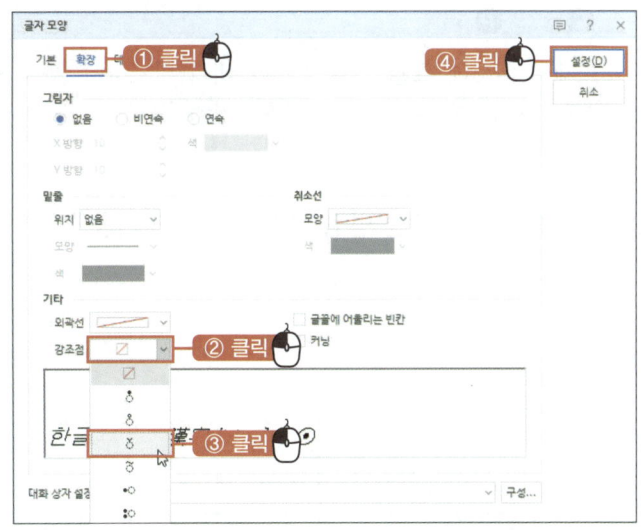

3 표 제목 다음 줄에 커서를 위치한 후 [입력] 탭에서 [표 ⊞] 도구를 클릭한 후 [표 만들기] 대화상자에서 '줄 개수 : 6', '칸 개수 : 6', '글자처럼 취급'에 체크하고 [만들기] 단추를 클릭하여 표를 생성한 후 ≪출력형태≫와 같이 입력합니다.

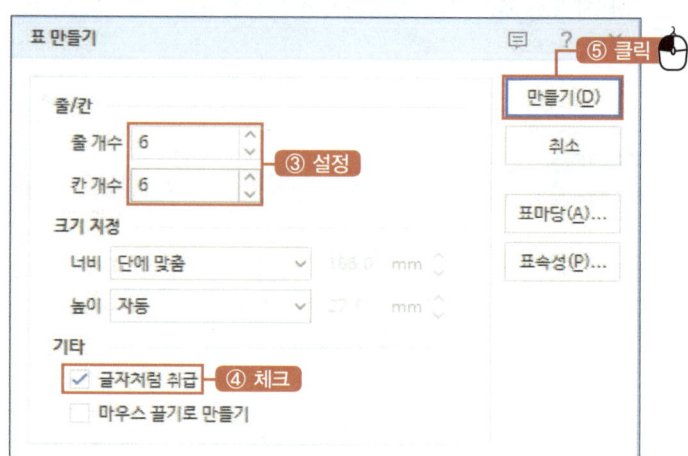

연번	핵심과제명	주요 프로그램	연번	핵심과제명	주요 프로그램
1.	스마트 엑스포	스마트 플랫폼 구축	4.	라이브 엑스포	엑스포 방송팀 신설
		스마트-모빌리티 구축			실시간 소통 채널 구축
2.	공존 엑스포	국제 차 학술대회	5.	웰니스 엑스포	항노화관 및 항암관 운영
		국제 티 마스터즈컵대회	6.	탄소제로 엑스포	친환경 차 특별관 전시
3.	비즈니스 엑스포	국내외 차 산업관 설치	7.	콘텐츠 엑스포	다원10경 체험

Check Point

표 제목 아래에 표를 만들 공간을 미리 확보하지 않아 표 제목을 설정한 후 Enter 키를 눌러 다음 줄에서 표를 작성할 경우, [서식] 도구상자에서 '바탕글'을 선택하여 표 제목의 서식을 해제하고 표를 작성합니다.

4 셀을 합칠 부분을 범위 지정한 후 M 키를 눌러 셀을 합칩니다(또는 [표] 탭-[셀 합치기 ⊞] 도구).

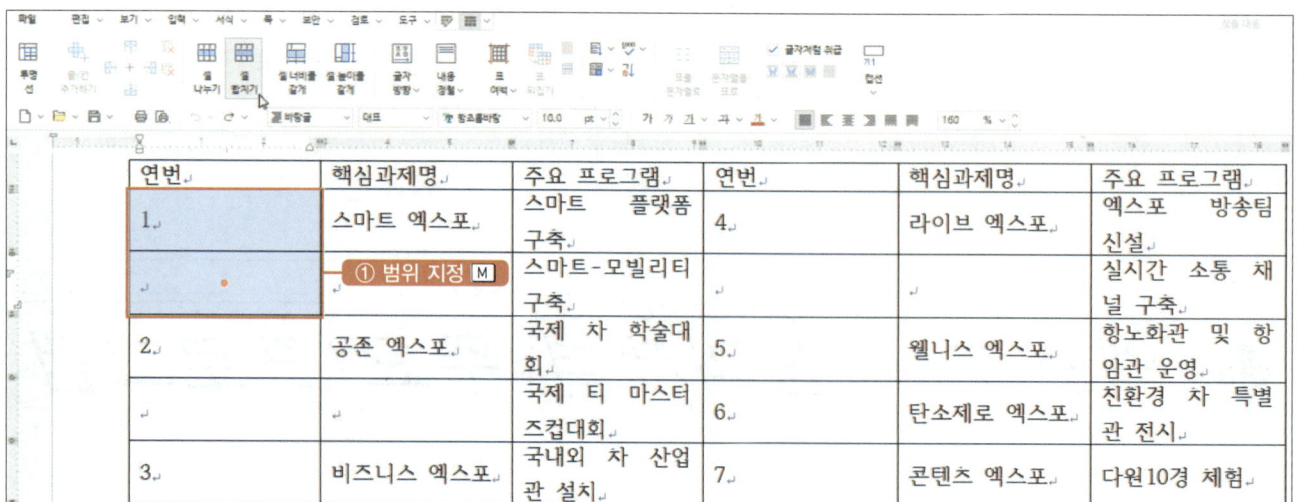

5 나머지 부분도 같은 방법으로 셀을 합칩니다.

연번	핵심과제명	주요 프로그램	연번	핵심과제명	주요 프로그램
1.	스마트 엑스포	스마트 플랫폼 구축	4.	라이브 엑스포	엑스포 방송팀 신설
		스마트-모빌리티 구축			실시간 소통 채널 구축
2.	공존 엑스포	국제 차 학술대회	5.	웰니스 엑스포	항노화관 및 항암관 운영
		국제 티 마스터즈컵대회	6.	탄소제로 엑스포	친환경 차 특별관 전시
3.	비즈니스 엑스포	국내외 차 산업관 설치	7.	콘텐츠 엑스포	다원10경 체험

6 표 전체를 범위 지정한 후 [서식] 도구 상자에서 '글꼴 : 굴림', '글자 크기 : 10pt', '가운데 정렬'을 설정합니다.

② 설정

연번	핵심과제명	주요 프로그램	연번	핵심과제명	주요 프로그램
1.	스마트 엑스포	스마트 플랫폼 구축	4.	라이브 엑스포	엑스포 방송팀 신설
		스마트-모빌리티 구축			실시간 소통 채널 구축
2.	공존 엑스포	국제 차 학술대회	5.	웰니스 엑스포	항노화관 및 항암관 운영
		국제 티 마스터즈컵대회	6.	탄소제로 엑스포	친환경 차 특별관 전시
3.	비즈니스 엑스포	국내외 차 산업관 설치	7.	콘텐츠 엑스포	다원10경 체험

① 범위 지정

Check Point

표와 관련된 메뉴나 단축키는 Section 2의 표 작성을 참고하여 작성합니다.

7 Esc 키를 눌러 범위를 해제한 후 ≪출력형태≫처럼 칸의 너비를 조절하기 위해 칸 경계선에 마우스 포인트를 위치시키고 드래그하여 너비를 조절합니다.

연번	핵심과제명	주요 프로그램	연번	핵심과제명	주요 프로그램
1.	스마트 엑스포	스마트 플랫폼 구축	4.	라이브 엑스포	엑스포 방송팀 신설
		스마트-모빌리티 구축			실시간 소통 채널 구축
2.	공존 엑스포	국제 차 학술대회	5.	웰니스 엑스포	항노화관 및 항암관 운영
		국제 티 마스터즈컵대회	6.	탄소제로 엑스포	친환경 차 특별관 전시
3.	비즈니스 엑스포	국내외 차 산업관 설치	7.	콘텐츠 엑스포	다원10경 체험

드래그

Check Point

너비나 높이를 조절하는 방법

- Ctrl + 방향키 : 너비나 높이를 조절하면 표의 크기도 그만큼 변합니다.

- Alt + 방향키 : 표의 크기 변화 없이 해당 셀의 너비를 조절합니다.

- Shift + 방향키 : 범위가 지정된 셀의 너비만 조절합니다.

8 같은 방법으로 ≪출력형태≫처럼 칸의 너비를 조절합니다.

연번	핵심과제명	주요 프로그램	연번	핵심과제명	주요 프로그램
1.	스마트 엑스포	스마트 플랫폼 구축	4.	라이브 엑스포	엑스포 방송팀 신설
		스마트-모빌리티 구축			실시간 소통 채널 구축
2.	공존 엑스포	국제 차 학술대회	5.	웰니스 엑스포	항노화관 및 항암관 운영
		국제 티 마스터즈컵대회	6.	탄소제로 엑스포	친환경 차 특별관 전시
3.	비즈니스 엑스포	국내외 차 산업관 설치	7.	콘텐츠 엑스포	다원10경 체험

Check Point

6단계 ③~⑧번은 표 작업을 설명하기 위한 순서이며, 작업 순서는 작업자가 원하는 순서대로 작업합니다.

9 표 전체를 범위 지정한 후 바로가기 메뉴에서 [셀 테두리/배경]-[각 셀마다 적용]을 선택하고 다음과 같이 설정합니다(또는 L 키를 눌러 적용).

- [테두리] 탭 : '선 모양 바로 적용' 해제, '종류 – 이중 실선', '위'와 '아래' 선택
- [테두리] 탭 : '종류 – 선 없음', '왼쪽'과 '오른쪽' 선택

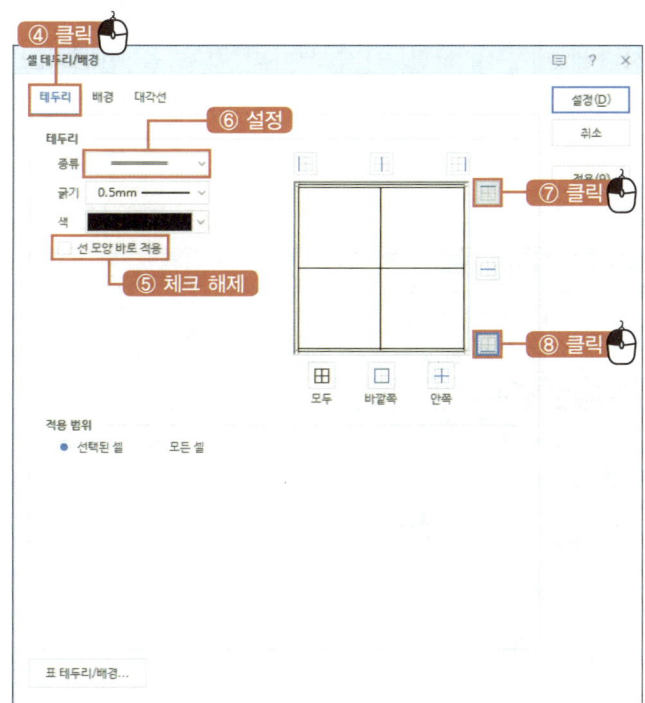
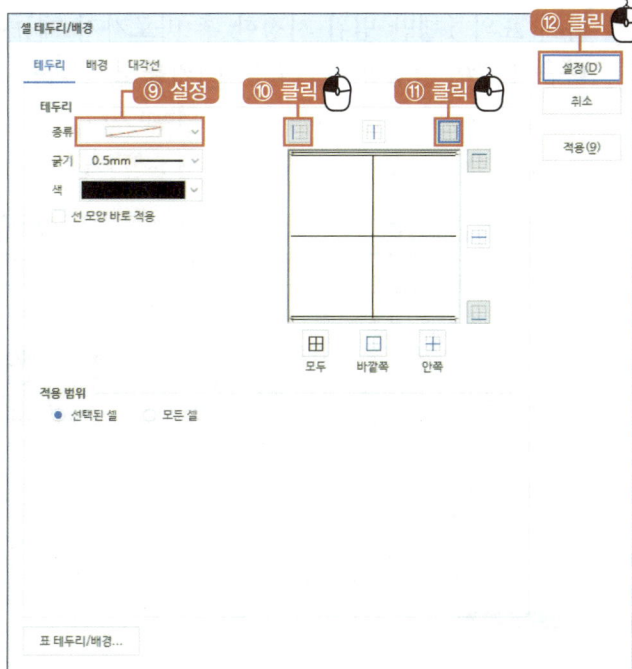

ⓒheck ⓟoint

서로 다른 선 종류를 한번에 설정할 경우 '선 모양 바로 적용'에 체크 표시가 해제되어 있어야 하며, 한 가지 선만 설정할 경우 '선 모양 바로 적용' 체크 표시가 있어도 됩니다.

10 세 번째 열을 범위 지정한 후 바로가기 메뉴에서 [셀 테두리/배경]-[각 셀마다 적용]을 선택하고 다음과 같이 설정합니다(또는 ⓛ 키를 눌러 적용).

- [테두리] 탭 : '종류 – 이중 실선', '오른쪽' 선택

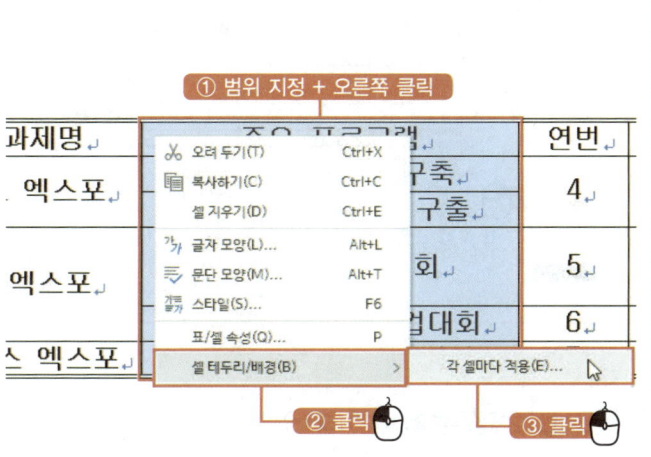
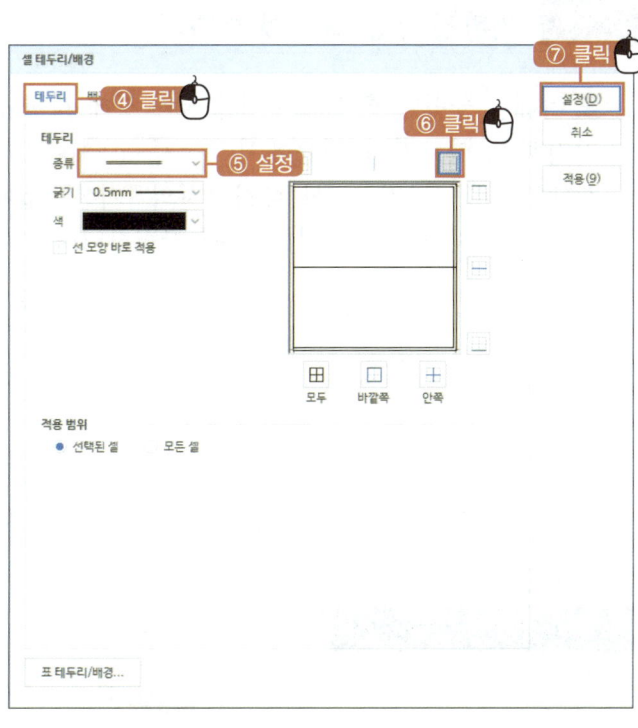

11 다시 표의 1행만 범위 지정한 후 바로가기 메뉴에서 [셀 테두리/배경]-[각 셀마다 적용]을 선택하고 다음과 같이 설정합니다(또는 L 키를 눌러 적용).

- [테두리] 탭 : '종류 – 이중 실선', '아래' 선택
- [배경] 탭 : '그러데이션', '시작 색 – 하양', '끝 색 – 노랑', '유형 – 가로'

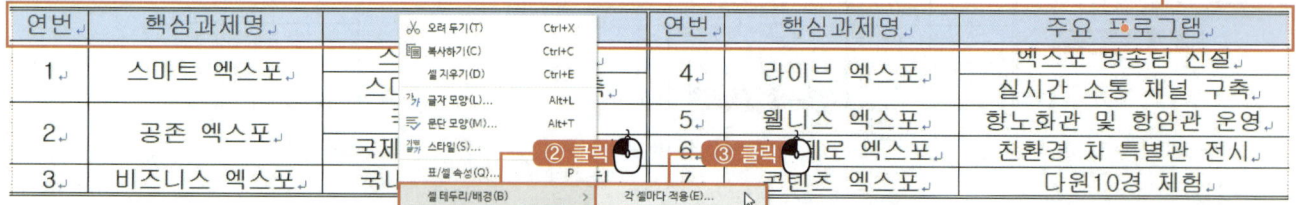

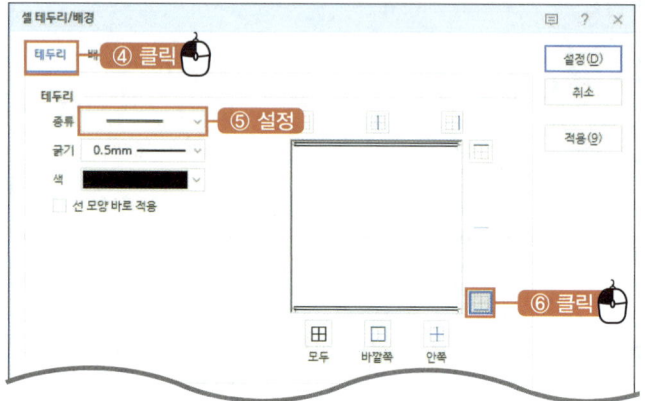

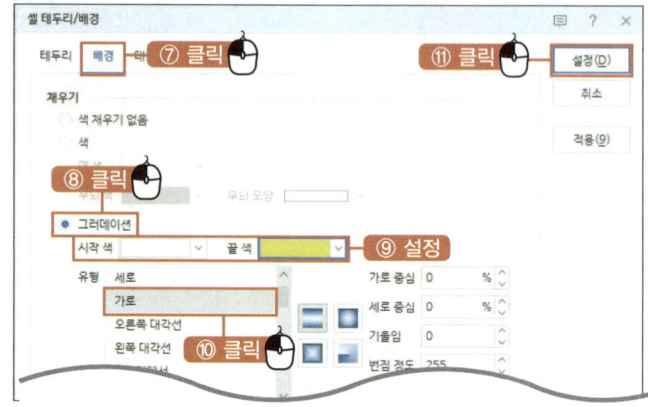

12 표 전체를 범위 지정한 후 Ctrl + ↓ 키로 줄의 높이를 적당히 벌려줍니다. 작업이 완료되면 Esc 키를 눌러 범위를 해제하고 ≪출력형태≫와 같은지 확인합니다.

단계 7 기관명 작성, 쪽 번호 매기기

1 표 아래를 클릭한 후 Enter 키를 눌러 강제 개행하고, "하동세계차엑스포조직위원회"를 입력한 후 범위 지정하고 바로가기 메뉴에서 [글자 모양] 메뉴([편집] 탭-[글자 모양 가] 또는 Alt + L 키)를 선택합니다. [글자 모양] 대화상자의 [기본] 탭에서 '기준 크기 : 24pt', '글꼴 : 돋움', '장평 : 95%', '진하게'를 지정하고 [설정] 단추를 클릭합니다.

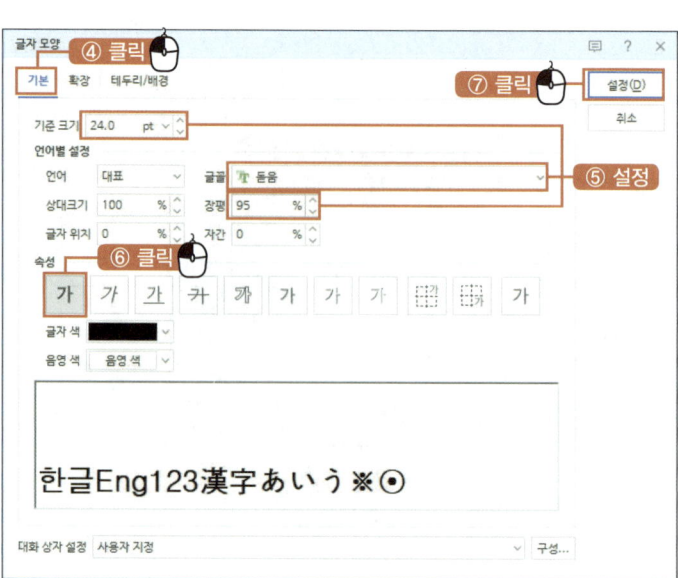

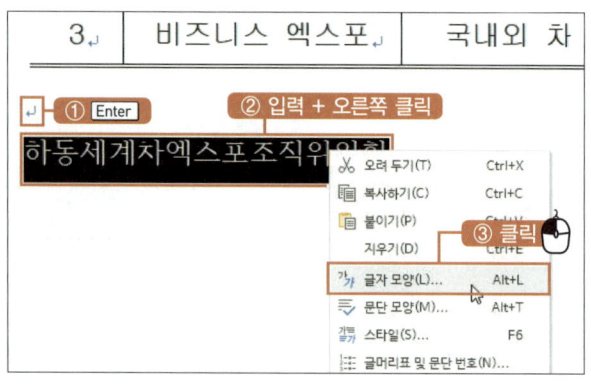

② 기관명(하동세계차엑스포조직위원회)이 범위 설정된 상태에서 [서식] 도구 상자의 '오른쪽 정렬 '을 지정한 후 Esc 키를 눌러 범위를 해제합니다.

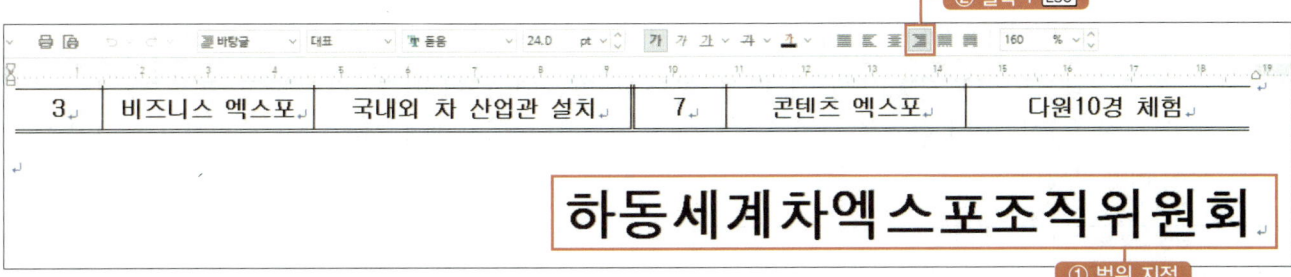

③ 쪽 번호를 설정하기 위해 [쪽] 탭에서 [쪽 번호 매기기] 도구(또는 Ctrl + N, P)를 클릭합니다.

④ [쪽 번호 매기기] 대화상자에서 '번호 위치 : 오른쪽 아래', '번호 모양 : ①,②,③', '줄표 넣기 : 체크 해제', '시작 번호 : 5'를 지정한 후 [넣기] 단추를 클릭합니다.

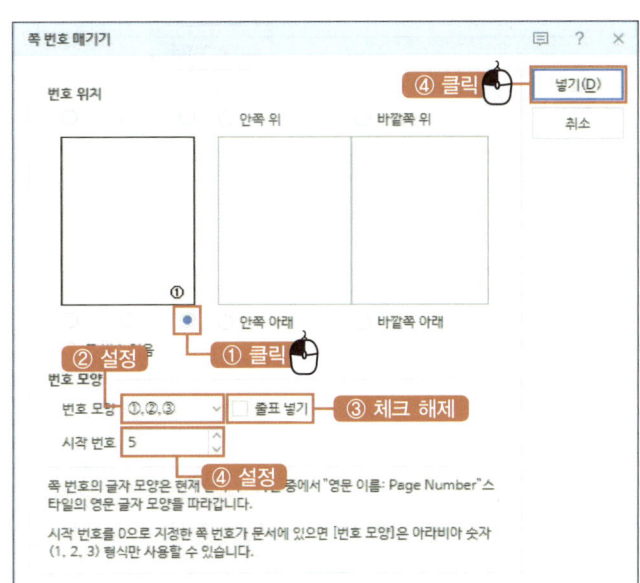

⑤ 쪽 번호가 《출력형태》와 맞는지 확인합니다.

Check Point

앞 페이지의 쪽 번호는 채점 대상이 아니므로 삭제하지 않아도 됩니다.

단계 8   파일 저장 및 답안 전송

1. [파일]-[저장하기 💾] 메뉴를 클릭하여 저장합니다.

2. 저장 경로 [내 PC₩문서₩ITQ]에 답안 파일이 있는지 확인한 후 답안작성 프로그램(KOAS 수험자용)의 [답안 전송] 단추를 클릭하여 답안을 전송합니다. 상태에 '성공'이라는 표시가 보이면 모든 시험이 마무리됩니다.

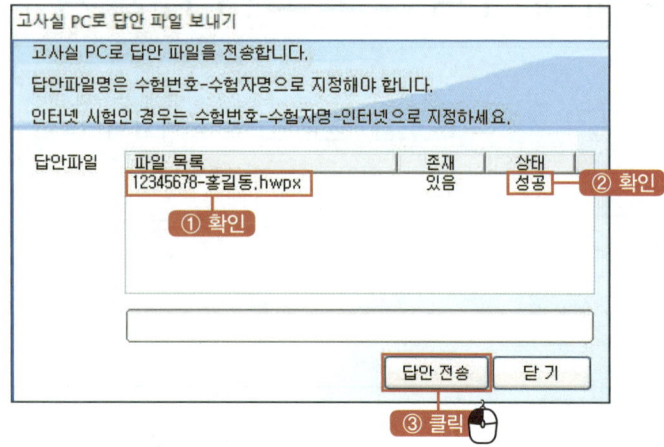

Check Point

실제 답안작성 프로그램과 다를 수 있습니다.

영월의 향기 단종문화제

장릉사적 제196호이자 세계문화유산인 단종문화제는 조선의 6대 임금인 단종의 고혼과 충신들의 넋을 축제로 승화시킨 강원도 영월군의 대표적인 향토문화제이다. 1967년에 단종제라는 이름으로 시작된 이 축제는 1990년 제24회 때부터 단종문화제로 명칭을 바꾸어 현재에 이르고 있다. 행사 시기는 원래 매년 4월 5일 한식을 전후하여 3일 동안 진행되었으나 한식 무렵이면 날씨가 고르지 않아 방문객(訪問客)의 편의를 위해 2007년부터 매년 4월 마지막 주 금요일부터 3일간 실시하고 있다.

단종문화제는 평창과 정선 주민들은 물론 인근의 경상북도와 충청북도 군수들까지 방문하여 참배(參拜)를 한다. 조선 시대의 국장을 재현하고 칡줄다리기, 가장행렬, 정순왕후 선발대회 등 다양한 체험 행사가 펼쳐진다. 대표적 행사인 단종제향은 영월군에 위치한 장릉에서 해마다 봉행되는 단종대왕께 올리는 유교적 제례 의식이다. 조선 시대 중종 11년에 우승지 신상을 파견하여 제문과 함께 치제했다는 기록으로 보아 497년간 지속적으로 이루어진 제향이다. 정조 15년에 시작된 배식단의 충신제향은 조선왕릉 중에서 유일한 것이며, 단종제례는 2011년 4월 22일에 강원도 무형문화재㉠로 지정되었다.

♥ 단종문화제 대표 행사

1. 칡줄다리기
   가. 주민의 화합과 안녕, 풍년 농사를 위한 전통 행사
   나. 동강을 중심으로 동서 양편이 칡줄을 잡고 줄다리기
2. 가장행렬
   가. 단종어가, 정순왕후, 사육신, 생육신 등의 모습 재현
   나. 관내 학생들과 주민들이 조선 복식을 입고 재현

♥ 장소별 주요 행사

구분		내용
장릉	1일차	도전 퀴즈 탐험, 봉심 순흥초군청농악
	2일차	단종제향, 헌다례, 제례악, 육일무, 대왕 신령굿
	3일차	국장 연출(천전의), 대왕 신령굿
동강 둔치	1일차	정순왕후 선발대회, 민속예술경연대회, 어르신 장기대회, 민생구휼잔치
	2일차	북청사자놀이, 전통 혼례 시연, 칡줄다리기, 유등 띄우기
	3일차	화합 행사, 전국 배드민턴대회, 국장 연출

단종제위원회

㉠ 연극, 무용 등 무형의 문화적 소산으로 역사적 또는 예술적으로 가치가 큰 것

생활체육 진흥을 통한
국민 건강 함양과 체력 증진

스키는 길고 평평한 활면에 신발을 붙인 도구를 신고 눈 위를 활주하는 스포츠이다. 스키의 유래는 기원전 3000년경으로 추측되며, 발생지는 러시아 동북부 알다이와 바이칼호 지방으로 알려져 있다. 우리나라 역시 정확한 기록은 없지만 2000-3000년 전부터 스키를 타 왔던 것으로 짐작된다. 함경도에서 발굴된 석기시대 유물에서 고대에 사용된 것으로 보이는 썰매가 나온 사례도 있다. 일제 강점기에는 제1회 조선스키대회가 열렸고, 1946년에는 조선스키협회가 창립되었다. 그리고 1948년 정부 수립(樹立)과 함께 그 명칭이 대한스키협회로 바뀌어 오늘에 이르고 있다.

스키는 원래 이동 수단이었던 만큼 지역마다 발전된 형태가 달랐다. 완만한 구릉 지대인 북유럽에서는 거리 경기 위주의 노르딕 스키가 발달했고, 산세가 험한 알프스 지역에서는 경사면을 빠르게 활강하는 알파인 스키가 발달했다. 노르딕 스키에는 크로스컨트리와 스키 점프, 그리고 두 가지를 합한 노르딕 복합 종목이 있다. 알파인 스키에는 경사면을 활주해 내려오는 활강과 회전 종목이 있다. 최근에는 고난도 묘기를 선보이는 익스트림게임ⓐ 형태의 프리스타일 스키가 큰 인기(人氣)를 끌고 있다.

◆ 스키의 장비와 복장

(1) 스키 플레이트
　(가) 초심자는 스키가 짧을수록 안정성이 높다.
　(나) 상급자는 자신의 신장보다 20센티미터 정도 짧은 스키를 선택한다.
(2) 스키복 손질 및 보관법
　(가) 스키복은 곧바로 세탁하여 얼룩이 생기는 것을 예방한다.
　(나) 습기와 곰팡이 제거를 위해 방습제를 넣어 둔다.

◆ 스키 경기의 종류

구분		내용
알파인	슈퍼대회전경기	활강경기의 속도 기술에 회전 기술을 복합하여 겨루는 경기
	활강경기	출발선부터 골인선까지 최대의 속도로 활주하는 속도 계통의 경기
노르딕	크로스컨트리	스키 장비를 갖추고 장거리를 이동하는 경기
	스키 점프	2회의 점프를 실시하여 점프 거리에 점수와 자세를 합하여 우열을 가리는 경기
프리스타일	에어리얼	점프 경기장에서 곡예 점프, 착지 동작 등으로 승부를 가리는 경기
	발레스키	교차, 연속 회전, 점프 등의 기술을 발휘하면서 음악에 맞추어 스키를 타는 것

전국스키연합회

ⓐ 갖가지 고난도 묘기를 행하는 모험 레포츠로서 X게임, 위험스포츠, 극한스포츠라고도 칭함

통영과 함께하는 음악의 향연

작곡가 윤이상을 기리며

항구 음악 도시

한반도의 남쪽 끝자락에 자리하여 섬, 바다, 뭍의 아름다움이 어우러진 매력적인 도시 통영은 걸출한 예술인(藝術人)들을 배출한 문화적 전통성과 잠재력을 가진 문화 예술의 도시이다. 현존하는 현대 음악의 5대 거장 작곡가 중 한 사람으로 불리는 통영 출신의 윤이상은 동양의 정신을 독특한 선율로 표현하여 현대 음악의 새 지평을 열었으며 자신의 음악 세계를 통해 동양과 서양의 전통이 공존하고 자연과 인간에 대한 깊은 신뢰와 화합이 살아 숨 쉬는 평화의 장을 추구하였다.

윤이상을 기리기 위해 2002년부터 시작된 통영국제음악제(TIMF)는 명실공히 세계적 수준의 음악제로 거듭나 동양의 작은 항구(港口) 도시 통영을 세계 속의 음악 도시로 발돋움시켰다. 현대 음악뿐만 아니라 고전 음악①, 재즈 등 다양한 장르를 포괄하는 국제 음악제로서 입지를 굳혀 명실상부한 아시아를 대표하는 세계적 수준의 음악제로 거듭난 것이다. 앞으로도 통영국제음악제는 수려한 자연과 역사를 품고 있는 아름다운 도시의 매력 아래 세계와 아시아 음악 문화의 중심축이 되는 축제를 확립하고 통영을 세계의 음악을 품는 문화 도시로 성장시켜 지구촌의 음악 교류에 일익을 담당할 것으로 기대를 모으고 있다.

★ TIMF 아카데미 개요

(ㄱ) 장소 및 자격
    (1) 장소 : 경상남도 통영시 통영시민문화회관
    (2) 자격 : 30세 미만의 아시아 국적 소유자
(ㄴ) 모집 부문
    (1) 현악기 : 바이올린, 비올라, 첼로, 더블베이스
    (2) 목관악기 : 플루트, 오보에, 클라리넷, 바순

★ TIMF 자원봉사자 모집

구분		내용
모집 대상		만 18세 이상의 대한민국 국민, 해외 동포, 국내 거주 외국인
		해외 동포나 국내 거주 외국인의 경우 한국어로 의사소통이 가능한 자
모집 분야	공연장 운영	무대 공연 진행, 극장 질서 관리, 티켓 검표 등
	게스트 서비스	아티스트 및 행사 관계자 숙박 업무 지원, 숙소 내 부대 행사 진행 등
	의전 및 행사	아티스트 통역 및 공항 의전, 공식 행사 및 부대 행사 지원 등
활동 지역		통영시민문화회관, 윤이상기념공원, 통영국제음악제 사무국 등

통영국제음악제

---

① 대중음악에 상대되는 뜻으로 쓰이는 서양의 전통적 작곡 기법이나 연주법에 의한 음악

열린 평생 학습 사회
사이버 학점은행제

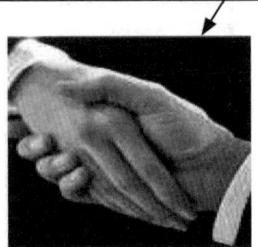

학점은행제는 학점인정 등에 관한 법률Ⓐ에 의거하여 학교뿐만 아니라 학교 밖에서 이루어지는 다양한 형태의 학습과 자격(資格)을 학점으로 인정하고 그 학점이 누적되어 일정 기준을 충족하면 학위 취득을 가능하게 함으로써 궁극적으로 열린 교육 사회와 평생 학습 사회를 구현하기 위한 제도이다. 대통령 직속 교육개혁위원회가 열린 평생 학습 사회의 발전을 조성하는 새로운 교육 체제에 대한 비전을 제시하면서 학점은행제를 제안하였으며 이를 위한 법령을 제정하고 1998년 3월부터 시행하였다. 고등학교 졸업자나 동등 이상의 학력을 가진 사람은 누구라도 학점은행제를 활용할 수 있다.

공교육 기관과 사교육 기관이 국민의 평생 학습을 위하여 권한과 책임을 분담한다는 원칙 아래 이 같은 사이버 학습 체제는 매우 중요한 의미를 지닌다. 동일한 과제의 학습을 위한 시간을 학교에서 충분히 충족시킬 수 없기 때문에 그 필요한 학습 시간을 어디에선가 확보해야 한다면 그 대안(對案)으로서 사이버 학습 체제는 매우 훌륭한 시스템으로 기능하기에 적합하다고 할 수 있다. 학교 교육의 보완 수단일 뿐만 아니라 학생의 특수한 필요를 충족하기 위한 유용한 시스템 중 하나가 될 것이다.

♣ 학점은행제의 활용

1) 학생의 경우
   가) 대학원 진학 준비를 위한 학위 취득
   나) 새로운 전공 분야를 공부하기 위한 학위 취득
2) 기타의 경우
   가) 뒤늦게 학업의 꿈을 펼치길 희망하는 만학도
   나) 중도에 포기한 학업을 재개하고자 하는 중퇴자

♣ 학점인정 신청 서류

구분		서류
자격증		자격증 원본 및 사본 1부, 별지 제5호의5 서식
시간제 등록		성적증명서(이수한 대학교에서 발급), 별지 제5호의4 서식
독학학위제 시험 합격/ 시험 면제 교육 과정	시험 합격	제출 서류 없음(별지 서식에 독학학위제 학적 번호 기재)
	시험 면제 교육 과정 이수	해당 교육 기관에서 발급하는 과정이수확인서 및 성적증명서
중요무형문화재	보유자	중요무형문화재 보유자 인정서 사본(원본 지참)
	이수자	보유자가 문화재청에 보고한 이수증 사본(원본 지참)

교육개혁위원회

Ⓐ 1997년 12월 교육부 타법 개정에 의하여 1998년 1월에 시행

PART 2

기출유형 모의고사

Part 1에서 배운 시험에 나오는 한글 기능을 토대로 시험에 출제되는
다양한 기능과 형태를 익혀 어떠한 문제가 출제되더라도
해결할 수 있도록 학습효과를 높입니다.

※정답 파일과 동영상 강의는 [자료실]에서 다운로드하세요.

무료 동영상	제 1회	기출유형 모의고사	무료 동영상	제 6회	기출유형 모의고사
무료 동영상	제 2회	기출유형 모의고사	무료 동영상	제 7회	기출유형 모의고사
무료 동영상	제 3회	기출유형 모의고사	무료 동영상	제 8회	기출유형 모의고사
무료 동영상	제 4회	기출유형 모의고사	무료 동영상	제 9회	기출유형 모의고사
무료 동영상	제 5회	기출유형 모의고사	무료 동영상	제 10회	기출유형 모의고사

1회 기출유형 모의고사

과목	코드	문제유형	시험시간	수험번호	성 명
아래 한글	1111	A	60분	20228001	

수 험 자 유 의 사 항

- 수험자는 문제지를 받는 즉시 문제지와 **수험표상의 시험과목(프로그램)이 동일한지 반드시 확인**하여야 합니다.
- 파일명은 본인의 "수험번호-성명"으로 입력하여 답안폴더(내 PC\문서\ITQ)에 하나의 파일로 저장해야 하며, 답안문서 파일명이 "수험번호-성명"과 일치하지 않거나, 답안파일을 전송하지 않아 미제출로 처리될 경우 실격 처리합니다 (예 : 12345678-홍길동.hwpx).
- 답안 작성을 마치면 파일을 저장하고, '답안 전송' 버튼을 선택하여 감독위원 PC로 답안을 전송하십시오. 수험생 정보와 저장한 파일명이 다를 경우 전송되지 않으므로 주의하시기 바랍니다.
- 답안 작성 중에도 **주기적으로 저장하고 '답안 전송'** 하여야 문제 발생을 줄일 수 있습니다. 작업한 내용을 저장하지 않고 전송할 경우 이전에 저장된 내용이 전송되오니 이점 유의하시기 바랍니다.
- 답안문서는 지정된 경로 외의 다른 보조기억장치에 저장하는 경우, 지정된 시험 시간 외에 작성된 파일을 활용할 경우, 기타 통신 수단(이메일, 메신저, 네트워크 등)을 이용하여 타인에게 전달 또는 외부 반출하는 경우는 부정 처리합니다.
- 시험 중 부주의 또는 고의로 시스템을 파손한 경우는 수험자가 변상해야 하며, <수험자 유의사항>에 기재된 방법대로 이행하지 않아 생기는 불이익은 수험생 당사자의 책임임을 알려 드립니다.
- 문제의 조건은 한컴오피스 2022 버전으로 설정되어 있으니 유의하시기 바랍니다.
- 시험을 완료한 수험자는 답안파일이 전송되었는지 확인한 후 감독위원의 지시에 따라 문제지를 제출하고 퇴실합니다.

답 안 작 성 요 령

- **온라인 답안 작성 절차**
  수험자 등록 ⇒ 시험 시작 ⇒ 답안파일 저장 ⇒ 답안 전송 ⇒ 시험 종료
- **공통 부문**
- 글꼴에 대한 기본설정은 함초롬바탕, 10포인트, 검정, 줄간격 160%, 양쪽정렬로 합니다.
- 색상은 조건의 색을 적용하고 색의 구분이 안될 경우에는 RGB 값을 적용합니다(빨강 255,0,0 / 파랑 0,0,255 / 노랑 255,255,0).
- 각 문항에 주어진 ≪조건≫에 따라 작성하고 언급하지 않은 조건은 ≪출력형태≫와 같이 작성합니다.
- 용지여백은 왼쪽·오른쪽 11mm, 위쪽·아래쪽·머리말·꼬리말 10mm, 제본 0mm로 합니다.
- 그림 삽입 문제의 경우 「내 PC\문서\ITQ\Picture」 폴더에서 지정된 파일을 선택하여 삽입하십시오.
- 삽입한 그림은 반드시 문서에 포함하여 저장해야 합니다(미포함 시 감점 처리).
- 각 항목은 지정된 페이지에 출력형태와 같이 정확히 작성하시기 바라며, 그렇지 않을 경우에 해당 항목은 0점 처리됩니다.
※ 페이지 구분 : 1페이지 - 기능평가Ⅰ (문제번호 표시 : 1. 2.),
　　　　　　　2페이지 - 기능평가Ⅱ (문제번호 표시 : 3. 4.),
　　　　　　　3페이지 - 문서작성 능력평가

기능평가
- 문제와 ≪조건≫은 입력하지 않으며 문제번호와 답(≪출력형태≫)만 작성합니다.
- 4번 문제는 묶기를 했을 경우 0점 처리됩니다.

문서작성 능력평가
- A4 용지(210㎜×297㎜) 1매 크기, 세로 서식 문서로 작성합니다.
- ┌┄┄┐ 표시는 문서작성에 대한 지시사항이므로 작성하지 않습니다.

기능평가 I   150점

1. 다음의 ≪조건≫에 따라 스타일 기능을 적용하여 ≪출력형태≫와 같이 작성하시오. (50점)

조건
(1) 스타일 이름 – fire
(2) 문단 모양 – 왼쪽 여백 : 15pt, 문단 아래 간격 : 10pt
(3) 글자 모양 – 글꼴 : 한글(굴림)/영문(돋움), 크기 : 10pt, 장평 : 95%, 자간 : 5%

출력형태

The Korean National Fire Agency is a state agency dedicated to fire prevention and emergency response to accidents or land disasters.

119 청소년단은 어려서부터 안전에 대한 의식과 습관을 기르고, 이웃을 먼저 생각하며 봉사하는 참사랑을 실천하는 선도조직으로 건강한 어린이 육성을 목표로 하고 있다.

2. 다음의 ≪조건≫에 따라 ≪출력형태≫와 같이 표와 차트를 작성하시오. (100점)

표조건
(1) 표 전체(표, 캡션) – 돋움, 10pt
(2) 정렬 – 문자 : 가운데 정렬, 숫자 : 오른쪽 정렬
(3) 셀 배경(면색) : 노랑
(4) 한글의 계산 기능을 이용하여 빈칸에 합계를 구하고, 캡션 기능 사용할 것
(5) 선 모양은 ≪출력형태≫와 동일하게 처리할 것

출력형태

소방산업 기업인증 현황(단위 : %)

구분	벤처기업	ISO 인증	이노비즈 기업	메인비즈 기업	합계
소방설계업	6.2	9.6	4.2	1.3	
소방공사업	2.7	13.4	2.9	4.3	
소방제조업	13.4	21.7	13.1	5.2	
소방관리업	3.1	9.2	3.9	0.4	

차트조건
(1) 차트 데이터는 표 내용에서 구분별 소방설계업, 소방공사업, 소방제조업의 값만 이용할 것
(2) 종류 – <묶은 세로 막대형>으로 작업할 것
(3) 제목 – 글꼴 : 굴림, 진하게, 12pt
      속성 : 채우기(밝은 색 : 하양), 테두리, 그림자(바깥쪽 : 대각선 오른쪽 아래)
(4) 제목 이외의 전체 글꼴 – 굴림, 보통, 10pt
(5) 축제목과 범례는 ≪출력형태≫와 동일하게 처리할 것

출력형태

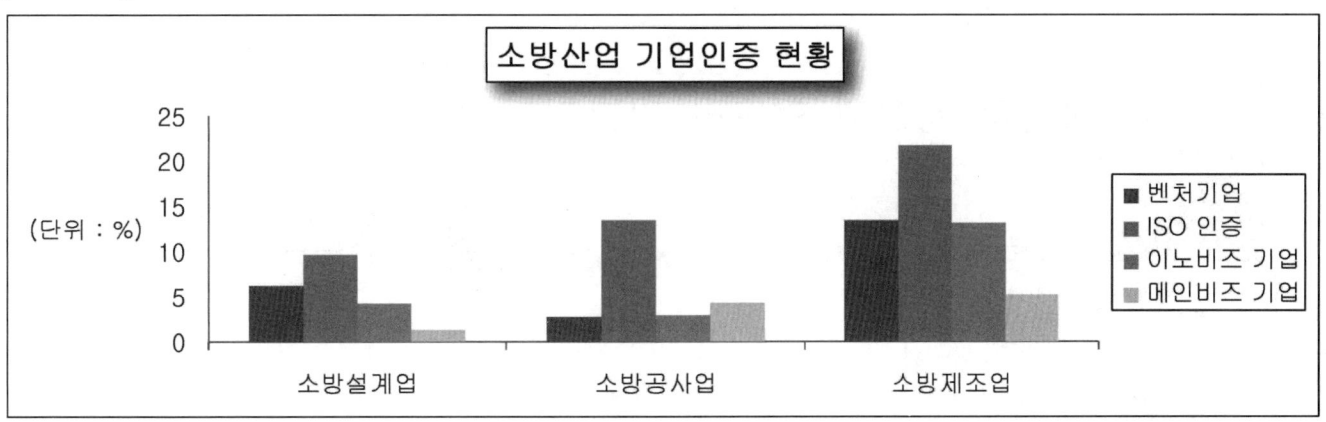

기능평가 II (150점)

3. 다음 (1), (2)의 수식을 수식 편집기로 각각 입력하시오. (40점)

출력형태

(1) $E = mr^2 = \dfrac{nc^2}{\sqrt{1 - \dfrac{r^2}{d^2}}}$

(2) $\sum_{k=1}^{n}(k^4 + 1) - \sum_{k=3}^{n}(k^4 + 1) = 19$

4. 다음의 ≪조건≫에 따라 ≪출력형태≫와 같이 문서를 작성하시오. (110점)

조건
(1) 그리기 도구를 이용하여 작성하고, 모든 도형(글맵시, 지정된 그림 포함)을 ≪출력형태≫와 같이 작성하시오.
(2) 도형의 면색은 지시사항이 없으면 색 없음을 제외하고 서로 다르게 임의로 지정하시오.

출력형태

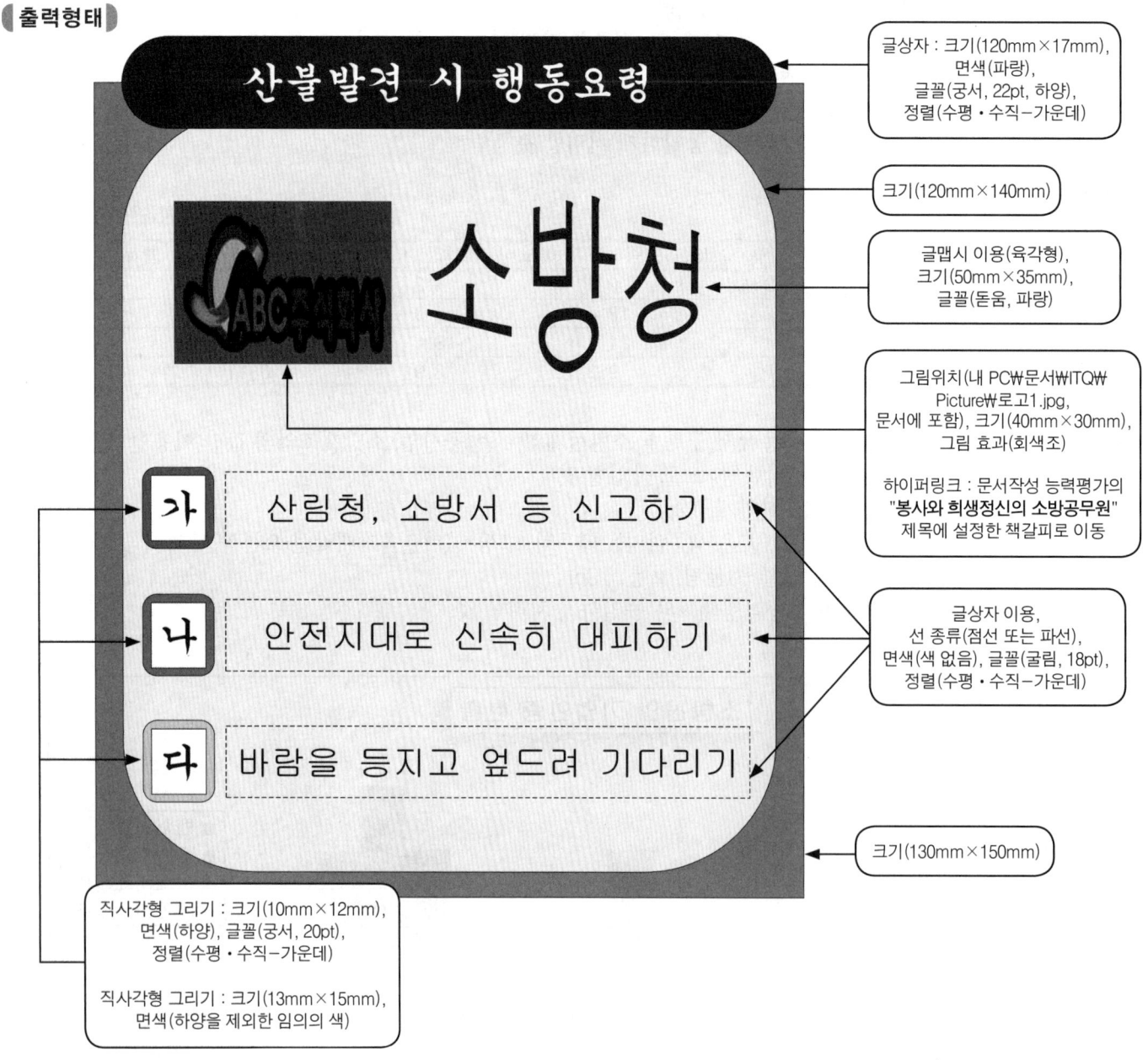

안전하고 행복한 대한민국
봉사와 희생정신의 소방공무원

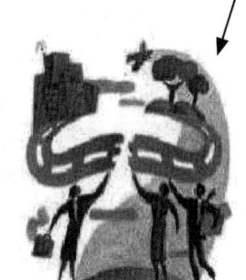

화재 발생 시 출동하여 사고 진압 및 소화(消火) 업무를 담당하고 있는 소방공무원ⓐ은 화재 외에도 다양한 관련 분야에 걸쳐 임무를 수행하고 있다. 소방공무원의 업무는 소방과, 방호과, 119 소방서, 구조대, 구조구급과로 나뉘며 소방과는 다시 소방 업무와 장비 업무로 분류(分類)된다.

소방 업무에는 소방서 기본 운영 계획에 관한 사항을 비롯하여 직원들의 신분, 상벌, 복무규율 및 교육 훈련, 보건, 복지, 후생에 관한 사항이 포함된다. 장비 업무로는 직원들의 보수 등 예산과 회계에 관한 사항과 소방 차량 및 장비 유지 관리에 관한 사항을 담당한다. 방호과에서는 화재 진압 대책과 각종 소방 현장 활동의 효율적 수행을 위한 안전 대책 등을 수립하며 소방 시설의 작동 상태 및 관리 상황에 대한 점검을 통해 사전 예방 활동을 펼친다. 119 소방서는 현장 활동 업무를 수행하는 부서로 화재 발생 시 신속한 진압 활동에 착수하며 응급 환자에 대한 구급 활동을 맡는다. 구조대는 각종 재난 사고 현장에서 인명을 구조하는 부서로 화재, 교통사고, 산악사고, 수난사고 등에 대응하기 위해 실력 향상 훈련 및 안전사고 예방 교육과 캠페인을 주관한다.

♥ 소화기의 종류

1. 물 소화기
   가. 쉽게 구할 수 있으며 가격이 저렴하며 안전함
   나. 겨울철에는 동결 방지 조치를 강구해야 함
2. 포말 소화기
   가. 공기와의 접촉을 차단하는 질식 효과
   나. 수분의 증발에 의한 냉각 효과

♥ 소방시설업 종류 및 등록기준

시설업		정의	기술인력
설계업	전문	소방시설 공사계획, 설계도면, 설명서 등 서류 작성	소방기술사 1명, 보조 인력 1명
	일반		소방기술사 또는 소방설비기사 1명, 보조 인력 1명
공사업	일반	소방시설 신설, 증설, 개설, 안전 및 정비	소방기술사 또는 소방설비기사(해당 분야) 1명, 보조 인력 1명
감리업	전문	설계도서와 관계 법령에 따라 적법하게 시공되는지 확인	소방기술사 1명, 특급/고급/중급/초급 감리원 각 1명
	일반		특급 감리원 1명, 중급 이상 감리원 1명, 초급 감리원 1명

소방청

ⓐ 국민의 보호를 직무로 하여 화재의 예방, 경계, 진압에 종사하는 공무원

2회 기출유형 모의고사

과목	코드	문제유형	시험시간	수험번호	성 명
아래 한글	1111	A	60분	20228002	

수 험 자 유 의 사 항

- 수험자는 문제지를 받는 즉시 문제지와 **수험표상의 시험과목(프로그램)이 동일한지 반드시 확인**하여야 합니다.
- 파일명은 본인의 "수험번호-성명"으로 입력하여 답안폴더(내 PC\문서\ITQ)에 하나의 파일로 저장해야 하며, 답안문서 파일명이 "수험번호-성명"과 일치하지 않거나, 답안파일을 전송하지 않아 미제출로 처리될 경우 실격 처리합니다
 (예 : 12345678-홍길동.hwpx).
- 답안 작성을 마치면 파일을 저장하고, '답안 전송' 버튼을 선택하여 감독위원 PC로 답안을 전송하십시오. 수험생 정보와 저장한 파일명이 다를 경우 전송되지 않으므로 주의하시기 바랍니다.
- 답안 작성 중에도 **주기적으로 저장하고 '답안 전송'** 하여야 문제 발생을 줄일 수 있습니다. 작업한 내용을 저장하지 않고 전송할 경우 이전에 저장된 내용이 전송되오니 이점 유의하시기 바랍니다.
- 답안문서는 지정된 경로 외의 다른 보조기억장치에 저장하는 경우, 지정된 시험 시간 외에 작성된 파일을 활용할 경우, 기타 통신 수단(이메일, 메신저, 네트워크 등)을 이용하여 타인에게 전달 또는 외부 반출하는 경우는 부정 처리합니다.
- 시험 중 부주의 또는 고의로 시스템을 파손한 경우는 수험자가 변상해야 하며, <수험자 유의사항>에 기재된 방법대로 이행하지 않아 생기는 불이익은 수험생 당사자의 책임임을 알려 드립니다.
- 문제의 조건은 한컴오피스 2022 버전으로 설정되어 있으니 유의하시기 바랍니다.
- 시험을 완료한 수험자는 답안파일이 전송되었는지 확인한 후 감독위원의 지시에 따라 문제지를 제출하고 퇴실합니다.

답 안 작 성 요 령

- **온라인 답안 작성 절차**
 수험자 등록 ⇒ 시험 시작 ⇒ 답안파일 저장 ⇒ 답안 전송 ⇒ 시험 종료
- **공통 부문**
- 글꼴에 대한 기본설정은 함초롬바탕, 10포인트, 검정, 줄간격 160%, 양쪽정렬로 합니다.
- 색상은 조건의 색을 적용하고 색의 구분이 안될 경우에는 RGB 값을 적용합니다(빨강 255,0,0 / 파랑 0,0,255 / 노랑 255,255,0).
- 각 문항에 주어진 ≪조건≫에 따라 작성하고 언급하지 않은 조건은 ≪출력형태≫와 같이 작성합니다.
- 용지여백은 왼쪽·오른쪽 11㎜, 위쪽·아래쪽·머리말·꼬리말 10㎜, 제본 0㎜로 합니다.
- 그림 삽입 문제의 경우 「내 PC\문서\ITQ\Picture」 폴더에서 지정된 파일을 선택하여 삽입하십시오.
- 삽입한 그림은 반드시 문서에 포함하여 저장해야 합니다(미포함 시 감점 처리).
- 각 항목은 지정된 페이지에 출력형태와 같이 정확히 작성하시기 바라며, 그렇지 않을 경우에 해당 항목은 0점 처리됩니다.
- ※ 페이지 구분 : 1페이지 - 기능평가Ⅰ(문제번호 표시 : 1. 2.),
  2페이지 - 기능평가Ⅱ(문제번호 표시 : 3. 4.),
  3페이지 - 문서작성 능력평가
- **기능평가**
- 문제와 ≪조건≫은 입력하지 않으며 문제번호와 답(≪출력형태≫)만 작성합니다.
- 4번 문제는 묶기를 했을 경우 0점 처리됩니다.
- **문서작성 능력평가**
- A4 용지(210㎜×297㎜) 1매 크기, 세로 서식 문서로 작성합니다.
- 표시는 문서작성에 대한 지시사항이므로 작성하지 않습니다.

기능평가 I 150점

1. 다음의 ≪조건≫에 따라 스타일 기능을 적용하여 ≪출력형태≫와 같이 작성하시오. (50점)

조건
(1) 스타일 이름 – metaverse
(2) 문단 모양 – 첫 줄 들여쓰기 : 10pt, 문단 아래 간격 : 10pt
(3) 글자 모양 – 글꼴 : 한글(궁서)/영문(돋움), 크기 : 10pt, 장평 : 105%, 자간 : -5%

출력형태

　Metaverse refers to a world in which virtual and reality interact and co-evolve, and social, economic, and cultural activities take place within them to create value.

　메타버스는 구현되는 공간이 현실 중심인지, 가상 중심인지, 구현되는 정보가 외부 환경정보 중심인지, 개인, 개체 중심인지에 따라 4가지 유형으로 구분된다.

2. 다음의 ≪조건≫에 따라 ≪출력형태≫와 같이 표와 차트를 작성하시오. (100점)

표조건
(1) 표 전체(표, 캡션) – 굴림, 10pt
(2) 정렬 – 문자 : 가운데 정렬, 숫자 : 오른쪽 정렬
(3) 셀 배경(면색) : 노랑
(4) 한글의 계산 기능을 이용하여 빈칸에 평균(소수점 두 자리)을 구하고, 캡션 기능 사용할 것
(5) 선 모양은 ≪출력형태≫와 동일하게 처리할 것

출력형태

AR 콘텐츠 시장 규모 및 전망(단위 : 천만 달러)

구분	2021년	2022년	2023년	2024년	평균
하드웨어	103	201	659	1,363	
게임	234	484	926	1,514	
전자상거래	71	198	417	845	
테마파크	172	192	375	574	

차트조건
(1) 차트 데이터는 표 내용에서 연도별 하드웨어, 게임, 전자상거래의 값만 이용할 것
(2) 종류 – <묶은 세로 막대형>으로 작업할 것
(3) 제목 – 글꼴 : 돋움, 진하게, 12pt
　　　　　속성 : 채우기(밝은 색 : 하양), 테두리, 그림자(바깥쪽 : 대각선 오른쪽 아래)
(4) 제목 이외의 전체 글꼴 – 돋움, 보통, 10pt
(5) 축제목과 범례는 ≪출력형태≫와 동일하게 처리할 것

출력형태

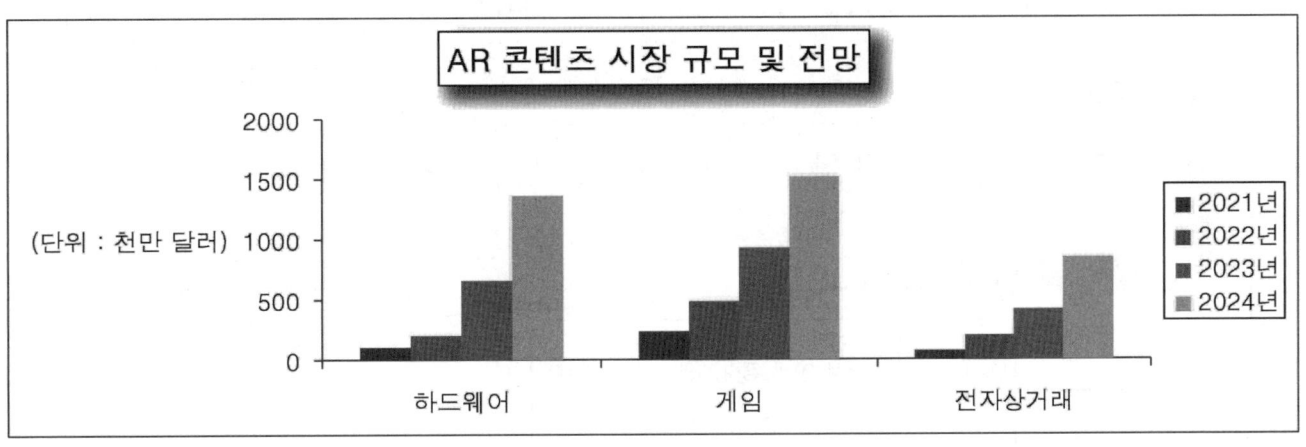

기능평가 II (150점)

3. 다음 (1), (2)의 수식을 수식 편집기로 각각 입력하시오. (40점)

출력형태

(1) $\dfrac{h_1}{h_2} = (\sqrt{a})^{M_2 - M_1} \fallingdotseq 2.5^{M_2 - M_1}$

(2) $Q = \lim\limits_{\Delta t \to 0} \dfrac{\Delta s}{\Delta t} = \dfrac{d^2 s}{dt^2} + 1$

4. 다음의 ≪조건≫에 따라 ≪출력형태≫와 같이 문서를 작성하시오. (110점)

조건 (1) 그리기 도구를 이용하여 작성하고, 모든 도형(글맵시, 지정된 그림 포함)을 ≪출력형태≫와 같이 작성하시오.
(2) 도형의 면색은 지시사항이 없으면 색 없음을 제외하고 서로 다르게 임의로 지정하시오.

출력형태

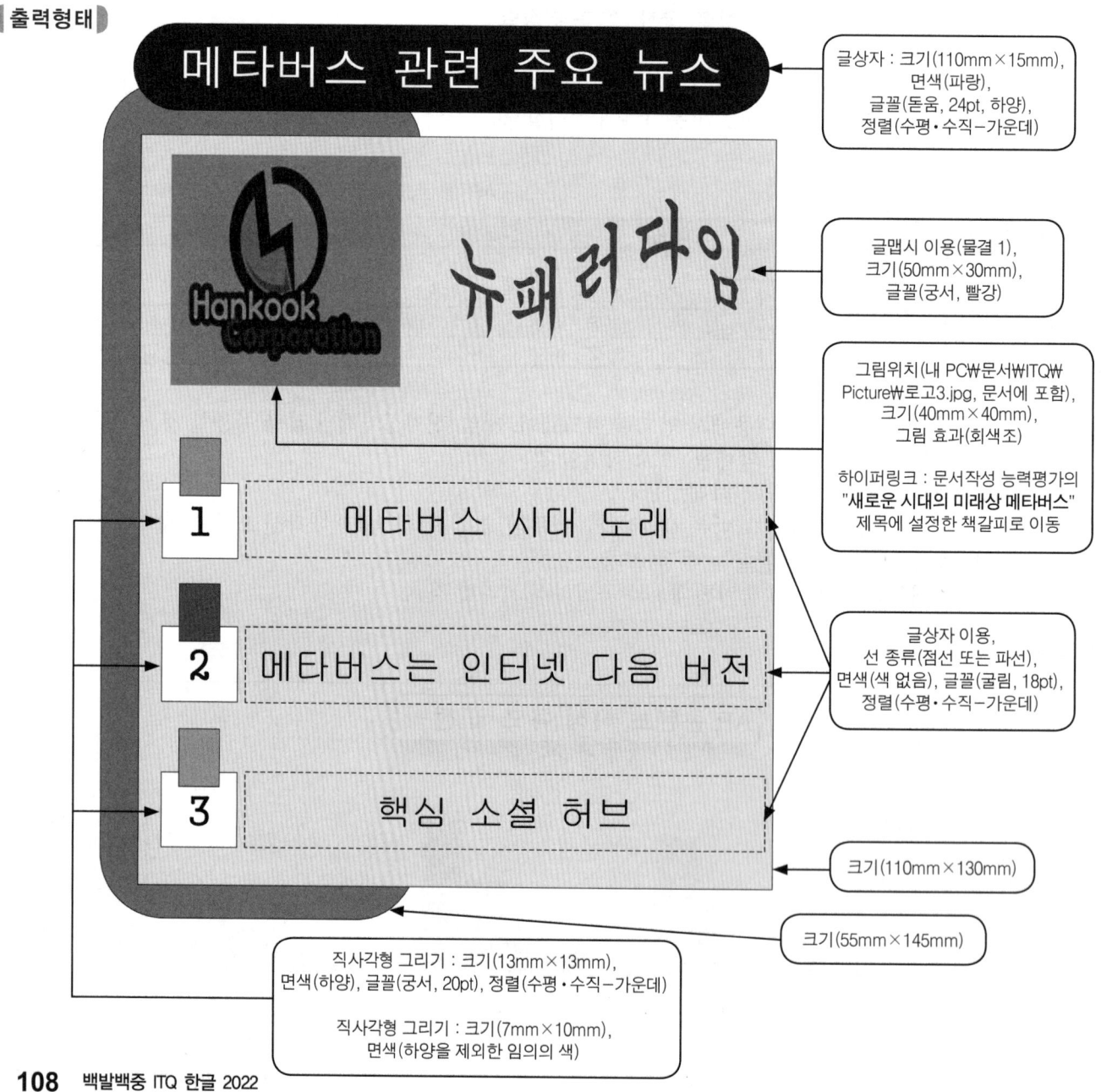

새로운 시대의 미래상 메타버스

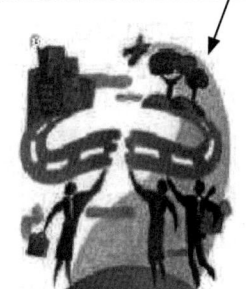

메타버스란 가상과 현실이 상호작용하며 공진화하고 그 속에서 사회, 경제, 문화 활동이 이루어지면서 가치를 창출하는 세상을 뜻한다. 최근 새로운 시대의 미래상으로 메타버스를 주목 중이며 관련 시장도 급성장할 전망(展望)이다.

메타버스는 3가지 측면에서 혁명적인 변화라고 할 수 있다. 먼저 편의성, 상호작용 방식, 화면 또는 공간 확장성 측면에서 기존 PC, 모바일 기반의 인터넷 시대와 메타버스 시대는 차이가 존재한다. AR 글라스 등 기존 휴대에서 착용의 시대로 전환되면서 편의성이 증대하였고, 상호작용은 음성, 동작, 시선 등 오감(五感)을 활용하는 것으로 발전하고 있다. 2D 웹 화면에서 화면의 제약이 사라진 3D 공간 웹으로 진화 중인 것이다. 두 번째는 기술적 측면이다. 메타버스를 구현하는 핵심기술은 범용기술의 복합체인 확장현실이다. 메타버스는 다양한 범용기술이 복합 적용되어 구현되며 이를 통해 현실과 가상의 경계가 소멸되고 있다. 세 번째는 경제적 측면이다. 메타버스 시대의 경제 패러다임으로 가상융합경제가 부상하고 있다. 메타버스ⓐ는 기술 진화의 개념을 넘어 사회경제 전반의 혁신적 변화를 초래하고 있다.

◆ 메타버스와 가상융합경제

    A. 경제 패러다임으로 가상융합경제에 주목
        Ⓐ 기술 진화의 개념을 넘어, 사회경제 전반의 혁신적 변화를 초래
        Ⓑ 실감경제, 가상융합경제의 개념이 대두
    B. 가상융합경제는 경험경제가 고도화된 개념
        Ⓐ 경험 가치는 오프라인, 온라인, 가상융합 형태로 점차 고도화
        Ⓑ 소비자들은 개인화된 경험에 대한 지불 의사가 높음

◆ 포스트 인터넷 혁명, 메타버스

구분	1990년대 이전	1990년대 - 2020년대	2020년대 이후
정의	네트워크에 접속하지 않은 세계	네트워크 장치의 상호작용 세계	가상과 실재가 공존하는 세계
주요 특징	대면 만남 중심, 높은 보안	편리성 증대, 시간과 비용 절감	경험 확장 및 현실감 극대화
경제	오프라인 경제	온라인 중심 확장 경제	가상과 현실의 결합
비고	오프라인에서 온라인 확장으로	온라인 확장에서 가상 융합 확장으로	

소프트웨어정책연구소

Ⓐ 그리스어 메타(초월, 그 이상)와 유니버스(세상, 우주)의 합성어

3회 기출유형 모의고사

Information Technology Qualification

과목	코드	문제유형	시험시간	수험번호	성 명
아래 한글	1111	A	60분	20228003	

수 험 자 유 의 사 항

- 수험자는 문제지를 받는 즉시 문제지와 **수험표상의 시험과목(프로그램)이 동일한지 반드시 확인**하여야 합니다.
- 파일명은 본인의 "수험번호-성명"으로 입력하여 답안폴더(내 PC₩문서₩ITQ)에 하나의 파일로 저장해야 하며, 답안문서 파일명이 "수험번호-성명"과 일치하지 않거나, 답안파일을 전송하지 않아 미제출로 처리될 경우 실격 처리합니다 (예 : 12345678-홍길동.hwpx).
- 답안 작성을 마치면 파일을 저장하고, '답안 전송' 버튼을 선택하여 감독위원 PC로 답안을 전송하십시오. 수험생 정보와 저장한 파일명이 다를 경우 전송되지 않으므로 주의하시기 바랍니다.
- 답안 작성 중에도 **주기적으로 저장하고 '답안 전송'** 하여야 문제 발생을 줄일 수 있습니다. 작업한 내용을 저장하지 않고 전송할 경우 이전에 저장된 내용이 전송되오니 이점 유의하시기 바랍니다.
- 답안문서는 지정된 경로 외의 다른 보조기억장치에 저장하는 경우, 지정된 시험 시간 외에 작성된 파일을 활용할 경우, 기타 통신수단(이메일, 메신저, 네트워크 등)을 이용하여 타인에게 전달 또는 외부 반출하는 경우는 부정 처리합니다.
- 시험 중 부주의 또는 고의로 시스템을 파손한 경우는 수험자가 변상해야 하며, <수험자 유의사항>에 기재된 방법대로 이행하지 않아 생기는 불이익은 수험생 당사자의 책임임을 알려 드립니다.
- 문제의 조건은 한컴오피스 2022 버전으로 설정되어 있으니 유의하시기 바랍니다.
- 시험을 완료한 수험자는 답안파일이 전송되었는지 확인한 후 감독위원의 지시에 따라 문제지를 제출하고 퇴실합니다.

답 안 작 성 요 령

- **온라인 답안 작성 절차**
  수험자 등록 ⇒ 시험 시작 ⇒ 답안파일 저장 ⇒ 답안 전송 ⇒ 시험 종료
- **공통 부문**
- 글꼴에 대한 기본설정은 함초롬바탕, 10포인트, 검정, 줄간격 160%, 양쪽정렬로 합니다.
- 색상은 조건의 색을 적용하고 색의 구분이 안될 경우에는 RGB 값을 적용합니다(빨강 255,0,0 / 파랑 0,0,255 / 노랑 255,255,0).
- 각 문항에 주어진 ≪조건≫에 따라 작성하고 언급하지 않은 조건은 ≪출력형태≫와 같이 작성합니다.
- 용지여백은 왼쪽 · 오른쪽 11㎜, 위쪽 · 아래쪽 · 머리말 · 꼬리말 10㎜, 제본 0㎜로 합니다.
- 그림 삽입 문제의 경우 「내 PC₩문서₩ITQ₩Picture」 폴더에서 지정된 파일을 선택하여 삽입하십시오.
- 삽입한 그림은 반드시 문서에 포함하여 저장해야 합니다(미포함 시 감점 처리).
- 각 항목은 지정된 페이지에 출력형태와 같이 정확히 작성하시기 바라며, 그렇지 않을 경우에 해당 항목은 0점 처리됩니다.
- ※ 페이지 구분 : 1페이지 - 기능평가 I (문제번호 표시 : 1. 2.),
   2페이지 - 기능평가 II (문제번호 표시 : 3. 4.),
   3페이지 - 문서작성 능력평가

- **기능평가**
- 문제와 ≪조건≫은 입력하지 않으며 문제번호와 답(≪출력형태≫)만 작성합니다.
- 4번 문제는 묶기를 했을 경우 0점 처리됩니다.

- **문서작성 능력평가**
- A4 용지(210㎜×297㎜) 1매 크기, 세로 서식 문서로 작성합니다.
- ┌┈┐ 표시는 문서작성에 대한 지시사항이므로 작성하지 않습니다.

기능평가 I (150점)

1. 다음의 ≪조건≫에 따라 스타일 기능을 적용하여 ≪출력형태≫와 같이 작성하시오. (50점)

조건
(1) 스타일 이름 – disease
(2) 문단 모양 – 왼쪽 여백 : 15pt, 문단 아래 간격 : 10pt
(3) 글자 모양 – 글꼴 : 한글(궁서)/영문(돋움), 크기 : 10pt, 장평 : 95%, 자간 : 5%

출력형태

The Centers for Disease Control and tools protect the public health based on research on the mechanism, prevention and management of infectious and chronic diseases.

질병관리본부는 감염병과 만성병의 기전과 예방, 치료, 관리에 관한 연구와 환경과 유전 요인에 대한 분석연구를 바탕으로 국민 건강을 지킬 과학적 근거와 수단을 마련한다.

2. 다음의 ≪조건≫에 따라 ≪출력형태≫와 같이 표와 차트를 작성하시오. (100점)

표조건
(1) 표 전체(표, 캡션) – 굴림, 10pt
(2) 정렬 – 문자 : 가운데 정렬, 숫자 : 오른쪽 정렬
(3) 셀 배경(면색) : 노랑
(4) 한글의 계산 기능을 이용하여 빈칸에 합계를 구하고, 캡션 기능 사용할 것
(5) 선 모양은 ≪출력형태≫와 동일하게 처리할 것

출력형태

인천광역시 연도별 사고발생 현황(단위 : 건)

연도별	2018년	2019년	2020년	2021년	합계
교통사고(건)	1,127	1,229	1,141	1,150	
교통사고(인원)	1,607	1,658	1,563	1,550	
화재사고(건)	172	147	155	136	
화재사고(인원)	16	11	13	12	

차트조건
(1) 차트 데이터는 표 내용에서 연도별 교통사고(건), 교통사고(인원), 화재사고(건)의 값만 이용할 것
(2) 종류 – <묶은 세로 막대형>으로 작업할 것
(3) 제목 – 글꼴 : 굴림, 진하게, 12pt
속성 : 채우기(밝은 색 : 하양), 테두리, 그림자(바깥쪽 : 대각선 오른쪽 아래)
(4) 제목 이외의 전체 글꼴 – 굴림, 보통, 10pt
(5) 축제목과 범례는 ≪출력형태≫와 동일하게 처리할 것

출력형태

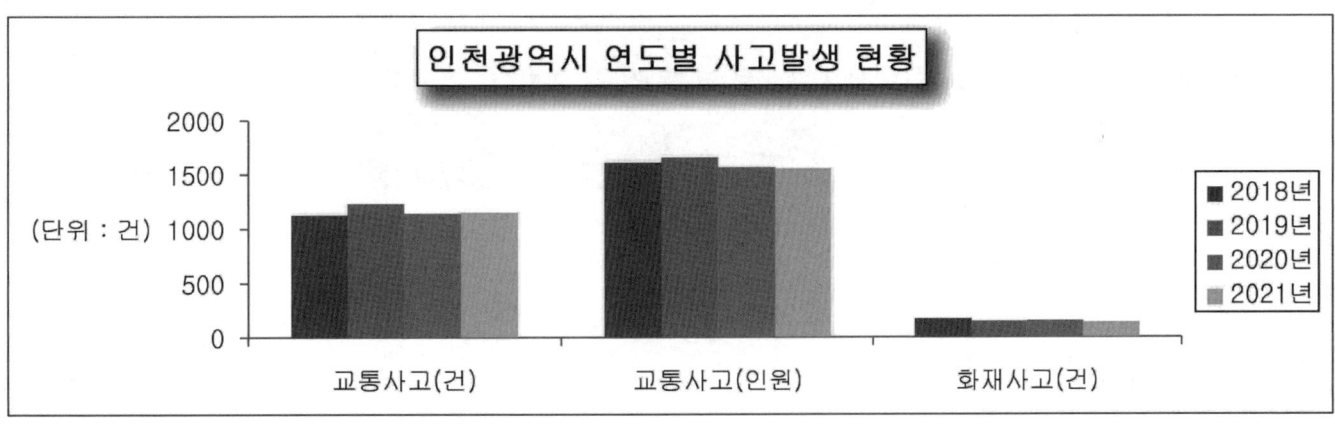

기능평가 II 150점

3. 다음 (1), (2)의 수식을 수식 편집기로 각각 입력하시오. (40점)

출력형태

(1) $H_n = \dfrac{a(r^n - 1)}{r - 1} = \dfrac{a(1 + r^n)}{1 - r}(r \neq 1)$

(2) $L = \dfrac{m + M}{m} V = \dfrac{m + M}{m}\sqrt{2gh}$

4. 다음의 ≪조건≫에 따라 ≪출력형태≫와 같이 문서를 작성하시오. (110점)

조건
(1) 그리기 도구를 이용하여 작성하고, 모든 도형(글맵시, 지정된 그림 포함)을 ≪출력형태≫와 같이 작성하시오.
(2) 도형의 면색은 지시사항이 없으면 색 없음을 제외하고 서로 다르게 임의로 지정하시오.

출력형태

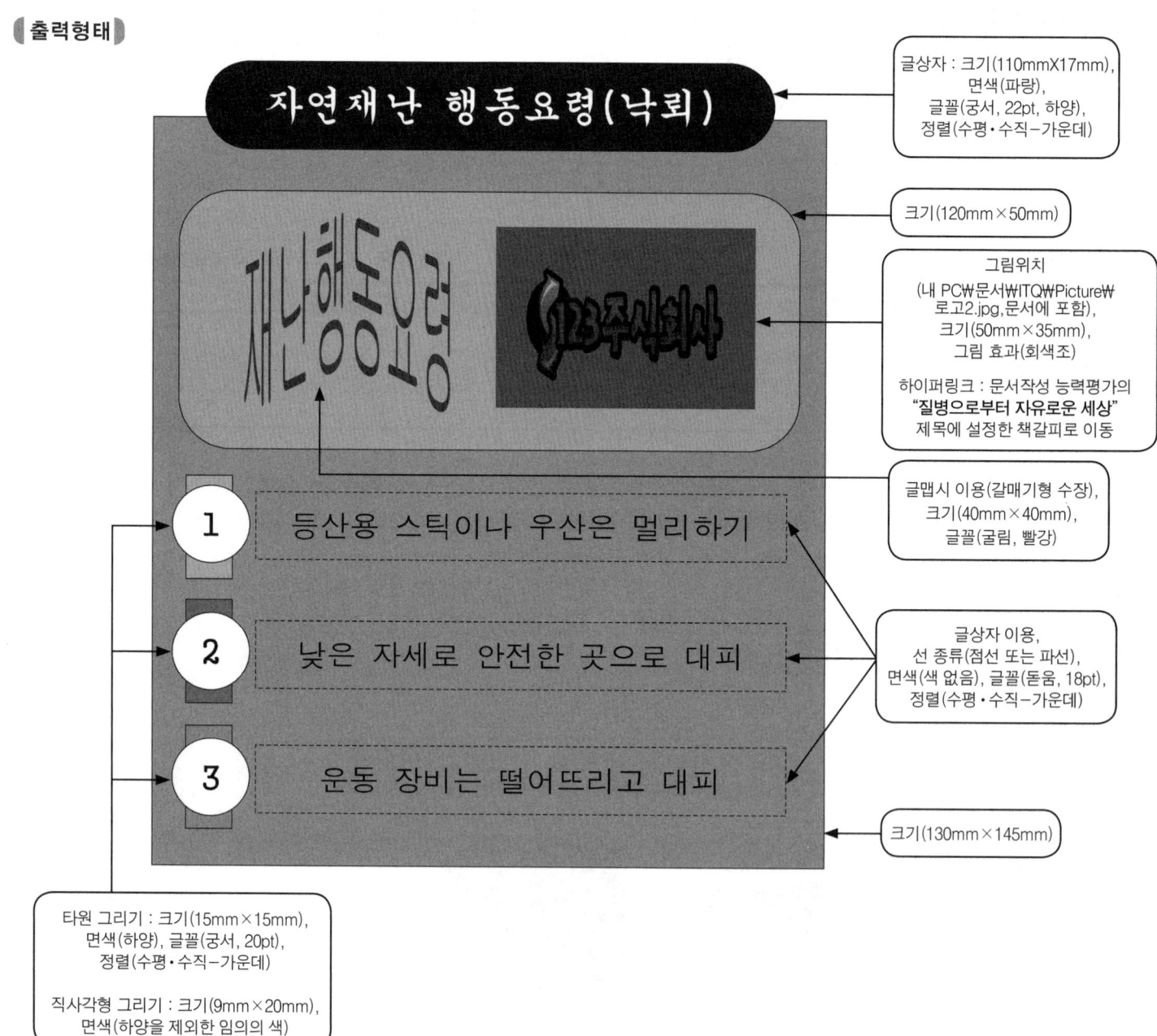

머리말: 질병보건연구

인류와 미래를 위한
질병으로부터 자유로운 세상

국립보건연구원은 질병을 예방하고 극복하는 데 필요한 지식과 기술을 창출하고 보건 정책에 필요한 과학적 근거를 제공(提供)하며 보건의료 연구자에게 과제와 연구자원을 지원하여 보건의료 연구를 활성화 시키고 궁극적으로는 국민 건강을 보호하고 증진하는 데 기여하는 국가 연구기관이다. 국립보건연구원은 1945년 9월에 설립된 조선방역연구소를 모태로 시작하여, 1963년 12월에 국립방역연구소, 국립화학연구소, 국립생약시험소를 통합하여 국립보건원으로 발족하였다. 이후 세계적으로 유행한 사스 등에 효과적으로 대응하기 위해 2004년 1월 질병관리본부로 확대 개편되면서 본 연구원은 국가질병연구기관으로서의 중추적 역할을 강화하고 있다.

감염병 연구개발을 통해 감염병 발생 시 신속한 대응(對應)을 위한 수단과 과학적 근거를 마련하기 위하여 주요 감염병 극복을 위한 진단제, 치료제, 백신 개발 연구를 추진하고 있다. 인구 고령화에 따라 만성질환 유병률과 함께 사회, 경제적 부담이 증가하고 있으며 주요 만성질환㉠에 대응하기 위한 조사연구와 진단, 치료, 예방을 위한 기술개발 연구를 수행하고 있다.

◆ 감염병 예방을 위한 행동요령

    A. 생활안전 행동요령
        1. 비누 또는 세정제 등을 사용하여 흐르는 물에 30초 이상 손을 씻는다.
        2. 기침, 재채기를 할 때는 휴지나 옷소매로 입과 코를 가린다.
    B. 증상이 나타날 때 행동요령
        1. 설사, 발열 및 호흡기 증상 시 문의 후 의료기관을 방문한다.
        2. 해외 여행객은 귀국 시 발열, 호흡기 증상이 있으면 신고해야 한다.

◆ 연구기술 역량 확보

구분	기반	추진내용	비고
추진전략	미션 기반	질병관리 과학적 근거 기반 마련	미해결 감염병 연구개발 지속 추진 확보
	수요 기반	공익가치 지향 기초기반 연구	진단, 치료, 백신 등 현장 대응형 연구
	미래 대비	미래 질병위험 대응 기술개발	신종 변종 및 원인불명 감염병 대응기술 확보
기대효과	국가 보건의료 정책 방향 설정 및 협력체계 구축		보건의료 R&D 연구 활성화 기반 마련

국립보건연구원

㉠ 보통 6개월 혹은 1년 이상 계속되는 질환을 말하며, 급성질환과 구분함

기출유형 모의고사

Information Technology Qualification

과목	코드	문제유형	시험시간	수험번호	성 명
아래 한글	1111	A	60분	20228004	

수 험 자 유 의 사 항

- 수험자는 문제지를 받는 즉시 문제지와 **수험표상의 시험과목(프로그램)이 동일한지 반드시 확인**하여야 합니다.
- 파일명은 본인의 "수험번호-성명"으로 입력하여 답안폴더(내 PC₩문서₩ITQ)에 하나의 파일로 저장해야 하며, 답안문서 파일명이 "수험번호-성명"과 일치하지 않거나, 답안파일을 전송하지 않아 미제출로 처리될 경우 실격 처리합니다 (예 : 12345678-홍길동.hwpx).
- 답안 작성을 마치면 파일을 저장하고, '답안 전송' 버튼을 선택하여 감독위원 PC로 답안을 전송하십시오. 수험생 정보와 저장한 파일명이 다를 경우 전송되지 않으므로 주의하시기 바랍니다.
- 답안 작성 중에도 **주기적으로 저장하고 '답안 전송'** 하여야 문제 발생을 줄일 수 있습니다. 작업한 내용을 저장하지 않고 전송할 경우 이전에 저장된 내용이 전송되오니 이점 유의하시기 바랍니다.
- 답안문서는 지정된 경로 외의 다른 보조기억장치에 저장하는 경우, 지정된 시험 시간 외에 작성된 파일을 활용할 경우, 기타 통신수단(이메일, 메신저, 네트워크 등)을 이용하여 타인에게 전달 또는 외부 반출하는 경우는 부정 처리합니다.
- 시험 중 부주의 또는 고의로 시스템을 파손한 경우는 수험자가 변상해야 하며, <수험자 유의사항>에 기재된 방법대로 이행하지 않아 생기는 불이익은 수험생 당사자의 책임임을 알려 드립니다.
- 문제의 조건은 한컴오피스 2022 버전으로 설정되어 있으니 유의하시기 바랍니다.
- 시험을 완료한 수험자는 답안파일이 전송되었는지 확인한 후 감독위원의 지시에 따라 문제지를 제출하고 퇴실합니다.

답 안 작 성 요 령

- **온라인 답안 작성 절차**
  수험자 등록 ⇒ 시험 시작 ⇒ 답안파일 저장 ⇒ 답안 전송 ⇒ 시험 종료
- **공통 부문**
  - 글꼴에 대한 기본설정은 함초롬바탕, 10포인트, 검정, 줄간격 160%, 양쪽정렬로 합니다.
  - 색상은 조건의 색을 적용하고 색의 구분이 안될 경우에는 RGB 값을 적용합니다(빨강 255,0,0 / 파랑 0,0,255 / 노랑 255,255,0).
  - 각 문항에 주어진 ≪조건≫에 따라 작성하고 언급하지 않은 조건은 ≪출력형태≫와 같이 작성합니다.
  - 용지여백은 왼쪽 · 오른쪽 11㎜, 위쪽 · 아래쪽 · 머리말 · 꼬리말 10㎜, 제본 0㎜로 합니다.
  - 그림 삽입 문제의 경우 「내 PC₩문서₩ITQ₩Picture」 폴더에서 지정된 파일을 선택하여 삽입하십시오.
  - 삽입한 그림은 반드시 문서에 포함하여 저장해야 합니다(미포함 시 감점 처리).
  - 각 항목은 지정된 페이지에 출력형태와 같이 정확히 작성하시기 바라며, 그렇지 않을 경우에 해당 항목은 0점 처리됩니다.
  - ※ 페이지 구분 : 1페이지 - 기능평가 I (문제번호 표시 : 1. 2.),
                    2페이지 - 기능평가 II (문제번호 표시 : 3. 4.),
                    3페이지 - 문서작성 능력평가
- **기능평가**
  - 문제와 ≪조건≫은 입력하지 않으며 문제번호와 답(≪출력형태≫)만 작성합니다.
  - 4번 문제는 묶기를 했을 경우 0점 처리됩니다.
- **문서작성 능력평가**
  - A4 용지(210㎜×297㎜) 1매 크기, 세로 서식 문서로 작성합니다.
  - 표시는 문서작성에 대한 지시사항이므로 작성하지 않습니다.

기능평가 I

1. 다음의 ≪조건≫에 따라 스타일 기능을 적용하여 ≪출력형태≫와 같이 작성하시오. (50점)

조건
(1) 스타일 이름 – kangchi
(2) 문단 모양 – 왼쪽 여백 : 10pt, 문단 아래 간격 : 10pt
(3) 글자 모양 – 글꼴 : 한글(돋움)/영문(궁서), 크기 : 10pt, 장평 : 110%, 자간 : -5%

출력형태

Based on Kang-chi, which belongs to meat-eating Mammalia, lives nearby Dok-do. The overall image is designed for cute. And the color of this character is pastel blue that matches with sea color.

육식 포유류에 속하는 강치는 독도에서 서식하며 생활합니다. 강치의 이미지는 귀엽습니다. 그리고 특성은 바다색깔과 일치하는 파스텔 블루입니다.

2. 다음의 ≪조건≫에 따라 ≪출력형태≫와 같이 표와 차트를 작성하시오. (100점)

표조건
(1) 표 전체(표, 캡션) – 굴림, 10pt
(2) 정렬 – 문자 : 가운데 정렬, 숫자 : 오른쪽 정렬
(3) 셀 배경 : 노랑
(4) 한글의 계산 기능을 이용하여 빈칸에 합계를 구하고, 캡션 기능 사용할 것
(5) 선 모양은 ≪출력형태≫와 동일하게 처리할 것

출력형태

독도 이용을 위한 분야별 투자계획(단위 : 백만 원)

투자분야	2024년	2023년	2022년	2021년	2020년	총사업비
자연환경보전	1,326	1,210	1,320	2,710	1,234	7,800
해양수산자원	1,800	1,800	1,800	800	670	6,870
시설관리	150	300	2,100	4,560	2,825	9,935
지식정보	630	805	680	755	670	3,540
합계						

차트조건
(1) 차트 데이터는 표 내용에서 연도별 자연환경보전, 해양수산자원, 시설관리, 지식정보의 값만 이용할 것
(2) 종류 – <묶은 세로 막대형>으로 작업할 것
(3) 제목 – 글꼴 : 궁서, 진하게, 12pt
     속성 : 채우기(밝은 색 : 하양), 테두리, 그림자(바깥쪽 : 대각선 오른쪽 아래)
(4) 제목 이외의 전체 글꼴 – 굴림, 보통, 10pt
(5) 축제목과 범례는 ≪출력형태≫와 동일하게 처리할 것

출력형태

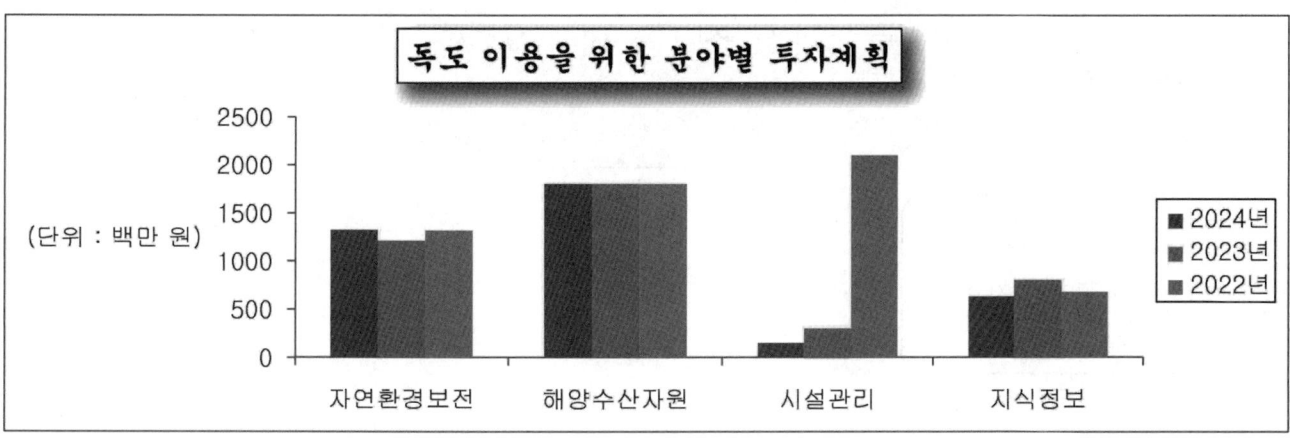

기능평가 II (150점)

3. 다음 (1), (2)의 수식을 수식 편집기로 각각 입력하시오. (40점)

출력형태

(1) $f'(x) = \lim\limits_{\Delta x \to 0} \dfrac{f(x+\Delta x) + f(x)}{\Delta x}$

(2) $\cos C = \dfrac{a^2 + b^2 - c^2}{2ab}$

4. 다음의 ≪조건≫에 따라 ≪출력형태≫와 같이 문서를 작성하시오. (110점)

조건 (1) 그리기 도구를 이용하여 작성하고, 모든 도형(글맵시, 지정된 그림 포함)을 ≪출력형태≫와 같이 작성하시오.
(1) 도형의 면색은 지시사항이 없으면 색 없음을 제외하고 서로 다르게 임의로 지정하시오.

출력형태

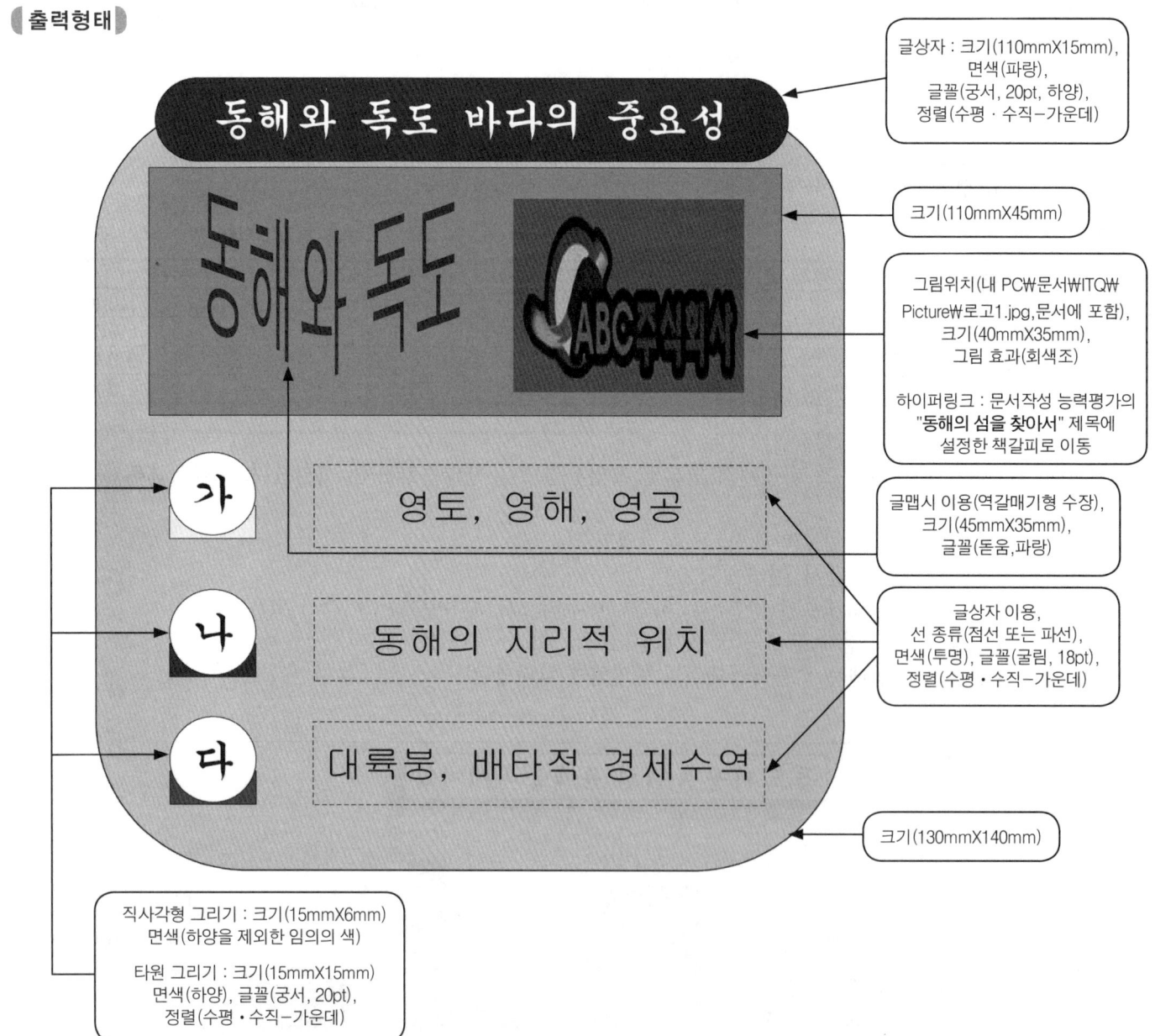

동해의 섬을 찾아서

고려시대 김부식이 편찬한 삼국사기(1145년)의 지증왕 13년 '신라본기'와 '이사부 열전'에 오늘날 우리가 독도로 인정하는 우산도에 대한 기록이 실려 있다. 지금과 마찬가지로 독도는 예로부터 울릉도와 함께 문헌에 수록되어 있다. 삼국시대 이전에는 울릉도가 독립적으로 우산국(于山國)이라는 고대부족읍락국가를 이루고 살았는데, 그 영역은 가시거리 내에 위치한 독도를 포함해 울릉도 주변의 작은 섬들을 포함하는 것이었다. 우산국 사람들은 본토에 귀속되는 것을 거부하며 살아왔지만, 신라의 이사부가 우산국을 신라에 귀속시켰다.

현재까지 울릉도에서 발굴되고 있는 유적과 유물들은 우산국이 신라에 정복되기 이전에 이미 상당한 문화 수준에 도달했음을 보여주는 동시에 정복 이후에는 한반도(韓半島) 본토 문화를 적극적으로 수용했음을 보여주고 있다. 과거의 독도는 동해 끝자락에 위치한 작은 외딴섬으로 크게 주목받지 못했지만, 해양에 대한 의존도가 점차 높아지고 있는 오늘날에는 정치, 경제, 군사, 학술 등 다방면에서 매우 중요한 위치를 차지하게 되었다. 이러한 이유로 현재 일본과 그 영유권을 두고 민족의 자존심이 걸린 첨예한 갈등ⓐ이 빚어지고 있다.

● 독도 관련 일반현황 자료

가) 위치 및 면적
    a) 행정구역상 대한민국 울릉군 울릉읍 독도리
    b) 89개 부속 도서로 구성, 총면적은 187,453제곱미터
나) 법적인 지위
    a) 국유재산법 제6조의 규정에 의거 해양수산부의 재산으로 등재
    b) 1982년 11월 16일 독도를 천연기념물 제336호로 지정

● 울릉도와 독도 옛 지도자료

자료번호	유물명	크기	시대구분	소장처	비고
자료1	울릉도 내도	65*110	1882	서울대학교 규장각	나리동 면적 표기
자료2	동여	290*520	19세기 중기	국립중앙박물관	대동여지도
자료3	동여-울릉도	41*26	19세기 중기	국립중앙박물관	주토굴 표시
자료4	지나조선고지도	31.9*41.4	1600~1767	국립중앙도서관	우산국(독도) 표기
자료5	천하지도-조선도	38.8*31	1767~1776	서울역사박물관	우마도 표기
자료6	여지도-전국도	34.5*36.5	1736~1776	국립중앙도서관	우산도, 울릉도 표시

독도바다 지킴이

ⓐ 독도가 역사적으로나 국제법상으로 대한민국의 영토라는 정부의 입장

5회 기출유형 모의고사

과목	코드	문제유형	시험시간	수험번호	성 명
아래 한글	1111	A	60분	20228005	

수 험 자 유 의 사 항

- 수험자는 문제지를 받는 즉시 문제지와 **수험표상의 시험과목(프로그램)이 동일한지 반드시 확인**하여야 합니다.
- 파일명은 본인의 "수험번호-성명"으로 입력하여 답안폴더(내 PC₩문서₩ITQ)에 하나의 파일로 저장해야 하며, 답안문서 파일이 "수험번호-성명"과 일치하지 않거나, 답안파일을 전송하지 않아 미제출로 처리될 경우 실격 처리합니다 (예 : 12345678-홍길동.hwpx).
- 답안 작성을 마치면 파일을 저장하고, '답안 전송' 버튼을 선택하여 감독위원 PC로 답안을 전송하십시오. 수험생 정보와 저장한 파일명이 다를 경우 전송되지 않으므로 주의하시기 바랍니다.
- 답안 작성 중에도 **주기적으로 저장하고 '답안 전송'** 하여야 문제 발생을 줄일 수 있습니다. 작업한 내용을 저장하지 않고 전송할 경우 이전에 저장된 내용이 전송되오니 이점 유의하시기 바랍니다.
- 답안문서는 지정된 경로 외의 다른 보조기억장치에 저장하는 경우, 지정된 시험 시간 외에 작성된 파일을 활용할 경우, 기타 통신 수단(이메일, 메신저, 네트워크 등)을 이용하여 타인에게 전달 또는 외부 반출하는 경우는 부정 처리합니다.
- 시험 중 부주의 또는 고의로 시스템을 파손한 경우는 수험자가 변상해야 하며, <수험자 유의사항>에 기재된 방법대로 이행하지 않아 생기는 불이익은 수험생 당사자의 책임임을 알려 드립니다.
- 문제의 조건은 한컴오피스 2022 버전으로 설정되어 있으니 유의하시기 바랍니다.
- 시험을 완료한 수험자는 답안파일이 전송되었는지 확인한 후 감독위원의 지시에 따라 문제지를 제출하고 퇴실합니다.

답 안 작 성 요 령

- **온라인 답안 작성 절차**
  수험자 등록 ⇒ 시험 시작 ⇒ 답안파일 저장 ⇒ 답안 전송 ⇒ 시험 종료
- **공통 부문**
- 글꼴에 대한 기본설정은 함초롬바탕, 10포인트, 검정, 줄간격 160%, 양쪽정렬로 합니다.
- 색상은 조건의 색을 적용하고 색의 구분이 안될 경우에는 RGB 값을 적용합니다(빨강 255,0,0 / 파랑 0,0,255 / 노랑 255,255,0).
- 각 문항에 주어진 ≪조건≫에 따라 작성하고 언급하지 않은 조건은 ≪출력형태≫와 같이 작성합니다.
- 용지여백은 왼쪽·오른쪽 11mm, 위쪽·아래쪽·머리말·꼬리말 10mm, 제본 0mm로 합니다.
- 그림 삽입 문제의 경우 「내 PC₩문서₩ITQ₩Picture」폴더에서 지정된 파일을 선택하여 삽입하십시오.
- 삽입한 그림은 반드시 문서에 포함하여 저장해야 합니다(미포함 시 감점 처리).
- 각 항목은 지정된 페이지에 출력형태와 같이 정확히 작성하시기 바라며, 그렇지 않을 경우에 해당 항목은 0점 처리됩니다.
- ※ 페이지 구분 : 1페이지 - 기능평가 I (문제번호 표시 : 1. 2.),
              2페이지 - 기능평가 II (문제번호 표시 : 3. 4.),
              3페이지 - 문서작성 능력평가
- **기능평가**
- 문제와 ≪조건≫은 입력하지 않으며 문제번호와 답(≪출력형태≫)만 작성합니다.
- 4번 문제는 묶기를 했을 경우 0점 처리됩니다.
- **문서작성 능력평가**
- A4 용지(210㎜×297㎜) 1매 크기, 세로 서식 문서로 작성합니다.
- ( ) 표시는 문서작성에 대한 지시사항이므로 작성하지 않습니다.

kpc The Insight KPC
한국생산성본부

기능평가 I   150점

1. 다음의 ≪조건≫에 따라 스타일 기능을 적용하여 ≪출력형태≫와 같이 작성하시오. (50점)

조건
(1) 스타일 이름 – robot
(2) 문단모양 – 왼쪽 여백 : 15pt, 문단 아래 간격 : 10pt
(3) 글자모양 – 글꼴 : 한글(돋움)/영문(굴림), 크기 : 10pt, 장평 : 95%, 자간 : 5%

출력형태

We are to hold this contest to breed talented individuals in science technologies and make it easy and convenient for everybody to use and handle them in everyday lives.

인간 생활의 새로운 패러다임을 열어갈 로봇 경연대회는 창의력을 개발하고 참가자 상호 간에 정보를 교환하며 지능 로봇의 시연과 전시회에 일반인이 직접 체험할 수 있는 기회를 제공합니다.

2. 다음의 ≪조건≫에 따라 ≪출력형태≫와 같이 표와 차트를 작성하시오. (100점)

표조건
(1) 표 전체(표, 캡션) – 돋움, 10pt
(2) 정렬 – 문자 : 가운데 정렬, 숫자 : 오른쪽 정렬
(3) 셀 배경색 : 노랑
(4) 한글의 계산 기능을 이용하여 빈칸에 평균(소수점 두 자리)을 구하고, 캡션 기능 사용할 것
(5) 선 모양은 ≪출력형태≫와 동일하게 처리할 것

출력형태

로봇 퍼포먼스 경연대회 참가자 현황(단위 : 명)

지역	2020년	2021년	2022년	2023년	평균
초등학교	929	834	692	981	
중학교	869	854	881	923	
고등학교	315	429	421	488	
일반인	967	1,205	1,235	1,211	

차트조건
(1) 차트 데이터는 표 내용에서 연도별 초등학교, 중학교, 고등학교의 값만 이용할 것
(2) 종류 – <묶은 세로 막대형>으로 작업할 것
(3) 제목 – 글꼴 : 굴림, 진하게, 12pt
    속성 : 채우기(밝은 색 : 하양), 테두리, 그림자(바깥쪽 : 대각선 오른쪽 아래)
(4) 제목 이외의 전체 글꼴 – 굴림, 보통, 10pt
(5) 기타 나머지 사항은 ≪출력형태≫와 동일하게 처리할 것

출력형태

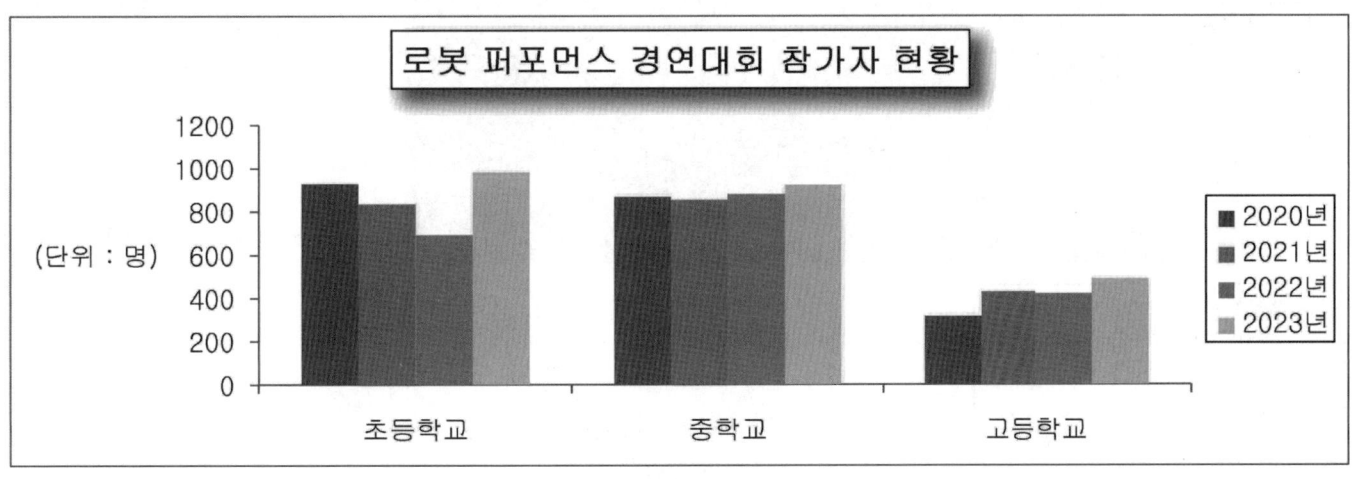

기능평가 II (150점)

3. 다음 (1), (2)의 수식을 수식 편집기로 각각 입력하시오. (40점)

출력형태

(1) $\sum_{k=1}^{10}(k^3+6k^2+4k+3)=256$

(2) $\dfrac{b}{\sqrt{a^2+b^2}}=\dfrac{2\tan\theta}{1+\tan^2\theta}$

4. 다음의 ≪조건≫에 따라 ≪출력형태≫와 같이 문서를 작성하시오. (110점)

조건
(1) 그리기 도구를 이용하여 작성하고, 모든 도형(글맵시, 지정된 그림 포함)을 ≪출력형태≫와 같이 작성하시오.
(2) 도형의 면색은 지시사항이 없으면 색 없음을 제외하고 서로 다르게 임의로 지정하시오.

출력형태

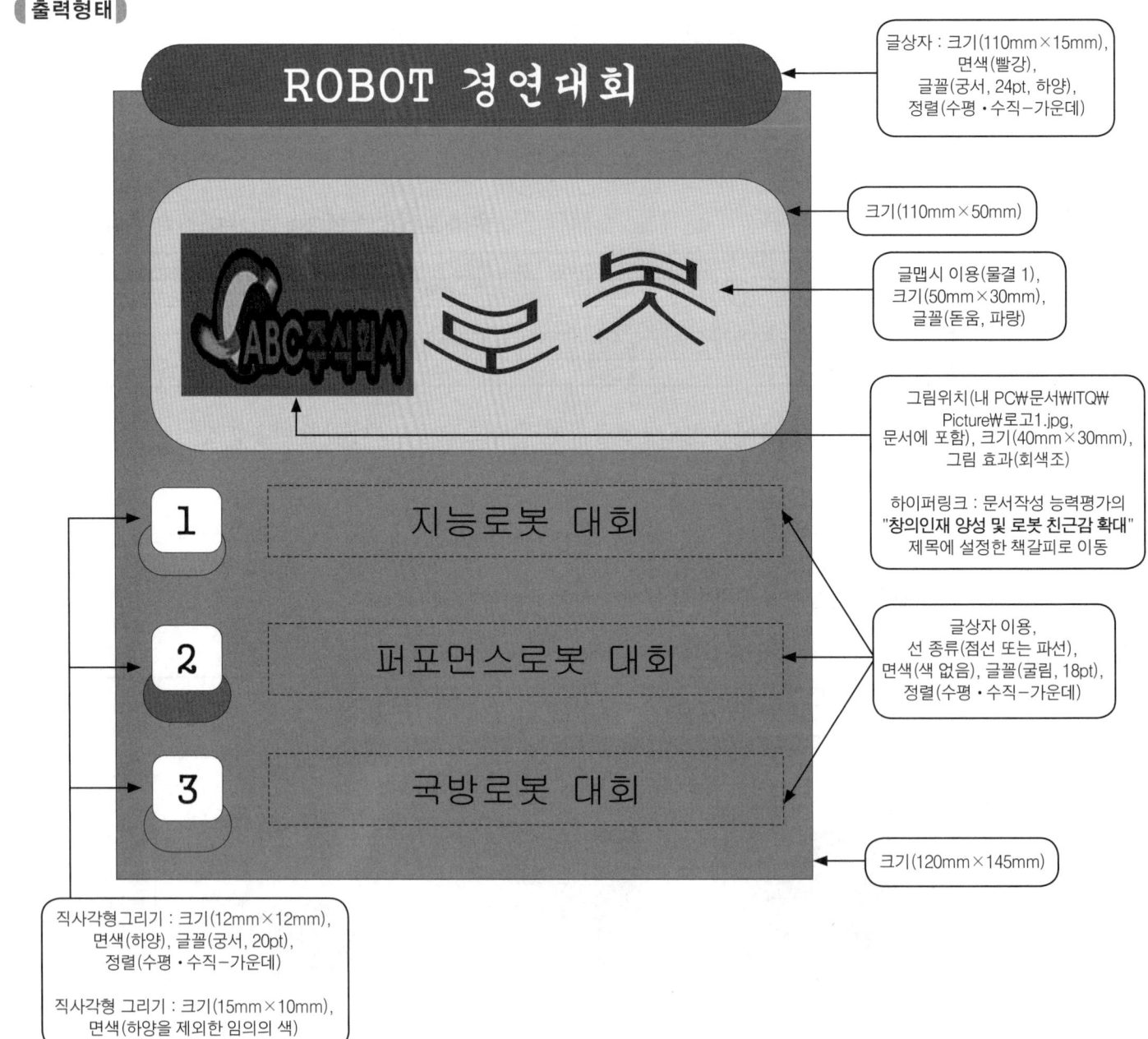

로봇 퍼포먼스 경연대회
창의인재 양성 및 로봇 친근감 확대

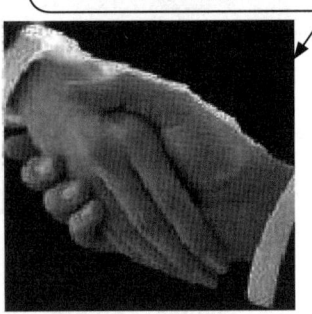

로봇을 통하여 국민들에게 과학기술에 대한 관심과 흥미를 부여하고 창의적 아이디어 발굴 및 우수 로봇 인재 양성에 기여하고자 국립과천과학관㉠이 2월 12일 제10회 로봇 퍼포먼스 경연대회를 개최합니다.

현대사회는 공장에서의 대량생산을 기반으로 한 산업사회를 거쳐 사람의 두뇌 자체가 생산 공장인 지식사회로 빠르게 변화(變化)하고 있습니다. 미래는 지금보다도 더 창의적이고 복합적인 과학기술 능력을 요구하는 사회가 될 것입니다. 국립과천과학관은 청소년들이 이러한 미래사회에 대비하여 무한한 호기심과 상상력을 바탕으로 뛰어난 창의력을 갖춘 과학인재로 자라나길 바라며 끊임없이 노력하고 있습니다. 또 어른들에게는 과학기술의 중요성을 널리 홍보하여 그 대중화(大衆化)에 앞장서고 있습니다. 이와 함께 우리나라 국민 모두가 과학기술을 이해하고 활용하여 경제적 풍요를 이룰 수 있도록 최선을 다하고 있습니다. 초등학생부터 중학생, 고등학생, 대학생, 일반인까지 로봇을 사랑하는 사람이면 누구나 참가할 수 있는 이번 경연대회를 통하여 그동안 갈고 닦은 기량을 맘껏 펼치시기 바랍니다.

★ 경연대회 개최 개요

  I. 일시 및 장소
     A. 일시 : 2019. 2. 12(화) 10:00 - 17:00
     B. 장소 : 국립과천과학관 첨단 기술관 1층
  II. 참가대상 및 참가종목
     A. 참가대상 : 초등학생 이상 나이 제한 없음(1팀당 3명 이하)
     B. 참가종목 : 학생부(초/중/고), 일반부(대학생/일반인)

★ 로봇 퍼포먼스 경연대회 시상

구분	순위	훈격	상금(단위 : 만 원)
지능로봇	대상	산업통상자원부장관상	3,000
	최우수상/우수상	경상북도지사상/포항시장상	각 1,000/각 500
	장려상/특별상	한국로봇융합연구원장상/유엘산업안전상	각 300
퍼포먼스 로봇	금상/은상	경상북도지사상/포항시장상	500/각 300
	동상/인기상	한국로봇융합연구원장상	각 200/100

국립과천과학관

㉠ 사이버 과학관, 생태체험 학습관, 과학교육 체험장, 천문시설 등을 갖춘 과학 기관

6회 기출유형 모의고사

Information Technology Qualification

과목	코드	문제유형	시험시간	수험번호	성 명
아래 한글	1111	A	60분	20228006	

수 험 자 유 의 사 항

- 수험자는 문제지를 받는 즉시 문제지와 **수험표상의 시험과목(프로그램)이 동일한지 반드시 확인**하여야 합니다.
- 파일명은 본인의 "수험번호-성명"으로 입력하여 답안폴더(내 PC\문서\ITQ)에 하나의 파일로 저장해야 하며, 답안문서 파일명이 "수험번호-성명"과 일치하지 않거나, 답안파일을 전송하지 않아 미제출로 처리될 경우 실격 처리합니다 (예 : 12345678-홍길동.hwpx).
- 답안 작성을 마치면 파일을 저장하고, '답안 전송' 버튼을 선택하여 감독위원 PC로 답안을 전송하십시오. 수험생 정보와 저장한 파일명이 다를 경우 전송되지 않으므로 주의하시기 바랍니다.
- 답안 작성 중에도 **주기적으로 저장하고 '답안 전송'** 하여야 문제 발생을 줄일 수 있습니다. 작업한 내용을 저장하지 않고 전송할 경우 이전에 저장된 내용이 전송되오니 이점 유의하시기 바랍니다.
- 답안문서는 지정된 경로 외의 다른 보조기억장치에 저장하는 경우, 지정된 시험 시간 외에 작성된 파일을 활용할 경우, 기타 통신 수단(이메일, 메신저, 네트워크 등)을 이용하여 타인에게 전달 또는 외부 반출하는 경우는 부정 처리합니다.
- 시험 중 부주의 또는 고의로 시스템을 파손한 경우는 수험자가 변상해야 하며, <수험자 유의사항>에 기재된 방법대로 이행하지 않아 생기는 불이익은 수험생 당사자의 책임임을 알려 드립니다.
- 문제의 조건은 한컴오피스 2022 버전으로 설정되어 있으니 유의하시기 바랍니다.
- 시험을 완료한 수험자는 답안파일이 전송되었는지 확인한 후 감독위원의 지시에 따라 문제지를 제출하고 퇴실합니다.

답 안 작 성 요 령

- **온라인 답안 작성 절차**
  수험자 등록 ⇒ 시험 시작 ⇒ 답안파일 저장 ⇒ 답안 전송 ⇒ 시험 종료
- **공통 부문**
- 글꼴에 대한 기본설정은 함초롬바탕, 10포인트, 검정, 줄간격 160%, 양쪽정렬로 합니다.
- 색상은 조건의 색을 적용하고 색의 구분이 안될 경우에는 RGB 값을 적용합니다(빨강 255,0,0 / 파랑 0,0,255 / 노랑 255,255,0).
- 각 문항에 주어진 ≪조건≫에 따라 작성하고 언급하지 않은 조건은 ≪출력형태≫와 같이 작성합니다.
- 용지여백은 왼쪽·오른쪽 11㎜, 위쪽·아래쪽·머리말·꼬리말 10㎜, 제본 0㎜로 합니다.
- 그림 삽입 문제의 경우 「내 PC\문서\ITQ\Picture」 폴더에서 지정된 파일을 선택하여 삽입하십시오.
- 삽입한 그림은 반드시 문서에 포함하여 저장해야 합니다(미포함 시 감점 처리).
- 각 항목은 지정된 페이지에 출력형태와 같이 정확히 작성하시기 바라며, 그렇지 않을 경우에 해당 항목은 0점 처리됩니다.
- ※ 페이지 구분 : 1페이지 - 기능평가 I (문제번호 표시 : 1. 2.),
               2페이지 - 기능평가 II (문제번호 표시 : 3. 4.),
               3페이지 - 문서작성 능력평가

기능평가
- 문제와 ≪조건≫은 입력하지 않으며 문제번호와 답(≪출력형태≫)만 작성합니다.
- 4번 문제는 묶기를 했을 경우 0점 처리됩니다.

문서작성 능력평가
- A4 용지(210㎜×297㎜) 1매 크기, 세로 서식 문서로 작성합니다.
- :⎯⎯: 표시는 문서작성에 대한 지시사항이므로 작성하지 않습니다.

kpc The Insight KPC
한국생산성본부

기능평가 I

1. 다음의 ≪조건≫에 따라 스타일 기능을 적용하여 ≪출력형태≫와 같이 작성하시오. (50점)

조건
(1) 스타일 이름 – leisure
(2) 문단 모양 – 왼쪽 여백 : 15pt, 문단 아래 간격 : 10pt
(3) 글자 모양 – 글꼴 : 한글(돋움)/영문(궁서), 크기 : 10pt, 장평 :105%, 자간 : 5%

출력형태

Whenever I become time, I haunt climbing. Because is fairly good in health in physical strength administration dimension.

풍요롭지 않지만 쫓기는 삶을 살지 않는 여유로운 여가생활을 즐기는 삶이야말로 현대인이 궁극적으로 바라고 지향하는 목표일 것입니다.

2. 다음의 ≪조건≫에 따라 ≪출력형태≫와 같이 표와 차트를 작성하시오. (100점)

표조건
(1) 표 전체(표, 캡션) – 돋움, 10pt
(2) 정렬 – 문자 : 가운데 정렬, 숫자 : 오른쪽 정렬
(3) 셀 배경(면색) : 노랑
(4) 한글의 계산 기능을 이용하여 빈칸에 합계를 구하고, 캡션 기능 사용할 것
(5) 선 모양은 ≪출력형태≫와 동일하게 처리할 것

출력형태

체육국 예산현황(단위 : 백만 원)

구분	2021년	2022년	2023년	2024년	합계
생활체육	30,764	31,047	35,882	42,904	
생활체육 진흥	74,108	88,201	103,335	123,845	
국가대표 양성	24,654	33,360	33,949	24,805	
국제교류 협력	2,987	3,655	3,658	3,794	

차트조건
(1) 차트 데이터는 표 내용에서 연도별 생활체육, 생활체육 진흥, 국가대표 양성의 값만 이용할 것
(2) 종류 – <묶은 세로 막대형>으로 작업할 것
(3) 제목 – 글꼴 : 돋움, 진하게, 12pt
   속성 : 채우기(밝은 색 : 하양), 테두리, 그림자(바깥쪽 : 아래쪽)
(4) 제목 이외의 전체 글꼴 – 돋움, 보통, 10pt
(5) 축제목과 범례는 ≪출력형태≫와 동일하게 처리할 것

출력형태

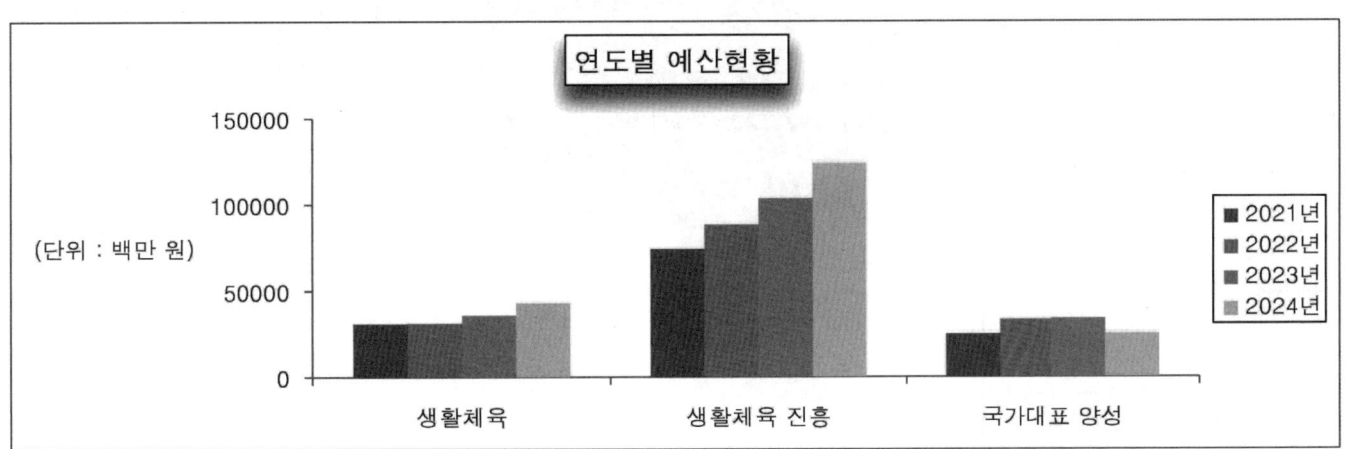

기능평가 II (150점)

3. 다음 (1), (2)의 수식을 수식 편집기로 각각 입력하시오. (40점)

출력형태

(1) $h = \sqrt{k^2 - r^2},\ S = \dfrac{1}{3}\pi r^2 h$

(2) $m = \dfrac{\Delta P}{K_a} = \dfrac{\Delta t_b}{K_b} = \dfrac{\Delta t_f}{K_f}$

4. 다음의 ≪조건≫에 따라 ≪출력형태≫와 같이 문서를 작성하시오. (110점)

조건
(1) 그리기 도구를 이용하여 작성하고, 모든 도형(글맵시, 지정된 그림 포함)을 ≪출력형태≫와 같이 작성하시오.
(2) 도형의 면색은 지시사항이 없으면 색 없음을 제외하고 서로 다르게 임의로 지정하시오.

출력형태

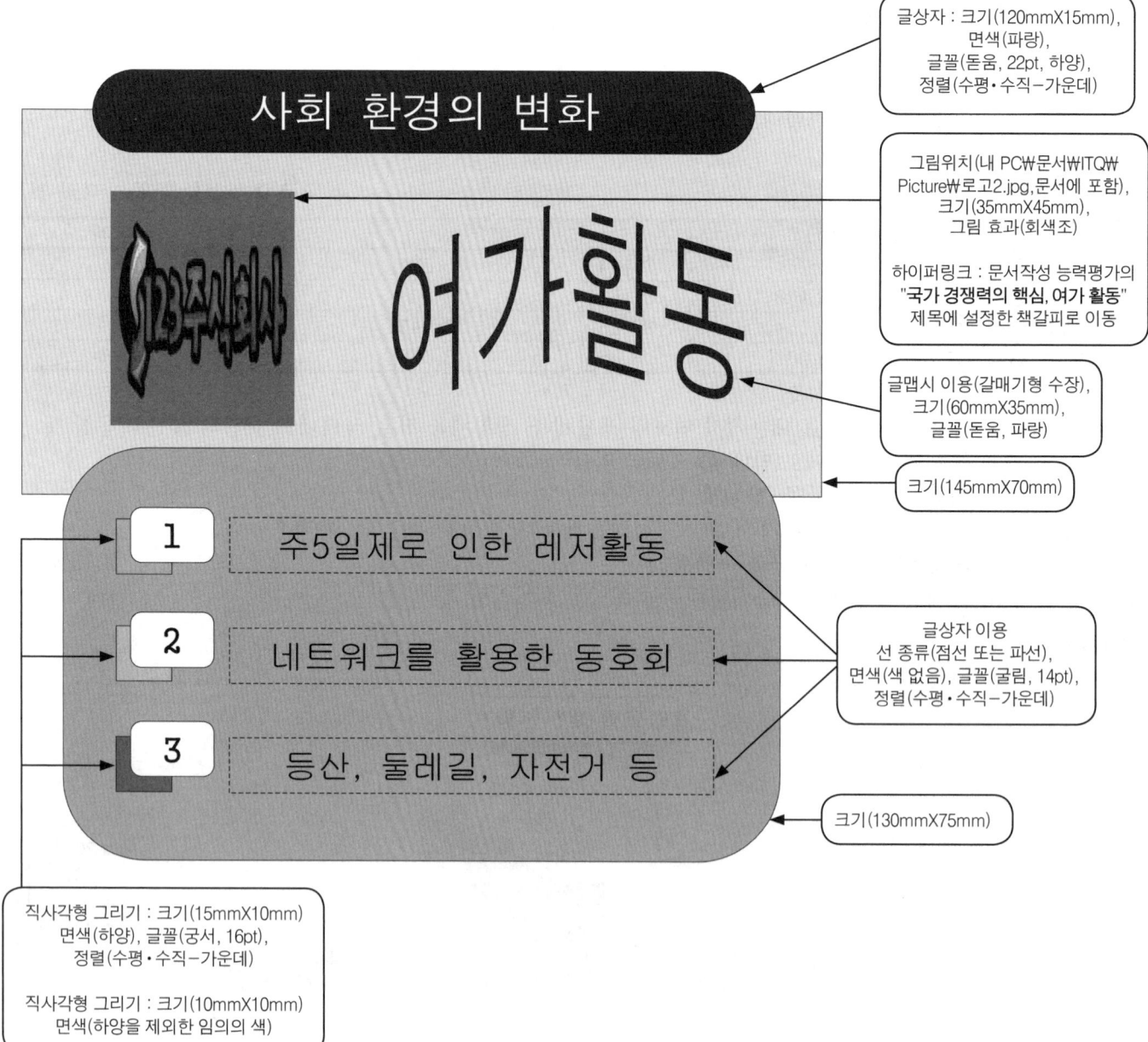

국가 경쟁력의 핵심, 여가활동

경제 성장만이 국가의 주된 목표가 되던 시절을 지나 이제는 여가가 21세기 국가 경쟁력의 핵심이 되고 있다. 우리나라는 선진국 진입의 발판이라는 1인당 국민소득 2만 달러 시대에 접어들면서 여가에 대한 인식 및 가치관이 변화하고 있으며, 다양한 매체의 등장 및 컴퓨터의 대중화로 새로운 형태의 여가활동이 등장하면서 국민들의 다양한 여가생활 수요를 증대시키고 있다. 변화하는 사회, 경제, 정책적 환경은 새로운 여가의 흐름으로 나타나고 있으며, 국민의 삶의 질 향상과 국가경쟁력 증진 차원에서 여가의 중요성은 더욱 커지고 있다.

국민들의 행복에 대한 인식도 변화하면서 생존권, 재산권 보장 외에 삶의 질을 높이려는 행복추구권(幸福追求權)의 요구가 증대되고 있다. 단순 노동 중심에서 삶의 질 향상을 위한 생활 중심, 여가 중심 사회로의 변화가 확산되면서 전 세계 국정의 핵심 코드가 행복이 되고 있다. 과거 국내총생산 중심 시대에서 국민총행복의 시대로 전환되고 있으며, 이러한 흐름은 전 세계적으로 확대되어 프랑스는 행복경제를 주장하고 캐나다는 웰빙지수①를, 영국은 행복지수를 개발하는 등 적극적인 움직임을 보이고 있다.

◆ 국내 여가 환경의 변화 요인

1. 경제 환경의 변화
    가. 경제적 위기에 따른 소비 부진, 창조산업의 성장
    나. 생계형에서 가치형으로의 소비 패턴 변화
2. 정책 환경의 변화
    가. 국민행복시대를 위한 생활공감 정책
    나. 새로운 국가발전 패러다임으로서의 녹색 성장

◆ 문화센터 프로그램

구분	작품명	공연 프로그램	공연장소
연극	제페토할아버지의 꿈	피노키오를 만든 할아버지의 이야기	양천문화회관 대극장 해누리타운 해누리홀
전시회	야생화 전시회	한국꽃꽂이협회 다원회 주관	
음악회	우리동네 음악회	베를리오즈, 로마의 사육제 서곡	
	양천 아리랑	한국의 무반주 합창, 한국의 선율, 한국의 얼	
뮤지컬	고흐즈	그림과 뮤지컬의 만남	
	인어공주	가족이 함께 즐기는 가족 뮤지컬	

→양천 문화회관

---

① 웰빙 체감 수준을 건강성, 환경성, 안전성, 충족성, 사회성으로 정량화하여 나타낸 웰빙 만족도 측정 지표

7회 기출유형 모의고사

과목	코드	문제유형	시험시간	수험번호	성 명
아래 한글	1111	A	60분	20228007	

수 험 자 유 의 사 항

- 수험자는 문제지를 받는 즉시 문제지와 **수험표상의 시험과목(프로그램)이 동일한지 반드시 확인**하여야 합니다.
- 파일명은 본인의 "수험번호-성명"으로 입력하여 답안폴더(내 PC\문서\ITQ)에 하나의 파일로 저장해야 하며, 답안문서 파일명이 "수험번호-성명"과 일치하지 않거나, 답안파일을 전송하지 않아 미제출로 처리될 경우 실격 처리합니다 (예 : 12345678-홍길동.hwpx).
- 답안 작성을 마치면 파일을 저장하고, '답안 전송' 버튼을 선택하여 감독위원 PC로 답안을 전송하십시오. 수험생 정보와 저장한 파일명이 다를 경우 전송되지 않으므로 주의하시기 바랍니다.
- 답안 작성 중에도 **주기적으로 저장하고 '답안 전송'** 하여야 문제 발생을 줄일 수 있습니다. 작업한 내용을 저장하지 않고 전송할 경우 이전에 저장된 내용이 전송되오니 이점 유의하시기 바랍니다.
- 답안문서는 지정된 경로 외의 다른 보조기억장치에 저장하는 경우, 지정된 시험 시간 외에 작성된 파일을 활용할 경우, 기타 통신 수단(이메일, 메신저, 네트워크 등)을 이용하여 타인에게 전달 또는 외부 반출하는 경우는 부정 처리합니다.
- 시험 중 부주의 또는 고의로 시스템을 파손한 경우는 수험자가 변상해야 하며, <수험자 유의사항>에 기재된 방법대로 이행하지 않아 생기는 불이익은 수험생 당사자의 책임임을 알려 드립니다.
- 문제의 조건은 한컴오피스 2022 버전으로 설정되어 있으니 유의하시기 바랍니다.
- 시험을 완료한 수험자는 답안파일이 전송되었는지 확인한 후 감독위원의 지시에 따라 문제지를 제출하고 퇴실합니다.

답 안 작 성 요 령

- **온라인 답안 작성 절차**
  수험자 등록 ⇒ 시험 시작 ⇒ 답안파일 저장 ⇒ 답안 전송 ⇒ 시험 종료
- **공통 부문**
- 글꼴에 대한 기본설정은 함초롬바탕, 10포인트, 검정, 줄간격 160%, 양쪽정렬로 합니다.
- 색상은 조건의 색을 적용하고 색의 구분이 안될 경우에는 RGB 값을 적용합니다(빨강 255,0,0 / 파랑 0,0,255 / 노랑 255,255,0).
- 각 문항에 주어진 ≪조건≫에 따라 작성하고 언급하지 않은 조건은 ≪출력형태≫와 같이 작성합니다.
- 용지여백은 왼쪽·오른쪽 11㎜, 위쪽·아래쪽·머리말·꼬리말 10㎜, 제본 0㎜로 합니다.
- 그림 삽입 문제의 경우 「내 PC\문서\ITQ\Picture」 폴더에서 지정된 파일을 선택하여 삽입하십시오.
- 삽입한 그림은 반드시 문서에 포함하여 저장해야 합니다(미포함 시 감점 처리).
- 각 항목은 지정된 페이지에 출력형태와 같이 정확히 작성하시기 바라며, 그렇지 않을 경우에 해당 항목은 0점 처리됩니다.
- ※ 페이지 구분 : 1페이지 - 기능평가 I (문제번호 표시 : 1. 2.),
  2페이지 - 기능평가 II (문제번호 표시 : 3. 4.),
  3페이지 - 문서작성 능력평가
- **기능평가**
- 문제와 ≪조건≫은 입력하지 않으며 문제번호와 답(≪출력형태≫)만 작성합니다.
- 4번 문제는 묶기를 했을 경우 0점 처리됩니다.
- **문서작성 능력평가**
- A4 용지(210㎜×297㎜) 1매 크기, 세로 서식 문서로 작성합니다.
- ┌┈┐ 표시는 문서작성에 대한 지시사항이므로 작성하지 않습니다.

kpc 한국생산성본부

기능평가 I

1. 다음의 ≪조건≫에 따라 스타일 기능을 적용하여 ≪출력형태≫와 같이 작성하시오. (50점)

조건
(1) 스타일 이름 – platform
(2) 문단 모양 – 왼쪽 여백 : 15pt, 문단 아래 간격 : 10pt
(3) 글자 모양 – 글꼴 : 한글(굴림)/영문(돋움), 크기 : 10pt, 장평 : 95%, 자간 : 5%

출력형태

Online PACK is the business Online platform for the makers, suppliers and specialists in packaging, cosmetic, pharmaceutical, bio industries from all over the world.

온라인 국제포장기자재전-국제제약 화장품위크는 전 세계의 포장, 화장품, 제약, 바이오산업의 제조업체, 공급업체와 전문가를 위한 비즈니스 온라인 플랫폼이다.

2. 다음의 ≪조건≫에 따라 ≪출력형태≫와 같이 표와 차트를 작성하시오. (100점)

표조건
(1) 표 전체(표, 캡션) – 돋움, 10pt
(2) 정렬 – 문자 : 가운데 정렬, 숫자 : 오른쪽 정렬
(3) 셀 배경(면색) : 노랑
(4) 한글의 계산 기능을 이용하여 빈칸에 합계를 구하고, 캡션 기능 사용할 것
(5) 선 모양은 ≪출력형태≫와 동일하게 처리할 것

출력형태

국제물류산업대전 관람객 현황(단위 : 천 명)

구분	10회	11회	12회	13회	합계
1일차	7.4	8.1	7.9	8.5	
2일차	12.2	13.7	12.8	13.1	
3일차	10.1	10.5	11.2	11.9	
4일차	4.8	5.2	5.7	6.2	✕

차트조건
(1) 차트 데이터는 표 내용에서 횟수별 1일차, 2일차, 3일차의 값만 이용할 것
(2) 종류 – <묶은 세로 막대형>으로 작업할 것
(3) 제목 – 글꼴 : 굴림, 진하게, 12pt
　　　　속성 : 채우기(밝은 색 : 하양), 테두리, 그림자(바깥쪽 : 대각선 오른쪽 아래)
(4) 제목 이외의 전체 글꼴 – 굴림, 보통, 10pt
(5) 축제목과 범례는 ≪출력형태≫와 동일하게 처리할 것

출력형태

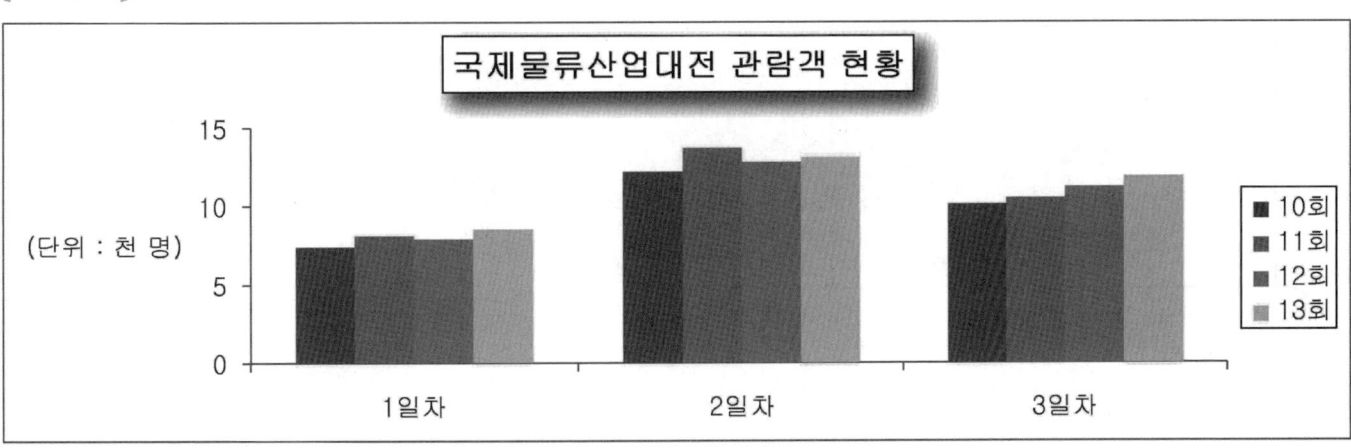

기능평가 II (150점)

3. 다음 (1), (2)의 수식을 수식 편집기로 각각 입력하시오. (40점)

출력형태

(1) $R_n = \dfrac{(b-a)^n}{n!} f^{(n)}a + \theta(b-a), 0 < \theta \leq 1$

(2) $\left\| \dfrac{\overline{z_2}}{z_4} - \dfrac{\overline{z_2}}{z_4} \right\| = \dfrac{\overline{z_2}}{z_4} \Leftrightarrow |\alpha + \beta| \leq |a| + |\beta| (\alpha\beta \geq 0)$

4. 다음의 ≪조건≫에 따라 ≪출력형태≫와 같이 문서를 작성하시오. (110점)

조건 (1) 그리기 도구를 이용하여 작성하고, 모든 도형(글맵시, 지정된 그림 포함)을 ≪출력형태≫와 같이 작성하시오.
(2) 도형의 면색은 지시사항이 없으면 색 없음을 제외하고 서로 다르게 임의로 지정하시오.

출력형태

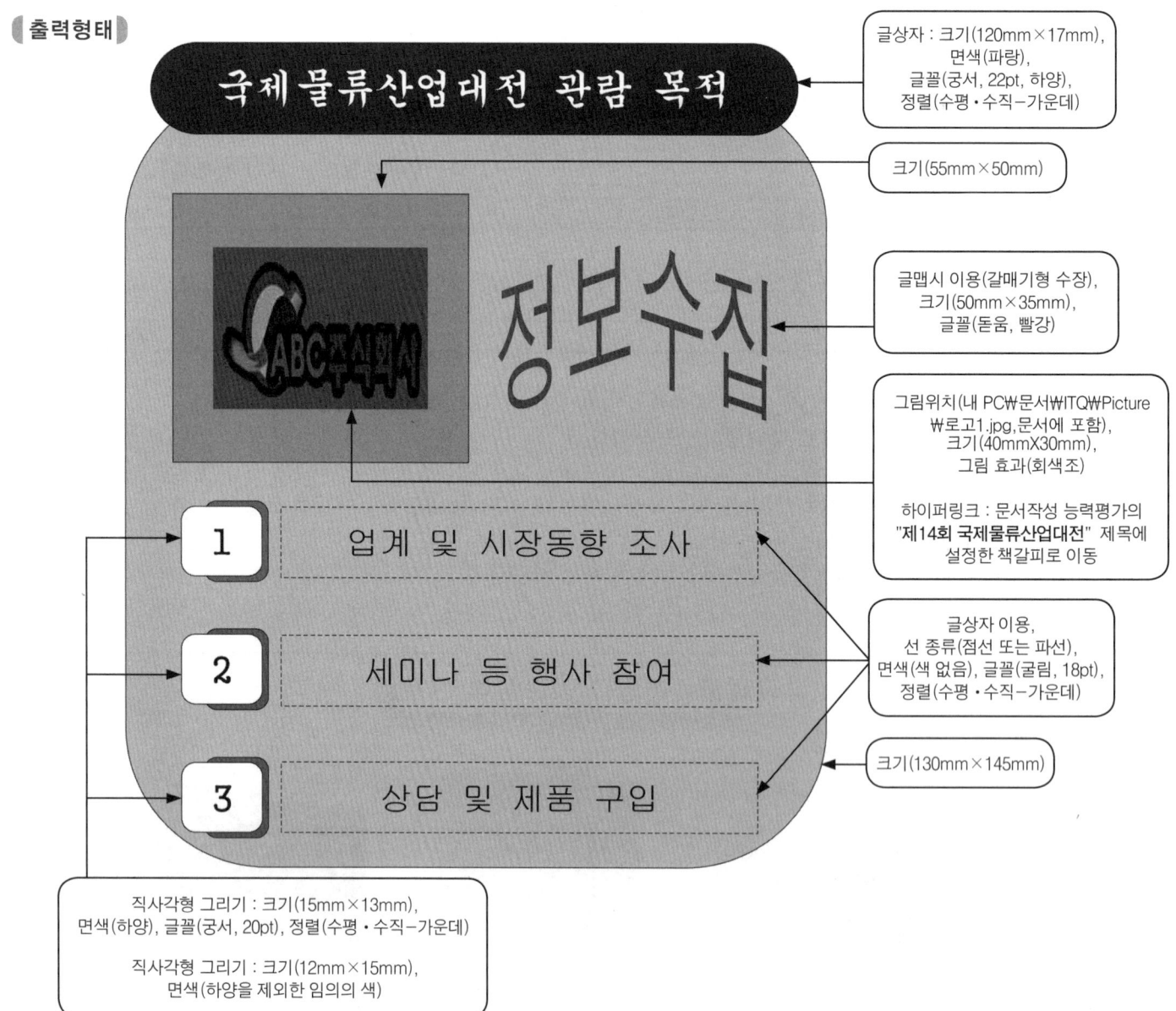

물류산업의 변화와 혁신
제14회 국제물류산업대전

미래 물류 기술

국제물류산업대전은 한국통합물류협회가 주최하고 국토교통부가 후원하는 운송, 서비스, 보관, 물류설비 분야를 아우르는 국내 최대 규모의 물류 전시회이다. 국제물류산업대전에서는 물류 IT, 물류 자동화 시스템, 유통 솔루션 및 기기, 콜드체인 솔루션 등 산업의 디지털 전환(轉換)을 이끌어가고 있는 국내외 기업들이 참가하여 제품 및 솔루션을 전시하고 물류산업의 트렌드를 한눈에 살펴볼 수 있는 자리이다.

이번 전시회에서는 물류 서비스 및 물류 스타트업㉠ 전용관을 통해 분야별 물류 전문가와의 만남의 장을 마련하고 글로벌 경쟁력을 갖춘 국내 화주(貨主) 및 물류기업의 해외 진출 지원을 위한 해외 투자 환경 정보 제공과 글로벌 네트워크 확보 기회를 제공한다. 별도로 마련된 국토교통 연구개발 홍보관과 스타트업관에서는 국가 물류 연구개발 사업에 관한 내용을 확인하고 물류 분야 창업 기업들을 만나볼 수 있으며, 전시회 방문 기업을 대상으로 스마트물류센터 인증제도 관련 설명회와 상담도 진행한다. 스마트물류센터 인증제도는 인공지능 기반 화물 처리와 물류센터 자동화 등 스마트 물류 기술을 활용하는 물류 시설에 투자비의 일부를 지원하는 제도이다.

♣ 제14회 국제물류산업대전 개요

　가. 기간 362및 장소
　　① 기간 : 2024. 4. 23 - 26, 4일간
　　② 장소 : 킨텍스 제2전시장
　나. 주최 및 후원
　　① 주최 : 한국통합물류협회, 산업전문전시회
　　② 후원 : 국토교통부, 경기도

♣ 물류 분야 및 콜드체인 분야 세미나

분야	일자	발표 주제	장소
물류 분야	2024. 4. 23	물류 분야 글로벌 환경 세미나	제2전시장 205호
	2024. 4. 24	물류산업 변화, 물류 기술 혁신과 안전	제2전시장 212호
		다채널 물류센터의 도전과 미래지향적 자동화 솔루션	제2전시장 210호
콜드체인 분야	2024. 4. 25	모빌리티 혁신	제2전시장 212호
	2024. 4. 26	콜드체인 고도화를 위한 신기술 세미나	

국제물류산업대전사무국

㉠ 혁신적인 기술 또는 아이디어를 가진 신생 창업 기업들을 의미

VI

8회 기출유형 모의고사

과목	코드	문제유형	시험시간	수험번호	성 명
아래 한글	1111	A	60분	20228008	

수험자 유의사항

- 수험자는 문제지를 받는 즉시 문제지와 **수험표상의 시험과목(프로그램)이 동일한지 반드시 확인**하여야 합니다.
- 파일명은 본인의 "수험번호-성명"으로 입력하여 답안폴더(내 PC\문서\ITQ)에 하나의 파일로 저장해야 하며, 답안문서 파일명이 "수험번호-성명"과 일치하지 않거나, 답안파일을 전송하지 않아 미제출로 처리될 경우 실격 처리합니다.
  (예 : 12345678-홍길동.hwpx).
- 답안 작성을 마치면 파일을 저장하고, '답안 전송' 버튼을 선택하여 감독위원 PC로 답안을 전송하십시오. 수험생 정보와 저장한 파일명이 다를 경우 전송되지 않으므로 주의하시기 바랍니다.
- 답안 작성 중에도 **주기적으로 저장하고 '답안 전송'** 하여야 문제 발생을 줄일 수 있습니다. 작업한 내용을 저장하지 않고 전송할 경우 이전에 저장된 내용이 전송되오니 이점 유의하시기 바랍니다.
- 답안문서는 지정된 경로 외의 다른 보조기억장치에 저장하는 경우, 지정된 시험 시간 외에 작성된 파일을 활용할 경우, 기타 통신 수단(이메일, 메신저, 네트워크 등)을 이용하여 타인에게 전달 또는 외부 반출하는 경우는 부정 처리합니다.
- 시험 중 부주의 또는 고의로 시스템을 파손한 경우는 수험자가 변상해야 하며, <수험자 유의사항>에 기재된 방법대로 이행하지 않아 생기는 불이익은 수험생 당사자의 책임임을 알려 드립니다.
- 문제의 조건은 한컴오피스 2022 버전으로 설정되어 있으니 유의하시기 바랍니다.
- 시험을 완료한 수험자는 답안파일이 전송되었는지 확인한 후 감독위원의 지시에 따라 문제지를 제출하고 퇴실합니다.

답안 작성 요령

- **온라인 답안 작성 절차**
  수험자 등록 ⇒ 시험 시작 ⇒ 답안파일 저장 ⇒ 답안 전송 ⇒ 시험 종료

- **공통 부문**
  - 글꼴에 대한 기본설정은 함초롬바탕, 10포인트, 검정, 줄간격 160%, 양쪽정렬로 합니다.
  - 색상은 조건의 색을 적용하고 색의 구분이 안될 경우에는 RGB 값을 적용합니다(빨강 255,0,0 / 파랑 0,0,255 / 노랑 255,255,0).
  - 각 문항에 주어진 ≪조건≫에 따라 작성하고 언급하지 않은 조건은 ≪출력형태≫와 같이 작성합니다.
  - 용지여백은 왼쪽·오른쪽 11mm, 위쪽·아래쪽·머리말·꼬리말 10mm, 제본 0mm로 합니다.
  - 그림 삽입 문제의 경우 「내 PC\문서\ITQ\Picture」 폴더에서 지정된 파일을 선택하여 삽입하십시오.
  - 삽입한 그림은 반드시 문서에 포함하여 저장해야 합니다(미포함 시 감점 처리).
  - 각 항목은 지정된 페이지에 출력형태와 같이 정확히 작성하시기 바라며, 그렇지 않을 경우에 해당 항목은 0점 처리됩니다.
  ※ 페이지 구분 : 1페이지 - 기능평가Ⅰ(문제번호 표시 : 1. 2.),
                2페이지 - 기능평가Ⅱ(문제번호 표시 : 3. 4.),
                3페이지 - 문서작성 능력평가

- **기능평가**
  - 문제와 ≪조건≫은 입력하지 않으며 문제번호와 답(≪출력형태≫)만 작성합니다.
  - 4번 문제는 묶기를 했을 경우 0점 처리됩니다.

- **문서작성 능력평가**
  - A4 용지(210mm×297mm) 1매 크기, 세로 서식 문서로 작성합니다.
  - ┌┈┈┐ 표시는 문서작성에 대한 지시사항이므로 작성하지 않습니다.

기능평가 I (150점)

1. 다음의 ≪조건≫에 따라 스타일 기능을 적용하여 ≪출력형태≫와 같이 작성하시오. (50점)

조건
(1) 스타일 이름 – intelligence
(2) 문단 모양 – 왼쪽 여백 : 15pt, 문단 아래 간격 : 10pt
(3) 글자 모양 – 글꼴 : 한글(돋움)/영문(굴림), 크기 : 10pt, 장평 : 95%, 자간 : 5%

출력형태

Current artificial intelligence is considered as life and culture, beyond the industry. Discussing life in the future will be impossible without mentioning artificial intelligence.

현재의 인공지능은 산업을 넘어 삶과 문화로 여겨지고 있다. 미래의 삶에 대한 논의는 인공지능에 대한 언급 없이는 불가능할 것이다.

2. 다음의 ≪조건≫에 따라 ≪출력형태≫와 같이 표와 차트를 작성하시오. (100점)

표조건
(1) 표 전체(표, 캡션) – 굴림, 10pt
(2) 정렬 – 문자 : 가운데 정렬, 숫자 : 오른쪽 정렬
(3) 셀 배경(면색) : 노랑
(4) 한글의 계산 기능을 이용하여 빈칸에 평균(소수점 두 자리)을 구하고, 캡션 기능 사용할 것
(5) 선 모양은 ≪출력형태≫와 동일하게 처리할 것

출력형태

SW 신기술 인공지능 분야 활용 현황(단위 : %)

산업분류	서비스 개선	프로세스 관리	업무 효율화	고객 관리	합계
정보통신업	54.2	50.2	45.8	21.5	
금융 및 보험업	57.5	68.3	49.5	26.0	
광업 및 제조업	50.6	49.3	46.8	49.7	
건설업	79.9	94.1	20.1	4.8	

차트조건
(1) 차트 데이터는 표 내용에서 분야별 정보통신업, 금융 및 보험업, 광업 및 제조업의 값만 이용할 것
(2) 종류 – <묶은 세로 막대형>으로 작업할 것
(3) 제목 – 글꼴 : 돋움, 진하게, 12pt
   속성 : 채우기(밝은 색 : 하양), 테두리, 그림자(바깥쪽 : 대각선 오른쪽 아래)
(4) 제목 이외의 전체 글꼴 – 돋움, 보통, 10pt
(5) 축제목과 범례는 ≪출력형태≫와 동일하게 처리할 것

출력형태

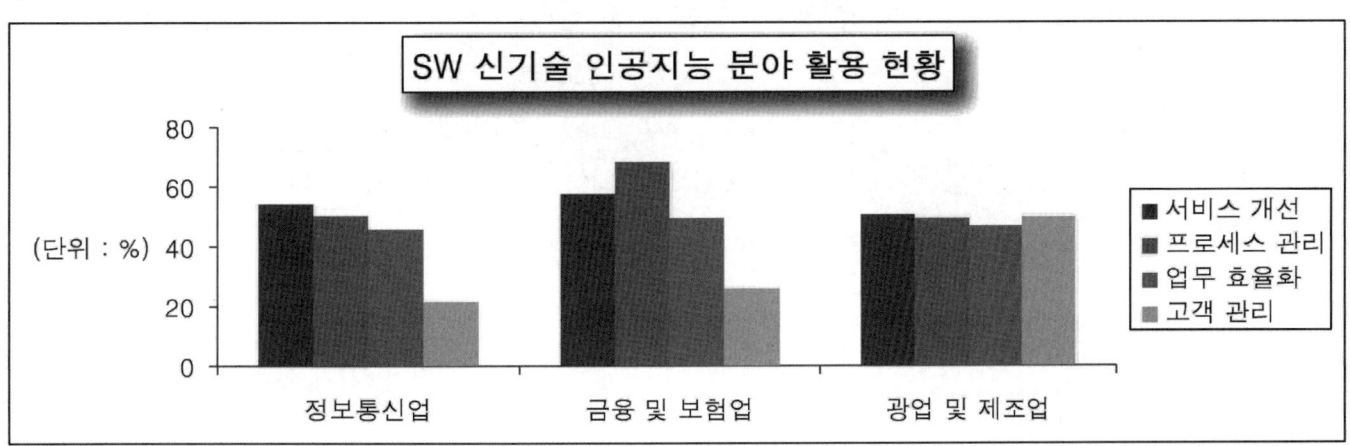

기능평가 II (150점)

3. 다음 (1), (2)의 수식을 수식 편집기로 각각 입력하시오. (40점)

[출력형태]

(1) $G = 2\int_{\frac{a}{2}}^{a} \frac{b\sqrt{a^2 - x^2}}{a} dx$

(2) $Q = \frac{F}{h^2} = \frac{1}{3}\frac{N}{h^3}m\overline{g^2}$

4. 다음의 ≪조건≫에 따라 ≪출력형태≫와 같이 문서를 작성하시오. (110점)

[조건]
(1) 그리기 도구를 이용하여 작성하고, 모든 도형(글맵시, 지정된 그림 포함)을 ≪출력형태≫와 같이 작성하시오.
(2) 도형의 면색은 지시사항이 없으면 색 없음을 제외하고 서로 다르게 임의로 지정하시오.

[출력형태]

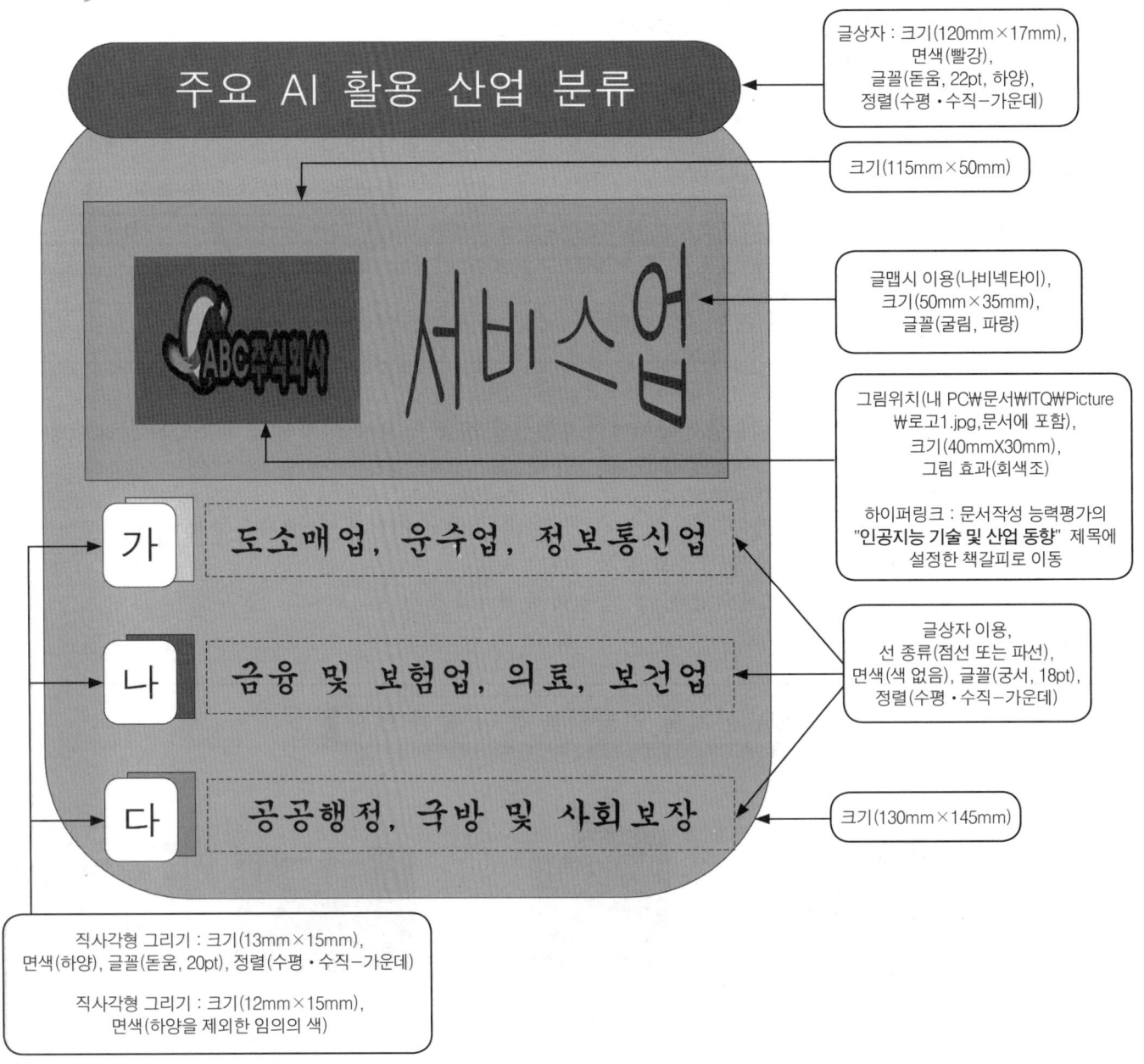

인공지능 기술 및 산업 동향

<small>초거대 인공지능</small>

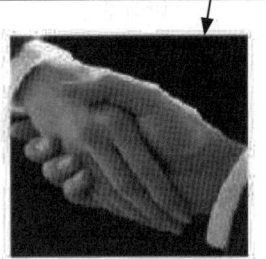

미국의 오픈AI는 GPT-3으로 불리는 초거대 인공지능을 공개하며 많은 관심을 받았다. 특정 상황이 아닌 범용적으로 사용이 가능한 인공 일반지능을 목표로 국내외 기업들의 초거대 인공지능(人工知能) 개발 경쟁이 지속되고 있다.

네이버의 경우 자체 개발한 초대규모 인공지능 하이퍼클로바의 성능을 향상시키고 있으며, 음성검색, 번역뿐만 아니라 서비스 범위를 확대해 가고 있다. LG AI 연구원은 엑사원을 통해 6,000억 개 이상의 말뭉치, 텍스트와 결합된 고해상도 이미지 2억 5,000만 장 이상을 학습하여 제조, 연구, 교육, 통신, 금융 등 전 산업 분야에서 최고 전문가의 지능 확보를 목표로 하고 있다. 카카오브레인은 2021년 11월 GPT-3 모델의 한국어 초거대 인공지능 언어모델 KoGPT를 공개했다. 긴 문장 요약, 문장 추론을 통한 결론 예측, 질문 문맥(文脈) 이해 등 모든 종류의 언어 과제 수행이 가능하며, 오픈 소스ⓐ로 개방함으로써 접근성을 높이고자 하였다. KT도 초거대 인공지능 컴퓨팅 인프라를 클라우드 기반으로 구성하고 주요 인공지능 모델을 원클릭으로 손쉽게 구성하고 활용이 가능하도록 서비스하고 있다.

◆ 해외 주요국의 분야별 AI 적용 사례

  가. 미국
    ⓐ 우즈홀 해양학 연구소 : 자율주행 로봇을 통한 심층 해양 탐사
    ⓑ 국립암연구소 : 암 영상 검사를 위한 AI 연구
  나. 독일
    ⓐ 막스 플랑크 지능시스템 연구소 : AI 기반 로봇 터치 감지 개선
    ⓑ 드레스덴 대학 연구팀 : 질병 조기 발견 및 치료를 위한 이식형 AI 시스템

◆ OECD의 주요 AI 적용 산업 및 영역

구분	산업분류	주요 AI 적용 영역	핵심 내용
1	정보통신업	광고, AR, VR, 네트워크 보안, 소프트웨어 생산	
2	건설업	3D 빌딩 정보 모델링, 건물 시뮬레이터	OECD(2022) 정책
3	제조업	제품 조립, 공급망 관리 및 계획	관점에서 AI 시스템
4	교육	AI를 활용한 개인 학습, 챗봇, 시험 또는 채점 구성	평가를 위한 도구 개발
5	숙박 및 음식점업	AI 기반 챗봇, 고객 피드백 데이터 분석	

한국지능정보사회진흥원

ⓐ 소스 프로그램이 공개되어 자유롭게 수정하고 재배포할 수 있는 프로그램

9회 기출유형 모의고사

과목	코드	문제유형	시험시간	수험번호	성 명
아래 한글	1111	A	60분	20228009	

수험자 유의사항

- 수험자는 문제지를 받는 즉시 문제지와 **수험표상의 시험과목(프로그램)이 동일한지 반드시 확인**하여야 합니다.
- 파일명은 본인의 "수험번호-성명"으로 입력하여 답안폴더(내 PC\문서\ITQ)에 하나의 파일로 저장해야 하며, 답안문서 파일명이 "수험번호-성명"과 일치하지 않거나, 답안파일을 전송하지 않아 미제출로 처리될 경우 실격 처리합니다
 (예 : 12345678-홍길동.hwpx).
- 답안 작성을 마치면 파일을 저장하고, '답안 전송' 버튼을 선택하여 감독위원 PC로 답안을 전송하십시오. 수험생 정보와 저장한 파일명이 다를 경우 전송되지 않으므로 주의하시기 바랍니다.
- 답안 작성 중에도 **주기적으로 저장하고 '답안 전송'** 하여야 문제 발생을 줄일 수 있습니다. 작업한 내용을 저장하지 않고 전송할 경우 이전에 저장된 내용이 전송되오니 이점 유의하시기 바랍니다.
- 답안문서는 지정된 경로 외의 다른 보조기억장치에 저장하는 경우, 지정된 시험 시간 외에 작성된 파일을 활용할 경우, 기타 통신수단(이메일, 메신저, 네트워크 등)을 이용하여 타인에게 전달 또는 외부 반출하는 경우는 부정 처리합니다.
- 시험 중 부주의 또는 고의로 시스템을 파손한 경우는 수험자가 변상해야 하며, <수험자 유의사항>에 기재된 방법대로 이행하지 않아 생기는 불이익은 수험생 당사자의 책임임을 알려 드립니다.
- 문제의 조건은 한컴오피스 2022 버전으로 설정되어 있으니 유의하시기 바랍니다.
- 시험을 완료한 수험자는 답안파일이 전송되었는지 확인한 후 감독위원의 지시에 따라 문제지를 제출하고 퇴실합니다.

답안 작성 요령

● **온라인 답안 작성 절차**
 수험자 등록 ⇒ 시험 시작 ⇒ 답안파일 저장 ⇒ 답안 전송 ⇒ 시험 종료

● **공통 부문**
- 글꼴에 대한 기본설정은 함초롬바탕, 10포인트, 검정, 줄간격 160%, 양쪽정렬로 합니다.
- 색상은 조건의 색을 적용하고 색의 구분이 안될 경우에는 RGB 값을 적용합니다(빨강 255,0,0 / 파랑 0,0,255 / 노랑 255,255,0).
- 각 문항에 주어진 ≪조건≫에 따라 작성하고 언급하지 않은 조건은 ≪출력형태≫와 같이 작성합니다.
- 용지여백은 왼쪽·오른쪽 11mm, 위쪽·아래쪽·머리말·꼬리말 10mm, 제본 0mm로 합니다.
- 그림 삽입 문제의 경우「내 PC\문서\ITQ\Picture」폴더에서 지정된 파일을 선택하여 삽입하십시오.
- 삽입한 그림은 반드시 문서에 포함하여 저장해야 합니다(미포함 시 감점 처리).
- 각 항목은 지정된 페이지에 출력형태와 같이 정확히 작성하시기 바라며, 그렇지 않을 경우에 해당 항목은 0점 처리됩니다.
- ※ 페이지 구분 : 1페이지 – 기능평가 I (문제번호 표시 : 1. 2.),
   2페이지 – 기능평가 II (문제번호 표시 : 3. 4.),
   3페이지 – 문서작성 능력평가

기능평가
- 문제와 ≪조건≫은 입력하지 않으며 문제번호와 답(≪출력형태≫)만 작성합니다.
- 4번 문제는 묶기를 했을 경우 0점 처리됩니다.

문서작성 능력평가
- A4 용지(210㎜×297㎜) 1매 크기, 세로 서식 문서로 작성합니다.
- ˙˙˙˙˙˙ 표시는 문서작성에 대한 지시사항이므로 작성하지 않습니다.

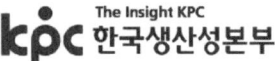

기능평가 I   150점

1. 다음의 ≪조건≫에 따라 스타일 기능을 적용하여 ≪출력형태≫와 같이 작성하시오. (50점)

조건
(1) 스타일 이름 – commander
(2) 문단모양 – 왼쪽 여백 : 15pt, 문단 아래 간격 : 10pt
(3) 글자모양 – 글꼴 : 한글(돋움)/영문(궁서), 크기 : 10pt, 장평 : 95%, 자간 : -5%

출력형태

Yi Sun-sin was a Korean naval commander, famed for his victories against the Japanese navy during the Imjin war in the Joseon Dynasty, and is well-respected for his exemplary conduct.

이순신은 한국인들이 존경하는 영웅으로 23전 이상의 전투에서 한 번도 패하지 않은 장수였다. 어떤 어려움 속에서도 굴복하지 않고 끝까지 백성과 나라를 사랑한 진정한 리더였다.

2. 다음의 ≪조건≫에 따라 ≪출력형태≫와 같이 표와 차트를 작성하시오. (100점)

표조건
(1) 표 전체(표, 캡션) – 돋움, 10pt
(2) 정렬 – 문자 : 가운데 정렬, 숫자 : 오른쪽 정렬
(3) 셀 배경(면색) : 노랑
(4) 한글의 계산 기능을 이용하여 빈칸에 합계를 구하고, 캡션 기능 사용할 것
(5) 선 모양은 ≪출력형태≫와 동일하게 처리할 것

출력형태

이순신축제 관람객 현황(단위 : 천 명)

구분	주제행사	체험행사	불꽃쇼	부대행사	합계
2021년	105	103	12	99	
2022년	99	98	10	86	
2023년	96	99	94	82	
2024년	98	82	79	79	

차트조건
(1) 차트 데이터는 표 내용에서 구분별 2021년, 2022년, 2023년의 값만 이용할 것
(2) 종류 – <묶은 세로 막대형>으로 작업할 것
(3) 제목 – 글꼴 : 굴림, 진하게, 12pt
        속성 : 채우기(밝은 색 : 하양), 테두리, 그림자(바깥쪽 : 대각선 오른쪽 아래)
(4) 제목 이외의 전체 글꼴 – 굴림 보통 10pt
(5) 축제목과 범례는 ≪출력형태≫와 동일하게 처리할 것

출력형태

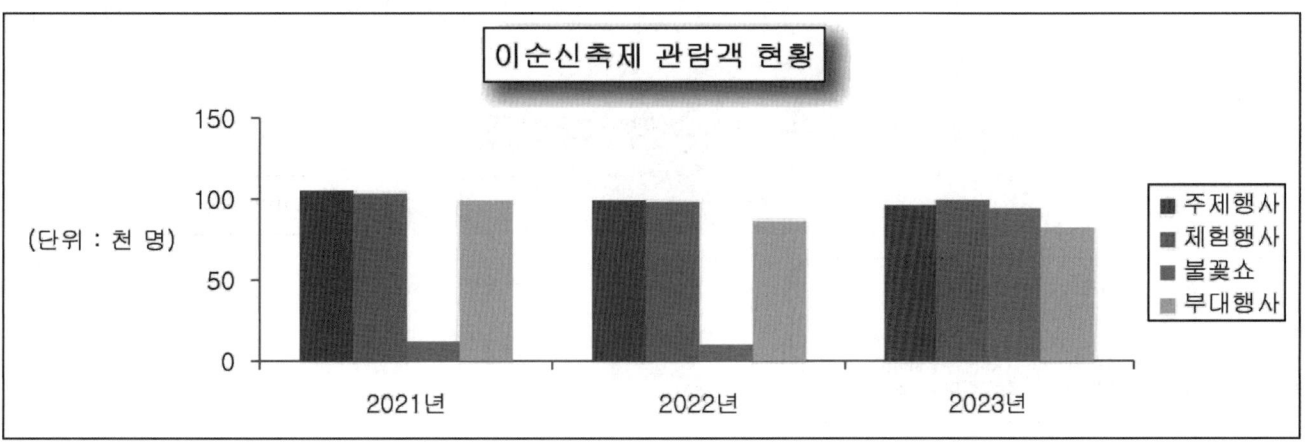

기능평가 II 150점

3. 다음 (1), (2)의 수식을 수식 편집기로 각각 입력하시오. (40점)

▌출력형태

(1) $m_2 - m_1 = \dfrac{5}{2}\log\dfrac{h_1}{h_2}$

(2) $\sum_{k=1}^{n} k^3 = \dfrac{n(n+1)}{2} = \sum_{k=1}^{n} k$

4. 다음의 ≪조건≫에 따라 ≪출력형태≫와 같이 문서를 작성하시오. (110점)

▌조건 (1) 그리기 도구를 이용하여 작성하고, 모든 도형(글맵시, 지정된 그림 포함)을 ≪출력형태≫와 같이 작성하시오.
(2) 도형의 면색은 지시사항이 없으면 색 없음을 제외하고 서로 다르게 임의로 지정하시오.

▌출력형태

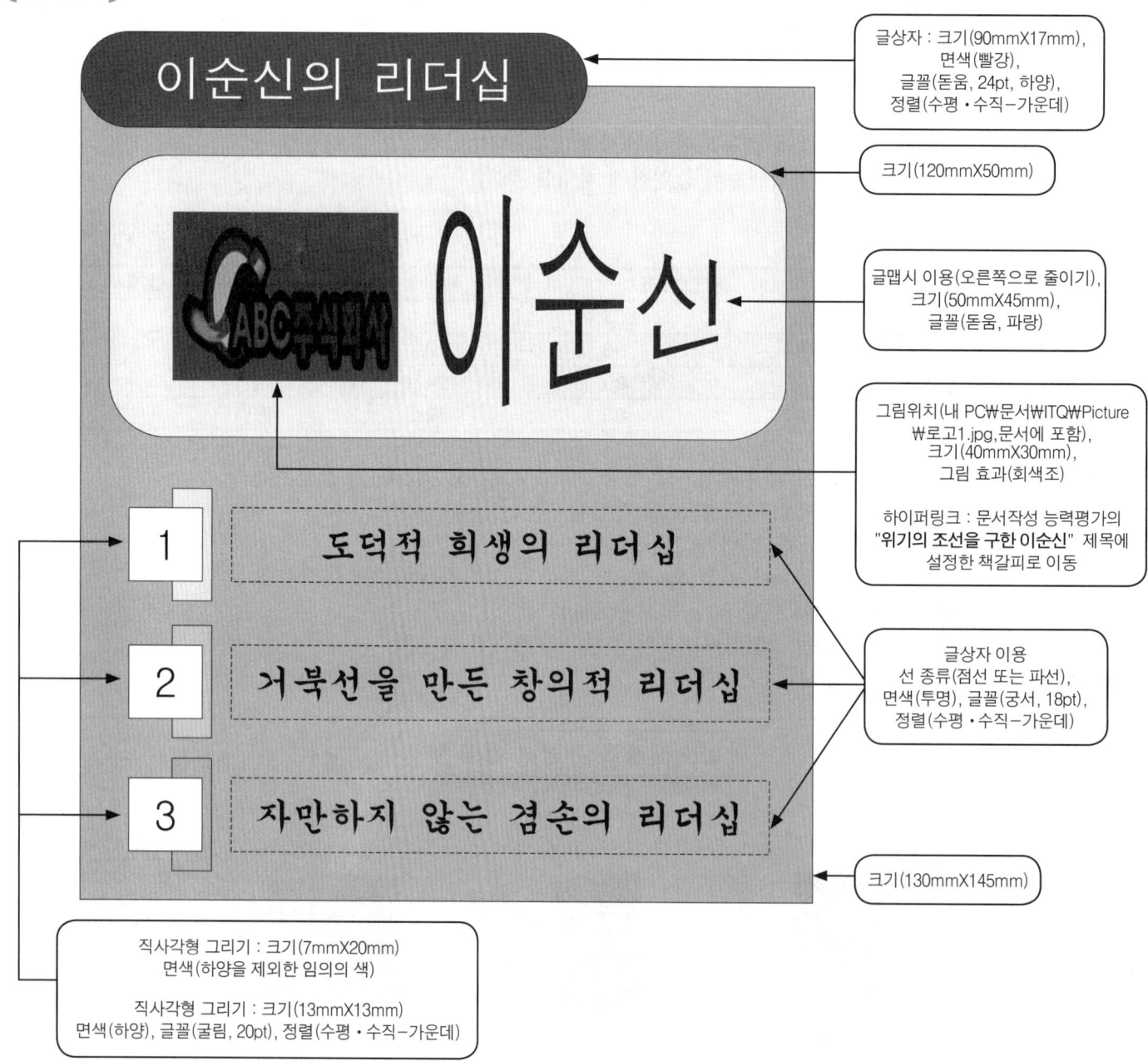

성웅 이순신

위기의 조선을 구한 이순신

애국애족정신

이순신 장군은 조선 선조 때의 무신으로 일평생 정의를 실천(實踐)하면서 조금도 불의와 타협하지 않는 모습을 보여주었다. 옳다고 생각되는 일에는 상관이나 권력자에게도 서슴없이 오류를 지적하는 직언을 하였으며 늘 정의를 삶의 핵심 가치로 삼았다. 32세에 식년 무과의 병과에 급제한 뒤 권지훈련원봉사로 첫 관직에 올랐다. 이후 선전관과 정읍현감 등을 거쳐 절충장군과 진도군수 등을 지냈다. 같은 해 전라좌도수군절도사로 승진한 뒤 좌수영에 부임하여 군비 확충에 힘썼다.

이듬해 임진왜란이 일어나자 옥포에서 일본 수군과 첫 해전을 벌여 30여 척을 격파하였으며, 사천에서는 거북선을 처음 사용하여 적선 13척을 무찔렀다. 이어 1593년 남해안 일대의 일본 수군을 완전히 일소한 뒤 한산도로 진영을 옮겨 최초의 삼도수군통제사가 되었다. 이순신 장군은 시문에도 능하여 난중일기ⓐ와 한시 등 여러 뛰어난 작품을 남겼으며, 그의 삶 자체가 후세에 귀감이 되어 오늘날에도 이순신 장군과 그의 삶이 문학과 영화 등 예술 작품의 소재(素材)가 되고 있다. 또한 장검 등이 포함된 이충무공 유물은 보물 문화재로 지정되어 있고 이 밖에도 많은 유적이 사적으로 지정되어 있다.

♣ 거북선의 구조

1) 용머리와 화포
   가) 용머리 : 갑판과 수평으로 입에서 화포 발사
   나) 화포 : 움직이는 배 위에서도 사방을 향해 사격이 가능
2) 돛 지지대와 노
   가) 돛 지지대 : 돛 지지 기둥과 더불어 돛대를 고정하는 장치
   나) 노 : 배를 앞뒤로 움직이거나 제자리에서 회전

♣ 이순신 포럼 CEO 아카데미

일자	주제	과정	강의 방법
5월 13일	해양 안보의 중요성과 대비 방향	개강식 및 지금 왜 이순신인가?	사례 강의 및 토의
	7년 전쟁의 종전 및 처리 과정	이순신의 파워인맥, 7년 전쟁을 승리로	
	시를 통해 본 이순신의 마음 경영	하늘을 감동하게 한 이순신의 진심	
5월 20일	경영의 지혜	이순신을 통해 본 깨어있는 의식경영	야외 세미나
	논어를 통해 본 이순신	수료식 및 임진왜란 전적지 답사	

국사편찬위원회

ⓐ 임진왜란 때의 일을 간결하고 명료하게 기록한 일기

기출유형 모의고사

Information Technology Qualification

| 무료 동영상 |

과목	코드	문제유형	시험시간	수험번호	성 명
아래 한글	1111	A	60분	20228010	

수 험 자 유 의 사 항

- 수험자는 문제지를 받는 즉시 문제지와 **수험표상의 시험과목(프로그램)이 동일한지 반드시 확인**하여야 합니다.
- 파일명은 본인의 "수험번호-성명"으로 입력하여 답안폴더(내 PC\문서\ITQ)에 하나의 파일로 저장해야 하며, 답안문서 파일명이 "수험번호-성명"과 일치하지 않거나, 답안파일을 전송하지 않아 미제출로 처리될 경우 실격 처리합니다.
  (예 : 12345678-홍길동.hwpx).
- 답안 작성을 마치면 파일을 저장하고, '답안 전송' 버튼을 선택하여 감독위원 PC로 답안을 전송하십시오. 수험생 정보와 저장한 파일명이 다를 경우 전송되지 않으므로 주의하시기 바랍니다.
- 답안 작성 중에도 **주기적으로 저장하고 '답안 전송'** 하여야 문제 발생을 줄일 수 있습니다. 작업한 내용을 저장하지 않고 전송할 경우 이전에 저장된 내용이 전송되오니 이점 유의하시기 바랍니다.
- 답안문서는 지정된 경로 외의 다른 보조기억장치에 저장하는 경우, 지정된 시험 시간 외에 작성된 파일을 활용할 경우, 기타 통신수단(이메일, 메신저, 네트워크 등)을 이용하여 타인에게 전달 또는 외부 반출하는 경우는 부정 처리합니다.
- 시험 중 부주의 또는 고의로 시스템을 파손한 경우는 수험자가 변상해야 하며, <수험자 유의사항>에 기재된 방법대로 이행하지 않아 생기는 불이익은 수험생 당사자의 책임임을 알려 드립니다.
- 문제의 조건은 한컴오피스 2022 버전으로 설정되어 있으니 유의하시기 바랍니다.
- 시험을 완료한 수험자는 답안파일이 전송되었는지 확인한 후 감독위원의 지시에 따라 문제지를 제출하고 퇴실합니다.

답 안 작 성 요 령

- **온라인 답안 작성 절차**
  수험자 등록 ⇒ 시험 시작 ⇒ 답안파일 저장 ⇒ 답안 전송 ⇒ 시험 종료
- **공통 부문**
- 글꼴에 대한 기본설정은 함초롬바탕, 10포인트, 검정, 줄간격 160%, 양쪽정렬로 합니다.
- 색상은 조건의 색을 적용하고 색의 구분이 안될 경우에는 RGB 값을 적용합니다(빨강 255,0,0 / 파랑 0,0,255 / 노랑 255,255,0).
- 각 문항에 주어진 ≪조건≫에 따라 작성하고 언급하지 않은 조건은 ≪출력형태≫와 같이 작성합니다.
- 용지여백은 왼쪽·오른쪽 11㎜, 위쪽·아래쪽·머리말·꼬리말 10㎜, 제본 0㎜로 합니다.
- 그림 삽입 문제의 경우 「내 PC\문서\ITQ\Picture」 폴더에서 지정된 파일을 선택하여 삽입하십시오.
- 삽입한 그림은 반드시 문서에 포함하여 저장해야 합니다(미포함 시 감점 처리).
- 각 항목은 지정된 페이지에 출력형태와 같이 정확히 작성하시기 바라며, 그렇지 않을 경우에 해당 항목은 0점 처리됩니다.
- ※ 페이지 구분 : 1페이지 - 기능평가 I (문제번호 표시 : 1. 2.),
  　　　　　　　　 2페이지 - 기능평가 II (문제번호 표시 : 3. 4.),
  　　　　　　　　 3페이지 - 문서작성 능력평가
- **기능평가**
- 문제와 ≪조건≫은 입력하지 않으며 문제번호와 답(≪출력형태≫)만 작성합니다.
- 4번 문제는 묶기를 했을 경우 0점 처리됩니다.
- **문서작성 능력평가**
- A4 용지(210㎜×297㎜) 1매 크기, 세로 서식 문서로 작성합니다.
- (┄┄) 표시는 문서작성에 대한 지시사항이므로 작성하지 않습니다.

기능평가 I

1. 다음의 ≪조건≫에 따라 스타일 기능을 적용하여 ≪출력형태≫와 같이 작성하시오. (50점)

조건
(1) 스타일 이름 - security
(2) 문단 모양 - 왼쪽 여백 : 15pt, 문단 아래 간격 : 10pt
(3) 글자 모양 - 글꼴 : 한글(굴림)/영문(바탕), 크기 : 10pt, 장평 : 95%, 자간 : 5%

출력형태

Illegal leakage of personal information can fall in the wrong hands for identity theft and illegal spam causing mental and financial damages.

초고속 인터넷에 연결된 컴퓨터 사용자들은 자신들이 분마다 발생하는 사이버 위협의 잠재적인 목표물이라는 사실을 모르고 인터넷을 이용하고 있다.

2. 다음의 ≪조건≫에 따라 ≪출력형태≫와 같이 표와 차트를 작성하시오. (100점)

표조건
(1) 표 전체(표, 캡션) - 돋움, 10pt
(2) 정렬 - 문자 : 가운데 정렬, 숫자 : 오른쪽 정렬
(3) 셀 배경(면색) : 노랑
(4) 한글의 계산 기능을 이용하여 빈칸에 평균(소수점 두 자리)을 구하고, 캡션 기능 사용할 것
(5) 선 모양은 ≪출력형태≫와 동일하게 처리할 것

출력형태

정보보호 산업 매출 현황(단위 : 백억 원)

구분	2021년	2022년	2023년	2024년	평균
네트워크 보안	65.3	72.9	75.2	82.5	
시스템 보안	44.4	48.8	53.4	57.2	
정보 유출 방지	46.6	42.6	43.1	45.9	
암호 및 인증	15.1	15.1	18.2	19.6	

차트조건
(1) 차트 데이터는 표 내용에서 연도별 네트워크 보안, 시스템 보안, 정보 유출 방지의 값만 이용할 것
(2) 종류 - <묶은 세로 막대형>으로 작업할 것
(3) 제목 - 글꼴 : 굴림, 진하게, 12pt
    속성 : 채우기(밝은 색 : 하양), 테두리, 그림자(바깥쪽 : 대각선 오른쪽 아래)
(4) 제목 이외의 전체 글꼴 - 굴림, 보통, 10pt
(5) 축제목과 범례는 ≪출력형태≫와 동일하게 처리할 것

출력형태

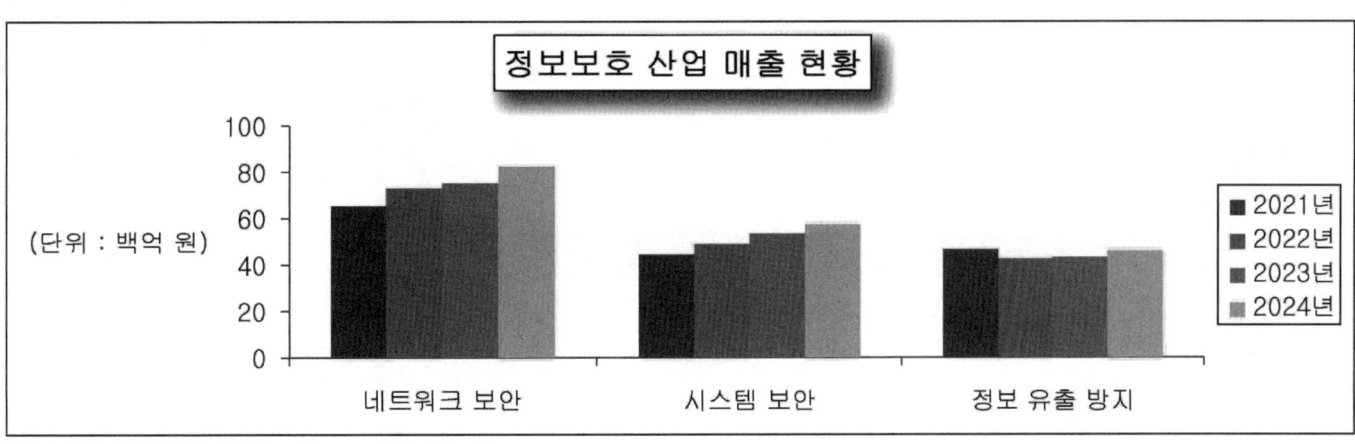

기능평가 II (150점)

3. 다음 (1), (2)의 수식을 수식 편집기로 각각 입력하시오. (40점)

출력형태

(1) $\sum_{k=1}^{10}(k^3+6k^2+4k+3)=256$

(2) $R_H = \dfrac{1}{hc} \times \dfrac{2\pi^2 K^2 m e^4}{h^2}$

4. 다음의 ≪조건≫에 따라 ≪출력형태≫와 같이 문서를 작성하시오. (110점)

조건
(1) 그리기 도구를 이용하여 작성하고, 모든 도형(글맵시, 지정된 그림 포함)을 ≪출력형태≫와 같이 작성하시오.
(2) 도형의 면색은 지시사항이 없으면 색 없음을 제외하고 서로 다르게 임의로 지정하시오.

출력형태

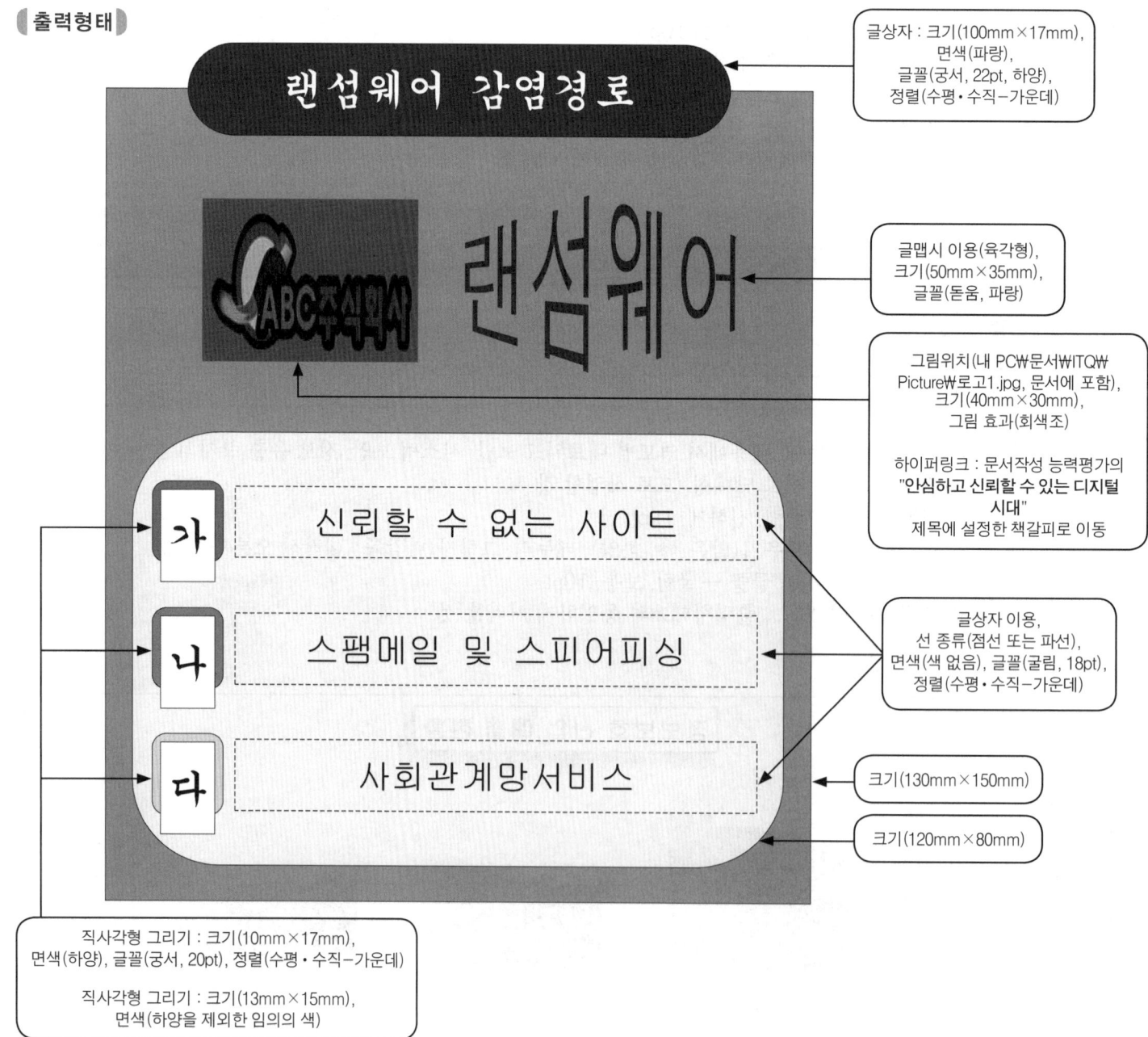

안심하고 신뢰할 수 있는 디지털 시대

개인정보란 살아 있는 개인에 관한 정보로서 성명, 주민등록번호 및 영상 등을 통하여 개인을 알아볼 수 있는 정보, 즉 해당 정보만으로는 특정 개인을 알아볼 수 없더라도 다른 정보와 결합(結合)하여 알아볼 수 있는 것을 말한다. 2018년에는 가상통화 열풍을 타고 채굴형 악성코드 및 가상통화 거래소를 대상으로 한 스피어피싱 공격이 증가할 것으로 보인다. 2017년 하반기부터 가상통화 이용자가 증가함에 따라 각 거래소들의 규모가 점점 거대화되고 있다. 각 거래소들의 신규 인원 채용을 악용하여 한글 이력서 등으로 위장한 원격제어 및 정보유출 악성코드 감염 시도가 급증할 것으로 예상된다. 이러한 스피어피싱 공격은 일반 이용자들에게까지 전파(傳播)되어 메일 내 첨부파일을 열람할 경우 악성코드 감염에 노출될 수 있다.

가상통화의 인기는 앞으로도 지속될 것으로 전망되고 있으므로 가상통화ⓐ 채굴을 위한 해커들의 공격은 멈추지 않을 것으로 보인다. 따라서 안전한 인터넷 이용을 위해서는 철저한 소프트웨어 보안 업데이트와 더불어 중요 정보를 개인 컴퓨터에 보관하지 않는 등 관리적 측면의 보안에 더욱 주의를 기울여야 할 것이다.

♠ 주요 랜섬웨어

I. 워너크라이
   A. 사용자의 중요 파일을 암호화한 뒤 이를 푸는 대가로 금전을 요구
   B. 다양한 문서파일 외 다수의 파일을 암호화

II. 록키
   A. 이메일의 수신인을 속이기 위해 인보이스, 환불 등의 제목 사용
   B. 확장자가 변하며 복구 관련 메시지 출력

♠ 정보보호 침해사고 신고 방법

구분	신고 내용	신고 대상	신고 기관	신고 기한
정보시스템 운영 기업 및 기관	개인정보 유출	공공기관, 민간기업	행정안전부 및 한국인터넷진흥원	5일 이내
		서비스 제공자	방송통신위원회 및 한국인터넷진흥원	24시간 이내
	침해사고	서비스 제공자, 사업자	과학기술정보통신부 및 한국인터넷진흥원	즉시
일반 이용자 (정보 주체)	개인정보 침해	서비스 이용자	개인정보침해신고센터	없음

→ 한국인터넷진흥원

ⓐ 컴퓨터 등에 정보 형태로 남아 실물 없이 인터넷상으로만 거래되는 전자화폐의 일종

2. 문서 편집 기능-2

기능	메뉴	리본 메뉴	단축키
특수문자 입력	[입력] 탭-[문자표]	[입력] 탭-[문자표 ※]	Ctrl + F10
글자 겹치기	[입력] 탭-[입력 도우미]-[글자 겹치기]	[입력] 탭-[입력 도우미]-[글자 겹치기 ㉑]	
수식 입력	[입력] 탭-[수식]	[입력] 탭-[수식 √x]	Ctrl + N, M
각주	[입력] 탭-[주석]-[각주]	[입력] 탭-[각주 ▤]	Ctrl + N, N
차트	[입력] 탭-[차트]	[입력] 탭-[차트 ▥] [편집] 탭-[차트 ▥]	
글상자	[입력] 탭-[글상자]	[입력] 탭-[가로 글상자 ▤]	Ctrl + N, B
그림 삽입	[입력] 탭-[그림]	[입력] 탭-[그림 ▣]	Ctrl + N, I
그리기마당	[입력] 탭-[그림]-[그리기마당]	[입력] 탭-[그림 ▣]-[그리기마당 ▥]	
글맵시	[입력] 탭-[개체]-[글맵시]	[입력] 탭-[글맵시 ▥]	
글자 모양	[서식] 탭-[글자 모양]	[편집] 탭-[글자 모양 가] [서식] 탭-[글자 모양 가]	Alt + L
문단 모양	[서식] 탭-[문단 모양]	[편집] 탭-[문단 모양 ▤] [서식] 탭-[문단 모양 ▤]	Alt + T
스타일	[서식] 탭-[스타일]	[편집] 탭-[스타일 ▤]	F6
문단 번호	[서식] 탭-[문단 번호 모양]	[서식] 탭-[문단 번호 ▤]	Ctrl + K, N
머리말/꼬리말	[쪽] 탭-[머리말/꼬리말]	[쪽] 탭-[머리말 ▤] [쪽] 탭-[꼬리말 ▤]	Ctrl + N, H
쪽 번호 매기기	[쪽] 탭-[쪽 번호 매기기]	[쪽] 탭-[쪽 번호 매기기 ▥]	Ctrl + N, P
맞춤법 검사	[도구] 탭-[맞춤법]	[도구] 탭-[맞춤법 ▥]	F8
정렬	[편집] 탭-[정렬]	[편집] 탭-[정렬 ▤]	
그림 자르기		[그림 ▥] 탭-[자르기 ▥]	
개체 묶기		[그림 ▥] 탭-[그룹 ▥]	
되돌리기	[편집] 탭-[되돌리기 ↶]		Ctrl + Z
다시 실행	[편집] 탭-[다시 실행 ↷]		Ctrl + Shift + Z
한자 변환			한자 키 또는 F9 키

PART 3

기출문제

기출문제를 풀어봄으로써 최근 출제경향을 파악하고 수검자의 실력을 확인하도록 합니다.

※정답 파일과 동영상 강의는 [자료실]에서 다운로드하세요.

무료 동영상	제 1회	기출문제	무료 동영상	제 6회	기출문제
무료 동영상	제 2회	기출문제	무료 동영상	제 7회	기출문제
무료 동영상	제 3회	기출문제	무료 동영상	제 8회	기출문제
무료 동영상	제 4회	기출문제	무료 동영상	제 9회	기출문제
무료 동영상	제 5회	기출문제	무료 동영상	제 10회	기출문제

1회 기출문제

과목	코드	문제유형	시험시간	수험번호	성 명
아래 한글	1111	A	60분	20228011	

수험자 유의사항

- 수험자는 문제지를 받는 즉시 문제지와 **수험표상의 시험과목(프로그램)이 동일한지 반드시 확인**하여야 합니다.
- 파일명은 본인의 "수험번호-성명"으로 입력하여 답안폴더(내 PC₩문서₩ITQ)에 하나의 파일로 저장해야 하며, 답안문서 파일명이 "수험번호-성명"과 일치하지 않거나, 답안파일을 전송하지 않아 미제출로 처리될 경우 실격 처리합니다 (예 : 12345678-홍길동.hwpx).
- 답안 작성을 마치면 파일을 저장하고, '답안 전송' 버튼을 선택하여 감독위원 PC로 답안을 전송하십시오. 수험생 정보와 저장한 파일명이 다를 경우 전송되지 않으므로 주의하시기 바랍니다.
- 답안 작성 중에도 **주기적으로 저장하고 '답안 전송'** 하여야 문제 발생을 줄일 수 있습니다. 작업한 내용을 저장하지 않고 전송할 경우 이전에 저장된 내용이 전송되오니 이점 유의하시기 바랍니다.
- 답안문서는 지정된 경로 외의 다른 보조기억장치에 저장하는 경우, 지정된 시험 시간 외에 작성된 파일을 활용할 경우, 기타 통신수단(이메일, 메신저, 네트워크 등)을 이용하여 타인에게 전달 또는 외부 반출하는 경우는 부정 처리합니다.
- 시험 중 부주의 또는 고의로 시스템을 파손한 경우는 수험자가 변상해야 하며, <수험자 유의사항>에 기재된 방법대로 이행하지 않아 생기는 불이익은 수험생 당사자의 책임임을 알려 드립니다.
- 문제의 조건은 한컴오피스 2022 버전으로 설정되어 있으니 유의하시기 바랍니다.
- 시험을 완료한 수험자는 답안파일이 전송되었는지 확인한 후 감독위원의 지시에 따라 문제지를 제출하고 퇴실합니다.

답안 작성 요령

- **온라인 답안 작성 절차**
  수험자 등록 ⇒ 시험 시작 ⇒ 답안파일 저장 ⇒ 답안 전송 ⇒ 시험 종료
- **공통 부문**
  - 글꼴에 대한 기본설정은 함초롬바탕, 10포인트, 검정, 줄간격 160%, 양쪽정렬로 합니다.
  - 색상은 조건의 색을 적용하고 색의 구분이 안될 경우에는 RGB 값을 적용합니다(빨강 255,0,0 / 파랑 0,0,255 / 노랑 255,255,0).
  - 각 문항에 주어진 ≪조건≫에 따라 작성하고 언급하지 않은 조건은 ≪출력형태≫와 같이 작성합니다.
  - 용지여백은 왼쪽·오른쪽 11㎜, 위쪽·아래쪽·머리말·꼬리말 10㎜, 제본 0㎜로 합니다.
  - 그림 삽입 문제의 경우 「내 PC₩문서₩ITQ₩Picture」 폴더에서 지정된 파일을 선택하여 삽입하십시오.
  - 삽입한 그림은 반드시 문서에 포함하여 저장해야 합니다(미포함 시 감점 처리).
  - 각 항목은 지정된 페이지에 출력형태와 같이 정확히 작성하시기 바라며, 그렇지 않을 경우에 해당 항목은 0점 처리됩니다.
  ※ 페이지 구분 : 1페이지 – 기능평가Ⅰ (문제번호 표시 : 1. 2.),
  　　　　　　　　2페이지 – 기능평가Ⅱ (문제번호 표시 : 3. 4.),
  　　　　　　　　3페이지 – 문서작성 능력평가
- **기능평가**
  - 문제와 ≪조건≫은 입력하지 않으며 문제번호와 답(≪출력형태≫)만 작성합니다.
  - 4번 문제는 묶기를 했을 경우 0점 처리됩니다.
- **문서작성 능력평가**
  - A4 용지(210㎜×297㎜) 1매 크기, 세로 서식 문서로 작성합니다.
  - ┆┆┆┆ 표시는 문서작성에 대한 지시사항이므로 작성하지 않습니다.

기능평가 I 150점

1. 다음의 ≪조건≫에 따라 스타일 기능을 적용하여 ≪출력형태≫와 같이 작성하시오. (50점)

조건
(1) 스타일 이름 – global
(2) 문단 모양 – 왼쪽 여백 : 15pt, 문단 아래 간격 : 10pt
(3) 글자 모양 – 글꼴 : 한글(굴림)/영문(돋움), 크기 : 10pt, 장평 : 95%, 자간 : -5%

출력형태

Since its establishment in 2008, it has been commissioned by the Korea Youth Activity Promotion Agency and has operated various international exchange programs to help teenagers grow into global leaders.

청소년들이 글로벌 리더로 성장하도록 다양한 국제교류 프로그램을 운영하고 있으며, 2008년 설치 이후 2013년부터 현재까지 한국청소년활동진흥원에서 위탁 운영하고 있다.

2. 다음의 ≪조건≫에 따라 ≪출력형태≫와 같이 표와 차트를 작성하시오. (100점)

표조건
(1) 표 전체(표, 캡션) – 굴림, 10pt
(2) 정렬 – 문자 : 가운데 정렬, 숫자 : 오른쪽 정렬
(3) 셀 배경(면색) : 노랑
(4) 한글의 계산 기능을 이용하여 빈칸에 평균(소수점 두 자리)을 구하고, 캡션 기능 사용할 것
(5) 선 모양은 ≪출력형태≫와 동일하게 처리할 것

출력형태

청소년국제교류 사업 효과성 변화(단위 : 점)

연도	2020년	2021년	2022년	2023년	평균
이해증진도	2.8	3.1	3.3	3.5	
시민의식	4.2	4.1	4.3	4.1	
가치관	3.6	4.2	4.7	4.1	
문화 개방성	3.5	4.1	4.4	4.9	

차트조건
(1) 차트 데이터는 표 내용에서 연도별 이해증진도, 시민의식, 가치관의 값만 이용할 것
(2) 종류 – <묶은 세로 막대형>으로 작업할 것
(3) 제목 – 글꼴 : 돋움, 진하게, 12pt
속성 : 채우기(밝은 색 : 하양), 테두리, 그림자(바깥쪽 : 대각선 오른쪽 아래)
(4) 제목 이외의 전체 글꼴 – 돋움, 보통, 10pt
(5) 축제목과 범례는 ≪출력형태≫와 동일하게 처리할 것

출력형태

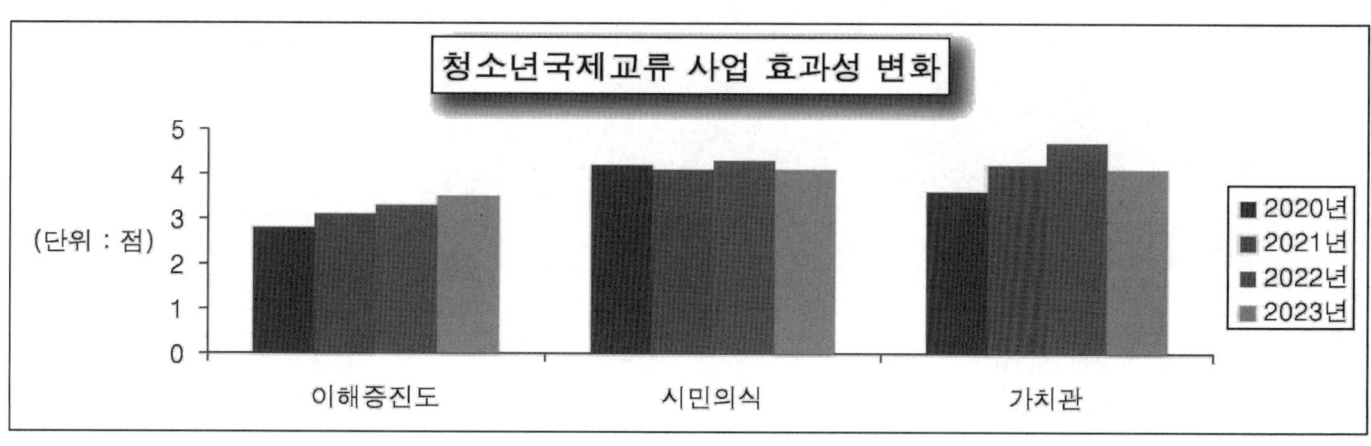

기능평가 II (150점)

3. 다음 (1), (2)의 수식을 수식 편집기로 각각 입력하시오. (40점)

출력형태

(1) $1 + \sqrt{3} = \dfrac{x^3 - (2x+5)^2}{x^3 - (x-2)}$

(2) $\Delta W = \dfrac{1}{2}m(f_x)^2 + \dfrac{1}{2}m(f_y)^2$

4. 다음의 ≪조건≫에 따라 ≪출력형태≫와 같이 문서를 작성하시오. (110점)

조건 (1) 그리기 도구를 이용하여 작성하고, 모든 도형(글맵시, 지정된 그림 포함)을 ≪출력형태≫와 같이 작성하시오.
(2) 도형의 면색은 지시사항이 없으면 색 없음을 제외하고 서로 다르게 임의로 지정하시오.

출력형태

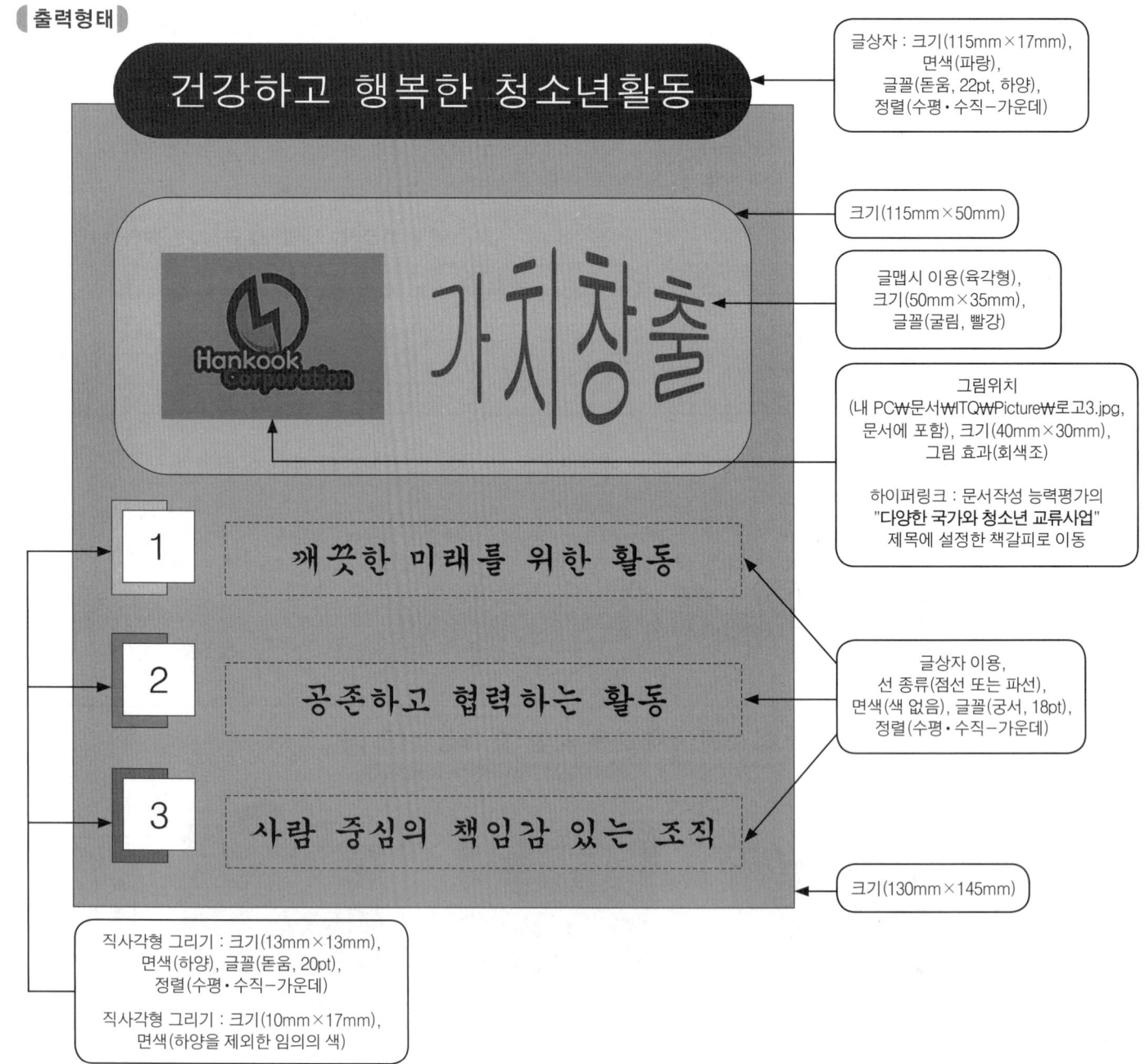

다양한 국가와 청소년 교류사업

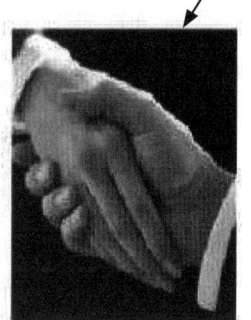

우리 사회가 점점 세계화 되어감에 따라 서로 다른 문화(文化) 배경을 지닌 사람들에 대하여 서로의 문화를 존중하고 공감할 줄 아는 능력이 점차 중요한 사회적 역량으로 대두되고 있다. 특히 청소년(靑少年)들은 우리 사회의 미래를 이끌어 나갈 것이므로 우리의 청소년들이 국제교류 활동을 통하여 국제 감각을 갖춘 글로벌 인재로 성장할 수 있는 환경을 조성하는 일은 더더욱 중요한 과제이다. 청소년의 국제 감각 함양 및 글로벌 역량 강화에 대한 중요성은 일찍이 인식되었다.

  외교부의 국제교류사업은 매우 방대하며 특정 나이, 대상은 없다. 주로 한국국제협력단㉠을 중심으로 이루어지고 있으며 지역이나 주제, 프로그램의 유형별로 기획이 되는데, 그중 청소년과 직접적으로 관련 있는 사업으로는 글로벌 인재 양성 사업이라고 볼 수 있다. 그간 활발히 추진되어 온 청소년 국제교류사업이 최근 들어 나타난 코로나 사태로 인하여 기존의 청소년 국제교류 활동을 위축시키는 결과를 낳았고, 기존의 방식과 같은 교류국 방문 형태의 교류가 사실상 어렵게 됨에 따라, 이에 대한 대응의 차원에서도 새로운 국제교류 운영방안이 필요한 실정이다.

♣ 청소년 교류센터의 역할

  A. 사업추진 방향
    ⓐ 청소년의 국제이해 증진 및 세계시민으로서 역량 강화
    ⓑ 국내외 청소년의 교류 다양화를 통한 상호이해와 신뢰 증진 등
  B. 주요 기능
    ⓐ 국제활동 중장기 계획 수립 및 연구
    ⓑ 국내외 청소년 교류활동 운영 및 협력에 관한 사항 등

♣ 청소년 국제교류사업 개요

사업명	대상	규모	근거
국가 간 청소년 교류	만 16세 - 만 24세	초청 150명, 파견 150명	청소년활동 진흥법 제54조 (국제 청소년 교류 활동의 지원)
국제회의 및 행사 파견		33명 내외	
해외자원 봉사단	만 15세 - 만 20세	약 140명	
국제 청소년 포럼	만 18세 - 만 24세	10여 개국 200명	
국제 청소년 캠페스트	초중고 청소년 및 지도자	20여 개국 5,000명	

청소년 교류센터

㉠ KOICA: 대한민국의 국제개발 사업을 주관하는 외교부 산하 위탁집행형 준정부기관

2회 기출문제

과목	코드	문제유형	시험시간	수험번호	성 명
아래 한글	1111	A	60분	20228012	

수험자 유의사항

- 수험자는 문제지를 받는 즉시 문제지와 **수험표상의 시험과목(프로그램)이 동일한지 반드시 확인**하여야 합니다.
- 파일명은 본인의 "수험번호-성명"으로 입력하여 답안폴더(내 PC₩문서₩ITQ)에 하나의 파일로 저장해야 하며, 답안문서 파일명이 "수험번호-성명"과 일치하지 않거나, 답안파일을 전송하지 않아 미제출로 처리될 경우 실격 처리합니다 (예 : 12345678-홍길동.hwpx).
- 답안 작성을 마치면 파일을 저장하고, '답안 전송' 버튼을 선택하여 감독위원 PC로 답안을 전송하십시오. 수험생 정보와 저장한 파일명이 다를 경우 전송되지 않으므로 주의하시기 바랍니다.
- 답안 작성 중에도 **주기적으로 저장하고 '답안 전송'** 하여야 문제 발생을 줄일 수 있습니다. 작업한 내용을 저장하지 않고 전송할 경우 이전에 저장된 내용이 전송되오니 이점 유의하시기 바랍니다.
- 답안문서는 지정된 경로 외의 다른 보조기억장치에 저장하는 경우, 지정된 시험 시간 외에 작성된 파일을 활용할 경우, 기타 통신 수단(이메일, 메신저, 네트워크 등)을 이용하여 타인에게 전달 또는 외부 반출하는 경우는 부정 처리합니다.
- 시험 중 부주의 또는 고의로 시스템을 파손한 경우는 수험자가 변상해야 하며, <수험자 유의사항>에 기재된 방법대로 이행하지 않아 생기는 불이익은 수험생 당사자의 책임임을 알려 드립니다.
- 문제의 조건은 한컴오피스 2022 버전으로 설정되어 있으니 유의하시기 바랍니다.
- 시험을 완료한 수험자는 답안파일이 전송되었는지 확인한 후 감독위원의 지시에 따라 문제지를 제출하고 퇴실합니다.

답안 작성 요령

- **온라인 답안 작성 절차**
  수험자 등록 ⇒ 시험 시작 ⇒ 답안파일 저장 ⇒ 답안 전송 ⇒ 시험 종료
- **공통 부문**
- 글꼴에 대한 기본설정은 함초롬바탕, 10포인트, 검정, 줄간격 160%, 양쪽정렬로 합니다.
- 색상은 조건의 색을 적용하고 색의 구분이 안될 경우에는 RGB 값을 적용합니다(빨강 255,0,0 / 파랑 0,0,255 / 노랑 255,255,0).
- 각 문항에 주어진 ≪조건≫에 따라 작성하고 언급하지 않은 조건은 ≪출력형태≫와 같이 작성합니다.
- 용지여백은 왼쪽·오른쪽 11㎜, 위쪽·아래쪽·머리말·꼬리말 10㎜, 제본 0㎜로 합니다.
- 그림 삽입 문제의 경우 「내 PC₩문서₩ITQ₩Picture」 폴더에서 지정된 파일을 선택하여 삽입하십시오.
- 삽입한 그림은 반드시 문서에 포함하여 저장해야 합니다(미포함 시 감점 처리).
- 각 항목은 지정된 페이지에 출력형태와 같이 정확히 작성하시기 바라며, 그렇지 않을 경우에 해당 항목은 0점 처리됩니다.
- ※ 페이지 구분 : 1페이지 - 기능평가 I (문제번호 표시 : 1. 2.),
   2페이지 - 기능평가 II (문제번호 표시 : 3. 4.),
   3페이지 - 문서작성 능력평가
- **기능평가**
- 문제와 ≪조건≫은 입력하지 않으며 문제번호와 답(≪출력형태≫)만 작성합니다.
- 4번 문제는 묶기를 했을 경우 0점 처리됩니다.
- **문서작성 능력평가**
- A4 용지(210㎜×297㎜) 1매 크기, 세로 서식 문서로 작성합니다.
- ( ) 표시는 문서작성에 대한 지시사항이므로 작성하지 않습니다.

kpc The Insight KPC
한국생산성본부

기능평가 I (150점)

1. 다음의 ≪조건≫에 따라 스타일 기능을 적용하여 ≪출력형태≫와 같이 작성하시오. (50점)

조건
(1) 스타일 이름 - metaverse
(2) 문단 모양 - 왼쪽 여백 : 15pt, 문단 아래 간격 : 10pt
(3) 글자 모양 - 글꼴 : 한글(돋움)/영문(굴림), 크기 : 10pt, 장평 : 95%, 자간 : 5%

출력형태

In order to revitalize and continue to grow various industrial ecosystems, it is necessary to establish leading governance and establish and operate a metaverse partnership organization that can lead.

다양한 산업 생태계의 활성화와 지속적인 성장을 위해서는 선도적 거버넌스의 정립이 필요하며 견인할 수 있는 메타버스 파트너십 기구를 설치하고 운영할 필요가 있다.

2. 다음의 ≪조건≫에 따라 ≪출력형태≫와 같이 표와 차트를 작성하시오. (100점)

표조건
(1) 표 전체(표, 캡션) - 돋움, 10pt
(2) 정렬 - 문자 : 가운데 정렬, 숫자 : 오른쪽 정렬
(3) 셀 배경(면색) : 노랑
(4) 한글의 계산 기능을 이용하여 빈칸에 합계를 구하고, 캡션 기능 사용할 것
(5) 선 모양은 ≪출력형태≫와 동일하게 처리할 것

출력형태

글로벌 메타버스 시장 전망(단위 : 10억 달러)

구분	2022	2023	2024	2025	합계
가상현실(VR)	13.4	27.8	79.4	138.3	
증강현실(AR)	33.0	67.9	193.8	338.1	
VR+AR	46.5	95.7	273.2	476.4	
기타	7.5	9.2	21.4	85.3	

차트조건
(1) 차트 데이터는 표 내용에서 연도별 가상현실(VR), 증강현실(AR), VR+AR의 값만 이용할 것
(2) 종류 - <묶은 세로 막대형>으로 작업할 것
(3) 제목 - 글꼴 : 굴림, 진하게, 12pt
   속성 : 채우기(밝은 색 : 하양), 테두리, 그림자(바깥쪽 : 대각선 오른쪽 아래)
(4) 제목 이외의 전체 글꼴 - 굴림, 보통, 10pt
(5) 축제목과 범례는 ≪출력형태≫와 동일하게 처리할 것

출력형태

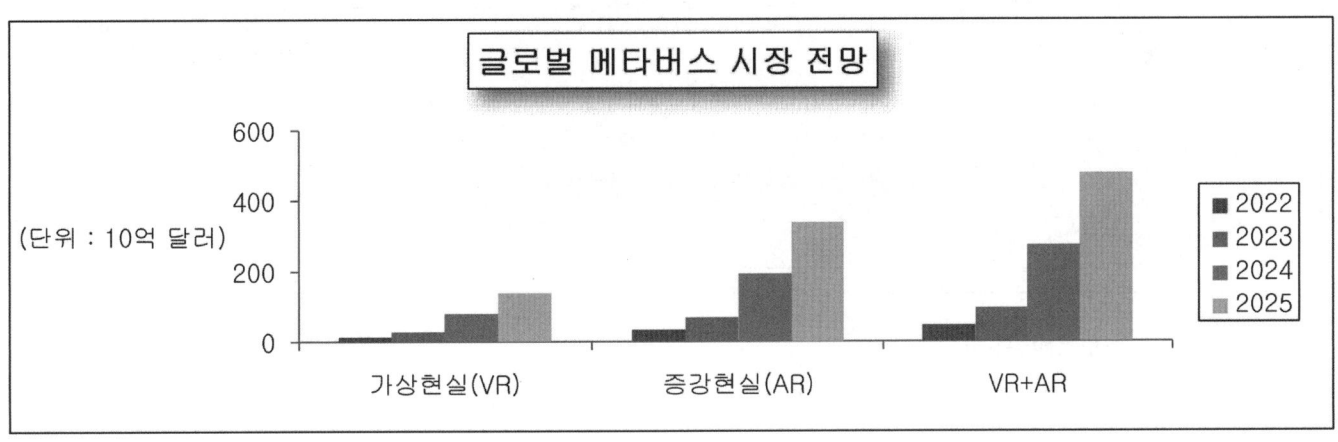

기능평가 II　　　150점

3. 다음 (1), (2)의 수식을 수식 편집기로 각각 입력하시오. (40점)

출력형태

(1) $K = \dfrac{a(1+r)((1+r)^n - 1)}{r}$　　(2) $\displaystyle\int_a^b xf(x)dx = \dfrac{1}{b-a}\int_a^b xdx = \dfrac{a+b}{2}$

4. 다음의 ≪조건≫에 따라 ≪출력형태≫와 같이 문서를 작성하시오. (110점)

조건　(1) 그리기 도구를 이용하여 작성하고, 모든 도형(글맵시, 지정된 그림 포함)을 ≪출력형태≫와 같이 작성하시오.
　　　　(2) 도형의 면색은 지시사항이 없으면 색 없음을 제외하고 서로 다르게 임의로 지정하시오.

출력형태

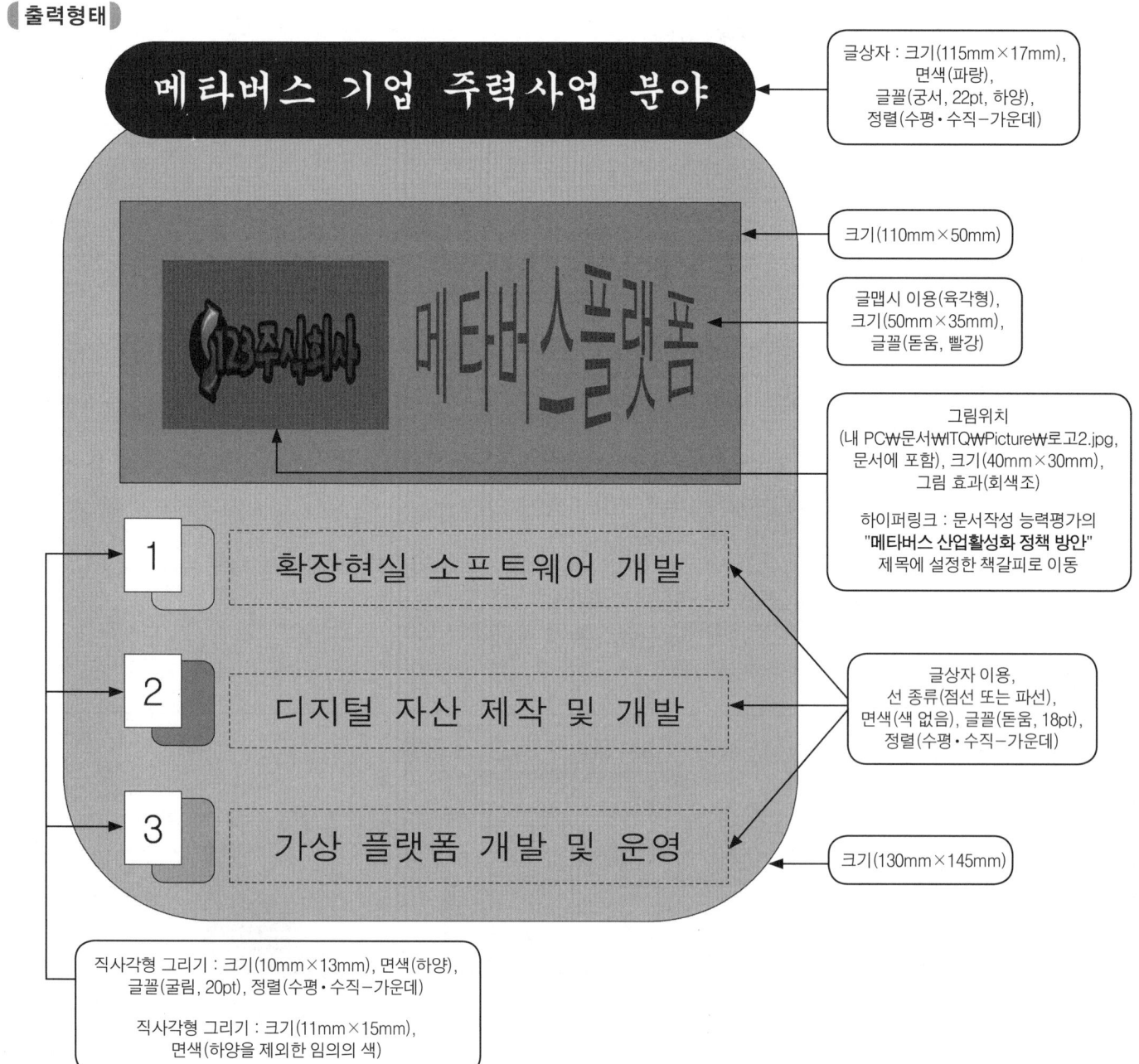

메타버스 산업활성화 정책 방안

<small>서울연구원</small>

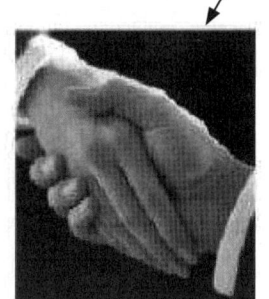

메타버스 산업활성화를 견인(牽引)하는 정책 거버넌스 확립을 위해 다원화된 주체가 참여하고 다양한 부문의 기업이 연계(連繫)하는 메타버스와 같은 산업에서는 산업발전을 선도하는 거버넌스가 긴요하다. 다양한 가치와 이해관계를 지닌 다수의 주체가 메타버스 세계에 참여해 콘텐츠 및 서비스 생산과 활용, 소비와 거래에 관여한다. 민관협력체계를 구축하여 메타버스 산업 활성화에 기여하고자 정부 주도의 메타버스 관련 거버넌스 기구로 '메타버스 얼라이언스'⑦가 설치되어 운영 중이다.

메타버스 얼라이언스는 운영위원회와 분과 및 프로젝트 그룹 운영 등을 통해 기업의 의견수렴과 신규과제 발굴, 협력활동을 지원하는 등의 역할을 수행한다. 메타버스 산업의 중심성 및 선도성을 지닌 서울시도 산업발전을 견인할 수 있는 자체적인 정책 거버넌스 확립이 필요하다. 다양한 정책 방안을 추진하기 위해서는 메타버스 산업육성 및 활성화를 뒷받침하는 조례의 마련, 메타버스 이용 활성화를 위한 제도적 환경의 재정비이다. 메타버스 이용을 제약할 수 있는 불합리한 요소를 최소화하고 이용을 촉진할 수 있는 적극적 환경을 조성하기 위한 관련 조례 제정, 법률 및 제도 정비, 공용플랫폼의 건전한 이용 환경 조성이 있다.

◆ 서울시 메타버스 산업 전략적 방안

가. 산업생태계 육성 및 기업 경쟁력 강화
  ㉠ 생태계에 속한 부문이나 업종의 균형적 성장
  ㉡ 기업들의 경쟁력 강화 지원
나. 메타버스 우수 인적자원 개발 지원
  ㉠ 메타버스 크리에이터 양성과정 설치 운영
  ㉡ 교육 훈련 과정을 이수한 인적자원 DB 구축

◆ 조사분석에 활용한 자료원

자료원	보유기관	자료원의 설명	기업 수
메타버스	얼라이언스	2021년 5월에 출범, 프로젝트 단위로 기업과 유관기관 참여 중	654개
	산업협회	가상현실산업협회와 모바일산업협회 공동 출범으로 회원사 모집	약 80개
	허브 입주기업	콘텐츠, 플랫폼, 디바이스 솔루션 기업 인큐베이팅 공간 입주	46개
스타트업	혁신의 숲	'메타버스/AR/VR' 관련 사업 등록된 스타트업 데이터베이스 활용	148개
	서울경제진흥원	유관기관 협력을 통해 서울XR실증센터 운영	39개

경제연구실

㉠ 정부 주도 민관협력체계 구축, 메타버스 산업 활성화 기여하고자 출범한 기구

3회 기출문제

과목	코드	문제유형	시험시간	수험번호	성 명
아래 한글	1111	A	60분	20228013	

수험자 유의사항

- 수험자는 문제지를 받는 즉시 문제지와 **수험표상의 시험과목(프로그램)이 동일한지 반드시 확인**하여야 합니다.
- 파일명은 본인의 "수험번호-성명"으로 입력하여 답안폴더(내 PC₩문서₩ITQ)에 하나의 파일로 저장해야 하며, 답안문서 파일명이 "수험번호-성명"과 일치하지 않거나, 답안파일을 전송하지 않아 미제출로 처리될 경우 실격 처리합니다.
  (예 : 12345678-홍길동.hwpx).
- 답안 작성을 마치면 파일을 저장하고, '답안 전송' 버튼을 선택하여 감독위원 PC로 답안을 전송하십시오. 수험생 정보와 저장한 파일명이 다를 경우 전송되지 않으므로 주의하시기 바랍니다.
- 답안 작성 중에도 **주기적으로 저장하고 '답안 전송'** 하여야 문제 발생을 줄일 수 있습니다. 작업한 내용을 저장하지 않고 전송할 경우 이전에 저장된 내용이 전송되오니 이점 유의하시기 바랍니다.
- 답안문서는 지정된 경로 외의 다른 보조기억장치에 저장하는 경우, 지정된 시험 시간 외에 작성된 파일을 활용할 경우, 기타 통신 수단(이메일, 메신저, 네트워크 등)을 이용하여 타인에게 전달 또는 외부 반출하는 경우는 부정 처리합니다.
- 시험 중 부주의 또는 고의로 시스템을 파손한 경우는 수험자가 변상해야 하며, <수험자 유의사항>에 기재된 방법대로 이행하지 않아 생기는 불이익은 수험생 당사자의 책임임을 알려 드립니다.
- 문제의 조건은 한컴오피스 2022 버전으로 설정되어 있으니 유의하시기 바랍니다.
- 시험을 완료한 수험자는 답안파일이 전송되었는지 확인한 후 감독위원의 지시에 따라 문제지를 제출하고 퇴실합니다.

답안 작성 요령

- **온라인 답안 작성 절차**
  수험자 등록 ⇒ 시험 시작 ⇒ 답안파일 저장 ⇒ 답안 전송 ⇒ 시험 종료
- **공통 부문**
  - 글꼴에 대한 기본설정은 함초롬바탕, 10포인트, 검정, 줄간격 160%, 양쪽정렬로 합니다.
  - 색상은 조건의 색을 적용하고 색의 구분이 안될 경우에는 RGB 값을 적용합니다(빨강 255,0,0 / 파랑 0,0,255 / 노랑 255,255,0).
  - 각 문항에 주어진 ≪조건≫에 따라 작성하고 언급하지 않은 조건은 ≪출력형태≫와 같이 작성합니다.
  - 용지여백은 왼쪽·오른쪽 11mm, 위쪽·아래쪽·머리말·꼬리말 10mm, 제본 0mm로 합니다.
  - 그림 삽입 문제의 경우「내 PC₩문서₩ITQ₩Picture」폴더에서 지정된 파일을 선택하여 삽입하십시오.
  - 삽입한 그림은 반드시 문서에 포함하여 저장해야 합니다(미포함 시 감점 처리).
  - 각 항목은 지정된 페이지에 출력형태와 같이 정확히 작성하시기 바라며, 그렇지 않을 경우에 해당 항목은 0점 처리됩니다.
  ※ 페이지 구분 : 1페이지 - 기능평가Ⅰ(문제번호 표시 : 1. 2.),
                  2페이지 - 기능평가Ⅱ(문제번호 표시 : 3. 4.),
                  3페이지 - 문서작성 능력평가
- **기능평가**
  - 문제와 ≪조건≫은 입력하지 않으며 문제번호와 답(≪출력형태≫)만 작성합니다.
  - 4번 문제는 묶기를 했을 경우 0점 처리됩니다.
- **문서작성 능력평가**
  - A4 용지(210mm×297mm) 1매 크기, 세로 서식 문서로 작성합니다.
  - ┌┄┄┐ 표시는 문서작성에 대한 지시사항이므로 작성하지 않습니다.

기능평가 I　　　　　　　　　　　　　　　　　　　　150점

1. 다음의 ≪조건≫에 따라 스타일 기능을 적용하여 ≪출력형태≫와 같이 작성하시오. (50점)

조건　(1) 스타일 이름 – future
　　　　(2) 문단 모양 – 첫 줄 들여쓰기 : 10pt, 문단 아래 간격 : 10pt
　　　　(3) 글자 모양 – 글꼴 : 한글(궁서)/영문(돋움), 크기 : 10pt, 장평 : 105%, 자간 : -5%

출력형태

　The purpose of this report is to analyze the major issues that our society faces in the present so that we can brace ourselves for the future by understanding the significance.

　미래는 현재와 공유될 때 구체적인 현실로 창조되고 다음 세대에게 공유될 때 구현 가능한 현실로 다시 태어날 것이므로 마음이 미래에 닿아 있는 우리에게 흥미로운 자극제가 되길 바란다.

2. 다음의 ≪조건≫에 따라 ≪출력형태≫와 같이 표와 차트를 작성하시오. (100점)

표조건　(1) 표 전체(표, 캡션) – 굴림, 10pt
　　　　(2) 정렬 – 문자 : 가운데 정렬, 숫자 : 오른쪽 정렬
　　　　(3) 셀 배경(면색) : 노랑
　　　　(4) 한글의 계산 기능을 이용하여 빈칸에 평균(소수점 두 자리)을 구하고, 캡션 기능 사용할 것
　　　　(5) 선 모양은 ≪출력형태≫와 동일하게 처리할 것

출력형태

세계 에너지 수요 전망(단위 : 백만 톤)

구분	2010년	2020년	2030년	2040년	평균
수력	321	394	471	542	
신재생	142	313	586	923	
원자력	642	855	1,052	1,211	
석유	4,194	4,491	4,692	4,764	

차트조건　(1) 차트 데이터는 표 내용에서 연도별 수력, 신재생, 원자력의 값만 이용할 것
　　　　　(2) 종류 – <묶은 세로 막대형>으로 작업할 것
　　　　　(3) 제목 – 글꼴 : 돋움, 진하게, 12pt
　　　　　　　　　속성 : 채우기(밝은 색 : 하양), 테두리, 그림자(바깥쪽 : 아래쪽)
　　　　　(4) 제목 이외의 전체 글꼴 – 돋움, 보통, 10pt
　　　　　(5) 축제목과 범례는 ≪출력형태≫와 동일하게 처리할 것

출력형태

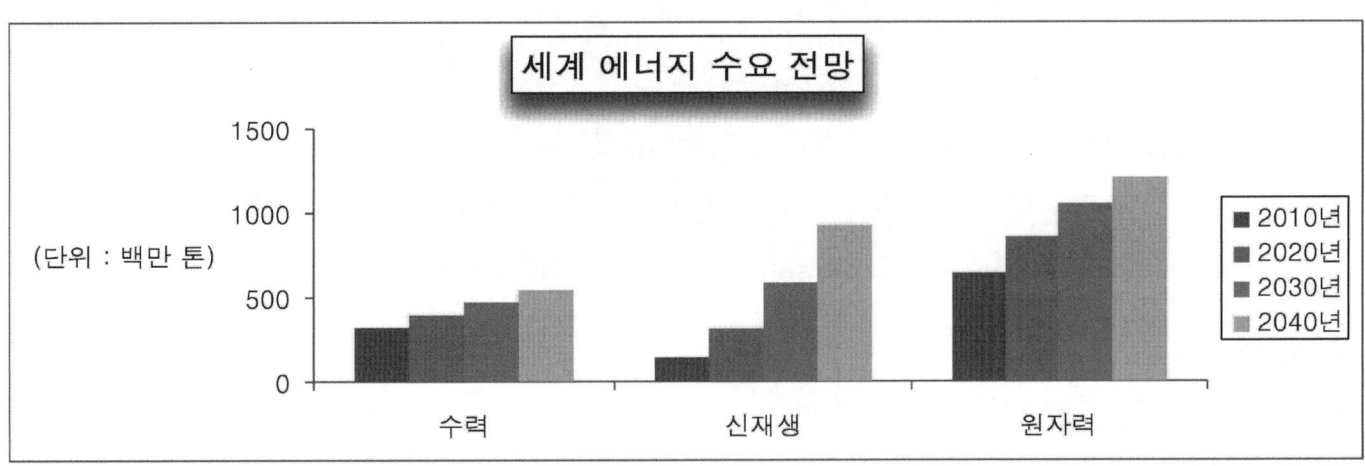

기능평가 II (150점)

3. 다음 (1), (2)의 수식을 수식 편집기로 각각 입력하시오. (40점)

출력형태

(1) $E = \sqrt{\dfrac{GM}{R}}, \dfrac{R^3}{T^2} = \dfrac{GM}{4\pi^2}$

(2) $\sum_{k=1}^{n} k^3 = \dfrac{n(n+1)}{2} = \sum_{k=1}^{n} k$

4. 다음의 《조건》에 따라 《출력형태》와 같이 문서를 작성하시오. (110점)

조건 (1) 그리기 도구를 이용하여 작성하고, 모든 도형(글맵시, 지정된 그림 포함)을 《출력형태》와 같이 작성하시오.
(2) 도형의 면색은 지시사항이 없으면 색 없음을 제외하고 서로 다르게 임의로 지정하시오.

출력형태

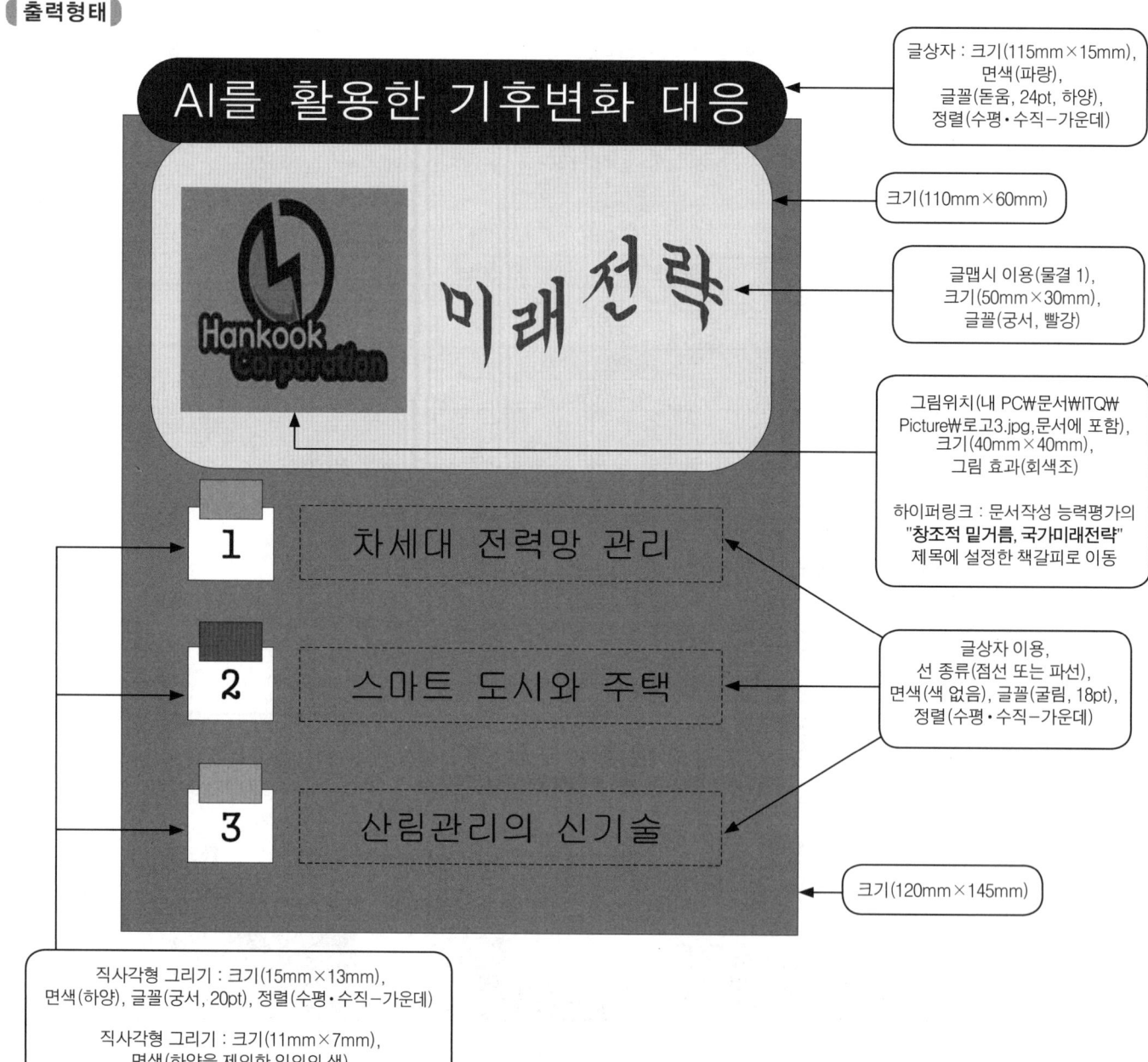

미래전략보고서

창조적 밑거름, 국가미래전략
(위기 극복을 위한)

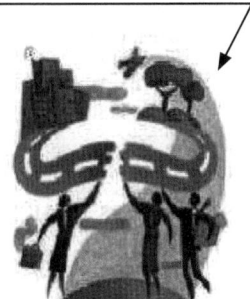

코로나19의 전 세계적 확산은 인간이 야생동물 서식지를 훼손(毁損)한 것이 하나의 원인이라는 지적이 나오고 있다. 이렇게 생태계의 파괴와 무분별한 사용에 따른 부작용은 부메랑이 되어 인간에게 되돌아오고 있다. 환경 생태의 중요성이 새삼 커지고 있는 가운데, 첨단기술이 환경 생태 분야에 적용될 경우 생물다양성, 기후변화, 생태계 서비스, 생태 복지 등에도 긍정적 영향을 끼칠 것이다. 환경의 변화가 기후변화를 가져오고, 다시 기후변화가 환경 변화를 일으키는 양방향의 상관관계에 대한 고찰을 통해 국토의 생태적 기능 증진, 생활환경 관련 이슈 해결 그리고 환경 변화에 대응한 회복력 확보 전략이 필요하다. 향후 대한민국 국민들이 경쟁주의와 경제성장 중심의 사고에서 벗어나 보다 물질적 풍요로움과 정신적 행복을 함께 추구하는 삶을 위해 노력해야 한다.

개인의 건강과 여가의 다양한 활용(活用)은 삶의 질을 중시하는 사회가 필수적으로 가져야 할 덕목이라는 점에는 이견이 없다. 환경과 에너지 측면에서 깨끗하고 청정한 사회, 범죄와 재난의 위험으로부터 안전한 사회가 삶의 질을 담보한다는 데도 이견은 없다. 그리고 이를 위한 미래전략Ⓐ은 필수이다.

♣ 미래전략 및 중점 과제

    I. 다양성 존중 및 지속 가능한 공존 사회 실현
        A. 개인화 및 가족 형태 다양화에 따른 존중 문화 형성
        B. 환경적 지속 가능성을 동반한 미래지향적 가치 추구
    II. 미래사회 삶의 질 인프라 선진화
        A. 쾌적한 생활환경 인프라 조성
        B. 안전하고 편리한 사회 구축 및 인프라 확충

♣ 과학기술 기반 가치 체계

정보통신 기술		생명공학 기술	
감성공학 로봇	웨어러블 디바이스	질병 예측 기술	인공장기
빅 데이터	스마트 카	줄기세포	유전자 치료
AI 공통플랫폼	교통예측, 가상비서	유전형질 변환	메모리 임플란트
소프트웨어 기술을 이용하여 정보를 수집, 생산, 가공, 보존, 활용하는 모든 방법		생물체의 기능을 이용하여 유용물질을 생산하는 등 인류 사회에 공헌하는 과학기술	

과학기술정보통신부

Ⓐ 양적 성장의 시대를 지나 삶의 질을 중시하는 라이프 스타일의 시대로 도약

기출문제

Information Technology Qualification

과목	코드	문제유형	시험시간	수험번호	성 명
아래 한글	1111	A	60분	20228014	

수 험 자 유 의 사 항

- 수험자는 문제지를 받는 즉시 문제지와 **수험표상의 시험과목(프로그램)이 동일한지 반드시 확인**하여야 합니다.
- 파일명은 본인의 "수험번호-성명"으로 입력하여 답안폴더(내 PC\문서\ITQ)에 하나의 파일로 저장해야 하며, 답안문서 파일명이 "수험번호-성명"과 일치하지 않거나, 답안파일을 전송하지 않아 미제출로 처리될 경우 실격 처리합니다 (예 : 12345678-홍길동.hwpx).
- 답안 작성을 마치면 파일을 저장하고, '답안 전송' 버튼을 선택하여 감독위원 PC로 답안을 전송하십시오. 수험생 정보와 저장한 파일명이 다를 경우 전송되지 않으므로 주의하시기 바랍니다.
- 답안 작성 중에도 **주기적으로 저장하고 '답안 전송'** 하여야 문제 발생을 줄일 수 있습니다. 작업한 내용을 저장하지 않고 전송할 경우 이전에 저장된 내용이 전송되오니 이점 유의하시기 바랍니다.
- 답안문서는 지정된 경로 외의 다른 보조기억장치에 저장하는 경우, 지정된 시험 시간 외에 작성된 파일을 활용할 경우, 기타 통신수단(이메일, 메신저, 네트워크 등)을 이용하여 타인에게 전달 또는 외부 반출하는 경우는 부정 처리합니다.
- 시험 중 부주의 또는 고의로 시스템을 파손한 경우는 수험자가 변상해야 하며, <수험자 유의사항>에 기재된 방법대로 이행하지 않아 생기는 불이익은 수험생 당사자의 책임임을 알려 드립니다.
- 문제의 조건은 한컴오피스 2022 버전으로 설정되어 있으니 유의하시기 바랍니다.
- 시험을 완료한 수험자는 답안파일이 전송되었는지 확인한 후 감독위원의 지시에 따라 문제지를 제출하고 퇴실합니다.

답 안 작 성 요 령

- **온라인 답안 작성 절차**
  수험자 등록 ⇒ 시험 시작 ⇒ 답안파일 저장 ⇒ 답안 전송 ⇒ 시험 종료
- **공통 부문**
- 글꼴에 대한 기본설정은 함초롬바탕, 10포인트, 검정, 줄간격 160%, 양쪽정렬로 합니다.
- 색상은 조건의 색을 적용하고 색의 구분이 안될 경우에는 RGB 값을 적용합니다(빨강 255,0,0 / 파랑 0,0,255 / 노랑 255,255,0).
- 각 문항에 주어진 ≪조건≫에 따라 작성하고 언급하지 않은 조건은 ≪출력형태≫와 같이 작성합니다.
- 용지여백은 왼쪽·오른쪽 11mm, 위쪽·아래쪽·머리말·꼬리말 10mm, 제본 0mm로 합니다.
- 그림 삽입 문제의 경우 「내 PC\문서\ITQ\Picture」 폴더에서 지정된 파일을 선택하여 삽입하십시오.
- 삽입한 그림은 반드시 문서에 포함하여 저장해야 합니다(미포함 시 감점 처리).
- 각 항목은 지정된 페이지에 출력형태와 같이 정확히 작성하시기 바라며, 그렇지 않을 경우에 해당 항목은 0점 처리됩니다.
- ※ 페이지 구분 : 1페이지 - 기능평가Ⅰ (문제번호 표시 : 1. 2.),
  2페이지 - 기능평가Ⅱ (문제번호 표시 : 3. 4.),
  3페이지 - 문서작성 능력평가
- **기능평가**
- 문제와 ≪조건≫은 입력하지 않으며 문제번호와 답(≪출력형태≫)만 작성합니다.
- 4번 문제는 묶기를 했을 경우 0점 처리됩니다.
- **문서작성 능력평가**
- A4 용지(210mm×297mm) 1매 크기, 세로 서식 문서로 작성합니다.
- 표시는 문서작성에 대한 지시사항이므로 작성하지 않습니다.

기능평가 I

1. 다음의 ≪조건≫에 따라 스타일 기능을 적용하여 ≪출력형태≫와 같이 작성하시오. (50점)

조건
(1) 스타일 이름 – expo
(2) 문단 모양 – 왼쪽 여백 : 15pt, 문단 아래 간격 : 10pt
(3) 글자 모양 – 글꼴 : 한글(굴림)/영문(돋움), 크기 : 10pt, 장평 : 95%, 자간 : 5%

출력형태

K-SAFETY EXPO 2024 is the largest market place of safety industry in Korea to introduce advanced technologies in safety industry of Korea to public.

대한민국 안전산업박람회는 우리나라의 선진안전산업을 선보이고 국내외 공공 바이어와 민간 바이어가 한자리에 모이는 국내 최대의 안전산업 마켓 플레이스이다.

2. 다음의 ≪조건≫에 따라 ≪출력형태≫와 같이 표와 차트를 작성하시오. (100점)

표조건
(1) 표 전체(표, 캡션) – 돋움, 10pt
(2) 정렬 – 문자 : 가운데 정렬, 숫자 : 오른쪽 정렬
(3) 셀 배경(면색) : 노랑
(4) 한글의 계산 기능을 이용하여 빈칸에 합계를 구하고, 캡션 기능 사용할 것
(5) 선 모양은 ≪출력형태≫와 동일하게 처리할 것

출력형태

연도별 안전산업박람회 참관객(단위 : 천 명)

구분	2020년	2021년	2022년	2023년	합계
20대	5.6	7.5	8.4	15.4	
30대	7.3	13.6	12.2	14.8	
40대	14.5	12.8	14.6	16.4	
50대 이상	6.2	7.4	9.2	11.7	

차트조건
(1) 차트 데이터는 표 내용에서 연도별 20대, 30대, 40대의 값만 이용할 것
(2) 종류 – <묶은 세로 막대형>으로 작업할 것
(3) 제목 – 글꼴 : 굴림, 진하게, 12pt
  속성 : 채우기(밝은 색 : 하양), 테두리, 그림자(바깥쪽 : 대각선 오른쪽 아래)
(4) 제목 이외의 전체 글꼴 – 굴림, 보통, 10pt
(5) 축제목과 범례는 ≪출력형태≫와 동일하게 처리할 것

출력형태

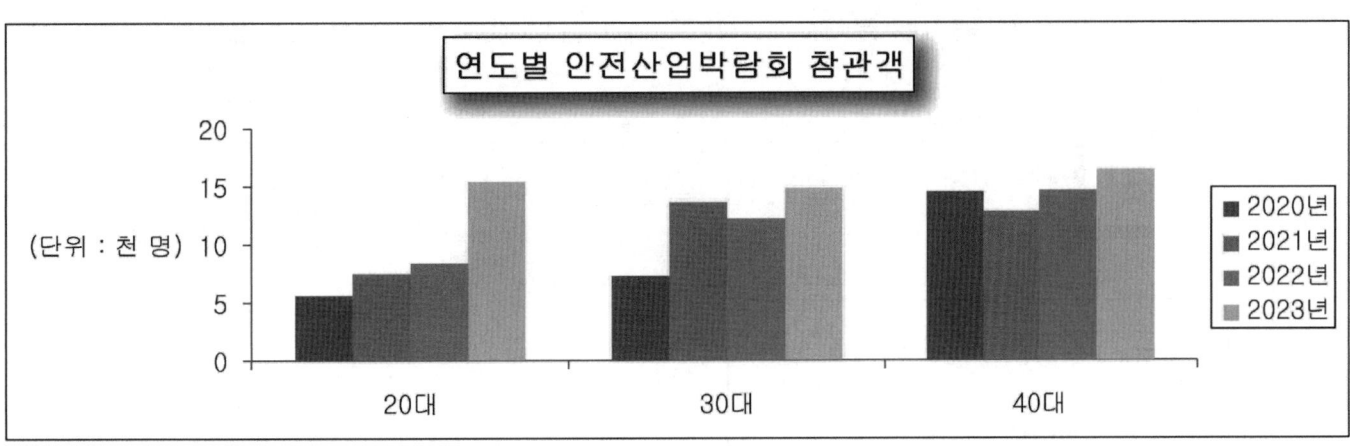

기능평가 II (150점)

3. 다음 (1), (2)의 수식을 수식 편집기로 각각 입력하시오. (40점)

출력형태

(1) $\int_{a}^{b} A(x-a)(x-b)dx = -\dfrac{A}{6}(b-a)^3$

(2) $A^3 + \sqrt{\dfrac{gL}{2\pi}} = \dfrac{gT}{2\pi}$

4. 다음의 ≪조건≫에 따라 ≪출력형태≫와 같이 문서를 작성하시오. (110점)

조건
(1) 그리기 도구를 이용하여 작성하고, 모든 도형(글맵시, 지정된 그림 포함)을 ≪출력형태≫와 같이 작성하시오.
(2) 도형의 면색은 지시사항이 없으면 색 없음을 제외하고 서로 다르게 임의로 지정하시오.

출력형태

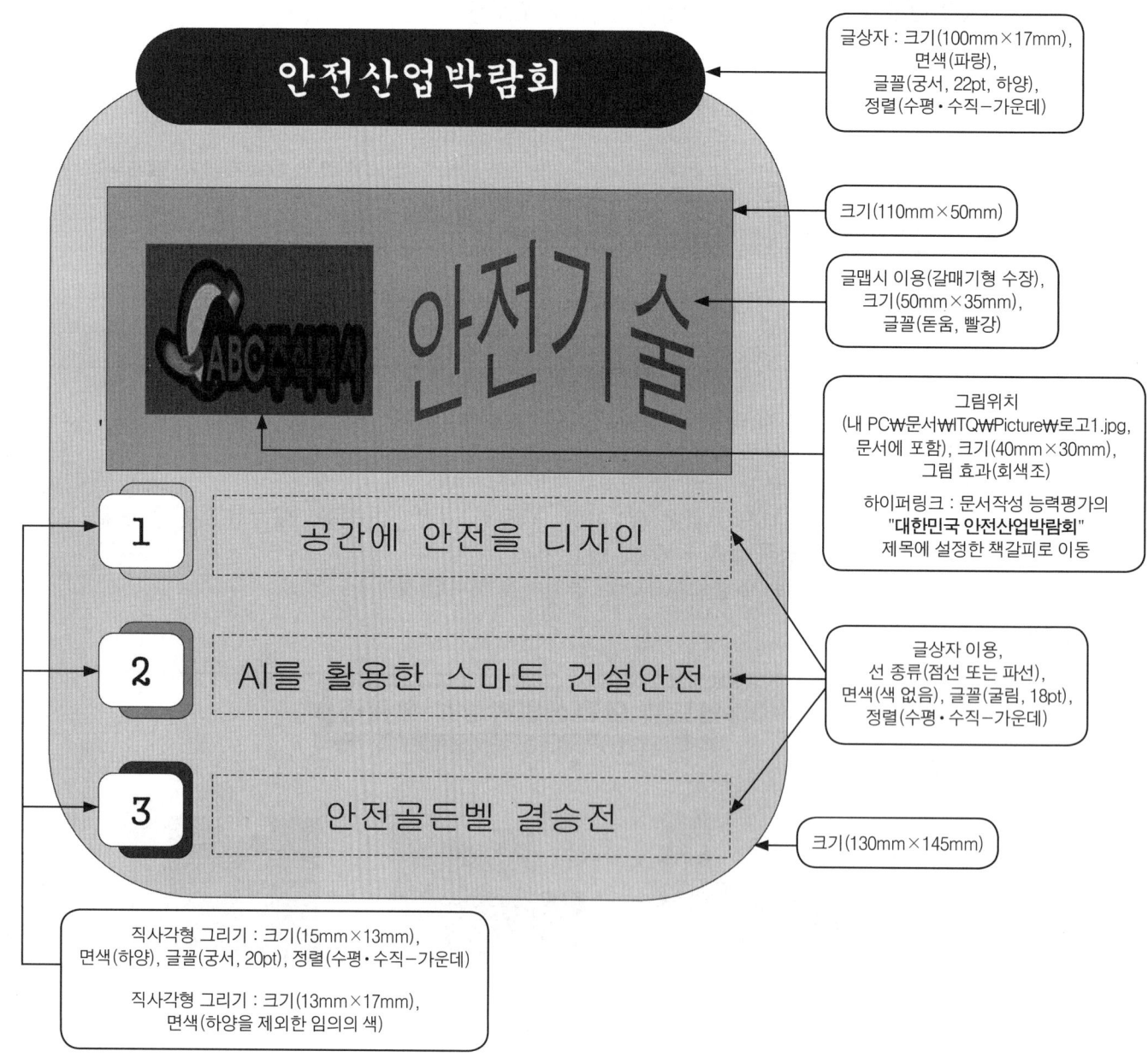

대한민국 안전산업박람회

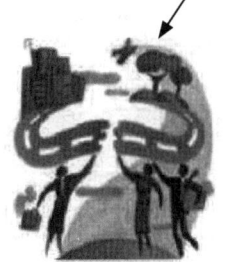

4차 산업혁명이 세계적인 흐름으로 이어지면서 안전산업 분야에도 태풍, 지진 등의 자연재해 예측(豫測)부터 화재, 추락 등의 산업 안전사고 대비까지 이전에는 없었던 새로운 방향의 기술이 등장해 접목되고 있다. 4차 산업혁명 기술을 접목한 첨단 안전제품들을 한자리에서 볼 수 있는 대한민국 안전산업박람회는 안전관련 정부부처, 지자체, 공공기관이 참여하여 범정부적으로 추진되는 국내 최대 규모의 안전산업 종합박람회로 부처별 안전관련 사업 정책, R&D, 콘퍼런스 등을 연계하여 전시회를 개최한다.

첨단기술을 활용한 혁신(革新) 안전제품을 선보이며 사회 전반의 안전에 대한 경각심을 고취하고 안전 관련 기업의 판로를 지원하는 대한민국 안전산업박람회는 로봇, 무인기, 생체인식, 인공지능, 사물인터넷 등의 다양한 신기술이 접목된 제품이 선보여지는 혁신성장관과 방재, 산업, 생활, 교통, 치안 등 분야별 안전제품을 볼 수 있는 안전제품관으로 나뉘어 진행된다. 또한 안전산업 관련 기관 및 기업들의 수출 상담회를 통해 양질의 해외 바이어를 만날 수 있는 비즈니스존과 VR㉮, AR 등을 활용한 지진체험, 항공기 안전체험 등을 할 수 있는 안전체험마을 등을 부대행사로 운영한다.

♥ 대한민국 안전산업박람회 개요

- 가. 기간 및 장소
    - ① 기간 : 2024. 1. 8 - 1. 11, 4일간
    - ② 장소 : 킨텍스 제1전시장
- 나. 주최 및 프로그램
    - ① 주최 : 행정안전부, 산업통상자원부, 경기도
    - ② 프로그램 : 전시, 컨퍼런스, 안전체험마을 등

♥ 국민안전체험관 체험안내

안전체험	세부코너	체험인원	체험연령
산악안전	바위타기-흔들다리건너기-계곡횡단하기	20명	초등생 이상
호우안전	침수공간탈출-침수계단탈출-침수차량탈출-수난구조체험		
지진안전	지진VR-지진붕괴대피-72시간생존		
응급안전	영유아 심폐소생술 및 기도폐쇄처치, 생활응급처치	30명	미취학 아동
키즈안전	지진대피-가정 내 안전사고-화재 대피-119신고-차량안전		

안전산업박람회사무국

㉮ 현실이 아닌데도 실제처럼 생각하고 보이게 하는 가상현실

5회 기출문제

과목	코드	문제유형	시험시간	수험번호	성 명
아래 한글	1111	A	60분	20228015	

수험자 유의사항

- 수험자는 문제지를 받는 즉시 문제지와 **수험표상의 시험과목(프로그램)이 동일한지 반드시 확인**하여야 합니다.
- 파일명은 본인의 "수험번호-성명"으로 입력하여 답안폴더(내 PC₩문서₩ITQ)에 하나의 파일로 저장해야 하며, 답안문서 파일명이 "수험번호-성명"과 일치하지 않거나, 답안파일을 전송하지 않아 미제출로 처리될 경우 실격 처리합니다 (예 : 12345678-홍길동.hwpx).
- 답안 작성을 마치면 파일을 저장하고, '답안 전송' 버튼을 선택하여 감독위원 PC로 답안을 전송하십시오. 수험생 정보와 저장한 파일명이 다를 경우 전송되지 않으므로 주의하시기 바랍니다.
- 답안 작성 중에도 **주기적으로 저장하고 '답안 전송'** 하여야 문제 발생을 줄일 수 있습니다. 작업한 내용을 저장하지 않고 전송할 경우 이전에 저장된 내용이 전송되오니 이점 유의하시기 바랍니다.
- 답안문서는 지정된 경로 외의 다른 보조기억장치에 저장하는 경우, 지정된 시험 시간 외에 작성된 파일을 활용할 경우, 기타 통신수단(이메일, 메신저, 네트워크 등)을 이용하여 타인에게 전달 또는 외부 반출하는 경우는 부정 처리합니다.
- 시험 중 부주의 또는 고의로 시스템을 파손한 경우는 수험자가 변상해야 하며, <수험자 유의사항>에 기재된 방법대로 이행하지 않아 생기는 불이익은 수험생 당사자의 책임임을 알려 드립니다.
- 문제의 조건은 한컴오피스 2022 버전으로 설정되어 있으니 유의하시기 바랍니다.
- 시험을 완료한 수험자는 답안파일이 전송되었는지 확인한 후 감독위원의 지시에 따라 문제지를 제출하고 퇴실합니다.

답 안 작 성 요 령

- **온라인 답안 작성 절차**
  수험자 등록 ⇒ 시험 시작 ⇒ 답안파일 저장 ⇒ 답안 전송 ⇒ 시험 종료
- **공통 부문**
  · 글꼴에 대한 기본설정은 함초롬바탕, 10포인트, 검정, 줄간격 160%, 양쪽정렬로 합니다.
  · 색상은 조건의 색을 적용하고 색의 구분이 안될 경우에는 RGB 값을 적용합니다(빨강 255,0,0 / 파랑 0,0,255 / 노랑 255,255,0).
  · 각 문항에 주어진 ≪조건≫에 따라 작성하고 언급하지 않은 조건은 ≪출력형태≫와 같이 작성합니다.
  · 용지여백은 왼쪽·오른쪽 11㎜, 위쪽·아래쪽·머리말·꼬리말 10㎜, 제본 0㎜로 합니다.
  · 그림 삽입 문제의 경우 「내 PC₩문서₩ITQ₩Picture」폴더에서 지정된 파일을 선택하여 삽입하십시오.
  · 삽입한 그림은 반드시 문서에 포함하여 저장해야 합니다(미포함 시 감점 처리).
  · 각 항목은 지정된 페이지에 출력형태와 같이 정확히 작성하시기 바라며, 그렇지 않을 경우에 해당 항목은 0점 처리됩니다.
  ※ 페이지 구분 : 1페이지 - 기능평가Ⅰ (문제번호 표시 : 1. 2.),
  　　　　　　　　2페이지 - 기능평가Ⅱ (문제번호 표시 : 3. 4.),
  　　　　　　　　3페이지 - 문서작성 능력평가
- **기능평가**
  · 문제와 ≪조건≫은 입력하지 않으며 문제번호와 답(≪출력형태≫)만 작성합니다.
  · 4번 문제는 묶기를 했을 경우 0점 처리됩니다.
- **문서작성 능력평가**
  · A4 용지(210㎜×297㎜) 1매 크기, 세로 서식 문서로 작성합니다.
  · (┄┄) 표시는 문서작성에 대한 지시사항이므로 작성하지 않습니다.

기능평가 I (150점)

1. 다음의 ≪조건≫에 따라 스타일 기능을 적용하여 ≪출력형태≫와 같이 작성하시오. (50점)

조건
(1) 스타일 이름 – ceramics
(2) 문단 모양 – 왼쪽 여백 : 15pt, 문단 아래 간격 : 10pt
(3) 글자 모양 – 글꼴 : 한글(돋움)/영문(궁서), 크기 : 10pt, 장평 : 95%, 자간 : -5%

출력형태

KICB 2022 looks at the past of the ceramic biennale and roles and meanings of ceramic art in the post COVID-19 era, and aspires to deliver messages of consolation and hope to those tired.

경기세계도자비엔날레는 도자비엔날레의 과거와 '포스트 코로나' 이후 도자예술의 의미를 짚어보고, 코로나로 지친 이들에게 도자예술을 통한 위로와 희망을 전하고자 한다.

2. 다음의 ≪조건≫에 따라 ≪출력형태≫와 같이 표와 차트를 작성하시오. (100점)

표조건
(1) 표 전체(표, 캡션) – 돋움, 10pt
(2) 정렬 – 문자 : 가운데 정렬, 숫자 : 오른쪽 정렬
(3) 셀 배경(면색) : 노랑
(4) 한글의 계산 기능을 이용하여 빈칸에 평균(소수점 두 자리)을 구하고, 캡션 기능 사용할 것
(5) 선 모양은 ≪출력형태≫와 동일하게 처리할 것

출력형태

도자비엔날레 관람객 현황(단위 : 천 명)

구분	2018년	2019년	2020년	2021년	평균
전시관	56	55	57	63	
체험관	52	50	61	62	
공연	53	56	54	59	
부대행사	49	48	56	51	

차트조건
(1) 차트 데이터는 표 내용에서 연도별 전시관, 체험관, 공연의 값만 이용할 것
(2) 종류 – <묶은 세로 막대형>으로 작업할 것
(3) 제목 – 글꼴 : 굴림, 진하게, 12pt
  속성 : 채우기(밝은 색 : 하양), 테두리, 그림자(바깥쪽 : 대각선 오른쪽 아래)
(4) 제목 이외의 전체 글꼴 – 굴림, 보통, 10pt
(5) 축제목과 범례는 ≪출력형태≫와 동일하게 처리할 것

출력형태

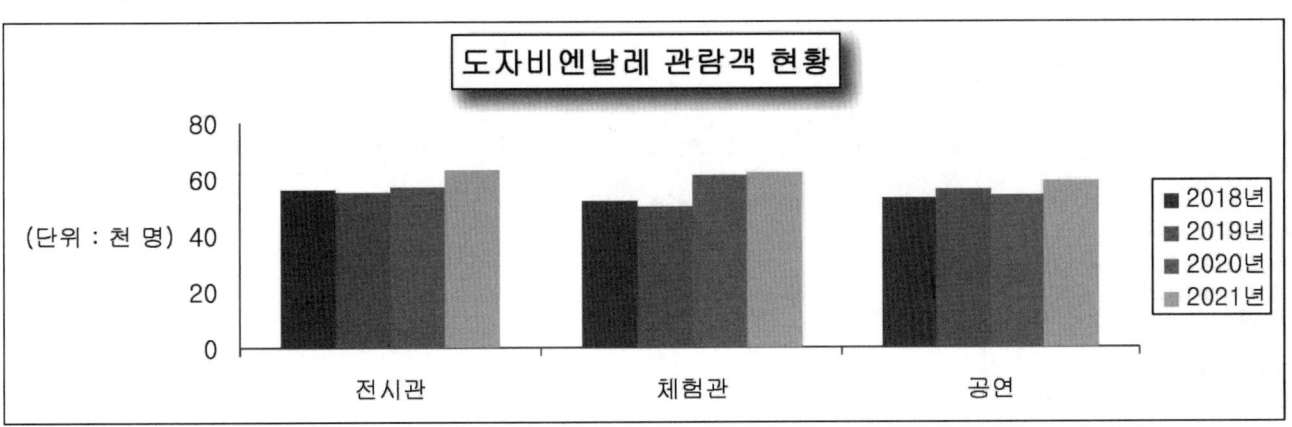

기능평가 II (150점)

3. 다음 (1), (2)의 수식을 수식 편집기로 각각 입력하시오. (40점)

《출력형태》

(1) $R \times 3 = \dfrac{360h}{2\pi(\phi_A - \phi_B)} \times 3$

(2) $\dfrac{a^4}{T^2} - 1 = \dfrac{G}{4\pi^2}(M+m)$

4. 다음의 《조건》에 따라 《출력형태》와 같이 문서를 작성하시오. (110점)

《조건》
(1) 그리기 도구를 이용하여 작성하고, 모든 도형(글맵시, 지정된 그림 포함)을 《출력형태》와 같이 작성하시오.
(2) 도형의 면색은 지시사항이 없으면 색 없음을 제외하고 서로 다르게 임의로 지정하시오.

《출력형태》

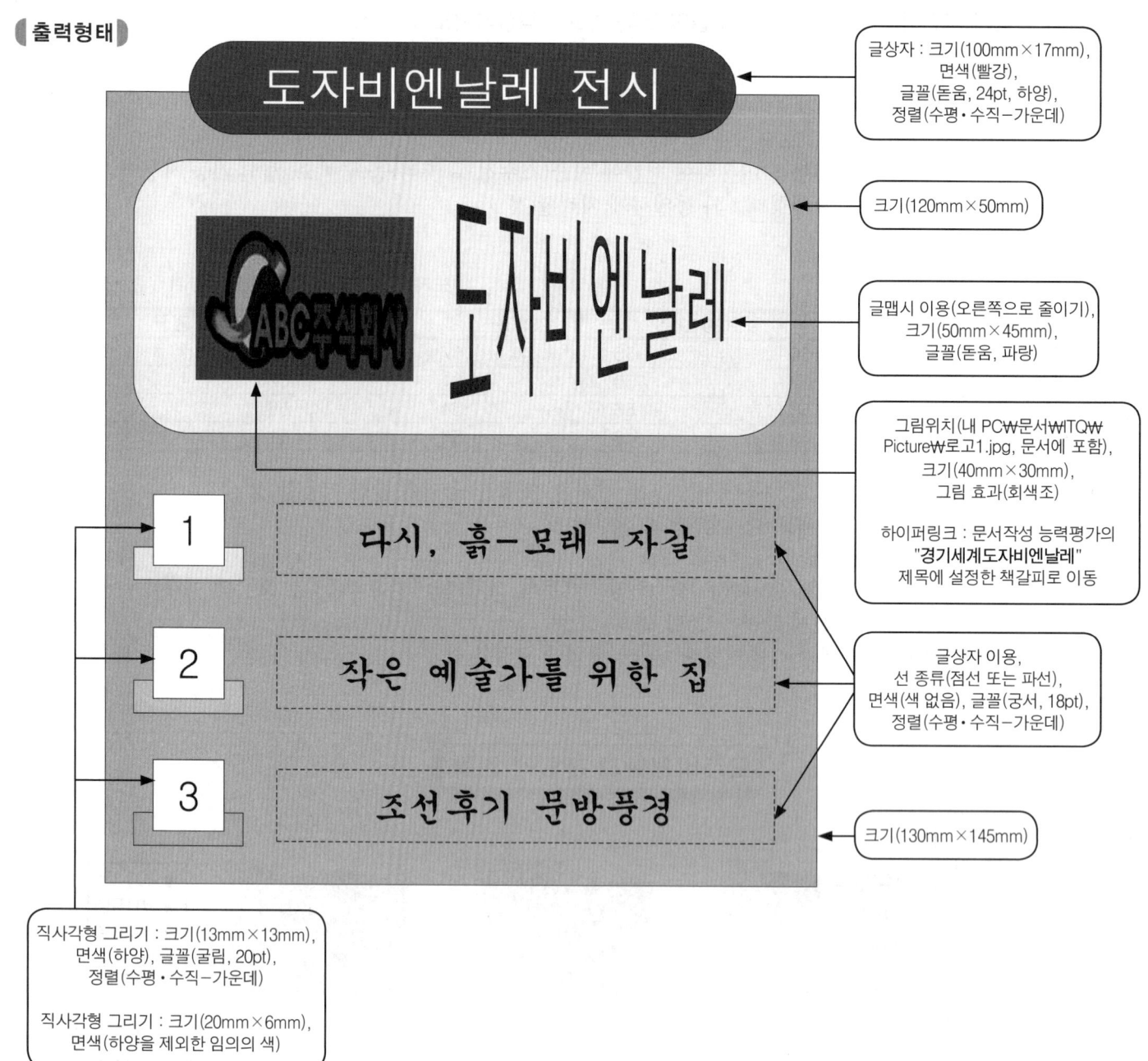

경기세계도자비엔날레
도자예술축제

경기세계도자비엔날레는 지난 2001년부터 개최되는 도자 분야의 최고 국제 행사이다. 전 세계 도예인들과 도자 애호가들이 한자리에 모여 도자 문화에 대해 교류하고 지구촌의 도자 흐름을 선도하는 창조의 장으로 자리매김한 본 축제는 한국 도자의 문화적 수준을 제고하여 도자의 대중화와 그 저변 확대에 앞장서고 있으며, 개최 지역인 경기도의 이천, 여주, 광주를 세계 도자의 중심지로 성장 및 발전시키는 원동력이 되고 있다.

이천의 세라피아를 살펴보면 약 13억 원에 달하는 폐도자 등을 활용한 도자 관광테마파크로서 문화시설, 놀이시설, 편의시설 등이 모두 도자 조형물로 꾸며져 있다. 세라믹과 유토피아ⓐ의 합성어로서 도자로 만든 유토피아를 의미하는 이곳은 관람객들과 도예인들에게 도자 체험의 기회(機會)와 창작활동의 장을 제공하는 복합 문화공간을 목표로 하고 있다. 여주의 도자세상은 반달미술관을 포함한 국내 최초의 도자 쇼핑문화관광지로 도자를 보고 사고 즐길 수 있다. 광주의 곤지암도자공원은 경기도자박물관, 스페인조각공원, 도자쇼핑몰, 한국정원 등 주변 단지를 통칭하는 새 이름이며 전통(傳統), 문화, 휴양 기능을 갖춘 복합 관광지이다.

♥ 작품 제작 기법 배워 보기

A. 오픈스튜디오
  1. 기간 : 2022년 5월 20일 - 5월 29일(10일간)
  2. 장소 : 경기생활도자미술관 1층
B. 어린이 예술가 체험
  1. 흙 반죽에 대해 배우고 발로 흙을 밟아보는 감각 체험
  2. 원하는 접시 모양을 선택 후 다양한 장식 기법 도자기 완성

♥ 도자비엔날레 국제공모전

구분	부문	수상자	작품명	상금	전시장소
대상	조형	보딜 만츠	건축적 부피	6,000만 원	이천
금상	생활	이윤아	초자연적인 01	2,000만 원	여주
	조형	클레어 린드너	거대한 바다짐승		이천
은상	생활	안토넬라 치마티	크레스피나	1,000만 원	여주
	조형	미카엘 기어트센	푸른 사물		이천

한국도자재단

ⓐ 인간이 생각할 수 있는 최선의 상태를 갖춘 완전한 사회

6회 기출문제

과목	코드	문제유형	시험시간	수험번호	성 명
아래 한글	1111	A	60분	20228016	

수험자 유의사항

- 수험자는 문제지를 받는 즉시 문제지와 **수험표상의 시험과목(프로그램)이 동일한지 반드시 확인**하여야 합니다.
- 파일명은 본인의 "수험번호-성명"으로 입력하여 답안폴더(내 PC\문서\ITQ)에 하나의 파일로 저장해야 하며, 답안문서 파일명이 "수험번호-성명"과 일치하지 않거나, 답안파일을 전송하지 않아 미제출로 처리될 경우 실격 처리합니다 (예 : 12345678-홍길동.hwpx).
- 답안 작성을 마치면 파일을 저장하고, '답안 전송' 버튼을 선택하여 감독위원 PC로 답안을 전송하십시오. 수험생 정보와 저장한 파일명이 다를 경우 전송되지 않으므로 주의하시기 바랍니다.
- 답안 작성 중에도 **주기적으로 저장하고 '답안 전송'** 하여야 문제 발생을 줄일 수 있습니다. 작업한 내용을 저장하지 않고 전송할 경우 이전에 저장된 내용이 전송되오니 이점 유의하시기 바랍니다.
- 답안문서는 지정된 경로 외의 다른 보조기억장치에 저장하는 경우, 지정된 시험 시간 외에 작성된 파일을 활용할 경우, 기타 통신수단(이메일, 메신저, 네트워크 등)을 이용하여 타인에게 전달 또는 외부 반출하는 경우는 부정 처리합니다.
- 시험 중 부주의 또는 고의로 시스템을 파손한 경우는 수험자가 변상해야 하며, <수험자 유의사항>에 기재된 방법대로 이행하지 않아 생기는 불이익은 수험생 당사자의 책임임을 알려 드립니다.
- 문제의 조건은 한컴오피스 2022 버전으로 설정되어 있으니 유의하시기 바랍니다.
- 시험을 완료한 수험자는 답안파일이 전송되었는지 확인한 후 감독위원의 지시에 따라 문제지를 제출하고 퇴실합니다.

답 안 작 성 요 령

- **온라인 답안 작성 절차**
  수험자 등록 ⇒ 시험 시작 ⇒ 답안파일 저장 ⇒ 답안 전송 ⇒ 시험 종료
- **공통 부문**
- 글꼴에 대한 기본설정은 함초롬바탕, 10포인트, 검정, 줄간격 160%, 양쪽정렬로 합니다.
- 색상은 조건의 색을 적용하고 색의 구분이 안될 경우에는 RGB 값을 적용합니다(빨강 255,0,0 / 파랑 0,0,255 / 노랑 255,255,0).
- 각 문항에 주어진 ≪조건≫에 따라 작성하고 언급하지 않은 조건은 ≪출력형태≫와 같이 작성합니다.
- 용지여백은 왼쪽·오른쪽 11㎜, 위쪽·아래쪽·머리말·꼬리말 10㎜, 제본 0㎜로 합니다.
- 그림 삽입 문제의 경우 「내 PC\문서\ITQ\Picture」 폴더에서 지정된 파일을 선택하여 삽입하십시오.
- 삽입한 그림은 반드시 문서에 포함하여 저장해야 합니다(미포함 시 감점 처리).
- 각 항목은 지정된 페이지에 출력형태와 같이 정확히 작성하시기 바라며, 그렇지 않을 경우에 해당 항목은 0점 처리됩니다.
- ※ 페이지 구분 : 1페이지 - 기능평가 I (문제번호 표시 : 1. 2.),
  2페이지 - 기능평가 II (문제번호 표시 : 3. 4.),
  3페이지 - 문서작성 능력평가
- **기능평가**
- 문제와 ≪조건≫은 입력하지 않으며 문제번호와 답(≪출력형태≫)만 작성합니다.
- 4번 문제는 묶기를 했을 경우 0점 처리됩니다.
- **문서작성 능력평가**
- A4 용지(210㎜×297㎜) 1매 크기, 세로 서식 문서로 작성합니다.
- ( ) 표시는 문서작성에 대한 지시사항이므로 작성하지 않습니다.

기능평가 I (150점)

1. 다음의 ≪조건≫에 따라 스타일 기능을 적용하여 ≪출력형태≫와 같이 작성하시오. (50점)

조건
(1) 스타일 이름 – dementia
(2) 문단 모양 – 왼쪽 여백 : 15pt, 문단 아래 간격 : 10pt
(3) 글자 모양 – 글꼴 : 한글(궁서)/영문(돋움), 크기 : 10pt, 장평 : 95%, 자간 : 5%

출력형태

Dementia is not a natural consequence of aging. Memory loss due to aging is usually limited to trivial matters and does not seriously interfere with an individual's daily life.

나이가 들면서 생기는 기억력 저하는 대개 사소한 일들에 국한되어 있으며, 개인의 일상생활에 심각한 지장을 주지는 않는다. 그러나 치매는 나이가 들어서 생기는 자연스러운 결과가 아니다.

2. 다음의 ≪조건≫에 따라 ≪출력형태≫와 같이 표와 차트를 작성하시오. (100점)

표조건
(1) 표 전체(표, 캡션) – 굴림, 10pt
(2) 정렬 – 문자 : 가운데 정렬, 숫자 : 오른쪽 정렬
(3) 셀 배경(면색) : 노랑
(4) 한글의 계산 기능을 이용하여 빈칸에 합계를 구하고, 캡션 기능 사용할 것
(5) 선 모양은 ≪출력형태≫와 동일하게 처리할 것

출력형태

재가 노인 복지 시설 서비스 현황(단위 : 10개소)

연도	2019년	2020년	2021년	2022년	합계
방문 요양	15	27	42	58	
주야간 보호	18	23	26	30	
단기 보호	8	7	6	7	
방문간호	6	10	1	2	

차트조건
(1) 차트 데이터는 표 내용에서 연도별 방문 요양, 주야간 보호, 단기 보호 값만 이용할 것
(2) 종류 – <묶은 세로 막대형>으로 작업할 것
(3) 제목 – 글꼴 : 굴림, 진하게, 12pt
     속성 : 채우기(밝은 색 : 하양), 테두리, 그림자(바깥쪽 : 대각선 오른쪽 아래)
(4) 제목 이외의 전체 글꼴 – 굴림, 보통, 10pt
(5) 축제목과 범례는 ≪출력형태≫와 동일하게 처리할 것

출력형태

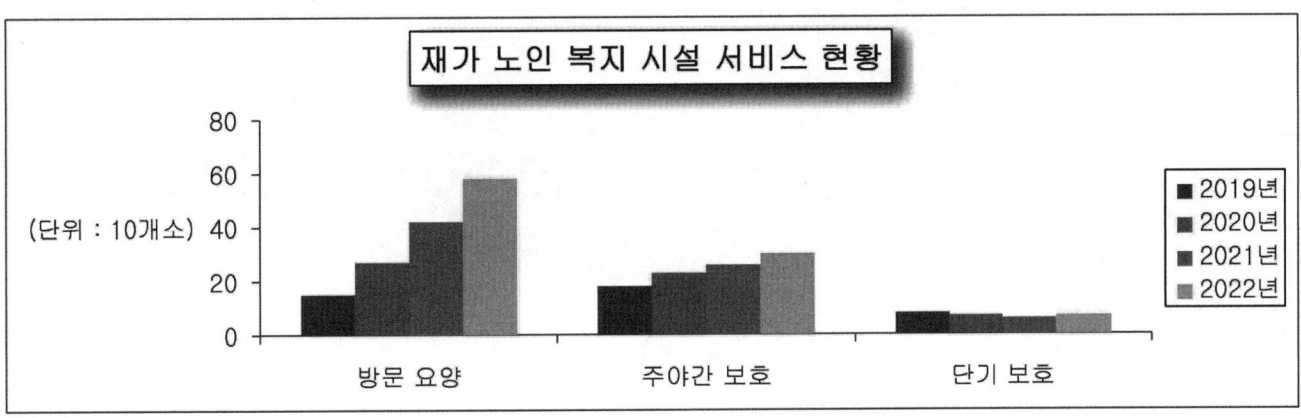

기능평가 II

3. 다음 (1), (2)의 수식을 수식 편집기로 각각 입력하시오. (40점)

출력형태

(1) $U_a - U_b = \dfrac{GmM}{a} - \dfrac{GmM}{b} = \dfrac{GmM}{2R}$

(2) $V = \dfrac{1}{R} \displaystyle\int_0^q qdq = \dfrac{1}{2}\dfrac{q^2}{R}$

4. 다음의 ≪조건≫에 따라 ≪출력형태≫와 같이 문서를 작성하시오. (110점)

조건
(1) 그리기 도구를 이용하여 작성하고, 모든 도형(글맵시, 지정된 그림 포함)을 ≪출력형태≫와 같이 작성하시오.
(2) 도형의 면색은 지시사항이 없으면 색 없음을 제외하고 서로 다르게 임의로 지정하시오.

출력형태

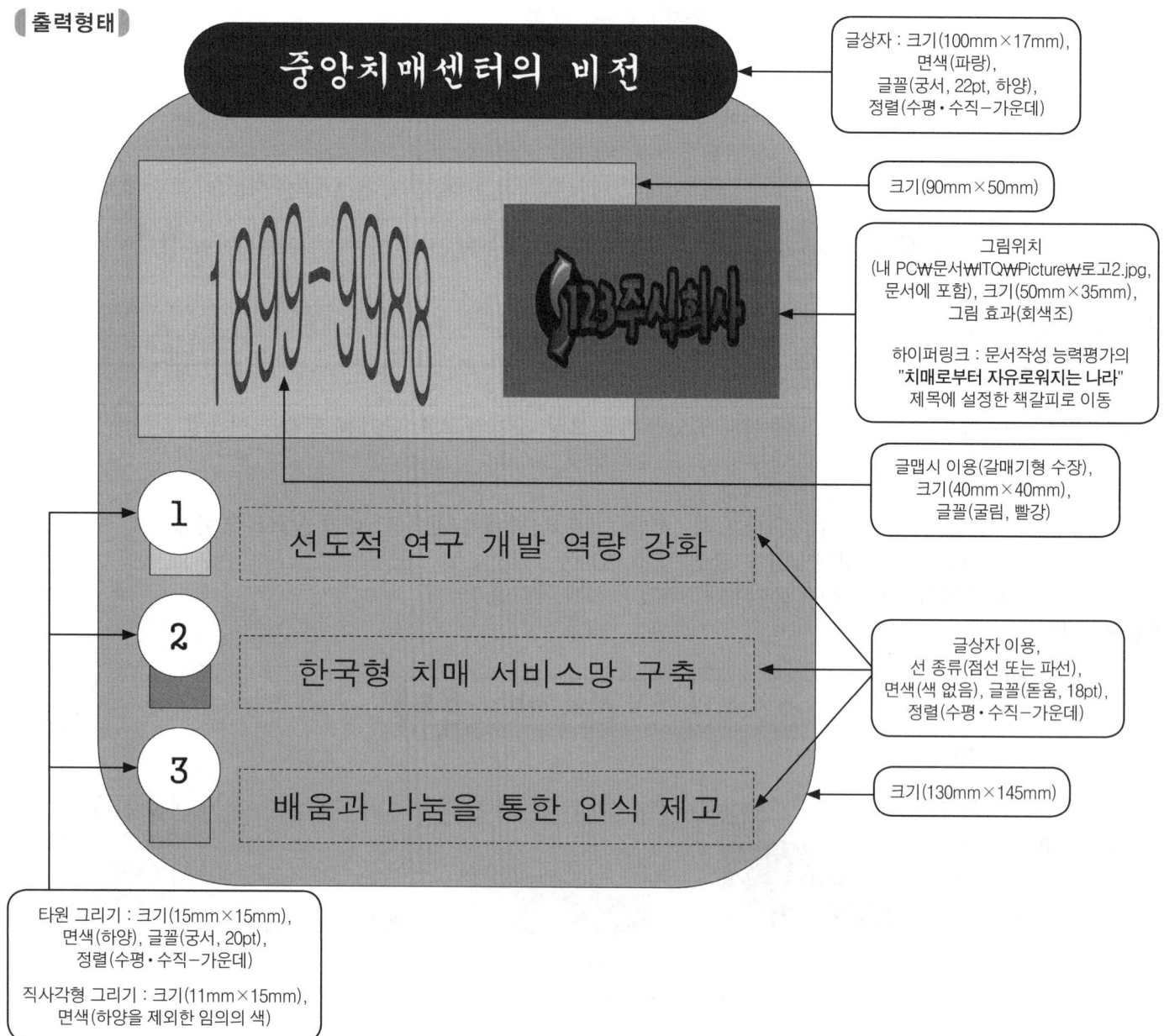

치매로부터 자유로워지는 나라

365일 상담서비스

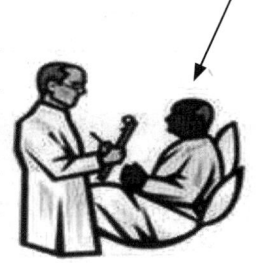

급속한 고령화로 치매 규모는 더 커져 2024년에는 100만 명을 넘어설 것으로 추정된다. 1인 가구는 확대되고 노인은 더욱 가난해졌다. 돌봄의 위기에 치매는 더욱 혹독한 재난이 된다. 치매(癡呆)는 개인, 가족, 지역 공동체를 넘어 국가가 풀어야 하는 현대사회의 가장 치명적 문제의 하나이다. 치매는 정상적으로 생활해 오던 사람에게 후천적인 다양한 원인으로 기억력을 비롯한 여러 가지 인지기능의 장애가 나타나 일상생활을 혼자 하기 어려울 정도로 심한 영향을 주는 상태를 말한다. 어떤 하나의 질병명이 아니라 특정한 조건에서 여러 증상이 함께 나타나는 증상들의 묶음이다. 이러한 치매 상태를 유발할 수 있는 질환 중 가장 대표적인 것이 알츠하이머ⓐ병과 혈관성 치매이며 그 외 루이체 치매, 전두측두엽 치매 등이 있다.

정부는 최근 전국에 걸쳐 256개 치매안심센터를 열고 예방부터 돌봄까지 환자 중심의 치매 관리 시스템을 구축하였다. 동시에 누구도 경험하지 못한 치매 환경의 변화(變化)에 대응하기 위해서 더 유연하면서도 일사불란하게 움직이는 국가 체계, 전국 치매 기관 간의 유기적 연계와 협력 체계도 강화되어야 한다.

◆ 노인복지시설 종류

1. 여가 및 재가 노인 시설
   ① 여가시설 : 노인복지회관, 경로당, 노인 교실
   ② 재가시설 : 방문 요양, 방문 목욕, 방문 간호, 주야간 보호 등
2. 노인 주거 및 의료 시설
   ① 주거시설 : 양로시설, 노인 공동생활 가정, 노인복지주택
   ② 의료시설 : 노인요양시설, 노인 요양 공동생활 가정

◆ 노인의 사회 활동 기반 조성

구분	유형	주요 내용	예산지원	활동 성격
공공성	공익활동 / 재능 나눔	자기만족과 성취감 / 지역 재능봉사	지자체 / 민간	봉사
	사회 서비스형	지역사회 돌봄, 안전 관련 서비스 일자리	지자체	근로
민간형	고령자 친화 기업	고령자를 고용하는 기업 설립 지원	민간	
	시니어 인턴십	기업에 인건비를 지원 / 계속 고용을 유도		

중앙치매센터

ⓐ 치매를 일으키는 가장 흔한 퇴행성 뇌질환으로 매우 서서히 발병하여 점진적으로 진행

제7회 기출문제

Information Technology Qualification

과목	코드	문제유형	시험시간	수험번호	성 명
아래 한글	1111	A	60분	20228017	

수 험 자 유 의 사 항

- 수험자는 문제지를 받는 즉시 문제지와 **수험표상의 시험과목(프로그램)이 동일한지 반드시 확인**하여야 합니다.
- 파일명은 본인의 "수험번호-성명"으로 입력하여 답안폴더(내 PC₩문서₩ITQ)에 하나의 파일로 저장해야 하며, 답안문서 파일명이 "수험번호-성명"과 일치하지 않거나, 답안파일을 전송하지 않아 미제출로 처리될 경우 실격 처리합니다 (예 : 12345678-홍길동.hwpx).
- 답안 작성을 마치면 파일을 저장하고, '답안 전송' 버튼을 선택하여 감독위원 PC로 답안을 전송하십시오. 수험생 정보와 저장한 파일명이 다를 경우 전송되지 않으므로 주의하시기 바랍니다.
- 답안 작성 중에도 **주기적으로 저장하고 '답안 전송'** 하여야 문제 발생을 줄일 수 있습니다. 작업한 내용을 저장하지 않고 전송할 경우 이전에 저장된 내용이 전송되오니 이점 유의하시기 바랍니다.
- 답안문서는 지정된 경로 외의 다른 보조기억장치에 저장하는 경우, 지정된 시험 시간 외에 작성된 파일을 활용할 경우, 기타 통신수단(이메일, 메신저, 네트워크 등)을 이용하여 타인에게 전달 또는 외부 반출하는 경우는 부정 처리합니다.
- 시험 중 부주의 또는 고의로 시스템을 파손한 경우는 수험자가 변상해야 하며, <수험자 유의사항>에 기재된 방법대로 이행하지 않아 생기는 불이익은 수험생 당사자의 책임임을 알려 드립니다.
- 문제의 조건은 한컴오피스 2022 버전으로 설정되어 있으니 유의하시기 바랍니다.
- 시험을 완료한 수험자는 답안파일이 전송되었는지 확인한 후 감독위원의 지시에 따라 문제지를 제출하고 퇴실합니다.

답 안 작 성 요 령

- **온라인 답안 작성 절차**
  수험자 등록 ⇒ 시험 시작 ⇒ 답안파일 저장 ⇒ 답안 전송 ⇒ 시험 종료
- **공통 부문**
- 글꼴에 대한 기본설정은 함초롬바탕, 10포인트, 검정, 줄간격 160%, 양쪽정렬로 합니다.
- 색상은 조건의 색을 적용하고 색의 구분이 안될 경우에는 RGB 값을 적용합니다(빨강 255,0,0 / 파랑 0,0,255 / 노랑 255,255,0).
- 각 문항에 주어진 ≪조건≫에 따라 작성하고 언급하지 않은 조건은 ≪출력형태≫와 같이 작성합니다.
- 용지여백은 왼쪽·오른쪽 11㎜, 위쪽·아래쪽·머리말·꼬리말 10㎜, 제본 0㎜로 합니다.
- 그림 삽입 문제의 경우 「내 PC₩문서₩ITQ₩Picture」 폴더에서 지정된 파일을 선택하여 삽입하십시오.
- 삽입한 그림은 반드시 문서에 포함하여 저장해야 합니다(미포함 시 감점 처리).
- 각 항목은 지정된 페이지에 출력형태와 같이 정확히 작성하시기 바라며, 그렇지 않을 경우에 해당 항목은 0점 처리됩니다.
- ※ 페이지 구분 : 1페이지 – 기능평가 I (문제번호 표시 : 1. 2.),
              2페이지 – 기능평가 II (문제번호 표시 : 3. 4.),
              3페이지 – 문서작성 능력평가
- **기능평가**
- 문제와 ≪조건≫은 입력하지 않으며 문제번호와 답(≪출력형태≫)만 작성합니다.
- 4번 문제는 묶기를 했을 경우 0점 처리됩니다.
- **문서작성 능력평가**
- A4 용지(210㎜×297㎜) 1매 크기, 세로 서식 문서로 작성합니다.
- 표시는 문서작성에 대한 지시사항이므로 작성하지 않습니다.

kpc The Insight KPC 한국생산성본부

기능평가 I 150점

1. 다음의 ≪조건≫에 따라 스타일 기능을 적용하여 ≪출력형태≫와 같이 작성하시오. (50점)

조건
(1) 스타일 이름 – education
(2) 문단 모양 – 왼쪽 여백 : 15pt, 문단 아래 간격 : 10pt
(3) 글자 모양 – 글꼴 : 한글(돋움)/영문(굴림), 크기 : 10pt, 장평 : 95%, 자간 : 5%

출력형태

Lifelong education is the "ongoing, voluntary, and self-motivated" pursuit of knowledge and this is being recognized by traditional schools.

평생교육은 개인 또는 직업적인 이유를 위해 "지속적, 자발적, 자기 동기부여"로 지식을 추구하는 것으로, 학교에서도 인정받고 있으며 국가는 평생교육을 진흥하고 있다.

2. 다음의 ≪조건≫에 따라 ≪출력형태≫와 같이 표와 차트를 작성하시오. (100점)

표조건
(1) 표 전체(표, 캡션) – 굴림, 10pt
(2) 정렬 – 문자 : 가운데 정렬, 숫자 : 오른쪽 정렬
(3) 셀 배경(면색) : 노랑
(4) 한글의 계산 기능을 이용하여 빈칸에 평균(소수점 두 자리)을 구하고, 캡션 기능 사용할 것
(5) 선 모양은 ≪출력형태≫와 동일하게 처리할 것

출력형태

지역별 학급당 학생수(단위 : 명)

구분	유치원	초등학교	중학교	고등학교	평균
부산	17	21	24	20	
대구	19	21	23	22	
인천	17	21	25	22	
광주	17	20	23	23	✕

차트조건
(1) 차트 데이터는 표 내용에서 구분별 부산, 대구, 인천의 값만 이용할 것
(2) 종류 – <묶은 세로 막대형>으로 작업할 것
(3) 제목 – 글꼴 : 돋움, 진하게, 12pt
          속성 : 채우기(밝은 색 : 하양), 테두리, 그림자(바깥쪽 : 대각선 오른쪽 아래)
(4) 제목 이외의 전체 글꼴 – 돋움, 보통, 10pt
(5) 축제목과 범례는 ≪출력형태≫와 동일하게 처리할 것

출력형태

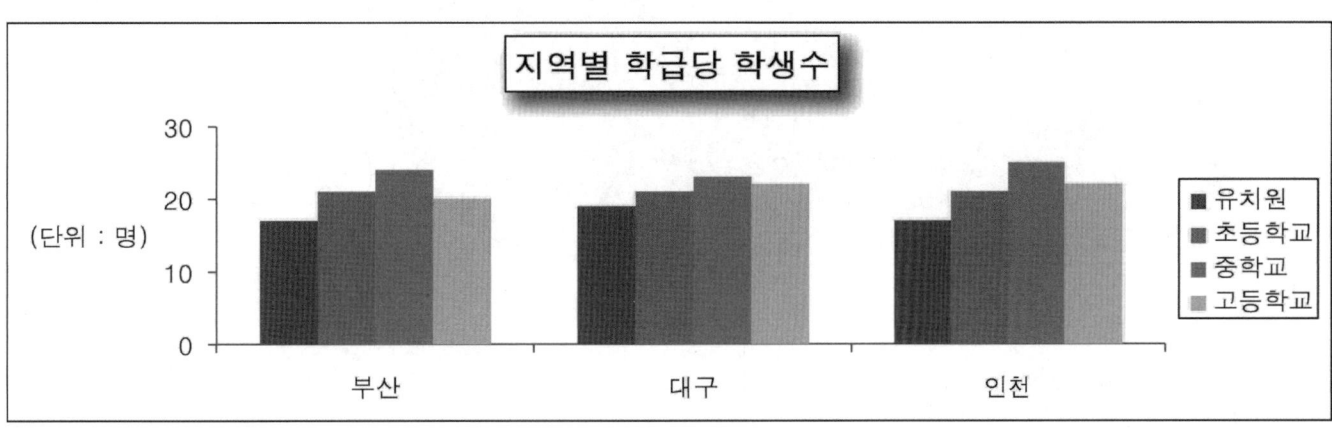

기능평가 II (150점)

3. 다음 (1), (2)의 수식을 수식 편집기로 각각 입력하시오. (40점)

출력형태

(1) $\dfrac{h_1}{h_2} = (\sqrt{a})^{M_2 - M_1} \fallingdotseq 2.5^{M_2 - M_1}$

(2) $h = \sqrt{k^2 - r^2}, M = \dfrac{1}{3}\pi r^2 h$

4. 다음의 ≪조건≫에 따라 ≪출력형태≫와 같이 문서를 작성하시오. (110점)

조건 (1) 그리기 도구를 이용하여 작성하고, 모든 도형(글맵시, 지정된 그림 포함)을 ≪출력형태≫와 같이 작성하시오.
(2) 도형의 면색은 지시사항이 없으면 색 없음을 제외하고 서로 다르게 임의로 지정하시오.

출력형태

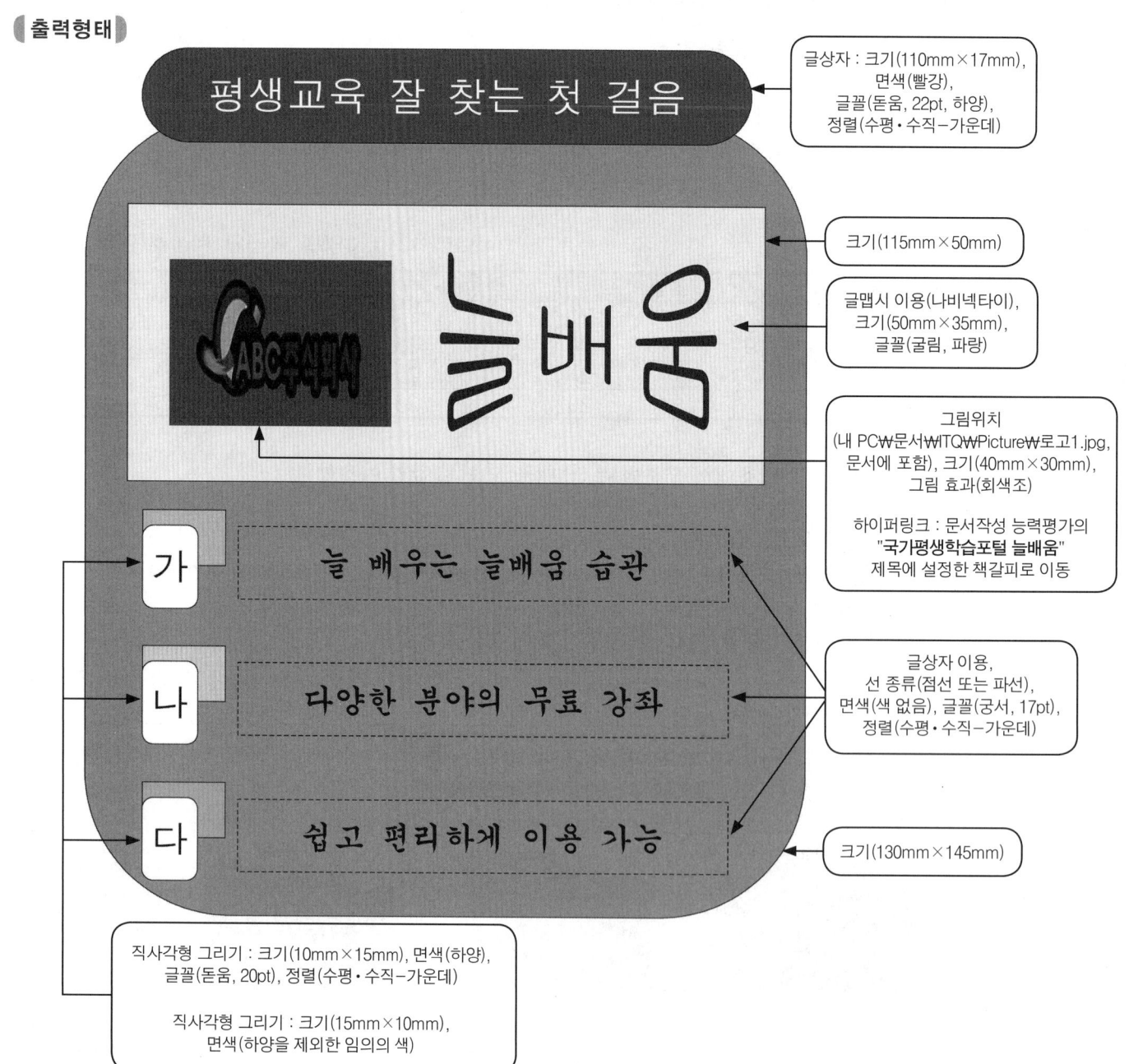

배움으로 여는 미래
국가평생학습포털 늘배움

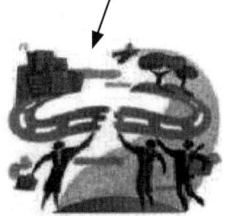

미래 한국의 연령별 인구분포도는 절벽 형상이다. 절벽 형상의 인구분포는 이미 일부 군지역에서는 선명하게 드러난다. 지역적으로 학령인구 감소가 뚜렷했던 30여 년 전 대응책은 학교 통폐합이었다. 2018년 기준 면 소재 초등학교 수는 1,552개교로 면당 1.3개 초등학교가 있는 셈인데, 더 이상 학교를 줄일 수 없는 한계 상황에 직면(直面)하였다. 양질의 학습권 보장의 관점에서 필요한 학교 운영 체제의 변화 등 문제에 대한 관점과 접근 방식의 근본적인 검토가 필요하다. 인구감소로 거주지로서 의미를 상실하고 있는 지역은 농촌으로 분류되는 지역에 집중되어 있다는 점도 간과(看過)할 수 없다.

학생 수가 급감하는 시기에 지역을 기반으로 공공성을 강화한 유연하고 개방적인 평생학습체제를 수립하는 기회로 삼아야 할 것이다. 이제는 제4차 산업혁명, 초연결사회, 인구절벽의 시대 격변기를 맞아 교육 현실을 혁신적으로 바꿔 나가는 시대적 과제를 해결해야 한다. 한국교육개발원Ⓐ은 교육에 대한 국가적 책임을 다하고, 공유성장을 통해 미래 교육을 선도하는 교육 정책 연구의 핵심 기관이 되도록 차별적 연구 역량을 강화하도록 할 것이다.

♣ 국가평생학습포털 개요

    A. 추진배경
        1. 시간적 지리적 제약으로 참여하는 데 어려운 불편함 해소
        2. 평생학습 정보의 개방, 공유, 평생학습 원스톱 서비스 지원
    B. 중점과제
        1. 포털, 모바일 등을 활용하여 평생학습 활성화 기반 마련
        2. 평생학습 빅데이터 데이터베이스(DB) 구축

♣ 방송통신학교 입학설명회 일정

시간	2월 8일	2월 9일	2월 10일	장소
09:00-10:00	등록 및 일정 안내	평생교육론	방송통신 수업 연구	대강당
10:20-12:00	방송통신고 입학 안내	이러닝 교수학습 방법	협동 수업 워크숍	
12:00-13:00	중식			
13:00-16:00	방송통신대 입학 안내	방송통신 수업의 실제	내용 정리 및 폐회	종합강의동

한국교육개발원

Ⓐ 1972년 정부 출연금으로 설립한 교육 연구 기관으로 평생교육을 담당

8회 기출문제

과목	코드	문제유형	시험시간	수험번호	성 명
아래 한글	1111	A	60분	20228018	

수험자 유의사항

- 수험자는 문제지를 받는 즉시 문제지와 **수험표상의 시험과목(프로그램)이 동일한지 반드시 확인**하여야 합니다.
- 파일명은 본인의 "수험번호-성명"으로 입력하여 답안폴더(내 PC\문서\ITQ)에 하나의 파일로 저장해야 하며, 답안문서 파일명이 "수험번호-성명"과 일치하지 않거나, 답안파일을 전송하지 않아 미제출로 처리될 경우 실격 처리합니다 (예 : 12345678-홍길동.hwpx).
- 답안 작성을 마치면 파일을 저장하고, '답안 전송' 버튼을 선택하여 감독위원 PC로 답안을 전송하십시오. 수험생 정보와 저장한 파일명이 다를 경우 전송되지 않으므로 주의하시기 바랍니다.
- 답안 작성 중에도 **주기적으로 저장하고 '답안 전송'** 하여야 문제 발생을 줄일 수 있습니다. 작업한 내용을 저장하지 않고 전송할 경우 이전에 저장된 내용이 전송되오니 이점 유의하시기 바랍니다.
- 답안문서는 지정된 경로 외의 다른 보조기억장치에 저장하는 경우, 지정된 시험 시간 외에 작성된 파일을 활용할 경우, 기타 통신 수단(이메일, 메신저, 네트워크 등)을 이용하여 타인에게 전달 또는 외부 반출하는 경우는 부정 처리합니다.
- 시험 중 부주의 또는 고의로 시스템을 파손한 경우는 수험자가 변상해야 하며, <수험자 유의사항>에 기재된 방법대로 이행하지 않아 생기는 불이익은 수험생 당사자의 책임임을 알려 드립니다.
- 문제의 조건은 한컴오피스 2022 버전으로 설정되어 있으니 유의하시기 바랍니다.
- 시험을 완료한 수험자는 답안파일이 전송되었는지 확인한 후 감독위원의 지시에 따라 문제지를 제출하고 퇴실합니다.

답안 작성 요령

- **온라인 답안 작성 절차**
  수험자 등록 ⇒ 시험 시작 ⇒ 답안파일 저장 ⇒ 답안 전송 ⇒ 시험 종료
- **공통 부문**
  - 글꼴에 대한 기본설정은 함초롬바탕, 10포인트, 검정, 줄간격 160%, 양쪽정렬로 합니다.
  - 색상은 조건의 색을 적용하고 색의 구분이 안될 경우에는 RGB 값을 적용합니다(빨강 255,0,0 / 파랑 0,0,255 / 노랑 255,255,0).
  - 각 문항에 주어진 ≪조건≫에 따라 작성하고 언급하지 않은 조건은 ≪출력형태≫와 같이 작성합니다.
  - 용지여백은 왼쪽 · 오른쪽 11mm, 위쪽 · 아래쪽 · 머리말 · 꼬리말 10mm, 제본 0mm로 합니다.
  - 그림 삽입 문제의 경우 '내 PC\문서\ITQ\Picture' 폴더에서 지정된 파일을 선택하여 삽입하십시오.
  - 삽입한 그림은 반드시 문서에 포함하여 저장해야 합니다(미포함 시 감점 처리).
  - 각 항목은 지정된 페이지에 출력형태와 같이 정확히 작성하시기 바라며, 그렇지 않을 경우에 해당 항목은 0점 처리됩니다.
  - ※ 페이지 구분 : 1페이지 - 기능평가Ⅰ (문제번호 표시 : 1. 2.),
    2페이지 - 기능평가Ⅱ (문제번호 표시 : 3. 4.),
    3페이지 - 문서작성 능력평가
- **기능평가**
  - 문제와 ≪조건≫은 입력하지 않으며 문제번호와 답(≪출력형태≫)만 작성합니다.
  - 4번 문제는 묶기를 했을 경우 0점 처리됩니다.
- **문서작성 능력평가**
  - A4 용지(210mm×297mm) 1매 크기, 세로 서식 문서로 작성합니다.
  - ┊ ┊ 표시는 문서작성에 대한 지시사항이므로 작성하지 않습니다.

기능평가 I 150점

1. 다음의 ≪조건≫에 따라 스타일 기능을 적용하여 ≪출력형태≫와 같이 작성하시오. (50점)

조건
(1) 스타일 이름 - ict
(2) 문단 모양 - 왼쪽 여백 : 10pt, 문단 아래 간격 : 10pt
(3) 글자 모양 - 글꼴 : 한글(궁서)/영문(돋움), 크기 : 10pt, 장평 : 95%, 자간 : -5%

출력형태

Companies are using ICT technology as a key tool for digital transformation, and the demand for SW manpower is rapidly increasing not only in ICT companies but also in general companies.

기업은 ICT 기술을 활용하는 수준을 넘어서 디지털 전환의 핵심 도구로 활용하고 있으며, 이에 따른 SW 인력의 수요는 ICT 기업뿐만 아니라 일반 기업에서도 급증하고 있다.

2. 다음의 ≪조건≫에 따라 ≪출력형태≫와 같이 표와 차트를 작성하시오. (100점)

표조건
(1) 표 전체(표, 캡션) - 돋움, 10pt
(2) 정렬 - 문자 : 가운데 정렬, 숫자 : 오른쪽 정렬
(3) 셀 배경(면색) : 노랑
(4) 한글의 계산 기능을 이용하여 빈칸에 합계를 구하고, 캡션 기능 사용할 것
(5) 선 모양은 ≪출력형태≫와 동일하게 처리할 것

출력형태

2020-2024 디지털 신기술 인력 수요 전망(단위 : 천 명)

구분	인공지능	빅데이터	5G	IoT	클라우드
고급	18.1	16.3	19.9	10.3	1.9
중급	20.6	28.8	22.5	7.5	13.2
초급	6.3	11.7	3.7	2.2	2.2
합계					

차트조건
(1) 차트 데이터는 표 내용에서 구분별 고급, 중급, 초급의 값만 이용할 것
(2) 종류 - <묶은 세로 막대형>으로 작업할 것
(3) 제목 - 글꼴 : 굴림, 진하게, 12pt
     속성 : 채우기(밝은 색 : 하양), 테두리, 그림자(바깥쪽 : 아래쪽)
(4) 제목 이외의 전체 글꼴 - 굴림, 보통, 10pt
(5) 축제목과 범례는 ≪출력형태≫와 동일하게 처리할 것

출력형태

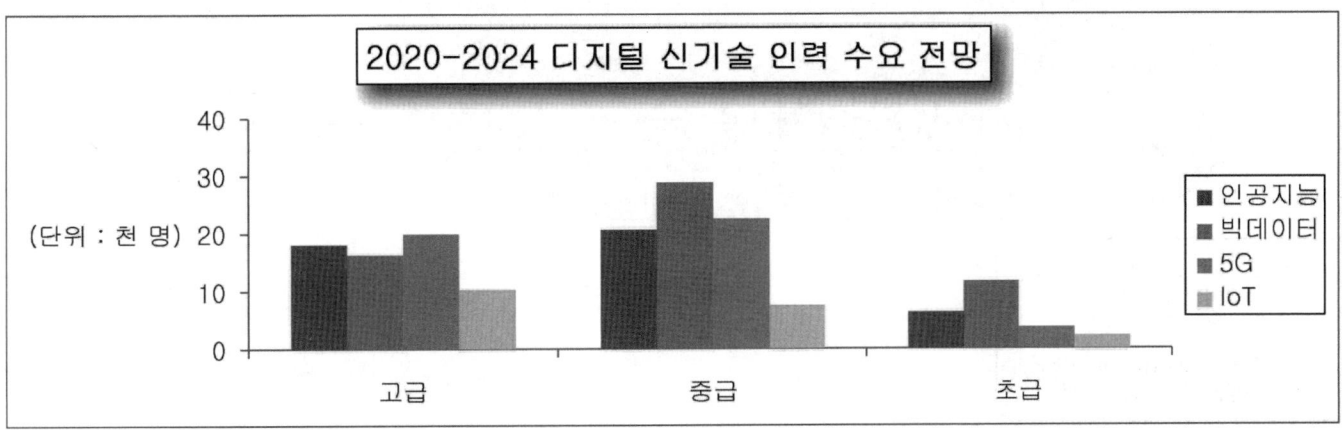

기능평가 II (150점)

3. 다음 (1), (2)의 수식을 수식 편집기로 각각 입력하시오. (40점)

출력형태

(1) $Q = \lim_{\Delta t \to 0} \frac{\Delta s}{\Delta t} = \frac{d^2 s}{dt^2} + 1$

(2) $\int_a^b xf(x)dx = \frac{1}{b-a}\int_a^b xdx = \frac{a+b}{2}$

4. 다음의 ≪조건≫에 따라 ≪출력형태≫와 같이 문서를 작성하시오. (110점)

조건
(1) 그리기 도구를 이용하여 작성하고, 모든 도형(글맵시, 지정된 그림 포함)을 ≪출력형태≫와 같이 작성하시오.
(2) 도형의 면색은 지시사항이 없으면 색 없음을 제외하고 서로 다르게 임의로 지정하시오.

출력형태

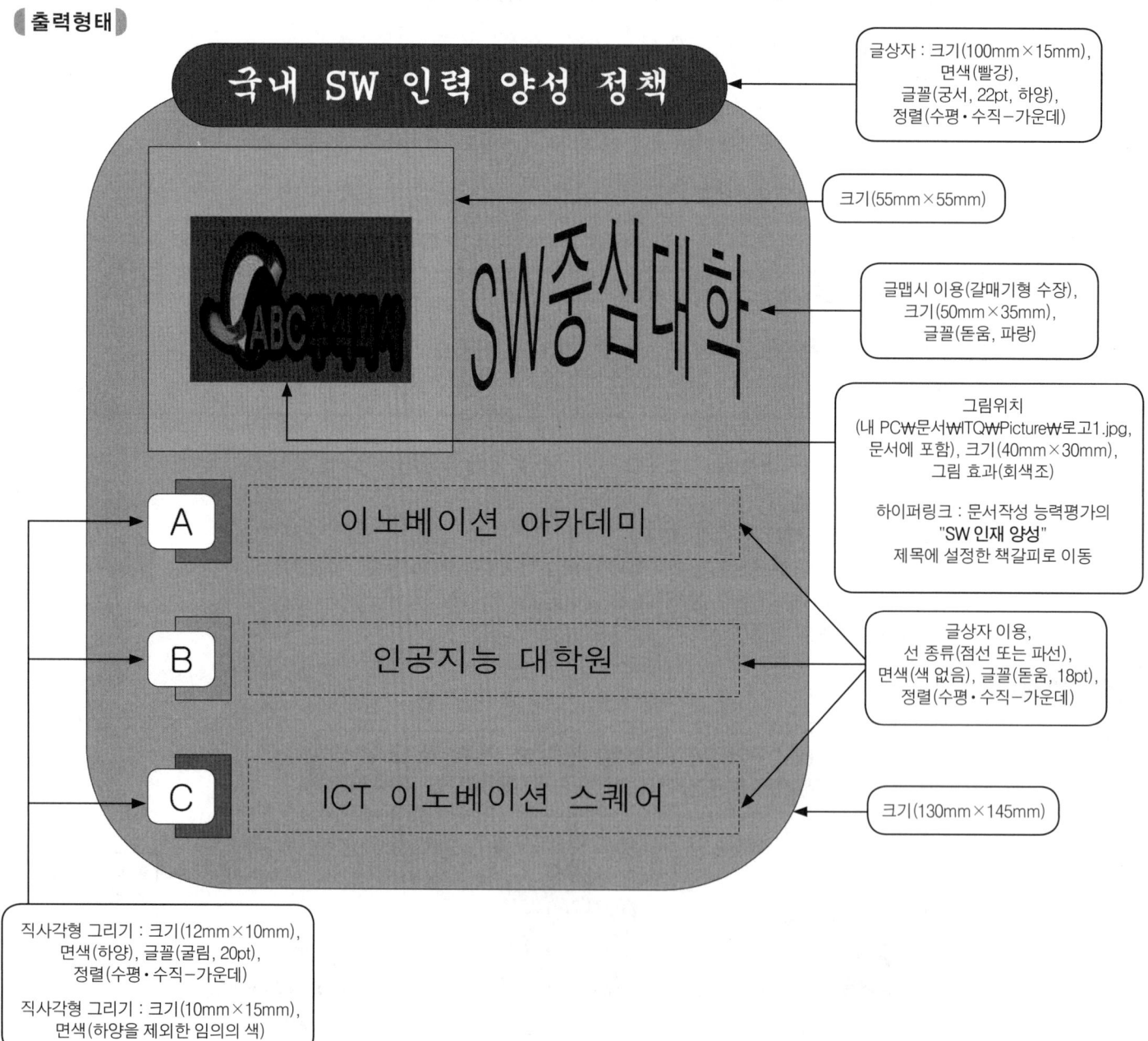

디지털 신기술

디지털 역량 강화
SW 인재 양성

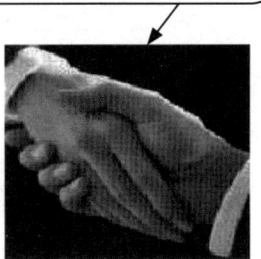

최근 디지털 대전환이 가속화되는 가운데 정부는 SW 인재 양성을 위해 국가 차원의 정책을 마련하고 있다. 2021년 3월에 발표된 빅3+인공지능 인재 양성 방안은 미래차, 바이오 헬스, 시스템 반도체 등 빅3와 인공지능 인재 양성을 위해 인재 양성 제도 개선을 주요 내용으로 담고 있다. 혁신공유대학 사업을 신설하여 정규 교육과정에서의 학과, 학교 간 진입 장벽을 낮추고 범부처 인재 양성을 통합 관리하는 사업 틀을 구축(構築)하여 인재 양성을 효과적으로 지원하고 있다. 또한 디지털 전환 가속화로 인해 늘고 있는 SW 인재 수요를 충족시키기 위한 단기 및 중장기 인재 양성 대책도 마련하였다.

2021년 6월에 발표한 민관 협력 기반의 소프트웨어 인재 양성 대책에 따라 단기적으로는 기업 주도의 단기 훈련 과정을 확대하여 당장 필요한 인재 2만 1천 명을 2022년 상반기까지 양성하여 중소, 벤처기업ⓐ의 인재난 해소(解消)를 지원했다. 중장기적으로는 SW 전공자 양성을 위해 SW 중심 대학을 확대하고, 전문 인재 양성을 위한 기업과 대학 간 협력모델을 구축하여 4년간 6만 8천 명을 양성한다. 이를 통해 최근 폭증하고 있는 SW 인재 수급난을 해소하고 청년들에게 양질의 일자리 제공을 확대하고 있다.

■ 국내외 SW 인재 양성 정책

   I. 국내 SW 인재 양성 정책
      a) 이노베이션 아카데미(비정규 교육과정) 개설 및 운영
      b) 이노베이션 스퀘어 전국 4개 권역에 확대 및 설치
   II. 국외 SW 인재 양성 정책
      a) 미국 : 5개년 교육 전략 계획 수립
      b) 유럽 : 2030 디지털 나침반 발표

■ SW 중심대학 트랙별 지원 내용

지원유형	일반 트랙	특화형 트랙
선정규모	7개교 내외	2개교 내외
지원금액	대학당 연 20억 원 내외(1년 차 9.5억)	대학당 연 10억 원 내외(1년 차 4.75억)
지원기간	최장 8년(4+2+2년)	최장 6년(4+2년)
	기존 대학 선정 시 6년(4+2년)	
신청요건	SW학과 100명 이상 정원 유지	재학생 1만 명 미만 중, 소규모 대학
	SW학과 대학원 과정 설치 및 운영	

한국지능정보사회진흥원

ⓐ 고도의 전문 지식과 새로운 기술을 가지고 창조적, 모험적 경영을 전개하는 중소기업

9회 기출문제

과목	코드	문제유형	시험시간	수험번호	성 명
아래 한글	1111	A	60분	20228019	

수험자 유의사항

- 수험자는 문제지를 받는 즉시 문제지와 **수험표상의 시험과목(프로그램)이 동일한지 반드시 확인**하여야 합니다.
- 파일명은 본인의 "수험번호-성명"으로 입력하여 답안폴더(내 PC\문서\ITQ)에 하나의 파일로 저장해야 하며, 답안문서 파일명이 "수험번호-성명"과 일치하지 않거나, 답안파일을 전송하지 않아 미제출로 처리될 경우 실격 처리합니다 (예 : 12345678-홍길동.hwpx).
- 답안 작성을 마치면 파일을 저장하고, '답안 전송' 버튼을 선택하여 감독위원 PC로 답안을 전송하십시오. 수험생 정보와 저장한 파일명이 다를 경우 전송되지 않으므로 주의하시기 바랍니다.
- 답안 작성 중에도 **주기적으로 저장하고 '답안 전송'** 하여야 문제 발생을 줄일 수 있습니다. 작업한 내용을 저장하지 않고 전송할 경우 이전에 저장된 내용이 전송되오니 이점 유의하시기 바랍니다.
- 답안문서는 지정된 경로 외의 다른 보조기억장치에 저장하는 경우, 지정된 시험 시간 외에 작성된 파일을 활용할 경우, 기타 통신 수단(이메일, 메신저, 네트워크 등)을 이용하여 타인에게 전달 또는 외부 반출하는 경우는 부정 처리합니다.
- 시험 중 부주의 또는 고의로 시스템을 파손한 경우는 수험자가 변상해야 하며, <수험자 유의사항>에 기재된 방법대로 이행하지 않아 생기는 불이익은 수험생 당사자의 책임임을 알려 드립니다.
- 문제의 조건은 한컴오피스 2022 버전으로 설정되어 있으니 유의하시기 바랍니다.
- 시험을 완료한 수험자는 답안파일이 전송되었는지 확인한 후 감독위원의 지시에 따라 문제지를 제출하고 퇴실합니다.

답 안 작 성 요 령

- **온라인 답안 작성 절차**
  수험자 등록 ⇒ 시험 시작 ⇒ 답안파일 저장 ⇒ 답안 전송 ⇒ 시험 종료

- **공통 부문**
  - 글꼴에 대한 기본설정은 함초롬바탕, 10포인트, 검정, 줄간격 160%, 양쪽정렬로 합니다.
  - 색상은 조건의 색을 적용하고 색의 구분이 안될 경우에는 RGB 값을 적용합니다(빨강 255,0,0 / 파랑 0,0,255 / 노랑 255,255,0).
  - 각 문항에 주어진 ≪조건≫에 따라 작성하고 언급하지 않은 조건은 ≪출력형태≫와 같이 작성합니다.
  - 용지여백은 왼쪽 · 오른쪽 11mm, 위쪽 · 아래쪽 · 머리말 · 꼬리말 10mm, 제본 0mm로 합니다.
  - 그림 삽입 문제의 경우 「내 PC\문서\ITQ\Picture」 폴더에서 지정된 파일을 선택하여 삽입하십시오.
  - 삽입한 그림은 반드시 문서에 포함하여 저장해야 합니다(미포함 시 감점 처리).
  - 각 항목은 지정된 페이지에 출력형태와 같이 정확히 작성하시기 바라며, 그렇지 않을 경우에 해당 항목은 0점 처리됩니다.
  - ※ 페이지 구분 : 1페이지 - 기능평가 I (문제번호 표시 : 1. 2.),
    2페이지 - 기능평가 II (문제번호 표시 : 3. 4.),
    3페이지 - 문서작성 능력평가

- **기능평가**
  - 문제와 ≪조건≫은 입력하지 않으며 문제번호와 답(≪출력형태≫)만 작성합니다.
  - 4번 문제는 묶기를 했을 경우 0점 처리됩니다.

- **문서작성 능력평가**
  - A4 용지(210mm×297mm) 1매 크기, 세로 서식 문서로 작성합니다.
  - ( ) 표시는 문서작성에 대한 지시사항이므로 작성하지 않습니다.

기능평가 I (150점)

1. 다음의 ≪조건≫에 따라 스타일 기능을 적용하여 ≪출력형태≫와 같이 작성하시오. (50점)

조건
(1) 스타일 이름 – credit
(2) 문단 모양 – 왼쪽 여백 : 15pt, 문단 아래 간격 : 10pt
(3) 글자 모양 – 글꼴 : 한글(돋움)/영문(굴림), 크기 : 10pt, 장평 : 95%, 자간 : 5%

출력형태

A high school credit system is a system in which students select courses, attend classes, and complete the necessary credits for graduation.

고교학점제란 대학처럼 학생들이 적성과 희망 진로에 따라 교과를 선택하고 강의실을 다니며 수업을 듣고 졸업에 필요한 학점을 이수하는 제도를 말한다.

2. 다음의 ≪조건≫에 따라 ≪출력형태≫와 같이 표와 차트를 작성하시오. (100점)

표조건
(1) 표 전체(표, 캡션) – 돋움, 10pt
(2) 정렬 – 문자 : 가운데 정렬, 숫자 : 오른쪽 정렬
(3) 셀 배경(면색) : 노랑
(4) 한글의 계산 기능을 이용하여 빈칸에 평균(소수점 두 자리)을 구하고, 캡션 기능 사용할 것
(5) 선 모양은 ≪출력형태≫와 동일하게 처리할 것

출력형태

제도 개선 사항 설문 응답(단위 : 명)

구분	교원연수	제도홍보	조직개편	업무경감	평균
학생	21,634	8,566	7,572	8,334	
학부모	1,589	1,587	1,127	2,942	
교사	2,967	2,235	2,181	4,825	
교수	694	829	967	894	

차트조건
(1) 차트 데이터는 표 내용에서 구분별 희망, 학부모, 교사의 값만 이용할 것
(2) 종류 – <묶은 세로 막대형>으로 작업할 것
(3) 제목 – 글꼴 : 굴림, 진하게, 12pt
　　　속성 : 채우기(밝은 색 : 하양), 테두리, 그림자(바깥쪽 : 대각선 오른쪽 아래)
(4) 제목 이외의 전체 글꼴 – 굴림, 보통, 10pt
(5) 축제목과 범례는 ≪출력형태≫와 동일하게 처리할 것

출력형태

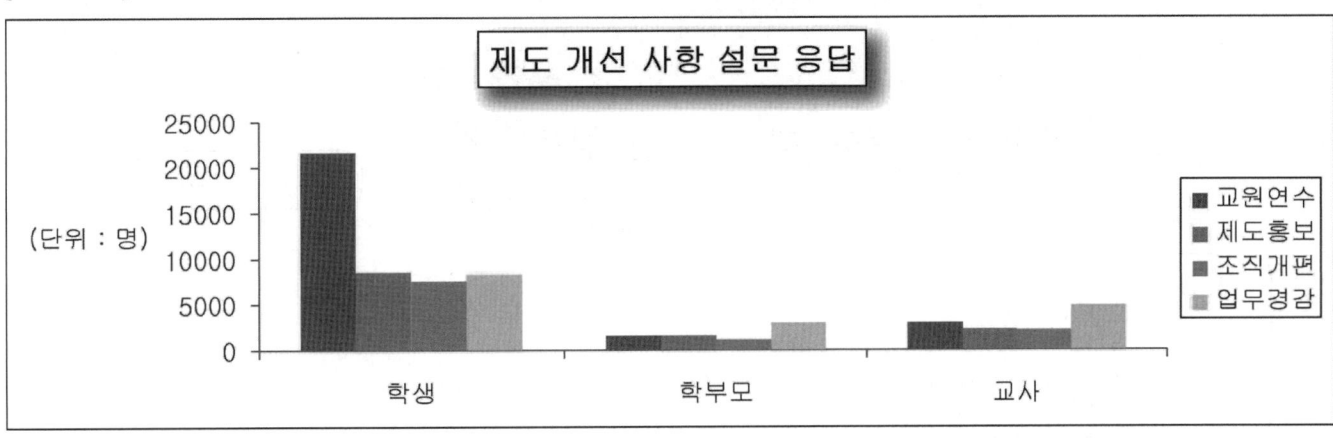

기능평가 II (150점)

3. 다음 (1), (2)의 수식을 수식 편집기로 각각 입력하시오. (40점)

출력형태

(1) $H_n = \dfrac{a(r^n - 1)}{r - 1} = \dfrac{a(1 + r^n)}{1 - r}(r \neq 1)$

(2) $\sum\limits_{k=1}^{n}(k^4 + 1) - \sum\limits_{k=3}^{n}(k^4 + 1) = 19$

4. 다음의 ≪조건≫에 따라 ≪출력형태≫와 같이 문서를 작성하시오. (110점)

조건
(1) 그리기 도구를 이용하여 작성하고, 모든 도형(글맵시, 지정된 그림 포함)을 ≪출력형태≫와 같이 작성하시오.
(2) 도형의 면색은 지시사항이 없으면 색 없음을 제외하고 서로 다르게 임의로 지정하시오.

출력형태

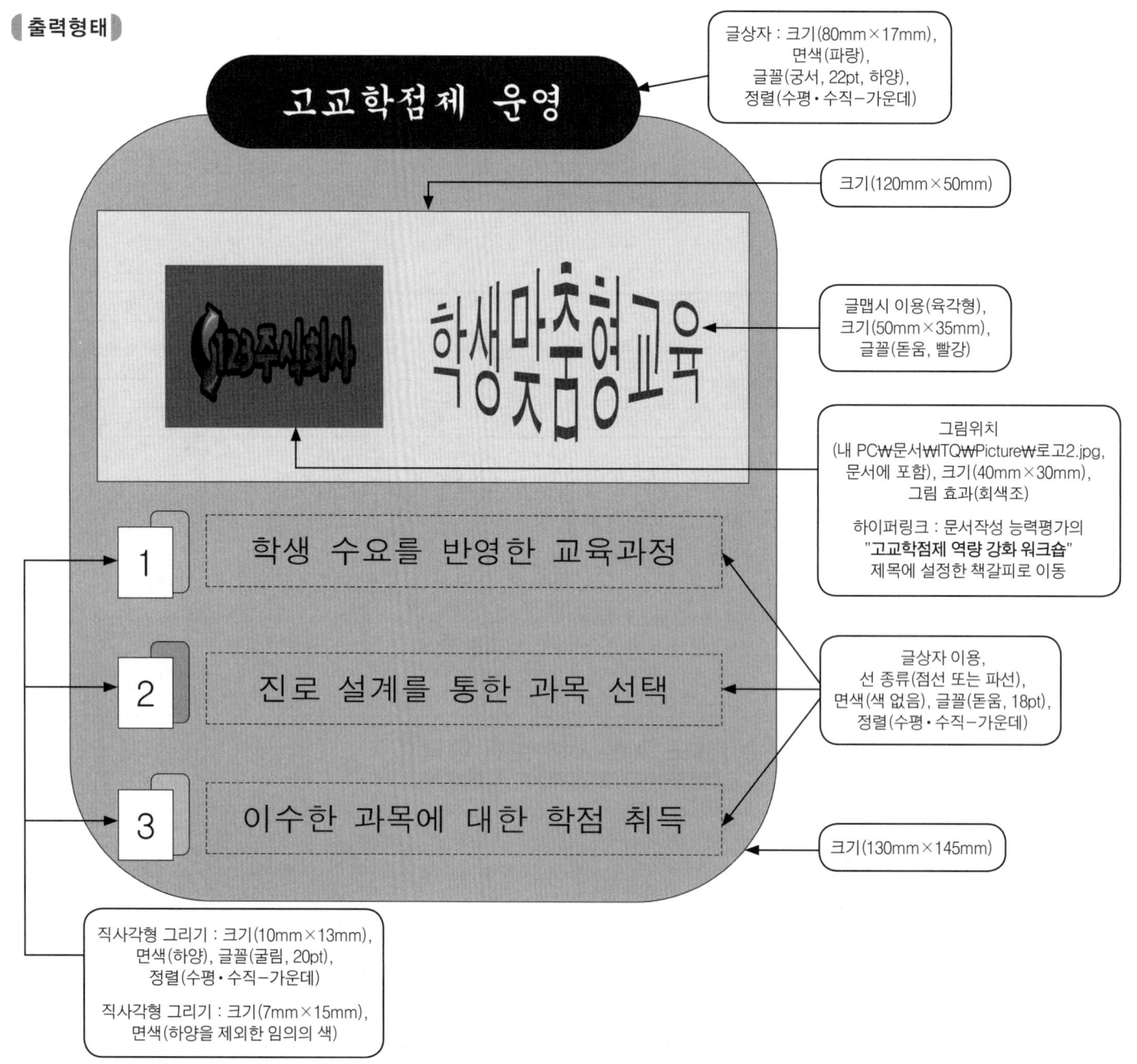

고교학점제 역량 강화 워크숍

고교학점제는 학교 교육과정의 유연성(柔軟性) 확보를 통해 학생들의 진로 역량을 강화함과 동시에 교원들에게 다양한 교육과정 운영 및 수업 역량 강화를 요구하고 있는 정책이다. 하지만 이를 지원하는 정책 및 법제 장치가 미흡하여 학점제 도입에 대한 기대감과 함께 현장 교사, 학부모, 학생 등 교육 관계자의 불안감이 커지고 있는 상황이다. 이에 교육부, 국가교육회의, 한국직업능력개발원에서는 고교학점제 교사 역량 강화 워크숍을 통해 현장 교사의 역량 개발을 지원하고 현재 고교학점제 정책에 대한 문제점과 요구사항 파악을 통해 정책 개선 방안을 도출(導出)하고자 준비하고 있다.

특히, 정부는 고교학점제 정책을 시행함에 있어 학생의 올바른 과목 선택을 가능하게 하는 것은 학생들의 진로 설정 역량과 '선택에 따른 책임' 인식이라는 사실을 바탕으로 워크숍을 기획하고 있다. 한편, 교육부는 고교학점제 도입을 위한 중장기 로드맵을 설정하고 2020년 마이스터고 전면 도입 이후 2022년 모든 직업계고등학교에 도입하고 2025년에는 종합고등학교를 포함한 일반계고등학교에 도입을 계획하고 있으며 학부모 진로지도 역량 강화를 위하여 '온라인 학부모 진로교육' 연수 과정과 '자녀공감 학부모교육' 대면연수 과정을 운영한다.

◆ 고교학점제 교사 연수 개요

I. 주제 및 기간
  A. 주제 : 고교학점제의 이해, 선택과 책임
  B. 기간 : 2024. 3. 15(금) 10:00-16:50
II. 주최 및 장소
  A. 주최 : 교육부, 국가교육회의, 한국직업능력개발원
  B. 장소 : 세종 컨벤션홀

◆ 고교학점제 교사 연수 주제

시간	주제	강사	비고
10:00-10:50	학점제 정책 추진 방향	이은주 연구사	기타 자세한 사항은 센터 홈페이지를 참고하기 바랍니다.
11:00-11:50	학교 간 연계 및 협력을 통한 학교 간 공동교육과정	정현숙 박사	
13:00-14:50	고교학점제가 효율적으로 운영되기 위한 학교 공간의 변화	문지영 박사	
15:00-16:50	권역별 커뮤니티 구성 및 논의	전영희 연구원	

고교학점제지원센터

⊙ 조직 구성원이 해당 업무를 수행할 수 있는 전반적인 능력을 의미함

기출문제

Information Technology Qualification

무료 동영상

과목	코드	문제유형	시험시간	수험번호	성 명
아래 한글	1111	A	60분	20228020	

수 험 자 유 의 사 항

- 수험자는 문제지를 받는 즉시 문제지와 <u>수험표상의 시험과목(프로그램)이 동일한지 반드시 확인</u>하여야 합니다.
- 파일명은 본인의 "수험번호-성명"으로 입력하여 답안폴더(내 PC\문서\ITQ)에 하나의 파일로 저장해야 하며, 답안문서 파일명이 "수험번호-성명"과 일치하지 않거나, 답안파일을 전송하지 않아 미제출로 처리될 경우 실격 처리합니다 (예 : 12345678-홍길동.hwpx).
- 답안 작성을 마치면 파일을 저장하고, '답안 전송' 버튼을 선택하여 감독위원 PC로 답안을 전송하십시오. 수험생 정보와 저장한 파일명이 다를 경우 전송되지 않으므로 주의하시기 바랍니다.
- 답안 작성 중에도 <u>주기적으로 저장하고 '답안 전송'</u> 하여야 문제 발생을 줄일 수 있습니다. 작업한 내용을 저장하지 않고 전송할 경우 이전에 저장된 내용이 전송되오니 이점 유의하시기 바랍니다.
- 답안문서는 지정된 경로 외의 다른 보조기억장치에 저장하는 경우, 지정된 시험 시간 외에 작성된 파일을 활용할 경우, 기타 통신 수단(이메일, 메신저, 네트워크 등)을 이용하여 타인에게 전달 또는 외부 반출하는 경우는 부정 처리합니다.
- 시험 중 부주의 또는 고의로 시스템을 파손한 경우는 수험자가 변상해야 하며, <수험자 유의사항>에 기재된 방법대로 이행하지 않아 생기는 불이익은 수험생 당사자의 책임임을 알려 드립니다.
- 문제의 조건은 한컴오피스 2022 버전으로 설정되어 있으니 유의하시기 바랍니다.
- 시험을 완료한 수험자는 답안파일이 전송되었는지 확인한 후 감독위원의 지시에 따라 문제지를 제출하고 퇴실합니다.

답 안 작 성 요 령

- **온라인 답안 작성 절차**
  수험자 등록 ⇒ 시험 시작 ⇒ 답안파일 저장 ⇒ 답안 전송 ⇒ 시험 종료
- **공통 부문**
- 글꼴에 대한 기본설정은 함초롬바탕, 10포인트, 검정, 줄간격 160%, 양쪽정렬로 합니다.
- 색상은 조건의 색을 적용하고 색의 구분이 안될 경우에는 RGB 값을 적용합니다(빨강 255,0,0 / 파랑 0,0,255 / 노랑 255,255,0).
- 각 문항에 주어진 ≪조건≫에 따라 작성하고 언급하지 않은 조건은 ≪출력형태≫와 같이 작성합니다.
- 용지여백은 왼쪽·오른쪽 11mm, 위쪽·아래쪽·머리말·꼬리말 10mm, 제본 0mm로 합니다.
- 그림 삽입 문제의 경우 「내 PC\문서\ITQ\Picture」 폴더에서 지정된 파일을 선택하여 삽입하십시오.
- 삽입한 그림은 반드시 문서에 포함하여 저장해야 합니다(미포함 시 감점 처리).
- 각 항목은 지정된 페이지에 출력형태와 같이 정확히 작성하시기 바라며, 그렇지 않을 경우에 해당 항목은 0점 처리됩니다.
- ※ 페이지 구분 : 1페이지 - 기능평가 I (문제번호 표시 : 1. 2.),
                 2페이지 - 기능평가 II (문제번호 표시 : 3. 4.),
                 3페이지 - 문서작성 능력평가

기능평가
- 문제와 ≪조건≫은 입력하지 않으며 문제번호와 답(≪출력형태≫)만 작성합니다.
- 4번 문제는 묶기를 했을 경우 0점 처리됩니다.

문서작성 능력평가
- A4 용지(210㎜×297㎜) 1매 크기, 세로 서식 문서로 작성합니다.
- ( ) 표시는 문서작성에 대한 지시사항이므로 작성하지 않습니다.

기능평가 I   150점

1. 다음의 ≪조건≫에 따라 스타일 기능을 적용하여 ≪출력형태≫와 같이 작성하시오. (50점)

조건
(1) 스타일 이름 – bicycle
(2) 문단 모양 – 왼쪽 여백 : 10pt, 문단 아래 간격 : 15pt
(3) 글자 모양 – 글꼴 : 한글(굴림)/영문(궁서), 크기 : 10pt, 장평 : 95%, 자간 : 5%

출력형태

Bicycles serve as not just a mode of transportation but also a tool for health promotion, sports, and recreational activities, embodying a blend of practicality and sustainability.

자전거는 단순히 이동 수단으로써의 역할을 넘어서 건강 증진, 스포츠, 그리고 여가 활동에도 활용되는 다목적 도구로 실용성과 지속 가능성을 동시에 충족시키고 있다.

2. 다음의 ≪조건≫에 따라 ≪출력형태≫와 같이 표와 차트를 작성하시오. (100점)

표조건
(1) 표 전체(표, 캡션) – 돋움, 10pt
(2) 정렬 – 문자 : 가운데 정렬, 숫자 : 오른쪽 정렬
(3) 셀 배경(면색) : 노랑
(4) 한글의 계산 기능을 이용하여 빈칸에 평균(소수점 두 자리)을 구하고, 캡션 기능 사용할 것
(5) 선 모양은 ≪출력형태≫와 동일하게 처리할 것

출력형태

자전거도로 노선 수 현황(단위 : 개소)

구분	2020년	2021년	2022년	2023년	평균
전용도로	1,640	1,772	1,720	1,889	
우선도로	599	699	717	826	
전용차로	414	527	479	559	
보행자 겸용도로	13,225	13,145	14,359	14,404	

차트조건
(1) 차트 데이터는 표 내용에서 연도별 전용도로, 우선도로, 전용차로의 값만 이용할 것
(2) 종류 – <묶은 세로 막대형>으로 작업할 것
(3) 제목 – 글꼴 : 굴림, 진하게, 12pt
    속성 : 채우기(밝은 색 : 하양), 테두리, 그림자(바깥쪽 : 대각선 오른쪽 아래)
(4) 제목 이외의 전체 글꼴 – 굴림, 보통, 10pt
(5) 축제목과 범례는 ≪출력형태≫와 동일하게 처리할 것

출력형태

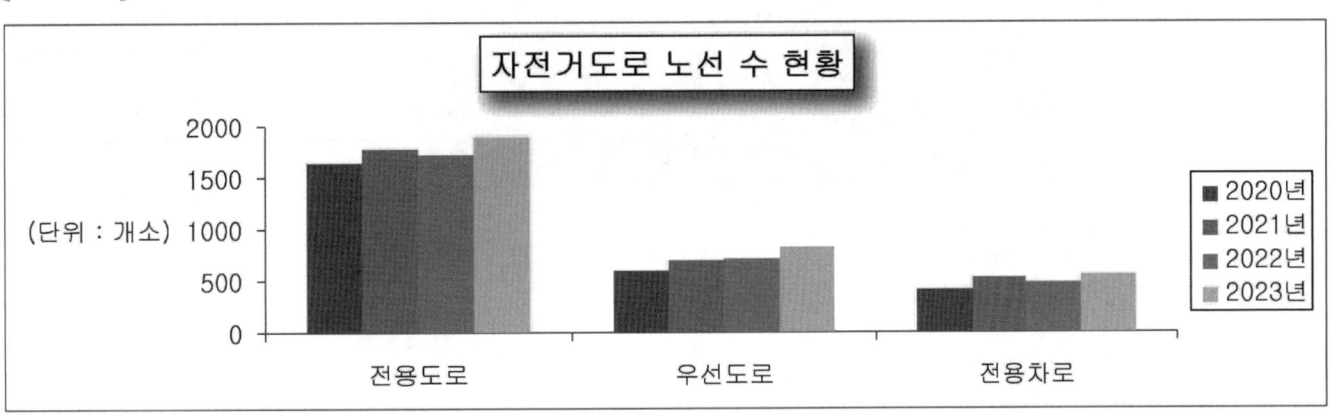

기능평가 II   150점

3. 다음 (1), (2)의 수식을 수식 편집기로 각각 입력하시오. (40점)

출력형태

(1) $\lim_{n\to\infty} P_n = 1 - \dfrac{9^3}{10^3} = \dfrac{271}{1000}$

(2) $\sqrt{a+b+2\sqrt{ab}} = \sqrt{a} + \sqrt{b}\,(a>0, b>0)$

4. 다음의 ≪조건≫에 따라 ≪출력형태≫와 같이 문서를 작성하시오. (110점)

조건
(1) 그리기 도구를 이용하여 작성하고, 모든 도형(글맵시, 지정된 그림 포함)을 ≪출력형태≫와 같이 작성하시오.
(2) 도형의 면색은 지시사항이 없으면 색 없음을 제외하고 서로 다르게 임의로 지정하시오.

출력형태

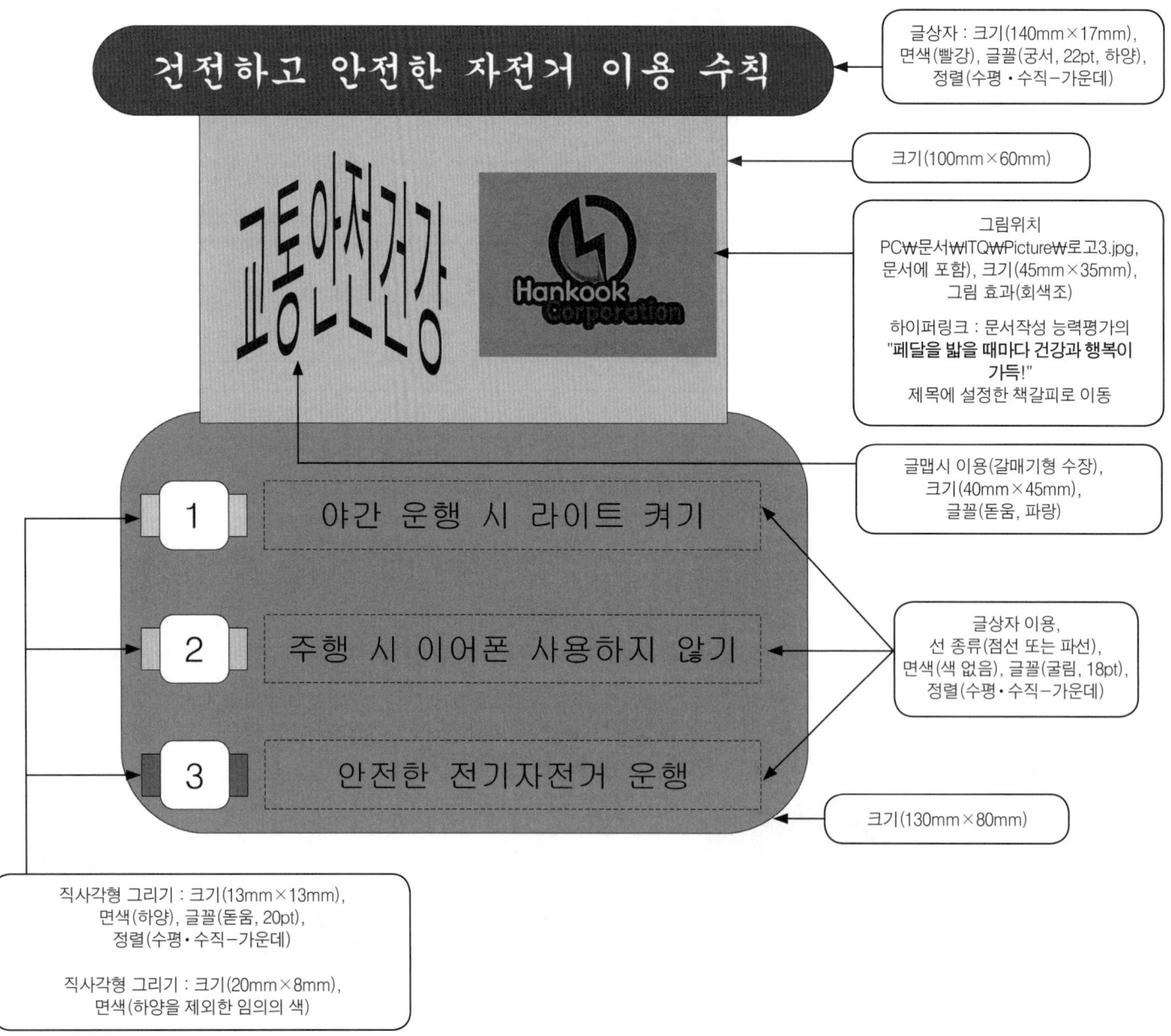

페달을 밟을 때마다 건강과 행복이 가득!

반포한강공원 달빛광장

자전거를 사랑하는 서울시민이라면 누구나 참여하고 즐길 수 있는 '서울 자전거 축제'가 5월 28일 반포한강공원에서 개최된다. 올해 운영되는 자전거 축제는 자전거에 대한 긍정적 경험(經驗)과 재미를 더 많은 시민이 함께할 수 있도록 강남 및 강북 주요 자전거 이용 거점인 '반포한강공원', '중랑천'에서 상반기와 하반기 2회로 확대 개최된다. 반포한강공원에서 운영되는 상반기 자전거 축제는 5월 28일, 오전 10시부터 오후 5시까지 '모여라 자전거!'라는 행사 슬로건 아래 진행되며, 자전거 관련 기업, 단체들과 협력해 무대공연 행사, 시민 체험 프로그램Ⓐ, 자전거 안전교육 및 자전거 전시 부스를 운영(運營)한다.

먼저 자전거의 색다른 묘미를 느낄 수 있도록 다양한 공연이 준비된다. 흥을 돋울 치어리딩 공연, 고난이도 기술과 묘미를 선보이는 BMX 자전거 묘기 공연을 선보인다. 3단 자전거 공연, 미니자전거 공연, 자전거 안무를 연출하는 스피닝 공연도 만날 수 있어 이색적인 자전거 공연의 매력을 한껏 느낄 수 있다. 시민들이 자전거를 타고 오면 주행 인증자 선착순 2,000명과 가장 많은 인원수가 참여한 자전거 동호회에게는 경품 이벤트가 준비되어 있다.

◆ 릴레이자전거 및 모여라동호회 행사 안내

가. 릴레이자전거 행사 안내
  ㉮ 행사 장소는 세빛섬 앞 무대
  ㉯ 경기방식은 무대에 설치된 롤러자전거를 이용해 20초 동안 스프린트
나. 모여라동호회 행사 안내
  ㉮ 참여 방법은 홈페이지 내 모여라동호회 참가신청서 제출
  ㉯ 가장 많은 인원이 모인 동호회는 스포츠 선글라스 20개 증정

◆ 서울 자전거 축제 일정

구분	시간	주요 내용	비고
홍보영상 상영	10:00 - 10:50	자전거 안전 수칙 영상, 자전거 음주운전 금지 영상	오전
개회식	11:00 - 11:50	치어리딩 및 준비체조, 모여라 자전거	
자전거 공연	14:00 - 14:20	미니 자전거, 3단 고공자전거 등 공연	오후
릴레이 자전거 게임	14:50 - 17:25	릴레이 자전거 시상 및 경품 추첨	
상설행사		VR자전거, 자전거 인력거, 아트따릉이 전시, HEART 페달 전시	

서울 자전거 축제

Ⓐ 삐에로풍선, 자전거 발전기 체험존, 자전거 안전교육 및 인증제, 수리 정비 공방 교실

당신의 꿈을 실현시키는
최고의 맞춤 교육!!

전국컴퓨터교육협의회 추천 도서

자동 채점 프로그램+무료 동영상 강의+함수사전+함수집중연습 제공

컴퓨터 활용능력
2급 실기 2021 버전

한정수 지음 / 4×6배판 / 444쪽 / 23,000원

📖 이 책의 특징

1. 전국컴퓨터교육협의회 추천도서
전국의 IT 교육을 책임지는 전국컴퓨터교육협의회 추천도서로, 많은 컴퓨터학원에서 본 도서를 기본 교재로 채택하여 강의하고 있습니다.

2. 자동 채점 프로그램([자료실]에서 다운로드)
자동 채점 프로그램을 제공하여 틀린 부분을 집중적으로 학습·보완하여 성적을 향상시킬 수 있도록 하였습니다.

3. 무료 동영상 강의 제공
전체 내용에 무료 동영상 강의를 제공하여 쉽고 확실하게 시험을 준비할 수 있도록 하였습니다(스마트폰으로도 학습 가능).

4. 따라하기식 기능 설명
출제 기준을 철저히 분석하여 출제 빈도가 높은 기능들을 따라하기식 설명으로 학습할 수 있도록 하였습니다.

5. 기출유형 모의고사 10회(11~15회 추가 PDF 파일 제공)
Part 1~4에서 익힌 시험에 나오는 기능을 토대로 시험에 출제되는 다양한 기능과 형태를 익혀 어떠한 문제가 출제되더라도 해결할 수 있도록 학습효과를 높였습니다.

6. 최신 기출문제 10회
최신 기출문제를 풀어봄으로써 최근 출제경향을 파악하고 수검자의 실력을 확인할 수 있도록 하였습니다.

7. '함수집중연습'과 '함수사전'
중요한 함수 부분의 추가 학습을 위하여 '함수집중연습'과 '함수사전'을 자료실에서 다운로드하여 학습할 수 있습니다.
또한, 강사용 학습자료에는 문제 지시사항을 포함하였기에 멀티미디어 강의 시 편의성을 높였습니다.

쇼핑몰 QR코드 ▶ 다양한 전문서적을 빠르고 신속하게 만나실 수 있습니다.
경기도 파주시 문발로 112번지 파주 출판 문화도시   TEL.031)950-6300   FAX. 031)955-0510

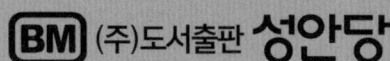

자동채점 프로그램과 무료 동영상 강의 제공

iTQ마스터종합서
엑셀 2021

박윤정, IT연구회 지음

IT연구회
해당 분야의 IT 전문 컴퓨터학원과 전문가 선생님들이 최선의 책을 출간하고자 만든 집필/감수 전문연구회로서, 수년간의 강의 경험과 노하우를 수험생 여러분에게 전달하고자 최선을 다하고 있습니다. IT연구회에 참여를 원하시는 선생님이나 교육기관은 ccd770@hanmail.net으로 언제든지 연락주십시오. 좋은 교재를 만들기 위해 많은 선생님들의 참여를 부탁드립니다.

구경화_IT 전문강사	권경철_IT 전문강사	김선숙_IT 전문강사
김수현_IT 전문강사	김 숙_IT 전문강사	김시령_IT 전문강사
김현숙_IT 전문강사	남궁명주_IT 전문강사	노란주_IT 전문강사
류은순_IT 전문강사	민지희_IT 전문강사	문경순_IT 전문강사
박봉기_IT 전문강사	박상휘_IT 전문강사	박은주_IT 전문강사
문현철_IT 전문강사	백천식_IT 전문강사	변진숙_IT 전문강사
송기웅_IT 및 SW전문강사	송희원_IT 전문강사	신동수_IT 전문강사
신영진_신영진컴퓨터학원장	윤정아_IT 전문강사	이강용_IT 전문강사
이리라_IT 전문강사	이은미_IT 전문강사	임선자_IT 전문강사
장명희_IT 전문강사	장은경_ITQ 전문강사	장은주_IT 전문강사
전미정_IT 전문강사	조영식_IT 전문강사	조완희_IT 전문강사
조정례_IT 전문강사	차영란_IT 전문강사	최갑인_IT 전문강사
최은영_IT 전문강사	황선애_IT 전문강사	김건석_교육공학박사
김미애_강릉컴퓨터교육학원장	노일종_안양여성인력개발센터	은일신_충주열린학교 IT 전문강사
양은숙_경남도립남해대학 IT 전문강사	엄영숙_권선구청 IT 전문강사	옥향미_인천여성의광장 IT 전문강사
이은직_인천대학교 IT 전문강사	조은숙_동안여성회관 IT 전문강사	최윤석_용인직업전문교육원장
홍효미_다산직업전문학교		

BM (주)도서출판 성안당

■ 도서 A/S 안내

성안당에서 발행하는 모든 도서는 저자와 출판사, 그리고 독자가 함께 만들어 나갑니다.

좋은 책을 펴내기 위해 많은 노력을 기울이고 있습니다. 혹시라도 내용상의 오류나 오탈자 등이 발견되면 **"좋은 책은 나라의 보배"**로서 우리 모두가 함께 만들어 간다는 마음으로 연락주시기 바랍니다. 수정 보완하여 더 나은 책이 되도록 최선을 다하겠습니다.

성안당은 늘 독자 여러분들의 소중한 의견을 기다리고 있습니다. 좋은 의견을 보내주시는 분께는 성안당 쇼핑몰의 포인트(3,000포인트)를 적립해 드립니다.

잘못 만들어진 책이나 부록 등이 파손된 경우에는 교환해 드립니다.

저자 문의 e-mail : fivejung05@hanmail.net(박윤정)
본서 기획자 e-mail : coh@cyber.co.kr(최옥현)
홈페이지 : http://www.cyber.co.kr   전화 : 031) 950-6300

자료 다운로드 및 자료파일 구조

다운로드 | 학습 자료 내려받기

1. 성안당 사이트(www.cyber.co.kr)에서 로그인한 후 [자료실]을 클릭합니다.

2. 『ITQ』를 입력하고, 『2026 백발백중 ITQ 엑셀 2021』을 클릭합니다.

1-3

자료 다운로드 및 자료파일 구조

3. 『315-8361.zip』을 클릭하여 자료를 다운로드한 후 반드시 압축 파일을 해제하고 사용합니다.

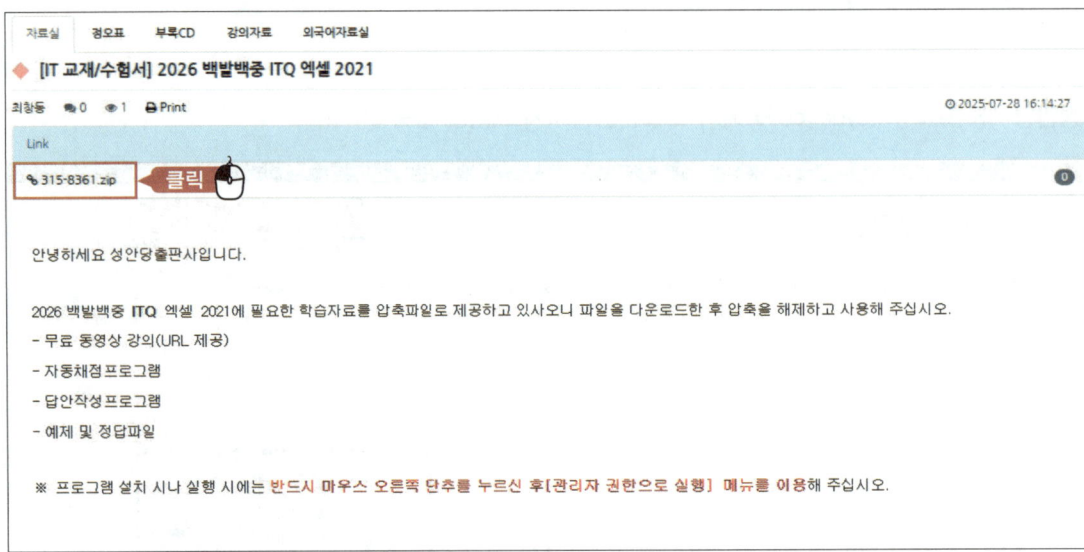

4. 자료파일 구조

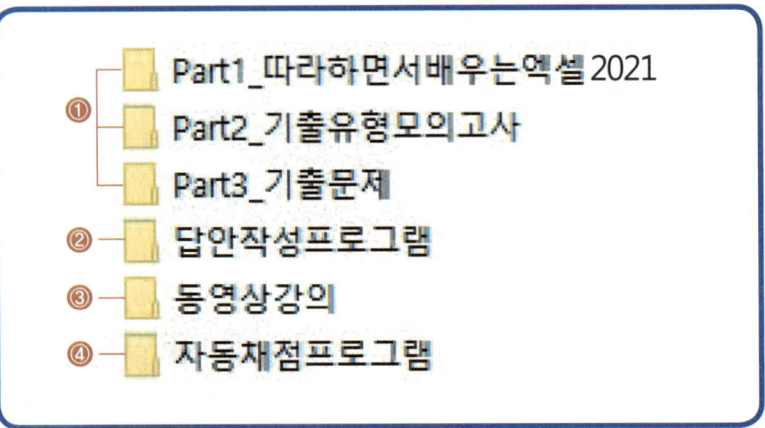

① 소스/정답 파일 : Part1~3까지의 소스/정답 파일을 제공합니다.

② [답안작성프로그램] 폴더 : 답안작성 프로그램 설치 파일이 있습니다.

③ [동영상강의] 폴더 : 무료 동영상 강의 파일(유튜브 URL)을 제공합니다.

④ [자동채점프로그램] 폴더 : 자동채점 프로그램 설치 파일이 있습니다.

※ ②번과 ④번 프로그램은 마우스 오른쪽 단추를 클릭하신 후 [관리자 권한 실행]을 클릭하여 설치하시기 바랍니다.

자동채점 프로그램 설치 및 사용법

1 자동채점 프로그램 설치

1 ITQ_엑셀-파워포인트(2021).exe 파일을 마우스 오른쪽 단추를 클릭한 후 [관리자 권한으로 실행] 메뉴를 클릭하여 설치합니다.

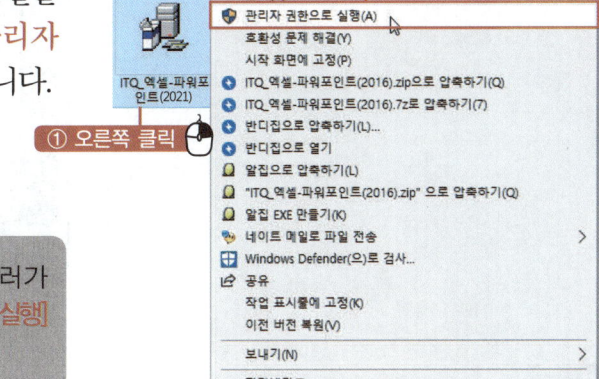

Check Point

실행 파일을 더블클릭하여 설치할 경우 에러가 발생할 수 있으므로, 반드시 [관리자 권한으로 실행] 메뉴를 클릭하여 설치해야 합니다.

2 [성안당 ITQ 채점프로그램 설치] 대화상자에서 [다음]을 클릭합니다.

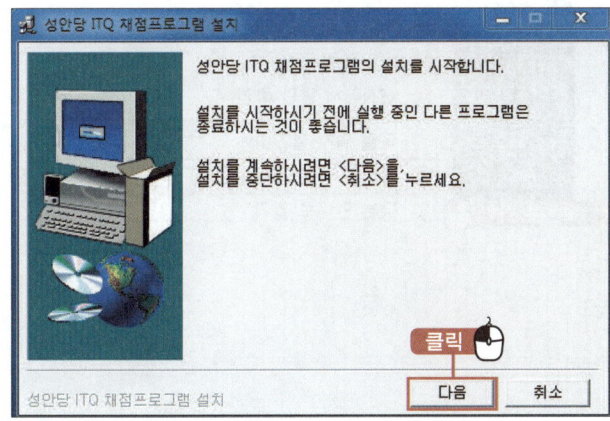

3 [성안당 ITQ 채점프로그램 설치] 대화상자에서 프로그램을 설치할 폴더를 확인한 후 [설치시작]을 클릭합니다.

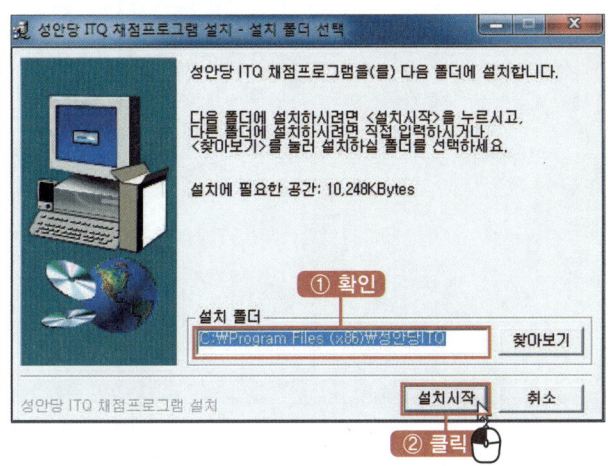

1-5

자동채점 프로그램 설치 및 사용법

4 설치가 완료되면 컴퓨터를 재시작하여 설치를 완료합니다.

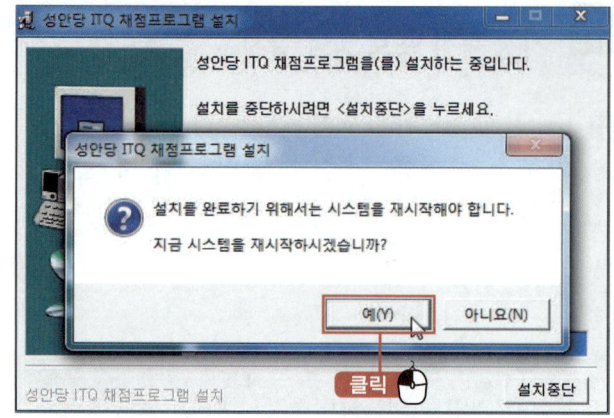

2 자동채점 프로그램 사용법

1 바탕화면의 [성안당 ITQ(2021) 엑셀-파워포인트 채점프로그램] 아이콘을 마우스 오른쪽 버튼을 클릭한 후 [관리자 권한으로 실행] 메뉴를 클릭하여 실행합니다.

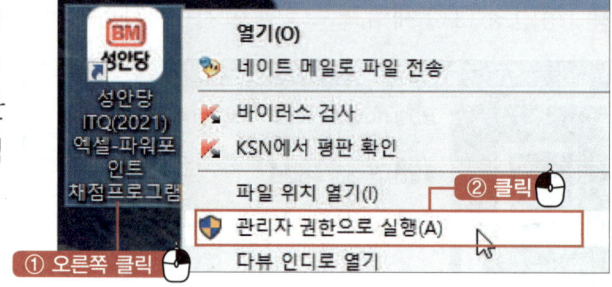

2 [문제 선택] 란에서 문제 회차를 선택합니다.

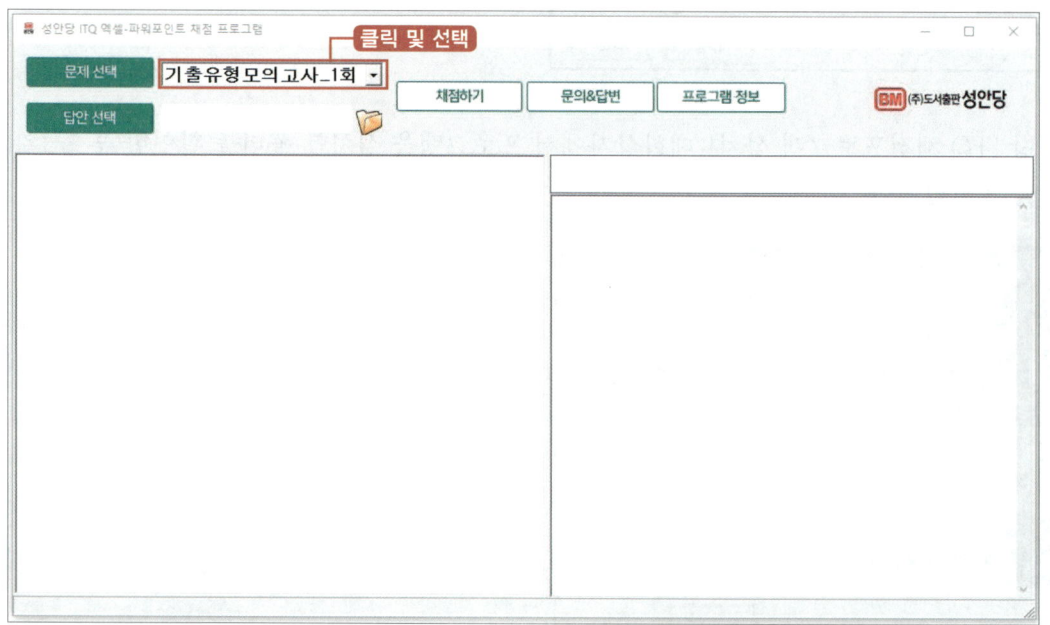

자동채점 프로그램 설치 및 사용법

3 [답안 선택] 란에서 아이콘을 클릭한 후 [답안 파일 선택] 대화상자에서 작성한 정답 파일을 선택하여 연결합니다.

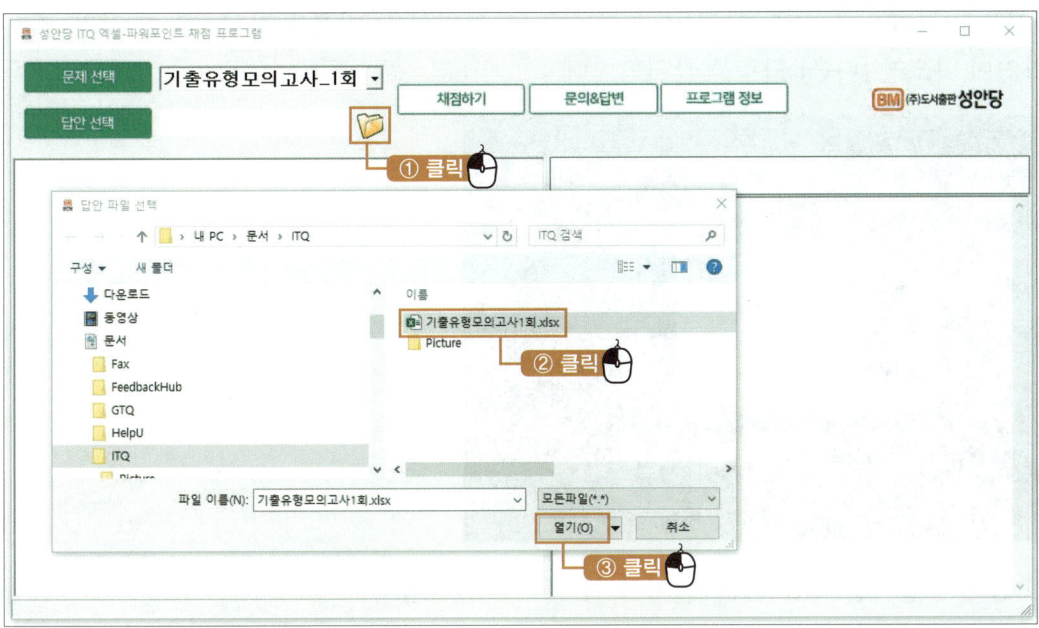

4 [채점하기] 단추를 누르면 채점이 진행됩니다. 왼쪽 화면에서 틀린 부분은 빨간색으로 표시되며, 해당 카테고리를 클릭하면 오른쪽 화면에 감점 내용이 표시됩니다.

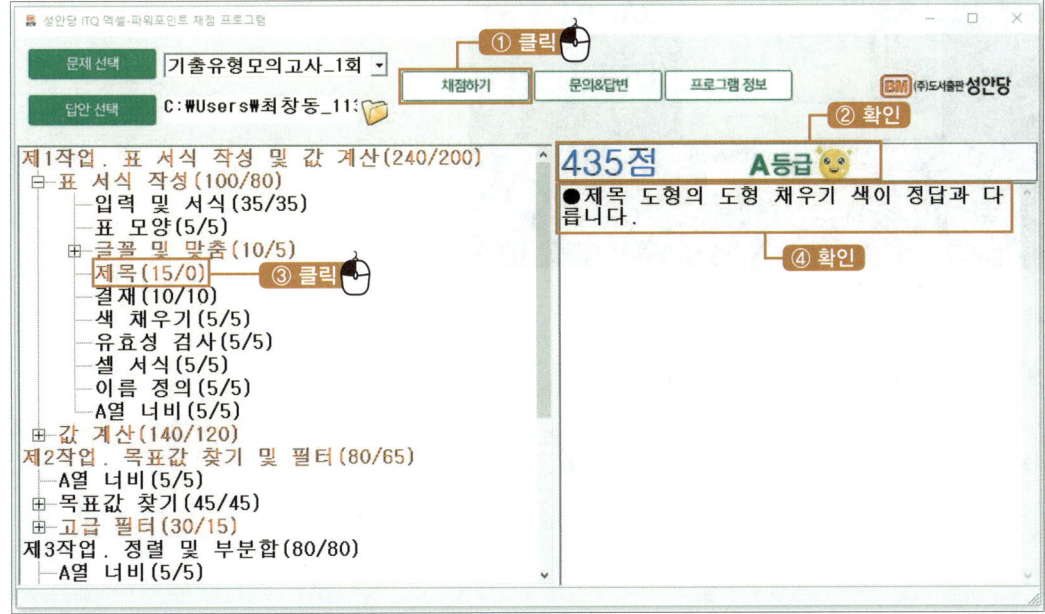

답안작성 프로그램 사용법

단계 1 답안작성 프로그램 설치

1 [자료실]에서 다운로드한 'KOAS수험자용(성안당)'을 더블클릭한 후 그림과 같이 설치화면이 나오면 [다음] 단추를 클릭합니다.

2 프로그램 설치 폴더를 확인한 후 [설치시작] 단추를 클릭합니다.

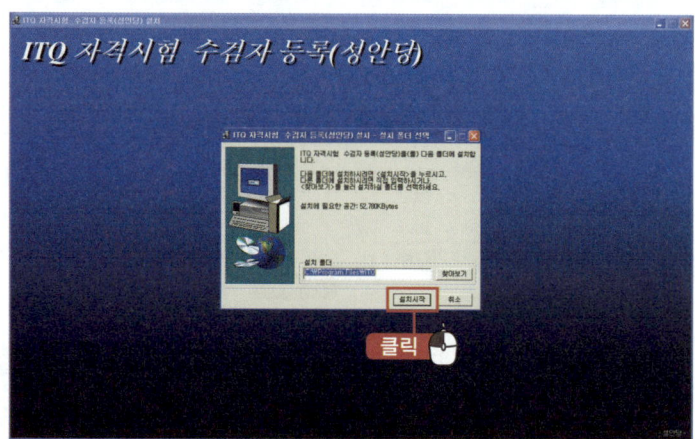

3 설치가 끝나면 [확인] 단추를 클릭합니다.

4 바탕화면에 'ITQ 수험자용' 바로 가기 아이콘 이 생성됩니다.

※ 기존 답안작성 프로그램을 삭제하지 않고 ITQ의 다른 과목(엑셀, 파워포인트)에 수록된 답안 작성 프로그램을 중복 설치해 사용해도 됩니다.

답안작성 프로그램 사용법

단계 2 답안작성 프로그램 사용

1 바탕화면의 'KOAS 수험자용' 바로 가기 아이콘 을 더블클릭하여 실행합니다.

2 [수험자 등록] 대화상자에 수험번호를 입력하고 [확인] 단추를 클릭합니다(문제지의 수험번호를 입력합니다).

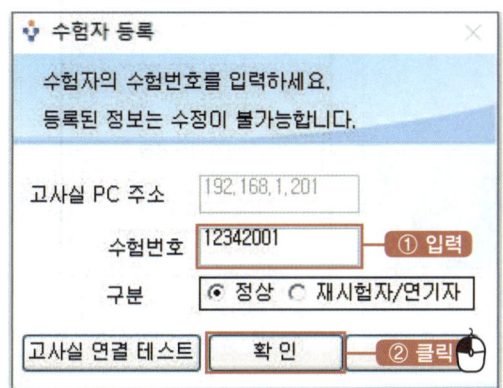

3 시험 버전을 선택하고 [확인] 단추를 클릭합니다.

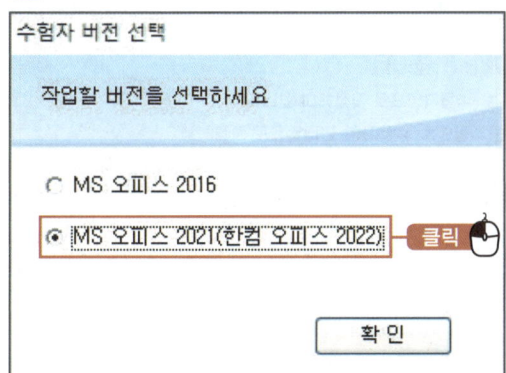

4 [수험자 정보] 창에서 수험번호, 성명, 수험과목, 좌석번호, 답안폴더를 확인하고 [확인] 단추를 클릭합니다.

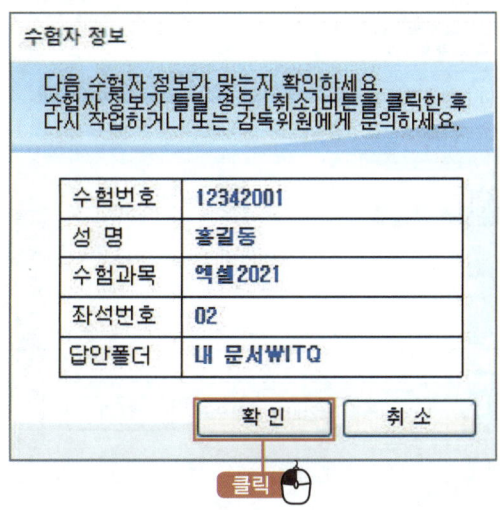

답안작성 프로그램 사용법

5 감독관의 지시하에 시험이 시작되면 키보드의 아무 키나 클릭하여 시험을 시작합니다. 바탕화면의 오른쪽 상단에 답안작성 프로그램이 나타납니다.

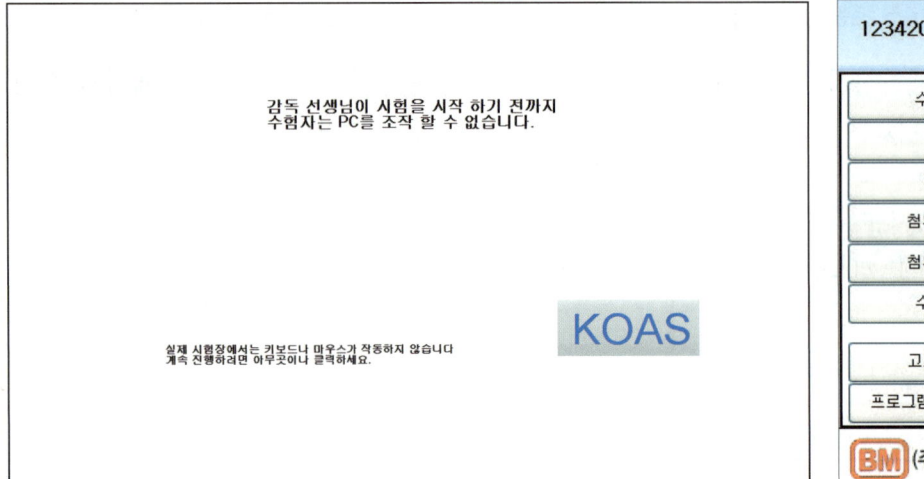
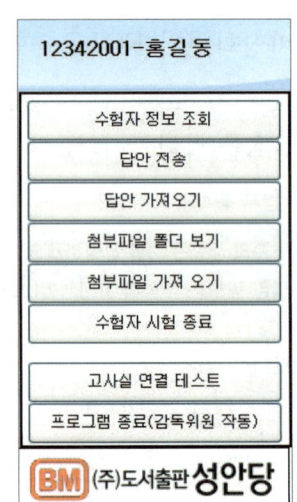

Check Point

답안작성 프로그램의 각 단추 설명

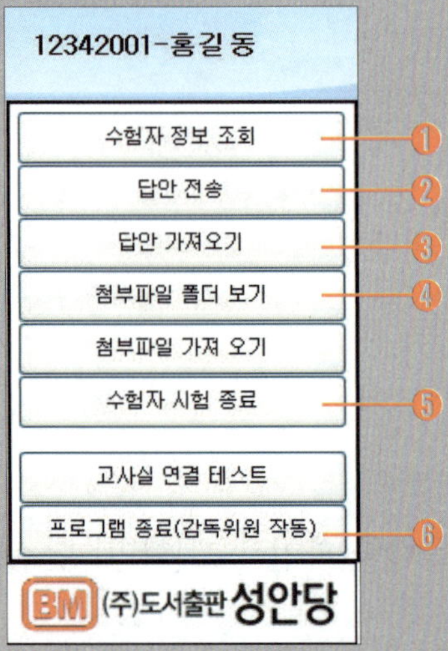

❷ 답안파일을 감독 PC로 전송합니다.

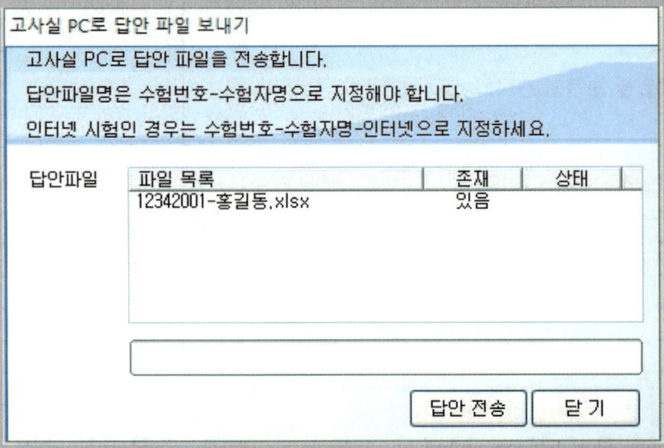

❸ 답안파일을 재전송해야 할 경우 기존에 작성한 답안 파일을 불러옵니다.

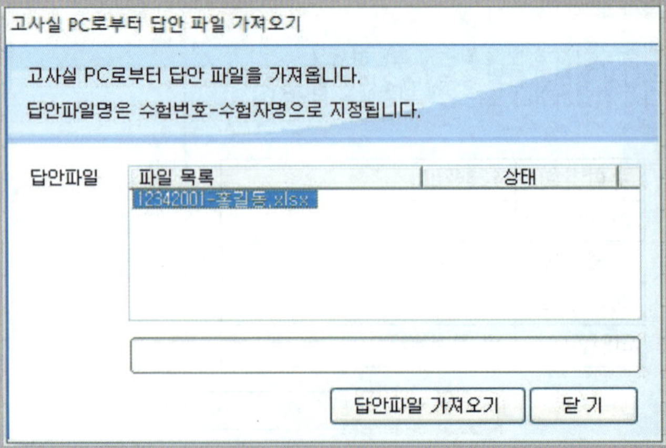

❶ 수험자 정보를 확인합니다.

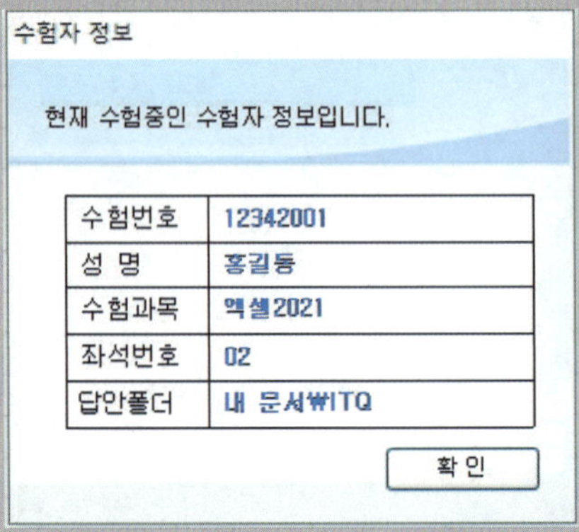

답안작성 프로그램 사용법

> **Check Point**
>
> ④ 시험에 사용될 그림 파일을 확인합니다.
> ⑤ [수험자 시험 종료] 단추 : 답안 전송을 하고 시험을 종료하려면 수험자가 클릭합니다.
> ⑥ [프로그램 종료(감독위원 작동)] 단추 : 실제 시험장에서 감독 위원이 사용하는 단추이므로 수험자는 사용하지 않습니다.
>
> ※ 답안작성 프로그램은 수험자의 이해를 돕기 위한 프로그램으로 네트워크 기능이 없습니다.

6 답안 작성은 한글을 실행한 후 답안을 작성하며, '내문서₩ITQ' 폴더에 저장합니다(수험번호-성명.확장자).

7 답안 작성이 끝났으면 답안작성 프로그램의 [답안 전송] 단추를 클릭한 후 파일을 확인하고 [답안 전송] 단추를 클릭합니다.

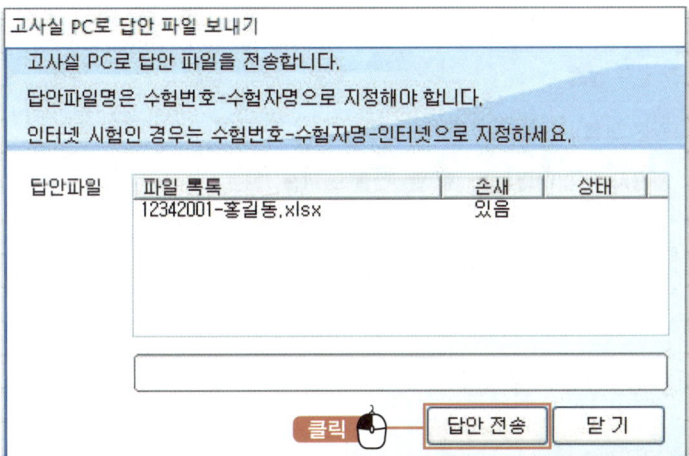

8 정답 파일이 정상적으로 감독 PC로 전송되면 상태에 '성공'이라고 표시됩니다. [닫기] 단추를 클릭합니다.

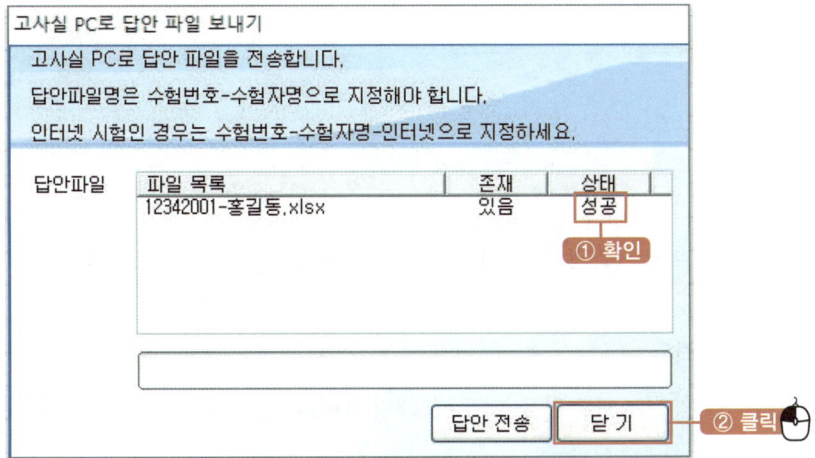

9 답안 전송이 끝났으면 [수험자 수험 종료] 단추를 클릭한 후 [ITQ 종료]와 [예]를 클릭하여 시험을 종료합니다.

A등급을 받기 위한 Tip

[감점되기 쉬운 부분 정리]

제1작업

- 하나의 셀에 두줄을 입력해야 할 경우 Alt + Enter 키를 이용
- 날짜를 입력할 경우에는 반드시 '–' 또는 '/'로 구분기호를 넣어서 입력(예 2024-01-01 또는 2024/01/01)한 후 [홈] 탭의 [표시 형식] 그룹의 [자세히]를 클릭하여 날짜 형식을 출력 형태와 같이 지정
- 정의된 이름을 수정할 경우 [수식] 탭의 [정의된 이름] 그룹에서 [이름 관리자]를 클릭하여 편집

제3작업

- 피벗 테이블에서 출력 자료를 확인하여 불필요한 Alt + Enter 키 기호 삭제해야 함. [옵션]탭의 [활성 필드] 그룹에서 [필드 설정]을 클릭하여 [필드 설정] 대화상자에서 사용자 지정 이름 항목에서 수정

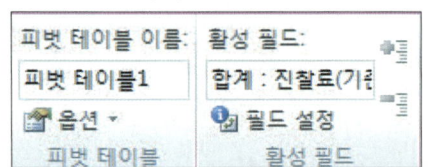
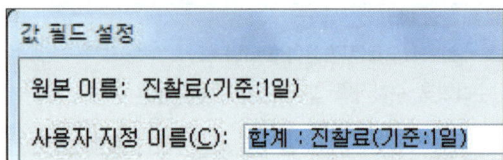

- 필드명이 순서가 다른 경우 [옵션] 탭의 [정렬 및 필터] 그룹에서 [정렬] 클릭

제4작업

- 보조 축 지정 : 해당 계열을 선택한 후 [레이아웃] 탭의 [현재 선택 영역] 그룹에서 [선택 영역 서식] 클릭 후 지정
- 눈금 단위, 눈금 서식을 《출력 형태》와 같이 지정
- 새로 생성한 제4작업 차트 시트는 제3작업 다음으로 이동

[공통사항]

1. KOAS 전송시 주의사항

※ 온라인 답안 작성 절차

2. 모든 작업을 완성했는데 0점 처리되는 경우

대부분 최종 작업에서 저장하지 않고 KOAS로 전송했을 경우에 해당됩니다. 반드시 저장한 후 전송하세요.

A등급을 받기 위한 Tip

[ITQ 엑셀 Q&A]

Q1 제1작업 작성 시 숫자 및 회계 서식 문구 관련

A1 이 조건사항은 문제지 처음의 출력형태가 나와 있는 부분의 작성방법입니다. 하지만 출력형태로 판단이 어려울 경우(셀의 열이 좁으면 가운데 정렬인지 오른쪽 정렬인지 불분명 할 수 있어) 숫자, 회계서식은 엑셀 문서 작성 시 오른쪽 정렬이 기본이기에 문구를 추가한 것입니다. 이 조건사항으로 숫자서식, 회계서식을 채점하지는 않으며, 단순히 출력형태 정렬의 참고사항입니다. 조건의 셀 서식 문제는 출력형태에 그대로 사용자 지정 셀 서식만 적용하시면 됩니다.

Q2 함수 문제의 정렬 및 셀 서식

A2 함수 문제는 정렬 및 셀 서식 채점을 하지 않으며 "예"가 있는 함수 문제의 경우만 예와 같은 형태로 작성하시면 됩니다.

Q3 제1작업에 함수를 못하면 실격인가요?

A3 아닙니다. 풀지 못한 해당 문제에 대해서만 감점이 되며 제2작업, 제3작업, 제4작업에 점수에도 영향을 미치지 않습니다.

Q4 VLOOKUP 함수 사용시 절대참조, 상대참조 중 어떤 것을 사용해야 하나요?

A4 경우에 따라 반드시 절대참조를 사용하여야만 결과값이 정확하게 나오는 경우가 있습니다. 이럴 경우는 반드시 절대참조를 해야 합니다. 그러나 결과값의 셀이 한 셀에 고정되어 있을 경우나 절대참조와 상대참조의 처리 결과값이 서로 일치하는 경우 절대참조, 상대참조 둘 중 어느 것을 사용하여도 정답 처리됩니다.

```
예) =VLOOKUP($I$14,$B$5:$H$12,7,FALSE)
    =VLOOKUP(I14,B5:H12,7,FALSE)
```

※ 주의 – VLOOKUP, HLOOKUP 함수의 마지막 인수는 정확히 일치하는 결과가 답으로 나와야 할 경우 FALSE 또는 '0'으로 처리하며, 구간의 값이거나 근접한 값이 답일 경우에는 TRUE 또는 '1'로 처리합니다.

Q5 모든 작업을 굴림, 11pt로 맞춰줘야 하나요?

A5 제1작업에서 굴림, 11pt로 맞추면 됩니다. 2작업, 3작업은 제1작업을 기초하여 사용하므로 글꼴, 폰트 크기가 동일하며 4작업 차트에서는 영역별 지시사항에 따라서 처리하면 됩니다.
※ 주의 : 피벗 테이블, 고급 필터의 조건 등은 디폴트 값 그대로 두셔도 감점되지 않습니다.

Q6 분명 지시사항대로 작성하였는데 차트에서 감점은 어디서 되나요?

A6 차트는 지시사항대로 작성한 후에 반드시 출력형태와 비교하여 세부항목을 맞춰줘야 감점되지 않습니다. 즉 지시사항에 없는 부분까지 출력형태를 꼼꼼히 비교하여 작성해야 합니다.

Q7 차트 삽입 도형 작성

A7 차트에 삽입되는 도형의 텍스트 글꼴 및 크기, 도형 선 색상은 채점대상이 아닙니다. 지시사항의 도형 삽입과 출력형태와 같이 오타 없이 작성하시면 됩니다.

A등급을 받기 위한 Tip

[ITQ 엑셀2021 문제별 사용하는 메뉴 정리]

[제1작업]

도형 삽입	[삽입] 탭-[일러스트레이션] 그룹의 [도형]
그림자 스타일	[도형 서식] 탭-[도형 스타일] 그룹의 [도형 효과]-[그림자]
그림 복사(방법1)	복사할 영역을 범위 지정한 후 [홈] 탭-[클립 보드] 그룹의 [복사]-[그림으로 복사]를 클릭한 후 모양과 형식을 설정하고, 붙여 넣을 위치에서 Ctrl+V키를 눌러 붙여넣기
그림 복사(방법2)	복사할 영역을 범위 지정한 후 Ctrl+C키를 눌러 복사한 후 [홈] 탭-[클립 보드] 그룹의 [붙여넣기]-[기타 붙여넣기 옵션]에서 '그림'을 클릭하여 붙여넣기
유효성 검사	[데이터] 탭-[데이터 도구] 그룹의 [데이터 유효성 검사]
셀 서식	Ctrl+1키를 눌러 [표시 형식] 그룹의 '사용자 지정'
이름 정의	이름을 정의할 영역을 범위 지정한 후 '이름 상자'에 입력한 후 Enter키 ※ 이름을 삭제할 때에는 [수식] 탭-[정의된 이름] 그룹의 [이름 관리자]를 클릭하여 이름을 선택한 후 [삭제]를 클릭

[제2작업]

고급 필터	[데이터] 탭-[정렬 및 필터] 그룹의 [고급]
표 서식	[홈] 탭-[스타일] 그룹의 [표 서식]
목표값 찾기	[데이터] 탭-[예측] 그룹의 [가상 분석]-[목표값 찾기]

[제3작업]

피벗 테이블	[삽입] 탭-[표] 그룹의 [피벗 테이블]
셀 병합 및 가운데 맞춤, 총합계 표시 여부, 빈 셀	[피벗 테이블 분석] 탭-[피벗 테이블] 그룹의 [옵션]
그룹화	[피벗 테이블 분석] 탭-[그룹] 그룹의 [필드 그룹화] 또는 마우스 오른쪽 버튼을 클릭하여 [그룹]
정렬	[데이터] 탭-[정렬 및 필터] 그룹의 [정렬] 또는 [텍스트 오름차순 정렬], [텍스트 내림차순 정렬]
부분합	[데이터] 탭-[개요] 그룹의 [부분합]
부분합(개요)	[데이터] 탭-[개요] 그룹의 [그룹 해제]-[개요 지우기]

[제4작업]

차트 삽입(차트 종류)	[삽입] 탭-[차트] 그룹을 이용하여 차트 종류 선택
위치 변경	[차트 디자인] 탭-[위치] 그룹의 [차트 이동] 또는 마우스 오른쪽 버튼을 클릭하여 [차트 이동]
레이아웃	[차트 디자인] 탭-[차트 레이아웃] 그룹의 [빠른 레이아웃]
스타일	[차트 디자인] 탭-[차트 스타일] 그룹
레이블	[차트 디자인] 탭-[차트 레이아웃] 그룹의 [차트 요소 추가]-[데이터 레이블]
눈금선	[차트 디자인] 탭-[차트 레이아웃] 그룹의 [차트 요소 추가]-[눈금선] 또는 마우스 오른쪽 버튼을 클릭하여 [눈금선 서식]
범례명 변경	[차트 디자인] 탭-[데이터] 그룹의 [데이터 선택] 또는 마우스 오른쪽 버튼을 클릭하여 [데이터 선택]
도형	[서식] 탭-[도형 삽입] 그룹의 [도형]

시험안내

1. 시험 과목 및 검정 기준

시험과목	선택 프로그램	시험시간
한글엑셀/한셀	MS오피스 2021/2016, 아래한글 2022/2020	60분

※A등급 : 500점 ~ 400점, B등급 : 399점 ~ 300점, C등급 : 299점 ~ 200점

2. 시험 출제기준

검정과목	문항	배점	출제기준
한글엑셀/한셀	1. 표 작성	100점	※출력형태의 표를 작성하고 조건에 따른 서식 변환 및 함수 사용 능력 평가 • 데이터 입력 및 셀 편집　　• 도형을 이용한 제목 작성 및 편집 • 카메라, 이름 정의, 유효성 검사 등
		140점	• 함수(*함수 출제 범위 참조)를 이용한 수식 작성 • 조건부 서식
	2. 필터, 목표값찾기, 자동서식	80점	[유형1] 필터 및 서식 ※기본 데이터를 이용한 데이터 필터 능력과 서식 작성 능력 평가 • 고급 필터 : 정확한 조건과 추출 위치 지정 • 자동 서식(표스타일)·서식 적용 [유형2] 목표값 찾기 및 필터 ※원하는 결과값을 구하기 위해 변경되는 값을 구하는 능력과 서식 작성 능력 평가 • 목표값 찾기 : 정확한 목표값 산출　•자동 서식(표 스타일) : 서식 적용
	3. 부분합 / 피벗 테이블	80점	※부분합 : 기본 데이터를 이용하여 특정 필드에 대한 합계, 평균 등을 구하는 능력을 평가 • 항목의 종류별 정렬/부분합 조건과 추출 결과 ※피벗 테이블 : 데이터 자료 중에서 필요한 필드를 추출하여 보기 쉬운 결과물을 만드는 능력을 평가 • 항목의 종류별 정렬/부분합 조건과 추출 결과
	4. 차트	100점	※기본 데이터를 이용하여 보기 쉽게 차트로 표현하는 능력을 평가 • 차트 종류　　• 차트 위치 및 서식　　• 차트 옵션 변경

※괄호( ) 내용은 한셀에서 사용하는 명칭임

함수 구분	함수 출제 범위
날짜/시간 함수	DATE, HOUR, MONTH, TODAY, WEEKDAY, YEAR, DAY, MINUTE, NOW, SECOND, TIME
수학/삼각 함수	INT, MOD, PRODUCT, ROUND, ROUNDDOWN, ROUNDUP, SUM, SUMPRODUCT, SUMIF, TRUNC, ABS, CEILNG, ODD, PI, POWER, SUBTOTAL, TRIMMEAN
통계 함수	AVERAGE, COUNT, COUNTA, COUNTIF, LARGE, MAX, MEDIAN, MIN, RANK.EQ, COUNTBLANK, MODE, SMALL
찾기/참조 함수	CHOOSE, HLOOKUP, VLOOKUP, INDEX, MATCH, ADDRESS, OFFSET, TRANSPOSE
데이터베이스 함수	DAVERAGE, DCOUNT, DGET, DMAX, DMIN, DSUM, DCOUNTA, DVAR, DPRODUCT, DSTDEV
텍스트 함수	CONCAT, LEFT, MID, REPLACE, RIGHT, LEN, LOWER, PROPER, VALUE, WON, REPT
정보 함수	ISERROR
논리값 함수	AND, IF, OR, NOT, TRUE, FALSE

목 차

자료 다운로드 및 자료파일 구조	1-3
자동채점 프로그램 설치 및 사용법	1-5
답안작성 프로그램 설치 및 사용법(무료 동영상)	1-8
A등급을 받기 위한 Tip	1-12
시험안내	1-15

Part 01 따라하면서 배우는 엑셀 (무료 동영상)

Section 1 수험자 유의사항 및 답안 작성 요령	2
Section 2 [제1작업] 표 서식 작성 및 값 계산 – 데이터 입력 및 제목 작성	9
Section 3 [제1작업] 표 서식 작성 및 값 계산 – 결재란 및 셀 서식	23
Section 4 [제1작업] 표 서식 작성 및 값 계산 – 함수	33
Section 5 [제1작업] 표 서식 작성 및 값 계산 – 조건부 서식	84
Section 6 [제2작업] 목표값 찾기 및 필터	88
Section 7 [제2작업] 필터 및 서식	100
Section 8 [제3작업] 정렬 및 부분합	107
Section 9 [제3작업] 피벗 테이블	114
Section 10 [제4작업] 그래프	121

Part 02 기출유형 모의고사 (무료 동영상)

제1회 기출유형 모의고사	140
제2회 기출유형 모의고사	144
제3회 기출유형 모의고사	148
제4회 기출유형 모의고사	152
제5회 기출유형 모의고사	156
제6회 기출유형 모의고사	160
제7회 기출유형 모의고사	164
제8회 기출유형 모의고사	168
제9회 기출유형 모의고사	172
제10회 기출유형 모의고사	176

Part 03 기출문제 (무료 동영상)

제1회 기출문제	182
제2회 기출문제	186
제3회 기출문제	190
제4회 기출문제	194
제5회 기출문제	198
제6회 기출문제	202
제7회 기출문제	206
제8회 기출문제	210
제9회 기출문제	214
제10회 기출문제	218

[자료 파일]
- 예제 및 정답 파일
- 무료 동영상 강의
- 자동채점 프로그램 및 답안작성 프로그램

※[자료실]에서 다운로드하여 사용하세요(1-3쪽 참조).

PART 1

따라하면서 배우는 엑셀

기출문제를 따라해 보면서 시험의 시작부터 마무리까지
진행 절차와 필요 기능을 학습합니다.
※정답 파일과 동영상 강의는 [자료실]에서 다운로드하세요.

무료 동영상	Section 1	수험자 유의사항 및 답안 작성 요령
무료 동영상	Section 2	[제1작업] 표 서식 작성 및 값 계산-데이터 입력 및 제목 작성
무료 동영상	Section 3	[제1작업] 표 서식 작성 및 값 계산-결재란 및 셀 서식
무료 동영상	Section 4	[제1작업] 표 서식 작성 및 값 계산-함수
무료 동영상	Section 5	[제1작업] 표 서식 작성 및 값 계산-조건부 서식
무료 동영상	Section 6	[제2작업] 목표값 찾기 및 필터
무료 동영상	Section 7	[제2작업] 필터 및 서식
무료 동영상	Section 8	[제3작업] 정렬 및 부분합
무료 동영상	Section 9	[제3작업] 피벗 테이블
무료 동영상	Section 10	[제4작업] 그래프

Section 1. 수험자 유의사항 및 답안 작성 요령

실격에 유의하여 수험자 유의사항 및 답안 작성 요령 사항을 꼼꼼히 확인해야 합니다.

수험자 유의사항

- 파일명은 본인의 "수험번호-성명"으로 입력하여 답안폴더(내 PC₩문서₩ITQ)에 하나의 파일로 저장해야 하며, 답안문서 파일명이 "수험번호-성명"과 일치하지 않거나, 답안파일을 전송하지 않아 미제출로 처리될 경우 실격입니다(예 : 12345678-홍길동.xlsx).
- 답안 작성을 마치면 파일을 저장하고, '답안 전송' 버튼을 선택하여 감독위원 PC로 답안을 전송하십시오. 수험생 정보와 저장한 파일명이 다를 경우 전송되지 않으므로 주의하시기 바랍니다.
- 답안 작성 중에도 주기적으로 저장하고, '답안 전송' 하여야 문제 발생을 줄일 수 있습니다. 작업한 내용을 저장하지 않고 전송할 경우 이전에 저장된 내용이 전송되오니 이점 유의하시기 바랍니다.
- 답안문서는 지정된 경로 외의 다른 보조기억장치에 저장하는 경우, 지정된 시험 시간 외에 작성된 파일을 활용할 경우, 기타 통신수단(이메일, 메신저, 네트워크 등)을 이용하여 타인에게 전달 또는 외부 반출하는 경우는 부정 처리합니다.

답안 작성 요령

- 온라인 답안 작성 절차

  수험자 등록 ⇒ 시험 시작 ⇒ 답안파일 저장 ⇒ 답안 전송 ⇒ 시험 종료
- 문제는 총 4단계, 즉 제1작업부터 제4작업까지 구성되어 있으며 반드시 제1작업부터 순서대로 작성하고 조건대로 작업하시오.
- 모든 작업시트의 A열은 열 너비 '1'로, 나머지 열은 적당하게 조절하시오.
- 모든 작업시트의 테두리는 《출력형태》와 같이 작업하시오.
- 답안 시트 이름은 "제1작업", "제2작업", "제3작업", "제4작업"이어야 하며 답안 시트 이외의 것은 감점 처리됩니다.
- 각 시트를 파일로 나누어 작업해서 저장할 경우 실격 처리됩니다.

핵심 체크

① 저장 단축키인 Ctrl + S 키를 이용하여 지정한 위치에 '수험번호-성명.xlsx' 파일을 저장합니다.
② 열 머리글에서 바로 가기 메뉴를 이용하여 열 너비를 조절합니다.
③ 시트 탭 위에서 더블클릭을 이용하여 시트 이름 바꾸기를 실행합니다.

※ 제4작업 시트의 경우는 차트의 생성으로 주어지는 새로운 시트이므로 제1작업, 제2작업, 제3작업의 시트 이름만 변경해 놓습니다.

단계 1 파일 저장

1 [시작]-[E]-[Excel 2021]을 클릭합니다.

2 [새 통합 문서]를 클릭합니다.

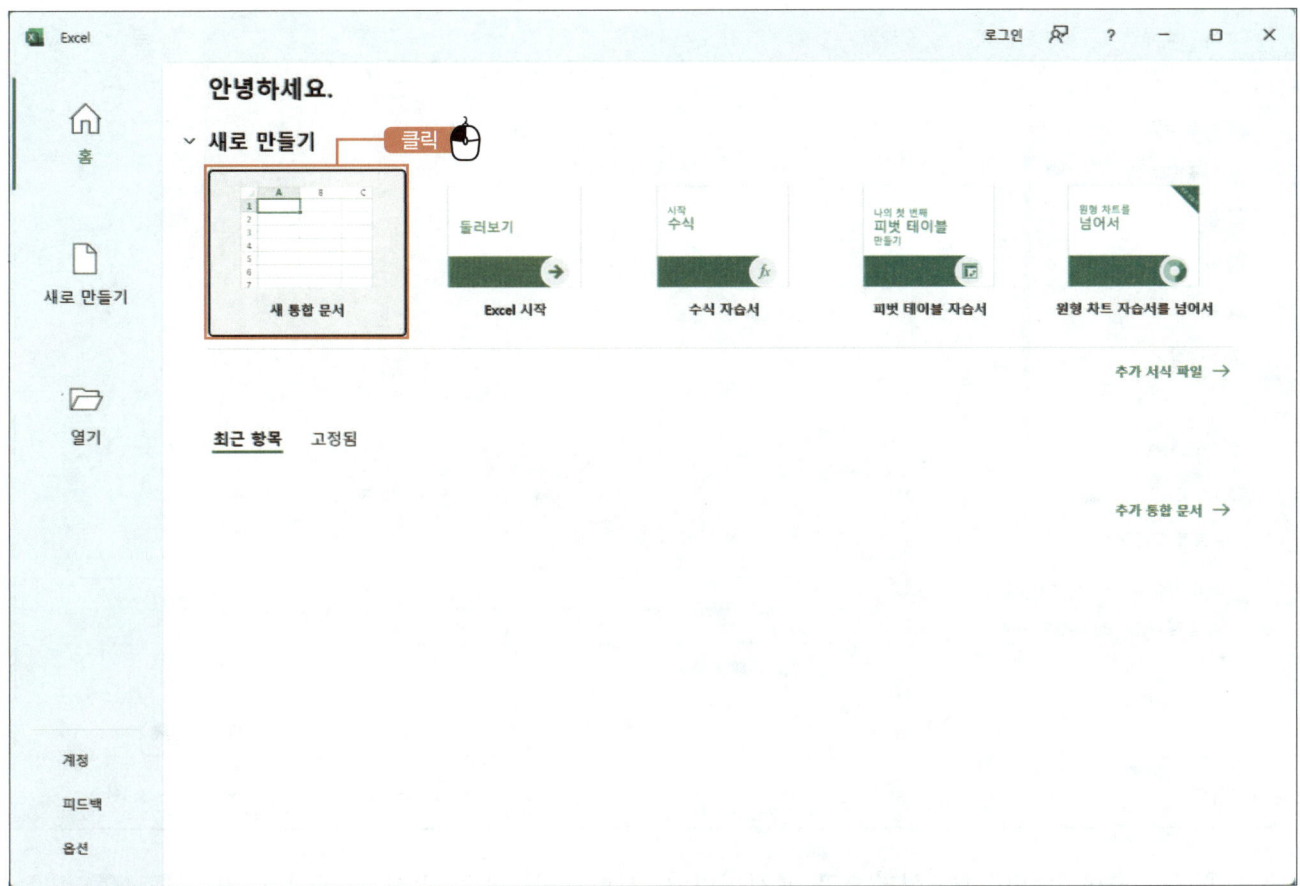

3 바로 가기 키 Ctrl + S 키 또는 빠른 실행 도구 모음의 [저장 🖫]을 클릭합니다.

4 [다른 이름으로 저장] 대화상자에서 [찾아보기]를 클릭하여 저장 위치를 '내 PC₩문서₩ITQ₩'로 지정합니다.

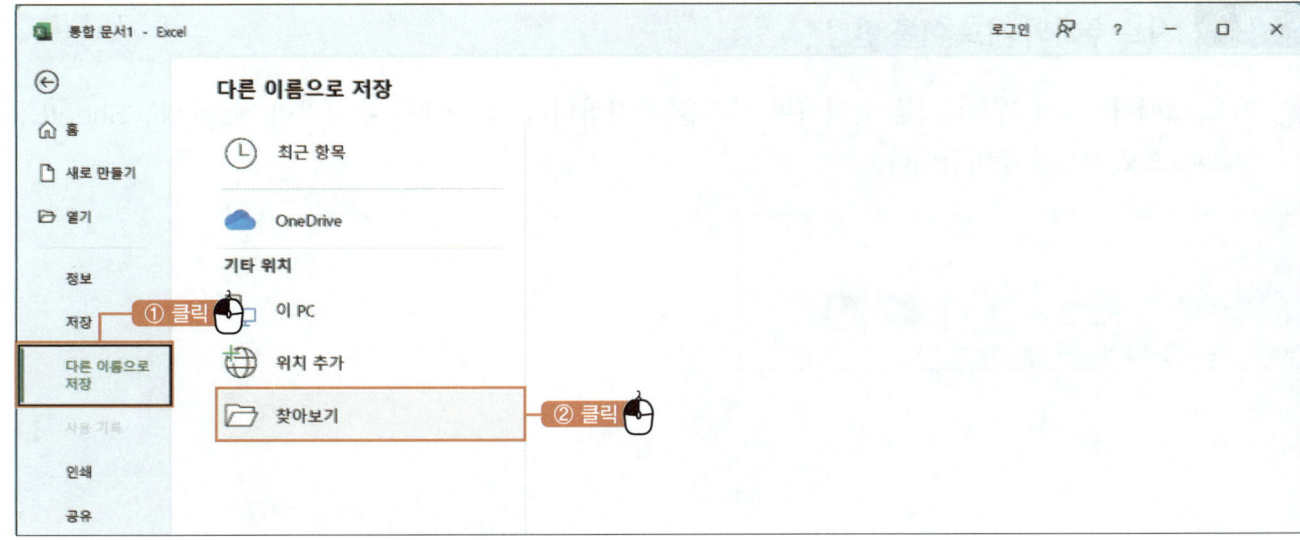

5 [다른 이름으로 저장] 대화상자에서 파일 이름을 '수험번호-성명'으로 입력한 후 [저장] 단추를 클릭합니다.

6 제목 표시줄에 '수험번호-성명'으로 표시됩니다. 시험을 볼 때는 수시로(10분 단위) Ctrl + S 또는 [저장 📄]을 클릭하여 저장합니다. 파일명 입력은 처음에만 입력하고 수시로 저장하면 처음 지정한 파일명에 저장됩니다.

단계 2 시트 추가와 시트 이름 변경

1 시트 탭에서 [+ 새 시트]를 클릭하여 시트를 추가합니다. 총 2개를 추가하여 'Sheet1', 'Sheet2', 'Sheet3'으로 시트를 준비합니다.

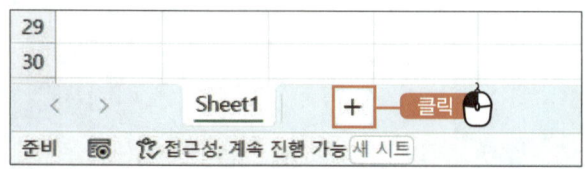

2 'Sheet1' 시트 탭을 **더블클릭**합니다.

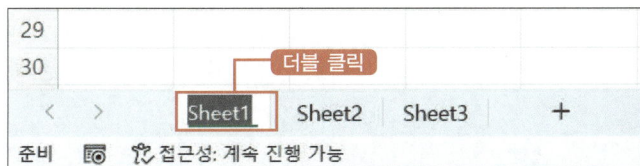

3 시트명이 역상으로 바뀌면 「제1작업」을 입력한 후 Enter 키를 누릅니다.

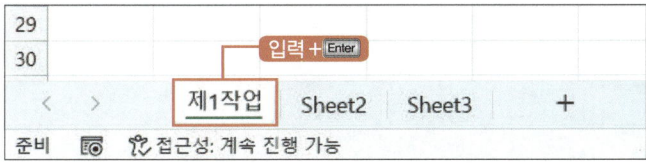

4 '제2작업', '제3작업'도 위와 같은 방법으로 시트 이름을 변경합니다.

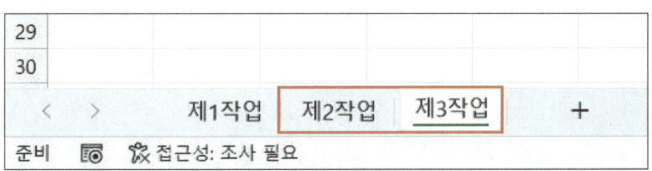

단계 3 열 너비 조절

1 시트 탭 위에서 마우스 오른쪽 버튼을 클릭하여 [모든 시트 선택] 메뉴를 클릭합니다. 또는 '제1작업'을 선택한 후 Shift 키를 누른 채 '제3작업'을 클릭하여 세 개의 시트를 모두 선택할 수 있습니다.

2 [A] 열 머리글에서 마우스 오른쪽 버튼을 클릭하여 [열 너비] 메뉴를 클릭합니다.

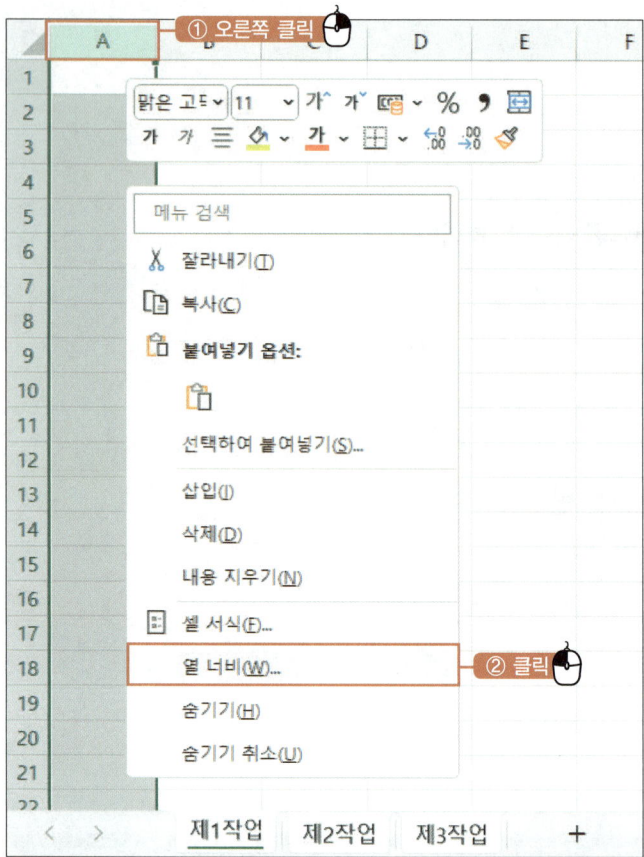

3 [열 너비] 대화상자에서 「1」을 입력한 후 [확인] 단추를 클릭합니다.

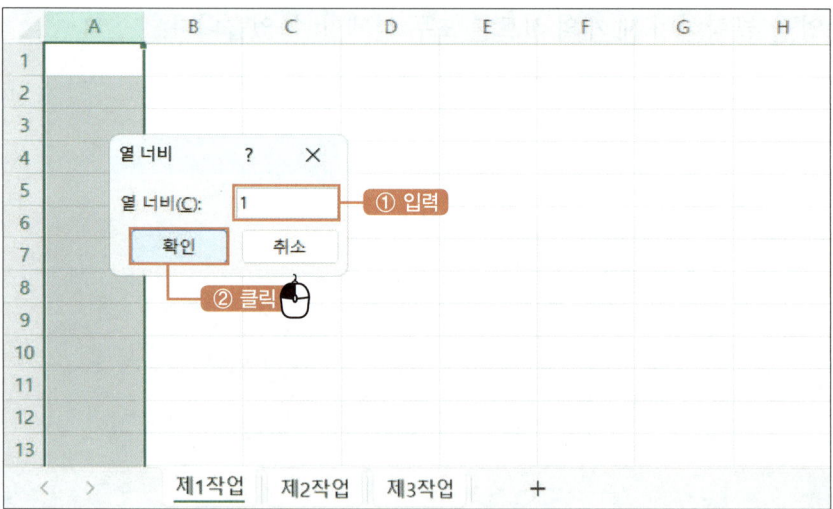

실력 향상을 위한 실전 연습문제

● 예제/정답 파일은 [자료실]에서 다운로드하세요.

● 정답파일 : 12345678-김사랑.xlsx

01 다음 조건에 따라 엑셀 파일을 작성하시오.

(1) 모든 시트의 'A' 열 너비를 '1'로 조절하시오.
(2) 시트 이름을 '제1작업', '제2작업', '제3작업'으로 변경하시오.
(3) '내 PC₩문서₩ITQ' 폴더에 '12345678-김사랑'으로 저장하시오.

출력형태

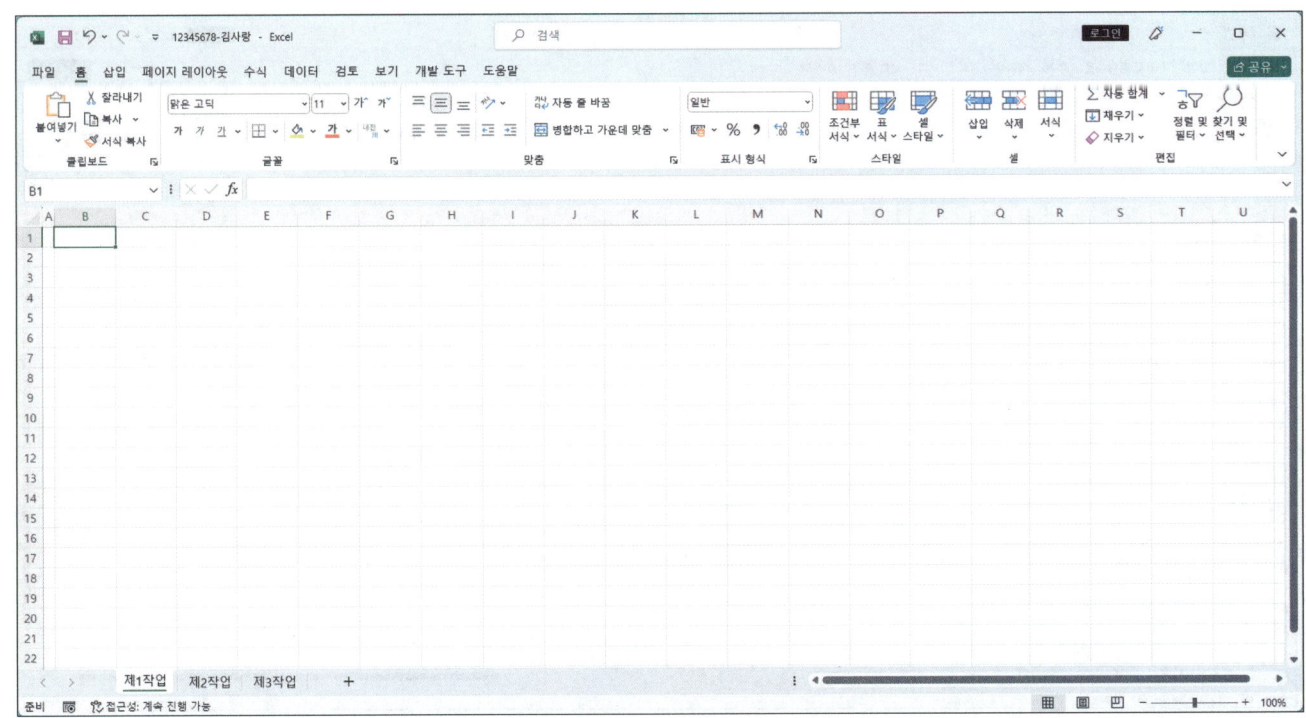

Level Upgrade 실력 향상을 위한 실전 연습문제

● 정답 파일은 [자료실]에서 다운로드 받으세요.

●소스파일 : 정답파일 : 12345678-김행복.xlsx

02 다음 조건에 따라 엑셀 파일을 작성하시오.

(1) 모든 시트의 'A' 열 너비를 '1'로 조절하시오.
(2) 시트 이름을 '제1작업', '제2작업', '제3작업'으로 변경하시오.
(3) '내 PC₩문서₩ITQ' 폴더에 '12345678-김행복'으로 저장하시오.

출력형태

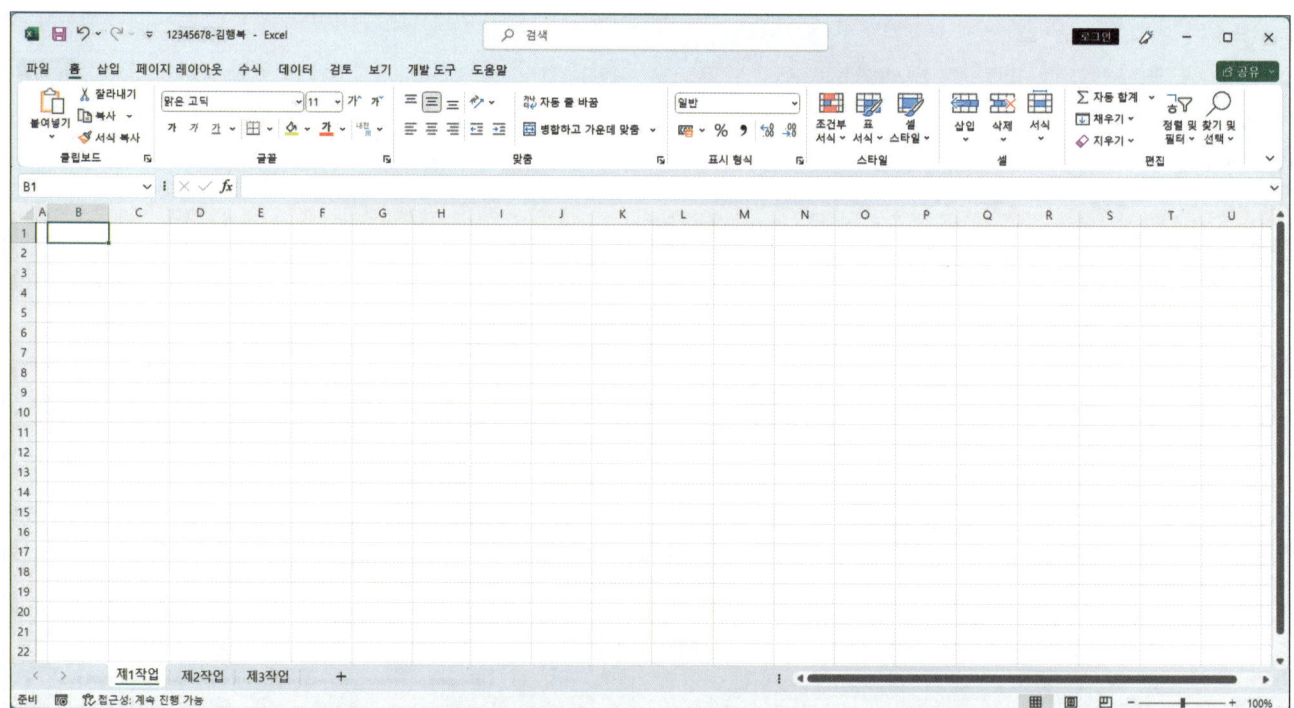

Section 2

[제1작업] 표 서식 작성 및 값 계산
– 데이터 입력 및 제목 작성

무료 동영상

주어진 데이터를 데이터 형식에 맞게 정확히 입력한 후 테두리 서식과 열 너비를 조절하고 도형을 이용하여 제목을 작성하고 서식을 지정합니다.

[제 1 작업] 표 서식 작성 및 값 계산 (240점 중 100점)

☞ 다음은 '성안여행 마일리지 투어 상품'에 대한 자료이다. 자료를 입력하고 조건에 맞도록 작업하시오.

≪조건≫
- 모든 데이터의 서식에는 글꼴(굴림, 11pt), 정렬은 숫자 및 회계 서식은 오른쪽 정렬, 나머지 서식은 가운데 정렬로 작성하며 예외적인 것은 ≪출력형태≫를 참조하시오.
- 제 목 ⇒ 도형(사각형: 잘린 한쪽 모서리)과 그림자(오프셋: 오른쪽)를 이용하여 작성하고 "성안여행 마일리지 투어 상품"을 입력한 후 다음 서식을 적용하시오(글꼴−굴림, 24pt, 검정, 굵게, 채우기−노랑).
- 임의의 셀에 결재란을 작성하여 그림으로 복사 기능을 이용하여 붙이기 하시오(단, 원본 삭제).
- 「B4:J4, G14, I14」 영역은 '주황'으로 채우기 하시오.
- 유효성 검사를 이용하여 「H14」 셀에 여행지(「D5:D12」 영역)가 선택 표시되도록 하시오.
- 셀 서식 ⇒ 「G5:G12」 영역에 셀 서식을 이용하여 숫자 뒤에 '명'을 표시하시오(예 : 17명).
- 「E5:E12」 영역에 대해 '항공사'로 이름정의를 하시오.

≪출력형태≫

	A	B	C	D	E	F	G	H	I	J	K
1											
2		성안여행 마일리지 투어 상품									
3											
4		상품코드	지역	여행지	항공사	일정(일)	출발인원	공제 마일리지	순위	비고	
5		K-85074	유럽	이탈리아	하나항공	7	17	169,000			
6		H-35035	동남아	보라카이	블루항공	5	26	80,000			
7		F-51166	미주	뉴욕	하나항공	8	32	155,000			
8		H-34122	동남아	방콕	그린항공	6	12	70,000			
9		P-76117	동남아	보홀	하나항공	4	9	115,000			
10		F-06048	미주	보스턴	그린항공	5	27	125,000			
11		H-94122	유럽	파리	블루항공	7	10	190,000			
12		L-62021	동남아	빈탄	블루항공	3	21	90,000			
13		그린항공의 공제 마일리지 합계						최대 공제 마일리지			
14		유럽 지역의 출발인원 평균					여행지		출발인원		
15											

핵심 체크

① 데이터 입력 : 글꼴 서식을 지정하고 내용 입력, 테두리 서식
② 제목 작성 : 도형 삽입과 글꼴 서식, 도형 서식 지정

단계 1 　전체 셀 서식 지정

> **조건**　모든 데이터의 서식에는 글꼴(굴림, 11pt), 정렬은 숫자 및 회계 서식은 오른쪽 정렬, 나머지 서식은 가운데 정렬로 작성하며 예외적인 것은 ≪출력형태≫를 참조하시오.

1 '제1작업', '제2작업', '제3작업'이 모두 선택된 상태에서 바로 가기 키 `Ctrl`+`A` 또는 **전체 셀 선택** ◤을 클릭합니다.

2 [홈] 탭의 [글꼴] 그룹에서 '글꼴 – 굴림', '글꼴 크기 – 11'을 지정합니다.

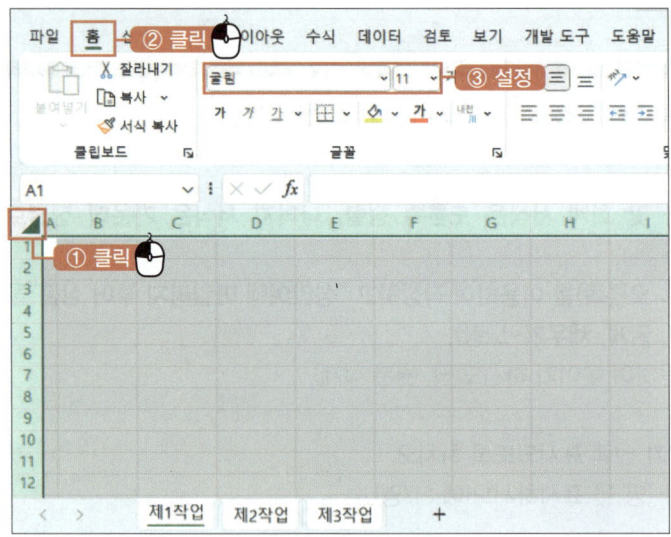

3 '제2작업' 또는 '제3작업'을 선택하여 시트 그룹을 해제합니다.

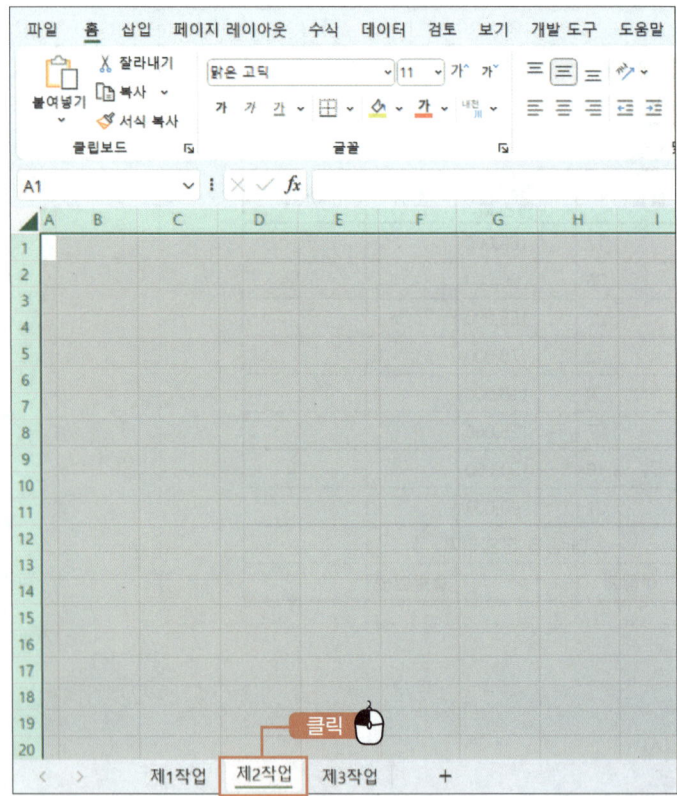

4 '제1작업' 시트를 선택하고 [홈] 탭의 [맞춤] 그룹에서 [가운데 맞춤 ≡] 도구를 클릭합니다.

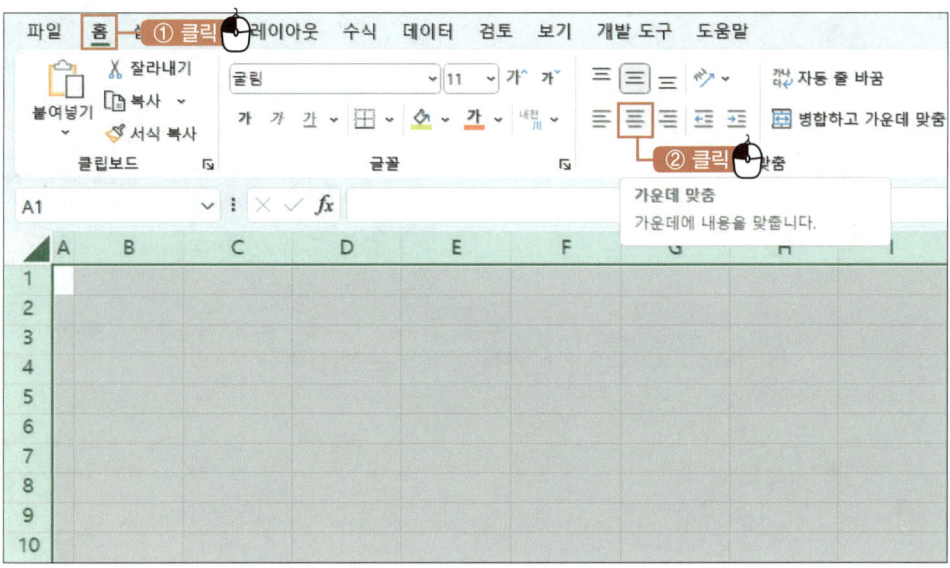

 Check Point

① 한 개의 셀 선택 : 한 개의 셀을 마우스로 클릭하거나 키보드 방향키(→, ←, ↑, ↓)를 이용하여 셀 선택

② 연속적인 여러 셀 선택 : 마우스로 드래그, Shift+방향키(→, ←, ↑, ↓), 첫 셀을 클릭한 후 마지막 셀을 Shift 키를 누른 상태에서 클릭하여 선택

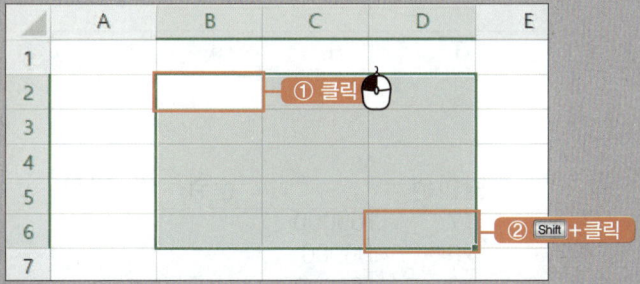

③ 비연속적인 여러 셀 선택 : 첫 번째 영역을 선택한 후 두 번째 영역부터는 Ctrl 키를 누른 상태에서 선택

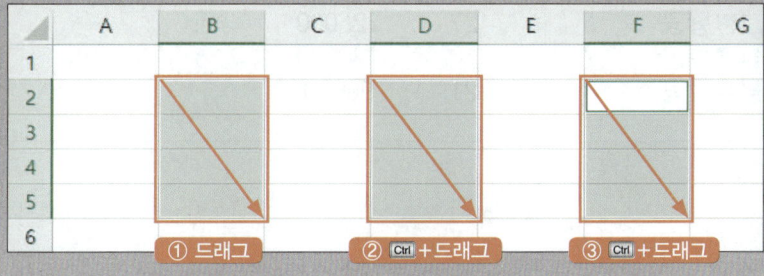

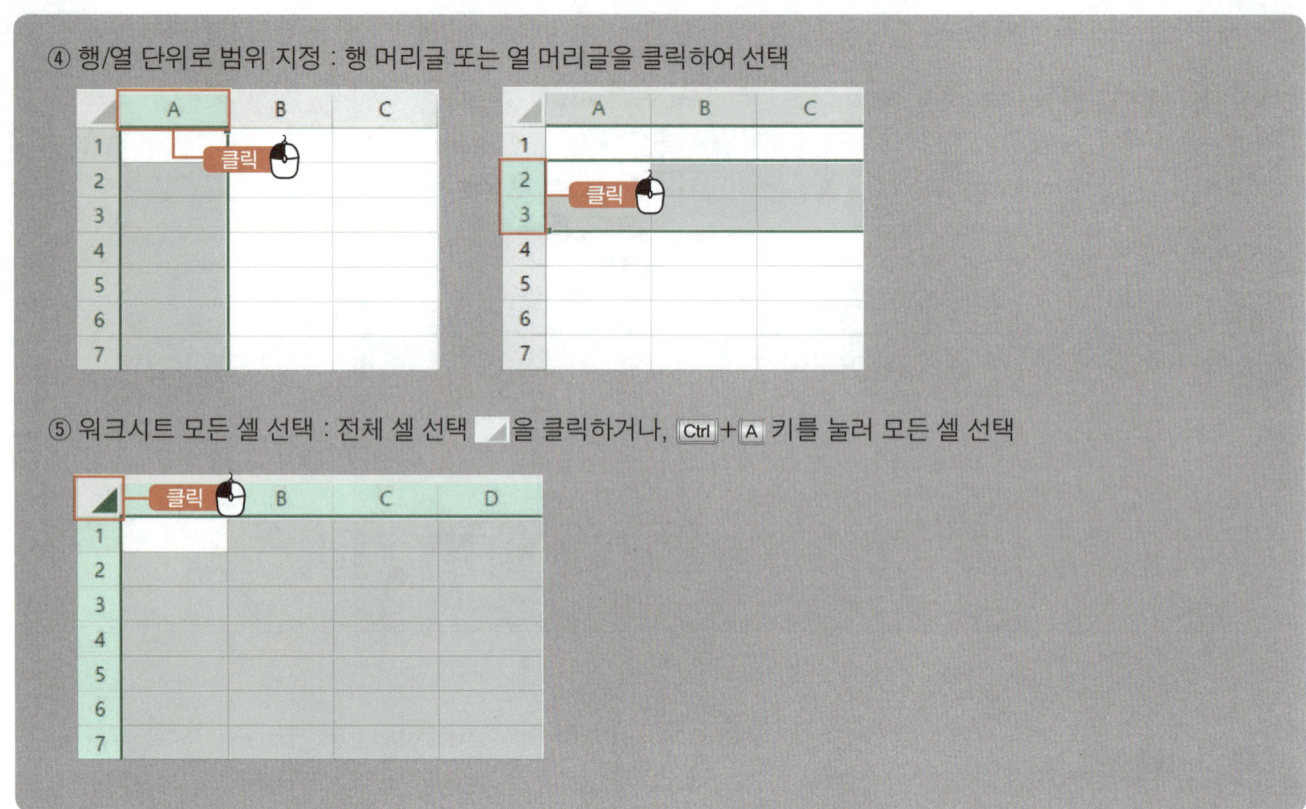

단계 2 내용 입력

1. 출력형태를 보면서 정확한 셀 주소에 주어진 데이터를 입력합니다. 단, 함수를 이용하여 답을 작성하는 문제 번호((1)~(6))는 입력하지 않습니다.

A	B	C	D	E	F	G	H	I	J	K
	상품코드	지역	여행지	항공사		출발인원		순위	비고	
	K-85074	유럽	이탈리아	하나항공	7	17	169000			
	H-35035	동남아	보라카이	블루항공	5	26	80000			
	F-51166	미주	뉴욕	하나항공	8	32	155000			
	H-34122	동남아	방콕	그린항공	6	12	70000			
	P-76117	동남아	보홀	하나항공	4	9	115000			
	F-06048	미주	보스턴	그린항공	5	27	125000			
	H-94122	유럽	파리	블루항공	7	10	190000			
	L-62021	동남아	빈탄	블루항공	3	21	90000			

Check Point

- 날짜 입력 : 하이픈(-)을 이용하여 입력합니다. 예) 5-15 → 5월 15일, 2024-10-10 → 2024-10-10
- 시간 입력 : 콜론(:)을 이용하여 입력합니다. 예) 3:30 → 3:30, 3:30 a → 3:30 AM
- 백분율(10%, 15.3%,…) : 키보드의 '%'를 직접 입력하며, 소수 자릿점은 [홈] 탭의 [표시 형식] 그룹에서 [자릿수 늘림]과 [자릿수 줄임]을 이용합니다.
- 소수점(5.8, 10.12,…) : 키보드의 점(.)을 이용하여 입력합니다.

	A	B	C	D
1	날짜	05월 10일	2024-10-10	
2	시간	3:30	3:30 AM	
3	백분율	10%	15.30%	
4	소수점	5.8	10.12	
5				

2 [F4] 셀은 한 셀에 두 줄 이상 입력하기 위해서 「일정」을 입력한 후 Alt + Enter 키를 누른 후에 「(일)」을 입력하고 Enter 로 확정합니다. (같은 방법으로 [H4] 셀의 '공제마일리지'를 입력합니다.)

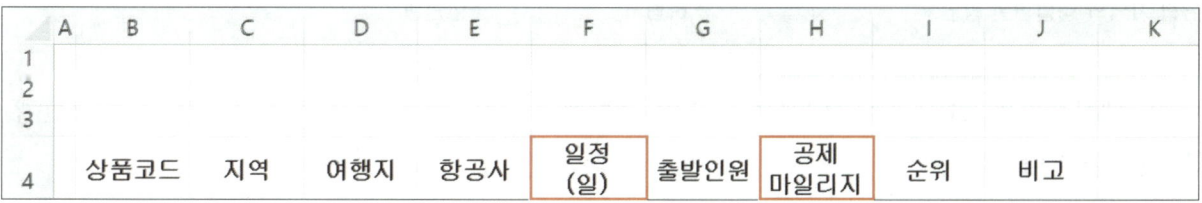

3 [B13:D13], [B14:D14], [F13:F14], [G13:I13] 영역을 Ctrl 키를 이용하여 범위 지정한 후 [홈] 탭의 [맞춤] 그룹에서 [병합하고 가운데 맞춤] 도구를 클릭한 후 데이터를 입력합니다. 단, [H14] 셀은 데이터 유효성 검사를 통해 작성하는 셀은 입력하지 않습니다.

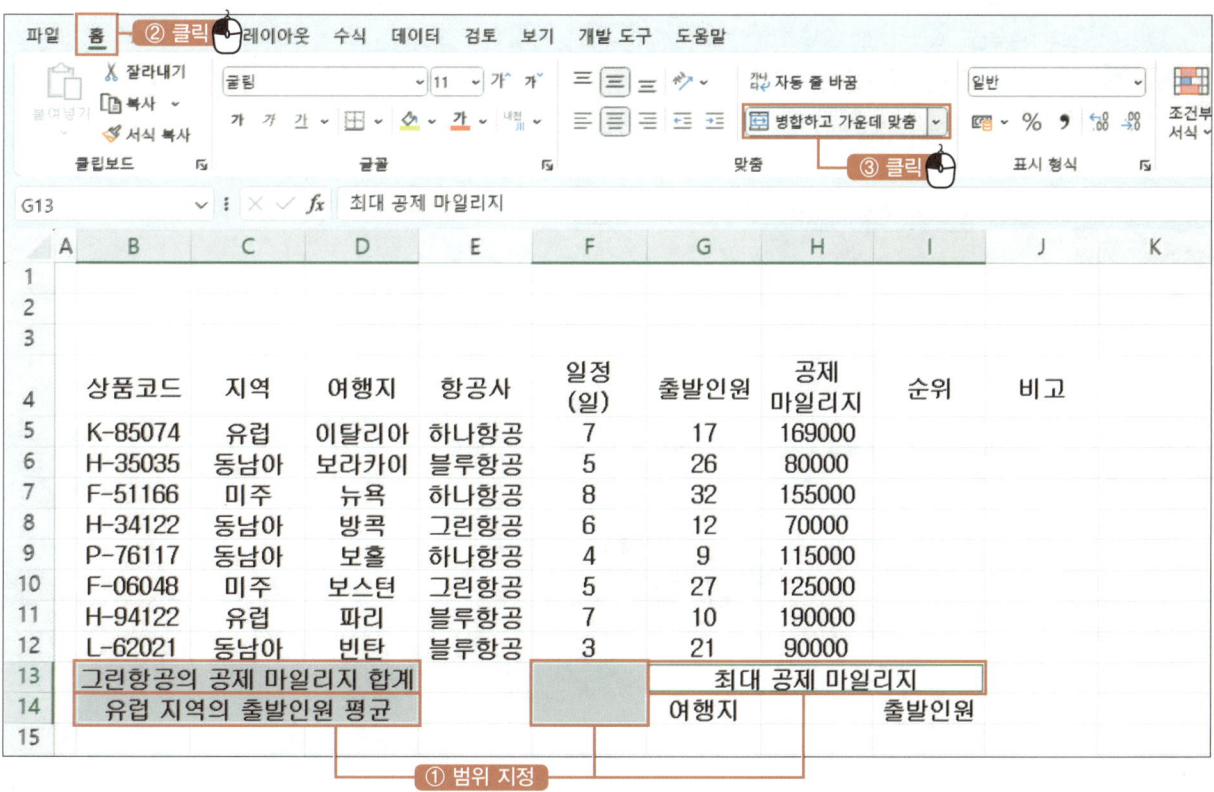

4 [F5:H12] 영역을 범위 지정한 후 [홈] 탭의 [표시 형식] 그룹에서 [옵션]을 클릭합니다.

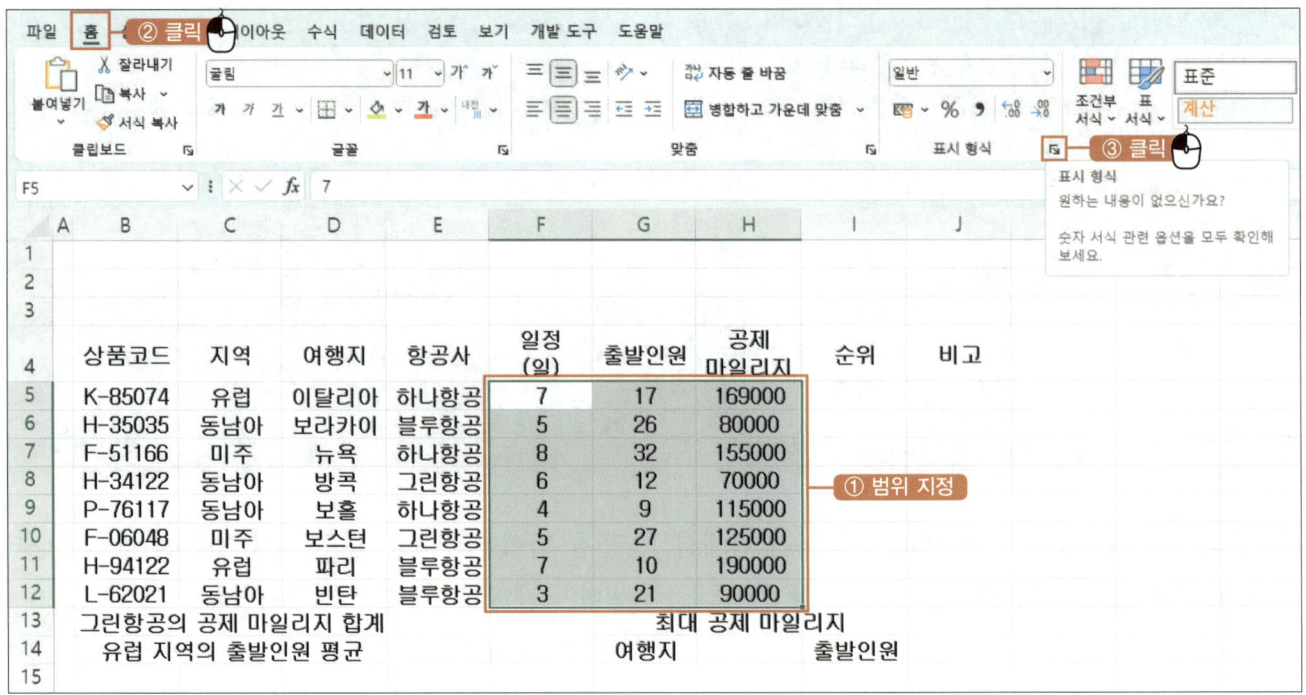

5 [셀 서식] 대화상자의 [표시 형식] 탭에서 '숫자'를 선택하고 '1000 단위 구분 기호(,) 사용'을 체크한 후 [확인] 단추를 클릭합니다.

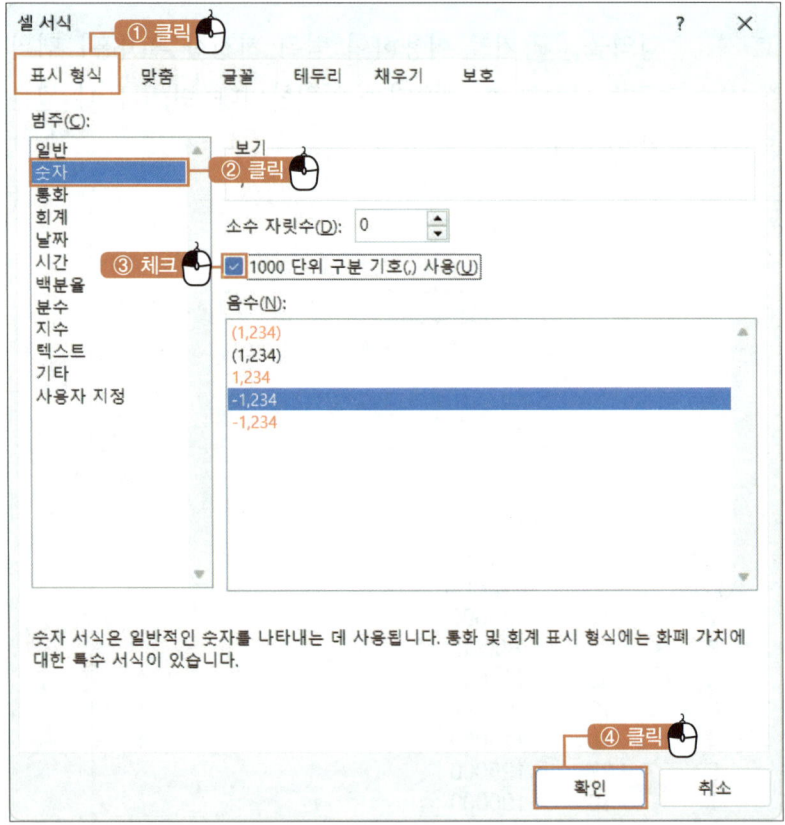

6 [F5:H12] 영역이 범위 지정된 상태에서 [홈] 탭의 [맞춤] 그룹에서 [오른쪽 맞춤 ≡] 도구를 클릭합니다.

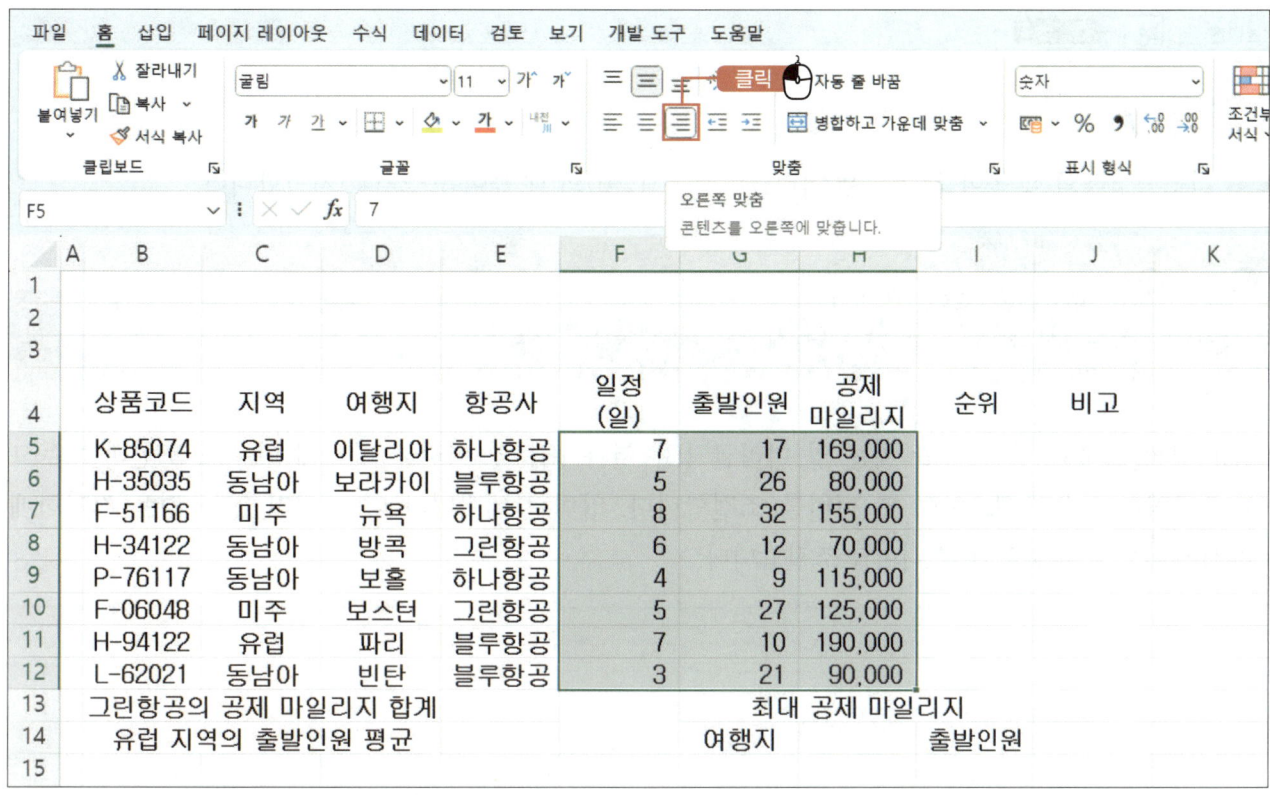

단계 3 행 높이와 열 너비 조절

1 행 머리글(1행~3행)을 범위 지정한 후 마우스 오른쪽 버튼을 클릭하여 [행 높이] 메뉴를 클릭합니다.

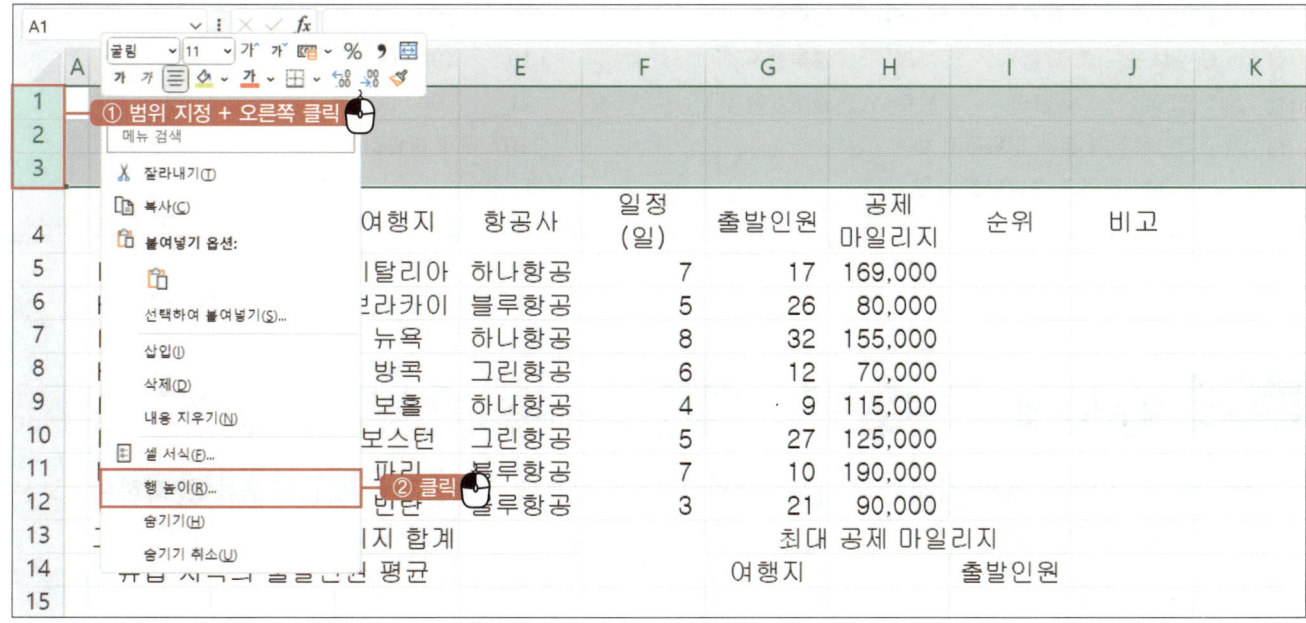

2 행 높이에 「24」를 입력하고 [확인] 단추를 클릭합니다.

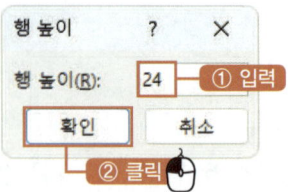

3 행 머리글 4행의 행 높이를 「30」, 행 머리글(5행 ~ 14행)의 행 높이를 「22」로 지정합니다.

> 행 높이 값은 문제에서 제시된 값은 아닙니다. 사용자가 임의로 지정해도 됩니다.

4 [B] 열의 열 너비를 조절할 때는 열 머리글 [B] 열과 [C] 열 머리글 사이에 마우스 포인터를 두고 더블클릭하거나 드래그하여 열 너비를 조절합니다. 입력된 데이터가 다 보이지 않는 경우 적당하게 제시된 그림을 참조하여 열 너비를 조절합니다.

	A	B	C	D	E	F	G	H	I	J	K
1											
2											
3											
4		상품코드	지역	여행지	항공사	일정(일)	출발인원	공제 마일리지	순위	비고	
5		K-85074	유럽	이탈리아	하나항공	7	17	169,000			
6		H-35035	동남아	보라카이	블루항공	5	26	80,000			
7		F-51166	미주	뉴욕	하나항공	8	32	155,000			
8		H-34122	동남아	방콕	그린항공	6	12	70,000			
9		P-76117	동남아	보홀	하나항공	4	9	115,000			
10		F-06048	미주	보스턴	그린항공	5	27	125,000			
11		H-94122	유럽	파리	블루항공	7	10	190,000			
12		L-62021	동남아	빈탄	블루항공	3	21	90,000			
13		그린항공의 공제 마일리지 합계					최대 공제 마일리지				
14		유럽 지역의 출발인원 평균				여행지		출발인원			
15											

단계 4 테두리 지정

1 [B4:J14] 영역을 범위 지정한 후 [홈] 탭의 [글꼴] 그룹에서 [테두리 ⊞] 도구를 클릭하여 [모든 테두리]를 클릭합니다.

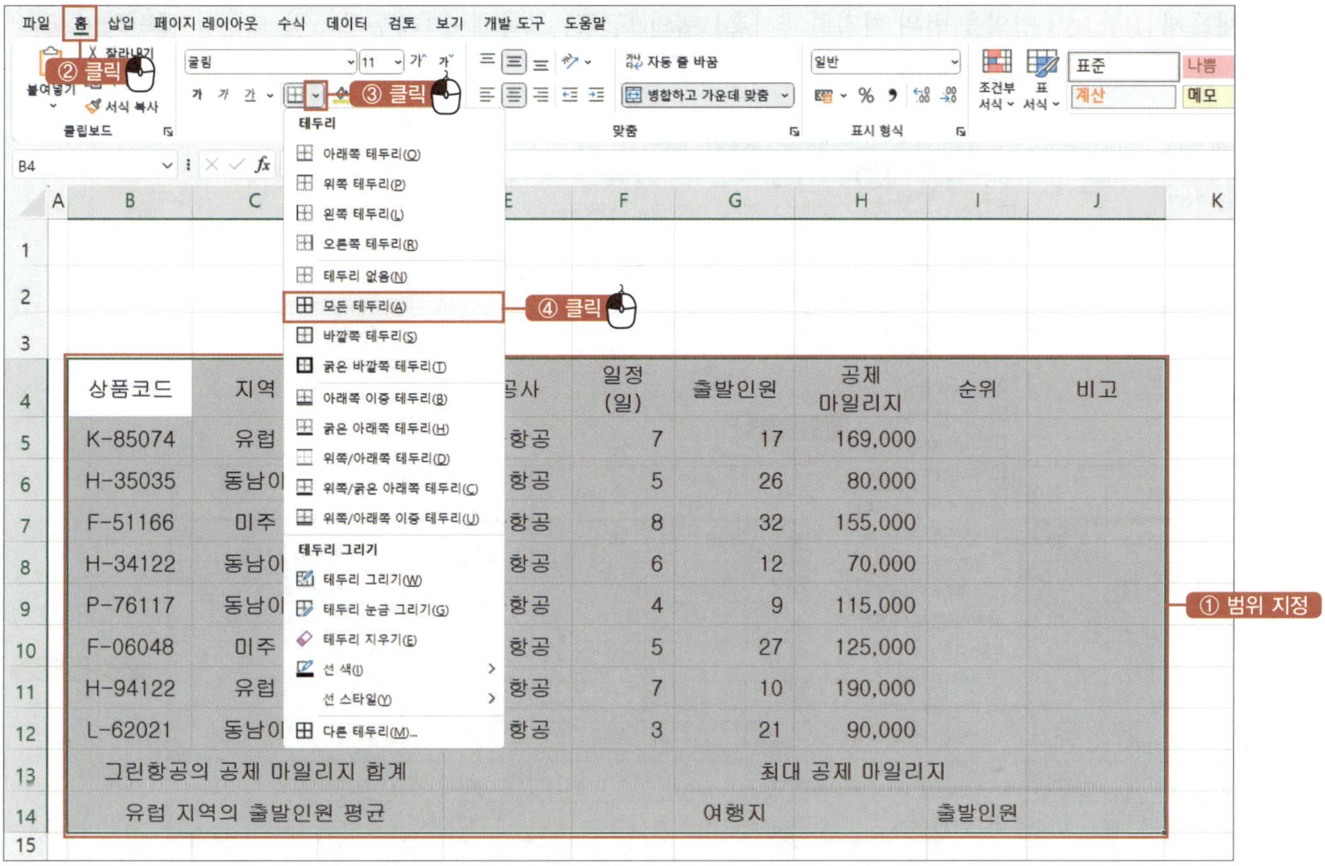

2 [B4:J14] 영역이 범위 지정된 상태에서 다시 [홈] 탭의 [글꼴] 그룹에서 [테두리 ⊞] 도구를 클릭하여 [굵은 바깥쪽 테두리]를 클릭합니다.

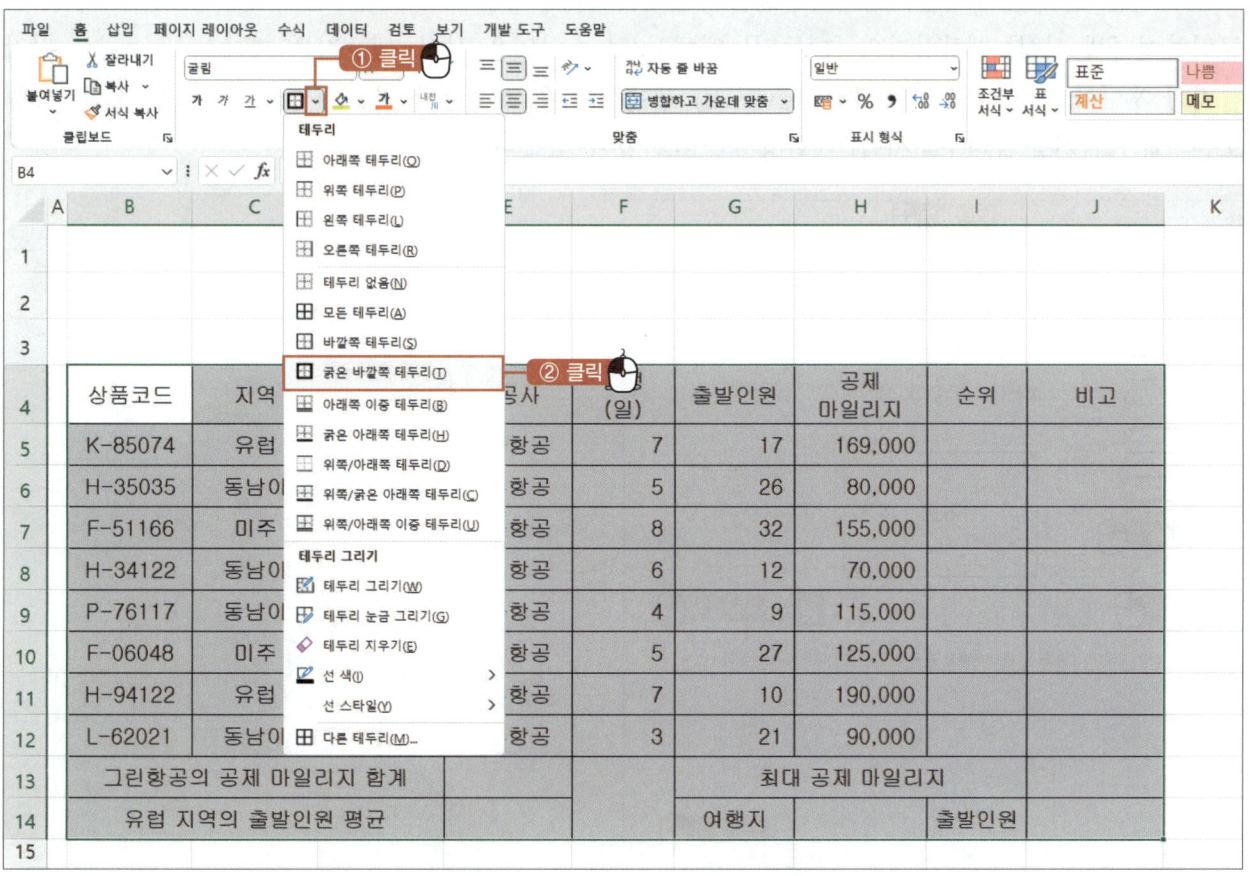

3 새롭게 [B5:J12] 영역을 범위 지정한 후 [홈] 탭의 [글꼴] 그룹에서 [테두리 ⊞] 도구를 클릭하여 [굵은 바깥쪽 테두리]를 클릭합니다.

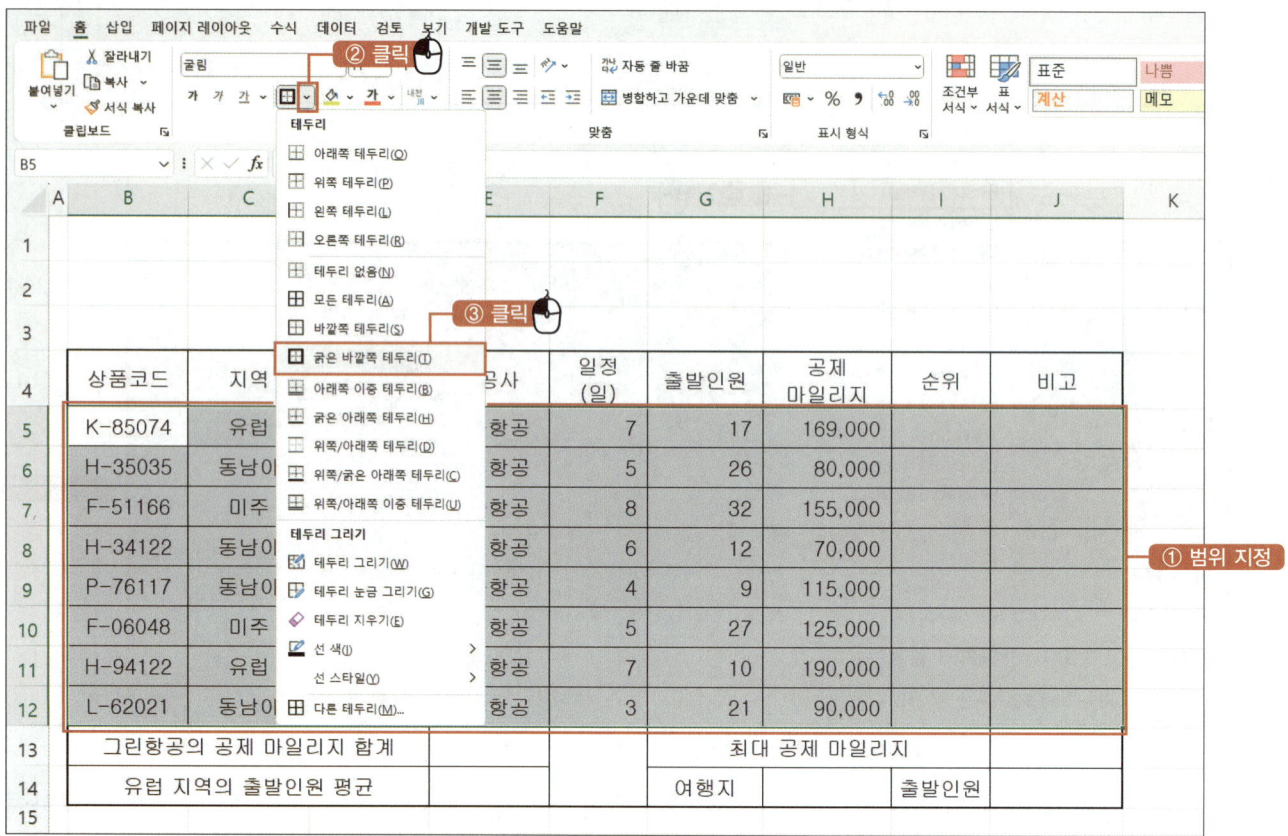

4 [F13] 셀을 선택한 후 [홈] 탭의 [글꼴] 그룹에서 [테두리 ⊞] 도구를 클릭하고 [다른 테두리]를 클릭하여 [셀 서식] 대화상자의 [테두리] 탭에서 선 스타일은 실선, 테두리는 대각선(◢,◣)을 각각 클릭한 후 [확인] 단추를 클릭합니다. ([F13] 셀에서 마우스 오른쪽 버튼을 클릭하여 [셀 서식] 메뉴 또는 Ctrl + 1 키를 눌러 [셀 서식] 대화상자를 표시할 수 있습니다)

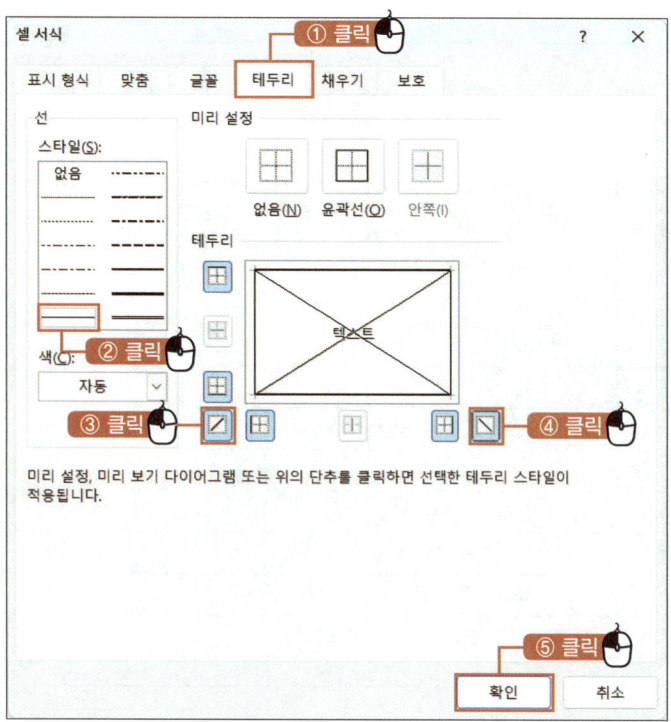

단계 5 제목 편집

> 조건 제 목 ⇒ 도형(사각형: 잘린 한쪽 모서리)과 그림자(오프셋: 오른쪽)를 이용하여 작성하고 "성안여행 마일리지 투어 상품"을 입력한 후 다음 서식을 적용하시오(글꼴-굴림, 24pt, 검정, 굵게, 채우기-노랑).

1 [삽입] 탭의 [일러스트레이션] 그룹에서 [도형]을 클릭하여 [사각형]의 '사각형: 잘린 한쪽 모서리'를 클릭합니다.

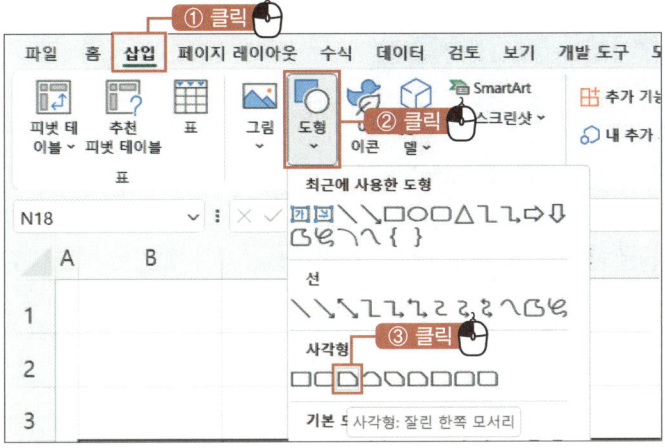

2 [B1:G3] 영역에 드래그하여 그린 후에「성안여행 마일리지 투어 상품」을 입력합니다.

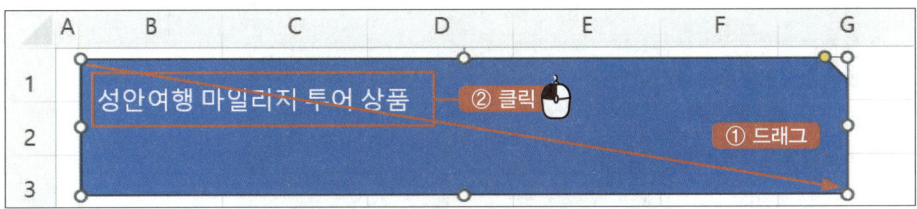

3 도형의 경계라인을 클릭한 후 [도형 서식] 탭의 [도형 스타일] 그룹에서 [도형 효과]-[그림자]에 '바깥쪽 - 오프셋: 오른쪽'을 선택합니다.

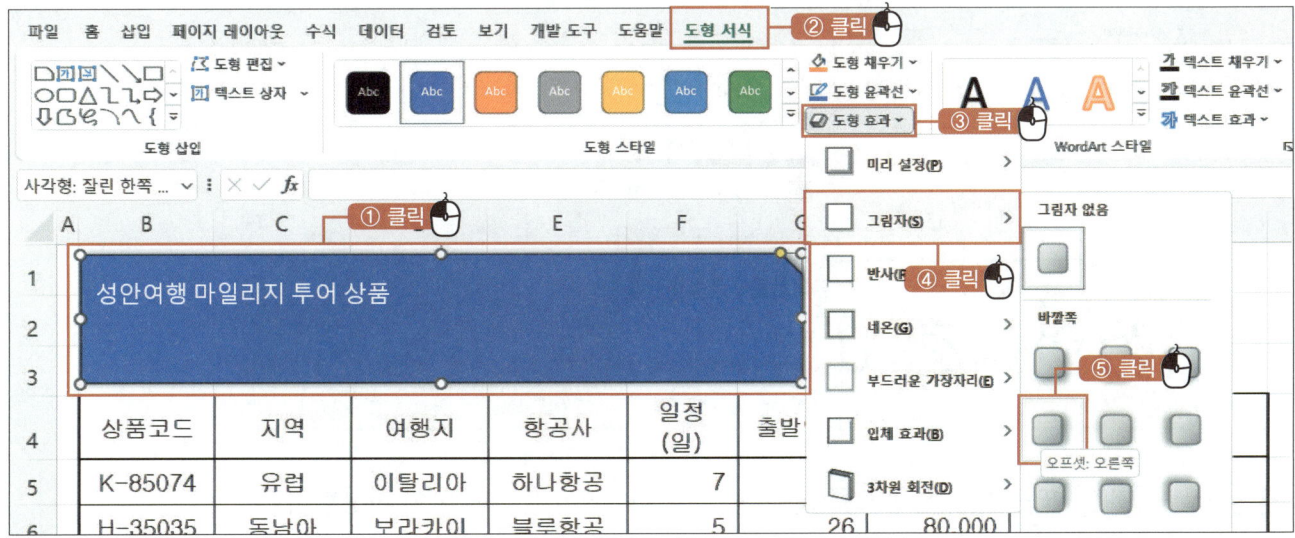

4 [홈] 탭의 [글꼴] 그룹에서 '글꼴 - 굴림', '글꼴 크기 - 24', '굵게' 지정하고, [맞춤] 그룹에서 세로 [가운데 맞춤 ≡] 도구, 가로 [가운데 맞춤 ≡] 도구를 클릭합니다.

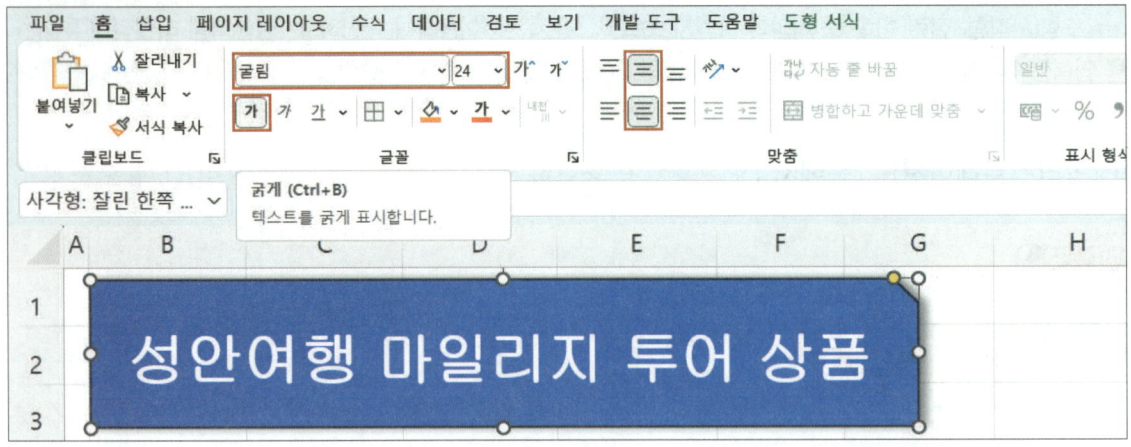

5 [홈] 탭의 [글꼴] 그룹에서 [채우기 색 ◇] 도구를 클릭하여 '노랑'을 선택합니다.

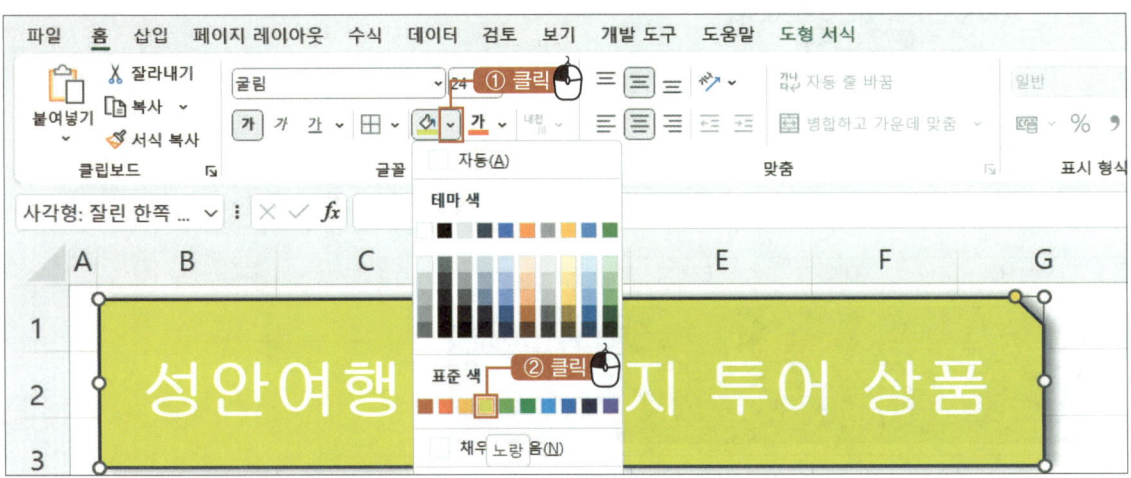

6 [홈] 탭의 [글꼴] 그룹에서 [글꼴 색 가▾] 도구를 클릭하여 '검정, 텍스트1'을 선택합니다.

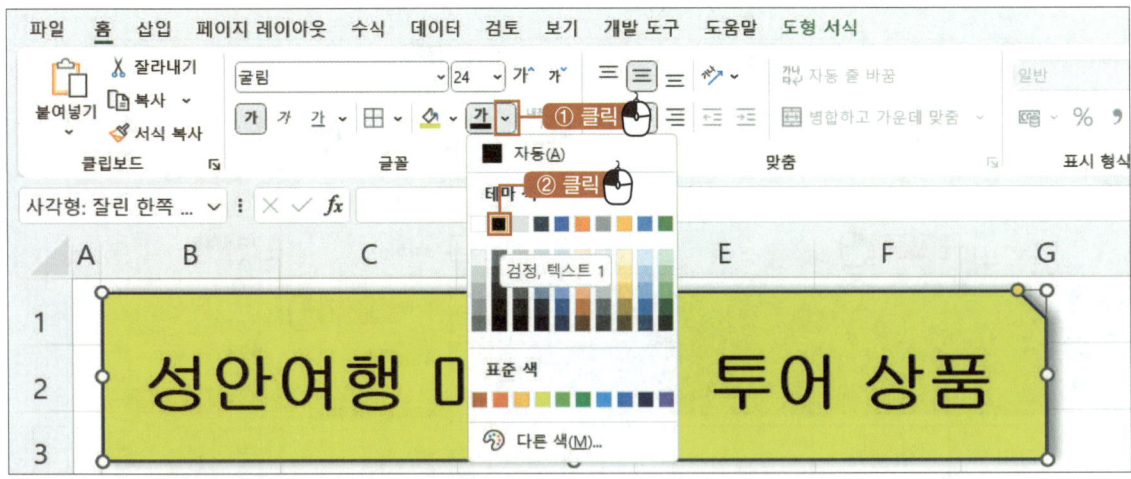

7 [파일] - [저장] 또는 빠른 실행 도구 모음의 [저장 💾] 도구를 클릭하여 저장합니다.

실력 향상을 위한 실전 연습문제

● 예제/정답 파일은 [자료실]에서 다운로드하세요.

●정답파일 : 실전3(정답).xlsx

03 다음 조건에 따라 엑셀 파일을 작성하시오.

○ 시트 이름은 "제1작업", "제2작업", "제3작업"으로 하고, 모든 작업 시트의 A열은 열 너비 '1'로, 나머지 열은 적당하게 조절하시오.

○ 모든 데이터의 서식에는 글꼴(굴림, 11pt), 정렬은 숫자 및 회계 서식은 오른쪽 정렬, 나머지 서식은 가운데 정렬로 작성하며 예외적인 것은 ≪출력형태≫를 참조하시오.

○ 제 목 ⇒ 도형(화살표: 오각형)과 그림자(오프셋: 오른쪽)를 이용하여 작성하고 "일반의약품 판매가격 현황"을 입력한 후 다음 서식을 적용하시오(글꼴-굴림, 24pt, 검정, 굵게, 채우기-노랑).

출력형태

코드	제품명	제조사	구분	규격(ml/캡슐/g)	평균가격(원)	최저가격	순위	제품이력
DH1897	위생천	광동제약	소화제	75	580	500		
HY1955	챔프	동아제약	해열진통제	10	2,000	1,600		
DA1956	판피린큐	동아제약	해열진통제	20	400	350		
DG1985	애시논액	동아제약	소화제	10	4,800	4,150		
GY1958	포타디연고	삼일제약	외용연고제	75	500	400		
SE1987	부루펜시럽	삼일제약	해열진통제	90	4,300	3,900		
HD1957	생록천	광동제약	소화제	75	500	420		
DH1980	후시딘	동화약품	외용연고제	10	5,200	4,500		
광동제약 제품 평균가격(원)의 평균					최저가격의 중간값			
소화제 최저가격의 평균				제품명		최저가격		

실력 향상을 위한 실전 연습문제

● 예제/정답 파일은 [자료실]에서 다운로드하세요.

● 정답파일 : 실전4(정답).xlsx

04 다음 조건에 따라 엑셀 파일을 작성하시오.

○ 시트 이름은 "제1작업", "제2작업", "제3작업"으로 하고, 모든 작업 시트의 A열은 열 너비 '1'로, 나머지 열은 적당하게 조절하시오.

○ 모든 데이터의 서식에는 글꼴(굴림, 11pt), 정렬은 숫자 및 회계 서식은 오른쪽 정렬, 나머지 서식은 가운데 정렬로 작성하며 예외적인 것은 ≪출력형태≫를 참조하시오.

○ 제목 ⇒ 도형(육각형)과 그림자(오프셋: 오른쪽)를 이용하여 작성하고 "장난감 대여 관리 현황"을 입력한 후 다음 서식을 적용하시오(글꼴-굴림, 24pt, 검정, 굵게, 채우기-노랑).

출력형태

대여코드	제품명	분류	대여기간	판매가격 (단위:원)	4주 대여가격 (단위:원)	대여수량	배송지	비고
GW-03	페달트랙터	자동차	15	125,000	33,000	17		
CE-13	레이싱카	자동차	5	65,000	28,000	19		
DC-12	워크어라운드	쏘서	6	95,000	33,000	6		
PK-01	물놀이세트	놀이세트	12	17,000	33,000	15		
DW-01	디보쏘서	쏘서	10	105,000	26,000	12		
CQ-02	미니카	자동차	6	78,000	28,000	20		
WB-12	구름빵 놀이터	놀이세트	8	42,000	23,000	14		
PX-02	스포츠센터	놀이세트	10	56,000	30,000	7		
놀이세트 제품 대여수량 합계					4주 대여가격(단위:원)의 최저값			
자동차 제품 평균 대여기간					제품명		대여수량	

Section 3

[제1작업] 표 서식 작성 및 값 계산
– 결재란 및 셀 서식

무료 동영상

그림 복사를 이용하여 결재란을 작성하고, 셀 서식을 이용하여 서식 지정, 이름 정의, 유효성 검사 규칙을 작성합니다.

[제 1 작업] 표 서식 작성 및 값 계산 (240점 중 100점)   ●예제 파일 : 서식.xlsx   정답 파일 : 서식(정답).xlsx

☞ 다음은 '성안여행 마일리지 투어 상품'에 대한 자료이다. 자료를 입력하고 조건에 맞도록 작업하시오.

≪출력형태≫

	A	B	C	D	E	F	G	H	I	J	K
1								확인	사원	팀장	센터장
2		성안여행 마일리지 투어 상품									
3											
4		상품코드	지역	여행지	항공사	일정(일)	출발인원	공제 마일리지	순위	비고	
5		K-85074	유럽	이탈리아	하나항공	7	17명	169,000	(1)	(2)	
6		H-35035	동남아	보라카이	블루항공	5	26명	80,000	(1)	(2)	
7		F-51166	미주	뉴욕	하나항공	8	32명	155,000	(1)	(2)	
8		H-34122	동남아	방콕	그린항공	6	12명	70,000	(1)	(2)	
9		P-76117	동남아	보홀	하나항공	4	9명	115,000	(1)	(2)	
10		F-06048	미주	보스턴	그린항공	5	27명	125,000	(1)	(2)	
11		H-94122	유럽	파리	블루항공	7	10명	190,000	(1)	(2)	
12		L-62021	동남아	빈탄	블루항공	3	21명	90,000	(1)	(2)	
13		그린항공의 공제 마일리지 합계			(3)			최대 공제 마일리지		(5)	
14		유럽 지역의 출발인원 평균			(4)		여행지	이탈리아	출발인원	(6)	
15											

≪조건≫

○ 모든 데이터의 서식에는 글꼴(굴림, 11pt), 정렬은 숫자 및 회계 서식은 오른쪽 정렬, 나머지 서식은 가운데 정렬로 작성하며 예외적인 것은 ≪출력형태≫를 참조하시오.
○ 제 목 ⇒ 도형(사각형: 잘린 한쪽 모서리)과 그림자(오프셋: 오른쪽)를 이용하여 작성하고 "성안여행 마일리지 투어 상품"을 입력한 후 다음 서식을 적용하시오(글꼴-굴림, 24pt, 검정, 굵게, 채우기-노랑).
○ **임의의 셀에 결재란을 작성하여 그림으로 복사 기능을 이용하여 붙이기 하시오(단, 원본 삭제).**
○ 「B4:J4, G14, I14」 영역은 '주황'으로 채우기 하시오.
○ 유효성 검사를 이용하여 「H14」 셀에 여행지(「D5:D12」 영역)가 선택 표시되도록 하시오.
○ 셀 서식 ⇒ 「G5:G12」 영역에 셀 서식을 이용하여 숫자 뒤에 '명'을 표시하시오(예 : 17명).
○ 「E5:E12」 영역에 대해 '항공사'로 이름정의를 하시오.

핵심체크

① 유효성 검사 : [데이터] 탭에서 [데이터 도구]의 [데이터 유효성 검사]
② 이름정의 : 범위 지정 후 '이름상자'를 이용하여 정의

단계 1 결재란 작성

> **조건** 임의의 셀에 결재란을 작성하여 그림으로 복사 기능을 이용하여 붙이기 하시오(단, 원본 삭제).

1 '서식.xlsx' 파일 '제1작업' 시트에서 본문[B4:J14] 내용에 영향을 주지 않은 임의의 셀[L16:O16]에 결재란 내용을 입력합니다.

2 [L16:L17] 영역을 범위 지정한 후 [홈] 탭의 [맞춤] 그룹에서 [병합하고 가운데 맞춤] 도구를 클릭합니다.

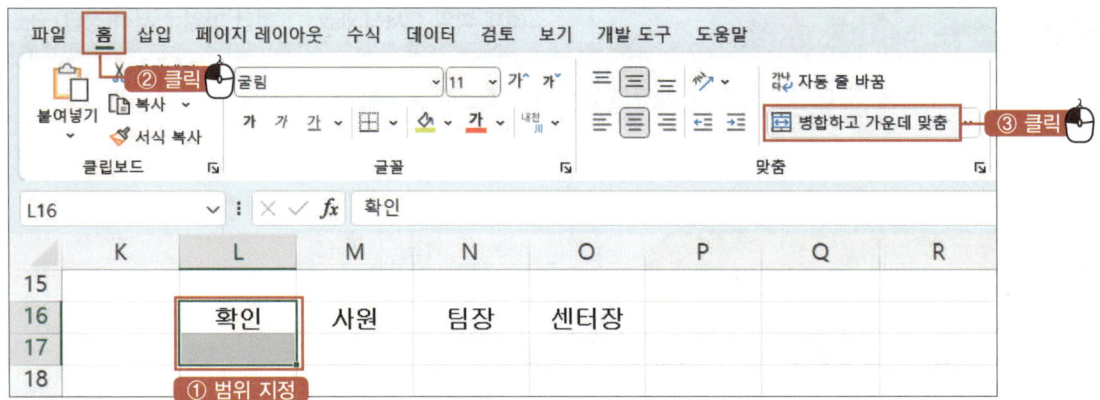

3 세로 방향의 '확인'은 '확' 글자 뒤에서 더블클릭하여 Alt + Enter 키를 눌러 두 줄로 표시한 후 Enter 키를 누릅니다. 또는 [홈] 탭의 [맞춤] 그룹에서 [방향]의 '세로 쓰기'를 클릭합니다.

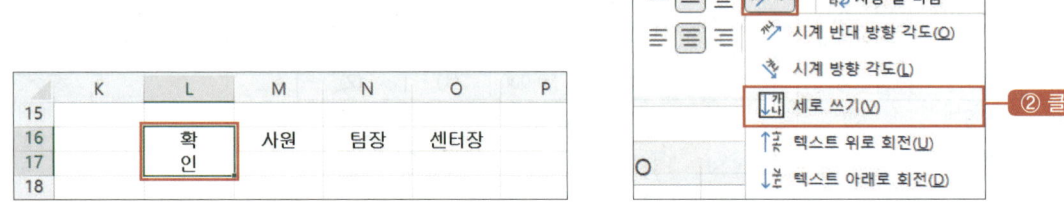

4 [L16:O17] 영역을 범위 지정한 후 [홈] 탭의 [글꼴] 그룹에서 [테두리]의 [모든 테두리]를 클릭합니다.

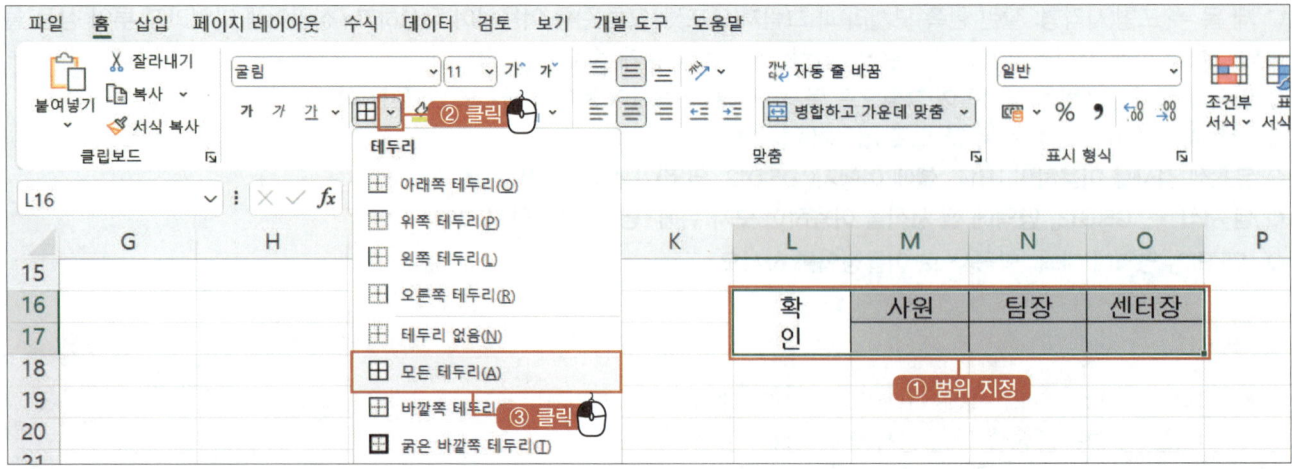

5 열 머리글[L], [M:O]와 행 머리글[16], [17]을 이용하여 너비와 높이를 조절합니다. (예로 L열은 4, M:O는 8, 16행은 20, 17행은 40 정도로 문제에 제시된 그림을 참고하여 조절합니다.)

6 [L16:O17] 영역을 범위 지정한 후 Ctrl + C 키를 눌러 복사하거나 [홈] 탭의 [클립보드] 그룹에서 [복사] 도구를 클릭합니다.

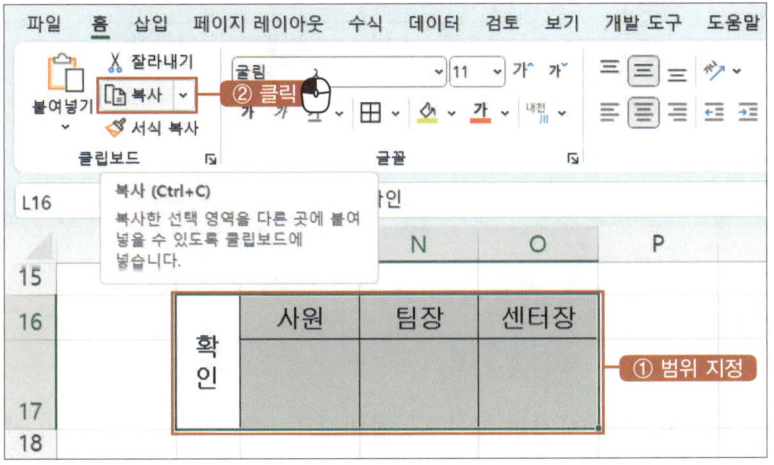

7 [H1] 셀을 클릭한 후 [홈] 탭의 [클립보드] 그룹에서 [붙여넣기]-[기타 붙여넣기 옵션]의 '그림'을 클릭합니다.

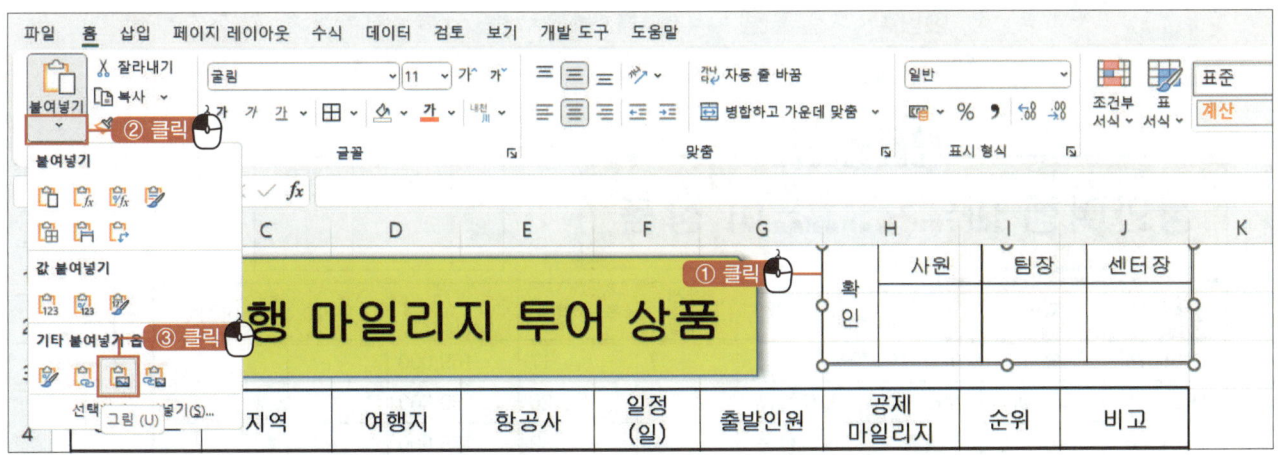

8 문제의 <출력형태>를 참고하여 결재란을 적당한 위치로 이동합니다.

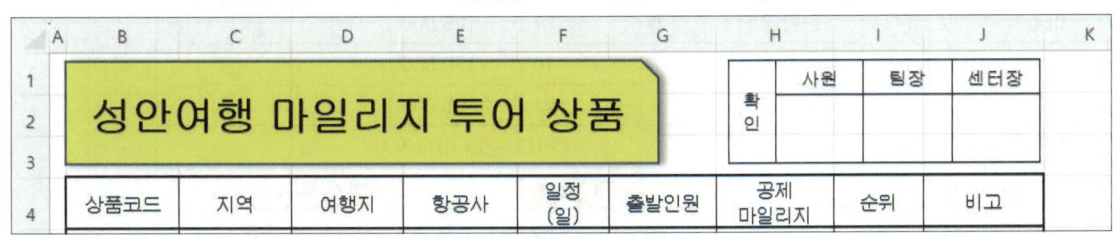

9 원본 결재란을 삭제하기 위해서 열머리글[L:O]을 범위 지정한 후 열머리글에서 마우스 오른쪽 버튼을 클릭하여 [삭제] 메뉴를 클릭합니다.

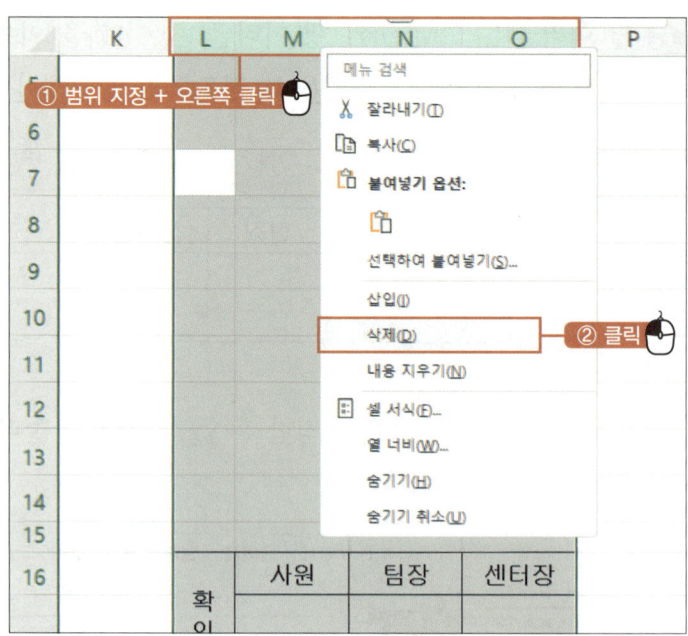

단계 2   색 채우기

조건 「B4:J4, G14, I14」 영역은 '주황'으로 채우기 하시오.

1 [B4:J4], [G14], [I14] 영역을 Ctrl 키를 이용하여 범위 지정한 후 [홈] 탭에서 [글꼴] 그룹의 [채우기 색 🎨] 도구에서 '주황'을 선택합니다.

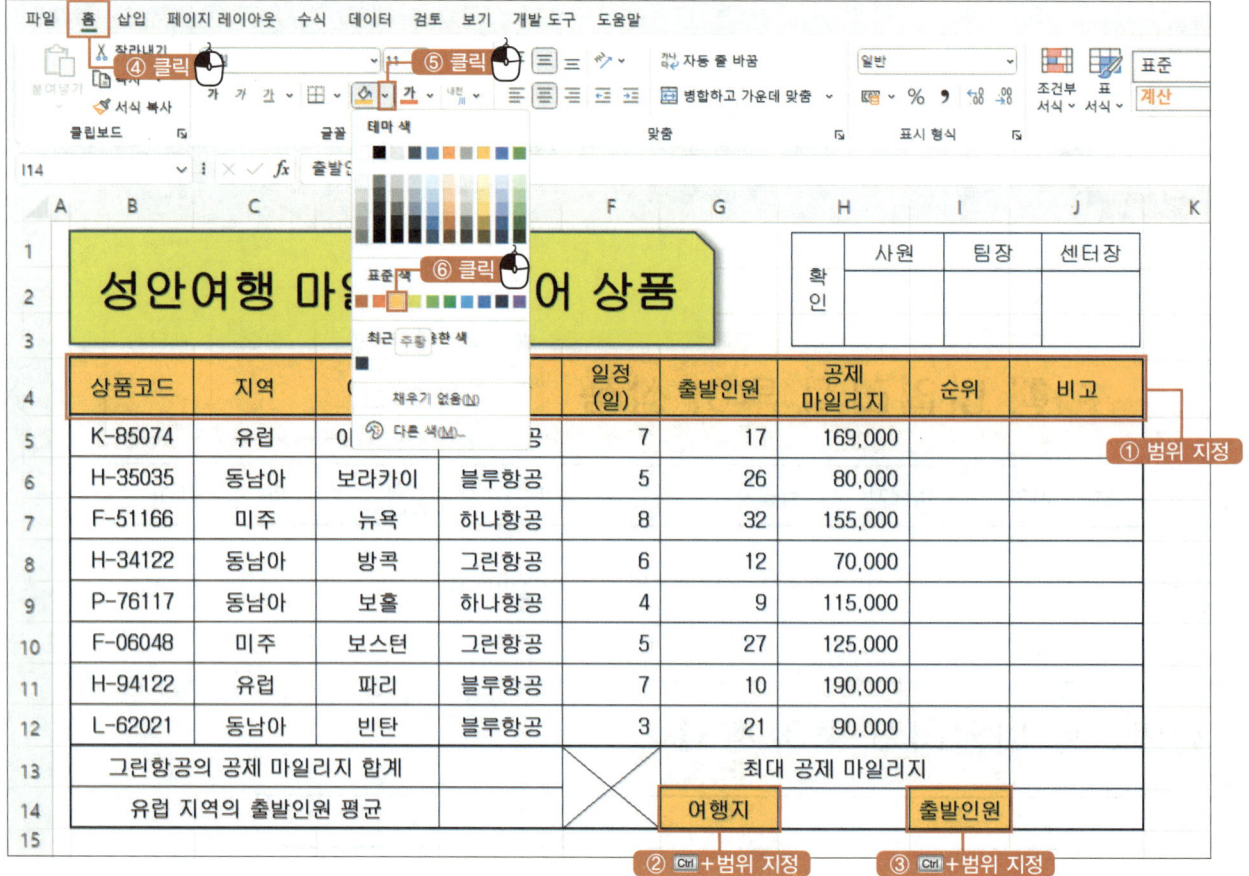

단계 3 　유효성 검사

> **조건** 　유효성 검사를 이용하여 「H14」 셀에 여행지(「D5:D12」 영역)가 선택 표시되도록 하시오.

1 [H14] 셀을 선택한 후 [데이터] 탭의 [데이터 도구] 그룹에서 [데이터 유효성 검사]를 클릭합니다.

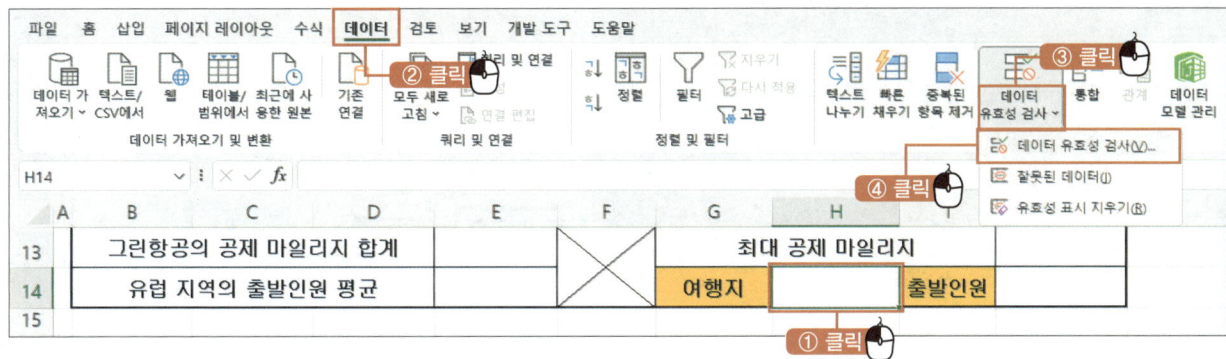

2 [설정] 탭에서 '제한 대상'을 '**목록**'으로 선택하고, 원본에 커서를 두고 본문의 [D5:D12] 영역을 드래그하여 추가한 후 [확인] 단추를 클릭합니다.

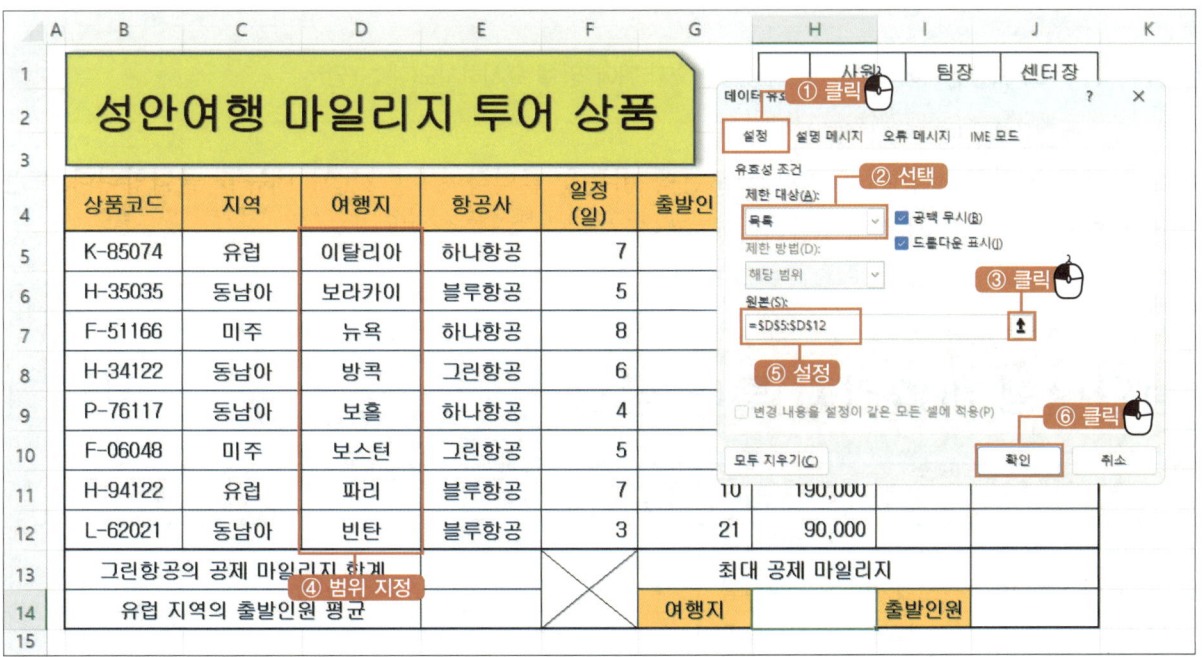

3 [H14] 셀의 '목록 단추'를 클릭하여 '**이탈리아**'를 선택합니다.

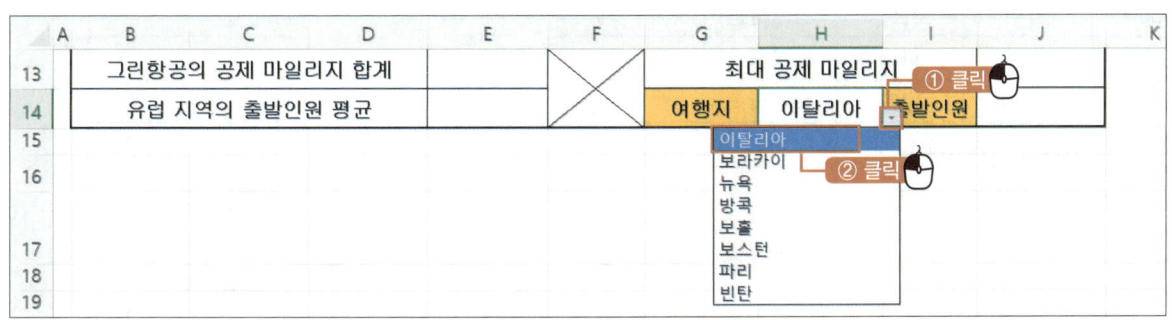

Check Point

유효성 검사를 지울 때는

① 유효성 검사를 적용한 영역 또는 [H14] 셀을 선택한 후 [데이터] 탭의 [데이터 도구] 그룹에서 [데이터 유효성 검사]를 클릭합니다.

② [데이터 유효성] 대화상자의 [설정] 탭에서 왼쪽 하단의 [모두 지우기]를 클릭한 후 [확인] 단추를 클릭합니다. 또는 '제한 대상'에서 '모든 값'을 선택해도 가능합니다.

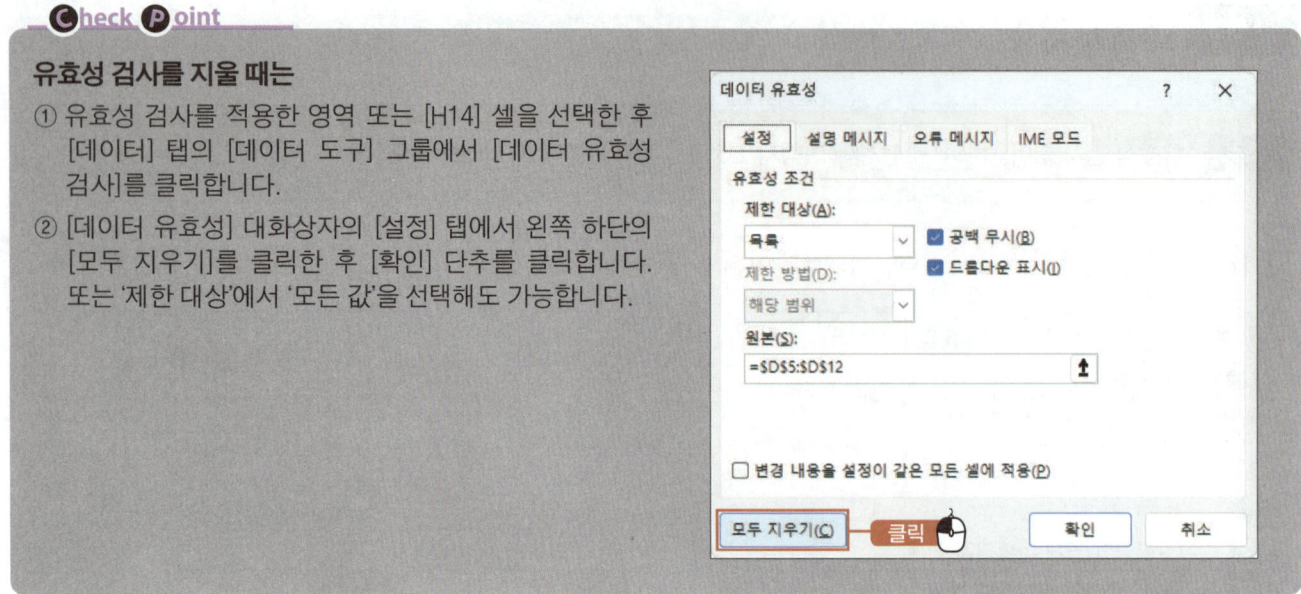

단계 4 사용자 지정 서식

> **조건** 셀 서식 ⇒ 「G5:G12」 영역에 셀 서식을 이용하여 숫자 뒤에 '명'을 표시하시오(예 : 17명).

1 [G5:G12] 영역을 범위 지정한 후 마우스 오른쪽 버튼을 클릭하여 [셀 서식] 메뉴를 클릭합니다. 또는 Ctrl + 1 키를 눌러 [셀 서식]을 실행합니다.

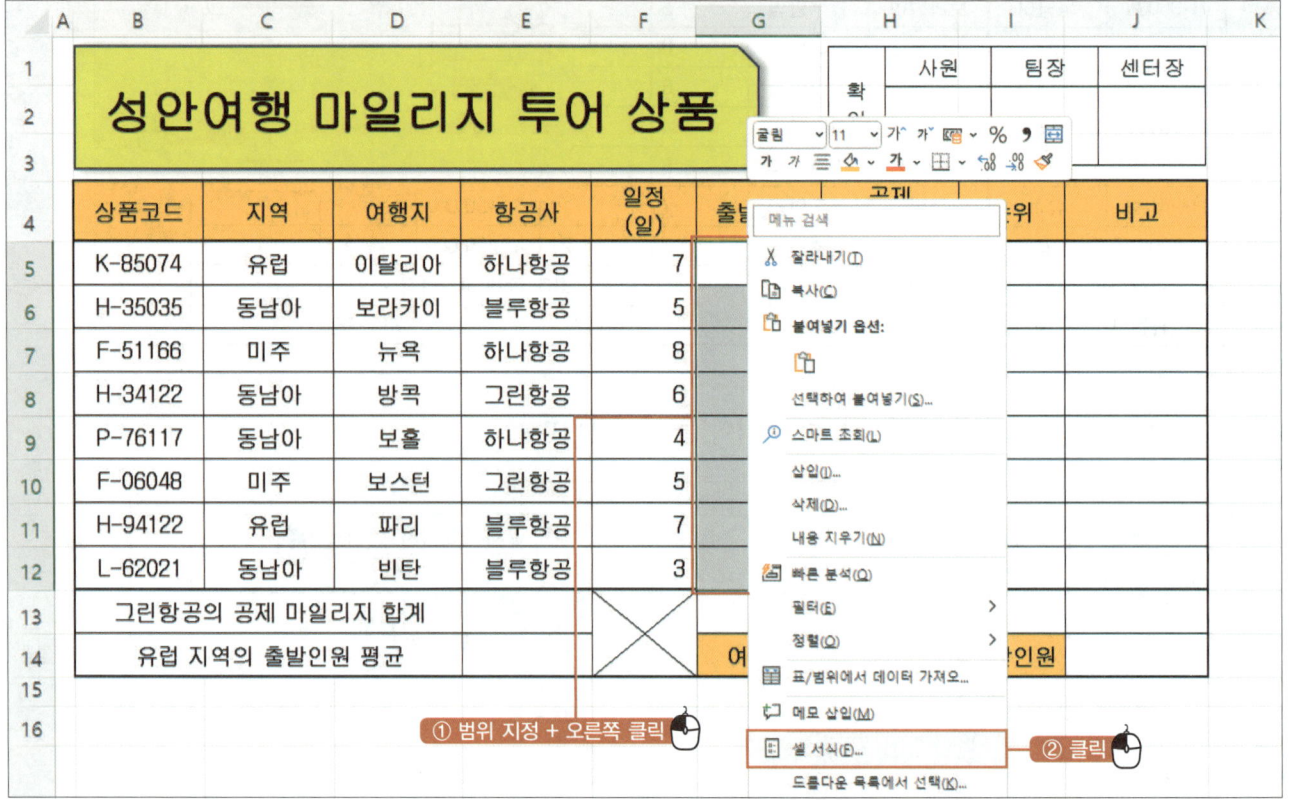

2 [표시 형식] 탭에서 '일반'을 먼저 선택하고 '사용자 지정'을 클릭하여 '형식'에서 G/표준 뒤에 "명"을 입력하고 [확인] 단추를 클릭합니다. (또는 #,##0"명" 도 가능합니다.)

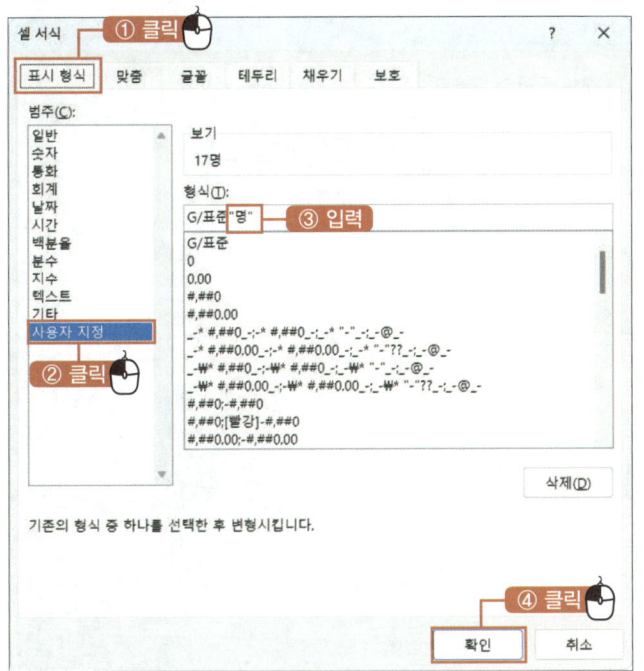

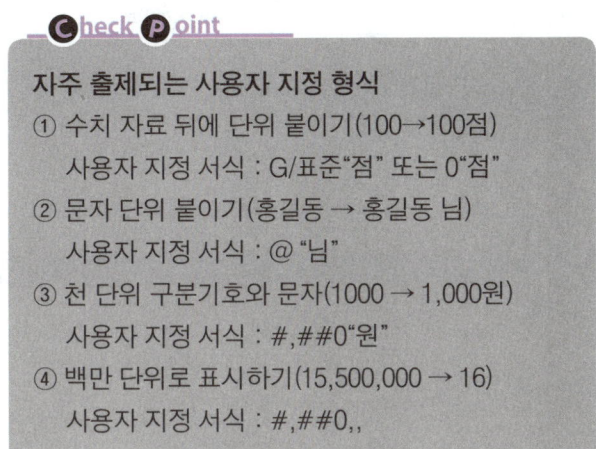

Check Point

자주 출제되는 사용자 지정 형식
① 수치 자료 뒤에 단위 붙이기(100→100점)
　사용자 지정 서식 : G/표준"점" 또는 0"점"
② 문자 단위 붙이기(홍길동 → 홍길동 님)
　사용자 지정 서식 : @ "님"
③ 천 단위 구분기호와 문자(1000 → 1,000원)
　사용자 지정 서식 : #,##0"원"
④ 백만 단위로 표시하기(15,500,000 → 16)
　사용자 지정 서식 : #,##0,,

단계 5 이름 정의

조건 「E5:E12」 영역에 대해 '항공사'로 이름정의를 하시오.

1 [E5:E12] 영역을 범위 지정한 후 '이름 상자'에 「항공사」를 입력하고 Enter 키를 누릅니다.

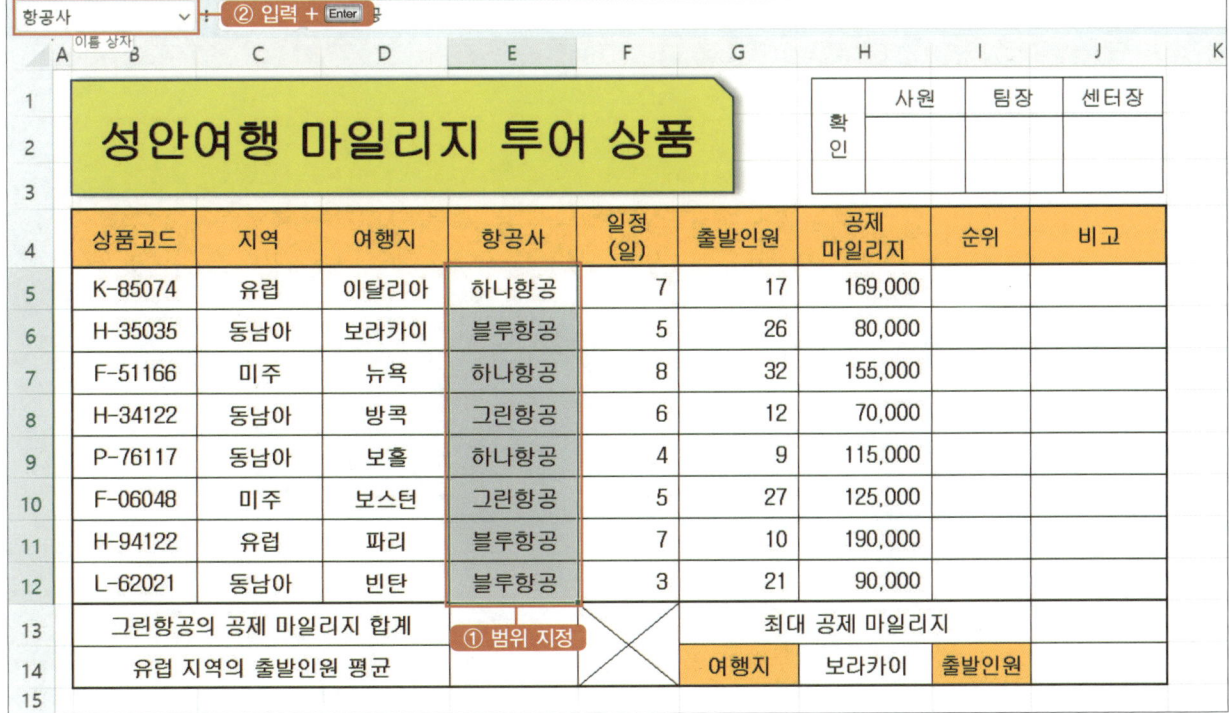

Part 1 따라하면서 배우는 엑셀 2021

Check Point

이름 정의 삭제

① [수식] 탭의 [정의된 이름] 그룹에서 [이름 관리자]를 클릭합니다.

② 삭제할 이름을 선택하고 [삭제] 단추를 클릭합니다.

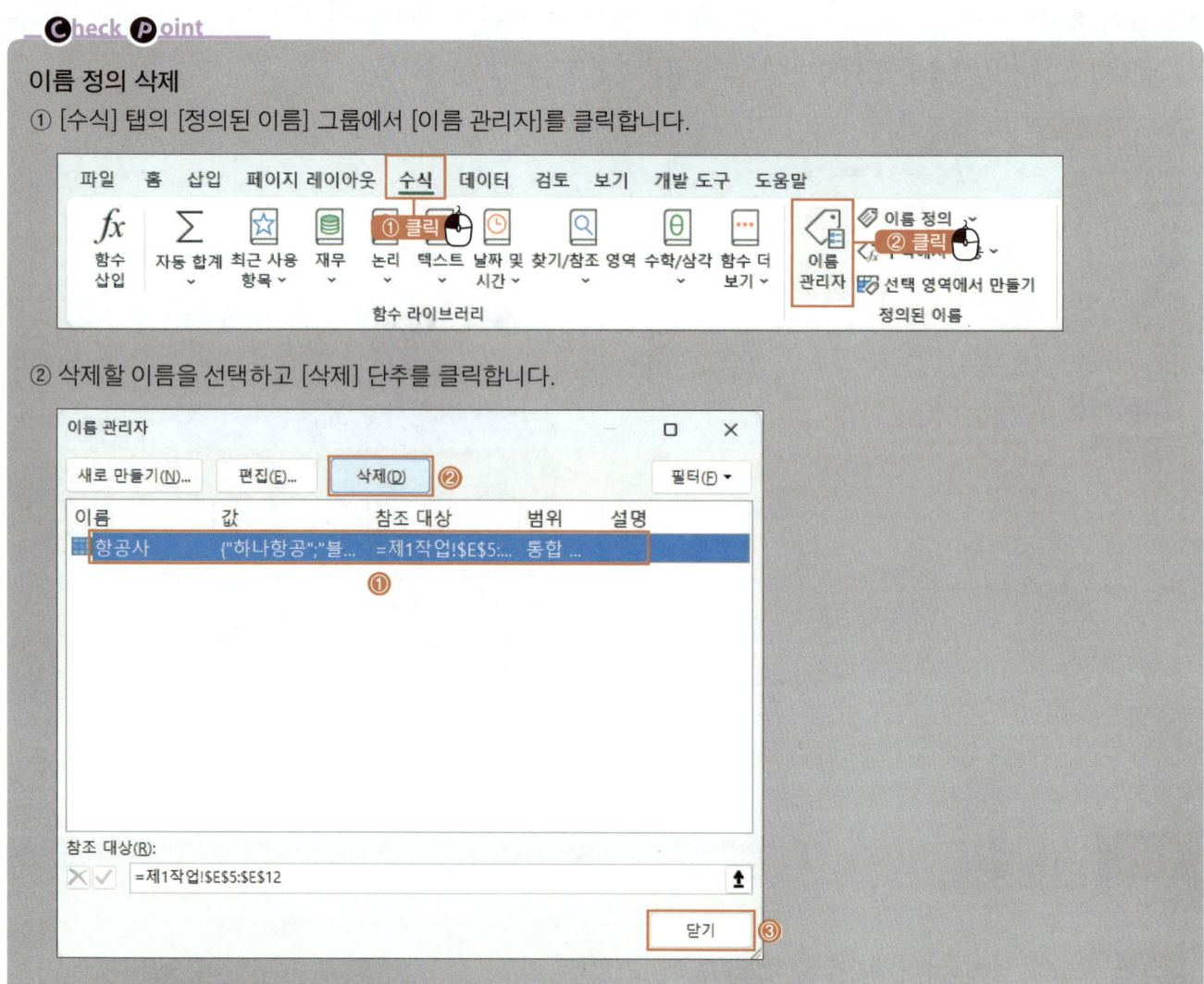

실력 향상을 위한 실전 연습문제

● 예제/정답 파일은 [자료실]에서 다운로드하세요.

● 예제 파일 : 실전5.xlsx 정답 파일 : 실전5(정답).xlsx

05 다음 조건에 따라 엑셀 파일을 작성하시오.

○ 임의의 셀에 결재란을 작성하여 그림복사 기능을 이용하여 붙이기 하시오(단, 원본 삭제).
○ 「B4:J4, G14, I14」 영역은 '주황'으로 채우기 하시오.
○ 유효성 검사를 이용하여 「H14」 셀에 제품명(「C5:C12」 영역)이 선택 표시되도록 하시오.
○ 셀 서식 ⇒ 「H5:H12」 영역에 셀 서식을 이용하여 숫자 뒤에 '원'을 표시하시오(예 : 1,600원).
○ 「H5:H12」 영역에 대해 '최저가격'으로 이름정의를 하시오.

출력형태

코드	제품명	제조사	구분	규격(ml/캡슐/g)	평균가격(원)	최저가격	순위	제품이력
DH1897	위생천	광동제약	소화제	75	580	500원		
HY1955	챔프	동아제약	해열진통제	10	2,000	1,600원		
DA1956	판피린큐	동아제약	해열진통제	20	400	350원		
DG1985	애시논액	동아제약	소화제	10	4,800	4,150원		
GY1958	포타디연고	삼일제약	외용연고제	75	500	400원		
SE1987	부루펜시럽	삼일제약	해열진통제	90	4,300	3,900원		
HD1957	생록천	광동제약	소화제	75	500	420원		
DH1980	후시딘	동화약품	외용연고제	10	5,200	4,500원		
광동제약 제품 평균가격(원)의 평균						최저가격의 중간값		
소화제 최저가격의 평균				제품명	위생천	최저가격		

표 위에 "일반의약품 판매가격 현황" 제목 및 결재란(담당, 대리, 팀장) 포함.

실력 향상을 위한 실전 연습문제

● 예제/정답 파일은 [자료실]에서 다운로드하세요.

● 예제 파일 : 실전6.xlsx 정답 파일 : 실전6(정답).xlsx

06 다음 조건에 따라 엑셀 파일을 작성하시오.

○ 임의의 셀에 결재란을 작성하여 그림복사 기능을 이용하여 붙이기 하시오(단, 원본 삭제).
○ 「B4:J4, G14, I14」 영역은 '주황'으로 채우기 하시오.
○ 유효성 검사를 이용하여 「H14」 셀에 제품명(「C5:C12」 영역)이 선택 표시되도록 하시오.
○ 셀 서식 ⇒ 「E5:E12」 영역에 셀 서식을 이용하여 숫자 뒤에 '주'를 표시하시오(예: 15주).
○ 「G5:G12」 영역에 대해 '대여가격'으로 이름정의를 하시오.

출력형태

대여코드	제품명	분류	대여기간	판매가격 (단위:원)	4주 대여가격 (단위:원)	대여수량	배송지	비고
GW-03	페달트랙터	자동차	15주	125,000	33,000	17		
CE-13	레이싱카	자동차	5주	65,000	28,000	19		
DC-12	워크어라운드	쏘서	6주	95,000	33,000	6		
PK-01	물놀이세트	놀이세트	12주	17,000	33,000	15		
DW-01	디보쏘서	쏘서	10주	105,000	26,000	12		
CQ-02	미니카	자동차	6주	78,000	28,000	20		
WB-12	구름빵 놀이터	놀이세트	8주	42,000	23,000	14		
PX-02	스포츠센터	놀이세트	10주	56,000	30,000	7		
놀이세트 제품 대여수량 합계					4주 대여가격(단위:원)의 최저값			
자동차 제품 평균 대여기간					제품명	페달트랙터	대여수량	

장난감 대여 관리 현황

결재 | 담당 | 대리 | 과장

[제1작업] 표 서식 작성 및 값 계산 – 함수

반드시 문제에 주어진 함수를 이용하여 값을 구해야 하며, 시험에 자주 나오는 함수 유형은 숙지해야 합니다. 함수의 중첩 등 응용능력을 키우기 위해 충분한 학습이 필요합니다.

[제 1 작업] 표 서식 작성 및 값 계산 (240점 중 120점)

☞ 다음은 '성안여행 마일리지 투어 상품'에 대한 자료이다. 자료를 입력하고 조건에 맞도록 작업하시오.

≪조건≫
(1)~(6) 셀은 반드시 주어진 함수를 이용하여 값을 구하시오(결과값을 직접 입력하면 해당 셀은 0점 처리됨).
(1) 순위 ⇒ 출발인원의 내림차순 순위를 구한 결과값에 '위'를 붙이시오(RANK.EQ 함수, & 연산자)(예 : 1위).
(2) 비고 ⇒ 상품코드의 첫 글자가 F이면 '자유여행', 그 외에는 공백으로 구하시오(IF, LEFT 함수).
(3) 그린항공의 공제 마일리지 합계 ⇒ 정의된 이름(항공사)을 이용하여 그린항공의 공제 마일리지 합계를 구하시오(SUMIF 함수).
(4) 유럽 지역의 출발인원 평균 ⇒ 반올림하여 정수로 구하시오. 단, 조건은 입력 데이터를 이용하시오(ROUND, DAVERAGE 함수)(예 : 24.3 → 24).
(5) 최대 공제 마일리지 ⇒ (MAX 함수)
(6) 출발인원 ⇒ 「H14」셀에서 선택한 여행지에 대한 출발인원을 표시하시오(VLOOKUP 함수).

≪출력형태≫

	A	B	C	D	E	F	G	H	I	J
1								확인	사원	팀장	센터장
2		성안여행 마일리지 투어 상품									
3											
4		상품코드	지역	여행지	항공사	일정(일)	출발인원	공제 마일리지	순위	비고
5		K-85074	유럽	이탈리아	하나항공	7	17명	169,000	(1)	(2)
6		H-35035	동남아	보라카이	블루항공	5	26명	80,000	(1)	(2)
7		F-51166	미주	뉴욕	하나항공	8	32명	155,000	(1)	(2)
8		H-34122	동남아	방콕	그린항공	6	12명	70,000	(1)	(2)
9		P-76117	동남아	보홀	하나항공	4	9명	115,000	(1)	(2)
10		F-06048	미주	보스턴	그린항공	5	27명	125,000	(1)	(2)
11		H-94122	유럽	파리	블루항공	7	10명	190,000	(1)	(2)
12		L-62021	동남아	빈탄	블루항공	3	21명	90,000	(1)	(2)
13		그린항공의 공제 마일리지 합계			(3)			최대 공제 마일리지		(5)
14		유럽 지역의 출발인원 평균			(4)		여행지	이탈리아	출발인원	(6)
15										

단계 1 수식

수식은 등호로 시작하여 숫자 또는 셀 주소와 연산자로 이루어진 계산식입니다.

1. 수식의 구성

=E4 − F4 * 5000

① 등호(=) : 엑셀에서는 수식을 입력할 때 등호를 먼저 입력해야 합니다. 등호 다음에 오는 내용이 수식이라는 것을 나타냅니다.
② 참조(E4, F4) : 직접 값을 입력하여 수식을 작성할 수 있고, 또는 값이 입력된 주소를 입력하여 수식을 작성할 수 있습니다. 셀 주소를 이용하여 값을 계산하는 것을 '참조'라고 합니다.
③ 연산자(−, *) : 계산의 종류를 나타냅니다.
④ 상수(5000) : 수식에 직접 입력하는 숫자나 문자입니다.

2. 연산자와 연산

연산자를 이용하여 사칙 연산을 비롯하여, 문자열의 연결, 수치 비교, 계산 처리 등을 실행할 수 있습니다.

1 산술 연산자 : 수치 데이터에 대한 사칙 연산을 수행합니다.

연산자	기능	연산자	기능	연산자	기능
+	더하기	*	곱하기	^	거듭제곱
−	빼기	/	나누기	%	백분율

2 비교 연산자 : 데이터의 크기를 비교하여 식이 맞으면 TRUE(참), 그렇지 않으면 FALSE(거짓)로 결과를 표시합니다.

연산자	기능	연산자	기능	연산자	기능
>	크다(초과)	<	작다(미만)	=	같다
>=	크거나 같다(이상)	<=	작거나 같다(이하)	<>	같지 않다.

3 데이터 연결 연산자(&) : 두 개의 데이터를 하나로 연결하여 표시합니다.

수식	결과	수식	결과
="상수리"&"나무"	상수리나무	=100&"점"	100점

4 참조 연산자 : 함수 명령어가 참조해야 할 범위를 지정할 때 사용하는 연산자입니다.

연산자	사용 예	기능
콜론(:)	(A1:E1)	왼쪽 셀에서 오른쪽 셀까지의 모든 범위를 참조하는 연산자
쉼표(,)	(A1,C1)	쉼표(,)로 구분된 셀을 모든 셀(또는 범위)을 참조하는 연산자
공백	(A1:C3 C2:P3)	왼쪽 범위와 오른쪽 범위의 공통 범위 (결과 : [C2:C3])

3. 셀 참조

수식을 입력할 때 직접 숫자를 입력하지 않고, 숫자가 입력된 셀 주소를 사용하는 것을 셀 참조라고 합니다. 수식을 복사할 때 셀 주소가 바뀌는 상대참조, 고정된 셀을 참조하는 절대참조, 열이나 행만을 고정하는 혼합참조에 대해 학습하겠습니다.

1 상대참조

가장 일반적인 셀 주소 유형입니다. 수식이 입력된 셀을 다른 위치로 이동하거나 복사하면 참조하는 셀 주소가 상대적 위치에 따라 자동으로 변경됩니다.

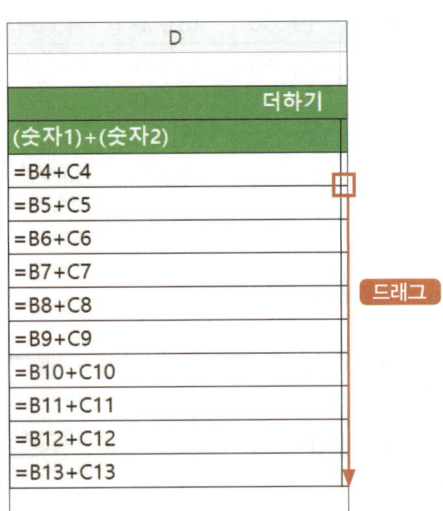

2 절대참조

행 번호, 열 문자 앞에 $ 기호를 붙입니다. 절대참조는 다른 곳으로 이동하거나 복사해도 변하지 않고 항상 같은 셀을 참조합니다.

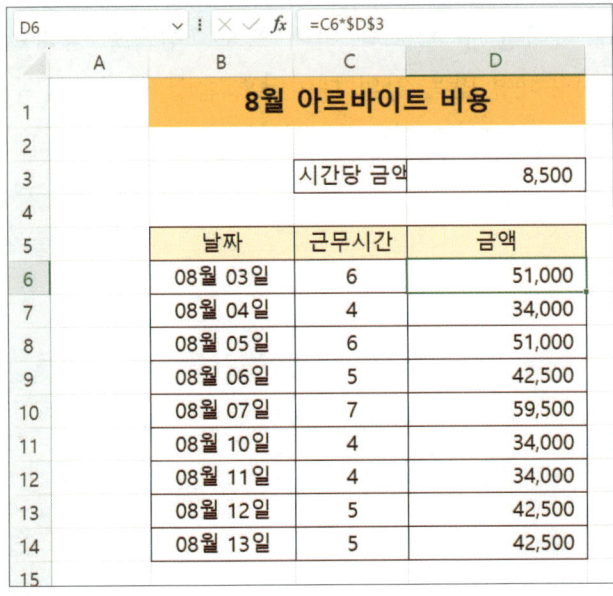
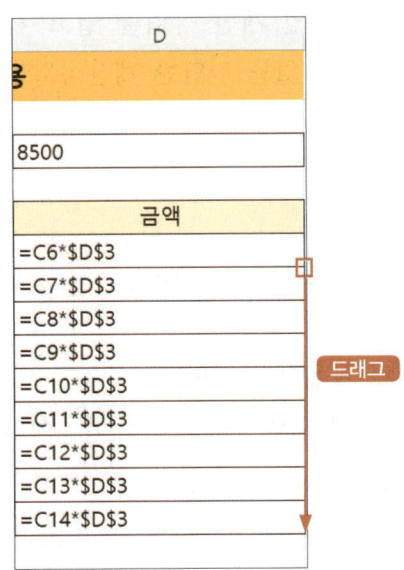

3 혼합참조

행 문자, 열 번호 중 한쪽에만 $가 붙습니다. $ 기호가 붙은 부분만 변하지 않습니다. 한 방향으로만 수식을 복사할 때는 절대참조를 쓰지만, 양쪽 방향으로 수식을 복사해야 하는 경우에는 혼합참조를 사용합니다.

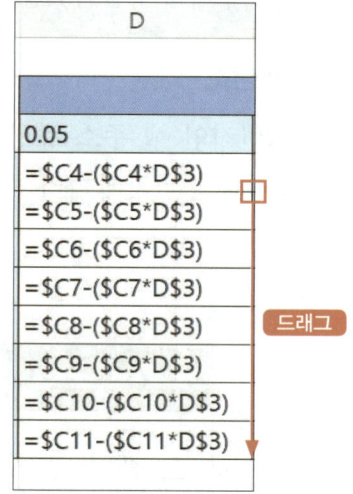

4 F4를 이용하여 참조 바꾸기

주소를 입력하고 F4 키를 누를 때마다 다음 순서대로 '$' 기호가 자동으로 붙습니다.

단계 2 함수

함수는 복잡하고 반복적인 계산 작업을 쉽고 간단하게 처리할 수 있도록 미리 프로그램으로 정의한 수식입니다. 우리가 알고 있는 간단한 계산식도 함수를 사용하면 많은 양의 데이터도 손쉽게 계산할 수 있습니다.

1. 함수 구조

> =함수명(인수 1, 인수 2,……, 인수 n)

① 등호(=) : 함수식 앞에 쓰입니다.

② 함수명 : 수식을 함축하고 있는 함수 이름입니다.

③ 괄호 : 인수가 들어가는 공간입니다.

④ 인수 : 계산을 하기 위해 사용하는 값입니다.

⑤ 쉼표(,) : 인수를 구분하기 위해 사용합니다.

2. 함수 마법사

간단한 함수는 직접 입력하는 것이 편리하지만, 어렵고 자주 사용하지 않는 함수는 마법사를 이용하면 인수의 입력 방법을 알려주기 때문에 쉽게 사용할 수 있습니다.

Check Point

함수 마법사를 사용하는 방법
- 수식 입력줄의 [함수 삽입 fx]을 클릭
- [수식] 탭에서 [함수 라이브러리] 그룹의 [함수 삽입 fx] 클릭
- 바로 가기 키 : Shift + F3

무료 동영상

함수 1 데이터베이스 함수

함수	설명	중요도
DSUM	조건과 일치하는 데이터의 합을 구함	★★★★★
DAVERAGE	조건과 일치하는 데이터의 평균을 구함	★★★★★
DMAX	조건과 일치하는 데이터의 가장 큰 수를 구함	★★
DMIN	조건과 일치하는 데이터의 가장 작은 수를 구함	★
DCOUNTA	조건과 일치하는 데이터에서 공백이 아닌 데이터의 개수를 구함	★
DCOUNT	조건과 일치하는 데이터의 숫자가 들어 있는 셀의 개수를 구함	
DGET	조건에 맞는 고유한 데이터를 추출함	

Check Point

데이터베이스 함수의 형식

[형식] =DSUM(데이터베이스 범위,필드,조건 범위)

	A	B	C	D	E	F
1			DSUM 함수	❸ 조건 범위	❷ 필드	
2		관리코드	관리자	유종	구매가	
3		M597K	김지현	하이브리드	3,555	
4		R374G	안규정	디젤	9,738	
5		G839R	이수연	가솔린	10,129	❶ 데이터베이스 범위
6		Z329F	장동욱	하이브리드	8,650	
7		Z325J	정인경	디젤	9,894	
8		O356L	최민석	가솔린	7,402	
9		C385B	정유진	하이브리드	14,615	
10		U594L	박두일	가솔린	7,339	
11			하이브리드 구매가 합계			

❶ 데이터베이스 범위 : 필드 제목과 데이터로 구성된 범위
❷ 필드 : 계산을 수행하고자 하는 필드명
❸ 조건 범위 : 필드 제목과 조건으로 구성된 범위

[예제] =DSUM(B2:E10,E2,D2:D3)
[결과] 26,820

1. 다음 조건에 따라 엑셀 파일을 작업하시오.

○ 예제/정답 파일 : 데이터베이스.xlsx

(1) 하이브리드 구매가 합계 ⇒ 조건은 입력 데이터를 이용하시오(DSUM 함수).
(2) 브라질 원산지 판매가(단위:원)의 평균 ⇒ 조건은 입력 데이터를 이용하시오(DAVERAGE 함수).
(3) 여행 분야 중 최고 회원 수 ⇒ 조건은 입력 데이터를 이용하여 구하시오(DMAX 함수).
(4) 핫도그 창업 개수 ⇒ 결과값에 '개'를 붙이시오. 단, 조건은 입력 데이터를 이용하시오(DCOUNTA 함수, & 연산자)(예 : 1개).

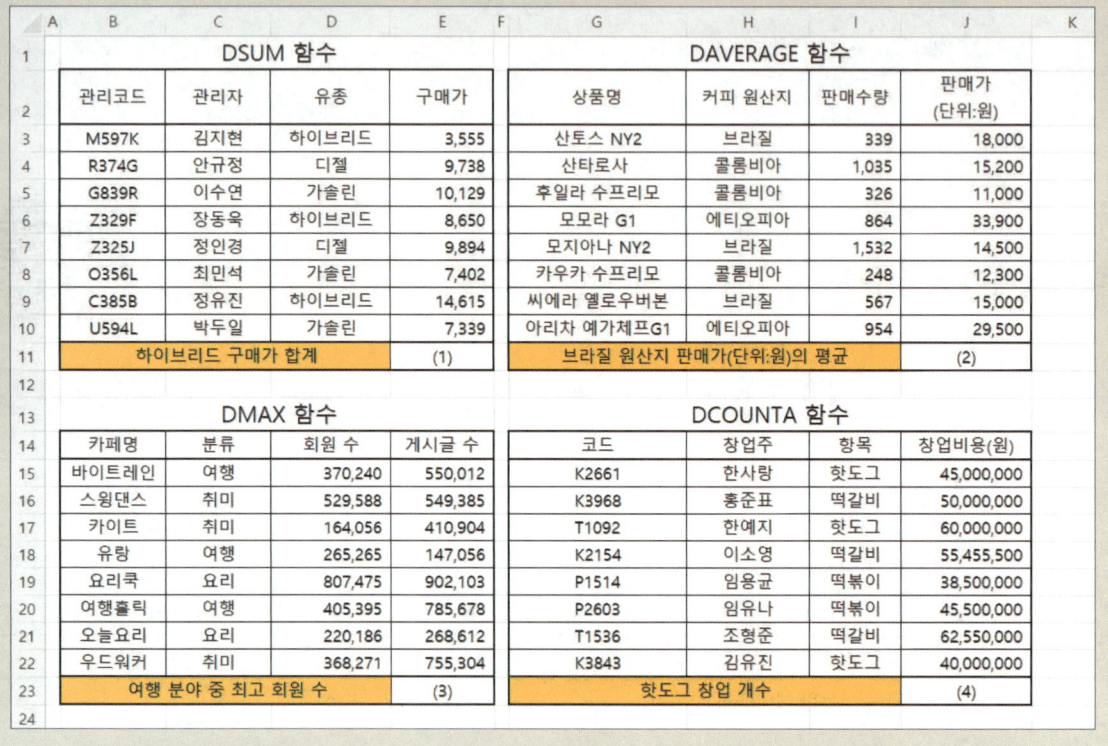

(1) 하이브리드 구매가 합계

1 [E11] 셀을 클릭한 후 수식 입력줄의 [함수 삽입 f_x] 도구를 클릭합니다.

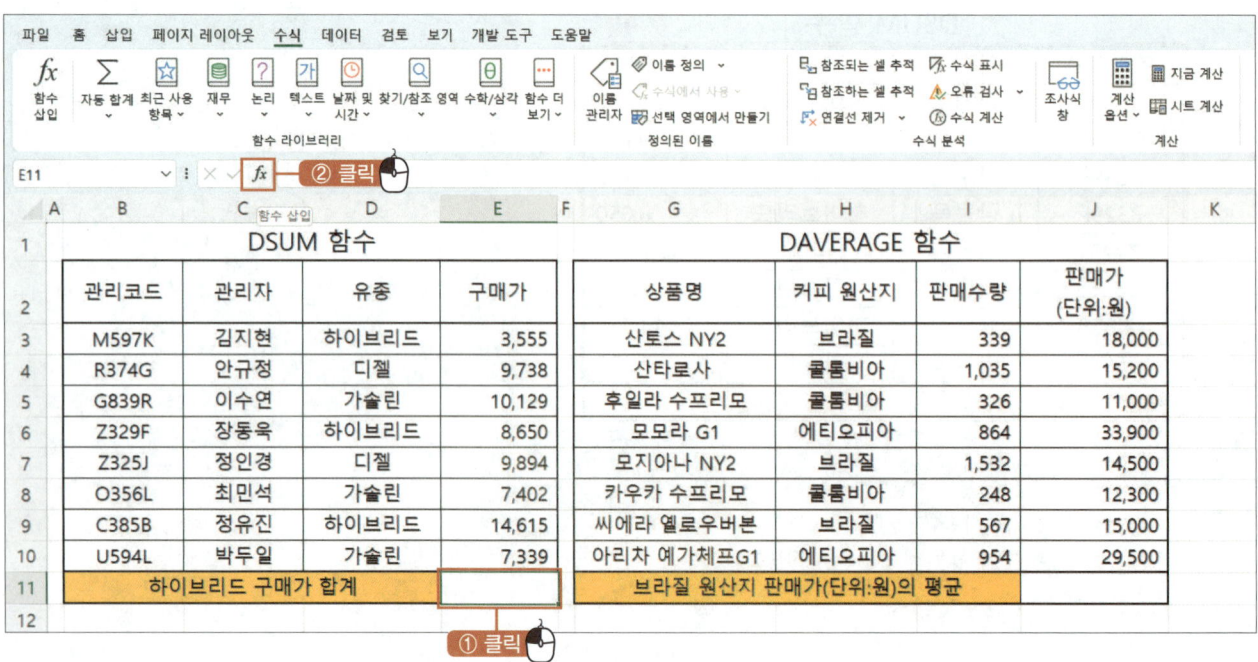

2 '범주 선택'에서 '데이터베이스'를 선택한 후 'DSUM'을 클릭한 후 [확인] 단추를 클릭합니다.

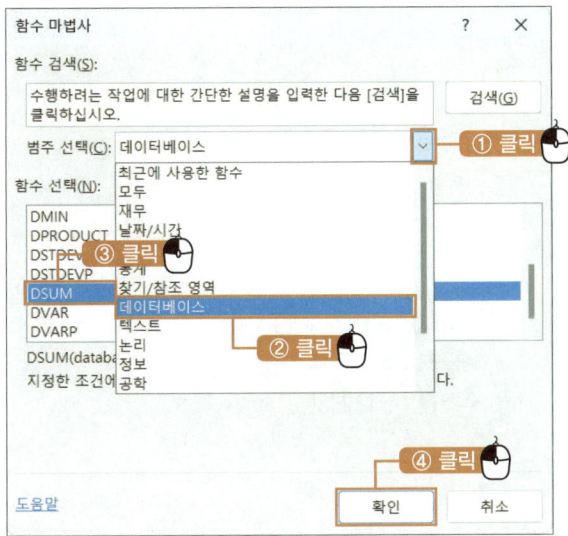

3 [함수 인수]에서 다음과 같이 지정하고 [확인] 단추를 클릭합니다.

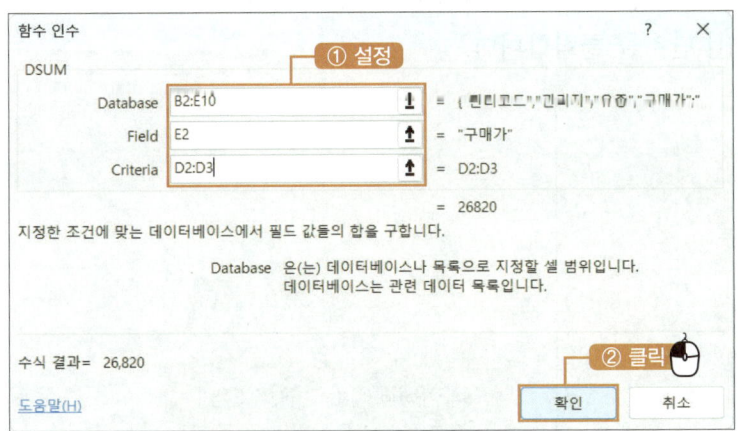

- 데이터베이스 : [B2:E10]
- 필드 : [E2]
- 조건 : [D2:D3]

(2) 브라질 원산지 판매가(단위:원)의 평균

1 [J11] 셀을 클릭한 후 수식 입력줄의 [함수 삽입 fx] 도구를 클릭합니다.

2 '범주 선택'에서 '데이터베이스'를 선택한 후 'DAVERAGE'를 클릭한 후 [확인] 단추를 클릭합니다.

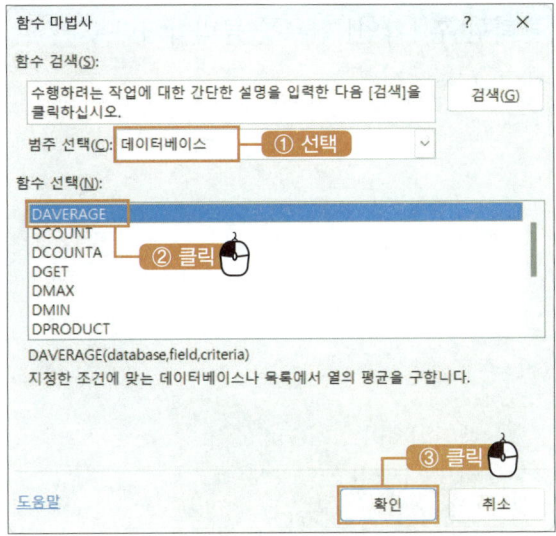

③ [함수 인수]에서 다음과 같이 지정하고 [확인] 단추를 클릭합니다.

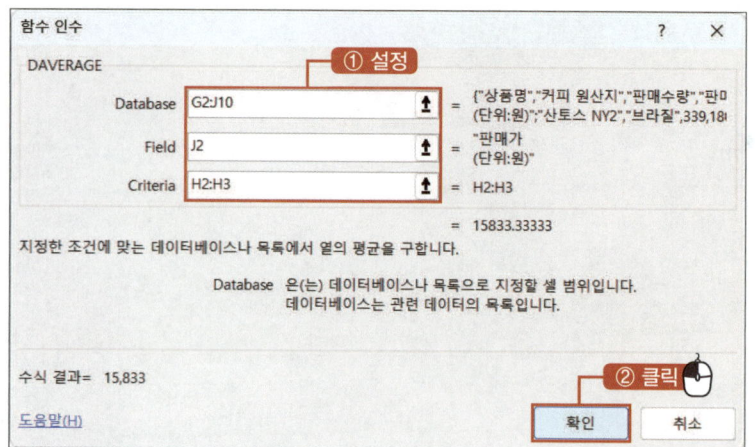

- 데이터베이스 : [G2:J10]
- 필드 : [J2]
- 조건 : [H2:H3]

(3) 여행 분야 중 최고 회원 수

① [E23] 셀을 클릭한 후 수식 입력줄의 [함수 삽입 *fx*] 도구를 클릭합니다.
② '범주 선택'에서 '데이터베이스'를 선택한 후 'DMAX'를 클릭한 후 [확인] 단추를 클릭합니다.
③ [함수 인수]에서 다음과 같이 지정하고 [확인] 단추를 클릭합니다.

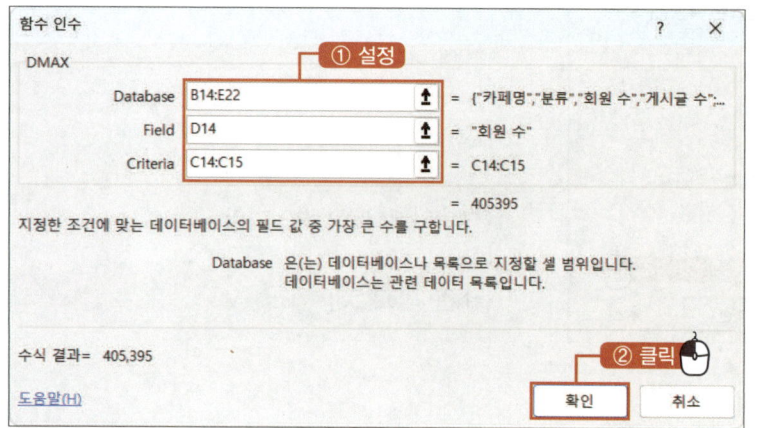

- 데이터베이스 : [B14:E22]
- 필드 : [D14]
- 조건 : [C14:C15]

(4) 핫도그 창업 개수

① [J23] 셀을 클릭한 후 수식 입력줄의 [함수 삽입 *fx*] 도구를 클릭합니다.
② '범주 선택'에서 '데이터베이스'를 선택하고 'DCOUNTA'를 클릭한 후 [확인] 단추를 클릭합니다.
③ [함수 인수]에서 다음과 같이 지정하고 [확인] 단추를 클릭합니다.

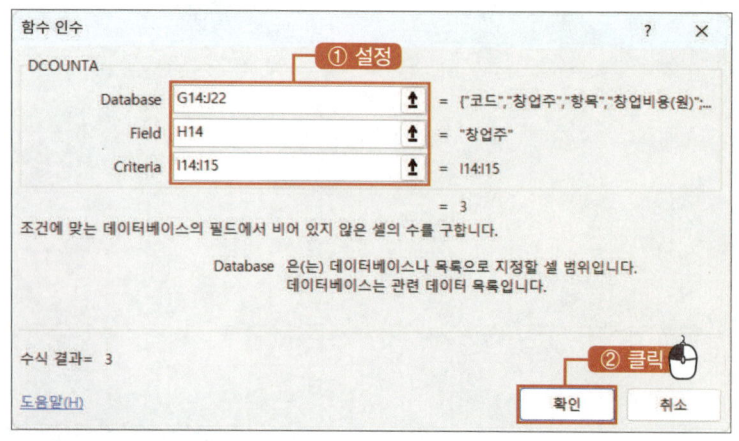

- 데이터베이스 : [G14:J22]
- 필드 : [H14]
- 조건 : [I14:I15]

4 [J23] 셀을 클릭한 후 수식 입력줄의 '=DCOUNTA(G14:J22,H14,I14:I15)' 뒤에 마우스를 클릭한 후 「&"개"」를 입력합니다.

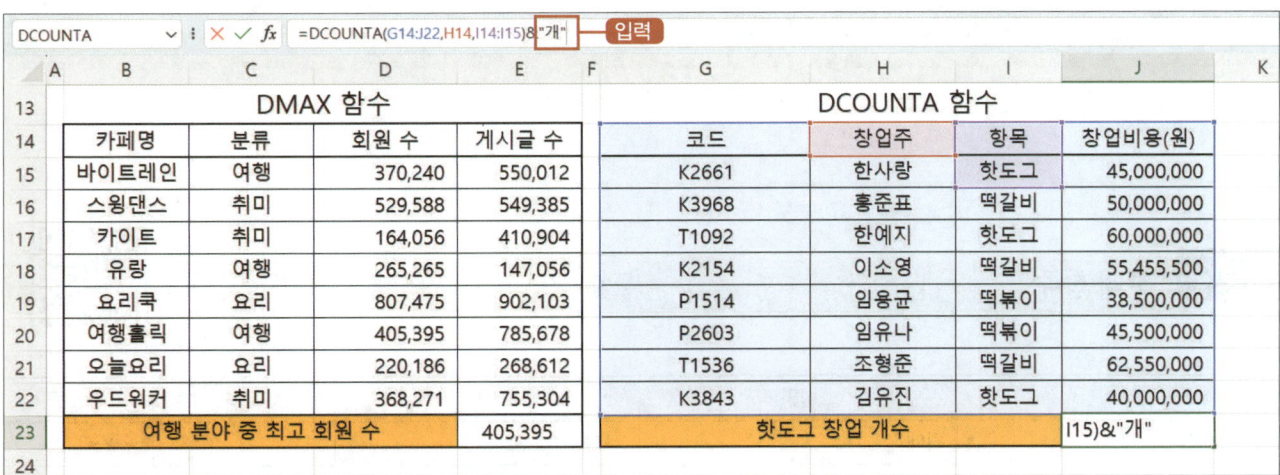

DOUNTA 함수는 비어 있지 않으면, 셀 수 있는 함수입니다.
=DCOUNTA(G14:J22,G14,I14:I15)& "개"
=DCOUNTA(G14:J22,H14,I14:I15)& "개"
=DCOUNTA(G14:J22,I14,I14:I15)& "개"
=DCOUNTA(G14:J22,J14,I14:I15)& "개"
모두 가능합니다.

[정답]

DSUM 함수

관리코드	관리자	유종	구매가
M597K	김지현	하이브리드	3,555
R374G	안규정	디젤	9,738
G839R	이수연	가솔린	10,129
Z329F	장동욱	하이브리드	8,650
Z325J	정인경	디젤	9,894
O356L	최민석	가솔린	7,402
C385B	정유진	하이브리드	14,615
U594L	박두일	가솔린	7,339
하이브리드 구매가 합계			26,820

DAVERAGE 함수

상품명	커피 원산지	판매수량	판매가 (단위:원)
산토스 NY2	브라질	339	18,000
산타로사	콜롬비아	1,035	15,200
후일라 수프리모	콜롬비아	326	11,000
모모라 G1	에티오피아	864	33,900
모지아나 NY2	브라질	1,532	14,500
카우카 수프리모	콜롬비아	248	12,300
씨에라 옐로우버본	브라질	567	15,000
아리차 예가체프G1	에티오피아	954	29,500
브라질 원산지 판매가(단위:원)의 평균			15,833

DMAX 함수

카페명	분류	회원 수	게시글 수
바이트레인	여행	370,240	550,012
스윙댄스	취미	529,588	549,385
카이트	취미	164,056	410,904
유랑	여행	265,265	147,056
요리쿡	요리	807,475	902,103
여행홀릭	여행	405,395	785,678
오늘요리	요리	220,186	268,612
우드워커	취미	368,271	755,304
여행 분야 중 최고 회원 수			405,395

DCOUNTA 함수

코드	창업주	항목	창업비용(원)
K2661	한사랑	핫도그	45,000,000
K3968	홍준표	떡갈비	50,000,000
T1092	한예지	핫도그	60,000,000
K2154	이소영	떡갈비	55,455,500
P1514	임용균	떡볶이	38,500,000
P2603	임유나	떡볶이	45,500,000
T1536	조형준	떡갈비	62,550,000
K3843	김유진	핫도그	40,000,000
핫도그 창업 개수			3개

- [E11] : =DSUM(B2:E10,E2,D2:D3)
- [J11] : =DAVERAGE(G2:J10,J2,H2:H3)
- [E23] : =DMAX(B14:E22,D14,C14:C15)
- [J23] : =DCOUNTA(G14:J22,H14,I14:I15)&"개"

함수 2 통계 함수

함수	설명	예	결과	중요도
MAX(범위)	최대값	=MAX(1,2,3)	3	★★★
MIN(범위)	최소값	=MIN(1,2,3)	1	★★★
AVERAGE(범위)	평균	=AVERAGE(90,60)	75	★
MEDIAN(범위)	인수들의 중간값을 구함	=MEDIAN(90,80,70)	80	★
COUNT(범위)	숫자의 개수	=COUNT(1,2,3)	3	★
COUNTA(범위)	공백을 제외한 셀의 개수	=COUNTA("가",2,"A")	3	★
COUNTIF(범위,"조건")	범위에서 조건에 맞는 개수			★★★★★
LARGE(범위,K)	범위에서 K 번째 큰 값			★★★
SMALL(범위,K)	범위에서 K 번째 작은 값			★★
RANK.EQ(기준,범위,순서)	=RANK.EQ(A1,$A$1:$A$10,0) : [A1:A10] 영역에서 [A1] 셀의 순위를 구함			★★★★★

RANK.EQ 함수 〈순서〉
0 또는 FALSE : 내림차순(가장 큰 값이 1등) - 생략하면 FALSE가 됨
1 또는 TRUE : 오름차순(가장 작은 값이 1등)
※ 범위는 고정된 영역을 참조해야 하므로 절대 주소 형식을 사용

○ 예제/정답 파일 : 통계.xlsx

1. 다음 조건에 따라 엑셀 파일을 작업하시오.

(1) 최대 판매가(단위:원) ⇒ 판매가를 이용하여 구하시오(MAX 함수).
(2) 최저 진행인원수 ⇒ 진행인원수를 이용하여 구하시오(MIN 함수).
(3) 어린이 도서 수 ⇒ 분류를 이용하여 구하시오(COUNTIF 함수).
(4) 두 번째로 큰 마리 당 평균 몸무게 ⇒ 몸무게를 이용하여 구하시오(LARGE 함수).
(5) 최저 신청인원(단위:명) ⇒ 신청인원을 이용하여 구하시오(SMALL 함수).
(6) 순위 ⇒ 판매수량을 이용하여 판매수량의 내림차순 순위를 구하시오(RANK.EQ 함수).
(7) 구분이 1++등급 비율 ⇒ 구분이 1++등급인 비율을 구한 후 백분율로 표시하시오(COUNTIF, COUNTA 함수)(예 : 0.15 → 15%).
(8) 주행거리가 평균 이상인 차량 수 ⇒ (COUNTIF, AVERAGE 함수)
(9) 대여가격(4주)이 중간값 이상인 장난감 수 ⇒ 결과값에 '개'를 붙이시오(COUNTIF, MEDIAN 함수, & 연산자)(예 : 1개)

MAX 함수

상품명	구분	판매가(단위:원)
수국	꽃다발	67,000
진백	분재	200,000
생일축하	꽃바구니	50,000
소사	분재	150,000
프로포즈	꽃바구니	125,000
분홍장미	꽃다발	59,000
결혼기념일	꽃바구니	50,000
안개	꽃다발	61,000
최대 판매가(단위:원)		(1)

MIN 함수

사업명	관리팀	진행 인원수
홈네트워크	개발2팀	12
이러닝	교육관리	7
VR개발	개발2팀	7
환경개선	개발2팀	7
AR개발	개발1팀	11
연수원관리	교육관리	6
마케팅	개발1팀	4
네트워크보안	개발1팀	10
최저 진행인원수		(2)

COUNTIF 함수

도서명	저자	분류
오페라의 유령	가스통 르루	실버
내 심장은 작은 북	송현섭	어린이
여행의 이유	김영하	일반
내일도 야구	이석용	어린이
첫말잇기 동시집	박성우	어린이
신통방통 홈쇼핑	이분희	어린이
연필로 쓰기	김훈	일반
미국 단편 동화집	강민호	실버
어린이 도서 수		(3)

LARGE 함수

동물명	마리 수	마리 당 평균 몸무게
하마	2	1,105
호랑이	1	332
사슴	5	121
얼룩말	2	116
사자	2	278
기린	4	247
양	6	223
코끼리	2	2,528
두 번째로 큰 마리 당 평균 몸무게		(4)

SMALL 함수

봉사명	봉사시간	신청인원(단위:명)
바자회 보조	8시간	1,450
미용서비스	6시간	568
멘토링 교육	24시간	954
시설 봉사	48시간	1,450
경로식당	8시간	1,650
생활지원	48시간	1,350
컴퓨터교육 보조	16시간	467
성장 멘토링	32시간	1,321
최저 신청인원(단위:명)		(5)

RANK 함수

상품명	판매수량	순위
블랙로즈오일	350	(6)
욕실세정제	850	(6)
수면팩	437	(6)
천연비타민C	950	(6)
고급의류세제	724	(6)
프리미엄세탁세제	800	(6)
스네일에센스	500	(6)
종합비타민미네랄	900	(6)

COUNTIF, COUNTA 함수

부위	구분	kg당 가격
안심	1++등급	98,000
등심	1등급	79,000
앞다리	1+등급	85,000
등심	2등급	66,000
앞다리	2등급	52,000
등심	1+등급	88,000
안심	1등급	94,000
앞다리	1++등급	70,000
구분이 1++등급 비율		(7)

COUNTIF, AVERAGE 함수

관리자	유종	주행거리(Km)
김지현	하이브리드	171,833
안규정	디젤	119,912
이수연	가솔린	21,833
장동욱	하이브리드	47,158
정인경	디젤	58,075
최민석	가솔린	73,402
정유진	하이브리드	70,161
박두일	가솔린	102,863
주행거리가 평균 이상인 차량 수		(8)

COUNTIF, MEDIAN 함수

제품명	대여가격(4주)
바묘버스	33,000
맥퀸카	28,000
워크어라운드	33,000
물놀이세트	33,000
디보쏘서	26,000
미니카	28,000
병원놀이	23,000
풀리폴텐트	30,000
대여가격(4주)이 중간값 이상인 장난감 수	(9)

(1) 최대 판매가(단위:원)

1 [D11] 셀에 「=MA」까지 입력한 후 MAX를 더블클릭합니다.

2 범위를 [D3:D10] 영역을 드래그하여 '=MAX (D3:D10)'으로 입력되면 Enter 키를 누릅니다.

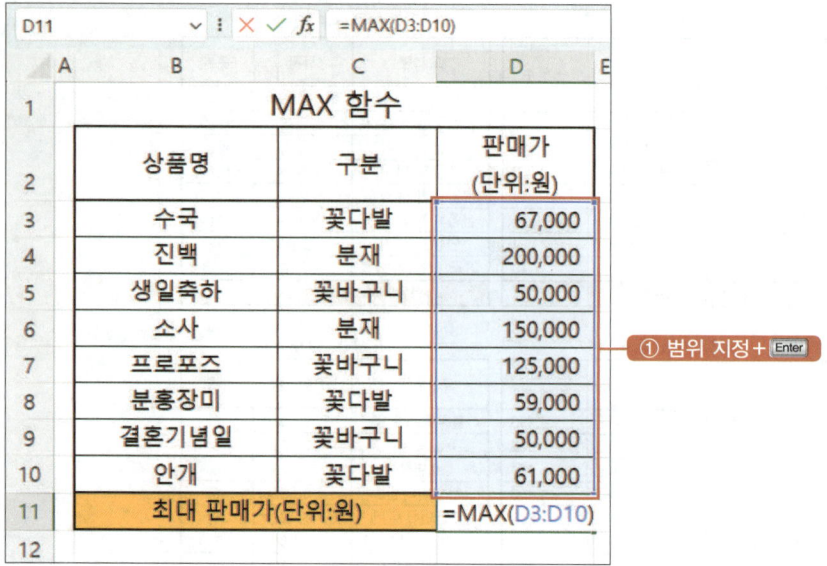

(2) 최저 진행인원수

[H11] 셀에 「=MIN(H3:H10)」을 입력합니다. (또는 (1)과 같은 방법을 사용합니다.)

(3) 어린이 도서 수

1 [L11] 셀에 「=COU」를 입력한 후 'COUNTIF'를 더블클릭합니다.

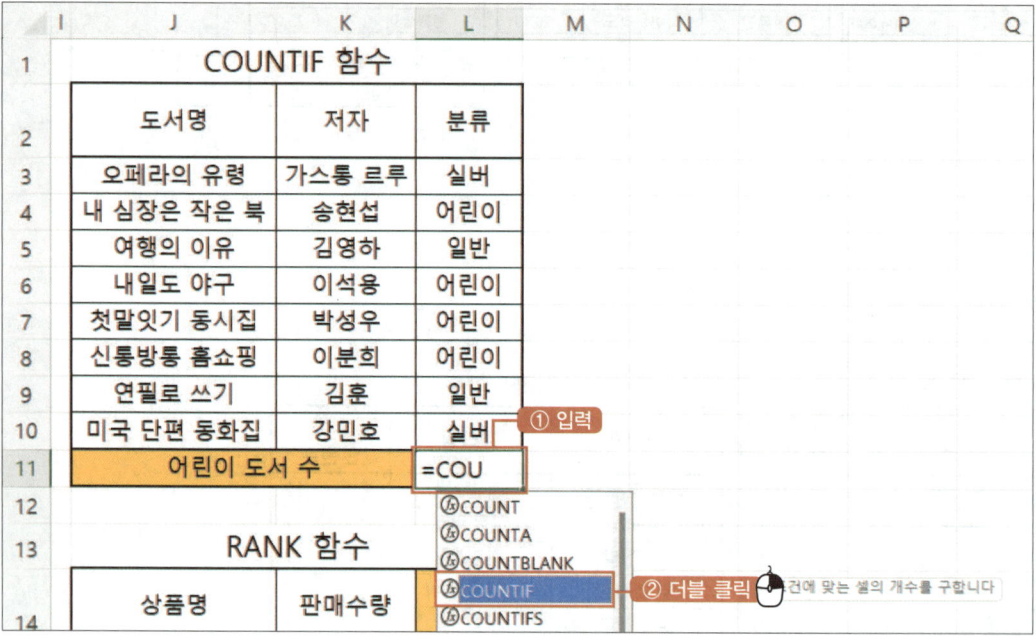

2 범위는 [L3:L10], 조건은 「"어린이"」를 입력하여 '=COUNTIF(L3:L10,"어린이")'로 입력되면 Enter 키를 누릅니다.

> 조건은 직접 입력하지 않고, '어린이'가 입력된 셀(예: [L4])을 지정해도 됩니다.
> =COUNTIF(L3:L10,L4)

	도서명	저자	분류
	COUNTIF 함수		
3	오페라의 유령	가스통 르루	실버
4	내 심장은 작은 북	송현섭	어린이
5	여행의 이유	김영하	일반
6	내일도 야구	이석용	어린이
7	첫말잇기 동시집	박성우	어린이
8	신통방통 홈쇼핑	이분희	어린이
9	연필로 쓰기	김훈	일반
10	미국 단편 동화집	강민호	실버
11	어린이 도서 수	=COUNTIF(L3:L10,"어린이")	

(4) 두 번째로 큰 마리 당 평균 몸무게

[D23] 셀에 「=LARGE(D15:D22,2)」를 입력합니다. [D15:D22] 영역에서 2번째로 큰 값을 구합니다.

(5) 최저 신청인원(단위:명)

[H23] 셀에 「=SMALL(H15:H22,1)」을 입력합니다. [H15:H22] 영역에서 1번째로 작은 값을 구합니다.

(6) 순위

[L15] 셀에 「=RANK.EQ(K15,$K$15:$K$22)」를 입력한 후 [L22] 셀까지 수식을 복사합니다.

> [K15] 셀의 값을 [K15:K22] 영역 안에서 순위를 구합니다. 비교되는 [K15:K22] 영역은 수식을 복사하더라도 고정된 위치라서 F4 키를 눌러 절대참조를 해야 합니다.

(7) 구분이 1++등급 비율

[D35] 셀에 「=COUNTIF(C27:C34,"1++등급")/COUNTA(C27:C34)」를 입력합니다.

> COUNTIF(C27:C34,"1++등급") : [C27:C34] 영역에서 '1++등급'의 개수를 구합니다.
> COUNTA(C27:C34) : [C27:C34] 영역의 개수를 구합니다.
> 조건은 ""로 묶어서 처리합니다.

(8) 주행거리가 평균 이상인 차량 수

[H35] 셀에 「=COUNTIF(H27:H34,">="&AVERAGE(H27:H34))」를 입력합니다.

> AVERAGE(H27:H34) : [H27:H34] 영역의 평균을 구합니다.
> COUNTIF(H27:H34,">="&평균값) : [H27:H34] 영역에서 평균값 이상인 개수를 구합니다.

(9) 대여가격(4주)이 중간값 이상인 장난감 수

[L35] 셀에 「=COUNTIF(K27:K34,">="&MEDIAN(K27:K34))&"개"」를 입력합니다.

> MEDIAN(K27:K34) : [K27:K34] 영역의 중간값을 구합니다.
> COUNTIF(K27:K34,">="&중간값)&"개" : [K27:K34] 영역에서 중간값 이상인 개수를 구한 후 '개'를 입력합니다.

[정답]

	MAX 함수				MIN 함수				COUNTIF 함수		
	상품명	구분	판매가 (단위:원)		사업명	관리팀	진행 인원수		도서명	저자	분류
	수국	꽃다발	67,000		홈네트워크	개발2팀	12		오페라의 유령	가스통 루르	실버
	진백	분재	200,000		이러닝	교육관리	7		내 심장은 작은 북	송현섭	어린이
	생일축하	꽃바구니	50,000		VR개발	개발2팀	7		여행의 이유	김영하	일반
	소사	분재	150,000		환경개선	개발2팀	7		내일도 야구	이석용	어린이
	프로포즈	꽃바구니	125,000		AR개발	개발1팀	11		첫말잇기 동시집	박성우	어린이
	분홍장미	꽃다발	59,000		연수원관리	교육관리	6		신통방통 홈쇼핑	이분희	어린이
	결혼기념일	꽃바구니	50,000		마케팅	개발1팀	4		연필로 쓰기	김훈	일반
	안개	꽃다발	61,000		네트워크보안	개발1팀	10		미국 단편 동화집	강민호	실버
	최대 판매가(단위:원)		200,000		최저 진행인원수		4		어린이 도서 수		4

	LARGE 함수				SMALL 함수				RANK 함수		
	동물명	마리 수	마리 당 평균 몸무게		봉사명	봉사시간	신청인원 (단위:명)		상품명	판매수량	순위
	하마	2	1,105		바자회 보조	8시간	1,450		블랙로즈오일	350	8
	호랑이	1	332		미용서비스	6시간	568		욕실세정제	850	3
	사슴	5	121		멘토링 교육	24시간	954		수면팩	437	7
	얼룩말	2	116		시설 봉사	48시간	1,450		천연비타민C	950	1
	사자	2	278		경로식당	8시간	1,650		고급의류세제	724	5
	기린	4	247		생활지원	48시간	1,350		프리미엄세탁세제	800	4
	양	6	223		컴퓨터교육 보조	16시간	467		스네일에센스	500	6
	코끼리	2	2,528		성장 멘토링	32시간	1,321		종합비타민미네랄	900	2
	두 번째로 큰 마리 당 평균 몸무게		1,105		최저 신청인원(단위:명)		467				

	COUNTIF, COUNTA 함수				COUNTIF, AVERAGE 함수				COUNTIF, MEDIAN 함수		
	부위	구분	kg당 가격		관리자	유종	주행거리 (Km)		제품명	대여가격 (4주)	
	안심	1++등급	98,000		김지현	하이브리드	171,833		타요버스	33,000	
	등심	1등급	79,000		안규정	디젤	119,912		맥퀸카	28,000	
	앞다리	1+등급	85,000		이수연	가솔린	21,833		워크어라운드	33,000	
	등심	2등급	66,000		장동욱	하이브리드	47,158		물놀이세트	33,000	
	앞다리	2등급	52,000		정인경	디젤	58,075		디보쏘서	26,000	
	등심	1+등급	88,000		최민석	가솔린	73,402		미니카	28,000	
	안심	1등급	94,000		정유진	하이브리드	70,161		병원놀이	23,000	
	앞다리	1++등급	70,000		박두일	가솔린	102,863		폴리볼텐트	30,000	
	구분이 1++등급 비율		25%		주행거리가 평균 이상인 차량 수		3		대여가격(4주)이 중간값 이상인 장난감 수		4개

실력 향상을 위한 실전 연습문제

● 예제/정답 파일은 [자료실]에서 다운로드하세요.

● 예제 파일 : 실전함수1.xlsx

07 다음 조건에 따라 엑셀 파일을 작성하시오.

(1) 복지용구 구매자수 합계 ⇒ 조건은 입력 데이터를 이용하시오(DSUM 함수).
(2) 실버도서 평균 대출횟수(누적) ⇒ 조건은 입력 데이터를 이용하시오(DAVERAGE 함수).
(3) 노묘용 최저 열량(kcal) ⇒ 조건은 입력 데이터를 이용하시오(DMIN 함수).
(4) 포장이사 계약 건수 ⇒ 단, 조건은 입력 데이터를 이용하고, 결과값 뒤에 '건'을 붙이시오(DCOUNTA 함수, & 연산자)(예: 2건).

출력형태

상품코드	상품명	카테고리	구매자수	도서명	저자	분류	대출횟수(누적)
	DSUM 함수				DAVERAGE 함수		
HE-0012	욕창예방매트리스	복지용구	989	오페라의 유령	가스통 르루	실버	13
BO-2101	경량알루미늄 휠체어	보장구	887	내 심장은 작은 북	송현섭	어린이	24
PE-1005	당뇨환자용 양파효소	환자식	1,700	여행의 이유	김영하	일반	8
HE-0305	성인용보행기	복지용구	1,480	내일도 야구	이석용	어린이	21
BO-2043	스틸통타이어 휠체어	보장구	980	첫말잇기 동시집	박성우	어린이	19
BO-2316	거상형 휠체어	보장구	316	신통방통 홈쇼핑	이분희	어린이	16
PE-1138	고단백 영양푸딩	환자식	1,605	연필로 쓰기	김훈	일반	7
PE-1927	고농축 영양식	환자식	912	미국 단편 동화집	강민호	실버	13
	복지용구 구매자수 합계		(1)		실버도서 평균 대출횟수(누적)		(2)

제품명	제조사	분류	열량(kcal)	계약코드	입주자	이사형태	사은품
	DMIN 함수				DCOUNTA 함수		
인스팅티브	내츄럴발란스	노묘용	321	AM103-603	김천호	포장이사	새집증후군
캘리포니아	스타캣	피부, 모질용	425	PM106-204	이종로	일반이사	입주선물세트
그레인프리	내츄럴발란스	노묘용	410	AM207-908	원낙원	포장이사	입주청소
인도어 롱헤어	그라비	헤어볼	450	AM103-606	박금호	지방이사	새집증후군
뉴트로초이스	스타캣	헤어볼	560	PA109-508	정한남	포장이사	입주선물세트
로얄캐닌 키튼	내츄럴발란스	피부, 모질용	520	AM111-121	임강남	포장이사	입주청소
뉴트로 키튼	그라비	노묘용	405	AM102-159	최강북	일반이사	새집증후군
파이니스트	그라비	피부, 모질용	436	AM103-610	고양재	지방이사	입주선물세트
	노묘용 최저 열량(kcal)		(3)		포장이사 계약 건수		(4)

# 실력 향상을 위한 실전 연습문제

● 예제/정답 파일은 [자료실]에서 다운로드하세요.

● 예제 파일 : 실전함수1.xlsx

08 다음 조건에 따라 엑셀 파일을 작성하시오.

(1) 최다 학습자수(단위:명) ⇒ (MAX 함수)
(2) kg당 최저 가격 ⇒ 가격을 이용하여 구하시오(MIN 함수).
(3) 꽃바구니 상품 개수 ⇒ (COUNTIF 함수)
(4) 두 번째로 많은 구매자수 ⇒ 구매자수를 이용하여 구하시오(LARGE 함수).
(5) 두 번째로 적은 체험 학생 수 ⇒ (SMALL 함수)
(6) 순위 ⇒ 주문수량의 내림차순 순위를 구한 결과값에 '위'를 붙이시오(RANK.EQ 함수, & 연산자)
 (예 : 1위).
(7) 봉사장소 복지관의 전체 비율 ⇒ 「복지관수÷전체봉사장소수」로 구한 후 백분율 형식으로 표시하시오
 (COUNTIF, COUNTA 함수)(예 : 25%).
(8) 주풍향비율이 평균 이상인 지점 수 ⇒ 주풍향비율을 이용하여 구한 결과값에 '건'을 붙이시오
 (COUNTIF, AVERAGE 함수, & 연산자)(예 : 1건)

출력형태

MAX 함수

강좌명	구분	학습자수(단위:명)
왕초보	스페인어	215
발음클리닉	중국어	249
원어민처럼 말하기	스페인어	105
어법/어휘 마스터	영어	248
실전 비즈니스	영어	194
즐거운 스페인어	스페인어	384
맛있는 중국어	중국어	348
중국어 첫걸음	중국어	127
최다 학습자수(단위:명)		(1)

MIN 함수

부위	구분	kg당 가격
안심	1++등급	98,000원
등심	1등급	79,000원
앞다리	1+등급	85,000원
등심	2등급	66,000원
앞다리	2등급	52,000원
등심	1+등급	88,000원
안심	1등급	94,000원
앞다리	1++등급	70,000원
kg당 최저 가격		(2)

COUNTIF 함수

상품명	구분	판매가(단위:원)
수국	꽃다발	67,000
진백	분재	200,000
생일축하	꽃바구니	50,000
소사	분재	150,000
프로포즈	꽃바구니	125,000
분홍장미	꽃다발	59,000
결혼기념일	꽃바구니	50,000
안개	꽃다발	61,000
꽃바구니 상품 개수		(3)

LARGE 함수

상품명	카테고리	구매자수
욕창예방매트리스	복지용구	989
경량알루미늄 휠체어	보장구	887
당뇨환자용 양파효소	환자식	1,700
성인용보행기	복지용구	1,480
스틸통타이어 휠체어	보장구	980
거상형 휠체어	보장구	316
고단백 영양푸딩	환자식	1,605
고농축 영양식	환자식	912
두 번째로 많은 구매자수		(4)

SMALL 함수

학교명	장소	체험 학생 수
신창초	국립전북기상과학관	228
경양초	호남기후변화체험관	350
대자초	호남기후변화체험관	427
계림초	영산강유역환경청	334
중앙초	국립전북기상과학관	300
수창초	국립전북기상과학관	476
동운초	영산강유역환경청	297
동림초	호남기후변화체험관	178
두 번째로 적은 체험 학생 수		(5)

RANK 함수

상품명	판매가(단위:원)	주문수량	순위
수국	67,000	94개	(6)
진백	200,000	79개	(6)
생일축하	50,000	105개	(6)
소사	150,000	69개	(6)
프로포즈	125,000	86개	(6)
분홍장미	59,000	64개	(6)
결혼기념일	50,000	91개	(6)
안개	61,000	114개	(6)

COUNTIF, COUNTA 함수

봉사명	봉사장소	활동주기
바자회 보조	센터	비정기/월1회
미용서비스	복지관	비정기/월1회
멘토링 교육	복지관	정기/매주 1회
시설 봉사	재활협회	정기/매주 주말
경로식당	복지관	비정기/월1회
생활지원	센터	정기/매주 매일
컴퓨터교육 보조	복지관	정기/매주 1회
성장 멘토링	재활협회	정기/매주 월수
봉사장소 복지관의 전체 비율		(7)

COUNTIF, AVERAGE 함수

지점	주풍향	주풍향비율(단위:%)
진도	북서	29.2
통영	북	29.0
미시령	서	66.5
흑산도	북	35.9
해남	북서	19.1
거제	북서	17.8
성산	북서	21.6
제주	북	19.7
주풍향비율이 평균 이상인 지점 수		(8)

함수 3 논리값 함수

무료 동영상

함수	설명	예	결과	중요도
IF(조건, 참, 거짓)	조건에 지정된 값 출력	=IF(100>=90,"합격","불합격")	합격	★★★★★
AND(조건1,조건2,…)	조건이 모두 참일 경우에만 참 표시	=AND(100>90,90>70)	TRUE	★★
OR(조건1,조건2,…)	조건이 하나라도 참인 경우에 참 표시	=OR(80>90,90>70)	TRUE	★★
NOT(논리식)	논리식의 결과를 역으로 표시	=NOT(30>=10)	FALSE	
TRUE( )	논리값을 TRUE로 표시	=TRUE( )	TRUE	
FALSE( )	논리값을 FALSE로 표시	=FALSE( )	FALSE	

○ 예제/정답 파일 : 논리.xlsx

1. 다음 조건에 따라 엑셀 파일을 작업하시오.

(1) 인기강좌 ⇒ 수강인원이 '30' 이상이면 '☆', 그 외에는 공백으로 구하시오(IF 함수).

(2) 체험비 지원금 ⇒ 행사기간일이 '15' 이상이면서 참석인원(단위:명)이 '10,000' 이상이면 체험비용의 10%, 그 외에는 체험비용의 5%를 구하시오(IF, AND 함수).

(3) 포털 순위 ⇒ 하반기 조회 건수의 내림차순 순위를 '1~4'만 표시하고 그 외에는 공백으로 구하시오(IF, RANK.EQ 함수).

(4) 비고 ⇒ kg당 가격이 90,000 이상이거나 판매량(단위:kg)이 5,000 이상이면 '★', 그 외에는 공백으로 구하시오(IF, OR 함수).

IF 함수

강좌명	수강인원	인기강좌
펠트인형	37	(1)
화원 창업	31	(1)
냅킨아트	26	(1)
퀼트사랑	17	(1)
홈패션	26	(1)
실크 플라워	35	(1)
캔들공예	19	(1)
뜨개질	21	(1)

IF, AND 함수

체험행사명	행사기간(일)	체험비용	참석인원(단위:명)	체험비 지원금
희망 농장	7	45,000	6,552	(2)
윷대회	30	10,000	2,500	(2)
생태소풍	14	20,000	12,134	(2)
어울림 축제	20	20,000	12,500	(2)
놀장놀장	10	35,000	7,231	(2)
달빛 음악회	5	10,000	3,215	(2)
심심한 철학	10	10,000	8,251	(2)
게임문화	15	30,000	15,000	(2)

IF, RANK 함수

카페명	하반기 조회 건수	포털 순위
바이트레인	6,766	(3)
스윙댄스	5,813	(3)
카이트	6,315	(3)
유랑	6,537	(3)
요리쿡	5,491	(3)
여행홀릭	8,739	(3)
오늘요리	7,719	(3)
우드워커	6,933	(3)

IF, OR 함수

부위	구분	kg당 가격	판매량(단위:kg)	비고
안심	1++등급	98,000	1,350	(4)
등심	1등급	79,000	4,820	(4)
앞다리	1+등급	85,000	1,294	(4)
등심	2등급	66,000	5,282	(4)
앞다리	2등급	52,000	4,188	(4)
등심	1+등급	88,000	3,240	(4)
안심	1등급	94,000	1,472	(4)
앞다리	1++등급	70,000	3,765	(4)

(1) 인기강좌

[D3] 셀에 「=IF(C3>=30,"☆","")」을 입력하고 [D10] 셀까지 수식을 복사합니다.

=IF(C3>=30,"☆","") : [C3] 셀에서 30 이상이라면 '☆'을 표시하고, 그 외는 공백("")으로 표시합니다.

문자는 ""로 묶어서 처리합니다.

※ 특수기호를 입력할 때는 자음을 입력한 후 [한자] 키를 눌러 선택합니다. ☆나 ★ 기호는 자음 'ㅁ'을 입력합니다.

(2) 체험비 지원금

[J3] 셀에 「=IF(AND(G3>=15,I3>=10000),H3*10%,H3*5%)」를 입력하고 [J10] 셀까지 수식을 복사합니다.

> AND(G3>=15,I3>=10000) : [G3] 셀이 15 이상이고, [I3] 셀에 10000 이상인지를 비교합니다.
> =IF(조건,H3*10%,H3*5%) : 조건에 모두 만족하면 [H3] 셀에 곱하기 10%, 하나라도 만족하지 않으면 [H3] 셀에 곱하기 5% 한 결과를 표시합니다.

(3) 포털 순위

[D14] 셀에 「=IF(RANK.EQ(C14,$C$14:$C$21)<=4,RANK.EQ(C14,$C$14:$C$21),"")」을 입력하고 [D21] 셀까지 수식을 복사합니다.

> RANK.EQ(C14,$C$14:$C$21) : [C14] 셀의 값을 [C14:C21] 영역에서 순위를 구합니다.
> =IF(순위<=4,순위,"") : 순위가 4 이하이면 순위 값을 표시하고, 그 외는 공백("")으로 표시합니다.

(4) 비고

[J14] 셀에 「=IF(OR(H14>=90000,I14>=5000),"★","")」을 입력하고 [J21] 셀까지 수식을 복사합니다.

> OR(H14>=90000,I14>=5000) : [H14] 셀이 90000 이상이거나 [I14] 셀에 5000 이상인지를 비교합니다.
> =IF(조건,"★","") : 조건에 하나라도 만족하면 '★', 모두 만족하지 않으면 공백("")으로 표시합니다.

[정답]

	A	B	C	D	E	F	G	H	I	J	K
1			IF 함수					IF, AND 함수			
2		강좌명	수강인원	인기강좌		체험행사명	행사기간(일)	체험비용	참석인원 (단위:명)	체험비 지원금	
3		펠트인형	37	☆		희망 농장	7	45,000	6,552	2,250	
4		화원 창업	31	☆		윷대회	30	10,000	2,500	500	
5		냅킨아트	26			생태소풍	14	20,000	12,134	1,000	
6		퀼트사랑	17			어울림 축제	20	20,000	12,500	2,000	
7		홈패션	26			놀장놀장	10	35,000	7,231	1,750	
8		실크 플라워	35	☆		달빛 음악회	5	10,000	3,215	500	
9		캔들공예	19			심심한 철학	10	10,000	8,251	500	
10		뜨개질	21			게임문화	15	30,000	15,000	3,000	
11											
12			IF, RANK 함수					IF, OR 함수			
13		카페명	하반기 조회 건수	포털 순위		부위	구분	kg당 가격	판매량 (단위:kg)	비고	
14		바이트레인	6,766	4		안심	1++등급	98,000	1,350	★	
15		스윙댄스	5,813			등심	1등급	79,000	4,820		
16		카이트	6,315			앞다리	1+등급	85,000	1,294		
17		유랑	6,537			등심	2등급	66,000	5,282	★	
18		요리쿡	5,491			앞다리	2등급	52,000	4,188		
19		여행홀릭	8,739	1		등심	1+등급	88,000	3,240		
20		오늘요리	7,719	2		안심	1등급	94,000	1,472	★	
21		우드워커	6,933	3		앞다리	1++등급	70,000	3,765		
22											

함수 4 텍스트 함수

함수	설명	예	결과	중요도
LEFT(텍스트,글자 수)	왼쪽으로부터 지정된 수까지 출력	=LEFT("ABC",2)	AB	★★★
RIGHT(텍스트,글자 수)	오른쪽으로부터 지정된 수까지 출력	=RIGHT("ABC",2)	BC	★★★
MID(텍스트,시작 위치,글자 수)	지정된 위치에 지정된 수만큼 출력	=MID("ABC",2,1)	B	★★★
REPT("텍스트",반복 횟수)	텍스트를 지정한 횟수만큼 반복함	=REPT("♥",5)	♥♥♥♥♥	★★★
VALUE(텍스트)	텍스트를 숫자로 변환함	=VALUE("2025-4-22")	45769	

○ 예제/정답 파일 : 텍스트.xlsx

1. 다음 조건에 따라 엑셀 파일을 작업하시오.

(1) 입주 동호수 ⇒ 계약코드의 마지막 7개 글자를 구하시오(RIGHT 함수).
(2) 이벤트 ⇒ 코드의 마지막 글자가 T이면 '1월 40% 할인', 그 외에는 공백으로 구하시오(IF, RIGHT 함수).
(3) 행사시작일 ⇒ 상품코드의 첫 글자가 F이면 '1월 3일', 그 외에는 '1월 5일'로 구하시오(IF, LEFT 함수).
(4) 성별 ⇒ 주민번호의 8번째 글자가 1이면 '남성', 그 외에는 '여성'으로 구하시오(IF, MID 함수).
(5) 허서영 인기차트 ⇒ 「H17」셀÷1,000,000)으로 구한 값만큼 '★' 문자를 반복하여 표시하시오(REPT 함수) (예 : 2 → ★★).

	RIGHT 함수				IF, RIGHT 함수				IF, LEFT 함수		
계약코드	입주자	입주 동호수		코드	제품명	이벤트		상품코드	상품명	행사시작일	
AM103-603	김천호	(1)		106-DG	낭만고양이	(2)		SS-02	블랙로즈오일	(3)	
PM106-204	이종로	(1)		204-DG	밤에 부엉이	(2)		SC-03	욕실세정제	(3)	
AM207-908	원낙원	(1)		127-AT	겨울왕국	(2)		FS-03	수면팩	(3)	
AM103-606	박금호	(1)		137-CT	크리스마스	(2)		SN-02	천연비타민C	(3)	
PA109-508	정한남	(1)		124-AP	릴리	(2)		FC-02	고급의류세제	(3)	
AM111-121	임강남	(1)		111-DR	도트레인	(2)		FC-01	프리미엄세탁세제	(3)	
AM102-159	최강북	(1)		119-DR	정글	(2)		FS-01	스네일에센스	(3)	
AM103-610	고양재	(1)		422-AP	엘루	(2)		FN-02	종합비타민미네랄	(3)	

	IF, MID 함수			REPT 함수		
사원명	주민번호	성별		성명	인터넷 선호도	ARS 투표수
이건우	800102-1******	(4)		허민지	7.6%	5,128,602
이경은	820315-2******	(4)		최용철	9.4%	4,370,520
안경찬	780116-1******	(4)		김진성	11.5%	4,875,340
김연수	801210-2******	(4)		허서영	19.4%	5,294,678
지용수	810412-1******	(4)		양서연	18.7%	4,680,251
윤다슬	880504-2******	(4)		문현진	16.7%	4,858,793
권희서	791230-2******	(4)		김승모	16.8%	3,278,457
안국기	730713-1******	(4)		이다경	9.3%	3,029,752
				허서영 인기차트	(5)	

(1) 입주 동호수
[D3] 셀에 「=RIGHT(B3,7)」을 입력하고 [D10] 셀까지 수식을 복사합니다. [B3] 셀의 오른쪽부터 시작하여 일곱 글자를 추출합니다.

(2) 이벤트
[H3] 셀에 「=IF(RIGHT(F3,1)="T","1월 40% 할인","")」을 입력하고 [H10] 셀까지 수식을 복사합니다.

> **RIGHT(텍스트,글자수)**
> RIGHT(F3,1)="T" : [F3] 셀에서 오른쪽 한 글자를 추출하여 'T'와 같은지 비교합니다.
>
> **IF(조건, 조건에 만족할 때,조건에 만족하지 않을 때)**
> =IF(조건,"1월 40% 할인","") : 조건에 만족하면 '1월 40% 할인'을 표시하고, 그 외는 공백("")으로 표시합니다.

(3) 행사시작일
[L3] 셀에 「=IF(LEFT(J3,1)="F","1월 3일","1월 5일")」을 입력하고 [L10] 셀까지 수식을 복사합니다.

> **LEFT(텍스트,글자수)**
> LEFT(J3,1)="F" : [J3] 셀에서 왼쪽 한 글자를 추출하여 'F'와 같은지 비교합니다.
>
> =IF(조건,"1월 3일","1월 5일") : 조건에 만족하면 '1월 3일'을 표시하고, 그 외는 '1월 5일'을 표시합니다.

(4) 성별
[D14] 셀에 「=IF(MID(C14,8,1)="1","남성","여성")」을 입력하고 [D21] 셀까지 수식을 복사합니다.

> **MID(텍스트,시작 위치,글자 수)**
> MID(C14,8,1)="1" : [C14] 셀에서 왼쪽에서 8번째 글자에서 시작하여 첫 글자를 추출한 값이 '1'과 같은지 비교합니다.
>
> =IF(조건,"남성","여성") : 조건에 만족하면 '남성'을 표시하고, 그 외는 '여성'을 표시합니다.

(5) 허서영 인기차트
[H22] 셀에 「=REPT("★", H17/1000000)」을 입력합니다.

> **REPT(반복하여 표시 문자,문자를 표시할 개수)**
> =REPT("★",H17/1000000) : [H17] 셀을 '1000000'을 나눈 값만큼 '★'을 반복하여 표시합니다.

[정답]

RIGHT 함수				IF, RIGHT 함수				IF, LEFT 함수		
계약코드	입주자	입주동호수		코드	제품명	이벤트		상품코드	상품명	행사시작일
AM103-603	김천호	103-603		106-DG	낭만고양이			SS-02	블랙로즈오일	1월 5일
PM106-204	이종로	106-204		204-DG	밤에 부엉이			SC-03	욕실세정제	1월 5일
AM207-908	원낙원	207-908		127-AT	겨울왕국	1월 40% 할인		FS-03	수면팩	1월 3일
AM103-606	박금호	103-606		137-CT	크리스마스	1월 40% 할인		SN-02	천연비타민C	1월 5일
PA109-508	정한남	109-508		124-AP	릴리			FC-02	고급의류세제	1월 3일
AM111-121	임강남	111-121		111-DR	도트레인			FC-01	프리미엄세탁세제	1월 3일
AM102-159	최강북	102-159		119-DR	정글			FS-01	스네일에센스	1월 3일
AM103-610	고양재	103-610		422-AP	엘루			FN-02	종합비타민미네랄	1월 3일

IF, MID 함수				REPT 함수			
사원명	주민번호	성별		성명	인터넷 선호도	ARS 투표수	
이건우	800102-1******	남성		허민지	7.6%	5,128,602	
이경은	820315-2******	여성		최용철	9.4%	4,370,520	
안경찬	780116-1******	남성		김진성	11.5%	4,875,340	
김연수	801210-2******	여성		허서영	19.4%	5,294,678	
지용수	810412-1******	남성		양서연	18.7%	4,680,251	
윤다슬	880504-2******	여성		문현진	16.7%	4,858,793	
권희서	791230-2******	여성		김승모	16.8%	3,278,457	
안국기	730713-1******	남성		이다경	9.3%	3,029,752	
				허서영 인기차트		★★★★★	

실력 향상을 위한 실전 연습문제

● 예제/정답 파일은 [자료실]에서 다운로드하세요.

● 예제 파일 : 실전함수2.xlsx

09 다음 조건에 따라 엑셀 파일을 작성하시오.

(1) 비고 ⇒ 전월판매량이 당월판매량보다 크면 '▼', 그 외에는 공백으로 구하시오(IF 함수).

(2) 보조 지원금 ⇒ 「설치비용×지원비율」로 구하되, 지원비율은 용량(Kw)이 1,000 이상이면 '50%', 500 이상이면 '30%', 그 외에는 '20%'로 지정하여 구하시오(IF 함수).

(3) 어린이 인기도서 ⇒ 분류가 '어린이'이면서, 대출횟수(누적)가 '20' 이상이면 '★', 그 외에는 공백으로 표시하시오(IF, AND 함수).

(4) 비고 ⇒ 재고수량(단위:점)이 200 이상이거나 판매가가 50,000 이상이면 '20% 할인', 그 외에는 공백으로 표시하시오(IF, OR 함수).

(5) 판매순위 ⇒ 판매수량의 내림차순 순위를 1~3까지 구한 결과값에 '위'를 붙이고, 그 외에는 공백으로 구하시오(IF, RANK.EQ 함수, & 연산자)(예: 1위).

출력형태

	B	C	D	E	F	G	H	I	J
1		IF 함수					IF 함수		
2	상품명	전월판매량	당월판매량	비고		사업장	용량(Kw)	설치비용	보조 지원금
3	백진주 쌀	1,820	2,045	(1)		경남합천댐	800	15,360,000	(2)
4	살치살 스테이크	1,892	1,520	(1)		지평저수지	1,500	27,860,000	(2)
5	딱새우	891	950	(1)		운문댐	500	8,830,000	(2)
6	등심 스테이크	1,020	805	(1)		청호저수지	300	5,500,000	(2)
7	돌산 갓김치	1,457	1,852	(1)		보령댐	1,800	32,760,000	(2)
8	랍스터 테일	824	1,820	(1)		오창저수지	200	4,520,000	(2)
9	대봉 곶감	2,361	2,505	(1)		용당저수지	1,350	21,960,000	(2)
10	황토 고구마	941	1,653	(1)		당진화력발전소	1,000	18,120,000	(2)
11									
12		IF, AND 함수					IF, OR 함수		
13	도서명	분류	대출횟수(누적)	어린이 인기도서		제품명	재고수량(단위:점)	판매가	비고
14	오페라의 유령	실버	13	(3)		마카롱 T	239	52,000	(4)
15	내 심장은 작은 북	어린이	24	(3)		에이스줄 T	130	27,000	(4)
16	여행의 이유	일반	8	(3)		11트레이닝	144	14,000	(4)
17	내일도 야구	어린이	21	(3)		제로니정글	321	48,000	(4)
18	첫말잇기 동시집	어린이	19	(3)		트윙클 T	228	7,900	(4)
19	신통방통 홈쇼핑	어린이	16	(3)		카야세모팬츠	143	15,900	(4)
20	연필로 쓰기	일반	7	(3)		그렌카모팬츠	220	8,900	(4)
21	미국 단편 동화집	실버	13	(3)		초코별	121	79,800	(4)
22									
23		IF, RANK 함수							
24	상품명	커피 원가(단위:원)	판매수량	판매순위					
25	산토스 NY2	8,500	339	(5)					
26	산타로사	7,000	1,035	(5)					
27	후일라 수프리모	6,300	326	(5)					
28	모모라 G1	12,300	864	(5)					
29	모지아나 NY2	9,800	1,532	(5)					
30	카우카 수프리모	6,800	248	(5)					
31	씨에라 옐로우버본	6,900	567	(5)					
32	아리차 예가체프G1	10,500	954	(5)					

실력 향상을 위한 실전 연습문제

● 예제/정답 파일은 [자료실]에서 다운로드하세요.

● 예제 파일 : 실전함수2.xlsx

10 다음 조건에 따라 엑셀 파일을 작성하시오.

(1) 관람가능 좌석수 ⇒ 「관리번호의 마지막 글자×1,000」으로 구하시오(RIGHT 함수).
(2) 성별 ⇒ 식별번호의 마지막 글자가 F이면 '암컷', M이면 '수컷', 그 외에는 '중성'으로 구하시오(IF, RIGHT 함수).
(3) 그룹명 ⇒ 번호의 두 번째 글자가 A이면 'A그룹', 그 외에는 'B그룹'으로 구하시오(IF, MID 함수).
(4) 비고 ⇒ 「구매자수÷300」의 정수 크기만큼 '★'를 반복 표시되도록 구하시오(REPT 함수).

출력형태

관리번호	공연명	관람가능 좌석수		식별번호	동물명	성별
		RIGHT 함수			IF, RIGHT 함수	
JSM-03	초록나무	(1)		18729-F	하마	(2)
GGM-02	백일홍	(1)		25346-M	호랑이	(2)
CHM-01	꼬마 마법사	(1)		62436-M	사슴	(2)
SGM-02	길마재 사람들	(1)		34744-F	얼룩말	(2)
BPM-02	왕건	(1)		64223-N	사자	(2)
HJM-02	히스톨 보이즈	(1)		23498-F	기린	(2)
AFM-03	행복한 왕자	(1)		32546-N	양	(2)
LOM-03	가족여행	(1)		24354-F	코끼리	(2)

번호	팀명	그룹명		상품명	구매자수	비고
		IF, MID 함수			REPT 함수	
2A-02	케로	(3)		욕창예방매트리스	989명	(4)
1A-04	캔디팡	(3)		경량알루미늄 휠체어	887명	(4)
2B-03	카리스	(3)		당뇨환자용 양파효소	1,700명	(4)
1A-01	포유	(3)		성인용보행기	1,480명	(4)
2A-05	양이	(3)		스틸통타이어 휠체어	980명	(4)
1A-03	아리	(3)		거상형 휠체어	316명	(4)
2B-01	에드원	(3)		고단백 영양푸딩	1,605명	(4)
1B-02	라이언	(3)		고농축 영양식	912명	(4)

함수 5 수학/삼각 함수

함수	의미	예	결과	중요도
ROUND(숫자,자릿수)	반올림 값 출력	=ROUND(123.567,2) =ROUND(123.567,-2)	123.57 100	★★★★★
ROUNDUP(숫자,자릿수)	올림하여 출력	=ROUNDUP(123.567,2) =ROUDNUP(123.567,-2)	123.57 200	★★
ROUNDDOWN(숫자,자릿수)	내림하여 출력	=ROUNDDOWN(123.567,2) =ROUNDDOWN(123.567,-2)	123.56 100	★★★

ROUND 함수의 자릿수 지정

자릿수	의미	결과
2	소수 둘째 자리까지 지정	=ROUND(1234.567,2)=1234.57
1	소수 첫째 자리까지 지정	=ROUND(1234.567,1)=1234.6
0	정수로 지정	=ROUND(1234.567,0)=1235
-1	일의 자리까지 지정	=ROUND(1234.567,-1)=1230
-2	십의 자리까지 지정	=ROUND(1234.567,-2)=1200

함수	의미	예	결과	중요도
INT(범위)		=INT(5.5)	5	★
MOD(값,나눌 수)	나머지 값 출력	=MOD(12,4)	0	
SUM(범위)	합 출력	=SUM(1,2,3)	6	
PRODUCT(수치1,수치2,…)	수치를 모두 곱한 값	=PRODUCT(2,3,5)	30 (=2*3*5)	
SUMPRODUCT(배열1,배열2,…)	배열에 각각 대응하는 요소의 곱의 합을 구함	=SUMPRODUCT({1,2},{3,4})	11 (=1*3+2*4)	★
SUMIF(범위1,"조건",범위2)	'범위1'에서 '조건'을 검색하여 조건에 만족한 데이터는 '범위2'에서 찾아와 합산			★★★★

◉ 예제/정답 파일 : 수학삼각.xlsx

다음 조건에 따라 엑셀 파일을 작업하시오.

(1) 여행 분야 평균 게시글 수 ⇒ 조건은 입력 데이터를 이용하고, 반올림하여 정수로 구하시오(ROUND, DAVERAGE 함수)(예 : 156,251.6 → 156,252).

(2) 홍보부 근무수당(단위:원) 평균 ⇒ 부서가 '홍보'인 사원의 근무수당(단위:원) 평균을 올림하여 천원 단위까지 구하시오. 단, 조건은 입력 데이터를 이용하시오(ROUNDUP, DAVERAGE 함수)(예 : 12,345.6 → 13,000).

(3) 전월 전체 매출액 ⇒ 「가격(단위:원)×전월 판매량」으로 구하시오(SUMPRODUCT 함수).

(4) 전월 판매금액 ⇒ 「가격(단위:원)×전월 판매량」으로 구하되, 버림하여 만원 단위까지 구하시오 (ROUNDDOWN 함수)(예 : 1,893,000 → 1,890,000).

(5) 티셔츠 상반기실적(단위:천원) 합계 ⇒ (SUMIF 함수)

(6) 우산제품의 회원가(단위:원) 평균 ⇒ 제품종류와 회원가를 이용하여 구하시오(SUMIF, COUNTIF 함수).

ROUND, DAVERAGE 함수

카페명	분류	게시글 수
바이트레인	여행	550,012
스윙댄스	취미	549,385
카이트	취미	410,904
유랑	여행	147,056
요리쿡	요리	902,103
여행홀릭	여행	785,678
오늘요리	요리	268,612
우드워커	취미	755,304
여행 분야 평균 게시글 수		(1)

ROUNDUP, DAVERAGE 함수

사원명	부서	근무수당 (단위:원)
이건우	홍보	77,000
이경은	마케팅	72,500
안경찬	기획	54,500
김연수	기획	45,000
지용수	홍보	52,000
윤다솔	마케팅	45,000
권희서	홍보	63,500
안국기	기획	51,000
홍보부 근무수당(단위:원) 평균		(2)

SUMPRODUCT 함수

상품코드	가격 (단위:원)	전월 판매량
H1-093	26,500	132
N2-102	15,000	154
H3-081	16,900	71
N4-073	17,900	146
B5-102	37,800	64
B6-011	31,500	121
H7-023	25,000	64
N7-093	16,900	56
전월 전체 매출액		(3)

ROUNDDOWN 함수

상품명	가격 (단위:원)	전월 판매량	전월 판매금액
구기자차	26,500	132	(4)
흰민들레차	15,000	154	(4)
간편한 보이차	16,900	71	(4)
캐모마일	17,900	146	(4)
운남성 보이차	37,800	64	(4)
교목산차	31,500	121	(4)
페퍼민트	25,000	64	(4)
레몬그라스	16,900	56	(4)

SUMIF 함수

분류	상품명	상반기실적 (단위:천원)
원피스	퓨엘르 반팔	30,130
가디건	레이슨 로브	41,190
티셔츠	벨버른 레터링	30,430
원피스	플라워 러브	52,830
가디건	린넨 7부	10,300
원피스	컨시 하이텍 버블	15,030
티셔츠	버터플라이 호일티	91,790
티셔츠	하트레터링 라운드	19,830
티셔츠 상반기실적(단위:천원) 합계		(5)

SUMIF, COUNTIF 함수

제품명	제품종류	회원가 (단위:원)
낭만고양이	우비세트	52,000
밤에 부엉이	우산	11,000
겨울왕국	우비세트	20,000
크리스마스	장화	34,500
틸리	우비세트	51,500
도트레인	장화	20,000
정글	우산	13,600
엘루	우산	18,600
우산제품의 회원가(단위:원) 평균		(6)

(1) 여행 분야 평균 게시글 수

[D11] 셀에 「=ROUND(DAVERAGE(B2:D10,D2,C2:C3),0)」을 입력합니다.

DAVERAGE(제목을 포함한 데이터 범위,평균을 구할 필드제목,조건(필드+조건))

DAVERAGE(B2:D10,D2,C2:C3) : [B2:D10] 영역에서 [C2:C3] 조건에 만족한 데이터 [D2] 필드의 평균을 구합니다.

ROUND(숫자,자릿수)

=ROUND(평균값,0) : 반올림하여 평균값을 정수로 표시합니다.

(2) 홍보부 근무수당(단위:원) 평균

[H11] 셀에「=ROUNDUP(DAVERAGE(F2:H10,H2,G2:G3),-3)」을 입력합니다.

> **DAVERAGE(제목을 포함한 데이터 범위,평균을 구할 필드 제목,조건(필드+조건))**
> DAVERAGE(F2:H10,H2,G2:G3) : [F2:H10] 영역에서 [G2:G3] 조건에 만족한 데이터 [H2] 필드의 평균을 구합니다.
>
> **ROUNDUP(숫자,자릿수)**
> =ROUNDUP(평균값,-3) : 올림하여 평균값을 백의 자리까지 0으로 표시합니다.

(3) 전월 전체 매출액

[D23] 셀에「=SUMPRODUCT(C15:C22,D15:D22)」를 입력합니다.

> **SUMPRODUCT(배열1,배열2,…)**
> =SUMPRODUCT(C15:C22,D15:D22) : [C15]*[D15]+[C16]*[D16]+[C17]*[D17]+…으로 계산합니다.

(4) 전월 판매금액

[I15] 셀에「=ROUNDDOWN(G15*H15,-4)」를 입력하고 [I22] 셀까지 수식을 복사합니다. [G15] 셀과 [H15] 셀의 값을 곱한 값을 내림하여 천의 자리까지 0으로 표시합니다.

(5) 티셔츠 상반기실적(단위:천원) 합계

[D35] 셀에「=SUMIF(B27:B34,"티셔츠",D27:D34)」를 입력합니다.

> **SUMIF(조건을 찾을 범위,"조건",합계를 구할 범위)**
> =SUMIF(B27:B34,"티셔츠",D27:D34) : [B27:B34] 영역에서 '티셔츠'를 찾아 같은 행의 [D27:D34] 영역의 값 합계를 구합니다.

(6) 우산제품의 회원가(단위:원) 평균

[H35] 셀에「=SUMIF(G27:G34,"우산",H27:H34)/COUNTIF(G27:G34,"우산")」을 입력합니다.

> **SUMIF(조건을 찾을 범위,"조건",합계를 구할 범위)**
> SUMIF(G27:G34,"우산",H27:H34) : [G27:G34] 영역에서 '우산'을 찾아 같은 행의 [H27:H34] 영역의 값 합계를 구합니다.
>
> **COUNTIF(조건을 찾을 범위,"조건")**
> COUNTIF(G27:G34,"우산") : [G27:G34] 영역에서 '우산'의 개수를 구합니다.
> '=합계/개수'로 평균을 계산합니다.

[정답]

	ROUND, DAVERAGE 함수			ROUNDUP, DAVERAGE 함수		
카페명	분류	게시글 수	사원명	부서	근무수당 (단위:원)	
바이트레인	여행	550,012	이건우	홍보	77,000	
스윙댄스	취미	549,385	이경은	마케팅	72,500	
카이트	취미	410,904	안경찬	기획	54,500	
유랑	여행	147,056	김연수	기획	45,000	
요리쿡	요리	902,103	지용수	홍보	52,000	
여행홀릭	여행	785,678	윤다슬	마케팅	45,000	
오늘요리	요리	268,612	권희서	홍보	63,500	
우드워커	취미	755,304	안국기	기획	51,000	
여행 분야 평균 게시글 수		494,249	홍보부 근무수당(단위:원) 평균		65,000	

	SUMPRODUCT 함수			ROUNDDOWN 함수		
상품코드	가격 (단위:원)	전월 판매량	상품명	가격 (단위:원)	전월 판매량	전월 판매금액
H1-093	26,500	132	구기자차	26,500	132	3,490,000
N2-102	15,000	154	흰민들레차	15,000	154	2,310,000
H3-081	16,900	71	간편한 보이차	16,900	71	1,190,000
N4-073	17,900	146	캐모마일	17,900	146	2,610,000
B5-102	37,800	64	운남성 보이차	37,800	64	2,410,000
B6-011	31,500	121	교목산차	31,500	121	3,810,000
H7-023	25,000	64	페퍼민트	25,000	64	1,600,000
N7-093	16,900	56	레몬그라스	16,900	56	940,000
전월 전체 매출액		18,398,400				

	SUMIF 함수			SUMIF, COUNTIF 함수		
분류	상품명	상반기실적 (단위:천원)	제품명	제품종류	회원가 (단위:원)	
원피스	퓨엘르 반팔	30,130	낭만고양이	우비세트	52,000	
가디건	레이슨 로브	41,190	밤에 부엉이	우산	11,000	
티셔츠	벨버른 레터링	30,430	겨울왕국	우비세트	20,000	
원피스	플라워 러브	52,830	크리스마스	장화	34,500	
가디건	린넨 7부	10,300	틸리	우비세트	51,500	
원피스	컨시 하이텍 버클	15,030	도트레인	장화	20,000	
티셔츠	버터플라이 호일티	91,790	정글	우산	13,600	
티셔츠	하트레터링 라운드	19,830	엘루	우산	18,600	
티셔츠 상반기실적(단위:천원) 합계		142,050	우산제품의 회원가(단위:원) 평균		14,400	

무료 동영상

함수 6 찾기/참조 함수

함수	설명	중요도
VLOOKUP(검색값,범위,열 번호,검색 유형)	범위의 첫 열에서 검색값을 찾아, 지정한 열에서 같은 행에 있는 값을 표시 〈검색 유형〉 TRUE(또는 생략) : 정확한 값이 없는 경우 근사값을 표시 FALSE(또는 0) : 정확하게 일치하는 값을 표시	★★★★★
HLOOKUP(검색값,범위,행 번호,검색 유형)	범위의 첫 행에서 검색값을 찾아, 지정한 행에서 같은 열에 있는 값을 표시	
CHOOSE(인덱스 번호,값1,값2,…)	인덱스 번호에 해당하는 값을 표시	★★★★★
MATCH(검사값,검사 범위,검사 유형)	검사값을 검사 범위에서 찾아 값이 있는 경우 상대적 위치를 구함 〈검사 유형〉 1 : 검사값보다 작거나 같은 값 중에서 최대값을 구함 (검사 범위가 오름차순 정렬된 상태) 0 : 검사값과 같은 첫째 값을 찾음 -1 : 검사값보다 크거나 같은 값 중에서 최소값을 구함 (검사 범위가 내림차순 정렬된 상태)	
INDEX(범위,행 번호,열 번호,참조 영역 번호)	행과 열의 교차된 자료 출력	

1. 다음 조건에 따라 엑셀 파일을 작업하시오.

○ 예제/정답 파일 : 찾기참조.xlsx

(1) 구매자수 ⇒ 「C11」 셀에서 선택한 상품명에 대한 구매자수를 구하시오(VLOOKUP 함수).

(2) 수강료 ⇒ 「H11」 셀에서 선택한 강좌명에 대한 수강료를 구하시오(VLOOKUP 함수).

(3) 구분 ⇒ 관리코드의 마지막 글자가 1이면 '호텔', 2이면 '리조트', 3이면 '펜션'으로 구하시오(CHOOSE, RIGHT 함수).

(4) 유통기한 ⇒ 「제조날짜+기간」으로 구하되 기간은 상품코드 네 번째 값이 1이면 365일, 2이면 500일, 3이면 730일로 지정하여 구하시오(CHOOSE, MID 함수)(예 : 2025-03-10).

VLOOKUP 함수

상품코드	상품명	카테고리	구매자수
HE-0012	욕창예방매트리스	복지용구	989
BO-2101	경량알루미늄 휠체어	보장구	887
PE-1005	당뇨환자용 양파효소	환자식	1,700
HE-0305	성인용보행기	복지용구	1,480
BO-2043	스틸통타이어 휠체어	보장구	980
BO-2316	거상형 휠체어	보장구	316
PE-1138	고단백 영양푸딩	환자식	1,605
PE-1927	고농축 영양식	환자식	912
상품명	욕창예방매트리스	구매자수	(1)

VLOOKUP 함수

관리코드	강좌명	구분	수강료
HB-2272	왕초보	스페인어	79,000원
AC-7543	발음클리닉	중국어	50,000원
HR-2843	원어민처럼 말하기	스페인어	90,000원
PB-2433	어법/어휘 마스터	영어	203,000원
PW-3462	실전 비즈니스	영어	214,000원
CB-3642	즐거운 스페인어	스페인어	189,000원
PC-2361	맛있는 중국어	중국어	153,000원
EB-4342	중국어 첫걸음	중국어	80,000원
강좌명	왕초보	수강료	(2)

CHOOSE, RIGHT 함수

관리코드	장소	객실수	구분
BE-001	서귀포	24	(3)
FE-002	중문	281	(3)
SC-002	서귀포	49	(3)
GW-001	중문	500	(3)
SE-002	서귀포	16	(3)
XG-001	성산	95	(3)
XY-003	성산	15	(3)
ST-003	서귀포	429	(3)

CHOOSE, MID 함수

상품코드	상품명	제조날짜	유통기한
BR-344	산토스 NY2	2024-10-20	(4)
CE-233	산타로사	2024-10-02	(4)
CE-156	후일라 수프리모	2024-11-04	(4)
ET-245	모모라 G1	2024-12-08	(4)
BR-332	모지아나 NY2	2024-12-23	(4)
CE-295	카우카 수프리모	2024-11-04	(4)
BR-157	씨에라 옐로우버본	2024-12-15	(4)
ET-148	아리차 예가체프G1	2024-11-29	(4)

(1) 구매자수

[E11] 셀에 「=VLOOKUP(C11,C3:E10,3,FALSE)」를 입력합니다.

> **VLOOKUP(검색값,범위,열 번호,검색 유형)**
>
> =VLOOKUP(C11,C3:E10,3,0) : [C11] 셀에서 선택한 값을 [C3:E10] 영역의 첫 번째 열(C)에서 찾아 C열부터 시작하여 3번째 열(E)에서 정확하게 일치하는 값을 찾아서 구매자수를 표시합니다.
>
> - 범위[C3:E10] 영역에서 주의할 부분은 찾고자 하는 '욕창예방매트리스'가 첫 번째 열이 될 수 있도록 범위를 지정합니다.
> - 검색 유형(FALSE)은 정확하게 일치하는 값을 찾아오는 것으로 0 또는 false를 입력합니다.

(2) 수강료

[J11] 셀에 「=VLOOKUP(H11,H3:J10,3,FALSE)」를 입력합니다.

> **VLOOKUP(검색값,범위,열 번호,검색 유형)**
> =VLOOKUP(H11,H3:J10,3,FALSE) : [H11] 셀에서 선택한 값을 [H3:J10] 영역의 첫 번째 열(H)에서 찾아 H열부터 시작하여 3번째 열(J)에서 정확하게 일치하는 값을 찾아서 수강료를 표시합니다.
> - 범위[H3:J10] 영역에서 주의할 부분은 찾고자 하는 '왕초보'가 첫 번째 열이 될 수 있도록 범위를 지정합니다.
> - 검색 유형(FALSE)은 정확하게 일치하는 값을 찾아오는 것으로 0 또는 false를 입력합니다.

(3) 구분

[E15] 셀에 「=CHOOSE(RIGHT(B15,1),"호텔","리조트","펜션")」을 입력하고 [E22] 셀까지 수식을 복사합니다.

> **RIGHT(텍스트,글자수)**
> ① RIGHT(B15,1) : [B15] 셀의 오른쪽에서 한 글자를 추출합니다.
>
> **CHOOSE(인덱스 번호,값1,값2,…)**
> =CHOOSE(①,"호텔","리조트","펜션") : ①의 값이 1이면 '호텔', 2이면 '리조트', 3이면 '펜션'을 표시합니다.
> * 문자를 나열할 때는 반드시 큰 따옴표("")로 묶어서 처리합니다.

(4) 유통기한

[J15] 셀에 「=CHOOSE(MID(G15,4,1),I15+365,I15+500,I15+730)」을 입력하고 [J22] 셀까지 수식을 복사합니다.

> **MID(텍스트,시작 위치,글자 수)**
> ① MID(G15,4,1) : [G15] 셀의 왼쪽에서 시작하여 4번째 위치한 글자부터 한 글자를 추출합니다.
>
> **CHOOSE(인덱스 번호,값1,값2,…)**
> =CHOOSE(①,I15+365,I15+500,I15+730) : ①의 값이 1이면 [I15] 셀에 365를 더하고, 2이면 [I15] 셀에 500을 더하고, 3이면 [I15] 셀에 730을 더하여 표시합니다.

[정답]

	A	B	C	D	E	F	G	H	I	J	K
1			VLOOKUP 함수					VLOOKUP 함수			
2		상품코드	상품명	카테고리	구매자수		관리코드	강좌명	구분	수강료	
3		HE-0012	욕창예방매트리스	복지용구	989		HB-2272	왕초보	스페인어	79,000원	
4		BO-2101	경량알루미늄 휠체어	보장구	887		AC-7543	발음클리닉	중국어	50,000원	
5		PE-1005	당뇨환자용 양파효소	환자식	1,700		HR-2843	원어민처럼 말하기	스페인어	90,000원	
6		HE-0305	성인용보행기	복지용구	1,480		PB-2433	어법/어휘 마스터	영어	203,000원	
7		BO-2043	스틸통타이어 휠체어	보장구	980		PW-3462	실전 비즈니스	영어	214,000원	
8		BO-2316	거상형 휠체어	보장구	316		CB-3642	즐거운 스페인어	스페인어	189,000원	
9		PE-1138	고단백 영양푸딩	환자식	1,605		PC-2361	맛있는 중국어	중국어	153,000원	
10		PE-1927	고농축 영양식	환자식	912		EB-4342	중국어 첫걸음	중국어	80,000원	
11		상품명	욕창예방매트리스	구매자수	989		강좌명	왕초보	수강료	79,000	
12											
13			CHOOSE, RIGHT 함수					CHOOSE, MID 함수			
14		관리코드	장소	객실수	구분		상품코드	상품명	제조날짜	유통기한	
15		BE-001	서귀포	24	호텔		BR-344	산토스 NY2	2024-10-20	2026-10-20	
16		FE-002	중문	281	리조트		CE-233	산타로사	2024-10-02	2026-02-14	
17		SC-002	서귀포	49	리조트		CE-156	후일라 수프리모	2024-11-04	2025-11-04	
18		GW-001	중문	500	호텔		ET-245	모모라 G1	2024-12-08	2026-04-22	
19		SE-002	서귀포	16	리조트		BR-332	모지아나 NY2	2024-12-23	2026-12-23	
20		XG-001	성산	95	호텔		CE-295	카우카 수프리모	2024-11-04	2026-03-19	
21		XY-003	성산	15	펜션		BR-157	씨에라 옐로우버본	2024-12-15	2025-12-15	
22		ST-003	서귀포	429	펜션		ET-148	아리차 예가체프G1	2024-11-29	2025-11-29	

함수 7 날짜/시간 함수

무료 동영상

날짜나 시간을 표시하거나 날짜에서 년, 월, 일을 활용하여 계산하거나, 시간에서 시, 분, 초를 활용하여 계산할 때 날짜/시간 함수를 활용합니다.

함수	설명	예	결과	중요도
TODAY( )	컴퓨터 시스템의 현재 날짜를 구함	=TODAY( )	2025-10-19	★
NOW( )	컴퓨터 시스템의 현재 날짜와 시간을 구함	=NOW( )	2025-10-19 08:30	
YEAR(날짜)	날짜의 연도 부분만 구함	=YEAR("2025-10-19")	2025	★★★
MONTH(날짜)	날짜의 월 부분만 구함	=MONTH("2025-10-19")	10	★★
DAY(날짜)	날짜의 일자 부분만 구함	=DAY("2025-10-19")	19	
HOUR(시간)	시간의 시 부분만 구함	=HOUR("11:30:20")	11	
MINUTE(시간)	시간의 분 부분만 구함	=MINUTE("11:30:20")	30	
SECOND(시간)	시간의 초 부분만 구함	=SECOND("11:30:20")	20	
DATE(연,월,일)	지정한 연, 월, 일로 날짜 데이터를 만듦	=DATE(2025,12,24)	2025-12-24	★★
TIME(시,분,초)	지정한 시, 분, 초로 시간 데이터를 만듦	=TIME(10,17,30)	10:17:30	
WEEKDAY (날짜,반환 타입)	날짜의 요일 일련번호를 구함(일요일 =1) 〈반환 타입〉 1(또는 생략) : 일요일을 1로 시작 2 : 월요일을 1로 시작 3 : 월요일을 0으로 시작	=WEEKDAY("2025-10-19")	1(일요일을 의미)	★★

1. 다음 조건에 따라 엑셀 파일을 작업하시오.

(1) 도서관 개관기간 ⇒ 「컴퓨터 시스템의 연도-개관연도」로 구한 결과값 뒤에 '년'을 붙이시오(YEAR, TODAY 함수, & 연산자)(예 : 3 → 3년).

(2) 실시기간 ⇒ 「행사일의 연도-시작연도」로 구한 결과값에 '년'을 붙이시오(YEAR 함수, & 연산자)
(예 : 12년).

(3) 근무월 ⇒ 근무일의 월을 추출하여 '월'을 붙이시오(MONTH 함수, & 연산자)(예 : 1월).

(4) 봉사시작일 ⇒ 모집코드 4, 5번째 숫자를 '월', 6, 7번째 숫자를 '일'로 하는 2024년의 날짜를 구하시오
(DATE, MID 함수)(예 : CB-0410 → 2024-04-10).

(5) 출발요일 ⇒ 출발날짜의 요일을 구하시오(CHOOSE, WEEKDAY 함수)(예 : 월요일).

※ 2024년 기준입니다.

YEAR, TODAY 함수

도서관명	개관연도	도서관 개관기간
종로도서관	1920	(1)
정독도서관	1997	(1)
마포평생학습관	1995	(1)
서울중구구립도서관	2008	(1)
이진아기념도서관	2005	(1)
한국학생도서관	1964	(1)
서대문도서관	1986	(1)
4.19 혁명기념 도서관	2000	(1)

YEAR 함수

체험행사명	행사일	시작연도	실시기간
희망 농장	2024-11-09	1990	(2)
윷대회	2024-11-15	2006	(2)
생태소풍	2024-11-23	2001	(2)
어울림 축제	2024-11-17	2002	(2)
놀장놀장	2024-11-17	2005	(2)
달빛 음악회	2024-11-08	1998	(2)
심심한 철학	2024-11-15	1995	(2)
게임문화	2024-11-03	2000	(2)

MONTH 함수

사원명	근무일	근무월
이건우	2024-01-26	(3)
이경은	2024-06-15	(3)
안경찬	2024-03-09	(3)
김연수	2024-05-26	(3)
지용수	2024-04-07	(3)
윤다슬	2024-05-05	(3)
권희서	2024-04-13	(3)
안국기	2024-06-08	(3)

DATE 함수

모집코드	봉사명	봉사시작일
CB-0410	바자회 보조	(4)
BC-0315	미용서비스	(4)
BC-0901	멘토링 교육	(4)
JC-1012	시설 봉사	(4)
BC-0620	경로식당	(4)
CB-0401	생활지원	(4)
BC-0622	컴퓨터교육 보조	(4)
JC-1101	성장 멘토링	(4)

WEEKDAY 함수

여행지	출발날짜	출발요일
홍콩/마카오	2024-09-07	(5)
이탈리아/프랑스	2024-08-31	(5)
노르웨이 피요르드	2024-10-01	(5)
대만/오키나와	2024-09-10	(5)
영국/스코트랜드	2024-08-19	(5)
슬로베니아/알바니아	2024-09-19	(5)
심천/나트랑/다낭	2024-08-18	(5)
독일/벨기에/영국	2024-10-26	(5)

(1) 도서관 개관기간

[D3] 셀에 「=YEAR(TODAY( ))-C3&"년"」을 입력하고 [D10] 셀까지 수식을 복사합니다.

> **TODAY( )**
> ① TODAY( ) : 시스템의 오늘 날짜를 구합니다. (TODAY 함수는 인수가 필요하지 않아 ( )만 입력)
>
> **YEAR(날짜)**
> =YEAR(①)-C3&"년" : 오늘 날짜에서 연도를 추출한 후 [C3] 셀의 값을 뺀 값에 '년'을 붙여서 표시합니다.
> - & 연산자는 함수와 문자를 연결해 주는 기호입니다.
> - "년"은 문자이기 때문에 큰 따옴표("")로 처리합니다.

(2) 실시기간

[I3] 셀에 「=YEAR(G3)-H3&"년"」을 입력하고 [I10] 셀까지 수식을 복사합니다.

> **YEAR(날짜)**
> =YEAR(G3)-H3&"년" : [G3] 셀에서 년도를 추출한 값에서 [H3] 값을 뺀 값에 '년'을 붙여서 표시합니다.

(3) 근무월

[D14] 셀에 「=MONTH(C14)&"월"」을 입력하고 [D21] 셀까지 수식을 복사합니다.

> **MONTH(날짜)**
> =MONTH(C14)&"월" : [C14] 셀에서 월을 추출한 값에 '월'을 붙여서 표시합니다.
> - & 연산자는 함수와 문자를 연결해 주는 기호입니다.
> - "년"은 문자이기 때문에 큰 따옴표("")로 처리합니다.

(4) 봉사시작일

[H14] 셀에 「=DATE(2024,MID(F14,4,2),MID(F14,6,2))」를 입력하고 [H21] 셀까지 수식을 복사합니다.

> **MID(텍스트,시작 위치,글자 수)**
> ① MID(F14,4,2) : [F14] 셀의 왼쪽에서 시작하여 4번째 위치한 값부터 두 글자를 추출합니다.
> ② MID(F14,6,2) : [F14] 셀의 왼쪽에서 시작하여 6번째 위치한 값부터 두 글자를 추출합니다.
>
> **DATE(년,월,일)**
> =DATE(2024,①,②) : 2024-①-②의 년-월-일 형식으로 표시합니다.

(5) 출발요일

[D25] 셀에 「=CHOOSE(WEEKDAY(C25,2),"월요일","화요일","수요일","목요일","금요일","토요일","일요일")」을 입력하고 [D32] 셀까지 수식을 복사합니다.

WEEKDAY(날짜,반환 타입)

① WEEKDAY(C25,2) : [C25] 셀 날짜의 요일을 숫자로 반환합니다. 반환 타입 2의 경우 월요일은 1, 화요일은 2, 수요일은 3, 목요일 4,…로 값이 반환됩니다.

CHOOSE(인덱스 번호,값1,값2,…)

=CHOOSE(①,"월요일","화요일","수요일","목요일","금요일","토요일","일요일") : ①의 값이 1이면 '월요일', 2이면 '화요일', 3이면 '수요일', 4이면 '목요일'… 로 나열하여 표시합니다.

[정답]

YEAR, TODAY 함수

도서관명	개관연도	도서관 개관기간
종로도서관	1920	104년
정독도서관	1997	27년
마포평생학습관	1995	29년
서울중구구립도서관	2008	16년
이진아기념도서관	2005	19년
한국학생도서관	1964	60년
서대문도서관	1986	38년
4.19 혁명기념 도서관	2000	24년

YEAR 함수

체험행사명	행사일	시작연도	실시기간
희망 농장	2024-11-09	1990	34년
윷대회	2024-11-15	2006	18년
생태소풍	2024-11-23	2001	23년
어울림 축제	2024-11-17	2002	22년
놀장놀장	2024-11-17	2005	19년
달빛 음악회	2024-11-08	1998	26년
심심한 철학	2024-11-15	1995	29년
게임문화	2024-11-03	2000	24년

MONTH 함수

사원명	근무일	근무월
이건우	2024-01-26	1월
이경은	2024-06-15	6월
안경찬	2024-03-09	3월
김연수	2024-05-26	5월
지용수	2024-04-07	4월
윤다슬	2024-05-05	5월
권희서	2024-04-13	4월
안국기	2024-06-08	6월

DATE 함수

모집코드	봉사명	봉사시작일
CB-0410	바자회 보조	2024-04-10
BC-0315	미용서비스	2024-03-15
BC-0901	멘토링 교육	2024-09-01
JC-1012	시설 봉사	2024-10-12
BC-0620	경로식당	2024-06-20
CB-0401	생활지원	2024-04-01
BC-0622	컴퓨터교육 보조	2024-06-22
JC-1101	성장 멘토링	2024-11-01

WEEKDAY 함수

여행지	출발날짜	출발요일
홍콩/마카오	2024-09-07	토요일
이탈리아/프랑스	2024-08-31	토요일
노르웨이 피요르드	2024-10-01	화요일
대만/오키나와	2024-09-10	화요일
영국/스코트랜드	2024-08-19	월요일
슬로베니아/알바니아	2024-09-19	목요일
심천/나트랑/다낭	2024-08-18	일요일
독일/벨기에/영국	2024-10-26	토요일

실력 향상을 위한 실전 연습문제

● 예제/정답 파일은 [자료실]에서 다운로드하세요.

● 예제 파일 : 실전함수3.xlsx

11 다음 조건에 따라 엑셀 파일을 작성하시오.

(1) 전남지역의 참석인원(단위:명) 평균 ⇒ 조건은 입력 데이터를 이용하고, 반올림하여 정수로 구하시오 (ROUND, DAVERAGE 함수)(예 : 1,234.5 → 1,234).

(2) 교육청 설립 도서관의 평균 방문자수 ⇒ 조건은 입력 데이터를 이용하고, 올림하여 백 단위로 구하시오 (ROUNDUP, DAVERAGE 함수)(예 : 234,455 → 234,500).

(3) 원피스 상반기실적(단위:천원) 평균 ⇒ 내림하여 천원 단위로 구하시오. 단, 조건은 입력 데이터를 이용하시오(ROUNDDOWN, DAVERAGE 함수)(예 : 12,365 → 12,000).

(4) 수제버거 일일 총 판매금액 ⇒ 「가격×판매수량(단위:EA)」으로 구하시오(SUMPRODUCT 함수).

(5) 중국어 학습자수(단위:명) 합계 ⇒ 구분과 학습자수를 이용하여 구하시오(SUMIF 함수).

(6) 개발1팀 기본예산(단위:원) 평균 ⇒ 개발1팀의 기본예산(단위:원) 평균을 구하시오(SUMIF, COUNTIF 함수).

출력형태

	ROUND, DAVERAGE 함수			ROUNDUP, DAVERAGE 함수		
개최지역	체험행사명	참석인원(단위:명)		도서관명	설립주체	방문자수(단위:명)
전남	희망 농장	6,552		종로도서관	교육청	65,847
충남	윷대회	2,500		정독도서관	교육청	34,919
경기도	생태소풍	12,134		마포평생학습관	교육청	41,534
충남	어울림 축제	12,500		서울중구구립도서관	지자체	19,526
전남	놀장놀장	7,231		이진아기념도서관	지자체	39,487
경기도	달빛 음악회	3,215		한국학생도서관	사립	33,208
전남	심심한 철학	8,251		서대문도서관	교육청	59,813
충남	게임문화	15,000		4.19 혁명기념 도서관	사립	74,833
전남지역의 참석인원(단위:명) 평균		(1)		교육청 설립 도서관의 평균 방문자수		(2)

	ROUNDDOWN, DAVERAGE 함수			SUMPRODUCT 함수		
분류	상품명	상반기실적(단위:천원)		메뉴	가격	판매수량(단위:EA)
원피스	퓨엘르 반팔	30,130		통새우버거세트	8,900원	580
가디건	레이스 로브	41,190		클래식치즈버거	5,500원	430
티셔츠	벨버른 레터링	30,430		프렌치프라이	3,000원	350
원피스	플라워 러브	52,830		베이컨에그버거	6,000원	650
가디건	린넨 7부	10,300		바베큐버거세트	9,100원	178
원피스	컨시 하이텍 버클	15,030		하와이안버거	6,500원	423
티셔츠	버터플라이 호일티	91,790		한우버거세트	8,500원	950
티셔츠	하트레터링 라운드	19,830		치즈스틱	2,500원	657
원피스 상반기실적(단위:천원) 평균		(3)		수제버거 일일 총 판매금액		(4)

	SUMIF 함수			SUMIF, COUNTIF 함수		
강좌명	구분	학습자수(단위:명)		사업명	관리팀	기본예산(단위:원)
왕초보	스페인어	215		홈네트워크	개발2팀	185,000,000
발음클리닉	중국어	249		이러닝	교육관리	45,800,000
원어민처럼 말하기	스페인어	105		VR개발	개발2팀	34,500,000
어법/어휘 마스터	영어	248		환경개선	개발2팀	105,000,000
실전 비즈니스	영어	194		AR개발	개발1팀	85,600,000
즐거운 스페인어	스페인어	384		연수원관리	교육관리	28,000,000
맛있는 중국어	중국어	348		마케팅	개발1팀	22,500,000
중국어 첫걸음	중국어	127		네트워크보안	개발1팀	155,000,000
중국어 학습자수(단위:명) 합계		(5)		개발1팀 기본예산(단위:원) 평균		(6)

실력 향상을 위한 실전 연습문제

● 예제/정답 파일은 [자료실]에서 다운로드하세요.

● 예제 파일 : 실전함수3.xlsx

12 다음 조건에 따라 엑셀 파일을 작성하시오.

(1) 주문수량 ⇒ 「C11」 셀에서 선택한 상품명에 대한 주문수량을 구하시오(VLOOKUP 함수).

(2) 판매금액 ⇒ 「H11」 셀에서 선택한 메뉴에 대한 판매금액을 「가격×판매수량(단위:EA)」으로 구하시오 (VLOOKUP 함수).

(3) 출판사 ⇒ 도서번호의 첫 번째 글자가 1이면 '문학동네', 2이면 '창비', 3이면 '비룡소'로 표시하시오 (CHOOSE, LEFT 함수).

(4) 지역 ⇒ 상품코드의 마지막 글자가 1이면 '경기', 2이면 '전라', 3이면 '충청'으로 구하시오(CHOOSE, RIGHT 함수).

출력형태

	A	B	C	D	E	F	G	H	I	J	K
1		\multicolumn{4}{c}{VLOOKUP 함수}			\multicolumn{4}{c}{VLOOKUP 함수}	
2		상품코드	상품명	구분	주문수량		제품코드	메뉴	가격	판매수량 (단위:EA)	
3		T2578-M	수국	꽃다발	94		RA-051	통새우버거세트	8,900원	580	
4		B2324-L	진백	분재	79		CB-102	클래식치즈버거	5,500원	430	
5		F2354-S	생일축하	꽃바구니	105		FR-103	프렌치프라이	3,000원	350	
6		B2384-M	소사	분재	69		BE-502	베이컨에그버거	6,000원	650	
7		F4322-L	프로포즈	꽃바구니	86		BA-031	바베큐버거세트	9,100원	178	
8		T3284-L	분홍장미	꽃다발	64		HA-402	하와이안버거	6,500원	423	
9		F3255-S	결혼기념일	꽃바구니	91		KO-071	한우버거세트	8,500원	950	
10		T2698-L	안개	꽃다발	114		CH-503	치즈스틱	2,500원	657	
11		상품명	수국	주문수량	(1)		메뉴	통새우버거세트	판매금액	(2)	
12											
13		\multicolumn{4}{c}{CHOOSE, LEFT 함수}			\multicolumn{4}{c}{CHOOSE, RIGHT 함수}	
14		도서번호	도서명	저자	출판사		상품코드	상품명	단가 (단위:원)	지역	
15		1-A01	오페라의 유령	가스통 르루	(3)		M25-02	백진주 쌀	70,000	(4)	
16		2-B01	내 심장은 작은 북	송현섭	(3)		B29-03	살치살 스테이크	30,000	(4)	
17		1-A32	여행의 이유	김영하	(3)		B32-02	딱새우	13,900	(4)	
18		2-B33	내일도 야구	이석용	(3)		S19-01	등심 스테이크	36,000	(4)	
19		3-C21	첫말잇기 동시집	박성우	(3)		M20-02	돌산 갓김치	19,000	(4)	
20		2-B22	신통방통 홈쇼핑	이분희	(3)		B37-02	랍스터 테일	32,000	(4)	
21		1-A23	연필로 쓰기	김훈	(3)		M15-01	대봉 곶감	80,000	(4)	
22		1-A82	미국 단편 동화집	강민호	(3)		M14-03	황토 고구마	27,500	(4)	
23											

실력 향상을 위한 실전 연습문제

● 예제/정답 파일은 [자료실]에서 다운로드하세요.

●예제 파일 : 실전함수3.xlsx

13 다음 조건에 따라 엑셀 파일을 작성하시오.

(1) 사용년수 ⇒ 「2024-구입일자의 연도+1」로 구한 결과값에 '년'을 붙이시오(YEAR 함수, & 연산자)(예 : 2년).

(2) 진행기간 ⇒ 「12-시작일의 월」을 구한 값에 '개월'을 붙이시오(MONTH 함수, & 연산자)(예 : 1개월).

(3) 주문일자 ⇒ 주문번호 마지막 두 자리 숫자를 일로 하는 2024년 11월 날짜를 구하시오(DATE, RIGHT 함수)(예 : X03-05 → 2024-11-05).

(4) 체험요일 ⇒ 체험일의 요일을 예와 같이 구하시오(CHOOSE, WEEKDAY 함수)(예 : 월요일).

출력형태

	A	B	C	D	E	F	G	H
1		YEAR 함수				MONTH 함수		
2		관리코드	구입일자	사용년수		사업명	시작일	진행기간
3		M597K	2023-07-03	(1)		홈네트워크	2024-06-20	(2)
4		R374G	2023-04-02	(1)		이러닝	2024-07-10	(2)
5		G839R	2024-08-27	(1)		VR개발	2024-08-10	(2)
6		Z329F	2021-01-19	(1)		환경개선	2024-09-01	(2)
7		Z325J	2024-03-30	(1)		AR개발	2024-07-01	(2)
8		O356L	2023-06-24	(1)		연수원관리	2024-09-20	(2)
9		C385B	2024-02-15	(1)		마케팅	2024-10-05	(2)
10		U594L	2021-04-04	(1)		네트워크보안	2024-06-01	(2)
11								
12		DATE, RIGHT 함수				CHOOSE, WEEKDAY 함수		
13		주문번호	제품명	주문일자		장소	체험일	체험요일
14		X03-05	도어켓치	(3)		국립전북기상과학관	2024-09-02	(4)
15		X02-19	작업등	(3)		호남기후변화체험관	2024-09-16	(4)
16		V01-21	라이트스위치	(3)		호남기후변화체험관	2024-09-10	(4)
17		R02-13	연료게이지	(3)		영산강유역환경청	2024-09-07	(4)
18		Z03-14	집진기	(3)		국립전북기상과학관	2024-09-24	(4)
19		H01-15	사각양면등	(3)		국립전북기상과학관	2024-09-02	(4)
20		H04-14	헤드라이트	(3)		영산강유역환경청	2024-09-12	(4)
21		B04-05	연료모터	(3)		호남기후변화체험관	2024-09-10	(4)
22								

단계 3 순위(RANK.EQ 함수, & 연산자)

조건 (1) 순위 ⇒ 출발인원의 내림차순 순위를 구한 결과값에 '위'를 붙이시오(RANK.EQ 함수, & 연산자)(예 : 1위).

1 '4장함수.xlsx' 파일을 불러와 [제1작업] 시트의 [I5] 셀을 클릭한 후 「=r」을 입력하면 R로 시작하는 함수 목록이 표시되며, 이 중 'RANK.EQ'를 더블클릭합니다.

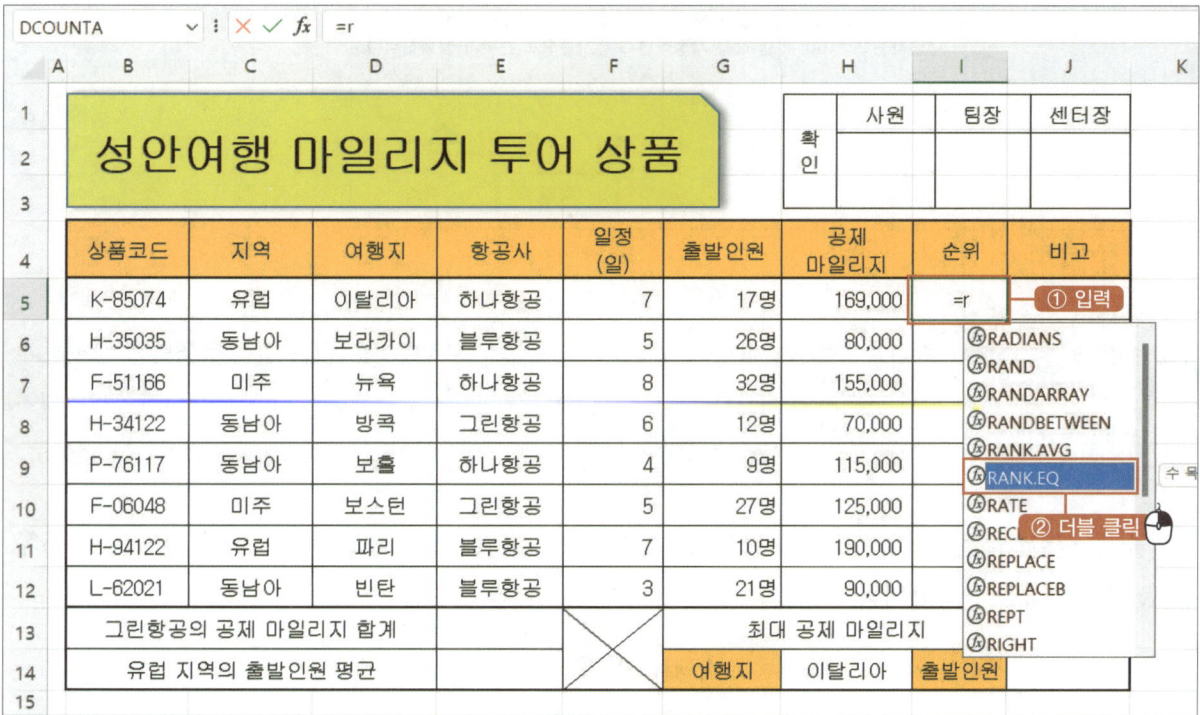

2 [I5] 셀의 '=RANK.EQ(' 뒤를 클릭한 후 '수식 입력줄'의 [함수 삽입 f_x] 도구를 클릭합니다.

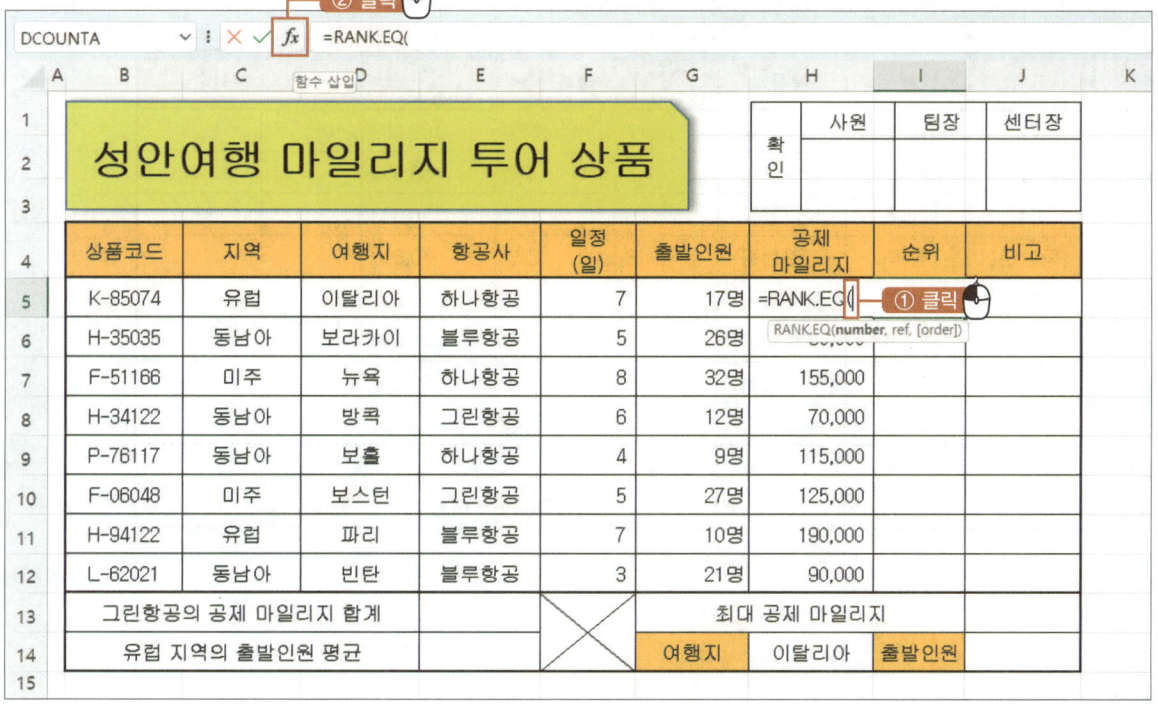

3 [함수 인수] 대화상자에서 다음과 같이 지정하고 [확인] 단추를 클릭합니다.

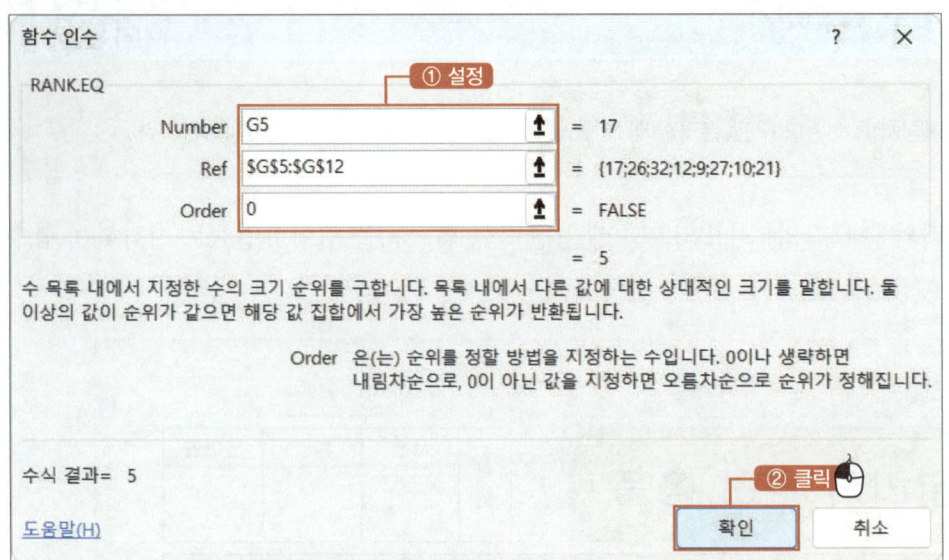

- Number[G5] : 순위를 구하려는 수
- Ref[G5:G12]의 절대참조 : 순위를 구할 때 비교할 대상을 수식으로 복사하더라도 항상 고정된 영역을 참조하기 때문에 절대참조
- Order[0] : 내림차순은 생략 또는 0, 오름차순은 1

4 [I5] 셀을 클릭한 후 '수식 입력줄' 맨 뒤를 클릭하여 「&"위"」를 입력하고 '=RANK.EQ(G5,$G$5:$G$12,0)&"위"' 수식을 완성합니다.

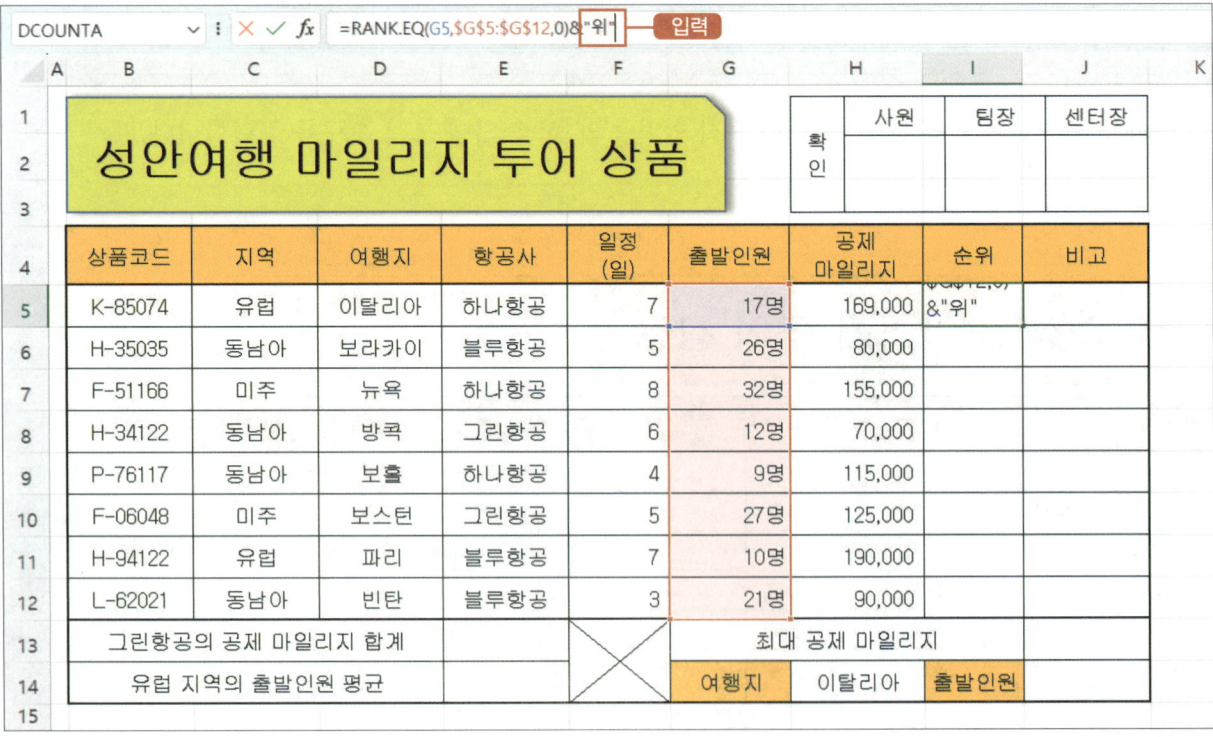

5 [I5] 셀 오른쪽 하단의 채우기 핸들을 이용하여 [I12] 셀까지 수식을 복사한 후 테두리 선이 굵게 표시되지 않도록 [자동 채우기 옵션 ]을 클릭하여 '서식 없이 채우기'를 선택합니다.

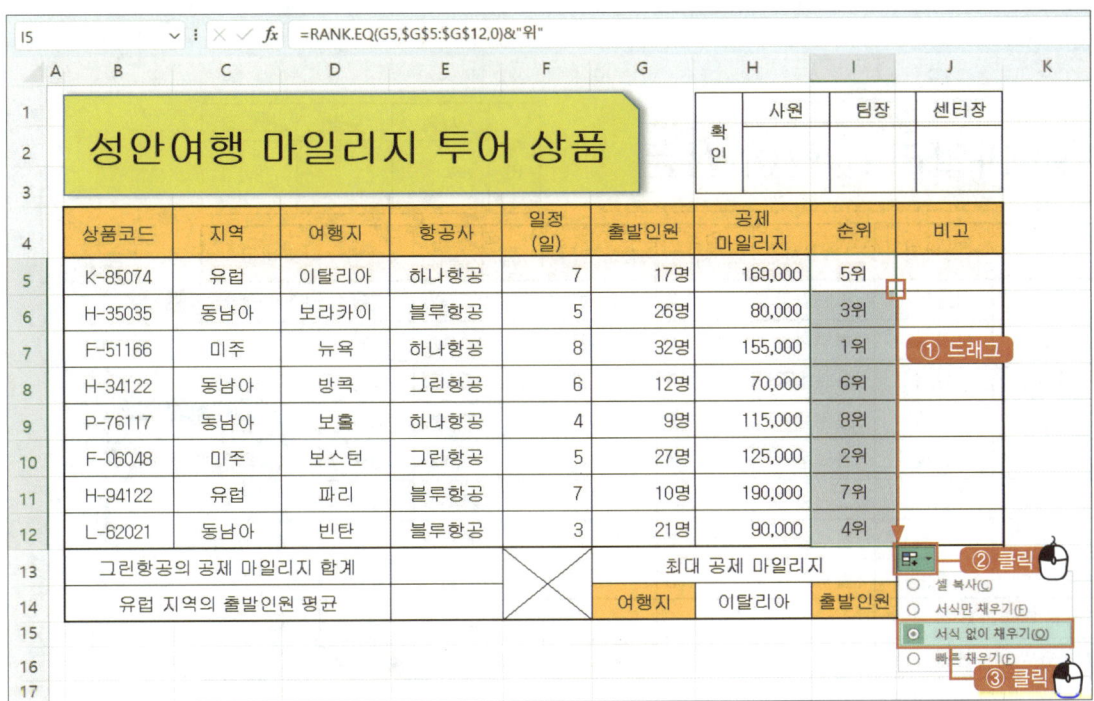

단계 4 비고(IF 함수)

조건 (2) 비고 ⇒ 상품코드의 첫 글자가 F이면 '자유여행', 그 외에는 공백으로 구하시오(IF, LEFT 함수).

1 [J5] 셀을 클릭한 후 「=i」를 입력하면 I로 시작하는 함수 목록이 표시되는데, 이 중 'IF'를 더블클릭합니다.

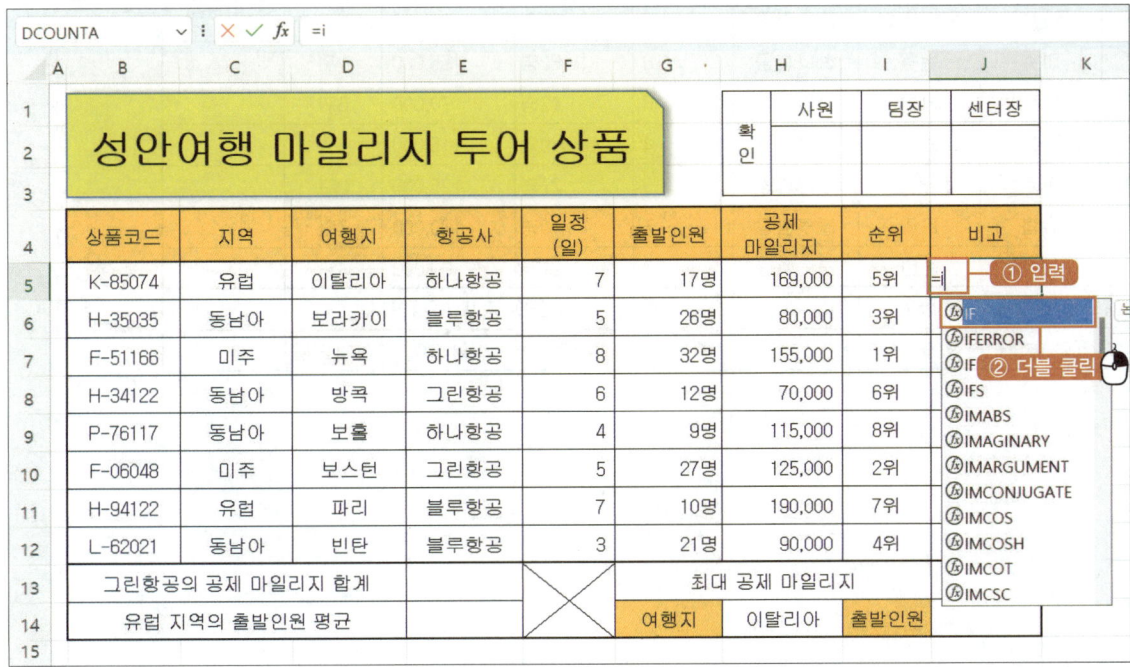

2 '=IF(' 뒤에 바로 「L」을 입력하면 L로 시작하는 함수 목록이 표시되는데, 이 중 'LEFT' 함수를 더블클릭합니다.

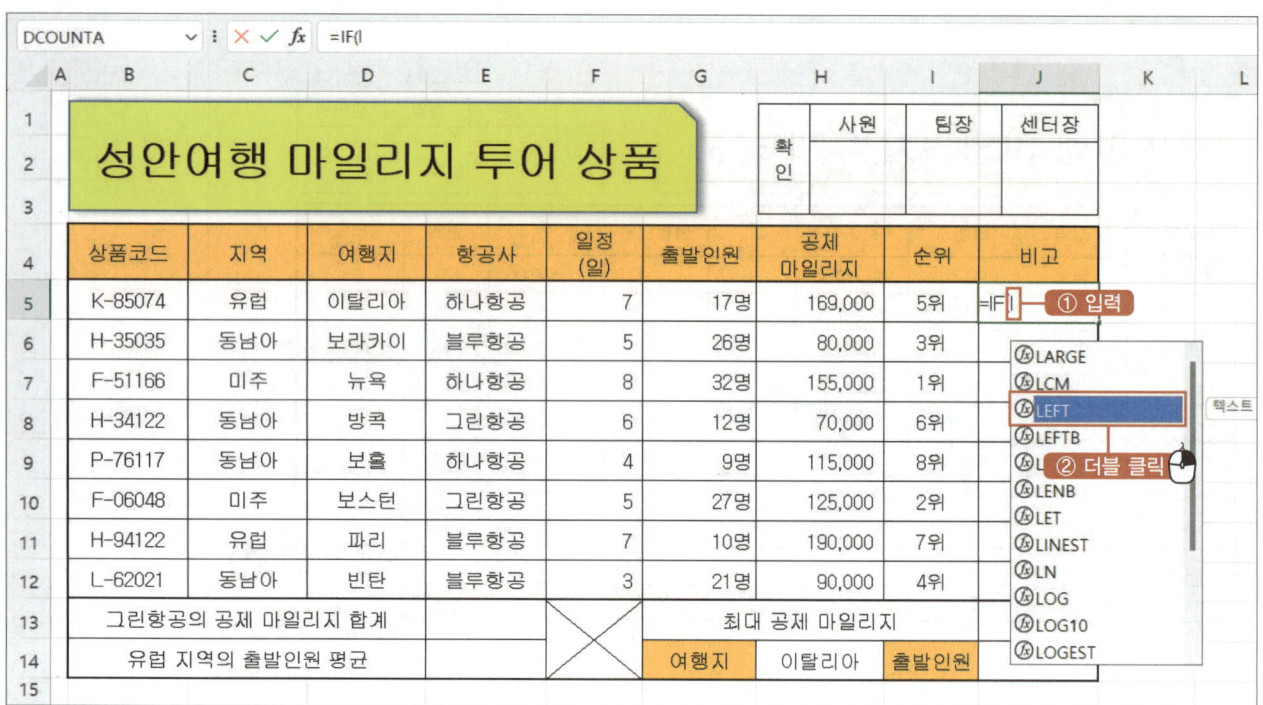

3 [J5] 셀의 '=IF(LEFT(' 뒤를 클릭한 후 '수식 입력줄'의 [함수 삽입 fx] 도구를 클릭합니다.

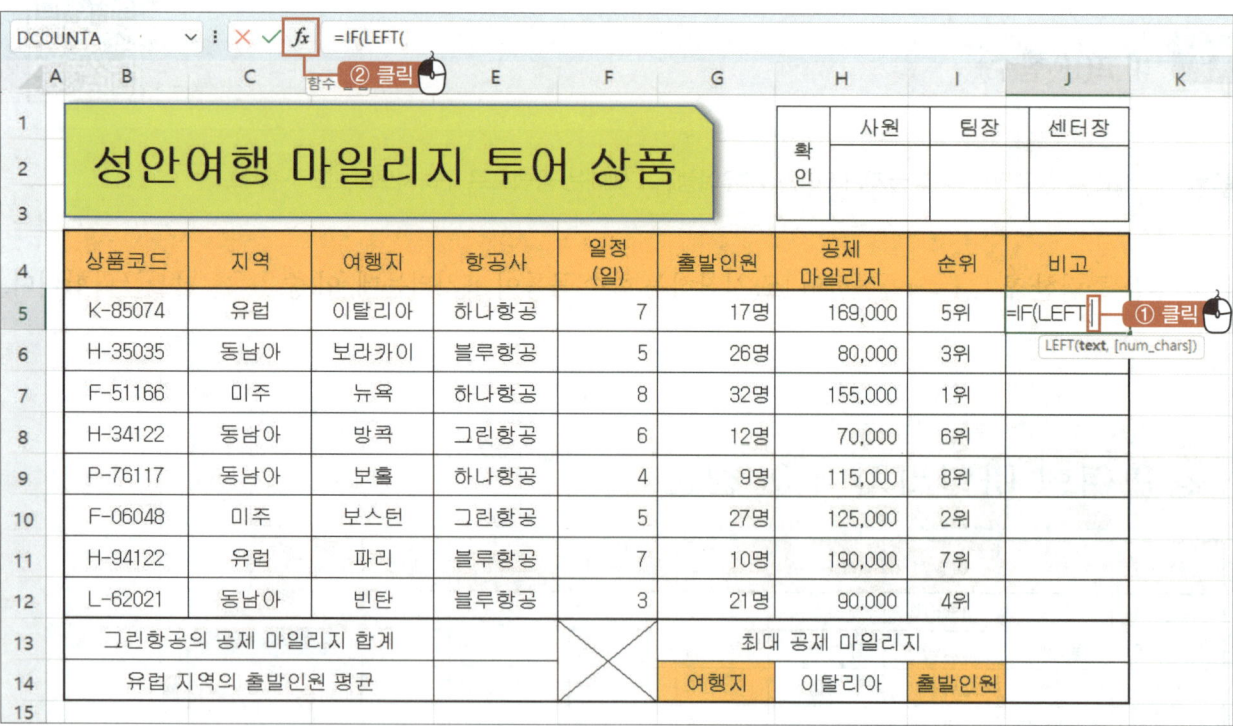

4 [함수 인수] 대화상자에서 다음과 같이 입력한 후 [확인] 단추를 클릭합니다.

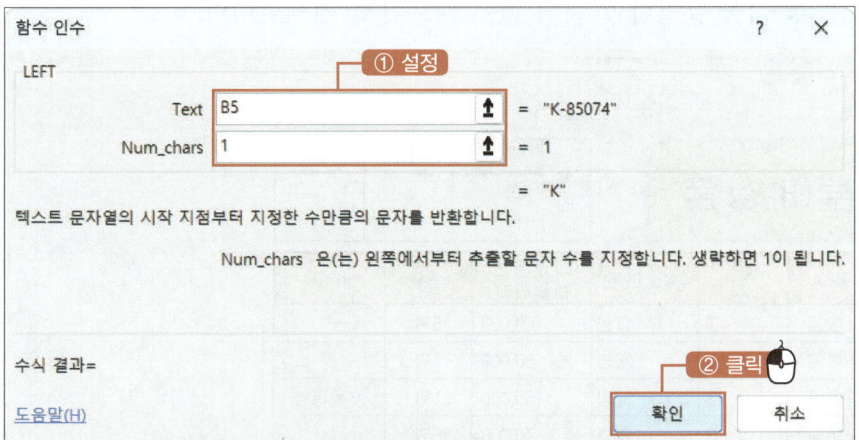

- Text[B5] : 추출하려는 문자가 들어 있는 텍스트 문자열
- Num_chars[1] : [B5] 셀의 왼쪽에서부터 추출할 문자 수를 지정

5 IF 함수 마법사 대화상자를 표시하기 위해서 'IF' 바로 뒤를 마우스로 클릭한 후 [함수 삽입 f_x] 도구를 클릭합니다.

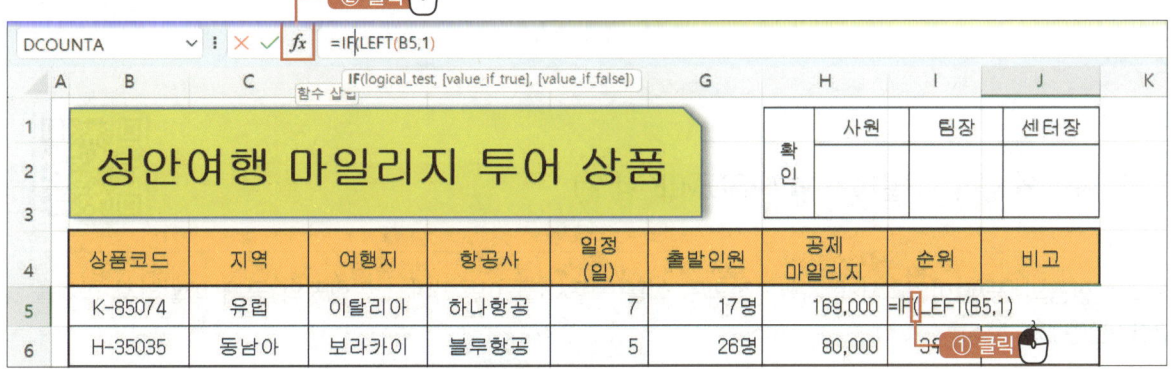

6 [함수 인수] 대화상자에 다음과 같이 입력하고 [확인] 단추를 클릭합니다.

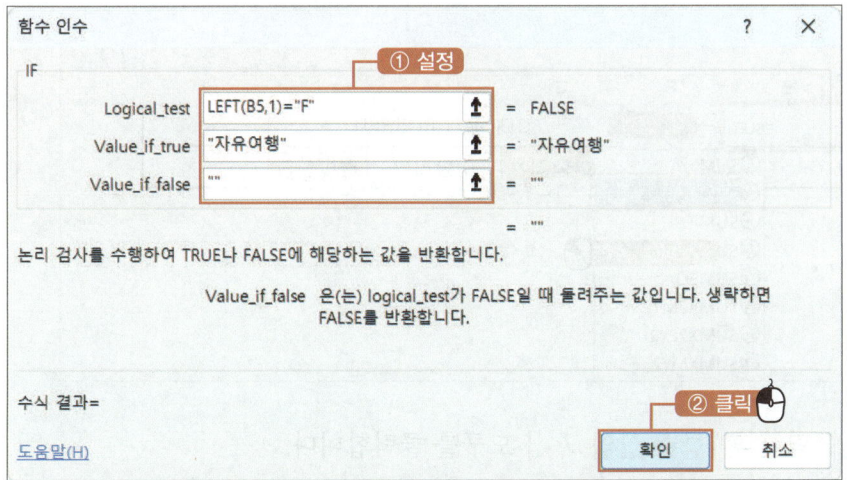

- Logical_test[LEFT(B5,1)="F"] : [B5] 셀의 왼쪽에서 한 글자를 추출한 값이 'F'와 같은지 비교
- Value_if_true["자유여행"] : Logica_test의 값이 True이면 '자유여행'을 표시
- Value_if_false[""] : Logica_test의 값이 False이면 공백("")을 표시

7 [J5] 셀 오른쪽 하단의 채우기 핸들을 이용하여 [J12] 셀까지 수식을 복사한 후 테두리 선이 굵게 표시되지 않도록 [자동 채우기 옵션 ]을 클릭하여 '서식 없이 채우기'를 선택합니다.

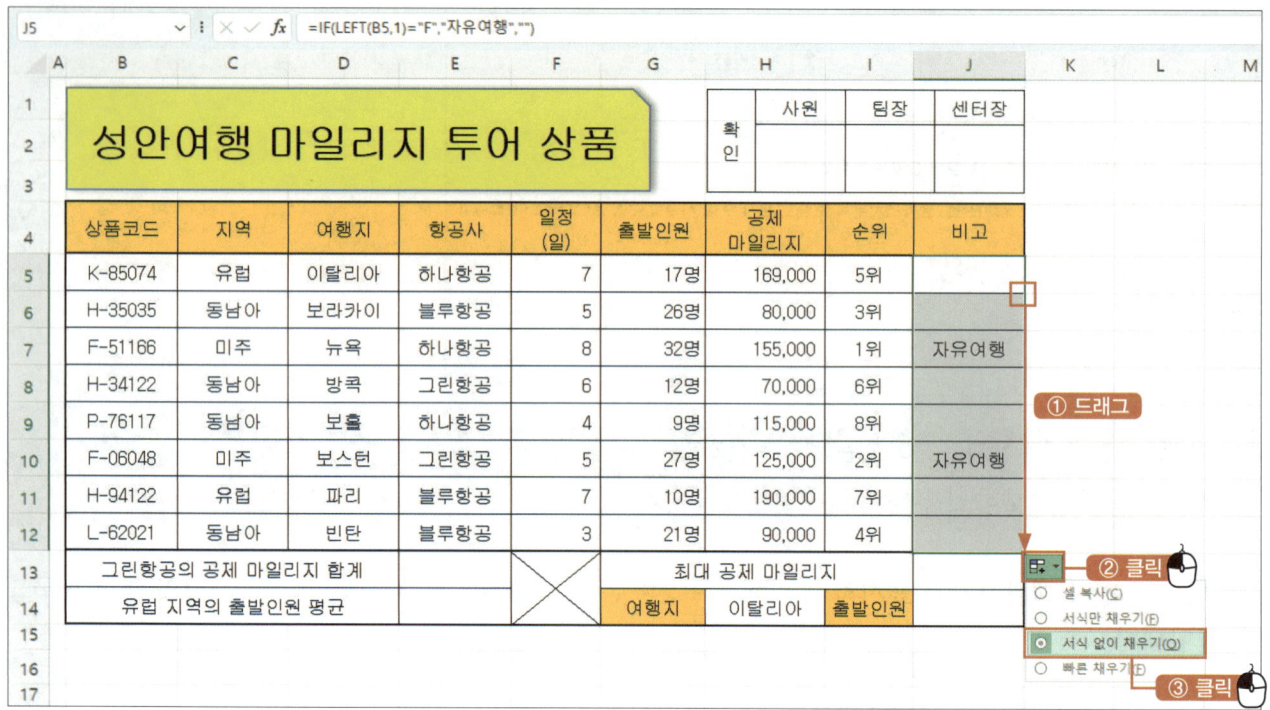

단계 5 그린항공의 공제 마일리지 합계(SUMIF 함수)

조건 (3) 그린항공의 공제 마일리지 합계 ⇒ 정의된 이름(항공사)을 이용하여 그린항공의 공제 마일리지 합계를 구하시오(SUMIF 함수).

1 [E13] 셀을 클릭한 후 「=sum」까지 입력하면 SUM으로 시작하는 함수 목록이 표시되는데, 이 중 'SUMIF' 함수를 더블클릭합니다.

2 '=SUMIF(' 함수 뒤에서 마우스를 클릭한 후 [함수 삽입 fx] 도구를 클릭합니다.

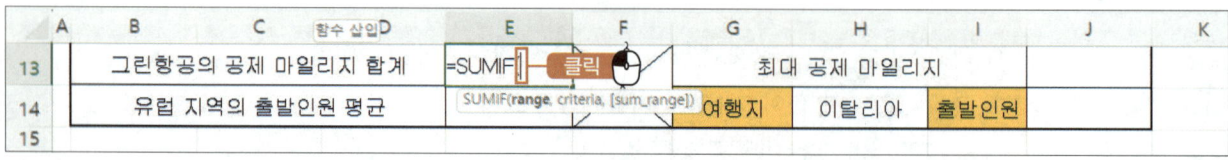

3 [함수 인수] 대화상자에 다음과 같이 입력하고 [확인] 단추를 클릭합니다.

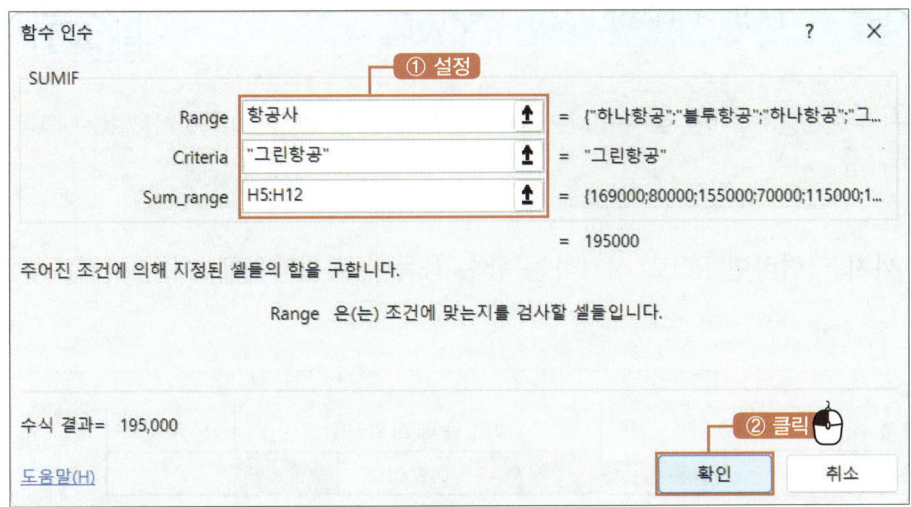

- Range[항공사] : 조건을 찾을 범위 [E5:E12] 영역을 드래그하면 자동으로 '항공사'가 표시됨
- Criteria["그린항공"] : 조건 「그린항공」을 입력
- Sum_range[H5:H12] : 항공사가 '그린항공'에 해당한 데이터의 공제마일리지의 합계를 구하기 위해 [H5:H12] 영역을 지정

4 [E13] 셀을 클릭한 후 [홈] 탭의 [맞춤] 그룹에서 [오른쪽 맞춤 ≡] 도구를 클릭하고, Ctrl+1 키를 눌러 [셀 서식] 대화상자의 [표시 형식] 탭에서 '숫자', '1000 단위 구분 기호(,) 사용'을 체크하고 [확인] 단추를 클릭합니다.

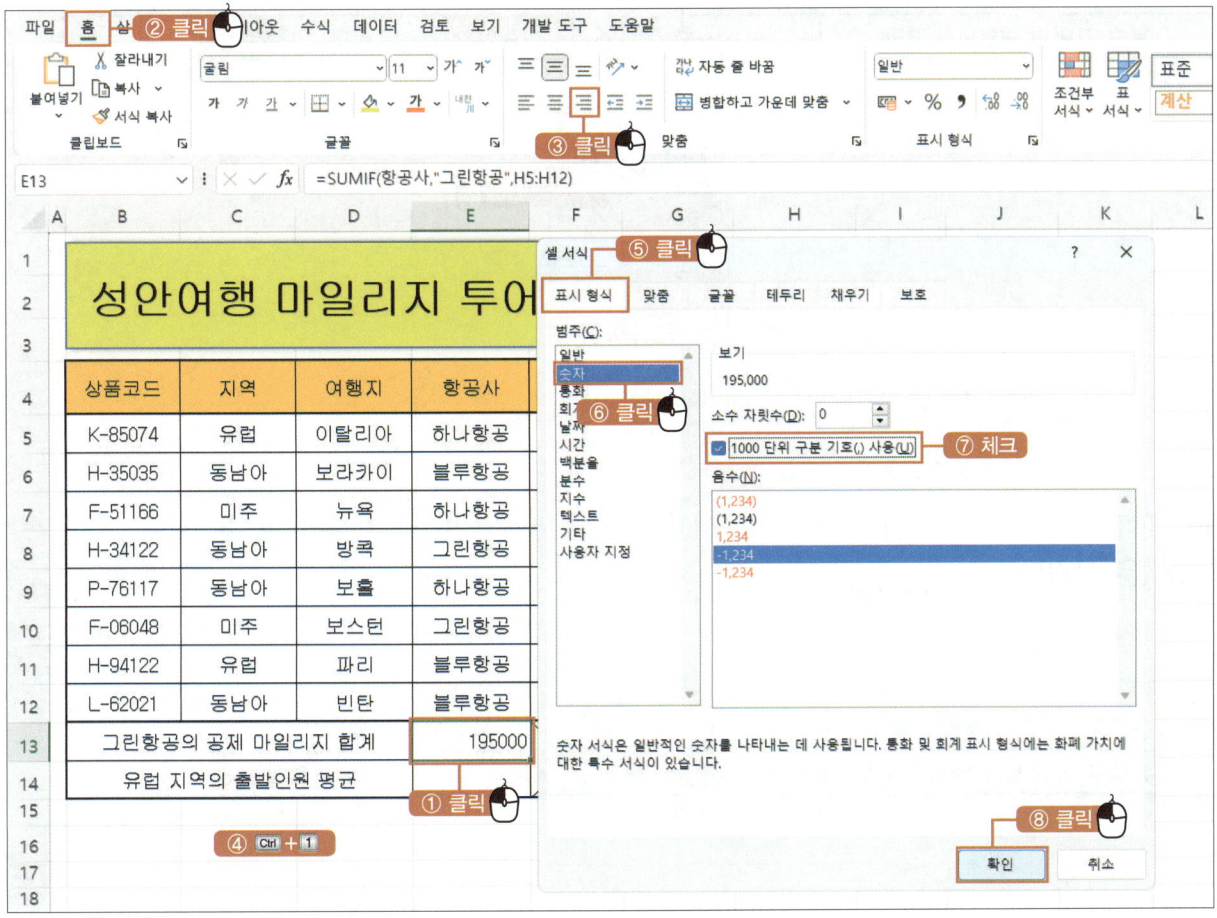

Part 1 따라하면서 배우는 엑셀 2021   **75**

단계 6   유럽 지역의 출발인원 평균(ROUND, DAVERAGE 함수)

> **조건** 유럽 지역의 출발인원 평균 ⇒ 반올림하여 정수로 구하시오. 단, 조건은 입력 데이터를 이용하시오(ROUND, DAVERAGE 함수)(예 : 24.3 → 24).

1 [E14] 셀을 클릭한 후 「=ro」까지 입력하면 RO로 시작하는 함수 목록이 표시되는데, 이 중 'ROUND' 함수를 더블클릭합니다.

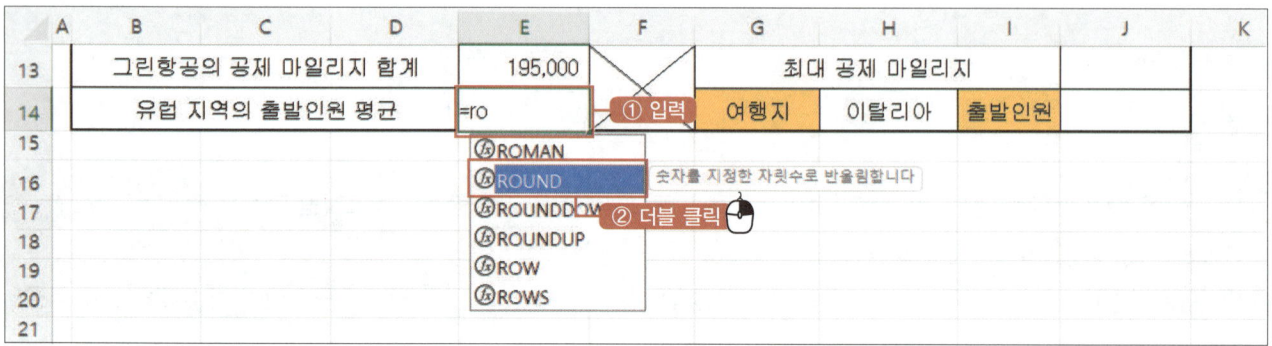

2 '=ROUND('까지 자동으로 입력되면 「d」를 입력합니다. D로 시작하는 함수 목록이 표시되면 'DAVERAGE' 함수를 더블클릭합니다.

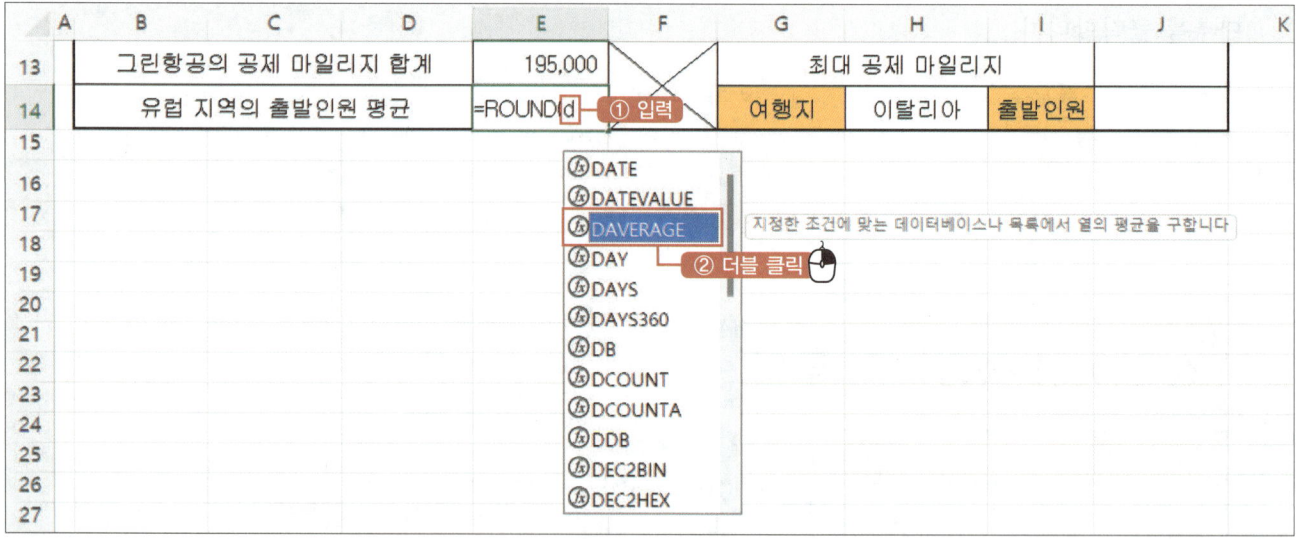

3 '=ROUND(DAVERAGE('까지 자동으로 입력되면 맨 뒤에서 마우스를 클릭한 후 [함수 삽입 fx] 도구를 클릭합니다.

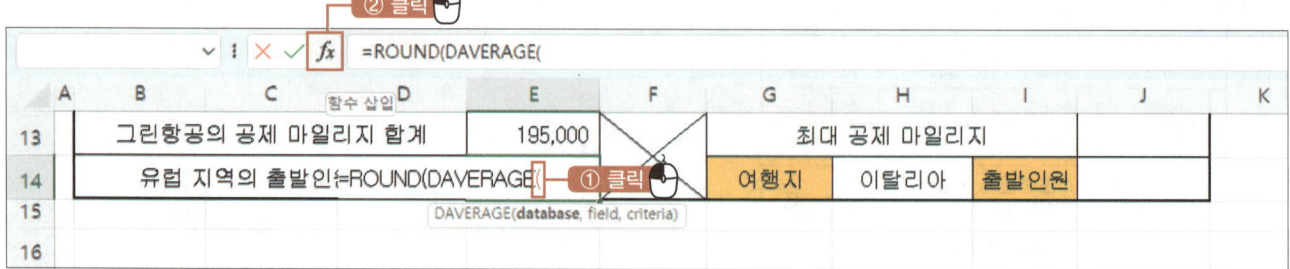

4 [함수 인수] 대화상자에 다음과 같이 입력하고 [확인] 단추를 클릭합니다.

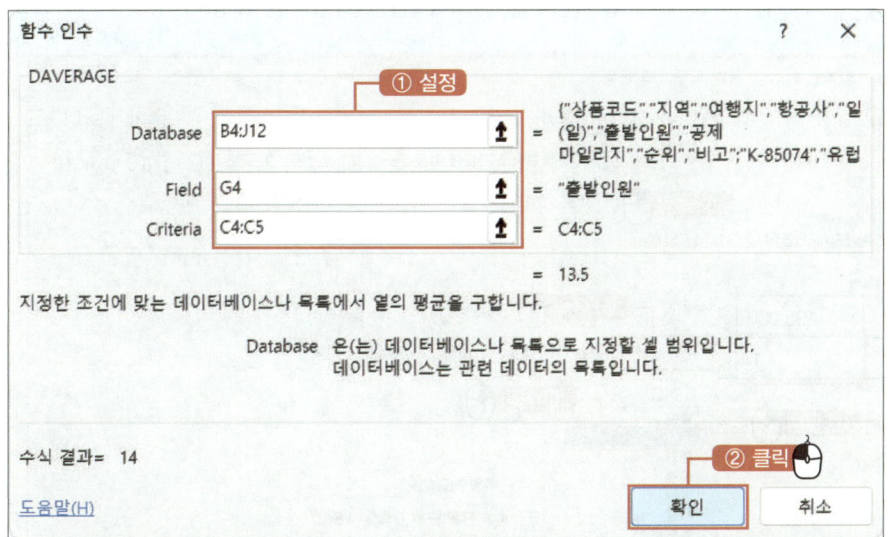

- Database[B4:J12] : 제목을 포함한 모든 데이터[B4:J12]를 범위로 지정
- Field[G4] : 실제로 평균을 구할 필드 제목(출발인원) 또는 열의 위치(6)를 지정
- Criteria[C4:C5] : 조건을 찾을 필드 제목과 조건을 동시에 범위 지정(지역이 '유럽')

5 '=ROUND(DAVERAGE(B4:J12,G4,C4:C5)'로 수식이 입력되면 '=ROUND' 뒤에서 마우스를 클릭한 후 [함수 삽입 f_x] 도구를 클릭합니다.

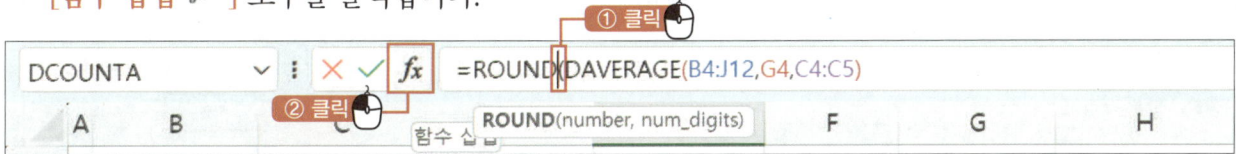

6 [함수 인수] 대화상자의 Num_digits에 정수로 표시하기 위해서 「0」을 입력하고 [확인] 단추를 클릭합니다.

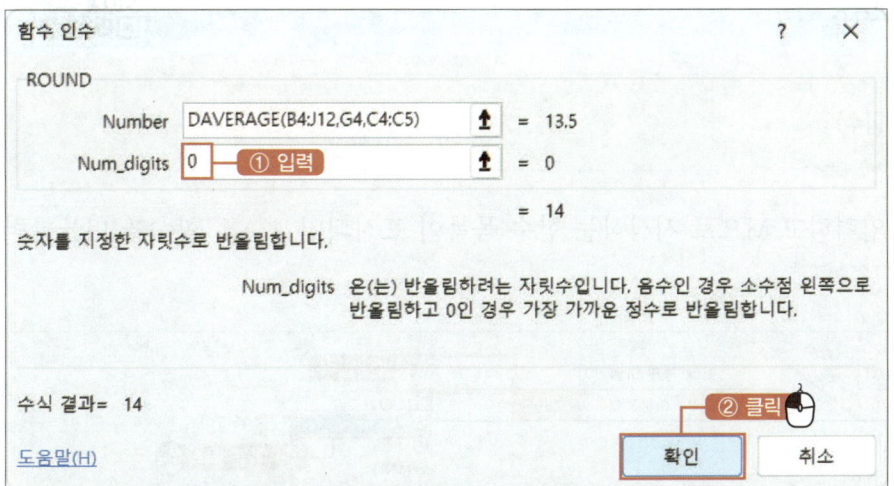

- Number[DAVERAGE(B4:J12,G4,C4:C5)] : [B4:J12] 영역에서 [C4:C5] 조건에 만족한 [G4] 셀의 평균값
- Num_digits[0] : Number의 값을 정수로 표시하기 위해 자릿수를 0으로 지정

7 [E14] 셀을 클릭한 후 [홈] 탭의 [맞춤] 그룹에서 [오른쪽 맞춤] 도구를 클릭하고, Ctrl + 1 키를 눌러 [셀 서식] 대화상자의 [표시 형식] 탭에서 '숫자'를 선택한 후 [확인] 단추를 클릭합니다.

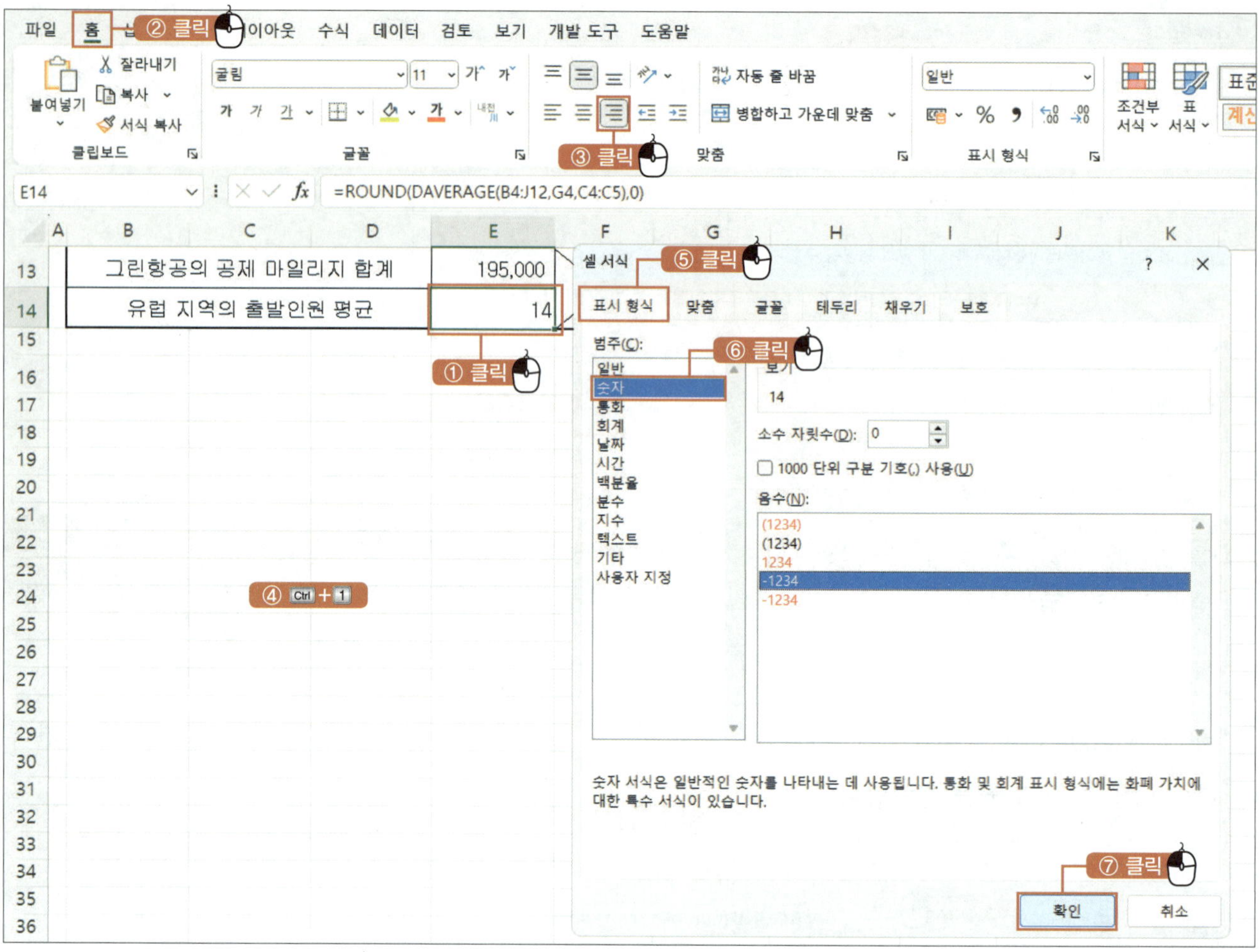

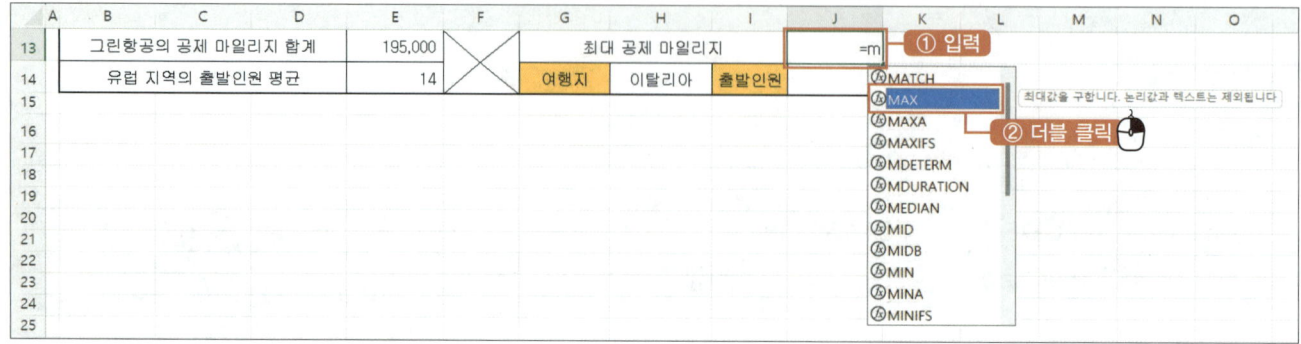

단계 7 최대 공제 마일리지(MAX 함수)

조건 최대 공제 마일리지 ⇒ (MAX 함수)

1 [J13] 셀을 클릭하여 「=m」을 입력하고 M으로 시작하는 함수 목록이 표시되면 'MAX' 함수를 더블클릭합니다.

2 마우스로 [H5:H12] 영역을 드래그한 후 「)」로 닫고 Enter 키를 누릅니다.

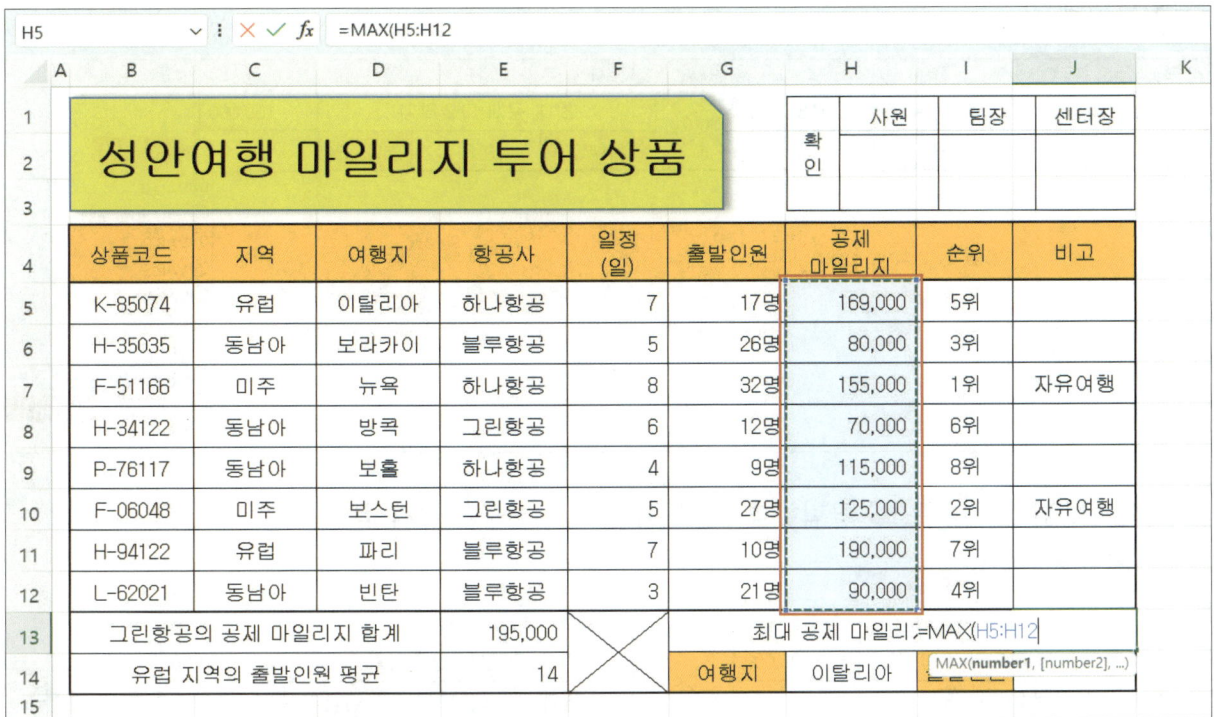

3 자동으로 '1,000 단위 기호'가 표시되면 [홈] 탭의 [맞춤] 그룹에서 [오른쪽 맞춤 ≡] 도구를 클릭합니다.

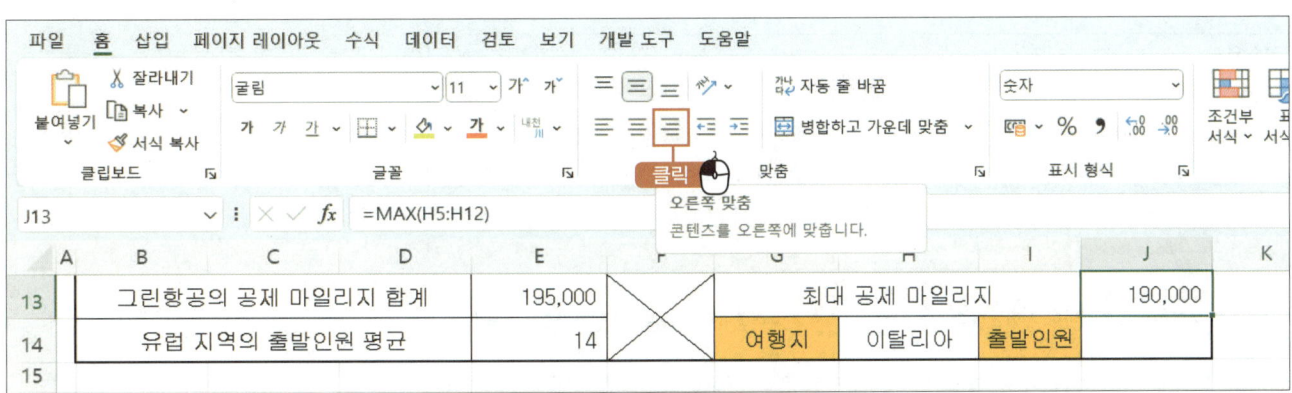

단계 8 출발인원(VLOOKUP 함수)

조건 출발인원 ⇒ 「H14」 셀에서 선택한 여행지에 대한 출발인원을 표시하시오(VLOOKUP 함수).

1 [J14] 셀을 클릭하여 「=v」를 입력하고 V로 시작하는 함수 목록이 표시되면 'VLOOKUP' 함수를 더블클릭합니다.

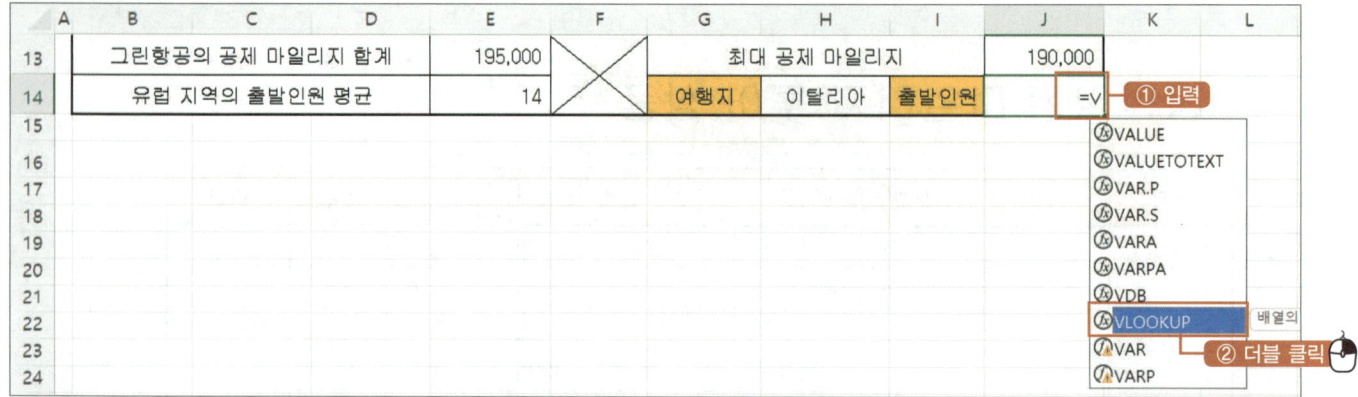

2 '=VLOOKUP(' 뒤에서 마우스를 클릭한 후 [함수 삽입 fx] 도구를 클릭합니다.

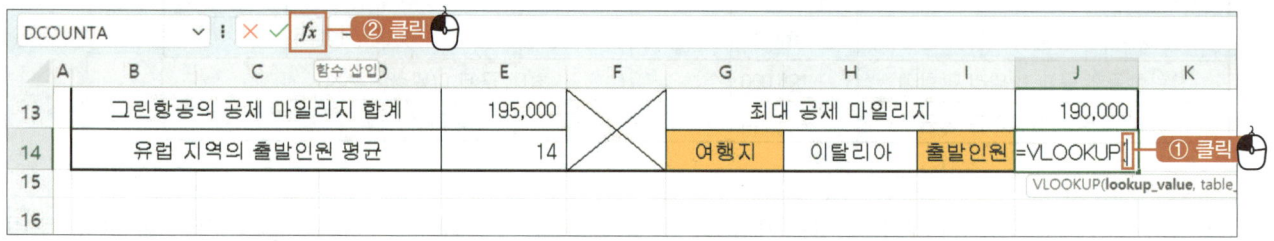

3 [함수 인수] 대화상자에서 다음과 같이 입력하고 [확인] 단추를 클릭합니다.

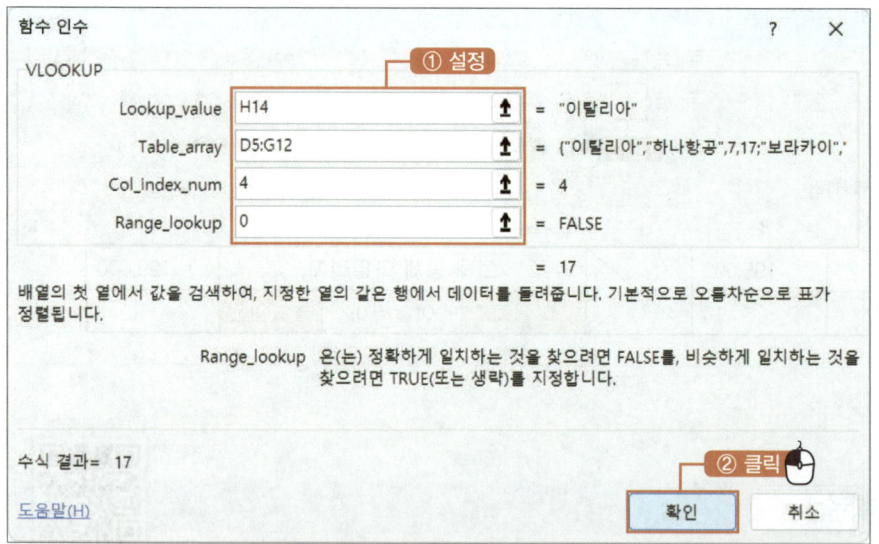

- Lookup_value[H14] : 찾을 값으로 유효성 검사를 통해 입력된 [H14] 셀로 지정
- Table_array[D5:G12] : 찾을 값으로 지정한 셀이 꼭 첫 번째 열이 될 수 있도록 범위를 지정하여 찾고자 하는 출발인원까지 지정[D5:G12]
- Col_index_num[4] : [D5:G12] 영역에서 D열이 1, E열이 2, F열이 3, G열이 4로 열의 위치값을 표시하는데 출발인원의 값을 가져오기 위해서 4번째 열로 지정
- Range_lookup[0] : 0 또는 false로 입력하여 정확하게 일치하는 값을 찾도록 지정(참고로 근사값을 구할 때는 1 또는 true를 입력)

4 [J14] 셀을 클릭한 후 [홈] 탭의 [맞춤] 그룹에서 [오른쪽 맞춤 ≡] 도구를 클릭하고, Ctrl + 1 키를 눌러 [셀 서식] 대화상자의 [표시 형식] 탭에서 '숫자'를 선택한 후 [확인] 단추를 클릭합니다.

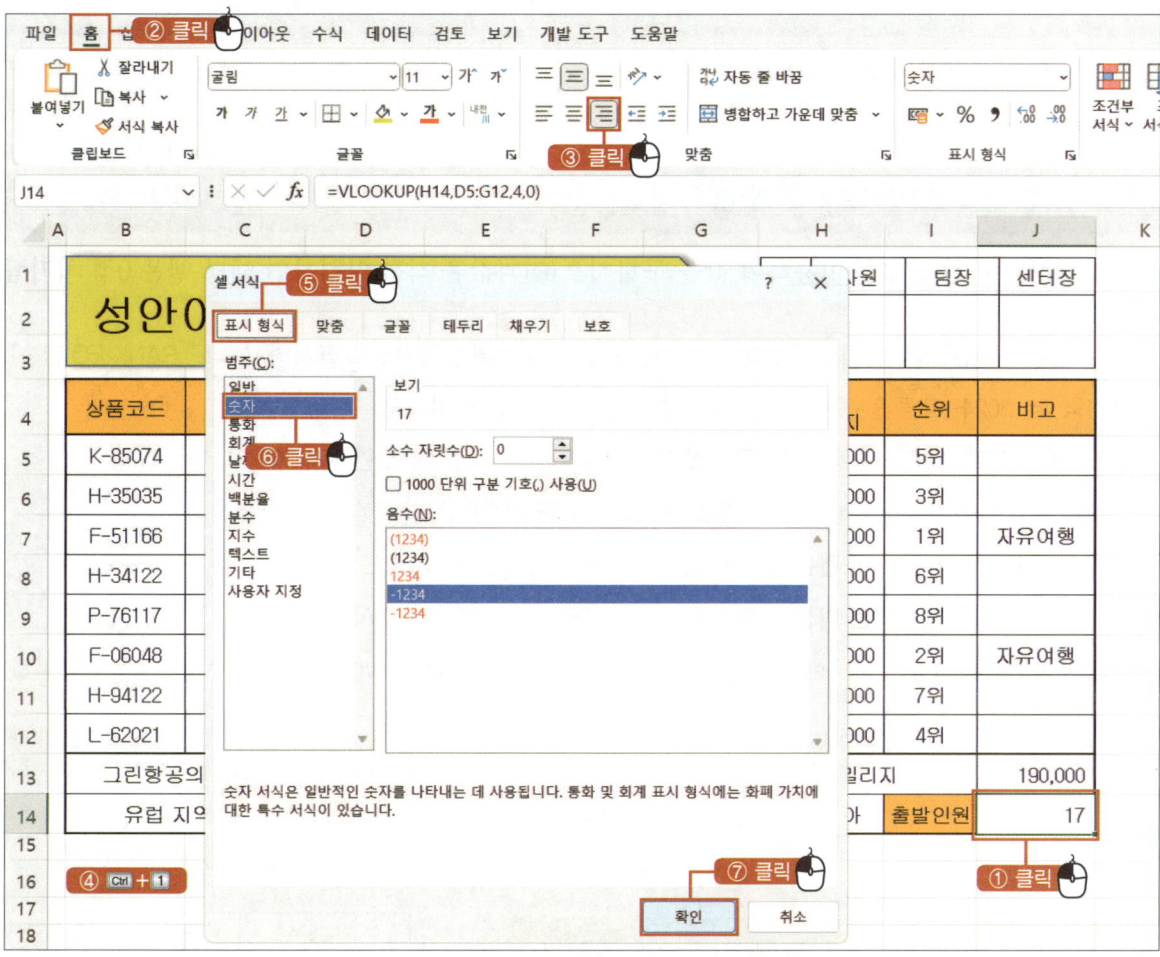

실력 향상을 위한 실전 연습문제

- 예제/정답 파일은 [자료실]에서 다운로드하세요.

● 예제 파일 : 실전함수4.xlsx, 정답 파일 : 실전함수4(정답).xlsx

14 다음 조건에 따라 엑셀 파일을 작성하시오.

(1)~(6) 셀은 반드시 <u>주어진 함수를 이용</u>하여 값을 구하시오(결과값을 직접 입력하면 해당 셀은 0점 처리됨).

조건
(1) 순위 ⇒ 평균가격(원)의 내림차순 순위를 1~3까지 구하고, 그 외에는 공백으로 표시하시오(IF, RANK.EQ 함수).
(2) 제품이력 ⇒ 「2024-제품출시연도」로 계산한 결과값 뒤에 '년'을 붙이시오.
    단, 제품출시연도는 코드의 마지막 네 글자를 이용하시오(RIGHT 함수, & 연산자)(예 : 11년).
(3) 광동제약 제품 평균가격(원)의 평균 ⇒ (SUMIF, COUNTIF 함수).
(4) 소화제 최저가격의 평균 ⇒ 조건은 입력 데이터를 이용하시오(DAVERAGE 함수).
(5) 최저가격의 중간값 ⇒ 정의된 이름(최저가격)을 이용하여 구하시오(MEDIAN 함수).
(6) 최저가격 ⇒ 「H14」셀에서 선택한 제품명에 대한 최저가격을 표시하시오(VLOOKUP 함수).

출력형태

	A	B	C	D	E	F	G	H	I	J
1								결재	담당	대리	팀장
2		일반의약품 판매가격 현황								
3										
4		코드	제품명	제조사	구분	규격(ml/캡셀/g)	평균가격(원)	최저가격	순위	제품이력
5		DH1897	위생천	광동제약	소화제	75	580	500원	(1)	(2)
6		HY1955	챔프	동아제약	해열진통제	10	2,000	1,600원	(1)	(2)
7		DA1956	판피린큐	동아제약	해열진통제	20	400	350원	(1)	(2)
8		DG1985	애시논액	동아제약	소화제	10	4,800	4,150원	(1)	(2)
9		GY1958	포타디연고	삼일제약	외용연고제	75	500	400원	(1)	(2)
10		SE1987	부루펜시럽	삼일제약	해열진통제	90	4,300	3,900원	(1)	(2)
11		HD1957	생록천	광동제약	소화제	75	500	420원	(1)	(2)
12		DH1980	후시딘	동화약품	외용연고제	10	5,200	4,500원	(1)	(2)
13		광동제약 제품 평균가격(원)의 평균			(3)			최저가격의 중간값		(5)
14		소화제 최저가격의 평균			(4)		제품명	위생천	최저가격	(6)
15										

실력 향상을 위한 실전 연습문제

● 예제/정답 파일은 [자료실]에서 다운로드하세요.

● 예제 파일 : 실전함수5.xlsx, 정답 파일 : 실전함수5(정답).xlsx

15 다음 조건에 따라 엑셀 파일을 작성하시오.

(1)~(6) 셀은 반드시 <u>주어진 함수를 이용</u>하여 값을 구하시오(결과값을 직접 입력하면 해당 셀은 0점 처리됨).

조건

(1) 배송지 ⇒ 대여코드의 마지막 글자가 1이면 '경기', 2이면 '인천', 3이면 '서울'로 구하시오(CHOOSE, RIGHT 함수).

(2) 비고 ⇒ 대여수량이 15 이상이면 '★', 그 외에는 공백으로 구하시오(IF 함수).

(3) 놀이세트 제품 대여수량 합계 ⇒ 결과값에 '개'를 붙이시오(SUMIF 함수, & 연산자)(예 : 10개).

(4) 자동차 제품 평균 대여기간 ⇒ 올림하여 정수로 구하시오. 단, 조건은 입력 데이터를 이용하시오
(ROUNDUP, DAVERAGE 함수)(예 : 12.3 → 13).

(5) 4주 대여가격(단위:원)의 최저값 ⇒ 정의된 이름(대여가격)을 이용하여 구하시오(MIN 함수).

(6) 대여수량 ⇒ 「H14」 셀에서 선택한 제품명에 대한 대여수량을 구하시오(VLOOKUP 함수).

출력형태

대여코드	제품명	분류	대여기간	판매가격 (단위:원)	4주 대여가격 (단위:원)	대여수량	배송지	비고
GW-03	페달트랙터	자동차	15주	125,000	33,000	17	(1)	(2)
CE-13	레이싱카	자동차	5주	65,000	28,000	19	(1)	(2)
DC-12	워크어라운드	쏘서	6주	95,000	33,000	6	(1)	(2)
PK-01	물놀이세트	놀이세트	12주	17,000	33,000	15	(1)	(2)
DW-01	디보쏘서	쏘서	10주	105,000	26,000	12	(1)	(2)
CQ-02	미니카	자동차	6주	78,000	28,000	20	(1)	(2)
WB-12	구름빵 놀이터	놀이세트	8주	42,000	23,000	14	(1)	(2)
PX-02	스포츠센터	놀이세트	10주	56,000	30,000	7	(1)	(2)
놀이세트 제품 대여수량 합계			(3)		4주 대여가격(단위:원)의 최저값			(5)
자동차 제품 평균 대여기간			(4)		제품명	페달트랙터	대여수량	(6)

제목: 장난감 대여 관리 현황

결재: 담당 / 대리 / 과장

Section 5

[제1작업] 표 서식 작성 및 값 계산 – 조건부 서식

조건부 서식은 조건에 만족한 데이터에만 서식을 지정하는 기능입니다. 조건부 서식을 지정할 때는 필드명을 제외한 순수한 자료만을 선택한 후 서식을 설정해야 합니다. 특히, 열 고정 혼합참조에 대한 방법을 정확히 이해해야 합니다.

[제 1 작업] 표 서식 작성 및 값 계산 (240점 중 20점) ● 예제 파일 : 조건부서식.xlsx, 정답 파일 : 조건부서식(정답).xlsx

≪조건≫
(7) 조건부 서식의 수식을 이용하여 출발인원이 '25' 이상인 행 전체에 다음의 서식을 적용하시오(글꼴 : 파랑, 굵게).

≪출력형태≫

상품코드	지역	여행지	항공사	일정(일)	출발인원	공제 마일리지	순위	비고
K-85074	유럽	이탈리아	하나항공	7	17명	169,000	5위	
H-35035	동남아	보라카이	블루항공	5	26명	80,000	3위	
F-51166	미주	뉴욕	하나항공	8	32명	155,000	1위	자유여행
H-34122	동남아	방콕	그린항공	6	12명	70,000	6위	
P-76117	동남아	보홀	하나항공	4	9명	115,000	8위	
F-06048	미주	보스턴	그린항공	5	27명	125,000	2위	자유여행
H-94122	유럽	파리	블루항공	7	10명	190,000	7위	
L-62021	동남아	빈탄	블루항공	3	21명	90,000	4위	
그린항공의 공제 마일리지 합계			195,000		최대 공제 마일리지			190,000
유럽 지역의 출발인원 평균			14		여행지	이탈리아	출발인원	17

핵심 체크

① 필드명을 제외한 데이터만을 범위 지정
② [홈] 탭의 [스타일] 그룹에서 [조건부 서식] 이용
③ 수식으로 설정할 때는 열 고정 혼합참조 이용
④ 글꼴, 음영, 테두리 등 지정한 서식 설정

※ 조건부 서식 설정
필드명(「B4:J4」 영역)을 포함하지 않은 순수한 자료 행(「B5:J12」 영역)만을 선택하여 '행' 단위 서식 설정을 해야 하므로 열 고정 혼합참조($B1)의 계산 형식을 숙지해야 합니다.

단계 1   조건부 서식(행 전체)

조건   (7) 조건부 서식의 수식을 이용하여 출발인원이 '25' 이상인 행 전체에 다음의 서식을 적용하시오(글꼴 : 파랑, 굵게).

1 '조건부서식.xlsx' 파일을 열어 '서식1' 시트의 [B5:J12] 영역을 범위 지정한 후 [홈] 탭의 [스타일] 그룹에서 [조건부 서식]-[새 규칙]을 클릭합니다.

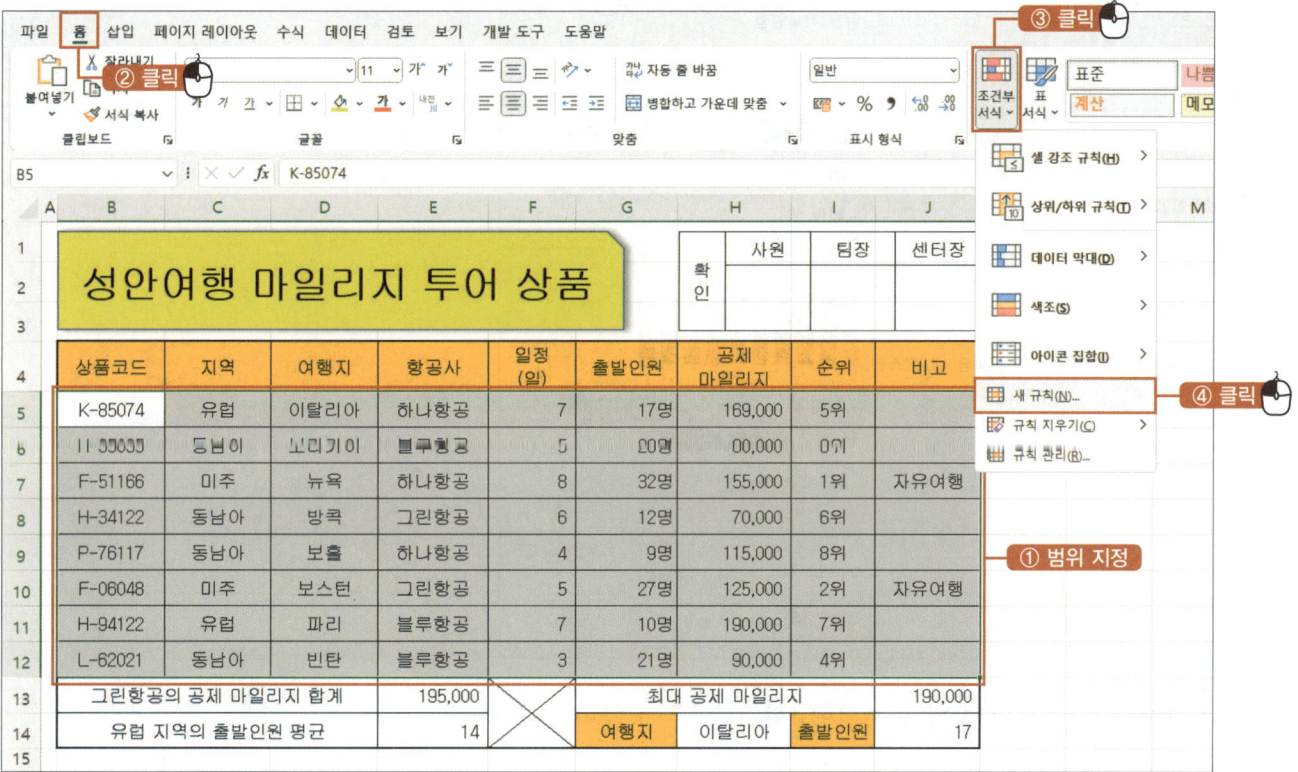

2 [새 서식 규칙] 대화상자에서 '▶수식을 사용하여 서식을 지정할 셀 결정'을 선택하고 「=$G5>=25」를 입력한 후 [서식] 단추를 클릭합니다.

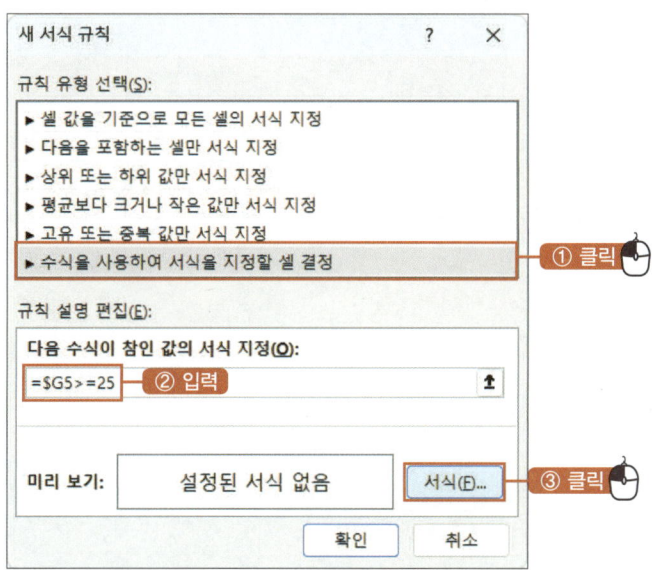

3 [셀 서식] 대화상자의 [글꼴] 탭에서 글꼴 스타일은 '**굵게**', 색은 '**파랑**'을 선택하고 [확인] 단추를 클릭합니다.

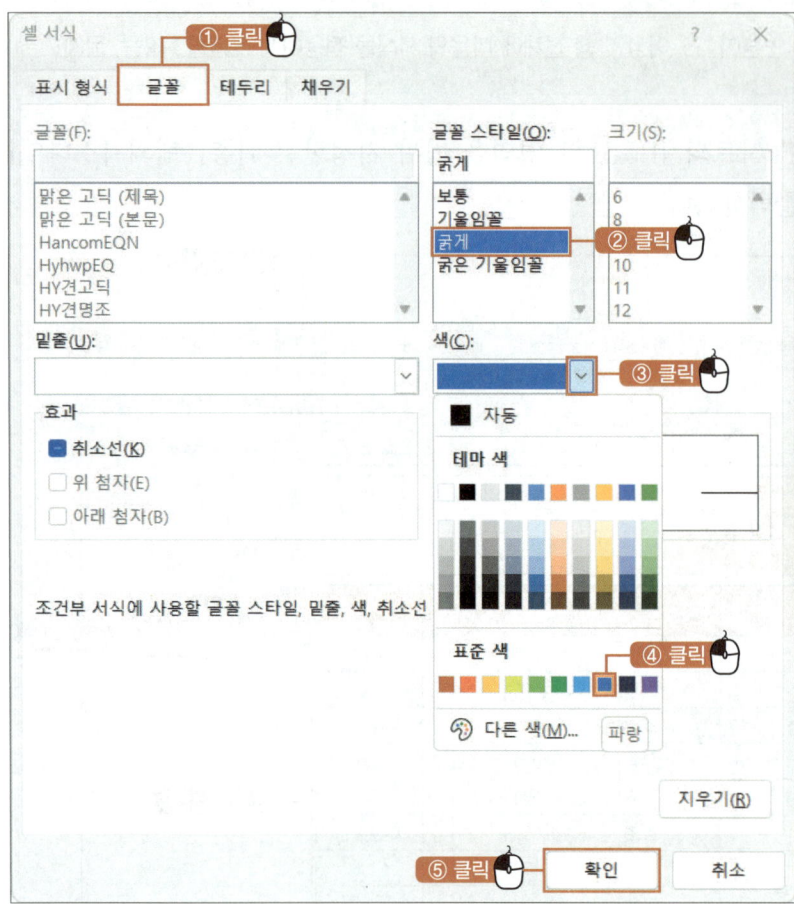

4 [새 서식 규칙] 대화상자가 표시되면 [확인] 단추를 클릭합니다.

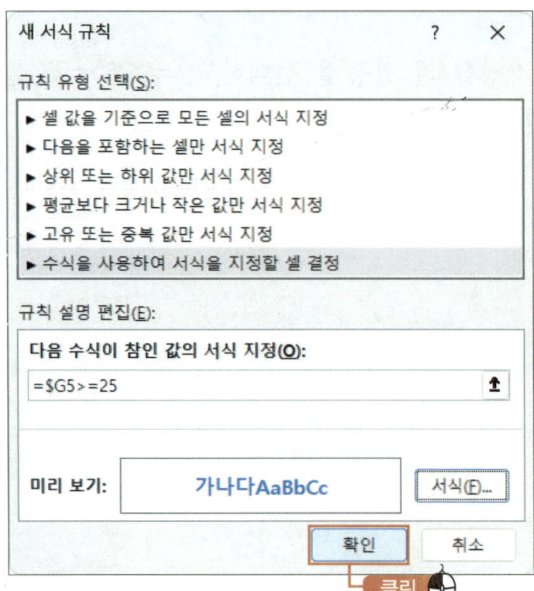

실력 향상을 위한 실전 연습문제

• 예제/정답 파일은 [자료실]에서 다운로드하세요.

● 예제 파일 : 실전조건1.xlsx, 정답 파일 : 실전조건1(정답).xlsx

16 다음 조건에 따라 엑셀 파일을 작성하시오.

조건부 서식의 수식을 이용하여 최저가격이 '1000' 이상인 행 전체에 다음의 서식을 적용하시오(글꼴 : 파랑, 굵게).

출력형태

코드	제품명	제조사	구분	규격(ml/캅셀/g)	평균가격(원)	최저가격	순위	제품이력
DH1897	위생천	광동제약	소화제	75	580	500원		127년
HY1955	챔프	동아제약	해열진통제	10	2,000	1,600원		69년
DA1956	판피린큐	동아제약	해열진통제	20	400	350원		68년
DG1985	애시논액	동아제약	소화제	10	4,800	4,150원	2	39년
GY1958	포타디연고	삼일제약	외용연고제	75	500	400원		66년
SE1987	부루펜시럽	삼일제약	해열진통제	90	4,300	3,900원	3	37년
HD1957	생록천	광동제약	소화제	75	500	420원		67년
DH1980	후시딘	동화약품	외용연고제	10	5,200	4,500원	1	44년
광동제약 제품 평균가격(원)의 평균				540		최저가격의 중간값		1,050
소화제 최저가격의 평균				1,690		제품명	위생천	최저가격	500

● 예제 파일 : 실전조건2.xlsx, 정답 파일 : 실전조건2(정답).xlsx

17 다음 조건에 따라 엑셀 파일을 작성하시오.

조건부 서식의 수식을 이용하여 대여수량이 '15' 미만인 행 전체에 다음의 서식을 적용하시오(글꼴 : 녹색, 굵게).

출력형태

대여코드	제품명	분류	대여기간	판매가격(단위:원)	4주 대여가격(단위:원)	대여수량	배송지	비고
GW-03	페달트랙터	자동차	15주	125,000	33,000	17	서울	★
CE-13	레이싱카	자동차	5주	65,000	28,000	19	서울	★
DC-12	워크어라운드	쏘서	6주	95,000	33,000	6	인천	
PK-01	물놀이세트	놀이세트	12주	17,000	33,000	15	경기	★
DW-01	디보쏘서	쏘서	10주	105,000	26,000	12	경기	
CQ-02	미니카	자동차	6주	78,000	28,000	20	인천	★
WB-12	구름빵 놀이터	놀이세트	8주	42,000	23,000	14	인천	
PX-02	스포츠센터	놀이세트	10주	56,000	30,000	7	인천	
놀이세트 제품 대여수량 합계			36개		4주 대여가격(단위:원)의 최저값			23,000
자동차 제품 평균 대여기간			9		제품명	페달트랙터	대여수량	17

Section 6. [제2작업] 목표값 찾기 및 필터

목표값 찾기 기능은 수식으로 구하려는 결과는 알지만, 해당 결과를 구하는 데 필요한 입력값을 모를 경우에 사용합니다. 고급 필터는 조건에 만족한 데이터를 다른 위치에 추출할 수 있는 기능으로, 필터 조건을 파악하여 조건을 지정된 범위 내에 입력한 후에 지정된 복사 위치에 데이터를 추출합니다.

[제 2 작업] 목표값 찾기 및 필터 (80점)　　　●예제 파일 : 목표값.xlsx, 정답 파일 : 목표값(정답).xlsx

☞ "제1작업" 시트의 「B4:H12」 영역을 복사하여 "제2작업" 시트의 「B2」 셀부터 모두 붙여넣기를 한 후 다음의 조건과 같이 작업하시오.

≪조건≫

(1) 목표값 찾기 - 「B11:G11」 셀을 병합하여 "공제 마일리지의 전체 평균"을 입력한 후 「H11」 셀에 공제 마일리지의 전체 평균을 구하시오. 단, 조건은 입력 데이터를 이용하시오.(AVERAGE 함수, 테두리, 가운데 맞춤).
　　　　　　　　 - '공제 마일리지의 전체 평균'이 '125,000'이 되려면 이탈리아의 공제 마일리지가 얼마가 되어야 하는지 목표값을 구하시오.

(2) 고급 필터 - 일정(일)이 '4' 이하이거나, 출발인원이 '30' 이상인 자료의 여행지, 항공사, 일정(일), 출발인원 데이터만 추출하시오.
　　　　　　 - 조건 범위 : 「B14」 셀부터 입력하시오.
　　　　　　 - 복사 위치 : 「B18」 셀부터 나타나도록 하시오.

핵심 체크

① 문제의 조건을 파악(AND 조건, OR 조건)
② 조건 입력
③ [데이터] 탭의 [정렬 및 필터] 그룹에서 [고급]

단계 1 데이터 복사, 서식 지정

> **조건** 「B11:G11」 셀을 병합하여 "공제 마일리지의 전체 평균"을 입력한 후 「H11」 셀에 공제 마일리지의 전체 평균을 구하시오. 단, 조건은 입력 데이터를 이용하시오(AVERAGE 함수, 테두리, 가운데 맞춤).

1 '목표값.xlsx' 파일의 '제1작업' 시트에서 [B4:H12] 영역을 범위 지정한 후 Ctrl + C 키를 눌러 복사합니다.

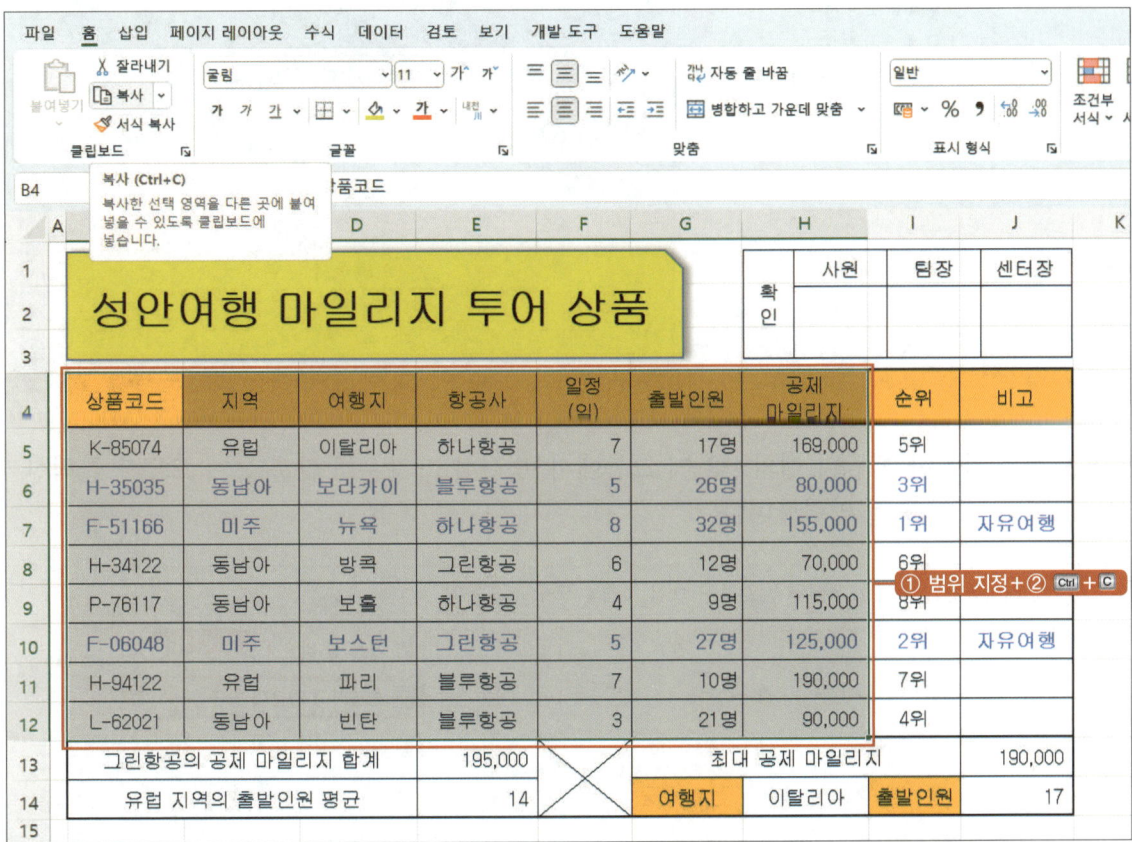

2 '제2작업' 시트의 [B2] 셀을 클릭한 후 Ctrl + V 키를 눌러 붙여넣기를 합니다. 만약, 복사된 내용이 #####으로 표시되면 열 머리글 사이에서 더블클릭하여 열 너비를 조절합니다.

Check Point

[열 너비 조절]

복사한 내용을 Ctrl + V 키를 눌러 붙여넣기를 한 후에 [홈] 탭의 [클립보드] 그룹에서 [붙여넣기]-[선택하여 붙여넣기]를 클릭하여 '열 너비'에 체크한 후 [확인] 단추를 클릭합니다.

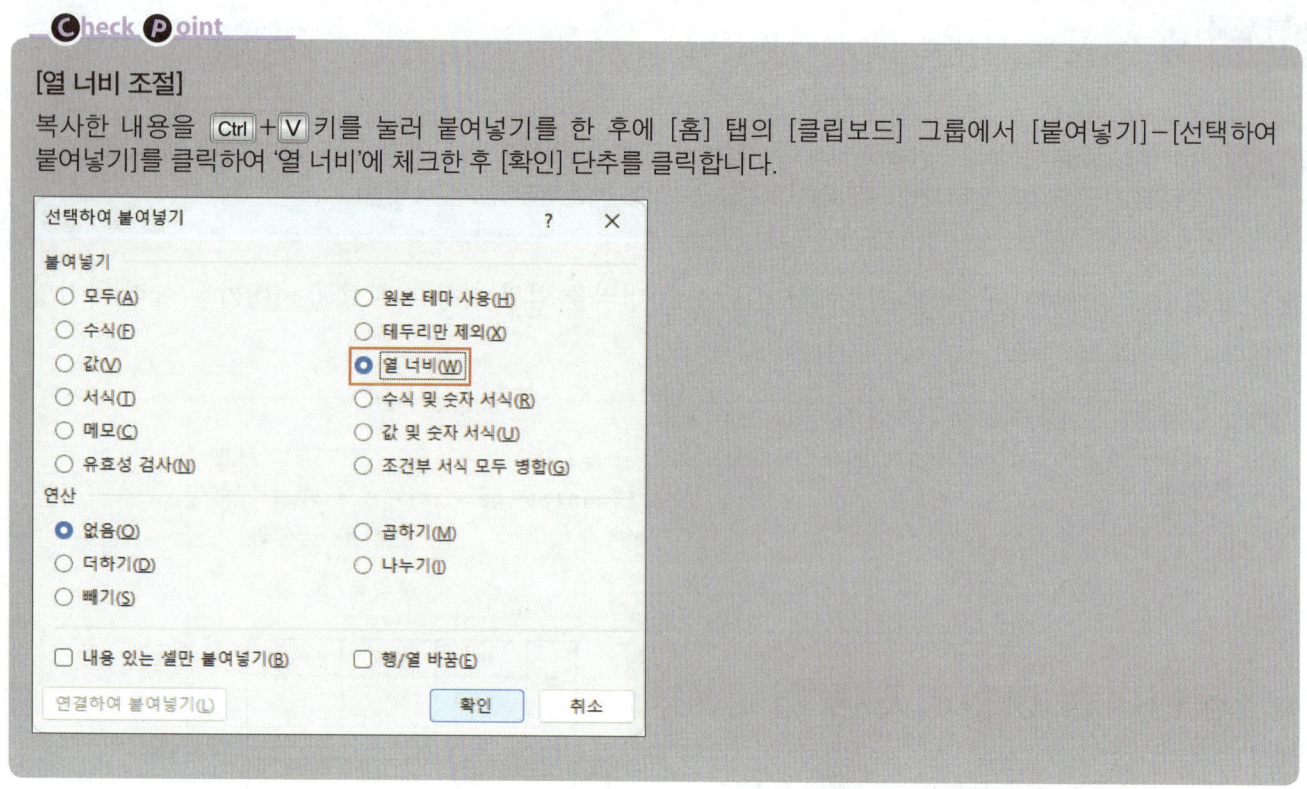

3 [B11:G11] 영역을 범위 지정한 후 [홈] 탭의 [맞춤] 그룹에서 [병합하고 가운데 맞춤] 도구를 클릭한 후 「공제 마일리지의 전체 평균」을 입력합니다.

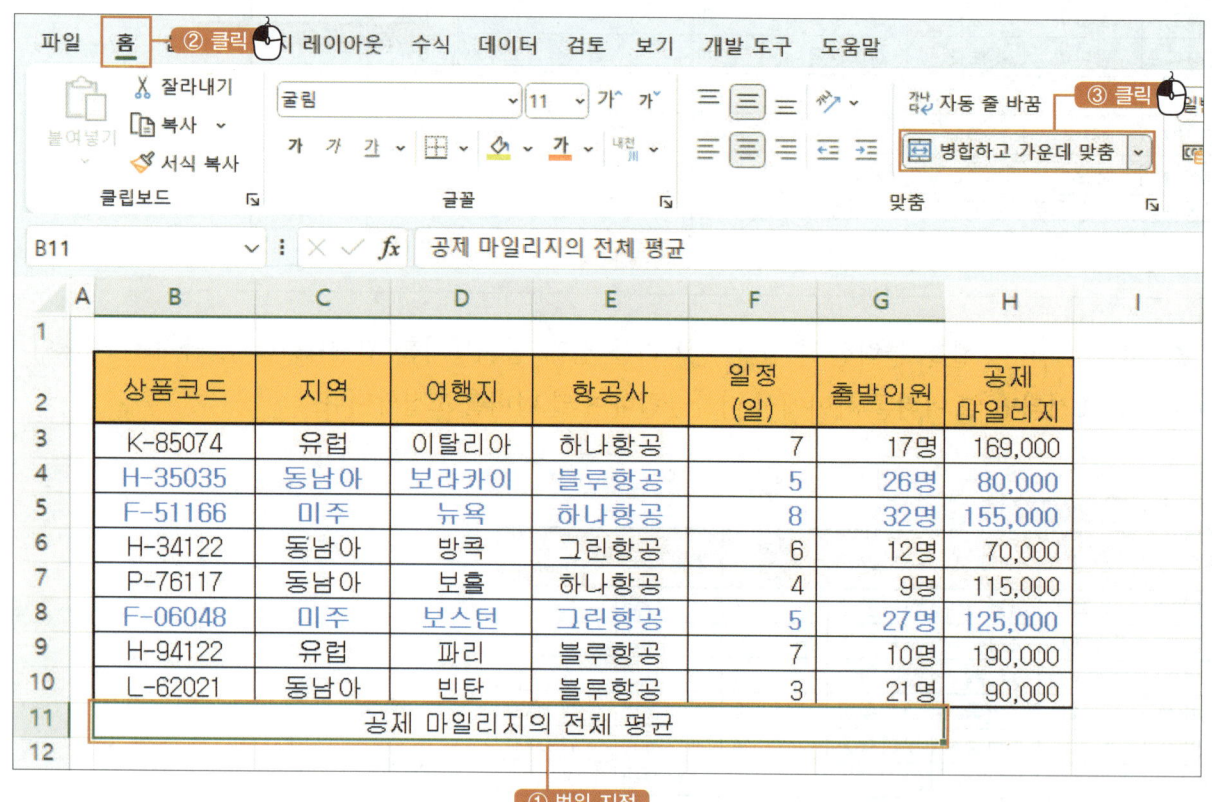

4 [H11] 셀에 「=AVERAGE(H3:H10)」을 입력합니다.

상품코드	지역	여행지	항공사	일정(일)	출발인원	공제 마일리지
K-85074	유럽	이탈리아	하나항공	7	17명	169,000
H-35035	동남아	보라카이	블루항공	5	26명	80,000
F-51166	미주	뉴욕	하나항공	8	32명	155,000
H-34122	동남아	방콕	그린항공	6	12명	70,000
P-76117	동남아	보홀	하나항공	4	9명	115,000
F-06048	미주	보스턴	그린항공	5	27명	125,000
H-94122	유럽	파리	블루항공	7	10명	190,000
L-62021	동남아	빈탄	블루항공	3	21명	90,000
공제 마일리지의 전체 평균						124,250

5 [B11:H11] 영역을 범위 지정한 후 [홈] 탭의 [글꼴] 그룹에서 [테두리 ⊞] 도구의 [모든 테두리]를 클릭합니다.

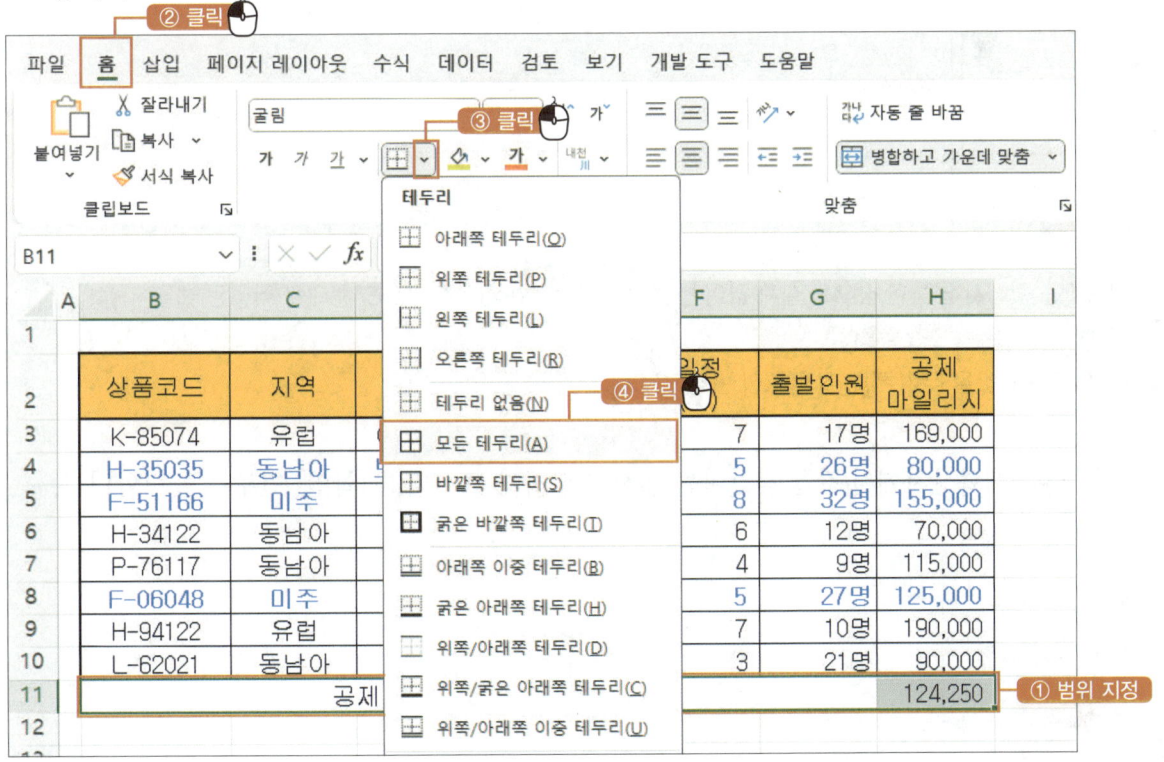

단계 2 목표값 찾기

조건 '공제 마일리지의 전체 평균'이 '125,000'이 되려면 이탈리아의 공제 마일리지가 얼마가 되어야 하는지 목표값을 구하시오.

1 [H11] 셀을 클릭한 후 [데이터] 탭의 [데이터 도구] 그룹에서 [가상 분석]-[목표값 찾기]를 클릭합니다.

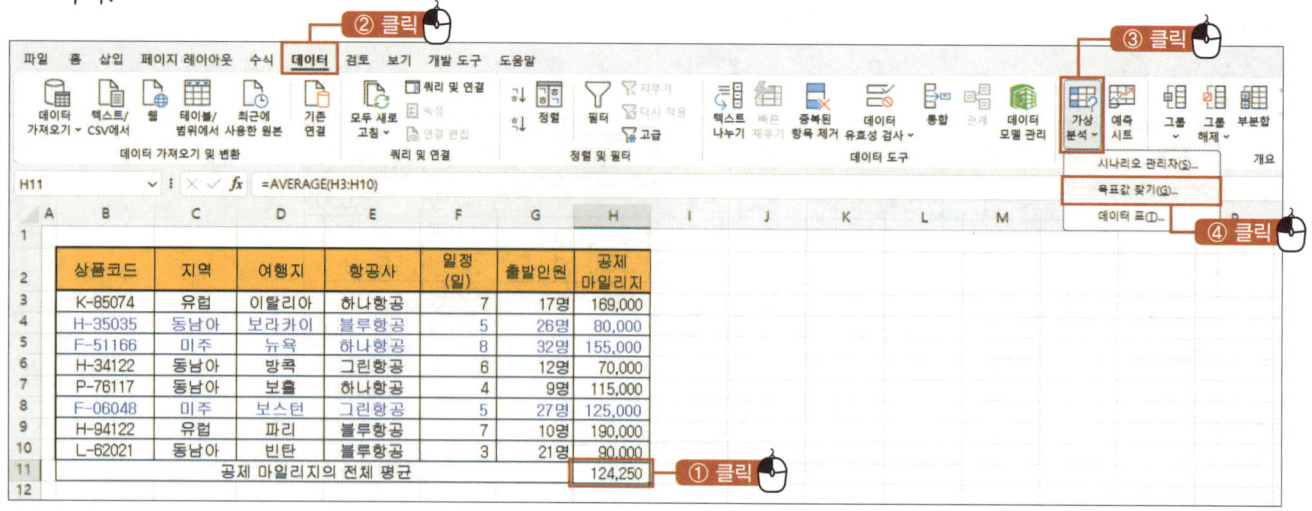

2 [목표값 찾기] 대화상자에서 다음과 같이 입력한 후 [확인] 단추를 클릭합니다.

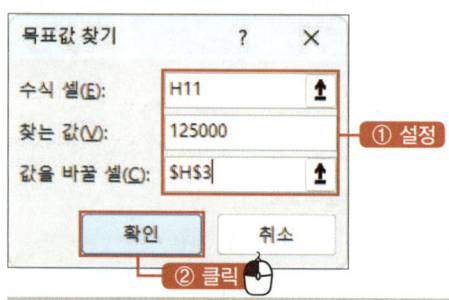

- 수식 셀[H11] : 찾는 값에서 입력한 값으로 실제 값이 변경되는 셀로, 수식(AVERAGE) 형태로 작성된 셀을 지정
- 찾는 값[125000] : 원하는 목표값을 입력
- 값을 바꿀 셀[H3] : 목표값을 찾기 위해 실제 값이 변경되는 셀

3 [목표값 찾기 상태] 대화상자에서 값을 찾았다는 메시지 상자가 표시되면 [확인] 단추를 클릭합니다.

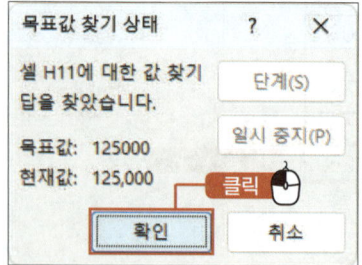

단계 3 고급 필터

조건 일정(일)이 '4' 이하이거나, 출발인원이 '30' 이상인 자료의 여행지, 항공사, 일정(일), 출발인원 데이터만 추출하시오.
- 조건 범위 : 「B14」 셀부터 입력하시오.
- 복사 위치 : 「B18」 셀부터 나타나도록 하시오.

1 '제2작업' 시트에 조건을 입력하기 위해 [F2] 셀의 '일정(일)'과 [G2] 셀의 '출발인원'을 범위 지정한 후 Ctrl + C 키를 눌러 복사합니다.

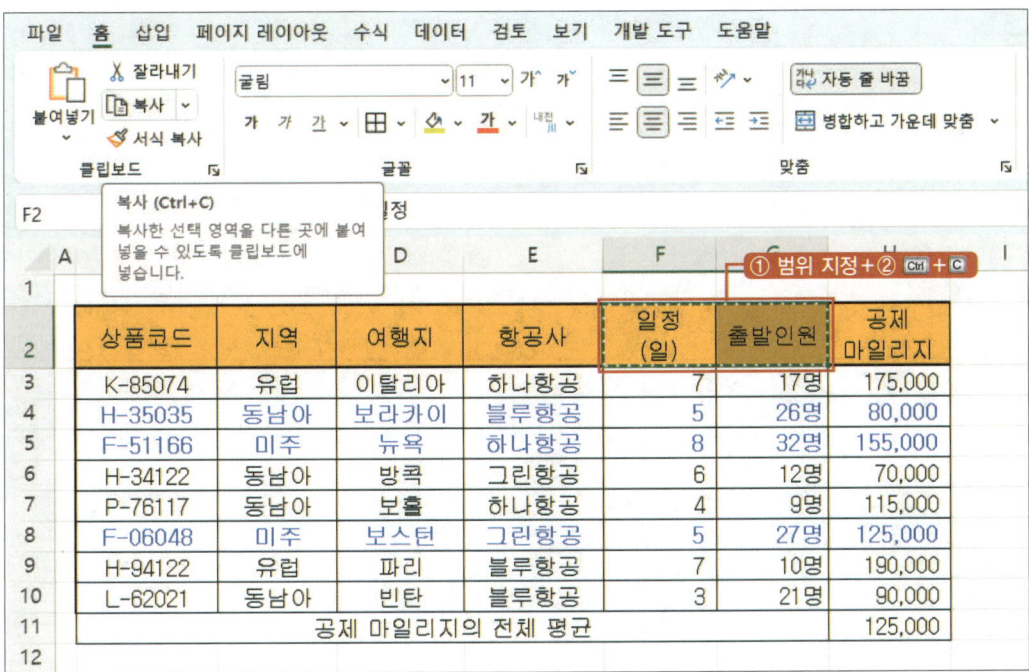

2 조건 위치 [B14] 셀을 클릭한 후 Ctrl + V 키를 눌러 붙여넣기를 합니다.

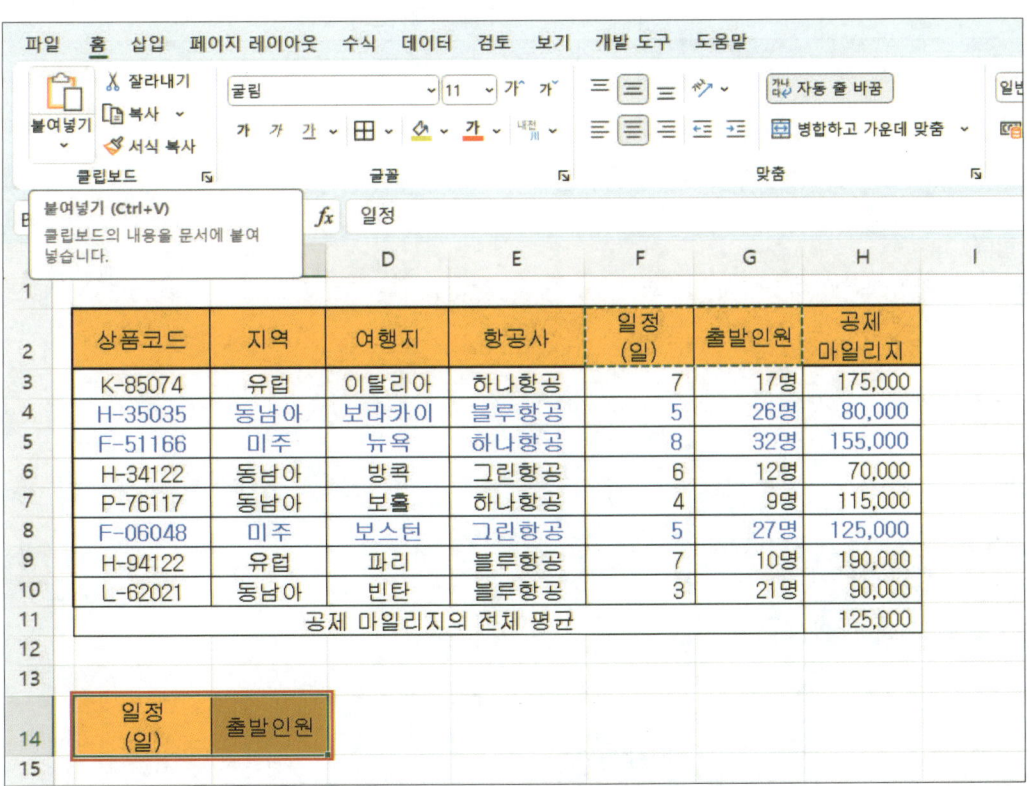

Check Point

조건을 직접 입력할 경우 띄어쓰기 등의 오류가 발생할 수 있으므로 반드시 필드를 복사하여 붙여넣기를 해야 합니다.

3 [B15] 셀에 「<=4」, [C16] 셀에 「>=30」을 입력합니다.

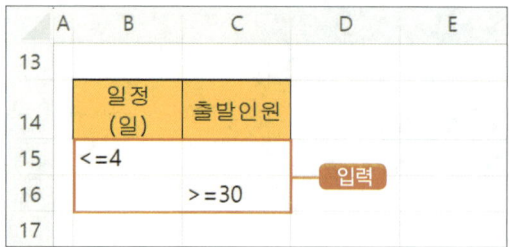

Check Point

- 비교 연산자

>	>=	<	<=	=	<>
크다 초과	크거나 같다 이상	작다 미만	작거나 같다 이하	같다	같지 않다

- 문자를 대신하는 기호

	*(별표)		?(물음표)
유*	'유'로 시작하는 모든 문자	유?	'유'로 시작하는 두 글자
*유	'유'로 끝나는 모든 문자	?유	'유'로 끝나는 두 글자
유	'유'를 포함하는 모든 문자	?유?	세 글자 중 가운데 글자가 '유'인 글자
		유??	'유'로 시작하는 세 글자

Check Point

AND와 OR 조건

- AND 조건(같은 행에 입력)

  일정(일)이 '<=4'이고 출발인원이 '>=30' 이상인 조건

	A	B	C	D
13				
14		일정(일)	출발인원	
15		<=4	>=30	
16				

- OR 조건(다른 행에 입력)

  일정(일)이 '<=4'이거나 출발인원이 '>=30' 이상인 조건

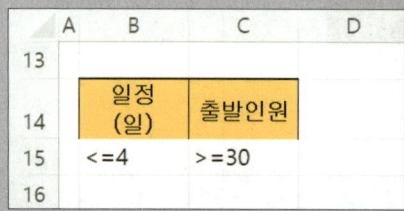

94 백발백중 ITQ 엑셀 2021

4 여행지, 항공사, 일정(일), 출발인원을 추출하기 위해 [D2:G2] 영역의 범위를 지정한 후 Ctrl + C 키를 눌러 복사합니다.

상품코드	지역	여행지	항공사	일정(일)	출발인원	공제 마일리지
K-85074	유럽	이탈리아	하나항공	7	17명	175,000
H-35035	동남아	보라카이	블루항공	5	26명	80,000
F-51166	미주	뉴욕	하나항공	8	32명	155,000
H-34122	동남아	방콕	그린항공	6	12명	70,000
P-76117	동남아	보홀	하나항공	4	9명	115,000
F-06048	미주	보스턴	그린항공	5	27명	125,000
H-94122	유럽	파리	블루항공	7	10명	190,000
L-62021	동남아	빈탄	블루항공	3	21명	90,000
공제 마일리지의 전체 평균						125,000

일정(일)	출발인원
<=4	
	>=30

5 복사 위치 [B18] 셀을 클릭한 후 Ctrl + V 키를 눌러 붙여넣기를 합니다.

상품코드	지역	여행지	항공사	일정(일)	출발인원	공제 마일리지
K-85074	유럽	이탈리아	하나항공	7	17명	175,000
H-35035	동남아	보라카이	블루항공	5	26명	80,000
F-51166	미주	뉴욕	하나항공	8	32명	155,000
H-34122	동남아	방콕	그린항공	6	12명	70,000
P-76117	동남아	보홀	하나항공	4	9명	115,000
F-06048	미주	보스턴	그린항공	5	27명	125,000
H-94122	유럽	파리	블루항공	7	10명	190,000
L-62021	동남아	빈탄	블루항공	3	21명	90,000
공제 마일리지의 전체 평균						125,000

일정(일)	출발인원
<=4	
	>=30

여행지	항공사	일정(일)	출발인원

6 [B2:H10] 영역을 범위 지정한 후 [데이터] 탭의 [정렬 및 필터] 그룹에서 [고급]을 클릭합니다.

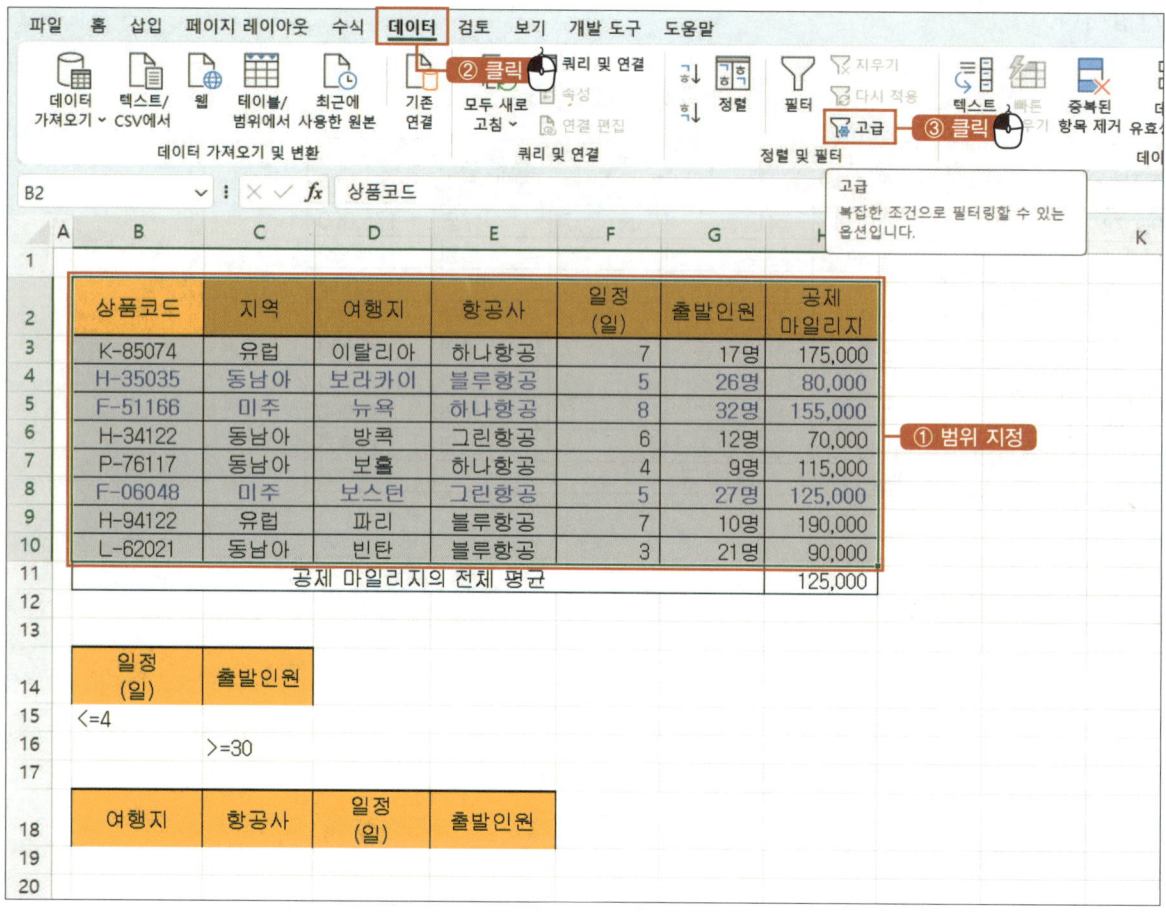

7 [고급 필터] 대화상자에 다음과 같이 입력하고 [확인] 단추를 클릭합니다.

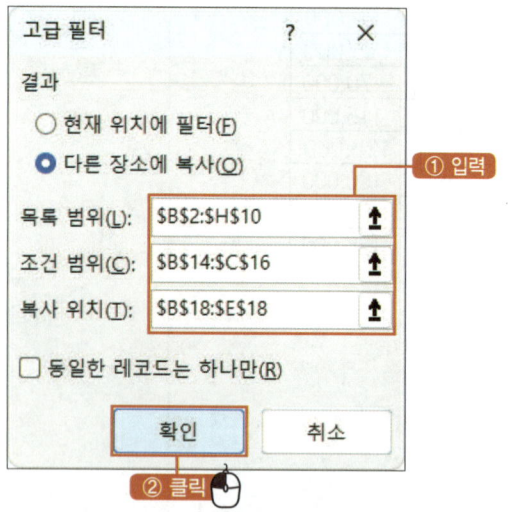

- 결과[다른 장소에 복사] : 다른 위치에 결과를 추출하기 위해 지정
- 목록 범위[B2:H10] : 실제 가져올 데이터가 있는 위치
- 조건 범위[B14:C16] : 조건을 입력한 영역
- 복사 위치[B18:E18] : 데이터를 추출하여 실제 표시할 위치

Check Point

[고급 필터] 대화상자
- 현재 위치에 필터 : 원본 목록에 필터링한 결과를 표시
- 다른 장소에 복사 : 필터링한 결과를 다른 위치에 표시
- 목록 범위 : 원본 데이터 목록
- 조건 범위 : 필터링할 조건을 입력한 범위
- 복사 위치 : '다른 장소에 복사'를 선택했을 때만 활성화가 되며, 필터 결과를 표시할 위치
- 동일한 레코드는 하나만 : 필터링 결과 중 같은 레코드가 있을 때 하나만 표시

8 조건에 만족한 데이터가 추출되었는지 확인 후 [파일]-[저장] 또는 [빠른 실행 도구 모음]의 [저장 🖫]을 클릭합니다.

	여행지	항공사	일정(일)	출발인원
			<=4	
				>=30
	여행지	항공사	일정(일)	출발인원
	뉴욕	하나항공	8	32명
	보홀	하나항공	4	9명
	빈탄	블루항공	3	21명

실력 향상을 위한 실전 연습문제

● 예제/정답 파일은 [자료실]에서 다운로드하세요.

● 예제 파일 : 실전목표값1.xlsx, 정답 파일 : 실전목표값1(정답).xlsx

18 다음 조건에 따라 엑셀 파일을 작성하시오.

☞ "제1작업" 시트의 「B4:H12」 영역을 복사하여 "제2작업" 시트의 「B2」 셀부터 모두 붙여넣기를 한 후 다음의 조건과 같이 작업하시오.

조건

(1) 목표값 찾기 – 「B11:G11」 셀을 병합하여 "최저가격의 전체 평균"을 입력한 후 「H11」 셀에 최저가격의 전체 평균을 구하시오. 단, 조건은 입력 데이터를 이용하시오.
　　(AVERAGE 함수, 테두리, 가운데 맞춤)
　– '최저가격의 전체 평균'이 '2,000'이 되려면 판피린큐의 최저가격이 얼마가 되어야 하는지 목표값을 구하시오.

(2) 고급 필터 – 구분이 '소화제'가 아니면서, 최저가격이 '1,000' 이상인 자료의 제품명, 제조사, 규격(ml/캡슐/g), 평균가격(원) 데이터만 추출하시오.
　– 조건 범위 : 「B14」 셀부터 입력하시오.
　– 복사 위치 : 「B18」 셀부터 나타나도록 하시오.

출력형태

코드	제품명	제조사	구분	규격(ml/캡슐/g)	평균가격(원)	최저가격
DH1897	위생천	광동제약	소화제	75	580	500원
HY1955	챔프	동아제약	해열진통제	10	2,000	1,600원
DA1956	판피린큐	동아제약	해열진통제	20	400	530원
DG1985	애시논액	동아제약	소화제	10	4,800	4,150원
GY1958	포타디연고	삼일제약	외용연고제	75	500	400원
SE1987	부루펜시럽	삼일제약	해열진통제	90	4,300	3,900원
HD1957	생록천	광동제약	소화제	75	500	420원
DH1980	후시딘	동화약품	외용연고제	10	5,200	4,500원
최저가격의 전체 평균						2,000원

구분	최저가격
<>소화제	>=1000

제품명	제조사	규격(ml/캡슐/g)	평균가격(원)
챔프	동아제약	10	2,000
부루펜시럽	삼일제약	90	4,300
후시딘	동화약품	10	5,200

실력 향상을 위한 실전 연습문제

- 예제/정답 파일은 [자료실]에서 다운로드하세요.

● 예제 파일 : 실전목표값2.xlsx, 정답 파일 : 실전목표값2(정답).xlsx

19 다음 조건에 따라 엑셀 파일을 작성하시오.

☞ "제1작업" 시트의 「B4:H12」 영역을 복사하여 "제2작업" 시트의 「B2」 셀부터 모두 붙여넣기를 한 후 다음의 조건과 같이 작업하시오.

조건

(1) 목표값 찾기 – 「B11:G11」 셀을 병합하여 "대여수량의 전체 평균"을 입력한 후 「H11」 셀에 대여수량의 전체 평균을 구하시오. 단, 조건은 입력 데이터를 이용하시오(AVERAGE 함수, 테두리, 가운데 맞춤).
– '대여수량의 전체 평균'이 '15'가 되려면 워크어라운드의 대여수량이 얼마가 되어야 하는지 목표값을 구하시오.

(2) 고급 필터 – 대여기간이 '12' 이상이거나, 판매가격(단위:원)이 '100,000' 이상인 자료의 제품명, 분류, 4주 대여가격(단위:원), 대여수량 데이터만 추출하시오.
– 조건 범위 : 「B14」 셀부터 입력하시오.
– 복사 위치 : 「B18」 셀부터 나타나도록 하시오.

출력형태

	A	B	C	D	E	F	G	H
1								
2		대여코드	제품명	분류	대여기간	판매가격(단위:원)	4주 대여가격(단위:원)	대여수량
3		GW-03	페달트랙터	자동차	15주	125,000	33,000	17
4		CE-13	레이싱카	자동차	5주	65,000	28,000	19
5		DC-12	워크어라운드	쏘서	6주	95,000	33,000	16
6		PK-01	물놀이세트	놀이세트	12주	17,000	33,000	15
7		DW-01	디보쏘서	쏘서	10주	105,000	26,000	12
8		CQ-02	미니카	자동차	6주	78,000	28,000	20
9		WB-12	구름빵 놀이터	놀이세트	8주	42,000	23,000	14
10		PX-02	스포츠센터	놀이세트	10주	56,000	30,000	7
11		대여수량의 전체 평균						15
12								
13								
14		대여기간	판매가격(단위:원)					
15		>=12						
16			>=100000					
17								
18		제품명	분류	4주 대여가격(단위:원)	대여수량			
19		페달트랙터	자동차	33,000	17			
20		물놀이세트	놀이세트	33,000	15			
21		디보쏘서	쏘서	26,000	12			
22								

Section 7

[제2작업] 필터 및 서식

고급 필터는 조건에 만족한 데이터를 다른 위치에 추출할 수 있는 기능으로 필터 조건을 파악하여 조건을 지정된 범위 내에 입력한 후에 지정된 복사 위치에 데이터를 추출합니다.

[제 2 작업] 필터 및 서식 (80점) ●예제 파일 : 고급필터.xlsx, 정답 파일 : 고급필터(정답).xlsx

☞ "제1작업" 시트의 「B4:H12」 영역을 복사하여 "제2작업" 시트의 「B2」 셀부터 모두 붙여넣기를 한 후 다음의 조건과 같이 작업하시오.

≪조건≫

(1) 고급 필터 – 지역이 '동남아'이고 공제 마일리지 '80000' 이상인 자료의 데이터만 추출하시오.
　　　　　　 – 조건 범위 : 「B13」 셀부터 입력하시오.
　　　　　　 – 복사 위치 : 「B18」 셀부터 나타나도록 하시오.

(2) 표 서식 – 고급 필터의 결과 셀을 채우기 없음으로 설정한 후 '파랑, 표 스타일 보통2'의 서식을 적용하시오.
　　　　　 – 머리글 행, 줄무늬 행을 적용하시오.

핵심 체크

① 문제의 조건을 파악(AND 조건, OR 조건)
② 조건 입력
③ [데이터] 탭의 [정렬 및 필터] 그룹에서 [고급]
④ [홈] 탭의 [스타일] 그룹에서 [표 서식]

단계 1 데이터 복사

> **조건** "제1작업" 시트의 「B4:H12」 영역을 복사하여 "제2작업" 시트의 「B2」 셀부터 모두 붙여넣기를 한 후 다음의 조건과 같이 작업하시오.

1 '고급필터.xlsx' 파일의 '제1작업' 시트에서 [B4:H12] 영역을 범위 지정한 후 Ctrl + C 키를 눌러 복사합니다.

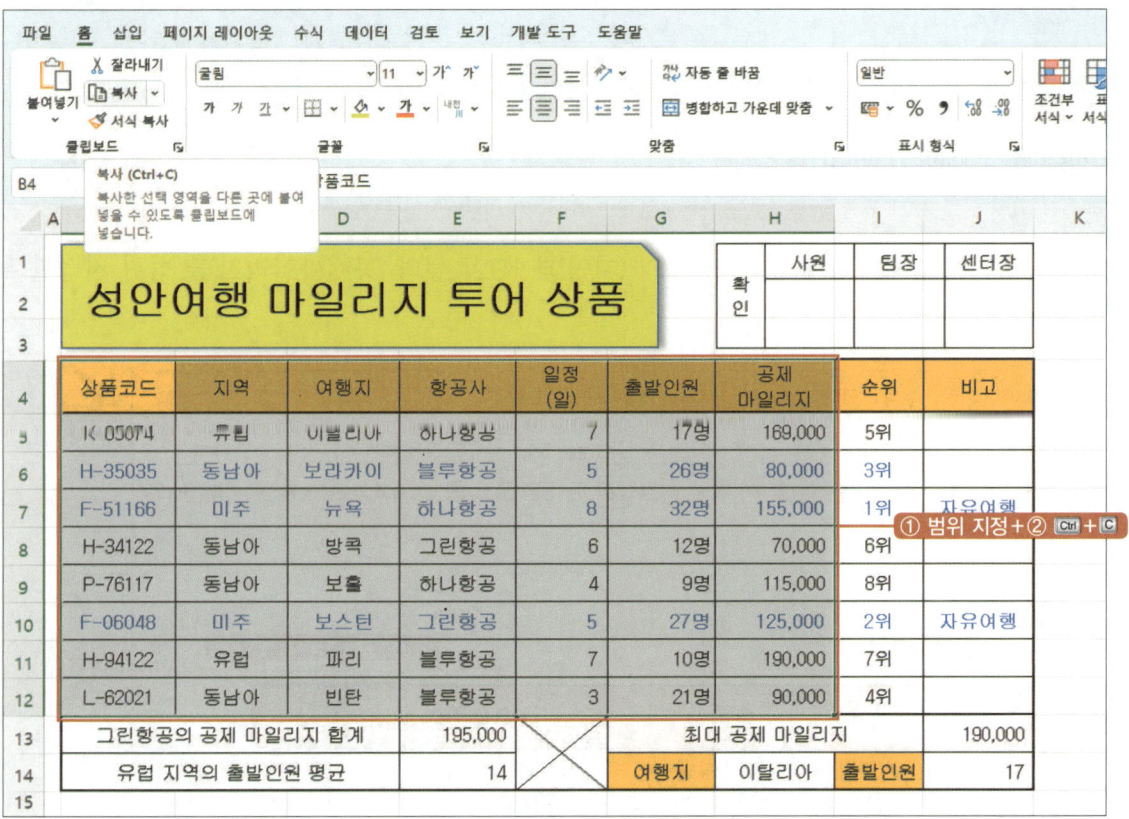

2 '제2작업' 시트의 [B2] 셀을 클릭한 후 Ctrl + V 키를 눌러 붙여넣기를 합니다. 만약, 복사된 내용이 #####으로 표시되면 열 머리글 사이에서 더블클릭하여 열 너비를 조절합니다.

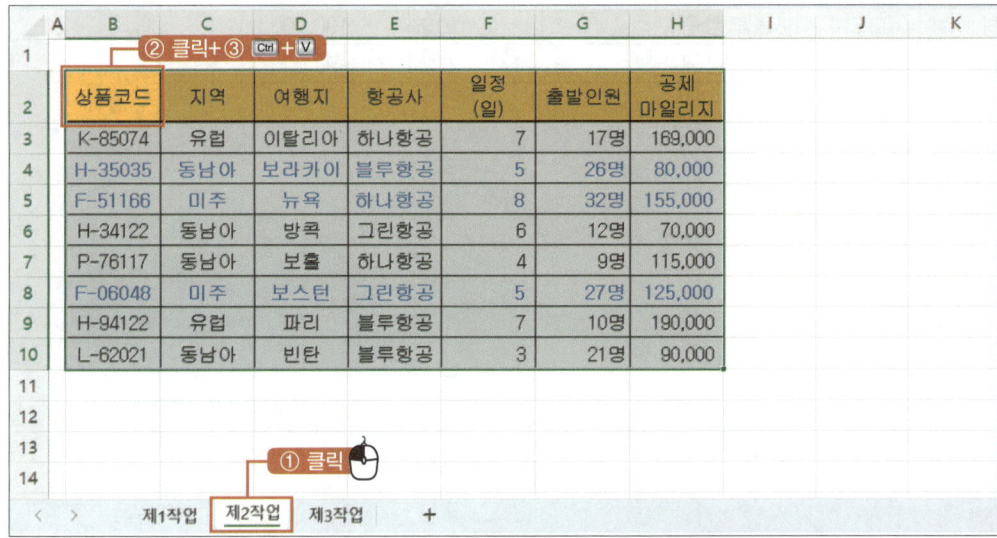

Check Point

[열 너비 조절]
복사한 내용을 Ctrl+V 키를 눌러 붙여넣기를 한 후에 [홈] 탭의 [클립보드] 그룹의 [붙여넣기]-[선택하여 붙여넣기]를 클릭하여 '열 너비'를 체크한 후 [확인] 단추를 클릭합니다.

단계 2 고급 필터

> **조건**
> 지역이 '동남아'이고 공제 마일리지 '80000' 이상인 자료의 데이터만 추출하시오.
> - 조건 범위 : 「B13」 셀부터 입력하시오.
> - 복사 위치 : 「B18」 셀부터 나타나도록 하시오.

1 '제2작업' 시트에 조건을 입력하기 위해 [C2] 셀의 '지역'과 [H2] 셀의 '공제마일리지'를 범위 지정한 후 Ctrl+C 키를 눌러 복사합니다.

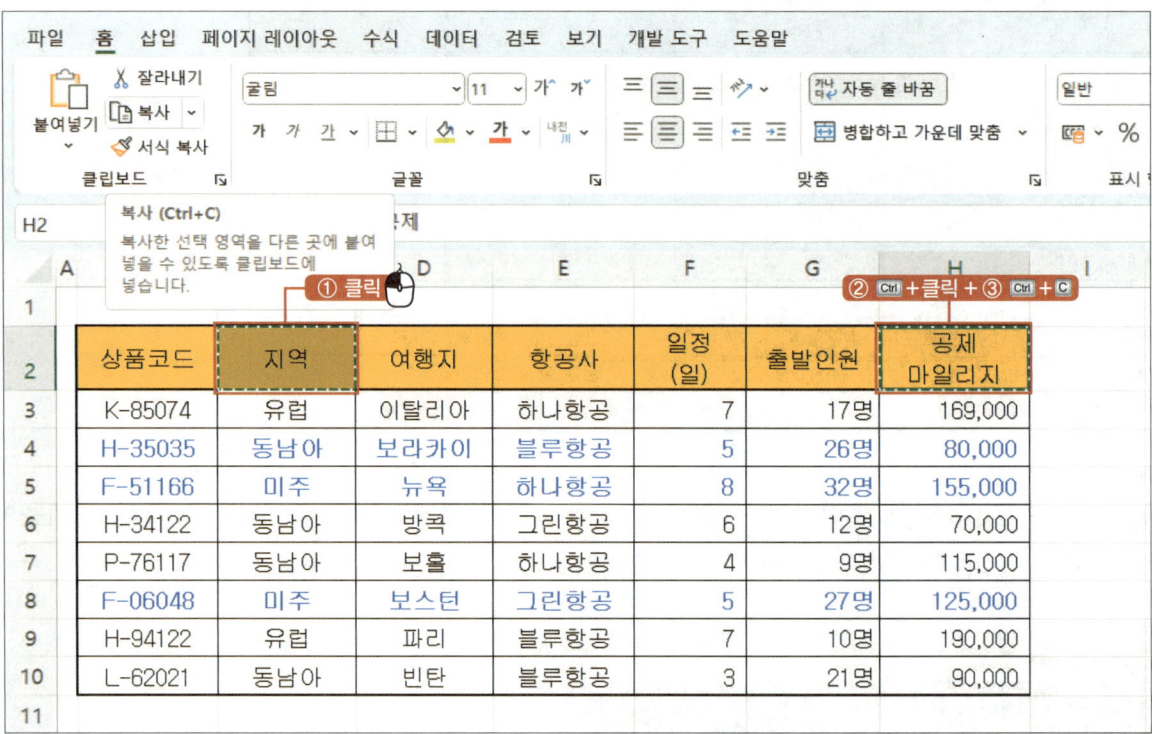

2 조건 위치 [B13] 셀을 클릭한 후 Ctrl + V 키를 눌러 붙여넣기를 합니다.

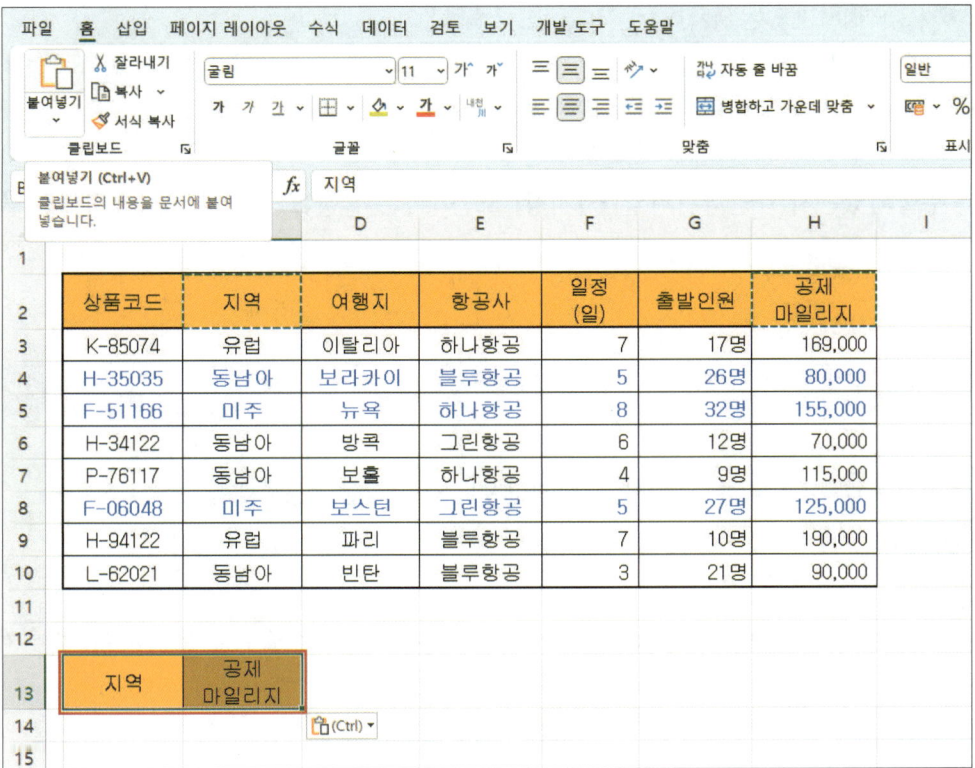

3 [B14] 셀에 「동남아」, [C14] 셀에 「>=80000」을 입력합니다.

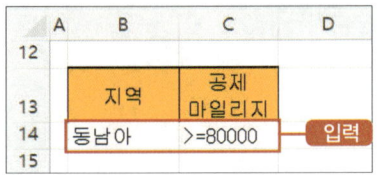

4 [B2:H10] 영역을 범위 지정한 후 [데이터] 탭의 [정렬 및 필터] 그룹에서 [고급]을 클릭합니다.

5 [고급 필터] 대화상자에 다음과 같이 입력하고 [확인] 단추를 클릭합니다.

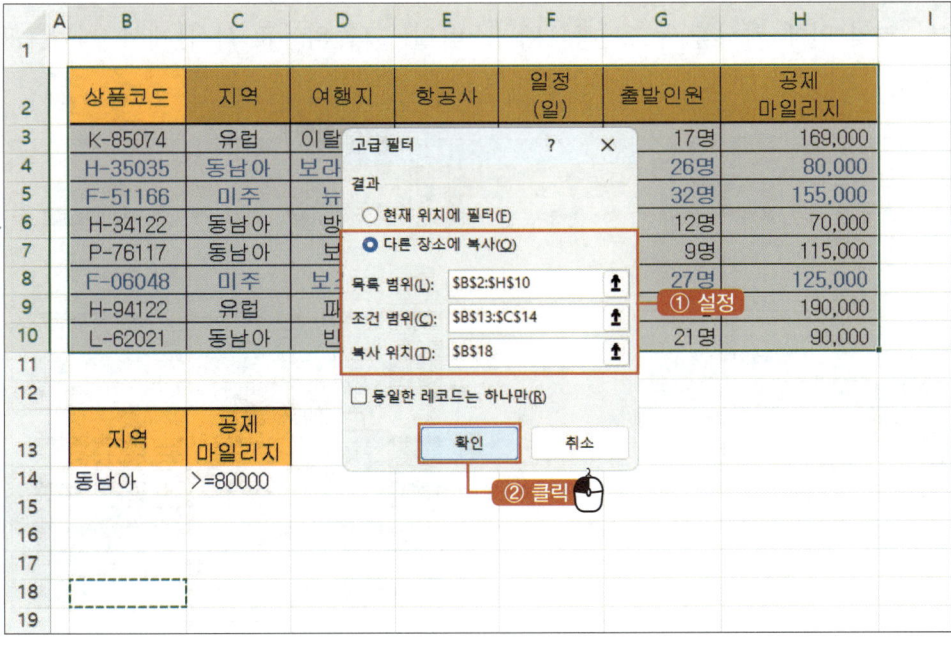

- 결과[다른 장소에 복사] : 다른 위치에 결과를 추출하기 위해 지정
- 목록 범위[B2:H10] : 실제 가져올 데이터가 있는 위치
- 조건 범위[B13:C14] : 조건을 입력한 영역
- 복사 위치[B18] : 데이터를 추출하여 실제 표시할 위치(모든 데이터를 추출할 때는 시작하는 셀만 지정)

6 조건에 만족한 데이터가 추출되었는지 확인 후 [파일]-[저장] 또는 [빠른 실행 도구 모음]의 [저장 🖫]을 클릭합니다.

단계 3 표 서식

> **조건** 고급 필터의 결과 셀을 채우기 없음으로 설정한 후 '파랑, 표 스타일 보통 2'의 서식을 적용하시오.
> 머리글 행, 줄무늬 행을 적용하시오.

1 [B18:H21] 영역을 범위 지정한 후 [홈] 탭의 [글꼴] 그룹에서 [채우기 색 🖎] 도구를 클릭하여 '채우기 없음'을 클릭합니다.

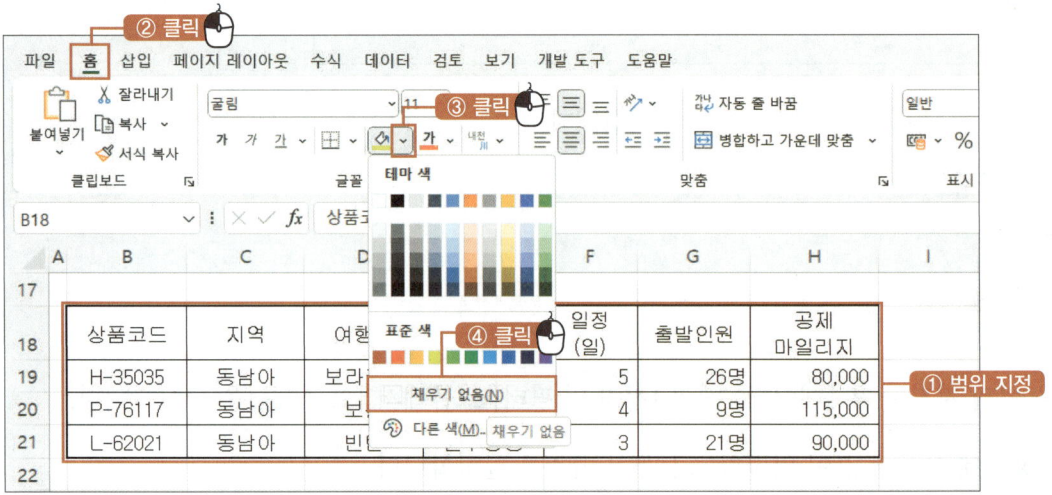

2 고급 필터 결과[B18:H21] 영역 안에 커서를 두고 [홈] 탭 [스타일] 그룹의 [표 서식]에서 '파랑, 표 스타일 보통 2'를 클릭합니다.

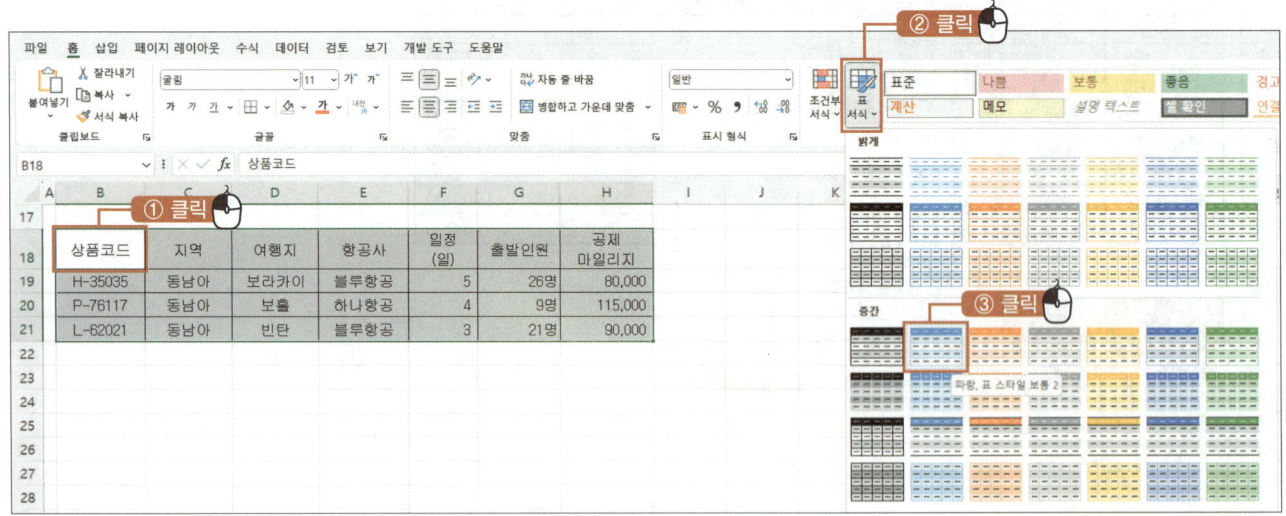

3 [표 만들기] 대화상자에서 [B18:H21] 영역이 지정되어 있는지 확인 후 [확인] 단추를 클릭합니다.

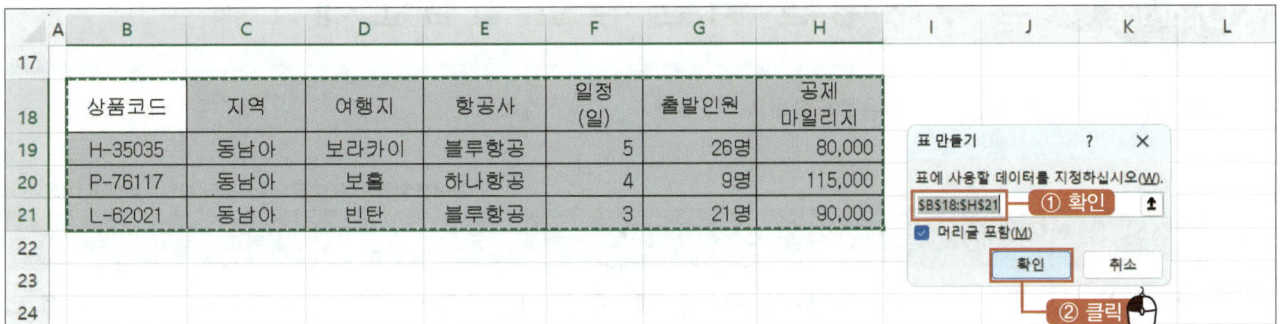

4 [테이블 디자인] 탭의 [표 스타일 옵션]에서 '머리글 행', '줄무늬 행'이 체크되어 있는지 확인합니다.

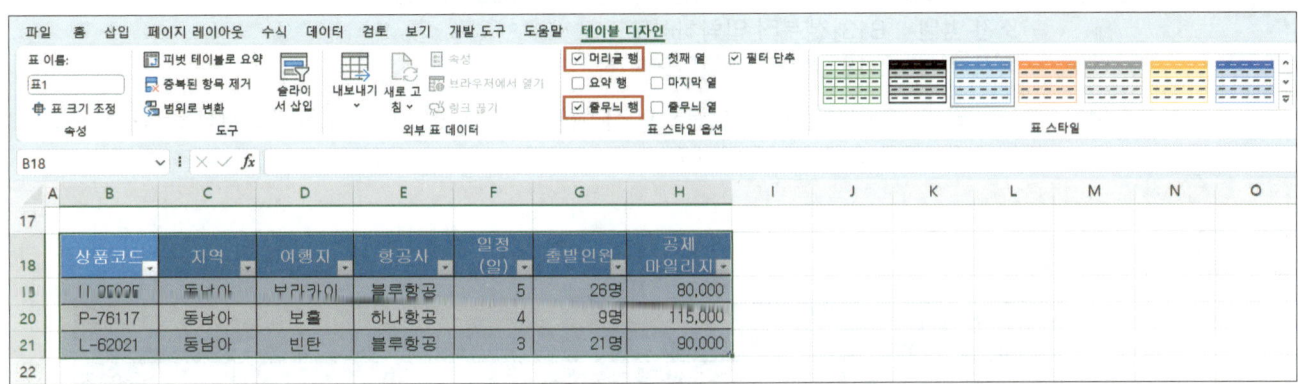

실력 향상을 위한 실전 연습문제

• 예제/정답 파일은 [자료실]에서 다운로드하세요.

● 예제 파일 : 실전고급1.xlsx, 정답 파일 : 실전고급1(정답).xlsx

20 다음 조건에 따라 엑셀 파일을 작성하시오.

☞ "제1작업" 시트의 「B4:H12」 영역을 복사하여 "제2작업" 시트의 「B2」 셀부터 모두 붙여넣기를 한 후 다음의 조건과 같이 작업하시오.

조건

(1) 고급 필터 - 구분이 '소화제'가 아니면서, 평균가격(원)이 '1,000' 이상인 자료의 데이터만 추출하시오.
 - 조건 범위 : 「B13」 셀부터 입력하시오.
 - 복사 위치 : 「B18」 셀부터 나타나도록 하시오.

(2) 표 서식 - 고급 필터의 결과 셀을 채우기 없음으로 설정한 후 '파랑, 표 스타일 보통 6'의 서식을 적용하시오.
 - 머리글 행, 줄무늬 행을 적용하시오.

출력형태

코드	제품명	제조사	구분	규격(ml/캡슬/g)	평균가격(원)	최저가격
HY1955	챔프	동아제약	해열진통제	10	2,000	1,600원
SE1987	부루펜시럽	삼일제약	해열진통제	90	4,300	3,900원
DH1980	후시딘	동화약품	외용연고제	10	5,200	4,500원

● 예제 파일 : 실전고급2.xlsx, 정답 파일 : 실전고급2(정답).xlsx

21 다음 조건에 따라 엑셀 파일을 작성하시오.

☞ "제1작업" 시트의 「B4:H12」 영역을 복사하여 "제2작업" 시트의 「B2」 셀부터 모두 붙여넣기를 한 후 다음의 조건과 같이 작업하시오.

조건

(1) 고급 필터 - 분류가 '자동차'이거나, 판매가격(단위:원)이 '100,000' 이상인 자료의 데이터만 추출하시오.
 - 조건 범위 : 「B13」 셀부터 입력하시오.
 - 복사 위치 : 「B18」 셀부터 나타나도록 하시오.

(2) 표 서식 - 고급 필터의 결과 셀을 채우기 없음으로 설정한 후 '흰색, 표 스타일 보통 4'의 서식을 적용하시오.
 - 머리글 행, 줄무늬 행을 적용하시오.

출력형태

대여코드	제품명	분류	대여기간	판매가격(단위:원)	4주 대여가격(단위:원)	대여수량
GW-03	페달트랙터	자동차	15주	125,000	33,000	17
CE-13	레이싱카	자동차	5주	65,000	28,000	19
DW-01	디보쏘서	쏘서	10주	105,000	26,000	12
CQ-02	미니카	자동차	6주	78,000	28,000	20

Section 8

[제 3 작업] 정렬 및 부분합

부분합을 실행하기 전에 반드시 그룹화할 항목을 기준으로 정렬해야 합니다. 또한 2차 부분합부터는 '새로운 값으로 대치' 체크를 해제한 후 실행합니다. 도출된 부분합 결과에 개요 지우기를 실행합니다.

[제 3 작업] 정렬 및 부분합 (80점)   ●예제 파일 : 부분합.xlsx, 정답 파일 : 부분합(정답).xlsx

☞ "제1작업" 시트의 「B4:H12」 영역을 복사하여 "제3작업" 시트의 「B2」 셀부터 모두 붙여넣기를 한 후 다음의 조건과 같이 작업하시오.

≪조건≫
(1) 부분합 - ≪출력형태≫처럼 정렬하고, 여행지의 개수와 공제 마일리지의 평균을 구하시오.
(2) 개요 - 지우시오.
(3) 나머지 사항은 ≪출력형태≫에 맞게 작성하시오.

≪출력형태≫

	A	B	C	D	E	F	G	H	I
1									
2		상품코드	지역	여행지	항공사	일정(일)	출발인원	공제 마일리지	
3		K-85074	유럽	이탈리아	하나항공	7	17명	169,000	
4		F-51166	미주	뉴욕	하나항공	8	32명	155,000	
5		P-76117	동남아	보홀	하나항공	4	9명	115,000	
6					하나항공 평균			146,333	
7				3	하나항공 개수				
8		H-35035	동남아	보라카이	블루항공	5	26명	80,000	
9		H-94122	유럽	파리	블루항공	7	10명	190,000	
10		L-62021	동남아	빈탄	블루항공	3	21명	90,000	
11					블루항공 평균			120,000	
12				3	블루항공 개수				
13		H-34122	동남아	방콕	그린항공	6	12명	70,000	
14		F-06048	미주	보스턴	그린항공	5	27명	125,000	
15					그린항공 평균			97,500	
16				2	그린항공 개수				
17					전체 평균			124,250	
18				8	전체 개수				
19									

핵심 체크

① 그룹화할 항목으로 정렬([데이터] 탭의 [정렬 및 필터] 그룹에서 [텍스트 오름차순(내림) 정렬] 또는 [정렬])
② [데이터] 탭의 [개요] 그룹에서 [부분합]
③ 2차 부분합 실행 시 '새로운 값으로 대치' 항목의 체크를 해제
④ [데이터] 탭의 [개요] 그룹에서 [그룹 해제]-[개요 지우기]

단계 1   데이터 복사와 데이터 정렬

> **조건**   "제1작업" 시트의 「B4:H12」 영역을 복사하여 "제3작업" 시트의 「B2」 셀부터 모두 붙여넣기를 한 후 다음의 조건과 같이 작업하시오.
> (1) 부분합 – ≪출력형태≫처럼 정렬하고, 여행지의 개수와 공제 마일리지의 평균을 구하시오.

1. '부분합.xlsx' 파일의 '제1작업' 시트에서 [B4:H12] 영역을 범위 지정한 후 Ctrl + C 키를 눌러 복사합니다.

2. '제3작업' 시트의 [B2] 셀을 클릭한 후 Ctrl + V 키를 눌러 붙여넣기를 합니다. 만약, 복사된 내용이 #####으로 표시되면 열 머리글 사이에서 더블클릭하여 열 너비를 조절합니다.

3. [E2] 셀의 '항공사'를 선택한 후 [데이터] 탭의 [정렬 및 필터] 그룹에서 [텍스트 내림차순 정렬 ↓] 도구를 클릭합니다.

   ※ 정렬은 ≪출력형태≫에 제시된 그림을 참고하여 그룹화된 항목을 기준으로 정렬 기준이 되고, '오름차순'인지 '내림차순'인지를 판단합니다.

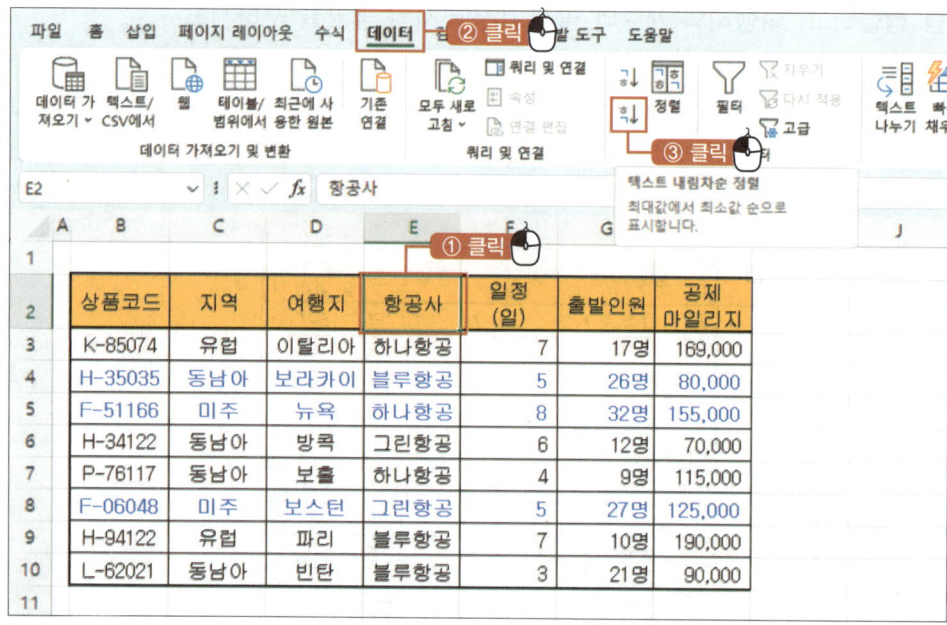

4. '항공사'를 기준으로 내림차순 되어 있는지 확인합니다.

상품코드	지역	여행지	항공사	일정(일)	출발인원	공제 마일리지
K-85074	유럽	이탈리아	하나항공	7	17명	169,000
F-51166	미주	뉴욕	하나항공	8	32명	155,000
P-76117	동남아	보홀	하나항공	4	9명	115,000
H-35035	동남아	보라카이	블루항공	5	26명	80,000
H-94122	유럽	파리	블루항공	7	10명	190,000
L-62021	동남아	빈탄	블루항공	3	21명	90,000
H-34122	동남아	방콕	그린항공	6	12명	70,000
F-06048	미주	보스턴	그린항공	5	27명	125,000

단계 2 부분합

> **조건** (1) 부분합 – 《출력형태》처럼 정렬하고, 여행지의 개수와 공제 마일리지의 평균을 구하시오.

1 데이터 안쪽에 커서를 두고 [데이터] 탭의 [개요] 그룹에서 [부분합 ▦]을 클릭합니다.

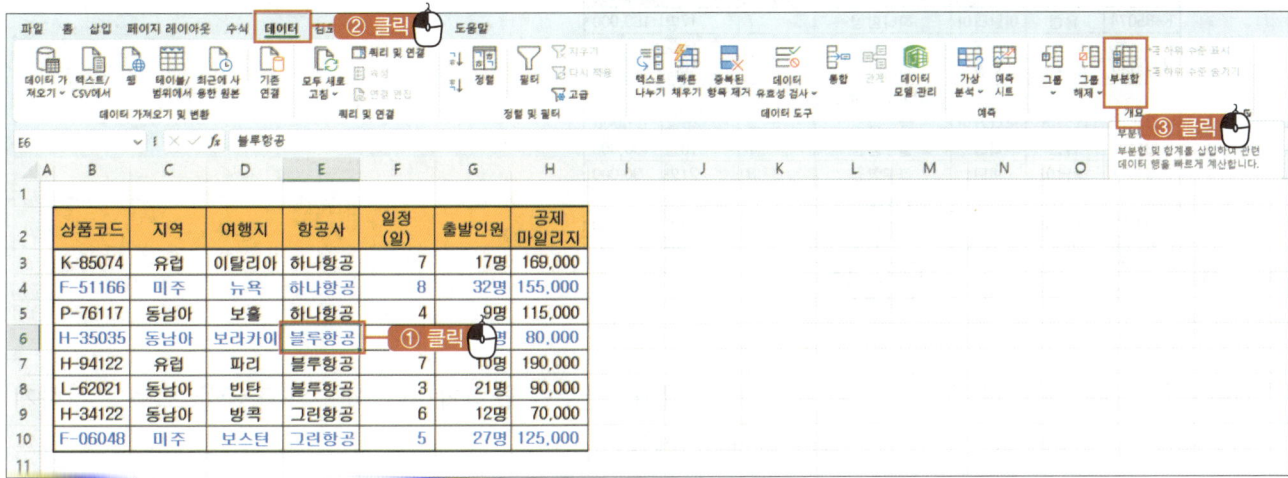

2 [부분합] 대화상자에서 다음과 같이 지정하고 [확인] 단추를 클릭합니다.

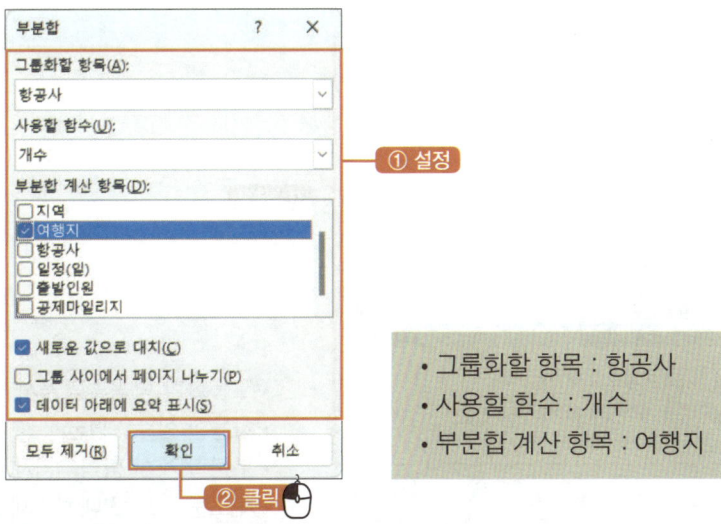

- 그룹화할 항목 : 항공사
- 사용할 함수 : 개수
- 부분합 계산 항목 : 여행지

Check Point

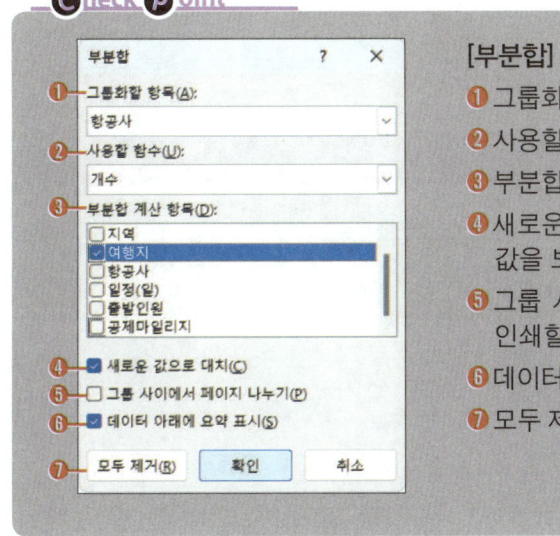

[부분합] 대화상자

❶ 그룹화할 항목 : 부분합을 구할 기준 필드를 지정(정렬된 필드)
❷ 사용할 함수 : 부분합을 계산할 때 사용할 함수 선택
❸ 부분합 계산 항목 : 부분합을 계산할 필드 선택
❹ 새로운 값으로 대치 : 기존 값을 새로운 부분합 값으로 대치할지, 기존 값을 보존하고 새로운 부분합을 추가로 표시할지 선택
❺ 그룹 사이에서 페이지 나누기 : 그룹과 그룹 사이에 페이지를 나누어 인쇄할지, 하나의 용지에 연속적으로 인쇄할지 결정
❻ 데이터 아래에 요약 표시 : 요약 결과를 표시할지 결정
❼ 모두 제거 : 부분합을 해제할 때 사용

3 데이터 안쪽에 커서를 두고 다시 [데이터] 탭의 [개요] 그룹에서 [부분합]을 클릭합니다.

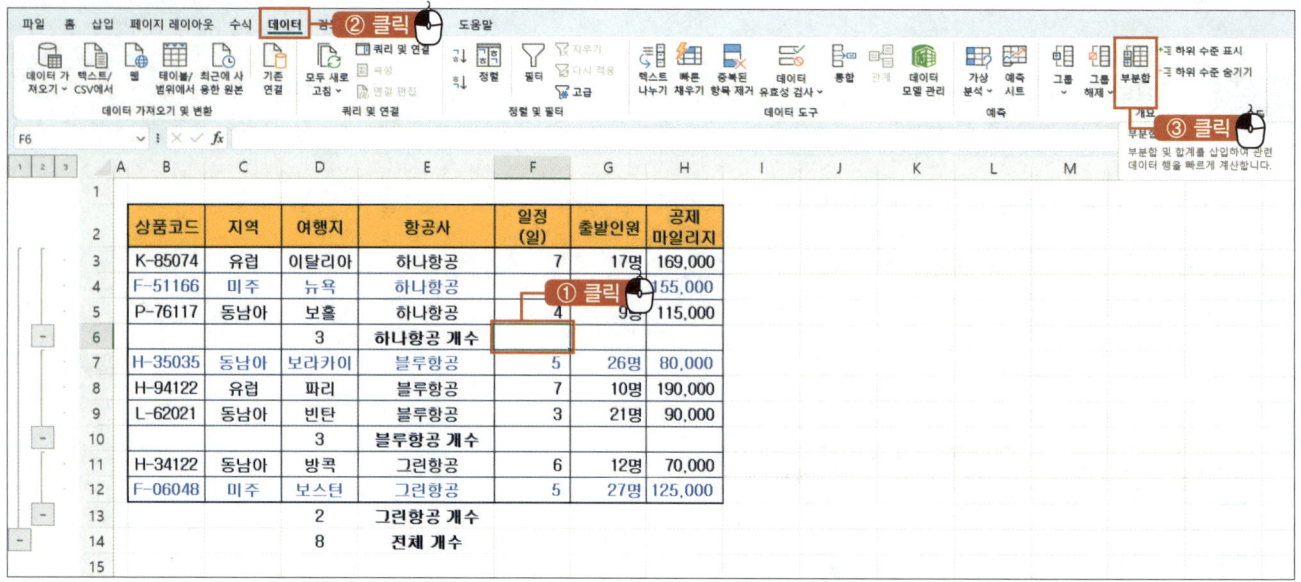

4 [부분합] 대화상자에서 다음과 같이 지정하고 [확인] 단추를 클릭합니다. 개수와 평균을 모두 표시하기 위해서는 꼭 새로운 값으로 대치가 해제되어야 합니다.

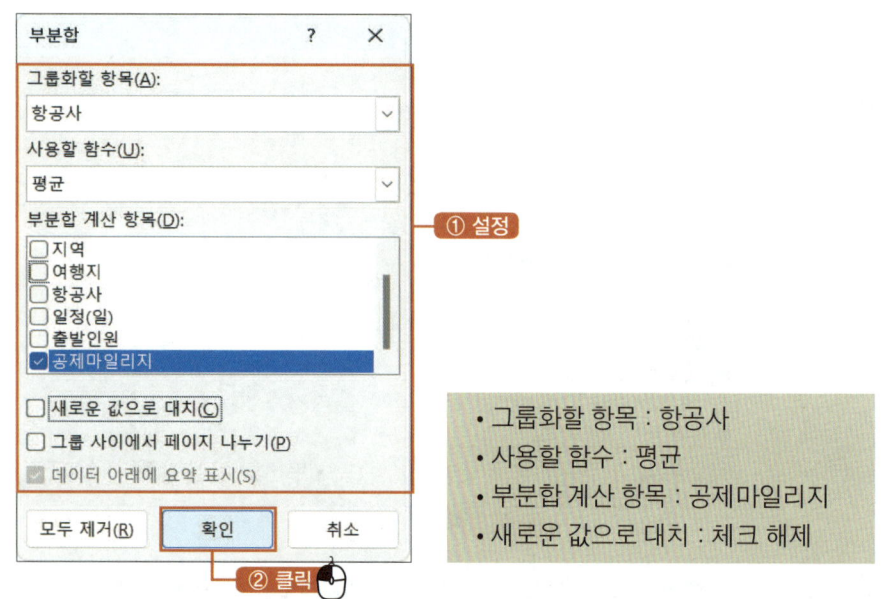

- 그룹화할 항목 : 항공사
- 사용할 함수 : 평균
- 부분합 계산 항목 : 공제마일리지
- 새로운 값으로 대치 : 체크 해제

단계 3 개요 지우기

조건 (2) 개요 – 지우시오.

1 데이터 안쪽에 커서를 두고 [데이터] 탭의 [개요] 그룹에서 [그룹 해제 🔲]-[개요 지우기]를 클릭합니다.

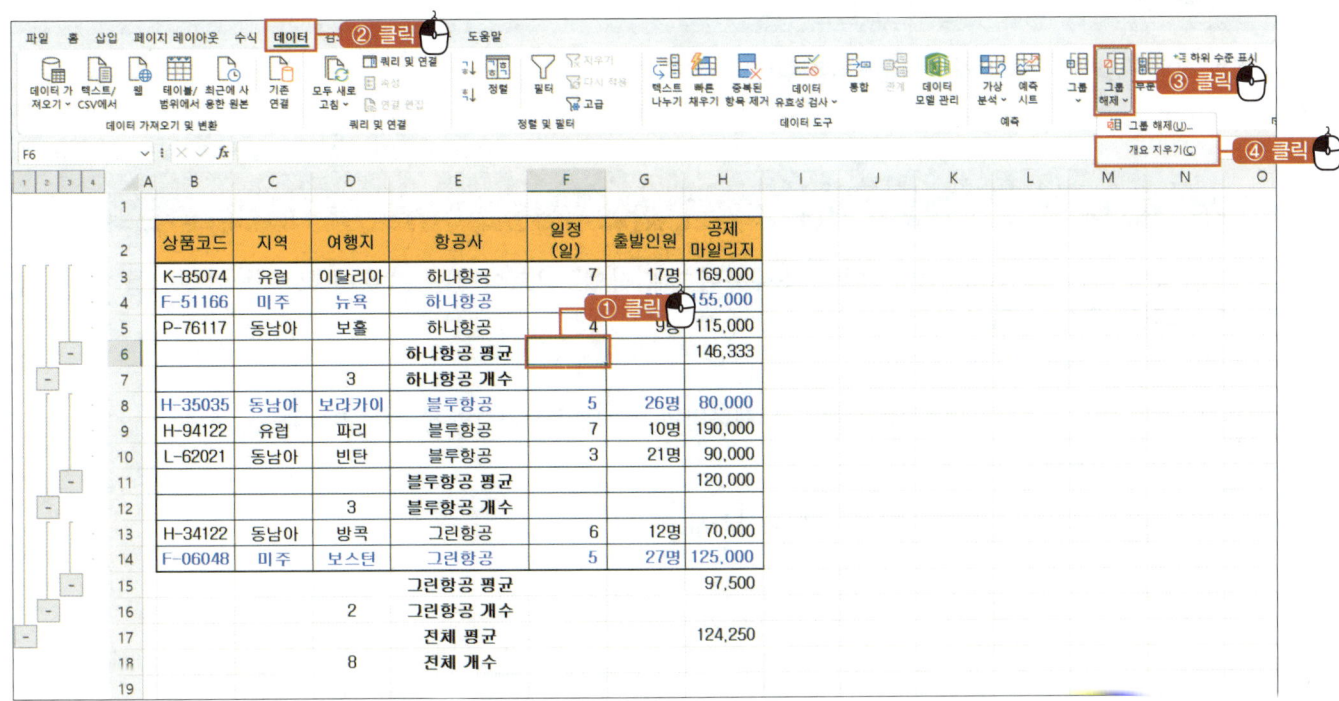

Check Point

개요 기호

- 1 : 전체 결과만 표시
- 2 : 부분합의 결과 표시
- 3 : 부분합의 결과, 데이터를 표시
- − : 하위 그룹 데이터를 숨기고 부분합의 결과만 표시
- + : 하위 그룹 데이터와 부분합의 결과 표시

2 부분합의 개요가 지워지면 [파일]-[저장] 또는 [빠른 실행 도구 모음]의 [저장 💾]을 클릭합니다.

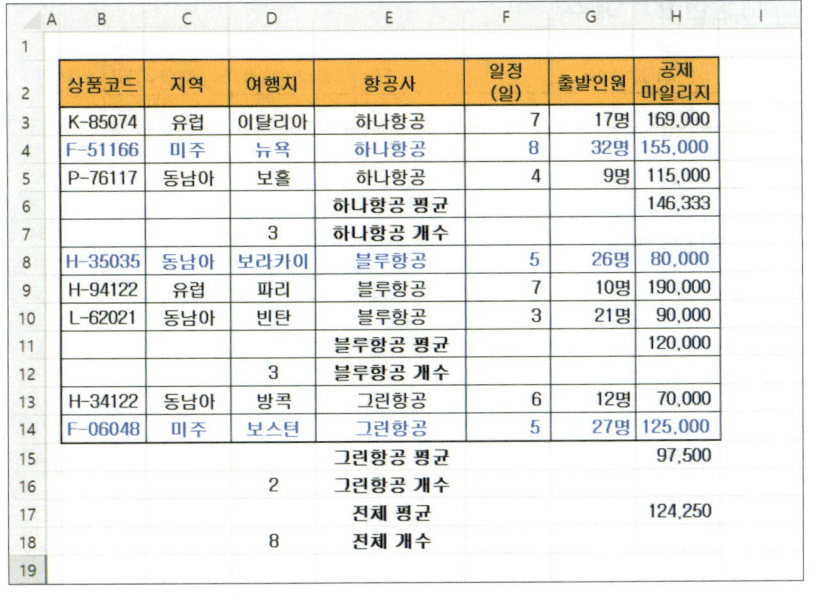

Check Point

부분합 제거

부분합을 잘못 작성하였을 때는 [데이터] 탭의 [개요] 그룹에서 [부분합 🔲]을 클릭하여 [부분합] 대화상자에서 왼쪽 하단에 [모두 제거] 단추를 클릭합니다.

실력 향상을 위한 실전 연습문제

• 예제/정답 파일은 [자료실]에서 다운로드하세요.

●예제 파일 : 실전부분합1.xlsx, 정답 파일 : 실전부분합1(정답).xlsx

22 다음 조건에 따라 엑셀 파일을 작성하시오.

☞ "제1작업" 시트의 「B4:H12」 영역을 복사하여 "제3작업" 시트의 「B2」 셀부터 모두 붙여넣기를 한 후 다음의 조건과 같이 작업하시오.

조건
(1) 부분합 – 《출력형태》처럼 정렬하고, 제품명의 개수와 최저가격의 평균을 구하시오.
(2) 개요 – 지우시오.
(3) 나머지 사항은 《출력형태》에 맞게 작성하시오.

출력형태

코드	제품명	제조사	구분	규격 (ml/캡셀/g)	평균가격 (원)	최저가격
HY1955	챔프	동아제약	해열진통제	10	2,000	1,600원
DA1956	판피린큐	동아제약	해열진통제	20	400	350원
SE1987	부루펜시럽	삼일제약	해열진통제	90	4,300	3,900원
			해열진통제 평균			1,950원
	3		해열진통제 개수			
GY1958	포타디연고	삼일제약	외용연고제	75	500	400원
DH1980	후시딘	동화약품	외용연고제	10	5,200	4,500원
			외용연고제 평균			2,450원
	2		외용연고제 개수			
DH1897	위생천	광동제약	소화제	75	580	500원
DG1985	애시논액	동아제약	소화제	10	4,800	4,150원
HD1957	생록천	광동제약	소화제	75	500	420원
			소화제 평균			1,690원
	3		소화제 개수			
			전체 평균			1,978원
	8		전체 개수			

실력 향상을 위한 실전 연습문제

● 예제/정답 파일은 [자료실]에서 다운로드하세요.

● 예제 파일 : 실전부분합2.xlsx, 정답 파일 : 실전부분합2(정답).xlsx

23 다음 조건에 따라 엑셀 파일을 작성하시오.

☞ "제1작업" 시트의 「B4:H12」 영역을 복사하여 "제3작업" 시트의 「B2」 셀부터 모두 붙여넣기를 한 후 다음의 조건과 같이 작업하시오.

조건
(1) 부분합 – ≪출력형태≫처럼 정렬하고, 제품명의 개수와 4주 대여가격(단위:원)의 평균을 구하시오.
(2) 개요 – 지우시오.
(3) 나머지 사항은 ≪출력형태≫에 맞게 작성하시오.

출력형태

	대여코드	제품명	분류	대여기간	판매가격(단위:원)	4주 대여가격(단위:원)	대여수량
	GW-03	페달트랙터	자동차	15주	125,000	33,000	17
	CE-13	레이싱카	자동차	5주	65,000	28,000	19
	CQ-02	미니카	자동차	6주	78,000	28,000	20
			자동차 평균			29,667	
		3	자동차 개수				
	DC-12	워크어라운드	쏘서	6주	95,000	33,000	6
	DW-01	디보쏘서	쏘서	10주	105,000	26,000	12
			쏘서 평균			29,500	
		2	쏘서 개수				
	PK-01	물놀이세트	놀이세트	12주	17,000	33,000	15
	WB-12	구름빵 놀이터	놀이세트	8주	42,000	23,000	14
	PX-02	스포츠센터	놀이세트	10주	56,000	30,000	7
			놀이세트 평균			28,667	
		3	놀이세트 개수				
			전체 평균			29,250	
		8	전체 개수				

Section 9 [제3작업] 피벗 테이블

문제에서 주어진 내용으로 피벗 테이블을 작성해야 하며, 피벗 테이블 옵션 설정을 이용하여 작성된 피벗 테이블에 부가 기능을 추가해야 합니다.

[제 3 작업] 피벗 테이블 (80점)　　●예제 파일 : 피벗테이블.xlsx, 정답 파일 : 피벗테이블(정답).xlsx

☞ "제1작업" 시트를 이용하여 "제3작업" 시트에 조건에 따라 ≪출력형태≫와 같이 작업하시오.

≪조건≫
(1) 출발인원 및 항공사별 지역의 개수와 공제마일리지의 평균을 구하시오.
(2) 출발인원을 그룹화하고, 항공사를 ≪출력형태≫와 같이 정렬하시오.
(3) 레이블이 있는 셀 병합 및 가운데 맞춤 적용과 빈 셀은 '***'로 표시하시오.
(4) 행의 총합계를 지우고, 나머지 사항은 ≪출력형태≫에 맞게 작성하시오.

≪출력형태≫

	항공사						
		하나항공		블루항공		그린항공	
출발인원	개수 : 지역	평균 : 공제마일리지	개수 : 지역	평균 : 공제마일리지	개수 : 지역	평균 : 공제마일리지
1-10	1	115,000	1	190,000	***	***
11-20	1	169,000	***	***	1	70,000
21-30	***	***	2	85,000	1	125,000
31-40	1	155,000	***	***	***	***
총합계	3	146,333	3	120,000	2	97,500

핵심체크

① [삽입] 탭의 [표] 그룹에서 [피벗 테이블] 작성

단계 1 피벗 테이블 작성

> 조건 "제1작업" 시트를 이용하여 "제3작업" 시트에 조건에 따라 ≪출력형태≫와 같이 작업하시오.
> (1) 출발인원 및 항공사별 지역의 개수와 공제마일리지의 평균을 구하시오.

1. '피벗테이블.xlsx' 파일 '제1작업' 시트의 [B4:H12] 영역을 범위 지정한 후 [삽입] 탭의 [표] 그룹에서 [피벗 테이블 📊]을 클릭합니다.

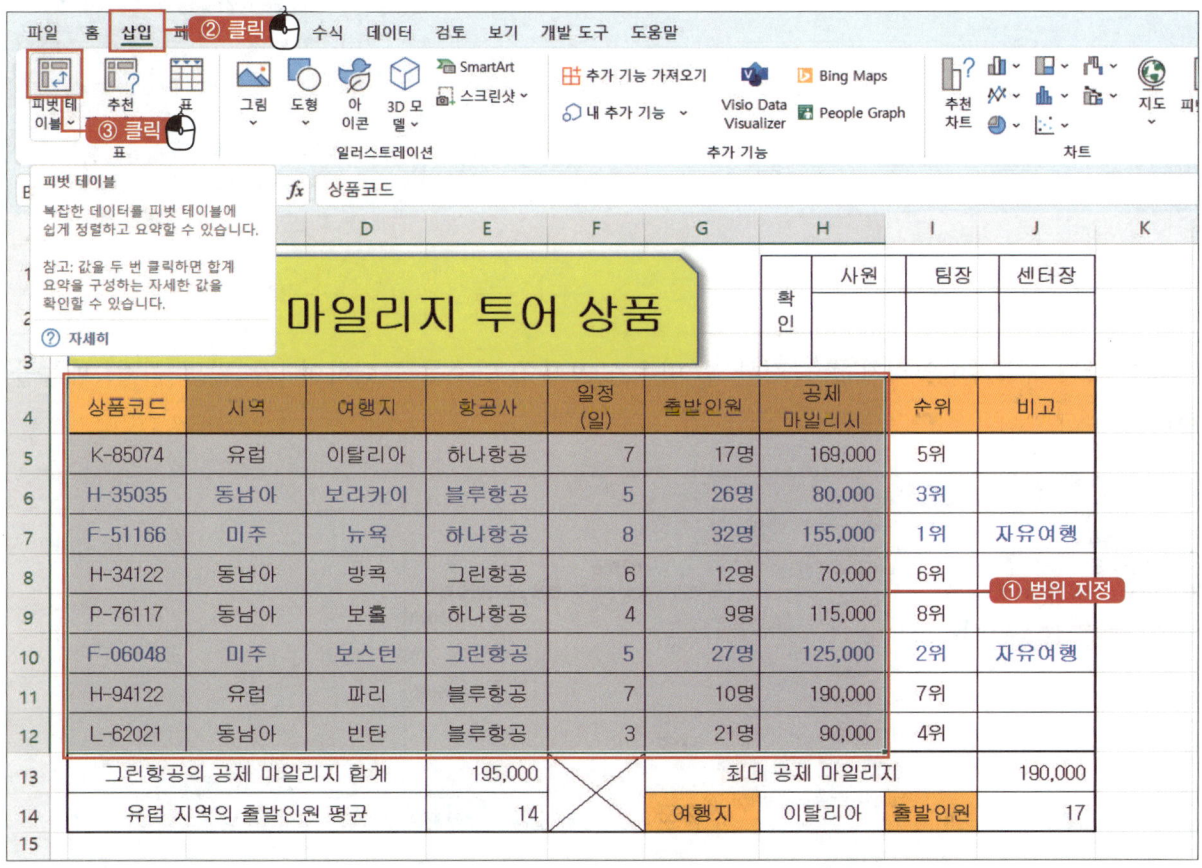

2. [피벗 테이블 만들기] 대화상자에서 '기존 워크시트'를 선택하고 '제3작업' 시트의 [B2] 셀을 클릭한 후 [확인] 단추를 클릭합니다.

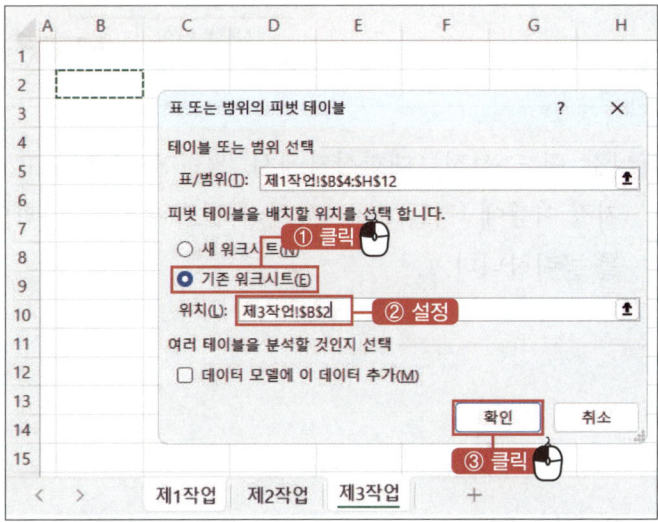

3 [피벗 테이블 필드 목록]에서 '출발인원'은 '행 레이블', '항공사'는 '열 레이블', '지역'과 '공제마일리지'는 '값'에 드래그합니다.

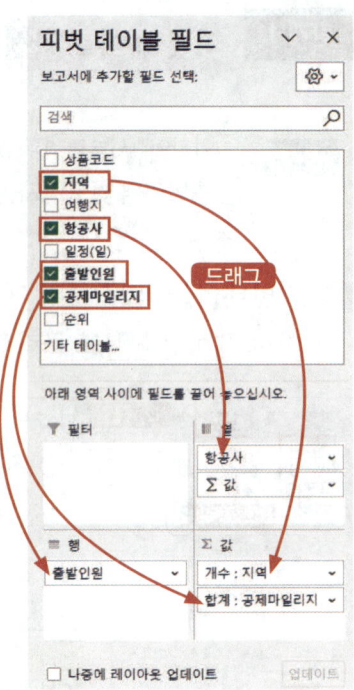

4 [D4] 셀의 '합계 : 공제마일리지'를 클릭한 후 마우스 오른쪽 단추를 클릭하여 [값 필드 설정] 메뉴를 클릭합니다.

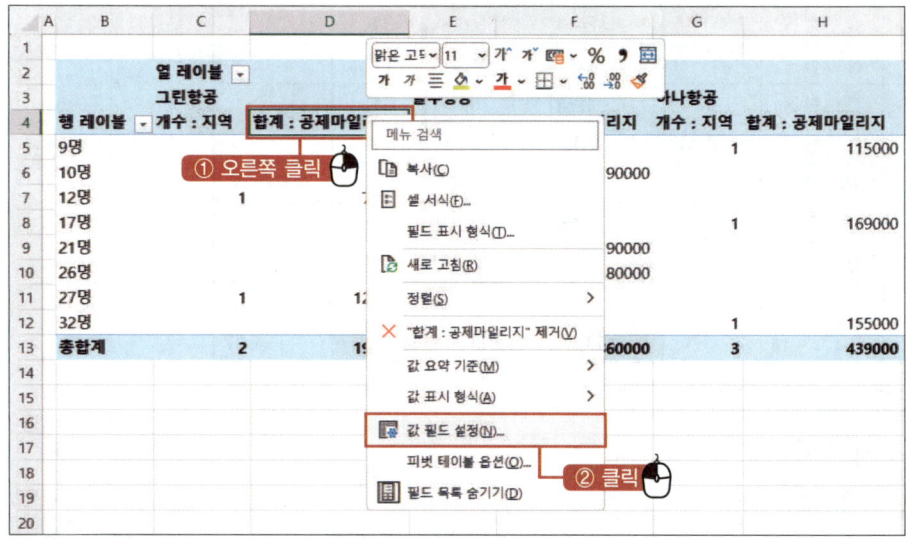

5 [값 필드 설정] 대화상자에서 '평균'을 선택하고, 사용자 지정 이름에 "평균 : 공제마일리지"로 수정하고 [확인] 단추를 클릭합니다.

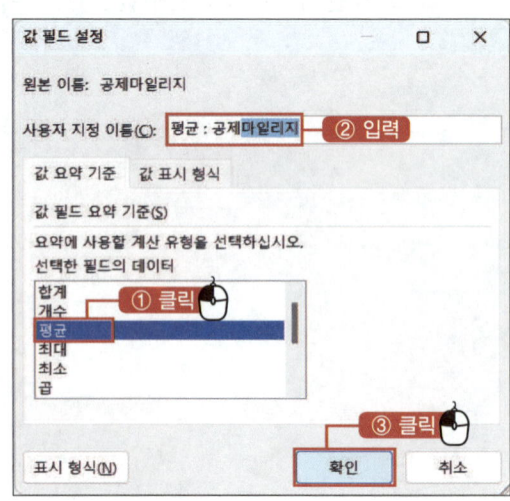

단계 2 그룹과 옵션 지정

> 조건
> (2) 출발인원을 그룹화하고, 항공사를 ≪출력형태≫와 같이 정렬하시오.
> (3) 레이블이 있는 셀 병합 및 가운데 맞춤 적용과 빈 셀은 '***'로 표시하시오.
> (4) 행의 총합계를 지우고, 나머지 사항은 ≪출력형태≫에 맞게 작성하시오.

1 [B5] 셀에서 마우스 오른쪽 단추를 클릭하여 [그룹] 메뉴를 클릭합니다.

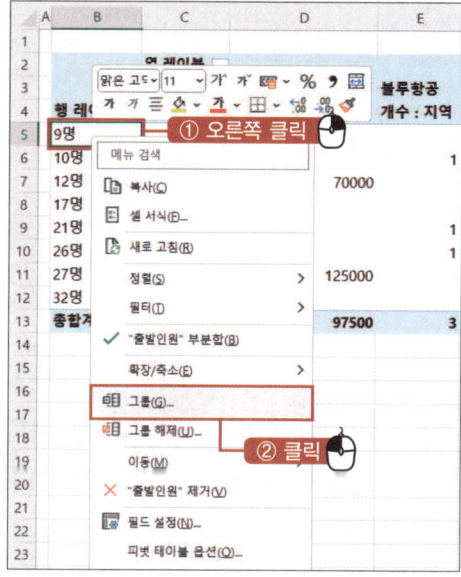

2 [그룹화] 대화상자에서 시작은 「1」, 끝은 「40」, 단위는 「10」을 입력하고 [확인] 단추를 클릭합니다.

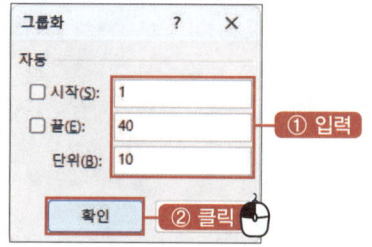

3 피벗 테이블 안쪽에 커서를 두고 [피벗 테이블 분석] 탭의 [피벗 테이블] 그룹에서 [옵션]을 클릭합니다.

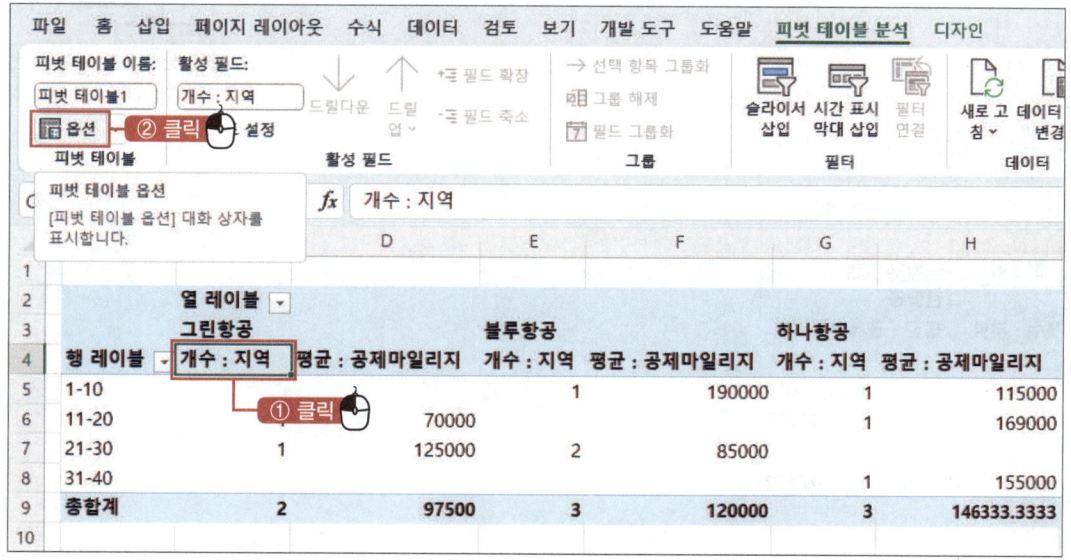

4 [피벗 테이블 옵션] 대화상자의 [레이아웃 및 서식] 탭에서 '레이블이 있는 셀 병합 및 가운데 맞춤'을 체크하고, '빈 셀 표시'에 「***」을 입력합니다.

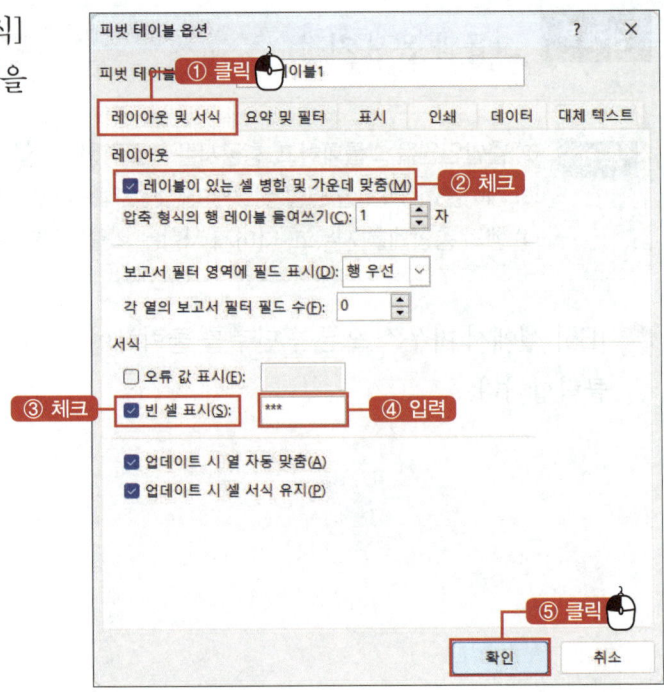

5 [요약 및 필터] 탭에서 '행 총합계 표시' 체크를 해제하고 [확인] 단추를 클릭합니다.

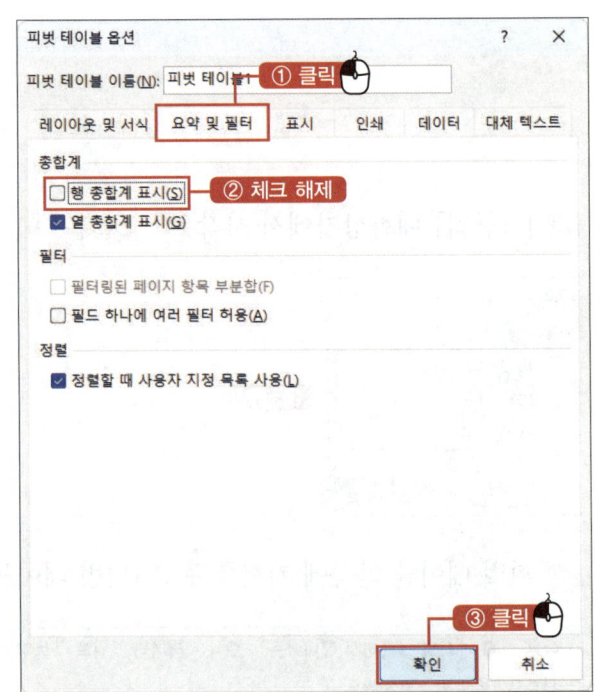

6 열 머리글 [C2] 셀에 「항공사」, 행 머리글 [B4] 셀에 「출발인원」을 입력합니다.

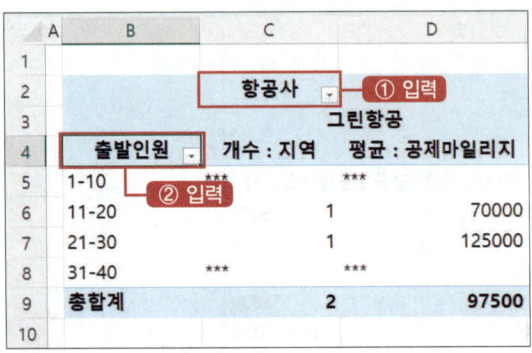

7 [C2] 셀의 '항공사'의 목록 단추 ▼를 클릭하고 [텍스트 내림차순 정렬]을 클릭합니다.

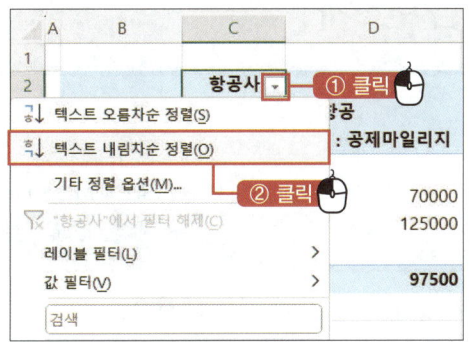

8 [C5:H9] 영역을 범위 지정한 후 [홈] 탭의 [맞춤] 그룹에서 [가운데 맞춤 ≡] 도구를 클릭합니다.

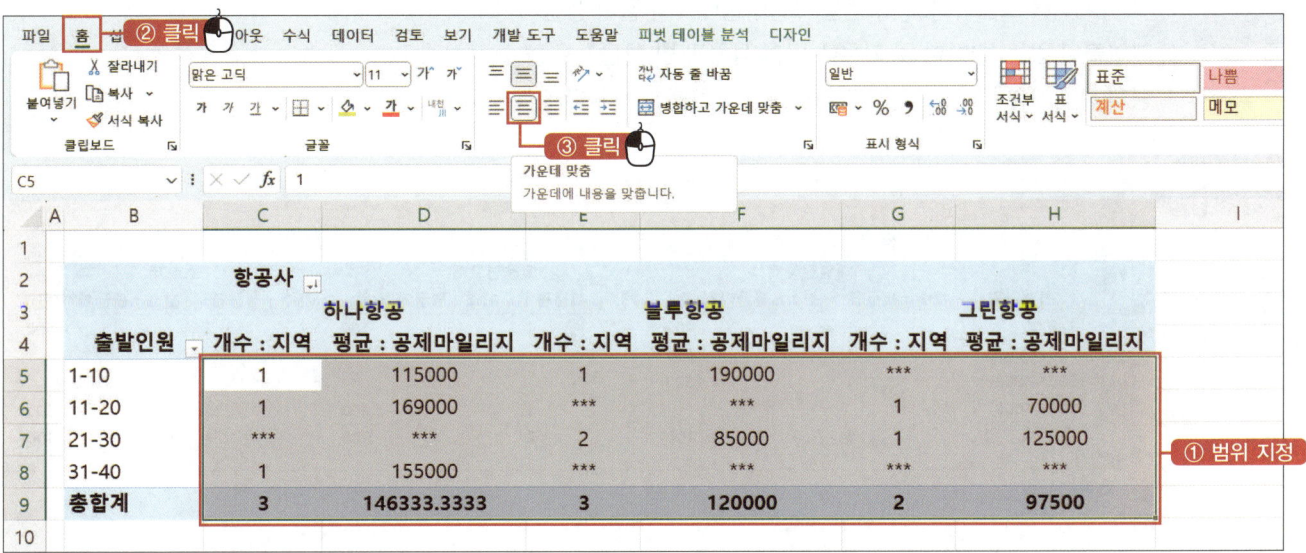

9 [C5:H9] 영역을 범위 지정한 후 [홈] 탭의 [표시 형식] 그룹에서 [쉼표 스타일 ,] 도구를 클릭합니다.

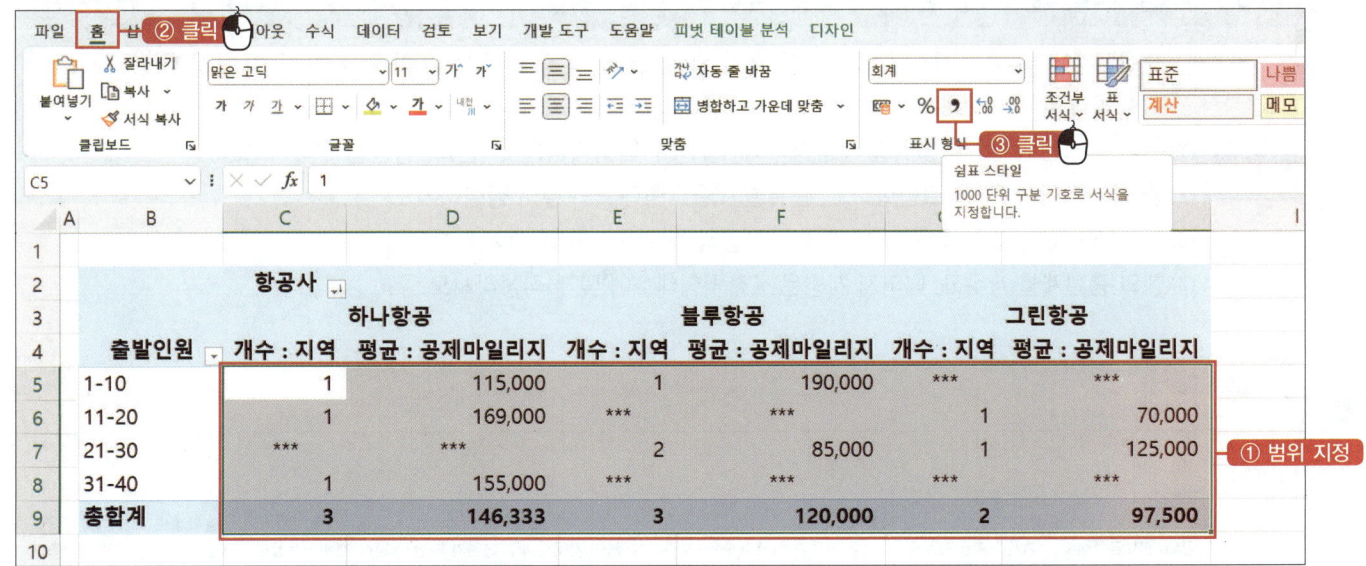

실력 향상을 위한 실전 연습문제

● 예제/정답 파일은 [자료실]에서 다운로드하세요.

● 예제 파일 : 실전피벗1, 정답 파일 : 실전피벗1(정답).xlsx

24 다음 조건에 따라 엑셀 파일을 작성하시오.

☞ "제1작업" 시트를 이용하여 "제3작업" 시트에 조건에 따라 ≪출력형태≫와 같이 작업하시오.

조건
(1) 최저가격 및 구분별 제품명의 개수와 평균가격(원)의 최소값을 구하시오.
(2) 최저가격을 그룹화하고, 구분을 ≪출력형태≫와 같이 정렬하시오.
(3) 레이블이 있는 셀 병합 및 가운데 맞춤 적용과 빈 셀은 '***'로 표시하시오.
(4) 행의 총합계를 지우고, 나머지 사항은 ≪출력형태≫에 맞게 작성하시오.

출력형태

최저가격	구분 해열진통제		외용연고제		소화제		
	개수 : 제품명	최소 : 평균가격(원)	개수 : 제품명	최소 : 평균가격(원)	개수 : 제품명	최소 : 평균가격(원)	
1-1000	1	400	1	500	2	500	
1001-2000	1	2,000	***	***	***	***	
3001-4000	1	4,300	***	***	***	***	
4001-5000	***	***	1	5,200	1	4,800	
총합계	3	400	2	500	3	500	

● 예제 파일 : 실전피벗2, 정답 파일 : 실전피벗2(정답).xlsx

25 다음 조건에 따라 엑셀 파일을 작성하시오.

☞ "제1작업" 시트를 이용하여 "제3작업" 시트에 조건에 따라 ≪출력형태≫와 같이 작업하시오.

조건
(1) 판매가격(단위:원) 및 분류별 제품명의 개수와 4주 대여가격(단위:원)의 평균을 구하시오.
(2) 판매가격(단위:원)을 그룹화하고, 분류를 ≪출력형태≫와 같이 정렬하시오.
(3) 레이블이 있는 셀 병합 및 가운데 맞춤 적용과 빈 셀은 '***'로 표시하시오.
(4) 행의 총합계를 지우고, 나머지 사항은 ≪출력형태≫에 맞게 작성하시오.

출력형태

판매가격(단위:원)	분류 자동차		쏘서		놀이세트	
	개수 : 제품명	평균 : 4주 대여가격(단위:원)	개수 : 제품명	평균 : 4주 대여가격(단위:원)	개수 : 제품명	평균 : 4주 대여가격(단위:원)
1-50000	***	***	***	***	2	28,000
50001-100000	2	28,000	1	33,000	1	30,000
100001-150000	1	33,000	1	26,000	***	***
총합계	3	29,667	2	29,500	3	28,667

Section 10 [제4작업] 그래프

차트를 작성하고 완성된 차트의 각 영역별 서식을 처리합니다.

[제 4 작업] 그래프 (100점)　　●예제 파일 : 그래프.xlsx, 정답 파일 : 그래프(정답).xlsx

☞ "제1작업" 시트를 이용하여 조건에 따라 ≪출력형태≫와 같이 작업하시오.

≪조건≫
(1) 차트 종류 ⇒ 〈묶은 세로 막대형〉으로 작업하시오.
(2) 데이터 범위 ⇒ "제1작업" 시트의 내용을 이용하여 작업하시오.
(3) 위치 ⇒ "새 시트"로 이동하고, "제4작업"으로 시트 이름을 바꾸시오.
(4) 차트 디자인 도구 ⇒ 레이아웃 3, 스타일 6을 선택하여 ≪출력형태≫에 맞게 작업하시오.
(5) 영역 서식 ⇒ 차트 : 글꼴(굴림, 11pt), 채우기 효과(질감-파란 박엽지), 그림 : 채우기(흰색, 배경 1)
(6) 제목 서식 ⇒ 차트 제목 : 글꼴(굴림, 굵게, 20pt), 채우기(흰색, 배경 1), 테두리
(7) 서식 ⇒ 출발인원 계열의 차트 종류를 〈표식이 있는 꺾은선형〉으로 변경한 후 보조 축으로 지정하시오.
　　　　　계열 : ≪출력형태≫를 참조하여 표식(네모, 크기 10)과 레이블 값을 표시하시오.
　　　　　눈금선 : 선 스타일-파선
　　　　　축 : ≪출력형태≫를 참조하시오.
(8) 범례 ⇒ 범례명을 변경하고 ≪출력형태≫를 참조하시오.
(9) 도형 ⇒ '말풍선: 모서리가 둥근 사각형'을 삽입한 후 ≪출력형태≫와 같이 내용을 입력하시오.
(10) 나머지 사항은 ≪출력형태≫에 맞게 작성하시오.

≪출력형태≫

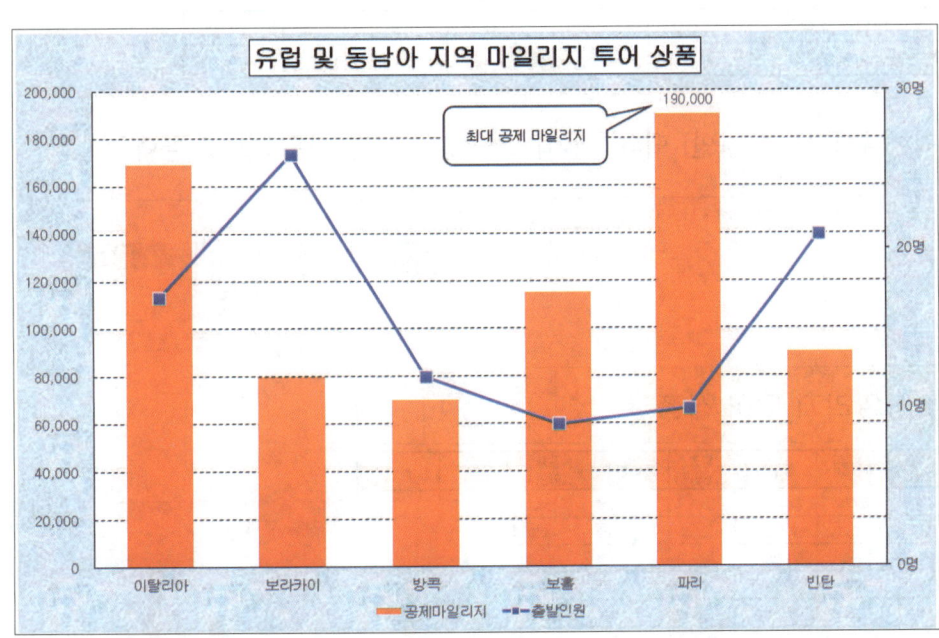

핵심 체크
① 새로운 시트로 작성　　　② 차트 작성 및 서식 설정

단계 1 차트 작성

> 조건
> (1) 차트 종류 ⇒ 〈묶은 세로 막대형〉으로 작업하시오.
> (2) 데이터 범위 ⇒ "제1작업" 시트의 내용을 이용하여 작업하시오.
> (3) 위치 ⇒ "새 시트"로 이동하고, "제4작업"으로 시트 이름을 바꾸시오.

1 '그래프.xlsx' 파일의 '제1작업' 시트의 [D4:D6], [G4:H6], [D8:D9], [G8:H9], [D11:D12], [G11:H12] 영역을 Ctrl 키를 이용하여 범위 지정한 후 [삽입] 탭의 [차트] 그룹에서 [세로 또는 가로 막대형 차트 삽입]-[2차원 세로 막대형]-[묶은 세로 막대형]을 클릭합니다.

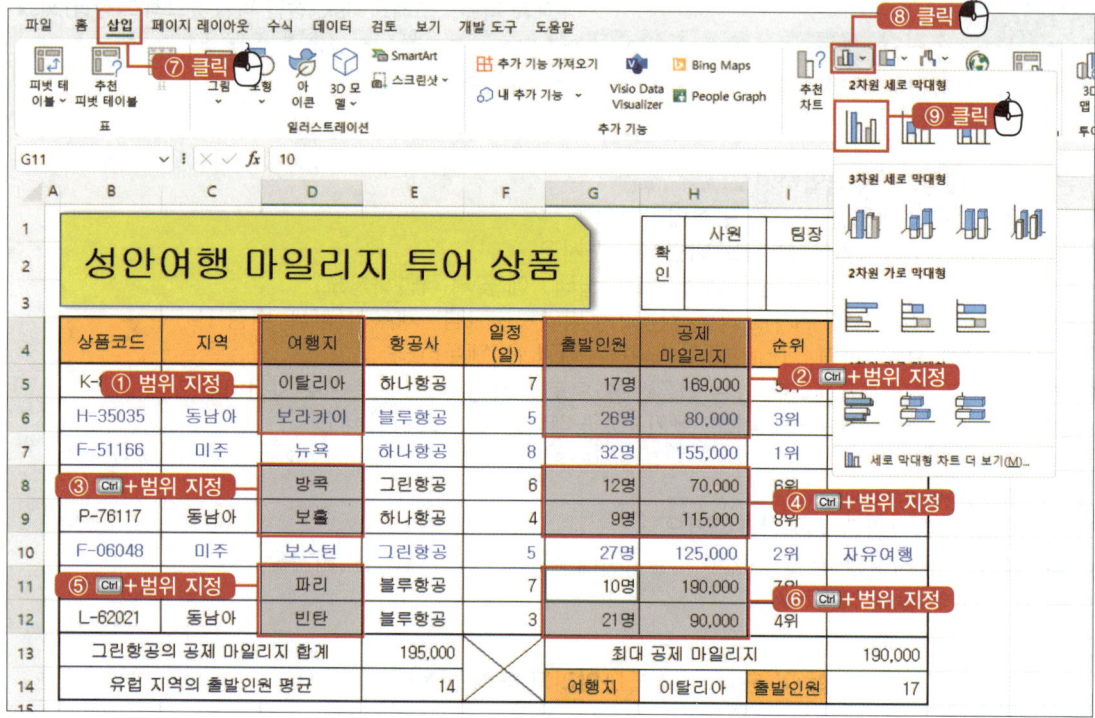

2 차트를 선택한 후 [차트 디자인] 탭의 [위치] 그룹에서 [차트 이동]을 클릭합니다.

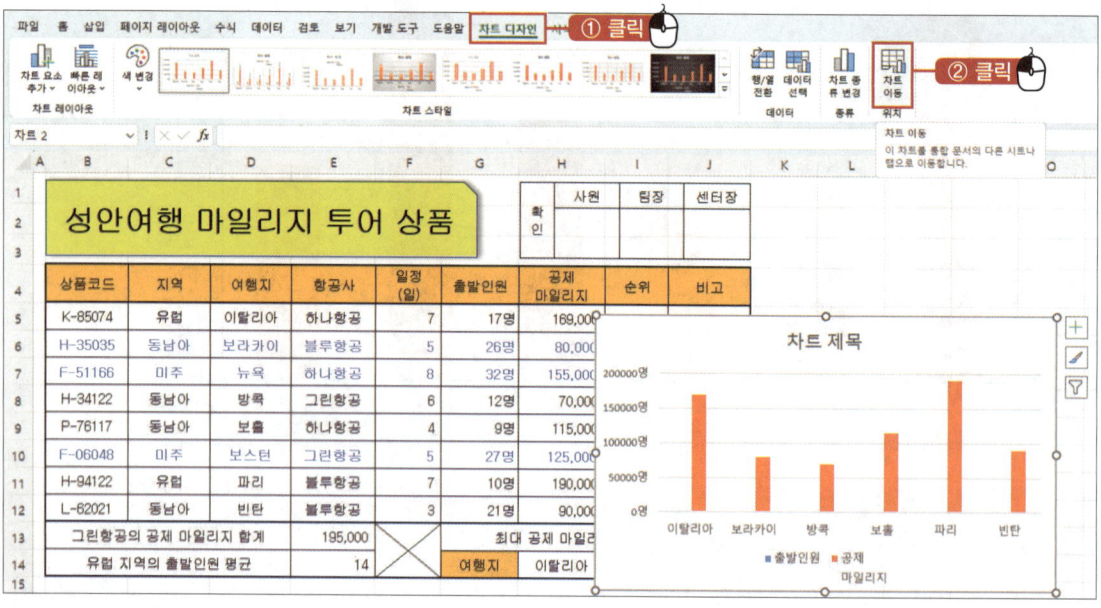

3 [차트 이동] 대화상자에서 '새 시트'를 선택하고 **"제4작업"**을 입력한 후 [확인] 단추를 클릭합니다.

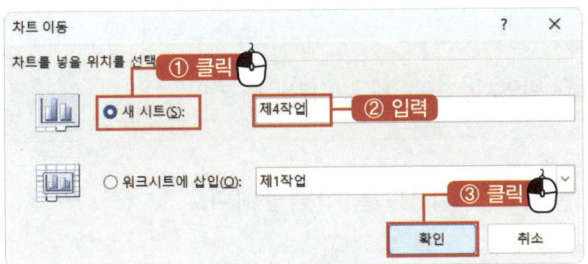

4 '제4작업' 시트명을 드래그하여 '제3작업' 시트 뒤로 이동합니다.

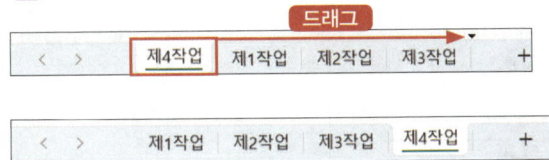

단계 2 차트 레이아웃과 스타일 적용

> **조건** (4) 차트 디자인 도구 ⇒ 레이아웃 3, 스타일 6을 선택하여 《출력형태》에 맞게 작업하시오.

1 차트를 선택하고 [차트 디자인] 탭의 [차트 레이아웃] 그룹에서 [빠른 레이아웃 📊]을 클릭하여 '레이아웃 3'을 선택합니다.

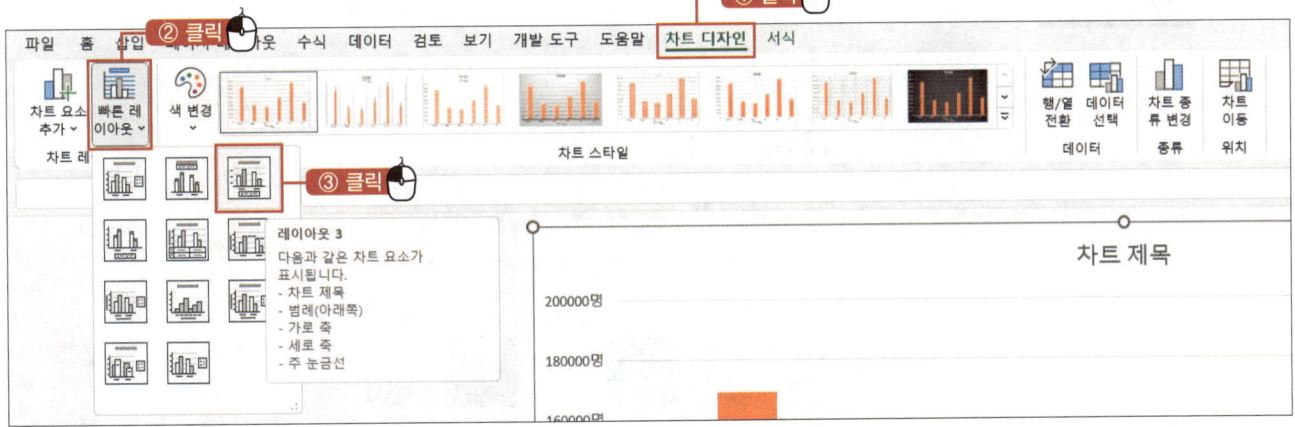

2 [차트 디자인] 탭의 [차트 스타일] 그룹에서 '스타일 6'을 클릭합니다.

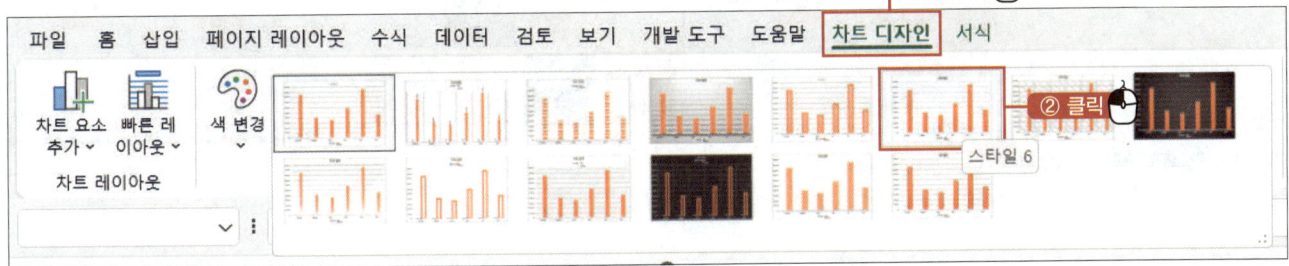

단계 3 영역 서식

> **조건** (5) 영역 서식 ⇒ 차트 : 글꼴(굴림, 11pt), 채우기 효과(질감-파랑 박엽지), 그림 : 채우기(흰색, 배경 1)

1 차트 영역을 클릭한 후 [홈] 탭의 [글꼴] 그룹에서 '글꼴(굴림)', '크기(11)'을 선택합니다.

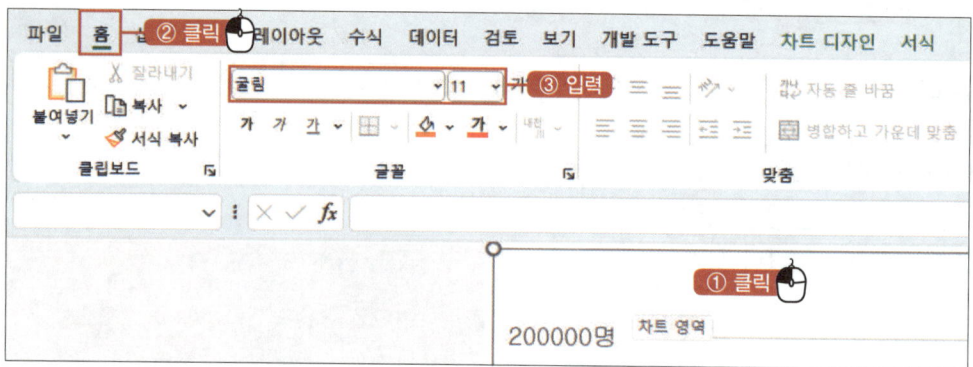

2 차트 영역에서 마우스 오른쪽 버튼을 클릭하여 [채우기 ⬥]-[질감] 메뉴를 클릭한 후 '파랑 박엽지'를 클릭합니다.

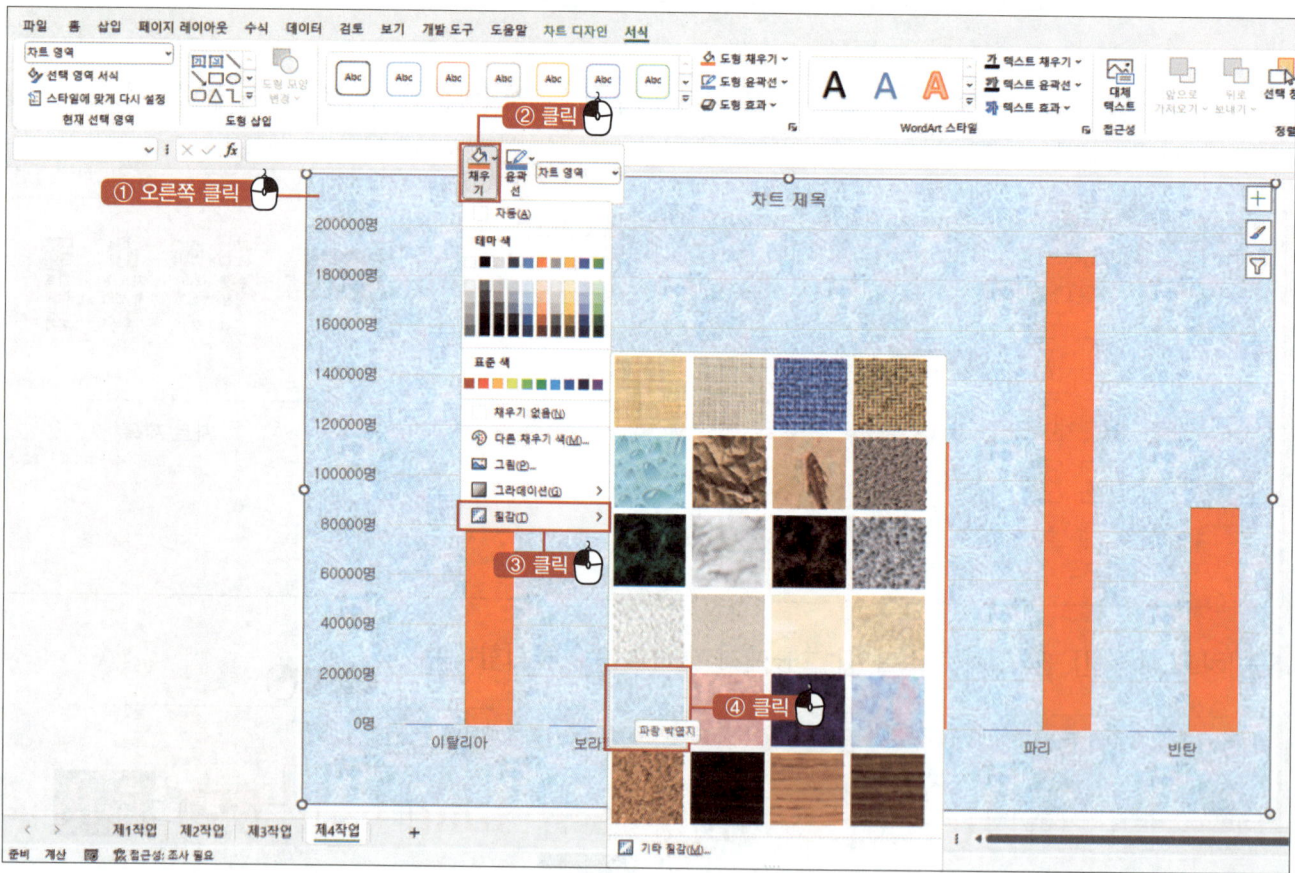

3 그림 영역에서 마우스 오른쪽 버튼을 클릭하여 [채우기] 메뉴를 클릭하고 '흰색, 배경 1'을 클릭합니다.

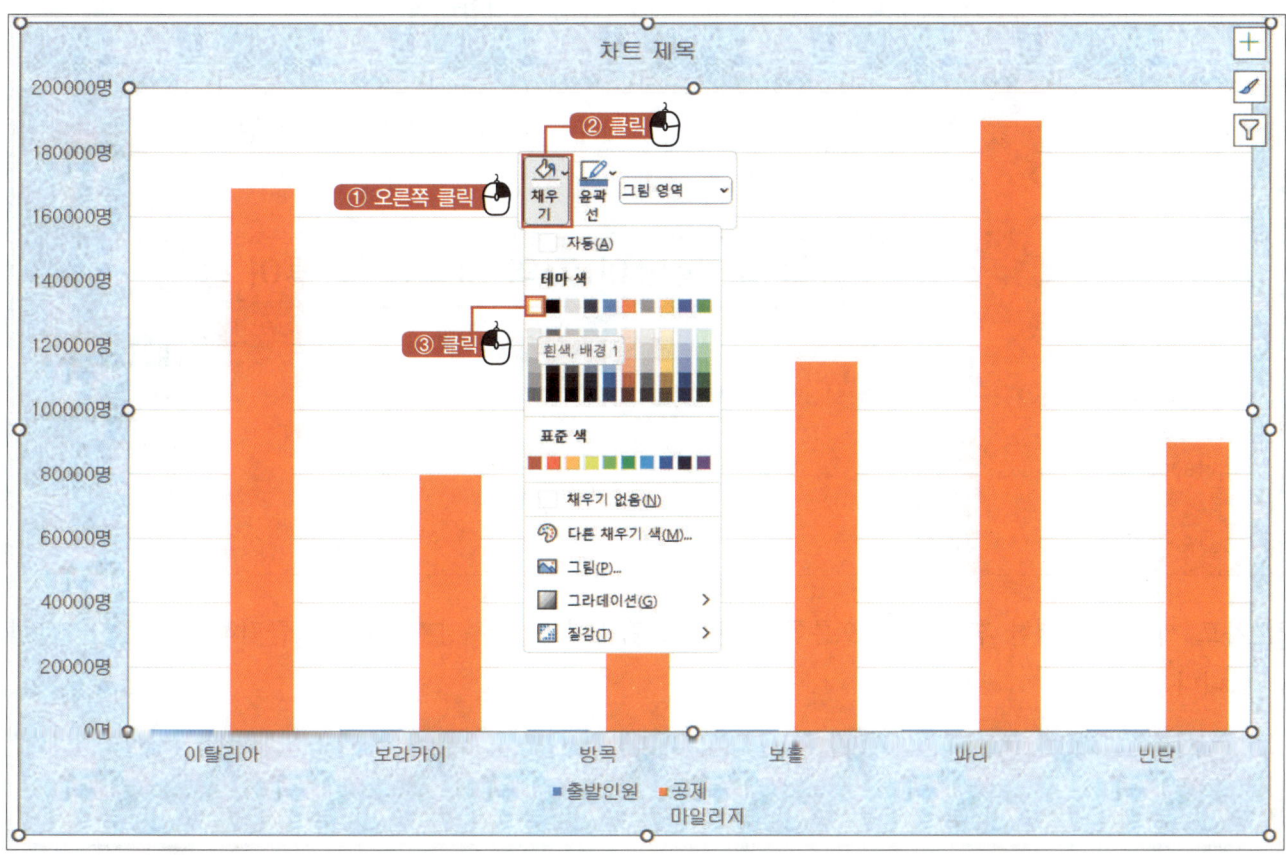

단계 4 차트 제목

조건 (6) 제목 서식 ⇒ 차트 제목 : 글꼴(굴림, 굵게, 20pt), 채우기(흰색, 배경 1), 테두리

1 차트 제목 안쪽을 마우스로 클릭한 후 [홈] 탭의 [글꼴] 그룹에서 '글꼴(굴림)', '크기(20),' '굵게'를 지정합니다.

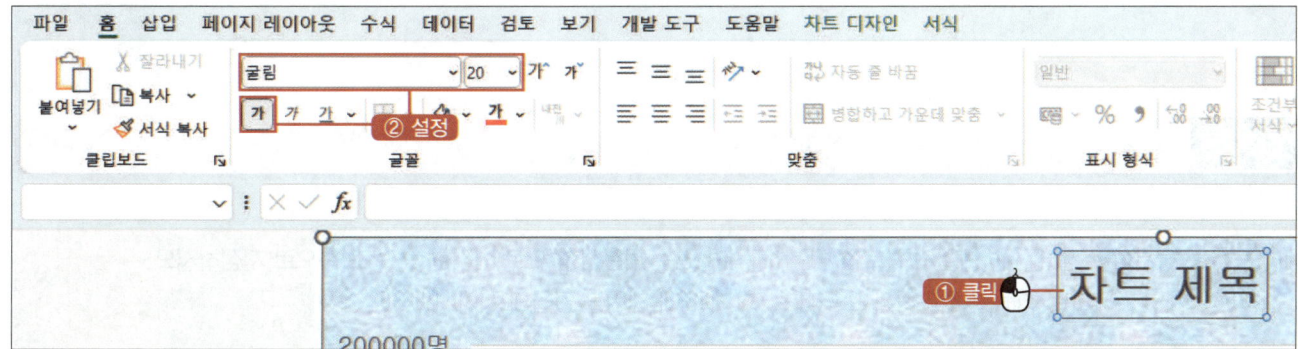

2 '차트 제목'의 텍스트를 지우고「유럽 및 동남아 지역 마일리지 투어 상품」을 입력한 후 마우스 오른쪽 버튼을 클릭하여 [채우기] 메뉴를 클릭하고 '흰색, 배경 1'을 선택합니다.

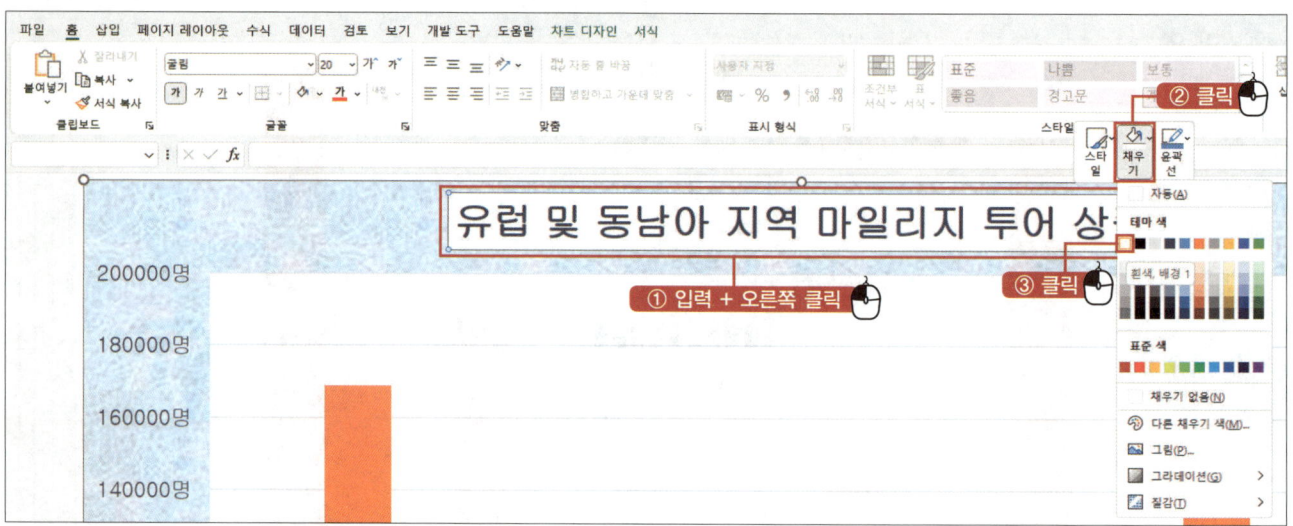

3 차트 제목을 선택한 후 마우스 오른쪽 버튼을 클릭하여 [윤곽선] 메뉴를 클릭하고 '자동'을 선택합니다.

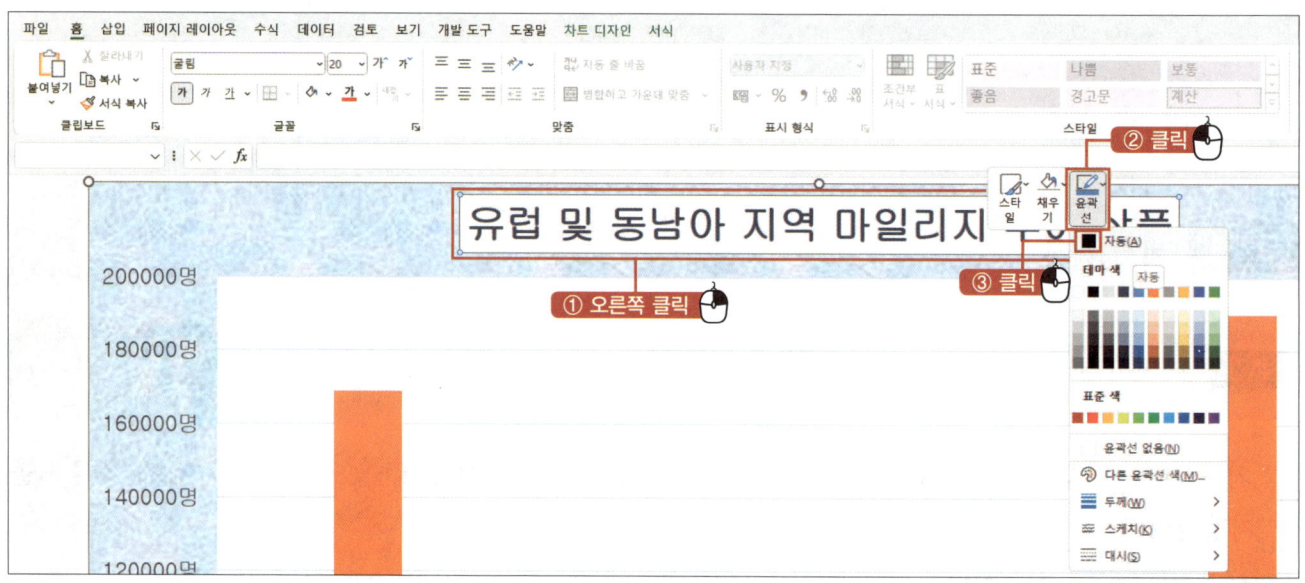

단계 5 서식

조건
(7) 서식 ⇒ 출발인원 계열의 차트 종류를 〈표식이 있는 꺾은선형〉으로 변경한 후 보조 축으로 지정하시오.
계열 : ≪출력형태≫를 참조하여 표식(네모, 크기 10)과 레이블 값을 표시하시오.
눈금선 : 선 스타일-파선
축 : ≪출력형태≫를 참조하시오.

1 차트를 선택한 후 [차트 디자인] 탭의 [종류] 그룹에서 [차트 종류 변경]을 클릭합니다.

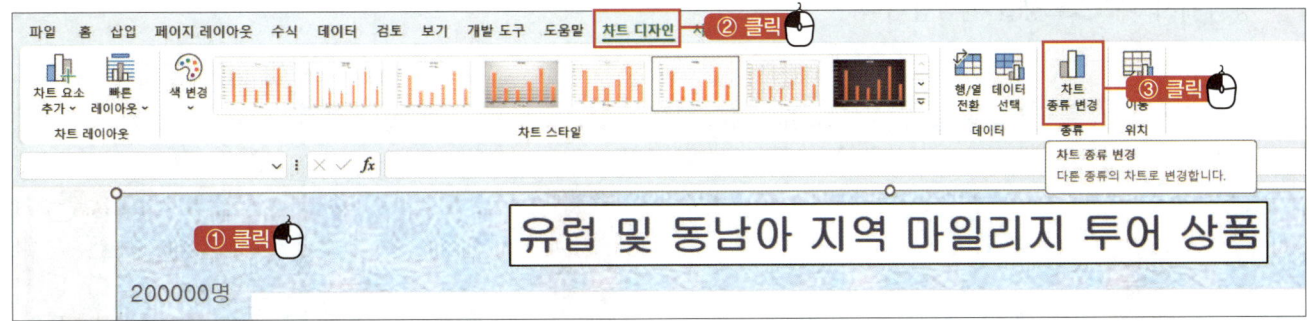

2 [차트 종류 변경] 대화상자에서 '혼합'을 선택하고 '출발인원'은 '표식이 있는 꺾은선형'을 선택한 후 '보조 축'을 체크하고, '공제마일리지'는 '묶은 세로 막대형'을 선택하고 [확인] 단추를 클릭합니다.

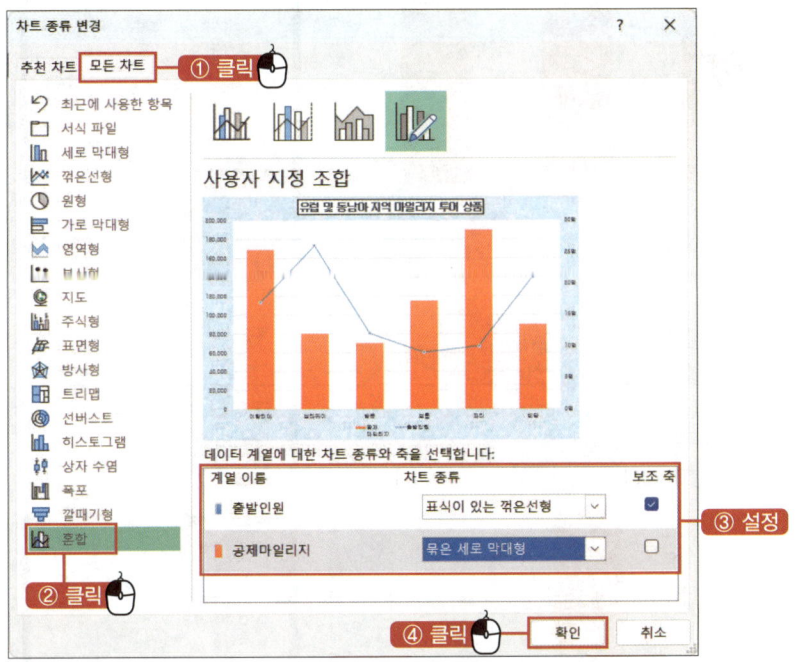

3 꺾은선형을 선택한 후 마우스 오른쪽 버튼을 클릭하여 [데이터 계열 서식] 메뉴를 클릭합니다.

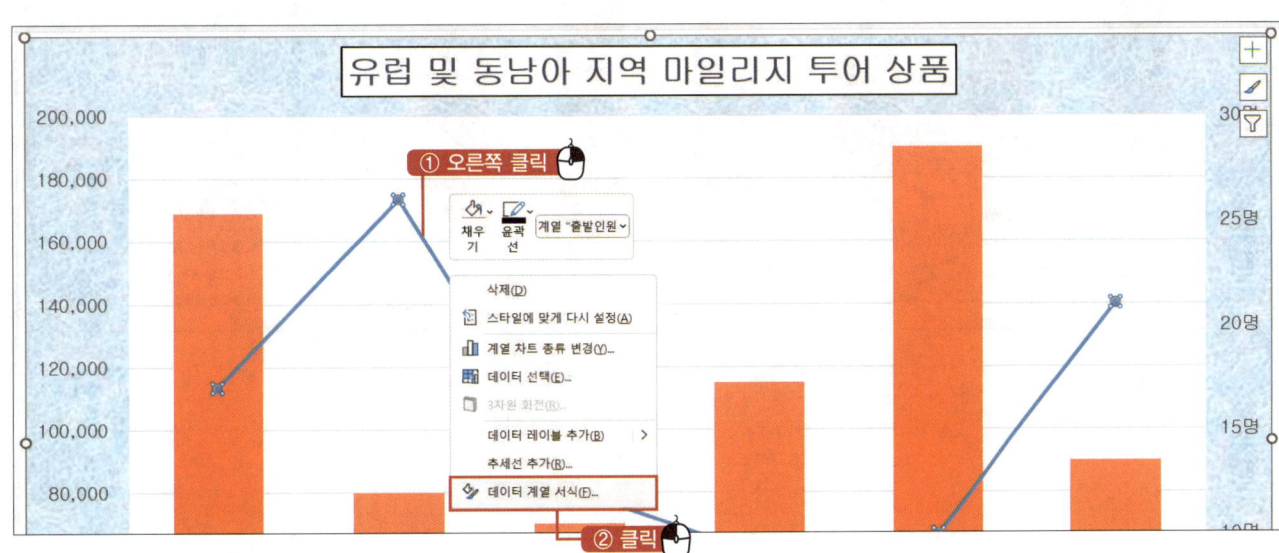

4 [데이터 계열 서식]에서 [채우기 및 선]-[표식]-'표식 옵션'을 클릭하여 '기본 제공'을 선택하고 형식에서 '네모' 모양을 선택합니다.

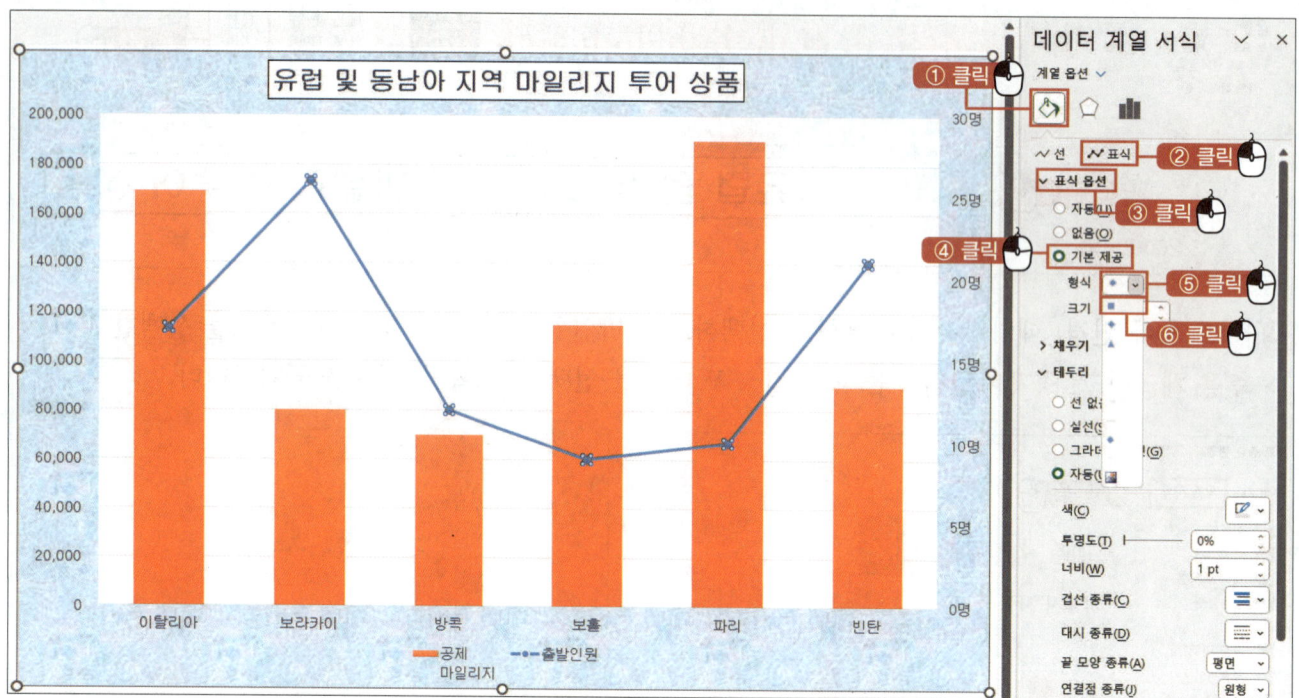

5 표식 옵션에서 크기를 '10'으로 수정합니다.

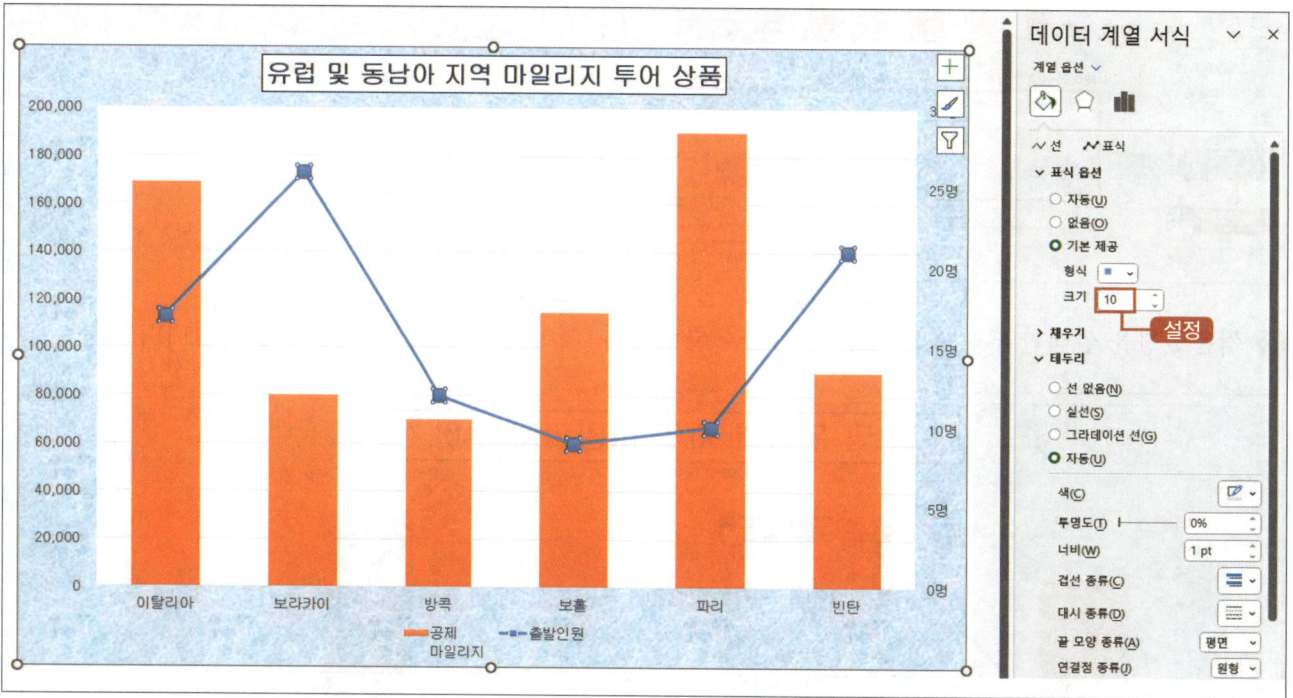

6 '공제마일리지' 계열을 클릭한 후 '파리' 요소를 다시 한번 클릭하여 '**파리**' 공제마일리지 요소만 선택한 후에 마우스 오른쪽 버튼을 클릭하여 [**데이터 레이블 추가**]-[**데이터 레이블 추가**] 메뉴를 클릭합니다.

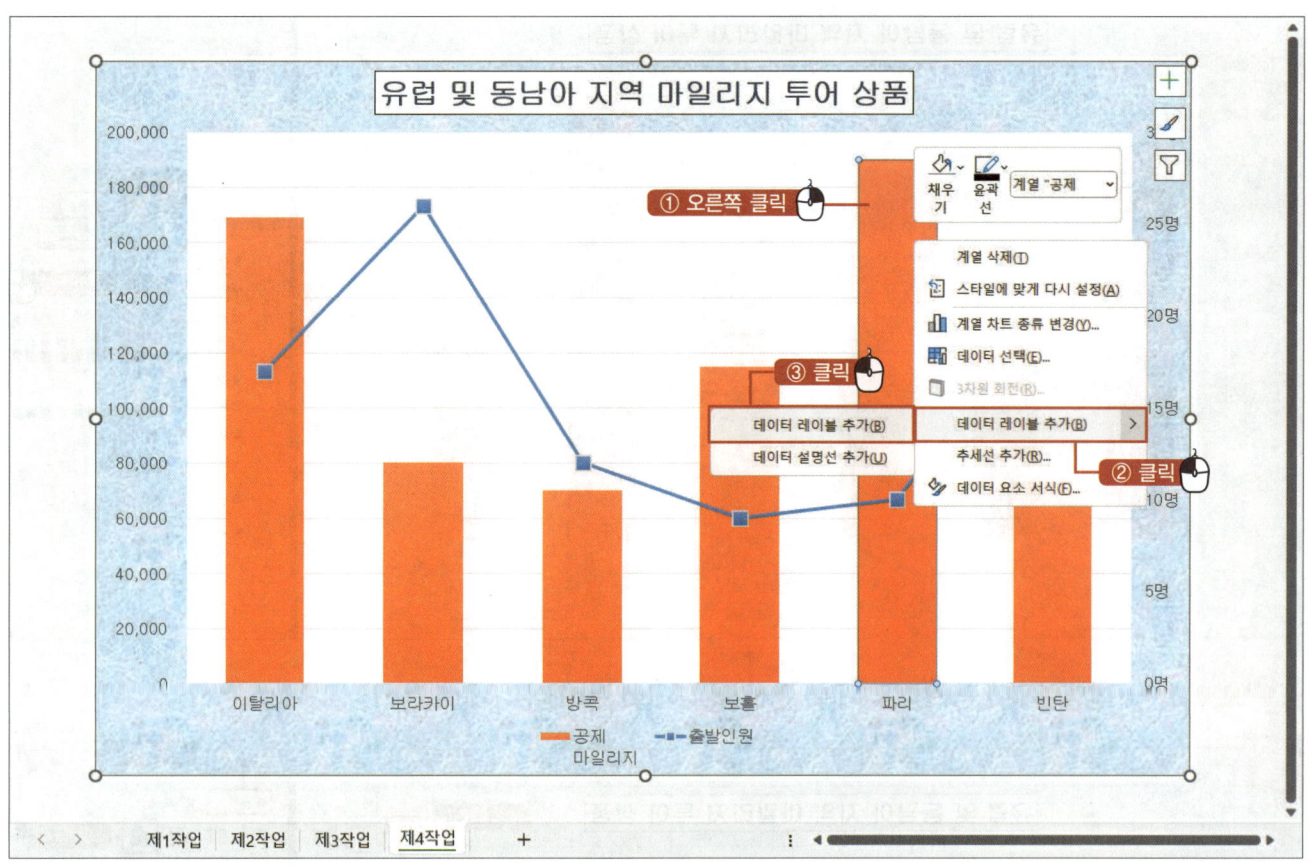

7 '눈금선'을 마우스로 클릭한 후 [주 눈금선 서식]의 '채우기 및 선'에서 '**대시 종류(파선)**'을 선택합니다.

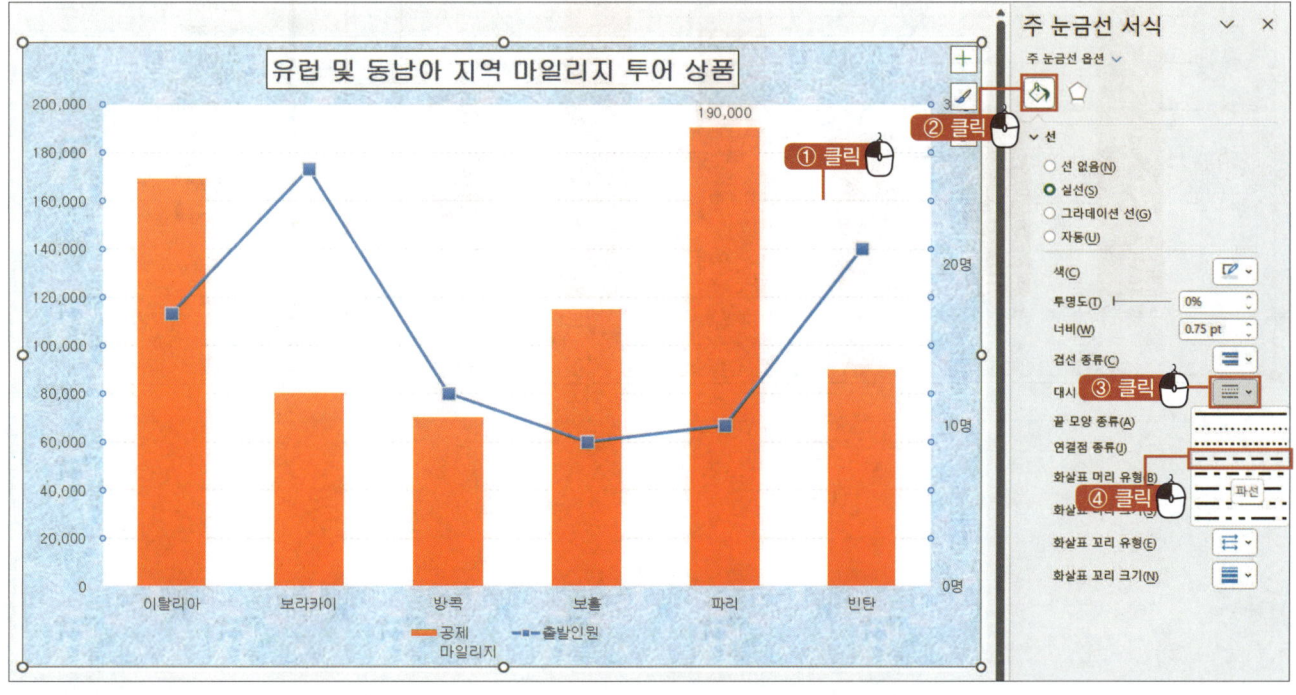

8 눈금선의 '선' 색은 '검정, 텍스트 1'을 클릭합니다.

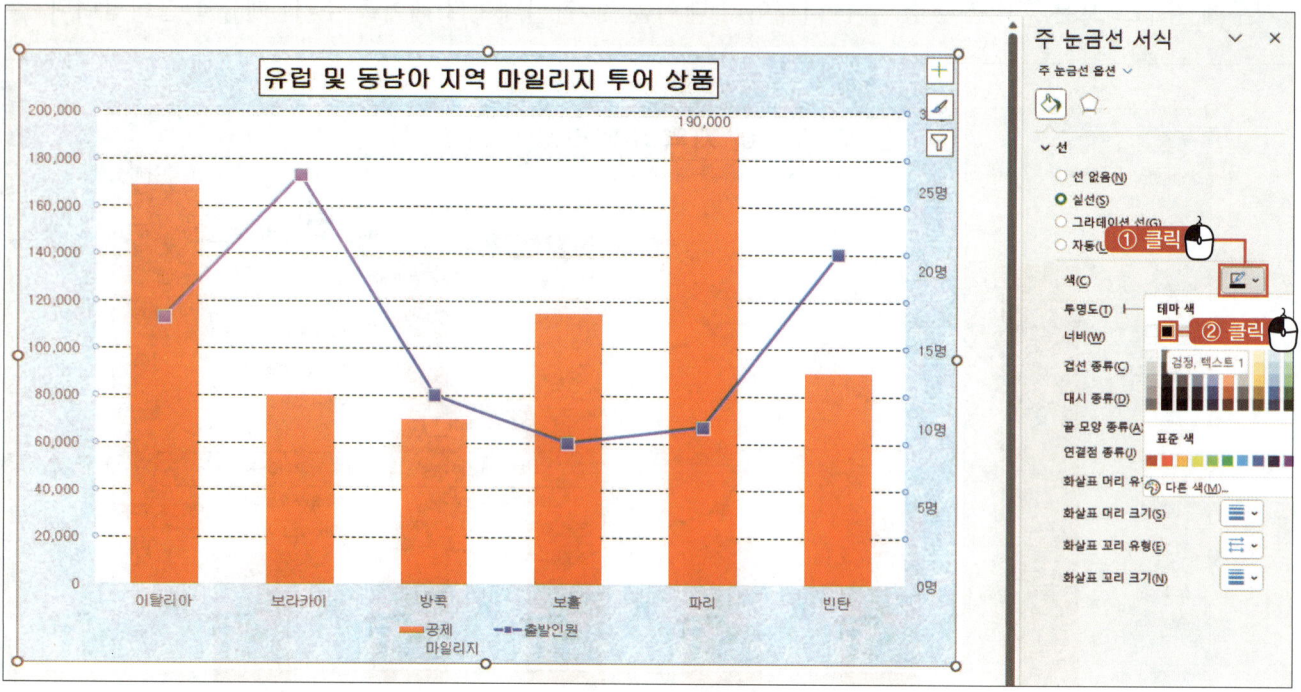

9 '보조 축'을 선택한 후 [축 서식]의 [축 옵션]을 클릭합니다.

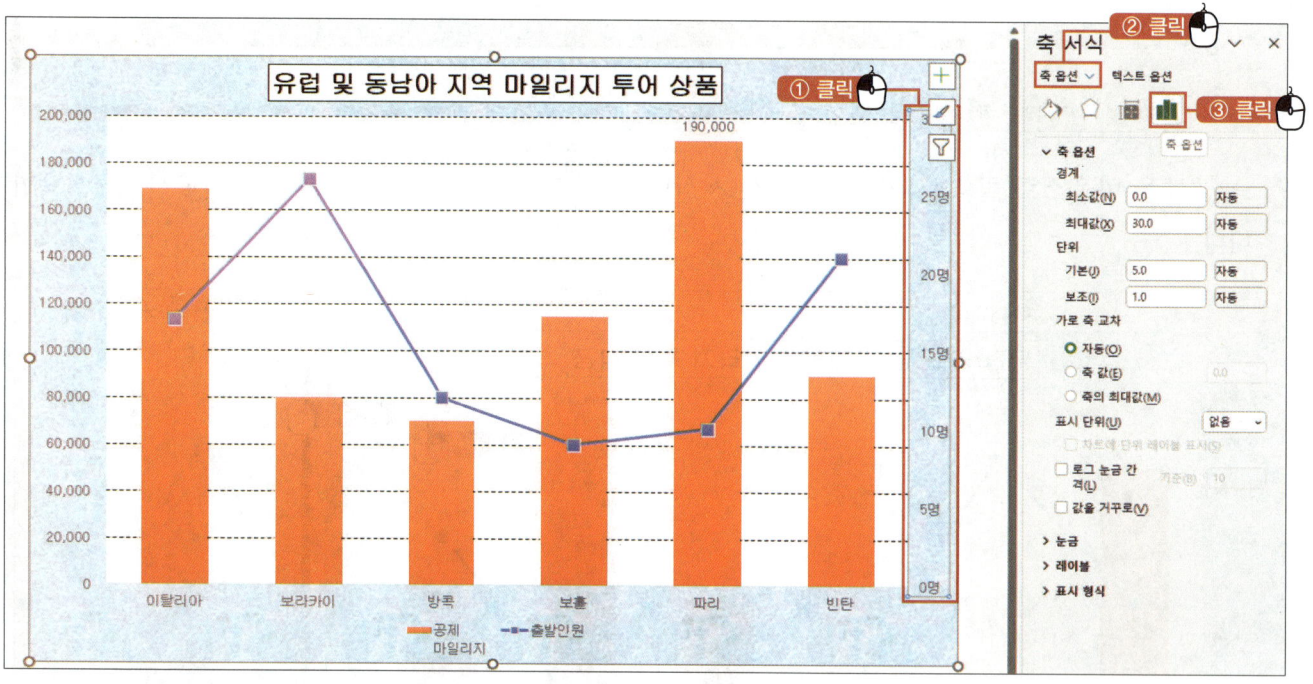

10 0명, 10명, 20명, 30명으로 표시하기 위해서 [축 옵션]에서 '단위'의 '기본'에 「10」을 입력합니다.

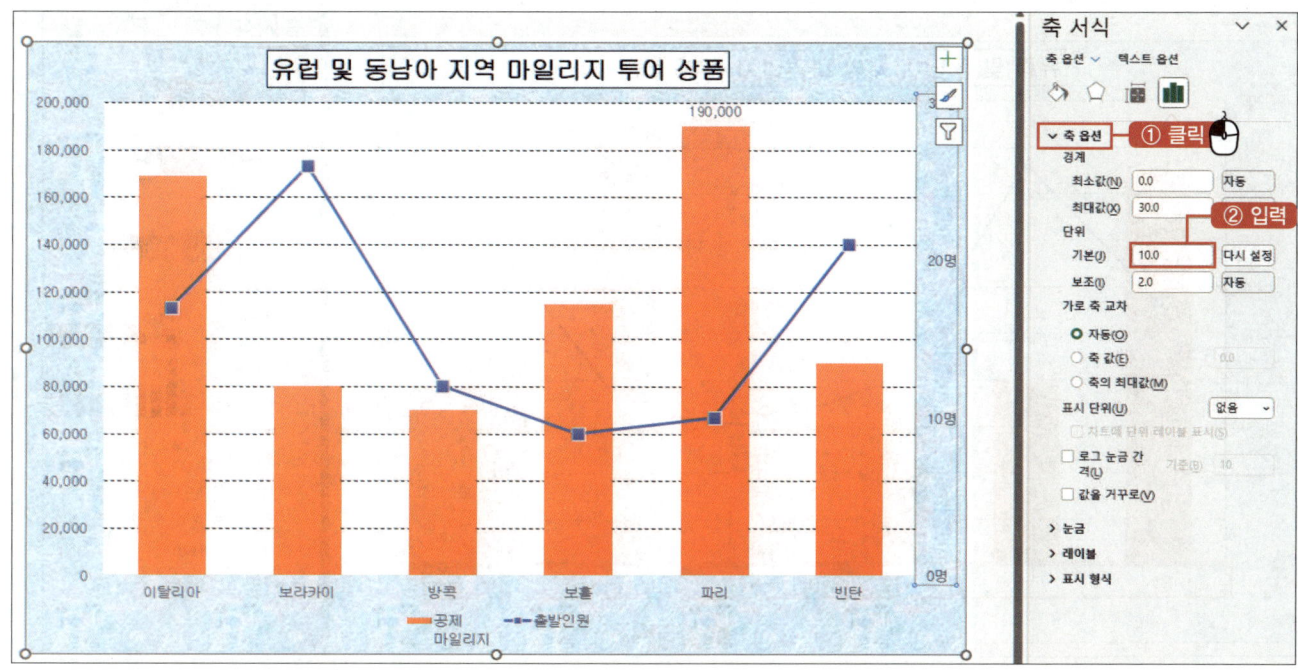

11 '세로 (값) 축'을 선택한 후 [축 서식]-[축 옵션]-[채우기 및 선]을 클릭하고 '선'은 선택한 후 '선'의 '색 '에서 '검정, 텍스트 1'을 클릭합니다.

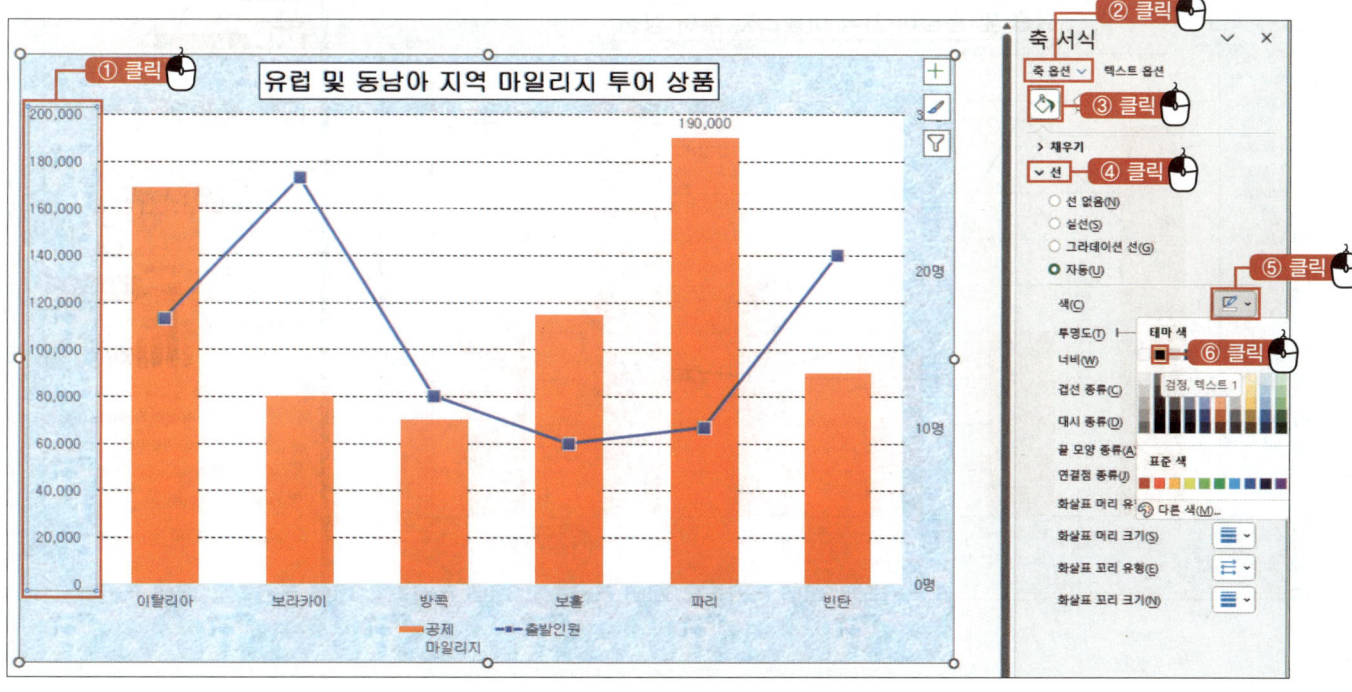

Part 1 따라하면서 배우는 엑셀 2021 131

12 '가로 (항목) 축'을 선택한 후 '선'의 '색 ✏️'에서 '검정, 텍스트 1'을 클릭합니다.

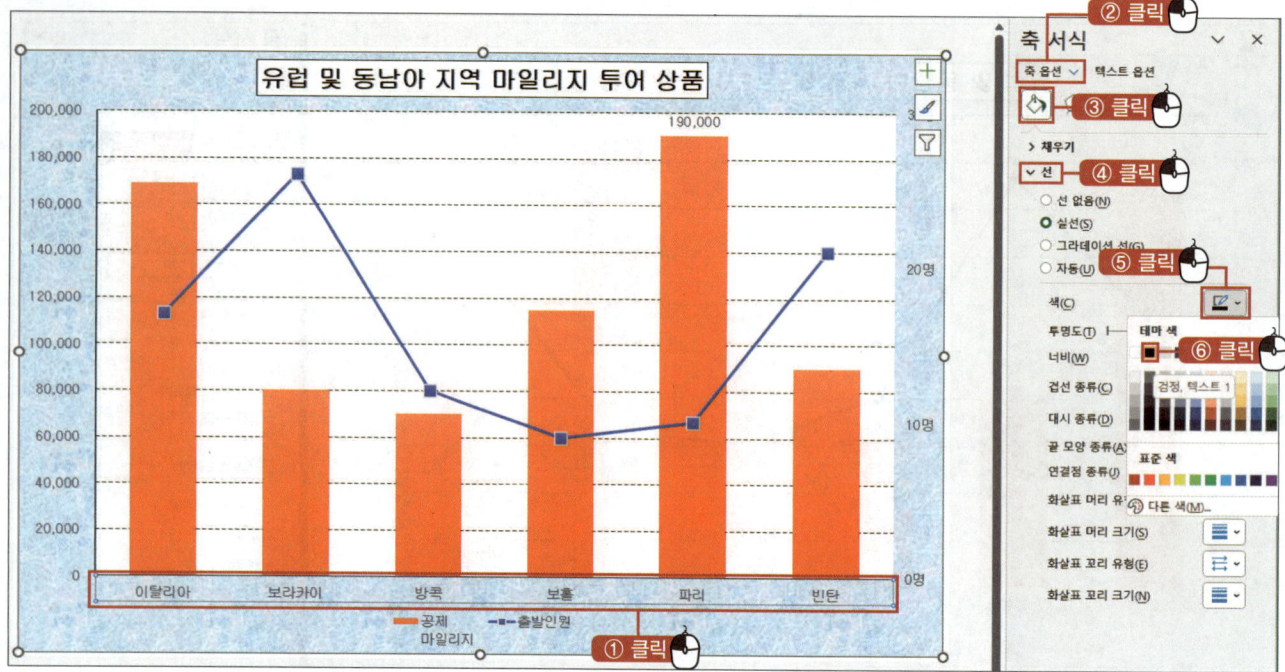

13 '보조 세로 (값) 축'을 선택한 후 '선'의 '색 ✏️'에서 '검정, 텍스트 1'을 클릭합니다.

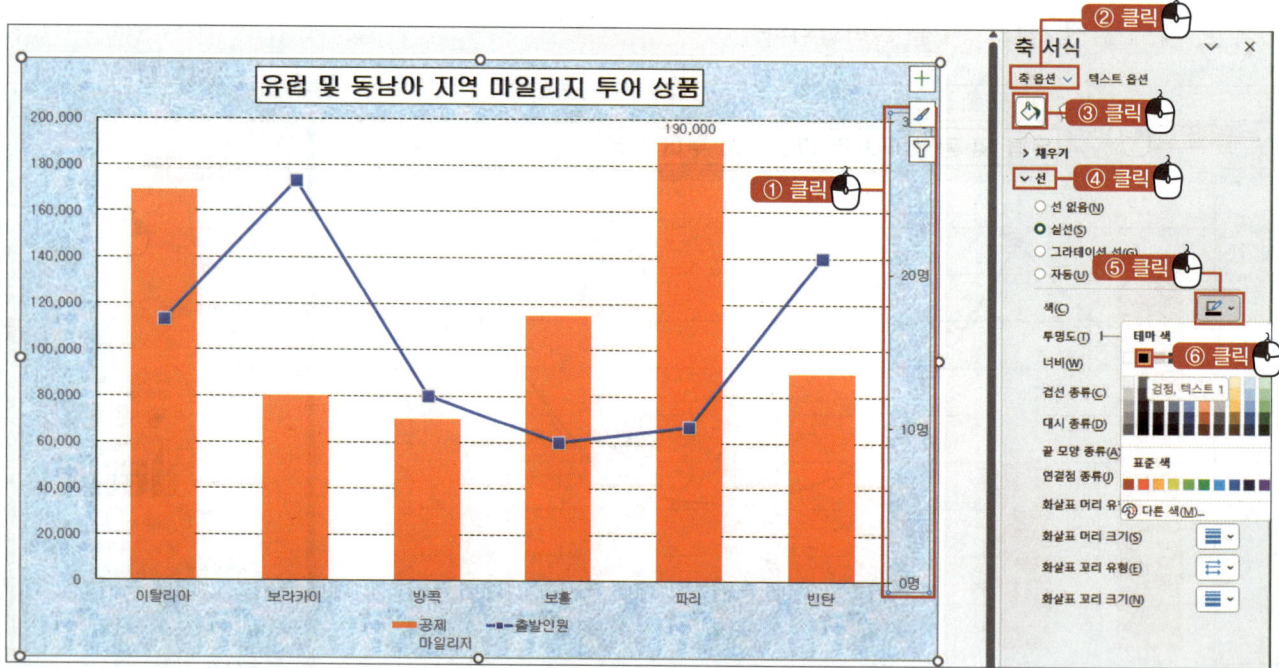

단계 6 범례명 변경

> 조건 (8) 범례 → 범례명을 변경하고 ≪출력형태≫를 참조하시오.

1 차트를 선택한 후 [차트 디자인] 탭-[데이터] 그룹에서 [데이터 선택 📊]을 클릭합니다.

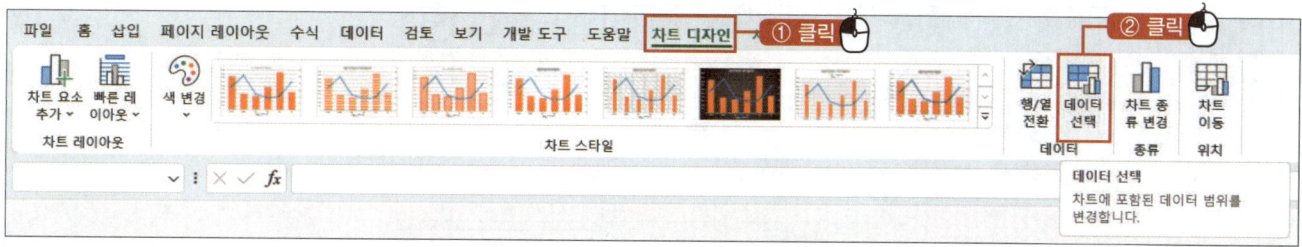

2 [데이터 원본 선택] 대화상자의 '범례 항목(계열)'에서 '출발인원'을 선택하고 [편집] 단추를 클릭합니다.

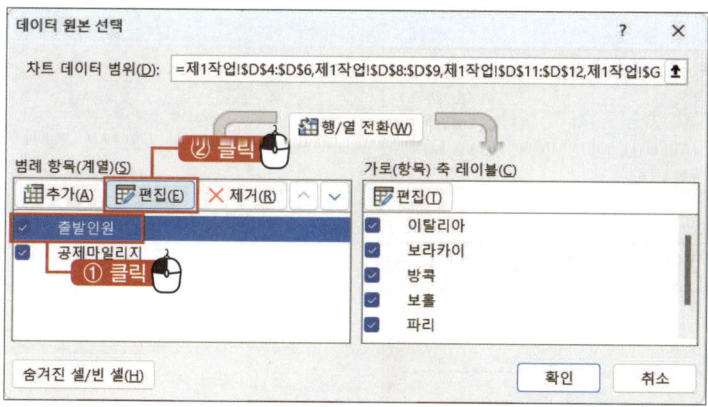

3 [계열 편집] 대화상자의 '계열 이름'에 「출발인원」을 입력하고 [확인] 단추를 클릭합니다.

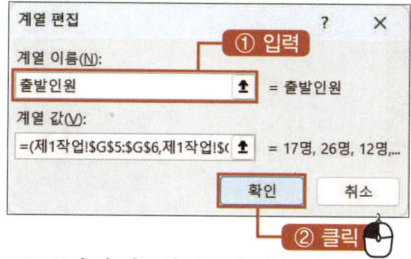

4 [데이터 원본 선택] 대화상자의 '범례 항목(계열)'에서 '공제마일리지'를 선택하고 [편집] 단추를 클릭합니다.

5 [계열 편집] 대화상자의 '계열 이름'에 「공제마일리지」를 입력하고 [확인] 단추를 클릭한 후 [데이터 원본 선택] 대화상자에서 [확인] 단추를 클릭합니다.

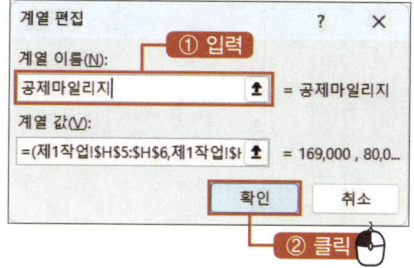

단계 7 도형 삽입

> 조건 (9) 도형 ⇒ '말풍선: 모서리가 둥근 사각형'을 삽입한 후 ≪출력형태≫와 같이 내용을 입력하시오.

1 차트를 선택한 후 [서식] 탭의 [도형 삽입] 그룹에서 '자세히 ▼'를 클릭합니다.

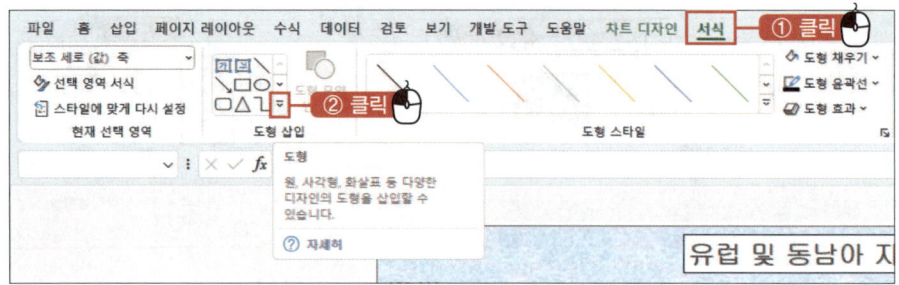

2 '설명선'의 '말풍선: 모서리가 둥근 사각형'을 선택합니다.

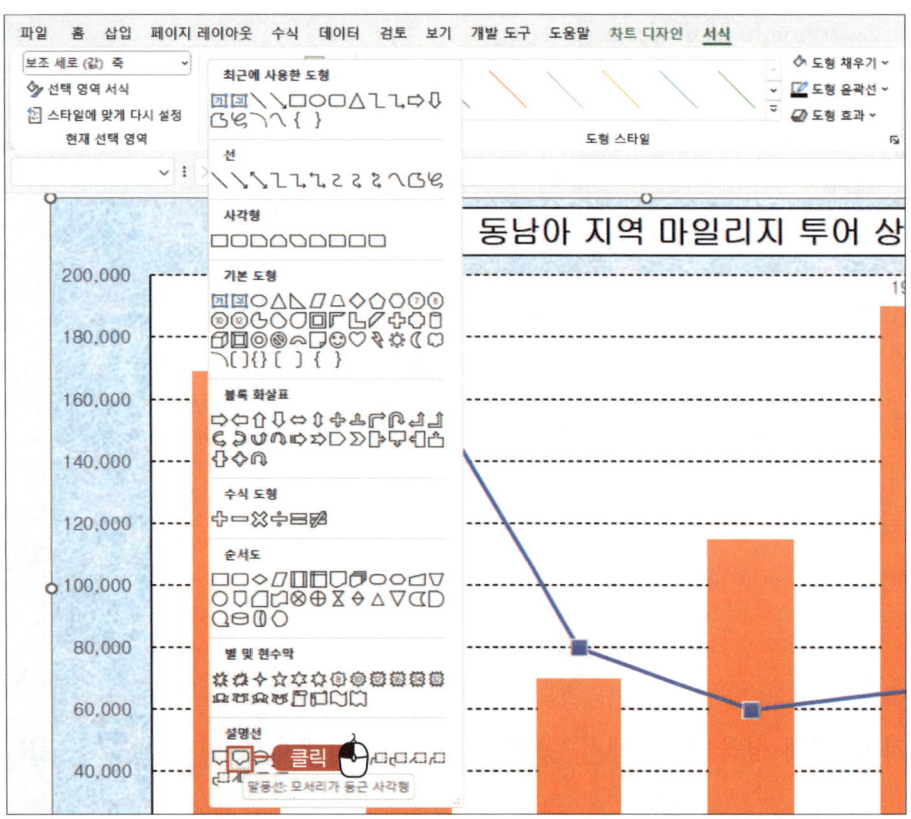

3 '말풍선: 모서리가 둥근 사각형'을 문제에 제시된 위치로 드래그하여 그린 후 조절점(●, ○)을 이용하여 모양을 수정합니다.

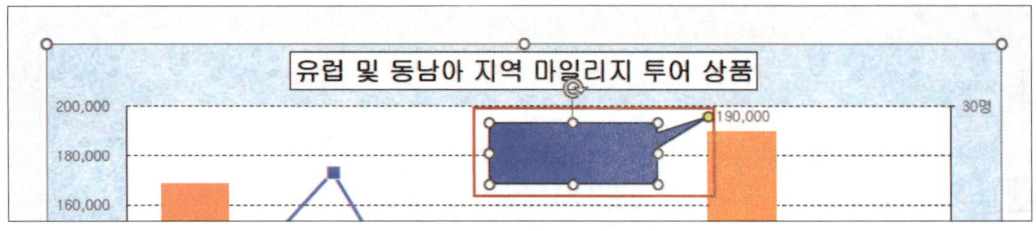

4 도형이 선택된 상태에서 「최대 공제 마일리지」를 입력합니다. [홈] 탭의 [글꼴] 그룹에서 [채우기 색] 도구를 클릭하여 '흰색, 배경 1'을 선택합니다.

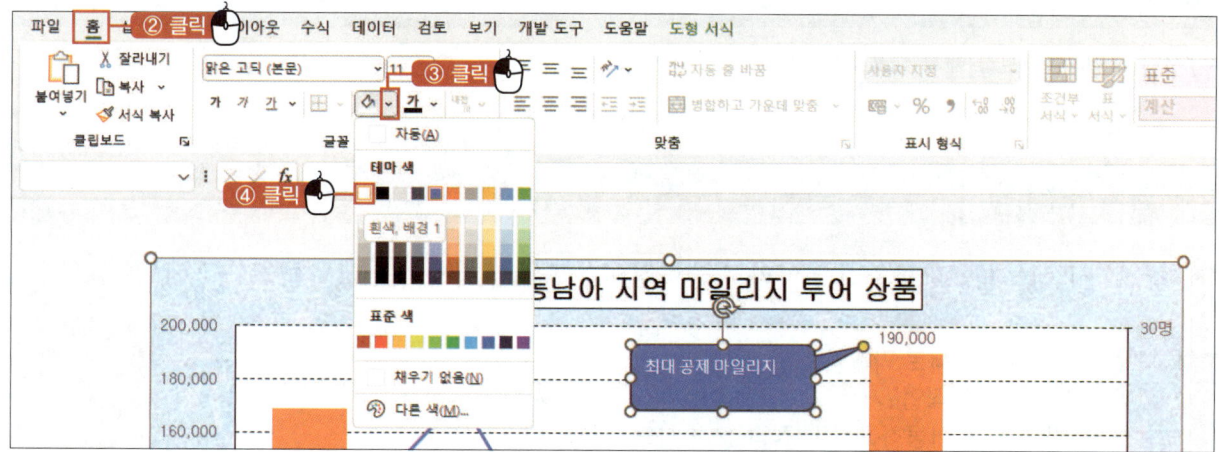

5 '말풍선: 모서리가 둥근 사각형' 도형의 경계라인을 클릭하여 모든 텍스트가 선택될 수 있도록 선택한 후 [홈] 탭의 [글꼴] 그룹에서 '글꼴(굴림)', '크기(11)', [글꼴 색] 도구를 클릭하여 '자동'을 선택합니다.

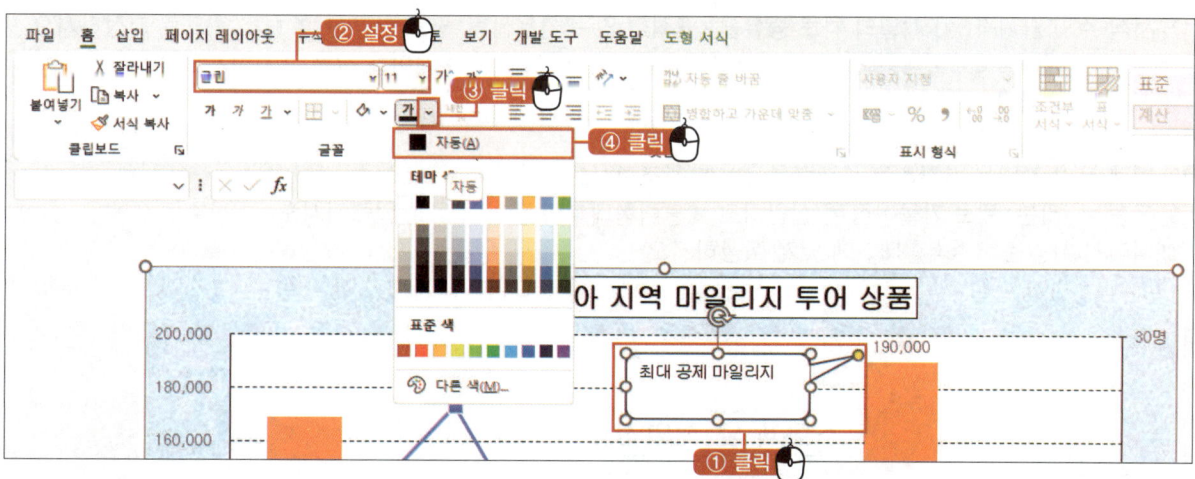

6 '말풍선: 모서리가 둥근 사각형' 도형의 경계라인이 선택된 상태에서 [홈] 탭의 [맞춤] 그룹에서 [세로 가운데 맞춤] 도구, [가로 가운데 맞춤] 도구를 각각 클릭합니다.

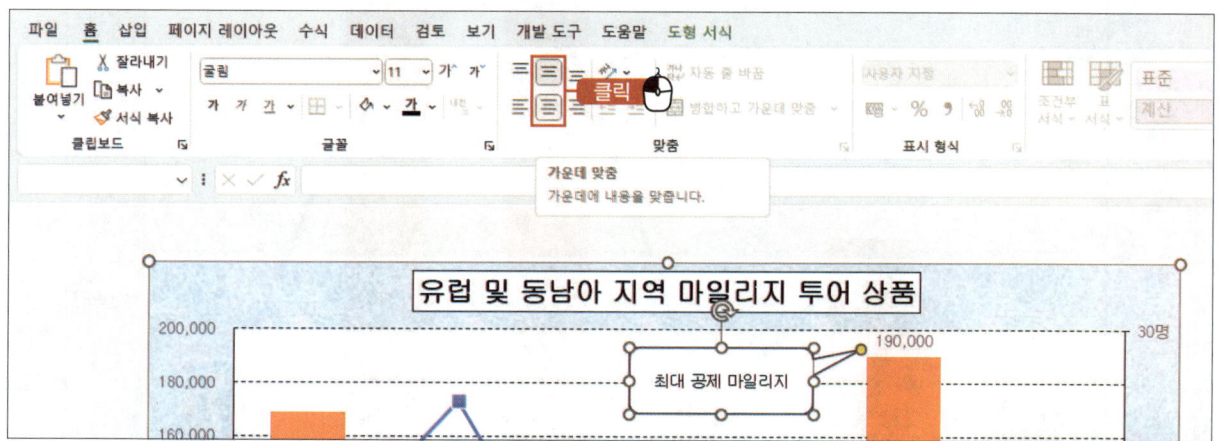

7 완성된 차트를 확인한 후 [파일]-[저장] 또는 [빠른 실행 도구 모음]의 [저장]을 클릭합니다.

 실력 향상을 위한 실전 연습문제

● 예제/정답 파일은 [자료실]에서 다운로드하세요.

●예제 파일 : 실전차트1.xlsx, 정답 파일 : 실전차트1(정답).xlsx

26 다음 조건에 따라 엑셀 파일을 작성하시오.

☞ "제1작업" 시트를 이용하여 조건에 따라 ≪출력형태≫와 같이 작업하시오.

조건
(1) 차트 종류 ⇒〈묶은 세로 막대형〉으로 작업하시오.
(2) 데이터 범위 ⇒ "제1작업" 시트의 내용을 이용하여 작업하시오.
(3) 위치 ⇒ "새시트"로 이동하고, "제4작업"으로 시트 이름을 바꾸시오.
(4) 차트 디자인 도구 ⇒ 레이아웃 3, 스타일 14를 선택하여 ≪출력형태≫에 맞게 작업하시오.
(5) 영역 서식 ⇒ 차트 : 글꼴(굴림 11pt), 채우기 효과(질감-파랑 박엽지)
　　　　　　　그림 : 채우기(흰색, 배경 1)
(6) 제목 서식 ⇒ 차트 제목 : 글꼴(굴림, 굵게, 20pt), 채우기(흰색, 배경 1), 테두리
(7) 서식 ⇒ 평균가격(원) 계열의 차트 종류를〈표식이 있는 꺾은선형〉으로 변경한 후 보조 축으로 지정하시오.
　　레이블 : ≪출력형태≫를 참조하여 표식(마름모, 크기 8)과 레이블 값을 표시하시오.
　　눈금선 : 선 스타일-파선
　　축 : ≪출력형태≫를 참조하시오
(8) 범례 ⇒ 범례명을 변경하고 ≪출력형태≫를 참조하시오.
(9) 도형 ⇒ '리본: 위로 기울어짐'을 삽입하고 ≪출력형태≫와 같이 내용을 입력하시오.
(10) 나머지 사항은 ≪출력형태≫에 맞게 작성하시오.

출력형태

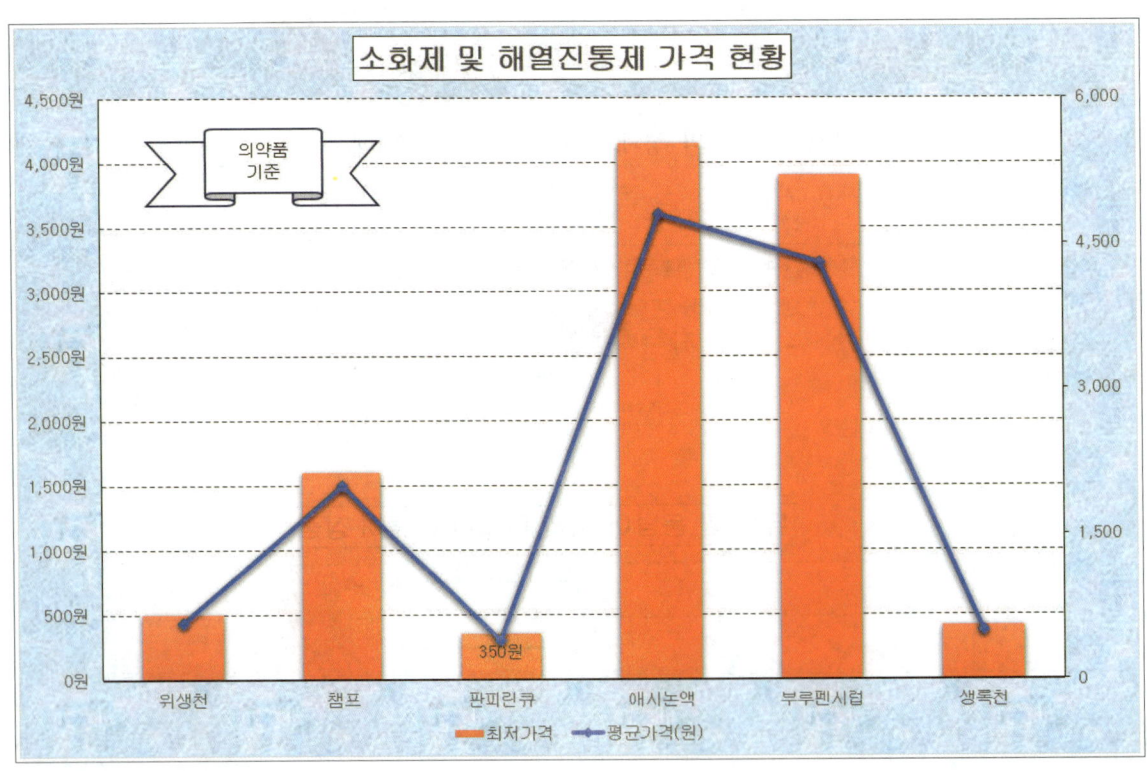

실력 향상을 위한 실전 연습문제

● 예제/정답 파일은 [자료실]에서 다운로드하세요.

●예제 파일 : 실전차트2.xlsx, 정답 파일 : 실전차트2(정답).xlsx

27 다음 조건에 따라 엑셀 파일을 작성하시오.

☞ "제1작업" 시트를 이용하여 조건에 따라 ≪출력형태≫와 같이 작업하시오.

조건
(1) 차트 종류 ⇒ <묶은 세로 막대형>으로 작업하시오.
(2) 데이터 범위 ⇒ "제1작업" 시트의 내용을 이용하여 작업하시오.
(3) 위치 ⇒ "새시트"로 이동하고, "제4작업"으로 시트 이름을 바꾸시오.
(4) 차트 디자인 도구 ⇒ 레이아웃 3, 스타일 5를 선택하여 ≪출력형태≫에 맞게 작업하시오.
(5) 영역 서식 ⇒ 차트 : 글꼴(굴림 11pt), 채우기 효과(질감-파랑 박엽지)
　　　　　　　그림 : 채우기(흰색, 배경 1)
(6) 제목 서식 ⇒ 차트 제목 : 글꼴(굴림, 굵게, 20pt), 채우기(흰색, 배경 1), 테두리
(7) 서식 ⇒ 대여기간 계열의 차트 종류를 <표식이 있는 꺾은선형>으로 변경한 후 보조 축으로 지정하시오.
　　　　　레이블 : ≪출력형태≫를 참조하여 표식(네모, 크기 8)과 레이블 값을 표시하시오.
　　　　　눈금선 : 선 스타일-파선
　　　　　축 : ≪출력형태≫를 참조하시오.
(8) 범례 ⇒ ≪출력형태≫를 참조하시오.
(9) 도형 ⇒ '말풍선: 모서리가 둥근 사각형'을 삽입하고 ≪출력형태≫와 같이 내용을 입력하시오.
(10) 나머지 사항은 ≪출력형태≫에 맞게 작성하시오.

출력형태

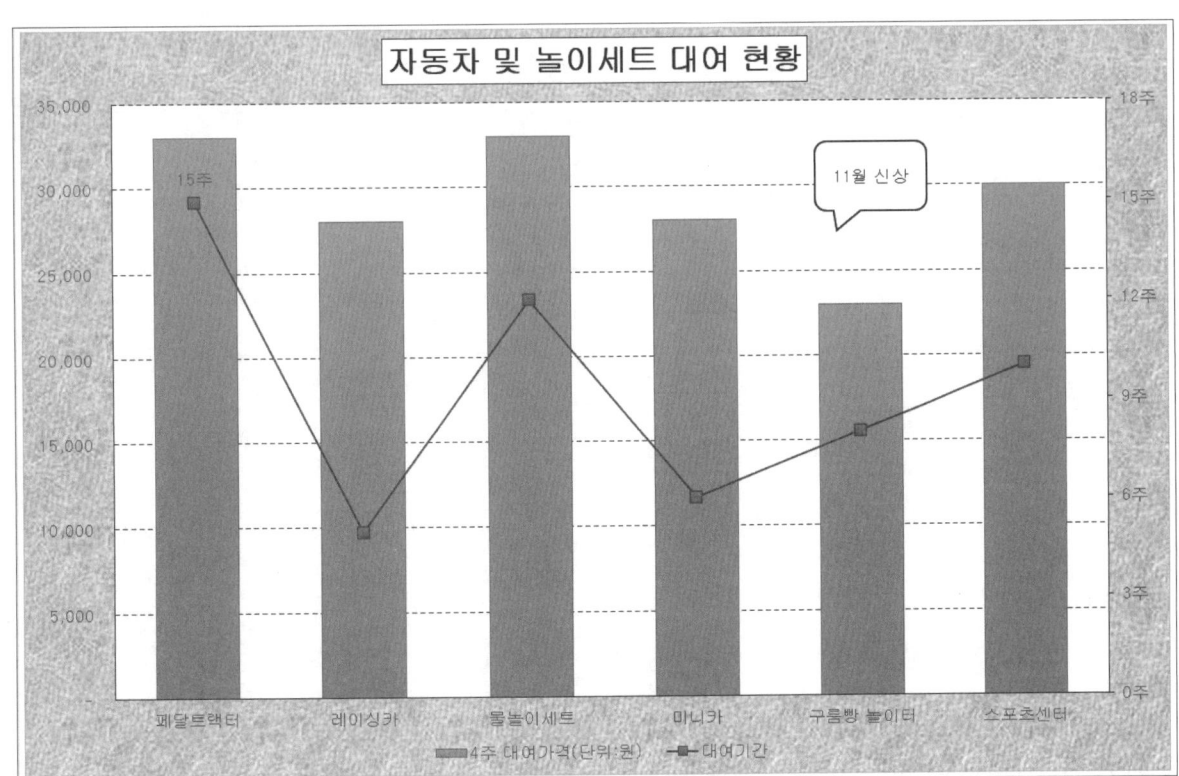

MEMO

기출유형 모의고사

Part 1에서 배운 시험에 나오는 엑셀 기능을 토대로 시험에 출제되는 다양한 기능과 형태를 익혀 어떠한 문제가 출제되더라도 해결할 수 있도록 학습효과를 높입니다.

※정답 파일과 동영상 강의는 [자료실]에서 다운로드하세요.

무료 동영상	제 1회	기출유형 모의고사	무료 동영상	제 6회	기출유형 모의고사
무료 동영상	제 2회	기출유형 모의고사	무료 동영상	제 7회	기출유형 모의고사
무료 동영상	제 3회	기출유형 모의고사	무료 동영상	제 8회	기출유형 모의고사
무료 동영상	제 4회	기출유형 모의고사	무료 동영상	제 9회	기출유형 모의고사
무료 동영상	제 5회	기출유형 모의고사	무료 동영상	제 10회	기출유형 모의고사

1회 기출유형 모의고사

과목	코드	문제유형	시험시간	수험번호	성 명
한글엑셀	1122	A	60분	12342001	

수 험 자   유 의 사 항

- 수험자는 문제지를 받는 즉시 문제지와 **수험표상의 시험과목(프로그램), 버전이 동일한지 반드시 확인**하여야 합니다.
- 파일명은 본인의 "수험번호-성명"으로 입력하여 답안폴더(내 PC\문서\ITQ)에 하나의 파일로 저장해야 하며, 답안문서 파일명이 "수험번호-성명"과 일치하지 않거나, 답안파일을 전송하지 않아 미제출로 처리될 경우 실격입니다(예 : 12345678-홍길동.xlsx).
- 답안 작성을 마치면 파일을 저장하고, '답안 전송' 버튼을 선택하여 감독위원 PC로 답안을 전송하십시오. 수험생 정보와 저장한 파일명이 다를 경우 전송되지 않으므로 주의하시기 바랍니다.
- 답안 작성 중에도 **주기적으로 저장하고 답안을 전송**하여야 문제 발생을 줄일 수 있습니다. 작업한 내용을 저장하지 않고 전송할 경우 이전에 저장된 내용이 전송되오니 이점 유의하시기 바랍니다.
- 답안문서는 지정된 경로 외의 다른 보조기억장치에 저장하는 경우, 지정된 시험 시간 외에 작성된 파일을 활용할 경우, 기타 통신수단(이메일, 메신저, 네트워크 등)을 이용하여 타인에게 전달 또는 외부 반출하는 경우는 부정 처리합니다.
- 시험 중 부주의 또는 고의로 시스템을 파손한 경우는 수험자가 변상해야 하며, <수험자 유의사항>에 기재된 방법대로 이행하지 않아 생기는 불이익은 수험생 당사자의 책임임을 알려 드립니다.
- 문제의 조건은 MS오피스 2021 버전으로 설정되어 있으며 MS오피스 2016은【 】에 표기되어 있습니다. 이와 관련하여 작성한 답안의 출력형태가 문제지와 다를 수 있습니다.
- 시험을 완료한 수험자는 답안파일이 전송되었는지 확인한 후 감독위원의 지시에 따라 문제지를 제출하고 퇴실합니다.

답 안 작 성 요 령

- 온라인 답안 작성 절차
  수험자 등록 ⇒ 시험 시작 ⇒ 답안파일 저장 ⇒ 답안 전송 ⇒ 시험 종료
- 문제는 총 4단계, 즉 제1작업부터 제4작업까지 구성되어 있으며 반드시 제1작업부터 순서대로 작성하고 조건대로 작업하시오.
- 모든 작업시트의 A열은 열 너비 '1'로, 나머지 열은 적당하게 조절하시오.
- 모든 작업시트의 테두리는 《출력형태》와 같이 작업하시오.
- 해당 작업란에서는 각각 제시된 조건에 따라 《출력형태》와 같이 작업하시오.
- 답안 시트 이름은 "제1작업", "제2작업", "제3작업", "제4작업"이어야 하며 답안 시트 이외의 것은 감점 처리됩니다.
- 각 시트를 파일로 나누어 작업해서 저장할 경우 실격 처리됩니다.

[제 1 작업] 표 서식 작성 및 값 계산 (240점)

☞ 다음은 '입주자 박람회 이사 계약 현황'에 대한 자료이다. 자료를 입력하고 조건에 맞도록 작업하시오.

출력형태

계약코드	입주자	이사형태	작업인원	견적금액 (단위:원)	사은품	예정물량(톤)	입주 동호수	비고
AM103-603	김천호	포장이사	4	1,700,000	새집증후군	5/1.5	(1)	(2)
PM106-204	이종로	일반이사	6	2,800,000	입주선물세트	8	(1)	(2)
AM207-908	원낙원	포장이사	3	1,700,000	입주청소	5	(1)	(2)
AM103-606	박금호	지방이사	6	2,900,000	새집증후군	8	(1)	(2)
PA109-508	정한남	포장이사	5	2,500,000	입주선물세트	8	(1)	(2)
AM111-121	임강남	포장이사	2	1,000,000	입주청소	3	(1)	(2)
AM102-159	최강북	일반이사	4	1,600,000	새집증후군	5/1.5	(1)	(2)
AM103-610	고양재	지방이사	3	2,650,000	입주선물세트	5	(1)	(2)
최소 작업인원			(3)		포장이사 계약 건수			(5)
포장이사 견적금액(단위:원) 평균			(4)		입주자	김천호	사은품	(6)

제목 위에는 "입주자 박람회 이사 계약 현황" 도형이, 우측 상단에는 확인/담당/대리/과장 결재란이 있음.

조건

○ 모든 데이터의 서식에는 글꼴(굴림, 11pt), 정렬은 숫자 및 회계 서식은 오른쪽 정렬, 나머지 서식은 가운데 정렬로 작성하며 예외적인 것은 ≪출력형태≫를 참조하시오.
○ 제목 ⇒ 도형(사각형: 둥근 모서리)과 그림자(오프셋: 오른쪽 아래)를 이용하여 작성하고 "입주자 박람회 이사 계약 현황"을 입력한 후 다음 서식을 적용하시오(글꼴-굴림, 24pt, 검정, 굵게, 채우기-노랑).
○ 임의의 셀에 결재란을 작성하여 그림복사 기능을 이용하여 붙이기 하시오(단, 원본 삭제).
○ 「B4:J4, G14, I14」 영역은 '주황'으로 채우기 하시오.
○ 유효성 검사를 이용하여 「H14」 셀에 입주자(「C5:C12」 영역)가 선택 표시되도록 하시오.
○ 셀 서식 ⇒ 「E5:E12」 영역에 셀 서식을 이용하여 숫자 뒤에 '명'을 표시하시오(예 : 4명).
○ 「F5:F12」 영역에 대해 '견적금액'으로 이름정의를 하시오.

⊙ (1)~(6) 셀은 반드시 <u>주어진 함수를 이용하여</u> 값을 구하시오(결과값을 직접 입력하면 해당 셀은 0점 처리됨).

(1) 입주 동호수 ⇒ 계약코드의 마지막 7개 글자를 구하시오(RIGHT 함수).
(2) 비고 ⇒ 작업인원이 '4' 이상이면서 견적금액(단위:원)이 '2,000,000' 이하이면 '★', 그 외에는 공백으로 나타내시오(IF, AND 함수).
(3) 최소 작업인원 ⇒ 작업인원의 최소값을 구하시오(MIN 함수).
(4) 포장이사 견적금액(단위:원) 평균 ⇒ 정의된 이름(견적금액)을 이용하여 구하시오(SUMIF, COUNTIF 함수).
(5) 포장이사 계약 건수 ⇒ 단, 조건은 입력 데이터를 이용하고, 결과값 뒤에 '건'을 붙이시오(DCOUNTA 함수, & 연산자)(예: 2건).
(6) 사은품 ⇒ 「H14」 셀에서 선택한 입주자에 대한 사은품을 구하시오(VLOOKUP 함수).
(7) 조건부 서식의 수식을 이용하여 작업인원이 '6' 이상인 행 전체에 다음의 서식을 적용하시오(글꼴 : 굵게, 파랑).

[제 2 작업] 목표값 찾기 및 필터 (80점)

☞ "제1작업" 시트의 「B4:H12」 영역을 복사하여 "제2작업" 시트의 「B2」 셀부터 모두 붙여넣기를 한 후 다음의 조건과 같이 작업하시오.

조건

(1) 목표값 찾기 – 「B11:G11」 셀을 병합하여 "견적금액(단위:원)의 전체 평균"을 입력한 후 「H11」 셀에 견적금액(단위:원)의 전체 평균을 구하시오(AVERAGE 함수, 테두리).
  – '견적금액(단위:원)의 전체 평균'이 '2,100,000'이 되려면 김천호의 견적금액(단위:원)이 얼마가 되어야 하는지 목표값을 구하시오.
(2) 고급필터 – 이사형태가 '지방이사'이거나, 작업인원이 '6' 이상인 데이터만 추출하시오.
  – 조건 범위 : 「B14」 셀부터 입력하시오.
  – 복사 위치 : 「B18」 셀부터 나타나도록 하시오.

[제 3 작업] 정렬 및 부분합 (80점)

☞ "제1작업" 시트의 「B4:H12」 영역을 복사하여 "제3작업" 시트의 「B2」 셀부터 모두 붙여넣기를 한 후 다음의 조건과 같이 작업하시오.

조건

(1) 부분합 – ≪출력형태≫처럼 정렬하고, 입주자의 개수와 견적금액(단위:원)의 평균을 구하시오.
(2) 개요 – 지우시오.
(3) 나머지 사항은 ≪출력형태≫에 맞게 작성하시오.

출력형태

	A	B	C	D	E	F	G	H	I
1									
2		계약코드	입주자	이사형태	작업인원	견적금액(단위:원)	사은품	예정물량(톤)	
3		AM103-603	김천호	포장이사	4명	1,700,000	새집증후군	5/1.5	
4		AM207-908	원낙원	포장이사	3명	1,700,000	입주청소	5	
5		PA109-508	정한남	포장이사	5명	2,500,000	입주선물세트	8	
6		AM111-121	임강남	포장이사	2명	1,000,000	입주청소	3	
7				포장이사 평균		1,725,000			
8			4	포장이사 개수					
9		AM103-606	박금호	지방이사	6명	2,900,000	새집증후군	8	
10		AM103-610	고양재	지방이사	3명	2,650,000	입주선물세트	5	
11				지방이사 평균		2,775,000			
12			2	지방이사 개수					
13		PM106-204	이종로	일반이사	6명	2,800,000	입주선물세트	8	
14		AM102-159	최강북	일반이사	4명	1,600,000	새집증후군	5/1.5	
15				일반이사 평균		2,200,000			
16			2	일반이사 개수					
17				전체 평균		2,106,250			
18			8	전체 개수					
19									

[제 4 작업] 그래프 (100점)

☞ "제1작업" 시트를 이용하여 조건에 따라 ≪출력형태≫와 같이 작업하시오.

조건

(1) 차트 종류 ⇒ 〈묶은 세로 막대형〉으로 작업하시오.
(2) 데이터 범위 ⇒ "제1작업" 시트의 내용을 이용하여 작업하시오.
(3) 위치 ⇒ "새 시트"로 이동하고, "제4작업"으로 시트 이름을 바꾸시오.
(4) 차트 디자인 도구 ⇒ 레이아웃 3, 스타일 14를 선택하여 ≪출력형태≫에 맞게 작업하시오.
(5) 영역 서식 ⇒ 차트 : 글꼴(굴림, 11pt), 채우기 효과(질감–분홍 박엽지)
             그림 : 채우기(흰색, 배경 1)
(6) 제목 서식 ⇒ 차트 제목 : 글꼴(굴림, 굵게, 20pt), 채우기(흰색, 배경 1), 테두리
(7) 서식 ⇒ 작업인원 계열의 차트 종류를 〈표식이 있는 꺾은선형〉으로 변경한 후 보조 축으로 지정하시오.
  계열 : ≪출력형태≫를 참조하여 표식(동그라미, 크기 10)과 레이블 값을 표시하시오.
  눈금선 : 선 스타일 –파선
  축 : ≪출력형태≫를 참조하시오.
(8) 범례 ⇒ 범례명을 변경하고 ≪출력형태≫를 참조하시오.
(9) 도형 ⇒ '말풍선: 타원형'을 삽입하고 ≪출력형태≫와 같이 내용을 입력하시오.
(10) 나머지 사항은 ≪출력형태≫에 맞게 작성하시오.

출력형태

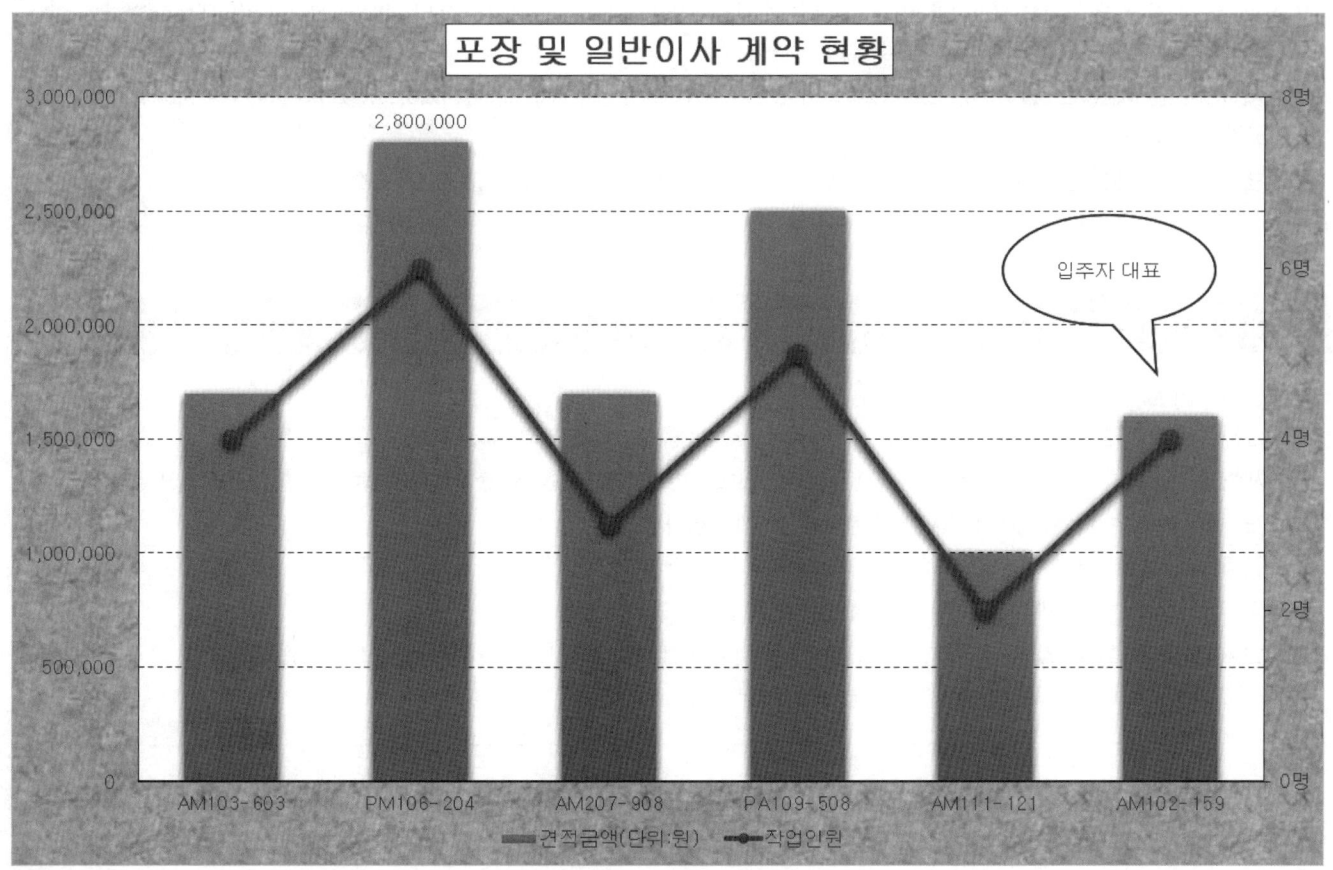

주의 시트명 순서가 차례대로 "제1작업", "제2작업", "제3작업", "제4작업"이 되도록 할 것.

2회 기출유형 모의고사

과목	코드	문제유형	시험시간	수험번호	성 명
한글엑셀	1122	A	60분	12342002	

수 험 자 유 의 사 항

- 수험자는 문제지를 받는 즉시 문제지와 **수험표상의 시험과목(프로그램), 버전이 동일한지 반드시 확인**하여야 합니다.
- 파일명은 본인의 "수험번호-성명"으로 입력하여 답안폴더(내 PC\문서\ITQ)에 하나의 파일로 저장해야 하며, 답안문서 파일명이 "수험번호-성명"과 일치하지 않거나, 답안파일을 전송하지 않아 미제출로 처리될 경우 실격입니다(예 : 12345678-홍길동.xlsx).
- 답안 작성을 마치면 파일을 저장하고, '답안 전송' 버튼을 선택하여 감독위원 PC로 답안을 전송하십시오. 수험생 정보와 저장한 파일명이 다를 경우 전송되지 않으므로 주의하시기 바랍니다.
- 답안 작성 중에도 **주기적으로 저장하고 답안을 전송**하여야 문제 발생을 줄일 수 있습니다. 작업한 내용을 저장하지 않고 전송할 경우 이전에 저장된 내용이 전송되오니 이점 유의하시기 바랍니다.
- 답안문서는 지정된 경로 외의 다른 보조기억장치에 저장하는 경우, 지정된 시험 시간 외에 작성된 파일을 활용할 경우, 기타 통신수단(이메일, 메신저, 네트워크 등)을 이용하여 타인에게 전달 또는 외부 반출하는 경우는 부정 처리합니다.
- 시험 중 부주의 또는 고의로 시스템을 파손한 경우는 수험자가 변상해야 하며, <수험자 유의사항>에 기재된 방법대로 이행하지 않아 생기는 불이익은 수험생 당사자의 책임임을 알려 드립니다.
- 문제의 조건은 MS오피스 2021 버전으로 설정되어 있으며 MS오피스 2016은【 】에 표기되어 있습니다. 이와 관련하여 작성한 답안의 출력형태가 문제지와 다를 수 있습니다.
- 시험을 완료한 수험자는 답안파일이 전송되었는지 확인한 후 감독위원의 지시에 따라 문제지를 제출하고 퇴실합니다.

답 안 작 성 요 령

- 온라인 답안 작성 절차
  수험자 등록 ⇒ 시험 시작 ⇒ 답안파일 저장 ⇒ 답안 전송 ⇒ 시험 종료
- 문제는 총 4단계, 즉 제1작업부터 제4작업까지 구성되어 있으며 반드시 제1작업부터 순서대로 작성하고 조건대로 작업하시오.
- 모든 작업시트의 A열은 열 너비 '1'로, 나머지 열은 적당하게 조절하시오.
- 모든 작업시트의 테두리는 《출력형태》와 같이 작업하시오.
- 해당 작업란에서는 각각 제시된 조건에 따라 《출력형태》와 같이 작업하시오.
- 답안 시트 이름은 "제1작업", "제2작업", "제3작업", "제4작업"이어야 하며 답안 시트 이외의 것은 감점 처리됩니다.
- 각 시트를 파일로 나누어 작업해서 저장할 경우 실격 처리됩니다.

[제 1 작업] 표 서식 작성 및 값 계산 (240점)

☞ 다음은 '수입 원두커피 판매 현황'에 대한 자료이다. 자료를 입력하고 조건에 맞도록 작업하시오.

출력형태

	A	B	C	D	E	F	G	H	I	J
1								결재	담당	팀장	부장
2		수입 원두커피 판매 현황									
3											
4		상품코드	상품명	커피 원산지	제조날짜	커피 원가(단위:원)	판매수량	판매가(단위:원)	유통기한	판매순위
5		BR-344	산토스 NY2	브라질	2025-10-20	8,500	339	18,000	(1)	(2)
6		CE-233	산타로사	콜롬비아	2025-10-02	7,000	1,035	15,200	(1)	(2)
7		CE-156	후일라 수프리모	콜롬비아	2025-11-04	6,300	326	11,000	(1)	(2)
8		ET-245	모모라 G1	에티오피아	2025-12-08	12,300	864	33,900	(1)	(2)
9		BR-332	모지아나 NY2	브라질	2025-12-23	9,800	1,532	14,500	(1)	(2)
10		CE-295	카우카 수프리모	콜롬비아	2025-11-04	6,800	248	12,300	(1)	(2)
11		BR-157	씨에라 옐로우버본	브라질	2025-12-15	6,900	567	15,000	(1)	(2)
12		ET-148	아리차 예가체프G1	에티오피아	2025-11-29	10,500	954	29,500	(1)	(2)
13		브라질 원산지 판매가(단위:원)의 평균			(3)			최대 커피 원가(단위:원)		(5)	
14		11월 15일 이후 제조한 커피 판매수량의 합			(4)		상품명	산토스 NY2	제조날짜	(6)

조건

○ 모든 데이터의 서식에는 글꼴(굴림, 11pt), 정렬은 숫자 및 회계 서식은 오른쪽 정렬, 나머지 서식은 가운데 정렬로 작성하며 예외적인 것은 ≪출력형태≫를 참조하시오.
○ 제목 ⇒ 도형(사다리꼴)과 그림자(오프셋: 오른쪽 아래)를 이용하여 작성하고 "수입 원두커피 판매 현황"을 입력한 후 다음 서식을 적용하시오(글꼴-굴림, 24pt, 검정, 굵게, 채우기-노랑).
○ 임의의 셀에 결재란을 작성하여 그림복사 기능을 이용하여 붙이기 하시오(단, 원본 삭제).
○ 「B4:J4, G14, I14」 영역은 '주황'으로 채우기 하시오.
○ 유효성 검사를 이용하여 「H14」 셀에 상품명(「C5:C12」 영역)이 선택 표시되도록 하시오.
○ 셀 서식⇒「G5:G12」 영역에 셀 서식을 이용하여 숫자 뒤에 '개'를 표시하시오(예: 1,035개).
○ 「F5:F12」 영역에 대해 '원가'로 이름정의를 하시오.

◉ (1)~(6) 셀은 반드시 <u>주어진 함수</u>를 <u>이용</u>하여 값을 구하시오(결과 값을 직접 입력하면 해당 셀은 0점 처리됨).
(1) 유통기한 ⇒「제조날짜+기간」으로 구하되 기간은 상품코드 네 번째 값이 1이면 365일, 2이면 500일, 3이면 730일로 지정하여 구하시오(CHOOSE, MID 함수)(예 : 2025-03-10).
(2) 판매순위 ⇒ 판매수량의 내림차순 순위를 1~3까지 구한 결과값에 '위'를 붙이고, 그 외에는 공백으로 구하시오(IF, RANK.AVG 함수, & 연산자)(예: 1위).
(3) 브라질 원산지 판매가(단위:원)의 평균 ⇒ 조건은 입력 데이터를 이용하시오(DAVERAGE 함수).
(4) 11월 15일 이후 제조한 커피 판매수량의 합 ⇒ 11월 15일 이후(해당일 포함) 제조한 상품의 판매수량 합을 구하시오(SUMIF 함수).
(5) 최대 커피 원가(단위:원) ⇒ 정의된 이름(원가)을 이용하여 구하시오(LARGE 함수).
(6) 제조날짜 ⇒「H14」 셀에서 선택한 상품명에 대한 제조날짜를 구하시오(VLOOKUP 함수)(예 : 2025-01-01).
(7) 조건부 서식의 수식을 이용하여 커피원가가 '9,000' 이상인 행 전체에 다음의 서식을 적용하시오(글꼴 : 파랑, 굵게).

[제 2 작업] 필터 및 서식   80점

☞ "제1작업" 시트의 「B4:H12」 영역을 복사하여 "제2작업" 시트의 「B2」 셀부터 모두 붙여넣기를 한 후 다음의 조건과 같이 작업하시오.

조건

(1) 고급 필터 – 커피 원산지가 '에티오피아'가 아니면서, 커피원가(단위:원)가 '7,000' 이상인 자료의 데이터만 추출하시오.
　　　　　　– 조건 범위 : 「B13」 셀부터 입력하시오.
　　　　　　– 복사 위치 : 「B18」 셀부터 나타나도록 하시오.
(2) 표 서식 – 고급 필터의 결과 셀을 채우기 없음으로 설정한 후 '파랑, 표 스타일 보통 6'의 서식을 적용하시오.
　　　　　– 머리글 행, 줄무늬 행을 적용하시오.

[제 3 작업] 피벗 테이블   80점

☞ "제1작업" 시트를 이용하여 "제3작업" 시트에 조건에 따라 ≪출력형태≫와 같이 작업하시오.

조건

(1) 제조날짜 및 커피 원산지별 상품명의 개수와 판매가(단위:원)의 평균을 구하시오.
(2) 제조날짜를 그룹화하고, 커피 원산지를 ≪출력형태≫와 같이 정렬하시오.
(3) 레이블이 있는 셀 병합 및 가운데 맞춤 적용과 빈 셀은 '***'로 표시하시오.
(4) 행의 총합계를 지우고, 나머지 사항은 ≪출력형태≫에 맞게 작성하시오.

출력형태

A	B	C	D	E	F	G	H
		커피 원산지					
		콜롬비아		에티오피아		브라질	
	제조날짜	개수 : 상품명	평균 : 판매가(단위:원)	개수 : 상품명	평균 : 판매가(단위:원)	개수 : 상품명	평균 : 판매가(단위:원)
	10월	1	15,200	***	***	1	18,000
	11월	2	11,650	1	29,500	***	***
	12월	***	***	1	33,900	2	14,750
	총합계	3	12,833	2	31,700	3	15,833

[제 4 작업] 그래프 100점

☞ "제1작업" 시트를 이용하여 조건에 따라 ≪출력형태≫와 같이 작업하시오.

조건

(1) 차트 종류 ⇒ 〈묶은 세로 막대형〉으로 작업하시오.
(2) 데이터 범위 ⇒ "제1작업" 시트의 내용을 이용하여 작업하시오.
(3) 위치 ⇒ "새 시트"로 이동하고, "제4작업"으로 시트 이름을 바꾸시오.
(4) 차트 디자인 도구 ⇒ 레이아웃 3, 스타일 5를 선택하여 ≪출력형태≫에 맞게 작업하시오.
(5) 영역 서식 ⇒ 차트 : 글꼴(굴림, 11pt), 채우기 효과(질감–파랑 박엽지)
　　　　　　　 그림 : 채우기(흰색, 배경 1)
(6) 제목 서식 ⇒ 차트 제목 : 글꼴(굴림, 굵게, 20pt), 채우기(흰색, 배경 1), 테두리
(7) 서식 ⇒ 판매수량 계열의 차트 종류를 〈표식이 있는 꺾은선형〉으로 변경한 후 보조 축으로 지정하시오.
　　　계열 : ≪출력형태≫를 참조하여 표식(네모, 크기 10)과 레이블 값을 표시하시오.
　　　눈금선 : 선 스타일 –파선
　　　축 : ≪출력형태≫를 참조하시오.
(8) 범례 ⇒ 범례명을 변경하고 ≪출력형태≫를 참조하시오.
(9) 도형 ⇒ '말풍선: 사각형'을 삽입하고 ≪출력형태≫와 같이 내용을 입력하시오.
(10) 나머지 사항은 ≪출력형태≫에 맞게 작성하시오.

출력형태

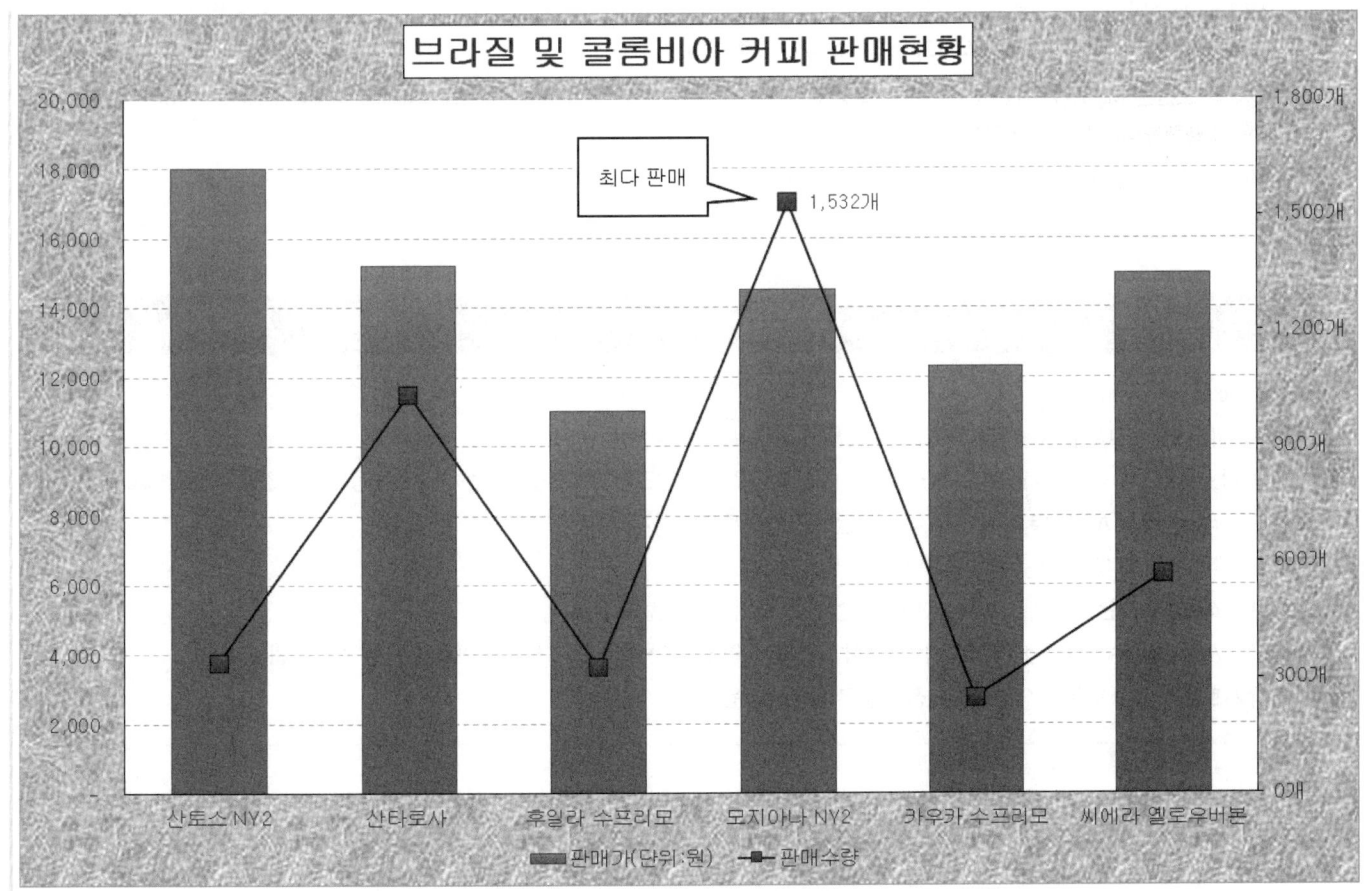

주의) 시트명 순서가 차례대로 "제1작업", "제2작업", "제3작업", "제4작업"이 되도록 할 것.

3회 기출유형 모의고사

Information Technology Qualification

과목	코드	문제유형	시험시간	수험번호	성 명
한글엑셀	1122	A	60분	12342003	

수 험 자 유 의 사 항

- 수험자는 문제지를 받는 즉시 문제지와 **수험표상의 시험과목(프로그램), 버전이 동일한지 반드시 확인**하여야 합니다.
- 파일명은 본인의 "수험번호-성명"으로 입력하여 답안폴더(내 PC\문서\ITQ)에 하나의 파일로 저장해야 하며, 답안문서 파일명이 "수험번호-성명"과 일치하지 않거나, 답안파일을 전송하지 않아 미제출로 처리될 경우 실격입니다(예 : 12345678-홍길동.xlsx).
- 답안 작성을 마치면 파일을 저장하고, '답안 전송' 버튼을 선택하여 감독위원 PC로 답안을 전송하십시오. 수험생 정보와 저장한 파일명이 다를 경우 전송되지 않으므로 주의하시기 바랍니다.
- 답안 작성 중에도 **주기적으로 저장하고 답안을 전송**하여야 문제 발생을 줄일 수 있습니다. 작업한 내용을 저장하지 않고 전송할 경우 이전에 저장된 내용이 전송되오니 이점 유의하시기 바랍니다.
- 답안문서는 지정된 경로 외의 다른 보조기억장치에 저장하는 경우, 지정된 시험 시간 외에 작성된 파일을 활용할 경우, 기타 통신수단(이메일, 메신저, 네트워크 등)을 이용하여 타인에게 전달 또는 외부 반출하는 경우는 부정 처리합니다.
- 시험 중 부주의 또는 고의로 시스템을 파손한 경우는 수험자가 변상해야 하며, <수험자 유의사항>에 기재된 방법대로 이행하지 않아 생기는 불이익은 수험생 당사자의 책임임을 알려 드립니다.
- 문제의 조건은 MS오피스 2021 버전으로 설정되어 있으며 MS오피스 2016은【 】에 표기되어 있습니다. 이와 관련하여 작성한 답안의 출력형태가 문제지와 다를 수 있습니다.
- 시험을 완료한 수험자는 답안파일이 전송되었는지 확인한 후 감독위원의 지시에 따라 문제지를 제출하고 퇴실합니다.

답 안 작 성 요 령

- 온라인 답안 작성 절차
  수험자 등록 ⇒ 시험 시작 ⇒ 답안파일 저장 ⇒ 답안 전송 ⇒ 시험 종료
- 문제는 총 4단계, 즉 제1작업부터 제4작업까지 구성되어 있으며 반드시 제1작업부터 순서대로 작성하고 조건대로 작업하시오.
- 모든 작업시트의 A열은 열 너비 '1'로, 나머지 열은 적당하게 조절하시오.
- 모든 작업시트의 테두리는 《출력형태》와 같이 작업하시오.
- 해당 작업란에서는 각각 제시된 조건에 따라 《출력형태》와 같이 작업하시오.
- 답안 시트 이름은 "제1작업", "제2작업", "제3작업", "제4작업"이어야 하며 답안 시트 이외의 것은 감점 처리됩니다.
- 각 시트를 파일로 나누어 작업해서 저장할 경우 실격 처리됩니다.

[제1 작업] 표 서식 작성 및 값 계산 (240점)

☞ 다음은 '자원봉사자 모집 및 신청 현황'에 대한 자료이다. 자료를 입력하고 조건에 맞도록 작업하시오.

출력형태

모집코드	봉사명	봉사장소	활동주기	봉사시간	모집인원 (단위:명)	신청인원 (단위:명)	봉사시작일	순위
CB-0410	바자회 보조	센터	비정기/월1회	8	1,347	1,450	(1)	(2)
BC-0315	미용서비스	복지관	비정기/월1회	6	750	568	(1)	(2)
BC-0901	멘토링 교육	복지관	정기/매주 1회	24	1,850	954	(1)	(2)
JC-1012	시설 봉사	재활협회	정기/매주 주말	48	1,125	1,450	(1)	(2)
BC-0620	경로식당	복지관	비정기/월1회	8	1,500	1,650	(1)	(2)
CB-0401	생활지원	센터	정기/매주 매일	48	1,120	1,350	(1)	(2)
BC-0622	컴퓨터교육 보조	복지관	정기/매주 1회	16	500	467	(1)	(2)
JC-1101	성장 멘토링	재활협회	정기/매주 월수	32	1,831	1,321	(1)	(2)
비정기/월1회 모집인원(단위:명)의 평균			(3)		최저 신청인원(단위:명)			(5)
봉사장소 복지관의 전체 비율			(4)		봉사명	바자회 보조	봉사시간	(6)

조건

○ 모든 데이터의 서식에는 글꼴(굴림, 11pt), 정렬은 숫자 및 회계 서식은 오른쪽 정렬, 나머지 서식은 가운데 정렬로 작성하며 예외적인 것은 ≪출력형태≫를 참조하시오.
○ 제목 ⇒ 도형(화살표: 오각형)과 그림자(오프셋: 오른쪽 아래)를 이용하여 작성하고 "자원봉사자 모집 및 신청 현황"을 입력한 후 다음 서식을 적용하시오(글꼴-굴림, 24pt, 검정, 굵게, 채우기-노랑).
○ 임의의 셀에 결재란을 작성하여 그림복사 기능을 이용하여 붙이기 하시오(단, 원본 삭제).
○ 「B4:J4, G14, I14」 영역은 '주황'으로 채우기 하시오.
○ 유효성 검사를 이용하여 「H14」 셀에 봉사명(「C5:C12」 영역)이 선택 표시되도록 하시오.
○ 셀 서식⇒「F5:F12」 영역에 셀 서식을 이용하여 숫자 뒤에 '시간'을 표시하시오(예: 8시간).
○ 「H5:H12」 영역에 대해 '신청인원'으로 이름정의를 하시오.

◉ (1)~(6) 셀은 반드시 <u>주어진 함수를 이용</u>하여 값을 구하시오(결과 값을 직접 입력하면 해당 셀은 0점 처리됨).

(1) 봉사시작일 ⇒ 모집코드 4, 5번째 숫자를 '월', 6, 7번째 숫자를 '일'로 하는 2025년의 날짜를 구하시오(DATE, MID 함수)(예 : CB-0410 → 2025-04-10).
(2) 순위 ⇒ 신청인원(단위:명)의 내림차순 순위를 구한 결과값에 '위'를 붙이시오(RANK.EQ 함수 & 연산자)(예: 1위).
(3) 비정기/월1회 모집인원(단위:명)의 평균 ⇒ 조건은 입력 데이터를 이용하시오(DAVERAGE 함수).
(4) 봉사장소 복지관의 전체 비율 ⇒ 「복지관 수÷전체 봉사장소 수」로 구한 후 백분율 형식으로 표시하시오(COUNTIF, COUNTA 함수)(예 : 25%).
(5) 최저 신청인원(단위:명) ⇒ 정의된 이름(신청인원)을 이용하여 구하시오(SMALL 함수).
(6) 봉사시간 ⇒ 「H14」 셀에서 선택한 봉사명에 대한 봉사시간을 구하시오(VLOOKUP 함수).
(7) 조건부 서식의 수식을 이용하여 신청인원이 '1,000' 이하인 행 전체에 다음의 서식을 적용하시오(글꼴 : 파랑, 굵게).

[제 2 작업] 필터 및 서식   80점

☞ "제1작업" 시트의 「B4:H12」 영역을 복사하여 "제2작업" 시트의 「B2」 셀부터 모두 붙여넣기를 한 후 다음의 조건과 같이 작업하시오.

조건

(1) 고급 필터 – 봉사장소가 '센터'이거나, 모집인원(단위:명)이 '1,800' 이상인 자료의 데이터만 추출하시오.
　　　　　　 – 조건 범위 : 「B13」 셀부터 입력하시오.
　　　　　　 – 복사 위치 : 「B18」 셀부터 나타나도록 하시오.
(2) 표 서식 – 고급 필터의 결과 셀을 채우기 없음으로 설정한 후 '흰색, 표 스타일 보통 4'의 서식을 적용하시오.
　　　　　　 – 머리글 행, 줄무늬 행을 적용하시오.

[제 3 작업] 피벗 테이블   80점

☞ "제1작업" 시트를 이용하여 "제3작업" 시트에 조건에 따라 ≪출력형태≫와 같이 작업하시오.

조건

(1) 봉사시간 및 봉사장소별 봉사명의 개수와 신청인원(단위:명)의 평균을 구하시오.
(2) 봉사시간을 그룹화하고, 봉사장소를 ≪출력형태≫와 같이 정렬하시오.
(3) 레이블이 있는 셀 병합 및 가운데 맞춤 적용과 빈 셀은 '***'로 표시하시오.
(4) 행의 총합계를 지우고, 나머지 사항은 ≪출력형태≫에 맞게 작성하시오.

출력형태

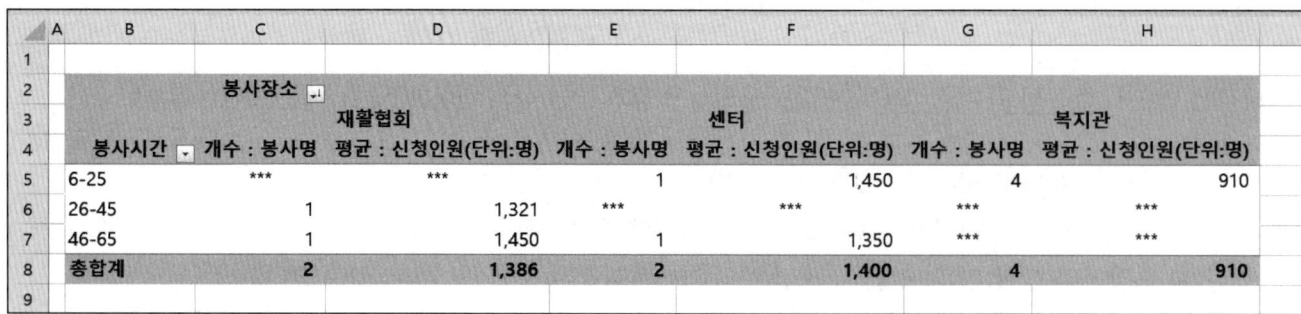

[제 4 작업] 그래프 (100점)

☞ "제1작업" 시트를 이용하여 조건에 따라 ≪출력형태≫와 같이 작업하시오.

조건

(1) 차트 종류 ⇒ 〈묶은 세로 막대형〉으로 작업하시오.
(2) 데이터 범위 ⇒ "제1작업" 시트의 내용을 이용하여 작업하시오.
(3) 위치 ⇒ "새 시트"로 이동하고, "제4작업"으로 시트 이름을 바꾸시오.
(4) 차트 디자인 도구 ⇒ 레이아웃 3, 스타일 14를 선택하여 ≪출력형태≫에 맞게 작업하시오.
(5) 영역 서식 ⇒ 차트 : 글꼴(굴림, 11pt), 채우기 효과(질감-파랑 박엽지)
     그림 : 채우기(흰색, 배경 1)
(6) 제목 서식 ⇒ 차트 제목 : 글꼴(굴림, 굵게, 20pt), 채우기(흰색, 배경 1), 테두리
(7) 서식 ⇒ 봉사시간 계열의 차트 종류를 〈표식이 있는 꺾은선형〉으로 변경한 후 보조 축으로 지정하시오.
     계열 : ≪출력형태≫를 참조하여 표식(마름모, 크기 10)과 레이블 값을 표시하시오.
     눈금선 : 선 스타일 -파선
     축 : ≪출력형태≫를 참조하시오.
(8) 범례 ⇒ 범례명을 변경하고 ≪출력형태≫를 참조하시오.
(9) 도형 ⇒ '말풍선: 모서리가 둥근 사각형'을 삽입하고 ≪출력형태≫와 같이 내용을 입력하시오.
(10) 나머지 사항은 ≪출력형태≫에 맞게 작성하시오.

출력형태

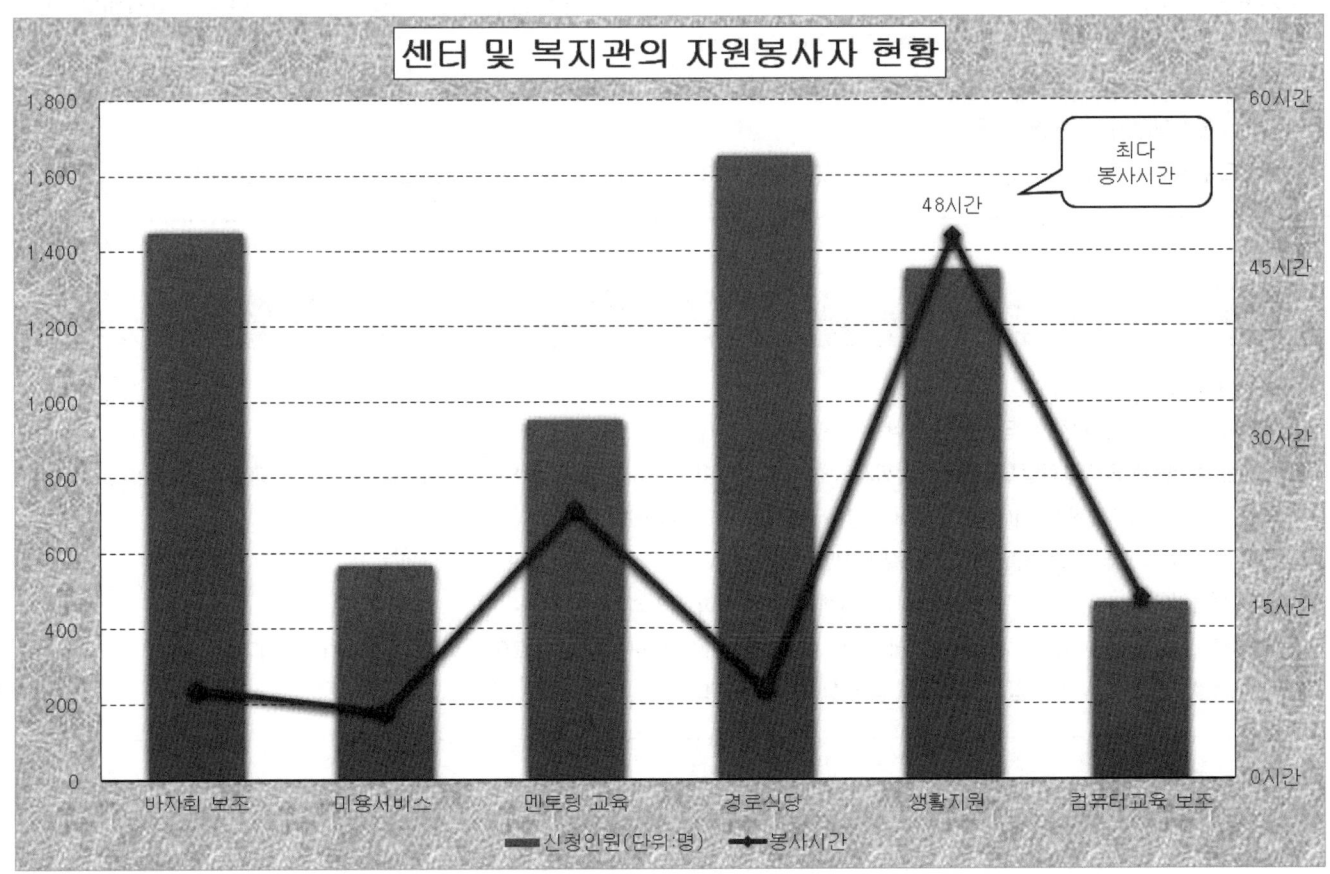

주의 시트명 순서가 차례대로 "제1작업", "제2작업", "제3작업", "제4작업"이 되도록 할 것.

기출유형 모의고사

과목	코드	문제유형	시험시간	수험번호	성 명
한글엑셀	1122	A	60분	12342004	

수 험 자 유 의 사 항

- 수험자는 문제지를 받는 즉시 문제지와 **수험표상의 시험과목(프로그램), 버전이 동일한지 반드시 확인**하여야 합니다.
- 파일명은 본인의 "수험번호-성명"으로 입력하여 답안폴더(내 PC\문서\ITQ)에 하나의 파일로 저장해야 하며, 답안문서 파일명이 "수험번호-성명"과 일치하지 않거나, 답안파일을 전송하지 않아 미제출로 처리될 경우 실격입니다(예 : 12345678-홍길동.xlsx).
- 답안 작성을 마치면 파일을 저장하고, '답안 전송' 버튼을 선택하여 감독위원 PC로 답안을 전송하십시오. 수험생 정보와 저장한 파일명이 다를 경우 전송되지 않으므로 주의하시기 바랍니다.
- 답안 작성 중에도 **주기적으로 저장하고 답안을 전송**하여야 문제 발생을 줄일 수 있습니다. 작업한 내용을 저장하지 않고 전송할 경우 이전에 저장된 내용이 전송되오니 이점 유의하시기 바랍니다.
- 답안문서는 지정된 경로 외의 다른 보조기억장치에 저장하는 경우, 지정된 시험 시간 외에 작성된 파일을 활용할 경우, 기타 통신수단(이메일, 메신저, 네트워크 등)을 이용하여 타인에게 전달 또는 외부 반출하는 경우는 부정 처리합니다.
- 시험 중 부주의 또는 고의로 시스템을 파손한 경우는 수험자가 변상해야 하며, <수험자 유의사항>에 기재된 방법대로 이행하지 않아 생기는 불이익은 수험생 당사자의 책임임을 알려 드립니다.
- 문제의 조건은 MS오피스 2021 버전으로 설정되어 있으며 MS오피스 2016은【 】에 표기되어 있습니다. 이와 관련하여 작성한 답안의 출력형태가 문제지와 다를 수 있습니다.
- 시험을 완료한 수험자는 답안파일이 전송되었는지 확인한 후 감독위원의 지시에 따라 문제지를 제출하고 퇴실합니다.

답 안 작 성 요 령

- 온라인 답안 작성 절차
  수험자 등록 ⇒ 시험 시작 ⇒ 답안파일 저장 ⇒ 답안 전송 ⇒ 시험 종료
- 문제는 총 4단계, 즉 제1작업부터 제4작업까지 구성되어 있으며 반드시 제1작업부터 순서대로 작성하고 조건대로 작업하시오.
- 모든 작업시트의 A열은 열 너비 '1'로, 나머지 열은 적당하게 조절하시오.
- 모든 작업시트의 테두리는 《출력형태》와 같이 작업하시오.
- 해당 작업란에서는 각각 제시된 조건에 따라 《출력형태》와 같이 작업하시오.
- 답안 시트 이름은 "제1작업", "제2작업", "제3작업", "제4작업"이어야 하며 답안 시트 이외의 것은 감점 처리됩니다.
- 각 시트를 파일로 나누어 작업해서 저장할 경우 실격 처리됩니다.

[제1 작업] 표 서식 작성 및 값 계산 (240점)

☞ 다음은 '트로트드림 오디션 현황'에 대한 자료이다. 자료를 입력하고 조건에 맞도록 작업하시오.

출력형태

참가번호	성명	구분	참가지역	인터넷 선호도	ARS 투표수	심사위원 점수	순위	성별
D-25712	허민지	대학생	부산	7.6%	5,128,602	314	(1)	(2)
P-24531	최용철	일반	서울	9.4%	4,370,520	246	(1)	(2)
G-01401	김진성	청소년	부산	11.5%	4,875,340	267	(1)	(2)
Z-15702	허서영	일반	광주	19.4%	5,294,678	325	(1)	(2)
S-45342	양서연	일반	서울	18.7%	4,680,251	231	(1)	(2)
S-72811	문현진	대학생	인천	16.7%	4,858,793	297	(1)	(2)
S-82471	김승모	청소년	인천	16.8%	3,278,457	215	(1)	(2)
T-20252	이다경	대학생	천안	9.3%	3,029,752	198	(1)	(2)
대학생 부문 ARS 투표수 평균			(3)		허서영 인기차트			(5)
심사위원 점수 최대값			(4)		성명	허민지	ARS 투표수	(6)

조건

○ 모든 데이터의 서식에는 글꼴(굴림, 11pt), 정렬은 숫자 및 회계 서식은 오른쪽 정렬, 나머지 서식은 가운데 정렬로 작성하며 예외적인 것은 ≪출력형태≫를 참조하시오.
○ 제목 ⇒ 도형(사각형: 잘린 대각선 방향 모서리)과 그림자(오프셋: 오른쪽)를 이용하여 작성하고 "트로트드림 오디션 현황"을 입력한 후 다음 서식을 적용하시오(글꼴-굴림, 24pt, 검정, 굵게, 채우기-노랑).
○ 임의의 셀에 결재란을 작성하여 그림복사 기능을 이용하여 붙이기 하시오(단, 원본 삭제).
○ 「B4:J4, G14, I14」 영역은 '주황'으로 채우기 하시오.
○ 유효성 검사를 이용하여 「H14」 셀에 성명(「C5:C12」 영역)이 선택 표시되도록 하시오.
○ 셀 서식 ⇒ 「H5:H12」 영역에 셀 서식을 이용하여 숫자 뒤에 '점'을 표시하시오(예 : 314점).
○ 「H5:H12」 영역에 대해 '심사위원점수'로 이름정의를 하시오.

⊙ (1)~(6) 셀은 반드시 <u>주어진 함수를 이용</u>하여 값을 구하시오(결과 값을 직접 입력하면 해당 셀은 0점 처리됨).

(1) 순위 ⇒ ARS 투표수의 내림차순 순위를 구한 결과값에 '위'를 붙이시오(RANK.AVG 함수, & 연산자)(예 : 1위).
(2) 성별 ⇒ 참가번호의 마지막 글자가 1이면 '남성', 그 외에는 여성으로 구하시오(IF, RIGHT 함수).
(3) 대학생 부문 ARS 투표수 평균 ⇒ (SUMIF, COUNTIF 함수)
(4) 심사위원 점수 최대값 ⇒ 정의된 이름(심사위원점수)을 이용하여 구하시오(MAX 함수).
(5) 허서영 인기차트 ⇒ (「G8셀」÷ 1,000,000)으로 구한 값만큼 '★' 문자를 반복하여 표시하시오(REPT 함수) (예 : 2 → ★★).
(6) ARS 투표수 ⇒ 「H14」 셀에서 선택한 성명에 대한 ARS 투표수를 표시하시오(VLOOKUP 함수).
(7) 조건부 서식의 수식을 이용하여 심사위원 점수가 '300' 이상인 행 전체에 다음의 서식을 적용하시오(글꼴 : 파랑, 굵게).

[제 2 작업] 목표값 찾기 및 필터 (80점)

☞ "제1작업" 시트의 「B4:H12」 영역을 복사하여 "제2작업" 시트의 「B2」 셀부터 모두 붙여넣기를 한 후 다음의 조건과 같이 작업하시오.

조건

(1) 목표값 찾기 – 「B11:G11」 셀을 병합하고 가운데 맞춤한 후 "심사위원 점수의 전체 평균"을 입력하고, 「H11」 셀에 심사위원 점수의 전체 평균을 구하시오. (AVERAGE 함수, 테두리)
 – '심사위원 점수의 전체 평균'이 '260'이 되려면 허민지의 심사위원 점수가 얼마가 되어야 하는지 목표값을 구하시오.
(2) 고급 필터 – 참가지역이 '서울'이거나, ARS 투표수가 '4,000,000' 이하인 자료의 성명, 인터넷 선호도, ARS 투표수, 심사위원 점수 데이터만 추출하시오.
 – 조건 범위 : 「B14」 셀부터 입력하시오.
 – 복사 위치 : 「B18」 셀부터 나타나도록 하시오.

[제 3 작업] 정렬 및 부분합 (80점)

☞ "제1작업" 시트의 「B4:H12」 영역을 복사하여 "제3작업" 시트의 「B2」 셀부터 모두 붙여넣기를 한 후 다음의 조건과 같이 작업하시오.

조건

(1) 부분합 – ≪출력형태≫처럼 정렬하고, 성명의 개수와 ARS 투표수의 평균을 구하시오.
(2) 개요 – 지우시오.
(3) 나머지 사항은 ≪출력형태≫에 맞게 작성하시오.

출력형태

A	B	C	D	E	F	G	H
1							
2	참가번호	성명	구분	참가지역	인터넷 선호도	ARS 투표수	심사위원 점수
3	G-01401	김진성	청소년	부산	11.5%	4,875,340	267점
4	S-82471	김승모	청소년	인천	16.8%	3,278,457	215점
5			청소년 평균			4,076,899	
6		2	청소년 개수				
7	P-24531	최용철	일반	서울	9.4%	4,370,520	246점
8	Z-15702	허서영	일반	광주	19.4%	5,294,678	325점
9	S-45342	양서연	일반	서울	18.7%	4,680,251	231점
10			일반 평균			4,781,816	
11		3	일반 개수				
12	D-25712	허민지	대학생	부산	7.6%	5,128,602	314점
13	S-72811	문현진	대학생	인천	16.7%	4,858,793	297점
14	T-20252	이다경	대학생	천안	9.3%	3,029,752	198점
15			대학생 평균			4,339,049	
16		3	대학생 개수				
17			전체 평균			4,439,549	
18		8	전체 개수				
19							

[제 4 작업] 그래프 (100점)

☞ "제1작업" 시트를 이용하여 조건에 따라 ≪출력형태≫와 같이 작업하시오.

조건

(1) 차트 종류 ⇒ 〈묶은 세로 막대형〉으로 작업하시오.
(2) 데이터 범위 ⇒ "제1작업" 시트의 내용을 이용하여 작업하시오.
(3) 위치 ⇒ "새 시트"로 이동하고, "제4작업"으로 시트 이름을 바꾸시오.
(4) 차트 디자인 도구 ⇒ 레이아웃 3, 스타일 6을 선택하여 ≪출력형태≫에 맞게 작업하시오.
(5) 영역 서식 ⇒ 차트 : 글꼴(굴림, 11pt), 채우기 효과(질감–파랑 박엽지)
   그림 : 채우기(흰색, 배경 1)
(6) 제목 서식 ⇒ 차트 제목 : 글꼴(굴림, 굵게, 20pt), 채우기(흰색, 배경 1), 테두리
(7) 서식 ⇒ ARS 투표수 계열의 차트 종류를 〈표식이 있는 꺾은선형〉으로 변경한 후 보조 축으로 지정하시오.
   계열 : ≪출력형태≫를 참조하여 표식(네모, 크기 10)과 레이블 값을 표시하시오.
   눈금선 : 선 스타일 –파선
   축 : ≪출력형태≫를 참조하시오.
(8) 범례 ⇒ 범례명을 변경하고 ≪출력형태≫를 참조하시오.
(9) 도형 ⇒ '말풍선: 모서리가 둥근 사각형'을 삽입하고 ≪출력형태≫와 같이 내용을 입력하시오.
(10) 나머지 사항은 ≪출력형태≫에 맞게 작성하시오.

출력형태

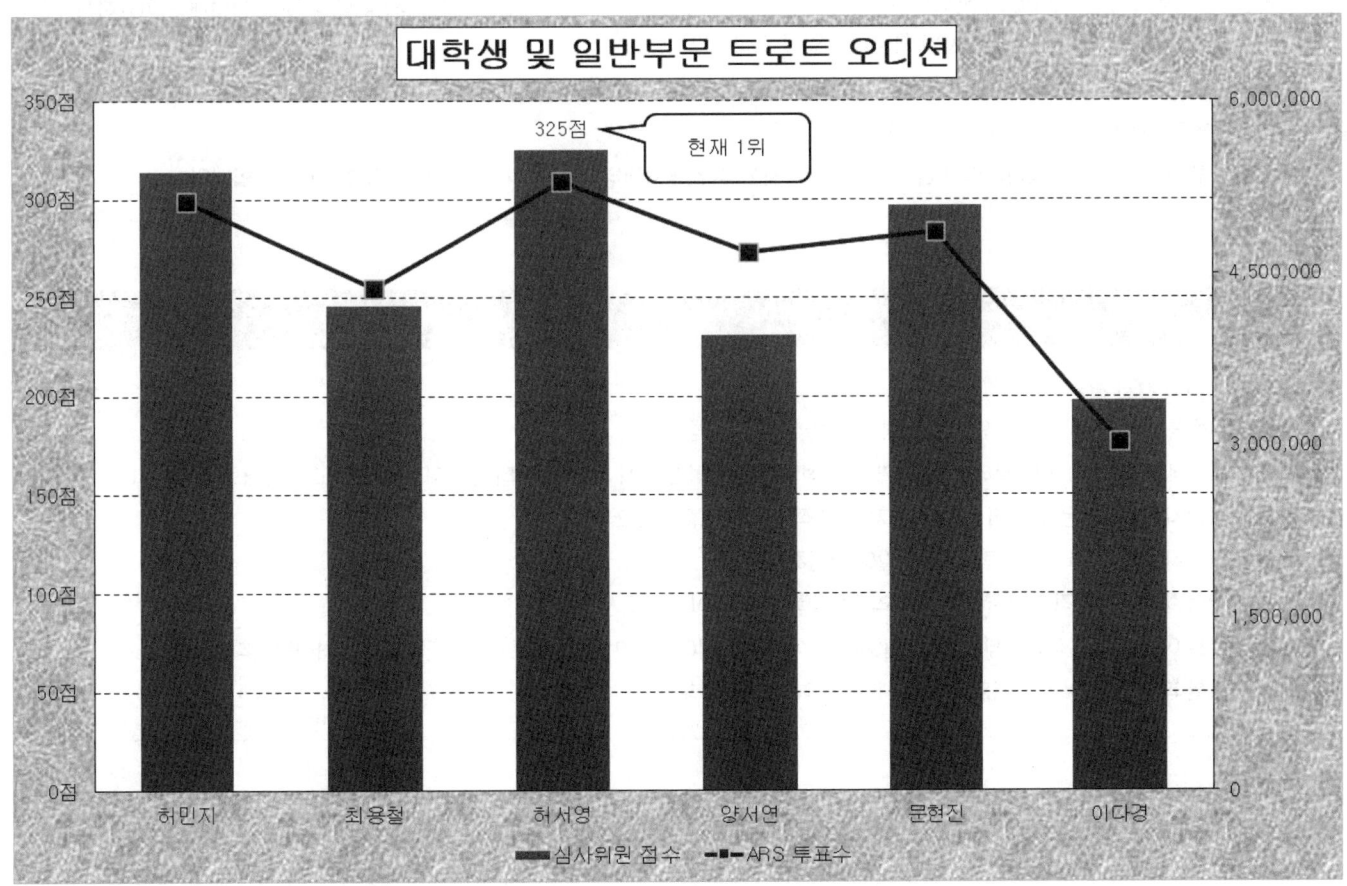

주의 시트명 순서가 차례대로 "제1작업", "제2작업", "제3작업", "제4작업"이 되도록 할 것.

5회 기출유형 모의고사

과목	코드	문제유형	시험시간	수험번호	성 명
한글엑셀	1122	A	60분	12342005	

수 험 자 유 의 사 항

- 수험자는 문제지를 받는 즉시 문제지와 **수험표상의 시험과목(프로그램), 버전이 동일한지 반드시 확인**하여야 합니다.
- 파일명은 본인의 "수험번호-성명"으로 입력하여 답안폴더(내 PC\문서\ITQ)에 하나의 파일로 저장해야 하며, 답안문서 파일명이 "수험번호-성명"과 일치하지 않거나, 답안파일을 전송하지 않아 미제출로 처리될 경우 실격입니다(예 : 12345678-홍길동.xlsx).
- 답안 작성을 마치면 파일을 저장하고, '답안 전송' 버튼을 선택하여 감독위원 PC로 답안을 전송하십시오. 수험생 정보와 저장한 파일명이 다를 경우 전송되지 않으므로 주의하시기 바랍니다.
- 답안 작성 중에도 **주기적으로 저장하고 답안을 전송**하여야 문제 발생을 줄일 수 있습니다. 작업한 내용을 저장하지 않고 전송할 경우 이전에 저장된 내용이 전송되오니 이점 유의하시기 바랍니다.
- 답안문서는 지정된 경로 외의 다른 보조기억장치에 저장하는 경우, 지정된 시험 시간 외에 작성된 파일을 활용할 경우, 기타 통신수단(이메일, 메신저, 네트워크 등)을 이용하여 타인에게 전달 또는 외부 반출하는 경우는 부정 처리합니다.
- 시험 중 부주의 또는 고의로 시스템을 파손한 경우는 수험자가 변상해야 하며, <수험자 유의사항>에 기재된 방법대로 이행하지 않아 생기는 불이익은 수험생 당사자의 책임임을 알려 드립니다.
- 문제의 조건은 MS오피스 2021 버전으로 설정되어 있으며 MS오피스 2016은【 】에 표기되어 있습니다. 이와 관련하여 작성한 답안의 출력형태가 문제지와 다를 수 있습니다.
- 시험을 완료한 수험자는 답안파일이 전송되었는지 확인한 후 감독위원의 지시에 따라 문제지를 제출하고 퇴실합니다.

답 안 작 성 요 령

- 온라인 답안 작성 절차
  수험자 등록 ⇒ 시험 시작 ⇒ 답안파일 저장 ⇒ 답안 전송 ⇒ 시험 종료
- 문제는 총 4단계, 즉 제1작업부터 제4작업까지 구성되어 있으며 반드시 제1작업부터 순서대로 작성하고 조건대로 작업하시오.
- 모든 작업시트의 A열은 열 너비 '1'로, 나머지 열은 적당하게 조절하시오.
- 모든 작업시트의 테두리는《출력형태》와 같이 작업하시오.
- 해당 작업란에서는 각각 제시된 조건에 따라《출력형태》와 같이 작업하시오.
- 답안 시트 이름은 "제1작업", "제2작업", "제3작업", "제4작업"이어야 하며 답안 시트 이외의 것은 감점 처리됩니다.
- 각 시트를 파일로 나누어 작업해서 저장할 경우 실격 처리됩니다.

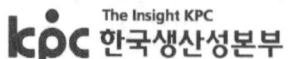

[제1작업] 표 서식 작성 및 값 계산 (240점)

☞ 다음은 '제주도 객실 요금 및 예약 현황'에 대한 자료이다. 자료를 입력하고 조건에 맞도록 작업하시오.

출력형태

관리코드	장소	객실수	성수기 요금	비수기 요금	9월 예약인원	10월 예약인원	순위	구분
BE-001	서귀포	35	210,000	130,000	925	250	(1)	(2)
FE-002	중문	210	385,000	240,000	7,282	3,334	(1)	(2)
SC-002	서귀포	41	385,000	230,000	1,328	586	(1)	(2)
GW-001	중문	419	490,000	330,000	12,950	5,985	(1)	(2)
SE-002	서귀포	13	164,000	99,000	419	238	(1)	(2)
XG-001	성산	90	175,000	150,000	2,498	1,126	(1)	(2)
XY-003	성산	13	157,000	100,000	340	130	(1)	(2)
ST-003	서귀포	390	305,000	210,000	11,104	5,098	(1)	(2)
중문을 제외한 지역의 10월 예약인원 평균			(3)		최저 성수기 요금			(5)
서귀포지역의 9월 예약인원 평균			(4)		관리코드	BE-001	성수기 요금	(6)

제목 결재란: 담당, 대리, 과장

조건

○ 모든 데이터의 서식에는 글꼴(굴림, 11pt), 정렬은 숫자 및 회계 서식은 오른쪽 정렬, 나머지 서식은 가운데 정렬로 작성하며 예외적인 것은 ≪출력형태≫를 참조하시오.
○ 제목 ⇒ 도형(사각형: 둥근 위쪽 모서리)과 그림자(오프셋: 오른쪽)를 이용하여 작성하고 "제주도 객실 요금 및 예약 현황"을 입력한 후 다음 서식을 적용하시오(글꼴-굴림, 24pt, 검정, 굵게, 채우기-노랑).
○ 임의의 셀에 결재란을 작성하여 그림복사 기능을 이용하여 붙이기 하시오(단, 원본 삭제).
○ 「B4:J4, G14, I14」 영역은 '주황'으로 채우기 하시오.
○ 유효성 검사를 이용하여 「H14」 셀에 관리코드(「B5:B12」 영역)가 선택 표시되도록 하시오.
○ 셀 서식 ⇒ 「E5:F12」 영역에 셀 서식을 이용하여 숫자 뒤에 '원'을 표시하시오(예 : 200,000원).
○ 「E5:E12」 영역에 대해 '성수기요금'으로 이름정의를 하시오.

◎ (1)~(6) 셀은 반드시 <u>주어진 함수를 이용</u>하여 값을 구하시오(결과 값을 직접 입력하면 해당 셀은 0점 처리됨).

(1) 순위 ⇒ 10월 예약인원의 내림차순 순위를 구한 결과값에 '위'를 붙이시오(RANK.EQ 함수, & 연산자)(예 : 1위).
(2) 구분 ⇒ 관리코드의 마지막 글자가 1이면 '호텔', 2이면 '리조트', 3이면 '펜션'으로 구하시오(CHOOSE, RIGHT 함수).
(3) 중문을 제외한 지역의 10월 예약인원 평균 ⇒ (SUMIF, COUNTIF 함수)
(4) 서귀포지역의 9월 예약인원 평균 ⇒ 조건은 입력 데이터를 이용하시오(DAVERAGE 함수).
(5) 최저 성수기 요금 ⇒ 정의된 이름(성수기요금)을 이용하여 구하시오(MIN 함수).
(6) 성수기 요금 ⇒ 「H14」 셀에서 선택한 관리코드에 대한 성수기 요금을 구하시오(VLOOKUP 함수).
(7) 조건부 서식의 수식을 이용하여 9월 예약인원이 '10,000' 이상인 행 전체에 다음의 서식을 적용하시오(글꼴 : 파랑, 굵게).

[제 2 작업] 목표값 찾기 및 필터 (80점)

☞ "제1작업" 시트의 「B4:H12」 영역을 복사하여 "제2작업" 시트의 「B2」 셀부터 모두 붙여넣기를 한 후 다음의 조건과 같이 작업하시오.

조건

(1) 목표값 찾기 - 「B11:G11」 셀을 병합하여 "10월 예약인원의 전체 평균"을 입력한 후 「H11」 셀에 10월 예약인원의 전체 평균을 구하시오(AVERAGE 함수, 테두리, 가운데 맞춤).
　　　　　　　- '10월 예약인원의 전체 평균'이 '2,100'이 되려면 XY-003의 10월 예약인원이 얼마가 되어야 하는지 목표값을 구하시오.

(2) 고급 필터 – 장소가 '중문'이거나 비수기 요금이 '200,000' 이상인 자료의 관리코드, 장소, 9월 예약인원, 10월 예약인원 데이터만 추출하시오.
　　　　　　　- 조건 범위 : 「B14」 셀부터 입력하시오.
　　　　　　　- 복사 위치 : 「B18」 셀부터 나타나도록 하시오.

[제 3 작업] 정렬 및 부분합 (80점)

☞ "제1작업" 시트의 「B4:H12」 영역을 복사하여 "제3작업" 시트의 「B2」 셀부터 모두 붙여넣기를 한 후 다음의 조건과 같이 작업하시오

조건

(1) 부분합 - ≪출력형태≫처럼 정렬하고, 관리코드의 개수와 9월 예약인원의 최소값을 구하시오.
(2) 개요 - 지우시오.
(3) 나머지 사항은 ≪출력형태≫에 맞게 작성하시오.

출력형태

A	B	C	D	E	F	G	H	I
1								
2	관리코드	장소	객실수	성수기 요금	비수기 요금	9월 예약인원	10월 예약인원	
3	FE-002	중문	210	385,000원	240,000원	7,282	3,334	
4	GW-001	중문	419	490,000원	330,000원	12,950	5,985	
5		중문 최소				7,282		
6	2	중문 개수						
7	XG-001	성산	90	175,000원	150,000원	2,498	1,126	
8	XY-003	성산	13	157,000원	100,000원	340	130	
9		성산 최소				340		
10	2	성산 개수						
11	BE-001	서귀포	35	210,000원	130,000원	925	250	
12	SC-002	서귀포	41	385,000원	230,000원	1,328	586	
13	SE-002	서귀포	13	164,000원	99,000원	419	238	
14	ST-003	서귀포	390	305,000원	210,000원	11,104	5,098	
15		서귀포 최소				419		
16	4	서귀포 개수						
17		전체 최소값				340		
18	8	전체 개수						
19								

[제 4 작업] 그래프 (100점)

☞ "제1작업" 시트를 이용하여 조건에 따라 ≪출력형태≫와 같이 작업하시오.

조건

(1) 차트 종류 ⇒ 〈묶은 세로 막대형〉으로 작업하시오.
(2) 데이터 범위 ⇒ "제1작업" 시트의 내용을 이용하여 작업하시오.
(3) 위치 ⇒ "새 시트"로 이동하고, "제4작업"으로 시트 이름을 바꾸시오.
(4) 차트 디자인 도구 ⇒ 레이아웃 3, 스타일 14를 선택하여 ≪출력형태≫에 맞게 작업하시오.
(5) 영역 서식 ⇒ 차트 : 글꼴(굴림, 11pt), 채우기 효과(질감-파랑 박엽지)
   그림 : 채우기(흰색, 배경 1)
(6) 제목 서식 ⇒ 차트 제목 : 글꼴(굴림, 굵게, 20pt), 채우기(흰색, 배경 1), 테두리
(7) 서식 ⇒ 비수기 요금 계열의 차트 종류를 〈표식이 있는 꺾은선형〉으로 변경한 후 보조 축으로 지정하시오.
   계열 : ≪출력형태≫를 참조하여 표식(세모, 크기 8)과 레이블 값을 표시하시오.
   눈금선 : 선 스타일 -파선
   축 : ≪출력형태≫를 참조하시오.
(8) 범례 ⇒ 범례명을 변경하고 ≪출력형태≫를 참조하시오.
(9) 도형 ⇒ '말풍선: 모서리가 둥근 사각형'을 삽입하고 ≪출력형태≫와 같이 내용을 입력하시오.
(10) 나머지 사항은 ≪출력형태≫에 맞게 작성하시오.

출력형태

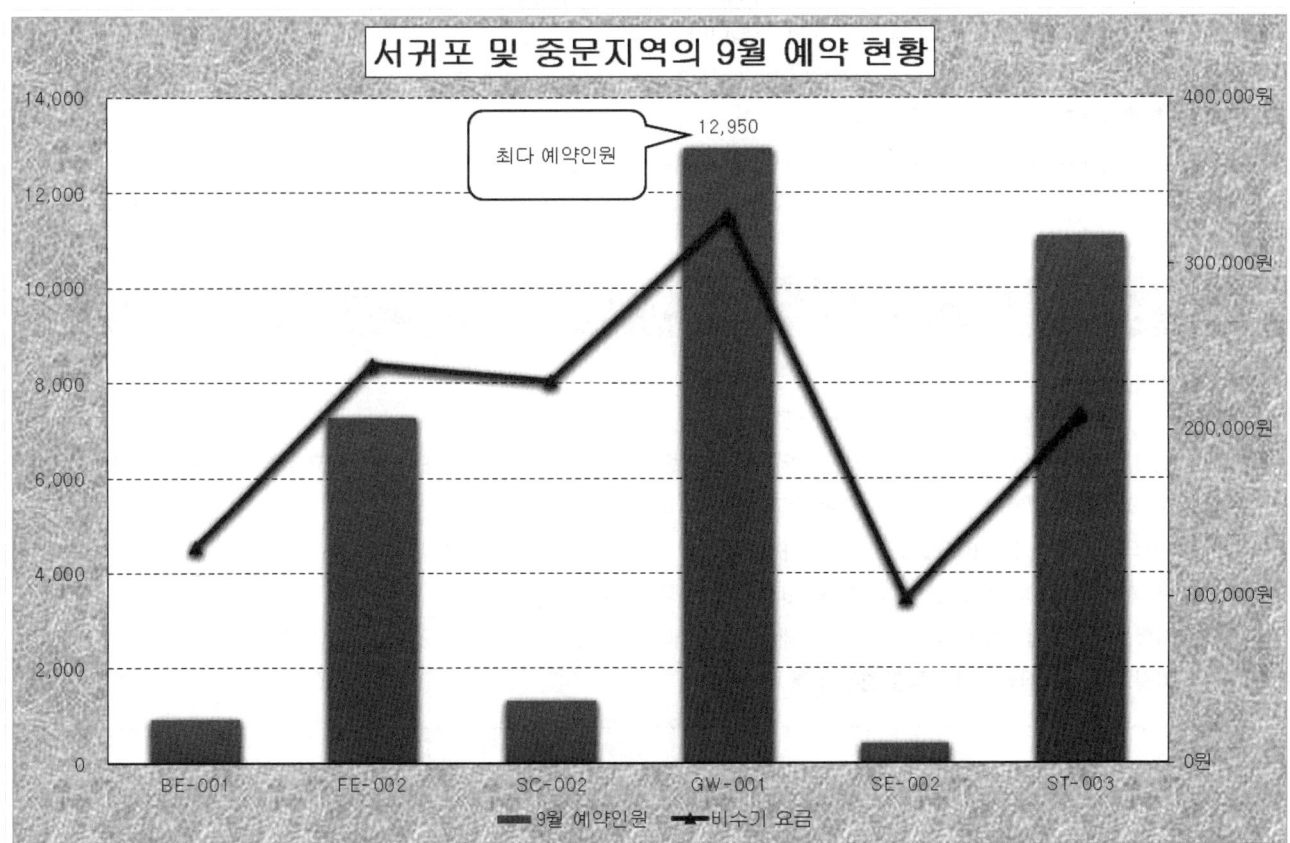

주의 시트명 순서가 차례대로 "제1작업", "제2작업", "제3작업", "제4작업"이 되도록 할 것.

6회 기출유형 모의고사

과목	코드	문제유형	시험시간	수험번호	성 명
한글엑셀	1122	A	60분	12342006	

수 험 자 유 의 사 항

- 수험자는 문제지를 받는 즉시 문제지와 **수험표상의 시험과목(프로그램), 버전이 동일한지 반드시 확인**하여야 합니다.
- 파일명은 본인의 "수험번호-성명"으로 입력하여 답안폴더(내 PC\문서\ITQ)에 하나의 파일로 저장해야 하며, 답안문서 파일명이 "수험번호-성명"과 일치하지 않거나, 답안파일을 전송하지 않아 미제출로 처리될 경우 실격입니다(예 : 12345678-홍길동.xlsx).
- 답안 작성을 마치면 파일을 저장하고, '답안 전송' 버튼을 선택하여 감독위원 PC로 답안을 전송하십시오. 수험생 정보와 저장한 파일명이 다를 경우 전송되지 않으므로 주의하시기 바랍니다.
- 답안 작성 중에도 **주기적으로 저장하고 답안을 전송**하여야 문제 발생을 줄일 수 있습니다. 작업한 내용을 저장하지 않고 전송할 경우 이전에 저장된 내용이 전송되오니 이점 유의하시기 바랍니다.
- 답안문서는 지정된 경로 외의 다른 보조기억장치에 저장하는 경우, 지정된 시험 시간 외에 작성된 파일을 활용할 경우, 기타 통신수단(이메일, 메신저, 네트워크 등)을 이용하여 타인에게 전달 또는 외부 반출하는 경우는 부정 처리합니다.
- 시험 중 부주의 또는 고의로 시스템을 파손한 경우는 수험자가 변상해야 하며, 〈수험자 유의사항〉에 기재된 방법대로 이행하지 않아 생기는 불이익은 수험생 당사자의 책임임을 알려 드립니다.
- 문제의 조건은 MS오피스 2021 버전으로 설정되어 있으며 MS오피스 2016은【 】에 표기되어 있습니다. 이와 관련하여 작성한 답안의 출력형태가 문제지와 다를 수 있습니다.
- 시험을 완료한 수험자는 답안파일이 전송되었는지 확인한 후 감독위원의 지시에 따라 문제지를 제출하고 퇴실합니다.

답 안 작 성 요 령

- 온라인 답안 작성 절차
  수험자 등록 ⇒ 시험 시작 ⇒ 답안파일 저장 ⇒ 답안 전송 ⇒ 시험 종료
- 문제는 총 4단계, 즉 제1작업부터 제4작업까지 구성되어 있으며 반드시 제1작업부터 순서대로 작성하고 조건대로 작업하시오.
- 모든 작업시트의 A열은 열 너비 '1'로, 나머지 열은 적당하게 조절하시오.
- 모든 작업시트의 테두리는 《출력형태》와 같이 작업하시오.
- 해당 작업란에서는 각각 제시된 조건에 따라 《출력형태》와 같이 작업하시오.
- 답안 시트 이름은 "제1작업", "제2작업", "제3작업", "제4작업"이어야 하며 답안 시트 이외의 것은 감점 처리됩니다.
- 각 시트를 파일로 나누어 작업해서 저장할 경우 실격 처리됩니다.

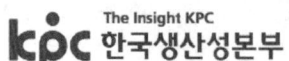

[제 1 작업] 표 서식 작성 및 값 계산 (240점)

☞ 다음은 '온라인 카페 현황'에 대한 자료이다. 자료를 입력하고 조건에 맞도록 작업하시오.

출력형태

카페명	분류	개설일	회원 수	게시글 수	게시판 구독 수	하반기 조회 건수	포털 순위	개설연수
바이트레인	여행	2018-07-06	370,240	550,012	1,232	6,766	(1)	(2)
스윙댄스	취미	2019-09-17	529,588	549,385	3,090	5,813	(1)	(2)
카이트	취미	2017-12-11	164,056	410,904	17,817	6,315	(1)	(2)
유랑	여행	2018-06-04	265,265	147,056	3,930	6,537	(1)	(2)
요리쿡	요리	2017-12-12	807,475	902,103	55,830	5,491	(1)	(2)
여행홀릭	여행	2018-04-15	405,395	785,678	34,130	8,739	(1)	(2)
오늘요리	요리	2019-05-14	220,186	268,612	9,654	7,719	(1)	(2)
우드워커	취미	2019-12-02	368,271	755,304	23,037	6,933	(1)	(2)
여행 분야 중 최고 회원 수			(3)			여행 분야 평균 게시글 수		(5)
분류가 요리인 카페 수			(4)		카페명	바이트레인	회원 수	(6)

제목 결재란: 담당 / 대리 / 과장

조건

○ 모든 데이터의 서식에는 글꼴(굴림, 11pt), 정렬은 숫자 및 회계 서식은 오른쪽 정렬, 나머지 서식은 가운데 정렬로 작성하며 예외적인 것은 ≪출력형태≫를 참조하시오.
○ 제목 ⇒ 도형(육각형)과 그림자(오프셋: 아래쪽)를 이용하여 작성하고 "온라인 카페 현황"을 입력한 후 다음 서식을 적용하시오(글꼴-굴림, 24pt, 검정, 굵게, 채우기-노랑).
○ 임의의 셀에 결재란을 작성하여 그림복사 기능을 이용하여 붙이기 하시오(단, 원본 삭제).
○ 「B4:J4, G14, I14」 영역은 '주황'으로 채우기 하시오.
○ 유효성 검사를 이용하여 「H14」셀에 카페명(「B5:B12」영역)이 선택 표시되도록 하시오.
○ 셀 서식 ⇒ 「E5:E12」영역에 셀 서식을 이용하여 숫자 뒤에 '명'를 표시하시오(예: 370,240명).
○ 「C5:C12」영역에 대해 '분류'로 이름정의를 하시오.

◎ (1)~(6) 셀은 반드시 주어진 함수를 이용하여 값을 구하시오(결과 값을 직접 입력하면 해당 셀은 0점 처리됨).

(1) 포털 순위 ⇒ 하반기 조회 건수의 내림차순 순위를 '1~4'만 표시하고 그 외에는 공백으로 구하시오(IF, RANK.EQ 함수).
(2) 개설연수 ⇒ 「2025-개설일의 연도」로 구한 결과값에 '년'을 붙이시오(YEAR 함수, & 연산자)(예: 1년).
(3) 여행 분야 중 최고 회원 수 ⇒ 조건은 입력 데이터를 이용하여 구하시오(DMAX 함수).
(4) 분류가 요리인 카페 수 ⇒ 정의된 이름(분류)을 이용하여 구하시오(COUNTIF 함수).
(5) 여행 분야 평균 게시글 수 ⇒ 조건은 입력 데이터를 이용하고, 반올림하여 정수로 구하시오(ROUND, DAVERAGE 함수)(예: 156,251.6 → 156,252).
(6) 회원 수 ⇒ 「H14」셀에서 선택한 카페명에 대한 회원 수를 구하시오(VLOOKUP 함수).
(7) 조건부 서식의 수식을 이용하여 하반기 조회 건수가 '6,000' 이하인 행 전체에 다음의 서식을 적용하시오(글꼴 : 파랑, 굵게).

[제 2 작업]   필터 및 서식   80점

☞ "제1작업" 시트의 「B4:H12」 영역을 복사하여 "제2작업" 시트의 「B2」 셀부터 모두 붙여넣기를 한 후 다음의 조건과 같이 작업하시오.

조건

(1) 고급 필터 – 분류가 '취미'이거나 회원 수가 '400,000' 이하인 자료의 데이터만 추출하시오.
   - 조건 범위 : 「B13」셀부터 입력하시오.
   - 복사 위치 : 「B18」셀부터 나타나도록 하시오.
(2) 표 서식 – 고급 필터의 결과 셀을 채우기 없음으로 설정한 후 '파랑, 표 스타일 보통 2'의 서식을 적용하시오.
   - 머리글 행, 줄무늬 행을 적용하시오.

[제 3 작업]   정렬 및 부분합   80점

☞ "제1작업" 시트의 「B4:H12」 영역을 복사하여 "제3작업" 시트의 「B2」 셀부터 모두 붙여넣기를 한 후 다음의 조건과 같이 작업하시오.

조건

(1) 부분합 – ≪출력형태≫처럼 정렬하고, 카페명의 개수와 게시글 수의 최소값을 구하시오.
(2) 개요 – 지우시오.
(3) 나머지 사항은 ≪출력형태≫에 맞게 작성하시오.

출력형태

A	B	C	D	E	F	G	H	I
1								
2	카페명	분류	개설일	회원 수	게시글 수	게시판 구독 수	하반기 조회 건수	
3	스윙댄스	취미	2019-09-17	529,588명	549,385	3,090	5,813	
4	카이트	취미	2017-12-11	164,056명	410,904	17,817	6,315	
5	우드워커	취미	2019-12-02	368,271명	755,304	23,037	6,933	
6		취미 최소			410,904			
7	3	취미 개수						
8	요리쿡	요리	2017-12-12	807,475명	902,103	55,830	5,491	
9	오늘요리	요리	2019-05-14	220,186명	268,612	9,654	7,719	
10		요리 최소			268,612			
11	2	요리 개수						
12	바이트레인	여행	2018-07-06	370,240명	550,012	1,232	6,766	
13	유랑	여행	2018-06-04	265,265명	147,056	3,930	6,537	
14	여행홀릭	여행	2018-04-15	405,395명	785,678	34,130	8,739	
15		여행 최소			147,056			
16	3	여행 개수						
17		전체 최소값			147,056			
18	8	전체 개수						
19								

[제 4 작업] 그래프 100점

☞ "제1작업" 시트를 이용하여 조건에 따라 ≪출력형태≫와 같이 작업하시오.

조건

(1) 차트 종류 ⇒ 〈묶은 세로 막대형〉으로 작업하시오.
(2) 데이터 범위 ⇒ "제1작업" 시트의 내용을 이용하여 작업하시오.
(3) 위치 ⇒ "새 시트"로 이동하고, "제4작업"으로 시트 이름을 바꾸시오.
(4) 차트 디자인 도구 ⇒ 레이아웃 3, 스타일 6을 선택하여 ≪출력형태≫에 맞게 작업하시오.
(5) 영역 서식 ⇒ 차트 : 글꼴(굴림, 11pt), 채우기 효과(질감-파랑 박엽지)
   그림 : 채우기(흰색, 배경 1)
(6) 제목 서식 ⇒ 차트 제목 : 글꼴(굴림, 굵게, 20pt), 채우기(흰색, 배경 1), 테두리
(7) 서식 ⇒ 회원 수 계열의 차트 종류를 〈표식이 있는 꺾은선형〉으로 변경한 후 보조 축으로 지정하시오.
   계열 : ≪출력형태≫를 참조하여 표식(세모, 크기 10)과 레이블 값을 표시하시오.
   눈금선 : 선 스타일 –파선
   축 : ≪출력형태≫를 참조하시오.
(8) 범례 ⇒ 범례명을 변경하고 ≪출력형태≫를 참조하시오.
(9) 도형 ⇒ '말풍선: 사각형'을 삽입하고 ≪출력형태≫와 같이 내용을 입력하시오.
(10) 나머지 사항은 ≪출력형태≫에 맞게 작성하시오.

출력형태

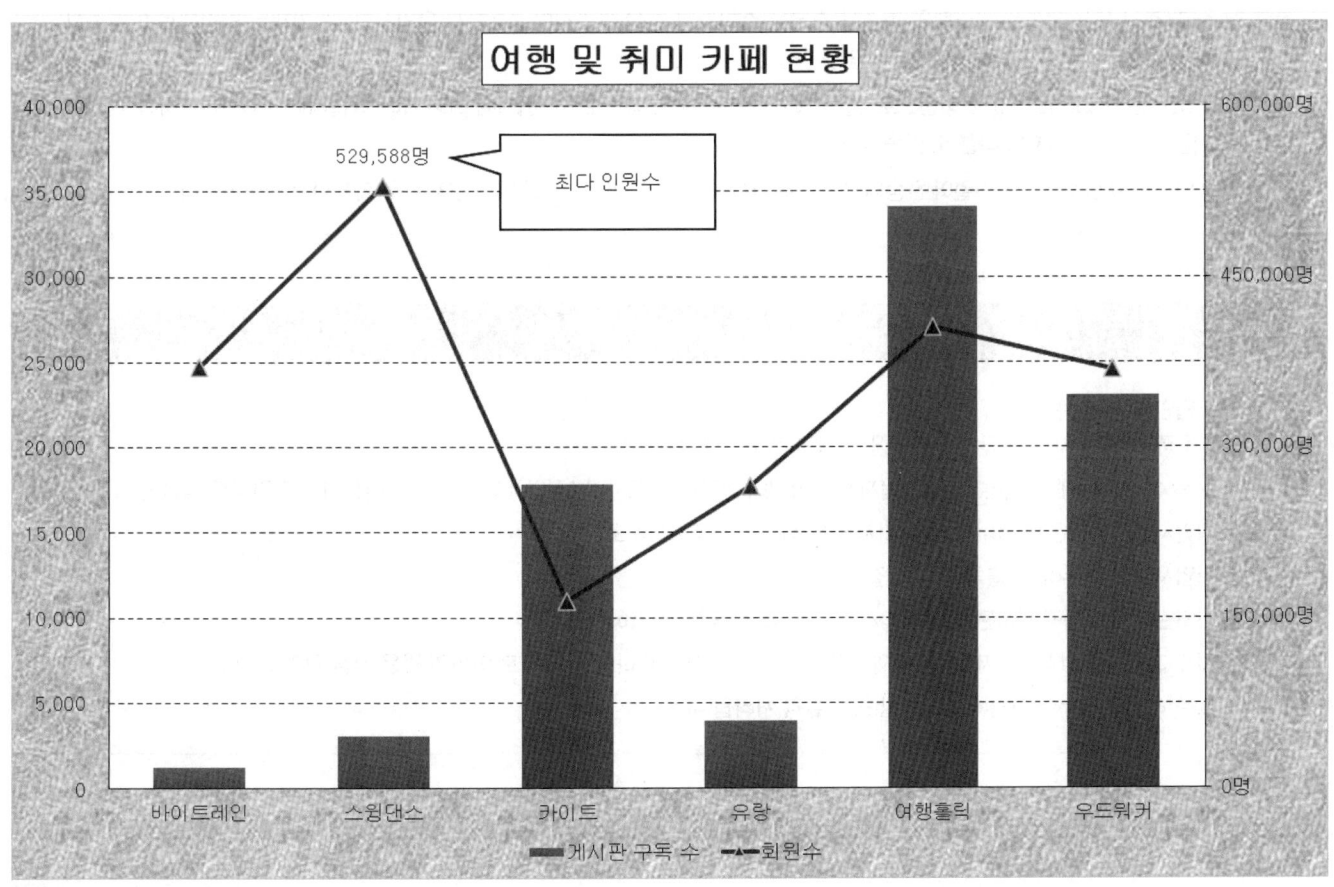

주의 시트명 순서가 차례대로 "제1작업", "제2작업", "제3작업", "제4작업"이 되도록 할 것.

7회 기출유형 모의고사

과목	코드	문제유형	시험시간	수험번호	성 명
한글엑셀	1122	A	60분	12342007	

수 험 자 유 의 사 항

- 수험자는 문제지를 받는 즉시 문제지와 **수험표상의 시험과목(프로그램), 버전이 동일한지 반드시 확인**하여야 합니다.
- 파일명은 본인의 "수험번호-성명"으로 입력하여 답안폴더(내 PC\문서\ITQ)에 하나의 파일로 저장해야 하며, 답안문서 파일명이 "수험번호-성명"과 일치하지 않거나, 답안파일을 전송하지 않아 미제출로 처리될 경우 실격입니다(예 : 12345678-홍길동.xlsx).
- 답안 작성을 마치면 파일을 저장하고, '답안 전송' 버튼을 선택하여 감독위원 PC로 답안을 전송하십시오. 수험생 정보와 저장한 파일명이 다를 경우 전송되지 않으므로 주의하시기 바랍니다.
- 답안 작성 중에도 **주기적으로 저장하고 답안을 전송**하여야 문제 발생을 줄일 수 있습니다. 작업한 내용을 저장하지 않고 전송할 경우 이전에 저장된 내용이 전송되오니 이점 유의하시기 바랍니다.
- 답안문서는 지정된 경로 외의 다른 보조기억장치에 저장하는 경우, 지정된 시험 시간 외에 작성된 파일을 활용할 경우, 기타 통신수단(이메일, 메신저, 네트워크 등)을 이용하여 타인에게 전달 또는 외부 반출하는 경우는 부정 처리합니다.
- 시험 중 부주의 또는 고의로 시스템을 파손한 경우는 수험자가 변상해야 하며, <수험자 유의사항>에 기재된 방법대로 이행하지 않아 생기는 불이익은 수험생 당사자의 책임임을 알려 드립니다.
- 문제의 조건은 MS오피스 2021 버전으로 설정되어 있으며 MS오피스 2016은【 】에 표기되어 있습니다. 이와 관련하여 작성한 답안의 출력형태가 문제지와 다를 수 있습니다.
- 시험을 완료한 수험자는 답안파일이 전송되었는지 확인한 후 감독위원의 지시에 따라 문제지를 제출하고 퇴실합니다.

답 안 작 성 요 령

- 온라인 답안 작성 절차
  수험자 등록 ⇒ 시험 시작 ⇒ 답안파일 저장 ⇒ 답안 전송 ⇒ 시험 종료
- 문제는 총 4단계, 즉 제1작업부터 제4작업까지 구성되어 있으며 반드시 제1작업부터 순서대로 작성하고 조건대로 작업하시오.
- 모든 작업시트의 A열은 열 너비 '1'로, 나머지 열은 적당하게 조절하시오.
- 모든 작업시트의 테두리는 《출력형태》와 같이 작업하시오.
- 해당 작업란에서는 각각 제시된 조건에 따라 《출력형태》와 같이 작업하시오.
- 답안 시트 이름은 "제1작업", "제2작업", "제3작업", "제4작업"이어야 하며 답안 시트 이외의 것은 감점 처리됩니다.
- 각 시트를 파일로 나누어 작업해서 저장할 경우 실격 처리됩니다.

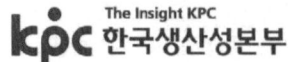

[제 1 작업] 표 서식 작성 및 값 계산 (240점)

☞ 다음은 '여성 의류 판매실적 현황'에 대한 자료이다. 자료를 입력하고 조건에 맞도록 작업하시오.

출력형태

상품코드	분류	상품명	담당자	상반기목표 (단위:천원)	상반기실적 (단위:천원)	반품건수	협찬	반품순위
VS-21A	원피스	퓨엘르 반팔	홍용호	22,730	30,130	25	(1)	(2)
FS-11S	가디건	레이슨 로브	김성은	31,130	41,190	34	(1)	(2)
FE-32A	티셔츠	벨버른 레터링	천정우	43,030	30,430	8	(1)	(2)
MS-02S	원피스	플라워 러브	방서찬	67,740	52,830	15	(1)	(2)
CE-89B	가디건	린넨 7부	김진영	10,180	10,300	6	(1)	(2)
MS-37A	원피스	컨시 하이텍 버클	길현지	15,730	15,030	23	(1)	(2)
CA-34S	티셔츠	버터플라이 호일티	김시내	61,330	91,790	17	(1)	(2)
EX-36B	티셔츠	하트레터링 라운드	한여정	21,770	19,830	21	(1)	(2)
원피스 상반기목표(단위:천원) 평균			(3)		가디건 상반기실적(단위:천원) 합계			(5)
티셔츠 개수			(4)		상품코드	VS-21A	반품건수	(6)

결재: 담당 / 팀장 / 본부장

조건

○ 모든 데이터의 서식에는 글꼴(굴림, 11pt), 정렬은 숫자 및 회계 서식은 오른쪽 정렬, 나머지 서식은 가운데 정렬로 작성하며 예외적인 것은 ≪출력형태≫를 참조하시오.
○ 제목 ⇒ 도형(화살표: 갈매기형 수장)과 그림자(오프셋: 오른쪽)를 이용하여 작성하고 "여성 의류 판매실적 현황"을 입력한 후 다음 서식을 적용하시오(글꼴-굴림, 24pt, 검정, 굵게, 채우기-노랑).
○ 임의의 셀에 결재란을 작성하여 그림복사 기능을 이용하여 붙이기 하시오(단, 원본 삭제).
○ 「B4:J4, G14, I14」 영역은 '주황'으로 채우기 하시오.
○ 유효성 검사를 이용하여 「H14」 셀에 상품코드(「B5:B12」 영역)가 선택 표시되도록 하시오.
○ 셀 서식 ⇒ 「H5:H12」 영역에 셀 서식을 이용하여 숫자 뒤에 '건'을 표시하시오(예 : 25건).
○ 「H5:H12」 영역에 대해 '반품건수'로 이름정의를 하시오.

◎ (1)~(6) 셀은 반드시 주어진 함수를 이용하여 값을 구하시오(결과값을 직접 입력하면 해당 셀은 0점 처리됨).

(1) 협찬 ⇒ 상품코드의 마지막 글자가 S이면 '연예인 협찬', 그 외에는 공백으로 구하시오(IF, RIGHT 함수).
(2) 반품순위 ⇒ 정의된 이름(반품건수)을 이용하여 반품건수의 내림차순 순위를 구한 결과값에 '위'를 붙이시오 (RANK.EQ 함수, & 연산자)(예 : 1위).
(3) 원피스 상반기목표(단위:천원) 평균 ⇒ 내림하여 천원 단위로 구하시오. 단, 조건은 입력 데이터를 이용하시오 (ROUNDDOWN, DAVERAGE 함수)(예 : 12,365 → 12,000).
(4) 티셔츠 개수 ⇒ (COUNTIF 함수)
(5) 가디건 상반기실적(단위:천원) 합계 ⇒ (SUMIF 함수)
(6) 반품건수 ⇒ 「H14」 셀에서 선택한 상품코드에 대한 반품건수를 표시하시오(VLOOKUP 함수).
(7) 조건부 서식의 수식을 이용하여 상반기목표(단위:천원)가 '60,000' 이상인 행 전체에 다음의 서식을 적용하시오(글꼴 : 파랑, 굵게).

[제 2 작업] 목표값 찾기 및 필터 (80점)

☞ "제1작업" 시트의 「B4:H12」 영역을 복사하여 "제2작업" 시트의 「B2」 셀부터 모두 붙여넣기를 한 후 다음의 조건과 같이 작업하시오.

조건

(1) 목표값 찾기 – 「B11:G11」 셀을 병합하고 가운데 맞춤한 후 "상반기실적(단위:천원)의 전체 평균"을 입력하고, 「H11」 셀에 상반기실적(단위:천원)의 전체 평균을 구하시오(AVERAGE 함수, 테두리).
  – '상반기실적(단위:천원)의 전체 평균'이 '36,500'이 되려면 린넨 7부의 상반기실적(단위:천원)이 얼마가 되어야 하는지 목표값을 구하시오.

(2) 고급 필터 – 분류가 '원피스'이면서, 반품건수가 '20' 이상인 자료의 상품명, 상반기목표(단위:천원), 상반기실적(단위:천원), 반품건수의 데이터만 추출하시오.
  – 조건 범위 : 「B14」 셀부터 입력하시오.
  – 복사 위치 : 「B18」 셀부터 나타나도록 하시오.

[제 3 작업] 정렬 및 부분합 (80점)

☞ "제1작업" 시트의 「B4:H12」 영역을 복사하여 "제3작업" 시트의 「B2」 셀부터 모두 붙여넣기를 한 후 다음의 조건과 같이 작업하시오.

조건

(1) 부분합– ≪출력형태≫처럼 정렬하고, 담당자의 개수와 상반기목표(단위:천원)의 평균을 구하시오.
(2) 개요 – 지우시오.
(3) 나머지 사항은 ≪출력형태≫에 맞게 작성하시오.

출력형태

A	B	C	D	E	F	G	H	I
1								
2	상품코드	분류	상품명	담당자	상반기목표 (단위:천원)	상반기실적 (단위:천원)	반품건수	
3	FE-32A	티셔츠	벨버른 레터링	천정우	43,030	30,430	8건	
4	CA-34S	티셔츠	버터플라이 호일티	김시내	61,330	91,790	17건	
5	EX-36B	티셔츠	하트레터링 라운드	한여정	21,770	19,830	21건	
6		티셔츠 평균			42,043			
7		티셔츠 개수		3				
8	VS-21A	원피스	퓨엘르 반팔	홍용호	22,730	30,130	25건	
9	MS-02S	원피스	플라워 러브	방서찬	67,740	52,830	15건	
10	MS-37A	원피스	컨시 하이텍 버클	길현지	15,730	15,030	23건	
11		원피스 평균			35,400			
12		원피스 개수		3				
13	FS-11S	가디건	레이슨 로브	김성은	31,130	41,190	34건	
14	CE-89B	가디건	린넨 7부	김진영	10,180	10,300	6건	
15		가디건 평균			20,655			
16		가디건 개수		2				
17		전체 평균			34,205			
18		전체 개수		8				
19								

[제 4 작업] 그래프 (100점)

☞ "제1작업" 시트를 이용하여 조건에 따라 ≪출력형태≫와 같이 작업하시오.

조건

(1) 차트 종류 ⇒ 〈묶은 세로 막대형〉으로 작업하시오.
(2) 데이터 범위 ⇒ "제1작업" 시트의 내용을 이용하여 작업하시오.
(3) 위치 ⇒ "새 시트"로 이동하고, "제4작업"으로 시트 이름을 바꾸시오.
(4) 차트 디자인 도구 ⇒ 레이아웃 3, 스타일 14를 선택하여 ≪출력형태≫에 맞게 작업하시오.
(5) 영역 서식 ⇒ 차트 : 글꼴(굴림, 11pt), 채우기 효과(질감-분홍 박엽지)
　　　　　　　　그림 : 채우기(흰색, 배경 1)
(6) 제목 서식 ⇒ 차트 제목 : 글꼴(굴림, 굵게, 20pt), 채우기(흰색, 배경 1), 테두리
(7) 서식 ⇒ 상반기실적(단위:천원) 계열의 차트 종류를 〈표식이 있는 꺾은선형〉으로 변경한 후 보조 축으로 지정하시오.
　　　계열 : ≪출력형태≫를 참조하여 표식(세모, 크기 8)과 레이블 값을 표시하시오.
　　　눈금선 : 선 스타일 –파선
　　　축 : ≪출력형태≫를 참조하시오.
(8) 범례 ⇒ 범례명을 변경하고 ≪출력형태≫를 참조하시오.
(9) 도형 ⇒ '말풍선: 모서리가 둥근 사각형'을 삽입하고 ≪출력형태≫와 같이 내용을 입력하시오.
(10) 나머지 사항은 ≪출력형태≫에 맞게 작성하시오.

출력형태

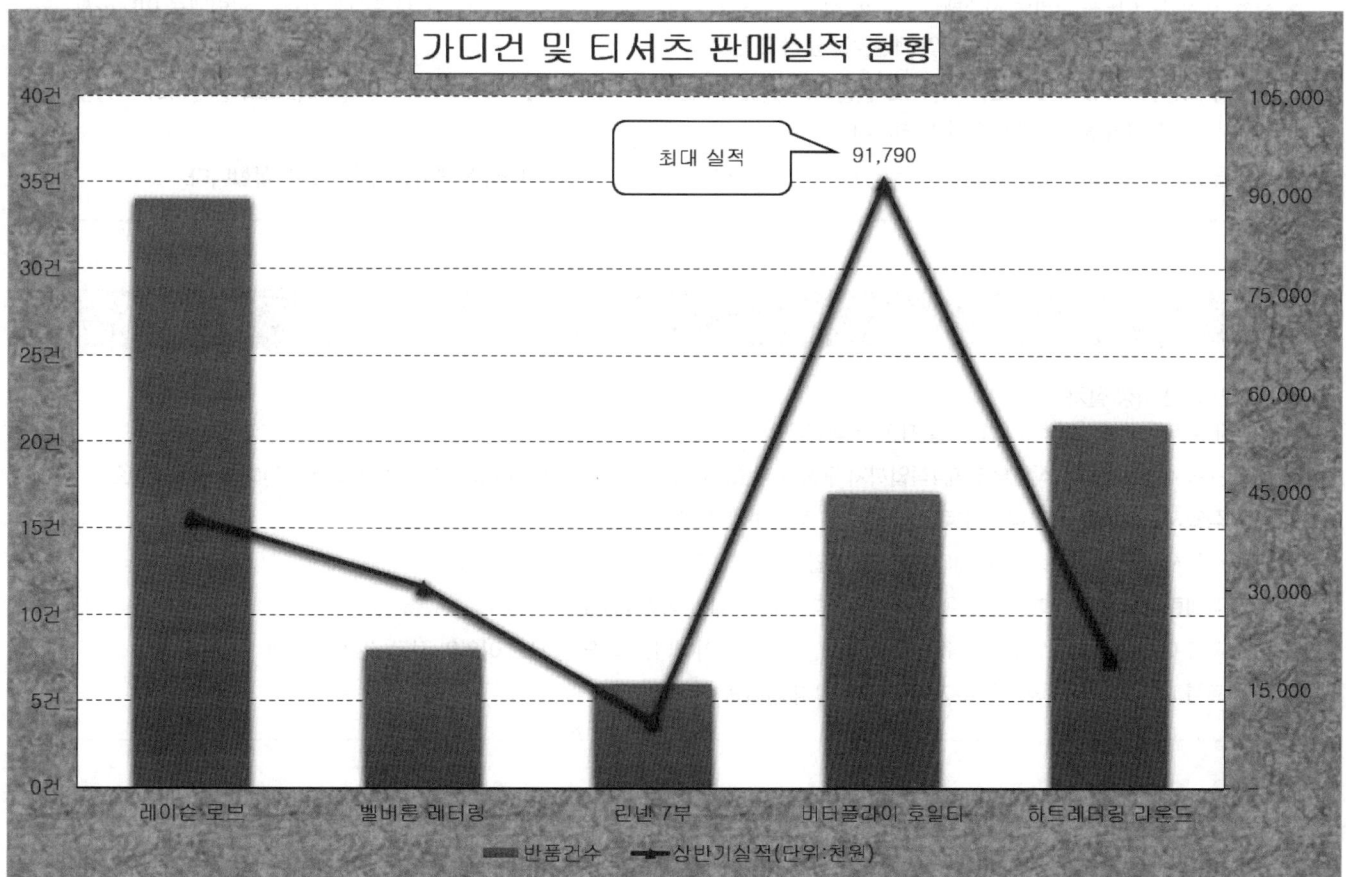

주의 시트명 순서가 차례대로 "제1작업", "제2작업", "제3작업", "제4작업"이 되도록 할 것.

8회 기출유형 모의고사

과목	코드	문제유형	시험시간	수험번호	성 명
한글엑셀	1122	A	60분	12342008	

수 험 자 유 의 사 항

- 수험자는 문제지를 받는 즉시 문제지와 **수험표상의 시험과목(프로그램), 버전이 동일한지 반드시 확인**하여야 합니다.
- 파일명은 본인의 "수험번호-성명"으로 입력하여 답안폴더(내 PC\문서\ITQ)에 하나의 파일로 저장해야 하며, 답안문서 파일명이 "수험번호-성명"과 일치하지 않거나, 답안파일을 전송하지 않아 미제출로 처리될 경우 실격입니다(예 : 12345678-홍길동.xlsx).
- 답안 작성을 마치면 파일을 저장하고, '답안 전송' 버튼을 선택하여 감독위원 PC로 답안을 전송하십시오. 수험생 정보와 저장한 파일명이 다를 경우 전송되지 않으므로 주의하시기 바랍니다.
- 답안 작성 중에도 **주기적으로 저장하고 답안을 전송**하여야 문제 발생을 줄일 수 있습니다. 작업한 내용을 저장하지 않고 전송할 경우 이전에 저장된 내용이 전송되오니 이점 유의하시기 바랍니다.
- 답안문서는 지정된 경로 외의 다른 보조기억장치에 저장하는 경우, 지정된 시험 시간 외에 작성된 파일을 활용할 경우, 기타 통신수단(이메일, 메신저, 네트워크 등)을 이용하여 타인에게 전달 또는 외부 반출하는 경우는 부정 처리합니다.
- 시험 중 부주의 또는 고의로 시스템을 파손한 경우는 수험자가 변상해야 하며, <수험자 유의사항>에 기재된 방법대로 이행하지 않아 생기는 불이익은 수험생 당사자의 책임임을 알려 드립니다.
- 문제의 조건은 MS오피스 2021 버전으로 설정되어 있으며 MS오피스 2016은 【 】에 표기되어 있습니다. 이와 관련하여 작성한 답안의 출력형태가 문제지와 다를 수 있습니다.
- 시험을 완료한 수험자는 답안파일이 전송되었는지 확인한 후 감독위원의 지시에 따라 문제지를 제출하고 퇴실합니다.

답 안 작 성 요 령

- 온라인 답안 작성 절차
  수험자 등록 ⇒ 시험 시작 ⇒ 답안파일 저장 ⇒ 답안 전송 ⇒ 시험 종료
- 문제는 총 4단계, 즉 제1작업부터 제4작업까지 구성되어 있으며 반드시 제1작업부터 순서대로 작성하고 조건대로 작업하시오.
- 모든 작업시트의 A열은 열 너비 '1'로, 나머지 열은 적당하게 조절하시오.
- 모든 작업시트의 테두리는 《출력형태》와 같이 작업하시오.
- 해당 작업란에서는 각각 제시된 조건에 따라 《출력형태》와 같이 작업하시오.
- 답안 시트 이름은 "제1작업", "제2작업", "제3작업", "제4작업"이어야 하며 답안 시트 이외의 것은 감점 처리됩니다.
- 각 시트를 파일로 나누어 작업해서 저장할 경우 실격 처리됩니다.

[제1작업] 표 서식 작성 및 값 계산   240점

☞ 다음은 '국내 수상 태양광 설치 현황'에 대한 자료이다. 자료를 입력하고 조건에 맞도록 작업하시오.

출력형태

						결재	담당	팀장	부장

사업장	형태	설치 시공사	설치일	용량(Kw)	발전규모(Kw)	설치비용	보조 지원금	설치 요일
경남합천댐	부력일체형	그린에너지	2024-03-08	800	2,100	15,360,000	(1)	(2)
지평저수지	구조체형	미래전자	2025-03-15	1,500	4,200	27,860,000	(1)	(2)
운문댐	부력일체형	한국전자	2025-04-13	500	1,830	8,830,000	(1)	(2)
청호저수지	구조체형	미래전자	2023-10-09	300	1,150	5,500,000	(1)	(2)
보령댐	부력일체형	그린에너지	2024-11-15	1,800	4,540	32,760,000	(1)	(2)
오창저수지	프레임형	그린에너지	2023-11-10	200	870	4,520,000	(1)	(2)
용당저수지	프레임형	한국전자	2024-02-10	1,350	3,950	21,960,000	(1)	(2)
당진화력발전소	구조체형	미래전자	2025-06-12	1,000	3,540	18,120,000	(1)	(2)
부력일체형 설치비용의 평균			(3)		최저 용량(Kw)			(5)
용당저수지의 발전규모(Kw) 순위			(4)		사업장	경남합천댐	설치일	(6)

조건

○ 모든 데이터의 서식에는 글꼴(굴림, 11pt), 정렬은 숫자 및 회계 서식은 오른쪽 정렬, 나머지 서식은 가운데 정렬로 작성하며 예외적인 것은 ≪출력형태≫를 참조하시오.
○ 제목 ⇒ 도형(사다리꼴)과 그림자(오프셋: 오른쪽)를 이용하여 작성하고 "국내 수상 태양광 설치 현황"을 입력한 후 다음 서식을 적용하시오(글꼴 – 굴림, 24pt, 검정, 굵게, 채우기 – 노랑).
○ 임의의 셀에 결재란을 작성하여 그림복사 기능을 이용하여 붙이기 하시오(단, 원본 삭제).
○ 「B4:J4, G14, I14」영역은 '주황'으로 채우기 하시오.
○ 유효성 검사를 이용하여 「H14」셀에 사업장 「B5:B12」영역이 선택 표시되도록 하시오.
○ 셀 서식 ⇒ 「H5:H12」영역에 셀 서식을 이용하여 숫자 뒤에 '원'을 표시하시오(예 : 15,360,000원).
○ 「F5:F12」영역에 대해 '용량'으로 이름정의를 하시오.

◎ (1)~(6) 셀은 반드시 <u>주어진 함수를 이용하여</u> 값을 구하시오(결과값을 직접 입력하면 해당 셀은 0점 처리됨).

(1) 보조 지원금 ⇒ 「설치비용×지원비율」로 구하되, 지원비율은 용량(Kw)이 1,000 이상이면 '50%', 500 이상이면 '30%', 그 외에는 '20%'로 지정하여 구하시오(IF 함수).
(2) 설치 요일 ⇒ 설치일의 요일을 구하시오(CHOOSE, WEEKDAY 함수)(예 : 월요일).
(3) 부력일체형 설치비용의 평균 ⇒ 반올림하여 천원 단위까지 구하시오. 단, 조건은 입력 데이터를 이용하시오(ROUND, DAVERAGE 함수)(예 : 23,456,700 → 23,457,000).
(4) 용당저수지의 발전규모(Kw) 순위 ⇒ 내림차순으로 구한 결과값 뒤에 '위'를 붙이시오(RANK.EQ 함수, & 연산자)(예 : 2위).
(5) 최저 용량(Kw) ⇒ 정의된 이름(용량)을 이용하여 구하시오(SMALL 함수).
(6) 설치일 ⇒ 「H14」셀에서 선택한 사업장에 대한 설치일을 구하시오(VLOOKUP 함수)(예 : 2024-03-08).
(7) 조건부 서식의 수식을 이용하여 용량(Kw)이 '1,000' 이상인 행 전체에 다음 서식을 적용하시오(글꼴 : 파랑, 굵게).

[제 2 작업] 필터 및 서식 (80점)

☞ "제1작업" 시트의 「B4:H12」 영역을 복사하여 "제2작업" 시트의 「B2」 셀부터 모두 붙여넣기를 한 후 다음의 조건과 같이 작업하시오.

조건

(1) 고급 필터 – 설치 시공사가 '미래전자'가 아니면서, 용량(Kw)이 '1,000' 이하인 자료의 사업장, 설치 시공사, 설치일, 발전규모(Kw), 설치비용 데이터만 추출하시오.
  – 조건 범위 : 「B13」 셀부터 입력하시오.
  – 복사 위치 : 「B18」 셀부터 나타나도록 하시오.
(2) 표 서식 – 고급 필터의 결과 셀을 채우기 없음으로 설정한 후 '파랑, 표 스타일 보통 9'의 서식을 적용하시오.
  – 머리글 행, 줄무늬 행을 적용하시오.

[제 3 작업] 피벗 테이블 (80점)

☞ "제1작업" 시트를 이용하여 "제3작업" 시트에 조건에 따라 《출력형태》와 같이 작업하시오.

조건

(1) 설치일 및 형태별 사업장의 개수와 발전규모(Kw)의 최대값을 구하시오.
(2) 설치일을 그룹화하고, 형태를 《출력형태》와 같이 정렬하시오.
(3) 레이블이 있는 셀 병합 및 가운데 맞춤 적용과 빈 셀은 '**'로 표시하시오.
(4) 행의 총합계를 지우고, 나머지 사항은 《출력형태》에 맞게 작성하시오.

출력형태

	형태	프레임형		부력일체형		구조체형	
설치일	개수 : 사업장	최대 : 발전규모(Kw)	개수 : 사업장	최대 : 발전규모(Kw)	개수 : 사업장	최대 : 발전규모(Kw)
2023년	1	870	**	**	1	1,150
2024년	1	3,950	2	4,540	**	**
2025년	**	**	1	1,830	2	4,200
총합계	2	3,950	3	4,540	3	4,200

[제 4 작업] 그래프 100점

☞ "제1작업" 시트를 이용하여 조건에 따라 ≪출력형태≫와 같이 작업하시오.

조건

(1) 차트 종류 ⇒ 〈묶은 세로 막대형〉으로 작업하시오.
(2) 데이터 범위 ⇒ "제1작업" 시트의 내용을 이용하여 작업하시오.
(3) 위치 ⇒ "새 시트"로 이동하고, "제4작업"으로 시트 이름을 바꾸시오.
(4) 차트 디자인 도구 ⇒ 레이아웃 3, 스타일 14를 선택하여 ≪출력형태≫에 맞게 작업하시오.
(5) 영역 서식 ⇒ 차트 : 글꼴(굴림, 11pt), 채우기 효과(질감-파랑 박엽지)
   그림 : 채우기(흰색, 배경 1)
(6) 제목 서식 ⇒ 차트 제목 : 글꼴(굴림, 굵게, 20pt), 채우기(흰색, 배경 1), 테두리
(7) 서식 ⇒ 발전규모(Kw) 계열의 차트 종류를 〈표식이 있는 꺾은선형〉으로 변경한 후 보조 축으로 지정하시오.
   계열 : ≪출력형태≫를 참조하여 표식(마름모, 크기 10)과 레이블 값을 표시하시오.
   눈금선 : 선 스타일-파선
   축 : ≪출력형태≫를 참조하시오.
(8) 범례 → 범례명을 변경하고 ≪출력형태≫를 참조하시오.
(9) 도형 ⇒ '말풍선: 모서리가 둥근 사각형'을 삽입하고 ≪출력형태≫와 같이 내용을 입력하시오.
(10) 나머지 사항은 ≪출력형태≫에 맞게 작성하시오.

출력형태

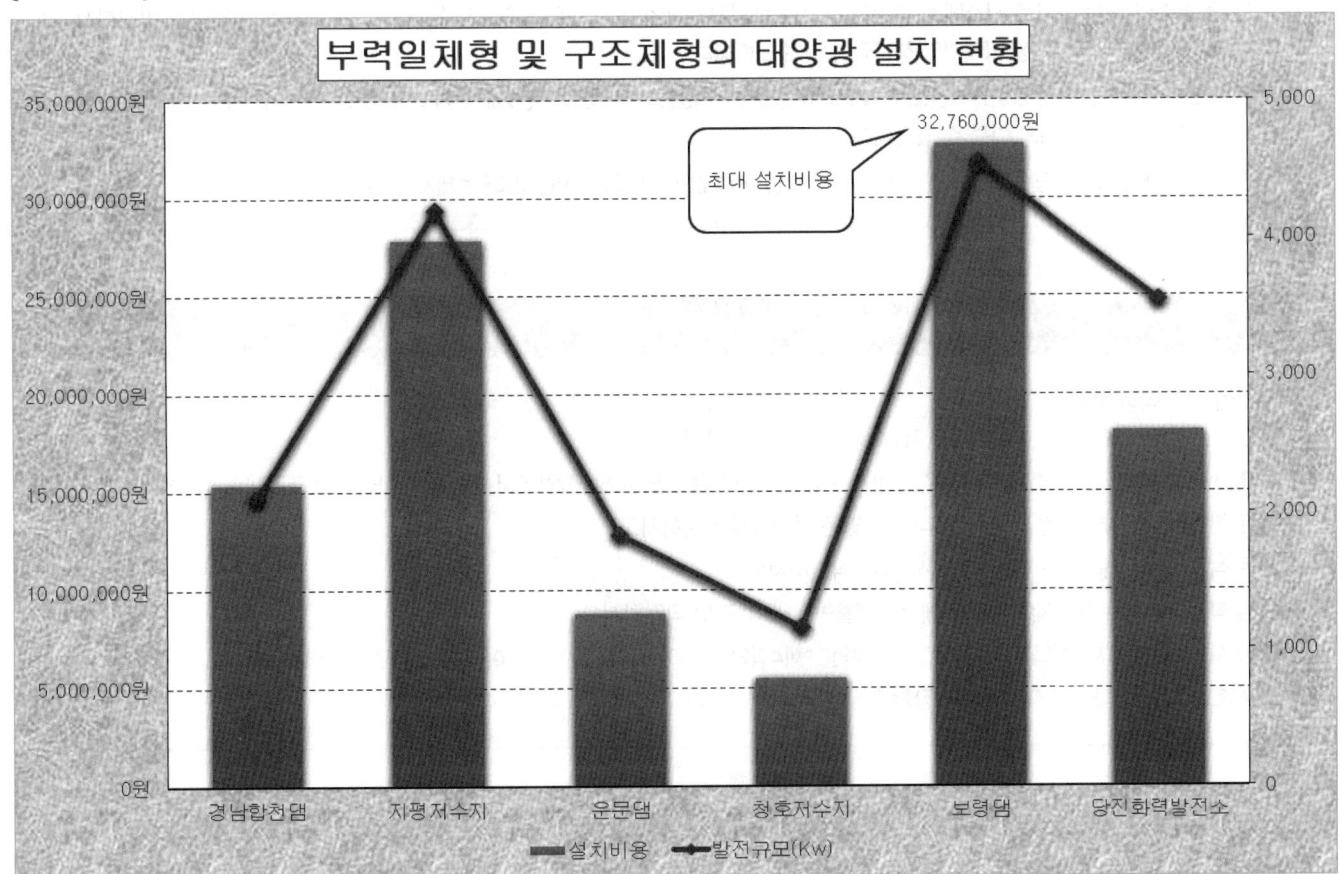

주의 시트명 순서가 차례대로 "제1작업", "제2작업", "제3작업", "제4작업"이 되도록 할 것.

9회 기출유형 모의고사

과목	코드	문제유형	시험시간	수험번호	성 명
한글엑셀	1122	A	60분	12342009	

수 험 자 유 의 사 항

- 수험자는 문제지를 받는 즉시 문제지와 **수험표상의 시험과목(프로그램), 버전이 동일한지 반드시 확인**하여야 합니다.
- 파일명은 본인의 "수험번호-성명"으로 입력하여 답안폴더(내 PC\문서\ITQ)에 하나의 파일로 저장해야 하며, 답안문서 파일명이 "수험번호-성명"과 일치하지 않거나, 답안파일을 전송하지 않아 미제출로 처리될 경우 실격입니다(예 : 12345678-홍길동.xlsx).
- 답안 작성을 마치면 파일을 저장하고, '답안 전송' 버튼을 선택하여 감독위원 PC로 답안을 전송하십시오. 수험생 정보와 저장한 파일명이 다를 경우 전송되지 않으므로 주의하시기 바랍니다.
- 답안 작성 중에도 **주기적으로 저장하고 답안을 전송**하여야 문제 발생을 줄일 수 있습니다. 작업한 내용을 저장하지 않고 전송할 경우 이전에 저장된 내용이 전송되오니 이점 유의하시기 바랍니다.
- 답안문서는 지정된 경로 외의 다른 보조기억장치에 저장하는 경우, 지정된 시험 시간 외에 작성된 파일을 활용할 경우, 기타 통신수단(이메일, 메신저, 네트워크 등)을 이용하여 타인에게 전달 또는 외부 반출하는 경우는 부정 처리합니다.
- 시험 중 부주의 또는 고의로 시스템을 파손한 경우는 수험자가 변상해야 하며, 〈수험자 유의사항〉에 기재된 방법대로 이행하지 않아 생기는 불이익은 수험생 당사자의 책임임을 알려 드립니다.
- 문제의 조건은 MS오피스 2021 버전으로 설정되어 있으며 MS오피스 2016은【 】에 표기되어 있습니다. 이와 관련하여 작성한 답안의 출력형태가 문제지와 다를 수 있습니다.
- 시험을 완료한 수험자는 답안파일이 전송되었는지 확인한 후 감독위원의 지시에 따라 문제지를 제출하고 퇴실합니다.

답 안 작 성 요 령

- 온라인 답안 작성 절차
  수험자 등록 ⇒ 시험 시작 ⇒ 답안파일 저장 ⇒ 답안 전송 ⇒ 시험 종료
- 문제는 총 4단계, 즉 제1작업부터 제4작업까지 구성되어 있으며 반드시 제1작업부터 순서대로 작성하고 조건대로 작업하시오.
- 모든 작업시트의 A열은 열 너비 '1'로, 나머지 열은 적당하게 조절하시오.
- 모든 작업시트의 테두리는《출력형태》와 같이 작업하시오.
- 해당 작업란에서는 각각 제시된 조건에 따라《출력형태》와 같이 작업하시오.
- 답안 시트 이름은 "제1작업", "제2작업", "제3작업", "제4작업"이어야 하며 답안 시트 이외의 것은 감점 처리됩니다.
- 각 시트를 파일로 나누어 작업해서 저장할 경우 실격 처리됩니다.

[제 1 작업] 표 서식 작성 및 값 계산   240점

☞ 다음은 '학부모 추천 도서 구입 현황'에 대한 자료이다. 자료를 입력하고 조건에 맞도록 작업하시오.

출력형태

	A	B	C	D	E	F	G	H	I	J
1								결재	담당	과장	부장
2			학부모 추천 도서 구입 현황							
3										
4		관리코드	도서명	지은이	구입권수(권)	출판사	구입일자	구입가격	학부모 추천 인기도	구입월
5		D141	오직 두 사람	김영하	4	문학동네	2025-07-23	10,500	(1)	(2)
6		C323	보이나? 보이네!	이상희	5	웅진	2025-07-21	7,500	(1)	(2)
7		A204	토토를 찾아라	홍건국	4	한국헤밍웨이	2025-07-06	8,500	(1)	(2)
8		D141	달님의 선물	홍윤희	5	한국헤밍웨이	2025-09-01	9,500	(1)	(2)
9		B141	수상한 북클럽	박현희	4	문학동네	2025-08-25	11,500	(1)	(2)
10		A322	도깨비 콘서트	다무라 시게루	3	웅진	2025-08-15	8,700	(1)	(2)
11		A932	만약은 없다	남궁인	2	문학동네	2025-08-21	10,800	(1)	(2)
12		B204	종지기 할아버지	김현정	3	한국헤밍웨이	2025-09-02	9,800	(1)	(2)
13		웅진 도서 종류 개수			(3)			최고 구입가격		(5)
14		문학동네 도서 평균 구입가격			(4)		도서명	오직 두 사람	총구입금액	(6)
15										

조건

○ 모든 데이터의 서식에는 글꼴(굴림, 11pt), 정렬은 숫자 및 회계 서식은 오른쪽 정렬, 나머지 서식은 가운데 정렬로 작성하며 예외적인 것은 ≪출력형태≫를 참조하시오.
○ 제목 ⇒ 도형(배지)과 그림자(오프셋: 왼쪽 아래)를 이용하여 작성하고 "학부모 추천 도서 구입 현황"을 입력한 후 다음 서식을 적용하시오(글꼴 – 굴림, 24pt, 검정, 굵게, 채우기 – 노랑).
○ 임의의 셀에 결재란을 작성하여 그림복사 기능을 이용하여 붙이기 하시오(단, 원본 삭제).
○ 「B4:J4, G14, I14」 영역은 '주황'으로 채우기 하시오.
○ 유효성 검사를 이용하여 「H14」 셀에 도서명「C5:C12」 영역이 선택 표시되도록 하시오.
○ 셀 서식 ⇒ 「H5:H12」 영역에 셀 서식을 이용하여 숫자 뒤에 '원'을 표시하시오(예: 10,500원).
○ 「F5:F12」 영역에 대해 '출판사'로 이름정의를 하시오.

◉ (1)~(6) 셀은 반드시 <u>주어진 함수를 이용</u>하여 값을 구하시오(결과 값을 직접 입력하면 해당 셀은 0점 처리됨).

(1) 학부모 추천 인기도 ⇒ 관리코드의 첫 번째 글자가 A이면 '★★', B이면 '★', 그 외에는 공백으로 구하시오(IF, LEFT 함수).
(2) 구입월 ⇒ 구입일자의 월을 추출하여 결과값에 '월'을 붙이시오(MONTH 함수, & 연산자)(예 : 2025-07-23 → 7월).
(3) 웅진 도서 종류 개수 ⇒ 정의된 이름(출판사)을 이용하여 구하시오(COUNTIF 함수).
(4) 문학동네 도서 평균 구입가격 ⇒ 반올림하여 백원 단위까지 구하시오. 단, 조건은 입력 데이터를 이용하시오 (ROUND, DAVERAGE 함수)(예 : 10,567 → 10,600).
(5) 최고 구입가격 ⇒ (MAX 함수)
(6) 총구입금액 ⇒ 「H14」 셀에서 선택한 도서명에 대한 총구입금액을 「구입권수(권)×구입가격」으로 구하시오 (VLOOKUP 함수).
(7) 조건부 서식의 수식을 이용하여 구입가격이 '10,000' 이상인 행 전체에 다음 서식을 적용하시오(글꼴: 파랑, 굵게).

[제 2 작업] 필터 및 서식   80점

☞ "제1작업" 시트의 「B4:H12」 영역을 복사하여 "제2작업" 시트의 「B2」 셀부터 모두 붙여넣기를 한 후 다음의 조건과 같이 작업하시오.

조건

(1) 고급 필터 – 출판사가 '한국헤밍웨이'이면서 구입가격이 '9,000' 이상이거나, 출판사가 '웅진'인 자료의 '도서명', '지은이', '구입권수(권)', '구입가격' 데이터만 추출하시오.
　　　　　– 조건 범위 : 「B13」셀부터 입력하시오.
　　　　　– 복사 위치 : 「B18」셀부터 나타나도록 하시오.
(2) 표 서식 – 고급 필터의 결과 셀을 채우기 없음으로 설정한 후 '녹색, 표 스타일 보통 7'의 서식을 적용하시오.
　　　　　– 머리글 행, 줄무늬 행을 적용하시오.

[제 3 작업] 피벗 테이블   80점

☞ "제1작업" 시트를 이용하여 "제3작업" 시트에 조건에 따라 ≪출력형태≫와 같이 작업하시오.

조건

(1) 구입일자 및 출판사별 관리코드의 개수와 구입권수(권)의 평균을 구하시오.
(2) 구입일자를 그룹화하고, 출판사를 ≪출력형태≫와 같이 정렬하시오.
(3) 레이블이 있는 셀 병합 및 가운데 맞춤 적용과 빈 셀은 '**'로 표시하시오.
(4) 행의 총합계를 지우고, 나머지 사항은 ≪출력형태≫에 맞게 작성하시오.

출력형태

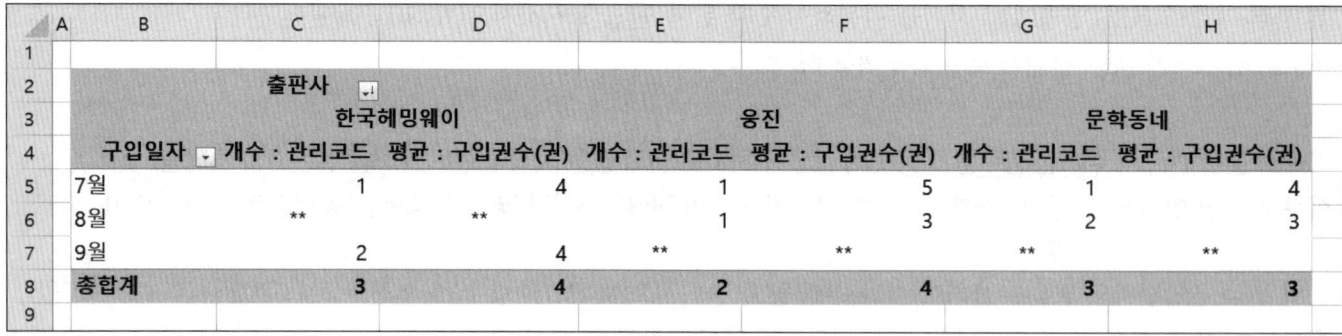

[제 4 작업] 그래프 100점

☞ "제1작업" 시트를 이용하여 조건에 따라 ≪출력형태≫와 같이 작업하시오.

조건

(1) 차트 종류 ⇒ 〈묶은 세로 막대형〉으로 작업하시오.
(2) 데이터 범위 ⇒ "제1작업" 시트의 내용을 이용하여 작업하시오.
(3) 위치 ⇒ "새 시트"로 이동하고, "제4작업"으로 시트 이름을 바꾸시오.
(4) 차트 디자인 도구 ⇒ 레이아웃 3, 스타일 6을 선택하여 ≪출력형태≫에 맞게 작업하시오.
(5) 영역 서식 ⇒ 차트 : 글꼴(굴림, 11pt), 채우기 효과(질감-분홍 박엽지)
　　　　　　　그림 : 채우기(흰색, 배경 1)
(6) 제목 서식 ⇒ 차트 제목 : 글꼴(굴림, 굵게, 20pt), 채우기(흰색, 배경 1), 테두리
(7) 서식 ⇒ 구입권수(권) 계열의 차트 종류를 〈표식이 있는 꺾은선형〉으로 변경한 후 보조 축으로 지정하시오.
　　　계열 : ≪출력형태≫를 참조하여 표식(마름모, 크기 10)과 레이블 값을 표시하시오.
　　　눈금선 : 선 스타일-파선
　　　축 : ≪출력형태≫를 참조하시오.
(8) 범례 ⇒ 범례명을 변경하고 ≪출력형태≫를 참조하시오.
(9) 도형 ⇒ '말풍선: 타원형'을 삽입하고 ≪출력형태≫와 같이 내용을 입력하시오.
(10) 나머지 사항은 ≪출력형태≫에 맞게 작성하시오.

출력형태

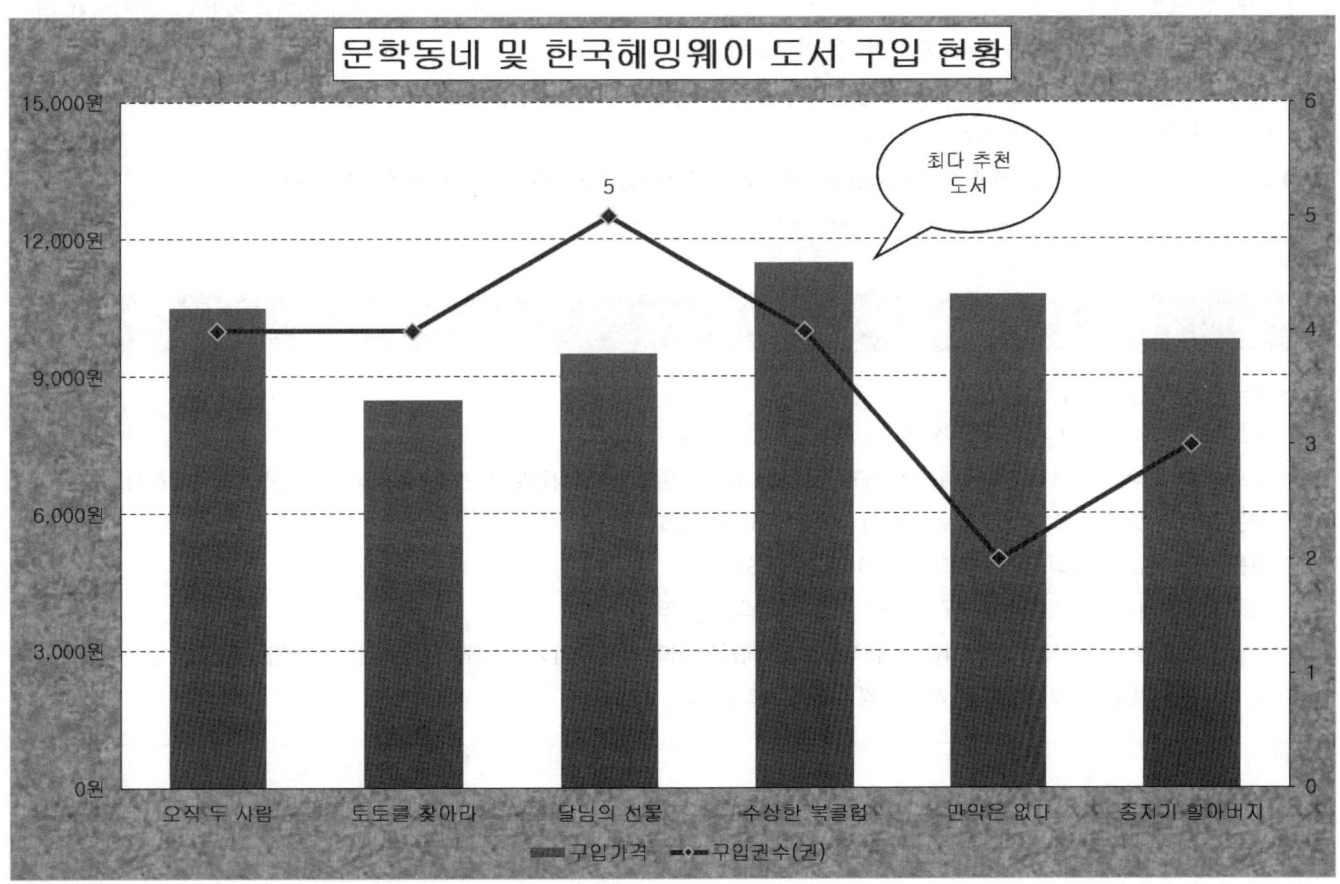

주의 시트명 순서가 차례대로 "제1작업", "제2작업", "제3작업", "제4작업"이 되도록 할 것.

기출유형 모의고사

과목	코드	문제유형	시험시간	수험번호	성 명
한글엑셀	1122	A	60분	12342010	

수 험 자 유 의 사 항

- 수험자는 문제지를 받는 즉시 문제지와 **수험표상의 시험과목(프로그램), 버전이 동일한지 반드시 확인**하여야 합니다.
- 파일명은 본인의 "수험번호-성명"으로 입력하여 답안폴더(내 PC\문서\ITQ)에 하나의 파일로 저장해야 하며, 답안문서 파일명이 "수험번호-성명"과 일치하지 않거나, 답안파일을 전송하지 않아 미제출로 처리될 경우 실격입니다(예 : 12345678-홍길동.xlsx).
- 답안 작성을 마치면 파일을 저장하고, '답안 전송' 버튼을 선택하여 감독위원 PC로 답안을 전송하십시오. 수험생 정보와 저장한 파일명이 다를 경우 전송되지 않으므로 주의하시기 바랍니다.
- 답안 작성 중에도 **주기적으로 저장하고 답안을 전송**하여야 문제 발생을 줄일 수 있습니다. 작업한 내용을 저장하지 않고 전송할 경우 이전에 저장된 내용이 전송되오니 이점 유의하시기 바랍니다.
- 답안문서는 지정된 경로 외의 다른 보조기억장치에 저장하는 경우, 지정된 시험 시간 외에 작성된 파일을 활용할 경우, 기타 통신수단(이메일, 메신저, 네트워크 등)을 이용하여 타인에게 전달 또는 외부 반출하는 경우는 부정 처리합니다.
- 시험 중 부주의 또는 고의로 시스템을 파손한 경우는 수험자가 변상해야 하며, <수험자 유의사항>에 기재된 방법대로 이행하지 않아 생기는 불이익은 수험생 당사자의 책임임을 알려 드립니다.
- 문제의 조건은 MS오피스 2021 버전으로 설정되어 있으며 MS오피스 2016은【 】에 표기되어 있습니다. 이와 관련하여 작성한 답안의 출력형태가 문제지와 다를 수 있습니다.
- 시험을 완료한 수험자는 답안파일이 전송되었는지 확인한 후 감독위원의 지시에 따라 문제지를 제출하고 퇴실합니다.

답 안 작 성 요 령

- 온라인 답안 작성 절차
  수험자 등록 ⇒ 시험 시작 ⇒ 답안파일 저장 ⇒ 답안 전송 ⇒ 시험 종료
- 문제는 총 4단계, 즉 제1작업부터 제4작업까지 구성되어 있으며 반드시 제1작업부터 순서대로 작성하고 조건대로 작업하시오.
- 모든 작업시트의 A열은 열 너비 '1'로, 나머지 열은 적당하게 조절하시오.
- 모든 작업시트의 테두리는 《출력형태》와 같이 작업하시오.
- 해당 작업란에서는 각각 제시된 조건에 따라 《출력형태》와 같이 작업하시오.
- 답안 시트 이름은 "제1작업", "제2작업", "제3작업", "제4작업"이어야 하며 답안 시트 이외의 것은 감점 처리됩니다.
- 각 시트를 파일로 나누어 작업해서 저장할 경우 실격 처리됩니다.

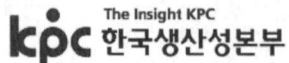

[제1작업] 표 서식 작성 및 값 계산　240점

☞ 다음은 '해외 어학연수 모집 현황'에 대한 자료이다. 자료를 입력하고 조건에 맞도록 작업하시오.

출력형태

	B	C	D	E	F	G	H	I	J
			해외 어학연수 모집 현황				결재	담당	팀장	과장
	연수국가	도시	대상	출발일	연수기간	모집인원	연수비용(단위:원)	순위	출발요일
	미국	보스턴	초등학생	2024-12-20	8주	76	4,500,000	(1)	(2)
	영국	런던	대학생	2024-12-30	8주	54	4,600,000	(1)	(2)
	호주	시드니	중등학생	2025-01-01	4주	135	2,800,000	(1)	(2)
	필리핀	세부	중등학생	2024-12-10	6주	180	1,500,000	(1)	(2)
	호주	골드코스트	대학생	2024-11-30	8주	60	3,950,000	(1)	(2)
	캐나다	토론토	초등학생	2025-01-10	6주	35	3,800,000	(1)	(2)
	영국	이스트본	대학생	2024-12-01	8주	80	4,200,000	(1)	(2)
	필리핀	마닐라	초등학생	2024-12-26	8주	100	2,200,000	(1)	(2)
	최대 연수비용(단위:원)			(3)			초등학생 평균 모집인원		(5)
	총 연수비용(단위:원)			(4)		도시	보스턴	연수기간	(6)

조건

○ 모든 데이터의 서식에는 글꼴(굴림, 11pt), 정렬은 숫자 및 회계 서식은 오른쪽 정렬, 나머지 서식은 가운데 정렬로 작성하며 예외적인 것은 ≪출력형태≫를 참조하시오.
○ 제목 ⇒ 도형(사각형: 둥근 모서리)과 그림자(오프셋: 왼쪽 위)를 이용하여 작성하고 "해외 어학연수 모집 현황"을 입력한 후 다음 서식을 적용하시오(글꼴-굴림, 24pt, 검정, 굵게, 채우기-노랑).
○ 임의의 셀에 결재란을 작성하여 그림복사 기능을 이용하여 붙이기 하시오(단, 원본 삭제).
○ 「B4:J4, G14, I14」 영역은 '주황'으로 채우기 하시오.
○ 유효성 검사를 이용하여 「H14」 셀에 도시(「C5:C12」 영역)가 선택 표시되도록 하시오.
○ 셀 서식 ⇒ 「G5:G12」 영역에 셀 서식을 이용하여 '명'을 표시하시오(예 : 25 → 25명).
○ 「G5:G12」 영역에 대해 '모집인원'으로 이름정의를 하시오.

⊙ (1)~(6) 셀은 반드시 주어진 함수를 이용하여 값을 구하시오(결과 값을 직접 입력하면 해당 셀은 0점 처리됨).

(1) 순위 ⇒ 모집인원의 내림차순 순위를 구하시오(RANK.EQ 함수).
(2) 출발요일 ⇒ 출발일의 요일을 예와 같이 구하시오(CHOOSE, WEEKDAY 함수)(예 : 월요일).
(3) 최대 연수비용(단위:원) ⇒ (MAX 함수)
(4) 총 연수비용(단위:원) ⇒ 정의된 이름(모집인원)을 이용하여 「모집인원×연수비용(단위:원)」의 합계를 구하고, 천 단위 콤마 형식으로 표시하시오(SUMPRODUCT 함수).
(5) 초등학생 평균 모집인원 ⇒ 결과값을 반올림하여 정수로 구하시오. 단, 조건은 입력 데이터를 이용하시오(ROUND, DAVERAGE 함수)(예 : 12.3 → 12).
(6) 연수기간 ⇒ 「H14」 셀에서 선택한 도시에 대한 연수기간을 표시하시오(VLOOKUP 함수).
(7) 조건부 서식의 수식을 이용하여 모집인원이 '100' 이상인 행 전체에 다음의 서식을 적용하시오.(글꼴 : 파랑, 굵게).

[제 2 작업] 필터 및 서식   80점

☞ "제1작업" 시트의 「B4:H12」 영역을 복사하여 "제2작업" 시트의 「B2」 셀부터 모두 붙여넣기를 한 후 다음의 조건과 같이 작업하시오.

조건

(1) 고급 필터 – 대상이 '초등학생'이 아니면서 모집인원이 '60명' 이상인 자료의 데이터만 추출하시오.
　　　　　　 – 조건 범위 : 「B13」셀부터 입력하시오.
　　　　　　 – 복사 위치 : 「B18」셀부터 나타나도록 하시오.
(2) 표 서식 – 고급 필터의 결과 셀을 채우기 없음으로 설정한 후 '밝은 회색, 표 스타일 보통 11'의 서식을 적용하시오.
　　　　　　 – 머리글 행, 줄무늬 행을 적용하시오.

[제 3 작업] 피벗 테이블   80점

☞ "제1작업" 시트를 이용하여 "제3작업" 시트에 조건에 따라 ≪출력형태≫와 같이 작업하시오.

조건

(1) 연수국가 및 출발일별 모집인원과 연수비용(단위:원)의 평균을 구하시오.
(2) 출발일을 그룹화하고, 연수국가를 ≪출력형태≫와 같이 정렬하시오.
(3) 레이블이 있는 셀 병합 및 가운데 맞춤 적용과 빈 셀은 '**'로 표시하시오.
(4) 행의 총합계를 지우고, 나머지 사항은 ≪출력형태≫에 맞게 작성하시오.

출력형태

A	B	C	D	E	F	G	H
		출발일					
		1월		11월		12월	
	연수국가	평균 : 모집인원	평균 : 연수비용(단위:원)	평균 : 모집인원	평균 : 연수비용(단위:원)	평균 : 모집인원	평균 : 연수비용(단위:원)
	호주	135	2,800,000	60	3,950,000	**	**
	필리핀	**	**	**	**	140	1,850,000
	캐나다	35	3,800,000	**	**	**	**
	영국	**	**	**	**	67	4,400,000
	미국	**	**	**	**	76	4,500,000
	총합계	85	3,300,000	60	3,950,000	98	3,400,000

[제 4 작업] 그래프 100점

☞ "제1작업" 시트를 이용하여 조건에 따라 ≪출력형태≫와 같이 작업하시오.

조건

(1) 차트 종류 ⇒ 〈묶은 세로 막대형〉으로 작업하시오.
(2) 데이터 범위 ⇒ "제1작업" 시트의 내용을 이용하여 작업하시오.
(3) 위치 ⇒ "새 시트"로 이동하고, "제4작업"으로 시트 이름을 바꾸시오.
(4) 차트 디자인 도구 ⇒ 레이아웃 3, 스타일 5를 선택하여 ≪출력형태≫에 맞게 작업하시오.
(5) 영역 서식 ⇒ 차트 : 글꼴(굴림, 11pt), 채우기 효과(질감-신문 용지)
　　　　　　　그림 : 채우기(흰색, 배경 1)
(6) 제목 서식 ⇒ 차트 제목 : 글꼴(굴림, 굵게, 20pt), 채우기(흰색, 배경 1), 테두리
(7) 서식 ⇒ 연수비용(단위:원) 계열의 차트 종류를 〈표식이 있는 꺾은선형〉으로 변경한 후 보조 축으로 지정하시오.
　　　　　계열 : ≪출력형태≫를 참조하여 표식(동그라미, 크기 10)과 레이블 값을 표시하시오.
　　　　　눈금선 : 선 스타일 – 파선
　　　　　축 : ≪출력형태≫를 참조하시오.
(8) 범례 ⇒ 범례명을 변경하고 ≪출력형태≫를 참조하시오.
(9) 도형 ⇒ '생각 풍선: 구름 모양'을 삽입하고 ≪출력형태≫와 같이 내용을 입력하시오.
(10) 나머지 사항은 ≪출력형태≫에 맞게 작성하시오.

출력형태

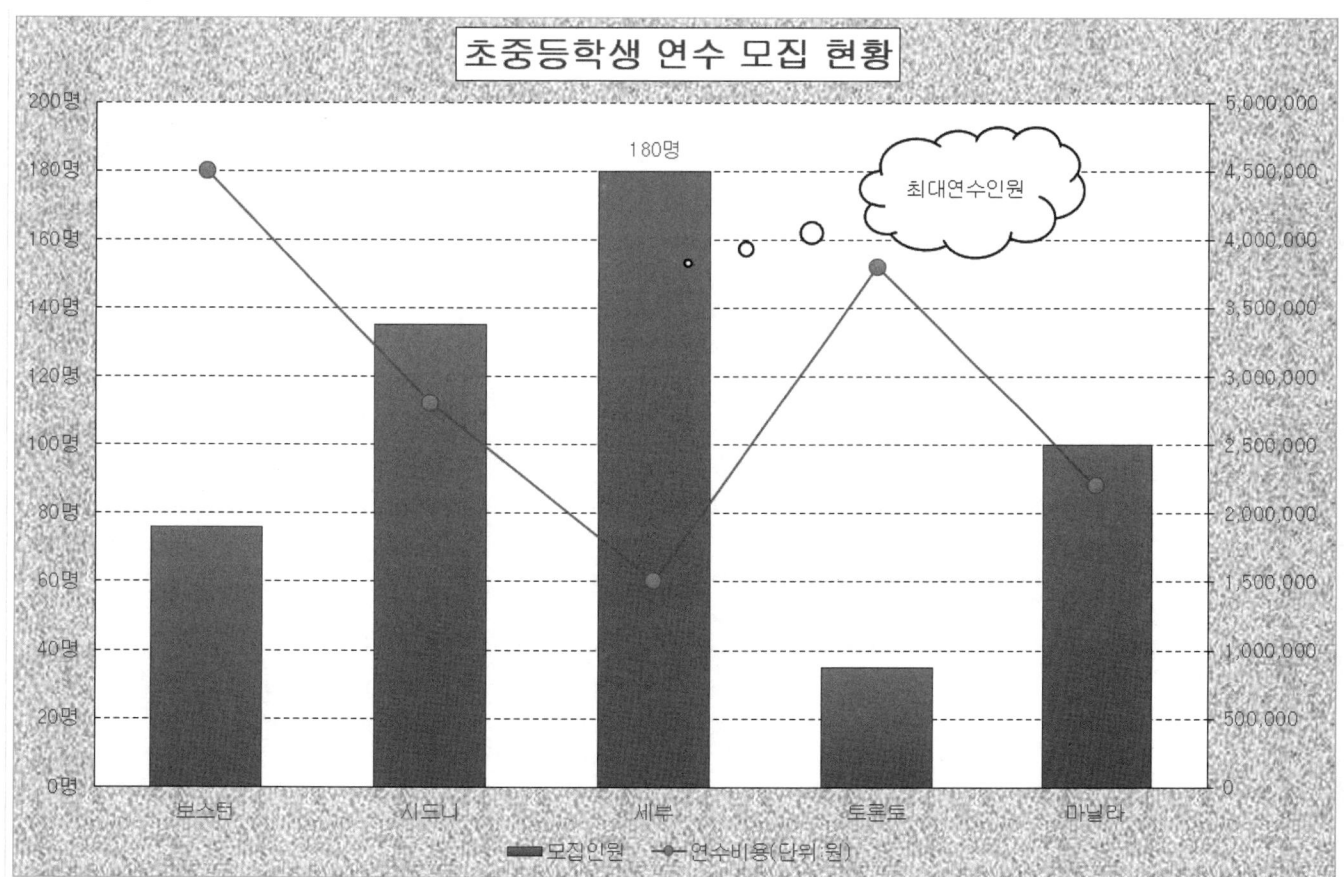

주의 시트명 순서가 차례대로 "제1작업", "제2작업", "제3작업", "제4작업"이 되도록 할 것.

MEMO

PART 3

기출문제

기출문제를 풀어봄으로써 최근 출제경향을 파악하고
수검자의 실력을 확인하도록 합니다.

※정답 파일과 동영상 강의는 [자료실]에서 다운로드하세요.

무료 동영상	제 1회	기출문제	무료 동영상	제 6회	기출문제
무료 동영상	제 2회	기출문제	무료 동영상	제 7회	기출문제
무료 동영상	제 3회	기출문제	무료 동영상	제 8회	기출문제
무료 동영상	제 4회	기출문제	무료 동영상	제 9회	기출문제
무료 동영상	제 5회	기출문제	무료 동영상	제 10회	기출문제

1회 기출문제

과목	코드	문제유형	시험시간	수험번호	성 명
한글엑셀	1122	A	60분	12342021	

수 험 자 유 의 사 항

- 수험자는 문제지를 받는 즉시 문제지와 **수험표상의 시험과목(프로그램), 버전이 동일한지 반드시 확인**하여야 합니다.
- 파일명은 본인의 "수험번호-성명"으로 입력하여 답안폴더(내 PC\문서\ITQ)에 하나의 파일로 저장해야 하며, 답안문서 파일명이 "수험번호-성명"과 일치하지 않거나, 답안파일을 전송하지 않아 미제출로 처리될 경우 실격입니다(예 : 12345678-홍길동.xlsx).
- 답안 작성을 마치면 파일을 저장하고, '답안 전송' 버튼을 선택하여 감독위원 PC로 답안을 전송하십시오. 수험생 정보와 저장한 파일명이 다를 경우 전송되지 않으므로 주의하시기 바랍니다.
- 답안 작성 중에도 **주기적으로 저장하고 답안을 전송**하여야 문제 발생을 줄일 수 있습니다. 작업한 내용을 저장하지 않고 전송할 경우 이전에 저장된 내용이 전송되오니 이점 유의하시기 바랍니다.
- 답안문서는 지정된 경로 외의 다른 보조기억장치에 저장하는 경우, 지정된 시험 시간 외에 작성된 파일을 활용할 경우, 기타 통신수단(이메일, 메신저, 네트워크 등)을 이용하여 타인에게 전달 또는 외부 반출하는 경우는 부정 처리합니다.
- 시험 중 부주의 또는 고의로 시스템을 파손한 경우는 수험자가 변상해야 하며, 〈수험자 유의사항〉에 기재된 방법대로 이행하지 않아 생기는 불이익은 수험생 당사자의 책임임을 알려 드립니다.
- 문제의 조건은 MS오피스 2021 버전으로 설정되어 있으며 MS오피스 2016은【 】에 표기되어 있습니다. 이와 관련하여 작성한 답안의 출력형태가 문제지와 다를 수 있습니다.
- 시험을 완료한 수험자는 답안파일이 전송되었는지 확인한 후 감독위원의 지시에 따라 문제지를 제출하고 퇴실합니다.

답 안 작 성 요 령

- 온라인 답안 작성 절차
  수험자 등록 ⇒ 시험 시작 ⇒ 답안파일 저장 ⇒ 답안 전송 ⇒ 시험 종료
- 문제는 총 4단계, 즉 제1작업부터 제4작업까지 구성되어 있으며 반드시 제1작업부터 순서대로 작성하고 조건대로 작업하시오.
- 모든 작업시트의 A열은 열 너비 '1'로, 나머지 열은 적당하게 조절하시오.
- 모든 작업시트의 테두리는 ≪출력형태≫와 같이 작업하시오.
- 해당 작업란에서는 각각 제시된 조건에 따라 ≪출력형태≫와 같이 작업하시오.
- 답안 시트 이름은 "제1작업", "제2작업", "제3작업", "제4작업"이어야 하며 답안 시트 이외의 것은 감점 처리됩니다.
- 각 시트를 파일로 나누어 작업해서 저장할 경우 실격 처리됩니다.

[제 1 작업] 표 서식 작성 및 값 계산 240점

☞ 다음은 '달수 동물원 관리 현황'에 대한 자료이다. 자료를 입력하고 조건에 맞도록 작업하시오.

출력형태

	A	B	C	D	E	F	G	H	I	J	K
1								결재	담당	대리	과장
2			달수 동물원 관리 현황								
3											
4		식별번호	동물명	위치	마리 수	평균 몸무게	월별 사료비용 (단위:원)	동물 투입 연도	순위	구분	
5		RJ-001	코끼리	사랑마을	2	2,500kg	634,000	2023년	(1)	(2)	
6		SM-001	판다	숲속마을	3	120kg	765,000	2023년	(1)	(2)	
7		SH-002	사자	숲속마을	5	250kg	1,205,000	2023년	(1)	(2)	
8		QJ-001	양	우정마을	6	223kg	232,000	2022년	(1)	(2)	
9		ER-001	사슴	사랑마을	5	121kg	372,000	2023년	(1)	(2)	
10		FE-001	얼룩말	우정마을	2	116kg	348,000	2022년	(1)	(2)	
11		AU-001	기린	우정마을	4	1,000kg	560,000	2024년	(1)	(2)	
12		SD-002	호랑이	숲속마을	6	332kg	1,501,000	2024년	(1)	(2)	
13		우정마을의 월별 사료비용(단위:원) 평균			(3)		가장 큰 평균 몸무게			(5)	
14		사랑마을 마리 수 합계			(4)		동물명	코끼리	동물 투입 연도	(6)	
15											

조건

○ 모든 데이터의 서식에는 글꼴(굴림, 11pt), 정렬은 숫자 및 회계 서식은 오른쪽 정렬, 나머지 서식은 가운데 정렬로 작성하며 예외적인 것은 ≪출력형태≫를 참조하시오.
○ 제 목 ⇒ 도형(사다리꼴)과 그림자(오프셋: 오른쪽)를 이용하여 작성하고 "달수 동물원 관리 현황"을 입력한 후 다음 서식을 적용하시오(글꼴-굴림, 24pt, 검정, 굵게, 채우기-노랑).
○ 임의의 셀에 결재란을 작성하여 그림으로 복사 기능을 이용하여 붙이기 하시오(단, 원본 삭제).
○ 「B4:J4, G14, I14」 영역은 '주황'으로 채우기 하시오.
○ 유효성 검사를 이용하여 「H14」 셀에 동물명(「C5:C12」 영역)이 선택 표시되도록 하시오.
○ 셀 서식 ⇒ 「F5:F12」 영역에 셀 서식을 이용하여 숫자 뒤에 'kg'을 표시하시오(예 : 2,500kg).
○ 「F5:F12」 영역에 대해 '몸무게'로 이름정의를 하시오.

◉ (1)~(6) 셀은 반드시 <u>주어진 함수를 이용</u>하여 값을 구하시오(결과 값을 직접 입력하면 해당 셀은 0점 처리됨).

(1) 순위 ⇒ 월별 사료비용(단위:원)의 내림차순 순위를 구하시오(RANK.EQ 함수).
(2) 구분 ⇒ 식별번호의 마지막 글자가 1이면 '초식성', 2이면 '육식성'으로 구하시오(CHOOSE, RIGHT 함수).
(3) 우정마을의 월별 사료비용(단위:원) 평균 ⇒ (SUMIF, COUNTIF 함수)
(4) 사랑마을 마리 수 합계 ⇒ 결과값에 '마리'를 붙이시오. 단, 조건은 입력 데이터를 이용하시오(DSUM 함수, & 연산자)(예 : 1마리).
(5) 가장 큰 평균 몸무게 ⇒ 정의된 이름(몸무게)을 이용하여 구하시오(MAX 함수).
(6) 동물 투입 연도 ⇒ 「H14」 셀에서 선택한 동물명에 대한 동물 투입 연도를 구하시오(VLOOKUP 함수).
(7) 조건부 서식의 수식을 이용하여 평균 몸무게가 '1,000' 이상인 행 전체에 다음의 서식을 적용하시오 (글꼴 : 파랑, 굵게).

[제 2 작업] 목표값 찾기 및 필터 (80점)

☞ "제1작업" 시트의 「B4:H12」 영역을 복사하여 "제2작업" 시트의 「B2」 셀부터 모두 붙여넣기를 한 후 다음의 조건과 같이 작업하시오.

조건

(1) 목표값 찾기 – 「B11:G11」 셀을 병합하고 가운데 맞춤한 후 "사랑마을 월별 사료비용(단위:원) 평균"을 입력하고, 「H11」 셀에 사랑마을 월별 사료비용(단위:원) 평균을 구하시오. 단, 조건은 입력 데이터를 이용하시오 (DAVERAGE 함수, 테두리).
- '사랑마을 월별 사료비용(단위:원) 평균'이 '500,000'이 되려면 코끼리의 월별 사료비용(단위:원)이 얼마가 되어야 하는지 목표값을 구하시오.

(2) 고급 필터 – 위치가 '사랑마을'이 아니면서 평균 몸무게가 '300' 이하인 자료의 동물명, 마리 수, 평균 몸무게, 월별 사료비용(단위:원) 데이터만 추출하시오.
- 조건 범위 : 「B14」셀부터 입력하시오.
- 복사 위치 : 「B18」셀부터 나타나도록 하시오.

[제 3 작업] 정렬 및 부분합 (80점)

☞ "제1작업" 시트의 「B4:H12」 영역을 복사하여 "제3작업" 시트의 「B2」 셀부터 모두 붙여넣기를 한 후 다음의 조건과 같이 작업하시오.

조건

(1) 부분합– ≪출력형태≫처럼 정렬하고, 동물명의 개수와 월별 사료비용(단위:원)의 평균을 구하시오.
(2) 개요 – 지우시오.
(3) 나머지 사항은 ≪출력형태≫에 맞게 작성하시오.

출력형태

	B	C	D	E	F	G	H
2	식별번호	동물명	위치	마리 수	평균 몸무게	월별 사료비용 (단위:원)	동물 투입 연도
3	QJ-001	양	우정마을	6	223kg	232,000	2022년
4	FE-001	얼룩말	우정마을	2	116kg	348,000	2022년
5	AU-001	기린	우정마을	4	1,000kg	560,000	2024년
6			우정마을 평균			380,000	
7		3	우정마을 개수				
8	SM-001	판다	숲속마을	3	120kg	765,000	2023년
9	SH-002	사자	숲속마을	5	250kg	1,205,000	2023년
10	SD-002	호랑이	숲속마을	6	332kg	1,501,000	2024년
11			숲속마을 평균			1,157,000	
12		3	숲속마을 개수				
13	RJ-001	코끼리	사랑마을	2	2,500kg	634,000	2023년
14	ER-001	사슴	사랑마을	5	121kg	372,000	2023년
15			사랑마을 평균			503,000	
16		2	사랑마을 개수				
17			전체 평균			702,125	
18		8	전체 개수				

[제 4 작업] 그래프 100점

☞ "제1작업" 시트를 이용하여 조건에 따라 ≪출력형태≫와 같이 작업하시오.

조건

(1) 차트 종류 ⇒ 〈묶은 세로 막대형〉으로 작업하시오.
(2) 데이터 범위 ⇒ "제1작업" 시트의 내용을 이용하여 작업하시오.
(3) 위치 ⇒ "새 시트"로 이동하고, "제4작업"으로 시트 이름을 바꾸시오.
(4) 차트 디자인 도구 ⇒ 레이아웃 3, 스타일 1을 선택하여 ≪출력형태≫에 맞게 작업하시오.
(5) 영역 서식 ⇒ 차트 : 글꼴(굴림, 11pt), 채우기 효과(질감-파랑 박엽지)
　　　　　　　 그림 : 채우기(흰색, 배경 1)
(6) 제목 서식 ⇒ 차트 제목 : 글꼴(굴림, 굵게, 20pt), 채우기(흰색, 배경 1), 테두리
(7) 서식 ⇒ 월별 사료비용(단위:원) 계열의 차트 종류를 〈표식이 있는 꺾은선형〉으로 변경한 후 보조 축으로 지정하시오.
　　　계열 : ≪출력형태≫를 참조하여 표식(마름모, 크기 10)과 레이블 값을 표시하시오.
　　　눈금선 : 선 스타일 -파선
　　　축 : ≪출력형태≫를 참조하시오.
(8) 범례 ⇒ 범례명을 변경하고 ≪출력형태≫를 참조하시오.
(9) 도형 ⇒ '말풍선: 모서리가 둥근 사각형'을 삽입하고 ≪출력형태≫와 같이 내용을 입력하시오.
(10) 나머지 사항은 ≪출력형태≫에 맞게 작성하시오.

출력형태

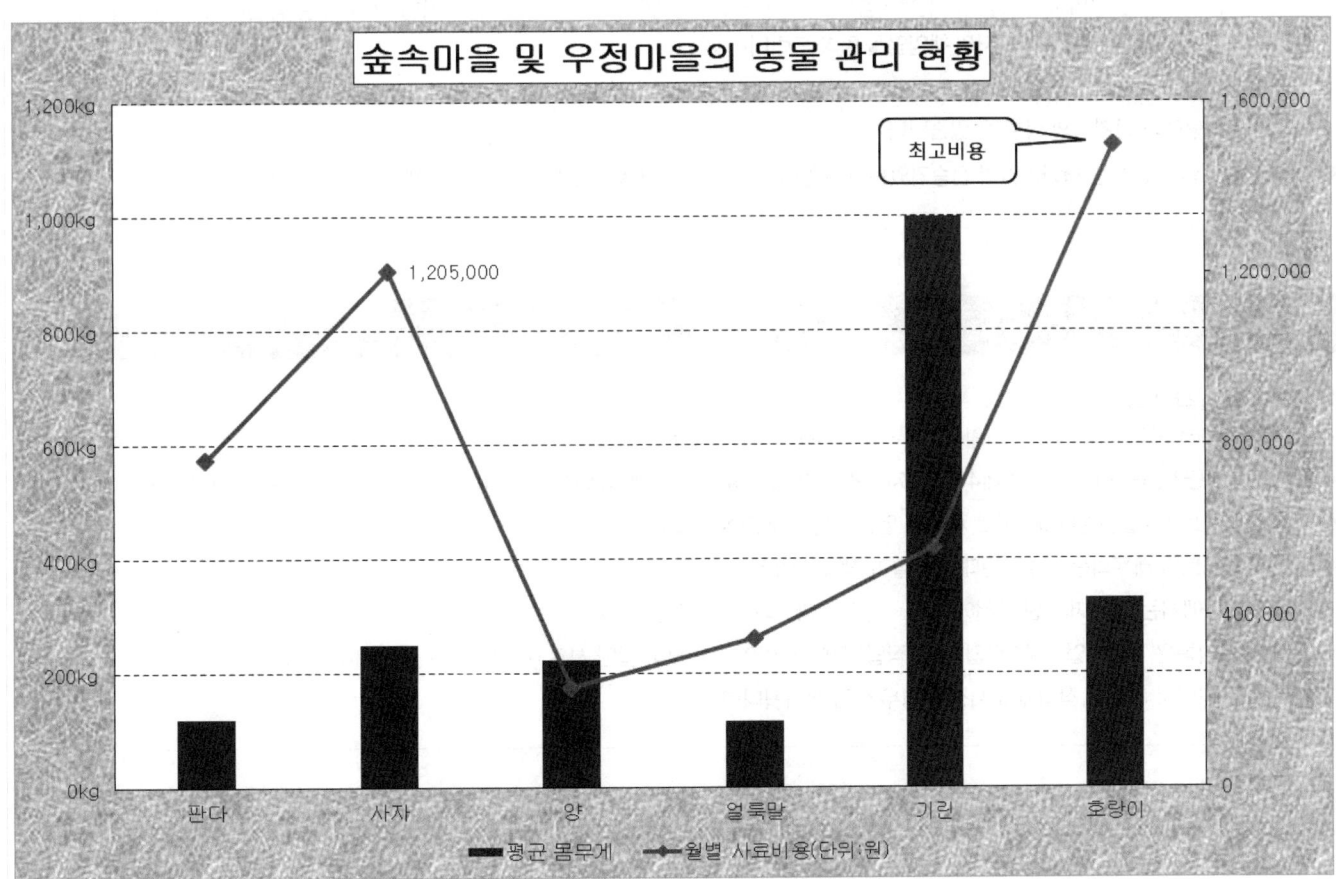

주의　시트명 순서가 차례대로 "제1작업", "제2작업", "제3작업", "제4작업"이 되도록 할 것.

2회 기출문제

과목	코드	문제유형	시험시간	수험번호	성 명
한글엑셀	1122	A	60분	12342022	

수 험 자 유 의 사 항

- 수험자는 문제지를 받는 즉시 문제지와 **수험표상의 시험과목(프로그램), 버전이 동일한지 반드시 확인**하여야 합니다.
- 파일명은 본인의 "수험번호-성명"으로 입력하여 답안폴더(내 PC\문서\ITQ)에 하나의 파일로 저장해야 하며, 답안문서 파일명이 "수험번호-성명"과 일치하지 않거나, 답안파일을 전송하지 않아 미제출로 처리될 경우 실격입니다(예 : 12345678-홍길동.xlsx).
- 답안 작성을 마치면 파일을 저장하고, '답안 전송' 버튼을 선택하여 감독위원 PC로 답안을 전송하십시오. 수험생 정보와 저장한 파일명이 다를 경우 전송되지 않으므로 주의하시기 바랍니다.
- 답안 작성 중에도 **주기적으로 저장하고 답안을 전송**하여야 문제 발생을 줄일 수 있습니다. 작업한 내용을 저장하지 않고 전송할 경우 이전에 저장된 내용이 전송되오니 이점 유의하시기 바랍니다.
- 답안문서는 지정된 경로 외의 다른 보조기억장치에 저장하는 경우, 지정된 시험 시간 외에 작성된 파일을 활용할 경우, 기타 통신수단(이메일, 메신저, 네트워크 등)을 이용하여 타인에게 전달 또는 외부 반출하는 경우는 부정 처리합니다.
- 시험 중 부주의 또는 고의로 시스템을 파손한 경우는 수험자가 변상해야 하며, <수험자 유의사항>에 기재된 방법대로 이행하지 않아 생기는 불이익은 수험생 당사자의 책임임을 알려 드립니다.
- 문제의 조건은 MS오피스 2021 버전으로 설정되어 있으며 MS오피스 2016은【 】에 표기되어 있습니다. 이와 관련하여 작성한 답안의 출력형태가 문제지와 다를 수 있습니다.
- 시험을 완료한 수험자는 답안파일이 전송되었는지 확인한 후 감독위원의 지시에 따라 문제지를 제출하고 퇴실합니다.

답 안 작 성 요 령

- 온라인 답안 작성 절차
  수험자 등록 ⇒ 시험 시작 ⇒ 답안파일 저장 ⇒ 답안 전송 ⇒ 시험 종료
- 문제는 총 4단계, 즉 제1작업부터 제4작업까지 구성되어 있으며 반드시 제1작업부터 순서대로 작성하고 조건대로 작업하시오.
- 모든 작업시트의 A열은 열 너비 '1'로, 나머지 열은 적당하게 조절하시오.
- 모든 작업시트의 테두리는 ≪출력형태≫와 같이 작업하시오.
- 해당 작업란에서는 각각 제시된 조건에 따라 ≪출력형태≫와 같이 작업하시오.
- 답안 시트 이름은 "제1작업", "제2작업", "제3작업", "제4작업"이어야 하며 답안 시트 이외의 것은 감점 처리됩니다.
- 각 시트를 파일로 나누어 작업해서 저장할 경우 실격 처리됩니다.

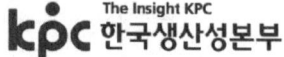

[제1작업] 표 서식 작성 및 값 계산 (240점)

☞ 다음은 '사원 실비보험 가입 현황'에 대한 자료이다. 자료를 입력하고 조건에 맞도록 작업하시오.

출력형태

	A	B	C	D	E	F	G	H	I	J
1								결재	담당	팀장	센터장
2			사원 실비보험 가입 현황								
3											
4		사원코드	사원명	생년월일	가입연수	구분	월 보험료 (단위:원)	자기부담금 (치료시)	근무지	나이
5		SK8-122	정은지	1982-04-12	14	단체	43,600	10,000원	(1)	(2)
6		DP8-234	성희도	1979-03-16	7	가족	50,000	5,000원	(1)	(2)
7		EP7-145	안영자	1984-01-07	8	가족	109,000	11,500원	(1)	(2)
8		SP7-165	금희윤	1976-05-14	9	개인	26,000	10,000원	(1)	(2)
9		DP7-221	박승호	1991-08-15	11	단체	57,000	5,000원	(1)	(2)
10		EP8-145	정재량	1990-12-03	6	개인	82,000	5,000원	(1)	(2)
11		DP6-288	이승아	1989-09-19	10	가족	32,000	12,000원	(1)	(2)
12		EP6-137	김지호	1985-04-08	12	개인	25,000	10,000원	(1)	(2)
13		월 보험료(단위:원) 최고 금액			(3)			단체 가입자 수		(5)
14		10년 이상된 가입자 수			(4)		사원코드	SK8-122	가입연수	(6)

조건

○ 모든 데이터의 서식에는 글꼴(굴림, 11pt), 정렬은 숫자 및 회계 서식은 오른쪽 정렬, 나머지 서식은 가운데 정렬로 작성하며 예외적인 것은 ≪출력형태≫를 참조하시오.
○ 제 목 ⇒ 도형(십자형)과 그림자(오프셋: 오른쪽)를 이용하여 작성하고 "사원 실비보험 가입 현황"을 입력한 후 다음 서식을 적용하시오 (글꼴-굴림, 24pt, 검정, 굵게, 채우기-노랑).
○ 임의의 셀에 결재란을 작성하여 그림으로 복사 기능을 이용하여 붙이기 하시오(단, 원본 삭제).
○ 「B4:J4, G14, I14」 영역은 '주황'으로 채우기 하시오.
○ 유효성 검사를 이용하여 「H14」셀에 사원코드(「B5:B12」 영역)가 선택 표시되도록 하시오.
○ 셀 서식 ⇒ 「H5:H12」 영역에 셀 서식을 이용하여 숫자 뒤에 '원'을 표시하시오(예 : 10,000원).
○ 「G5:G12」 영역에 대해 '보험료'로 이름정의를 하시오.

◉ (1)~(6) 셀은 반드시 <u>주어진 함수를 이용</u>하여 값을 구하시오(결과 값을 직접 입력하면 해당 셀은 0점 처리됨).

(1) 근무지 ⇒ 사원코드의 첫 번째 글자가 S이면 '본부', D이면 '연수원', 그 외에는 '센터'로 구하시오(IF, LEFT 함수).
(2) 나이 ⇒ 「현재 시스템의 연도-생년월일의 연도」로 구하시오(TODAY, YEAR 함수).
(3) 월 보험료(단위:원) 최고 금액 ⇒ 정의된 이름(보험료)을 이용하여 구하시오(MAX 함수).
(4) 10년 이상된 가입자 수 ⇒ 가입연수가 10 이상인 수를 구한 결과값 뒤에 '명'을 붙이시오(COUNTIF 함수, & 연산자)(예 : 2명).
(5) 단체 가입자 수 ⇒ 조건은 입력 데이터를 이용하시오(DCOUNTA 함수).
(6) 가입연수 ⇒ 「H14」 셀에서 선택한 사원코드에 대한 가입연수를 구하시오(VLOOKUP 함수).
(7) 조건부 서식의 수식을 이용하여 가입연수가 '10' 이상인 행 전체에 다음의 서식을 적용하시오(글꼴 : 파랑, 굵게).

[제 2 작업] 필터 및 서식   80점

☞ "제1작업" 시트의 「B4:H12」 영역을 복사하여 "제2작업" 시트의 「B2」 셀부터 모두 붙여넣기를 한 후 다음의 조건과 같이 작업하시오.

조건

(1) 고급 필터 – 생년월일이 '1990-01-01' 이후(해당일 포함)이거나 구분이 '단체'인 자료의 사원코드, 가입연수, 월 보험료(단위:원), 자기부담금(치료시) 데이터만 추출하시오.
    – 조건 범위 : 「B14」 셀부터 입력하시오.
    – 복사 위치 : 「B18」 셀부터 나타나도록 하시오.
(2) 표 서식 – 고급 필터의 결과 셀을 채우기 없음으로 설정한 후 '녹색, 표 스타일 보통 7'의 서식을 적용하시오.
    – 머리글 행, 줄무늬 행을 적용하시오.

[제 3 작업] 피벗 테이블   80점

☞ "제1작업" 시트를 이용하여 "제3작업" 시트에 조건에 따라 ≪출력형태≫와 같이 작업하시오.

조건

(1) 가입연수 및 구분별 사원명의 개수와 월 보험료(단위:원)의 평균을 구하시오.
(2) 가입연수를 그룹화하고, 구분을 ≪출력형태≫와 같이 정렬하시오.
(3) 레이블이 있는 셀 병합 및 가운데 맞춤 적용과 빈 셀은 '***'로 표시하시오.
(4) 행의 총합계는 지우고, 나머지 사항은 ≪출력형태≫에 맞게 작성하시오.

출력형태

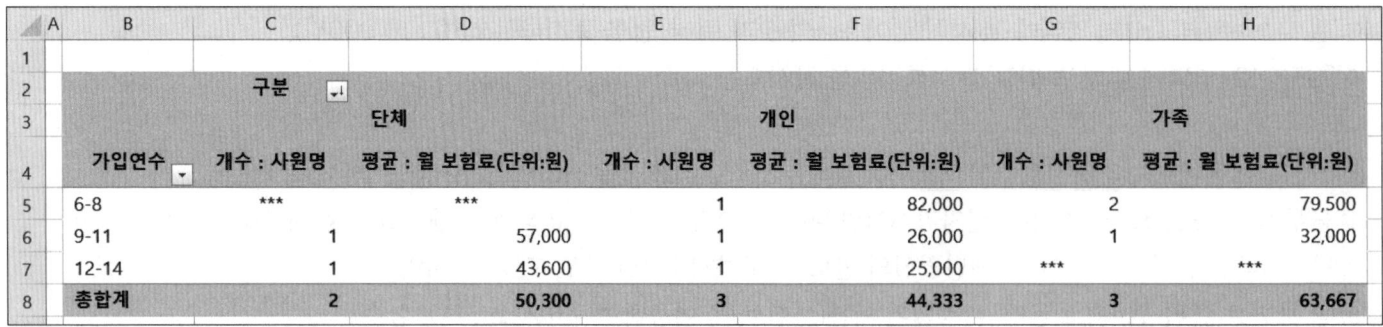

[제 4 작업] 그래프 100점

☞ "제1작업" 시트를 이용하여 조건에 따라 ≪출력형태≫와 같이 작업하시오.

조건

(1) 차트 종류 ⇒ 〈묶은 세로 막대형〉으로 작업하시오.
(2) 데이터 범위 ⇒ "제1작업" 시트의 내용을 이용하여 작업하시오.
(3) 위치 ⇒ "새 시트"로 이동하고, "제4작업"으로 시트 이름을 바꾸시오.
(4) 차트 디자인 도구 ⇒ 레이아웃 3, 스타일 1을 선택하여 ≪출력형태≫에 맞게 작업하시오.
(5) 영역 서식 ⇒ 차트 : 글꼴(굴림, 11pt), 채우기 효과(질감-분홍 박엽지)
　　　　　　　　그림 : 채우기(흰색, 배경 1)
(6) 제목 서식 ⇒ 차트 제목 : 글꼴(굴림, 굵게, 20pt), 채우기(흰색, 배경 1), 테두리
(7) 서식 ⇒ 가입연수 계열의 차트 종류를 〈표식이 있는 꺾은선형〉으로 변경한 후 보조 축으로 지정하시오.
　　　　계열 : ≪출력형태≫를 참조하여 표식(세모, 크기 10)과 레이블 값을 표시하시오.
　　　　눈금선 : 선 스타일 –파선
　　　　축 : ≪출력형태≫를 참조하시오.
(8) 범례 ⇒ 범례명을 변경하고 ≪출력형태≫를 참조하시오.
(9) 도형 ⇒ '말풍선: 모서리가 둥근 사각형'을 삽입하고 ≪출력형태≫와 같이 내용을 입력하시오.
(10) 나머지 사항은 ≪출력형태≫에 맞게 작성하시오.

출력형태

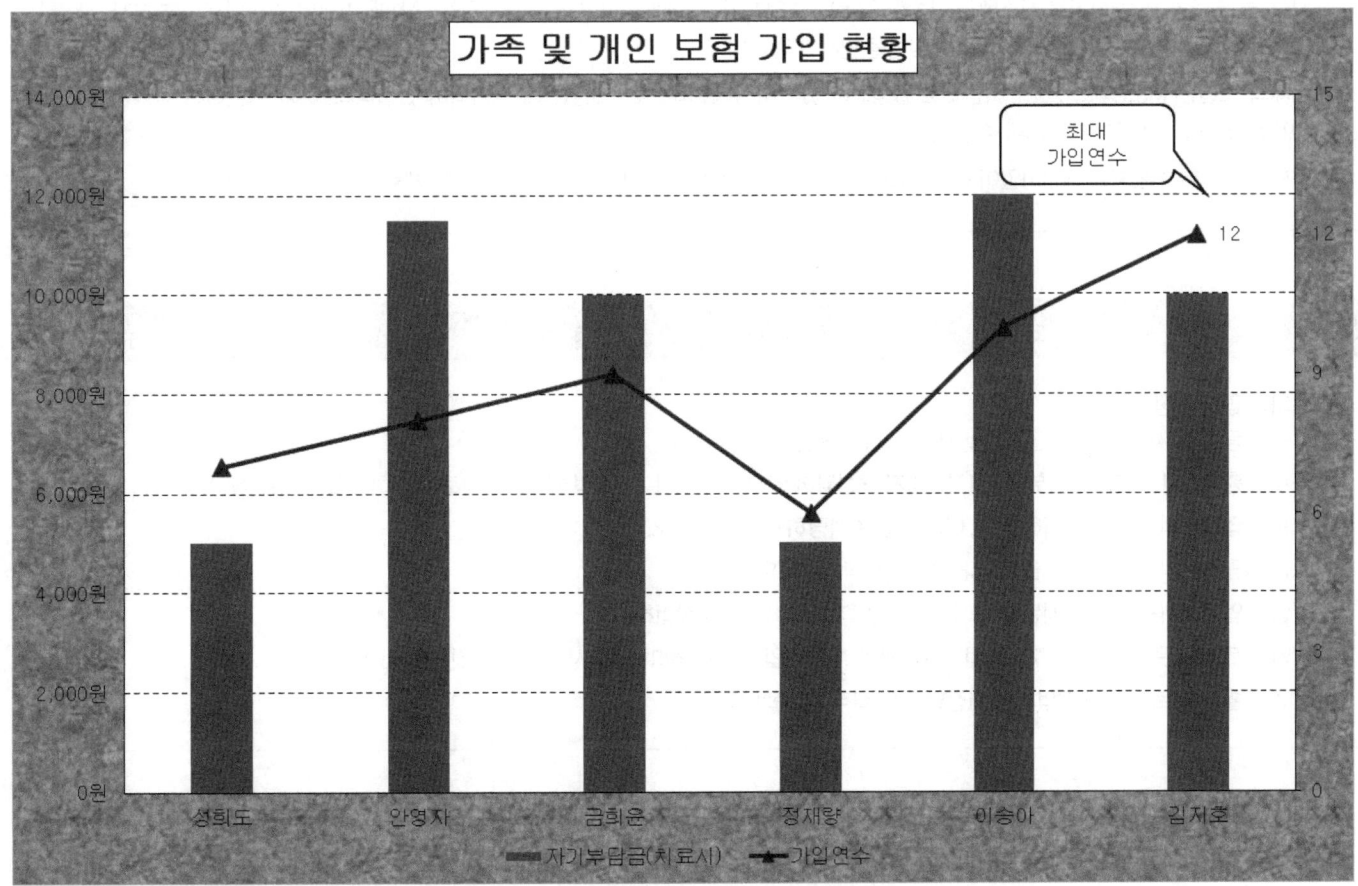

주의 시트명 순서가 차례대로 "제1작업", "제2작업", "제3작업", "제4작업"이 되도록 할 것.

3회 기출문제

과목	코드	문제유형	시험시간	수험번호	성 명
한글엑셀	1122	A	60분	12342023	

수 험 자 유 의 사 항

- 수험자는 문제지를 받는 즉시 문제지와 **수험표상의 시험과목(프로그램), 버전이 동일한지 반드시 확인**하여야 합니다.
- 파일명은 본인의 "수험번호-성명"으로 입력하여 답안폴더(내 PC\문서\ITQ)에 하나의 파일로 저장해야 하며, 답안문서 파일명이 "수험번호-성명"과 일치하지 않거나, 답안파일을 전송하지 않아 미제출로 처리될 경우 실격입니다(예 : 12345678-홍길동.xlsx).
- 답안 작성을 마치면 파일을 저장하고, '답안 전송' 버튼을 선택하여 감독위원 PC로 답안을 전송하십시오. 수험생 정보와 저장한 파일명이 다를 경우 전송되지 않으므로 주의하시기 바랍니다.
- 답안 작성 중에도 **주기적으로 저장하고 답안을 전송**하여야 문제 발생을 줄일 수 있습니다. 작업한 내용을 저장하지 않고 전송할 경우 이전에 저장된 내용이 전송되오니 이점 유의하시기 바랍니다.
- 답안문서는 지정된 경로 외의 다른 보조기억장치에 저장하는 경우, 지정된 시험 시간 외에 작성된 파일을 활용할 경우, 기타 통신수단(이메일, 메신저, 네트워크 등)을 이용하여 타인에게 전달 또는 외부 반출하는 경우는 부정 처리합니다.
- 시험 중 부주의 또는 고의로 시스템을 파손한 경우는 수험자가 변상해야 하며, <수험자 유의사항>에 기재된 방법대로 이행하지 않아 생기는 불이익은 수험생 당사자의 책임임을 알려 드립니다.
- 문제의 조건은 MS오피스 2021 버전으로 설정되어 있으며 MS오피스 2016은【 】에 표기되어 있습니다. 이와 관련하여 작성한 답안의 출력형태가 문제지와 다를 수 있습니다.
- 시험을 완료한 수험자는 답안파일이 전송되었는지 확인한 후 감독위원의 지시에 따라 문제지를 제출하고 퇴실합니다.

답 안 작 성 요 령

- 온라인 답안 작성 절차
  수험자 등록 ⇒ 시험 시작 ⇒ 답안파일 저장 ⇒ 답안 전송 ⇒ 시험 종료
- 문제는 총 4단계, 즉 제1작업부터 제4작업까지 구성되어 있으며 반드시 제1작업부터 순서대로 작성하고 조건대로 작업하시오.
- 모든 작업시트의 A열은 열 너비 '1'로, 나머지 열은 적당하게 조절하시오.
- 모든 작업시트의 테두리는 ≪출력형태≫와 같이 작업하시오.
- 해당 작업란에서는 각각 제시된 조건에 따라 ≪출력형태≫와 같이 작업하시오.
- 답안 시트 이름은 "제1작업", "제2작업", "제3작업", "제4작업"이어야 하며 답안 시트 이외의 것은 감점 처리됩니다.
- 각 시트를 파일로 나누어 작업해서 저장할 경우 실격 처리됩니다.

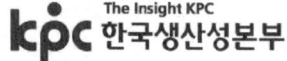

[제 1 작업] 표 서식 작성 및 값 계산 (240점)

☞ 다음은 '웨어러블 디바이스 판매 현황'에 대한 자료이다. 자료를 입력하고 조건에 맞도록 작업하시오.

출력형태

	A	B	C	D	E	F	G	H	I	J
1								확인	담당	팀장	부장
2		웨어러블 디바이스 판매 현황								
3										
4		코드	상품명	분류	원산지	판매수량(단위:개)	재고수량(단위:개)	판매가격	판매수량 순위	배송기간
5		JN-323	스마트 링	주얼리	국내	2,450	550	84,320원	(1)	(2)
6		WE-131	에어엑스워치	시계	국외	1,325	675	48,000원	(1)	(2)
7		SN-212	교정밸런스	신발용품	국내	763	1,235	109,000원	(1)	(2)
8		JN-312	멘탈플러스	주얼리	국내	3,250	750	107,800원	(1)	(2)
9		WN-132	미 밴드5	시계	국외	1,089	911	51,000원	(1)	(2)
10		SA-213	깔창 핏가이더	신발용품	국내	567	433	112,970원	(1)	(2)
11		WE-134	애플워치 SE	시계	국외	987	1,013	309,000원	(1)	(2)
12		WN-231	갤럭시 워치5	시계	국내	1,830	1,166	439,000원	(1)	(2)
13		시계 판매수량(단위:개) 평균			(3)			최소 재고수량(단위:개)		(5)
14		멘탈플러스의 판매가격			(4)			상품명	스마트링	판매가격	(6)
15										

조건

○ 모든 데이터의 서식에는 글꼴(굴림, 11pt), 정렬은 숫자 및 회계 서식은 오른쪽 정렬, 나머지 서식은 가운데 정렬로 작성하며 예외적인 것은 ≪출력형태≫를 참조하시오.
○ 제 목 ⇒ 도형(사다리꼴)과 그림자(오프셋: 오른쪽)를 이용하여 작성하고 "웨어러블 디바이스 판매 현황"을 입력한 후 다음 서식을 적용하시오(글꼴-굴림, 24pt, 검정, 굵게, 채우기-노랑).
○ 임의의 셀에 결재란을 작성하여 그림으로 복사 기능을 이용하여 붙이기 하시오(단, 원본 삭제).
○ 「B4:J4, G14, I14」 영역은 '주황'으로 채우기 하시오.
○ 유효성 검사를 이용하여 「H14」 셀에 상품명(「C5:C12」 영역)이 선택 표시되도록 하시오.
○ 셀 서식 ⇒ 「H5:H12」 영역에 셀 서식을 이용하여 숫자 뒤에 '원'을 표시하시오(예 : 84,320원).
○ 「G5:G12」 영역에 대해 '재고수량'으로 이름정의를 하시오.

⊙ (1)~(6) 셀은 반드시 <u>주어진 함수를 이용</u>하여 값을 구하시오(결과 값을 직접 입력하면 해당 셀은 0점 처리됨).

(1) 판매수량순위 ⇒ 판매수량(단위:개)의 내림차순 순위를 구한 결과에 '위'를 붙이시오(RANK.EQ 함수, & 연산자)(예 : 1위).
(2) 배송기간 ⇒ 원산지가 국내이면 '4일', 그 외에는 '14일'로 구하시오(IF 함수).
(3) 시계 판매수량(단위:개) 평균 ⇒ 시계 상품의 판매수량(단위:개) 평균을 구하시오(SUMIF, COUNTIF 함수).
(4) 멘탈플러스의 판매가격 ⇒ (INDEX, MATCH 함수)
(5) 최소 재고수량(단위:개) ⇒ 정의된 이름(재고수량)을 이용하여 구하시오(SMALL 함수).
(6) 판매가격 ⇒ 「H14」 셀에서 선택한 상품명에 대한 판매가격을 구하시오(VLOOKUP 함수).
(7) 조건부 서식의 수식을 이용하여 판매수량(단위:개)이 '1,500' 이상인 행 전체에 다음의 서식을 적용하시오(글꼴 : 파랑, 굵게).

[제 2 작업] 목표값 찾기 및 필터 (80점)

☞ "제1작업" 시트의 「B4:H12」 영역을 복사하여 "제2작업" 시트의 「B2」 셀부터 모두 붙여넣기를 한 후 다음의 조건과 같이 작업하시오.

조건

(1) 목표값 찾기 – 「B11:G11」 셀을 병합하고 가운데 맞춤한 후 "국내 원산지 상품의 판매수량(단위:개) 평균"을 입력하고, 「H11」 셀에 국내 원산지 상품의 판매수량(단위:개) 평균을 구하시오. 단, 조건은 입력 데이터를 이용하시오(DAVERAGE 함수, 테두리).
 – '국내 원산지 상품의 판매수량(단위:개) 평균'이 '1,800'이 되려면 교정밸런스의 판매수량(단위:개)이 얼마가 되어야 하는지 목표값을 구하시오.

(2) 고급 필터 – 원산지가 '국내'이면서 재고수량(단위:개)이 '500' 이상인 자료의 상품명, 분류, 판매수량(단위:개), 판매가격 데이터만 추출하시오.
 – 조건 범위 : 「B14」 셀부터 입력하시오.
 – 복사 위치 : 「B18」 셀부터 나타나도록 하시오.

[제 3 작업] 정렬 및 부분합 (80점)

☞ "제1작업" 시트의 「B4:H12」 영역을 복사하여 "제3작업" 시트의 「B2」 셀부터 모두 붙여넣기를 한 후 다음의 조건과 같이 작업하시오.

조건

(1) 부분합 – ≪출력형태≫처럼 정렬하고, 상품명의 개수와 판매가격의 평균을 구하시오.
(2) 개요 – 지우시오.
(3) 나머지 사항은 ≪출력형태≫에 맞게 작성하시오.

출력형태

	A	B	C	D	E	F	G	H
1								
2		코드	상품명	분류	원산지	판매수량(단위:개)	재고수량(단위:개)	판매가격
3		WE-131	에어엑스워치	시계	국외	1,325	675	48,000원
4		WN-132	미 밴드5	시계	국외	1,089	911	51,000원
5		WE-134	애플워치 SE	시계	국외	987	1013	309,000원
6		WN-231	갤럭시 워치5	시계	국내	1,830	1166	439,000원
7				시계 평균				211,750원
8			4	시계 개수				
9		SN-212	교정밸런스	신발용품	국내	763	1235	109,000원
10		SA-213	깔창 핏가이더	신발용품	국내	567	433	112,970원
11				신발용품 평균				110,985원
12			2	신발용품 개수				
13		JN-323	스마트 링	주얼리	국내	2,450	550	84,320원
14		JN-312	멘탈플러스	주얼리	국내	3,250	750	107,800원
15				주얼리 평균				96,060원
16			2	주얼리 개수				
17				전체 평균				157,636원
18			8	전체 개수				

[제 4 작업] 그래프 (100점)

☞ "제1작업" 시트를 이용하여 조건에 따라 ≪출력형태≫와 같이 작업하시오.

조건

(1) 차트 종류 ⇒ 〈묶은 세로 막대형〉으로 작업하시오.
(2) 데이터 범위 ⇒ "제1작업" 시트의 내용을 이용하여 작업하시오.
(3) 위치 ⇒ "새 시트"로 이동하고, "제4작업"으로 시트 이름을 바꾸시오.
(4) 차트 디자인 도구 ⇒ 레이아웃 3, 스타일 1을 선택하여 ≪출력형태≫에 맞게 작업하시오.
(5) 영역 서식 ⇒ 차트 : 글꼴(굴림, 11pt), 채우기 효과(질감-파랑 박엽지)
　　　　　　　 그림 : 채우기(흰색, 배경 1)
(6) 제목 서식 ⇒ 차트 제목 : 글꼴(굴림, 굵게, 20pt), 채우기(흰색, 배경 1), 테두리
(7) 서식 ⇒ 판매가격 계열의 차트 종류를 〈표식이 있는 꺾은선형〉으로 변경한 후 보조 축으로 지정하시오.
　　　　　 계열 : ≪출력형태≫를 참조하여 표식(세모, 크기 10)과 레이블 값을 표시하시오.
　　　　　 눈금선 : 선 스타일-파선
　　　　　 축 : ≪출력형태≫를 참조하시오.
(8) 범례 ⇒ 범례명을 변경하고 ≪출력형태≫를 참조하시오.
(9) 도형 ⇒ '말풍선: 모서리가 둥근 사각형'을 삽입한 후 ≪출력형태≫와 같이 내용을 입력하시오.
(10) 나머지 사항은 ≪출력형태≫에 맞게 작성하시오

출력형태

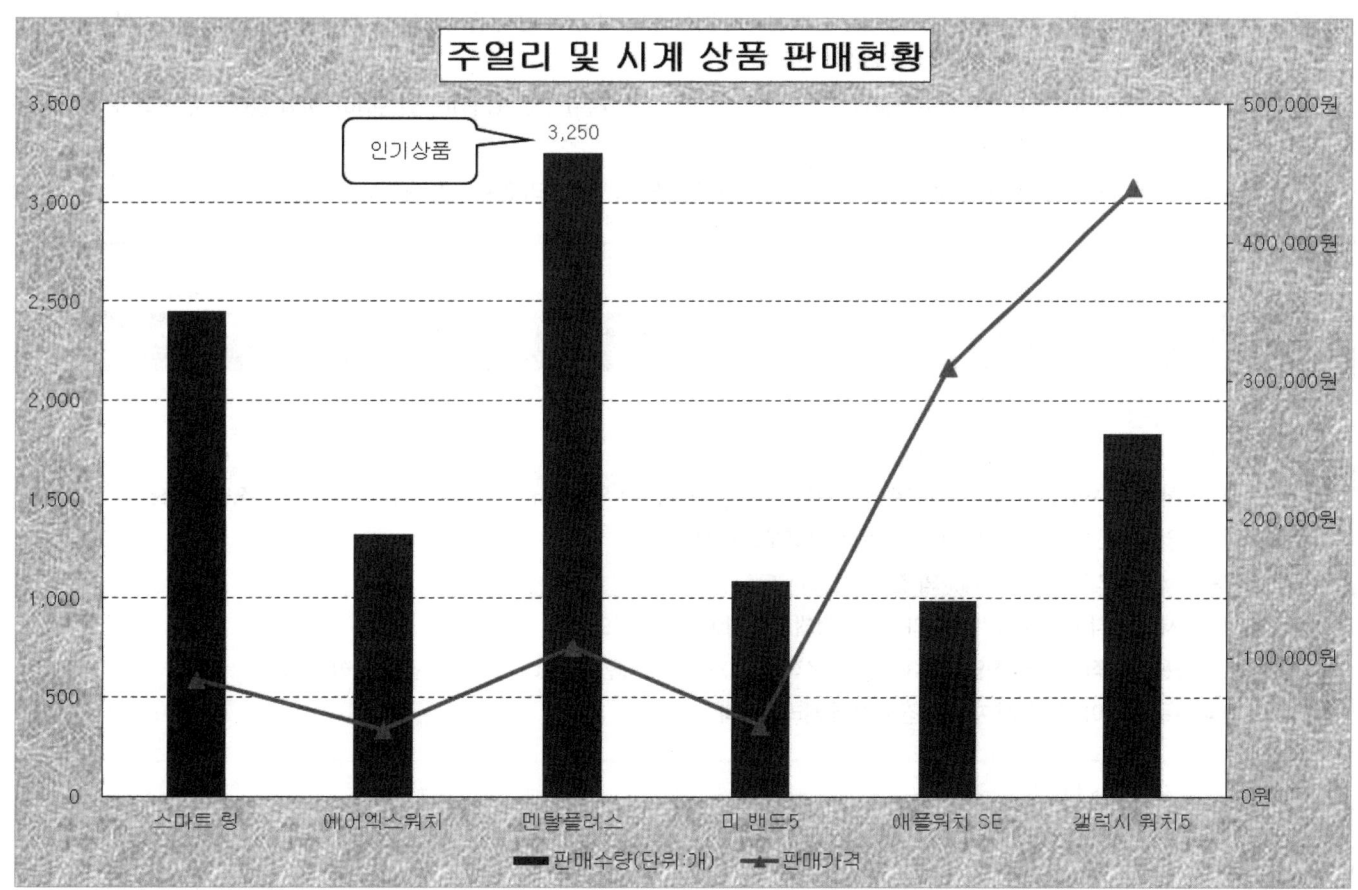

주의 시트명 순서가 차례대로 "제1작업", "제2작업", "제3작업", "제4작업"이 되도록 할 것.

4회 기출문제

과목	코드	문제유형	시험시간	수험번호	성 명
한글엑셀	1122	A	60분	12342024	

수험자 유의사항

- 수험자는 문제지를 받는 즉시 문제지와 **수험표상의 시험과목(프로그램), 버전이 동일한지 반드시 확인**하여야 합니다.
- 파일명은 본인의 "수험번호-성명"으로 입력하여 답안폴더(내 PC\문서\ITQ)에 하나의 파일로 저장해야 하며, 답안문서 파일명이 "수험번호-성명"과 일치하지 않거나, 답안파일을 전송하지 않아 미제출로 처리될 경우 실격입니다(예 : 12345678-홍길동.xlsx).
- 답안 작성을 마치면 파일을 저장하고, '답안 전송' 버튼을 선택하여 감독위원 PC로 답안을 전송하십시오. 수험생 정보와 저장한 파일명이 다를 경우 전송되지 않으므로 주의하시기 바랍니다.
- 답안 작성 중에도 **주기적으로 저장하고 답안을 전송**하여야 문제 발생을 줄일 수 있습니다. 작업한 내용을 저장하지 않고 전송할 경우 이전에 저장된 내용이 전송되오니 이점 유의하시기 바랍니다.
- 답안문서는 지정된 경로 외의 다른 보조기억장치에 저장하는 경우, 지정된 시험 시간 외에 작성된 파일을 활용할 경우, 기타 통신수단(이메일, 메신저, 네트워크 등)을 이용하여 타인에게 전달 또는 외부 반출하는 경우는 부정 처리합니다.
- 시험 중 부주의 또는 고의로 시스템을 파손한 경우는 수험자가 변상해야 하며, 〈수험자 유의사항〉에 기재된 방법대로 이행하지 않아 생기는 불이익은 수험생 당사자의 책임임을 알려 드립니다.
- 문제의 조건은 MS오피스 2021 버전으로 설정되어 있으며 MS오피스 2016은【 】에 표기되어 있습니다. 이와 관련하여 작성한 답안의 출력형태가 문제지와 다를 수 있습니다.
- 시험을 완료한 수험자는 답안파일이 전송되었는지 확인한 후 감독위원의 지시에 따라 문제지를 제출하고 퇴실합니다.

답 안 작 성 요 령

- 온라인 답안 작성 절차
  수험자 등록 ⇒ 시험 시작 ⇒ 답안파일 저장 ⇒ 답안 전송 ⇒ 시험 종료
- 문제는 총 4단계, 즉 제1작업부터 제4작업까지 구성되어 있으며 반드시 제1작업부터 순서대로 작성하고 조건대로 작업하시오.
- 모든 작업시트의 A열은 열 너비 '1'로, 나머지 열은 적당하게 조절하시오.
- 모든 작업시트의 테두리는 ≪출력형태≫와 같이 작업하시오.
- 해당 작업란에서는 각각 제시된 조건에 따라 ≪출력형태≫와 같이 작업하시오.
- 답안 시트 이름은 "제1작업", "제2작업", "제3작업", "제4작업"이어야 하며 답안 시트 이외의 것은 감점 처리됩니다.
- 각 시트를 파일로 나누어 작업해서 저장할 경우 실격 처리됩니다.

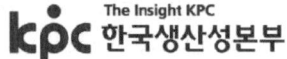

[제 1 작업] 표 서식 작성 및 값 계산 (240점)

☞ 다음은 '모래수송선 실적 현황'에 대한 자료이다. 자료를 입력하고 조건에 맞도록 작업하시오.

출력형태

	코드	선박명	대리점	입항항	항차	입항일	화물량(단위:톤)	입항요일	비고
				모래수송선 실적 현황			확인	담당 / 대리 / 과장	
5	A6362	천곡211호	신일해운	목포	75	2024-01-13	7,820	(1)	(2)
6	B8325	추암203호	승호해운	인천	82	2024-03-01	5,064	(1)	(2)
7	C3296	평릉402호	승호해운	인천	11	2024-03-04	6,322	(1)	(2)
8	B1287	백석105호	신일해운	부산	6	2024-02-21	4,368	(1)	(2)
9	B1554	삼봉902호	태현이앤씨	인천	4	2024-01-27	5,239	(1)	(2)
10	C2281	비천107호	승호해운	부산	68	2024-03-03	3,640	(1)	(2)
11	A7732	해동323호	신일해운	인천	5	2024-02-12	4,325	(1)	(2)
12	A6528	대진704호	태현이앤씨	인천	48	2024-02-16	2,418	(1)	(2)
13	최소 화물량(단위:톤)			(3)		신일해운 선박의 항차 평균			(5)
14	승호해운의 선박개수			(4)		코드	A6362	항차	(6)

조건

○ 모든 데이터의 서식에는 글꼴(굴림, 11pt), 정렬은 숫자 및 회계 서식은 오른쪽 정렬, 나머지 서식은 가운데 정렬로 작성하며 예외적인 것은 ≪출력형태≫를 참조하시오.
○ 제 목 ⇒ 도형(사각형: 잘린 한쪽 모서리)과 그림자(오프셋: 오른쪽)를 이용하여 작성하고 "모래수송선 실적 현황"을 입력한 후 다음 서식을 적용하시오(글꼴-굴림, 24pt, 검정, 굵게, 채우기-노랑).
○ 임의의 셀에 결재란을 작성하여 그림으로 복사 기능을 이용하여 붙이기 하시오(단, 원본 삭제).
○ 「B4:J4, G14, I14」 영역은 '주황'으로 채우기 하시오.
○ 유효성 검사를 이용하여 「H14」 셀에 코드(「B5:B12」 영역)가 선택 표시되도록 하시오.
○ 셀 서식 ⇒ 「F5:F12」 영역에 셀 서식을 이용하여 숫자 뒤에 '항차'를 표시하시오(예 : 75항차).
○ 「D5:D12」 영역에 대해 '대리점'으로 이름정의를 하시오.

◎ (1)~(6) 셀은 반드시 주어진 함수를 이용하여 값을 구하시오(결과값을 직접 입력하면 해당 셀은 0점 처리됨).

(1) 입항요일 ⇒ 입항일의 요일을 예와 같이 구하시오(CHOOSE, WEEKDAY 함수)(예 : 월요일).
(2) 비고 ⇒ 항차의 내림차순 순위를 구한 결과값에 '위'를 붙이시오(RANK.EQ 함수, & 연산자)(예 : 1위).
(3) 최소 화물량(단위:톤) ⇒ (MIN 함수)
(4) 승호해운의 선박개수 ⇒ 정의된 이름(대리점)을 이용하여 구하시오(COUNTIF 함수).
(5) 신일해운 선박의 항차 평균 ⇒ 소수점 아래는 버리고 정수로 구하시오. 단, 조건은 입력 데이터를 이용하시오(INT, DAVERAGE 함수)(예 : 43.65 → 43).
(6) 항차 ⇒ 「H14」 셀에서 선택한 코드에 대한 항차를 표시하시오(VLOOKUP 함수).
(7) 조건부 서식의 수식을 이용하여 항차가 '10' 이하인 행 전체에 다음의 서식을 적용하시오(글꼴 : 파랑, 굵게).

[제 2 작업] 필터 및 서식 (80점)

☞ "제1작업" 시트의 「B4:H12」 영역을 복사하여 "제2작업" 시트의 「B2」 셀부터 모두 붙여넣기를 한 후 다음의 조건과 같이 작업하시오.

조건

(1) 고급 필터 - 코드가 'C'로 시작하거나, 화물량(단위:톤)이 '6,000' 이상인 자료의 코드, 선박명, 항차, 화물량(단위:톤) 데이터만 추출하시오.
- 조건 범위 : 「B14」셀부터 입력하시오.
- 복사 위치 : 「B18」셀부터 나타나도록 하시오.

(2) 표 서식 - 고급 필터의 결과 셀을 채우기 없음으로 설정한 후 '파랑, 표 스타일 보통 6'의 서식을 적용하시오.
- 머리글 행, 줄무늬 행을 적용하시오.

[제 3 작업] 피벗 테이블 (80점)

☞ "제1작업" 시트를 이용하여 "제3작업" 시트에 조건에 따라 ≪출력형태≫와 같이 작업하시오.

조건

(1) 입항일 및 대리점별 선박명의 개수와 화물량(단위:톤)의 평균을 구하시오.
(2) 입항일은 그룹화하고, 대리점을 ≪출력형태≫와 같이 정렬하시오.
(3) 레이블이 있는 셀 병합 및 가운데 맞춤 적용과 빈 셀은 '**'로 표시하시오.
(4) 행의 총합계는 지우고, 나머지 사항은 ≪출력형태≫에 맞게 작성하시오.

출력형태

입항일	대리점						
	태현이엔씨		신일해운		승호해운	
	개수 : 선박명	평균 : 화물량(단위:톤)	개수 : 선박명	평균 : 화물량(단위:톤)	개수 : 선박명	평균 : 화물량(단위:톤)
1월	1	5,239	1	7,820	**	**
2월	1	2,418	2	4,347	**	**
3월	**	**	**	**	3	5,009
총합계	2	3,829	3	5,504	3	5,009

[제 4 작업] 그래프 (100점)

☞ "제1작업" 시트를 이용하여 조건에 따라 ≪출력형태≫와 같이 작업하시오.

조건

(1) 차트 종류 ⇒ 〈묶은 세로 막대형〉으로 작업하시오.
(2) 데이터 범위 ⇒ "제1작업" 시트의 내용을 이용하여 작업하시오.
(3) 위치 ⇒ "새 시트"로 이동하고, "제4작업"으로 시트 이름을 바꾸시오.
(4) 차트 디자인 도구 ⇒ 레이아웃 3, 스타일 1을 선택하여 ≪출력형태≫에 맞게 작업하시오.
(5) 영역 서식 ⇒ 차트 : 글꼴(굴림, 11pt), 채우기 효과(질감-파랑 박엽지)
　　　　　　　 그림 : 채우기(흰색, 배경 1)
(6) 제목 서식 ⇒ 차트 제목 : 글꼴(굴림, 굵게, 20pt), 채우기(흰색, 배경 1), 테두리
(7) 서식 ⇒ 항차 계열의 차트 종류를 〈표식이 있는 꺾은선형〉으로 변경한 후 보조 축으로 지정하시오.
　　　　　 계열 : ≪출력형태≫를 참조하여 표식(세모, 크기 10)과 레이블 값을 표시하시오.
　　　　　 눈금선 : 선 스타일-파선
　　　　　 축 : ≪출력형태≫를 참조하시오.
(8) 범례 ⇒ 범례명을 변경하고 ≪출력형태≫를 참조하시오.
(9) 도형 ⇒ '말풍선: 모서리가 둥근 사각형'을 삽입한 후 ≪출력형태≫와 같이 내용을 입력하시오.
(10) 나머지 사항은 ≪출력형태≫에 맞게 작성하시오.

출력형태

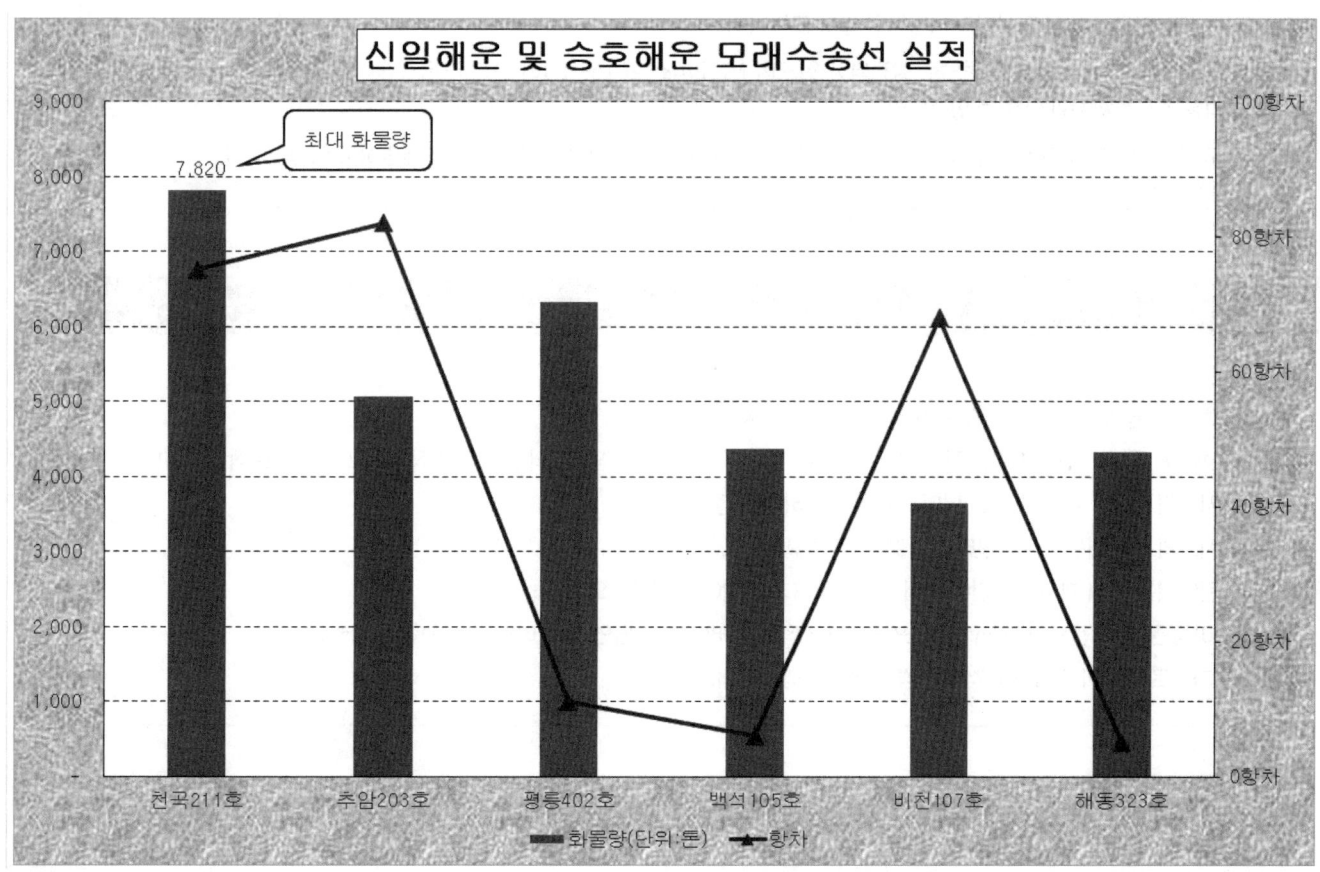

주의) 시트명 순서가 차례대로 "제1작업", "제2작업", "제3작업", "제4작업"이 되도록 할 것.

5회 기출문제

과목	코드	문제유형	시험시간	수험번호	성 명
한글엑셀	1122	A	60분	12342025	

수 험 자 유 의 사 항

- 수험자는 문제지를 받는 즉시 문제지와 **수험표상의 시험과목(프로그램), 버전이 동일한지 반드시 확인**하여야 합니다.
- 파일명은 본인의 "수험번호-성명"으로 입력하여 답안폴더(내 PC\문서\ITQ)에 하나의 파일로 저장해야 하며, 답안문서 파일명이 "수험번호-성명"과 일치하지 않거나, 답안파일을 전송하지 않아 미제출로 처리될 경우 실격입니다(예 : 12345678-홍길동.xlsx).
- 답안 작성을 마치면 파일을 저장하고, '답안 전송' 버튼을 선택하여 감독위원 PC로 답안을 전송하십시오. 수험생 정보와 저장한 파일명이 다를 경우 전송되지 않으므로 주의하시기 바랍니다.
- 답안 작성 중에도 **주기적으로 저장하고 답안을 전송**하여야 문제 발생을 줄일 수 있습니다. 작업한 내용을 저장하지 않고 전송할 경우 이전에 저장된 내용이 전송되오니 이점 유의하시기 바랍니다.
- 답안문서는 지정된 경로 외의 다른 보조기억장치에 저장하는 경우, 지정된 시험 시간 외에 작성된 파일을 활용할 경우, 기타 통신수단(이메일, 메신저, 네트워크 등)을 이용하여 타인에게 전달 또는 외부 반출하는 경우는 부정 처리합니다.
- 시험 중 부주의 또는 고의로 시스템을 파손한 경우는 수험자가 변상해야 하며, <수험자 유의사항>에 기재된 방법대로 이행하지 않아 생기는 불이익은 수험생 당사자의 책임임을 알려 드립니다.
- 문제의 조건은 MS오피스 2021 버전으로 설정되어 있으며 MS오피스 2016은【 】에 표기되어 있습니다. 이와 관련하여 작성한 답안의 출력형태가 문제지와 다를 수 있습니다.
- 시험을 완료한 수험자는 답안파일이 전송되었는지 확인한 후 감독위원의 지시에 따라 문제지를 제출하고 퇴실합니다.

답 안 작 성 요 령

- 온라인 답안 작성 절차
  수험자 등록 ⇒ 시험 시작 ⇒ 답안파일 저장 ⇒ 답안 전송 ⇒ 시험 종료
- 문제는 총 4단계, 즉 제1작업부터 제4작업까지 구성되어 있으며 반드시 제1작업부터 순서대로 작성하고 조건대로 작업하시오.
- 모든 작업시트의 A열은 열 너비 '1'로, 나머지 열은 적당하게 조절하시오.
- 모든 작업시트의 테두리는 ≪출력형태≫와 같이 작업하시오.
- 해당 작업란에서는 각각 제시된 조건에 따라 ≪출력형태≫와 같이 작업하시오.
- 답안 시트 이름은 "제1작업", "제2작업", "제3작업", "제4작업"이어야 하며 답안 시트 이외의 것은 감점 처리됩니다.
- 각 시트를 파일로 나누어 작업해서 저장할 경우 실격 처리됩니다.

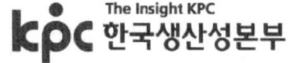

[제 1 작업] 표 서식 작성 및 값 계산 240점

☞ 다음은 '패션 쥬얼리 구매 현황'에 대한 자료이다. 자료를 입력하고 조건에 맞도록 작업하시오.

출력형태

	A	B	C	D	E	F	G	H	I	J	K
1								확인	담당	팀장	부장
2			패션 쥬얼리 구매 현황								
3											
4		코드	상품명	품목	컬러	리뷰(개)	판매가격(원)	연령	회원구분	순위	
5		EW150	크리스탈드롭	귀걸이	화이트	346	27,000	40대	(1)	(2)	
6		BR147	트위스트	팔찌	로즈	10	41,000	20대	(1)	(2)	
7		RR251	심플투라인	반지	로즈	40	39,000	20대	(1)	(2)	
8		NY239	볼드체인	목걸이	옐로우	131	98,000	50대	(1)	(2)	
9		EY145	미니하트	귀걸이	옐로우	79	55,000	30대	(1)	(2)	
10		NR236	이니셜스틱	목걸이	로즈	73	63,000	40대	(1)	(2)	
11		RW143	행운물고기	반지	화이트	98	71,000	20대	(1)	(2)	
12		ER128	블랙플라워	귀걸이	로즈	150	34,000	60대	(1)	(2)	
13		로즈 컬러 개수			(3)			최대 판매가격(원)		(5)	
14		귀걸이 품목의 판매가격(원) 평균			(4)			상품명	크리스탈드롭	리뷰(개)	(6)
15											

조건

○ 모든 데이터의 서식에는 글꼴(굴림, 11pt), 정렬은 숫자 및 회계 서식은 오른쪽 정렬, 나머지 서식은 가운데 정렬로 작성하며 예외적인 것은 ≪출력형태≫를 참조하시오.
○ 제 목 ⇒ 도형(사다리꼴)과 그림자(오프셋: 오른쪽)를 이용하여 작성하고 "패션 쥬얼리 구매 현황"을 입력한 후 다음 서식을 적용하시오(글꼴-굴림, 24pt, 검정, 굵게, 채우기-노랑).
○ 임의의 셀에 결재란을 작성하여 그림으로 복사 기능을 이용하여 붙이기 하시오(단, 원본 삭제).
○ 「B4:J4, G14, I14」 영역은 '주황'으로 채우기 하시오.
○ 유효성 검사를 이용하여 「H14」 셀에 상품명(「C5:C12」 영역)이 선택 표시되도록 하시오.
○ 셀 서식 ⇒ 「H5:H12」 영역에 셀 서식을 이용하여 숫자 뒤에 '대'를 표시하시오(예 : 40대).
○ 「E5:E12」 영역에 대해 '컬러'로 이름정의를 하시오.

◎ (1)~(6) 셀은 반드시 <u>주어진 함수</u>를 이용하여 값을 구하시오(결과값을 직접 입력하면 해당 셀은 0점 처리됨).

(1) 회원구분 ⇒ 코드의 세 번째 값이 1이면 '회원', 그 외에는 '비회원'으로 표시하시오(IF, MID 함수).
(2) 순위 ⇒ 리뷰(개)의 내림차순 순위를 구한 결과값에 '위'를 붙이시오(RANK.EQ 함수, & 연산자)(예 : 1위).
(3) 로즈 컬러 개수 ⇒ 정의된 이름(컬러)을 이용하여 구하시오(COUNTIF 함수).
(4) 귀걸이 품목의 판매가격(원) 평균 ⇒ 반올림하여 천원 단위까지 구하고, 조건은 입력 데이터를 이용하시오(ROUND, DAVERAGE 함수)(예 : 37,657→38,000).
(5) 최대 판매가격(원) ⇒ (MAX 함수)
(6) 리뷰(개) ⇒ 「H14」 셀에서 선택한 상품명에 대한 리뷰(개)를 구하시오(VLOOKUP 함수).
(7) 조건부 서식의 수식을 이용하여 판매가격(원)이 '60,000' 이상인 행 전체에 다음의 서식을 적용하시오(글꼴 : 파랑, 굵게).

[제 2 작업] 목표값 찾기 및 필터   80점

☞ "제1작업" 시트의 「B4:H12」 영역을 복사하여 "제2작업" 시트의 「B2」 셀부터 모두 붙여넣기를 한 후 다음의 조건과 같이 작업하시오.

[조건]

(1) 목표값 찾기 – 「B11:G11」 셀을 병합하고 가운데 맞춤한 후 "판매가격(원) 전체평균"을 입력하고, 「H11」 셀에 판매가격(원)의 전체평균을 구하시오(AVERAGE 함수, 테두리).
　　　　 – '판매가격(원) 전체평균'이 '54,000'이 되려면 크리스탈드롭의 판매가격(원)이 얼마가 되어야 하는지 목표값을 구하시오.

(2) 고급 필터 – 코드가 'R'로 시작하거나 리뷰(개)가 '50' 이하인 자료의 상품명, 컬러, 판매가격(원), 연령 데이터만 추출하시오.
　　　　 – 조건 범위 : 「B14」 셀부터 입력하시오.
　　　　 – 복사 위치 : 「B18」 셀부터 나타나도록 하시오.

[제 3 작업] 정렬 및 부분합   80점

☞ "제1작업" 시트의 「B4:H12」 영역을 복사하여 "제3작업" 시트의 「B2」 셀부터 모두 붙여넣기를 한 후 다음의 조건과 같이 작업하시오.

[조건]

(1) 부분합– ≪출력형태≫처럼 정렬하고, 상품명의 개수와 판매가격(원)의 평균을 구하시오.
(2) 개요 – 지우시오.
(3) 나머지 사항은 ≪출력형태≫에 맞게 작성하시오.

[출력형태]

	B	C	D	E	F	G	H
2	코드	상품명	품목	컬러	리뷰(개)	판매가격(원)	연령
3	EW150	크리스탈드롭	귀걸이	화이트	346	27,000	40대
4	RW143	행운물고기	반지	화이트	98	71,000	20대
5				화이트 평균		49,000	
6		2		화이트 개수			
7	NY239	볼드체인	목걸이	옐로우	131	98,000	50대
8	EY145	미니하트	귀걸이	옐로우	79	55,000	30대
9				옐로우 평균		76,500	
10		2		옐로우 개수			
11	BR147	트위스트	팔찌	로즈	10	41,000	20대
12	RR251	심플투라인	반지	로즈	40	39,000	20대
13	NR236	이니셜스틱	목걸이	로즈	73	63,000	40대
14	ER128	블랙플라워	귀걸이	로즈	150	34,000	60대
15				로즈 평균		44,250	
16		4		로즈 개수			
17				전체 평균		53,500	
18		8		전체 개수			

[제 4 작업] 그래프 100점

☞ "제1작업" 시트를 이용하여 조건에 따라 《출력형태》와 같이 작업하시오.

조건

(1) 차트 종류 ⇒ 〈묶은 세로 막대형〉으로 작업하시오.
(2) 데이터 범위 ⇒ "제1작업" 시트의 내용을 이용하여 작업하시오.
(3) 위치 ⇒ "새 시트"로 이동하고, "제4작업"으로 시트 이름을 바꾸시오.
(4) 차트 디자인 도구 ⇒ 레이아웃 3, 스타일 1을 선택하여 《출력형태》에 맞게 작업하시오.
(5) 영역 서식 ⇒ 차트 : 글꼴(굴림, 11pt), 채우기 효과(질감-파랑 박엽지)
　　　　　　　그림 : 채우기(흰색, 배경 1)
(6) 제목 서식 ⇒ 차트 제목 : 글꼴(굴림, 굵게, 20pt), 채우기(흰색, 배경 1), 테두리
(7) 서식 ⇒ 판매가격(원) 계열의 차트 종류를 〈표식이 있는 꺾은선형〉으로 변경한 후 보조 축으로 지정하시오.
　　계열 : 《출력형태》를 참조하여 표식(마름모, 크기 10)과 레이블 값을 표시하시오.
　　눈금선 : 선 스타일 –파선
　　축 : 《출력형태》를 참조하시오.
(8) 범례 ⇒ 범례명을 변경하고 《출력형태》를 참조하시오.
(9) 도형 ⇒ '말풍선: 모서리가 둥근 사각형'을 삽입하고 《출력형태》와 같이 내용을 입력하시오.
(10) 나머지 사항은 《출력형태》에 맞게 작성하시오.

출력형태

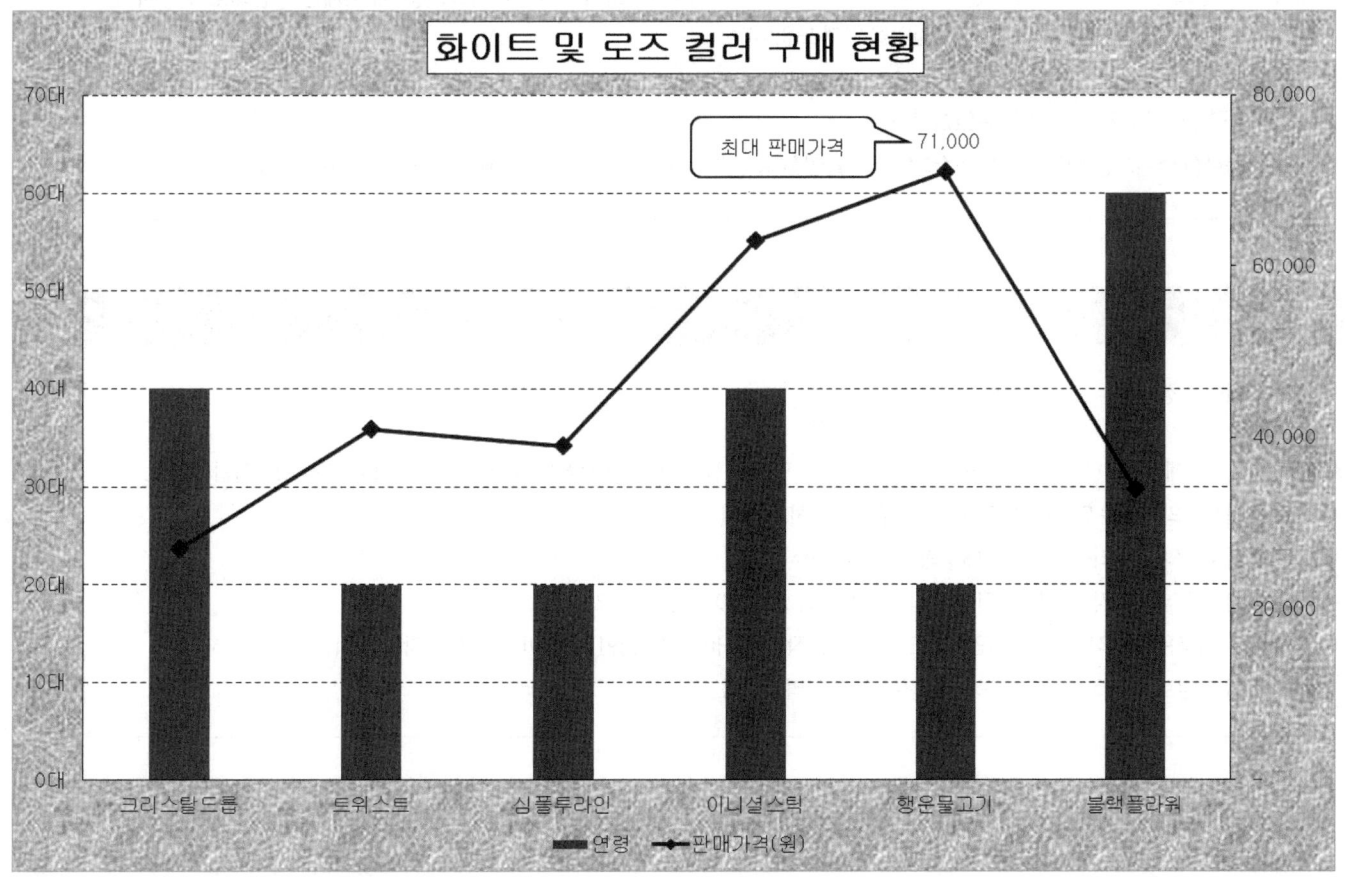

주의　시트명 순서가 차례대로 "제1작업", "제2작업", "제3작업", "제4작업"이 되도록 할 것.

6회 기출문제

과목	코드	문제유형	시험시간	수험번호	성 명
한글엑셀	1122	A	60분	12342026	

수 험 자 유 의 사 항

- 수험자는 문제지를 받는 즉시 문제지와 **수험표상의 시험과목(프로그램), 버전이 동일한지 반드시 확인**하여야 합니다.
- 파일명은 본인의 "수험번호-성명"으로 입력하여 답안폴더(내 PC\문서\ITQ)에 하나의 파일로 저장해야 하며, 답안문서 파일명이 "수험번호-성명"과 일치하지 않거나, 답안파일을 전송하지 않아 미제출로 처리될 경우 실격입니다(예 : 12345678-홍길동.xlsx).
- 답안 작성을 마치면 파일을 저장하고, '답안 전송' 버튼을 선택하여 감독위원 PC로 답안을 전송하십시오. 수험생 정보와 저장한 파일명이 다를 경우 전송되지 않으므로 주의하시기 바랍니다.
- 답안 작성 중에도 **주기적으로 저장하고 답안을 전송**하여야 문제 발생을 줄일 수 있습니다. 작업한 내용을 저장하지 않고 전송할 경우 이전에 저장된 내용이 전송되오니 이점 유의하시기 바랍니다.
- 답안문서는 지정된 경로 외의 다른 보조기억장치에 저장하는 경우, 지정된 시험 시간 외에 작성된 파일을 활용할 경우, 기타 통신수단(이메일, 메신저, 네트워크 등)을 이용하여 타인에게 전달 또는 외부 반출하는 경우는 부정 처리합니다.
- 시험 중 부주의 또는 고의로 시스템을 파손한 경우는 수험자가 변상해야 하며, <수험자 유의사항>에 기재된 방법대로 이행하지 않아 생기는 불이익은 수험생 당사자의 책임임을 알려 드립니다.
- 문제의 조건은 MS오피스 2021 버전으로 설정되어 있으며 MS오피스 2016은【 】에 표기되어 있습니다. 이와 관련하여 작성한 답안의 출력형태가 문제지와 다를 수 있습니다.
- 시험을 완료한 수험자는 답안파일이 전송되었는지 확인한 후 감독위원의 지시에 따라 문제지를 제출하고 퇴실합니다.

답 안 작 성 요 령

- 온라인 답안 작성 절차
  수험자 등록 ⇒ 시험 시작 ⇒ 답안파일 저장 ⇒ 답안 전송 ⇒ 시험 종료
- 문제는 총 4단계, 즉 제1작업부터 제4작업까지 구성되어 있으며 반드시 제1작업부터 순서대로 작성하고 조건대로 작업하시오.
- 모든 작업시트의 A열은 열 너비 '1'로, 나머지 열은 적당하게 조절하시오.
- 모든 작업시트의 테두리는 ≪출력형태≫와 같이 작업하시오.
- 해당 작업란에서는 각각 제시된 조건에 따라 ≪출력형태≫와 같이 작업하시오.
- 답안 시트 이름은 "제1작업", "제2작업", "제3작업", "제4작업"이어야 하며 답안 시트 이외의 것은 감점 처리됩니다.
- 각 시트를 파일로 나누어 작업해서 저장할 경우 실격 처리됩니다.

[제1 작업] 표 서식 작성 및 값 계산 240점

☞ 다음은 'AI 여행사 여행상품 현황'에 대한 자료이다. 자료를 입력하고 조건에 맞도록 작업하시오.

출력형태

	A	B	C	D	E	F	G	H	I	J
1								확인	담당	팀장	부장
2			AI 여행사 여행상품 현황								
3											
4		코드	여행지	분류	여행기간	출발일	출발인원	여행경비(단위:원)	적립금	출발시간
5		AS213	울릉도	섬여행	3박4일	2024-05-23	30명	295,000	(1)	(2)
6		AE131	방콕 파타야	해외여행	4박6일	2024-04-20	20명	639,000	(1)	(2)
7		AS122	제주도	섬여행	3박4일	2024-03-15	25명	459,000	(1)	(2)
8		AT213	부산 명소 탐방	기차여행	1박2일	2024-05-12	30명	324,000	(1)	(2)
9		AE231	북인도	해외여행	5박6일	2024-03-18	20명	1,799,900	(1)	(2)
10		AE311	필리핀 세부	해외여행	4박5일	2024-06-01	25명	799,000	(1)	(2)
11		AS223	독도	섬여행	2박3일	2024-04-10	30명	239,000	(1)	(2)
12		AT132	남도 맛기행	기차여행	1박2일	2024-03-19	25명	355,000	(1)	(2)
13		섬여행 여행경비(단위:원) 평균			(3)			최대 여행경비(단위:원)		(5)
14		5월 이후 출발하는 여행상품 수			(4)		여행지	울릉도	출발인원	(6)
15										

조건

○ 모든 데이터의 서식에는 글꼴(굴림, 11pt), 정렬은 숫자 및 회계 서식은 오른쪽 정렬, 나머지 서식은 가운데 정렬로 작성하며 예외적인 것은 ≪출력형태≫를 참조하시오.
○ 제 목 ⇒ 도형(평행 사변형)과 그림자(오프셋: 오른쪽)를 이용하여 작성하고 "AI 여행사 여행상품 현황"을 입력한 후 다음 서식을 적용하시오(글꼴-굴림, 24pt, 검정, 굵게, 채우기-노랑).
○ 임의의 셀에 결재란을 작성하여 그림으로 복사 기능을 이용하여 붙이기 하시오(단, 원본 삭제).
○ 「B4:J4, G14, I14」 영역은 '주황'으로 채우기 하시오.
○ 유효성 검사를 이용하여 「H14」 셀에 여행지(「C5:C12」 영역)가 선택 표시되도록 하시오.
○ 셀 서식 ⇒ 「G5:G12」 영역에 셀 서식을 이용하여 숫자 뒤에 '명'을 표시하시오(예 : 10명).
○ 「H5:H12」 영역에 대해 '여행경비'로 이름정의를 하시오.

◉ (1)~(6) 셀은 반드시 <u>주어진 함수</u>를 이용하여 값을 구하시오(결과 값을 직접 입력하면 해당 셀은 0점 처리됨).
(1) 적립금 ⇒ 「여행경비(단위:원)×적립률」로 구하시오. 단, 적립률은 코드의 마지막 글자가 1이면 '1%', 2이면 '0.5%', 3이면 '0%'로 지정하여 구하시오(CHOOSE, RIGHT 함수).
(2) 출발시간 ⇒ 출발일이 평일이면 '오전 8시', 주말이면 '오전 10시'로 구하시오(IF, WEEKDAY 함수).
(3) 섬여행 여행경비(단위:원) 평균 ⇒ 단, 조건은 입력 데이터를 이용하시오(DAVERAGE 함수).
(4) 5월 이후 출발하는 여행상품 수 ⇒ 5월도 포함하여 구하고, 결과값 뒤에 '개'를 붙이시오(COUNTIF 함수, & 연산자) (예 : 1개).
(5) 최대 여행경비(단위:원) ⇒ 정의된 이름(여행경비)을 이용하여 구하시오(LARGE 함수).
(6) 출발인원 ⇒ 「H14」 셀에서 선택한 여행지에 대한 출발인원을 구하시오(VLOOKUP 함수).
(7) 조건부 서식의 수식을 이용하여 여행경비(단위:원)가 '600,000' 이상인 행 전체에 다음의 서식을 적용하시오(글꼴 : 파랑, 굵게).

[제 2 작업] 필터 및 서식 (80점)

☞ "제1작업" 시트의 「B4:H12」 영역을 복사하여 "제2작업" 시트의 「B2」 셀부터 모두 붙여넣기를 한 후 다음의 조건과 같이 작업하시오.

조건

(1) 고급 필터 – 분류가 '기차여행'이거나, 여행경비(단위:원)가 '600,000' 이상인 자료의 여행지, 여행기간, 출발일, 여행경비(단위:원) 데이터만 추출하시오.
 - 조건 범위 : 「B14」셀부터 입력하시오.
 - 복사 위치 : 「B18」셀부터 나타나도록 하시오.
(2) 표 서식 – 고급 필터의 결과 셀을 채우기 없음으로 설정한 후 '흰색, 표 스타일 보통 4'의 서식을 적용하시오.
 - 머리글 행, 줄무늬 행을 적용하시오.

[제 3 작업] 피벗 테이블 (80점)

☞ "제1작업" 시트를 이용하여 "제3작업" 시트에 조건에 따라 ≪출력형태≫와 같이 작업하시오.

조건

(1) 출발일 및 분류별 여행지의 개수와 여행경비(단위:원)의 평균을 구하시오.
(2) 출발일을 그룹화하고, 분류를 ≪출력형태≫와 같이 정렬하시오.
(3) 레이블이 있는 셀 병합 및 가운데 맞춤 적용과 빈 셀은 '**'로 표시하시오.
(4) 행의 총합계는 지우고, 나머지 사항은 ≪출력형태≫에 맞게 작성하시오.

출력형태

	A	B	C	D	E	F	G	H
1								
2			분류 ⬇					
3			해외여행		섬여행		기차여행	
4		출발일 ⬇	개수 : 여행지	평균 : 여행경비(단위:원)	개수 : 여행지	평균 : 여행경비(단위:원)	개수 : 여행지	평균 : 여행경비(단위:원)
5		3월	1	1,799,900	1	459,000	1	355,000
6		4월	1	639,000	1	239,000	**	**
7		5월	**	**	1	295,000	1	324,000
8		6월	1	799,000	**	**	**	**
9		총합계	3	1,079,300	3	331,000	2	339,500
10								

[제 4 작업] 그래프 100점

☞ "제1작업" 시트를 이용하여 조건에 따라 ≪출력형태≫와 같이 작업하시오.

조건

(1) 차트 종류 ⇒ 〈묶은 세로 막대형〉으로 작업하시오.
(2) 데이터 범위 ⇒ "제1작업" 시트의 내용을 이용하여 작업하시오.
(3) 위치 ⇒ "새 시트"로 이동하고, "제4작업"으로 시트 이름을 바꾸시오.
(4) 차트 디자인 도구 ⇒ 레이아웃 3, 스타일 1을 선택하여 ≪출력형태≫에 맞게 작업하시오.
(5) 영역 서식 ⇒ 차트 : 글꼴(굴림, 11pt), 채우기 효과(질감-파랑 박엽지)
     그림 : 채우기(흰색, 배경 1)
(6) 제목 서식 ⇒ 차트 제목 : 글꼴(굴림, 굵게, 20pt), 채우기(흰색, 배경 1), 테두리
(7) 서식 ⇒ 여행경비(단위:원) 계열의 차트 종류를 〈표식이 있는 꺾은선형〉으로 변경한 후 보조 축으로 지정하시오.
     계열 : ≪출력형태≫를 참조하여 표식(마름모, 크기 10)과 레이블 값을 표시하시오.
     눈금선 : 선 스타일-파선
     축 : ≪출력형태≫를 참조하시오.
(8) 범례 ⇒ 범례명을 변경하고 ≪출력형태≫를 참조하시오.
(9) 도형 ⇒ '말풍선: 모서리가 둥근 사각형'을 삽입한 후 ≪출력형태≫와 같이 내용을 입력하시오.
(10) 나머지 사항은 ≪출력형태≫에 맞게 작성하시오.

출력형태

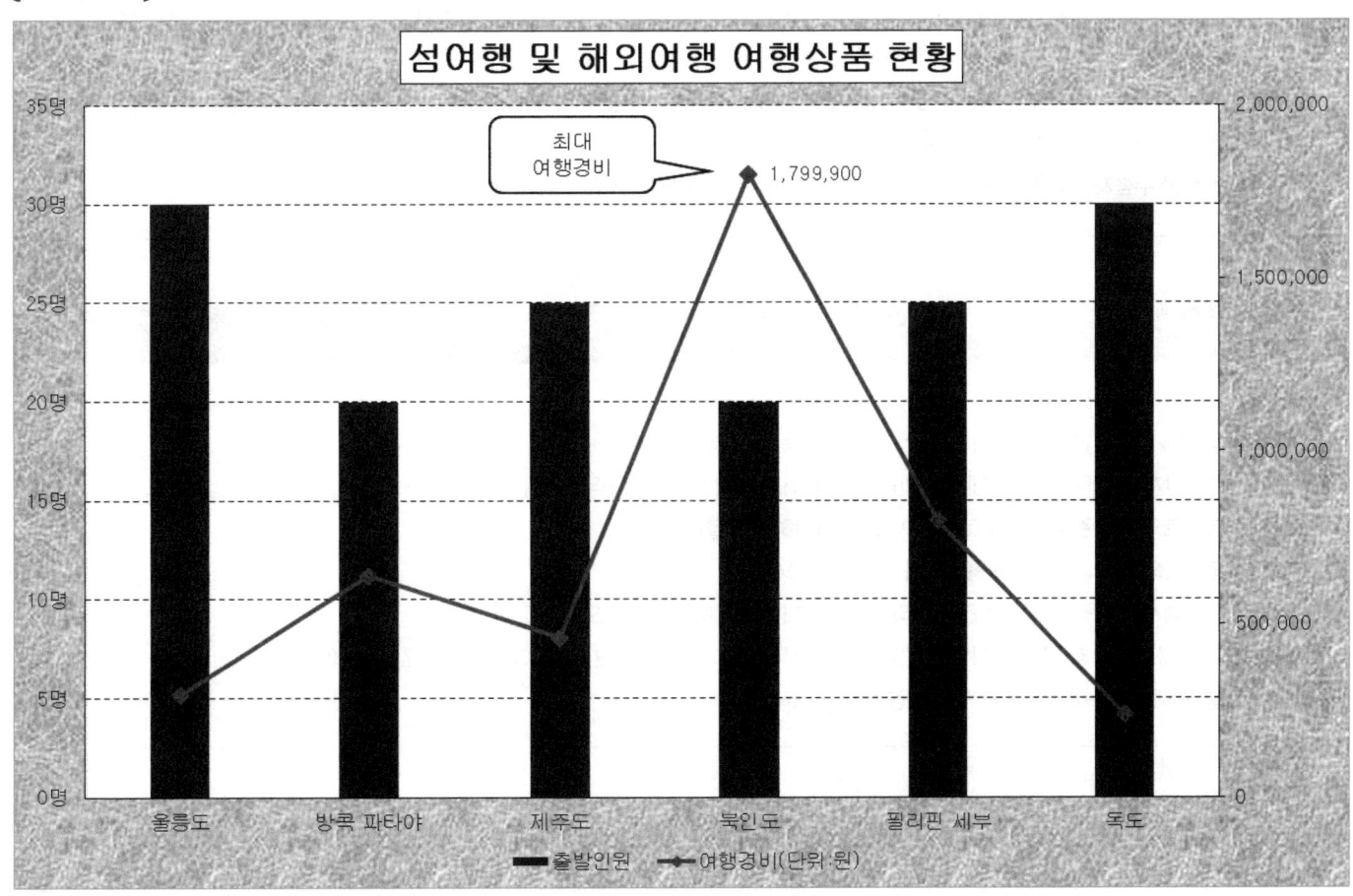

주의 시트명 순서가 차례대로 "제1작업", "제2작업", "제3작업", "제4작업"이 되도록 할 것.

7회 기출문제

과목	코드	문제유형	시험시간	수험번호	성 명
한글엑셀	1122	A	60분	12342027	

수 험 자 유 의 사 항

- 수험자는 문제지를 받는 즉시 문제지와 **수험표상의 시험과목(프로그램), 버전이 동일한지 반드시 확인**하여야 합니다.
- 파일명은 본인의 "수험번호-성명"으로 입력하여 답안폴더(내 PC\문서\ITQ)에 하나의 파일로 저장해야 하며, 답안문서 파일명이 "수험번호-성명"과 일치하지 않거나, 답안파일을 전송하지 않아 미제출로 처리될 경우 실격입니다(예 : 12345678-홍길동.xlsx).
- 답안 작성을 마치면 파일을 저장하고, '답안 전송' 버튼을 선택하여 감독위원 PC로 답안을 전송하십시오. 수험생 정보와 저장한 파일명이 다를 경우 전송되지 않으므로 주의하시기 바랍니다.
- 답안 작성 중에도 **주기적으로 저장하고 답안을 전송**하여야 문제 발생을 줄일 수 있습니다. 작업한 내용을 저장하지 않고 전송할 경우 이전에 저장된 내용이 전송되오니 이점 유의하시기 바랍니다.
- 답안문서는 지정된 경로 외의 다른 보조기억장치에 저장하는 경우, 지정된 시험 시간 외에 작성된 파일을 활용할 경우, 기타 통신수단(이메일, 메신저, 네트워크 등)을 이용하여 타인에게 전달 또는 외부 반출하는 경우는 부정 처리합니다.
- 시험 중 부주의 또는 고의로 시스템을 파손한 경우는 수험자가 변상해야 하며, <수험자 유의사항>에 기재된 방법대로 이행하지 않아 생기는 불이익은 수험생 당사자의 책임임을 알려 드립니다.
- 문제의 조건은 MS오피스 2021 버전으로 설정되어 있으며 MS오피스 2016은【 】에 표기되어 있습니다. 이와 관련하여 작성한 답안의 출력형태가 문제지와 다를 수 있습니다.
- 시험을 완료한 수험자는 답안파일이 전송되었는지 확인한 후 감독위원의 지시에 따라 문제지를 제출하고 퇴실합니다.

답 안 작 성 요 령

- 온라인 답안 작성 절차
  수험자 등록 ⇒ 시험 시작 ⇒ 답안파일 저장 ⇒ 답안 전송 ⇒ 시험 종료
- 문제는 총 4단계, 즉 제1작업부터 제4작업까지 구성되어 있으며 반드시 제1작업부터 순서대로 작성하고 조건대로 작업하시오.
- 모든 작업시트의 A열은 열 너비 '1'로, 나머지 열은 적당하게 조절하시오.
- 모든 작업시트의 테두리는 ≪출력형태≫와 같이 작업하시오.
- 해당 작업란에서는 각각 제시된 조건에 따라 ≪출력형태≫와 같이 작업하시오.
- 답안 시트 이름은 "제1작업", "제2작업", "제3작업", "제4작업"이어야 하며 답안 시트 이외의 것은 감점 처리됩니다.
- 각 시트를 파일로 나누어 작업해서 저장할 경우 실격 처리됩니다.

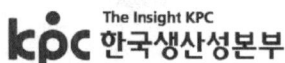

[제 1 작업] 표 서식 작성 및 값 계산 (240점)

☞ 다음은 '우리 인테리어 공사현황보고'에 대한 자료이다. 자료를 입력하고 조건에 맞도록 작업하시오.

출력형태

관리번호	주택명	지역	공사기간(일)	총공사비	공사시작일	공사내용	구분	선수금(단위:원)
B2-001	화이트빌	경기	5	8,558,000원	2024-02-06	욕실	(1)	(2)
K1-001	푸르지오	서울	4	10,250,000원	2024-03-20	주방	(1)	(2)
K3-002	시그마	경기	3	7,870,000원	2024-01-30	주방	(1)	(2)
A1-001	아이파크	인천	13	28,850,000원	2024-02-20	전체	(1)	(2)
B1-002	파크타운	서울	5	5,778,000원	2024-03-06	욕실	(1)	(2)
B3-003	트레스벨	경기	6	9,560,000원	2024-02-13	욕실	(1)	(2)
A2-002	그린빌	서울	17	32,170,000원	2024-02-27	전체	(1)	(2)
K2-003	한솔마을	인천	4	6,768,000원	2024-03-08	주방	(1)	(2)
서울지역 총 공사건수			(3)		가장 긴 공사기간(일)			(5)
욕실 총공사비 합계			(4)		관리번호	B2-001	총공사비	(6)

제목 위치에 "우리 인테리어 공사현황보고"가 표시되며, 우측 상단에는 결재란(점장, 부장, 대표)이 있음.

조건

○ 모든 데이터의 서식에는 글꼴(굴림, 11pt), 정렬은 숫자 및 회계 서식은 오른쪽 정렬, 나머지 서식은 가운데 정렬로 작성하며 예외적인 것은 ≪출력형태≫를 참조하시오.
○ 제 목 ⇒ 도형(배지)과 그림자(오프셋: 오른쪽)를 이용하여 작성하고 "우리 인테리어 공사현황보고"를 입력한 후 다음 서식을 적용하시오(글꼴-굴림, 24pt, 검정, 굵게, 채우기-노랑).
○ 임의의 셀에 결재란을 작성하여 그림으로 복사 기능을 이용하여 붙이기 하시오(단, 원본 삭제).
○ 「B4:J4, G14, I14」 영역은 '주황'으로 채우기 하시오.
○ 유효성 검사를 이용하여 「H14」 셀에 관리번호(「B5:B12」 영역)가 선택 표시되도록 하시오.
○ 셀 서식 ⇒ 「F5:F12」 영역에 셀 서식을 이용하여 숫자 뒤에 '원'을 표시하시오(예 : 8,558,000원).
○ 「E5:E12」 영역에 대해 '공사기간'으로 이름정의를 하시오.

◎ ⑴~⑹ 셀은 반드시 <u>주어진 함수를 이용하여</u> 값을 구하시오(결과값을 직접 입력하면 해당 셀은 0점 처리됨).

⑴ 구분 ⇒ 관리번호 2번째 글자가 1이면 '아파트', 2이면 '빌라', 3이면 '오피스텔'로 구하시오(CHOOSE, MID 함수).
⑵ 선수금(단위:원) ⇒ 공사내용이 전체이면「총공사비×30%」, 그 외에는「총공사비×20%」로 반올림하여 십만 단위까지 구하시오(ROUND, IF 함수)(예 : 1,456,273 → 1,500,000).
⑶ 서울지역 총 공사건수 ⇒ 결과값에 '건'을 붙이시오(COUNTIF 함수, & 연산자)(예 : 1건).
⑷ 욕실 총공사비 합계 ⇒ 공사내용이 욕실인 공사의 총공사비 합계를 구하시오. 단, 조건은 입력 데이터를 이용하시오 (DSUM 함수).
⑸ 가장 긴 공사기간(일) ⇒ 정의된 이름(공사기간)을 이용하여 구하시오(MAX 함수).
⑹ 총공사비 ⇒ 「H14」 셀에서 선택한 관리번호에 대한 총공사비를 구하시오(VLOOKUP 함수).
⑺ 조건부 서식의 수식을 이용하여 총공사비가 '8,000,000' 이하인 행 전체에 다음의 서식을 적용하시오(글꼴 : 파랑, 굵게).

[제 2 작업] 목표값 찾기 및 필터 (80점)

☞ "제1작업" 시트의 「B4:H12」 영역을 복사하여 "제2작업" 시트의 「B2」 셀부터 모두 붙여넣기를 한 후 다음의 조건과 같이 작업하시오.

조건

(1) 목표값 찾기 – 「B11:G11」 셀을 병합하고 가운데 맞춤한 후 "욕실의 총공사비 평균"을 입력하고, 「H11」 셀에 욕실의 총공사비 평균을 구하시오. 단 조건은 입력 데이터를 이용하시오(DAVERAGE 함수, 테두리, 가운데 맞춤).
 – '욕실의 총공사비 평균'이 '8,000,000'이 되려면 화이트빌의 총공사비가 얼마가 되어야 하는지 목표값을 구하시오.

(2) 고급 필터 – 지역이 '서울'이 아니면서 공사기간(일)이 '5' 이상인 자료의 관리번호, 주택명, 공사시작일, 공사내용 데이터만 추출하시오.
 – 조건 범위 : 「B14」 셀부터 입력하시오.
 – 복사 위치 : 「B18」 셀부터 나타나도록 하시오.

[제 3 작업] 정렬 및 부분합 (80점)

☞ "제1작업" 시트의 「B4:H12」 영역을 복사하여 "제3작업" 시트의 「B2」 셀부터 모두 붙여넣기를 한 후 다음의 조건과 같이 작업하시오.

조건

(1) 부분합 – ≪출력형태≫처럼 정렬하고, 주택명의 개수와 총공사비의 평균을 구하시오.
(2) 개요 – 지우시오.
(3) 나머지 사항은 ≪출력형태≫에 맞게 작성하시오.

출력형태

A	B	C	D	E	F	G	H
	관리번호	주택명	지역	공사기간(일)	총공사비	공사시작일	공사내용
	A1-001	아이파크	인천	13	28,850,000원	2024-02-20	전체
	K2-003	한솔마을	인천	4	6,768,000원	2024-03-08	주방
			인천 평균		17,809,000원		
		2	인천 개수				
	K1-001	푸르지오	서울	4	10,250,000원	2024-03-20	주방
	B1-002	파크타운	서울	5	5,778,000원	2024-03-06	욕실
	A2-002	그린빌	서울	17	32,170,000원	2024-02-27	전체
			서울 평균		16,066,000원		
		3	서울 개수				
	B2-001	화이트빌	경기	5	8,558,000원	2024-02-06	욕실
	K3-002	시그마	경기	3	7,870,000원	2024-01-30	주방
	B3-003	트레스벨	경기	6	9,560,000원	2024-02-13	욕실
			경기 평균		8,662,667원		
		3	경기 개수				
			전체 평균		13,725,500원		
		8	전체 개수				

[제 4 작업] 그래프 (100점)

☞ "제1작업" 시트를 이용하여 조건에 따라 ≪출력형태≫와 같이 작업하시오.

조건

(1) 차트 종류 ⇒ 〈묶은 세로 막대형〉으로 작업하시오.
(2) 데이터 범위 ⇒ "제1작업" 시트의 내용을 이용하여 작업하시오.
(3) 위치 ⇒ "새 시트"로 이동하고, "제4작업"으로 시트 이름을 바꾸시오.
(4) 차트 디자인 도구 ⇒ 레이아웃 3, 스타일 1을 선택하여 ≪출력형태≫에 맞게 작업하시오.
(5) 영역 서식 ⇒ 차트 : 글꼴(굴림, 11pt), 채우기 효과(질감-파랑 박엽지)
  그림 : 채우기(흰색, 배경 1)
(6) 제목 서식 ⇒ 차트 제목 : 글꼴(굴림, 굵게, 20pt), 채우기(흰색, 배경 1), 테두리
(7) 서식 ⇒ 공사기간(일) 계열의 차트 종류를 〈표식이 있는 꺾은선형〉으로 변경한 후 보조 축으로 지정하시오.
  계열 : ≪출력형태≫를 참조하여 표식(세모, 크기 10)과 레이블 값을 표시하시오.
  눈금선 : 선 스타일-파선
  축 : ≪출력형태≫를 참조하시오.
(8) 범례 ⇒ 범례명을 변경하고 ≪출력형태≫를 참조하시오.
(9) 도형 ⇒ '말풍선: 모서리가 둥근 사각형'을 삽입한 후 ≪출력형태≫와 같이 내용을 입력하시오.
(10) 나머지 사항은 ≪출력형태≫에 맞게 작성하시오.

출력형태

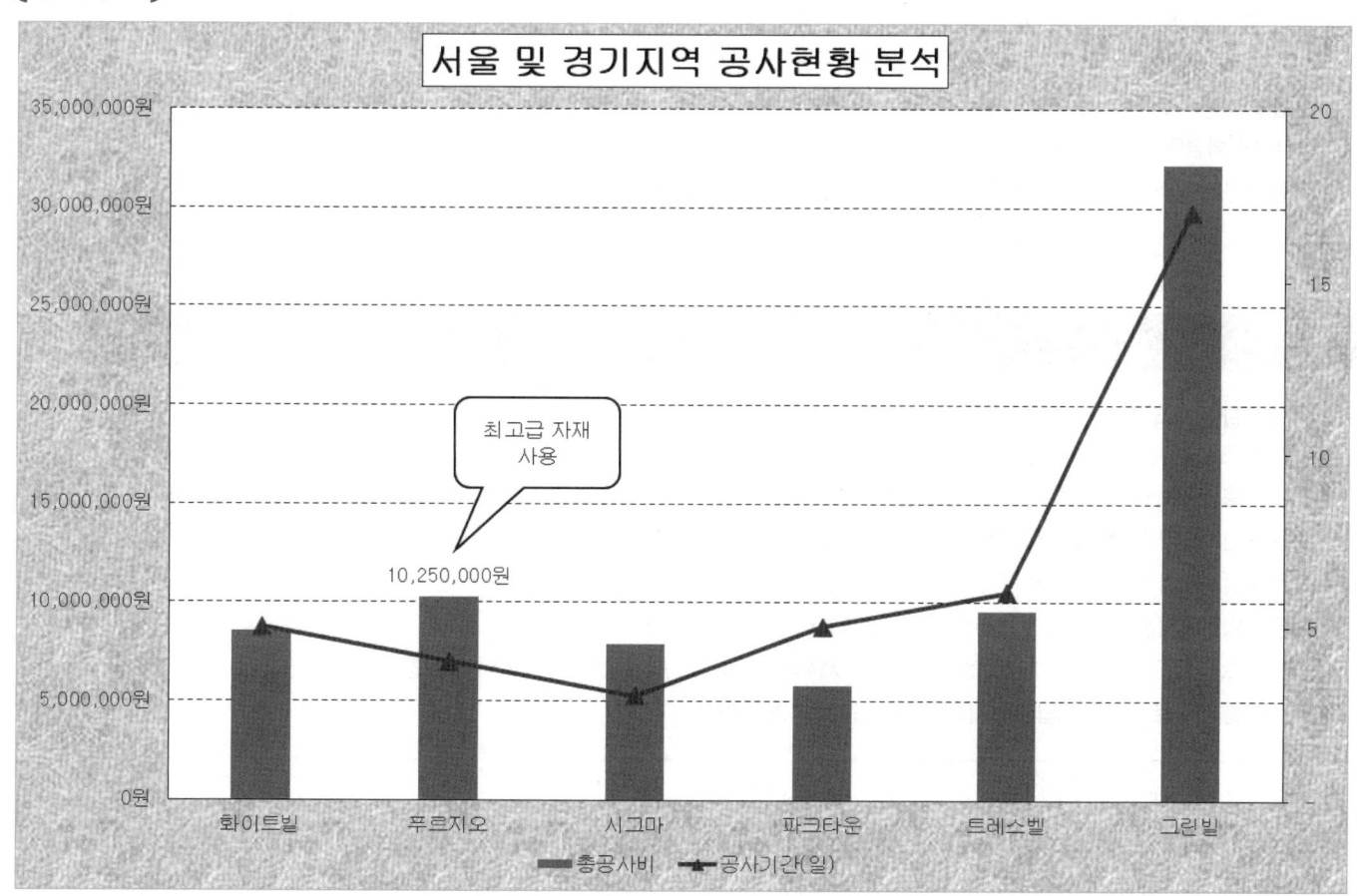

주의 시트명 순서가 차례대로 "제1작업", "제2작업", "제3작업", "제4작업"이 되도록 할 것.

8회 기출문제

과목	코드	문제유형	시험시간	수험번호	성 명
한글엑셀	1122	A	60분	12342028	

수 험 자 유 의 사 항

- 수험자는 문제지를 받는 즉시 문제지와 **수험표상의 시험과목(프로그램), 버전이 동일한지 반드시 확인**하여야 합니다.
- 파일명은 본인의 "수험번호-성명"으로 입력하여 답안폴더(내 PC\문서\ITQ)에 하나의 파일로 저장해야 하며, 답안문서 파일명이 "수험번호-성명"과 일치하지 않거나, 답안파일을 전송하지 않아 미제출로 처리될 경우 실격입니다(예 : 12345678-홍길동.xlsx).
- 답안 작성을 마치면 파일을 저장하고, '답안 전송' 버튼을 선택하여 감독위원 PC로 답안을 전송하십시오. 수험생 정보와 저장한 파일명이 다를 경우 전송되지 않으므로 주의하시기 바랍니다.
- 답안 작성 중에도 **주기적으로 저장하고 답안을 전송**하여야 문제 발생을 줄일 수 있습니다. 작업한 내용을 저장하지 않고 전송할 경우 이전에 저장된 내용이 전송되오니 이점 유의하시기 바랍니다.
- 답안문서는 지정된 경로 외의 다른 보조기억장치에 저장하는 경우, 지정된 시험 시간 외에 작성된 파일을 활용할 경우, 기타 통신수단(이메일, 메신저, 네트워크 등)을 이용하여 타인에게 전달 또는 외부 반출하는 경우는 부정 처리합니다.
- 시험 중 부주의 또는 고의로 시스템을 파손한 경우는 수험자가 변상해야 하며, <수험자 유의사항>에 기재된 방법대로 이행하지 않아 생기는 불이익은 수험생 당사자의 책임임을 알려 드립니다.
- 문제의 조건은 MS오피스 2021 버전으로 설정되어 있으며 MS오피스 2016은【 】에 표기되어 있습니다. 이와 관련하여 작성한 답안의 출력형태가 문제지와 다를 수 있습니다.
- 시험을 완료한 수험자는 답안파일이 전송되었는지 확인한 후 감독위원의 지시에 따라 문제지를 제출하고 퇴실합니다.

답 안 작 성 요 령

- 온라인 답안 작성 절차
  수험자 등록 ⇒ 시험 시작 ⇒ 답안파일 저장 ⇒ 답안 전송 ⇒ 시험 종료
- 문제는 총 4단계, 즉 제1작업부터 제4작업까지 구성되어 있으며 반드시 제1작업부터 순서대로 작성하고 조건대로 작업하시오.
- 모든 작업시트의 A열은 열 너비 '1'로, 나머지 열은 적당하게 조절하시오.
- 모든 작업시트의 테두리는 ≪출력형태≫와 같이 작업하시오.
- 해당 작업란에서는 각각 제시된 조건에 따라 ≪출력형태≫와 같이 작업하시오.
- 답안 시트 이름은 "제1작업", "제2작업", "제3작업", "제4작업"이어야 하며 답안 시트 이외의 것은 감점 처리됩니다.
- 각 시트를 파일로 나누어 작업해서 저장할 경우 실격 처리됩니다.

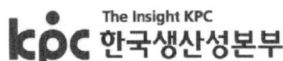

[제 1 작업] 표 서식 작성 및 값 계산 (240점)

☞ 다음은 '주민자치센터 강좌 현황'에 대한 자료이다. 자료를 입력하고 조건에 맞도록 작업하시오.

출력형태

강의코드	강좌명	분류	개강일	차시	수강인원	수강료(단위:원)	강사료	인기강좌
YA2-11	대바늘 인형	바느질	2024-08-05	3	38	100,000	(1)	(2)
ZA1-23	화훼장식	플라워	2024-08-15	8	32	230,000	(1)	(2)
CB2-14	마크라메	공예	2024-08-21	3	23	120,000	(1)	(2)
ZP1-23	티피스트리 위빙	바느질	2024-08-19	2	19	100,000	(1)	(2)
BE2-34	꽃바구니	플라워	2024-08-05	4	24	150,000	(1)	(2)
VN1-22	드라이 플라워	플라워	2024-08-17	6	37	80,000	(1)	(2)
EL3-21	캔들공예	공예	2024-08-04	2	15	70,000	(1)	(2)
RA1-31	코바늘 가방	바느질	2024-08-10	10	11	210,000	(1)	(2)
바느질 강좌의 평균 수강인원			(3)		가장 빠른 개강일			(5)
플라워 강좌 개수			(4)		강좌명	대바늘 인형	수강인원	(6)

조건

- 모든 데이터의 서식에는 글꼴(굴림, 11pt), 정렬은 숫자 및 회계 서식은 오른쪽 정렬, 나머지 서식은 가운데 정렬로 작성하며 예외적인 것은 ≪출력형태≫를 참조하시오.
- 제 목 ⇒ 도형(사다리꼴)과 그림자(오프셋: 오른쪽)를 이용하여 작성하고 "주민자치센터 강좌 현황"을 입력한 후 다음 서식을 적용하시오(글꼴-굴림, 24pt, 검정, 굵게, 채우기-노랑).
- 임의의 셀에 결재란을 작성하여 그림으로 복사 기능을 이용하여 붙이기 하시오(단, 원본 삭제).
- 「B4:J4, G14, I14」 영역은 '주황'으로 채우기 하시오.
- 유효성 검사를 이용하여 「H14」 셀에 강좌명(「C5:C12」 영역)이 선택 표시되도록 하시오.
- 셀 서식 ⇒ 「G5:G12」 영역에 셀 서식을 이용하여 숫자 뒤에 '명'을 표시하시오(예 : 38명).
- 「D5:D12」 영역에 대해 '분류'로 이름정의를 하시오.

◎ (1)~(6) 셀은 반드시 주어진 함수를 이용하여 값을 구하시오(결과값을 직접 입력하면 해당 셀은 0점 처리됨).

(1) 강사료 ⇒ 수강인원의 첫 번째 숫자가 1이면 '50천원', 2이면 '52천원', 3이면 '55천원'으로 표시하시오(CHOOSE, LEFT 함수).

(2) 인기강좌 ⇒ 수강인원이 '30' 이상이면 '☆', 그 외에는 공백으로 구하시오(IF 함수).

(3) 바느질 강좌의 평균 수강인원 ⇒ 내림하여 정수로 구하시오. 단, 조건은 입력 데이터를 이용하시오(ROUNDDOWN, DAVERAGE 함수)(예 : 12.83 → 12).

(4) 플라워 강좌 개수 ⇒ 정의된 이름(분류)을 이용하여 구한 결과값에 '개'를 붙이시오(COUNTIF 함수, & 연산자)(예 : 1개).

(5) 가장 빠른 개강일 ⇒ 날짜로 표시하시오(MIN 함수)(예 : 2024-08-05).

(6) 수강인원 ⇒ 「H14」 셀에서 선택한 강좌명에 대한 수강인원을 구하시오(VLOOKUP 함수).

(7) 조건부 서식의 수식을 이용하여 수강료(단위:원)가 '200,000' 이상인 행 전체에 다음의 서식을 적용하시오(글꼴 : 파랑, 굵게).

[제 2 작업] 필터 및 서식   80점

☞ "제1작업" 시트의 「B4:H12」 영역을 복사하여 "제2작업" 시트의 「B2」 셀부터 모두 붙여넣기를 한 후 다음의 조건과 같이 작업하시오.

조건

(1) 고급 필터 – 분류가 '공예'이거나 개강일이 '2024-08-15' 이후인(해당일 포함) 자료의 강의코드, 강좌명, 수강인원, 수강료(단위:원) 데이터만 추출하시오.
- 조건 범위 : 「B13」 셀부터 입력하시오.
- 복사 위치 : 「B18」 셀부터 나타나도록 하시오.

(2) 표 서식 – 고급 필터의 결과 셀을 채우기 없음으로 설정한 후 '파랑, 표 스타일 보통 6'의 서식을 적용하시오.
- 머리글 행, 줄무늬 행을 적용하시오.

[제 3 작업] 피벗 테이블   80점

☞ "제1작업" 시트를 이용하여 "제3작업" 시트에 조건에 따라 ≪출력형태≫와 같이 작업하시오.

조건

(1) 수강료(단위:원) 및 분류별 강좌명의 개수와 수강인원의 평균을 구하시오.
(2) 수강료(단위:원)을 그룹화하고, 분류를 ≪출력형태≫와 같이 정렬하시오.
(3) 레이블이 있는 셀 병합 및 가운데 맞춤 적용과 빈 셀은 '***'로 표시하시오.
(4) 행의 총합계는 지우고, 나머지 사항은 ≪출력형태≫에 맞게 작성하시오.

출력형태

	분류	플라워		바느질		공예	
수강료(단위:원)		개수 : 강좌명	평균 : 수강인원	개수 : 강좌명	평균 : 수강인원	개수 : 강좌명	평균 : 수강인원
1-100000		1	37	2	29	1	15
100001-200000		1	24	***	***	1	23
200001-300000		1	32	1	11	***	***
총합계		3	31	3	23	2	19

[제 4 작업] 그래프 (100점)

☞ "제1작업" 시트를 이용하여 조건에 따라 ≪출력형태≫와 같이 작업하시오.

조건

(1) 차트 종류 ⇒ 〈묶은 세로 막대형〉으로 작업하시오.
(2) 데이터 범위 ⇒ "제1작업" 시트의 내용을 이용하여 작업하시오.
(3) 위치 ⇒ "새 시트"로 이동하고, "제4작업"으로 시트 이름을 바꾸시오.
(4) 차트 디자인 도구 ⇒ 레이아웃 3, 스타일 1을 선택하여 ≪출력형태≫에 맞게 작업하시오.
(5) 영역 서식 ⇒ 차트 : 글꼴(굴림, 11pt), 채우기 효과(질감-파랑 박엽지)
　　　　　　　그림 : 채우기(흰색, 배경 1)
(6) 제목 서식 ⇒ 차트 제목 : 글꼴(굴림, 굵게, 20pt), 채우기(흰색, 배경 1), 테두리
(7) 서식 ⇒ 수강료(단위:원) 계열의 차트 종류를 〈표식이 있는 꺾은선형〉으로 변경한 후 보조 축으로 지정하시오.
　　　　계열 : ≪출력형태≫를 참조하여 표식(세모, 크기 10)과 레이블 값을 표시하시오.
　　　　눈금선 : 선 스타일-파선
　　　　축 : ≪출력형태≫를 참조하시오.
(8) 범례 ⇒ 범례명을 변경하고 ≪출력형태≫를 참조하시오.
(9) 도형 ⇒ '말풍선: 모서리가 둥근 사각형'을 삽입한 후 ≪출력형태≫와 같이 내용을 입력하시오.
(10) 나머지 사항은 ≪출력형태≫에 맞게 작성하시오.

출력형태

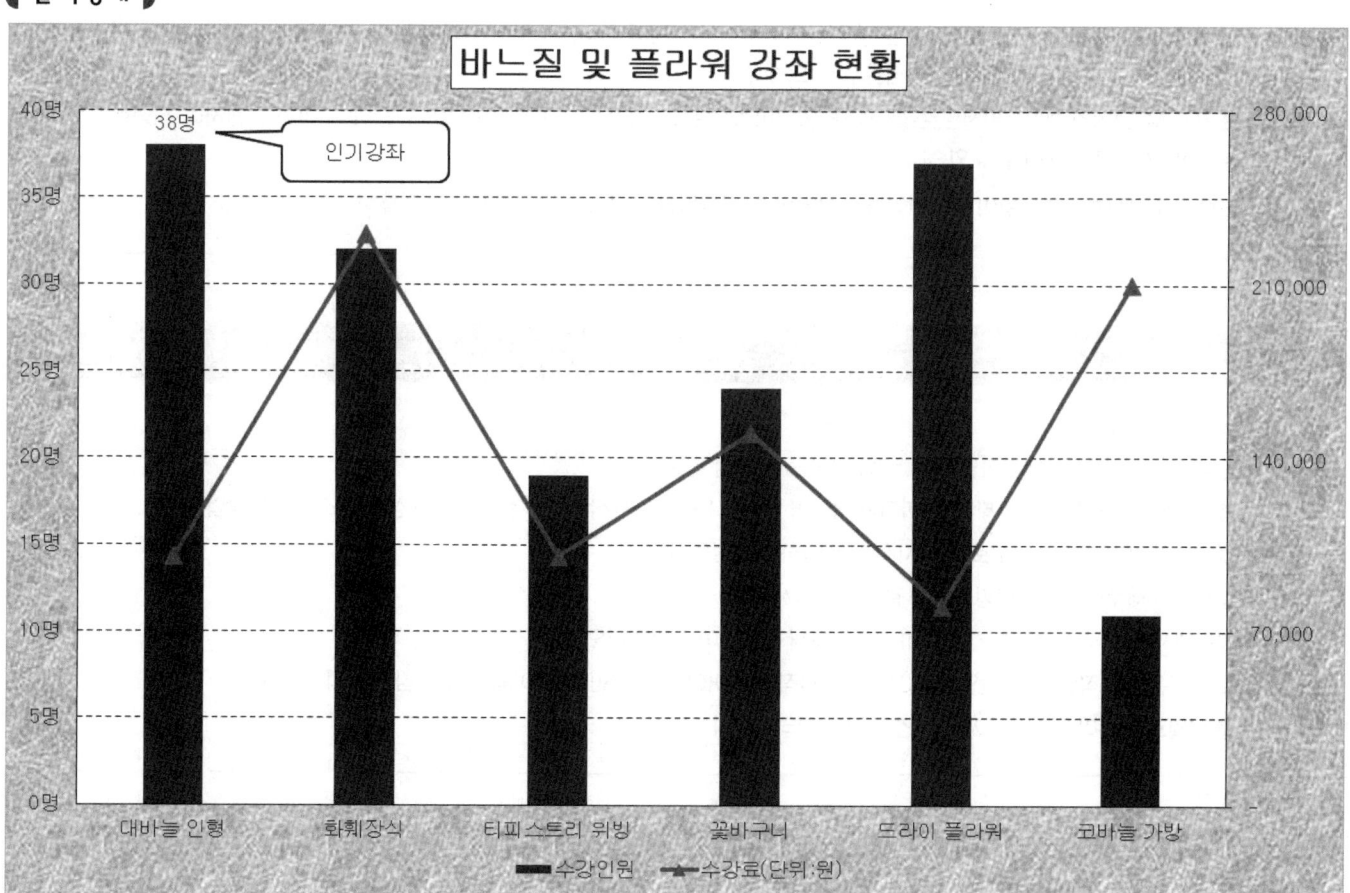

주의] 시트명 순서가 차례대로 "제1작업", "제2작업", "제3작업", "제4작업"이 되도록 할 것.

9회 기출문제

과목	코드	문제유형	시험시간	수험번호	성 명
한글엑셀	1122	A	60분	12342029	

수 험 자 유 의 사 항

- 수험자는 문제지를 받는 즉시 문제지와 **수험표상의 시험과목(프로그램), 버전이 동일한지 반드시 확인**하여야 합니다.
- 파일명은 본인의 "수험번호-성명"으로 입력하여 답안폴더(내 PC\문서\ITQ)에 하나의 파일로 저장해야 하며, 답안문서 파일명이 "수험번호-성명"과 일치하지 않거나, 답안파일을 전송하지 않아 미제출로 처리될 경우 실격입니다(예 : 12345678-홍길동.xlsx).
- 답안 작성을 마치면 파일을 저장하고, '답안 전송' 버튼을 선택하여 감독위원 PC로 답안을 전송하십시오. 수험생 정보와 저장한 파일명이 다를 경우 전송되지 않으므로 주의하시기 바랍니다.
- 답안 작성 중에도 **주기적으로 저장하고 답안을 전송**하여야 문제 발생을 줄일 수 있습니다. 작업한 내용을 저장하지 않고 전송할 경우 이전에 저장된 내용이 전송되오니 이점 유의하시기 바랍니다.
- 답안문서는 지정된 경로 외의 다른 보조기억장치에 저장하는 경우, 지정된 시험 시간 외에 작성된 파일을 활용할 경우, 기타 통신수단(이메일, 메신저, 네트워크 등)을 이용하여 타인에게 전달 또는 외부 반출하는 경우는 부정 처리합니다.
- 시험 중 부주의 또는 고의로 시스템을 파손한 경우는 수험자가 변상해야 하며, <수험자 유의사항>에 기재된 방법대로 이행하지 않아 생기는 불이익은 수험생 당사자의 책임임을 알려 드립니다.
- 문제의 조건은 MS오피스 2021 버전으로 설정되어 있으며 MS오피스 2016은【 】에 표기되어 있습니다. 이와 관련하여 작성한 답안의 출력형태가 문제지와 다를 수 있습니다.
- 시험을 완료한 수험자는 답안파일이 전송되었는지 확인한 후 감독위원의 지시에 따라 문제지를 제출하고 퇴실합니다.

답 안 작 성 요 령

- 온라인 답안 작성 절차
  수험자 등록 ⇒ 시험 시작 ⇒ 답안파일 저장 ⇒ 답안 전송 ⇒ 시험 종료
- 문제는 총 4단계, 즉 제1작업부터 제4작업까지 구성되어 있으며 반드시 제1작업부터 순서대로 작성하고 조건대로 작업하시오.
- 모든 작업시트의 A열은 열 너비 '1'로, 나머지 열은 적당하게 조절하시오.
- 모든 작업시트의 테두리는 ≪출력형태≫와 같이 작업하시오.
- 해당 작업란에서는 각각 제시된 조건에 따라 ≪출력형태≫와 같이 작업하시오.
- 답안 시트 이름은 "제1작업", "제2작업", "제3작업", "제4작업"이어야 하며 답안 시트 이외의 것은 감점 처리됩니다.
- 각 시트를 파일로 나누어 작업해서 저장할 경우 실격 처리됩니다.

[제 1 작업] 표 서식 작성 및 값 계산 (240점)

☞ 다음은 '컵라면 가격 및 판매수량'에 대한 자료이다. 자료를 입력하고 조건에 맞도록 작업하시오.

출력형태

A	B	C	D	E	F	G	H	I	J	K
1							확인	담당	대리	과장
2		컵라면 가격 및 판매수량								
3										
4	제품코드	제품명	제조사	용기	판매가격	환산가격(1g)	판매수량(단위:개)	순위	뚜껑	
5	NG43-411	너구리	농심	종이(외면)	1,240원	6.8	1,562	(1)	(2)	
6	NP96-451	신라면	농심	폴리스틸렌	800원	7.7	2,465	(1)	(2)	
7	PL11-542	롯데라면컵	팔도	종이(외면)	750원	7.6	954	(1)	(2)	
8	RT27-251	진라면순한맛	오뚜기	종이(외면)	950원	7.0	2,056	(1)	(2)	
9	DT49-211	참깨라면	오뚜기	종이(외면)	840원	8.6	1,625	(1)	(2)	
10	PL13-252	손짬뽕컵	팔도	폴리스틸렌수지	1,280원	11.0	865	(1)	(2)	
11	PL11-422	공화춘짬뽕	팔도	폴리스틸렌	1,280원	11.1	1,245	(1)	(2)	
12	NA21-451	육개장	농심	폴리스틸렌	850원	11.0	1,432	(1)	(2)	
13	종이(외면) 용기 제품의 개수			(3)			최저 판매수량(단위:개)		(5)	
14	오뚜기 제품의 판매가격 평균			(4)		제품코드	NG43-411	판매가격	(6)	

조건

○ 모든 데이터의 서식에는 글꼴(굴림, 11pt), 정렬은 숫자 및 회계 서식은 오른쪽 정렬, 나머지 서식은 가운데 정렬로 작성하며 예외적인 것은 《출력형태》를 참조하시오.
○ 제 목 ⇒ 도형(사각형 : 잘린 위쪽 모서리)과 그림자(오프셋: 오른쪽)를 이용하여 작성하고 "컵라면 가격 및 판매수량"을 입력한 후 다음 서식을 적용하시오(글꼴-굴림, 24pt, 검정, 굵게, 채우기-노랑).
○ 임의의 셀에 결재란을 작성하여 그림으로 복사 기능을 이용하여 붙이기 하시오(단, 원본 삭제).
○ 「B4:J4, G14, I14」 영역은 '주황'으로 채우기 하시오.
○ 유효성 검사를 이용하여 「H14」 셀에 제품코드(「B5:B12」 영역)가 선택 표시되도록 하시오.
○ 셀 서식 ⇒ 「F5:F12」 영역에 셀 서식을 이용하여 숫자 뒤에 '원'을 표시하시오(예 : 1,240원).
○ 「F5:F12」 영역에 대해 '판매가격'으로 이름정의를 하시오.

◎ (1)~(6) 셀은 반드시 <u>주어진 함수를 이용하여</u> 값을 구하시오(결과값을 직접 입력하면 해당 셀은 0점 처리됨).
(1) 순위 ⇒ 판매수량의 내림차순 순위를 구하시오(RANK.EQ 함수).
(2) 뚜껑 ⇒ 제품코드의 마지막 글자가 1이면 '폴리에틸렌', 2이면 '에틸렌초산비닐'로 구하시오(CHOOSE, RIGHT 함수).
(3) 종이(외면) 용기 제품의 개수 ⇒ 결과값에 '개'를 붙이시오. 단, 조건은 입력 데이터를 이용하시오(DCOUNTA 함수, & 연산자)(예 : 1개).
(4) 오뚜기 제품의 판매가격 평균 ⇒ 정의된 이름(판매가격)을 이용하여 구하시오(SUMIF, COUNTIF 함수).
(5) 최저 판매수량(단위:개) ⇒ (MIN 함수)
(6) 판매가격 ⇒ 「H14」 셀에서 선택한 제품코드에 대한 판매가격을 구하시오(VLOOKUP 함수).
(7) 조건부 서식의 수식을 이용하여 판매가격이 '1,000' 이상인 행 전체에 다음의 서식을 적용하시오(글꼴 : 파랑, 굵게).

[제 2 작업] 목표값 찾기 및 서식   80점

☞ "제1작업" 시트의 「B4:H12」 영역을 복사하여 "제2작업" 시트의 「B2」 셀부터 모두 붙여넣기를 한 후 다음의 조건과 같이 작업하시오.

조건

(1) 목표값 찾기 – 「B11:G11」 셀을 병합하고 가운데 맞춤한 후 "농심의 판매가격 평균"을 입력하고, 「H11」 셀에 농심의 판매가격 평균을 구하시오. 단, 조건은 입력 데이터를 이용하시오(DAVERAGE 함수, 테두리).
 – '농심의 판매가격 평균'이 '970'이 되려면 너구리의 판매가격이 얼마가 되어야 하는지 목표값을 구하시오.

(2) 고급 필터 – 제품코드가 'P'로 시작하면서 환산가격(1g)이 '11' 이상인 자료의 제품명, 제조사, 판매가격, 환산가격(1g), 판매수량(단위:개) 데이터만 추출하시오.
 – 조건 범위 : 「B14」 셀부터 입력하시오.
 – 복사 위치 : 「B18」 셀부터 나타나도록 하시오.

[제 3 작업] 정렬 및 부분합   80점

☞ "제1작업" 시트의 「B4:H12」 영역을 복사하여 "제3작업" 시트의 「B2」 셀부터 모두 붙여넣기를 한 후 다음의 조건과 같이 작업하시오.

조건

(1) 부분합 – ≪출력형태≫처럼 정렬하고, 제품명의 개수와 판매수량(단위:개)의 평균을 구하시오.
(2) 개요 – 지우시오.
(3) 나머지 사항은 ≪출력형태≫에 맞게 작성하시오.

출력형태

A	B	C	D	E	F	G	H
	제품코드	제품명	제조사	용기	판매가격	환산가격(1g)	판매수량(단위:개)
	PL11-542	롯데라면컵	팔도	종이(외면)	750원	7.6	954
	PL13-252	손짬뽕컵	팔도	폴리스틸렌수지	1,280원	11.0	865
	PL11-422	공화춘짬뽕	팔도	폴리스틸렌	1,280원	11.1	1,245
			팔도 평균				1,021
		3	팔도 개수				
	RT27-251	진라면순한맛	오뚜기	종이(외면)	950원	7.0	2,056
	DT49-211	참깨라면	오뚜기	종이(외면)	840원	8.6	1,625
			오뚜기 평균				1,841
		2	오뚜기 개수				
	NG43-411	너구리	농심	종이(외면)	1,240원	6.8	1,562
	NP96-451	신라면	농심	폴리스틸렌	800원	7.7	2,465
	NA21-451	육개장	농심	폴리스틸렌	850원	11.0	1,432
			농심 평균				1,820
		3	농심 개수				
			전체 평균				1,526
		8	전체 개수				

[제 4 작업] 그래프 100점

☞ "제1작업" 시트를 이용하여 조건에 따라 ≪출력형태≫와 같이 작업하시오.

조건

(1) 차트 종류 ⇒ 〈묶은 세로 막대형〉으로 작업하시오.
(2) 데이터 범위 ⇒ "제1작업" 시트의 내용을 이용하여 작업하시오.
(3) 위치 ⇒ "새 시트"로 이동하고, "제4작업"으로 시트 이름을 바꾸시오.
(4) 차트 디자인 도구 ⇒ 레이아웃 3, 스타일 1을 선택하여 ≪출력형태≫에 맞게 작업하시오.
(5) 영역 서식 ⇒ 차트 : 글꼴(굴림, 11pt), 채우기 효과(질감-파랑 박엽지)
   그림 : 채우기(흰색, 배경 1)
(6) 제목 서식 ⇒ 차트 제목 : 글꼴(굴림, 굵게, 20pt), 채우기(흰색, 배경 1), 테두리
(7) 서식 ⇒ 판매수량(단위:개) 계열의 차트 종류를 〈표식이 있는 꺾은선형〉으로 변경한 후 보조 축으로 지정하시오.
   계열 : ≪출력형태≫를 참조하여 표식(세모, 크기 10)과 레이블 값을 표시하시오.
   눈금선 : 선 스타일-파선
   축 : ≪출력형태≫를 참조하시오.
(8) 범례 ⇒ 범례명을 변경하고 ≪출력형태≫를 참조하시오.
(9) 도형 ⇒ '말풍선: 모서리가 둥근 사각형'을 삽입한 후 ≪출력형태≫와 같이 내용을 입력하시오.
(10) 나머지 사항은 ≪출력형태≫에 맞게 작성하시오.

출력형태

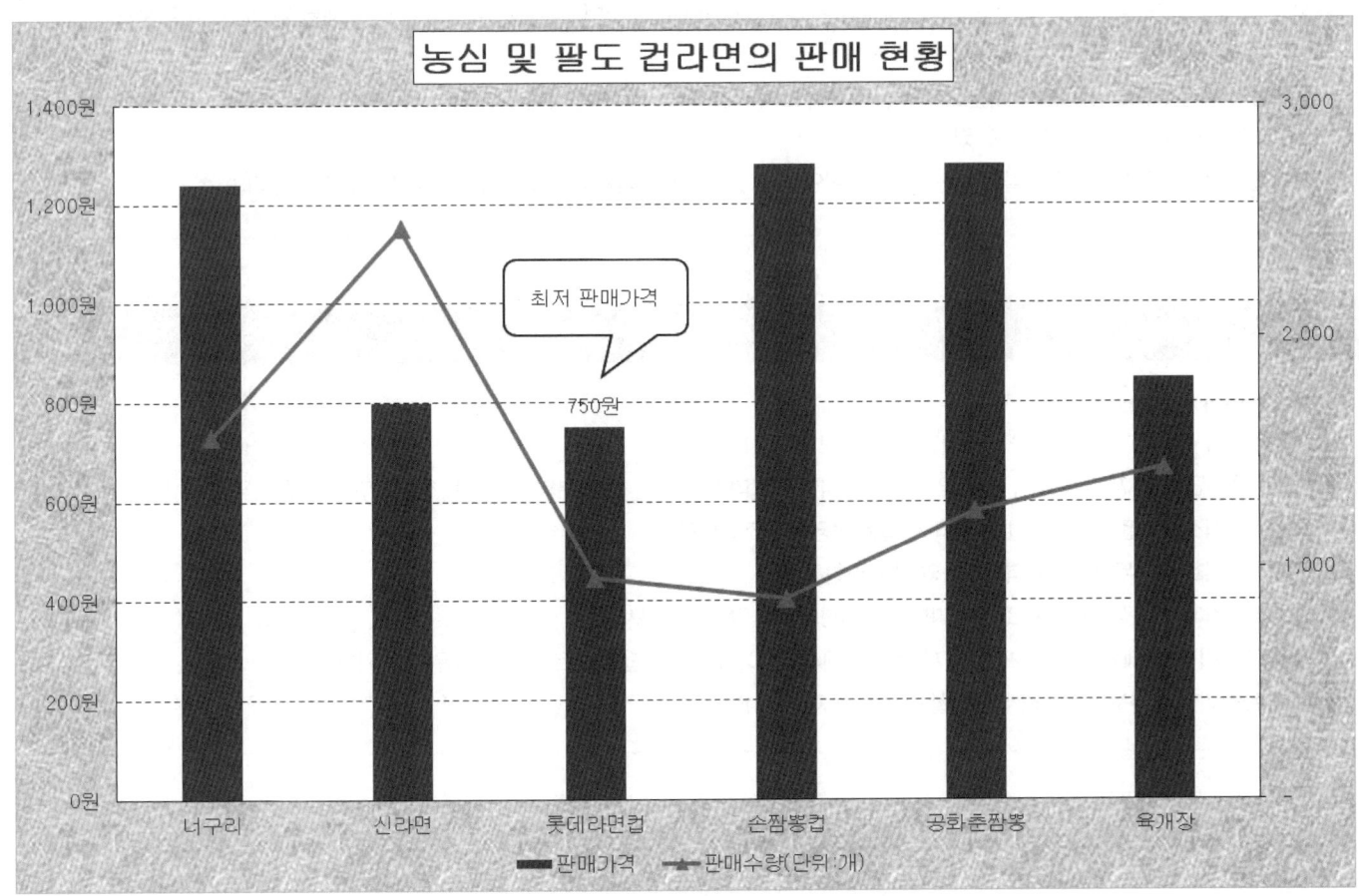

주의 시트명 순서가 차례대로 "제1작업", "제2작업", "제3작업", "제4작업"이 되도록 할 것.

기출문제

과목	코드	문제유형	시험시간	수험번호	성명
한글엑셀	1122	A	60분	12342030	

수험자 유의사항

- 수험자는 문제지를 받는 즉시 문제지와 **수험표상의 시험과목(프로그램), 버전이 동일한지 반드시 확인**하여야 합니다.
- 파일명은 본인의 "수험번호-성명"으로 입력하여 답안폴더(내 PC\문서\ITQ)에 하나의 파일로 저장해야 하며, 답안문서 파일명이 "수험번호-성명"과 일치하지 않거나, 답안파일을 전송하지 않아 미제출로 처리될 경우 실격입니다(예 : 12345678-홍길동.xlsx).
- 답안 작성을 마치면 파일을 저장하고, '답안 전송' 버튼을 선택하여 감독위원 PC로 답안을 전송하십시오. 수험생 정보와 저장한 파일명이 다를 경우 전송되지 않으므로 주의하시기 바랍니다.
- 답안 작성 중에도 **주기적으로 저장하고 답안을 전송**하여야 문제 발생을 줄일 수 있습니다. 작업한 내용을 저장하지 않고 전송할 경우 이전에 저장된 내용이 전송되오니 이점 유의하시기 바랍니다.
- 답안문서는 지정된 경로 외의 다른 보조기억장치에 저장하는 경우, 지정된 시험 시간 외에 작성된 파일을 활용할 경우, 기타 통신수단(이메일, 메신저, 네트워크 등)을 이용하여 타인에게 전달 또는 외부 반출하는 경우는 부정 처리합니다.
- 시험 중 부주의 또는 고의로 시스템을 파손한 경우는 수험자가 변상해야 하며, 〈수험자 유의사항〉에 기재된 방법대로 이행하지 않아 생기는 불이익은 수험생 당사자의 책임임을 알려 드립니다.
- 문제의 조건은 MS오피스 2021 버전으로 설정되어 있으며 MS오피스 2016은【 】에 표기되어 있습니다. 이와 관련하여 작성한 답안의 출력형태가 문제지와 다를 수 있습니다.
- 시험을 완료한 수험자는 답안파일이 전송되었는지 확인한 후 감독위원의 지시에 따라 문제지를 제출하고 퇴실합니다.

답 안 작 성 요 령

- 온라인 답안 작성 절차
  수험자 등록 ⇒ 시험 시작 ⇒ 답안파일 저장 ⇒ 답안 전송 ⇒ 시험 종료
- 문제는 총 4단계, 즉 제1작업부터 제4작업까지 구성되어 있으며 반드시 제1작업부터 순서대로 작성하고 조건대로 작업하시오.
- 모든 작업시트의 A열은 열 너비 '1'로, 나머지 열은 적당하게 조절하시오.
- 모든 작업시트의 테두리는 ≪출력형태≫와 같이 작업하시오.
- 해당 작업란에서는 각각 제시된 조건에 따라 ≪출력형태≫와 같이 작업하시오.
- 답안 시트 이름은 "제1작업", "제2작업", "제3작업", "제4작업"이어야 하며 답안 시트 이외의 것은 감점 처리됩니다.
- 각 시트를 파일로 나누어 작업해서 저장할 경우 실격 처리됩니다.

[제 1 작업] 표 서식 작성 및 값 계산 (240점)

☞ 다음은 '주요 국제 영화제 개최 현황'에 대한 자료이다. 자료를 입력하고 조건에 맞도록 작업하시오.

출력형태

	A	B	C	D	E	F	G	H	I	J
1								결재	선임	책임	팀장
2		주요 국제 영화제 개최 현황									
3											
4		관리코드	영화제 명칭	주최국	대륙	1회 개막일자	예상 관객수	개최 횟수 (단위:회)	개최 순위	비고
5		T6522	토론토 국제	캐나다	북미	1976-10-18	500,000명	47	(1)	(2)
6		B8241	베를린 국제	독일	유럽	1951-06-06	500,000명	72	(1)	(2)
7		B1543	베이징 국제	중국	아시아	2011-04-23	300,000명	12	(1)	(2)
8		B1453	부산 국제	한국	아시아	1996-09-13	180,000명	27	(1)	(2)
9		J6653	전주 국제	한국	아시아	2000-04-28	80,000명	23	(1)	(2)
10		S6323	선댄스	미국	북미	1985-01-20	70,000명	38	(1)	(2)
11		F7351	칸	프랑스	유럽	1946-09-20	650,000명	75	(1)	(2)
12		V2411	베네치아 국제	이탈리아	유럽	1932-08-06	700,000명	79	(1)	(2)
13		최대 개최 횟수(단위:회)			(3)			북미 대륙 예상 관객수 평균			(5)
14		한국 영화제 개최 횟수(단위:회) 평균			(4)			관리코드	T6522	주최국	(6)

조건

○ 모든 데이터의 서식에는 글꼴(굴림, 11pt), 정렬은 숫자 및 회계 서식은 오른쪽 정렬, 나머지 서식은 가운데 정렬로 작성하며 예외적인 것은 ≪출력형태≫를 참조하시오.
○ 제 목 ⇒ 도형(평행 사변형)과 그림자(오프셋: 아래쪽)를 이용하여 작성하고 "주요 국제 영화제 개최 현황"을 입력한 후 다음 서식을 적용하시오(글꼴-굴림, 24pt, 검정, 굵게, 채우기-노랑).
○ 임의의 셀에 결재란을 작성하여 그림으로 복사 기능을 이용하여 붙이기 하시오(단, 원본 삭제).
○ 「B4:J4, G14, I14」 영역은 '주황'으로 채우기 하시오.
○ 유효성 검사를 이용하여 「H14」 셀에 관리코드(「B5:B12」 영역)가 선택 표시되도록 하시오.
○ 셀 서식 ⇒ 「G5:G12」 영역에 셀 서식을 이용하여 숫자 뒤에 '명'을 표시하시오(예 : 500,000명).
○ 「D5:D12」 영역에 대해 '주최국'으로 이름정의를 하시오.

◎ (1)~(6)셀은 반드시 <u>주어진 함수를 이용하여</u> 값을 구하시오(결과 값을 직접 입력하면 해당 셀은 0점 처리됨).
(1) 개최 순위 ⇒ 1회 개막일자의 오름차순 순위를 구한 결과값에 '위'를 붙이시오(RANK.EQ 함수 , & 연산자)(예 : 1위).
(2) 비고 ⇒ 관리코드의 마지막 글자가 1이면 '세계3대', 2이면 '세계4대' 그 외에는 공백으로 구하시오(IF, RIGHT 함수).
(3) 최대 개최 횟수(단위:회) ⇒ (MAX 함수)
(4) 한국 영화제 개최 횟수(단위:회) 평균 ⇒ 정의된 이름 주최국(주최국)을 이용하여 구하시오(SUMIF, COUNTIF 함수).
(5) 북미 대륙 예상 관객수 평균 ⇒ 조건은 입력 데이터를 이용하시오(DAVERAGE 함수).
(6) 주최국 ⇒ 「H14」 셀에서 선택한 관리코드에 대한 주최국을 구하시오(VLOOKUP 함수).
(7) 조건부 서식의 수식을 이용하여 예상 관객수가 '100,000' 이하인 행 전체에 다음의 서식을 적용하시오(글꼴 : 파랑, 굵게).

[제 2 작업] 필터 및 서식 (80점)

☞ "제1작업" 시트의 「B4:H12」 영역을 복사하여 "제2작업" 시트의 「B2」 셀부터 모두 붙여넣기를 한 후 다음의 조건과 같이 작업하시오.

조건

(1) 고급 필터 – 대륙이 '북미'이거나, 개최 횟수(단위:회)가 '20' 이하인 자료의 영화제 명칭, 주최국, 예상 관객수, 개최 횟수(단위:회) 데이터만 추출하시오.
　　　 – 조건 범위 : 「B14」셀부터 입력하시오.
　　　 – 복사 위치 : 「B18」셀부터 나타나도록 하시오.
(2) 표 서식 – 고급 필터의 결과 셀을 채우기 없음으로 설정한 후 '황금색, 표 스타일 보통 5'의 서식을 적용하시오.
　　　　　 – 머리글 행, 줄무늬 행을 적용하시오.

[제 3 작업] 피벗 테이블 (80점)

☞ "제1작업" 시트를 이용하여 "제3작업" 시트에 조건에 따라 ≪출력형태≫와 같이 작업하시오.

조건

(1) 개최 횟수(단위:회) 및 대륙별 관리코드의 개수와 예상 관객수의 평균을 구하시오.
(2) 개최 횟수(단위:회)를 그룹화하고 대륙을 ≪출력형태≫와 같이 정렬하시오.
(3) 레이블이 있는 셀 병합 및 가운데 맞춤 적용과 빈 셀은 '**'로 표시하시오.
(4) 행의 총합계는 지우고 나머지 사항은 ≪출력형태≫에 맞게 작성하시오.

출력형태

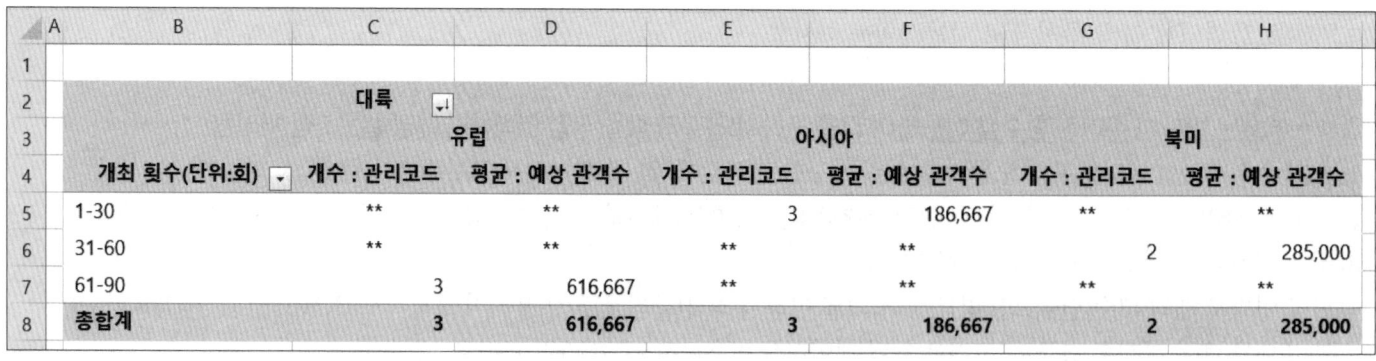

[제 4 작업] 그래프   100점

☞ "제1작업" 시트를 이용하여 조건에 따라 ≪출력형태≫와 같이 작업하시오.

조건

(1) 차트 종류 ⇒ 〈묶은 세로 막대형〉으로 작업하시오.
(2) 데이터 범위 ⇒ "제1작업" 시트의 내용을 이용하여 작업하시오.
(3) 위치 ⇒ "새 시트"로 이동하고, "제4작업"으로 시트 이름을 바꾸시오.
(4) 차트 디자인 도구 ⇒ 레이아웃 3, 스타일 1을 선택하여 ≪출력형태≫에 맞게 작업하시오.
(5) 영역 서식 ⇒ 차트 : 글꼴(굴림, 11pt), 채우기 효과(질감-파랑 박엽지)
               그림 : 채우기(흰색, 배경 1)
(6) 제목 서식 ⇒ 차트 제목 : 글꼴(굴림, 굵게, 20pt), 채우기(흰색, 배경 1), 테두리
(7) 서식 ⇒ 개최 횟수(단위:회) 계열의 차트 종류를 〈표식이 있는 꺾은선형〉으로 변경한 후 보조 축으로 지정하시오.
       계열 : ≪출력형태≫를 참조하여 표식(세모, 크기 10)과 레이블 값을 표시하시오.
       눈금선 : 선 스타일-파선
       축 : ≪출력형태≫를 참조하시오.
(8) 범례 ⇒ 범례명을 변경하고 ≪출력형태≫를 참조하시오.
(9) 도형 ⇒ '말풍선: 모서리가 둥근 사각형'을 삽입한 후 ≪출력형태≫와 같이 내용을 입력하시오.
(10) 나머지 사항은 ≪출력형태≫에 맞게 작성하시오.

출력형태

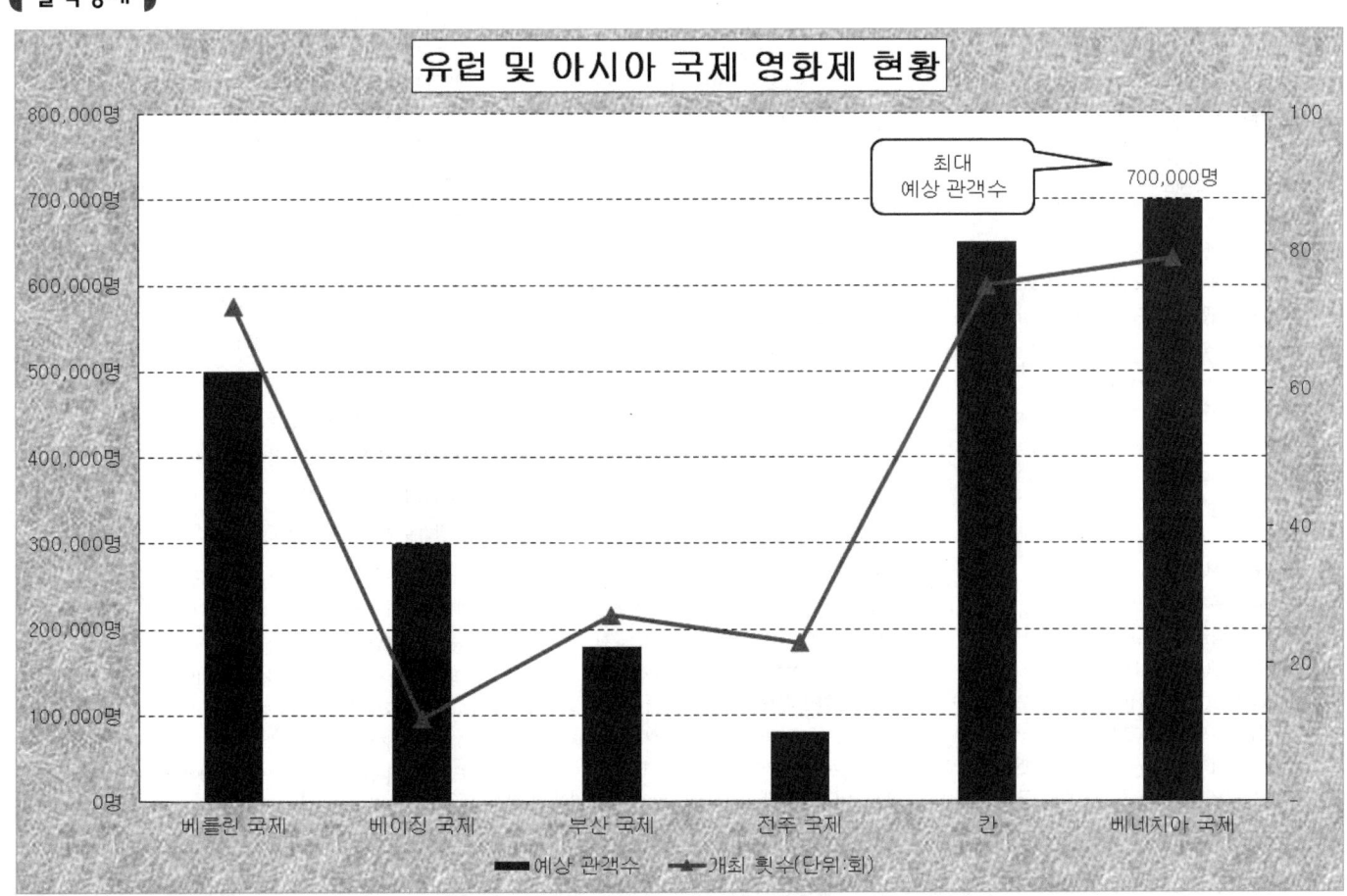

주의   시트명 순서가 차례대로 "제1작업", "제2작업", "제3작업", "제4작업"이 되도록 할 것.

교재로 채택하여 강의 중인 컴퓨터학원입니다.

[서울특별시]

한양IT전문학원(서대문구 홍제동 330-54)
유림컴퓨터학원(성동구 성수1가 1동 656-251)
아이콘컴퓨터학원(은평구 갈현동 390-8)
송파컴퓨터회계학원(송파구 송파동 195-6)
강북정보처리학원(은평구 대조동 6-9호)
아이탑컴퓨터학원(구로구 개봉1동 65-5)
신영진컴퓨터학원(구로구 신도림동 437-1)
방학컴퓨터학원(도봉구 방학3동 670)
아람컴퓨터학원(동작구 사당동 우성2차 09상가)
국제컴퓨터학원(서초구 서초대로73길54 디오빌 209호)
백상컴퓨터학원(구로구 구로1동 314-1 극동상가 4층)
엔젤컴퓨터학원(도봉구 창2동 581-28)
독립문컴퓨터학원(종로구 무악동 47-4)
문성컴퓨터학원(동작구 대방동 335-16 대방빌딩 2층)
대건정보처리학원(강동구 명일동 347-3)
제6세대컴퓨터학원(송파구 석촌동 252-5)
명문컴퓨터학원(도봉구 쌍문2동 56)
영우컴퓨터학원(도봉구 방학1동 680-8)
바로컴퓨터학원(강북구 수유2동 245-4)
뚝섬컴퓨터학원(성동구 성수1가2동)
오성컴퓨터학원(광진구 자양3동 553-41)
해인컴퓨터학원(광진구 구의2동 30-15)
푸른솔컴퓨터학원(광진구 자양2동 645-5)
희망컴퓨터학원(광진구 구의동)
경일웹컴퓨터학원(중랑구 신내동 665)
현대정보컴퓨터학원(양천구 신정5동 940-38)
보노컴퓨터학원(관악구 서림동 96-48)
스마트컴퓨터학원(도봉구 창동 9-1)
모드산업디자인학원(노원구 상계동 724)
미주컴퓨터학원(구로구 구로5동 528-7)
미래컴퓨터학원(구로구 개봉2동 403-217)
중앙컴퓨터학원(구로구 구로동 437-1 성보빌딩 3층)
고려아트컴퓨터학원(송파구 거여동 554-3)
노노스창업교육학원(서초구 양재동 16-6)
우신컴퓨터학원(성동구 홍익동 210)
무궁화컴퓨터학원(성동구 행당동 245번지 3층)
영일컴퓨터학원(금천구 시흥1동 838-33호)
셀파컴퓨터회계학원(송파구 송파동 97-43 3층)
지현컴퓨터학원(구로구 구로3동 188-5)

[인천광역시]

이컴IT.회계전문학원(남구 도화2동 87-1)
대성정보처리학원(계양구 효성1동 295-1 3층)
상아컴퓨터학원(경명대로 1124 명인프라자1, 501호)
명진컴퓨터학원(계양구 계산동 946-10 덕수빌딩 6층)
한나래컴퓨터디자인학원(계양구 임학동 6-1 4층)
효성한맥컴퓨터학원(계양구 효성1동 77-5 신한뉴프라자 4층)
시대컴퓨터학원(남동구 구월동 1225-36 롯데프라자 301-1)
피엘컴퓨터학원(남동구 구월동 1249)
하이미디어아카데미(부평구 부평동 199-24 2층)
부평IT멀티캠퍼스학원(부평구 부평5동 199-24 4, 5층)
돌고래컴퓨터아트학원(부평구 산곡동 281-53 풍성프라자 402, 502호)
미래컴퓨터학원(부평구 산곡1동 180-390)
가인정보처리학원(부평구 삼산동 391-3)
서부연세컴퓨터학원(서구 가좌1동 140-42 2층)
이컴학원(서구 석남1동 513-3 4층)
연희컴퓨터학원(서구 심곡동 303-1 새터빌딩 4층)
검단컴퓨터회계학원(서구 당하동 5블럭 5롯트 대한빌딩 4층)
진성컴퓨터학원(연수구 선학동 407 대영빌딩 6층)
길정보처리회계학원(중구 인현동 27-7 창대빌딩 4층)
대화컴퓨터학원(남동구 만수5동 925-11)
new중앙컴퓨터학원(계양구 임학동 6-23번지 3층)

[대전광역시]

학사컴퓨터학원(동구 판암동 203번지 리라빌딩 401호)
대승컴퓨터학원(대덕구 법동 287-2)
열린컴퓨터학원(대덕구 오정동 65-10 2층)
국민컴퓨터학원(동구 가양1동 579-11 2층)
용운컴퓨터학원(동구 용운동 304-1번지 3층)
굿아이컴퓨터학원(서구 가수원동 656-47번지 3층)
경성컴퓨터학원(서구 갈마2동 1408번지 2층)
경남컴퓨터학원(서구 도마동 경남(아)상가 301호)
둔산컴퓨터학원(서구 탄방동 734 3층)
로얄컴퓨터학원(유성구 반석동 639-4번지 웰빙타운 602호)
자운컴퓨터학원(유성구 신성동 138-8번지)
오원컴퓨터학원(중구 대흥동 205-2 4층)
계룡컴퓨터학원(중구 문화동 374-5)
제일정보처리학원(중구 은행동 139-5번지 3층)

[광주광역시]

태봉컴퓨터전산학원(북구 운암동 117-13)
광주서강컴퓨터학원(북구 동림동 1310)
다음정보컴퓨터학원(광산구 신창동 1125-3 건도빌딩 4층)
광주중앙컴퓨터학원(북구 문흥동 999-3)
국제정보처리학원(북구 중흥동 279-60)
굿아이컴퓨터학원(북구 용봉동 1425-2)
나라정보처리학원(남구 진월동 438-3 4층)
두암컴퓨터학원(북구 두암동 602-9)
디지털국제컴퓨터학원(동구 서석동 25-7)
매곡컴퓨터학원(북구 매곡동 190-4)
사이버컴퓨터학원(광산구 운남동 387-37)
상일컴퓨터학원(서구 상무1동 147번지 3층)
세종컴퓨터전산학원(남구 봉선동 155-6 5층)
송정중앙컴퓨터학원(광산구 송정2동 793-7 3층)
신한국컴퓨터학원(광산구 월계동 899-10번지)
에디슨컴퓨터학원(동구 계림동 85-169)
엔터컴퓨터학원(광산구 신가동1012번지 우미아파트상가 2층 201호)
염주컴퓨터학원(서구 화정동 1035 2층)
영진정보처리학원(서구 화정2동 신동아아파트 상가 3층 302호)
이지컴퓨터학원(서구 금호동 838번지)
일류정보처리학원(서구 금호동 741-1 시영1차아파트 상가 2층)
조이컴정보처리학원(서구 치평동 1184-2번지 골든타운 304호)
중앙컴퓨터학원(서구 화정2동 834-4번지 3층)
풍암넷피아정보처리학원(서구 풍암 1123 풍암빌딩 6층)
하나정보처리학원(북구 일곡동 830-6)
양산컴퓨터학원(북구 양산동 283-48)
한성컴퓨터학원(광산구 월곡1동 56-2)

[부산광역시]

신흥정보처리학원(사하구 당리동 131번지)
경원전산학원(동래구 사직동 45-37)
동명정보처리학원(남구 용호동 408-1)
메인컴퓨터학원(사하구 괴정4동 1119-3 희망빌딩 7층)
미래컴퓨터학원(사상구 삼락동 418-36)
미래i컴퓨터학원(부산진구 가야3동 301-8)
보성정보처리학원(사하구 장림2동 1052번지 삼일빌딩 2층)
영남컴퓨터학원(기장군 기장읍 대라리 97-14)
우성컴퓨터학원(사하구 괴정동 496-5 대원스포츠 2층)
중앙IT컴퓨터학원(북구 만덕2동 282-5번지)
하남컴퓨터학원(사하구 신평동 590-4)
다인컴퓨터학원(사하구 다대1동 933-19)
자유컴퓨터학원(동래구 온천3동 1468-6)
영도컴퓨터전산회계학원(영도구 봉래동3가 24번지 3층)
동아컴퓨터학원(사하구 당리동 303-11 5층)
동원컴퓨터학원(해운대구 재송동)
문현컴퓨터학원(남구 문현동 253-11)
삼성컴퓨터학원(북구 화명동 2316-1)

[대구광역시]

새빛캐드컴퓨터학원(달서구 달구벌대로 1704 삼정빌딩 7층)
해인컴퓨터학원(북구 동천동 878-3 2층)
셈틀컴퓨터학원(북구 동천동 896-3 3층)
대구컴퓨터캐드회계학원(북구 국우동 1099-1 5층)
동화컴퓨터학원(수성구 범물동 1275-1)
동화회계캐드컴퓨터학원(수성구 달구벌대로 3179 3층)
세방컴퓨터학원(수성구 범어1동 371번지 7동 301호)
네트컴퓨터학원(북구 태전동 409-21번지 3층)
배움컴퓨터학원(북구 복현2동 340-42번지 2층)
윤성컴퓨터학원(북구 복현2동 200-1번지)
명성탑컴퓨터학원(북구 침산2동 295-18번지)
911컴퓨터학원(달서구 달구벌대로 1657 4층)
메가컴퓨터학원(수성구 신매동 267-13 3층)
테라컴퓨터학원(수성구 달구벌대로 3090)

[울산광역시]
엘리트정보처리세무회계(중구 성남동 청송빌딩 2층~6층)
경남컴퓨터학원(남구 신정 2동 명성음악사3,4층)
다운컴퓨터학원(중구 다운동 776-4번지 2층)
대송컴퓨터학원(동구 대송동 174-11번지 방어진농협 대송지소 2층)
명정컴퓨터학원(중구 태화동 명정초등 BUS 정류장 옆)
크린컴퓨터학원(남구 울산병원근처-신정푸르지오 모델하우스 앞)
한국컴퓨터학원(남구 옥동 260-6번지)
한림컴퓨터학원(북구 봉화로 58 신화프라자 301호)
현대문화컴퓨터학원(북구 양정동 523번지 현대자동차문화회관 3층)
인텔컴퓨터학원(울주군 범서면 굴화리 49-5 1층)
대림컴퓨터학원(남구 신정4동 949-28 2층)
미래정보컴퓨터학원(울산시 남구 울산대학교앞 바보사거리 GS25 5층)
서진컴퓨터학원(울산시 남구 달동 1331-13 2층)
송샘컴퓨터학원(동구 방어동 281-1 우성현대 아파트상가 2, 3층)
에셋컴퓨터학원(북구 천곡동 410-6 아진복합상가 310호)
연세컴퓨터학원(남구 무거동 1536-11번지 4층)
홍천컴퓨터학원(남구 무거동(삼호동)1203-3번지)
IT컴퓨터학원(동구 화정동 855-2번지)
THC정보처리컴퓨터(울산시 남구 무거동 아이컨셉안경원 3, 4층)
TOPCLASS컴퓨터학원(울산시 동구 전하1동 301-17번지 2층)

[경기도]
샘물컴퓨터학원(여주군 여주읍 상리 331-19)
인서울컴퓨터디자인학원(안양시 동안구 관양2동 1488-35 골드빌딩 1201호)
경인디지털컴퓨터학원(부천시 원미구 춘의동 116-8 광덕프라자 3층)
에이팩스컴퓨터학원(부천시 원미구 상동 533-11 부건프라자 602호)
서울컴퓨터학원(부천시 소사구 송내동 523-3)
천재컴퓨터학원(부천시 원미구 심곡동 344-12)
대신IT컴퓨터학원(부천시 소사구 송내2동 433-25)
상아컴퓨터학원(부천시 소사구 괴안동 125-5 인광빌딩 4층)
우리컴퓨터전산회계디자인학원(부천시 원미구 심곡동 87-11)
좋은컴퓨터학원(부천시 소사구 소사본3동 277-38)
대명컴퓨터학원(부천시 원미구 중1동 1170 포도마을 삼보상가 3층)
한국컴퓨터학원(용인시 기흥구 구갈동 383-3)
삼성컴퓨터학원(안양시 만안구 안양1동 674-249 삼양빌딩 4층)
나래컴퓨터학원(안양시 만안구 안양5동 627-35 5층)
고색정보컴퓨터학원(수원시 권선구 고색동 890-169)
셀파컴퓨터회계학원(성남시 중원구 금광2동 4359 3층)
탑에듀컴퓨터학원(수원시 팔달구 팔달로2가 130-3 2층)
새빛컴퓨터학원(부천시 오정구 삼정동 318-10 3층)
부천컴퓨터학원(부천시 원미구 중1동 1141-5 다운타운빌딩 403호)
경원컴퓨터학원(수원시 영통구 매탄4동 성일아파트상가 3층)
하나탑컴퓨터학원(광명시 광명6동 374-10)
정수천컴퓨터학원(가평군 석봉로 139-1)
평택비트컴퓨터학원(평택시 비전동 756-14 2층)

[전라북도]
전주컴퓨터학원(전주시 완산구 삼천동1가 666-6)
세라컴퓨터학원(전주시 덕진구 우아동)
비트컴퓨터학원(전북 남원시 왕정동 45-15)
문화컴퓨터학원(전주시 덕진구 송천동 1가 480번지 비사벌빌딩 6층)
등용문컴퓨터학원(전주시 완산구 풍남동1가 15-6번지)
미르컴퓨터학원(전주시 덕진구 인후동1가 857-1 새마을금고 3층)
거성컴퓨터학원(군산시 명산동 14-17 반석신협 3층)
동양컴퓨터학원(군산시 나운동 487-9 SK5층)
문화컴퓨터학원(군산시 문화동 917-9)
하나컴퓨터학원(전주시 완산구 효자동1가 518-59번지 3층)
동양인터넷컴퓨터학원(전주시 완산구 삼천동1가 288-9번 203호)
골든벨컴퓨터학원(전주시 완산구 평화2동 893-1)
명성컴퓨터학원(군산시 나운1동792-4)
다울컴퓨터학원(군산시 나운동 667-7번지)
제일컴퓨터학원(남원시 도통동 583-4번지)
뉴월드컴퓨터학원(익산시 부송동 762-1 번지 1001안경원 3층)
젬컴퓨터학원(군산시 문화동 920-11)
문경컴퓨터학원(정읍시 연지동 32-11)
유일컴퓨터학원(전주시 덕진구 인후동 안골사거리 태평양약국 2층)
빌컴퓨터학원(군산시 나운동 809-1번지 라파빌딩 4층)
김상미컴퓨터학원(군산시 조촌동 903-1 시영아파트상가 2층)
아성컴퓨터학원(익산시 어양동 부영1차아파트 상가동 202호)
민컴퓨터학원(전주시 완산구 서신동 797-2번지 청담빌딩 5층)
제일컴퓨터학원(익산시 어양동 643-4번지 2층)
현대컴퓨터학원(익산시 동산동 1045-3번지 2층)
이지컴퓨터학원(군산시 동흥남동 404-8 1층)
비젼컴퓨터학원(익산시 동산동 607-4)
청어람컴퓨터학원(전주시 완산구 평화동2가 890-5 5층)
정컴퓨터학원(전주시 완산구 삼천동1가 592-1)
영재컴퓨터학원(전라북도 완주군 삼례읍 삼례리 923-23)
탑스터디컴퓨터학원(군산시 수송로 119 은하빌딩 3층)

[전라남도]
한성컴퓨터학원(여수시 문수동 82-1번지 3층)

[경상북도]
현대컴퓨터학원(경북 칠곡군 북삼읍 인평리 1078-6번지)
조은컴퓨터학원(경북 구미시 형곡동 197-2번지)
옥동컴퓨터학원(경북 안동시 옥동 765-7)
청어람컴퓨터학원(경북 영주시 영주2동 528-1)
21세기정보처리학원(경북 영주시 휴천2동 463-4 2층)
이지컴퓨터학원(경북 경주시 황성동 472-44)
한국컴퓨터학원(경북 상주시 무양동 246-5)
예일컴퓨터학원(경북 의성군 의성읍 중리리 714-2)
김복남컴퓨터학원(경북 울진군 울진읍 읍내4리 520-4)
유성정보처리학원(경북 예천군 예천읍 노하리 72-6)
제일컴퓨터학원(경북 군위군 군위읍 서부리 32-19)
미림-엠아이티컴퓨터학원(경북 포항시 북구 장성동 1355-4)
가나컴퓨터학원(경북 구미시 옥계동 631-10)
엘리트컴퓨터외국어스쿨학원(경북 경주시 동천동 826-11번지)
송현컴퓨터학원(안동시 송현동 295-1)

[경상남도]
송기웅전산학원(창원시 진해구 석동 654-3번지 세븐코아 6층 602호)
빌게이츠컴퓨터학원(창원시 성산구 안민동 163-5번지 풍전상가 302호)
예일학원(창원시 의창구 봉곡동 144-1 401~2호)
정우컴퓨터전산회계학원(창원시 성산구 중앙동 89-3)
우리컴퓨터학원(창원시 의창구 도계동 353-13 3층)
웰컴퓨터학원(김해시 장유면 대청리 대청프라자 8동 412호)
이지컴스쿨학원(밀양시 내이동 북성로 71 3층)
비사벌컴퓨터학원(창녕군 창녕읍 말홀리 287-1 1층)
늘샘컴퓨터학원(함양군 함양읍 용평리 694-5 신협 3층)
도울컴퓨터학원(김해시 삼계동 1416-4 2층)

[제주도]
하나컴퓨터학원(제주시 이도동)
탐라컴퓨터학원(제주시 연동)
클릭컴퓨터학원(제주시 이도동)

[강원도]
엘리트컴퓨터학원(강릉시 교1동 927-15)
권정미컴퓨터교습소(춘천시 춘천로 316 2층)
형제컴퓨터학원(속초시 조양동 부영아파트 3동 주상가 305-2호)
강릉컴퓨터교육학원(강릉시 임명로 180 3층 301호)

당신의 꿈을 실현시키는
최고의 맞춤 교육!!

전국컴퓨터교육협의회 추천 도서

자동 채점 프로그램+무료 동영상 강의+함수사전+함수집중연습 제공

컴퓨터 활용능력
2급 실기 2021 버전

한정수 지음 / 4×6배판 / 444쪽 / 23,000원

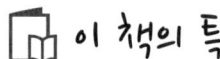 **이 책의 특징**

1. 전국컴퓨터교육협의회 추천도서
전국의 IT 교육을 책임지는 전국컴퓨터교육협의회 추천도서로, 많은 컴퓨터학원에서 본 도서를 기본 교재로 채택하여 강의하고 있습니다.

2. 자동 채점 프로그램([자료실]에서 다운로드)
자동 채점 프로그램을 제공하여 틀린 부분을 집중적으로 학습·보완하여 성적을 향상시킬 수 있도록 하였습니다.

3. 무료 동영상 강의 제공
전체 내용에 무료 동영상 강의를 제공하여 쉽고 확실하게 시험을 준비할 수 있도록 하였습니다(스마트폰으로도 학습 가능).

4. 따라하기식 기능 설명
출제 기준을 철저히 분석하여 출제 빈도가 높은 기능들을 따라하기식 설명으로 학습할 수 있도록 하였습니다.

5. 기출유형 모의고사 10회(11~15회 추가 PDF 파일 제공)
Part 1~4에서 익힌 시험에 나오는 기능을 토대로 시험에 출제되는 다양한 기능과 형태를 익혀 어떠한 문제가 출제되더라도 해결할 수 있도록 학습효과를 높였습니다.

6. 최신 기출문제 10회
최신 기출문제를 풀어봄으로써 최근 출제경향을 파악하고 수검자의 실력을 확인할 수 있도록 하였습니다.

7. '함수집중연습'과 '함수사전'
중요한 함수 부분의 추가 학습을 위하여 '함수집중연습'과 '함수사전'을 자료실에서 다운로드하여 학습할 수 있습니다.
또한, 강사용 학습자료에는 문제 지시사항을 포함하였기에 멀티미디어 강의 시 편의성을 높였습니다.

쇼핑몰 QR코드 ▶ 다양한 전문서적을 빠르고 신속하게 만나실 수 있습니다.
경기도 파주시 문발로 112번지 파주 출판 문화도시   TEL. 031)950-6300   FAX. 031)955-0510

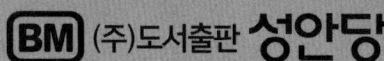

"ITQ 한글 2020/2022"

☑ 시험기준에 딱 맞춘
  맞춤형 교재!

☑ 효율적으로 공부하고
  확실히 합격할 수 있는
  필수 교재!

☑ 고득점 합격을 보장
  하는 완성형 교재!

"ITQ 2021"

쇼핑몰 QR코드 ▶다양한 전문서적을 빠르고 신속하게 만나실 수 있습니다.
경기도 파주시 문발로 112 파주 출판 문화도시(제작 및 물류)   TEL. 031) 950-6300
서울시 마포구 양화로 127 첨단빌딩 3층(출판기획 R&D센터)   TEL. 02) 3142-0036

BM (주)도서출판 성안당

자동채점 프로그램과 무료 동영상 강의 제공

iTQ마스터종합서
엑셀 2021

- **자동채점 프로그램 및 답안작성 프로그램([자료실]에서 다운로드)**
  자동채점 프로그램을 제공하여 틀린 부분을 집중적으로 학습·보완하여 성적을 향상시킬 수 있도록 하였으며, 답안작성 프로그램을 제공하여 실제 시험을 치르는 것처럼 프로그램을 사용하여 문제를 풀 수 있도록 하였습니다.

- **무료 동영상 강의 제공([자료실]에서 다운로드)**
  무료 동영상 강의를 제공하여 쉽고 확실하게 시험을 준비할 수 있도록 하였습니다 (스마트폰으로도 학습 가능).

- **A등급을 받기 위한 Tip**
  한국생산성본부에서 발표한 자주 틀리는 항목과 좋은 점수를 얻기 위한 Tip을 수록하여 A등급을 받을 수 있도록 하였습니다.

- **따라하면서 배우는 엑셀(무료 동영상 강의 제공)**
  기출문제를 따라해 보면서 시험의 시작부터 마무리까지 진행 절차와 필요 기능을 학습할 수 있도록 하였습니다.

- **연습문제**
  이론에 따른 Level Upgrade 연습문제로 기능을 쉽게 배울 수 있도록 하였습니다.

- **기출유형 모의고사 10회(무료 동영상 강의 제공)**
  Part 1에서 학습한 시험에 나오는 엑셀 기능을 토대로 시험에 출제되는 다양한 기능과 형태를 익혀 어떠한 문제가 출제되더라도 해결할 수 있도록 학습효과를 높였습니다.

- **기출문제 10회(무료 동영상 강의 제공)**
  최신 기출문제를 풀어봄으로써 최근 출제경향을 파악하고 수검자의 실력을 확인할 수 있도록 하였습니다.

BM Book Media Group
성안당은 선진화된 출판 및 영상교육 시스템을 구축하고
항상 연구하는 자세로 독자 앞에 다가갑니다.

자동채점 프로그램과 무료 동영상 강의 제공

백발백중 2026
추천도서
전국컴퓨터교육협의회

ITQ마스터종합서
파워포인트 2021

한정수, IT연구회 지음

★무료★
동영상 강의교재
[자료실]에서 제공
·스마트폰 수강가능·

1. 자동채점프로그램 답안작성프로그램 제공
2. 전 과정 무료 동영상 강의 제공
3. 학습자료 제공

BM (주)도서출판 성안당

백발백중 ITQ 마스터종합서
(한글 2022 + 엑셀 2021 + 파워포인트 2021 사용자용)

"자동채점프로그램, 무료 동영상 강의 제공"

백발백중
대한민국 대표
★IT수험서★

추천도서
전국컴퓨터교육협의회

- ✓ 시험기준에 딱 맞춘 맞춤형 교재!
- ✓ 효율적으로 공부하고 확실히 합격할 수 있는 필수 교재!
- ✓ 고득점 합격을 보장하는 완성형 교재!

iTQ 마스터종합서
한글2022+엑셀2021+파워포인트2021

한정수, 박윤정 지음 / 국배변형판 / 640쪽 / 34,000원

전국컴퓨터교육협의회 추천 도서!

1. 세 과목을 한 번에
ITQ 한글 2022, 엑셀 2021, 파워포인트 2021을 하나의 책으로 묶어 구성하였으며, 각 과목을 따로 분리하여 사용할 수 있게 제작하였습니다.

2. 전국컴퓨터교육협의회 추천도서
전국의 IT 교육을 책임지는 컴퓨터학원 모임인 전국컴퓨터교육협의회에서 도서의 내용과 구성 등에 참여하였고, 전국의 많은 컴퓨터학원에서 본 도서를 기본 교재로 추천하여 강의하고 있습니다.

3. 자동채점 프로그램 및 답안작성 프로그램([자료실]에서 다운로드)
자동채점 프로그램을 제공하여 틀린 부분을 집중적으로 학습·보완하여 성적을 향상시킬 수 있도록 하였으며, 답안작성 프로그램을 제공하여 실제 시험을 치르는 것처럼 프로그램을 사용하여 문제를 풀 수 있도록 하였습니다.

4. 무료 동영상 강의 제공([자료실]에서 다운로드)
무료 동영상 강의를 제공하여 쉽고 확실하게 시험을 준비할 수 있도록 하였습니다. 특히, 교재 본문에 QR코드를 표시하여 스마트폰으로도 학습할 수 있게 하였습니다.

5. A등급을 받기 위한 Tip
한국생산성본부에서 발표한 자주 틀리는 항목과 좋은 점수를 얻기 위한 Tip을 수록하여 A등급을 받을 수 있도록 하였습니다.

6. 따라하면서 배우는 기능(무료 동영상 강의 제공)
기출문제를 따라해 보면서 시험의 시작부터 마무리까지 진행 절차와 필요 기능을 학습할 수 있도록 하였습니다 ([자료실]에서 다운로드).

7. 기출유형 모의고사 10회(무료 동영상 강의 제공)
Part 1에서 익힌 시험에 나오는 기능을 토대로 시험에 출제되는 다양한 기능과 형태를 익혀 어떠한 문제가 출제되더라도 해결할 수 있도록 학습효과를 높였습니다.

8. 기출문제 10회(무료 동영상 강의 제공)
최신 기출문제를 풀어봄으로써 최근 출제경향을 파악하고 수검자의 실력을 확인할 수 있도록 하였습니다.

쇼핑몰 QR코드 ▶ 다양한 전문서적을 빠르고 신속하게 만나실 수 있습니다.

경기도 파주시 문발로 112 파주 출판 문화도시(제작 및 물류) TEL. 031) 950-6300
서울시 마포구 양화로 127 첨단빌딩 3층(출판기획 R&D센터) TEL. 02) 3142-0036

BM (주)도서출판 성안당

자동채점 프로그램과 무료 동영상 강의 제공

iTQ 마스터종합서
파워포인트
2021

한정수, IT연구회 지음

IT연구회
해당 분야의 IT 전문 컴퓨터학원과 전문가 선생님들이 최선의 책을 출간하고자 만든 집필/감수 전문연구회로서, 수년간의 강의 경험과 노하우를 수험생 여러분에게 전달하고자 최선을 다하고 있습니다. IT연구회에 참여를 원하시는 선생님이나 교육기관은 ccd770@hanmail.net으로 언제든지 연락주십시오. 좋은 교재를 만들기 위해 많은 선생님들의 참여를 부탁드립니다.

구경화_IT 전문강사	권경철_IT 전문강사	김선숙_IT 전문강사
김수현_IT 전문강사	김 숙_IT 전문강사	김시령_IT 전문강사
김현숙_IT 전문강사	남궁명주_IT 전문강사	노란주_IT 전문강사
류은순_IT 전문강사	민지희_IT 전문강사	문경순_IT 전문강사
박봉기_IT 전문강사	박상휘_IT 전문강사	박은주_IT 전문강사
문현철_IT 전문강사	백천식_IT 전문강사	변진숙_IT 전문강사
송기웅_IT 및 SW전문강사	송희원_IT 전문강사	신동수_IT 전문강사
신영진_신영진컴퓨터학원장	윤정아_IT 전문강사	이강용_IT 전문강사
이리라_IT 전문강사	이은미_IT 전문강사	임선자_IT 전문강사
장명희_IT 전문강사	장은경_ITQ 전문강사	장은주_IT 전문강사
전미정_IT 전문강사	조영식_IT 전문강사	조완희_IT 전문강사
조정례_IT 전문강사	차영란_IT 전문강사	최갑인_IT 전문강사
최은영_IT 전문강사	황선애_IT 전문강사	김건석_교육공학박사
김미애_강릉컴퓨터교육학원장	노일종_안양여성인력개발센터	은일신_충주열린학교 IT 전문강사
양은숙_경남도립남해대학 IT 전문강사	엄영숙_권선구청 IT 전문강사	옥향미_인천여성의광장 IT 전문강사
이은직_인천대학교 IT 전문강사	조은숙_동안여성회관 IT 전문강사	최윤석_용인직업전문교육원장
홍효미_다산직업전문학교		

BM (주)도서출판 성안당

■ 도서 A/S 안내

성안당에서 발행하는 모든 도서는 저자와 출판사, 그리고 독자가 함께 만들어 나갑니다.

좋은 책을 펴내기 위해 많은 노력을 기울이고 있습니다. 혹시라도 내용상의 오류나 오탈자 등이 발견되면 **"좋은 책은 나라의 보배"**로서 우리 모두가 함께 만들어 간다는 마음으로 연락주시기 바랍니다. 수정 보완하여 더 나은 책이 되도록 최선을 다하겠습니다.

성안당은 늘 독자 여러분들의 소중한 의견을 기다리고 있습니다. 좋은 의견을 보내주시는 분께는 성안당 쇼핑몰의 포인트(3,000포인트)를 적립해 드립니다.

잘못 만들어진 책이나 부록 등이 파손된 경우에는 교환해 드립니다.

저자 문의 e-mail : thismore@hanmail.net(한정수)
본서 기획자 e-mail : coh@cyber.co.kr(최옥현)
홈페이지 : http://www.cyber.co.kr   전화 : 031) 950-6300

자료 다운로드 및 자료파일 구조

다운로드 | 학습 자료 내려받기

1. 성안당 사이트(www.cyber.co.kr)에서 로그인한 후 [자료실]을 클릭합니다.

2. 『ITQ』를 입력하고, 『2026 백발백중 파워포인트 2021』을 클릭합니다.

자료 다운로드 및 자료파일 구조

3. 『315-8363-1.zip』과 『315-8363-2.zip』을 클릭하여 자료를 다운로드한 후 반드시 압축 파일을 해제하고 사용합니다.

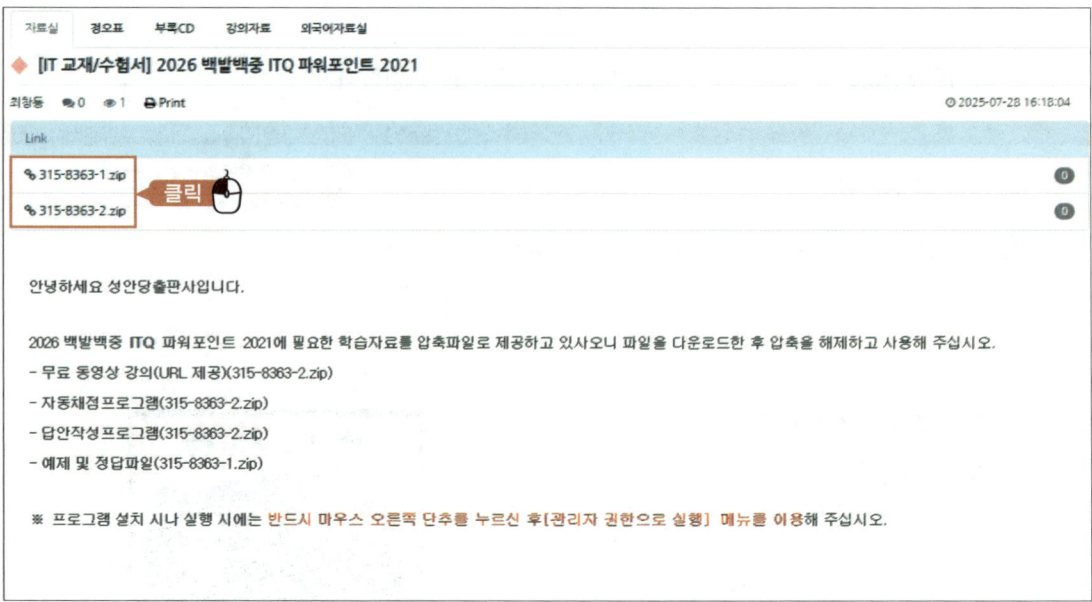

4. 자료파일 구조

① 소스/정답 파일 : Part1~3까지의 소스/정답 파일을 제공합니다.

② [picture] 폴더 : 답안 작성에 필요한 이미지를 제공합니다.

③ [답안작성프로그램] 폴더 : 답안작성 프로그램 설치파일이 있습니다.

④ [동영상강의] 폴더 : 무료 동영상 강의 파일을 제공합니다.

⑤ [자동채점프로그램] 폴더 : 자동채점 프로그램 설치파일이 있습니다.

※ ③번과 ⑤번 프로그램은 마우스 오른쪽 단추를 클릭하신 후 [관리자 권한 실행]을 클릭하여 설치하시기 바랍니다.

자동채점 프로그램 설치 및 사용법

1 자동채점 프로그램 설치

1 ITQ_엑셀-파워포인트(2021).exe 파일을 마우스 오른쪽 단추를 클릭한 후 [관리자 권한으로 실행] 메뉴를 클릭하여 설치합니다.

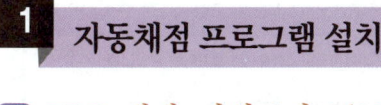

Check Point

실행 파일을 더블클릭하여 설치할 경우 에러가 발생할 수 있으므로, 반드시 [관리자 권한으로 실행] 메뉴를 클릭하여 설치해야 합니다.

2 [성안당 ITQ 채점프로그램 설치] 대화상자에서 [다음]을 클릭합니다.

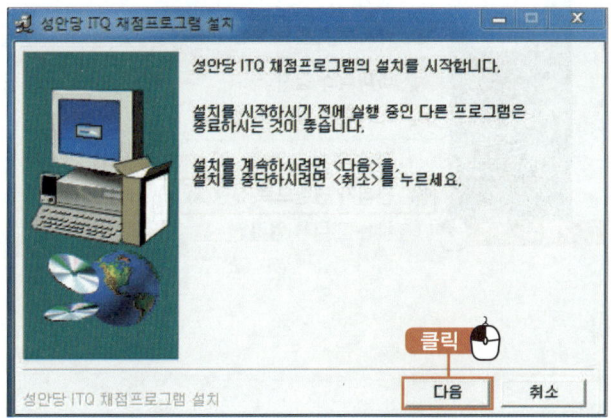

3 [성안당 ITQ 채점프로그램 설치] 대화상자에서 프로그램을 설치할 폴더를 확인한 후 [설치 시작]을 클릭합니다.

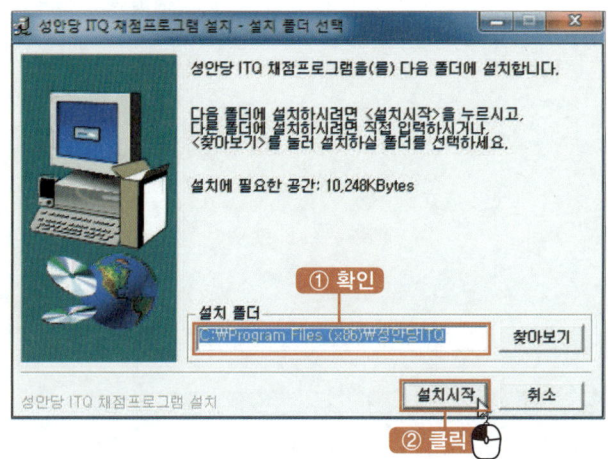

자동채점 프로그램 설치 및 사용법

4 설치가 완료되면 컴퓨터를 재시작하여 설치를 완료합니다.

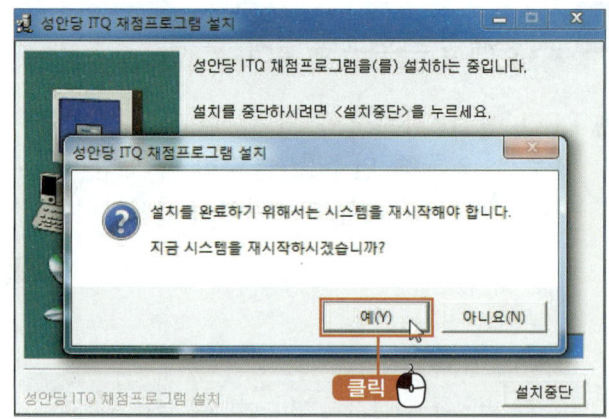

2 자동채점 프로그램 사용법

1 바탕화면의 [성안당 ITQ(2021) 엑셀-파워포인트 채점프로그램] 아이콘을 마우스 오른쪽 버튼을 클릭한 후 [관리자 권한으로 실행] 메뉴를 클릭하여 실행합니다.

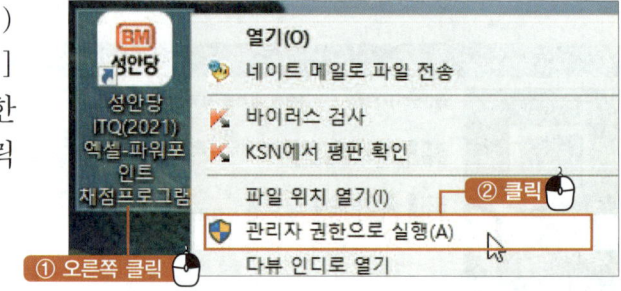

2 [문제 선택] 란에서 문제 회차를 선택합니다.

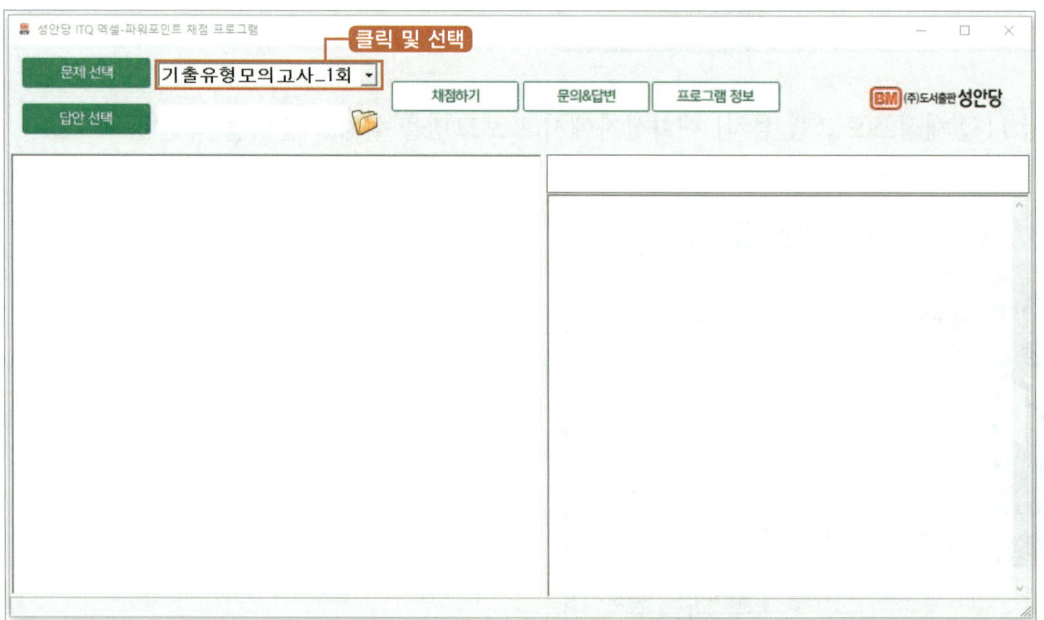

자동채점 프로그램 설치 및 사용법

3 [답안 선택] 란에서 아이콘을 클릭한 후 [답안 파일 선택] 대화상자에서 작성한 정답 파일을 선택하여 연결합니다.

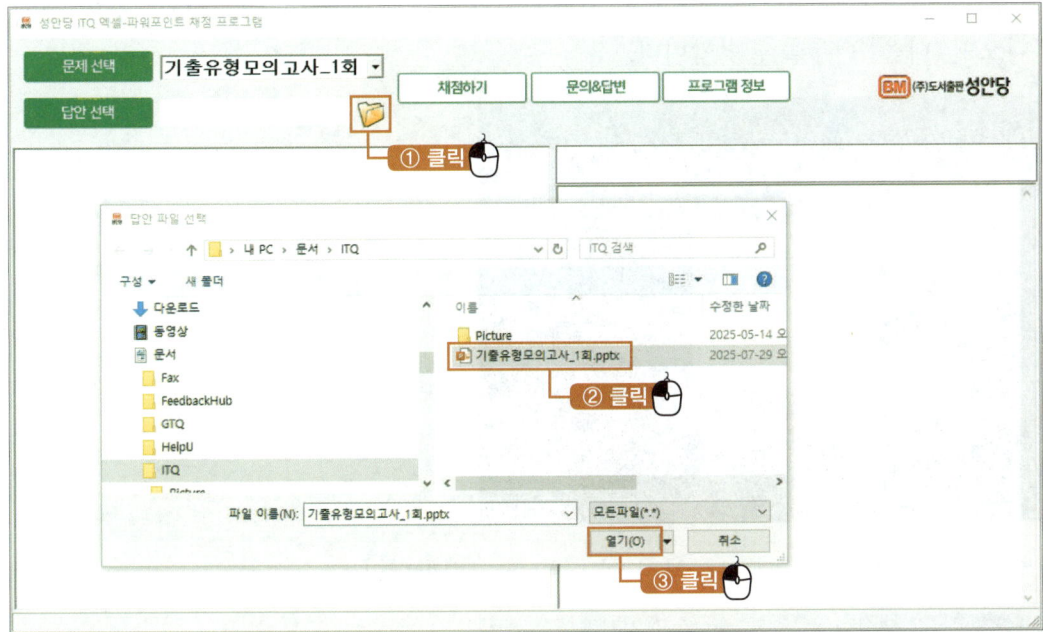

4 [채점하기] 단추를 누르면 채점이 진행됩니다. 왼쪽 화면에서 틀린 부분은 빨간색으로 표시되며, 해당 카테고리를 클릭하면 오른쪽 화면에 감점 내용이 표시됩니다.

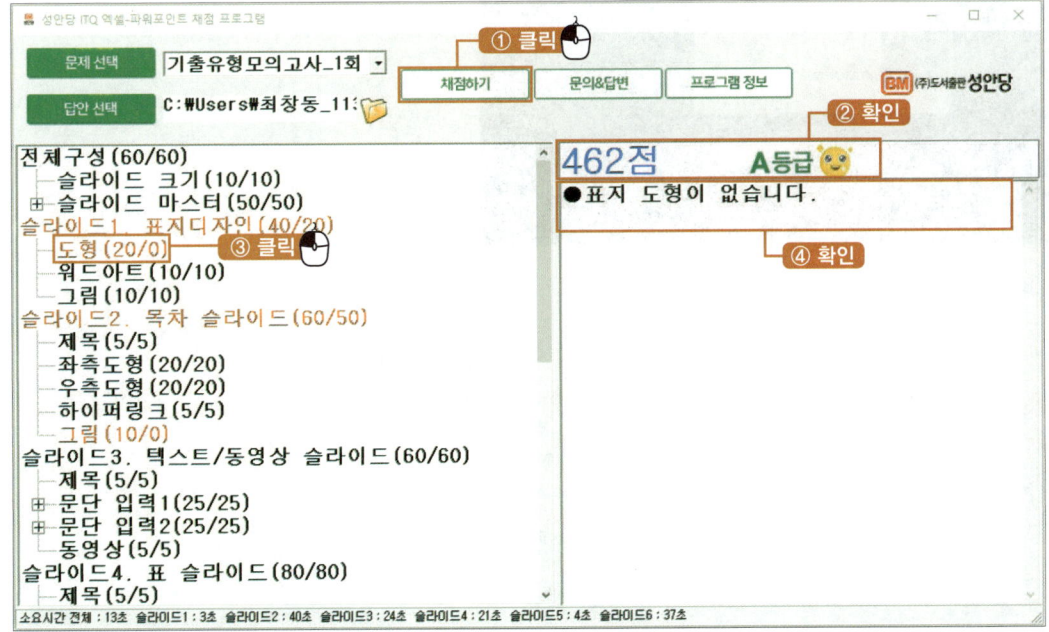

답안작성 프로그램 설치 및 사용법

단계 1 답안작성 프로그램 설치

1 [자료실]에서 다운로드한 'KOAS수험자용(성안당)' 파일을 더블클릭한 후 그림과 같이 설치 화면이 나오면 [다음] 단추를 클릭합니다.

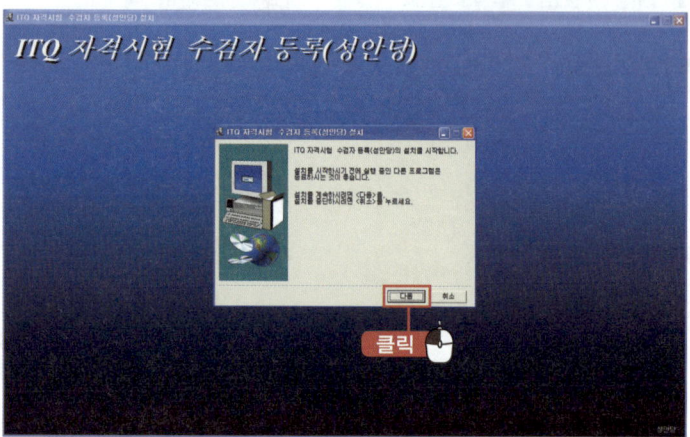

2 프로그램 설치 폴더를 확인한 후 [설치시작] 단추를 클릭합니다.

3 설치가 끝나면 [확인] 단추를 클릭합니다.

4 바탕화면에 'ITQ 수험자용' 바로 가기 아이콘이 생성됩니다.

※ 기존 답안작성 프로그램을 삭제하지 않고 ITQ의 다른 과목(엑셀, 파워포인트)에 수록된 답안 작성 프로그램을 중복 설치해 사용해도 됩니다.

답안작성 프로그램 설치 및 사용법

단계 2 답안작성 프로그램 사용

1. 바탕화면의 'KOAS 수험자용' 바로 가기 아이콘 을 더블클릭하여 실행합니다.

2. [수험자 등록] 대화상자에 수험번호를 입력하고 [확인] 단추를 클릭합니다(문제지의 수험번호를 입력합니다).

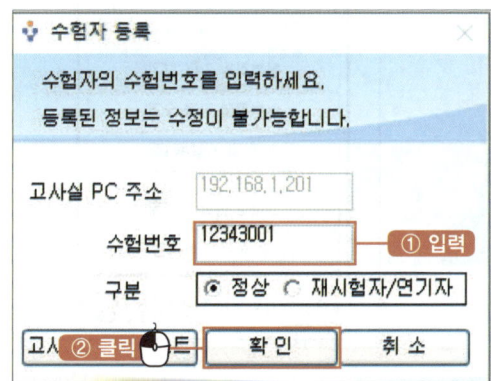

3. 시험 버전을 선택하고 [확인] 단추를 클릭합니다.

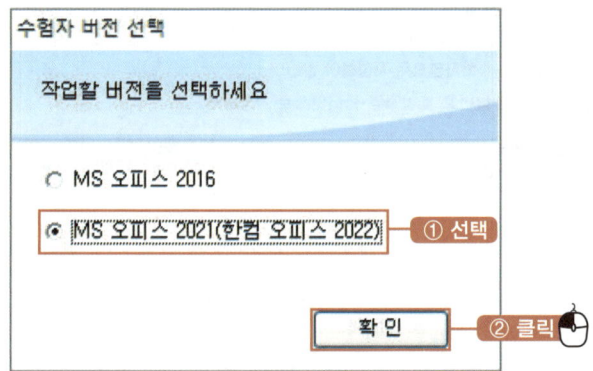

4. [수험자 정보] 창에서 수험번호, 성명, 수험과목, 좌석번호, 답안폴더를 확인하고 [확인] 단추를 클릭합니다.

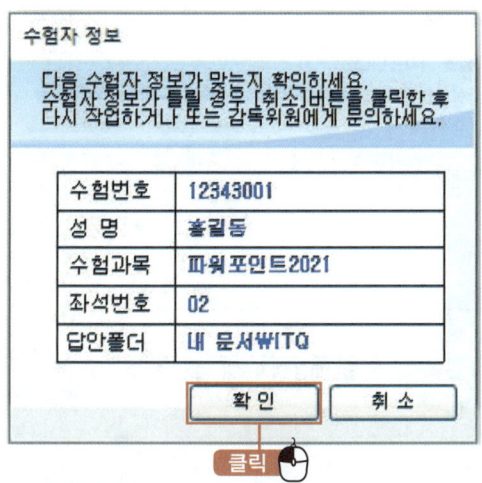

1-9

답안작성 프로그램 설치 및 사용법

5 감독관의 지시하에 시험이 시작되면 키보드의 아무 키나 클릭하여 시험을 시작합니다. 바탕화면의 오른쪽 상단에 답안작성 프로그램이 나타납니다.

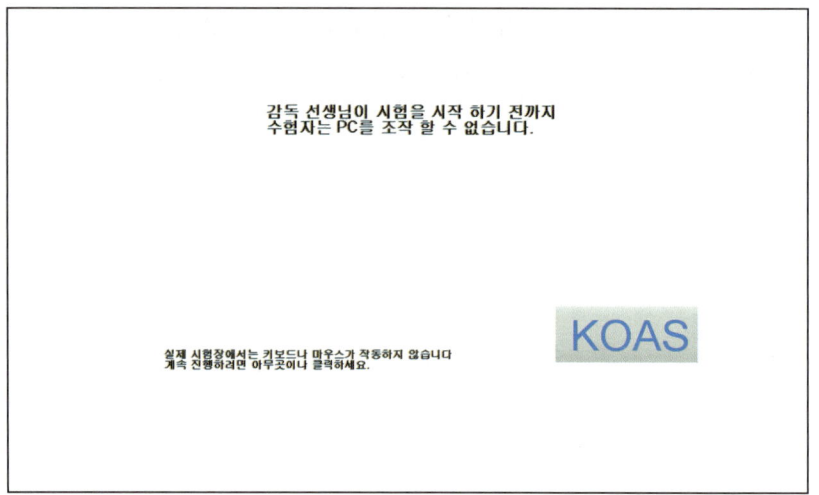 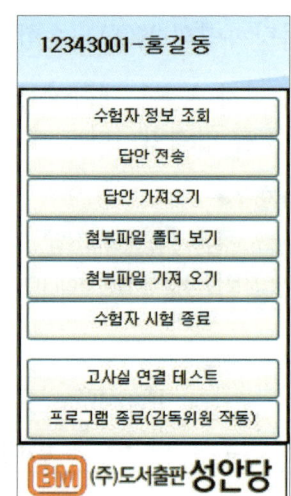

Check Point

답안작성 프로그램의 각 단추 설명

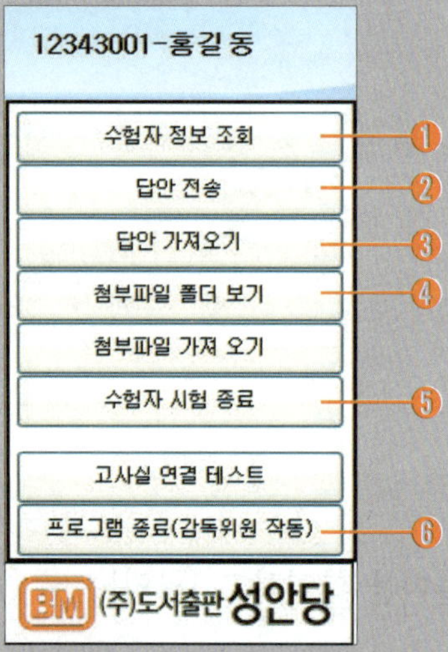

❶ 수험자 정보를 확인합니다.

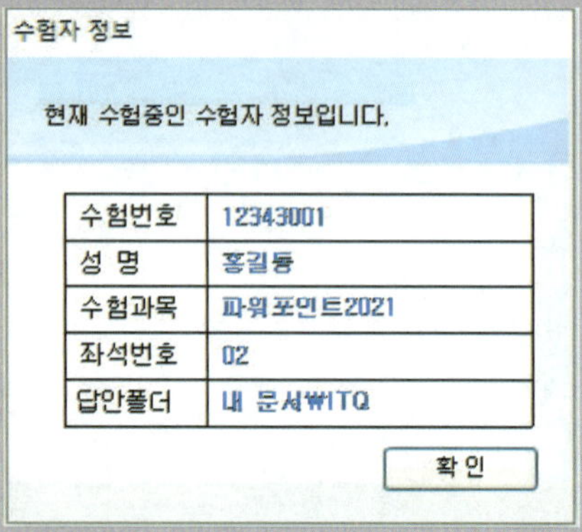

❷ 답안파일을 감독 PC로 전송합니다.

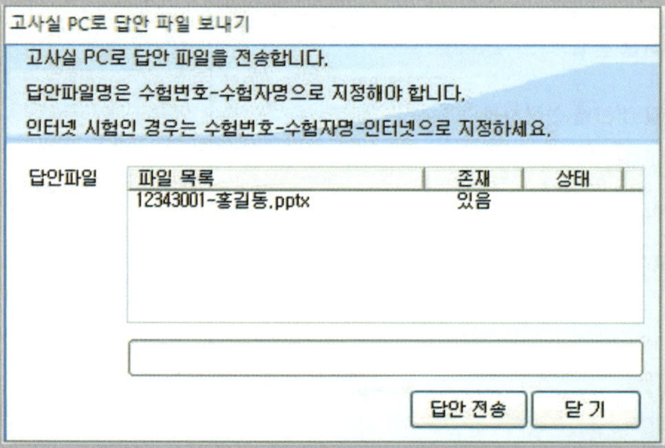

❸ 답안파일을 재전송해야 할 경우 기존에 작성한 답안 파일을 불러옵니다.

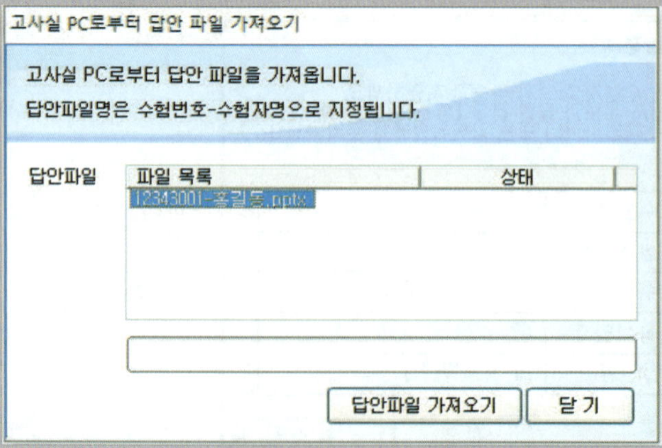

1-10

답안작성 프로그램 설치 및 사용법

Check Point

④ 시험에 사용될 그림 파일을 확인합니다.
⑤ [수험자 시험 종료] 단추 : 답안 전송을 하고 시험을 종료하려면 수험자가 클릭합니다.
⑥ [프로그램 종료(감독위원 작동)] 단추 : 실제 시험장에서 감독 위원이 사용하는 단추이므로 수험자는 사용하지 않습니다.

※ 답안작성 프로그램은 수험자의 이해를 돕기 위한 프로그램으로 네트워크 기능이 없습니다.

6 답안 작성은 파워포인트를 실행한 후 답안을 작성하며, '내 PC\문서\ITQ' 폴더에 저장합니다(수험번호-성명.확장자).

7 답안 작성이 끝났으면 답안작성 프로그램의 [답안 전송] 단추를 클릭한 후 파일을 확인하고 [답안 전송] 단추를 클릭합니다.

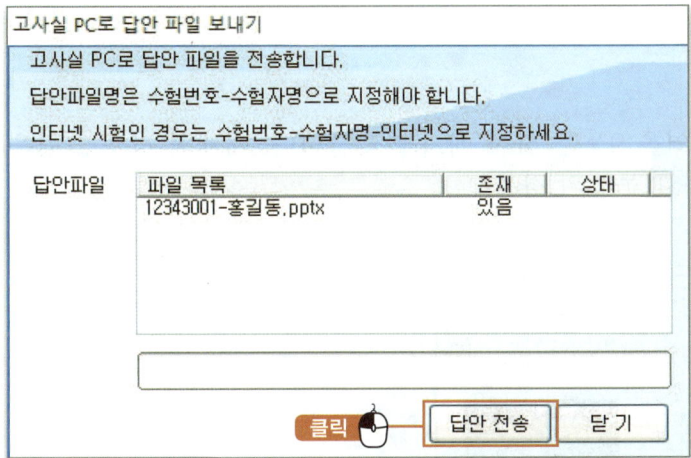

8 정답 파일이 정상적으로 감독 PC로 전송되면 상태에 '성공'이라고 표시됩니다. [닫기] 단추를 클릭합니다.

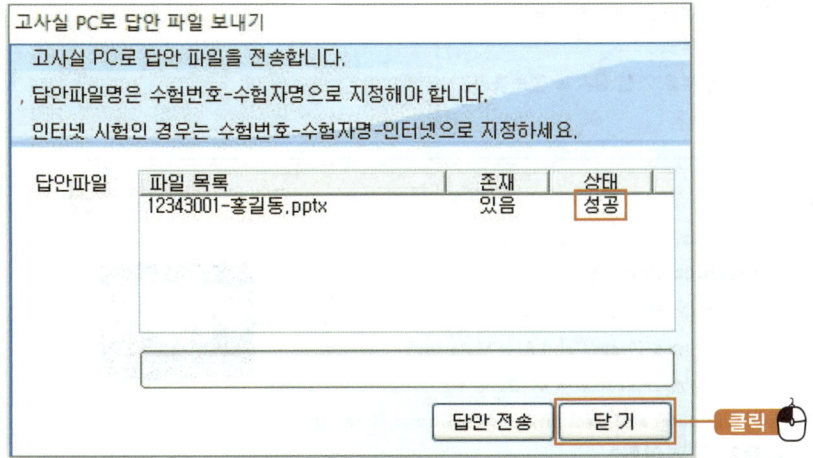

9 답안 전송이 끝났으면 [수험자 수험 종료] 단추를 클릭한 후 [ITQ 종료]와 [예]를 클릭하여 시험을 종료합니다.

1-11

A등급을 받기 위한 Tip

[공통사항]

1. KOAS 전송시 주의사항
   ※ 온라인 답안 작성 절차

   수험자 등록 ▶ 시험 시작 ▶ 수시로 답안 파일 저장 ▶ 답안 전송 ▶ 시험 종료

2. 모든 작업을 완성했는데 0점 처리되는 경우

   대부분 최종 작업에서 저장하지 않고 KOAS로 전송했을 경우에 해당됩니다. 반드시 저장한 후 전송하세요.

[ITQ 파워포인트 감점 유의사항]

1. 텍스트 및 동영상의 배치 감점

제목과 바닥글 영역을 뺀 슬라이드 영역을 9등분 하여 배치를 맞춥니다. 예제의 경우 그림은 3범위 내에 있어야 정답 처리됩니다(아래 문제의 경우).

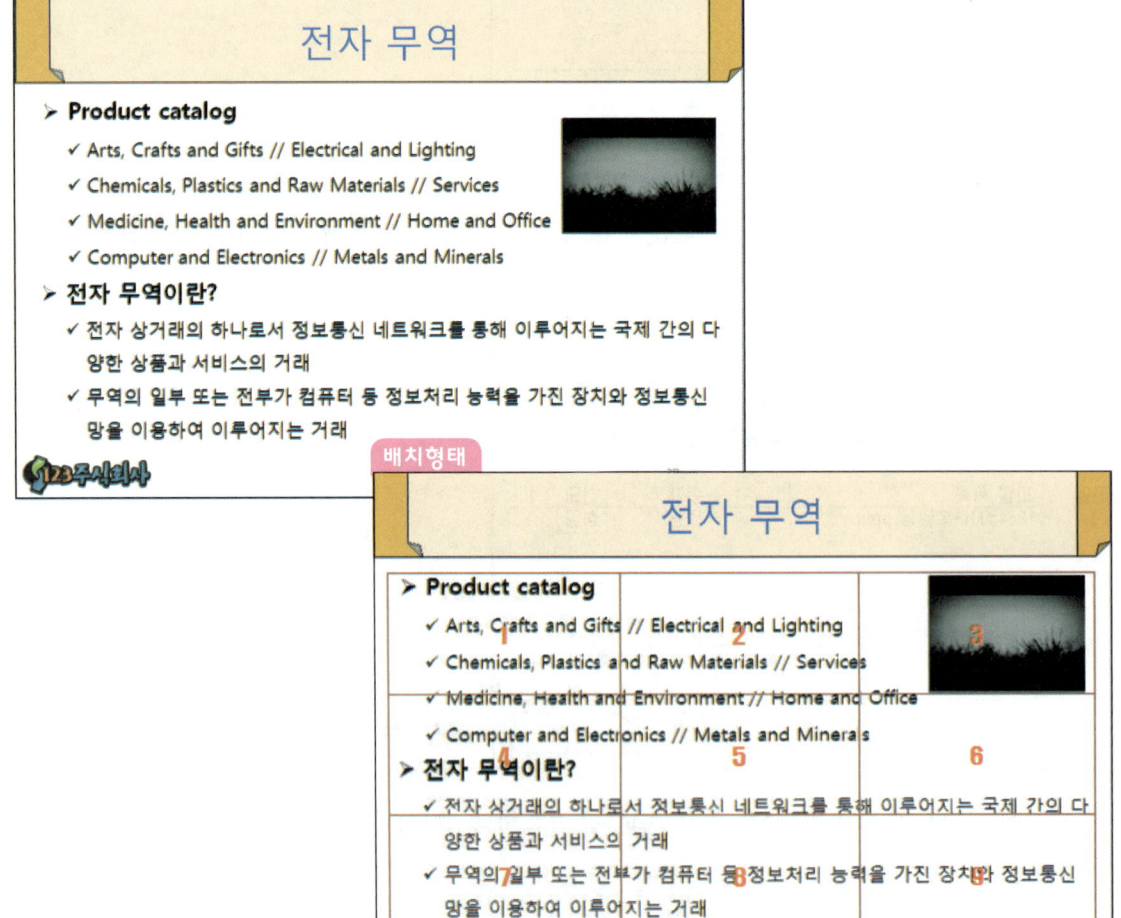

A등급을 받기 위한 Tip

2. 내어쓰기 감점

슬라이드3의 텍스트 상자는 눈금자를 이용하여 출력형태와 동일하게 작성하셔야 정답 처리 되나, 자동개행하여 오른쪽 부분이 맞춰지지 않는 부분은 감점되지 않습니다(단, 오른쪽 부분을 맞추기 위해 텍스트 상자 크기를 조절하거나, Shift + Enter 키를 이용하여 개행하여도 무방합니다)

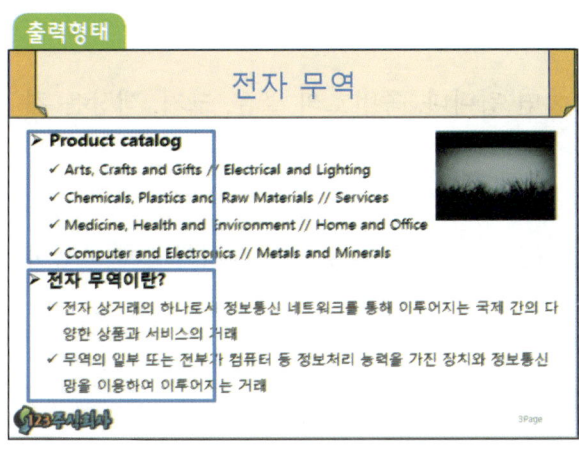
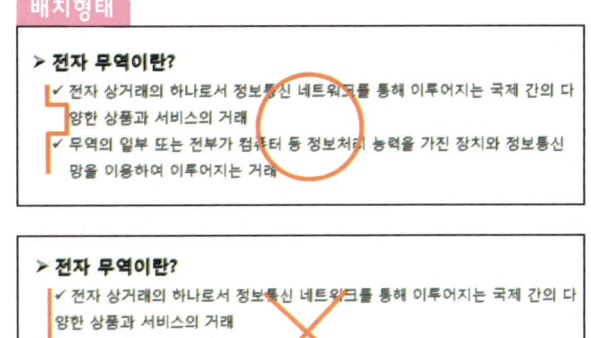

3. 차트

5번 슬라이드 차트는 지시사항대로 작성한 후에 반드시 출력형태와 비교하여 세부항목을 맞춰야 감점되지 않습니다.

- 감점1 : Y축 눈금선 없음 미적용
- 감점2 : 데이터 레이블 표시 미적용
- 감점3 : 소수점 자릿수 틀림

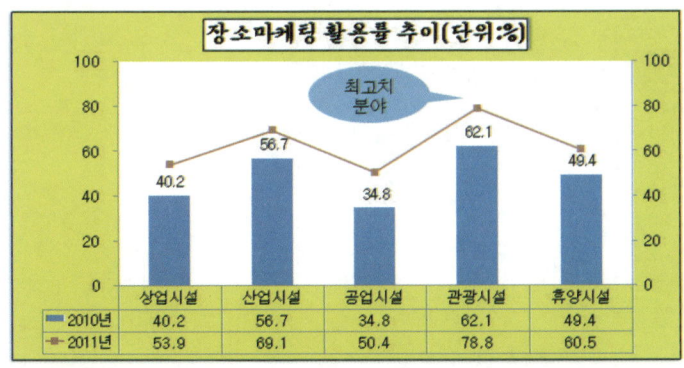
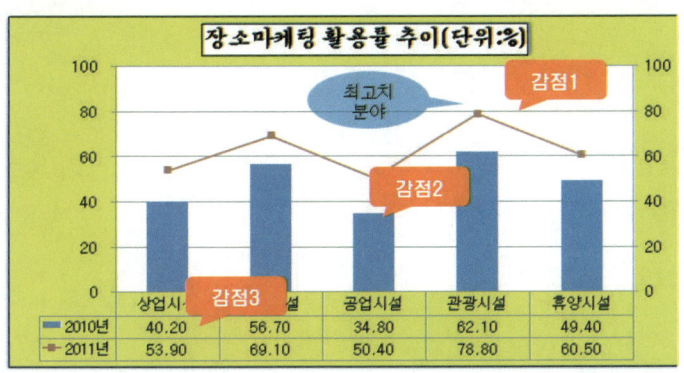

A등급을 받기 위한 Tip

[ITQ 파워포인트 Q&A]

Q1 도형의 윤곽선 및 색상
A1 도형 작성 시 기본값으로 작성하셔도 되며 출력형태를 고려하여 수험자가 보기 좋게 선 두께 및 색상을 변경하셔도 됩니다. 이는 채점 대상이 아닙니다.

Q2 슬라이드 쪽번호 글꼴 및 크기
A2 출력형태를 고려하여 수험자가 임의로 지정하면 됩니다. 쪽번호의 글꼴, 크기, 색상은 채점대상이 아닙니다.

Q3 슬라이드마스터 작성 시 레이아웃
A3 슬라이드마스터 작성은 지정된 레이아웃이 있는 것이 아닙니다. 어떤 레이아웃에 작성하던지 출력형태와 동일하게 작성하면 됩니다.

Q4 슬라이드3 - 영문텍스트를 입력 못 할 경우
A4 파워포인트의 텍스트 슬라이드는 영문/한글 따로 오타 채점됩니다.

Q5 슬라이드6 - 도형 채점
A5 도형 슬라이드에서는 도형명이 지시되어 있는 것이 아니므로 출력형태가 동일한 도형이라면 모두 정답 처리됩니다. 또한 텍스트 상자를 입력하여 작성해도 되며, 도형 안에 텍스트를 입력하여 작성해도 됩니다. 텍스트 색상은 흑백이 구분됨으로 스마트아트와 도형의 텍스트 색상은 출력형태와 동일하게 흑백 구분하여 작성해야 감점되지 않습니다.

시험안내

1. ITQ 시험과목

자격종목(과목)		프로그램 및 버전		등급	시험방식	시험시간
		S/W	공식버전			
ITQ정보 기술자격	아래한글	한컴오피스	2022/2020	A등급 B등급 C등급	PBT	60분
	한셀		2022			
	한쇼					
	MS워드	MS오피스	2021 2016			
	한글엑셀					
	한글액세스					
	한글파워포인트					
	인터넷	내장브라우저 IE8.0 이상				

※ PBT(Paper Based Testing) : 시험지를 통해 문제를 해결하는 시험방식

2. 시험 검정기준

A등급	B등급	C등급
500점 ~ 400점	399점 ~ 300점	299점 ~ 200점

3. 시험 출제기준

검정과목	문항	배점	출제기준
한글 파워포인트 /한쇼	전체 구성	60점	※전체 슬라이드 구성 내용을 평가 • 슬라이드 크기, 슬라이드 개수 및 순서, 슬라이드 번호, 그림 편집, 슬라이드 마스터 등 전체적인 구성 내용을 평가
	1. 표지 디자인	40점	※도형과 그림 이용한 제목 슬라이드 작성 능력 평가 • 도형 편집 및 그림 삽입, 도형 효과 • 워드아트(워드숍) • 로고삽입(투명한 색 설정 기능 사용)
	2. 목차 슬라이드	60점	※목차에 따른 하이퍼링크와 도형, 그림 배치 능력을 평가 • 도형 편집 및 효과 • 하이퍼링크 • 그림 편집
	3. 텍스트/동영상 슬라이드	60점	※테스트 간의 조화로운 배치 능력을 평가 • 텍스트 편집 / 목록수준 조절 / 글머리 기호 / 내어쓰기 • 동영상 삽입
	4. 표 슬라이드	80점	※파워포인트 내에서의 표 작성 능력 평가 • 표 삽입 및 편집 • 도형 편집 및 효과
	5. 차트 슬라이드	100점	※프리젠테이션을 위한 차트를 작성할 수 있는 종합 능력 평가 • 차트 삽입 및 편집 • 도형 편집 및 효과
	6. 도형 슬라이드	100점	※도형을 이용한 슬라이드 작성 능력 평가 • 도형 및 스마트아트 이용 : 실무에 활용되는 다양한 도형 작성 • 그룹화 / 애니메이션 효과

목 차

자료 다운로드 및 파일 구조 … 1-3
자동채점 프로그램 설치 및 사용법 … 1-5
답안작성 프로그램 설치 및 사용법(무료 동영상) … 1-8
A등급을 받기 위한 Tip … 1-12
시험안내 … 1-15

Part 01 따라하면서 배우는 파워포인트 (무료 동영상)

Section 0 전체 구성 … 2
Section 1 [슬라이드 1] 표지 디자인 … 17
Section 2 [슬라이드 2] 목차 슬라이드 … 29
Section 3 [슬라이드 3] 텍스트/동영상 슬라이드 … 41
Section 4 [슬라이드 4] 표 슬라이드 … 51
Section 5 [슬라이드 5] 차트 슬라이드 … 64
Section 6 [슬라이드 6] 도형 슬라이드 … 79

Part 02 기출유형 모의고사 (무료 동영상)

제1회 기출유형 모의고사 … 102
제2회 기출유형 모의고사 … 106
제3회 기출유형 모의고사 … 110
제4회 기출유형 모의고사 … 114
제5회 기출유형 모의고사 … 118
제6회 기출유형 모의고사 … 122
제7회 기출유형 모의고사 … 126
제8회 기출유형 모의고사 … 130
제9회 기출유형 모의고사 … 134
제10회 기출유형 모의고사 … 138

Part 03 기출문제 (무료 동영상)

제1회 기출문제 … 144
제2회 기출문제 … 148
제3회 기출문제 … 152
제4회 기출문제 … 156
제5회 기출문제 … 160
제6회 기출문제 … 164
제7회 기출문제 … 168
제8회 기출문제 … 172
제9회 기출문제 … 176
제10회 기출문제 … 180

[자료 파일]
· 소스 및 정답 파일
· 무료 동영상 강의
· 자동채점 프로그램 및 답안작성 프로그램
※[자료실]에서 다운로드하여 사용하세요(1-3쪽 참조).

따라하면서 배우는 파워포인트 2021

기출문제를 따라해 보면서 시험의 시작부터 마무리까지
진행 절차와 필요 기능을 학습합니다.
이 책에서는 슬라이드 2~6을 '제목 및 내용' 슬라이드로
작성하는 방법으로 해설하였습니다.

※정답 파일과 동영상 강의는 [자료실]에서 다운로드하세요.

무료 동영상	Section 0	전체 구성
무료 동영상	Section 1	[슬라이드 1] 표지 슬라이드
무료 동영상	Section 2	[슬라이드 2] 목차 슬라이드
무료 동영상	Section 3	[슬라이드 3] 텍스트/동영상 슬라이드
무료 동영상	Section 4	[슬라이드 4] 표 슬라이드
무료 동영상	Section 5	[슬라이드 5] 차트 슬라이드
무료 동영상	Section 6	[슬라이드 6] 도형 슬라이드

Section 00 전체 구성

배점 **60**점

수험자 유의사항, 답안 작성요령, 전체 구성의 지시사항을 수행합니다. 특히 슬라이드 마스터를 이용하여 전체 슬라이드를 구성하고, 그림(로고) 배경을 투명색으로 지정합니다.

● 정답 파일 : Section00(정답).pptx

전체구성(60점)

(1) 슬라이드 크기 및 순서 : 크기를 A4 용지로 설정하고 슬라이드 순서에 맞게 작성한다.
(2) 슬라이드 마스터 : 2~6슬라이드의 제목, 하단 로고, 슬라이드 번호는 슬라이드 마스터를 이용하여 작성한다.
 － 제목 글꼴(돋움, 40pt, 흰색), 왼쪽 맞춤, 도형(선 없음)
 － 하단 로고(「내 PC₩문서₩ITQ₩Picture₩로고2.jpg」 배경(회색) 투명색으로 설정)

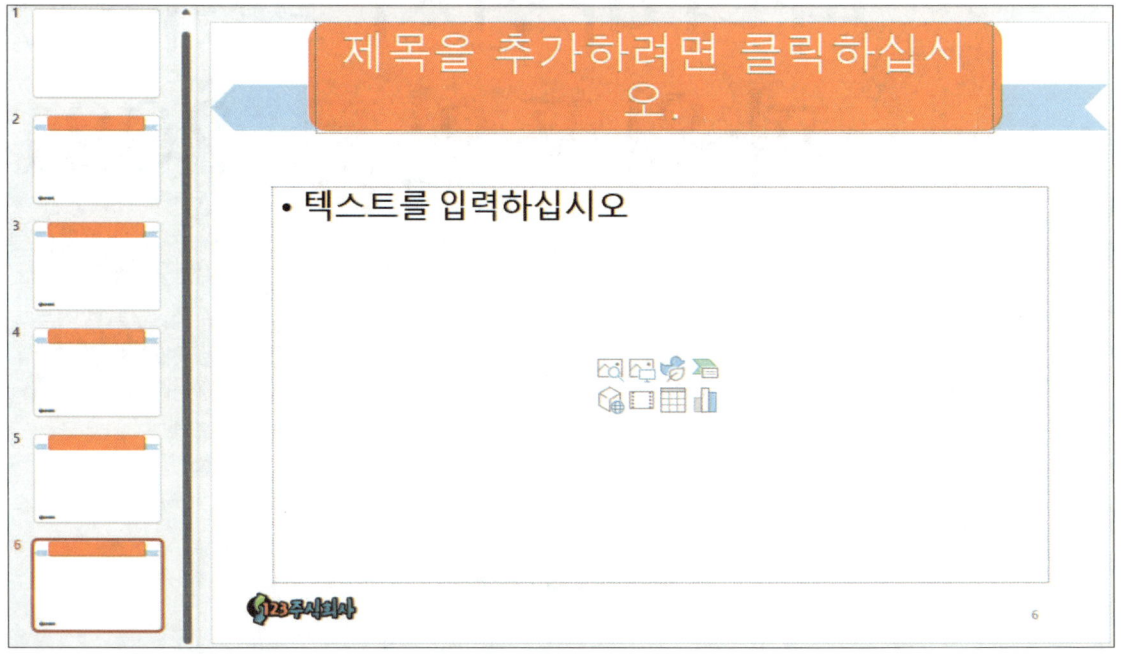

핵심 체크

① 슬라이드 크기 지정 : [디자인] 탭-[사용자 지정] 그룹-[슬라이드 크기 □]-[사용자 지정 슬라이드 크기]에서 A4(210*297mm) 지정
② 슬라이드 2~6 구성 : [홈] 탭-[슬라이드] 그룹-[새 슬라이드 □]를 클릭하여 5개의 슬라이드 삽입(제목 슬라이드 포함 총 6개의 슬라이드)
③ 슬라이드 마스터 작성 : [보기] 탭-[마스터 보기] 그룹-[슬라이드 마스터 □]에서 제목 도형과 로고 그림 작업
④ 슬라이드 번호 지정 : [삽입] 탭-[텍스트] 그룹의 [머리글/바닥글 □]에서 설정
⑤ 파일 저장 : 「내 PC₩문서₩ITQ₩」 폴더에 파일 저장

※ 작성 순서
페이지 설정 → 슬라이드 구성 → 슬라이드 마스터 → 파일 저장

단계 1 │ 슬라이드 크기 및 슬라이드 2~6 추가

1 [시작 ⊞] 단추를 클릭하고 PowerPoint 2021 프로그램을 클릭하여 파워포인트 2021을 실행합니다. [새 프레젠테이션]을 클릭하거나 Esc 키를 눌러 작업할 프레젠테이션 문서를 엽니다.

2 슬라이드 크기를 지정하기 위해 [디자인] 탭의 [사용자 지정] 그룹에서 [슬라이드 크기 ▢]-[사용자 지정 슬라이드 크기]를 클릭합니다. [슬라이드 크기] 대화상자에서 슬라이드 크기를 'A4 용지(210*297mm)'로 지정하고 [확인] 단추를 클릭한 후 [맞춤 확인] 단추를 클릭합니다.

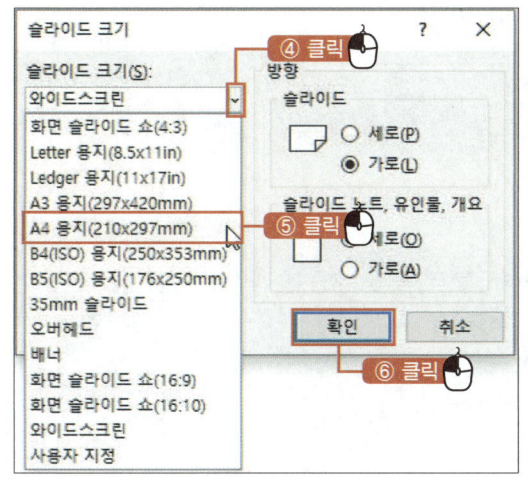

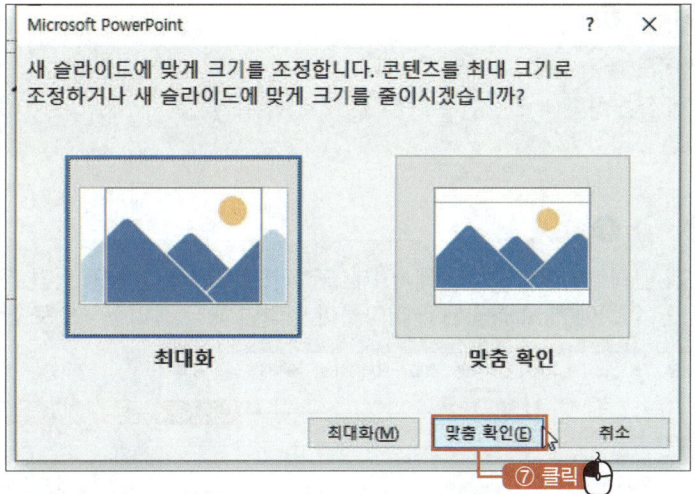

3 [홈] 탭의 [슬라이드] 그룹에서 [새 슬라이드] 도구를 다섯 번 클릭하거나 Enter 키를 다섯 번 눌러 슬라이드 2~6을 추가합니다.

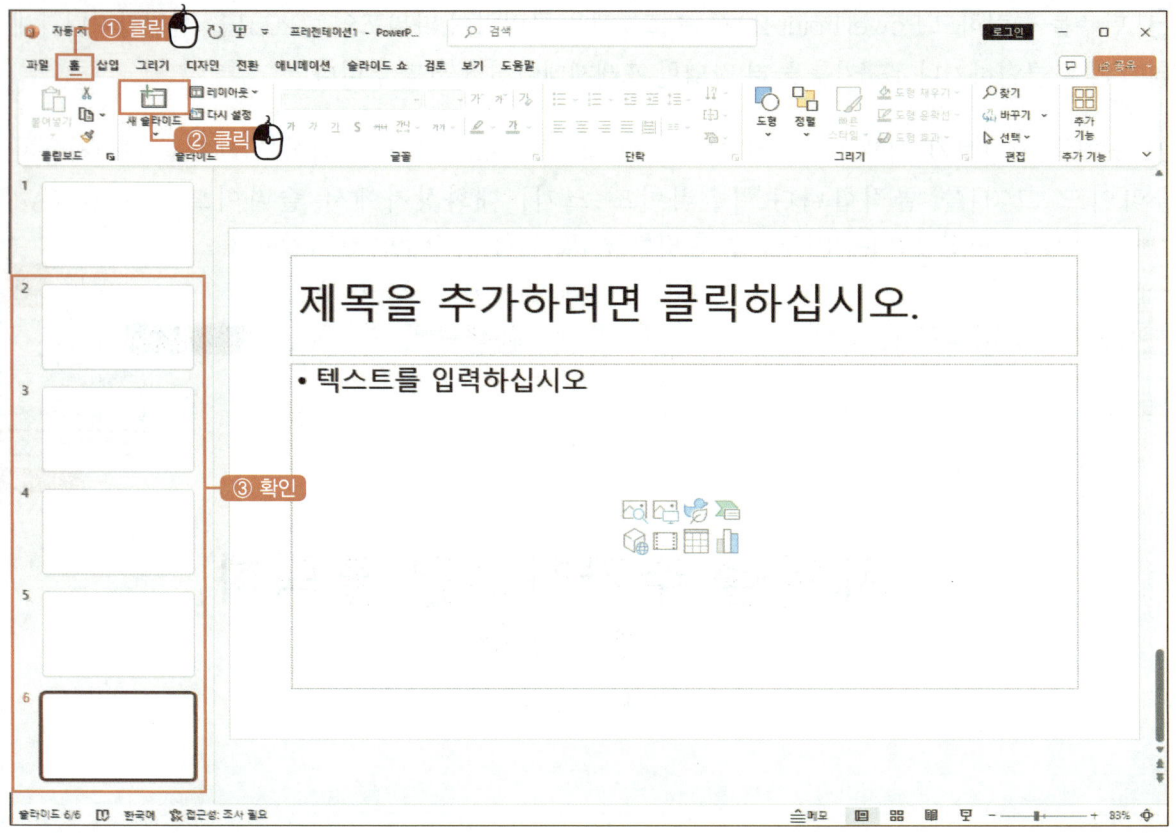

Check Point

슬라이드 추가 방법
① [새 슬라이드] 도구 클릭   ② Enter 키 클릭   ③ Ctrl + M 키 클릭

Check Point

- [홈] 탭의 [슬라이드] 그룹에서 [새 슬라이드] 도구를 클릭만 하면 자동적으로 '제목 및 내용' 슬라이드가 삽입됩니다. 다만, 이전에 새로 삽입된 레이아웃이 있다면 해당 레이아웃으로 삽입됩니다.

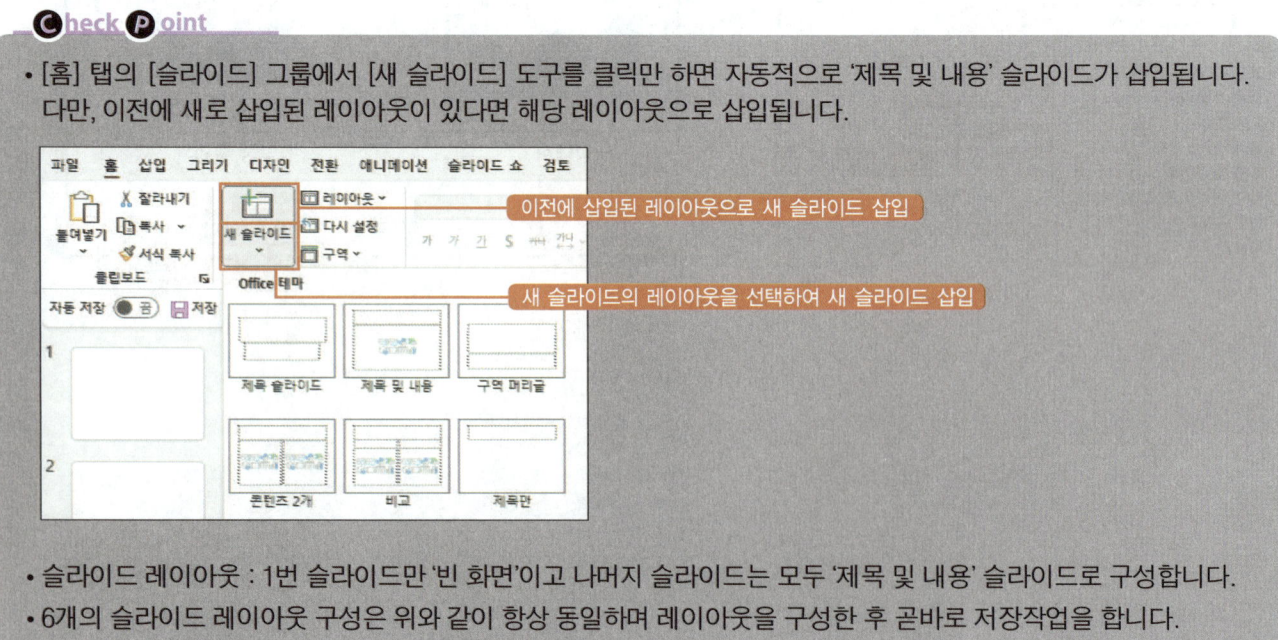

- 슬라이드 레이아웃 : 1번 슬라이드만 '빈 화면'이고 나머지 슬라이드는 모두 '제목 및 내용' 슬라이드로 구성합니다.
- 6개의 슬라이드 레이아웃 구성은 위와 같이 항상 동일하며 레이아웃을 구성한 후 곧바로 저장작업을 합니다.

단계 2 슬라이드 마스터 작성

1 [보기] 탭-[마스터 보기] 그룹-[슬라이드 마스터 🖽] 도구를 클릭합니다.

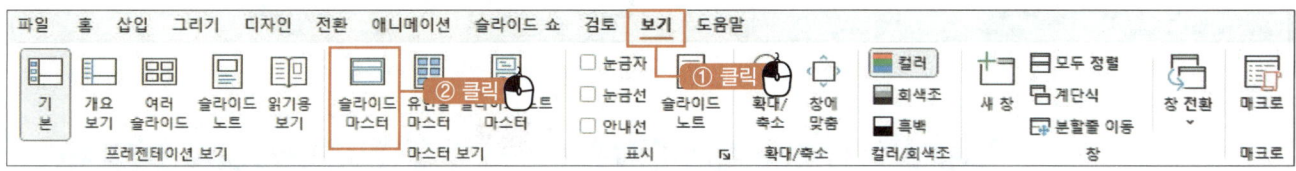

2 왼쪽 레이아웃 창에서 '제목 및 내용 레이아웃: 슬라이드 2-6에서 사용'을 클릭한 후 '마스터 제목 스타일 편집' 텍스트 상자를 아래로 드래그하여 이동시킵니다.

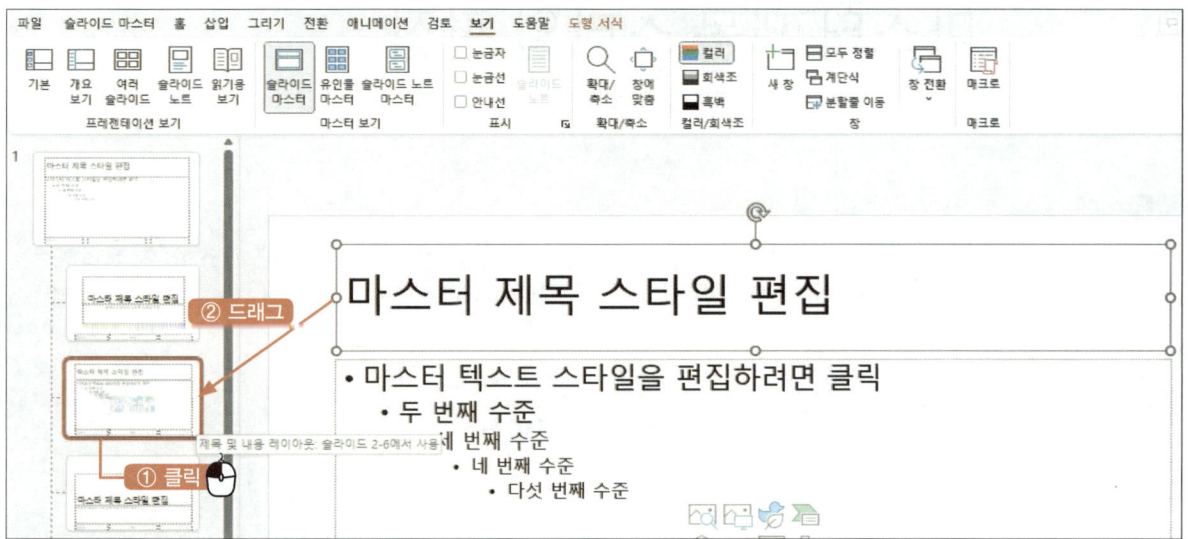

Check Point

도형 작업을 편하게 하기 위해 '마스터 제목 스타일 편집' 텍스트 상자를 이동시키는 것이 좋습니다.

3 [삽입] 탭-[일러스트레이션] 그룹-[도형 ◯]의 블록 화살표에서 '화살표: 갈매기형 수장' 도형을 선택합니다.

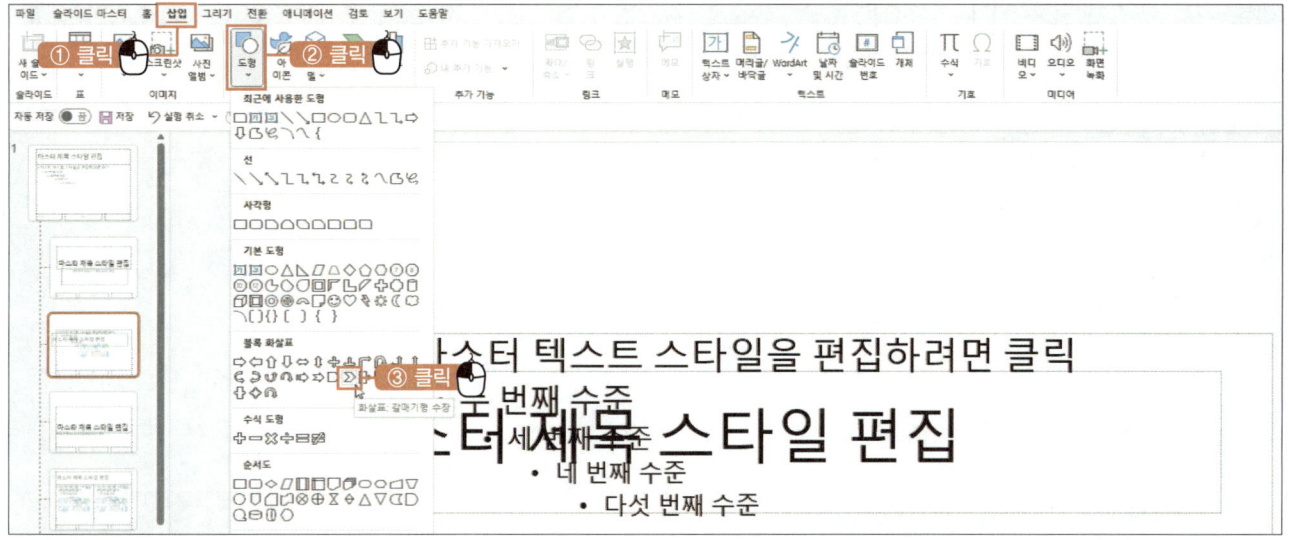

4 슬라이드 왼쪽 상단에서 마우스 포인트가 [+] 모양으로 변하면 오른쪽으로 드래그하여 《출력형태》와 같이 도형을 삽입합니다.

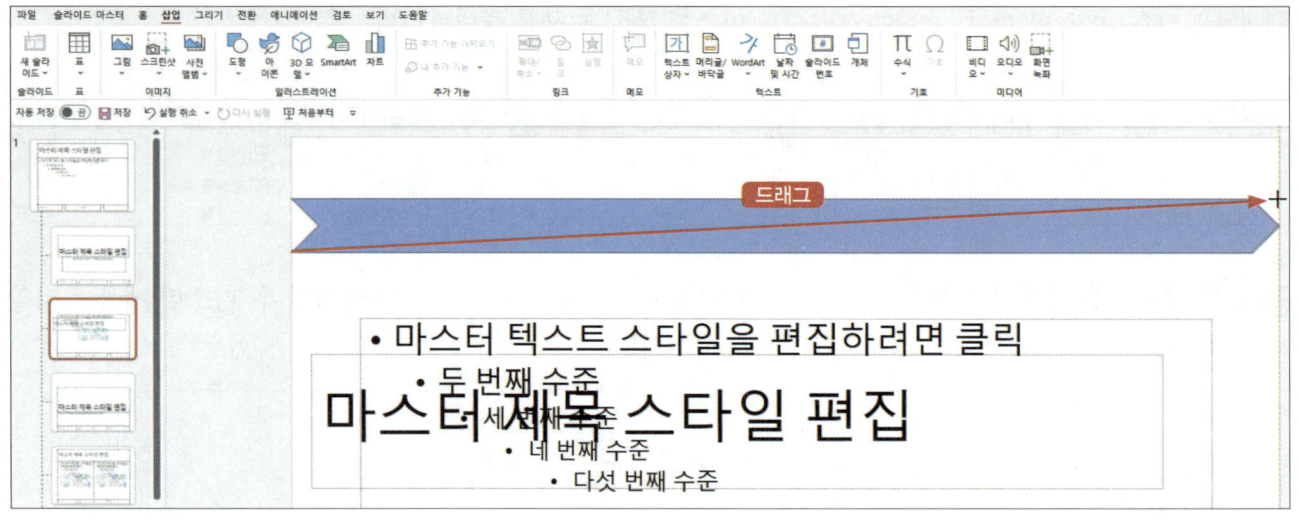

Check Point

도형의 크기나 위치를 정확히 작성할 때는 [보기] 탭-[표시] 그룹에서 '눈금선'이나 '안내선'에 체크한 후 작업하는 것이 좋습니다. 눈금선이나 안내선은 화면에 표시만 될 뿐 다른 영향은 없습니다.

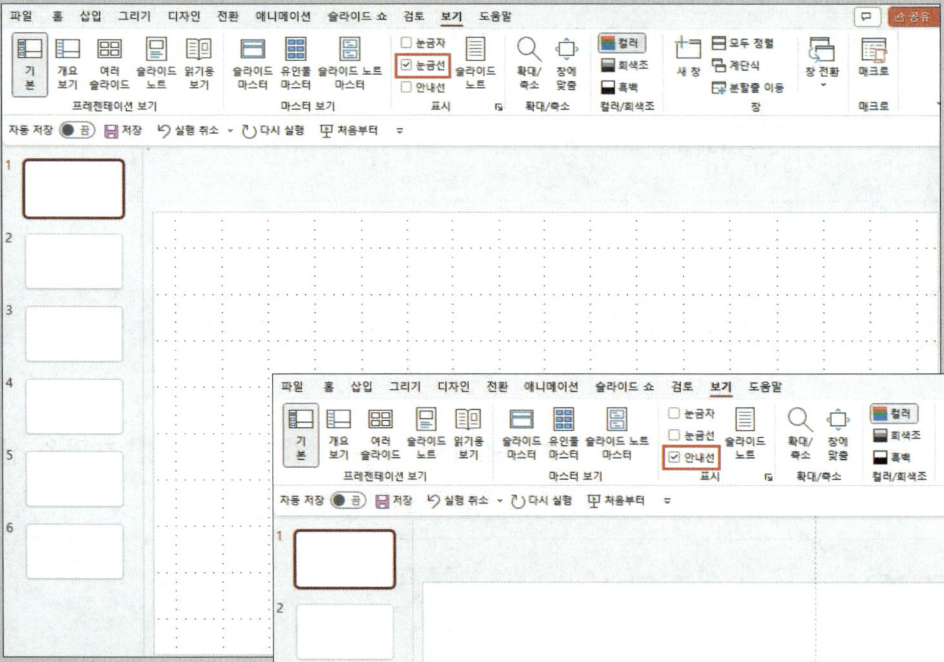

▲ 눈금선

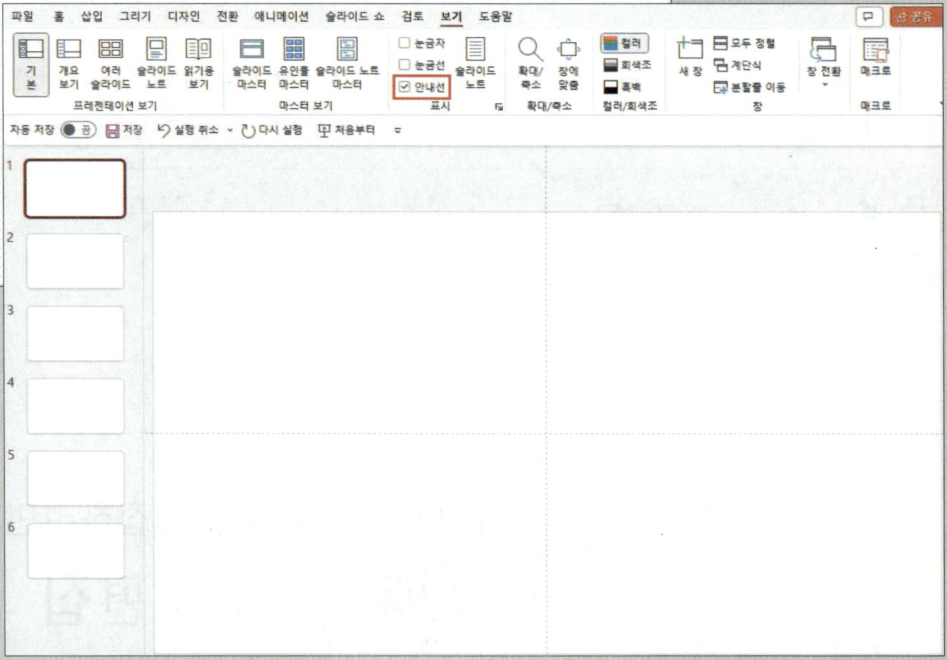

▲ 안내선

5 삽입된 도형의 위치를 바꾸기 위해 [도형 서식] 탭-[정렬] 그룹-[회전]-[좌우 대칭]을 클릭합니다.

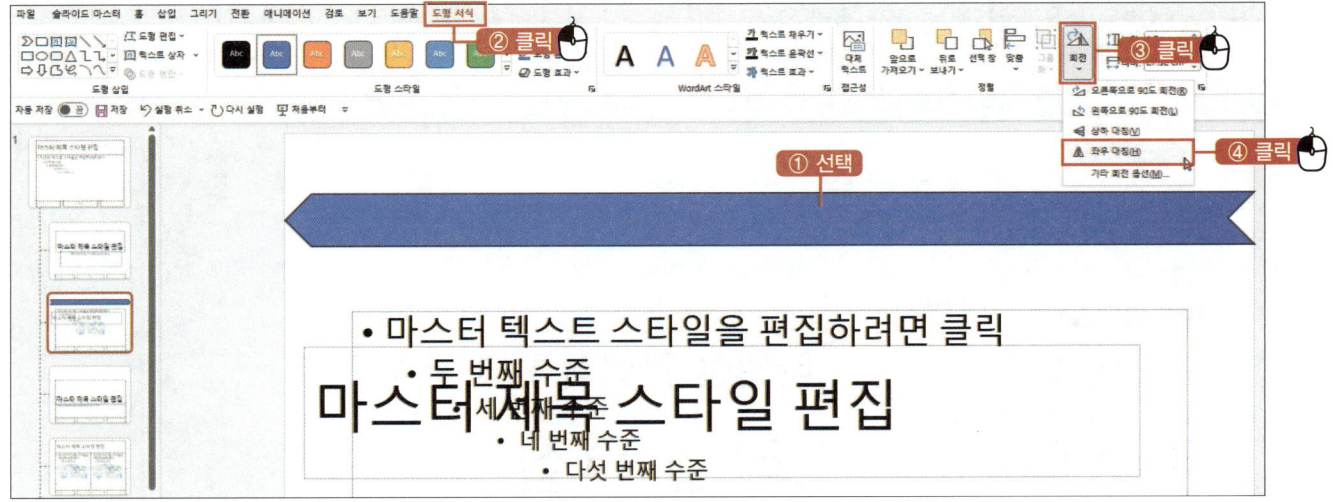

6 도형이 선택된 상태에서 [도형 서식] 탭-[도형 스타일] 그룹-[도형 채우기]에서 임의로 다른 색(파랑, 강조 5, 60% 더 밝게)을 지정합니다.

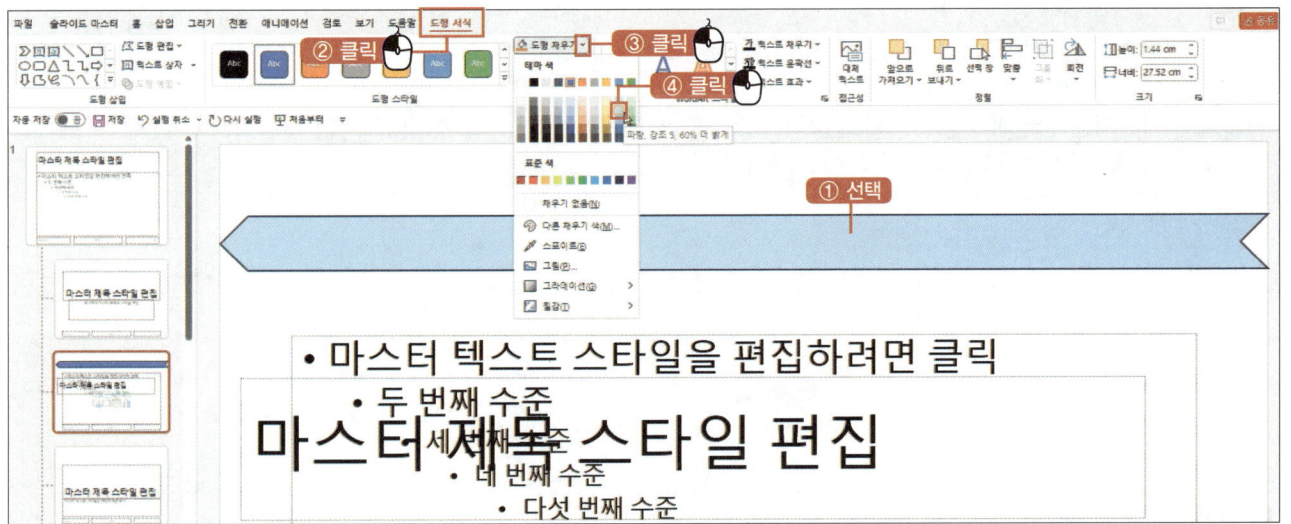

7 도형이 선택된 상태에서 [도형 서식] 탭-[도형 스타일] 그룹-[도형 윤곽선]에서 '윤곽선 없음'을 지정합니다.

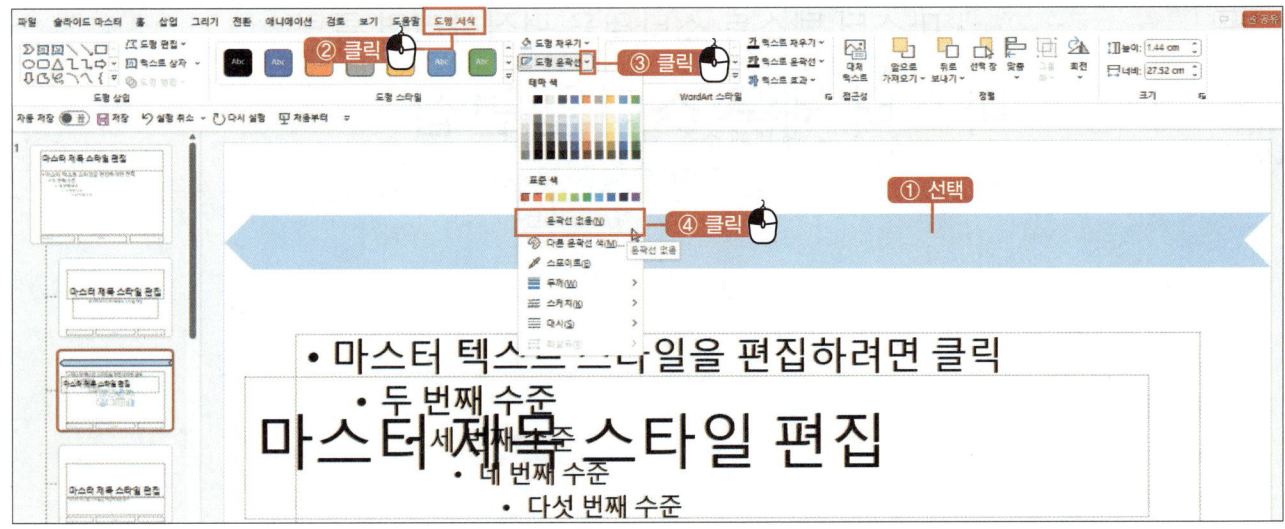

- 도형에 텍스트 서식(글꼴, 글꼴 크기, 글꼴 색, 굵게 등)과 도형 서식(윤곽선 유무, 윤곽선 색과 두께 등)을 작성하고 마우스 오른쪽 버튼을 눌러 바로가기 메뉴에서 [기본 도형으로 설정]을 클릭하면, 이후 작성하는 도형에는 같은 텍스트 서식과 도형 서식이 적용되므로 작업 시간을 단축할 수 있습니다.

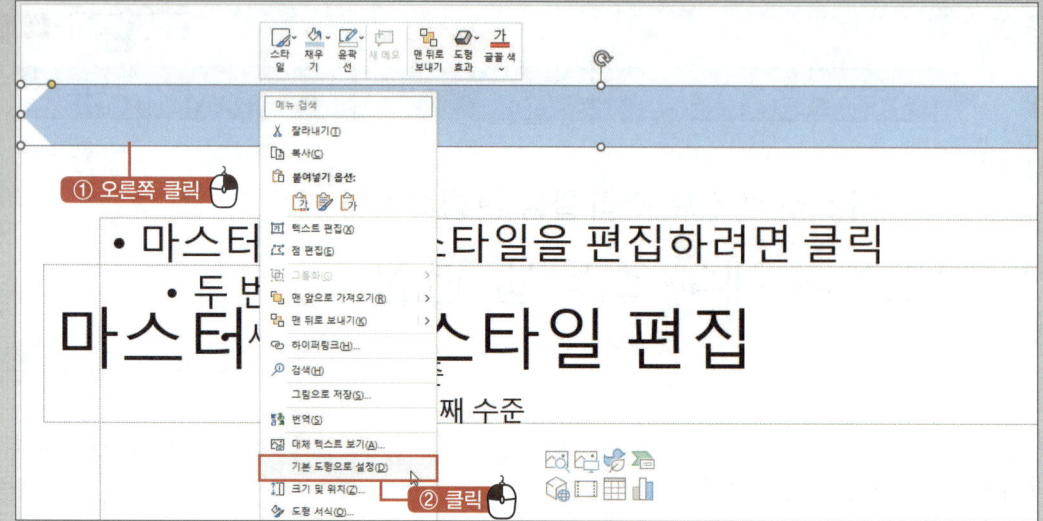

- 실제 시험에서 슬라이드 1~6까지의 도형을 확인하고 적절하게 [기본 도형으로 설정] 메뉴를 이용하면 시간을 단축할 수 있습니다.
- 해당 문제에서는 슬라이드 마스터와 슬라이드 2의 도형에 윤곽선이 없고, 슬라이드 4와 슬라이드 6에는 윤곽선이 있으므로 필요에 따라 [기본 도형으로 설정] 메뉴를 선택합니다.

8 [도형 서식] 탭-[도형 삽입] 그룹에서 [자세히 ▼] 단추를 클릭한 후 사각형에서 '사각형: 둥근 모서리' 도형을 선택합니다.

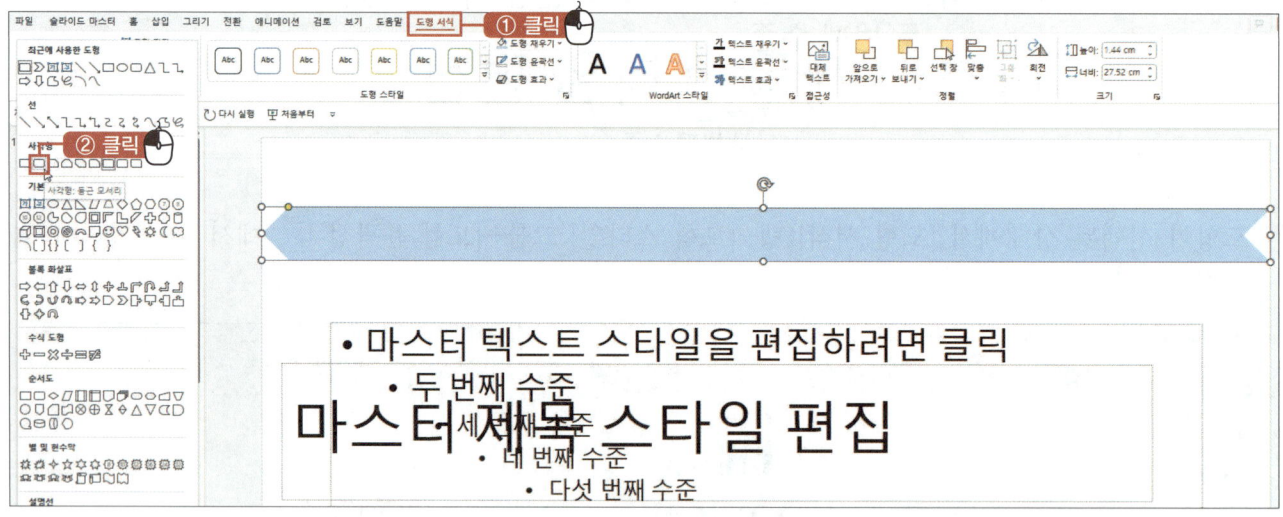

⑨ 슬라이드 왼쪽 상단에서 마우스 포인트가 [+] 모양으로 변하면 오른쪽으로 드래그하여 《출력형태》와 같이 도형을 삽입합니다.

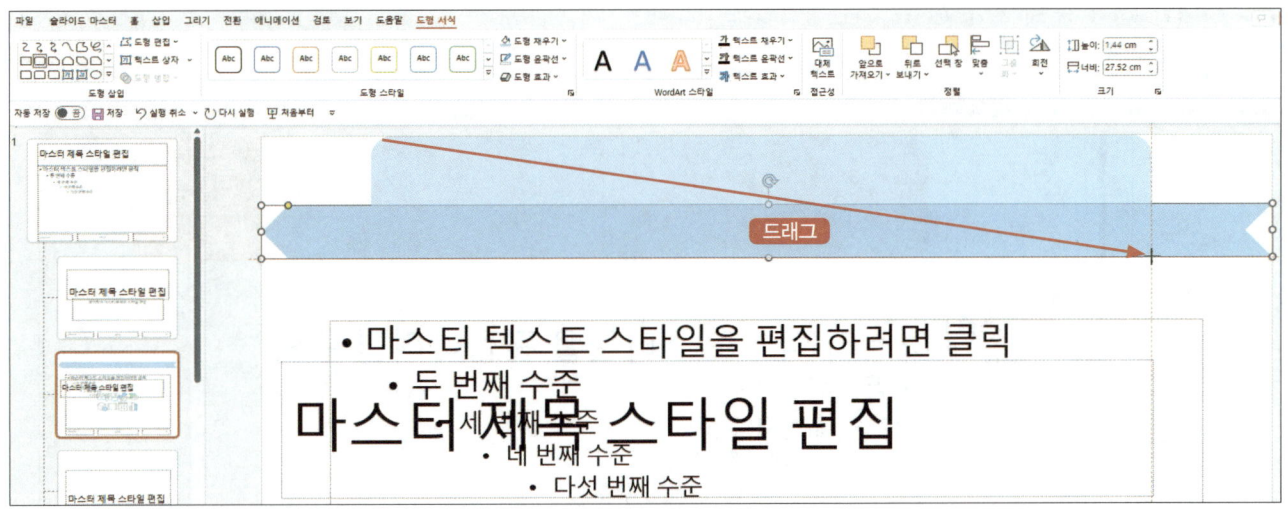

Check Point

도형을 처음 삽입할 경우 [삽입] 탭-[일러스트레이션] 그룹-[도형 🔽] 메뉴나 [홈] 탭-[그리기] 그룹을 이용하고, 도형을 선택한 상태에서는 [도형 서식] 탭-[도형 삽입] 그룹을 이용하는 것이 좋습니다.

⑩ 도형이 선택된 상태에서 [도형 서식] 탭-[도형 스타일] 그룹-[도형 채우기 🖌]에서 임의로 다른 색(주황, 강조 2)을 지정하고, [도형 윤곽선 🖊]에서 '윤곽선 없음'을 지정합니다.

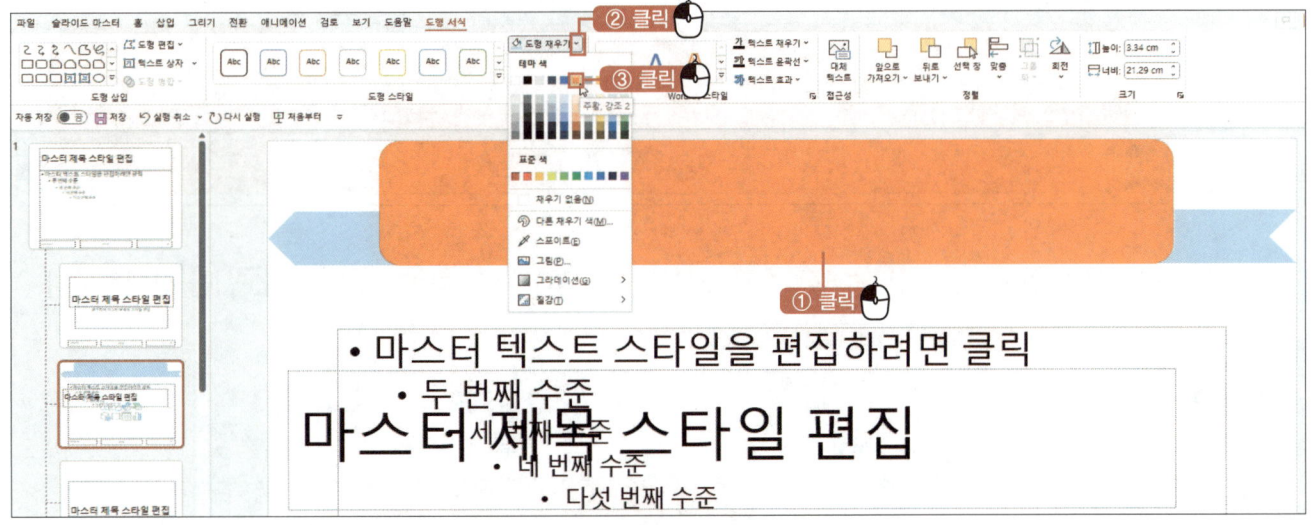

Check Point

도형 작성 시 기본값으로 작성해도 되며 출력형태를 고려하여 수험자가 보기 좋게 선 두께 및 색상을 변경해도 됩니다. 다만, 도형의 색상, 윤곽선, 두께는 채점 대상이 아닙니다.

11 텍스트 상자를 선택하고 [홈] 탭-[글꼴] 그룹에서 '글꼴 : 돋움', ' 글꼴 크기 : 40pt', ' 글꼴 색 : 흰색', '가운데 맞춤 '으로 설정합니다.

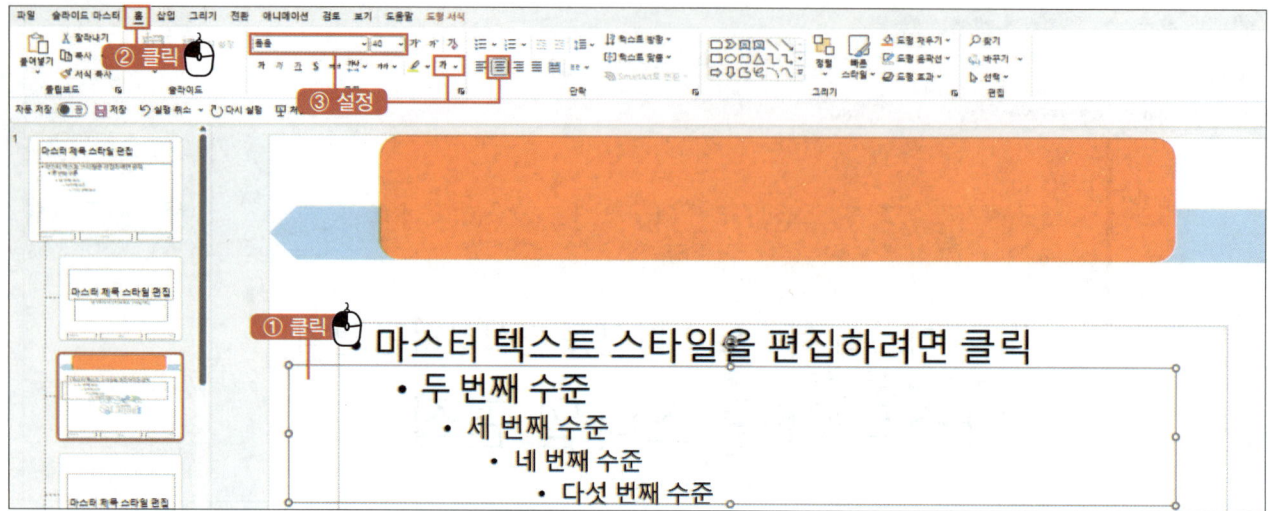

12 텍스트 상자를 '사각형: 둥근 모서리' 위로 위치시킨 후 [도형 서식] 탭-[정렬] 그룹-[앞으로 가져오기]-[맨 앞으로 가져오기]를 실행합니다. 조절점(○) 등을 이용하여 《출력형태》와 같이 위치와 크기를 조정합니다.

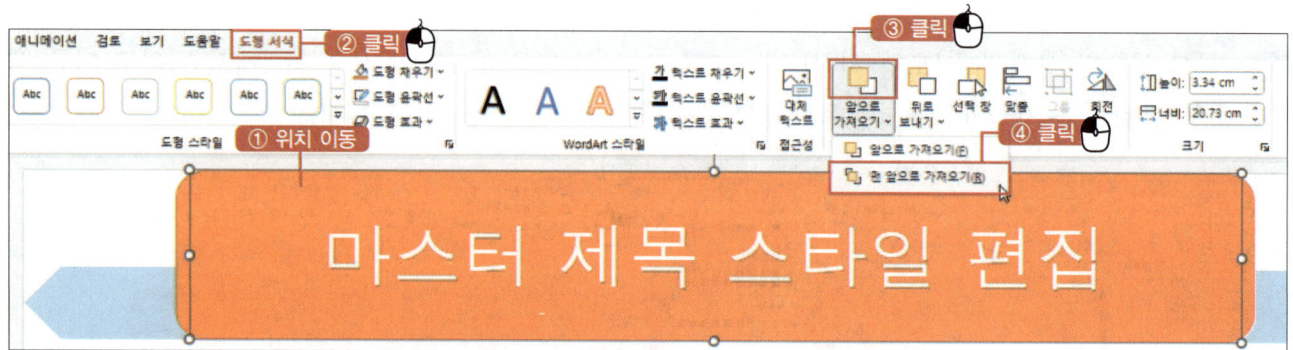

13 그림을 삽입하기 위하여 [삽입] 탭-[이미지] 그룹-[그림]-[이 디바이스...(D)]를 선택합니다.

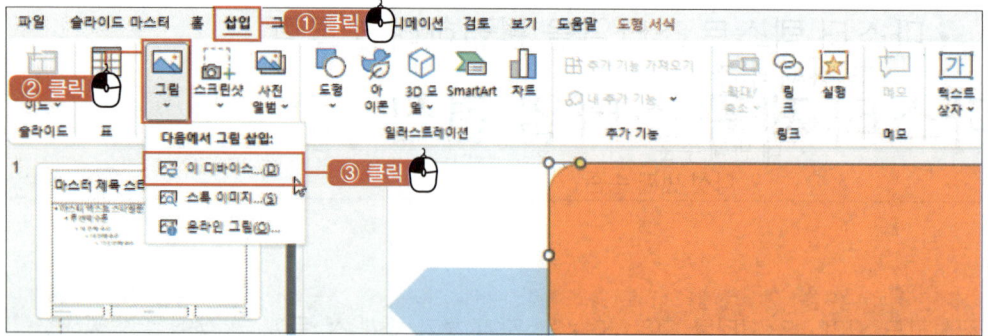

14 [그림 삽입] 대화상자에서 「내 PC₩문서₩ITQ₩Picture」 폴더에 있는 '로고2.jpg' 그림 파일을 선택하고 [삽입] 단추를 클릭합니다.

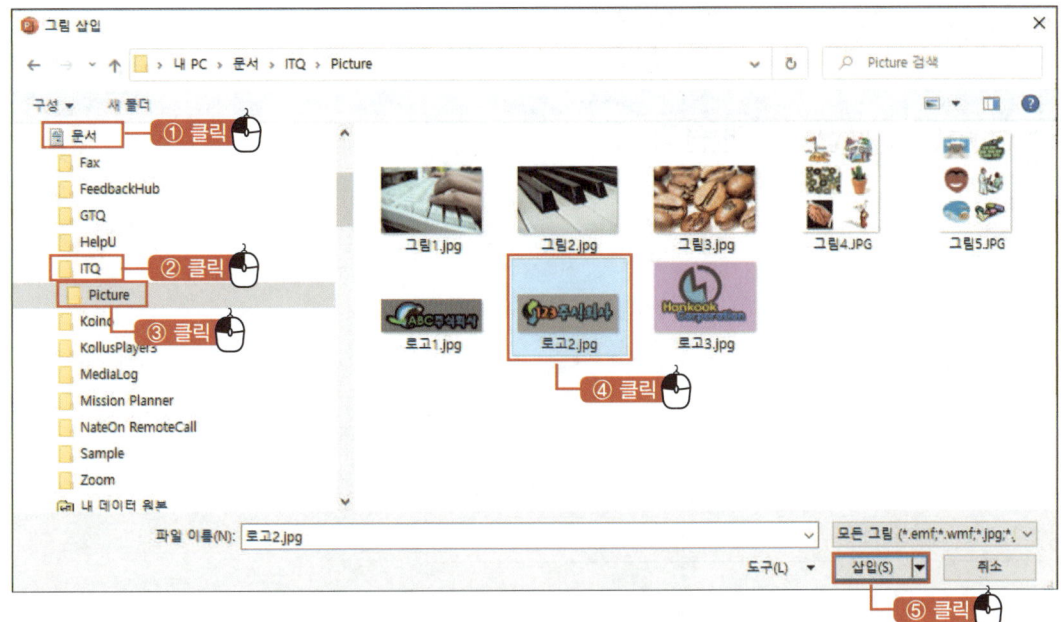

Check Point

시험장에 설치된 PC에는 해당 경로에 [Picture] 폴더가 있지만, 개인 사용자는 성안당 자료실에서 다운로드한 자료 중 '답안작성프로그램'을 설치하거나 [내 PC₩문서₩ITQ₩Picture] 폴더를 만든 후 [Picture] 폴더의 파일을 복사하여 작성합니다.

15 삽입된 로고를 선택한 후 [그림 서식] 탭-[조정] 그룹-[색 🖼]-[투명한 색 설정 ✏]을 클릭합니다.

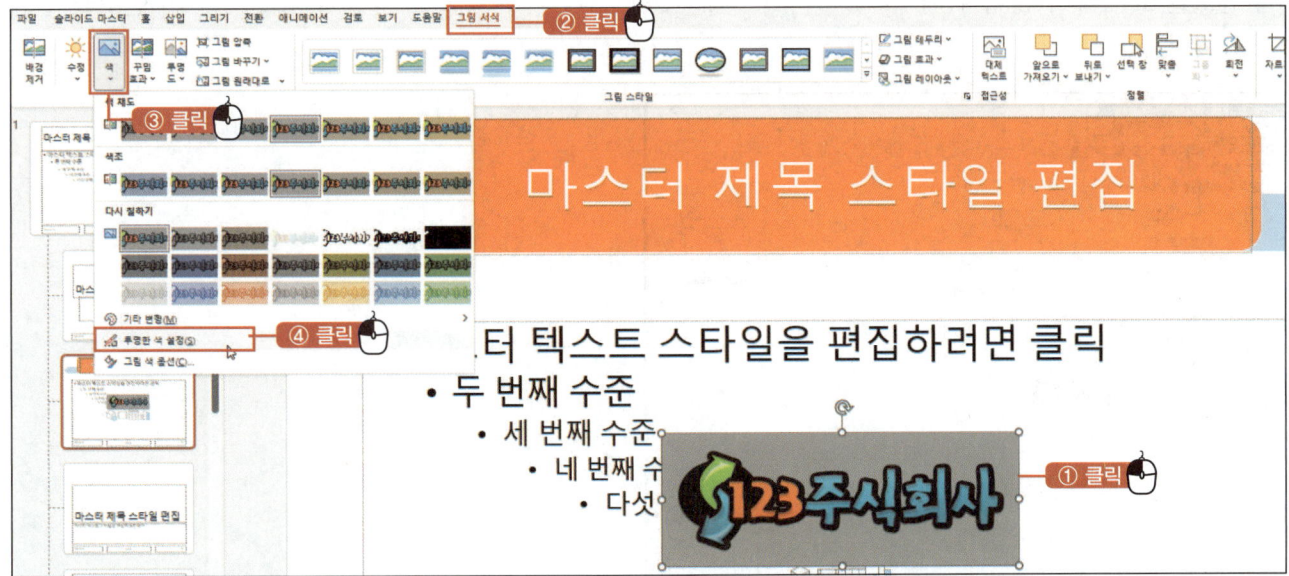

16 '로고2.jpg' 이미지의 배경(회색) 부분을 클릭하면 배경이 투명하게 바뀝니다.

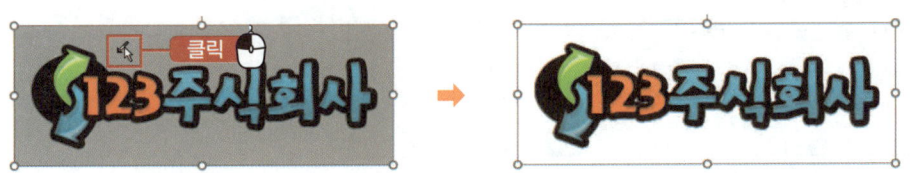

17 왼쪽 하단으로 이미지를 이동시킨 후 조절점(○)을 이용하여 크기를 《출력형태》와 같이 조절합니다.

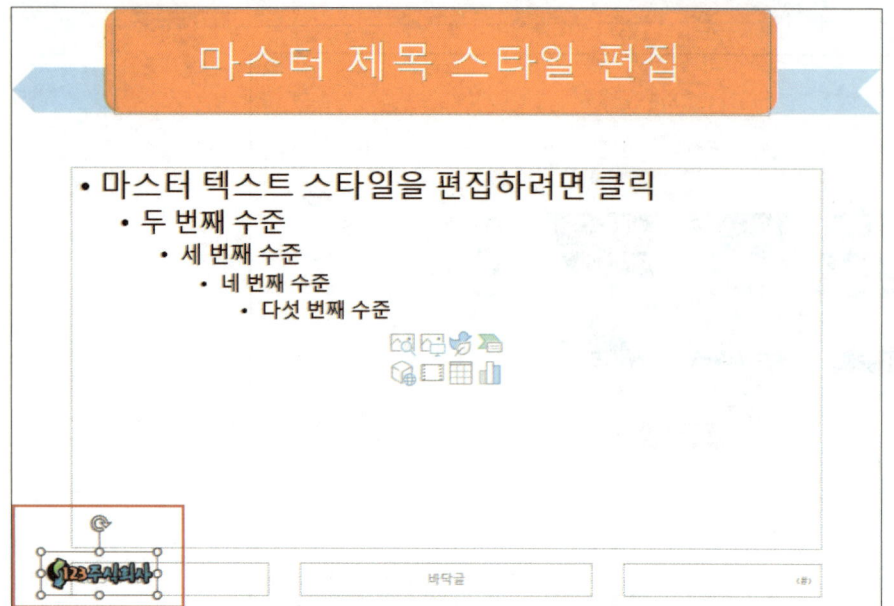

18 슬라이드 번호를 지정하기 위해 [삽입] 탭-[텍스트] 그룹-[머리글/바닥글 📄] 도구를 클릭합니다.

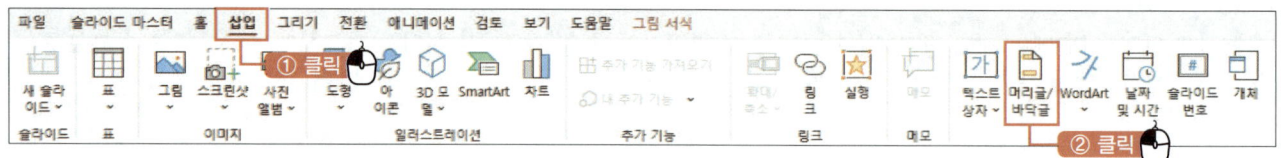

19 [머리글/바닥글] 대화상자의 [슬라이드] 탭에서 '슬라이드 번호'에 체크 표시하고, 제목 슬라이드에는 번호를 표시하지 않기 위해 '제목 슬라이드에는 표시 안 함'에 체크 표시한 후 [모두 적용] 단추를 클릭합니다.

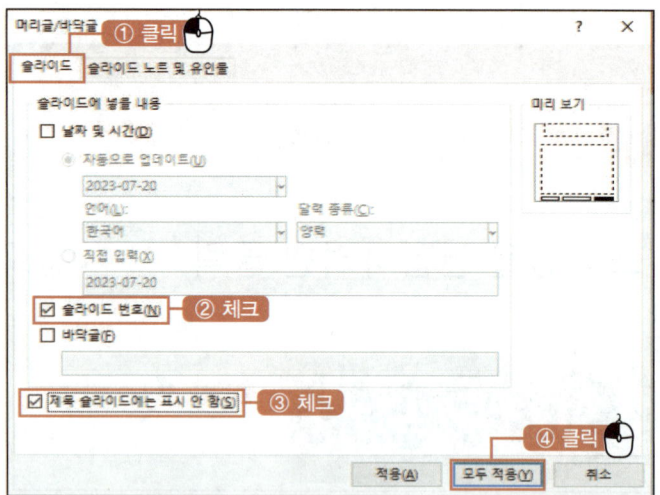

20 슬라이드 마스터 작업이 끝나면 [슬라이드 마스터] 탭에서 [마스터 보기 닫기 ✕] 단추를 클릭합니다.

㉑ 슬라이드 2~슬라이드 6까지 제목 도형, 로고, 페이지 번호가 제대로 적용되었는지 확인합니다.

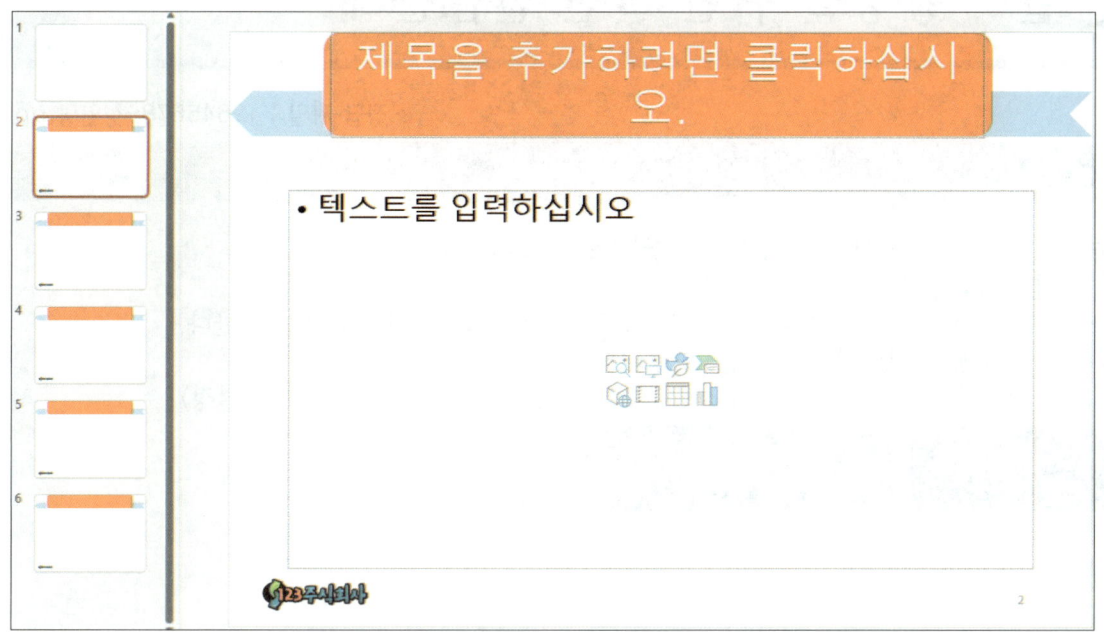

Check Point

- [머리글/바닥글] 대화상자에서 '제목 슬라이드에는 표시 안 함'에 체크를 했기 때문에 슬라이드 1에는 페이지 번호가 없습니다.

㉒ [빠른 실행] 도구 모음의 [저장 💾] 도구를 클릭합니다(또는 Ctrl + S 키).

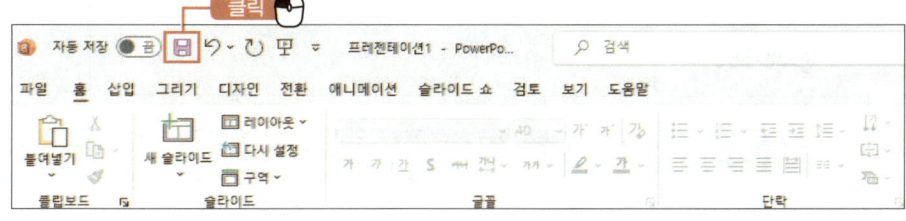

㉓ [다른 이름으로 저장]-[찾아 보기] 메뉴를 클릭합니다. [다른 이름으로 저장하기] 대화상자에서 [내 PC₩문서₩ITQ] 폴더를 지정한 후 파일 이름에 '수험번호-성명' 형식으로 입력하고 [저장] 단추를 클릭합니다.

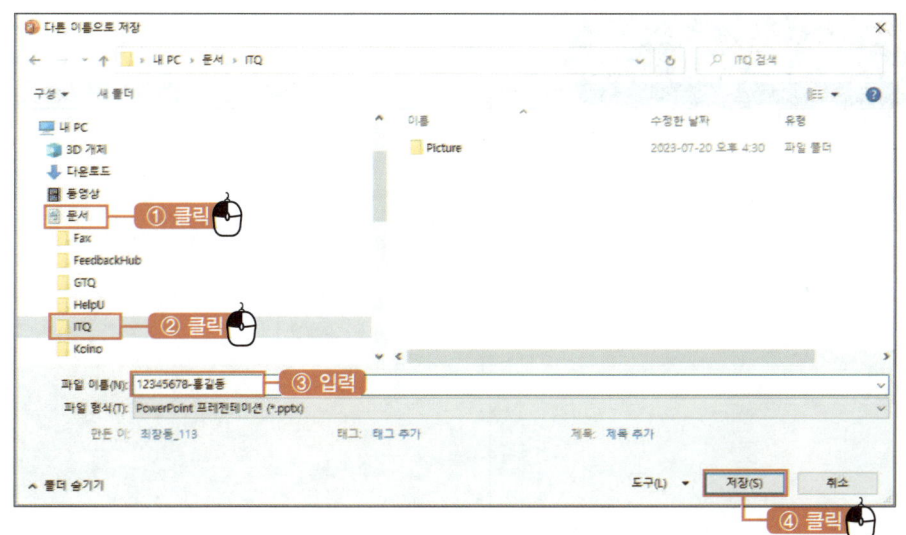

Check Point

- 처음 저장할 경우 저장할 경로와 파일 이름을 입력해야 하지만, 두 번째 저장부터는 바로 저장됩니다.
- 작업 도중 불의의 사고로 작업 내용이 저장되지 않을 수 있으므로 작업 도중 수시로 저장하는 것이 좋습니다.

실력 향상을 위한 실전 연습문제

● 정답 파일 : 12645678-성안당.pptx

01 다음 조건을 적용하여 슬라이드를 작성하시오.

(1) '내 PC\문서\ITQ' 폴더에 '12345678-성안당'으로 저장하시오.
(2) 슬라이드의 크기는 A4 용지로 설정하시오.
(3) 2~6슬라이드의 제목 하단 로고 슬라이드 번호는 슬라이드 마스터를 이용하여 작성한다.
   - 제목 글꼴(돋움, 40pt, 흰색), 가운데 맞춤, 도형(선 없음)
   - 하단 로고(「내 PC\문서\ITQ\Picture\로고2.jpg」, 배경(회색) 투명색으로 설정)

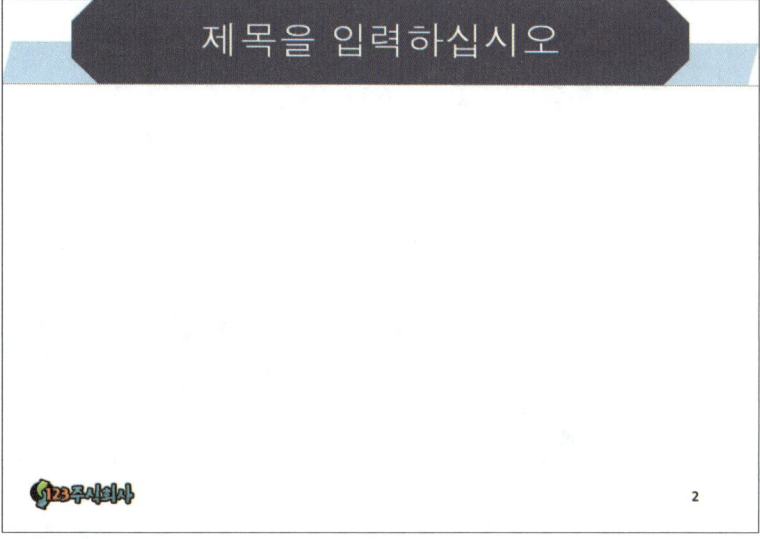

● 정답 파일 : 12645678-김수연.pptx

02 다음 조건을 적용하여 슬라이드를 작성하시오.

(1) '내 PC\문서\ITQ' 폴더에 '12345678-김수연'으로 저장하시오.
(2) 슬라이드의 크기는 A4 용지로 설정하시오.
(3) 2~6슬라이드의 제목 하단 로고 슬라이드 번호는 슬라이드 마스터를 이용하여 작성한다.
   - 제목 글꼴(돋움, 40pt, 흰색), 가운데 맞춤, 도형(선 없음)
   - 하단 로고(「내 PC\문서\ITQ\Picture\로고2.jpg」, 배경(회색) 투명색으로 설정)

● 정답 파일 : 12645678-한정수.pptx

03 다음 조건을 적용하여 슬라이드를 작성하시오.

(1) '내 PC\문서\ITQ' 폴더에 '12345678-한정수'로 저장하시오.
(2) 슬라이드의 크기는 A4 용지로 설정하시오.
(3) 2~6슬라이드의 제목 하단 로고 슬라이드 번호는 슬라이드 마스터를 이용하여 작성한다.
  - 제목 글꼴(돋움, 40pt, 흰색), 가운데 맞춤, 도형(선 없음)
  - 하단 로고(「내 PC\문서\ITQ\Picture\로고2.jpg」, 배경(회색) 투명색으로 설정)

● 정답 파일 : 12645678-류현진.pptx

04 다음 조건을 적용하여 슬라이드를 작성하시오.

(1) '내 PC\문서\ITQ' 폴더에 '12345678-류현진'으로 저장하시오.
(2) 슬라이드의 크기는 A4 용지로 설정하시오.
(3) 2~6슬라이드의 제목 하단 로고 슬라이드 번호는 슬라이드 마스터를 이용하여 작성한다.
  - 제목 글꼴(궁서, 40pt, 흰색), 왼쪽 맞춤, 도형(선 없음)
  - 하단 로고(「내 PC\문서\ITQ\Picture\로고2.jpg」, 배경(회색) 투명색으로 설정)

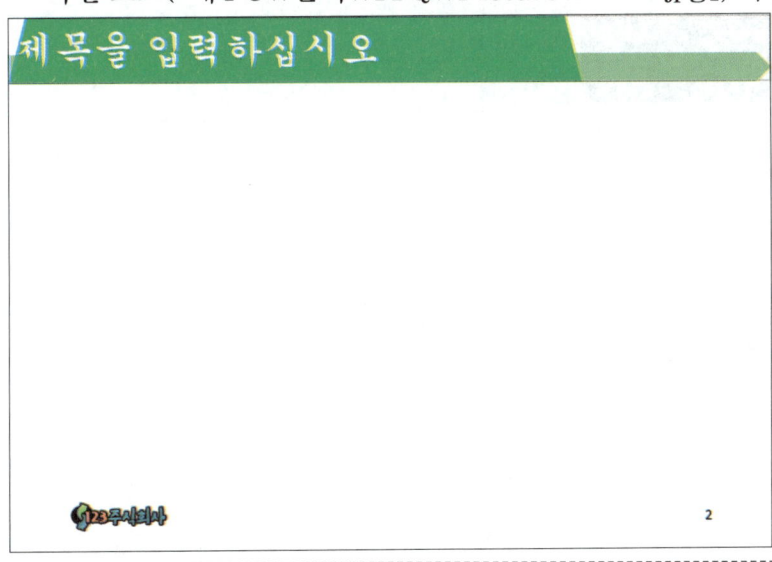

실력 향상을 위한 실전 연습문제

● 정답 파일 : 12645678-김태희.pptx

05 다음 조건을 적용하여 슬라이드를 작성하시오.

(1) '내 PC₩문서₩ITQ' 폴더에 '12345678-김태희'로 저장하시오.
(2) 슬라이드의 크기는 A4 용지로 설정하시오.
(3) 2~6슬라이드의 제목 하단 로고 슬라이드 번호는 슬라이드 마스터를 이용하여 작성한다.
    - 제목 글꼴(굴림, 40pt, 흰색), 가운데 맞춤, 도형(선 없음)
    - 하단 로고(「내 PC₩문서₩ITQ₩Picture₩로고1.jpg」, 배경(회색) 투명색으로 설정)

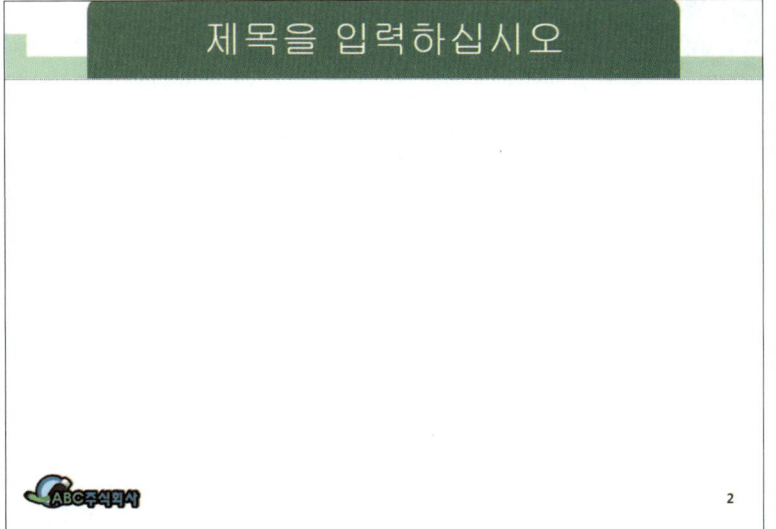

● 정답 파일 : 12645678-김새롬.pptx

06 다음 조건을 적용하여 슬라이드를 작성하시오.

(1) '내 PC₩문서₩ITQ' 폴더에 '12345678-김새롬'으로 저장하시오.
(2) 슬라이드의 크기는 A4 용지로 설정하시오.
(3) 2~6슬라이드의 제목 하단 로고 슬라이드 번호는 슬라이드 마스터를 이용하여 작성한다.
    - 제목 글꼴(궁서, 40pt, 흰색), 왼쪽 맞춤, 도형(선 없음)
    - 하단 로고(「내 PC₩문서₩ITQ₩Picture₩로고2.jpg」, 배경(회색) 투명색으로 설정)

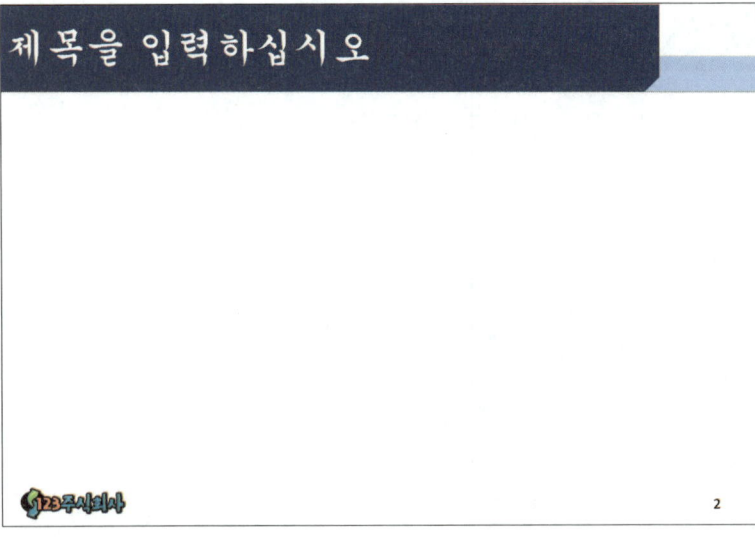

Section 1

[슬라이드 1] 표지 디자인

배점 40점

6개의 슬라이드를 만든 후 첫 번째 슬라이드를 선택하고 도형, 워드아트, 그림을 이용하여 표지 디자인을 완성합니다.

● 정답 파일 : Section01(정답).pptx

[슬라이드 1] 표지 디자인
(1) 표지 디자인 : 도형, 워드아트 및 그림을 이용하여 작성한다.

세부조건

① 도형 편집
- 도형에 그림 채우기 :
  「내 PC\문서\ITQ\Picture\그림1.jpg」,
  투명도 50%
- 도형 효과 : 부드러운 가장자리 5포인트

② 워드아트 삽입
- 변환 : 갈매기형 수장, 아래로
- 글꼴 : 돋움, 굵게
- 텍스트 반사 : 1/2 반사, 터치

③ 그림 삽입
- 「내 PC\문서\ITQ\Picture\로고2.jpg」
- 배경(회색) 투명색으로 설정

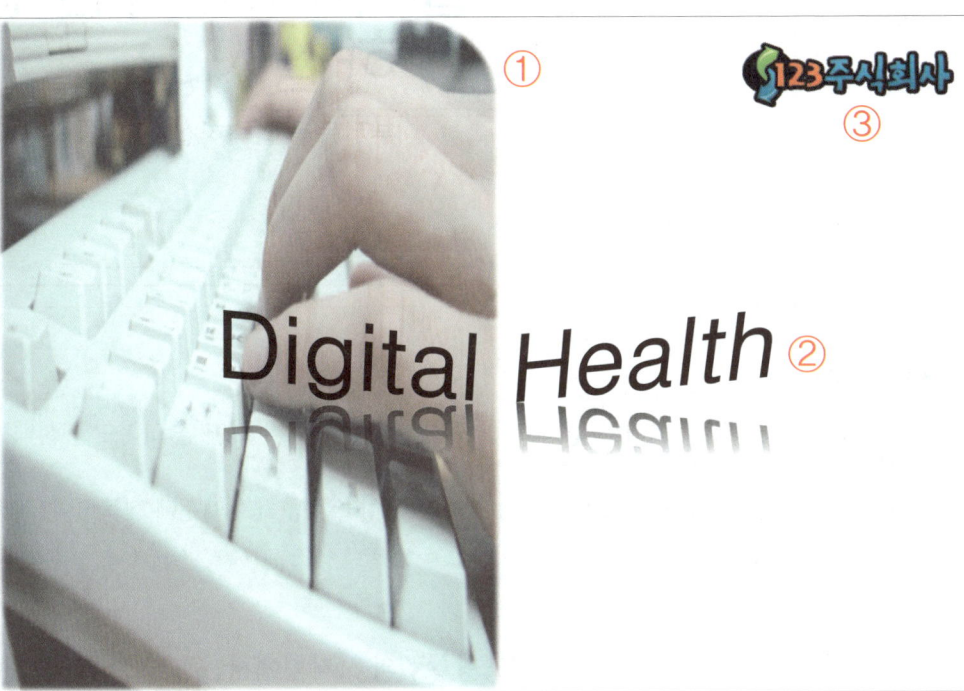

핵심 체크

1. 도형 작성 : [삽입] 탭-[일러스트레이션] 그룹-[도형]에서 도형 작성
2. 그림 채우기 및 투명도 : [도형 서식] 탭-[도형 스타일] 그룹-[도형 채우기]-[그림]-[파일에서] → [그림 서식] 탭-[조정] 그룹-[투명도]에서 지정
3. 도형 효과 : [도형 서식] 탭-[도형 스타일] 그룹-[도형 효과]에서 부드러운 가장자리 효과 지정
4. 워드아트 작성 : [삽입] 탭-[텍스트] 그룹-[WordArt]에서 워드아트 작성 → [도형 서식] 탭-[WordArt 스타일]에서 글꼴 및 효과 설정
5. 그림 삽입 : [삽입] 탭-[이미지] 그룹-[그림]-[이 디바이스]에서 그림 삽입 → [그림 서식] 탭-[조정] 그룹-[색]-[투명한 색 설정]에서 배경(투명) 설정
※ 시험지에는 모든 도형이 흑백으로 표시되므로 전체적인 균형을 고려하여 도형의 색상을 임의로 지정합니다. 글꼴 크기 등의 지시사항에 없는 부분은 《출력형태》를 고려하여 작업합니다.

※ 작성 순서
도형 작성(그림 채우기, 도형 효과) → 워드아트 작성 → 그림 삽입 및 배경(투명) 설정

단계 1 그림 작성

1 슬라이드 1의 작업 창에서 Ctrl + A 키를 눌러 제목 텍스트 상자와 부제목 텍스트 상자를 선택한 후 Delete 키를 눌러 삭제합니다.

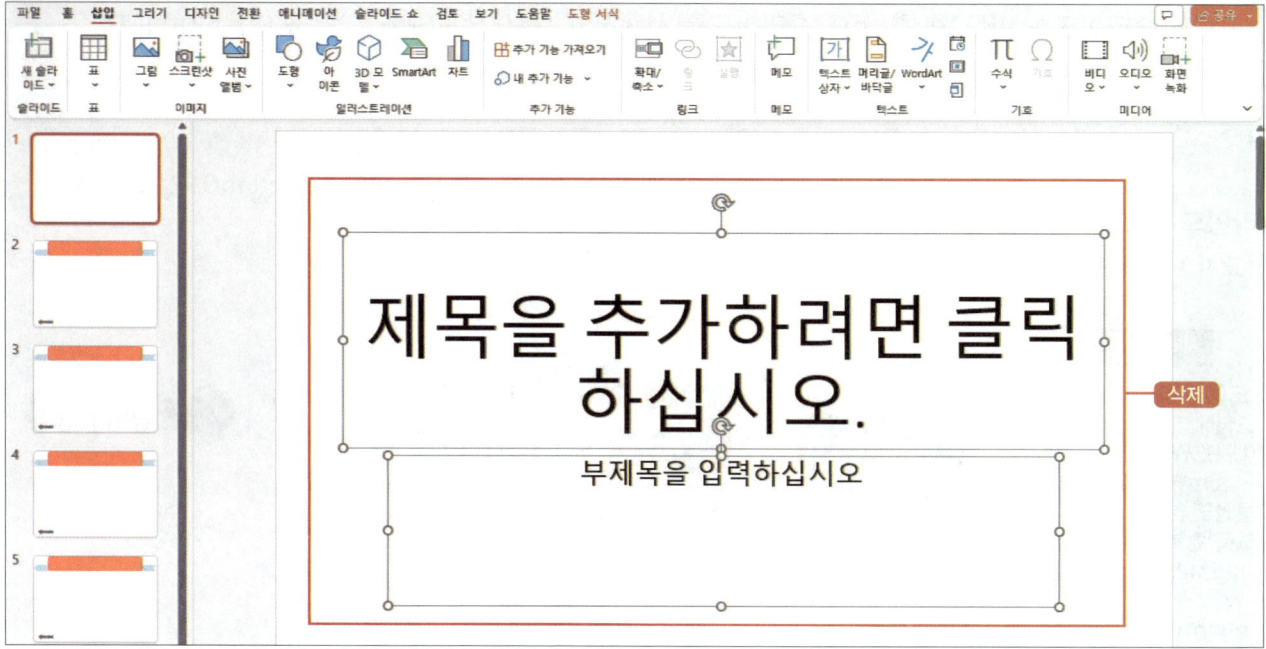

Check Point

- [홈] 탭의 [슬라이드] 그룹에서 [레이아웃]을 클릭하여 '빈 화면' 슬라이드를 선택해도 제목과 부제목 상자가 사라집니다.
- 슬라이드 1 표지 슬라이드는 도형과 WordArt를 이용하여 작업하기 때문에 제목 및 부제목 입력상자를 삭제합니다.
- 단축키 : Ctrl + A (모든 개체 선택) + Delete

2 [삽입] 탭-[일러스트레이션] 그룹-[도형]의 사각형에서 **'사각형: 둥근 한쪽 모서리'** 도형을 선택한 후 《출력형태》처럼 드래그하여 도형을 삽입합니다.

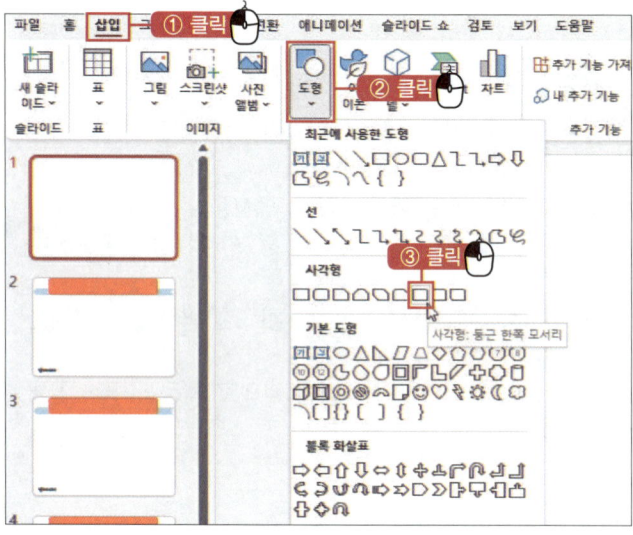
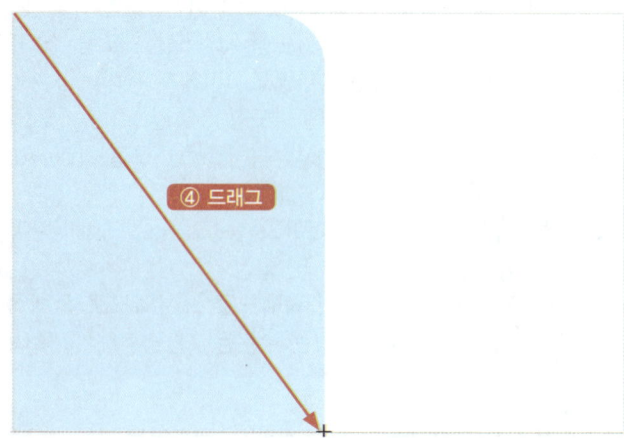

3 '사각형: 둥근 한쪽 모서리' 도형에서 바로가기 메뉴(마우스 오른쪽 버튼 클릭)의 [채우기] 메뉴를 클릭한 후 [그림] 메뉴를 클릭하고, [그림 삽입] 대화상자에서 [파일에서]를 클릭합니다.

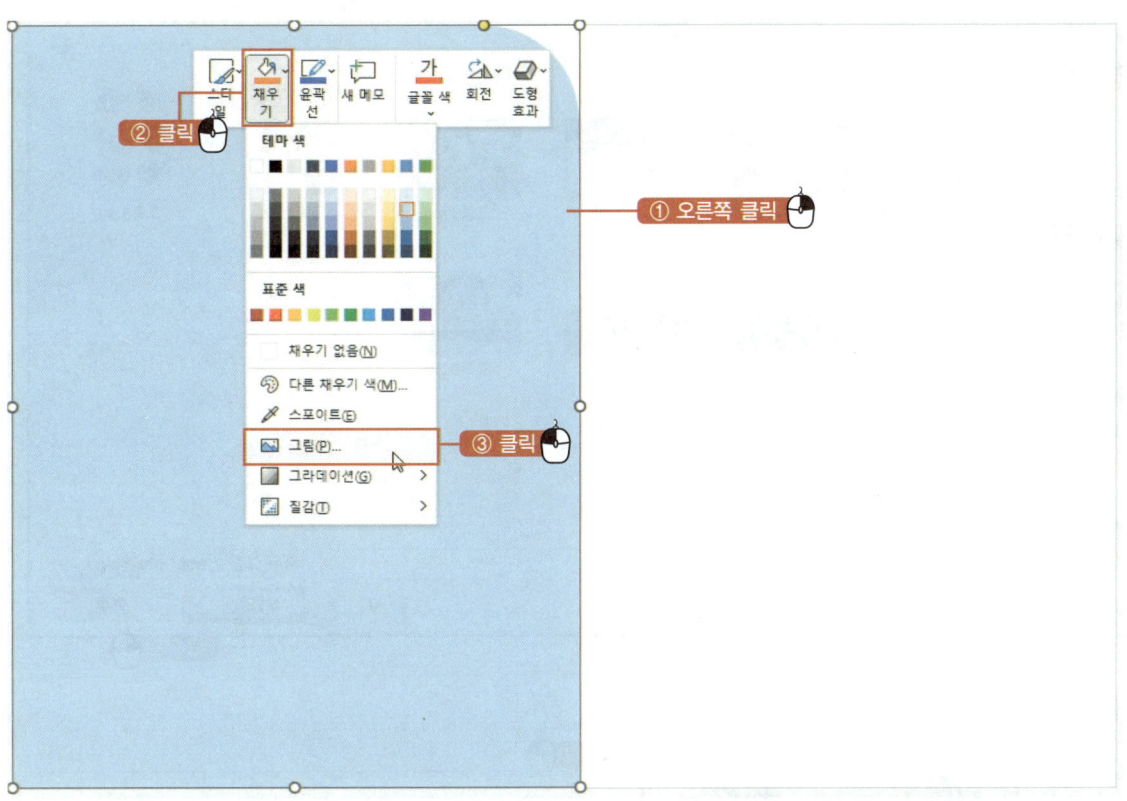

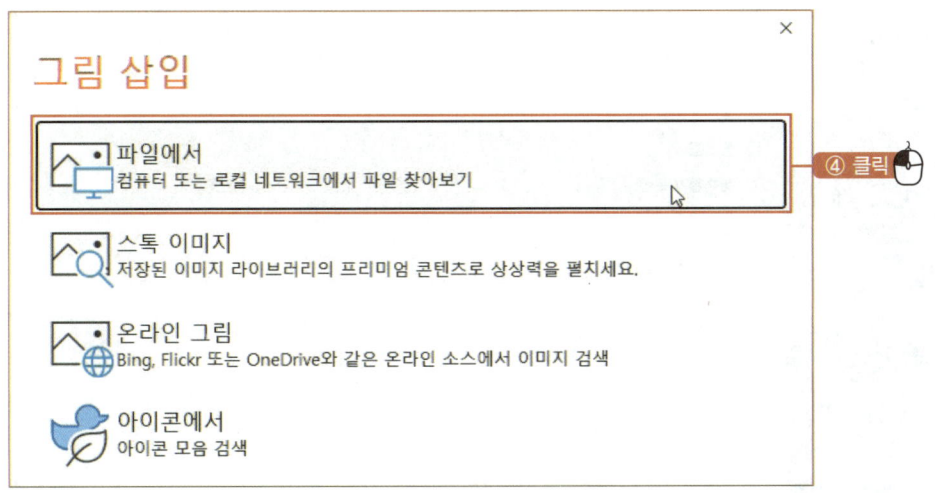

Check Point

도형이 선택된 상태에서 [그림 서식] 탭-[도형 스타일] 그룹-[도형 채우기]-[그림]-[파일에서] 메뉴를 이용하여 그림을 삽입해도 됩니다.

4 [내 PC₩문서₩ITQ₩Picture] 폴더에서 '그림1.jpg'를 선택하고 [삽입] 단추를 클릭합니다.

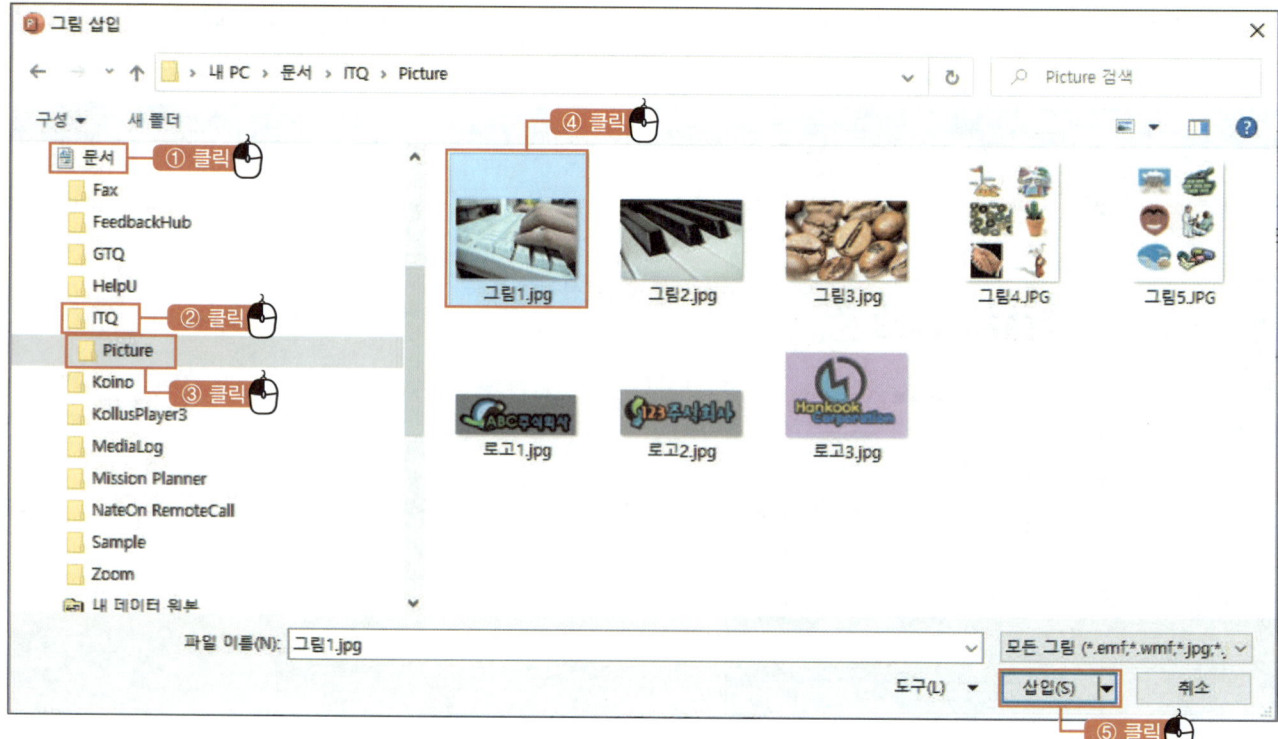

5 다시 바로가기 메뉴에서 [그림 서식] 메뉴를 클릭합니다.

6 오른쪽 [그림 서식] 창에서 [채우기 및 선]을 클릭한 후 [채우기]-[투명도]에서 '50%'를 설정합니다.

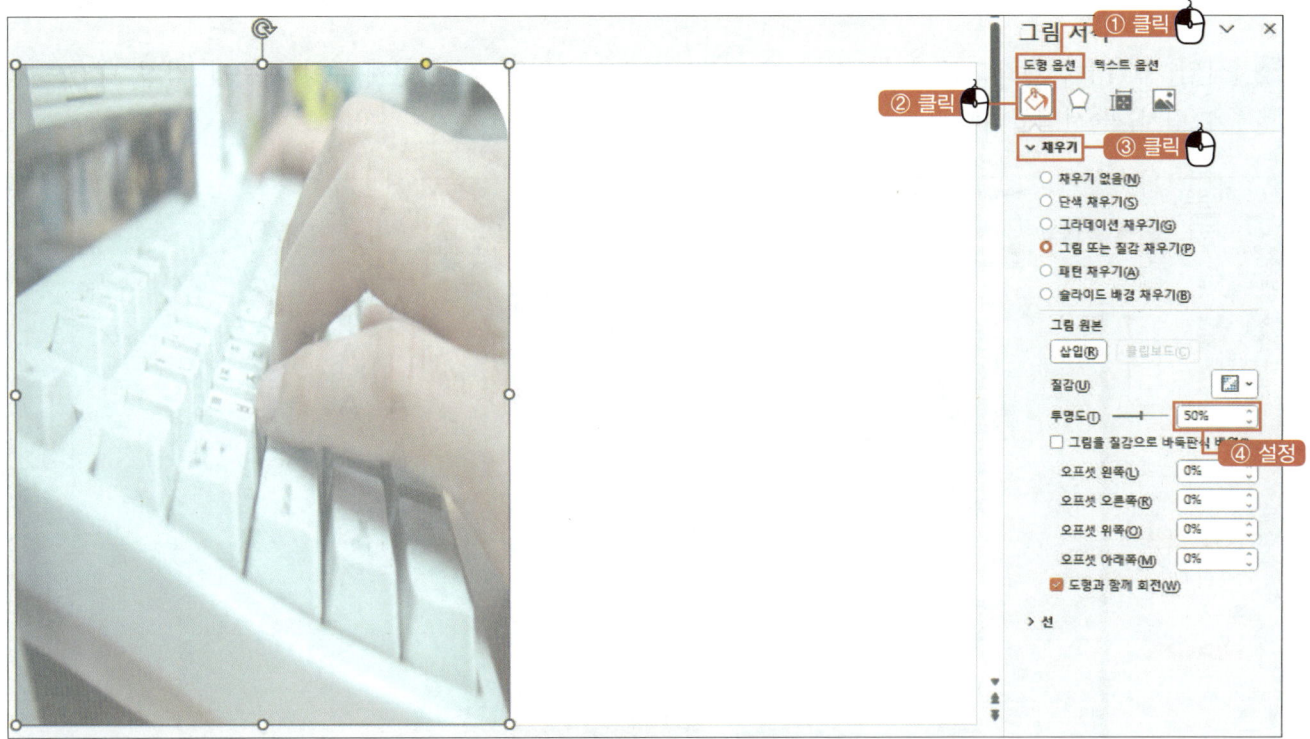

Check Point

[그림 서식] 탭-[조정] 그룹-[투명도]에서 설정해도 됩니다.

7 다시 오른쪽 [그림 서식] 창에서 [효과]를 클릭한 후 [부드러운 가장자리]-[미리 설정]-[부드러운 가장자리 변형]에서 '5 포인트'를 설정합니다. Esc키를 눌러 선택을 해제합니다.

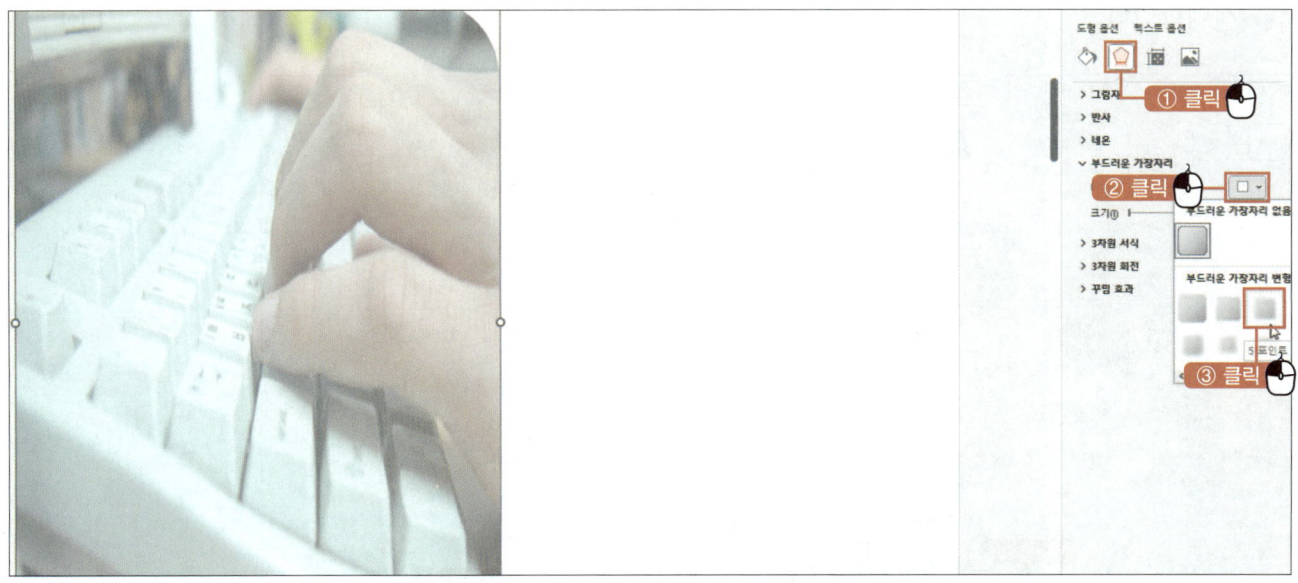

Check Point

[도형 서식] 탭-[도형 스타일] 그룹-[도형 효과]-[부드러운 가장자리]에서 설정해도 됩니다.

단계 2 워드 아트 작성

1 [삽입] 탭의 [텍스트] 그룹에서 [WordArt] 도구를 클릭한 후 첫 번째 유형(채우기: 검정, 텍스트 색 1, 그림자)을 선택합니다.

2 '필요한 내용을 적으십시오.'라는 문구를 지우거나 범위 지정된 상태에서 'Digital Health'를 입력합니다.

3 [도형 서식] 탭-[WordArt 스타일] 그룹-[텍스트 효과]-[변환]에서 '갈매기형 수장: 아래로'를 선택합니다.

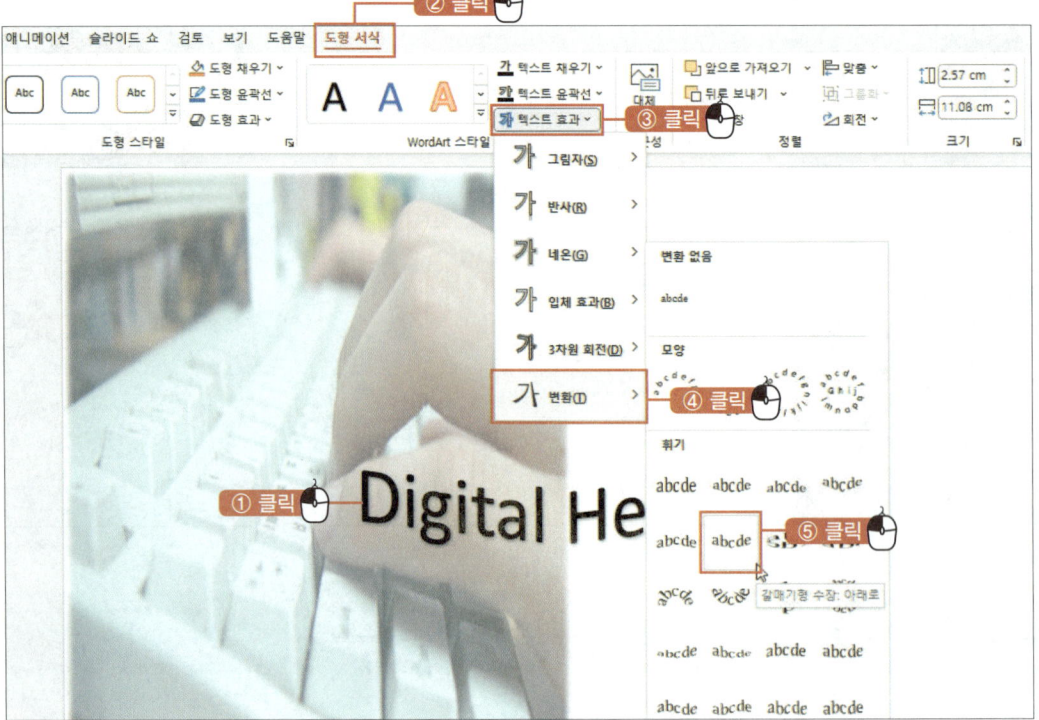

4 다시 [도형 서식] 탭-[WordArt 스타일] 그룹-[텍스트 효과 가]-[반사]에서 '1/2 반사: 터치'를 선택합니다.

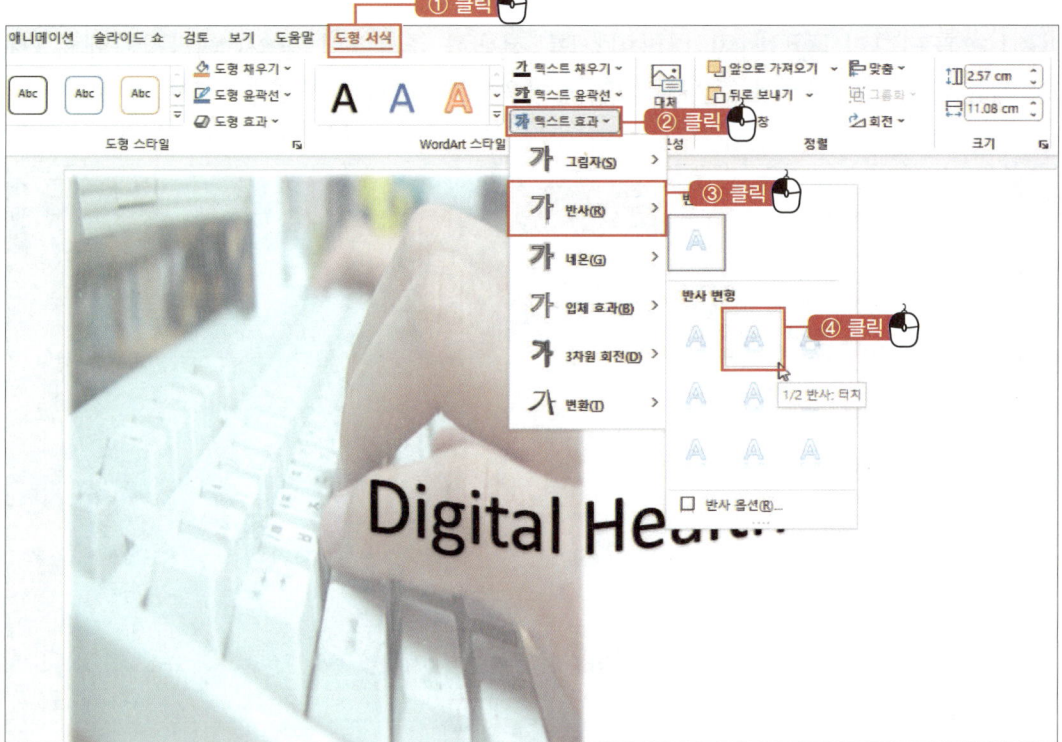

5 [홈] 탭의 [글꼴] 그룹에서 '글꼴 : 돋움', '굵게'를 설정하고, '텍스트 그림자' 지정을 해제합니다.

6 워드아트의 위치를 이동시킨 후 크기 조절점(○)과 모양 조절점(●)을 드래그하여 《출력형태》처럼 변형합니다. Esc 키를 눌러 선택을 해제합니다.

단계 3 그림 삽입

1 [삽입] 탭-[이미지] 그룹-[그림 🖼]-[이 디바이스]를 선택한 후 [그림 삽입] 대화상자에서 「내 PC\문서\ITQ\Picture」 폴더에 있는 '로고2.jpg' 그림 파일을 선택하고 [삽입] 단추를 클릭합니다.

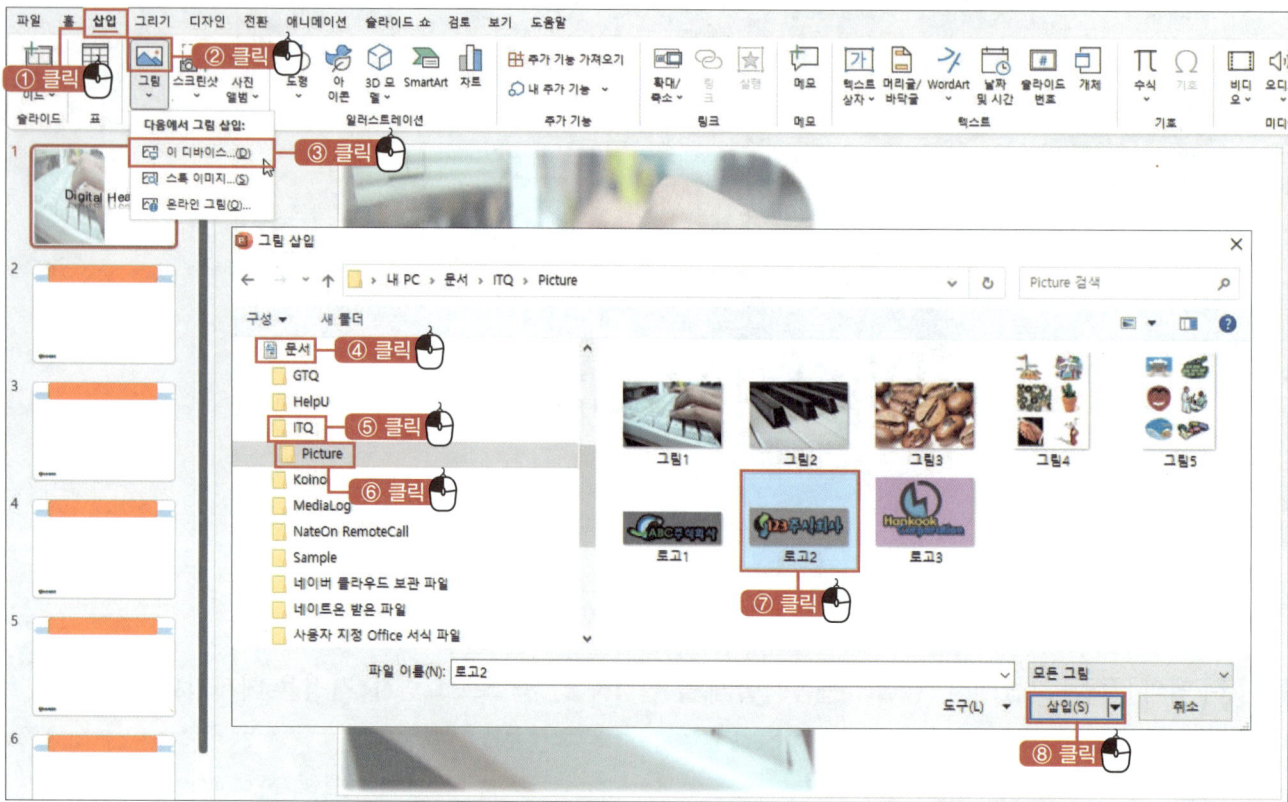

2 삽입된 로고 이미지를 선택한 후 [그림 서식] 탭-[조정] 그룹-[색 🖼]-[투명한 색 설정 🖌]을 선택합니다.

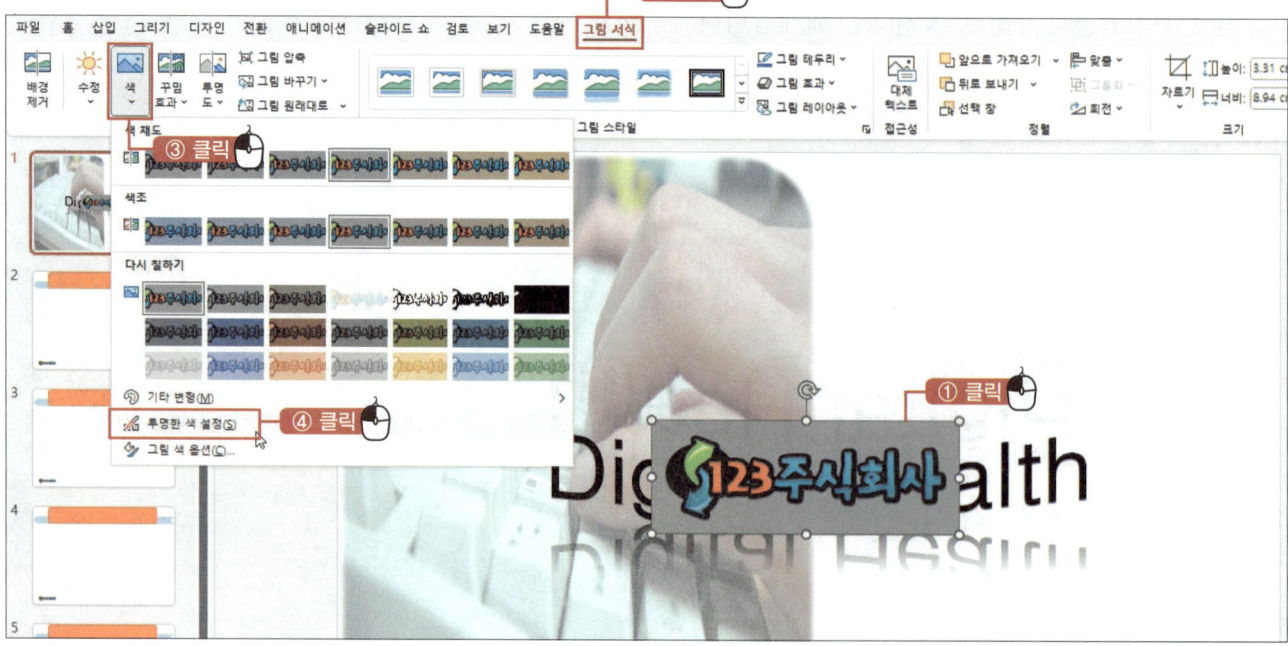

3 '로고2.jpg' 이미지의 배경(회색) 부분을 클릭하면 배경이 투명색으로 지정됩니다.

4 그림을 우측 상단으로 이동시킨 후 조절점(○)을 이용하여 크기를 《출력형태》처럼 조절합니다.

5 [빠른 실행] 도구 모음의 [저장 💾] 도구를 클릭하여 저장합니다(또는 Ctrl + S 키).

Check Point

도형이나 그림 등을 작성하는 방법에는 상단의 메뉴를 이용하는 방법, 바로가기 메뉴(마우스 오른쪽 버튼 클릭), 오른쪽 작업 창을 이용하여 작성하는 방법이 있습니다. 이중 사용자가 시간을 단축할 수 있는 방법으로 작성합니다.

실력 향상을 위한 실전 연습문제

● 예제 파일 : 12645678-성안당.pptx   ● 정답 파일 : Section01_01(정답).pptx

01 다음 조건을 적용하여 슬라이드를 작성하시오.

(1) 표지 디자인 : 도형, 워드아트 및 그림을 이용하여 작성한다.

세부조건

① 도형 편집
- 도형에 그림 채우기 :
  「내 PC\문서\ITQ\ Picture\그림1.jpg」, 투명도 50%
- 도형 효과 : 부드러운 가장 자리 5포인트

② 워드아트 삽입
- 변환 : 기울기, 위로
- 글꼴 : 돋움, 굵게
- 반사 : 전체 반사, 터치

③ 그림 삽입
- 「내 PC\문서\ITQ\Picture\로고2.jpg」
- 배경(회색) 투명색으로 설정

● 예제 파일 : 12645678-김수연.pptx   ● 정답 파일 : Section01_02(정답).pptx

02 다음 조건을 적용하여 슬라이드를 작성하시오.

(1) 표지 디자인 : 도형, 워드아트 및 그림을 이용하여 작성한다.

세부조건

① 도형 편집
- 도형에 그림 채우기 :
  「내 PC\문서\ITQ\ Picture\그림1.jpg」, 투명도 50%
- 도형 효과 : 부드러운 가장 자리 5포인트

② 워드아트 삽입
- 변환 : 곡선, 위로
- 글꼴 : 돋움, 굵게
- 반사 : 전체 반사, 터치

③ 그림 삽입
- 「내 PC\문서\ITQ\Picture\로고2.jpg」
- 배경(회색) 투명색으로 설정

Information Technology Qualification

● 예제 파일 : 12645678-한정수.pptx   ● 정답 파일 : Section01_03(정답).pptx

03 다음 조건을 적용하여 슬라이드를 작성하시오.

(1) 표지 디자인 : 도형, 워드아트 및 그림을 이용하여 작성한다.

세부조건

① 도형 편집
- 도형에 그림 채우기 :
  「내 PC\문서\ITQ\ Picture\그림1.jpg」, 투명도 50%
- 도형 효과 : 부드러운 가장 자리 5포인트

② 워드아트 삽입
- 변환 : 갈매기형 수장, 아래로
- 글꼴 : 돋움, 굵게
- 반사 : 전체 반사, 터치

③ 그림 삽입
- 「내 PC\문서\ITQ\ Picture\로고2.jpg」
- 배경(회색) 투명색으로 설정

● 예제 파일 : 12645678-류현진.pptx   ● 정답 파일 : Section01_04(정답).pptx

04 다음 조건을 적용하여 슬라이드를 작성하시오.

(1) 표지 디자인 : 도형, 워드아트 및 그림을 이용하여 작성한다.

세부조건

① 도형 편집
- 도형에 그림 채우기 :
  「내 PC\문서\ITQ\ Picture\그림3.jpg」, 투명도 50%
- 도형 효과 : 부드러운 가장 자리 5포인트

② 워드아트 삽입
- 변환 : 기울기, 위로
- 글꼴 : 굴림, 굵게
- 반사 : 근접 반사, 8pt 오프셋

③ 그림 삽입
- 「내 PC\문서\ITQ\ Picture\로고2.jpg」
- 배경(회색) 투명색으로 설정

실력 향상을 위한 실전 연습문제

● 예제 파일 : 12645678-김태희.pptx   ● 정답 파일 : Section01_05(정답).pptx

05 다음 조건을 적용하여 슬라이드를 작성하시오.

(1) 표지 디자인 : 도형, 워드아트 및 그림을 이용하여 작성한다.

세부조건

① 도형 편집
 - 도형에 그림 채우기 :
  「내 PC₩문서₩ITQ₩ Picture
  ₩그림2.jpg」, 투명도 50%
 - 도형 효과 : 부드러운 가장
  자리 5포인트

② 워드아트 삽입
 - 변환 : 곡선, 아래로
 - 글꼴 : 돋움, 굵게
 - 반사 : 근접 반사, 터치

③ 그림 삽입
 - 「내 PC₩문서₩ITQ₩
  Picture₩로고1.jpg」
 - 배경(회색) 투명색으로 설정

● 예제 파일 : 12645678-김새롬.pptx   ● 정답 파일 : Section01_06(정답).pptx

06 다음 조건을 적용하여 슬라이드를 작성하시오.

(1) 표지 디자인 : 도형, 워드아트 및 그림을 이용하여 작성한다.

세부조건

① 도형 편집
 - 도형에 그림 채우기 :
  「내 PC₩문서₩ITQ₩ Picture
  ₩그림1.jpg」, 투명도 50%
 - 도형 효과 : 부드러운 가장
  자리 5포인트

② 워드아트 삽입
 - 변환 : 갈매기형 수장, 위로
 - 글꼴 : 궁서, 굵게
 - 반사 : 근접 반사, 터치

③ 그림 삽입
 - 「내 PC₩문서₩ITQ₩
  Picture₩로고2.jpg」
 - 배경(회색) 투명색으로
  설정

[슬라이드 2] 목차 슬라이드

배점 **60** 점

무료 동영상

도형을 작성한 후 텍스트를 입력하고, 하이퍼링크와 그림을 삽입합니다. 특히 그림은 원하는 부분만 잘라 삽입합니다.

● 정답 파일 : Section02(정답).pptx

[슬라이드 2] 목차 슬라이드
(1) 《출력형태》와 같이 도형을 이용하여 목차를 작성한다(글꼴 : 굴림, 24pt).
(2) 도형 : 선 없음

세부조건

① 텍스트에 하이퍼링크 적용
→ '슬라이드 6'

② 그림 삽입
- 「내 PC₩문서₩ITQ₩Picture₩그림5.jpg」
- 자르기 기능 이용

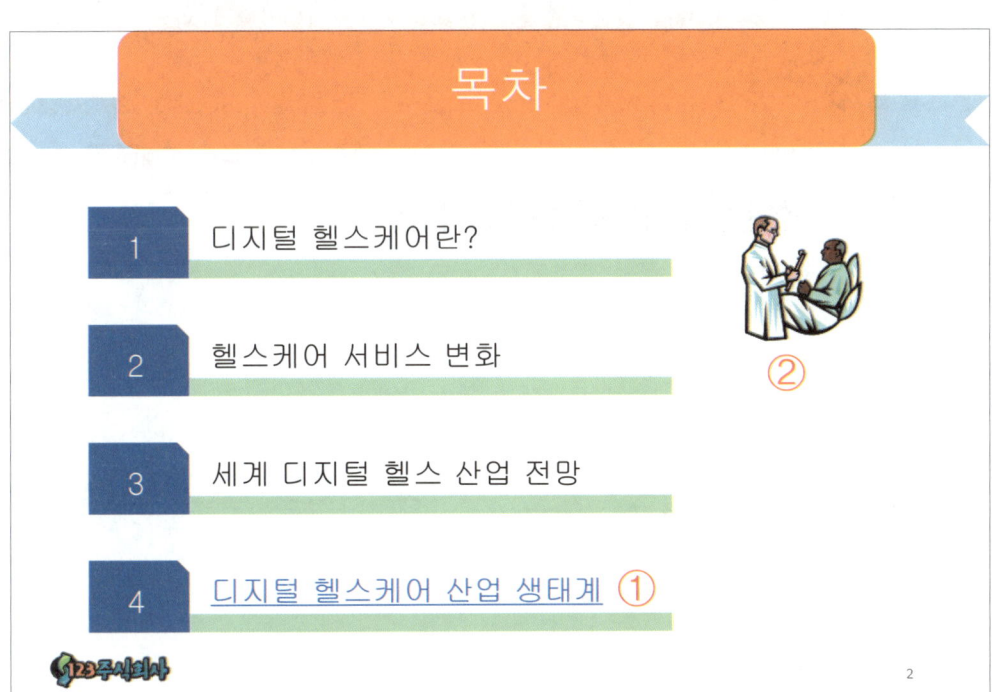

핵심 체크

1. 목차 도형 작성 : [삽입] 탭의 [일러스트레이션] 그룹의 [도형] 도구를 클릭하여 작성. 도형 윤곽선 – '없음'
2. 그림 삽입 : [삽입] 탭–[이미지] 그룹–[그림]–[이 디바이스] 선택
3. 그림 자르기 : [그림 서식] 탭–[크기] 그룹–[자르기] 도구 선택
   – 여러 개의 그림 중 원하는 그림만 [자르기] 기능을 이용하여 삽입합니다.
4. 하이퍼링크 지정 : 문자열 범위 지정 → [삽입] 탭–[링크] 그룹–[링크] 선택

※ 작성 순서
목차 도형 작업 → 그림 삽입 및 편집(자르기) → 하이퍼링크 작업

단계 1 제목 및 도형 작성

1. 슬라이드 2를 클릭한 후 슬라이드 상단 제목에 '목차'를 입력합니다.

2. 슬라이드 창의 텍스트 상자를 클릭한 후 Delete 키를 눌러 삭제합니다.

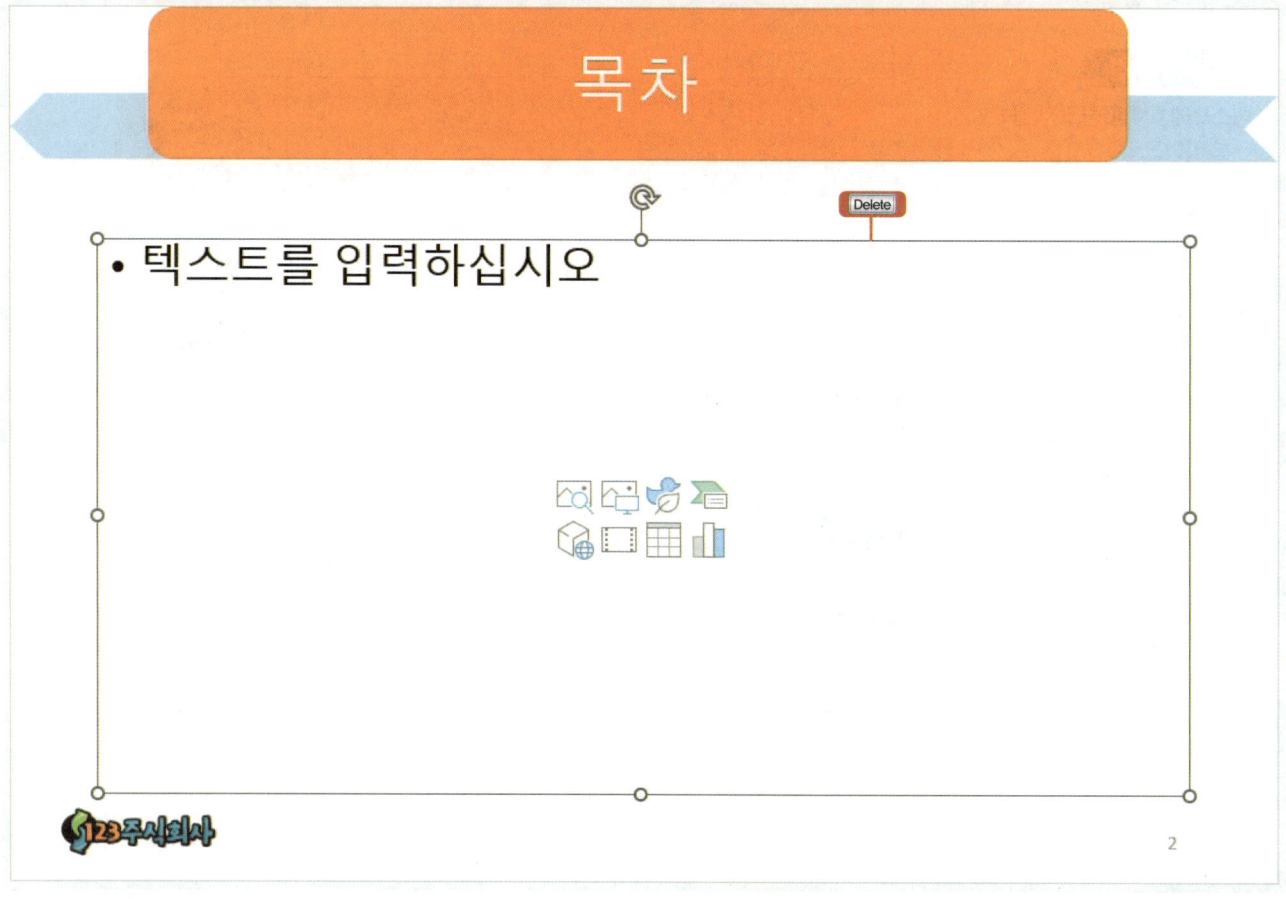

Check Point

텍스트 상자 안의 [그림] 도구를 클릭하여 그림 작업을 먼저 해도 됩니다.

3 [삽입] 탭-[일러스트레이션] 그룹-[도형]의 사각형에서 '사각형: 잘린 한쪽 모서리'를 선택한 후 드래그하여 삽입합니다. 삽입 후 조절점(○)을 이용하여 크기를 조절한 후 [도형 서식] 탭-[도형 스타일] 그룹-[도형 채우기]에서 임의로 다른 색(파랑, 강조 1, 25% 더 어둡게)을 지정하고, [도형 윤곽선]에서 '윤곽선 없음'을 지정합니다.

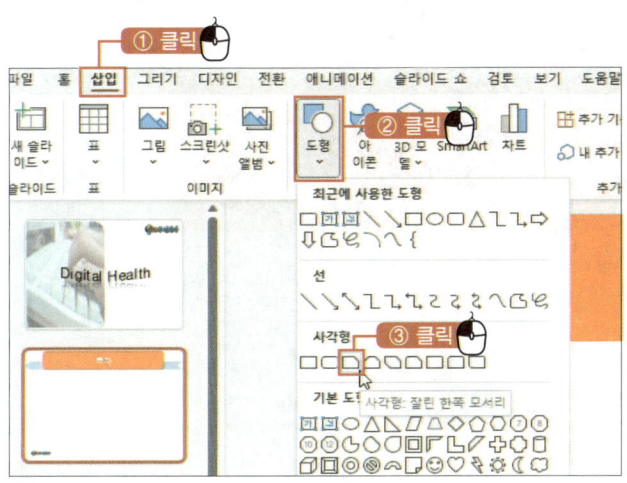
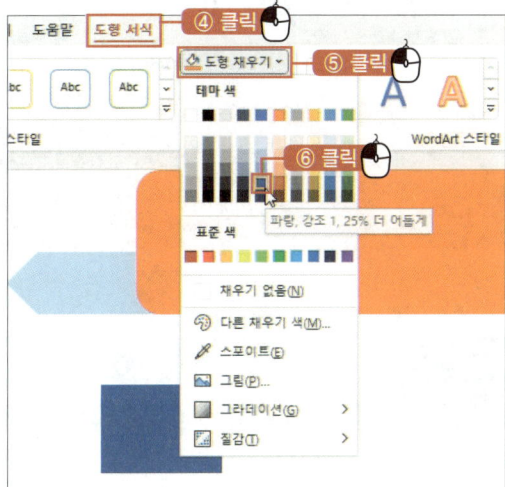

4 [삽입] 탭-[일러스트레이션] 그룹-[도형]의 사각형에서 '직사각형'을 선택한 후 드래그하여 삽입합니다. 크기와 위치를 확인하고 [도형 서식] 탭-[도형 스타일] 그룹-[도형 채우기]에서 임의의 색상(녹색, 강조 6, 60% 밝게)을 설정한 후, [도형 윤곽선]에서 '윤곽선 없음'을 지정합니다.

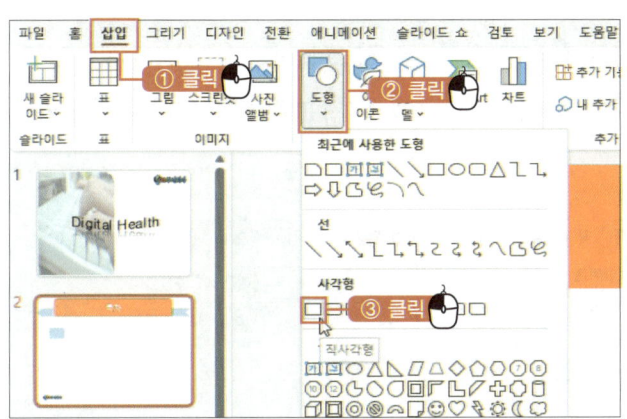
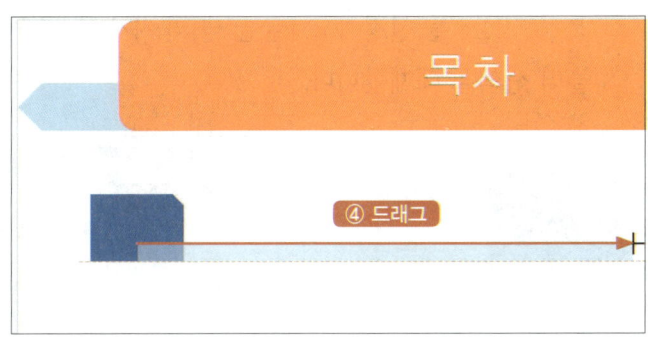

Check Point

도형의 색상, 윤곽선, 두께는 채점 대상이 아니므로 기본값으로 작성해도 됩니다. 다만, 본 교재에서는 출력형태를 고려하여 수험자가 보기 좋게 선 두께 및 색상을 변경하도록 설명하였습니다.

Check Point

도형 작업을 한 후에는 [도형 서식] 탭-[도형 삽입] 그룹에서 이전에 사용했던 도형들을 확인할 수 있으며, 자세히( ) 단추를 클릭하면 다른 도형을 선택할 수 있으므로, [삽입] 탭-[일러스트레이션] 그룹-[도형] 도구를 이용하지 않아도 됩니다.

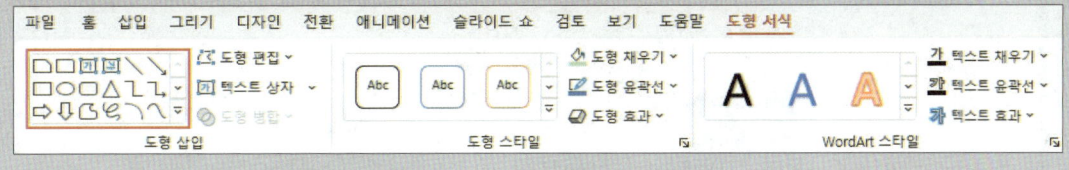

5 직사각형 도형이 선택된 상태에서 [도형 서식] 탭-[정렬] 그룹에서 [뒤로 보내기] 도구를 클릭하여 '사각형: 잘린 한쪽 모서리' 도형 뒤에 위치 시킵니다.

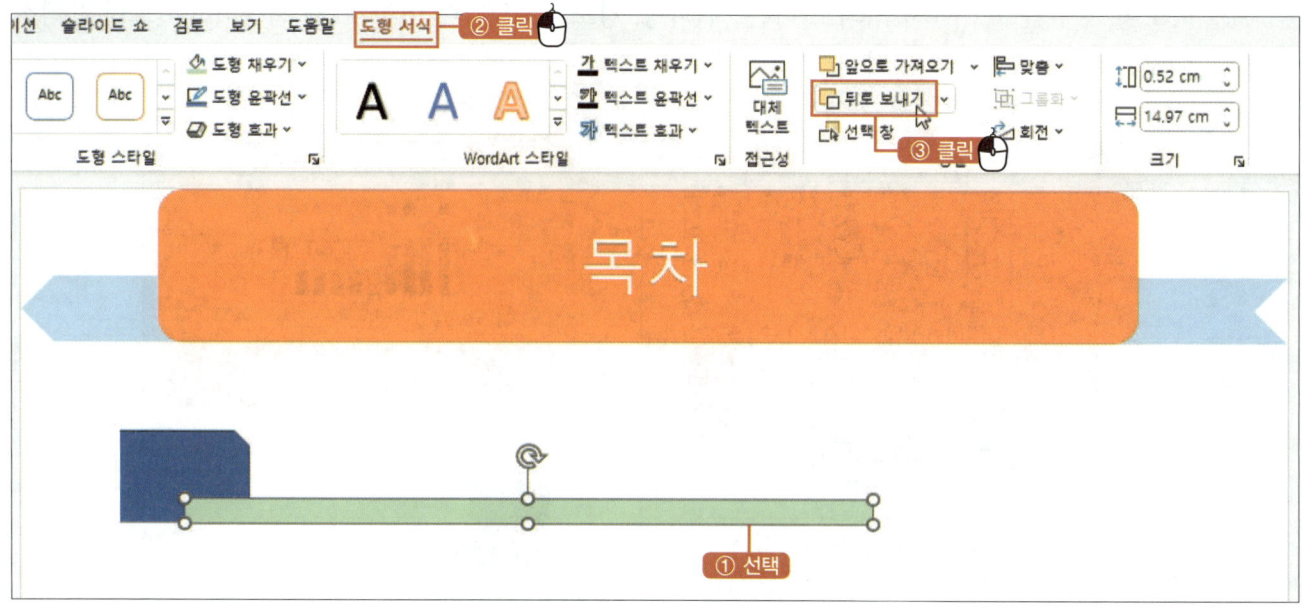

Check Point

도형을 작성할 때는 뒤쪽 도형을 먼저 그리는 것이 조금이라도 시간을 단축할 수 있지만, 상황에 따라 위쪽 도형을 먼저 그린 후 도형의 위치를 변경해도 됩니다.

6 '사각형: 잘린 한쪽 모서리' 도형을 선택하고 '1'을 입력한 후 [홈] 탭의 [글꼴] 그룹에서 '글꼴 : 굴림', '글꼴 크기 : 24pt'를 설정하고, [글꼴 색]의 자세히( ) 단추를 클릭한 후 '흰색, 배경 1'을 지정합니다. Esc 키를 눌러 선택을 해제합니다.

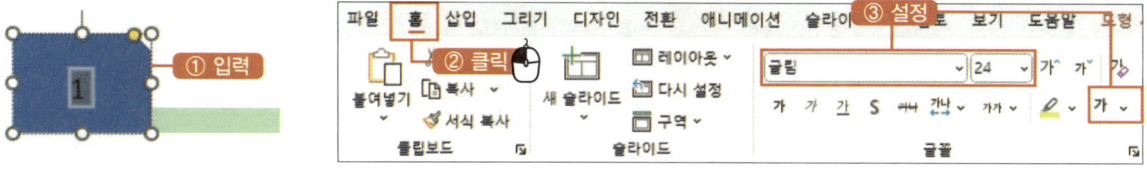

7 [삽입] 탭-[텍스트] 그룹-[텍스트 상자]-[가로 텍스트 상자 그리기]를 클릭한 후 드래그하여 삽입합니다.

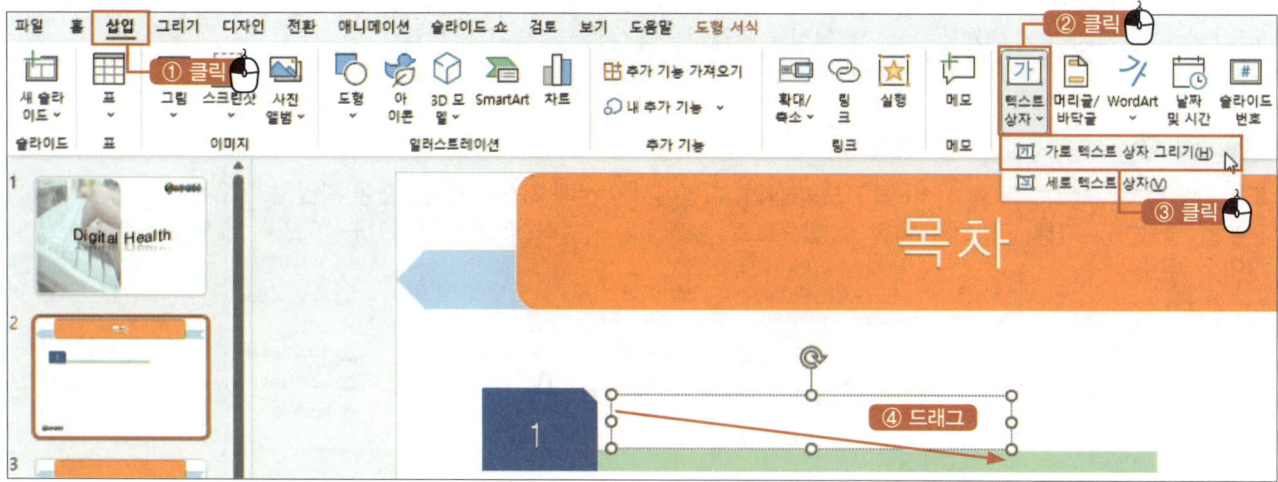

8 가로 텍스트 상자가 삽입되면 '**헬스케어란?**'을 입력하고 Esc 키를 클릭한 후 [홈] 탭의 [글꼴] 그룹에서 '**글꼴 : 굴림**', '**글꼴 크기 : 24pt**'를 설정합니다. 《출력형태》를 참고하여 크기나 위치를 조절합니다.

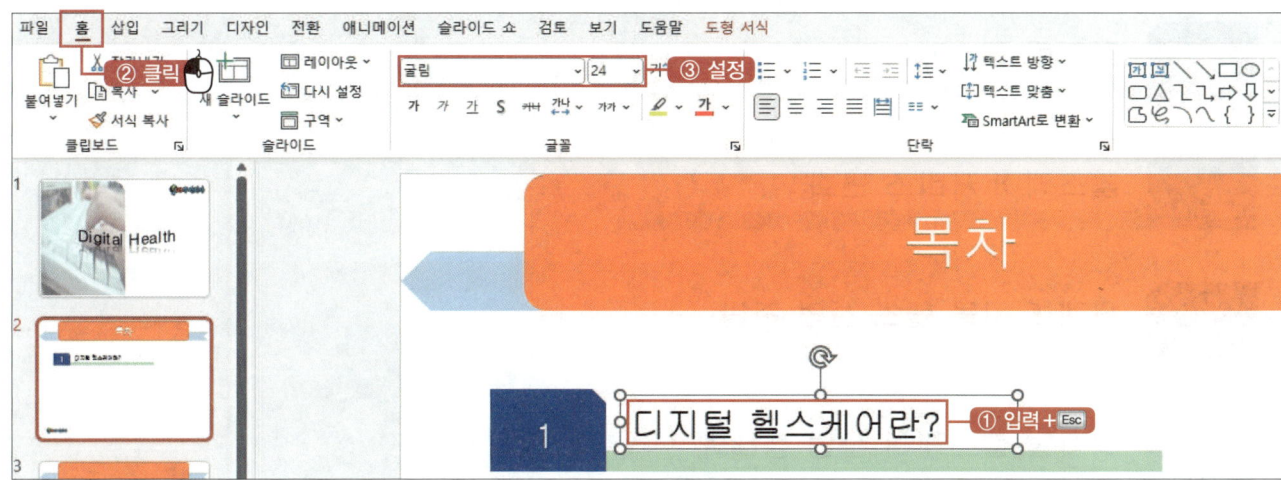

9 마우스로 드래그하여 두 개의 도형과 가로 텍스트 상자를 선택한 후 Ctrl + Shift 키를 누른 채 아래로 드래그하여 복사합니다.

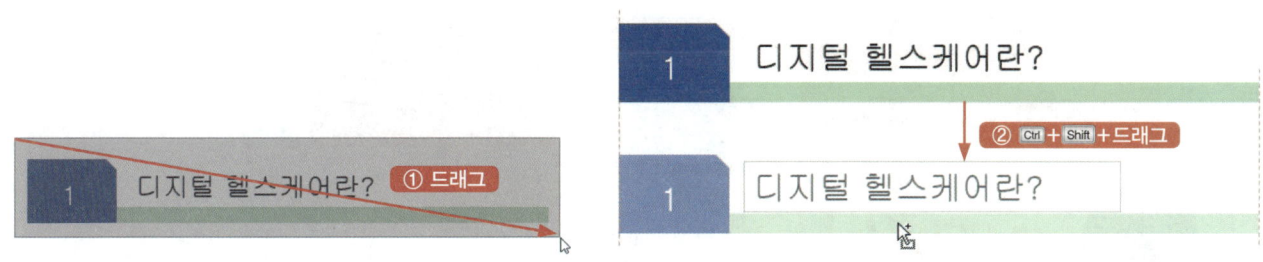

Check Point

- Ctrl 키를 누르고 드래그하면 복사되고, Ctrl + Shift 키를 누르고 드래그하면 수평이나 수직 방향으로 복사됩니다.
- Ctrl + D 키를 눌러 복사한 후 위치를 조정해도 됩니다.

10 같은 방법으로 두 번 더 복사한 후 도형 간의 위치를 조정합니다.

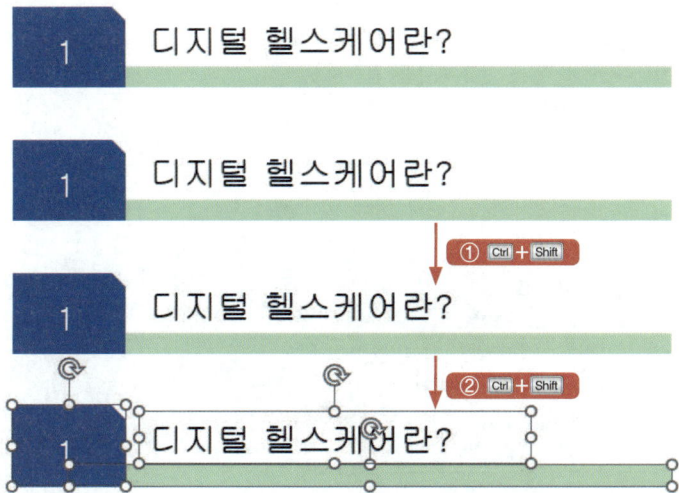

11 《출력형태》처럼 '사각형: 잘린 한쪽 모서리' 도형 안의 숫자와 가로 텍스트 상자의 내용을 수정합니다. 가로 텍스트 상자의 너비보다 텍스트가 많을 경우 가로 텍스트 상자의 너비를 넓혀줍니다.

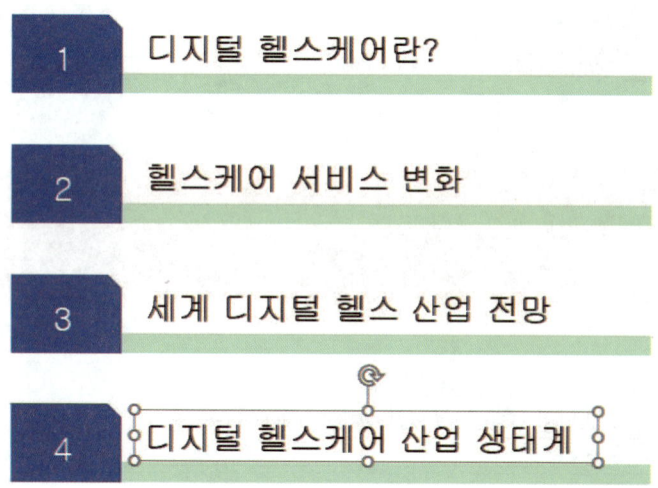

12 '디지털 헬스케어 산업 생태계'를 범위 지정한 후 바로가기 메뉴에서 [하이퍼링크 ⌘] 메뉴를 클릭합니다.

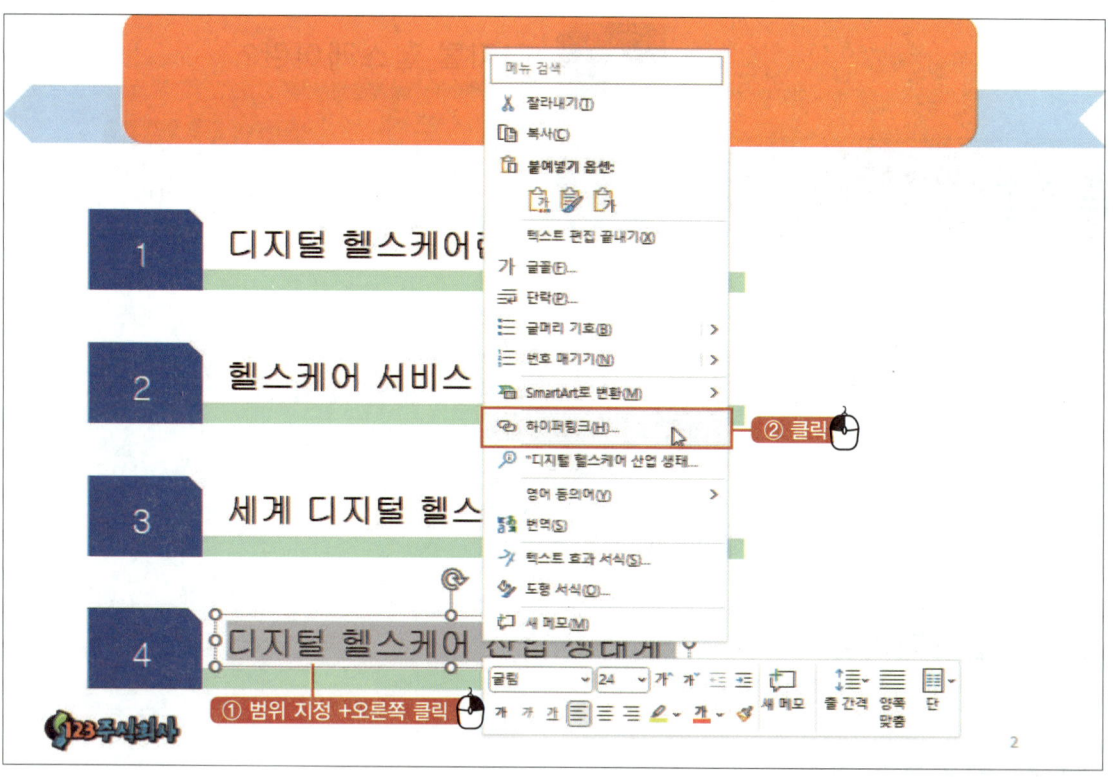

Check Point

[삽입] 탭-[링크] 그룹-[링크 ⌘] 도구를 선택하여 설정해도 됩니다.

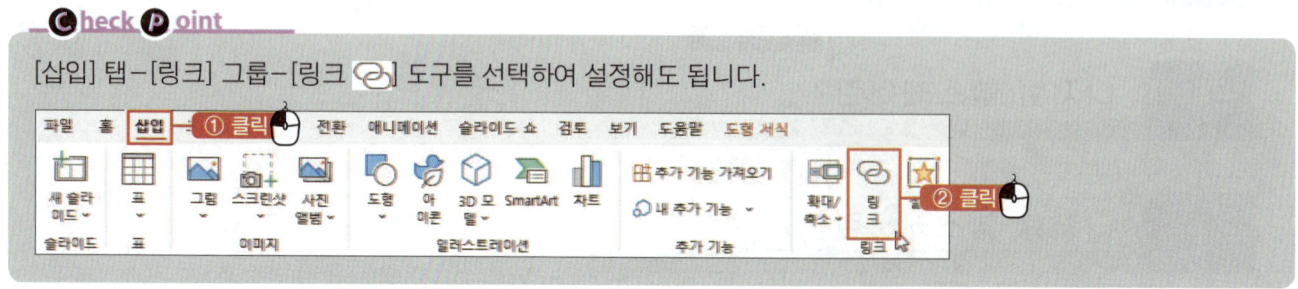

13 [하이퍼링크 삽입] 대화상자에서 '현재 문서'를 선택한 후 '6. 슬라이드 6'을 선택하고 [확인] 단추를 클릭합니다.

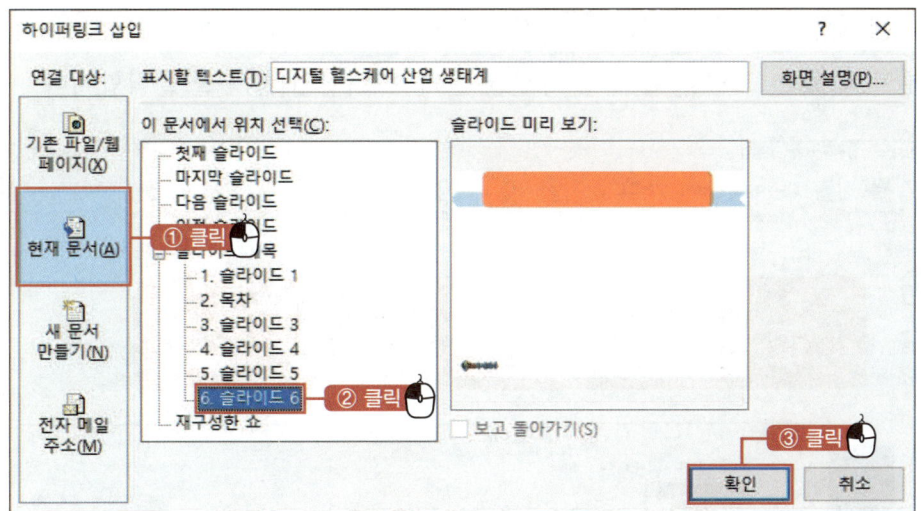

14 하이퍼링크가 설정된 텍스트는 자동으로 색이 변경되고 밑줄이 표시됩니다.

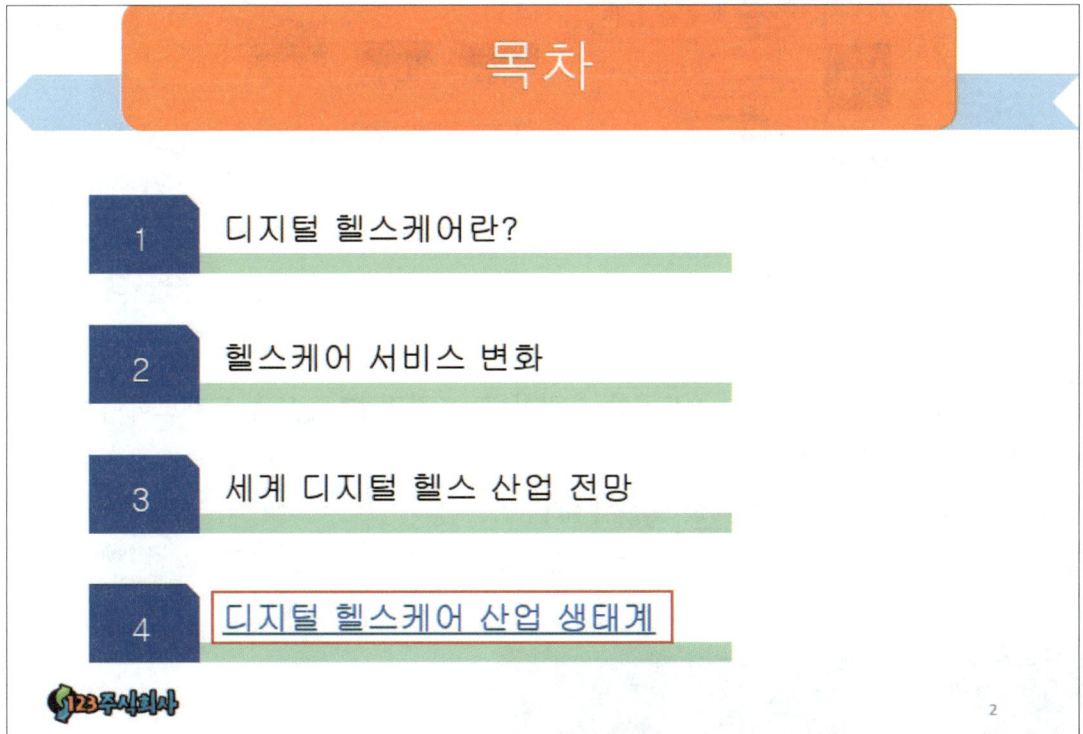

단계 2 그림 삽입

1 [삽입] 탭-[이미지] 그룹-[그림 🖼]-[이 디바이스... 🖼]를 클릭한 후 [그림 삽입] 대화상자에서 「내 PC₩문서₩ITQ₩Picture」 폴더에 있는 '그림5.jpg' 그림 파일을 선택하고 [삽입] 단추를 클릭합니다.

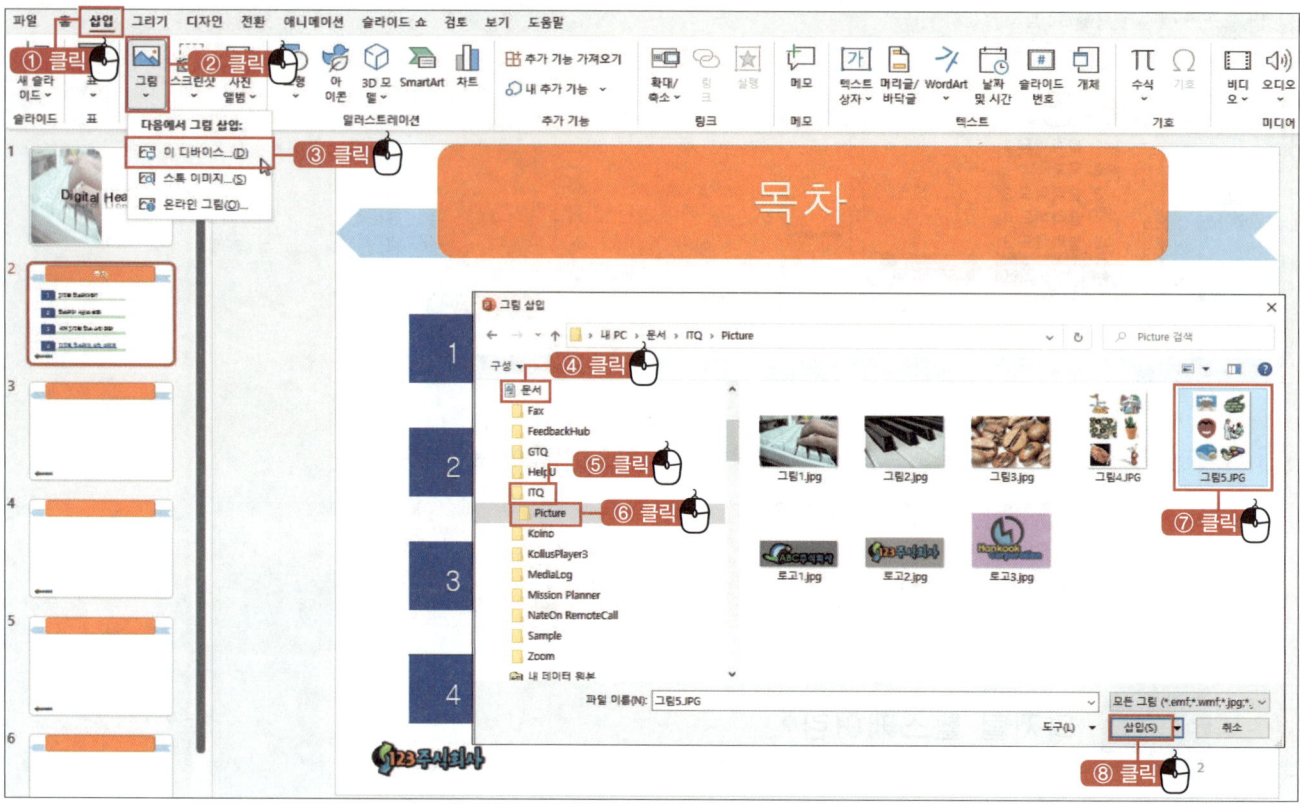

2 [그림 서식] 탭-[크기] 그룹에서 [자르기 ⬚] 도구를 클릭한 후 조절점(⌐, ⌐)을 드래그하여 원하는 그림만 남기고 Esc 키를 눌러 작업을 완료합니다.

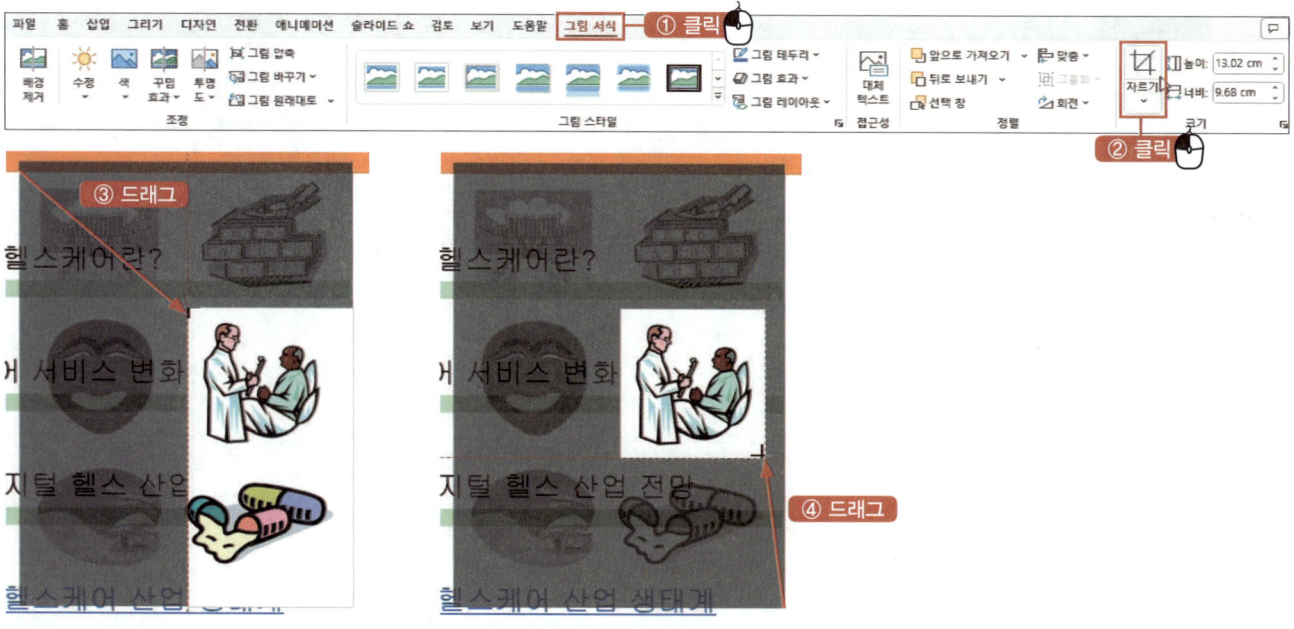

3 《출력형태》처럼 그림의 위치와 크기를 조절하고 Esc 키를 눌러 선택을 해제한 후 [빠른 실행] 도구 모음의 [저장 💾] 도구를 클릭하여 저장합니다(또는 Ctrl + S 키).

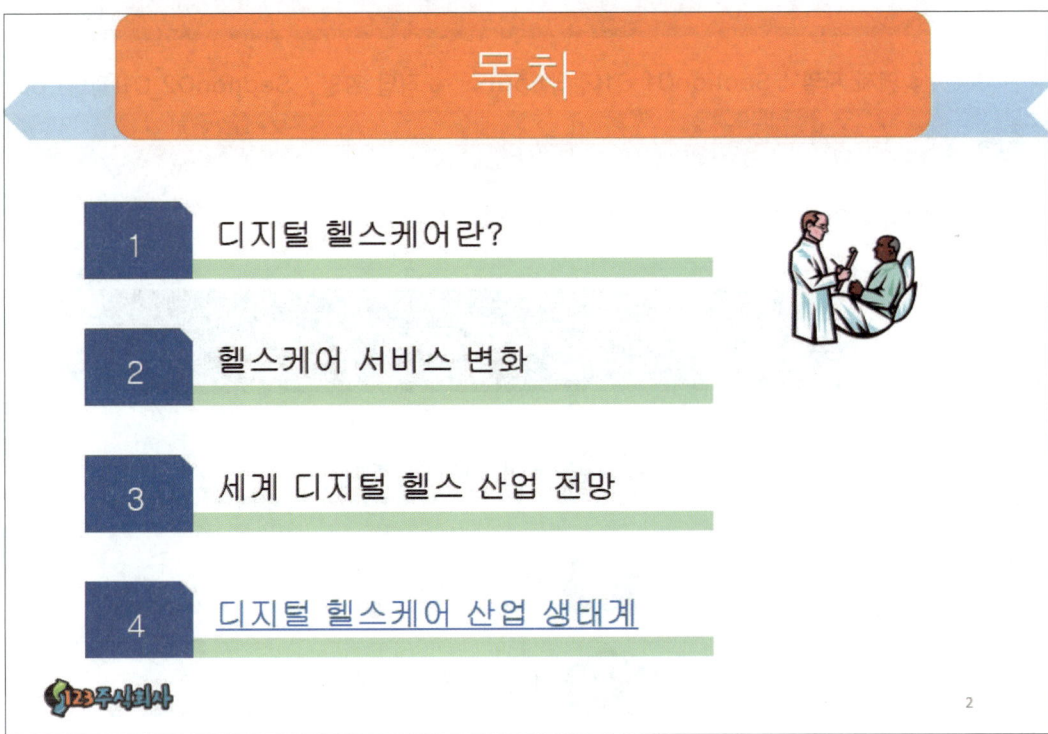

 실력 향상을 위한 실전 연습문제

● 예제 파일 : Section01_01(정답).pptx   ● 정답 파일 : Section02_01(정답).pptx

01 다음 조건을 적용하여 슬라이드를 작성하시오.

(1) 출력형태와 같이 도형을 이용하여 목차를 작성한다(글꼴 : 돋움, 24pt).
(2) 도형 : 선 없음

세부조건

① 텍스트에 하이퍼링크 적용
→ '슬라이드 6'

② 그림 삽입
- 「내 PC₩문서₩ITQ₩Picture ₩그림5.jpg」
- 자르기 기능 이용

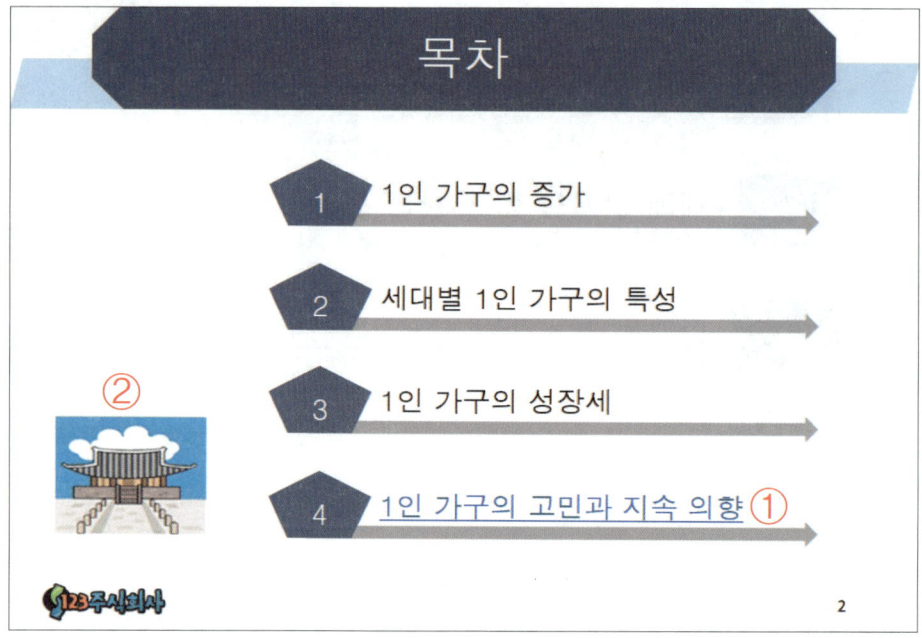

● 예제 파일 : Section01_02(정답).pptx   ● 정답 파일 : Section02_02(정답).pptx

02 다음 조건을 적용하여 슬라이드를 작성하시오.

(1) 출력형태와 같이 도형을 이용하여 목차를 작성한다(글꼴 : 돋움, 24pt).
(2) 도형 : 선 없음

세부조건

① 텍스트에 하이퍼링크 적용
→ '슬라이드 6'

② 그림 삽입
- 「내 PC₩문서₩ITQ₩Picture ₩그림4.jpg」
- 자르기 기능 이용

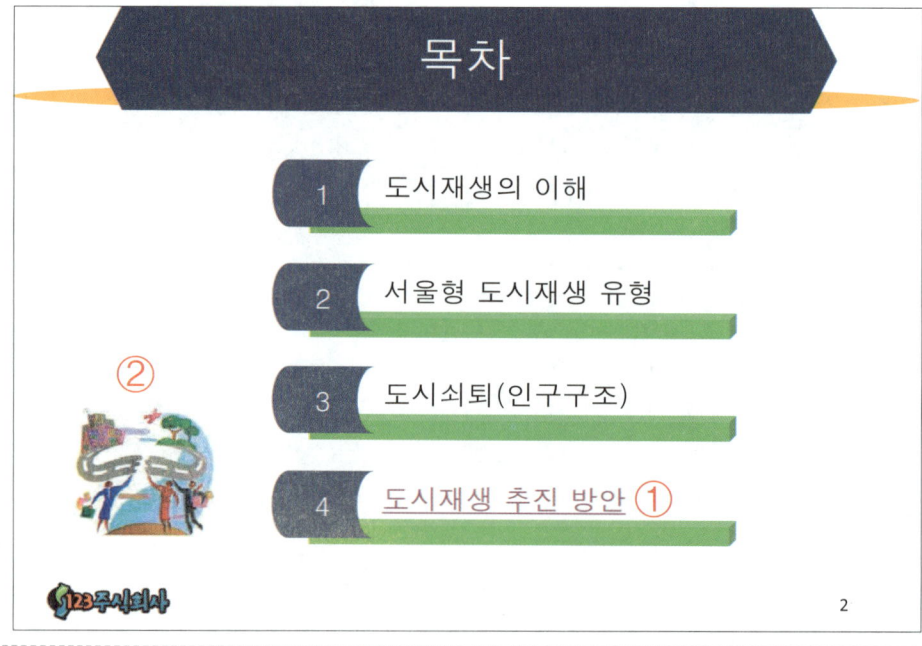

● 예제 파일 : Section01_03(정답).pptx   ● 정답 파일 : Section02_03(정답).pptx

03 다음 조건을 적용하여 슬라이드를 작성하시오.

(1) 출력형태와 같이 도형을 이용하여 목차를 작성한다(글꼴 : 굴림, 24pt).
(2) 도형 : 선 없음

세부조건

① 텍스트에 하이퍼링크 적용
→ '슬라이드 3'

② 그림 삽입
- 「내 PC₩문서₩ITQ₩Picture ₩그림4.jpg」
- 자르기 기능 이용

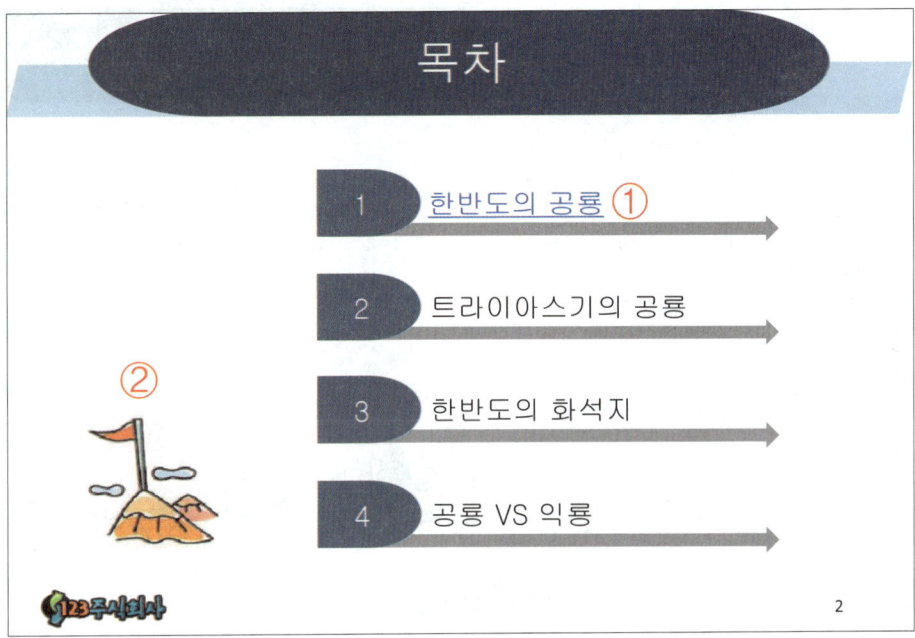

● 예제 파일 : Section01_04(정답).pptx   ● 정답 파일 : Section02_04(정답).pptx

04 다음 조건을 적용하여 슬라이드를 작성하시오.

(1) 출력형태와 같이 도형을 이용하여 목차를 작성한다(글꼴 : 돋움, 24pt).
(2) 도형 : 선 없음

세부조건

① 텍스트에 하이퍼링크 적용
→ '슬라이드 5'

② 그림 삽입
- 「내 PC₩문서₩ITQ₩Picture ₩그림4.jpg」
- 자르기 기능 이용

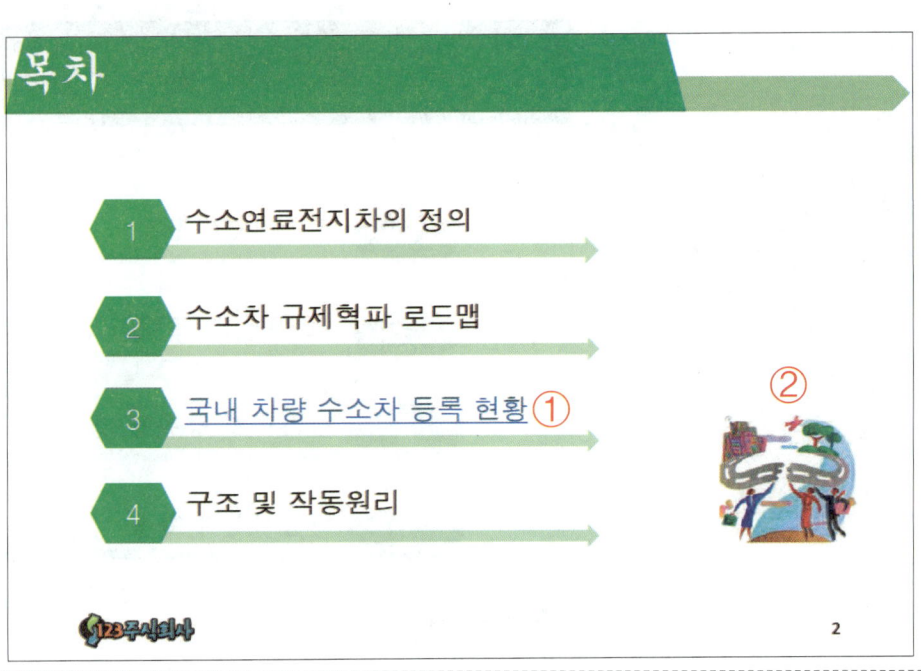

실력 향상을 위한 실전 연습문제

● 예제 파일 : Section01_05(정답).pptx   ● 정답 파일 : Section02_05(정답).pptx

05 다음 조건을 적용하여 슬라이드를 작성하시오.

(1) 출력형태와 같이 도형을 이용하여 목차를 작성한다(글꼴 : 굴림, 24pt).
(2) 도형 : 선 없음

세부조건

① 텍스트에 하이퍼링크 적용
→ '슬라이드 5'

② 그림 삽입
- 「내 PC\문서\ITQ\Picture\그림5.jpg」
- 자르기 기능 이용

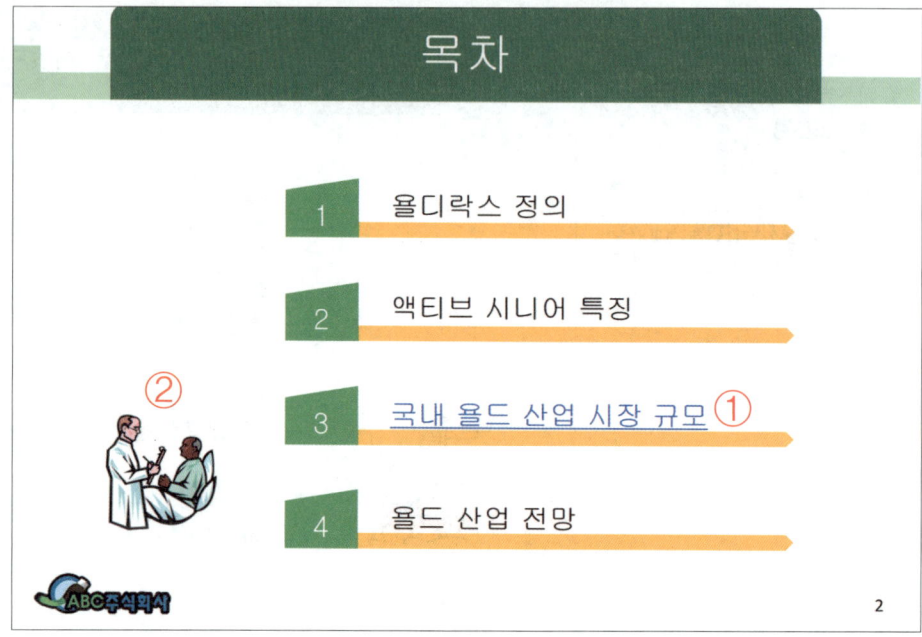

● 예제 파일 : Section01_06(정답).pptx   ● 정답 파일 : Section02_06(정답).pptx

06 다음 조건을 적용하여 슬라이드를 작성하시오.

(1) 출력형태와 같이 도형을 이용하여 목차를 작성한다(글꼴 : 궁서, 24pt).
(2) 도형 : 선 없음

세부조건

① 텍스트에 하이퍼링크 적용
→ '슬라이드 4'

② 그림 삽입
- 「내 PC\문서\ITQ\Picture\그림5.jpg」
- 자르기 기능 이용

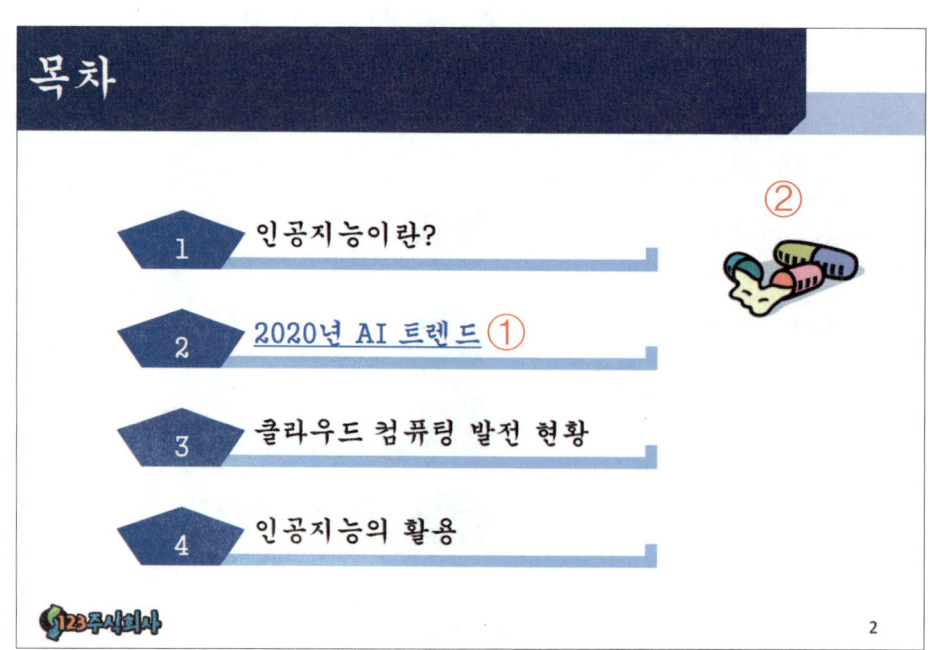

Section 3

[슬라이드 3] 텍스트/동영상 슬라이드

배점 **60** 점

한글 문장과 영어 문장에 글머리 기호, 줄 간격을 설정하고, 동영상(비디오)을 삽입합니다.

● 정답 파일 : Section03(정답).pptx

[슬라이드 3] 텍스트/동영상 슬라이드
(1) 텍스트 작성 : 글머리 기호 사용(❖ , ✓)
  ❖ 문단(굴림, 24pt, 굵게, 줄간격 : 1.5줄), ✓ 문단(굴림, 20pt, 줄간격 : 1.5줄)

세부조건
① 동영상 삽입 :
  - 「내 PC\문서\ITQ\Picture\동영상.wmv」
  - 자동실행, 반복재생 설정

핵심 체크

1. 텍스트 상자 작성
  - 글머리 기호 : [홈] 탭-[단락] 그룹-[글머리 기호 ▦] 도구 이용, [목록 수준 늘림 ▦] 또는 Tab 키로 하위 목록 만들기
  - 줄 간격 지정 : [홈] 탭-[단락] 그룹에서 [줄 간격 ▦] 도구를 이용하거나 옵션단추(▦)-[단락] 대화상자에서 지정
2. 동영상 삽입 : 텍스트 상자 안의 [비디오 ▦] 도구를 클릭하거나 [삽입] 탭-[미디어] 그룹-[비디오 ▦] 클릭

※ 작성 순서
텍스트 입력(글머리 기호, 줄 간격) → 동영상(비디오) 삽입 및 재생 효과 설정

단계 1 텍스트 작성

1. 세 번째 슬라이드를 선택한 후 상단의 제목에 '1. 디지털 헬스케어란?'을 입력합니다.

2. [제목 및 내용] 슬라이드의 텍스트 상자를 삭제한 후 [삽입] 탭-[텍스트] 그룹-[텍스트 상자 가]-[가로 텍스트 상자]를 클릭하고, 작업 창에 드래그하여 삽입합니다.

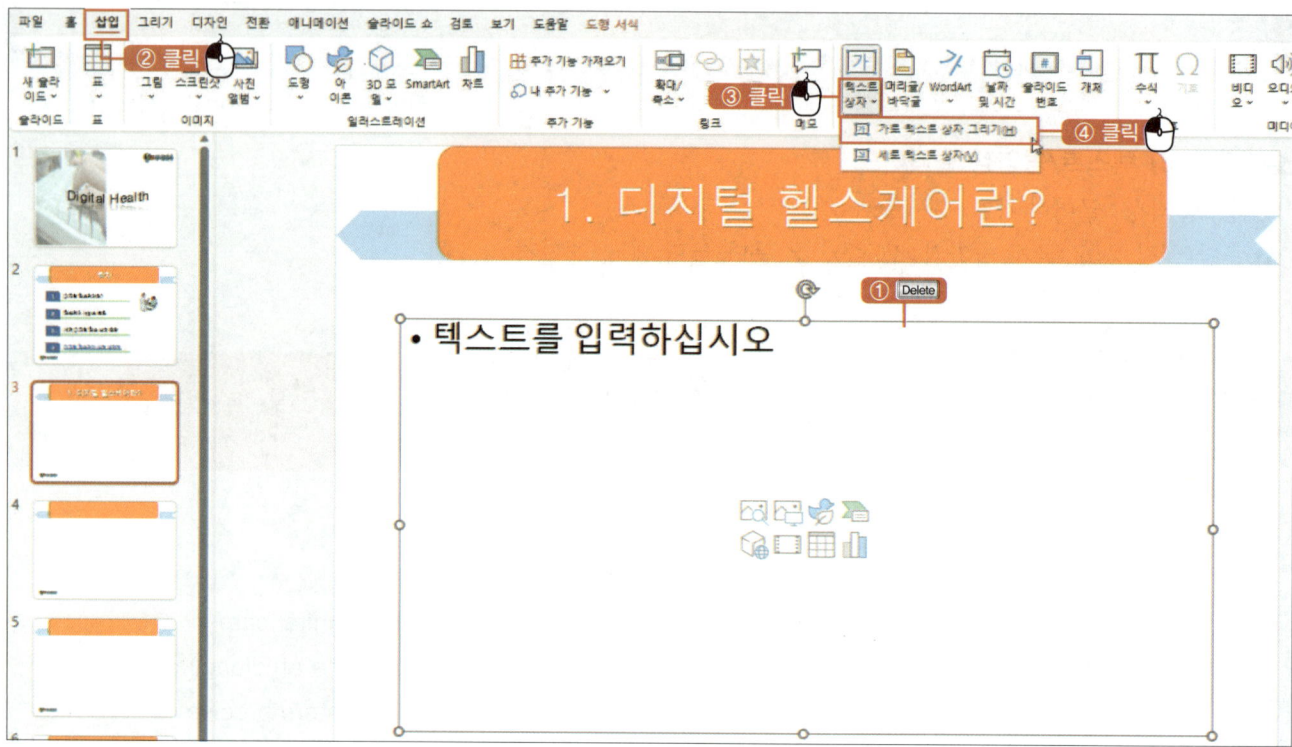

3. 가로 텍스트 상자의 테두리를 클릭하고 바로가기 메뉴에서 [도형 서식]을 클릭한 후 오른쪽 [도형 서식] 창에서 [크기 및 속성]-[텍스트 상자]-'자동 맞춤 안 함'을 선택하고 닫기(×) 단추를 클릭합니다.

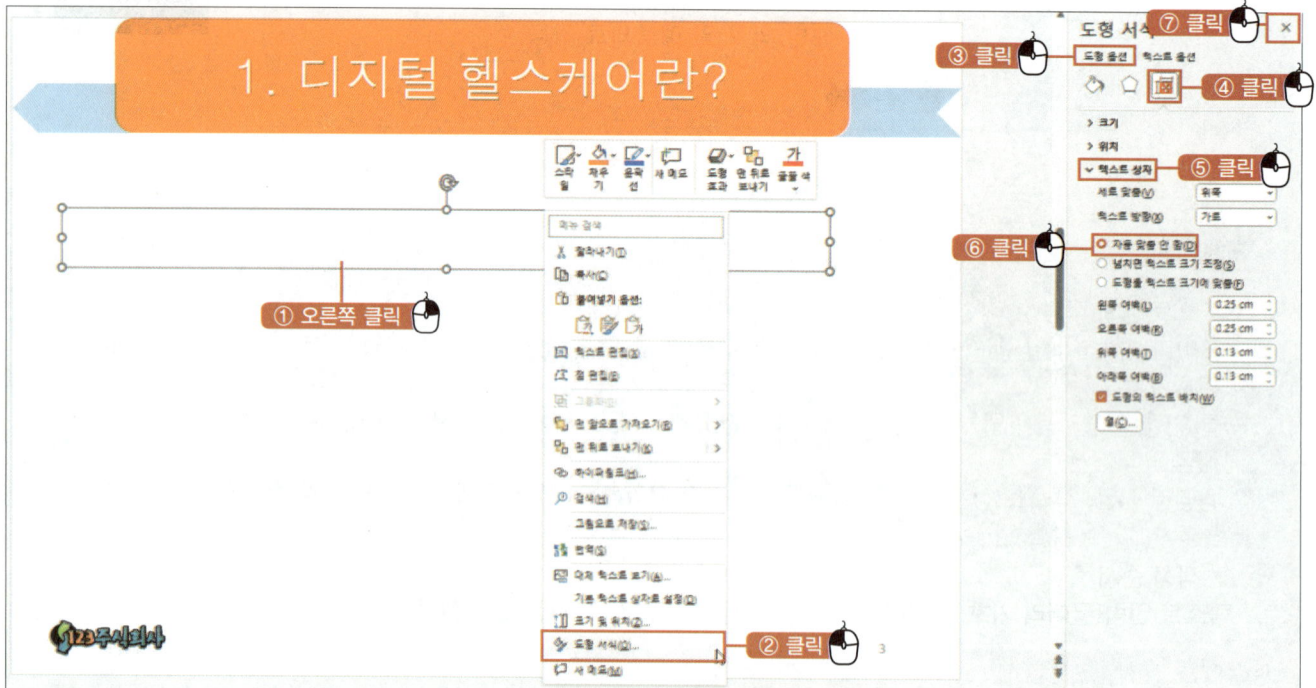

Check Point
- [제목 및 내용] 슬라이드의 텍스트 상자를 이용해도 됩니다.
- 텍스트 상자의 내용이 텍스트 상자의 크기에 비해 많을 경우 글꼴의 크기와 줄 간격이 자동 조정되므로, 이를 방지하기 위해 '자동 맞춤 안 함'을 설정합니다.
- [도형 서식] 창은 [도형 서식] 탭-[크기] 그룹의 옵션 단추(⤢)를 클릭해도 표시됩니다.
- [도형 서식] 창을 닫지 않고 작업해도 됩니다.

4. 텍스트를 입력할 위치에 마우스를 클릭한 후 [홈] 탭-[단락] 그룹-[글머리 기호 ☰▾]에서 ❖ 기호를 **선택**합니다.

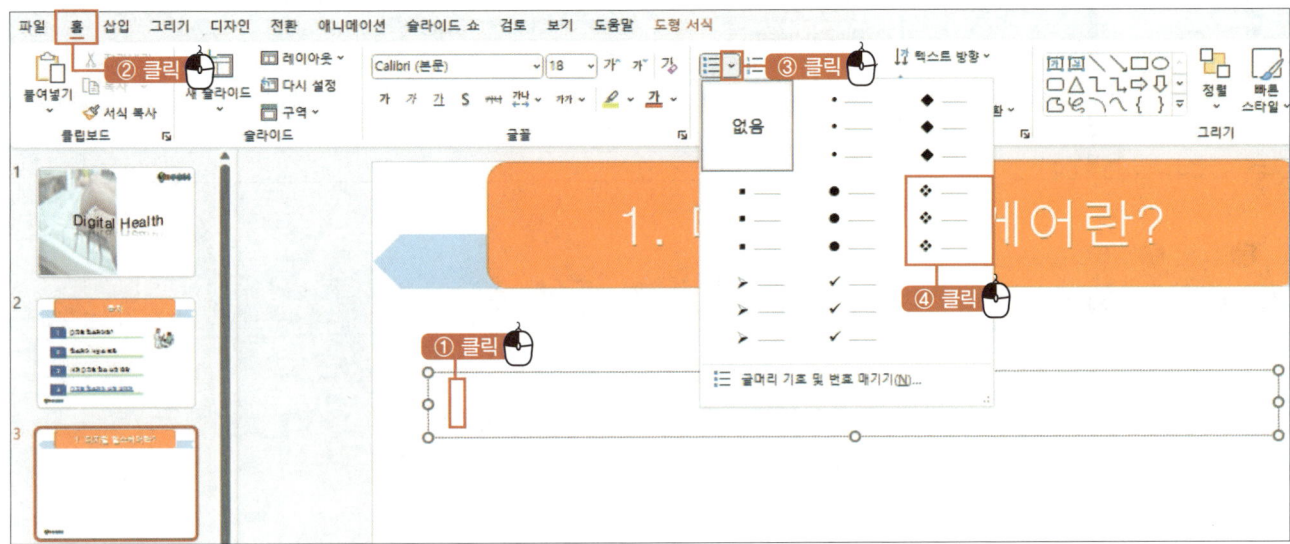

Check Point
[글머리 기호 ☰▾]에서 원하는 기호가 없을 경우에는 [글머리 기호 및 번호 매기기]를 클릭한 후 [글머리 기호 및 번호 매기기] 대화상자에서 [사용자 지정]을 클릭하고 글꼴을 선택한 후 원하는 기호를 찾습니다.

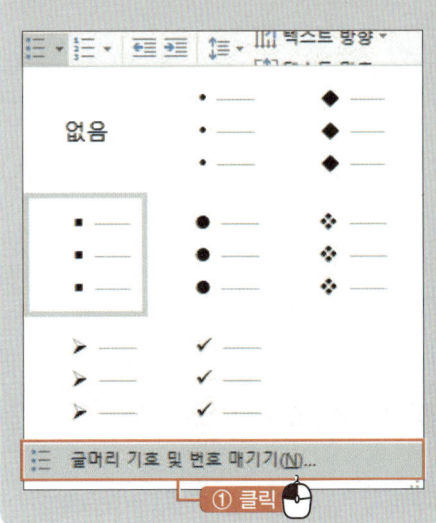 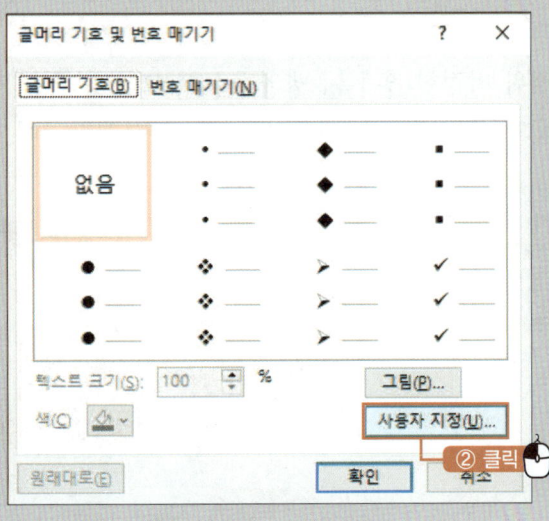

5 'Digital health'를 입력하고 Enter 키를 눌러 다음 줄로 이동합니다. Tab 키를 클릭한 후 [홈] 탭-[단락] 그룹-[글머리 기호 ☰ ▼]에서 ✓ 기호를 클릭합니다.

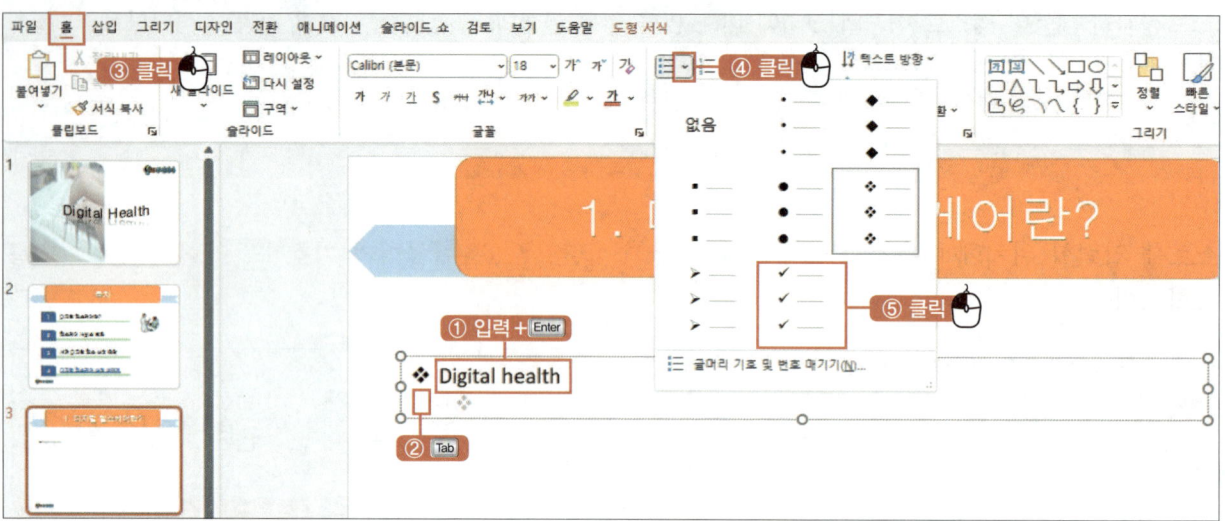

Check Point

- [목록 수준 늘림 →] = Tab
- [목록 수준 줄임 ←] = Shift + Tab
- 글머리 기호 없이 다음 줄로 이동 = Shift + Enter

6 나머지 내용을 입력합니다.

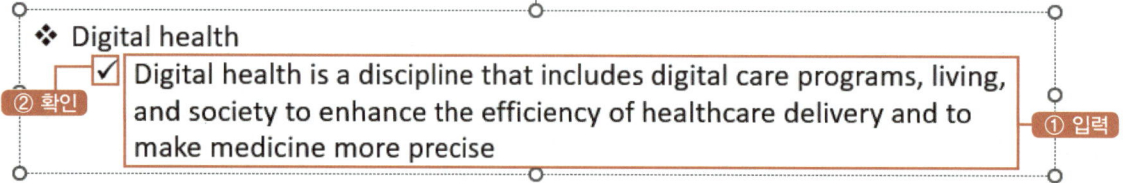

7 1수준의 텍스트를 범위 지정한 후 [홈] 탭의 [글꼴] 그룹에서 '글꼴 : 굴림', '글꼴 크기 : 24pt', '굵게'를 지정하고 [단락] 그룹의 [줄 간격 ‡☰ ▼]에서 '1.5줄'을 선택합니다.

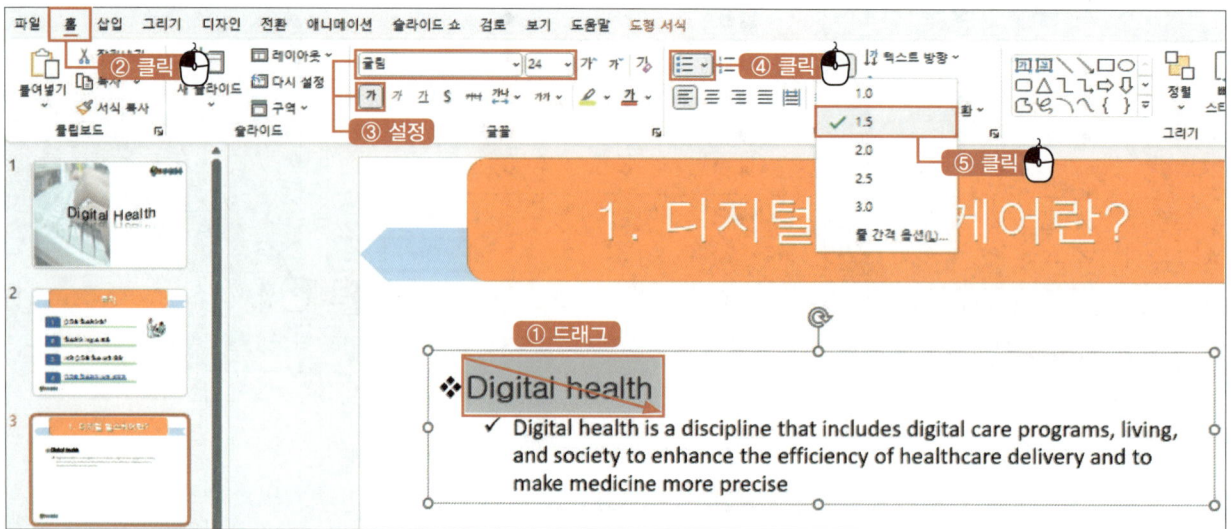

44 백발백중 ITQ 파워포인트 2021

8 2수준의 텍스트를 범위 지정한 후 [홈] 탭의 [글꼴] 그룹에서 '글꼴 : 굴림', '글꼴 크기 : 20pt'를 지정하고 [단락] 그룹의 [줄 간격 ↕≡ ˅]에서 '1.5줄'을 선택합니다.

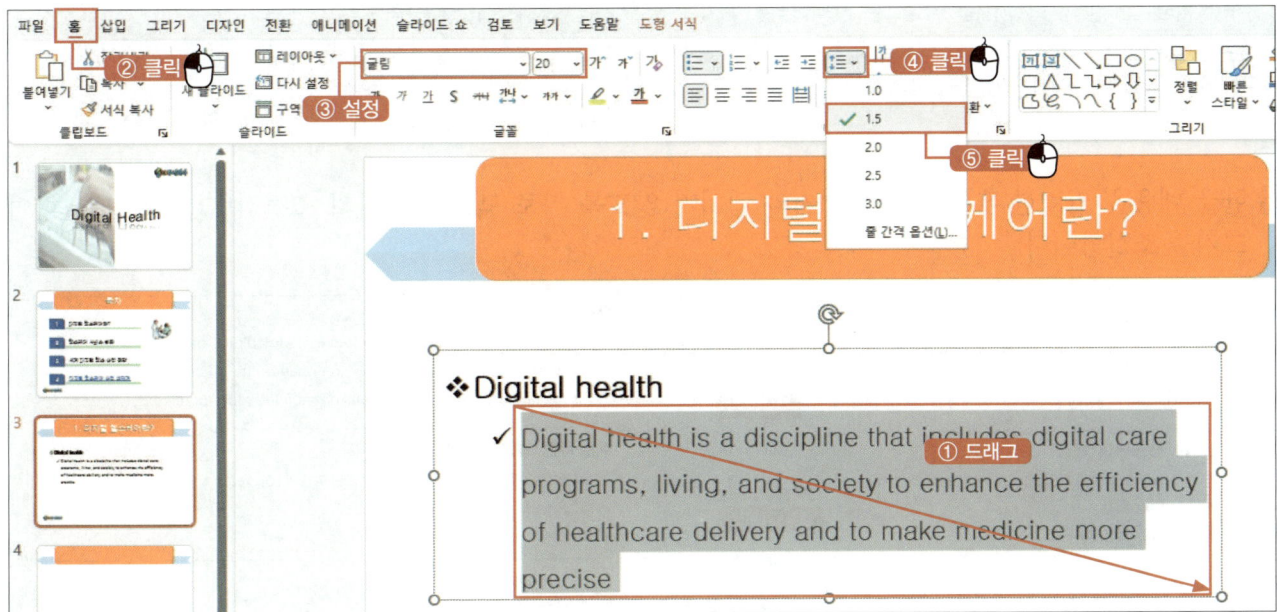

9 가로 텍스트 상자의 조절점(○)을 드래그하여 《출력형태》처럼 표시되도록 너비를 조절합니다.

❖ Digital health
　✓ Digital health is a discipline that includes digital care programs, living, and society to enhance the efficiency of healthcare delivery and to make medicine more precise

10 완성된 영문 텍스트 상자를 선택한 후 Ctrl + Shift 키를 누른 채 아래쪽으로 드래그하여 복사합니다.

❖ Digital health
　✓ Digital health is a discipline that includes digital care programs, living, and society to enhance the efficiency of healthcare delivery and to make medicine more precise

Ctrl + Shift + 드래그

❖ Digital health
　✓ Digital health is a discipline that includes digital care programs, living, and society to enhance the efficiency of healthcare delivery and to make medicine more precise

Check Point

- 영어 문장의 글머리 기호와 글꼴 속성, 줄 간격 등의 작업이 완성된 후 아래쪽으로 복사하여 내용만 한글로 수정하면 글머리 기호, 글꼴 속성, 줄 간격 등을 수정할 필요가 없어서 시간을 단축할 수 있습니다.
- 영어 입력이 어려운 응시자는 한글 입력에 대한 부분 점수 획득을 위해 한글 문장을 먼저 작성하고, 시간에 따라 영어 문장을 입력하는 방법도 고려할 수 있습니다.

11 한글 내용을 입력한 후 동영상 이미지와 겹치지 않도록 가로 텍스트 상자의 조절점(○)을 드래그하여 크기를 조절합니다.

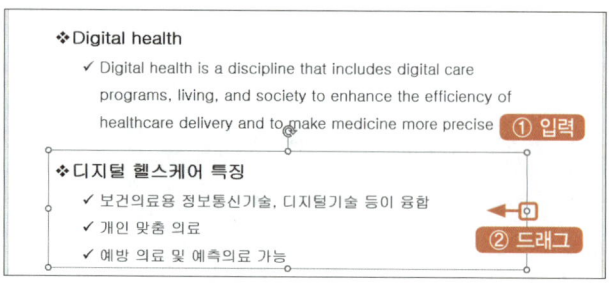
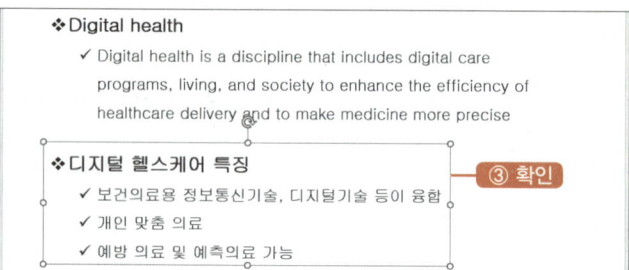

Check Point

내용 입력 시 Enter 키를 눌러 다음 줄로 이동하면 현재의 글머리 기호가 자동 적용됩니다.

단계 2 동영상(비디오) 삽입

1 동영상을 삽입하기 위해 [삽입] 탭-[미디어] 그룹-[비디오 🎞]-[이 디바이스]를 클릭합니다.

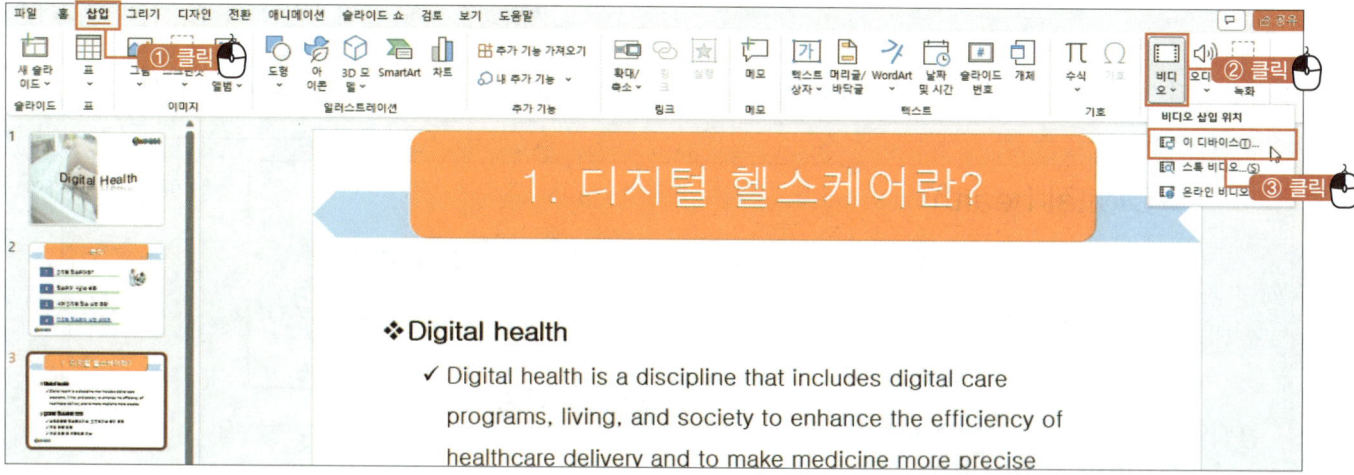

2 [비디오 삽입] 대화상자에서 「내 PC₩문서₩ITQ₩Picture」 폴더에 있는 '**동영상.wmv**' 파일을 선택한 후 [삽입] 단추를 클릭합니다.

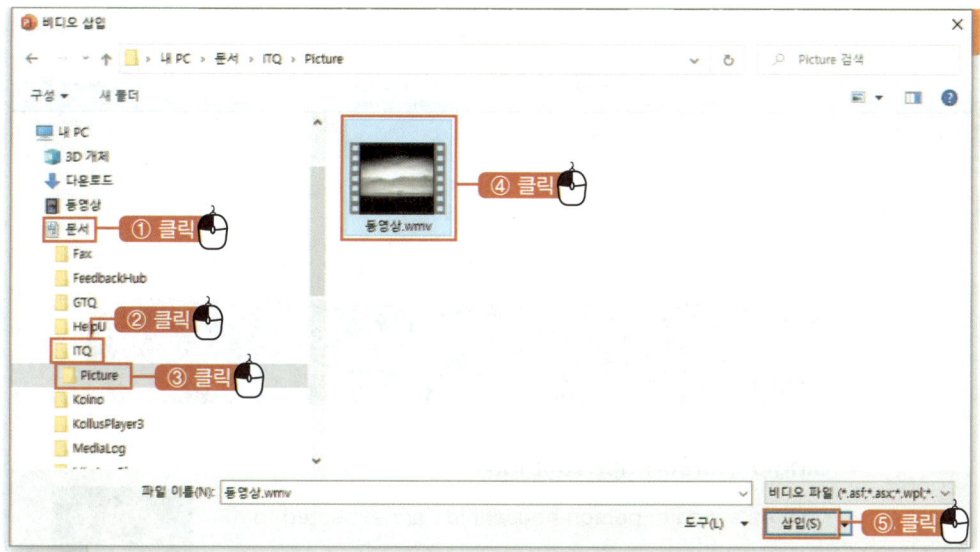

3 [재생] 탭-[비디오 옵션] 그룹에서 '**시작 : 자동 실행**', '**반복 재생**'에 체크 표시한 후 《출력형태》처럼 위치와 크기를 조절합니다. Esc 키를 눌러 선택을 해제합니다.

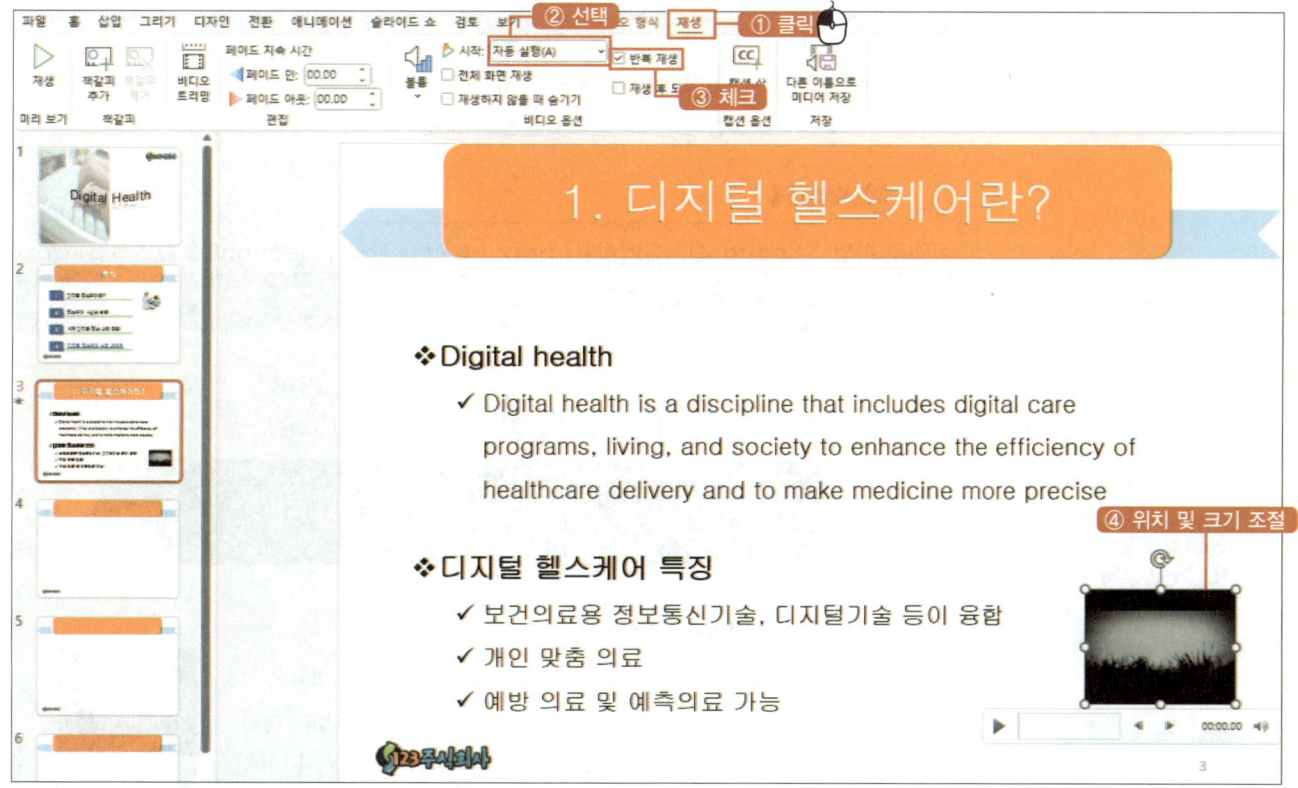

Check Point

- 그동안의 기출문제에서는 가로 텍스트 상자와 동영상 파일이 겹치지 않았기에, 가급적 겹치지 않도록 합니다.
- Shift + F5 키를 누르면 현재 슬라이드를 슬라이드 쇼 보기로 비디오가 재생되는지 확인할 수 있으며, Esc 키를 누르면 슬라이드 쇼가 중지됩니다.

4 [빠른 실행] 도구 모음의 [저장 🖫] 도구를 클릭하여 저장합니다(또는 Ctrl + S 키).

실력 향상을 위한 실전 연습문제

● 예제 파일 : Section02_01(정답).pptx　　● 정답 파일 : Section03_01(정답).pptx

01 다음 조건을 적용하여 슬라이드를 작성하시오.

(1) 텍스트 작성 : 글머리 기호 사용(❖, ■)
　　❖ 문단(굴림, 24pt, 굵게, 줄 간격 : 1.5줄), ■ 문단(굴림, 20pt, 줄 간격 : 1.5줄)

세부조건

① 동영상 삽입 :
- 「내 PC\문서\ITQ\Picture\동영상.wmv」
- 자동실행, 반복재생 설정

1. 1인 가구의 증가

❖ Single-person households
- Korea's single-person households are expected to grow faster than previously expected and continue to grow even when the population growth rate becomes negative

❖ 1인 가구의 증가
- 한국의 1인 가구는 기존 예상보다 더 빠르게 증가하여 인구성장률이 마이너스가 되는 시점에도 지속 성장할 전망
- 1인 가구 비중의 증가는 전국적인 현상

①

● 예제 파일 : Section02_02(정답).pptx　　● 정답 파일 : Section03_02(정답).pptx

02 다음 조건을 적용하여 슬라이드를 작성하시오.

(1) 텍스트 작성 : 글머리 기호 사용(❖, ■)
　　❖ 문단(굴림, 24pt, 굵게, 줄 간격 : 1.5줄), ■ 문단(굴림, 20pt, 줄 간격 : 1.5줄)

세부조건

① 동영상 삽입 :
- 「내 PC\문서\ITQ\Picture\동영상.wmv」
- 자동실행, 반복재생 설정

1. 도시재생의 이해

❖ Urban Regeneration
- Urban regeneration is the attempt to reverse that decline by both improving the physical structure and more importantly and elusively, the economy of those areas

❖ 도시재생
- 물리적 정비와 함께 지역의 사회 경제적 환경을 고려하여 지속 가능한 도시활력을 창출할 수 있는 정비 방식
- 지역여건에 따른 다양한 맞춤형 재생으로 시민이 함께 체감

①

● 예제 파일 : Section02_03(정답).pptx   ● 정답 파일 : Section03_03(정답).pptx

03 다음 조건을 적용하여 슬라이드를 작성하시오.

(1) 텍스트 작성 : 글머리 기호 사용(❖, ■)
　　❖ 문단(굴림, 24pt, 굵게, 줄 간격 : 1.5줄), ■ 문단(굴림, 20pt, 줄 간격 : 1.5줄)

세부조건

① 동영상 삽입 :
- 「내 PC₩문서₩ITQ₩ Picture₩동영상.wmv」
- 자동실행, 반복재생 설정

1. 한반도의 공룡

❖ **Koreanosaurus**
- EBS documentary 'Korean Dinosaur' shows the pterosaurs that made the foot prints in Haenam-gun where the Uhangri Dinosaur Museum is located now

❖ **코리아노사우루스 보성엔시스**
- 우리나라 최초로 전남 보성군 비봉리에서 화석이 발견된 공룡
- 약 8천만 년 전인 백악기 후기에 살았으며 어깨뼈와 위팔뼈가 발달하여 땅을 파는 동작에 매우 능했을 것으로 추측

①

3

● 예제 파일 : Section02_04(정답).pptx   ● 정답 파일 : Section03_04(정답).pptx

04 다음 조건을 적용하여 슬라이드를 작성하시오.

(1) 텍스트 작성 : 글머리 기호 사용(●, ➢)
　　● 문단(굴림, 24pt, 굵게, 줄 간격 : 1.5줄), ➢ 문단(굴림, 20pt, 줄 간격 : 1.5줄)

세부조건

① 동영상 삽입 :
- 「내 PC₩문서₩ITQ₩ Picture₩동영상.wmv」
- 자동실행, 반복재생 설정

1. 수소연료전지차의 정의

● **FCEV : Fuel Cell Electric Vehicle**
- ➢ FCEV is an electric vehicle that uses a fuel cell, sometimes in combination with a small battery or supercapacitor, to power its onboard electric motor

● **수소연료전지차**
- ➢ 수소연료전지차는 연료전지를 사용하는 전기 자동차로, 소형배터리, 슈퍼 커패시터와 결합하여 전기 모터에 전력을 공급
- ➢ 연료비가 싸고, 출력이 높으며, 전기자동차에 비해 충전 시간이 짧음

①

3

실력 향상을 위한 실전 연습문제

● 예제 파일 : Section02_05(정답).pptx   ● 정답 파일 : Section03_05(정답).pptx

05 다음 조건을 적용하여 슬라이드를 작성하시오.

(1) 텍스트 작성 : 글머리 기호 사용(❖, ➤)
  ❖ 문단(굴림, 24pt, 굵게, 줄 간격 : 1.5줄), ➤문단(굴림, 20pt, 줄 간격 : 1.5줄)

세부조건

① 동영상 삽입 :
- 「내 PC₩문서₩ITQ₩Picture₩동영상.wmv」
- 자동실행, 반복재생 설정

● 예제 파일 : Section02_06(정답).pptx   ● 정답 파일 : Section03_06(정답).pptx

06 다음 조건을 적용하여 슬라이드를 작성하시오.

(1) 텍스트 작성 : 글머리 기호 사용(◆, ✓)
  ◆문단(굴림, 24pt, 굵게, 줄 간격 : 1.5줄), ✓ 문단(굴림, 20pt, 줄 간격 : 1.5줄)

세부조건

① 동영상 삽입 :
- 「내 PC₩문서₩ITQ₩Picture₩동영상.wmv」
- 자동실행, 반복재생 설정

Section 4

[슬라이드 4] 표 슬라이드

배점 **80**점

표 기능으로 표를 만든 후 두 개의 도형을 조합하거나 도형에 그라데이션을 적용하여 완성합니다.

● 정답 파일 : Section04(정답).pptx

[슬라이드 4] 표 슬라이드
(1) 도형과 표 작성 기능을 이용하여 슬라이드를 작성한다(글꼴 : 돋움, 18pt).

세부조건

① 상단 도형 : 2개 도형의 조합으로 작성

② 좌측 도형 : 그라데이션 효과(선형 아래쪽)

③ 테이블 디자인 테마 스타일 1 - 강조 6

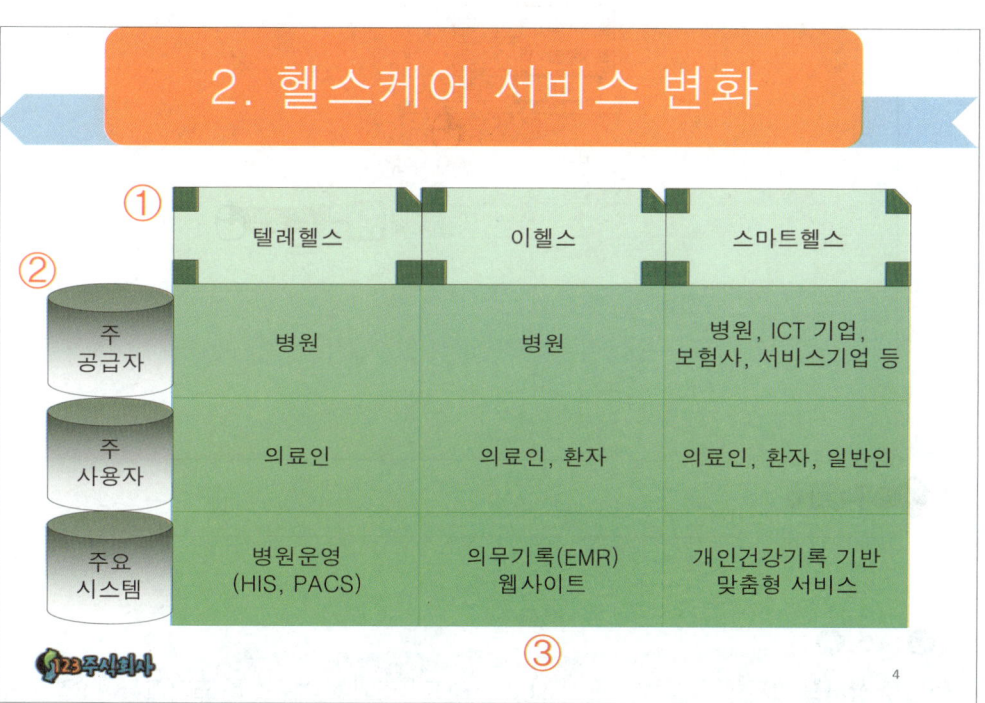

핵심 체크

1. 표 작성 : 표 삽입(⊞) 도구나 [삽입] 탭-[표] 그룹-[표⊞]를 이용하여 작성
2. 테이블 디자인 : [테이블 디자인] 탭-[표 스타일] 그룹에서 스타일 지정
3. 상단 도형 작성 : 두 개의 도형을 조합하여 작성
4. 좌측 도형 작성 : 그라데이션 지정

※ 작성 순서
표 작성, 스타일 지정 → 상단 도형 작성 → 좌측 도형 작성

단계 1 표 작성

1. 네 번째 슬라이드를 선택한 후 슬라이드 상단 제목에 '2. 헬스케어 서비스 변화'를 입력합니다.

2. 내용 상자에서 [표 삽입 ⊞] 도구를 클릭한 후 [표 삽입] 대화상자에서 '열 개수 : 3', '행 개수 : 3'을 지정하고 [확인] 단추를 클릭합니다.

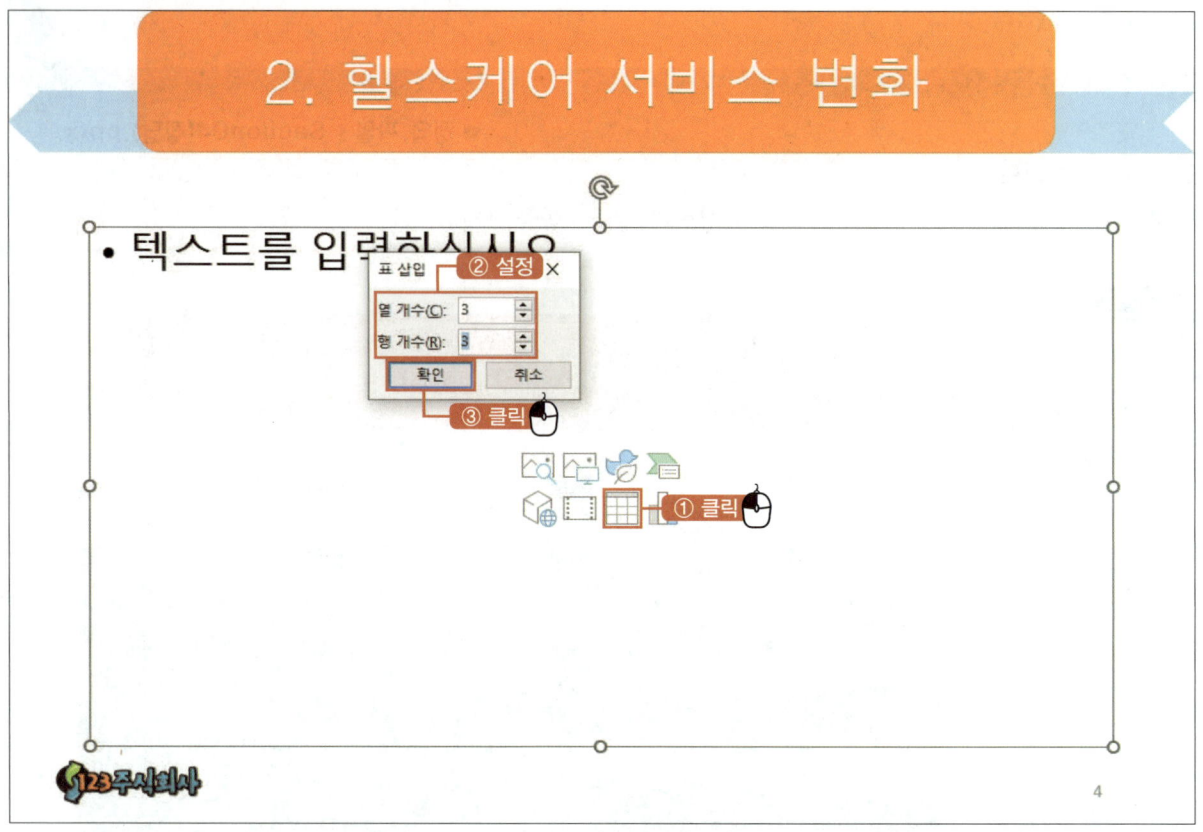

Check **P**oint

텍스트 상자를 삭제한 후 [삽입] 탭-[표] 그룹-[표 ⊞]에서 마우스를 드래그하여 3열, 3행의 표를 삽입할 수도 있습니다.

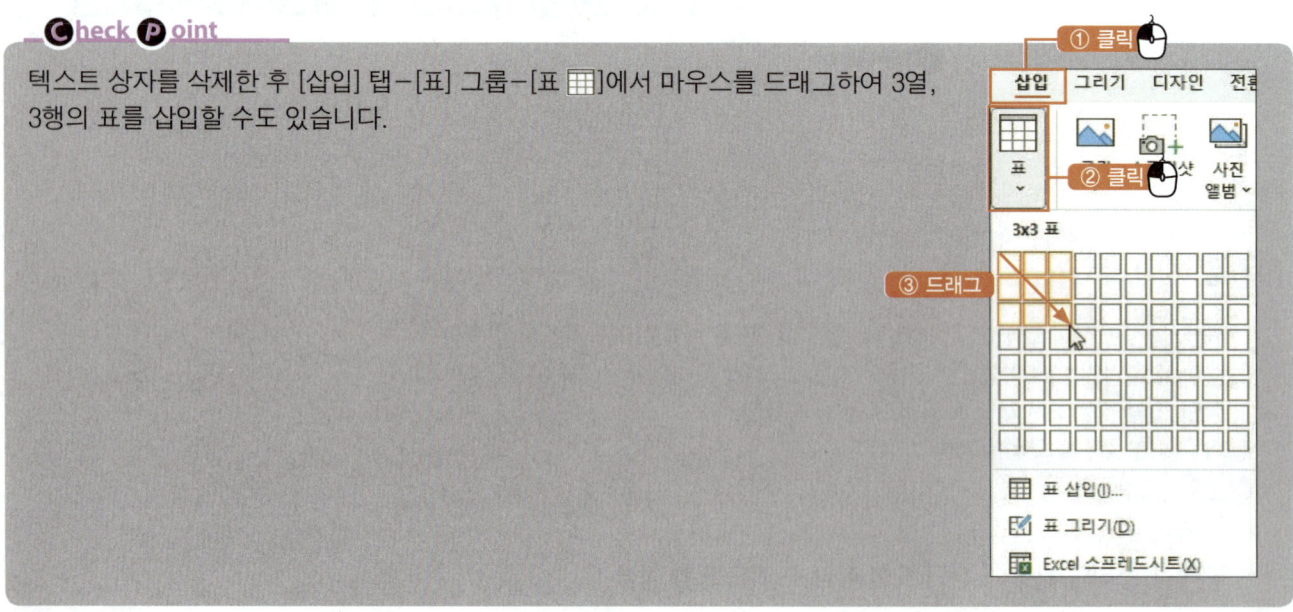

3 [테이블 디자인] 탭의 [표 스타일 옵션] 그룹에서 '머리글 행'과 '줄 무늬 행'의 체크를 해제한 후 [표 스타일] 그룹의 자세히(▽) 단추를 클릭하고 '테마 스타일 1 – 강조 6'을 선택합니다.

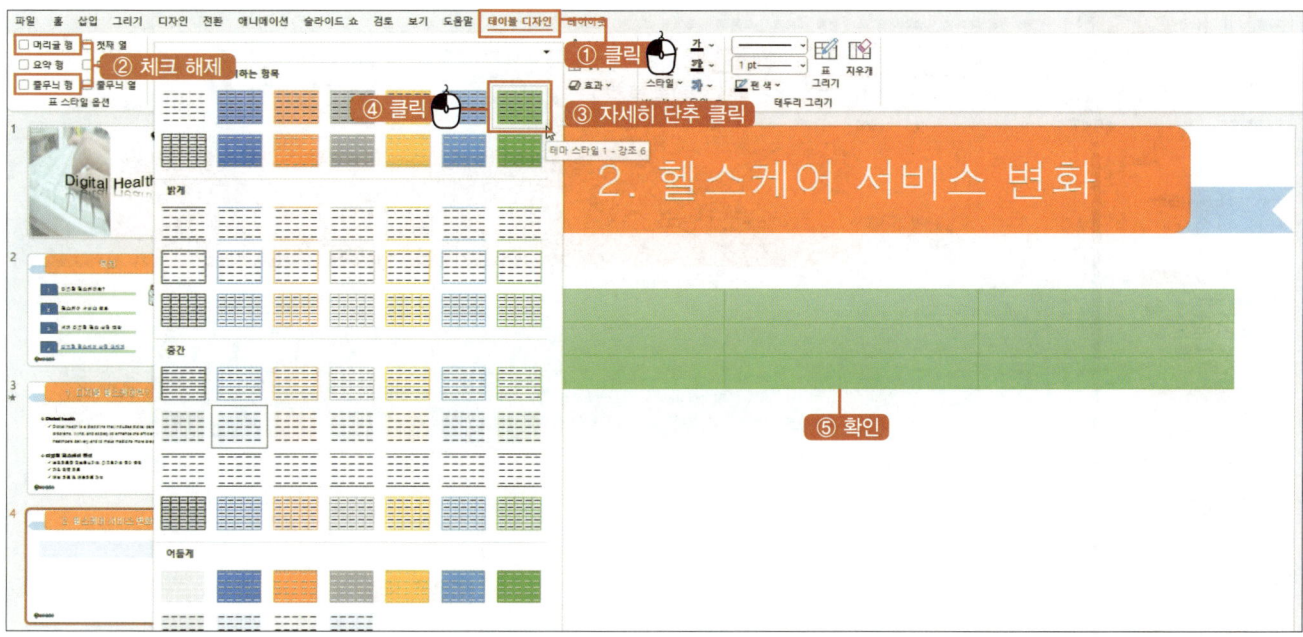

4 표 내용을 가운데 맞춤 입력하기 위해 [레이아웃] 탭-[맞춤] 그룹에서 [가운데 맞춤 ≡], [세로 가운데 맞춤 ▤] 도구를 클릭합니다.

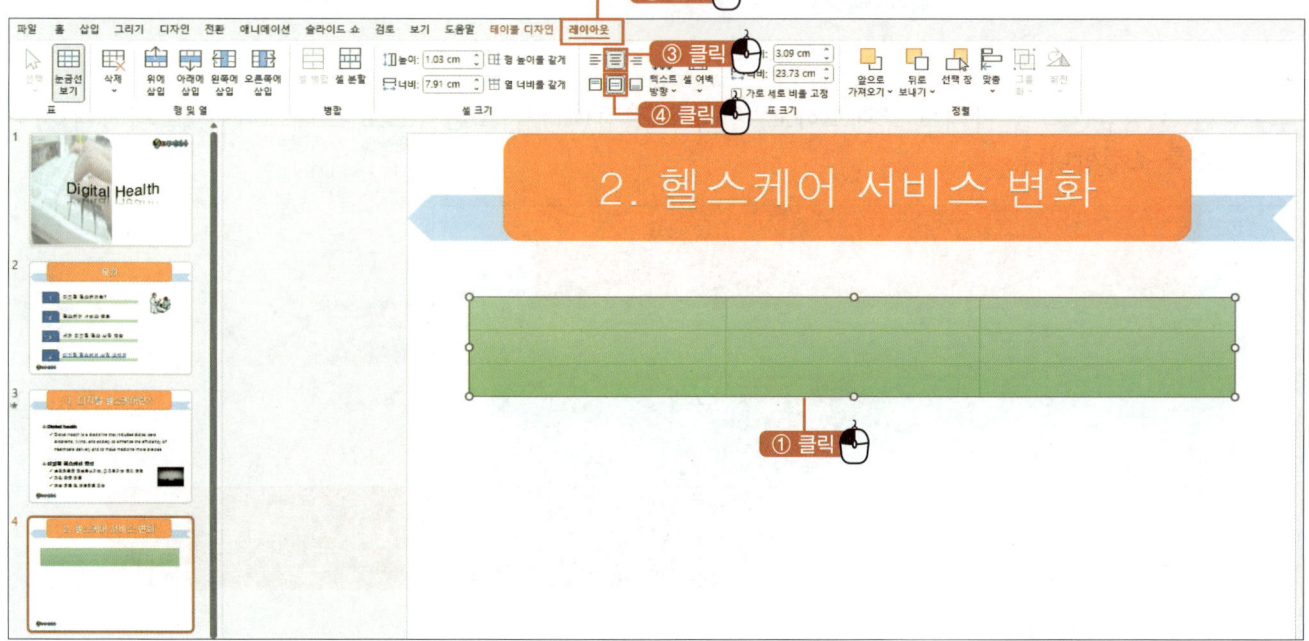

5 [홈] 탭에서 '글꼴 : 돋움', '글꼴 크기 : 18pt'를 지정한 후 표의 하단 조절점(○)을 아래로 드래그하여 표의 높이를 조절합니다.

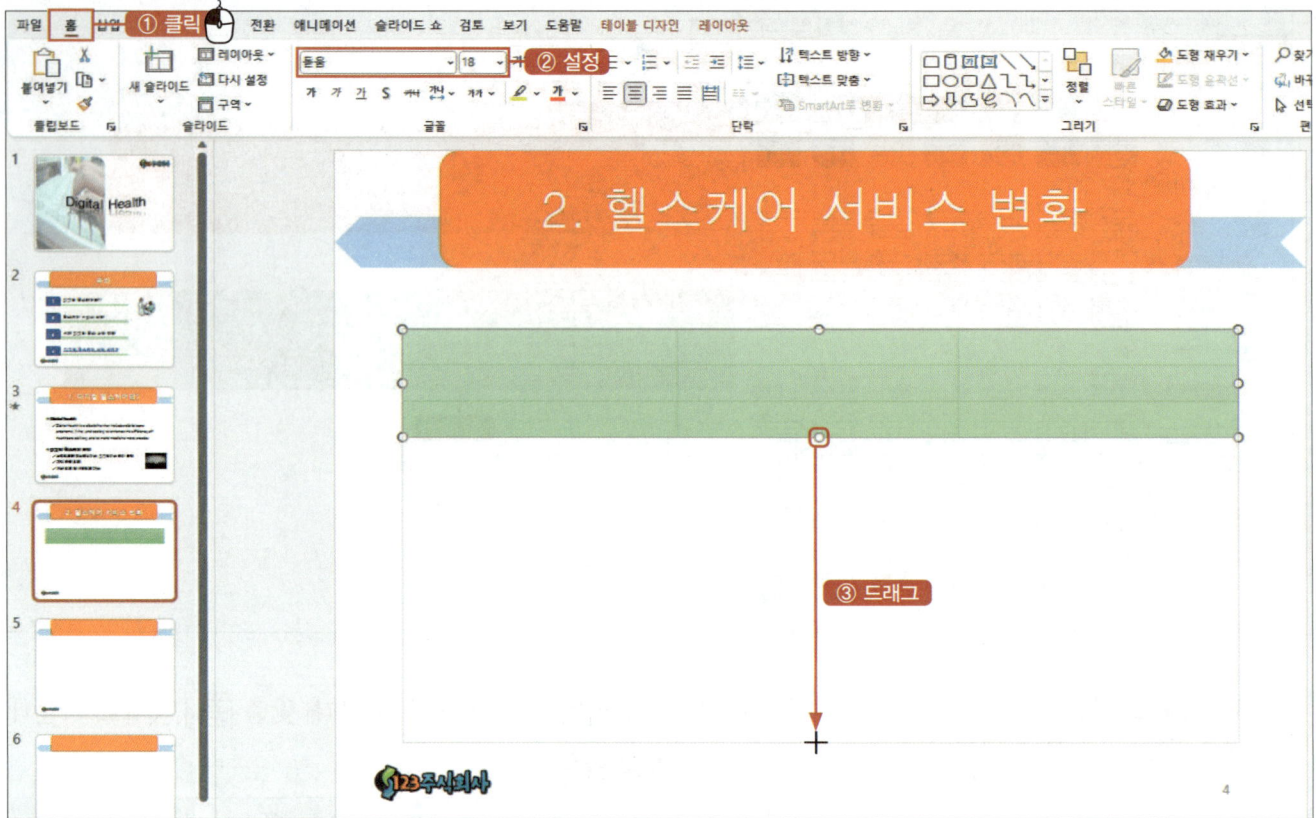

6 상단 조절점(○)을 아래로 드래그하고, 왼쪽 조절점(○)을 오른쪽으로 드래그하여 《출력형태》처럼 크기를 조절합니다.

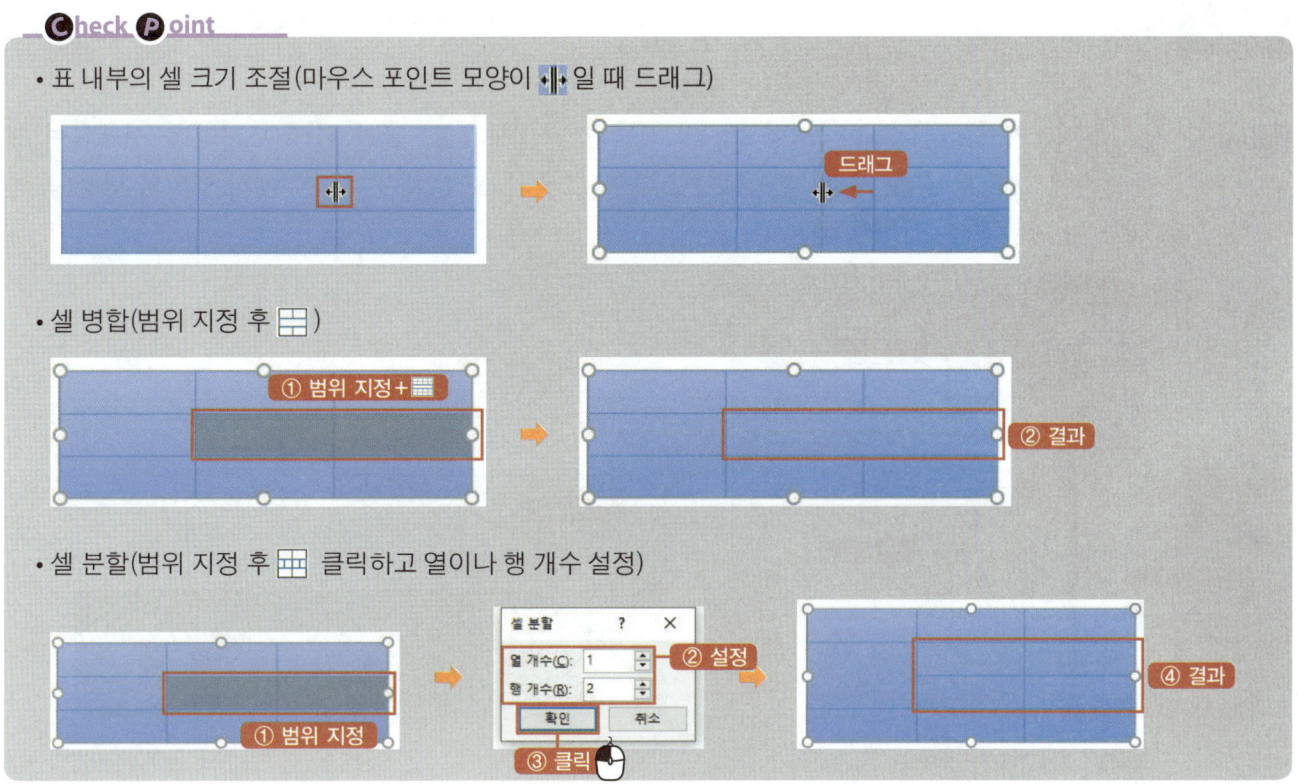

7 《출력형태》와 같이 내용을 입력합니다. 《출력형태》와 다를 경우 표의 내부 셀 너비를 조절합니다.

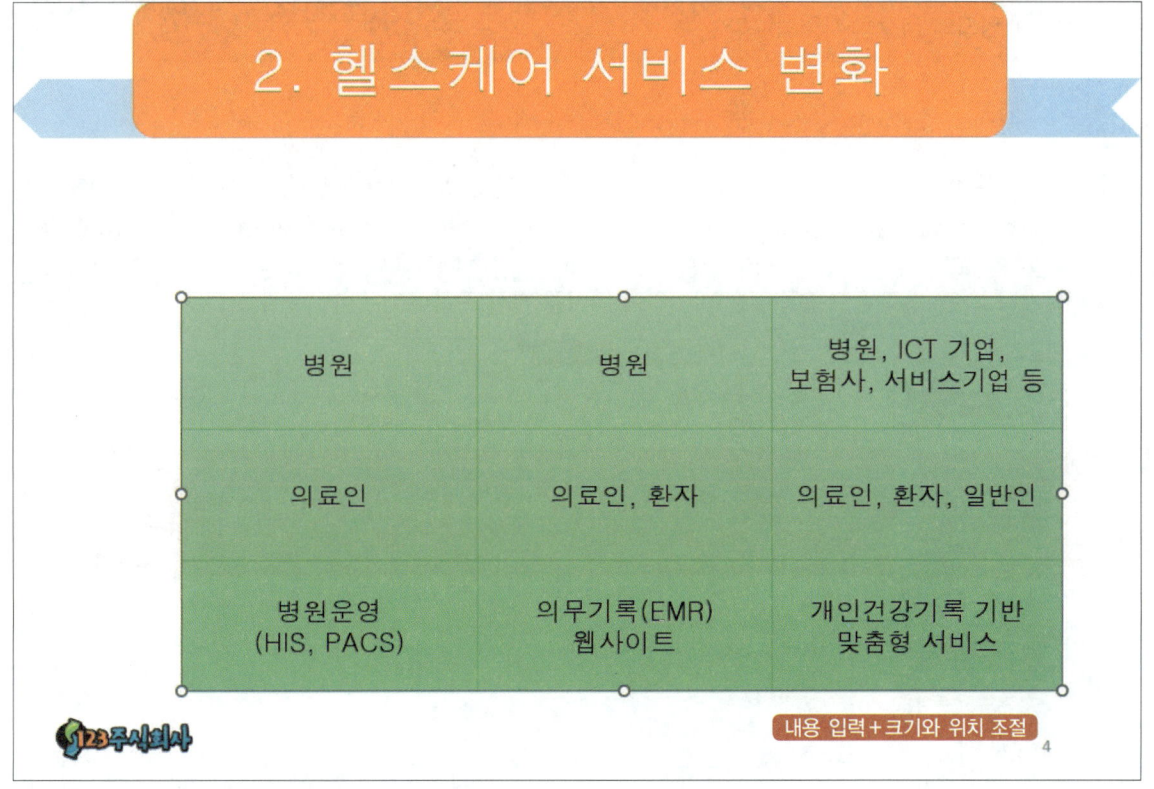

단계 2 상단 도형 작성

1 [삽입] 탭-[일러스트레이션] 그룹-[도형]의 사각형에서 '**사각형: 잘린 한쪽 모서리**'를 선택하여 표 위에 드래그하여 그린 후 [도형 서식] 탭-[도형 스타일] 그룹의 [도형 채우기]에서 임의의 색상(녹색, 강조 6, 25% 더 어둡게)을 지정합니다.

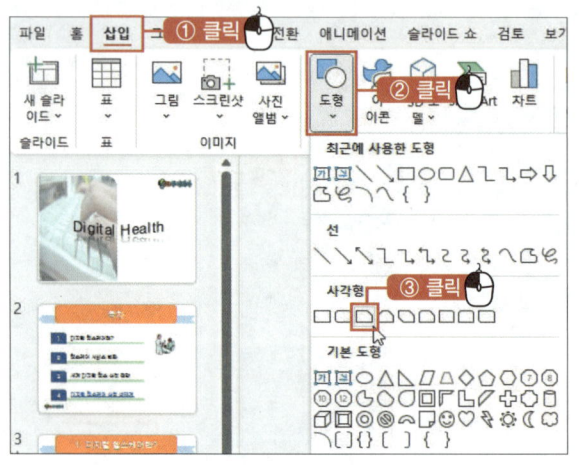
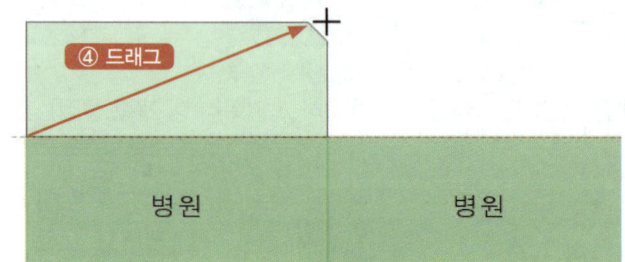

Check Point

- 되도록 《출력형태》 처럼 작성하되, 세밀한 조정은 조절점(○)을 이용합니다. 이 경우 Alt 키를 이용합니다.
- 도형 작성 시 기본 색상을 유지해도 되고, 《출력형태》처럼 구별하기 위해 [도형 서식] 탭-[도형 스타일] 그룹의 [도형 채우기]에서 임의의 색상을 지정합니다.

Check Point

표와 도형의 크기(높이 또는 너비)를 정확히 맞추기 위해서는 수치를 직접 입력하는 방법이 있습니다. 먼저, 표에 커서를 위치시킨 후 [레이아웃] 탭-[셀 크기] 그룹-[표 열 너비]에서 너비 '6.91cm'를 확인합니다. '사각형: 잘린 한쪽 모서리'를 클릭한 후 [도형 서식] 탭-[크기] 그룹-[도형 너비]에서 '6.91cm'를 입력하면 표의 너비와 도형의 너비가 같아집니다. 다만, 눈대중으로 최대한 비슷하게 너비를 맞춰도 됩니다.

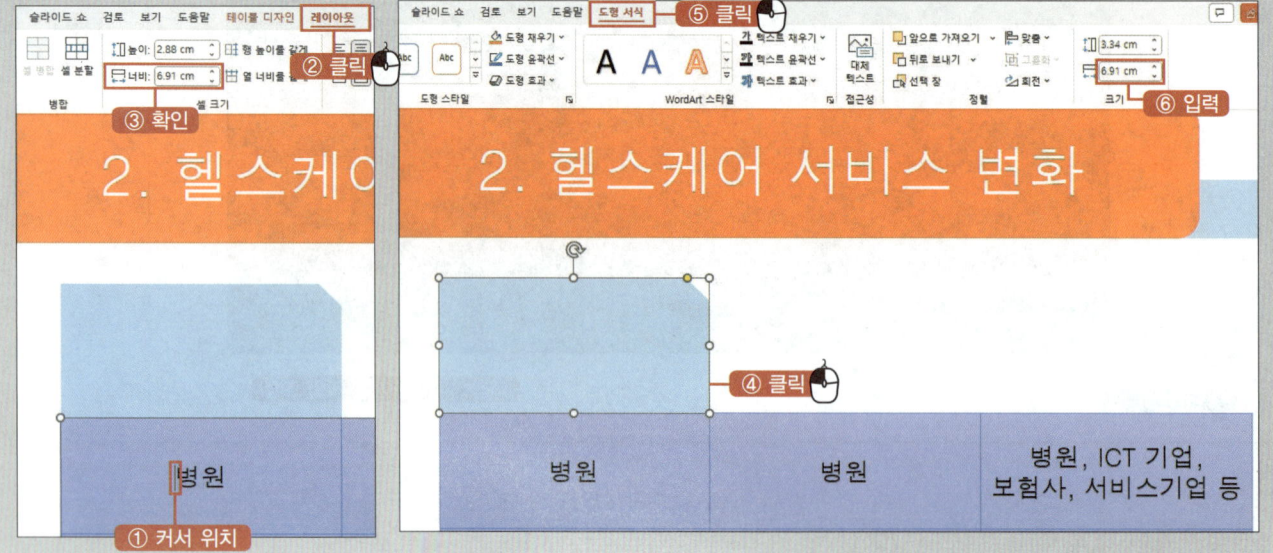

2 [삽입] 탭-[일러스트레이션] 그룹-[도형]의 기본 도형에서 '**십자형**'을 선택하여 '사각형: 잘린 한쪽 모서리' 위에 드래그하여 그린 후 [도형 서식] 탭-[도형 스타일] 그룹의 [도형 채우기]에서 임의의 색상(녹색, 강조 6, 80% 더 밝게)을 지정합니다.

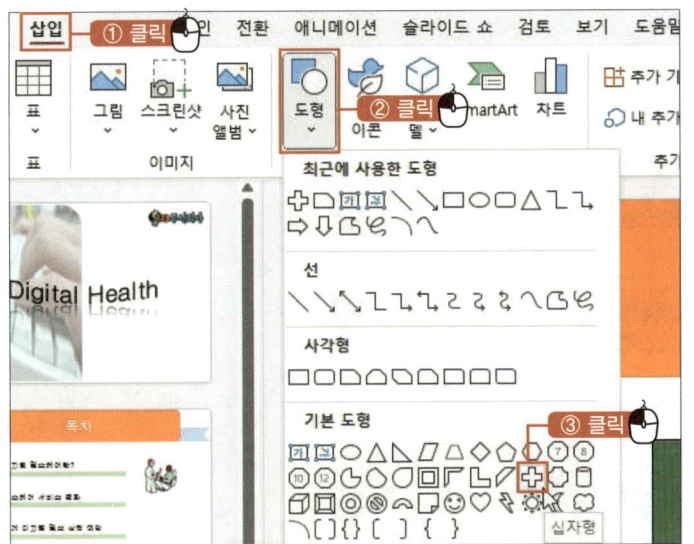

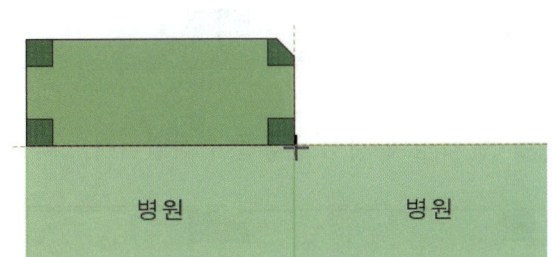

3 십자형 도형이 선택된 상태에서 [홈] 탭에서 '**글꼴 : 돋움**', '**글꼴 크기 : 18pt**', '**글꼴 색 : 검정, 텍스트 1**'을 설정한 후 '**텔레헬스**'를 입력합니다.

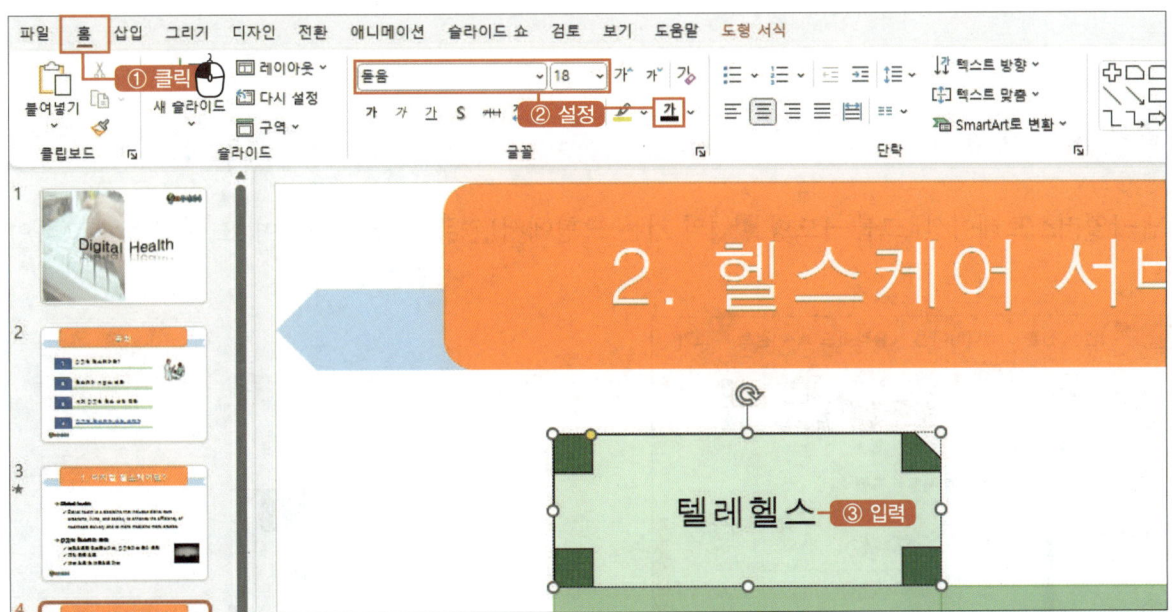

Check Point

· 도형에 내용을 입력할 때 기본적으로 글꼴 색은 흰색이므로 반드시 검은색으로 설정합니다.
· 도형에 텍스트 서식(글꼴, 글꼴 크기, 글꼴 색, 굵게 등)과 도형 서식(윤곽선 유무, 윤곽선 색 등)을 작성하고 마우스 오른쪽 버튼을 눌러 바로가기 메뉴에서 [기본 도형으로 설정]을 클릭하면, 이후 작성하는 도형에는 같은 텍스트 서식과 도형 서식이 적용되므로 작업 시간을 단축할 수 있습니다.

4 마우스로 드래그하여 두 개의 도형을 선택한 후 Ctrl + Shift 키를 누르면서 오른쪽으로 드래그하여 두 개 더 복사합니다.

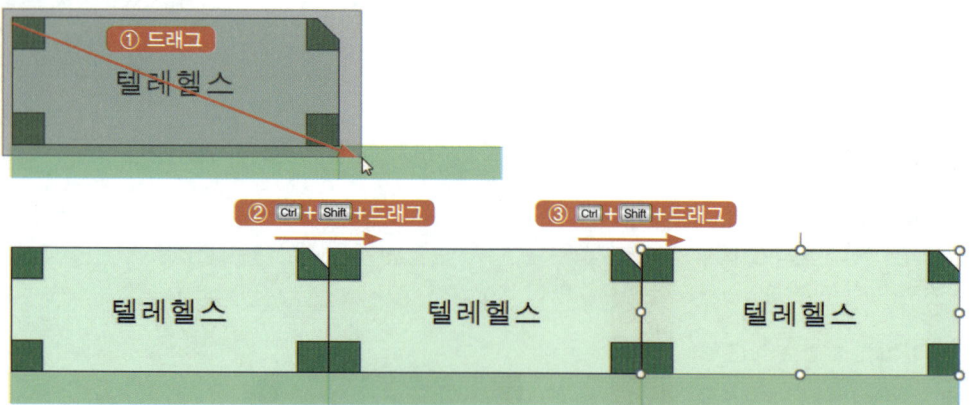

5 《출력형태》처럼 내용을 수정합니다.

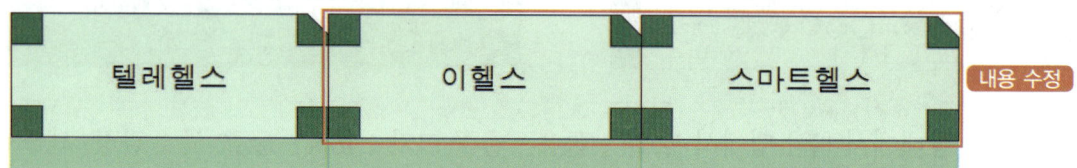

단계 3 　좌측 도형 작성

1 [삽입] 탭-[일러스트레이션] 그룹-[도형 ◯]의 기본 도형에서 '**원통형**'을 선택하여 표 위에 드래그하여 그립니다.

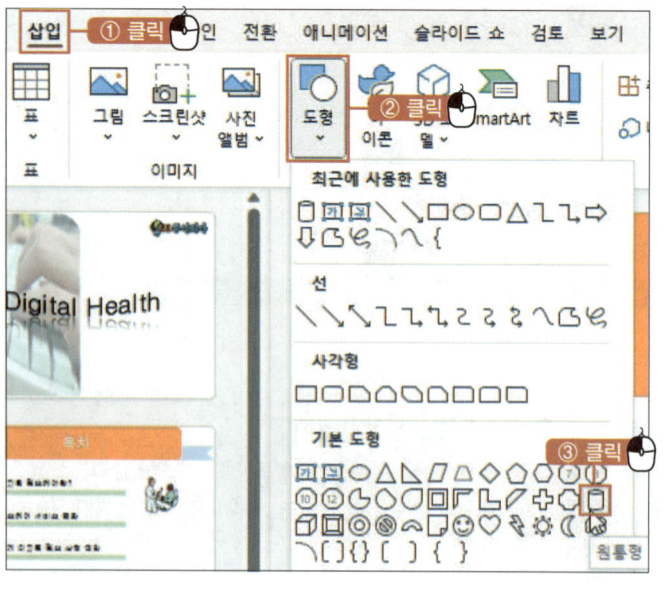

2 [도형 서식] 탭-[도형 스타일] 그룹-[도형 채우기]에서 임의의 색(녹색, 강조 6, 50% 더 어둡게)을 선택한 후 다시 [도형 서식] 탭-[도형 스타일] 그룹-[도형 채우기]-[그라데이션]에서 '기타 그라데이션'을 클릭합니다.

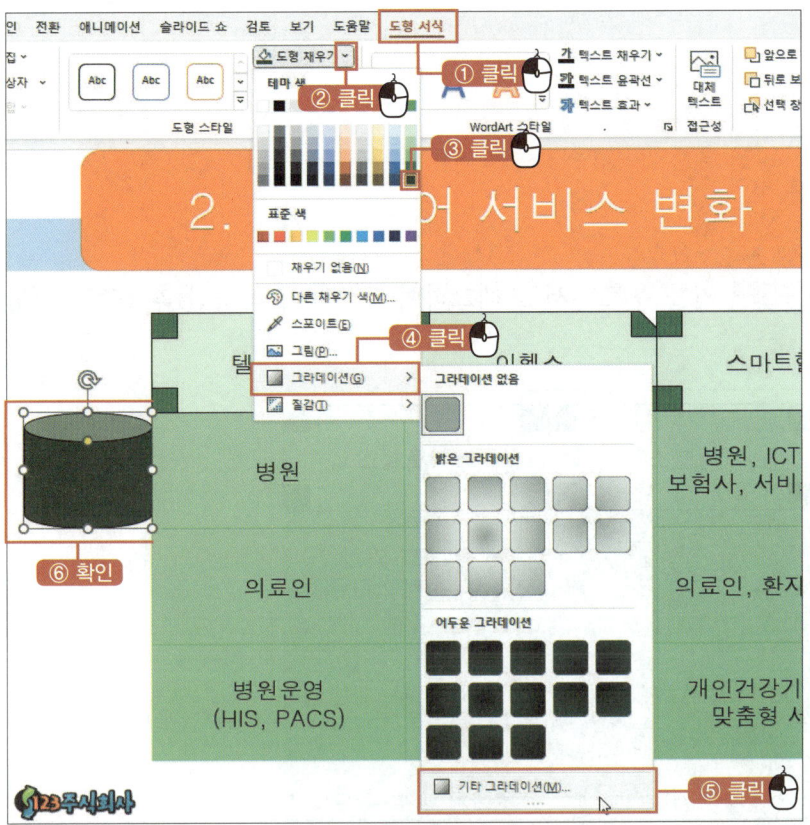

Check Point

도형을 선택한 후 바로가기 메뉴의 [도형 서식]을 클릭해도 [도형 서식] 창이 표시됩니다.

3 [도형 서식] 창의 [도형 옵션]-[채우기 및 선]-[채우기]에서 '그라데이션 채우기'를 선택한 후 '종류-선형', '방향-선형 아래쪽'를 선택합니다.

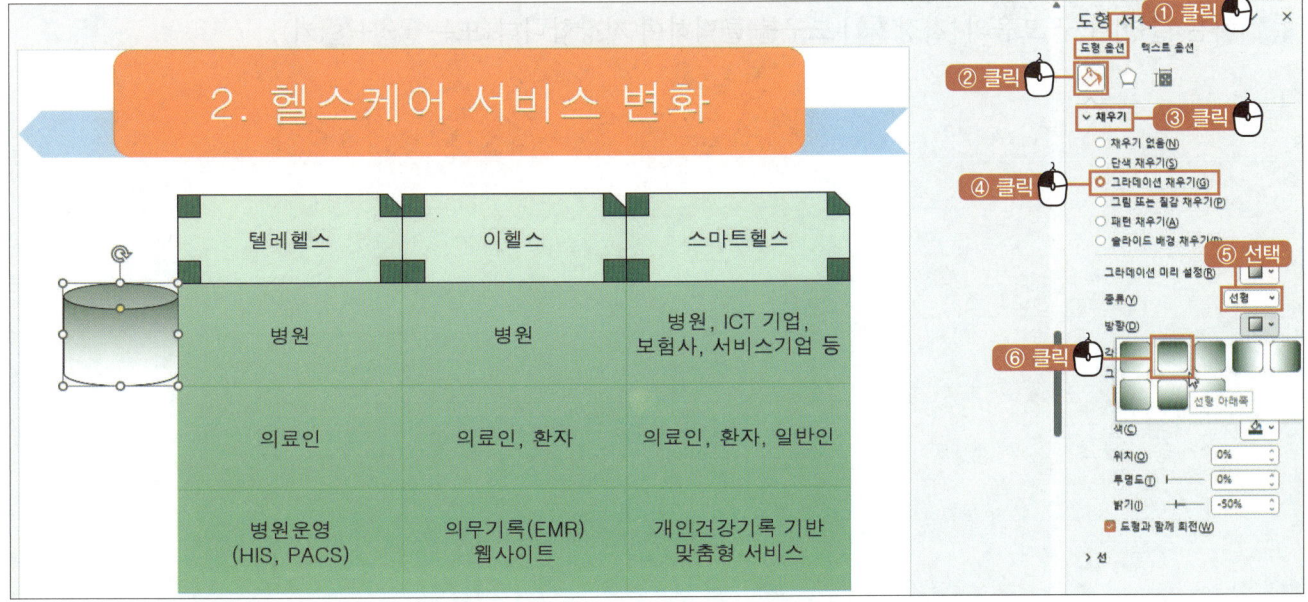

Part 1 따라하면서 배우는 파워포인트 2021

4 원통형 도형이 선택된 상태에서 '주 공급자'를 입력한 후 [홈] 탭에서 '글꼴 : 돋움', '글꼴 크기 : 18pt', '글꼴 색 : 검정, 텍스트 1'을 설정합니다.

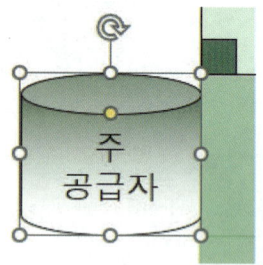

5 원통형 도형이 선택된 상태에서 Ctrl + Shift 키를 누르면서 드래그하여 두 개 더 복사한 후 《출력형태》처럼 내용을 수정합니다.

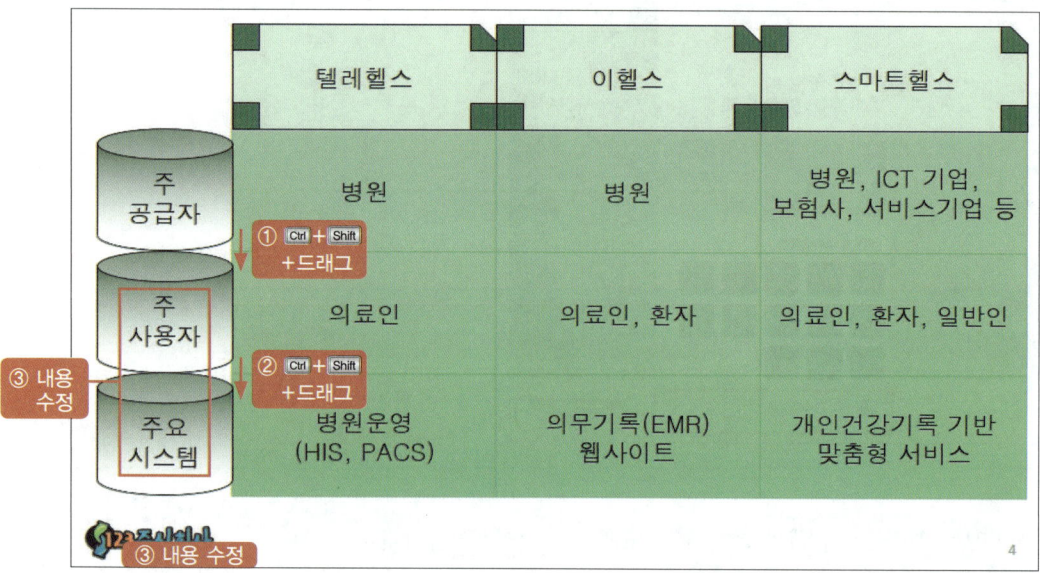

Check Point

표의 상단과 좌측 도형의 위치가 《출력형태》와 조금 다를 경우 조절점(◯)이나 Alt 키를 이용하여 조절합니다.

6 [빠른 실행] 도구 모음의 [저장] 도구를 클릭하여 저장합니다(또는 Ctrl + S 키).

 실력 향상을 위한 실전 연습문제

● 예제 파일 : Section03_01(정답).pptx   ● 정답 파일 : Section04_01(정답).pptx

01 다음 조건을 적용하여 슬라이드를 작성하시오.

(1) 도형과 표 작성 기능을 이용하여 슬라이드를 작성한다(글꼴 : 굴림, 18pt).

세부조건

① 상단 도형 : 2개 도형의 조합으로 작성

② 좌측 도형 : 그라데이션 효과(선형 아래쪽)

③ 테이블 스타일 : 테마 스타일 1 - 강조 6

2. 세대별 1인 가구의 특성

	1인 생활의 주요 원인	특징
청년층	개인적 시간과 여유를 즐기는 자유로운 삶을 추구, 학업 및 직장 등으로 인한 이동	고시원 및 월세의 비중이 높아 주거 안정성이 취약함
중년층	자녀의 글로벌 교육을 위한 분거 상태, 직장 이동, 이혼 및 사별 등	중년층 니트족이 증가, 고용의 질과 소득이 낮음
노년층	결혼 후 부모와 함께 사는 전통적 가치관 탈피	소득이 적고 경제활동 비율이 낮음

● 예제 파일 : Section03_02(정답).pptx   ● 정답 파일 : Section04_02(정답).pptx

02 다음 조건을 적용하여 슬라이드를 작성하시오.

(1) 도형과 표 작성 기능을 이용하여 슬라이드를 작성한다(글꼴 : 굴림, 18pt).

세부조건

① 상단 도형 : 2개 도형의 조합으로 작성

② 좌측 도형 : 그라데이션 효과(선형 아래쪽)

③ 테이블 스타일 : 테마 스타일 1 - 강조 6

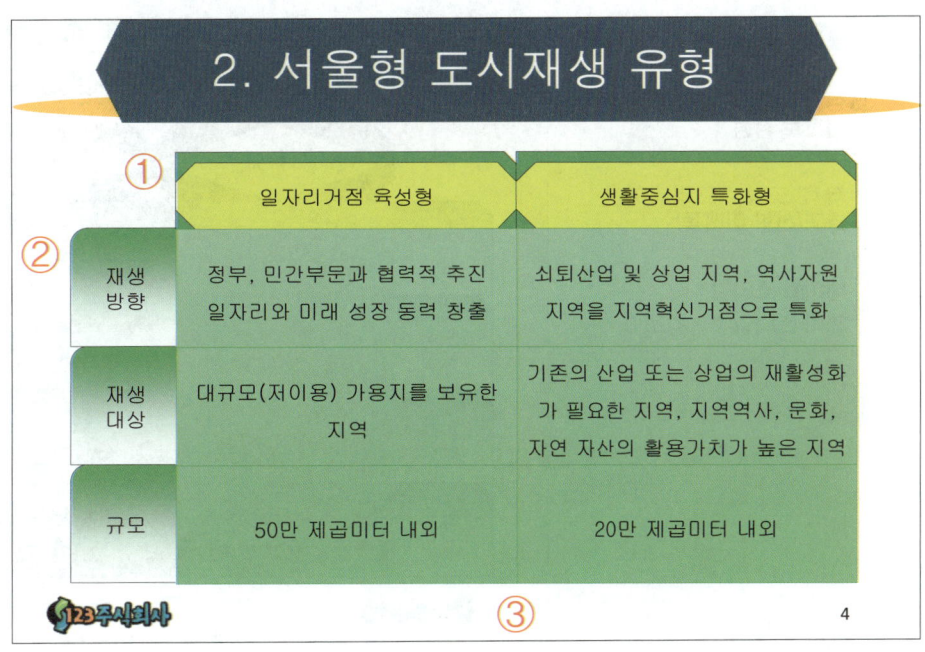

Level Upgrade 실력 향상을 위한 실전 연습문제

● 예제 파일 : Section03_03(정답).pptx   ● 정답 파일 : Section04_03(정답).pptx

03 다음 조건을 적용하여 슬라이드를 작성하시오.

(1) 도형과 표 작성 기능을 이용하여 슬라이드를 작성한다(글꼴 : 굴림, 18pt).

세부조건

① 상단 도형 : 2개 도형의 조합으로 작성

② 좌측 도형 : 그라데이션 효과(선형 오른쪽)

③ 테이블 스타일 : 테마 스타일 1 - 강조 5

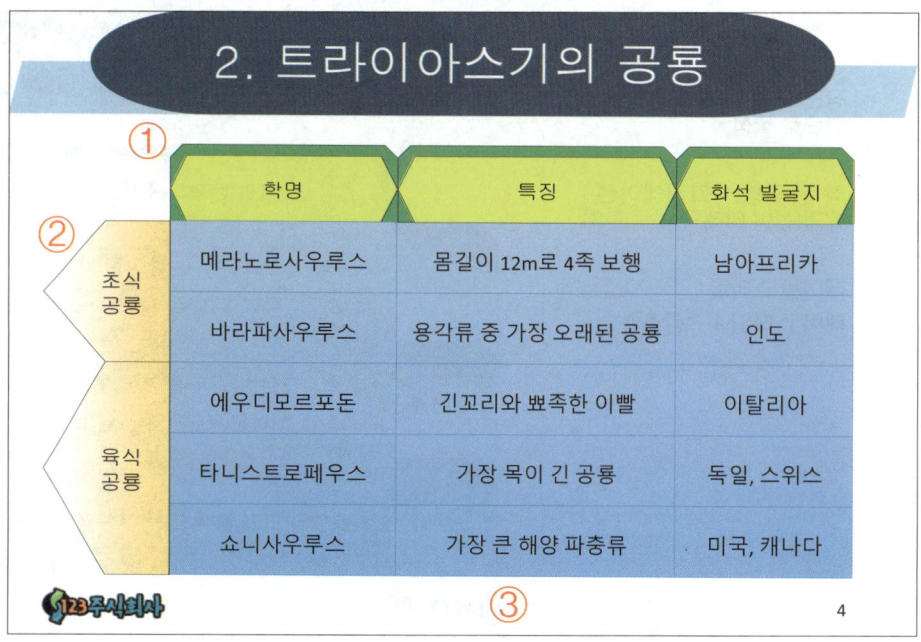

● 예제 파일 : Section03_04(정답).pptx   ● 정답 파일 : Section04_04(정답).pptx

04 다음 조건을 적용하여 슬라이드를 작성하시오.

(1) 도형과 표 작성 기능을 이용하여 슬라이드를 작성한다(글꼴 : 굴림, 18pt).

세부조건

① 상단 도형 : 2개 도형의 조합으로 작성

② 좌측 도형 : 그라데이션 효과(선형 아래쪽)

③ 테이블 스타일 : 테마 스타일 1 - 강조 6

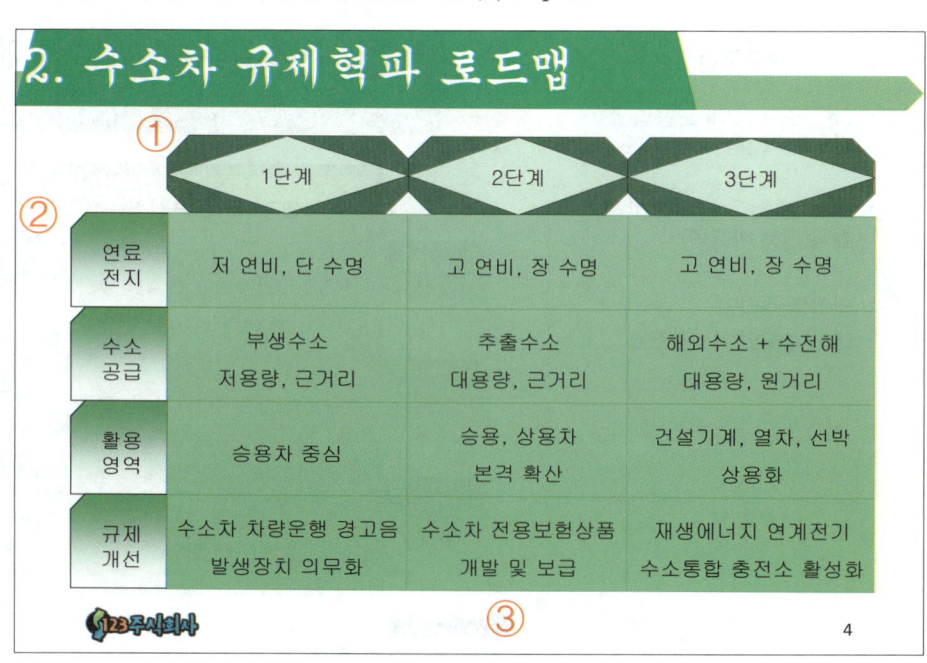

● 예제 파일 : Section03_05(정답).pptx   ● 정답 파일 : Section04_05(정답).pptx

05 다음 조건을 적용하여 슬라이드를 작성하시오.

(1) 도형과 표 작성 기능을 이용하여 슬라이드를 작성한다(글꼴 : 돋움, 18pt).

세부조건

① 상단 도형 : 2개 도형의 조합으로 작성

② 좌측 도형 : 그라데이션 효과(선형 위쪽)

③ 테이블 스타일 : 테마 스타일 1 - 강조 6

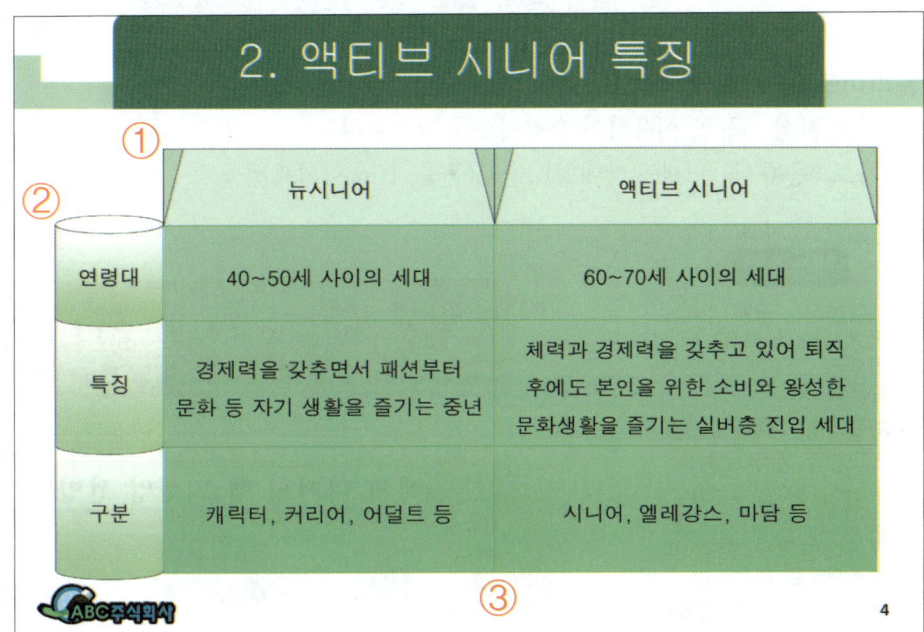

● 예제 파일 : Section03_06(정답).pptx   ● 정답 파일 : Section04_06(정답).pptx

06 다음 조건을 적용하여 슬라이드를 작성하시오.

(1) 도형과 표 작성 기능을 이용하여 슬라이드를 작성한다(글꼴 : 돋움, 18pt).

세부조건

① 상단 도형 : 2개 도형의 조합으로 작성

② 좌측 도형 : 그라데이션 효과(선형 아래쪽)

③ 테이블 스타일 : 테마 스타일 1 - 강조 5

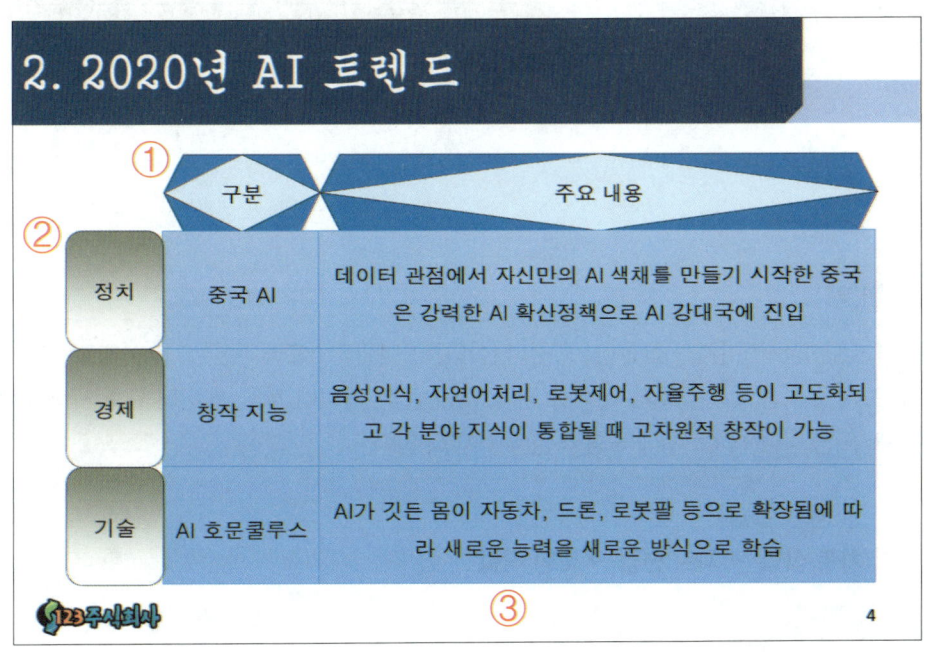

Section 5 [슬라이드 5] 차트 슬라이드

배점 100점

차트를 삽입한 후 차트 종류, 차트 제목, 차트 영역, 그림 영역, 데이터 계열, 데이터 요소 서식, 데이터 테이블 표시 등을 편집하고 도형을 이용하여 텍스트를 작성합니다.

● 정답 파일 : Section05(정답).pptx

[슬라이드 5] 차트 슬라이드
(1) 차트 작성 기능을 이용하여 슬라이드를 작성한다.
(2) 차트 : 종류(묶은 세로 막대형), 글꼴(돋움, 16pt), 외곽선

세부조건

- 차트제목 : 궁서, 24pt, 굵게, 채우기(흰색), 테두리, 그림자(오프셋 오른쪽)
- 차트영역 : 채우기(노랑)
  그림영역 : 채우기(흰색)
- 데이터 서식 : 2027 계열을 표식이 있는 꺾은선형으로 변경 후 보조축으로 지정
- 값 표시 : 전체의 2020 계열만

① 도형 편집
- 스타일 :
  미세효과 – 파랑, 강조1
- 글꼴 : 굴림, 18pt

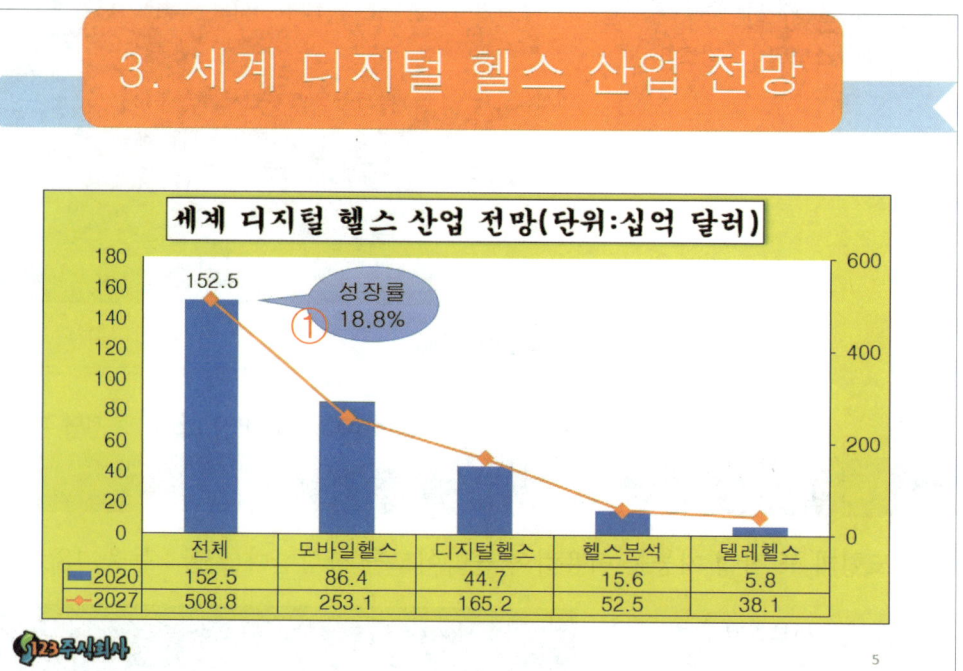

핵심 체크

1. 내용 상자의 [차트 삽입] 도구나 [삽입] 탭-[일러스트레이션] 그룹-[차트] 도구를 이용하여 작성
2. 차트 작성 및 편집 : 제목, 차트 영역, 그림 영역, 데이터 계열, 데이터 요소 서식, 데이터 테이블 표시 등을 편집
3. 도형 작성 : 차트 위에 도형 작성 후 데이터 입력

※ 작성 순서
차트 삽입 → 차트 편집 → 도형 작성

Check Point

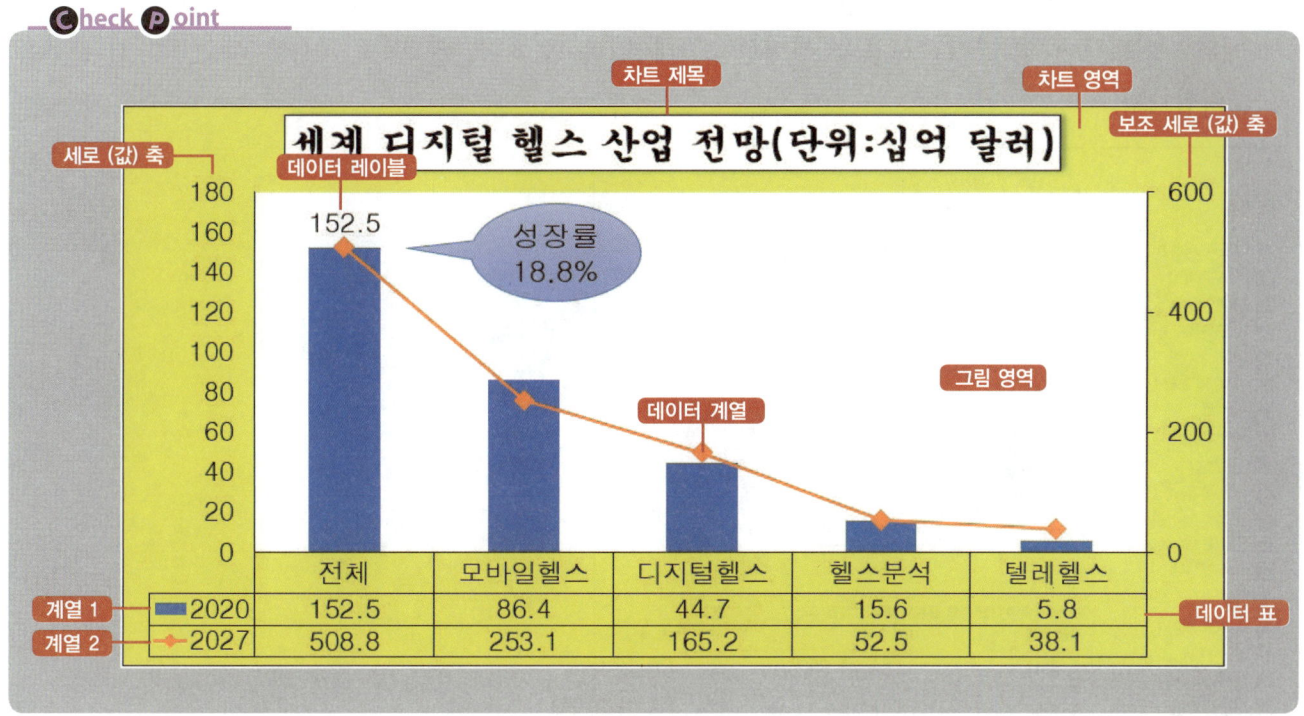

단계 1 │ 기본 차트 작성

① 다섯 번째 슬라이드를 선택하고 슬라이드 상단 제목에 '3. 세계 디지털 헬스 산업 전망'을 입력한 후 내용 상자에서 [차트 삽입 📊] 도구를 클릭합니다.

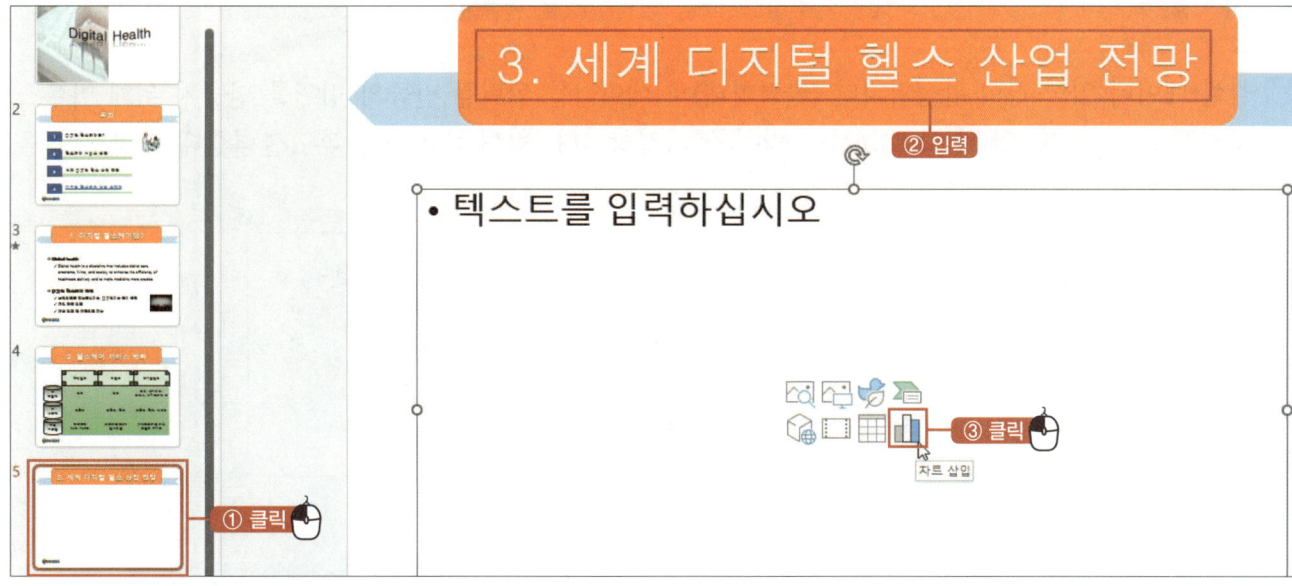

2 [차트 삽입] 대화상자에서 [혼합]-[사용자 지정 조합]을 선택합니다. '계열1 : 묶은 세로 막대형', '계열2 : 표식이 있는 꺾은선형'을 선택한 후 계열2의 '보조 축'에 체크 표시를 하고 [확인] 단추를 클릭합니다.

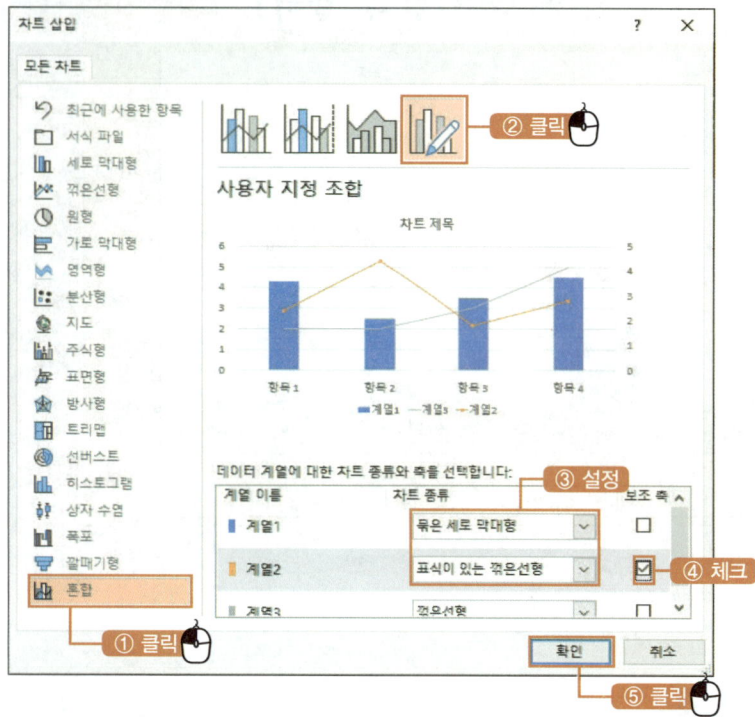

Check Point

[세로 막대형]-[묶은 세로 막대형]으로 설정한 후 계열 2를 '표식이 있는 꺾은선형, 보조 축'으로 변경해도 되지만, 《출력형태》를 보고 한번에 차트 종류를 설정하는 것이 시간을 단축할 수 있으며, 대부분 혼합형 차트가 출제됩니다.

3 엑셀 데이터 입력 창이 활성화되면 《출력형태》의 데이터를 입력할 만큼의 범위를 만들기 위해 마우스 포인트 모양이 🔲 일 때 드래그하여 범위를 지정합니다. 범위를 지정한 후 《출력형태》처럼 내용을 입력합니다.

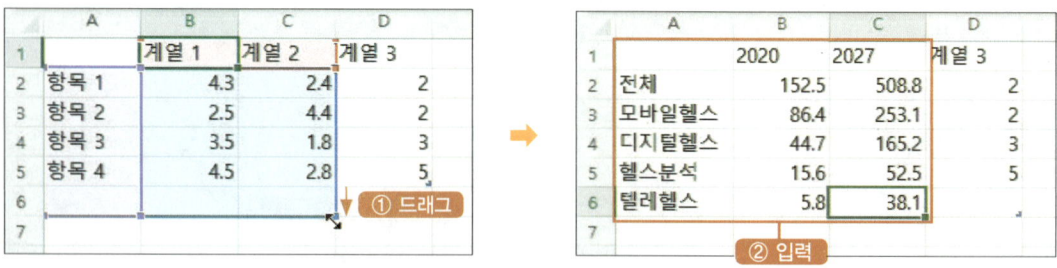

Check Point

- 《출력형태》의 계열과 항목을 확인하여 범위를 지정하고 입력합니다. 해당 차트에서는 2개의 계열과 5개의 항목으로 구성되었습니다.
- 데이터 입력 창의 범위 밖에 있는 데이터는 차트에 영향을 주지 않으므로 삭제하지 않아도 됩니다.
- 수치에 천 단위 구분 기호(,)가 있을 경우 [셀 서식] 대화상자의 [표시 형식] 탭에서 '범주 : 숫자', '1000 단위 구분 기호(,) 사용'에 체크 표시합니다.

단계 2 차트 편집

1. 차트 레이아웃 변경 및 기본 서식 변경

1 차트가 선택된 상태에서 [차트 디자인] 탭-[차트 레이아웃] 그룹-[빠른 레이아웃]에서 '레이아웃 5 ( )'를 선택합니다.

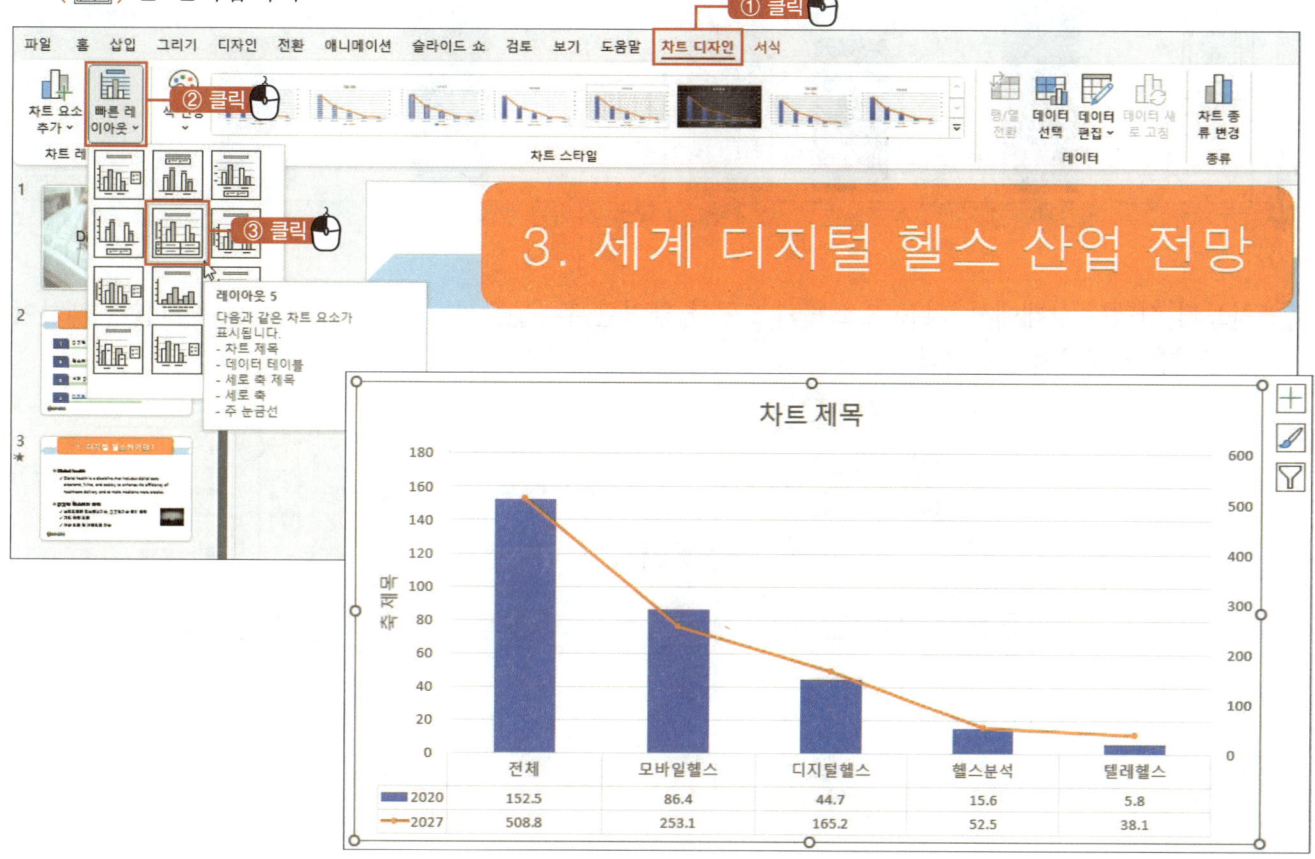

Check Point

레이아웃은 《출력형태》를 참고하여 가장 비슷한 모양을 선택합니다.

2 차트가 선택된 상태에서 차트 오른쪽의 [차트 요소]를 클릭하여 차트 요소의 표시 여부를 설정할 수 있습니다. [축 제목]-[기본 세로]의 체크 표시를 해제하면 기본 세로 축 제목이 표시되지 않습니다.

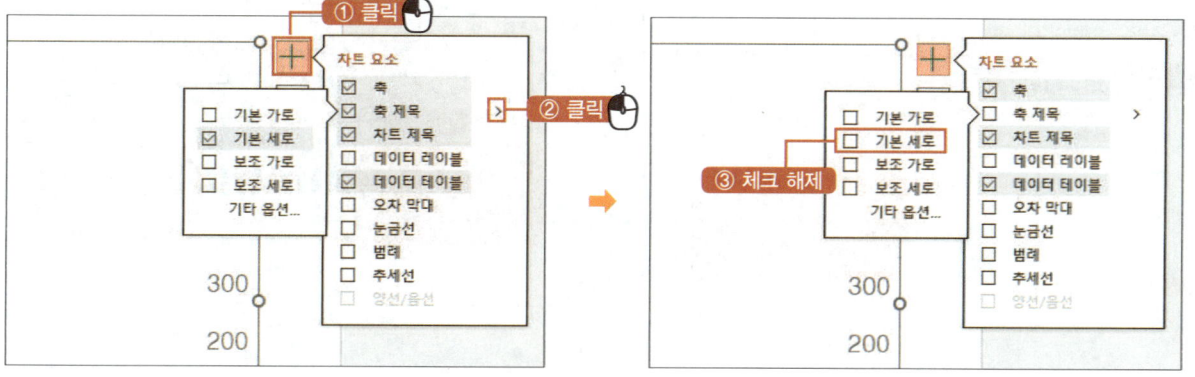

Check Point

왼쪽의 축 제목을 클릭한 후 Delete 키를 눌러 삭제해도 됩니다.

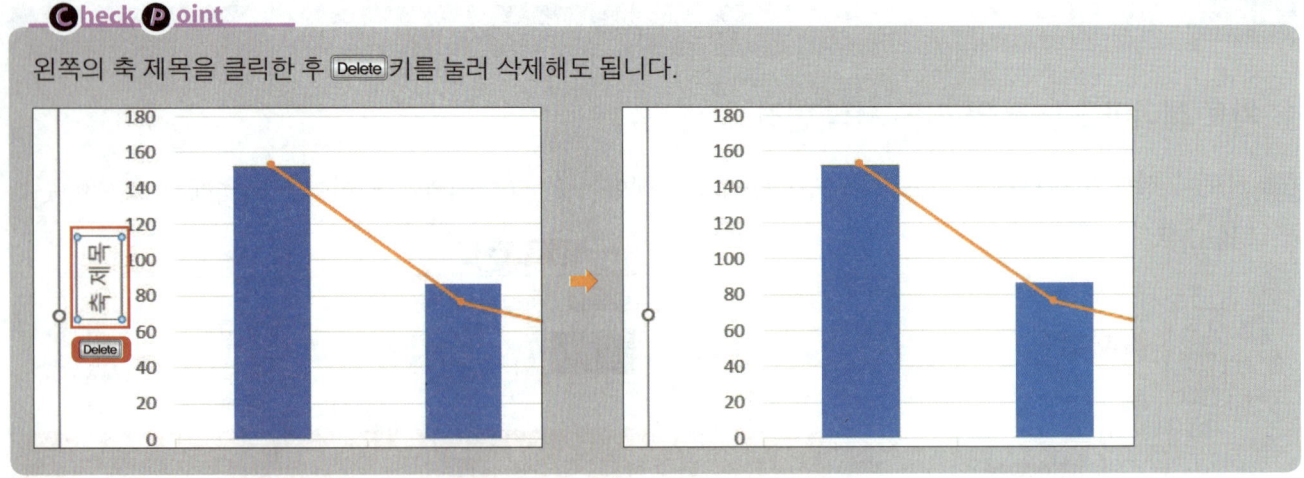

3 차트가 선택된 상태에서 [차트 요소 +] 도구를 클릭한 후 [눈금선]-[기본 주 가로]의 체크를 해제하여 눈금선을 표시하지 않습니다.

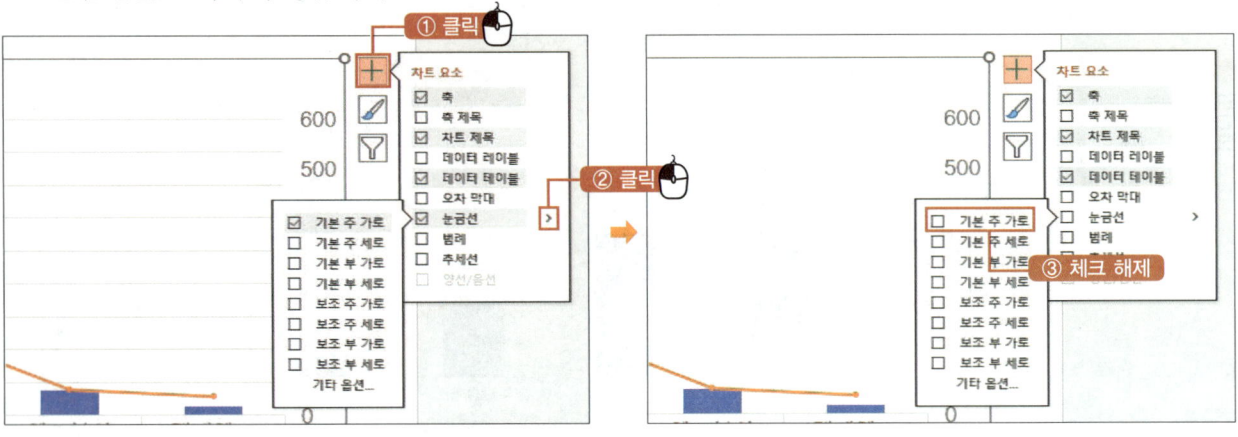

Check Point

그림 영역에서 기본 주 가로 눈금선을 선택한 후 Delete 키를 눌러 삭제해도 됩니다.

4 차트가 선택된 상태에서 [홈] 탭-[글꼴] 그룹에서 '글꼴 : 돋움', '글꼴 크기 : 16pt', '글꼴 색 : 검정, 텍스트 1'을 설정한 후 [서식] 탭-[도형 스타일] 그룹-[도형 윤곽선]에서 '검정, 텍스트 1'을 선택합니다.

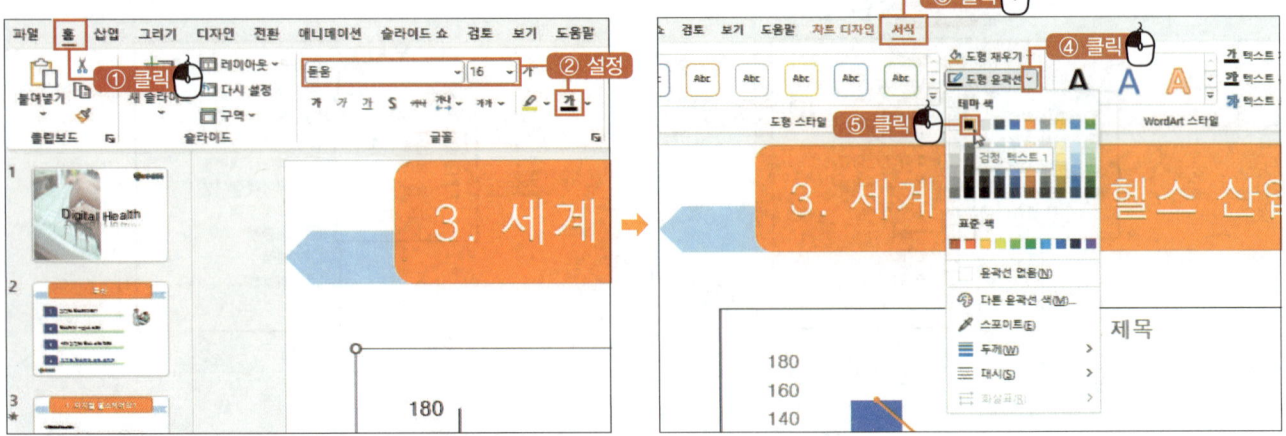

68 백발백중 ITQ 파워포인트 2021

> 차트 전체의 기본 글꼴을 설정한 후 제목 글꼴은 나중에 변경하는 것이 시간을 단축할 수 있습니다.

2. 차트 제목 편집

1 차트 제목을 클릭한 후 [홈] 탭에서 '**글꼴 : 궁서**', '**글꼴 크기 : 24pt**', '**굵게**', '**글꼴 색 : 검정, 텍스트 1**'을 설정합니다.

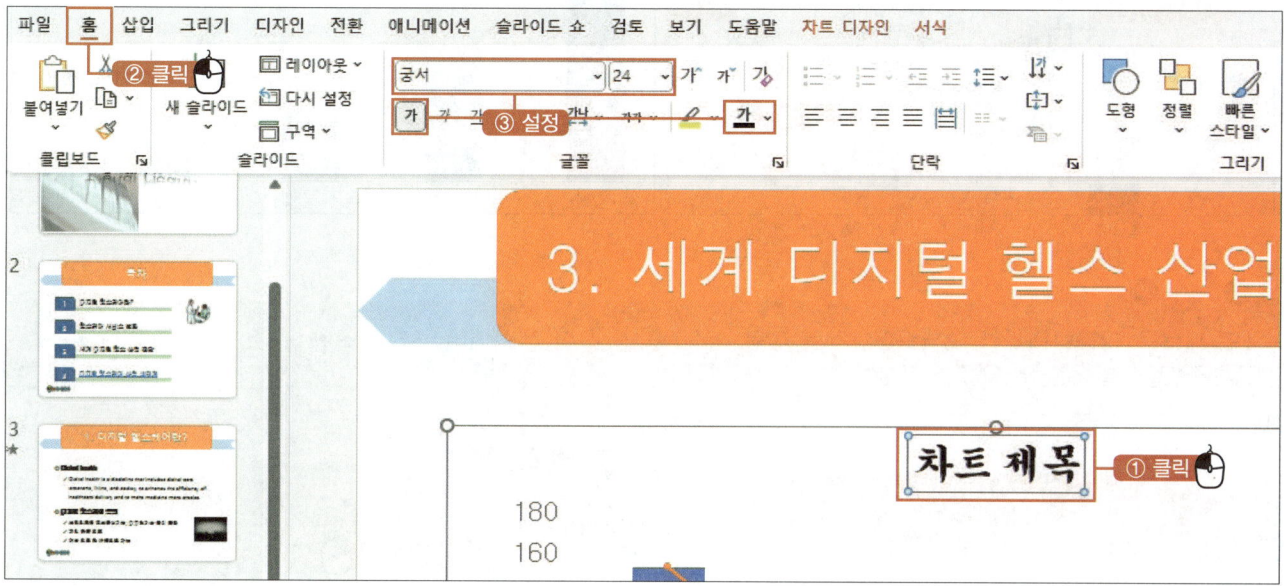

2 [서식] 탭-[도형 스타일] 그룹-[도형 채우기]에서 '**흰색, 배경 1**'을 선택한 후 [도형 윤곽선]에서 '**검정, 텍스트 1**'을 선택합니다.

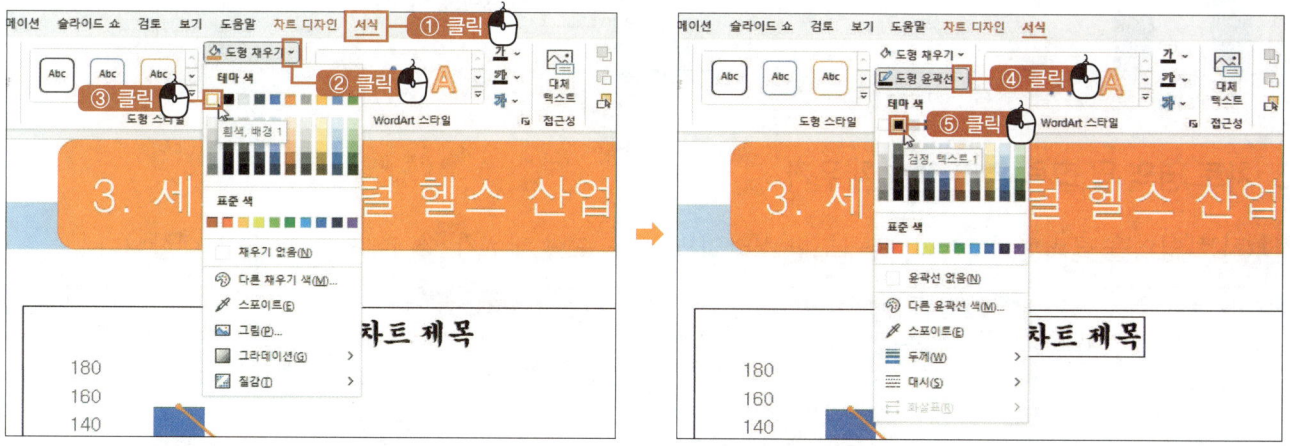

3 다시 [서식] 탭-[도형 스타일] 그룹-[도형 효과]-[그림자]에서 '오프셋: 오른쪽'을 선택합니다. 기존 차트 제목을 삭제한 후 '세계 디지털 헬스 산업 전망(단위:십억 달러)'를 입력하고 Esc키를 두 번 눌러 선택을 해제합니다.

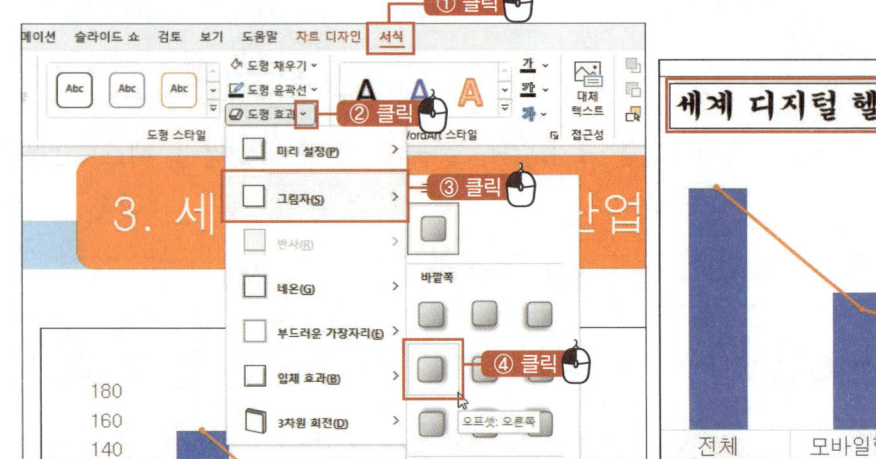
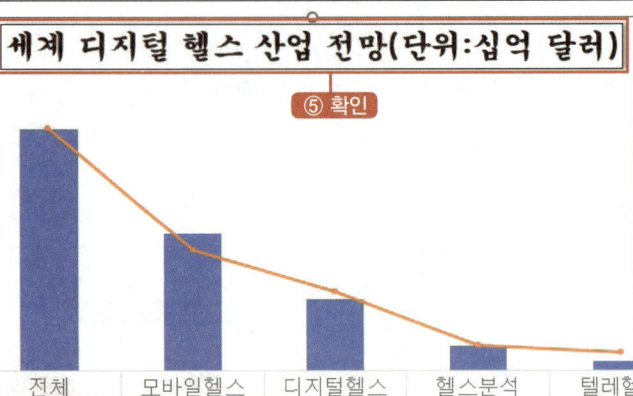

Check Point

차트 제목을 더블클릭하면 오른쪽에 [차트 제목 서식] 작업 창이 생성되며, [제목 옵션]-[효과]-[그림자]-[그림자 □]를 클릭한 후 '오프셋: 오른쪽'을 선택해도 됩니다.

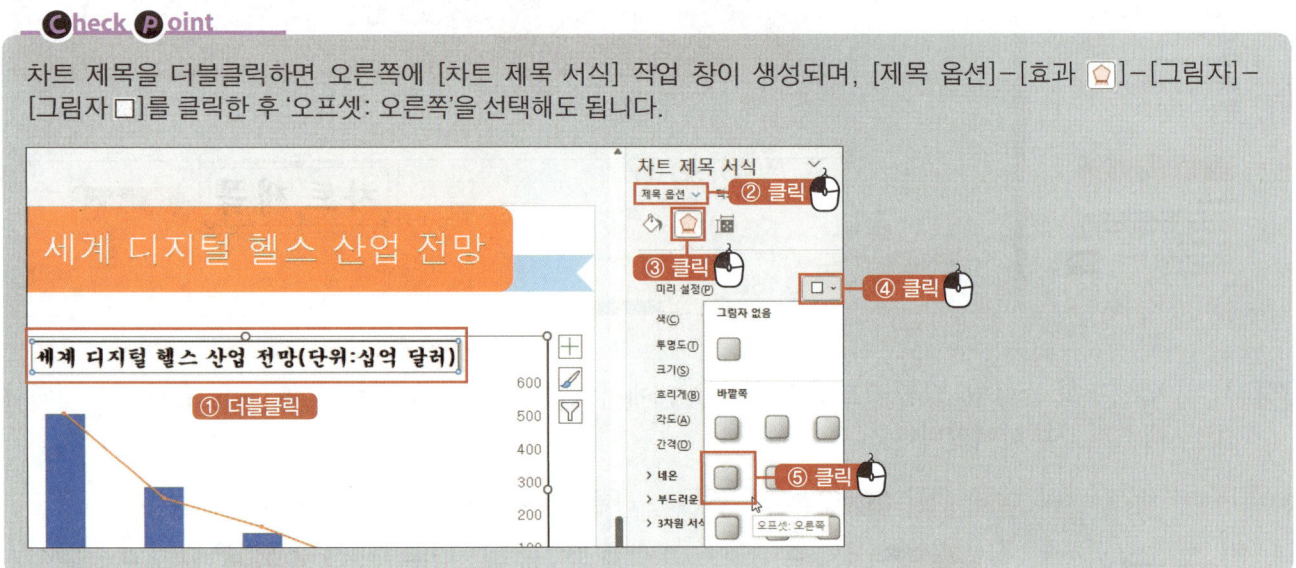

3. 차트 영역 및 그림 영역 색상 채우기

1 차트 영역을 클릭한 후 [서식] 탭-[도형 스타일] 그룹-[도형 채우기]에서 '노랑'을 선택합니다.

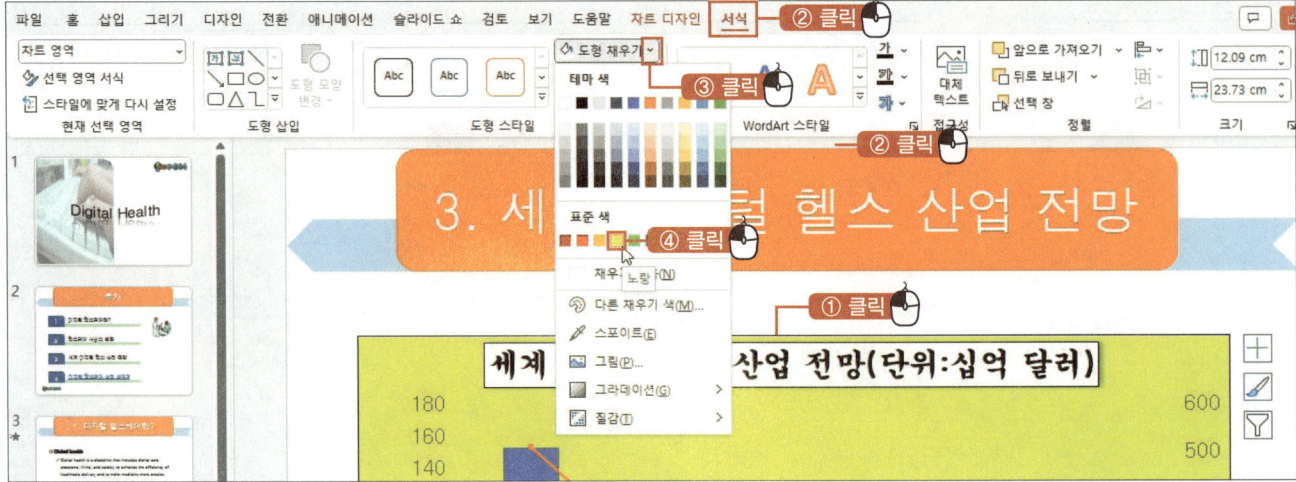

2 그림 영역을 클릭한 후 [서식] 탭-[도형 스타일] 그룹-[도형 채우기]에서 '흰색, 배경 1'을 선택합니다.

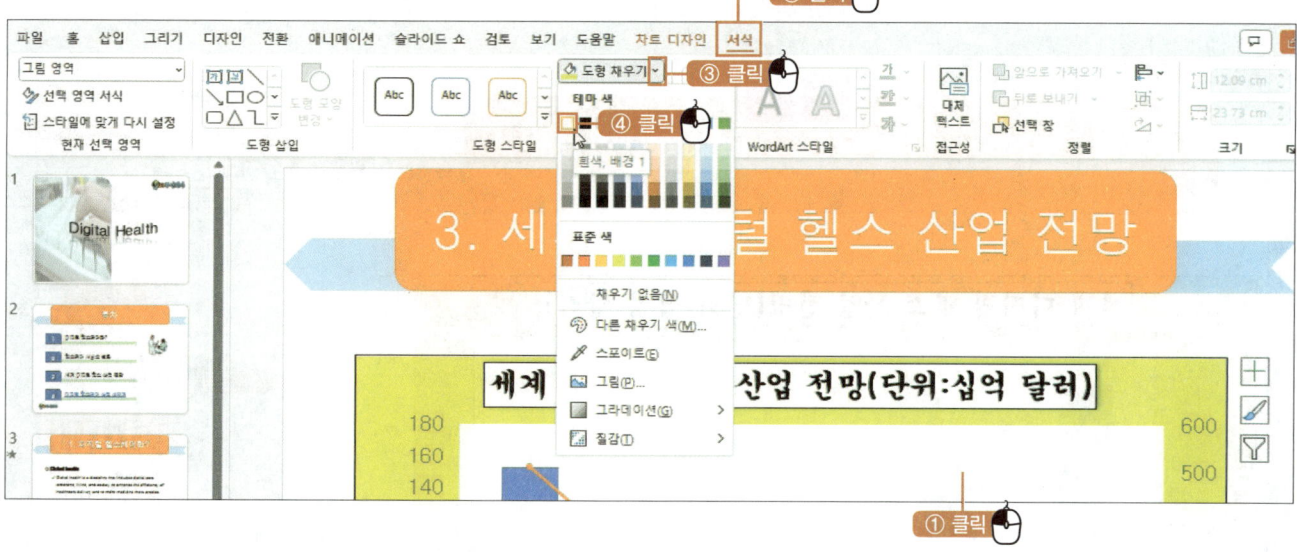

4. 세로 (값) 축 및 보조 세로 (값) 축 설정하기

1 세로 (값) 축을 더블클릭한 후 [축 서식] 작업 창의 [축 옵션]-[채우기 및 선]-[선]-[윤곽선 색]에서 '검정, 텍스트 1'을 선택합니다.

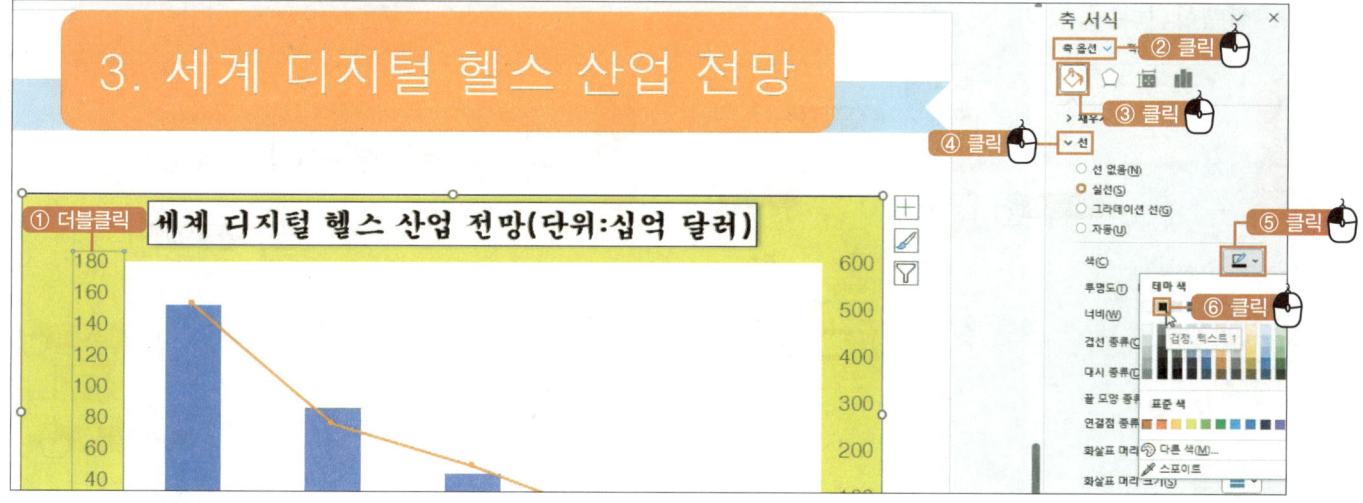

Check Point

만약 [단계 2]-[1. 차트 레이아웃 변경 및 기본 서식 변경]의 ④번 따라하기에서 글꼴 색을 검은색으로 설정하지 않았다면, [텍스트 옵션]-[텍스트 채우기 및 윤곽선 A]-[텍스트 채우기]-[색]-[채우기 색]에서 '검정, 텍스트 1'을 선택합니다.

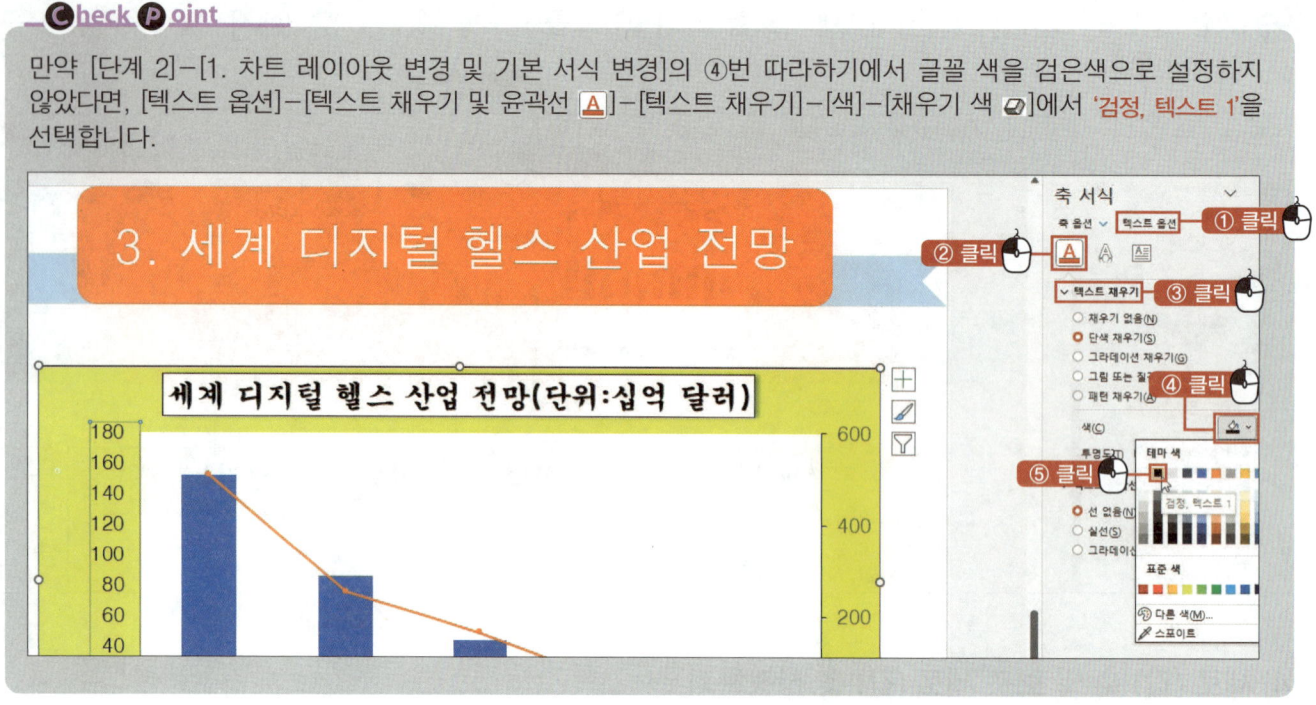

2️⃣ 이번엔 보조 세로 (값) 축을 더블클릭 한 후 [축 서식] 작업 창의 [축 옵션]-[축 옵션]에서 단위의 '기본 : 200'을 입력하고, [축 옵션]-[채우기 및 선]-[선]-[윤곽선 색]에서 '검정, 텍스트 1'을 선택합니다.

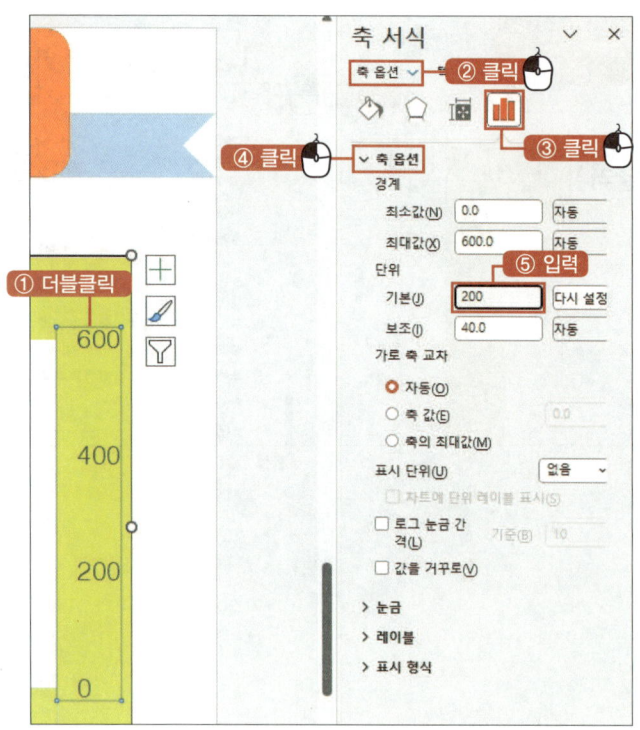 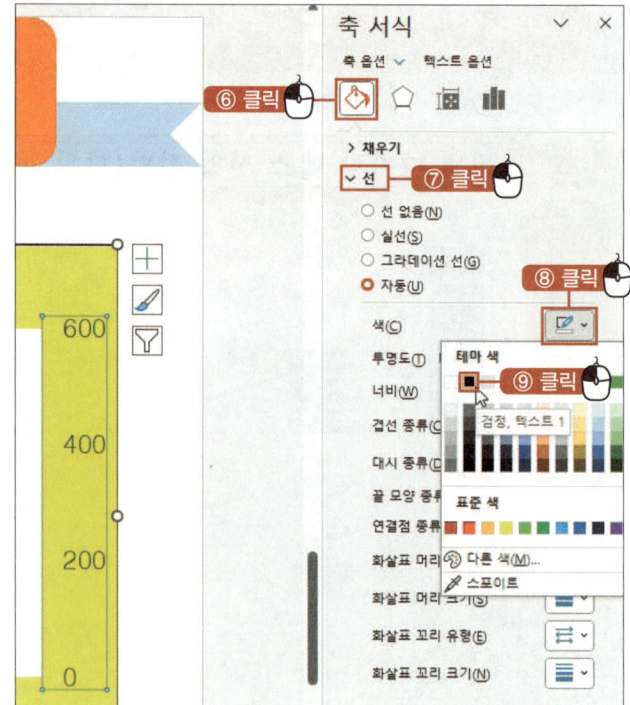

3 이번엔 **데이터 표를 더블클릭**한 후 [채우기 및 선]-[선]-[윤곽선 색]에서 '**검정, 텍스트 1**'을 선택합니다.

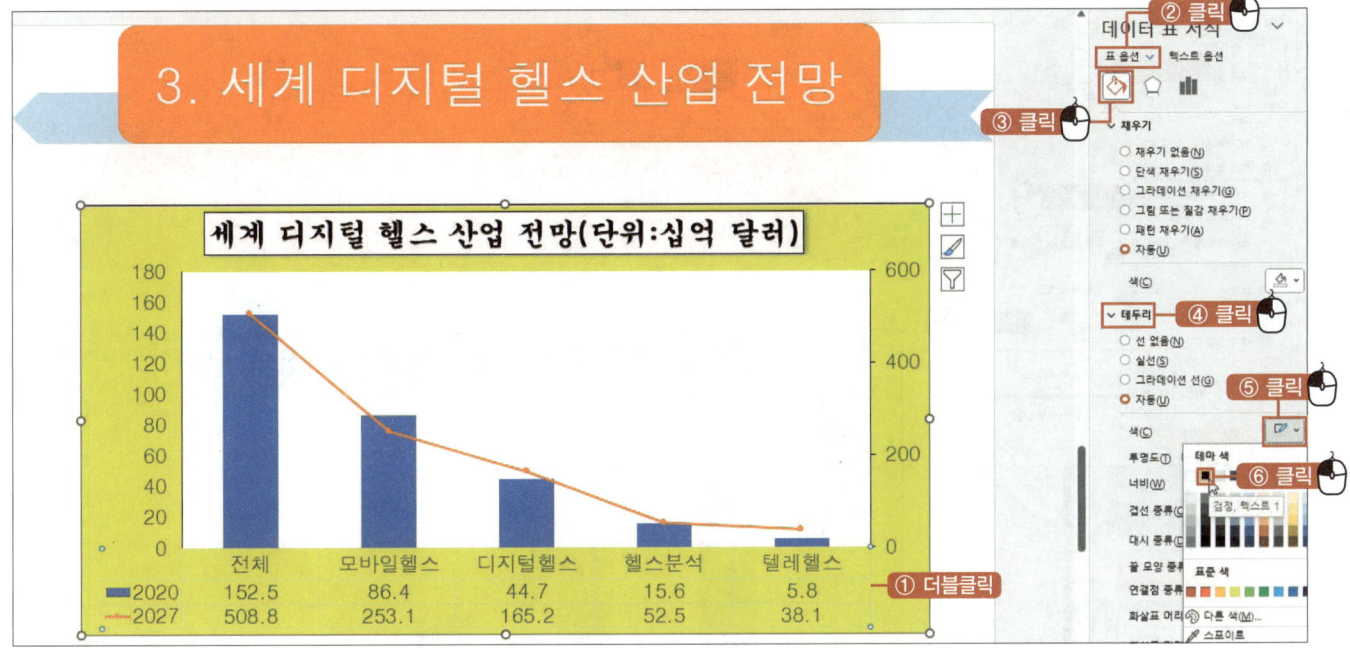

5. 값 표시 및 도형 작성하기

1 표식을 변경하기 위해 '2027' 계열을 더블클릭한 후 오른쪽 [데이터 계열 서식] 작업 창에서 [계열 옵션]-[채우기 및 선]-[표식]-[표식 옵션]-[기본 제공]의 형식에서 '**다이아몬드(◆)**' 모양을 선택하고 크기를 '**12**' 정도로 설정합니다.

Check Point

표식의 모양과 크기는 《출력형태》를 보고 설정합니다.

② '2020' 계열의 '전체' 항목만 선택한 후 [차트 디자인] 탭-[차트 레이아웃] 그룹-[차트 요소 추가]-[데이터 레이블]에서 '바깥쪽 끝에 '를 선택합니다.

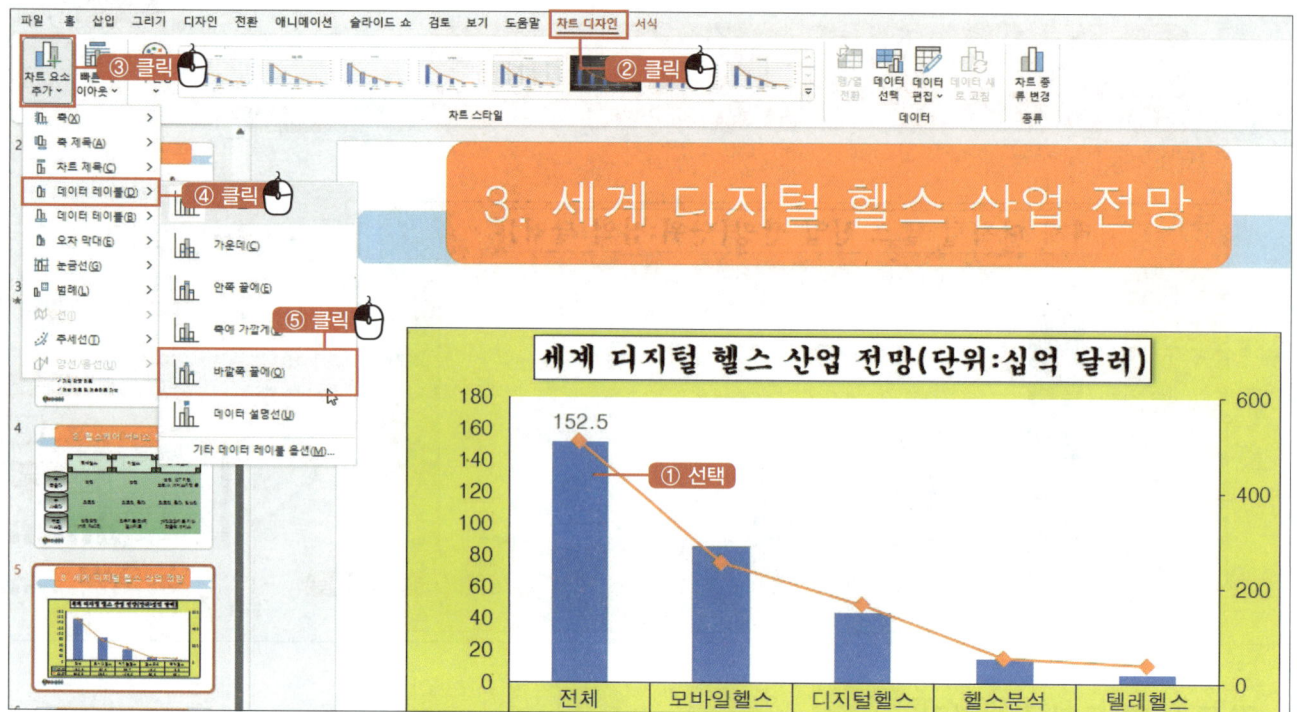

Check Point

데이터 계열 요소 중 하나를 클릭하면 같은 계열 전체가 선택되며, 다시 하나만 클릭하면 클릭한 항목 하나만 선택됩니다.

③ '2020' 계열의 '전체' 항목의 값인 '152.5'만 선택된 상태에서 [홈] 탭의 글꼴 색에서 '검정, 텍스트 1'을 설정합니다.

④ [삽입] 탭-[일러스트레이션] 그룹-[도형]의 설명선에서 '말풍선: 타원형( )'를 선택한 후 그림 영역 위에 드래그하여 삽입하고, 조절점( )을 드래그하여 《출력형태》처럼 그립니다.

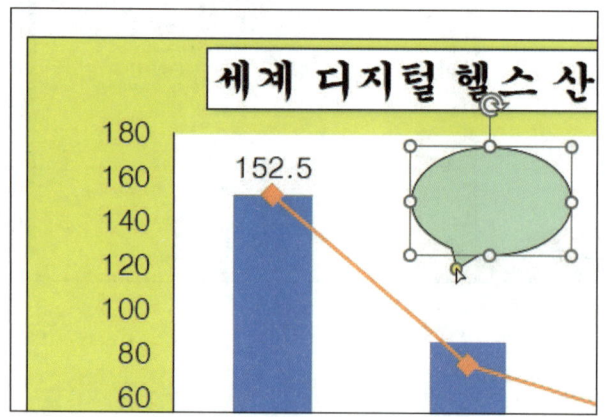 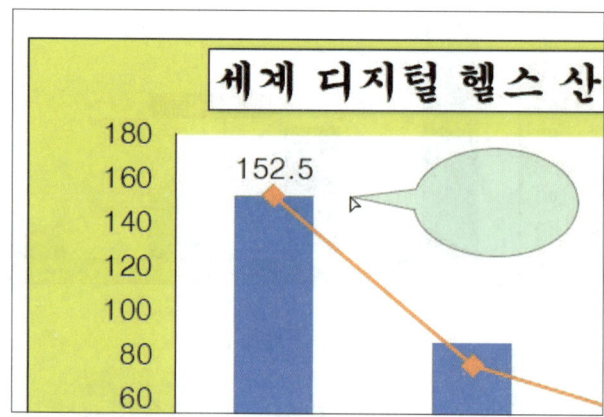

5 [도형 서식] 탭-[도형 스타일] 그룹-[빠른 스타일]에서 자세히(▼) 단추를 클릭한 후 테마 스타일에서 '**미세효과-파랑, 강조 1**'을 선택합니다.

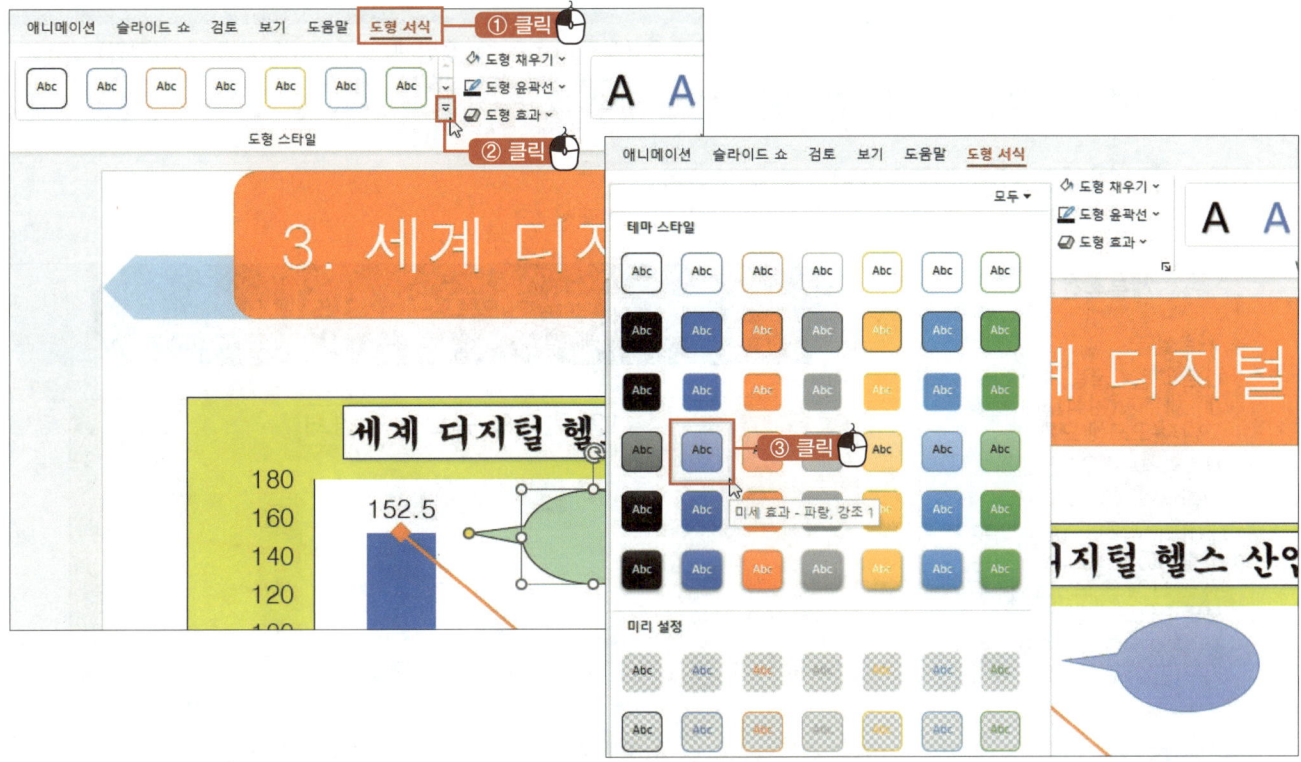

6 [홈] 탭-[글꼴] 그룹에서 '**글꼴 : 굴림**', '**글꼴 크기 : 18pt**', '**글꼴 색 : 검정, 텍스트 1**'을 설정한 후 '**성장률 18.8%**'를 입력합니다.

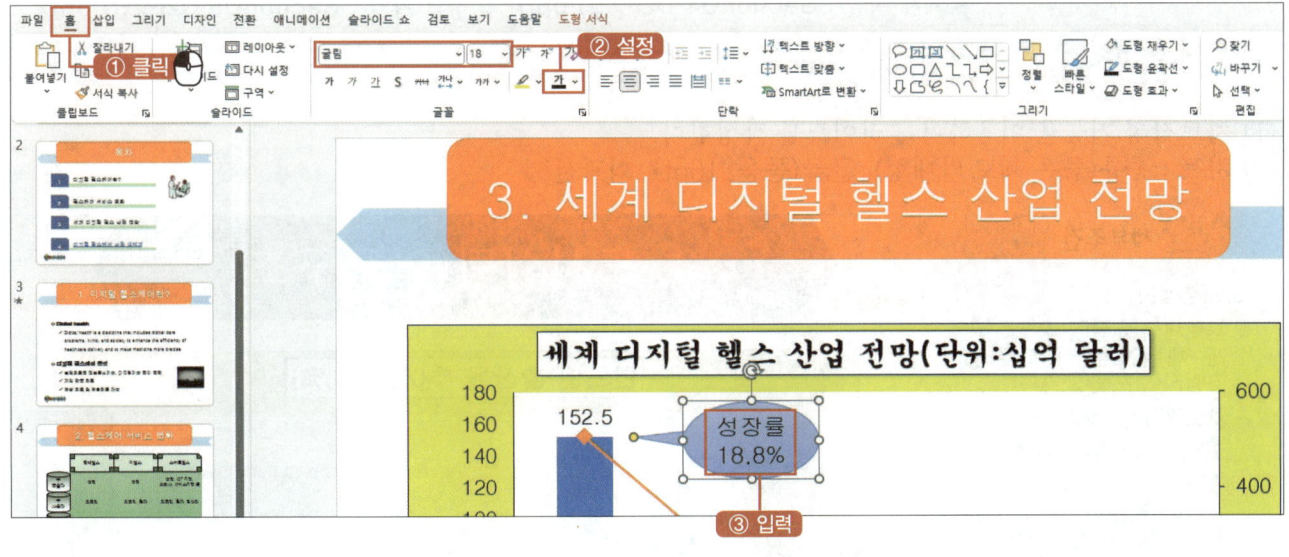

Check Point

텍스트가 도형의 범위를 벗어날 경우 조절점(○)을 이용하여 도형의 크기를 조절합니다.

7 차트 작업이 완료되면 전체적으로 크기 및 위치 등을 다시 한번 확인하여 조절한 후 [빠른 실행] 도구 모음의 [저장 💾] 도구를 클릭하여 저장합니다(또는 Ctrl + S 키).

Part 1 따라하면서 배우는 파워포인트 2021 **75**

실력 향상을 위한 실전 연습문제

● 예제 파일 : Section04_01(정답).pptx   ● 정답 파일 : Section05_01(정답).pptx

01 다음 조건을 적용하여 슬라이드를 작성하시오.

(1) 차트작성 기능을 이용하여 슬라이드를 작성한다.
(2) 차트 : 종류(묶은 세로 막대형), 글꼴(돋움, 16pt), 외곽선

세부조건

※ 차트설명
- 차트제목 : 굴림, 24pt, 굵게, 채우기(흰색), 테두리, 그림자(오프셋 오른쪽)
- 차트영역 : 채우기(노랑) 그림영역 : 채우기(흰색)
- 데이터 서식 : 1인 가구 비중(%)을 표식이 있는 꺾은선형으로 변경 후 보조축으로 지정
- 값 표시 : 2017년의 1인 가구(만 가구) 계열만

① 도형 삽입
- 스타일 : 미세효과 – 파랑, 강조1
- 글꼴 : 굴림, 18pt

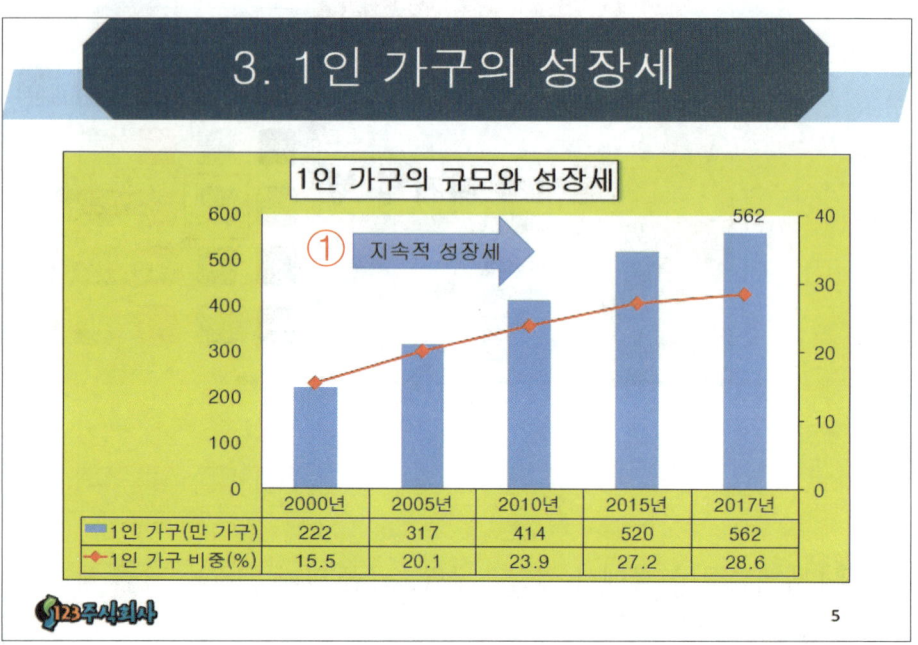

● 예제 파일 : Section04_02(정답).pptx   ● 정답 파일 : Section05_02(정답).pptx

02 다음 조건을 적용하여 슬라이드를 작성하시오.

(1) 차트작성 기능을 이용하여 슬라이드를 작성한다.
(2) 차트 : 종류(묶은 세로 막대형), 글꼴(돋움, 16pt), 외곽선

세부조건

※ 차트설명
- 차트제목 : 굴림, 24pt, 굵게, 채우기(흰색), 테두리, 그림자(오프셋 오른쪽)
- 차트영역 : 채우기(노랑) 그림영역 : 채우기(흰색)
- 데이터 서식 : 세계평균을 표식이 있는 꺾은선형으로 변경 후 보조축으로 지정
- 값 표시 : 2100년의 우리나라 계열만

① 도형 삽입
- 스타일 : 미세효과 – 파랑, 강조1
- 글꼴 : 굴림, 18pt

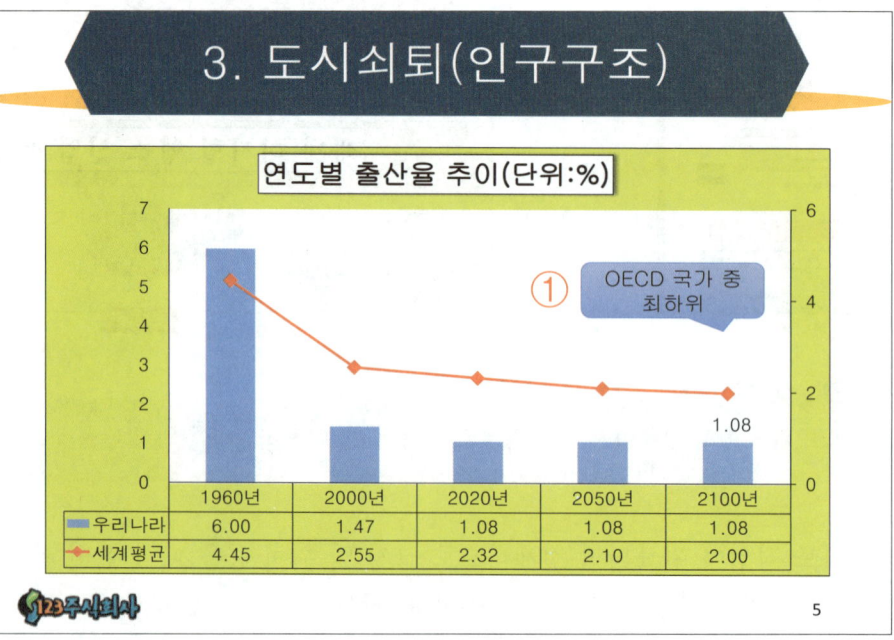

● 예제 파일 : Section04_03(정답).pptx   ● 정답 파일 : Section05_03(정답).pptx

03 다음 조건을 적용하여 슬라이드를 작성하시오.

(1) 차트작성 기능을 이용하여 슬라이드를 작성한다.
(2) 차트 : 종류(묶은 세로 막대형), 글꼴(돋움, 16pt), 외곽선

세부조건

※ 차트설명
· 차트제목 : 굴림, 24pt, 굵게, 채우기(흰색),테두리, 그림자(오프셋 오른쪽)
· 차트영역 : 채우기(노랑) 그림영역 : 채우기(흰색)
· 데이터 서식 : 용각류 계열을 표식이 있는 꺾은선형으로 변경 후 보조축으로 지정
· 값 표시 : 보성의 조각류 계열만
· 데이터 테이블 표시

① 도형 삽입
- 스타일 :
  미세효과 – 파랑, 강조1
- 글꼴 : 굴림, 18pt

3. 한반도의 화석지

한반도의 주요 화석지 현황

	고성	여수	보성	화순	해남
조각류	249	201	158	105	97
용각류	139	103	120	98	65

① 경상도와 전라도 분포

● 예제 파일 : Section04_04(정답).pptx   ● 정답 파일 : Section05_04(정답).pptx

04 다음 조건을 적용하여 슬라이드를 작성하시오.

(1) 차트작성 기능을 이용하여 슬라이드를 작성한다.
(2) 차트 : 종류(묶은 세로 막대형), 글꼴(굴림, 16pt), 외곽선

세부조건

※ 차트설명
· 차트제목 : 궁서, 24pt, 굵게, 채우기(흰색), 테두리, 그림자(오프셋 오른쪽)
· 차트영역 : 채우기(노랑) 그림영역 : 채우기(흰색)
· 데이터 서식 : 수소차 계열을 표식이 있는 꺾은선형으로 변경 후 보조축으로 지정
· 값 표시 : 2020년의 자동차 총 등록대수(백만대) 계열만
· 데이터 테이블 표시

① 도형 삽입
- 스타일 :
  미세효과 – 파랑, 강조1
- 글꼴 : 굴림, 18pt

3. 국내 차량 수소차 등록 현황

국내 수소차 등록 현황

	2016년	2017년	2018년	2019년	2020년
자동차 총 등록대수(백만대)	21	22	23	23	24
수소차	87	170	893	5,083	7,682

① 자료출처 : 국토교통부

실력 향상을 위한 실전 연습문제

● 예제 파일 : Section04_05(정답).pptx   ● 정답 파일 : Section05_05(정답).pptx

05 다음 조건을 적용하여 슬라이드를 작성하시오.

(1) 차트작성 기능을 이용하여 슬라이드를 작성한다.
(2) 차트 : 종류(묶은 세로 막대형), 글꼴(돋움, 16pt), 외곽선

세부조건

※ 차트제목 : 궁서, 24pt, 굵게, 채우기(흰색), 테두리, 그림자(오프셋 왼쪽)
· 차트영역 : 채우기(노랑)
  그림영역 : 채우기(흰색)
· 데이터 서식 : 2020년 계열을 표시가 있는 꺾은선형으로 변경 후 보조축으로 지정
· 값 표시 : 화장품의 2015년 계열만
· 데이터 테이블 표시

① 도형 삽입
- 스타일 :
  미세효과 – 파랑, 강조1
- 글꼴 : 굴림, 18pt

● 예제 파일 : Section04_06(정답).pptx   ● 정답 파일 : Section05_06(정답).pptx

06 다음 조건을 적용하여 슬라이드를 작성하시오.

(1) 차트작성 기능을 이용하여 슬라이드를 작성한다.
(2) 차트 : 종류(묶은 세로 막대형), 글꼴(돋움, 16pt), 외곽선

세부조건

※ 차트제목 : 궁서, 24pt, 굵게, 채우기(흰색), 테두리, 그림자(오프셋 오른쪽)
· 차트영역 : 채우기(노랑)
  그림영역 : 채우기(흰색)
· 데이터 서식 : 시장규모 계열을 표시가 있는 꺾은선형으로 변경 후 보조축으로 지정
· 값 표시 : 2019년의 업체수 계열만

① 도형 삽입
- 스타일 :
  미세효과 – 파랑, 강조1
- 글꼴 : 굴림, 18pt

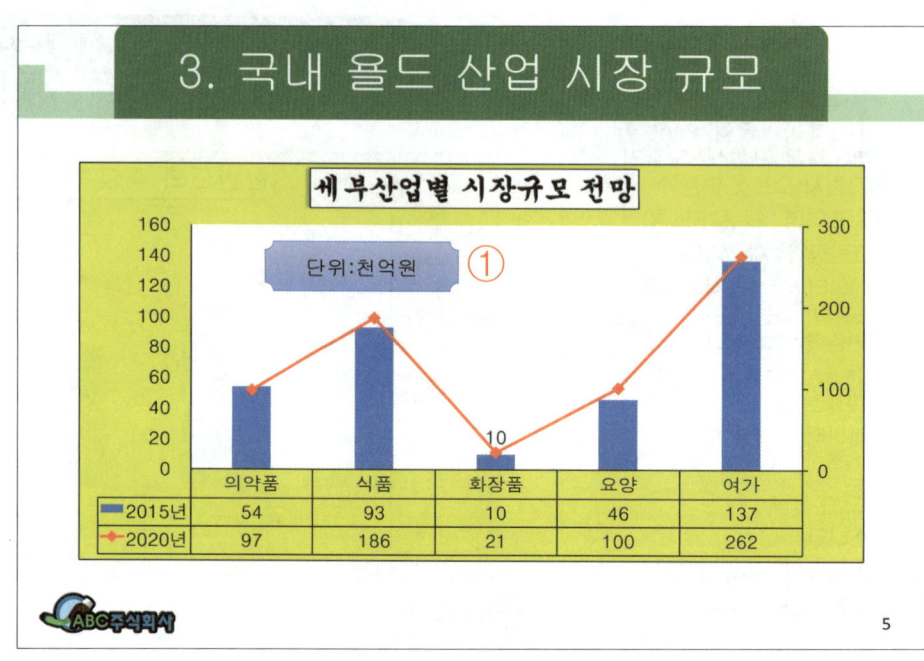

Section 6 [슬라이드 6] 도형 슬라이드

배점 **100** 점

여러 가지 도형과 스마트아트로 두 그룹의 도형을 작성하고 애니메이션을 지정한 후 애니메이션의 순서를 지정합니다.

● 정답 파일 : Section06(정답).pptx

[슬라이드 6] 도형 슬라이드
(1) 슬라이드와 같이 도형 및 스마트아트를 배치한다(글꼴 : 굴림, 18pt).
(2) 애니메이션 순서 : ① ⇒ ②

세부조건

① 도형 및 스마트아트 편집
- 스마트아트 디자인 : 3차원 만화, 3차원 경사
- 그룹화 후 애니메이션 효과 : 닦아내기(위에서)

② 도형 편집
- 그룹화 후 애니메이션 효과 : 바운드

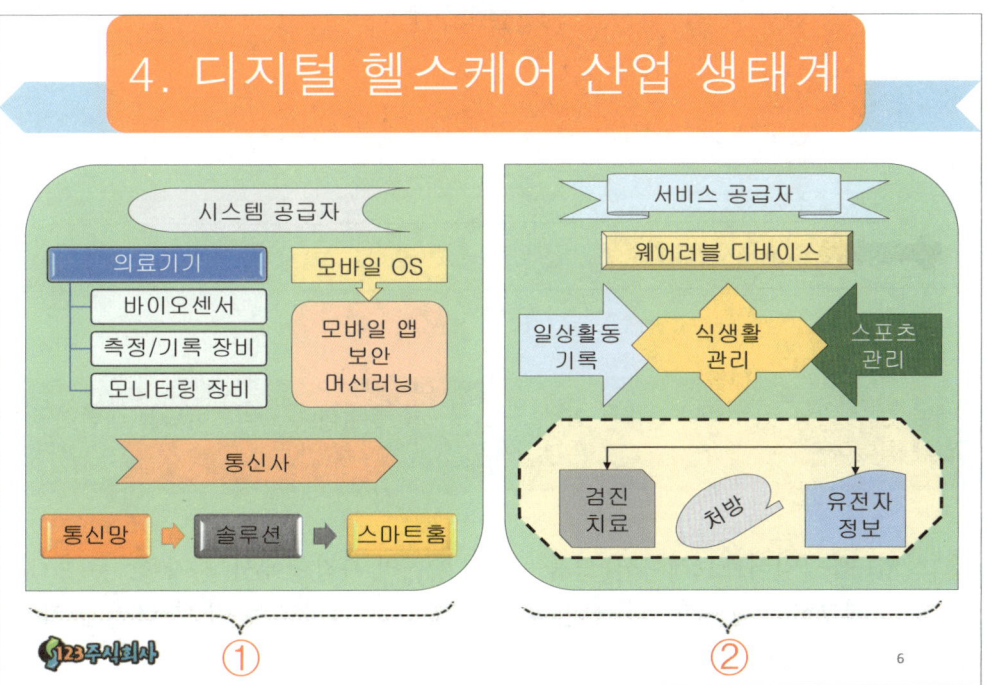

핵심 체크

1. 도형 작성 : [삽입] 탭-[일러스트레이션] 그룹-[도형]에서 여러 가지 도형을 작성하고, [삽입] 탭-[일러스트레이션] 그룹-[SmartArt]에서 스마트아트로 도형을 작성한 후 [도형 서식] 탭-[정렬] 그룹-[그룹화]-[그룹]으로 도형을 그룹화
2. 애니메이션 작업 : [애니메이션] 탭-[애니메이션] 그룹에서 자세히( ) 단추를 클릭하여 두 그룹의 도형에 애니메이션을 지정하고 실행 순서 지정
※ 도형의 작성 방법은 도형을 먼저 작성한 후 내용을 입력하는 방법과 도형을 작성하면서 내용을 입력하는 방법이 있지만, 겹쳐 있는 도형의 작성 순서는 밑에 있는 도형부터 작성합니다.

※ 작성 순서
도형 작성(도형, SmartArt) → 그룹화 → 사용자 애니메이션 효과 지정

단계 1 첫 번째 도형 그룹 작성

1 여섯 번째 슬라이드를 선택한 후 슬라이드 상단 제목에 '**4. 디지털 헬스케어 산업 생태계**'를 입력하고 내용 상자를 선택한 후 Delete 키를 눌러 삭제합니다.

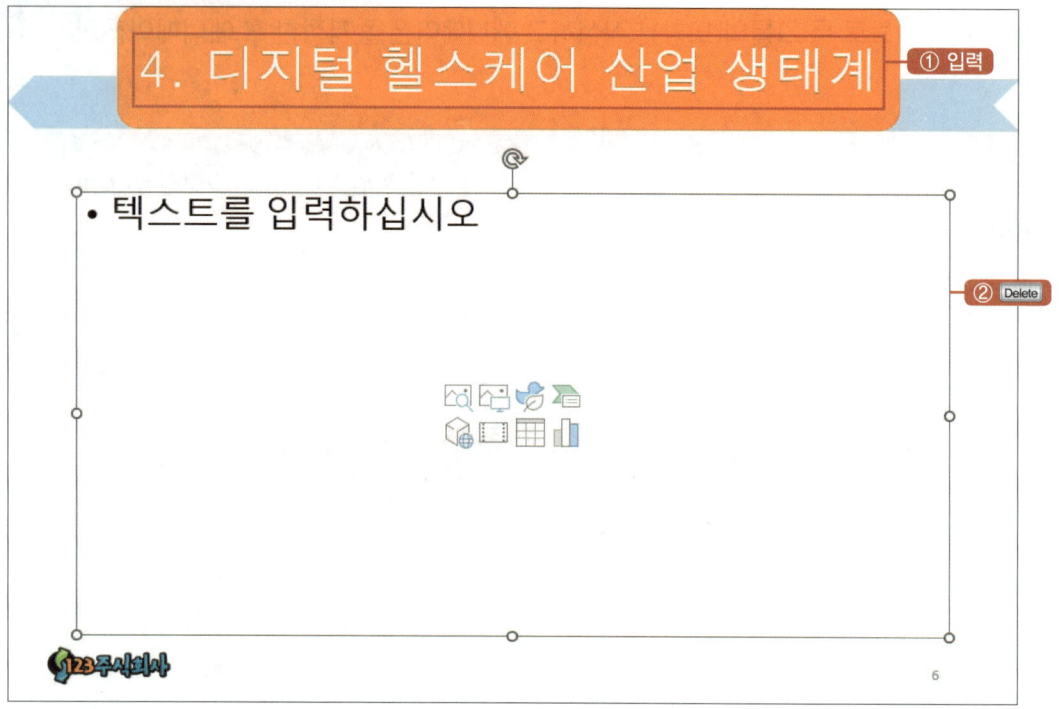

Check Point

내용 상자 안의 [SmartArt 그래픽 삽입] 도구를 클릭하여 스마트아트를 삽입하면 나중에 도형과 그룹화할 수 없게 됩니다.

2 [삽입] 탭-[일러스트레이션] 그룹-[도형]의 사각형에서 '**사각형: 둥근 대각선 방향 모서리**'를 선택한 후 드래그하여 삽입합니다. 삽입 후 조절점(○)으로 조절하여 《출력형태》처럼 만듭니다.

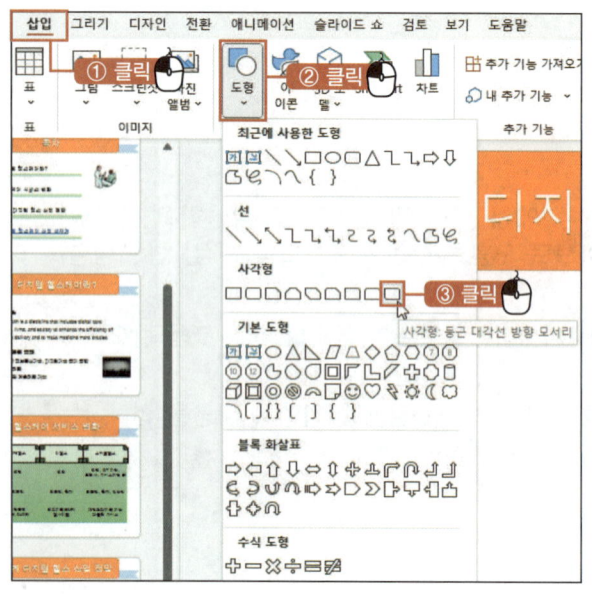
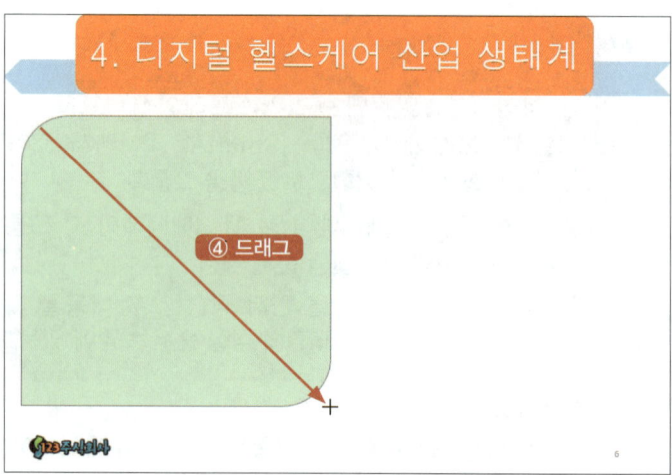

80 백발백중 ITQ 파워포인트 2021

Check Point

- 도형의 두께는 지시사항에 없으므로 채점 대상이 아니지만, 그동안의 기출문제를 분석해보면 일반적으로 얇은 테두리는 1/4pt, 두꺼운 선(특히 파선)은 2¼pt로 설정하고, 그 외는 출력형태를 보고 판단하면 됩니다.
- 도형 작성 시 출력형태를 고려하여 색상, 윤곽선, 선 두께를 임의로 변경해도 되지만, 도형의 색상, 윤곽선, 두께는 채점 대상이 아닙니다.

3 도형이 선택된 상태에서 [홈] 탭–[글꼴] 그룹에서 '**글꼴 : 굴림**', '**글꼴 크기 : 18pt**', '**글꼴 색 : 검정, 텍스트 1**'을 설정합니다. 모든 설정이 끝나면 도형 위에서 마우스 오른쪽 버튼을 눌러 바로가기 메뉴에서 [**기본 도형으로 설정**]을 클릭합니다.

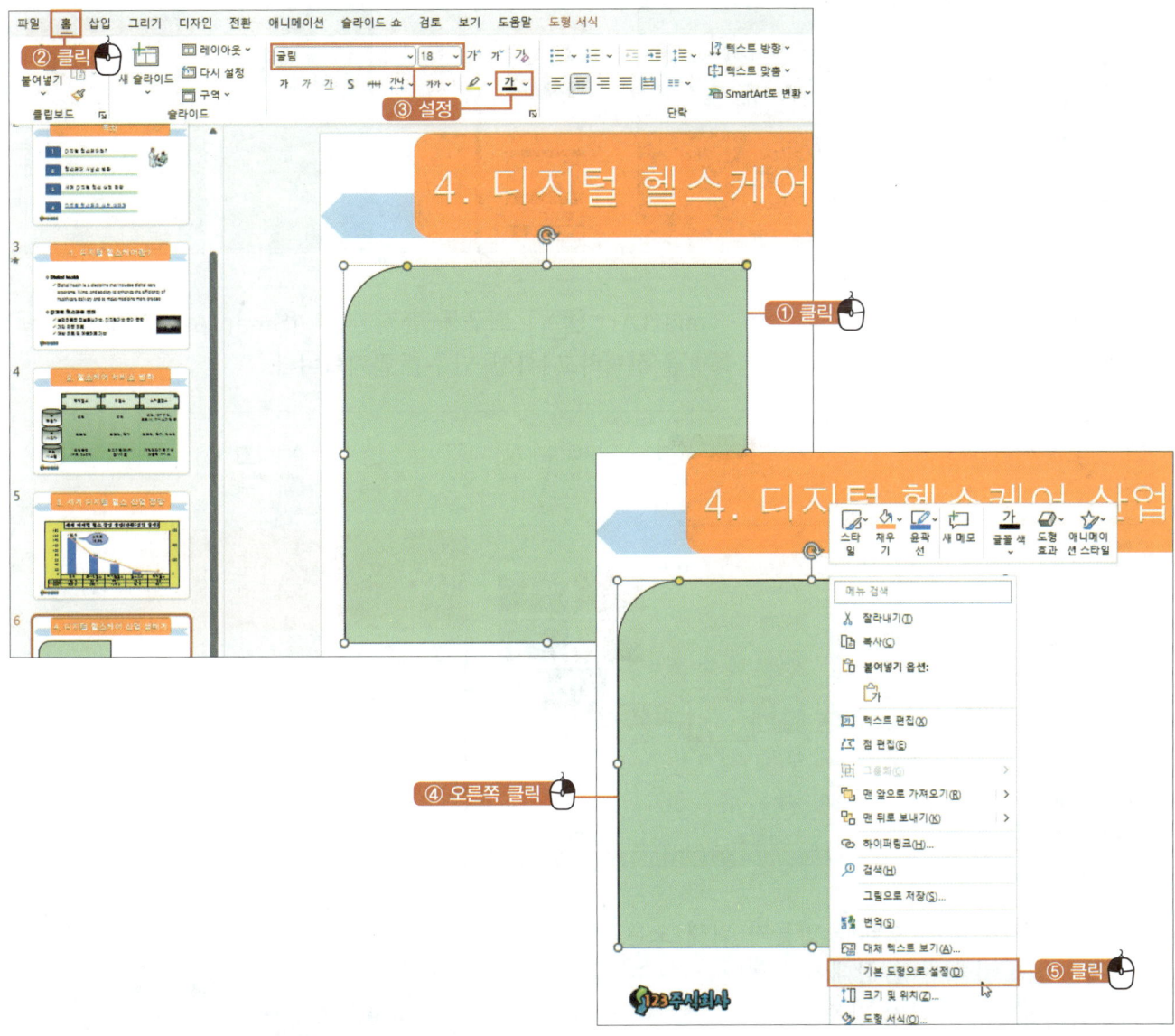

Check Point

기본 도형으로 설정한 도형 다음에 작업하는 도형들은 모두 기본 도형으로 작성한 도형의 테두리 윤곽선의 색과 두께 및 글꼴(크기, 색상 포함)이 적용되므로 작성 시간을 단축시킬 수 있습니다. 다만, '텍스트 상자'와 '스마트아트'는 기본 도형 서식이 적용되지 않으며, 《출력형태》와 다른 지시사항은 별도로 설정합니다.

4 [삽입] 탭-[일러스트레이션] 그룹-[도형]의 순서도에서 '순서도: 저장 데이터' 도형을 선택한 후 둥근 대각선 방향의 모서리 상단 위에 드래그하여 그립니다. "시스템 공급자"를 입력한 후 [도형 서식] 탭-[도형 스타일] 그룹-[도형 채우기]에서 임의의 색(밝은 회색, 배경 2)을 설정합니다.

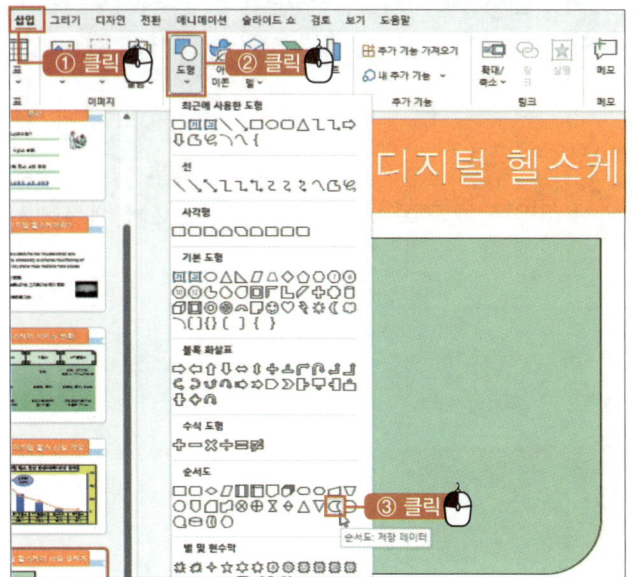
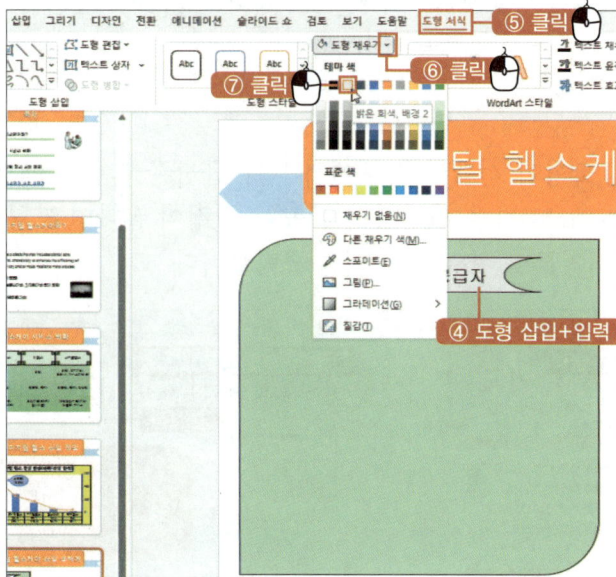

5 [삽입] 탭-[일러스트레이션] 그룹-[SmartArt] 도구를 클릭한 후 [SmartArt 그래픽 선택] 대화상자에서 '관계형 : 계층 구조 목록형'을 선택하고 [확인] 단추를 클릭합니다.

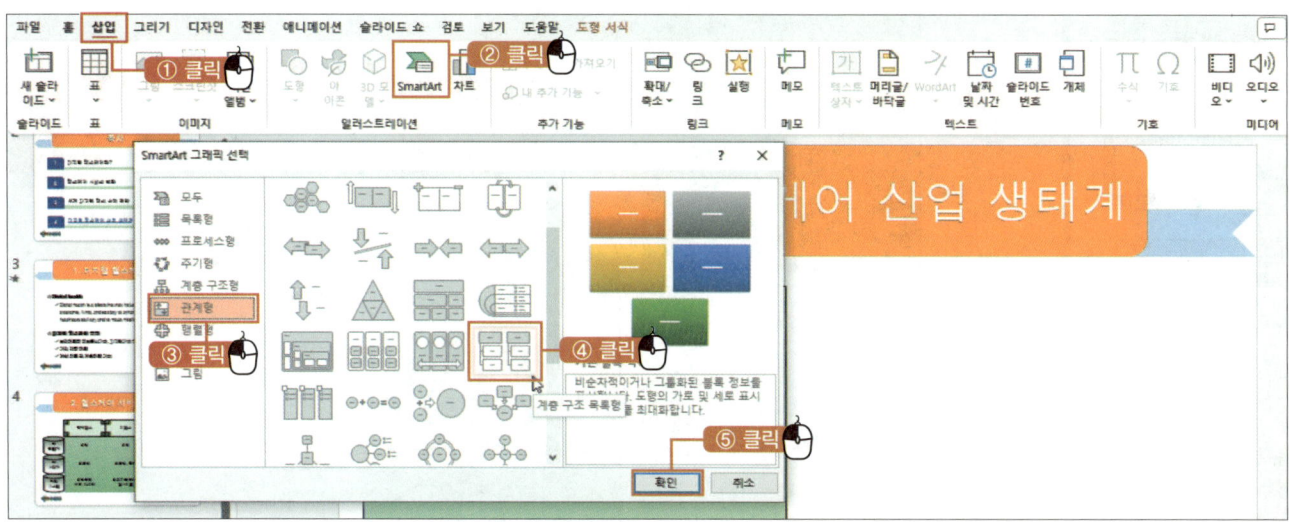

6 《출력형태》와 같은 형태를 만들기 위해 오른쪽 도형 3개를 Shift 키를 누른 상태에서 선택한 후 Delete 키를 눌러 삭제합니다. 다시 왼쪽 첫 번째 도형을 선택한 후 [SmartArt 디자인] 탭-[그래픽 만들기] 그룹-[도형 추가]의 자세히(▾) 단추를 클릭하고 [아래에 도형 추가]를 클릭하여 도형을 추가합니다.

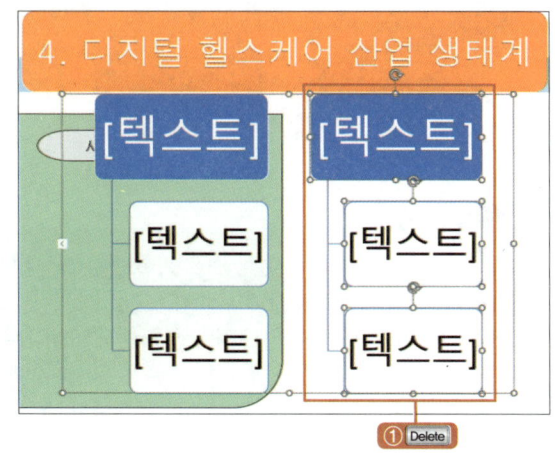

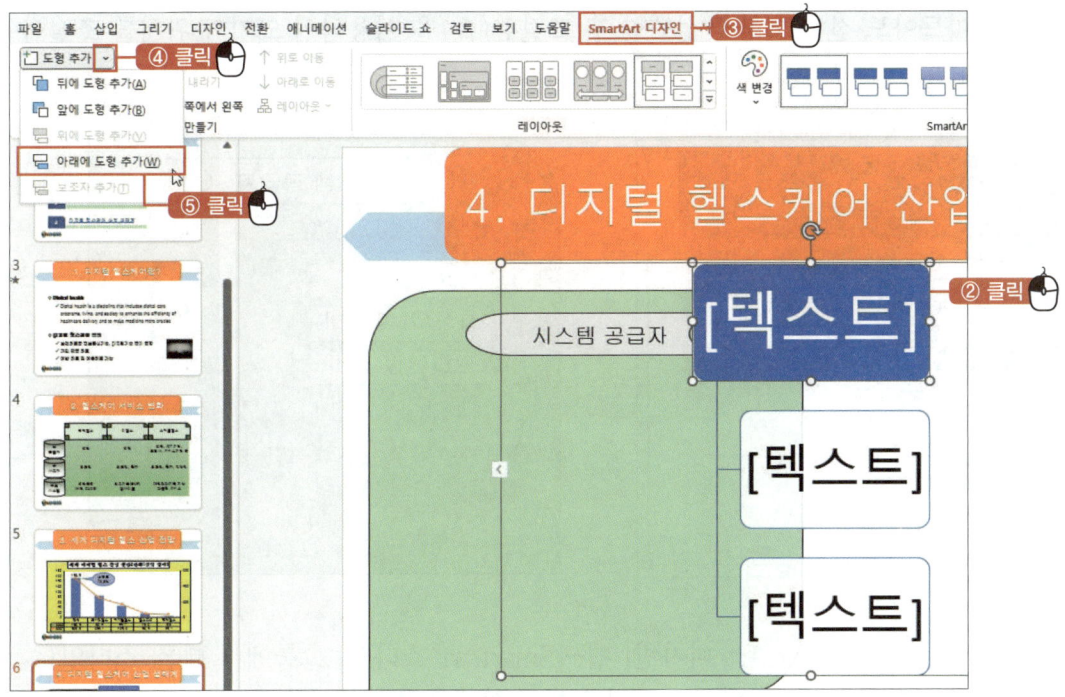

7 스마트아트가 선택된 상태에서 [홈] 탭-[글꼴] 그룹에서 '글꼴 : 굴림', '글꼴 크기 : 18pt'를 설정하고 도형에 내용을 입력합니다. 도형에 직접 입력해도 되고, 텍스트 입력 창 단추(◁) 단추를 클릭하여 입력해도 됩니다.

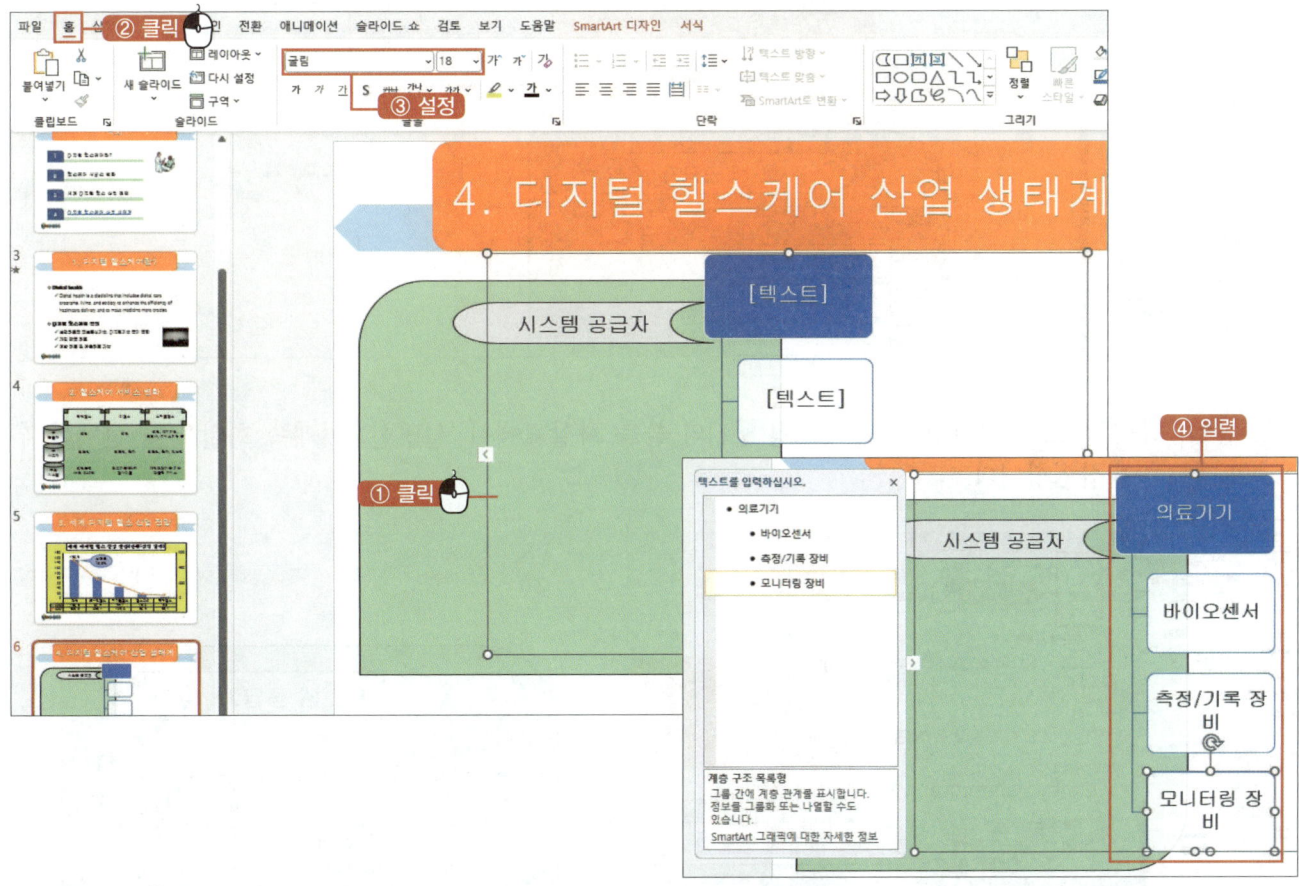

Check Point

텍스트 입력 창을 이용할 경우 Enter 키를 누르면 도형이 추가되므로 키보드의 아래 화살표(▼)를 이용하여 이동합니다.

8 Shift 키를 이용하여 스마트아트 전체 도형을 선택한 후 조절점(○)을 이용하여 크기와 위치를 조절하여
《출력형태》처럼 만듭니다.

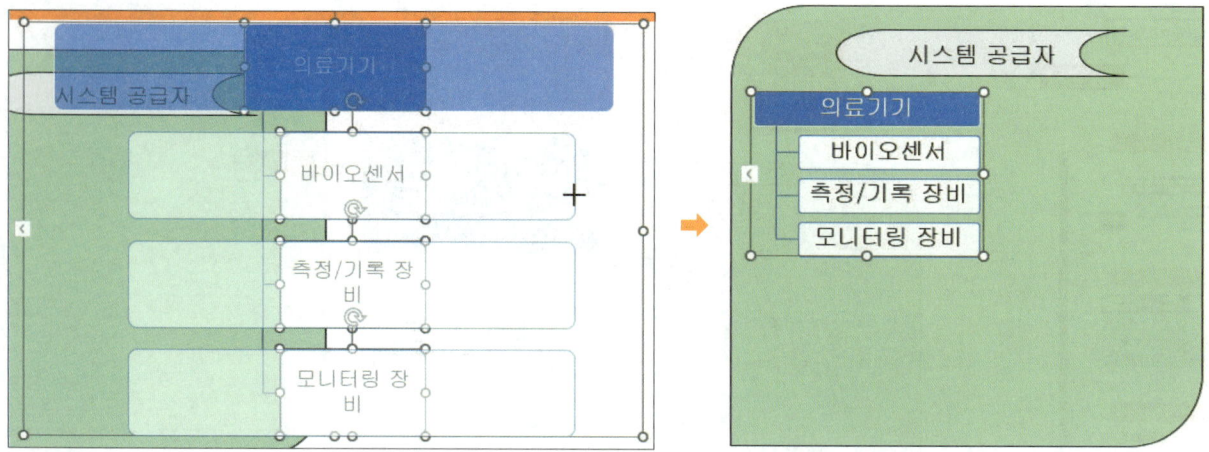

9 스마트아트가 선택된 상태에서 [SmartArt 디자인] 탭-[SmartArt 스타일] 그룹에서 빠른 스타일(▼)
단추를 클릭한 후 '3차원 : 만화'를 선택합니다. Esc 키를 눌러 선택을 해제합니다.

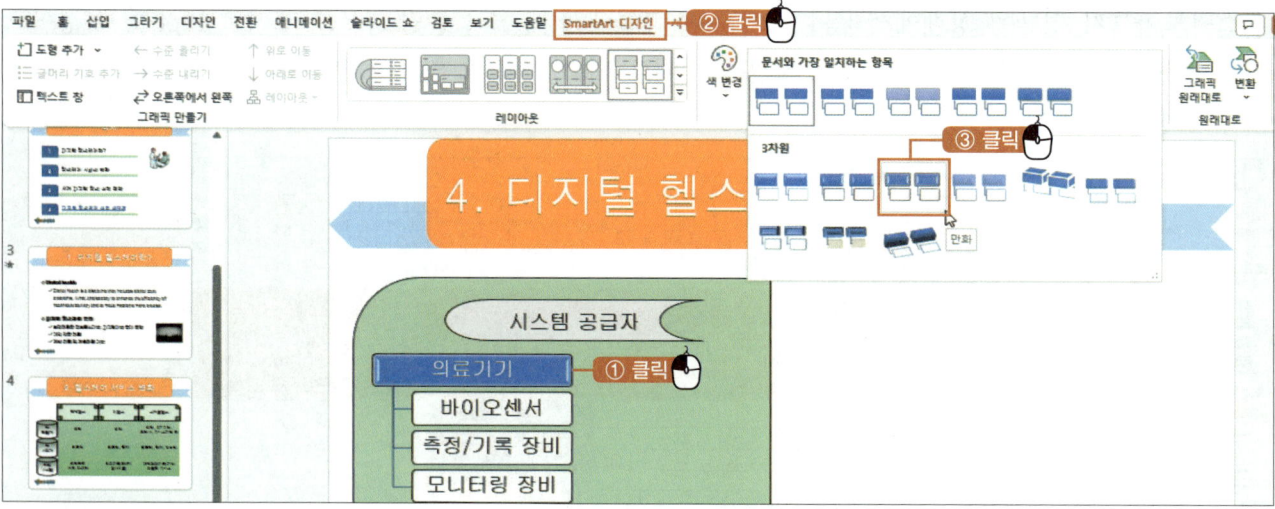

10 [삽입] 탭-[일러스트레이션] 그룹-[도형]의 블록 화살표에서 '설명선: 아래쪽 화살표'를 선택한 후
드래그하여 삽입합니다.

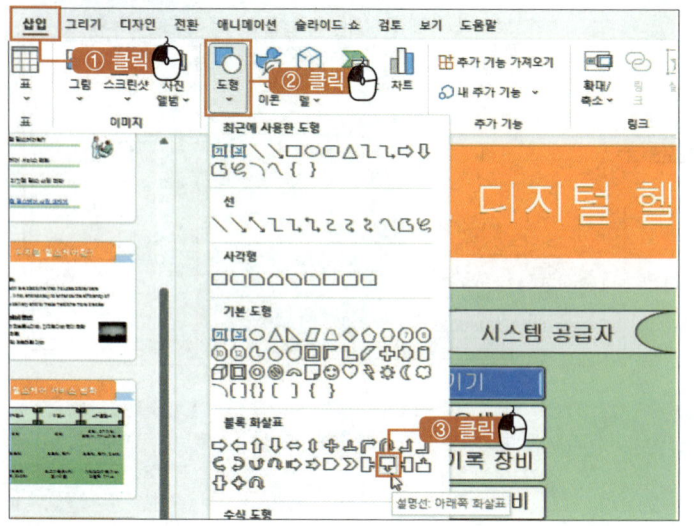
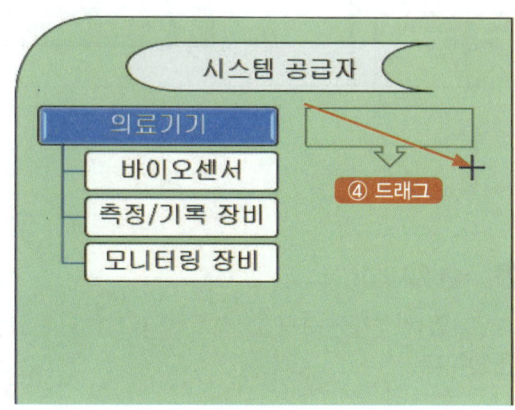

11 아래쪽 화살표가 선택된 상태에서 [도형 서식] 탭-[도형 스타일] 그룹-[도형 채우기]에서 임의의 색(황금색, 강조 4, 60% 더 밝게)을 설정한 후 '모바일 OS'를 입력합니다.

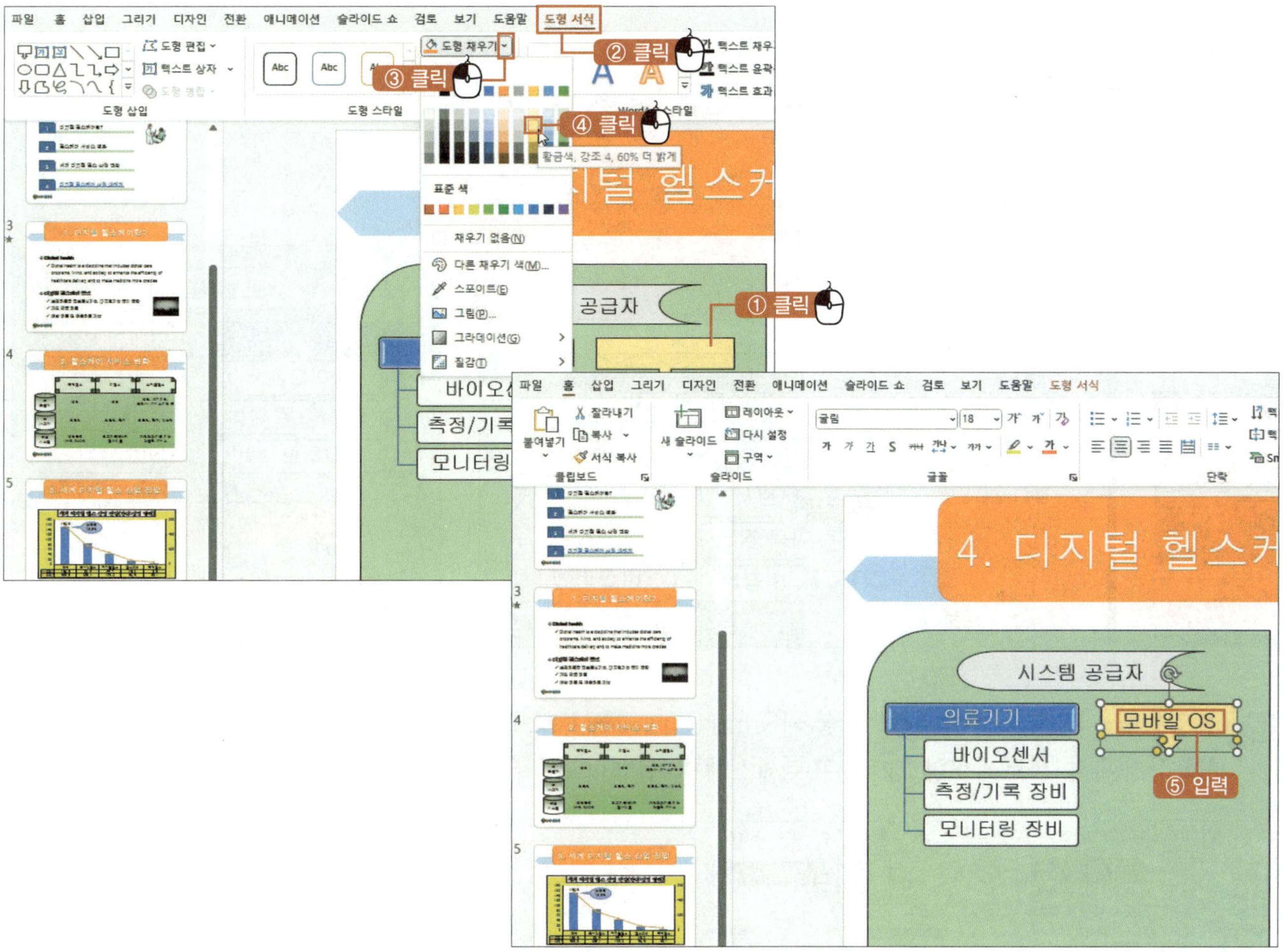

12 [삽입] 탭-[일러스트레이션] 그룹-[도형]의 사각형에서 '사각형: 둥근 모서리'를 선택한 후 드래그하여 삽입합니다. 같은 방법으로 임의의 색(주황, 강조 2, 60% 더 밝게)을 설정하고 '모바일 앱 보안 머신러닝'을 입력합니다.

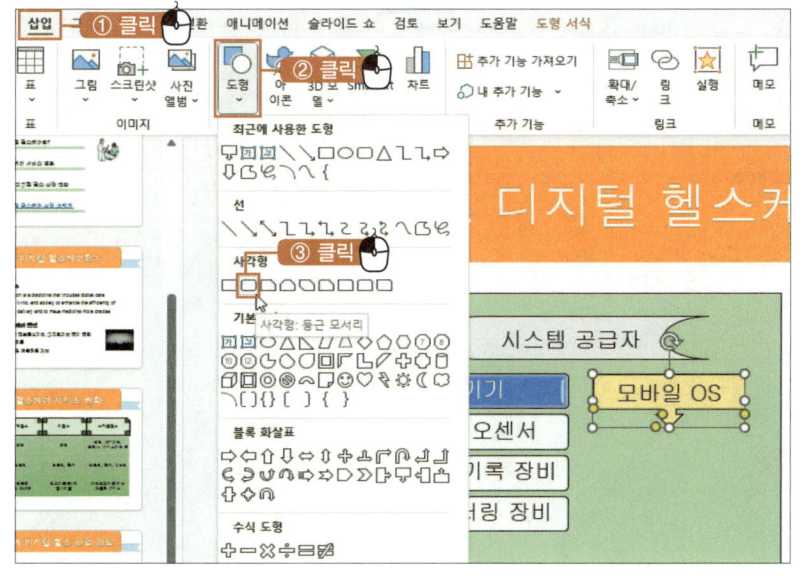
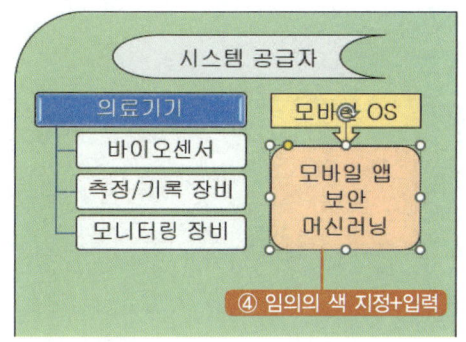

13 [삽입] 탭-[일러스트레이션] 그룹-[도형]의 블록 화살표에서 '화살표: 갈매기형 수장'을 선택한 후 드래그하여 삽입합니다. 같은 방법으로 임의의 색(주황, 강조 2, 40% 더 밝게)을 설정하고 '통신사'를 입력합니다.

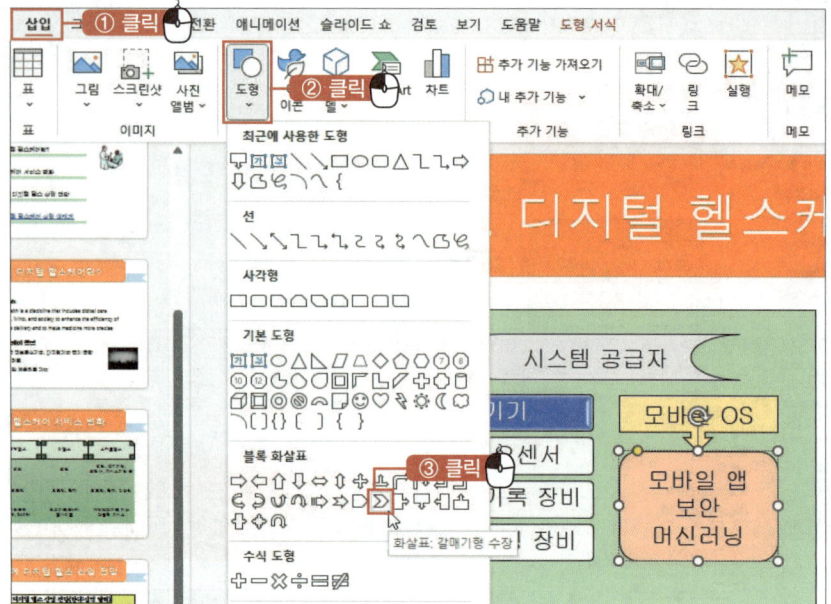

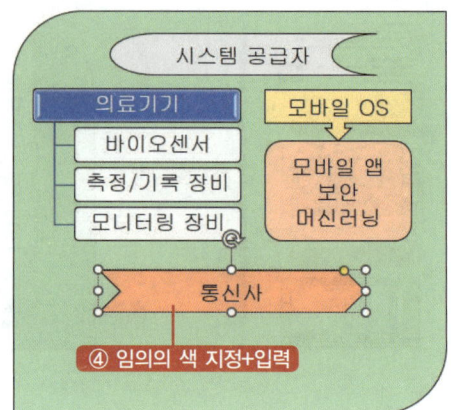

14 [삽입] 탭-[일러스트레이션] 그룹-[SmartArt] 도구를 클릭한 후 [SmartArt 그래픽 선택] 대화상자에서 '프로세스형 : 기본 프로세스형'을 선택하고 [확인] 단추를 클릭합니다.

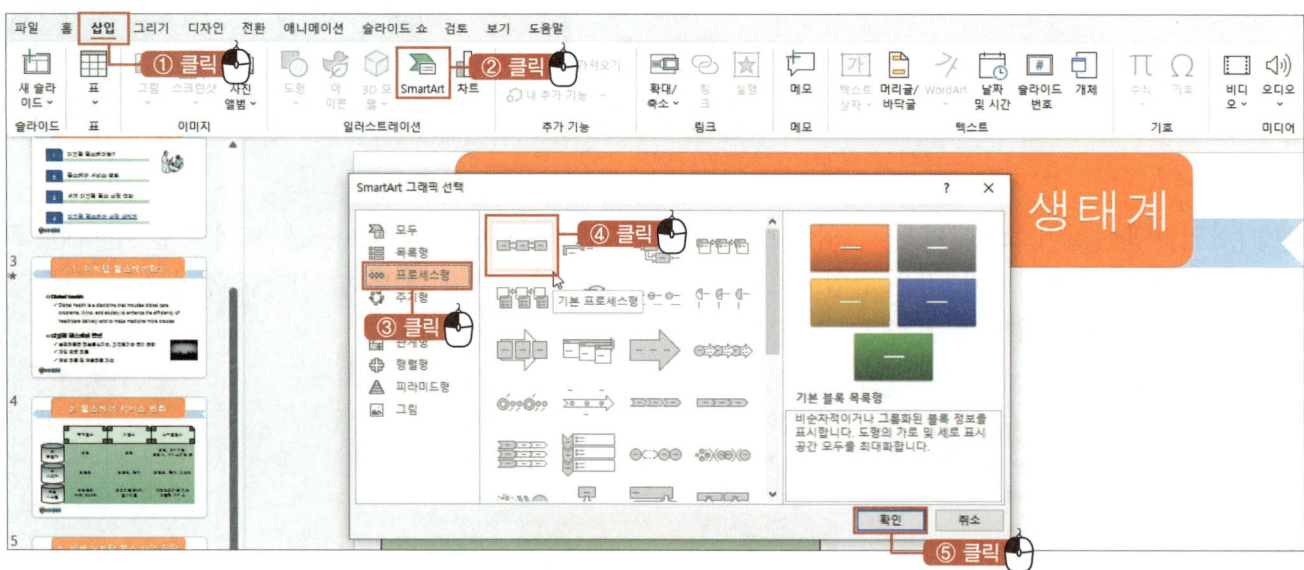

15 스마트아트가 선택된 상태에서 [홈] 탭-[글꼴] 그룹에서 '글꼴 : 굴림', '글꼴 크기 : 18pt'를 설정하고 도형에 내용을 입력합니다. 스마트아트 전체 도형을 선택한 후 조절점(○)을 이용하여 크기와 위치를 조절하여 《출력형태》처럼 만듭니다.

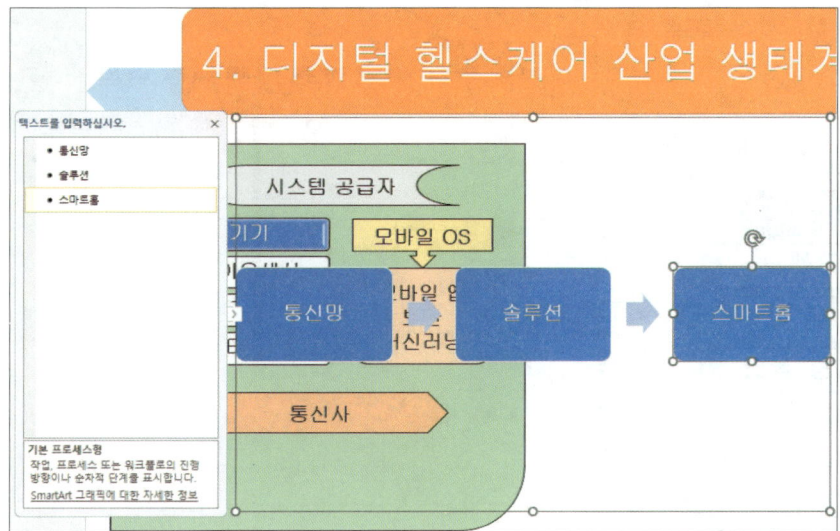
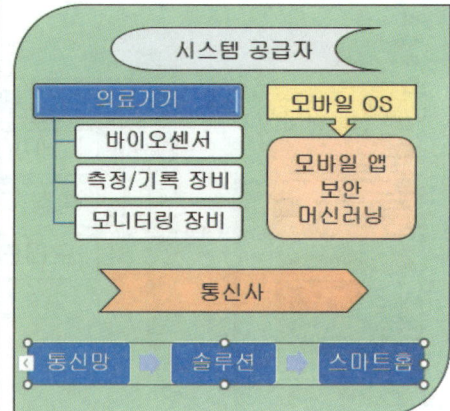

Check Point

스마트아트의 글꼴 색에 '검정, 텍스트 1'을 설정하고 스마트아트 디자인을 설정하면 글꼴 색이 변경될 수 있으므로, 스마트아트 디자인을 설정한 후 글꼴 색을 설정합니다.

16 스마트아트가 선택된 상태에서 [SmartArt 디자인] 탭-[SmartArt 스타일] 그룹에서 빠른 스타일(▼)) 단추를 클릭한 후 '3차원 : 경사'를 선택합니다.

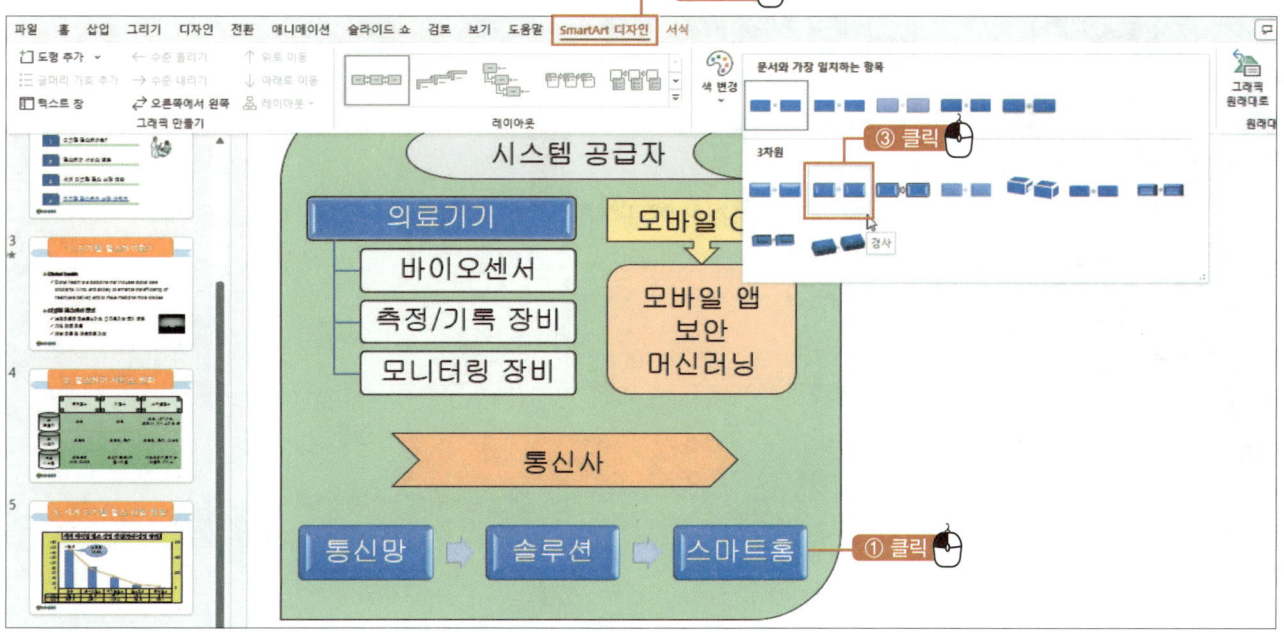

17 《출력형태》처럼 스마트아트의 색상을 다르게 하기 위해 [SmartArt 디자인] 탭-[SmartArt 스타일] 그룹-[색 변경 🎨]에서 임의의 색상(색상형-강조색)을 설정하고, [홈] 탭에서 '**글꼴 색 : 검정, 텍스트 1**'을 설정합니다.

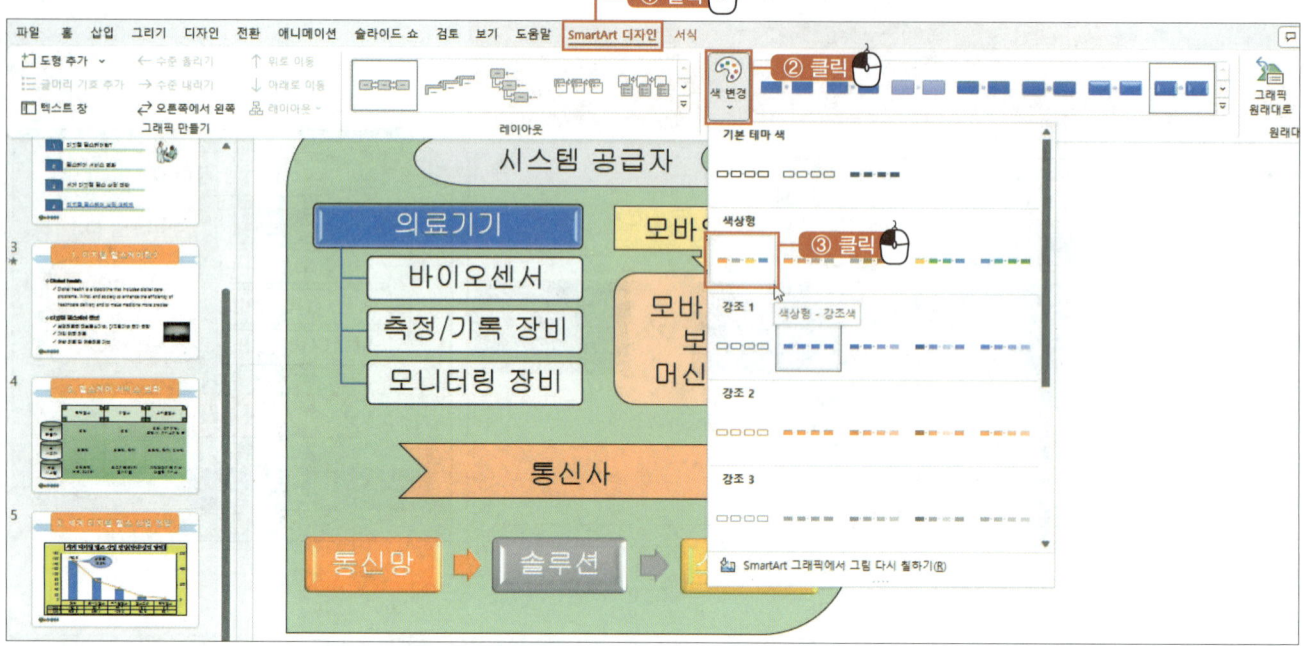

Check Point

시험지에는 컬러가 보이지 않지만 미세하게 구분되는 경우도 있습니다. 이 경우 채점 대상은 아니지만, 스마트아트에 서로 다른 색을 설정할 수 있는데, [SmartArt 디자인] 탭-[SmartArt 스타일] 그룹-[색 변경 🎨]에서 색상을 설정하거나 임의의 색을 설정해도 됩니다.

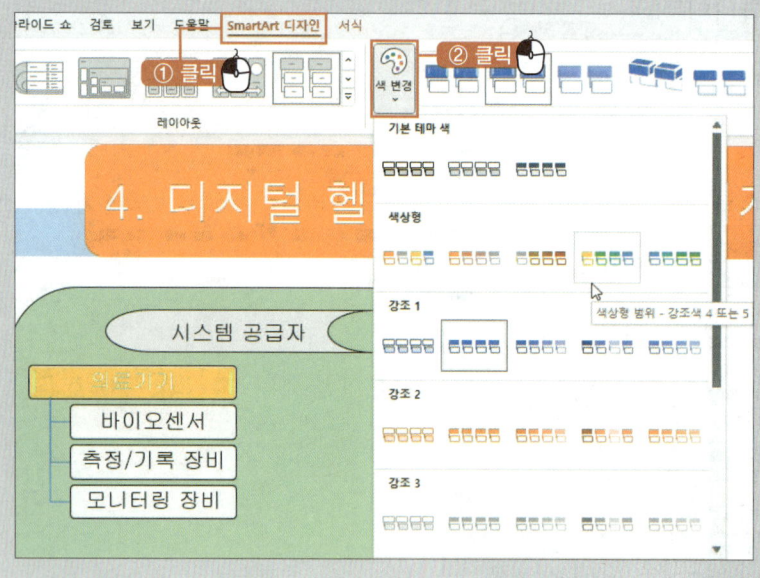

단계 2 두 번째 도형 그룹 작성

1 첫 번째 도형 그룹에서 작성했던 '사각형: 둥근 대각선 방향 모서리' 도형을 선택하고 Ctrl+C 키를 눌러 복사한 후 Ctrl+V 키를 눌러 붙여넣기 합니다. 이후 오른쪽으로 드래그하여 《출력형태》처럼 위치시킵니다.

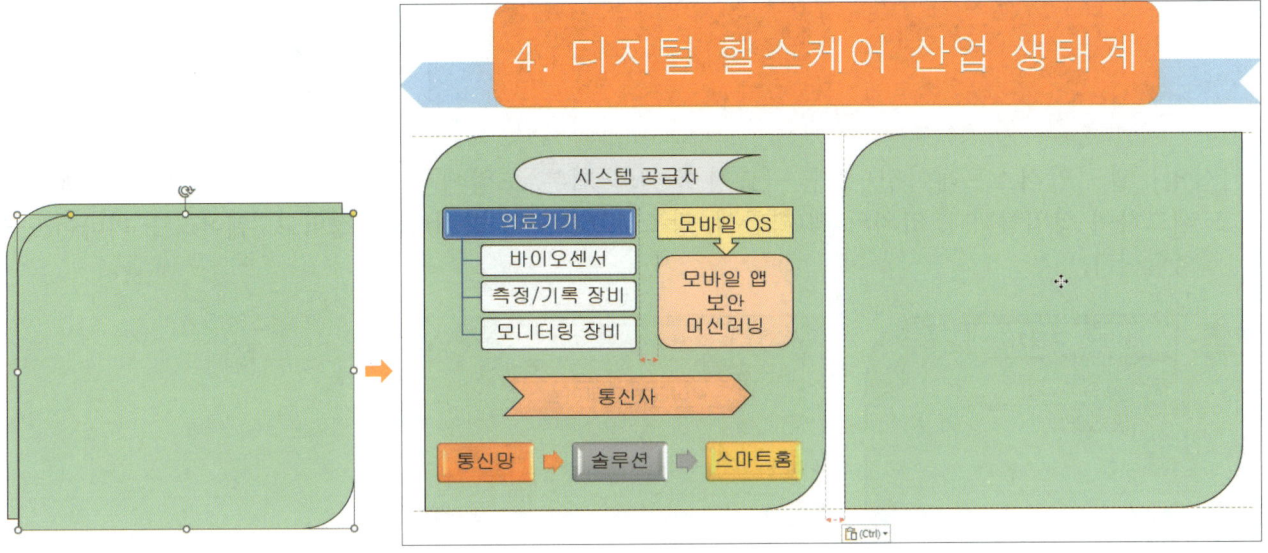

Check Point

두 도형이 같고 방향이 반대인 문제인 경우, 위 방법대로 하면 도형의 크기나 색상 등을 수정할 필요가 없어 시간을 단축할 수 있습니다. 물론, 도형을 복사하지 않고 직접 그려서 작성해도 됩니다.

2 도형이 선택된 상태에서 [도형 서식] 탭-[정렬] 그룹-[회전 ↻]에서 '좌우 대칭 ◺'을 클릭합니다.

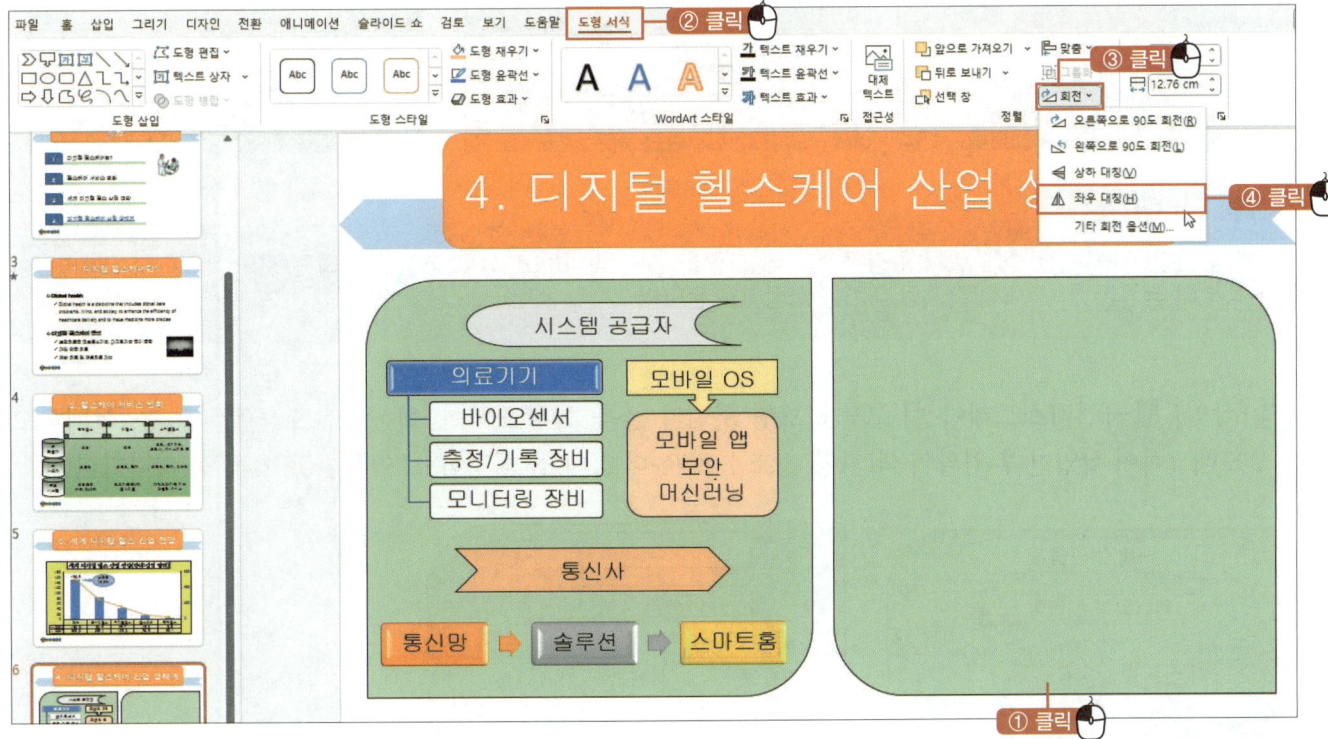

3 [삽입] 탭-[일러스트레이션] 그룹-[도형]의 별 및 현수막에서 '**리본: 위로 기울어짐** '을 선택한 후 드래그하여 삽입합니다. 임의의 색(파랑, 강조 5, 80% 더 밝게)을 설정하고 "**서비스 공급자**"를 입력한 후 《출력형태》와 같은 모양을 만들기 위해 조절점( )을 왼쪽으로 드래그합니다.

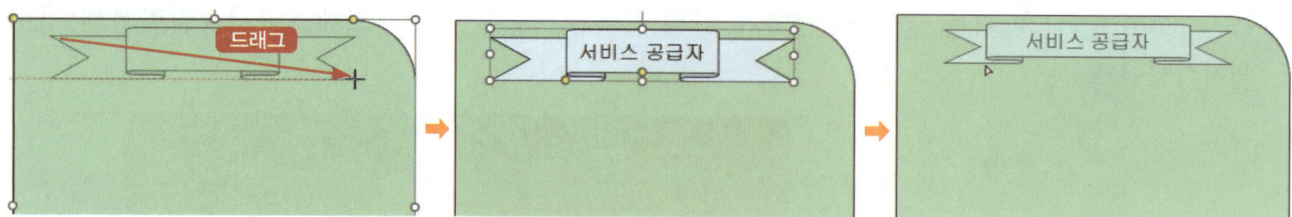

4 [삽입] 탭-[일러스트레이션] 그룹-[도형]의 기본 도형에서 '**사각형: 빗면** '을 선택한 후 드래그하여 삽입합니다. 임의의 색(황금색, 강조 4, 60% 더 밝게)을 설정하고 "**웨어러블 디바이스**"를 입력합니다.

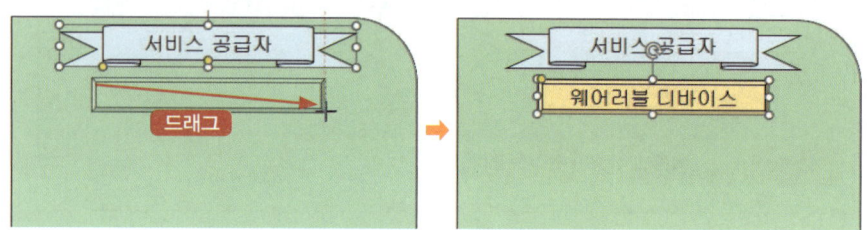

5 [삽입] 탭-[일러스트레이션] 그룹-[도형]의 블록 화살표에서 '**화살표: 왼쪽/오른쪽/위쪽/아래쪽** ' 을 선택한 후 드래그하여 삽입하고, 《출력형태》와 같은 모양을 만들기 위해 조절점( )을 왼쪽으로 드래그합니다. 임의의 색(황금색, 강조 4, 40% 더 밝게)을 설정하고 "**식생활 관리**"를 입력합니다.

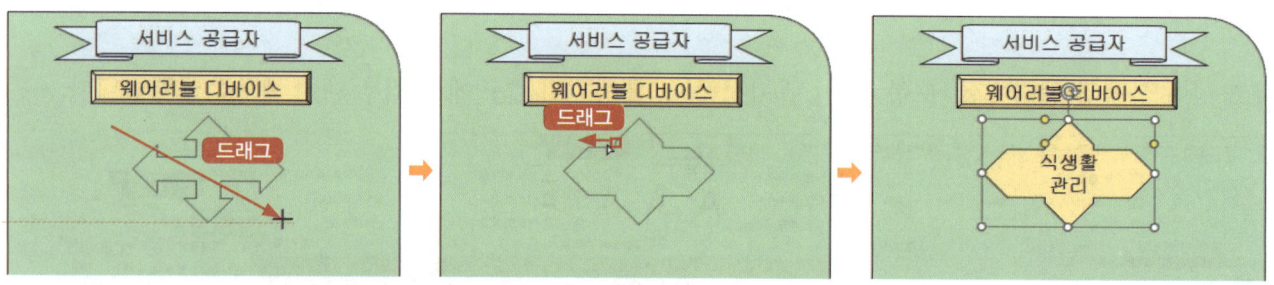

Check Point

3개 이상의 도형이 한 줄에 위치할 경우 가운데 도형을 먼저 작성하고 좌우 도형을 그리는 것이 배치에 유리하며, 왼쪽부터 작성한 후 《출력형태》처럼 위치를 조정해도 됩니다.

6 [삽입] 탭-[일러스트레이션] 그룹-[도형]의 블록 화살표에서 '**화살표: 오른쪽** '을 선택하고 드래그하여 삽입한 후 임의의 색(파랑, 강조 1, 80% 더 밝게)을 설정하고 "**일상활동 기록**"을 입력합니다.

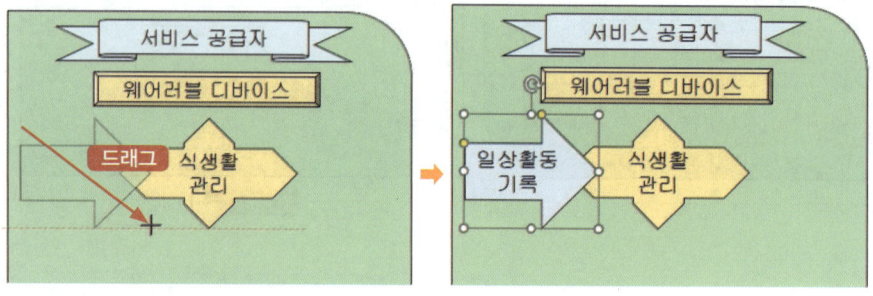

7 [도형 서식] 탭-[정렬] 그룹-[뒤로 보내기]-[뒤로 보내기]를 클릭하여 《출력형태》처럼 위치를 이동시킵니다.

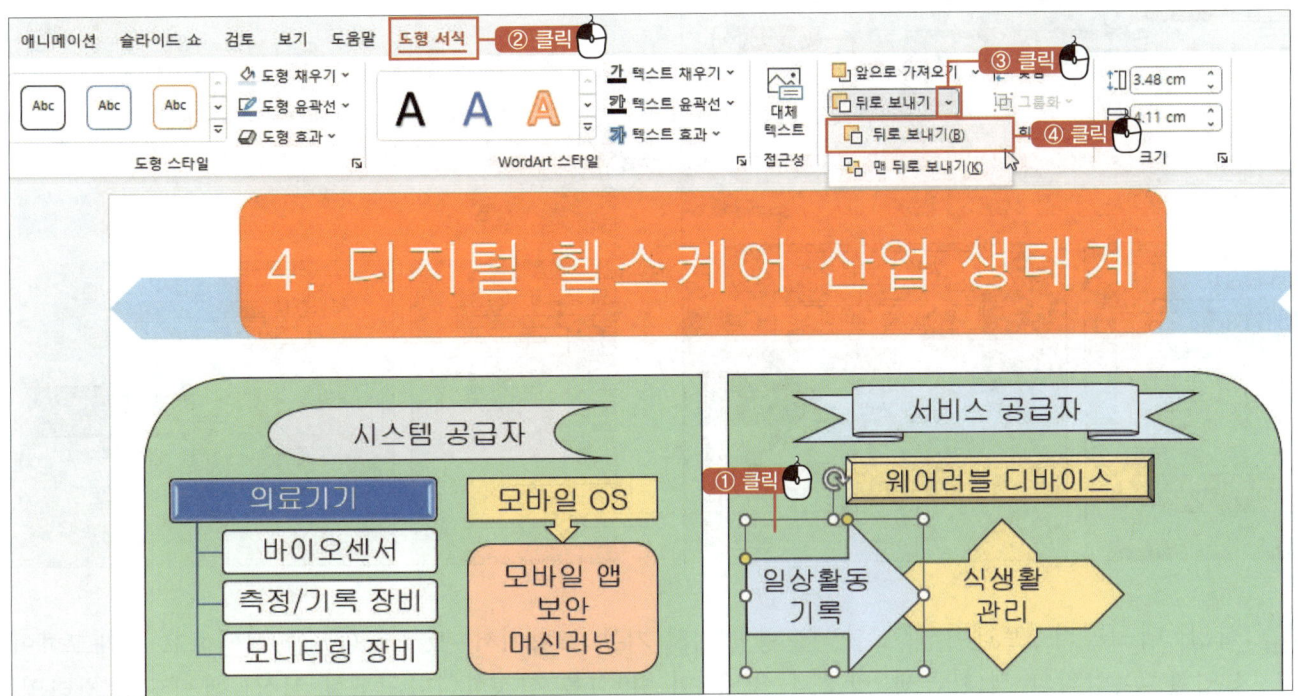

8 '화살표: 오른쪽 ' 도형이 선택된 상태에서 Ctrl+C 키를 눌러 복사한 후 Ctrl+V 키를 눌러 붙여넣기 합니다. 복사한 도형을 《출력형태》처럼 이동시킨 후 임의의 색(녹색, 강조 6, 25% 더 어둡게), '**글꼴 색 : 흰색, 배경 1**'을 설정하고 "**스포츠 관리**"를 입력합니다.

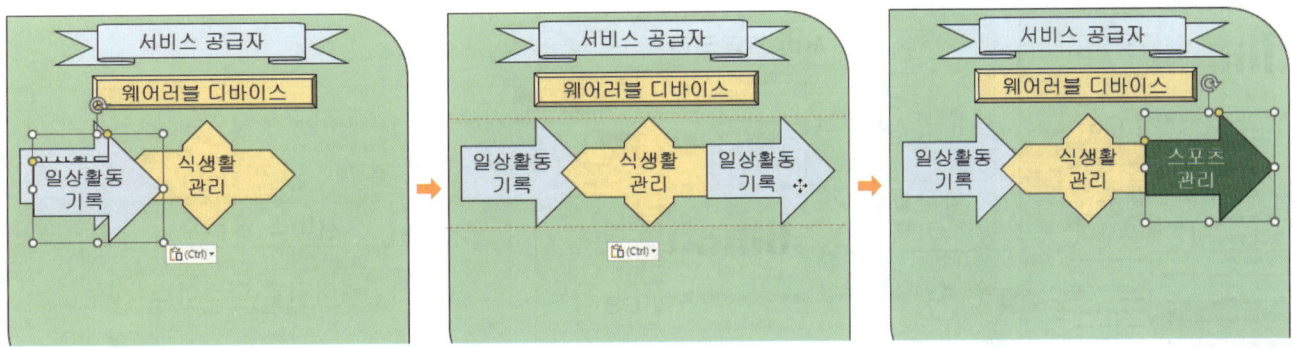

Check Point

같은 도형의 경우 작성 시간을 단축하기 위해 복사하여 수정하는 방법을 사용하는 것이 좋지만, 직접 도형을 그려 작성해도 됩니다.

9 [도형 서식] 탭-[정렬] 그룹-[회전 ↻]-[좌우 대칭(◭)]을 클릭한 후 [도형 서식] 탭-[정렬] 그룹-[뒤로 보내기 ▢]-[뒤로 보내기]를 클릭하여 《출력형태》처럼 위치를 이동시킵니다.

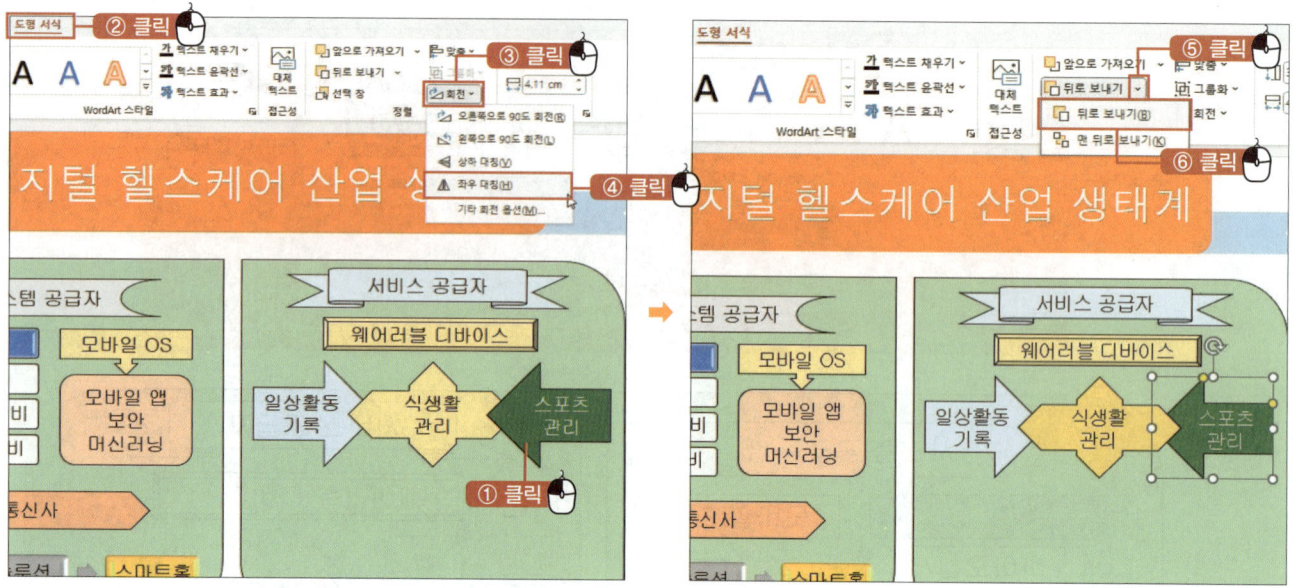

10 [삽입] 탭-[일러스트레이션] 그룹-[도형 ○]의 기본 도형에서 '팔각형 ⬡'을 선택하고 드래그하여 삽입한 후 임의의 색(황금색, 강조 4, 80% 더 밝게)을 설정합니다. [도형 서식] 탭-[도형 스타일] 그룹-[도형 윤곽선 ▱]-[대시 ≡]에서 '파선'을 선택하고, [도형 서식] 탭-[도형 스타일] 그룹-[도형 윤곽선 ▱]-[두께 ≡]에서 '2¼pt'를 선택합니다.

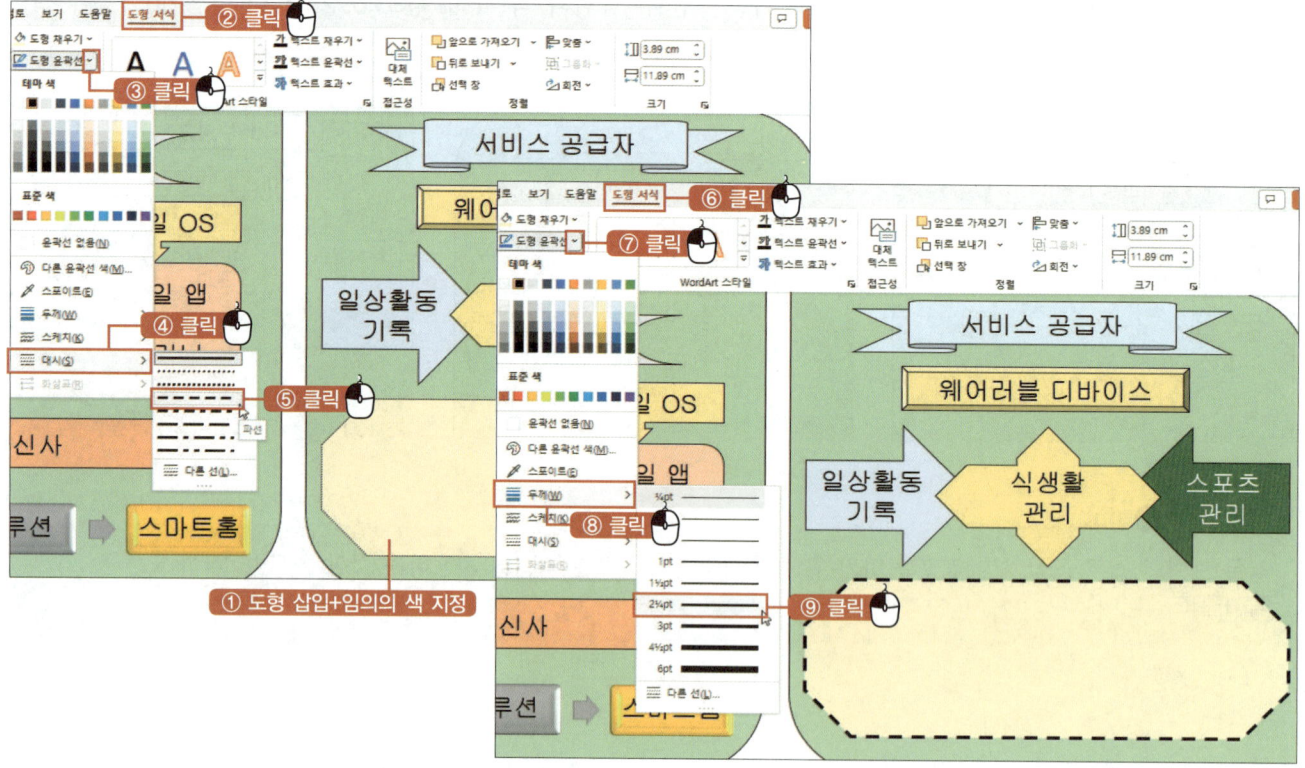

Check Point

도형의 두께는 지시사항에 없으므로 채점 대상이 아니지만, 그동안의 기출문제를 분석해보면 일반적으로 얇은 테두리는 ¼pt, 두꺼운 선(특히 파선)은 2¼pt로 설정하고, 그 외는 출력형태를 보고 판단하면 됩니다.

11 [삽입] 탭-[일러스트레이션] 그룹-[도형]의 순서도에서 '순서도: 순차적 액세스 저장소 '를 선택하고 드래그하여 삽입한 후 임의의 색(회색, 강조 3, 80% 더 밝게)을 설정하고 **"처방"**을 입력합니다. 회전 조절점( )을 왼쪽으로 드래그하여 《출력형태》처럼 위치를 조정합니다.

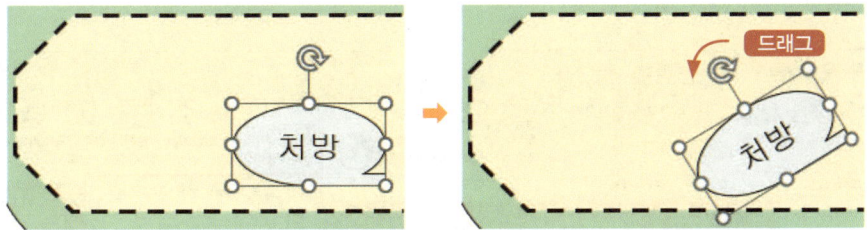

12 [삽입] 탭-[일러스트레이션] 그룹-[도형]의 사각형에서 '사각형: 잘린 대각선 방향 모서리 '를 선택하고 드래그하여 삽입한 후 임의의 색(밝은 회색, 배경 2, 25% 더 어둡게)을 설정하고 **"검진치료"**를 입력합니다.

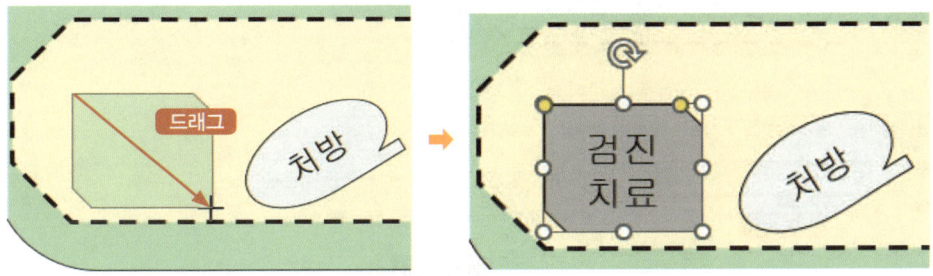

13 [삽입] 탭-[일러스트레이션] 그룹-[도형]의 순서도에서 '순서도: 문서 '를 선택하고 드래그하여 삽입한 후 임의의 색(파랑, 강조 1, 60% 더 밝게)을 설정합니다. 도형이 선택된 상태에서 [도형 서식] 탭-[정렬] 그룹-[회전]에서 '상하 대칭 ', '좌우 대칭 ' 순서로 클릭하여 위치를 조정합니다.

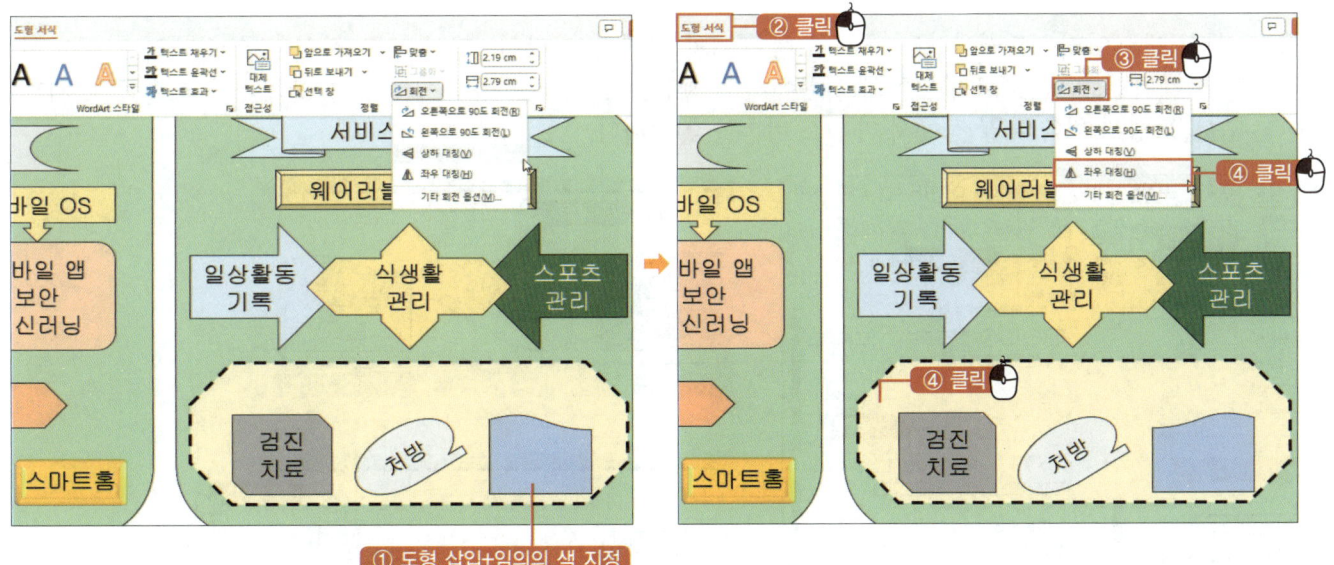

14 [삽입] 탭-[텍스트] 그룹-[텍스트 상자 가]에서 '가로 텍스트 상자 그리기'를 선택한 후 드래그하여 '순서도: 문서' 도형 안에 삽입합니다. "유전자 정보"를 입력한 후 가로 텍스트 상자 테두리를 클릭하고, [홈] 탭-[글꼴] 그룹에서 '글꼴 : 굴림', '글꼴 크기 : 18pt'를 설정한 후 [홈] 탭-[단락] 그룹에서 '가운데 맞춤 ≡'를 클릭합니다.

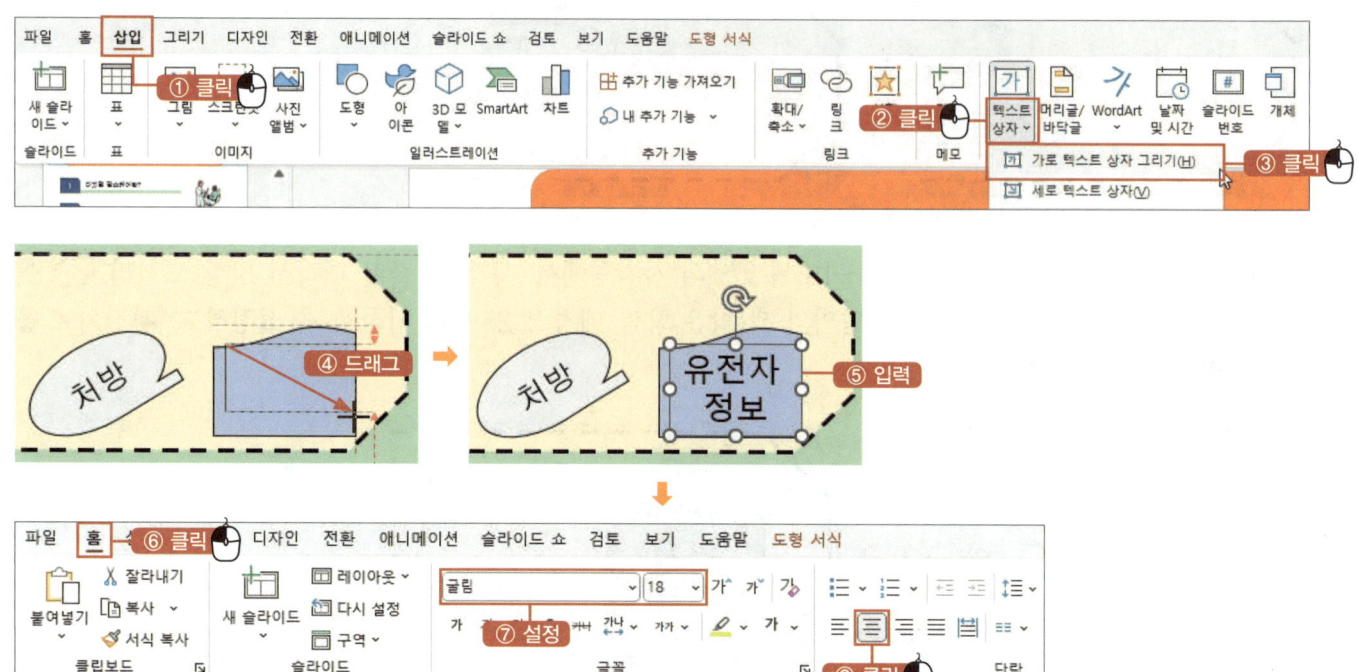

Check Point

회전된 도형 내부에 텍스트를 직접 입력할 때 《출력형태》처럼 표시할 수 없을 경우, 가로 텍스트 상자를 이용하여 입력합니다.

15 [삽입] 탭-[일러스트레이션] 그룹-[도형 ○]의 선에서 '연결선: 꺾인 양쪽 화살표'를 선택하고 '사각형: 잘린 대각선 방향 모서리' 도형의 위쪽에서 시작점을 클릭하고 마우스를 누른 상태에서 오른쪽 '순서도: 문서' 도형의 위쪽의 끝 점에서 마우스 버튼을 놓습니다.

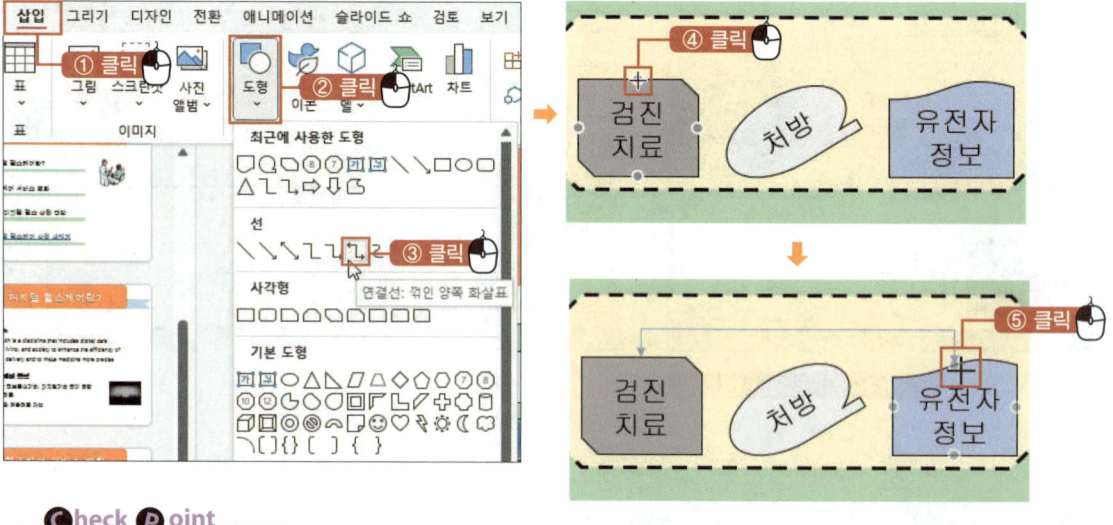

Check Point

두 도형 간을 연결선으로 연결할 때, 시작 점을 클릭만 하면 연결선이 작성되지 않으므로 반드시 시작 점을 클릭하면서 드래그하여 끝 점에서 마우스 버튼을 놔야 합니다.

16 '꺾인 양쪽 화살표'가 선택된 상태에서 [도형 서식] 탭-[도형 스타일] 그룹-[도형 윤곽선]에서 '검정, 텍스트 1'을 선택한 후 '두께 '에서 '2¼ pt'를 선택합니다.

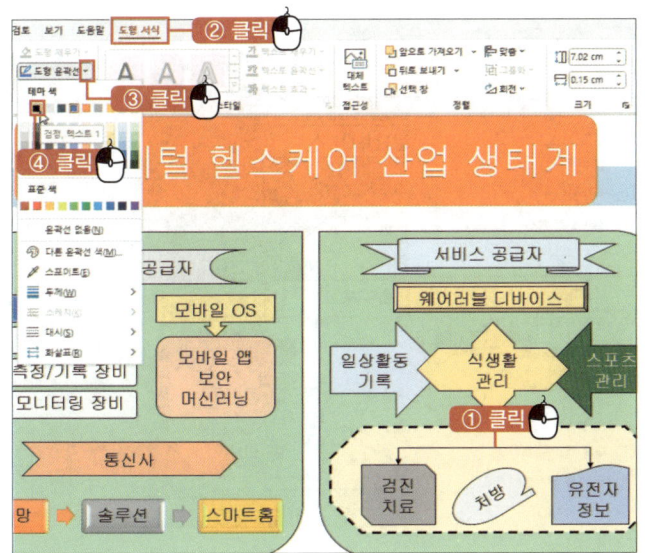 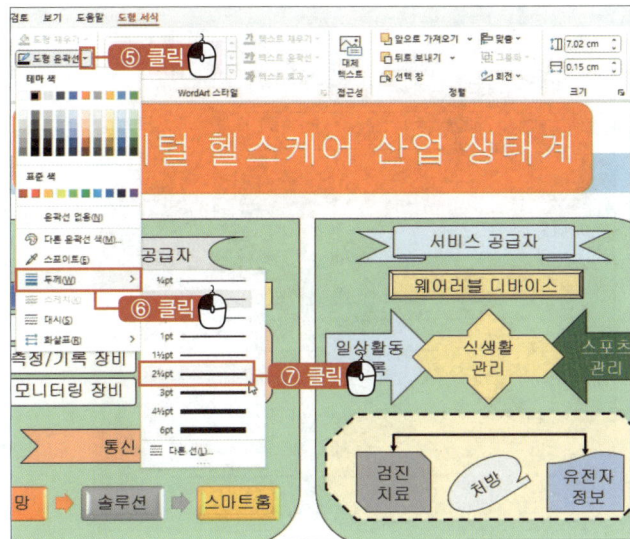

단계 3 애니메이션 설정

1 첫 번째 그룹의 도형을 그룹화하기 위해 그림과 같이 드래그하여 범위 지정한 후 마우스 오른쪽 버튼을 눌러 바로가기 메뉴에서 [그룹화]-[그룹]을 클릭합니다.

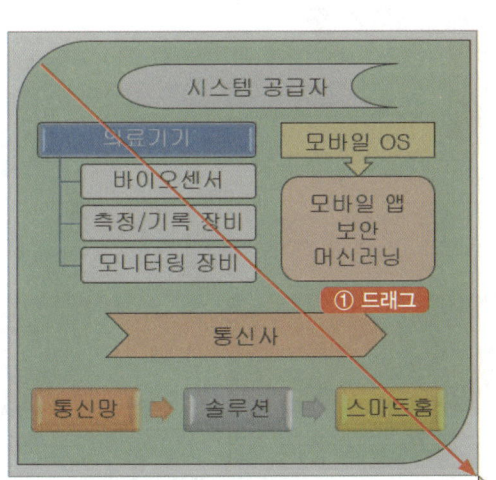 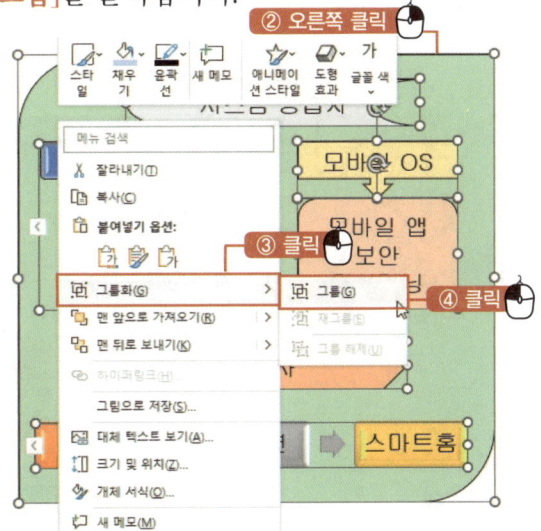

Check Point

도형을 선택한 후 [도형 서식] 탭-[정렬] 그룹-[그룹화]-[그룹]을 선택하여 그룹화해도 됩니다.

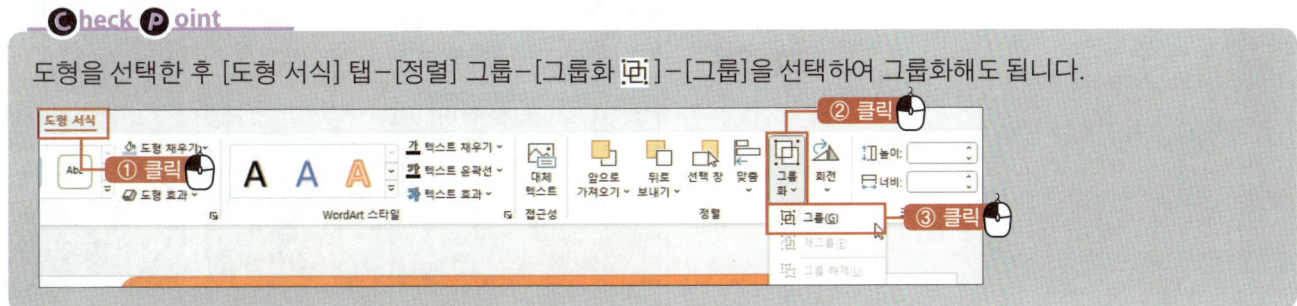

2 두 번째 그룹의 도형을 그룹화하기 위해 그림과 같이 드래그하여 범위 지정한 후 바로가기 메뉴에서 [그룹화]-[그룹]을 클릭합니다.

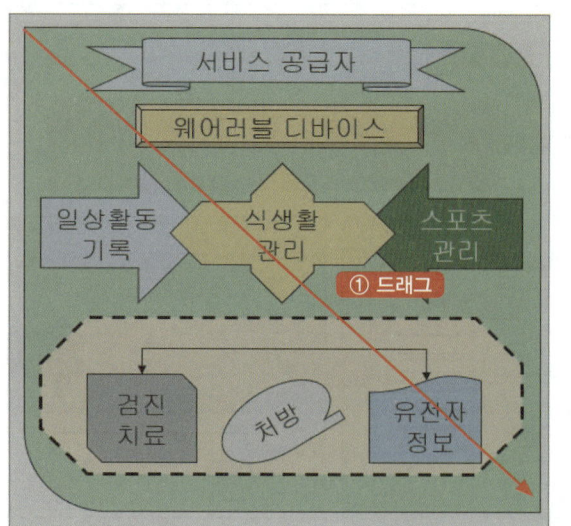
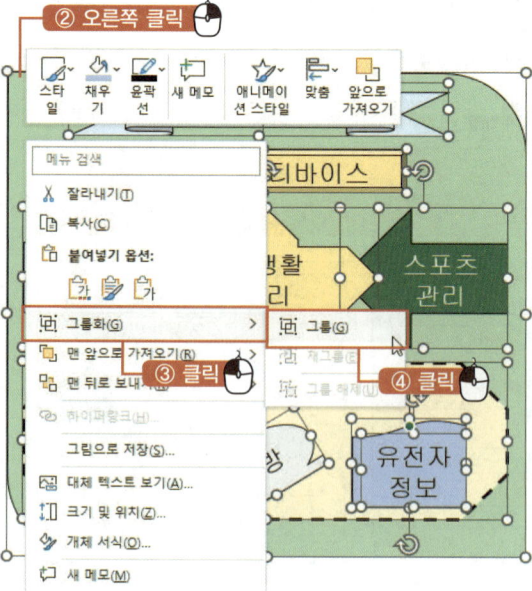

3 그룹화된 첫 번째 그룹을 선택하고 [애니메이션] 탭-[애니메이션] 그룹에서 애니메이션 스타일( ) 단추를 클릭한 후 '나타내기 : 닦아내기'를 선택합니다. 다시 [효과 옵션 ↓] 도구를 클릭한 후 '위에서'를 선택합니다.

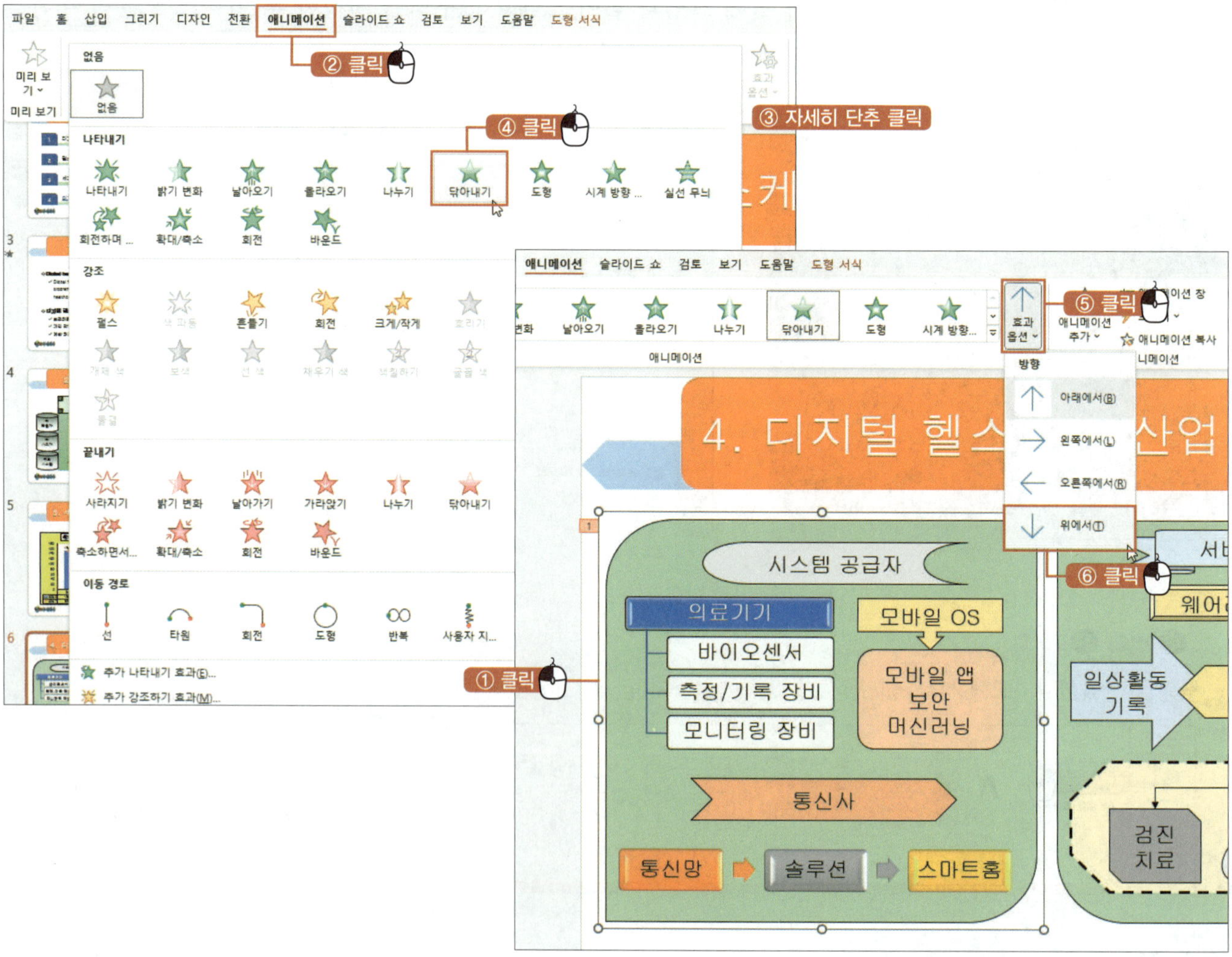

4 그룹화된 두 번째 그룹을 선택하고 [애니메이션] 탭-[애니메이션] 그룹에서 애니메이션 스타일(▼) 단추를 클릭한 후 '나타내기 : 바운드'를 선택합니다.

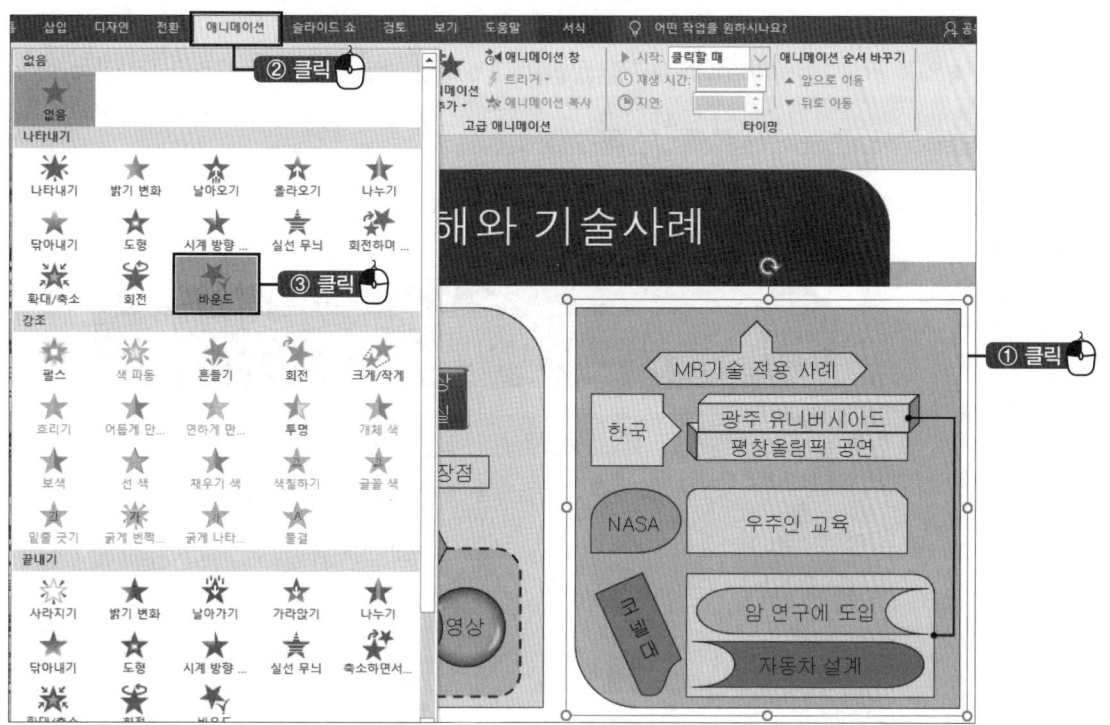

◆ Check Point

[애니메이션] 탭-[미리 보기] 그룹의 [미리 보기 ☆] 도구를 클릭하면 설정한 애니메이션을 확인할 수 있으며, [타이밍] 그룹의 '애니메이션 순서 바꾸기'에서 애니메이션 순서를 바꿀 수도 있습니다.

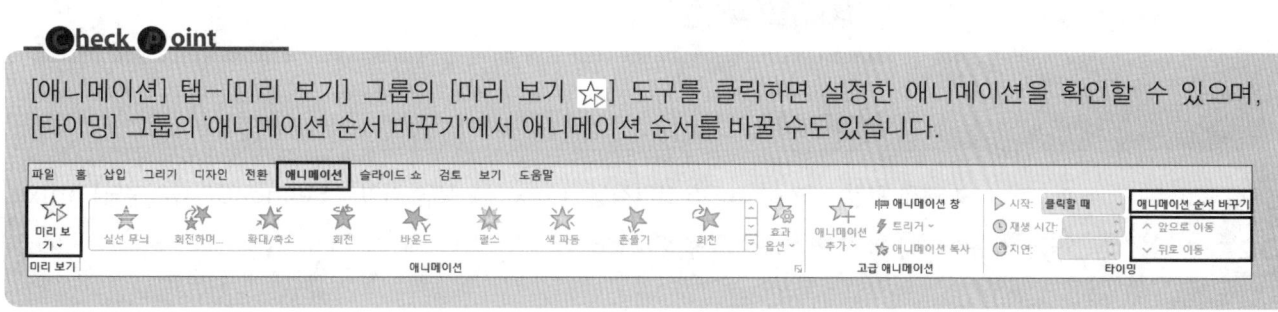

실력 향상을 위한 실전 연습문제

● 예제 파일 : Section05_01(정답).pptx ● 정답 파일 : Section06_01(정답).pptx

01 다음 조건을 적용하여 슬라이드를 작성하시오.

(1) 슬라이드와 같이 도형 및 스마트아트를 배치한다(글꼴 : 돋움, 18pt).
(2) 애니메이션 순서 : ① ⇒ ②

세부조건

① 도형 및 스마트아트 편집
- 스마트아트 디자인 : 3차원 경사, 3차원 만화
- 그룹화 후 애니메이션 효과 : 날아오기(왼쪽에서)

② 도형 편집
그룹화 후 애니메이션 효과 : 회전

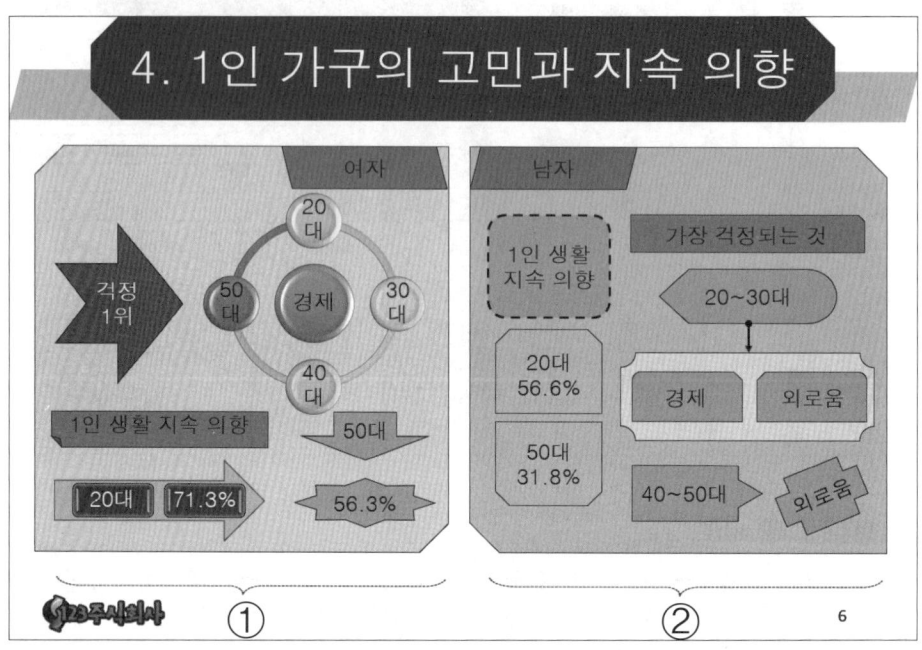

● 예제 파일 : Section05_02(정답).pptx ● 정답 파일 : Section06_02(정답).pptx

02 다음 조건을 적용하여 슬라이드를 작성하시오.

(1) 슬라이드와 같이 도형 및 스마트아트를 배치한다(글꼴 : 돋움, 18pt).
(2) 애니메이션 순서 : ① ⇒ ②

세부조건

① 도형 및 스마트아트 편집
스마트아트 디자인 : 3차원 만화, 3차원 벽돌
- 그룹화 후 애니메이션 효과 : 시계 방향 회전(살 1개)

② 도형 편집
그룹화 후 애니메이션 효과 : 바운드

● 예제 파일 : Section05_03(정답).pptx   ● 정답 파일 : Section06_03(정답).pptx

03 다음 조건을 적용하여 슬라이드를 작성하시오.

(1) 슬라이드와 같이 도형 및 스마트아트를 배치한다(글꼴 : 굴림, 18pt).
(2) 애니메이션 순서 : ① ⇒ ②

세부조건

① 도형 및 스마트아트 편집
- 스마트아트 디자인 : 3차원 만화, 3차원 경사
- 그룹화 후 애니메이션 효과 : 닦아내기(위에서)

② 도형 편집
그룹화 후 애니메이션 효과 : 시계 방향 회전(살 1개)

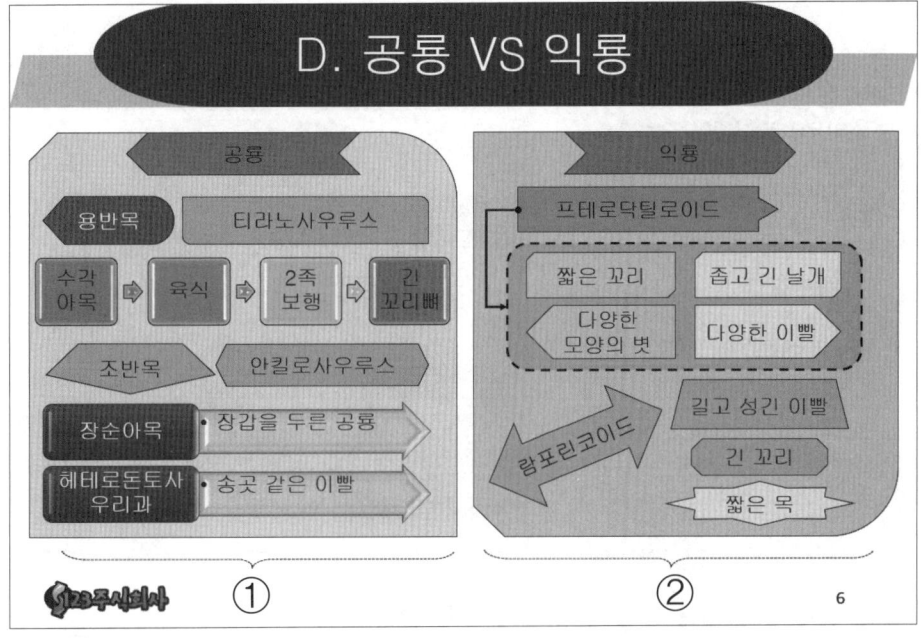

● 예제 파일 : Section05_04(정답).pptx   ● 정답 파일 : Section06_04(정답).pptx

04 다음 조건을 적용하여 슬라이드를 작성하시오.

(1) 슬라이드와 같이 도형 및 스마트아트를 배치한다(글꼴 : 돋움, 18pt).
(2) 애니메이션 순서 : ① ⇒ ②

세부조건

① 도형 및 스마트아트 편집
- 스마트아트 디자인 : 3차원 만화, 강한 효과
- 그룹화 후 애니메이션 효과 : 나누기(세로 바깥쪽으로)

② 도형 편집
- 그룹화 후 애니메이션 효과 : 나타내기

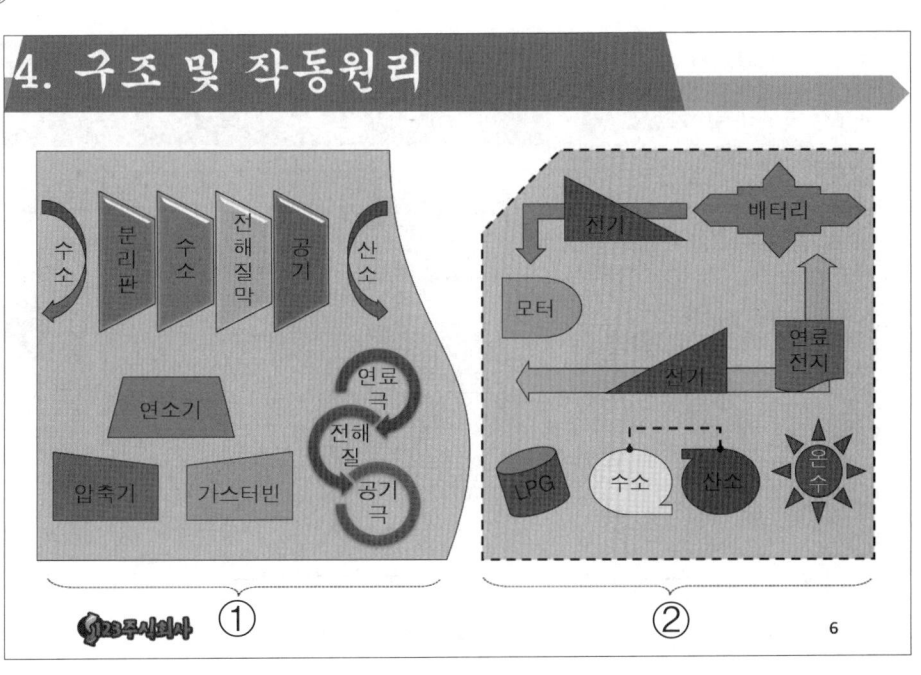

실력 향상을 위한 실전 연습문제

● 예제 파일 : Section05_05(정답).pptx   ● 정답 파일 : Section06_05(정답).pptx

05 다음 조건을 적용하여 슬라이드를 작성하시오.

(1) 슬라이드와 같이 도형 및 스마트아트를 배치한다(글꼴 : 굴림, 18pt).
(2) 애니메이션 순서 : ① ⇒ ②

세부조건

① 도형 및 스마트아트 편집
- 스마트아트 디자인 : 3차원 파우더, 3차원 만화
- 그룹화후 애니메이션 효과 : 도형(안으로)

② 도형 편집
- 그룹화 후 애니메이션 효과 : 나누기(세로 안쪽으로)

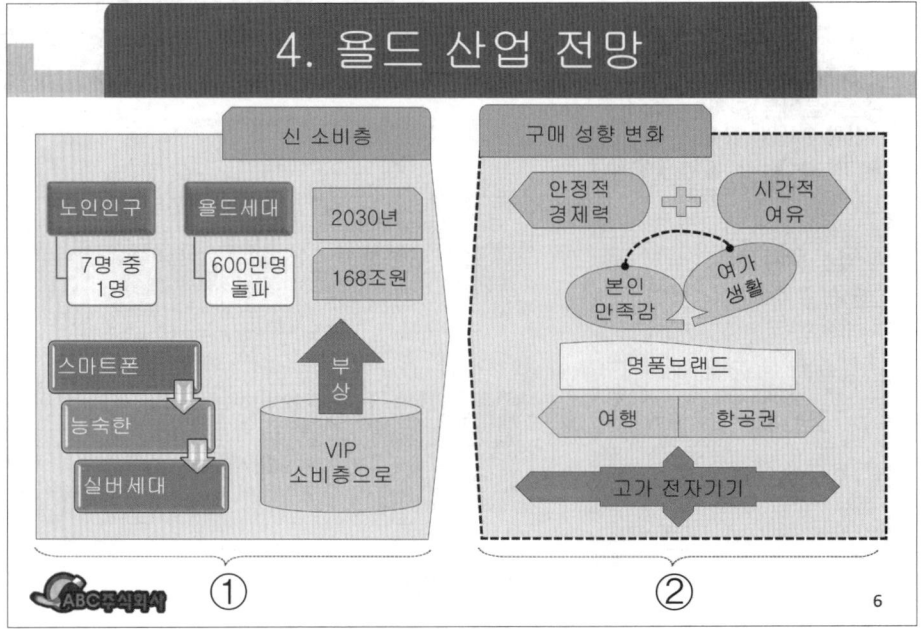

● 예제 파일 : Section05_06(정답).pptx   ● 정답 파일 : Section06_06(정답).pptx

06 다음 조건을 적용하여 슬라이드를 작성하시오.

(1) 슬라이드와 같이 도형 및 스마트아트를 배치한다(글꼴 : 굴림, 18pt).
(2) 애니메이션 순서 : ① ⇒ ②

세부조건

① 도형 및 스마트아트 편집
- 스마트아트 디자인 : 3차원 경사, 3차원 광택 처리
- 그룹화 후 애니메이션 효과 : 시계 방향 회전(살 1개)

② 도형 편집
- 그룹화 후 애니메이션 효과 : 바운드

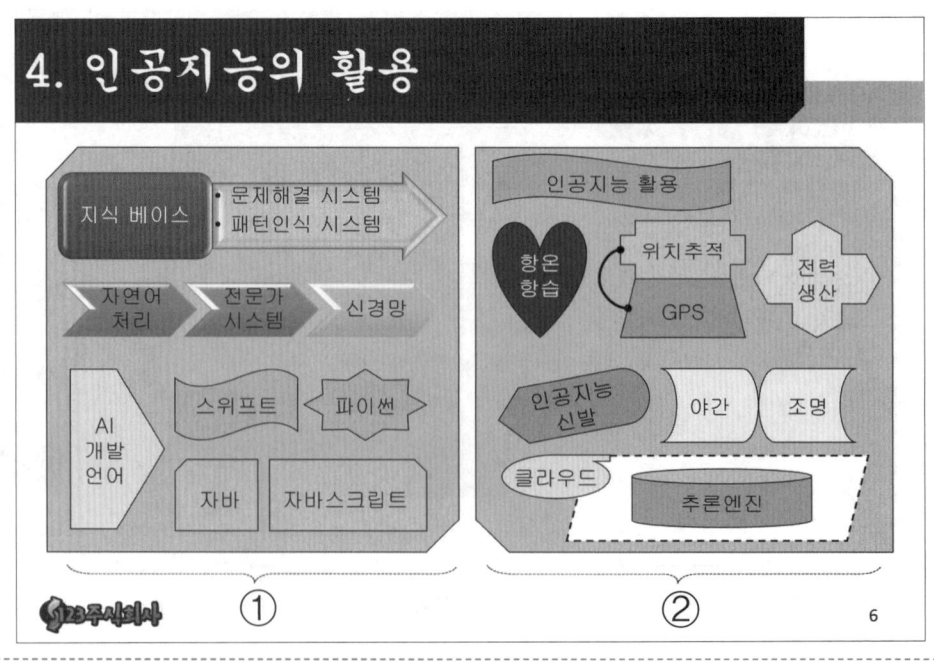

PART 2

기출유형 모의고사

Part 1에서 배운 시험에 나오는 파워포인트 기능을 토대로 시험에 출제되는
다양한 기능과 형태를 익혀 어떠한 문제가 출제되더라도
해결할 수 있도록 학습효과를 높입니다.

※정답 파일과 동영상 강의는 [자료실]에서 다운로드하세요.

무료 동영상	제 1회	기출유형 모의고사	무료 동영상	제 6회	기출유형 모의고사
무료 동영상	제 2회	기출유형 모의고사	무료 동영상	제 7회	기출유형 모의고사
무료 동영상	제 3회	기출유형 모의고사	무료 동영상	제 8회	기출유형 모의고사
무료 동영상	제 4회	기출유형 모의고사	무료 동영상	제 9회	기출유형 모의고사
무료 동영상	제 5회	기출유형 모의고사	무료 동영상	제 10회	기출유형 모의고사

제 1 회 기출유형 모의고사

과목	코드	문제유형	시험시간	수험번호	성명
파워포인트	1142	A	60분	12343001	

수 험 자 유 의 사 항

- 수험자는 문제지를 받는 즉시 문제지와 **수험표상의 시험과목(프로그램)이 동일한지 반드시 확인**하여야 합니다.
- 파일명은 본인의 "수험번호-성명"으로 입력하여 답안폴더(내 PC\문서\ITQ)에 하나의 파일로 저장해야 하며, 답안문서 파일명이 "수험번호-성명"과 일치하지 않거나, 답안파일을 전송하지 않아 미제출로 처리될 경우 실격 처리합니다 (예 : 12345678-홍길동.pptx).
- 답안 작성을 마치면 파일을 저장하고, '답안 전송' 버튼을 선택하여 감독위원 PC로 답안을 전송하십시오. 수험생 정보와 저장한 파일명이 다를 경우 전송되지 않으므로 주의하시기 바랍니다.
- 답안 작성 중에도 **주기적으로 저장하고 '답안 전송'**하여야 문제 발생을 줄일 수 있습니다. 작업한 내용을 저장하지 않고 전송할 경우 이전에 저장된 내용이 전송되오니 이점 유의하시기 바랍니다.
- 답안문서는 지정된 경로 외의 다른 보조기억장치에 저장하는 경우, 지정된 시험 시간 외에 작성된 파일을 활용할 경우, 기타 통신 수단(이메일, 메신저, 네트워크 등)을 이용하여 타인에게 전달 또는 외부 반출하는 경우는 부정 처리합니다.
- 시험 중 부주의 또는 고의로 시스템을 파손한 경우는 수험자가 변상해야 하며, <수험자 유의사항>에 기재된 방법대로 이행하지 않아 생기는 불이익은 수험생 당사자의 책임임을 알려 드립니다.
- 문제의 조건은 MS오피스 2021 버전으로 설정되어 있으며 MS오피스 2016은【 】에 표기되어 있습니다. 이와 관련하여 작성한 답안의 출력형태가 문제지와 다를 수 있습니다.
- 시험을 완료한 수험자는 답안파일이 전송되었는지 확인한 후 감독위원의 지시에 따라 문제지를 제출하고 퇴실합니다.

답 안 작 성 요 령

- 온라인 답안 작성 절차
  수험자 등록 ⇒ 시험 시작 ⇒ 답안파일 저장 ⇒ 답안 전송 ⇒ 시험 종료
- 슬라이드 크기는 A4 Paper로 설정하여 작성합니다.
- 슬라이드의 총 개수는 6개로 구성되어 있으며 슬라이드 1부터 순서대로 작업하고 반드시 문제와 세부조건대로 합니다.
- 별도의 지시사항이 없는 경우 출력형태를 참조하여 글꼴색은 검정 또는 흰색으로 작성하고, 기타사항은 전체적인 균형을 고려하여 작성합니다.
- 슬라이드 도형 및 개체에 출력형태와 다른 스타일(그림자, 외곽선 등)을 적용했을 경우 감점처리 됩니다.
- 슬라이드 번호를 작성합니다(슬라이드 1에는 생략).
- 2~6번 슬라이드 제목 도형과 하단 로고는 슬라이드 마스터를 이용하여 출력형태와 동일하게 작성합니다(슬라이드 1에는 생략).
- 문제와 세부조건, 세부조건 번호 ◌ (점선원)는 입력하지 않습니다.
- 각 객체의 위치는 오른쪽의 슬라이드와 동일하게 구성합니다.
- 그림 삽입 문제의 경우 반드시 「내 PC\문서\ITQ\Picture」 폴더에서 정확한 파일을 선택하여 삽입하십시오.
- 각 슬라이드를 각각의 파일로 작업해서 저장할 경우 실격 처리됩니다.

전체구성 60점

(1) 슬라이드 크기 및 순서 : 크기를 A4 용지로 설정하고 슬라이드 순서에 맞게 작성한다.
(2) 슬라이드 마스터 : 2~6슬라이드의 제목, 하단 로고, 슬라이드 번호는 슬라이드 마스터를 이용하여 작성한다.
 - 제목 글꼴(굴림, 40pt, 흰색), 가운데 맞춤, 도형(선 없음)
 - 하단 로고(「내 PC\문서\ITQ\Picture\로고2.jpg」, 배경(회색) 투명색으로 설정)

슬라이드 1 표지 디자인 40점

(1) 표지 디자인 : 도형, 워드아트 및 그림을 이용하여 작성한다.

세부조건

① 도형 편집
 - 도형에 그림 채우기 :
  「내 PC\문서\ITQ\Picture\그림1.jpg」, 투명도 50%
 - 도형 효과 :
  부드러운 가장자리 5포인트

② 워드아트 삽입
 - 변환 : 삼각형, 위로
 - 글꼴 : 돋움, 굵게
 - 텍스트 반사 : 근접 반사, 4pt 오프셋

③ 그림 삽입
 - 「내 PC\문서\ITQ\Picture\로고2.jpg」
 - 배경(회색) 투명색으로 설정

슬라이드 2 목차 슬라이드 60점

(1) 출력형태와 같이 도형을 이용하여 목차를 작성한다(글꼴 : 굴림, 24pt).
(2) 도형 : 선 없음

세부조건

① 텍스트에 하이퍼링크 적용
 → '슬라이드 6'

② 그림 삽입
 -「내 PC\문서\ITQ\Picture\그림4.jpg」
 - 자르기 기능 이용

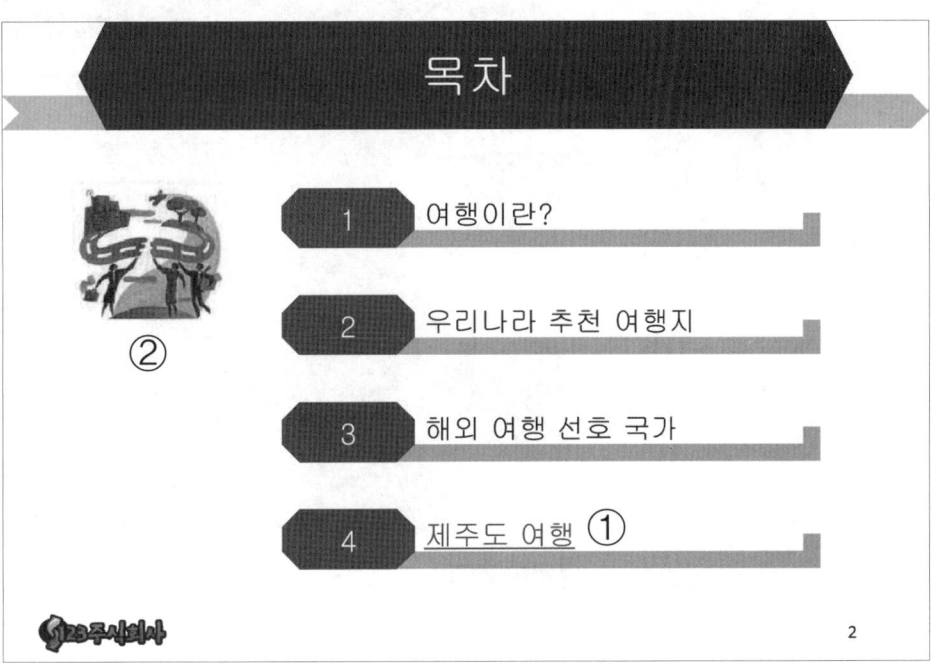

슬라이드 3 텍스트/동영상 슬라이드 (60점)

(1) 텍스트 작성 : 글머리 기호 사용(➢, ■)
  ➢문단(굴림, 24pt, 굵게, 줄간격 : 1.5줄), ■ 문단(굴림, 20pt, 줄간격 : 1.5줄)

세부조건
① 동영상 삽입 :
  - 「내 PC₩문서₩ITQ₩Picture ₩동영상. wmv」
  - 자동실행, 반복재생 설정

1. 여행이란?

➢ **Meaning of travel**
  ■ Travel is about freedom and it's about being able to do anything anytime of the day, any day of the week
  ■ Travel means something different to every person in the world

➢ **여행의 의미**
  ■ 여행이란 일상생활에서 벗어나 다시 돌아올 예정으로 다른 장소에 가는 일을 말하며 재충전의 기회와 견식을 넓혀줄 수 있음

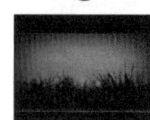

슬라이드 4 표 슬라이드 (80점)

(1) 도형과 표 작성 기능을 이용하여 슬라이드를 작성한다(글꼴 : 굴림, 18pt).

세부조건
① 상단 도형 :
  2개 도형의 조합으로 작성

② 좌측 도형 :
  그라데이션 효과(선형 아래쪽)

③ 테이블 디자인 :
  테마 스타일 1 - 강조 5

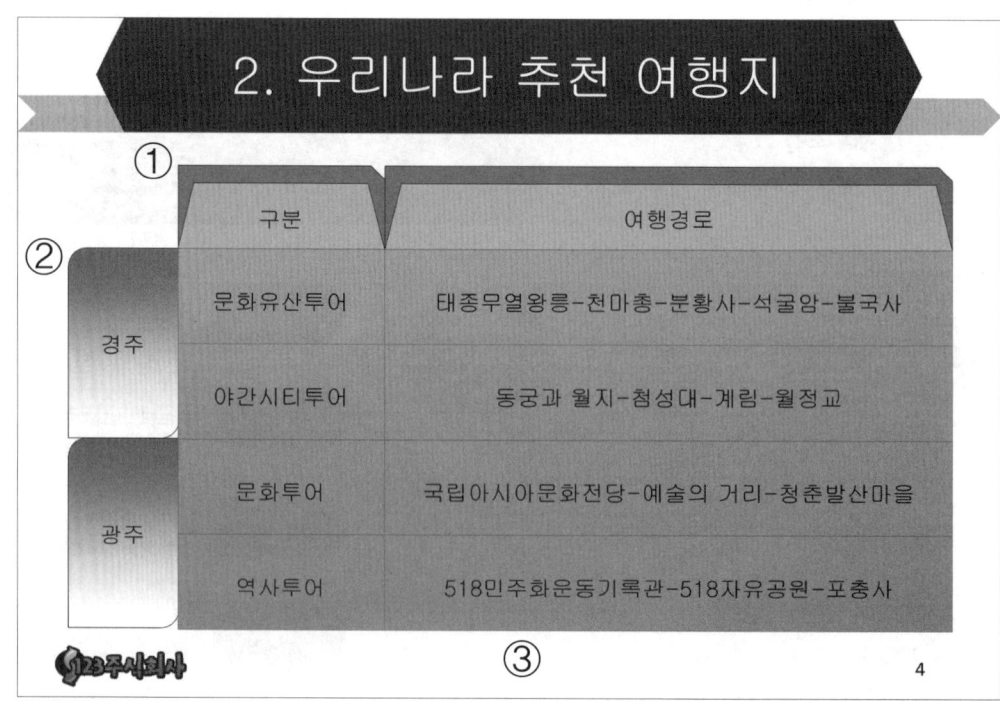

2. 우리나라 추천 여행지

구분		여행경로
경주	문화유산투어	태종무열왕릉-천마총-분황사-석굴암-불국사
	야간시티투어	동궁과 월지-첨성대-계림-월정교
광주	문화투어	국립아시아문화전당-예술의 거리-청춘발산마을
	역사투어	518민주화운동기록관-518자유공원-포충사

슬라이드 5 차트 슬라이드 100점

(1) 차트 작성 기능을 이용하여 슬라이드를 작성한다.
(2) 차트 : 종류(묶은 세로 막대형), 글꼴(돋움, 16pt), 외곽선

세부조건

※ 차트설명
- 차트제목 : 궁서, 24pt, 굵게, 채우기(흰색), 테두리, 그림자(오프셋 오른쪽)
- 차트영역 : 채우기(노랑) 그림영역 : 채우기(흰색)
- 데이터 서식 : 남성 계열을 표식이 있는 꺾은선형으로 변경 후 보조축으로 지정
- 값 표시 : 호주의 여성 계열만

① 도형 삽입
- 스타일 :
  미세효과 – 파랑, 강조1
- 글꼴 : 굴림, 18pt

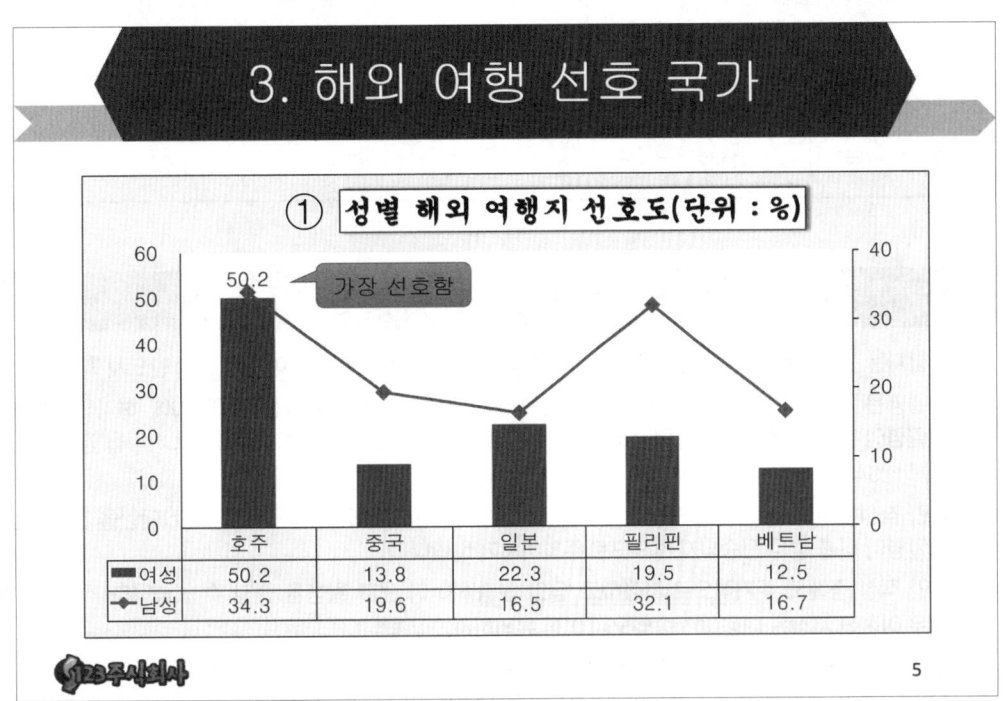

슬라이드 6 도형 슬라이드 100점

(1) 슬라이드와 같이 도형 및 스마트아트를 배치한다(글꼴 : 돋움, 18pt).
(2) 애니메이션 순서 : ① ⇒ ②

세부조건

① 도형 및 스마트아트 편집
- 스마트아트 디자인 : 3차원 만화, 3차원 경사
- 그룹화 후 애니메이션 효과 : 바운드

② 도형 편집
- 그룹화 후 애니메이션 효과 : 닦아내기(오른쪽에서)

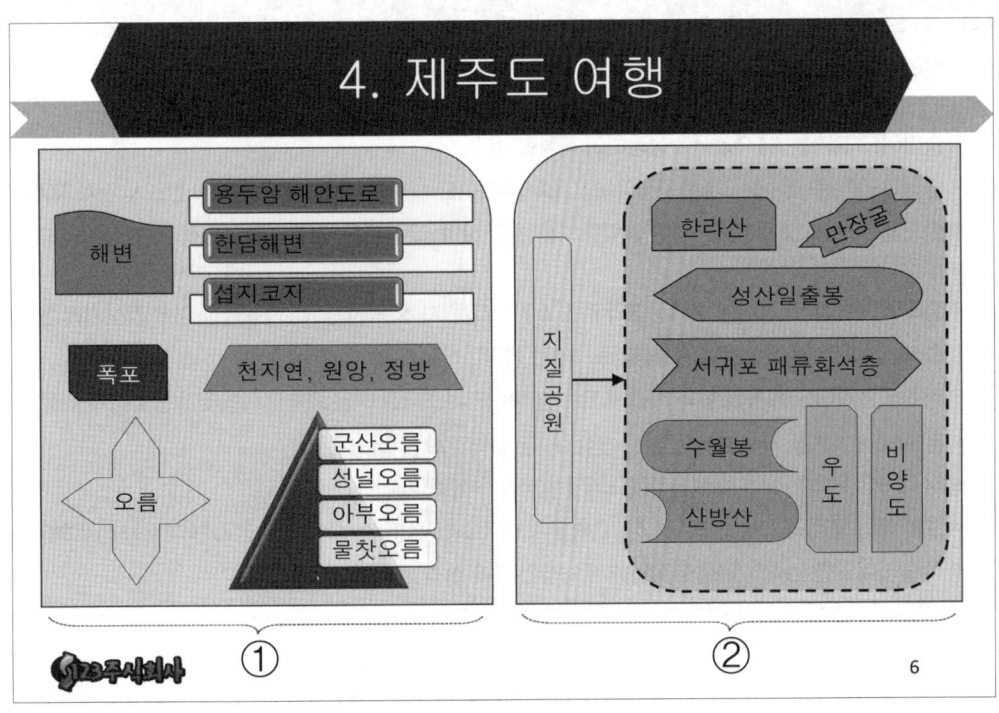

2회 기출유형 모의고사

과목	코드	문제유형	시험시간	수험번호	성 명
파워포인트	1142	A	60분	12343002	

수 험 자 유 의 사 항

- 수험자는 문제지를 받는 즉시 문제지와 **수험표상의 시험과목(프로그램)이 동일한지 반드시 확인**하여야 합니다.
- 파일명은 본인의 "수험번호-성명"으로 입력하여 답안폴더(내 PC\문서\ITQ)에 하나의 파일로 저장해야 하며, 답안문서 파일명이 "수험번호-성명"과 일치하지 않거나, 답안파일을 전송하지 않아 미제출로 처리될 경우 실격 처리합니다 (예 : 12345678-홍길동.pptx).
- 답안 작성을 마치면 파일을 저장하고, '답안 전송' 버튼을 선택하여 감독위원 PC로 답안을 전송하십시오. 수험생 정보와 저장한 파일명이 다를 경우 전송되지 않으므로 주의하시기 바랍니다.
- 답안 작성 중에도 **주기적으로 저장하고 '답안 전송'**하여야 문제 발생을 줄일 수 있습니다. 작업한 내용을 저장하지 않고 전송할 경우 이전에 저장된 내용이 전송되오니 이점 유의하시기 바랍니다.
- 답안문서는 지정된 경로 외의 다른 보조기억장치에 저장하는 경우, 지정된 시험 시간 외에 작성된 파일을 활용할 경우, 기타 통신 수단(이메일, 메신저, 네트워크 등)을 이용하여 타인에게 전달 또는 외부 반출하는 경우는 부정 처리합니다.
- 시험 중 부주의 또는 고의로 시스템을 파손한 경우는 수험자가 변상해야 하며, <수험자 유의사항>에 기재된 방법대로 이행하지 않아 생기는 불이익은 수험생 당사자의 책임임을 알려 드립니다.
- 문제의 조건은 MS오피스 2021 버전으로 설정되어 있으며 MS오피스 2016은【 】에 표기되어 있습니다. 이와 관련하여 작성한 답안의 출력형태가 문제지와 다를 수 있습니다.
- 시험을 완료한 수험자는 답안파일이 전송되었는지 확인한 후 감독위원의 지시에 따라 문제지를 제출하고 퇴실합니다.

답 안 작 성 요 령

- 온라인 답안 작성 절차
  수험자 등록 ⇒ 시험 시작 ⇒ 답안파일 저장 ⇒ 답안 전송 ⇒ 시험 종료
- 슬라이드 크기는 A4 Paper로 설정하여 작성합니다.
- 슬라이드의 총 개수는 6개로 구성되어 있으며 슬라이드 1부터 순서대로 작업하고 반드시 문제와 세부조건대로 합니다.
- 별도의 지시사항이 없는 경우 출력형태를 참조하여 글꼴색은 검정 또는 흰색으로 작성하고, 기타사항은 전체적인 균형을 고려하여 작성합니다.
- 슬라이드 도형 및 개체에 출력형태와 다른 스타일(그림자, 외곽선 등)을 적용했을 경우 감점처리 됩니다.
- 슬라이드 번호를 작성합니다(슬라이드 1에는 생략).
- 2~6번 슬라이드 제목 도형과 하단 로고는 슬라이드 마스터를 이용하여 출력형태와 동일하게 작성합니다(슬라이드 1에는 생략).
- 문제와 세부조건, 세부조건 번호 ◌ (점선원)는 입력하지 않습니다.
- 각 객체의 위치는 오른쪽의 슬라이드와 동일하게 구성합니다.
- 그림 삽입 문제의 경우 반드시 「내 PC\문서\ITQ\Picture」 폴더에서 정확한 파일을 선택하여 삽입하십시오.
- 각 슬라이드를 각각의 파일로 작업해서 저장할 경우 실격 처리됩니다.

전체구성 60점

(1) 슬라이드 크기 및 순서 : 크기를 A4 용지로 설정하고 슬라이드 순서에 맞게 작성한다.
(2) 슬라이드 마스터 : 2~6슬라이드의 제목, 하단 로고, 슬라이드 번호는 슬라이드 마스터를 이용하여 작성한다.
 - 제목 글꼴(돋움, 40pt, 흰색), 가운데 맞춤, 도형(선 없음)
 - 하단 로고(「내 PC₩문서₩ITQ₩Picture₩로고2.jpg」, 배경(회색) 투명색으로 설정)

슬라이드 1 표지 디자인 40점

(1) 표지 디자인 : 도형, 워드아트 및 그림을 이용하여 작성한다.

세부조건

① 도형 편집
 - 도형에 그림 채우기 :
  「내 PC₩문서₩ITQ₩Picture₩
  그림1.jpg」, 투명도 50%
 - 도형 효과 :
  부드러운 가장자리 5포인트

② 워드아트 삽입
 - 변환 : 기울기, 위로
 - 글꼴 : 돋움, 굵게
 - 텍스트 반사 : 근접 반사, 터치

③ 그림 삽입
 - 「내 PC₩문서₩ITQ₩Picture
  ₩로고2.jpg」
 - 배경(회색) 투명색으로 설정

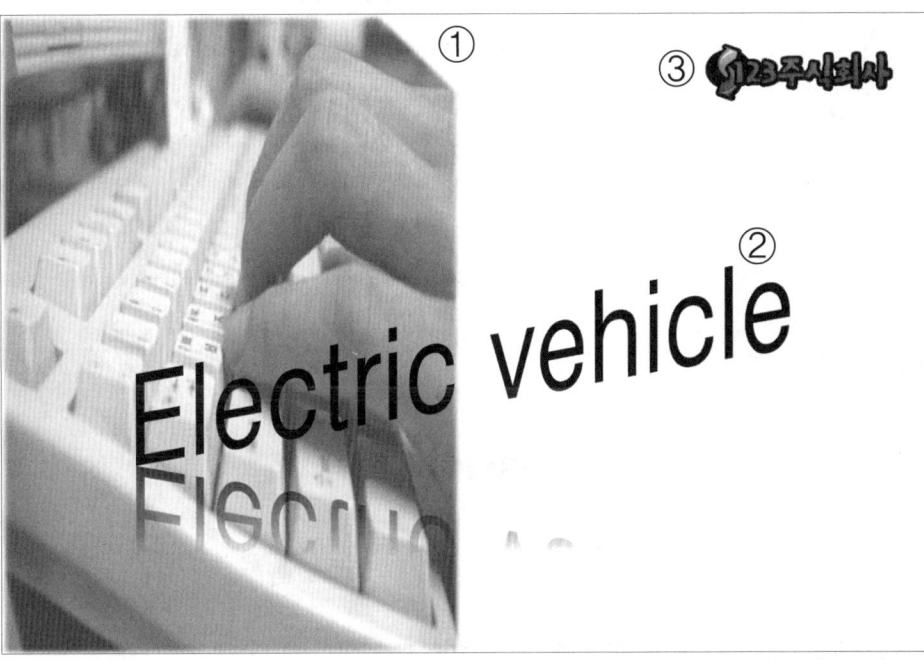

슬라이드 2 목차 슬라이드 60점

(1) 출력형태와 같이 도형을 이용하여 목차를 작성한다(글꼴 : 굴림, 24pt).
(2) 도형 : 선 없음

세부조건

① 텍스트에 하이퍼링크 적용
 → '슬라이드 6'

② 그림 삽입
 - 「내 PC₩문서₩ITQ₩Picture
  ₩그림5.jpg」
 - 자르기 기능 이용

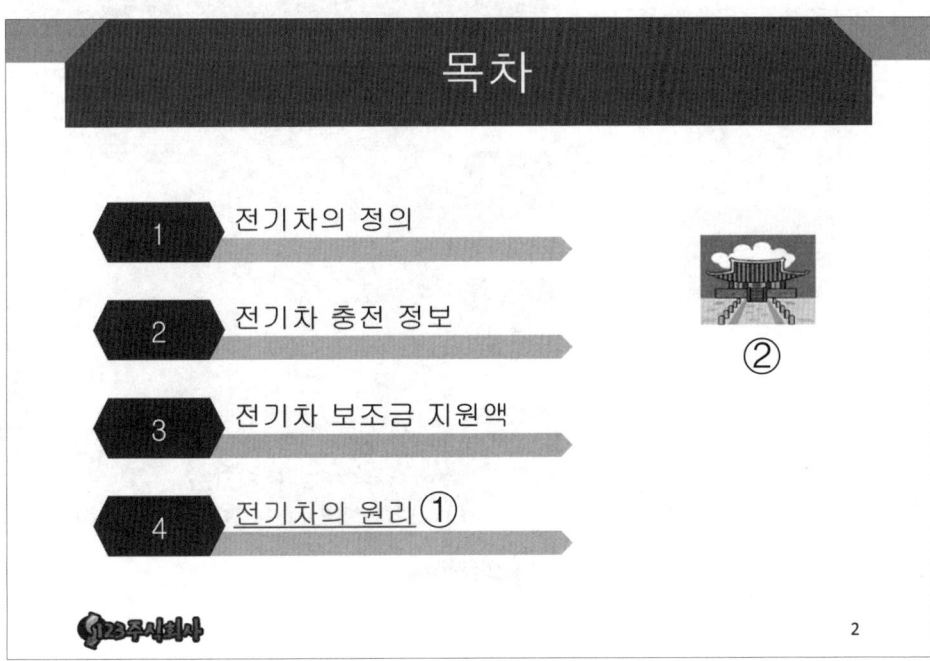

슬라이드 3 — 텍스트/동영상 슬라이드 (60점)

(1) 텍스트 작성 : 글머리 기호 사용(◆, ✓)
　　◆ 문단(굴림, 24pt, 굵게, 줄간격 : 1.5줄), ✓ 문단(굴림, 20pt, 줄간격 : 1.5줄)

세부조건
① 동영상 삽입 :
- 「내 PC₩문서₩ITQ₩Picture₩동영상.wmv」
- 자동실행, 반복재생 설정

1. 전기차의 정의

◆ Electric vehicle
　✓ An electric vehicle can be powered by a collector system, with electricity from extravehicular sources, or it can be powered autonomously by a battery

◆ 전기차의 특징
　✓ 전기 사용, 작은 소음, 차량 구조설계 용이
　✓ 뛰어난 제어 성능 및 유지보수성
　✓ 엔진 소음이 작고, 폭발의 위험성이 작음

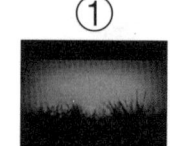

슬라이드 4 — 표 슬라이드 (80점)

(1) 도형과 표 작성 기능을 이용하여 슬라이드를 작성한다(글꼴 : 돋움, 18pt).

세부조건
① 상단 도형 : 2개 도형의 조합으로 작성
② 좌측 도형 : 그라데이션 효과(선형 아래쪽)
③ 테이블 디자인 : 테마 스타일 1 - 강조 5

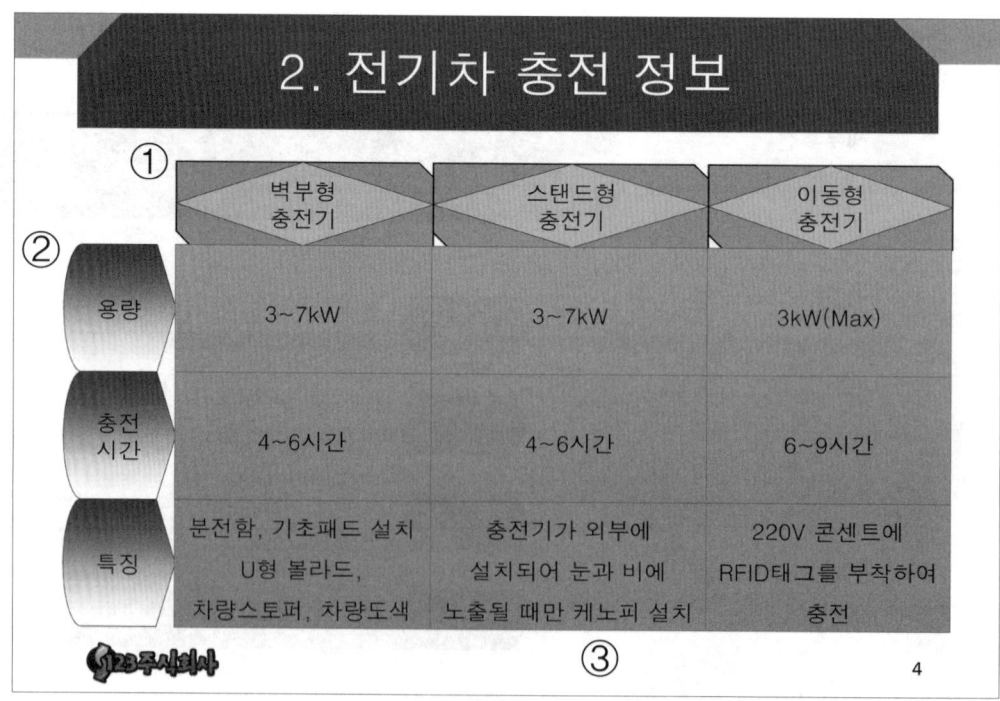

슬라이드 5 차트 슬라이드 100점

(1) 차트 작성 기능을 이용하여 슬라이드를 작성한다.
(2) 차트 : 종류(묶은 세로 막대형), 글꼴(돋움, 16pt), 외곽선

세부조건

※ 차트설명
- 차트제목 : 궁서, 24pt, 굵게, 채우기(흰색), 테두리, 그림자(오프셋 왼쪽)
- 차트영역 : 채우기(노랑) 그림영역 : 채우기(흰색)
- 데이터 서식 : 국비+지방비 계열을 표식이 있는 꺾은선형으로 변경 후 보조축으로 지정
- 값 표시 : 2022년의 국비 계열만

① 도형 삽입
 - 스타일 :
   미세효과 – 파랑, 강조1
 - 글꼴 : 굴림, 18pt

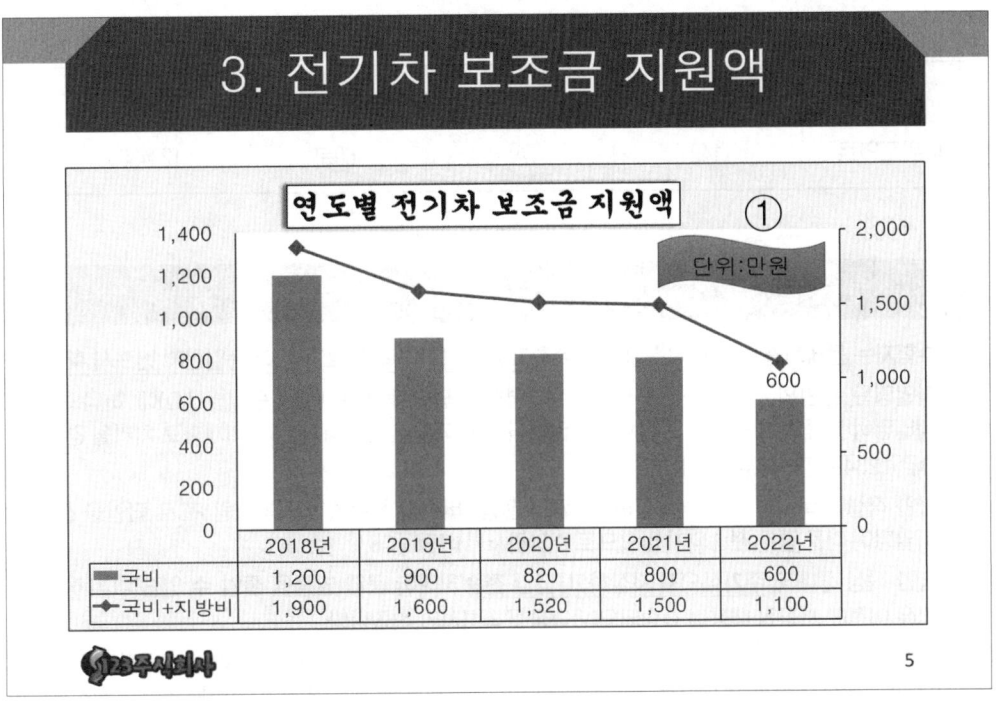

슬라이드 6 도형 슬라이드 100점

(1) 슬라이드와 같이 도형 및 스마트아트를 배치한다(글꼴 : 굴림, 18pt).
(2) 애니메이션 순서 : ① ⇒ ②

세부조건

① 도형 및 스마트아트 편집
 - 스마트아트 디자인 : 3차원 만화, 3차원 벽돌
 - 그룹화 후 애니메이션 효과 : 닦아내기(위에서)

② 도형 편집
 - 그룹화 후 애니메이션 효과 : 바운드

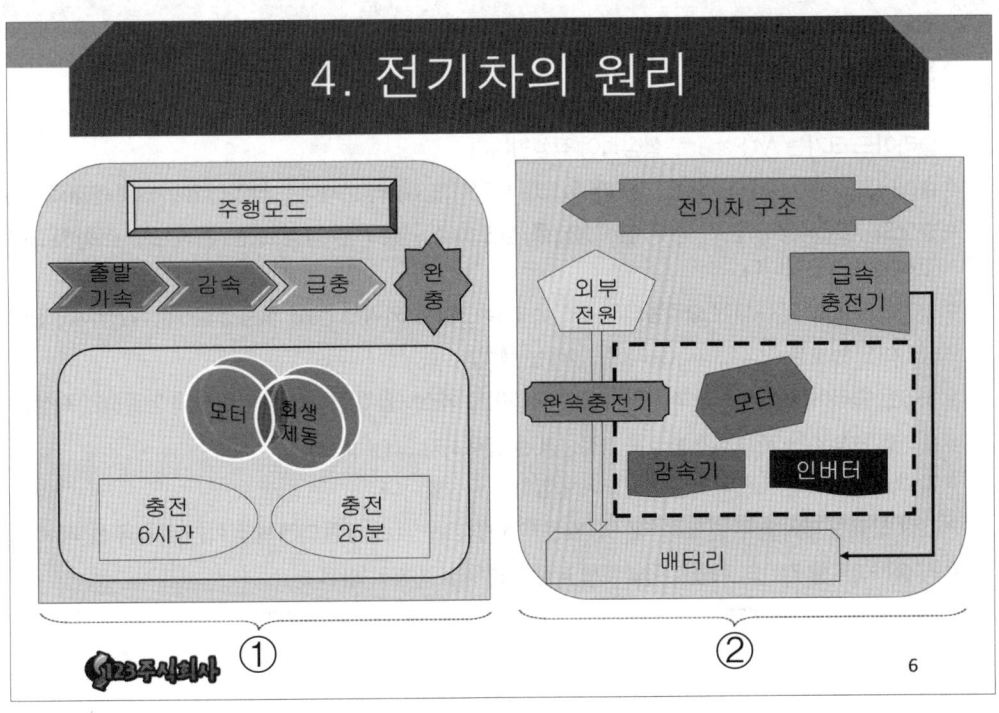

3회 기출유형 모의고사

과목	코드	문제유형	시험시간	수험번호	성 명
파워포인트	1142	A	60분	12343003	

수험자 유의사항

- 수험자는 문제지를 받는 즉시 문제지와 **수험표상의 시험과목(프로그램)이 동일한지 반드시 확인**하여야 합니다.
- 파일명은 본인의 "수험번호-성명"으로 입력하여 답안폴더(내 PC\문서\ITQ)에 하나의 파일로 저장해야 하며, 답안문서 파일명이 "수험번호-성명"과 일치하지 않거나, 답안파일을 전송하지 않아 미제출로 처리될 경우 실격 처리합니다.
  (예 : 12345678-홍길동.pptx).
- 답안 작성을 마치면 파일을 저장하고, '답안 전송' 버튼을 선택하여 감독위원 PC로 답안을 전송하십시오. 수험생 정보와 저장한 파일명이 다를 경우 전송되지 않으므로 주의하시기 바랍니다.
- 답안 작성 중에도 **주기적으로 저장하고 '답안 전송'**하여야 문제 발생을 줄일 수 있습니다. 작업한 내용을 저장하지 않고 전송할 경우 이전에 저장된 내용이 전송되오니 이점 유의하시기 바랍니다.
- 답안문서는 지정된 경로 외의 다른 보조기억장치에 저장하는 경우, 지정된 시험 시간 외에 작성된 파일을 활용할 경우, 기타 통신 수단(이메일, 메신저, 네트워크 등)을 이용하여 타인에게 전달 또는 외부 반출하는 경우는 부정 처리합니다.
- 시험 중 부주의 또는 고의로 시스템을 파손한 경우는 수험자가 변상해야 하며, <수험자 유의사항>에 기재된 방법대로 이행하지 않아 생기는 불이익은 수험생 당사자의 책임임을 알려 드립니다.
- 문제의 조건은 MS오피스 2021 버전으로 설정되어 있으며 MS오피스 2016은【 】에 표기되어 있습니다. 이와 관련하여 작성한 답안의 출력형태가 문제지와 다를 수 있습니다.
- 시험을 완료한 수험자는 답안파일이 전송되었는지 확인한 후 감독위원의 지시에 따라 문제지를 제출하고 퇴실합니다.

답안 작성 요령

- 온라인 답안 작성 절차
  수험자 등록 ⇒ 시험 시작 ⇒ 답안파일 저장 ⇒ 답안 전송 ⇒ 시험 종료
- 슬라이드 크기는 A4 Paper로 설정하여 작성합니다.
- 슬라이드의 총 개수는 6개로 구성되어 있으며 슬라이드 1부터 순서대로 작업하고 반드시 문제와 세부조건대로 합니다.
- 별도의 지시사항이 없는 경우 출력형태를 참조하여 글꼴색은 검정 또는 흰색으로 작성하고, 기타사항은 전체적인 균형을 고려하여 작성합니다.
- 슬라이드 도형 및 개체에 출력형태와 다른 스타일(그림자, 외곽선 등)을 적용했을 경우 감점처리 됩니다.
- 슬라이드 번호를 작성합니다(슬라이드 1에는 생략).
- 2~6번 슬라이드 제목 도형과 하단 로고는 슬라이드 마스터를 이용하여 출력형태와 동일하게 작성합니다(슬라이드 1에는 생략).
- 문제와 세부조건, 세부조건 번호 ◌ (점선원)는 입력하지 않습니다.
- 각 객체의 위치는 오른쪽의 슬라이드와 동일하게 구성합니다.
- 그림 삽입 문제의 경우 반드시 「내 PC\문서\ITQ\Picture」 폴더에서 정확한 파일을 선택하여 삽입하십시오.
- 각 슬라이드를 각각의 파일로 작업해서 저장할 경우 실격 처리됩니다.

전체구성 — 60점

(1) 슬라이드 크기 및 순서 : 크기를 A4 용지로 설정하고 슬라이드 순서에 맞게 작성한다.
(2) 슬라이드 마스터 : 2~6슬라이드의 제목, 하단 로고, 슬라이드 번호는 슬라이드 마스터를 이용하여 작성한다.
　　- 제목 글꼴(맑은고딕, 40pt, 흰색), 왼쪽 맞춤, 도형(선 없음)
　　- 하단 로고(「내 PC\문서\ITQ\Picture\로고2.jpg」, 배경(회색) 투명색으로 설정)

슬라이드 1 　표지 디자인 — 40점

(1) 표지 디자인 : 도형, 워드아트 및 그림을 이용하여 작성한다.

세부조건

① 도형 편집
- 도형에 그림 채우기 :
　「내 PC\문서\ITQ\Picture
　\그림2.jpg」, 투명도 50%
- 도형 효과 :
　부드러운 가장자리 5pt

② 워드아트 삽입
- 변환 : 계단식, 위로
- 글꼴 : 궁서, 굵게
- 반사 : 전체 반사, 4pt 오프셋

③ 그림 삽입
-「내 PC\문서\ITQ\Picture\
　로고2.jpg」
- 배경(회색) 투명색으로 설정

슬라이드 2 　목차 슬라이드 — 60점

(1) 출력형태와 같이 도형을 이용하여 목차를 작성한다(글꼴 : 돋움, 24pt).
(2) 도형 : 선 없음

세부조건

① 텍스트에 하이퍼링크 적용
→ '슬라이드 3'

② 그림 삽입
-「내 PC\문서\ITQ\Picture
　\그림4.jpg」
- 자르기 기능 이용

슬라이드 3 텍스트/동영상 슬라이드 60점

(1) 텍스트 작성 : 글머리 기호 사용(◆, ✓)
   ◆ 문단(맑은고딕, 24pt, 굵게, 줄간격 : 1.5줄), ✓ 문단(맑은고딕, 20pt, 줄간격 : 1.5줄)

세부조건

① 동영상 삽입 :
- 「내 PC₩문서₩ITQ₩Picture ₩동영상. wmv」
- 자동실행, 반복재생 설정

1. 교육부 소개

◆ **About MOE**
   ✓ Education is the foundation of a nation and a key to the future
   ✓ Korea systematically supports increased autonomy of all schools

◆ **비전 제시**
   ✓ 창의인재 양성을 통해 국민이 행복한 희망의 새시대를 연다.
   ✓ 학생들이 꿈과 끼를 키울 수 있도록 학교교육을 정상화한다.
   ✓ 미래인재 양성을 위한 능력중심사회 기반을 구축한다.
   ✓ 특성화를 통해 글로벌 경쟁력을 갖춘 다양한 대학으로 육성한다.

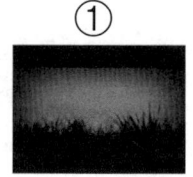

슬라이드 4 표 슬라이드 80점

(1) 도형과 표 작성 기능을 이용하여 슬라이드를 작성한다(글꼴 : 돋움, 18pt).

세부조건

① 상단 도형 :
   2개 도형의 조합으로 작성

② 좌측 도형 :
   그라데이션 효과(선형 아래쪽)

③ 테이블 디자인 :
   테마 스타일 1 - 강조 6

2. 고등학교 납입금 현황

		입학금	수업료	비고
(단위 : 원)	서울	14,100	1,450,800	
	부산	17,000	1,406,400	평준화 지역
	인천	17,100	1,400,400	
도서 벽지 제외	강원	14,300	952,800	
	전남	14,800	933,600	비평준화 지역
	제주	16,500	895,200	

슬라이드 5 　 차트 슬라이드 　 100점

(1) 차트 작성 기능을 이용하여 슬라이드를 작성한다.
(2) 차트 : 종류(묶은 세로 막대형), 글꼴(굴림, 16pt), 외곽선

세부조건

※ 차트설명
· 차트제목 : 궁서, 18pt, 굵게,
  채우기(흰색), 테두리,
  그림자(오프셋 아래쪽)
· 차트영역 : 채우기(노랑)
  그림영역 : 채우기(흰색)
· 데이터 서식 : 부산 계열을
  표시가 있는 꺾은선형으로
  변경 후 보조축으로 지정
· 값 표시 : 합계의 서울 계열만

① 도형 삽입
- 스타일 :
  미세효과 – 파랑, 강조1
- 글꼴 : 돋움, 18pt

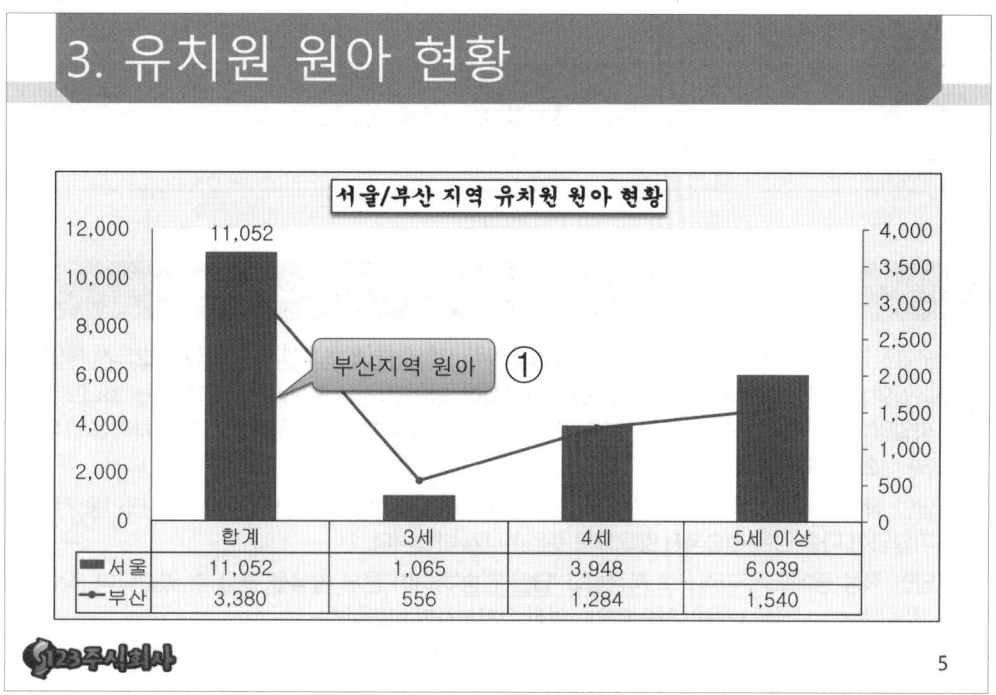

슬라이드 6 　 도형 슬라이드 　 100점

(1) 슬라이드와 같이 도형 및 스마트아트를 배치한다(글꼴 : 굴림, 18pt).
(2) 애니메이션 순서 : ① ⇒ ②

세부조건

① 도형 및 스마트아트 편집
- 스마트아트 디자인 :
  3차원 만화, 3차원 광택 처리
- 그룹화 후 애니메이션 효과 :
  날아오기(왼쪽에서)

② 도형 편집
그룹화 후 애니메이션 효과 :
바운드

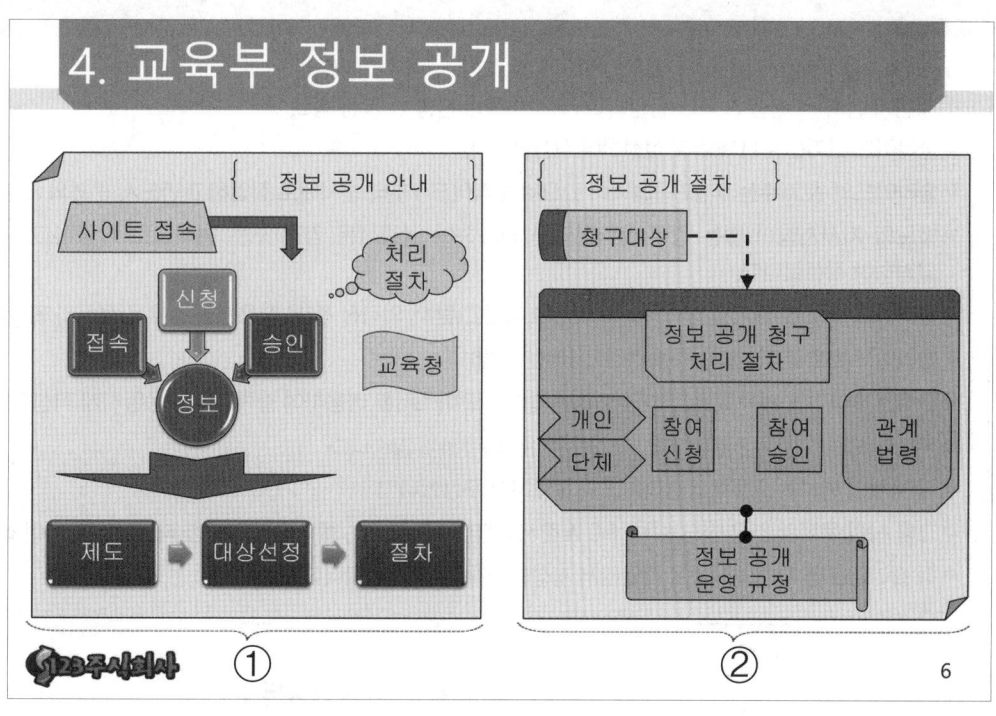

기출유형 모의고사

Information Technology Qualification

과목	코드	문제유형	시험시간	수험번호	성 명
파워포인트	1142	A	60분	12343004	

수험자 유의사항

- 수험자는 문제지를 받는 즉시 문제지와 **수험표상의 시험과목(프로그램)이 동일한지 반드시 확인**하여야 합니다.
- 파일명은 본인의 "수험번호-성명"으로 입력하여 답안폴더(내 PC₩문서₩ITQ)에 하나의 파일로 저장해야 하며, 답안문서 파일명이 "수험번호-성명"과 일치하지 않거나, 답안파일을 전송하지 않아 미제출로 처리될 경우 실격 처리합니다 (예 : 12345678-홍길동.pptx).
- 답안 작성을 마치면 파일을 저장하고, '답안 전송' 버튼을 선택하여 감독위원 PC로 답안을 전송하십시오. 수험생 정보와 저장한 파일명이 다를 경우 전송되지 않으므로 주의하시기 바랍니다.
- 답안 작성 중에도 **주기적으로 저장하고 '답안 전송'**하여야 문제 발생을 줄일 수 있습니다. 작업한 내용을 저장하지 않고 전송할 경우 이전에 저장된 내용이 전송되오니 이점 유의하시기 바랍니다.
- 답안문서는 지정된 경로 외의 다른 보조기억장치에 저장하는 경우, 지정된 시험 시간 외에 작성된 파일을 활용할 경우, 기타 통신 수단(이메일, 메신저, 네트워크 등)을 이용하여 타인에게 전달 또는 외부 반출하는 경우는 부정 처리합니다.
- 시험 중 부주의 또는 고의로 시스템을 파손한 경우는 수험자가 변상해야 하며, <수험자 유의사항>에 기재된 방법대로 이행하지 않아 생기는 불이익은 수험생 당사자의 책임임을 알려 드립니다.
- 문제의 조건은 MS오피스 2021 버전으로 설정되어 있으며 MS오피스 2016은【 】에 표기되어 있습니다. 이와 관련하여 작성한 답안의 출력형태가 문제지와 다를 수 있습니다.
- 시험을 완료한 수험자는 답안파일이 전송되었는지 확인한 후 감독위원의 지시에 따라 문제지를 제출하고 퇴실합니다.

답 안 작 성 요 령

- 온라인 답안 작성 절차
  수험자 등록 ⇒ 시험 시작 ⇒ 답안파일 저장 ⇒ 답안 전송 ⇒ 시험 종료
- 슬라이드 크기는 A4 Paper로 설정하여 작성합니다.
- 슬라이드의 총 개수는 6개로 구성되어 있으며 슬라이드 1부터 순서대로 작업하고 반드시 문제와 세부조건대로 합니다.
- 별도의 지시사항이 없는 경우 출력형태를 참조하여 글꼴색은 검정 또는 흰색으로 작성하고, 기타사항은 전체적인 균형을 고려하여 작성합니다.
- 슬라이드 도형 및 개체에 출력형태와 다른 스타일(그림자, 외곽선 등)을 적용했을 경우 감점처리 됩니다.
- 슬라이드 번호를 작성합니다(슬라이드 1에는 생략).
- 2~6번 슬라이드 제목 도형과 하단 로고는 슬라이드 마스터를 이용하여 출력형태와 동일하게 작성합니다(슬라이드 1에는 생략).
- 문제와 세부조건, 세부조건 번호 ◌(점선원)는 입력하지 않습니다.
- 각 객체의 위치는 오른쪽의 슬라이드와 동일하게 구성합니다.
- 그림 삽입 문제의 경우 반드시 「내 PC₩문서₩ITQ₩Picture」 폴더에서 정확한 파일을 선택하여 삽입하십시오.
- 각 슬라이드를 각각의 파일로 작업해서 저장할 경우 실격 처리됩니다.

전체구성   60점

(1) 슬라이드 크기 및 순서 : 크기를 A4 용지로 설정하고 슬라이드 순서에 맞게 작성한다.
(2) 슬라이드 마스터 : 2~6슬라이드의 제목, 하단 로고, 슬라이드 번호는 슬라이드 마스터를 이용하여 작성한다.
 - 제목 글꼴(굴림, 40pt, 흰색), 가운데 맞춤, 도형(선 없음)
 - 하단 로고(「내 PC₩문서₩ITQ₩Picture₩로고1.jpg」, 배경(회색) 투명색으로 설정)

슬라이드 1   표지 디자인   40점

(1) 표지 디자인 : 도형, 워드아트 및 그림을 이용하여 작성한다.

세부조건

① 도형 편집
- 도형에 그림 채우기 :
 「내 PC₩문서₩ITQ₩Picture
 ₩그림3.jpg」, 투명도 50%
- 도형 효과 :
 부드러운 가장자리 5pt

② 워드아트 삽입
- 변환 : 페이드, 오른쪽
- 글꼴 : 돋움, 굵게
- 텍스트 반사 : 1/2반사, 터치

③ 그림 삽입
- 「내 PC₩문서₩ITQ₩Picture
 ₩로고1.jpg」
- 배경(회색) 투명색으로 설정

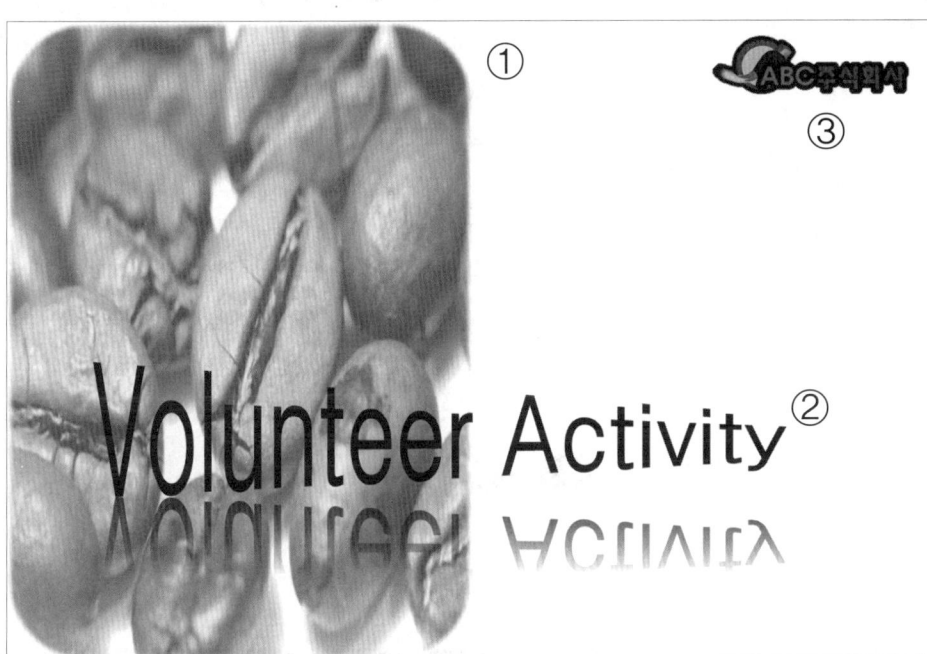

슬라이드 2   목차 슬라이드   60점

(1) 출력형태와 같이 도형을 이용하여 목차를 작성한다(글꼴 : 굴림, 24pt).
(2) 도형 : 선 없음

세부조건

① 텍스트에 하이퍼링크 적용
 → '슬라이드 4'

② 그림 삽입
- 「내 PC₩문서₩ITQ₩Picture
 ₩그림5.jpg」
- 자르기 기능 이용

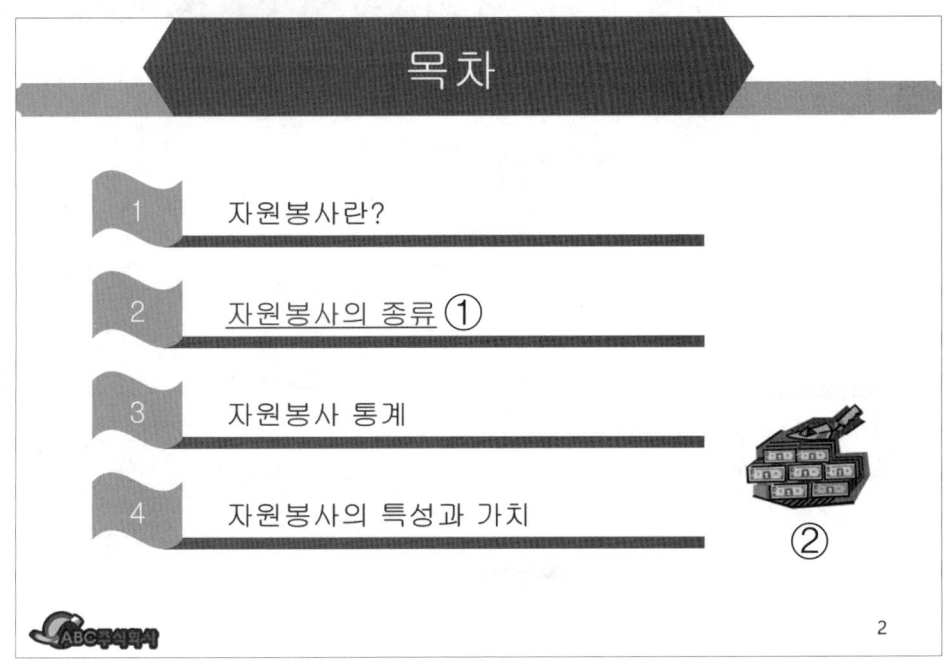

슬라이드 3 — 텍스트/동영상 슬라이드 (60점)

(1) 텍스트 작성 : 글머리 기호 사용(➢, ✓)
➢문단(굴림, 24pt, 굵게, 줄간격 : 1.5줄), ✓ 문단(굴림, 20pt, 줄간격 : 1.5줄)

세부조건
① 동영상 삽입 :
- 「내 PC₩문서₩ITQ₩Picture₩동영상.wmv」
- 자동실행, 반복재생 설정

1. 자원봉사란?

➢ **Volunteer Etymology**
  ✓ Bolan of the Latin word volunteer dozen (voluntas) comes from human free will, deep down, and this is the bottom means a doctor

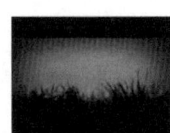

➢ **자원봉사의 가치**
  ✓ 자발, 자주, 자유의지라는 뜻의 라틴어에서 유래
  ✓ 개인 및 단체의 자발적 참여와 대가없이 도움이 필요한 이웃과 사회에 시간과 재능을 제공하여 사회문제 해결 및 사회공익에 기여하는 것으로 이러한 자원봉사활동을 실천에 옮기는 사람을 자원봉사자라 함

슬라이드 4 — 표 슬라이드 (80점)

(1) 도형과 표 작성 기능을 이용하여 슬라이드를 작성한다(글꼴 : 돋움, 18pt).

세부조건
① 상단 도형 :
   2개 도형의 조합으로 작성

② 좌측 도형 :
   그라데이션 효과(선형 아래쪽)

③ 테이블 디자인 :
   테마 스타일 1 - 강조 3

2. 자원봉사의 종류

구분		활동내용
자원봉사 활동 대상별	노인을 위한 봉사활동	목욕시켜주기, 외출보조, 청소, 빨래, 미용, 도배, 집수리, 환자수발
	장애인을 위한 봉사활동	재활상담, 소집단 심리치료, 언어치료, 음악치료, 작업치료, 물리치료
자원봉사 활동 영역	노력봉사	식사, 목욕, 외출보조, 청소, 빨래, 아기 돌보기, 환자수발
	지역사회봉사	재활용품분류, 지역홍보캠페인활동, 자연보호, 가로환경 가꾸기

| 슬라이드 5 | 차트 슬라이드 | 100점 |

(1) 차트 작성 기능을 이용하여 슬라이드를 작성한다.
(2) 차트 : 종류(묶은 세로 막대형), 글꼴(돋움, 16pt), 외곽선

세부조건

※ 차트설명
· 차트제목 : 돋움, 24pt, 굵게, 채우기(흰색), 테두리, 그림자(오프셋 위쪽)
· 차트영역 : 채우기(노랑) 그림영역 : 채우기(흰색)
· 데이터 서식 : 여 계열을 표시가 있는 꺾은선형으로 변경 후 보조축으로 지정
· 값 표시 : 광주의 여 계열만

① 도형 삽입
- 스타일 :
  미세효과 – 파랑, 강조1
- 글꼴 : 굴림, 18pt

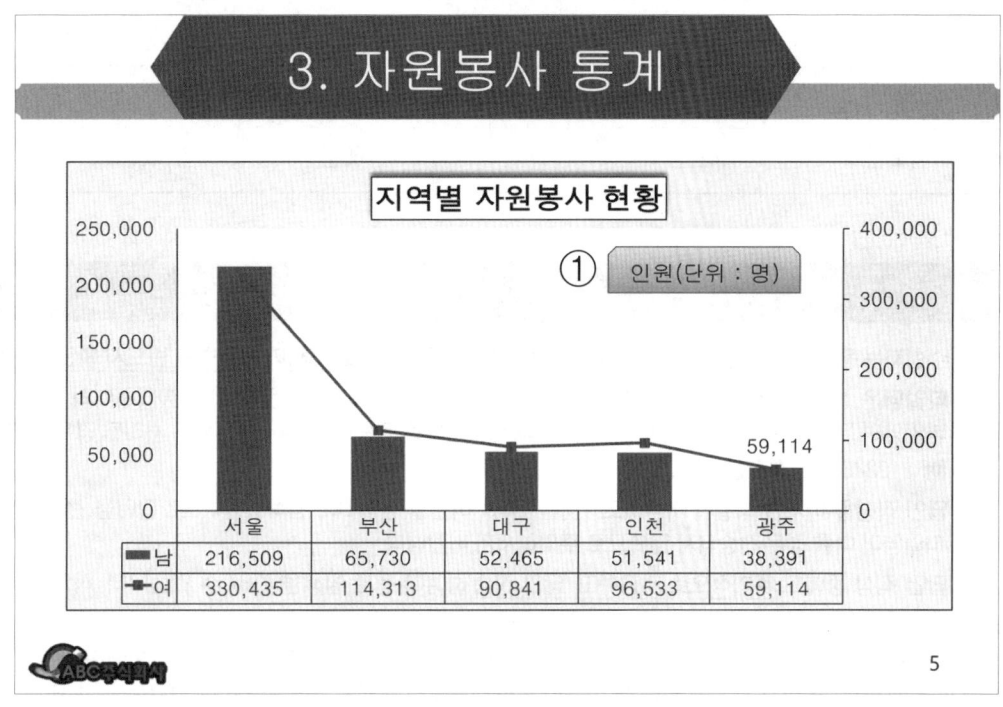

| 슬라이드 6 | 도형 슬라이드 | 100점 |

(1) 슬라이드와 같이 도형 및 스마트아트를 배치한다(글꼴 : 굴림, 18pt).
(2) 애니메이션 순서 : ① ⇒ ②

세부조건

① 도형 및 스마트아트 편집
- 스마트아트 디자인 :
  3차원 광택처리, 3차원 벽돌
- 그룹화 후 애니메이션 효과 :
  바운드

② 도형 편집
그룹화 후 애니메이션 효과 :
닦아내기(왼쪽에서)

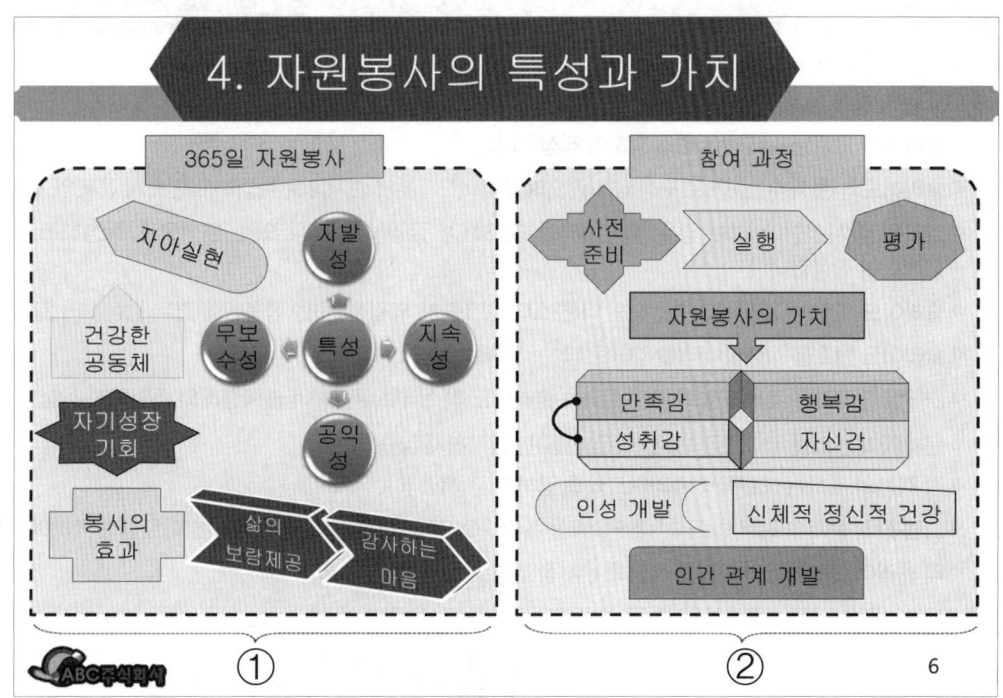

5회 기출유형 모의고사

과목	코드	문제유형	시험시간	수험번호	성 명
파워포인트	1142	A	60분	12343005	

수 험 자 유 의 사 항

- 수험자는 문제지를 받는 즉시 문제지와 **수험표상의 시험과목(프로그램)이 동일한지 반드시 확인**하여야 합니다.
- 파일명은 본인의 "수험번호-성명"으로 입력하여 답안폴더(내 PC\문서\ITQ)에 하나의 파일로 저장해야 하며, 답안문서 파일명이 "수험번호-성명"과 일치하지 않거나, 답안파일을 전송하지 않아 미제출로 처리될 경우 실격 처리합니다.
  (예 : 12345678-홍길동.pptx).
- 답안 작성을 마치면 파일을 저장하고, '답안 전송' 버튼을 선택하여 감독위원 PC로 답안을 전송하십시오. 수험생 정보와 저장한 파일명이 다를 경우 전송되지 않으므로 주의하시기 바랍니다.
- 답안 작성 중에도 **주기적으로 저장하고 '답안 전송**'하여야 문제 발생을 줄일 수 있습니다. 작업한 내용을 저장하지 않고 전송할 경우 이전에 저장된 내용이 전송되오니 이점 유의하시기 바랍니다.
- 답안문서는 지정된 경로 외의 다른 보조기억장치에 저장하는 경우, 지정된 시험 시간 외에 작성된 파일을 활용할 경우, 기타 통신 수단(이메일, 메신저, 네트워크 등)을 이용하여 타인에게 전달 또는 외부 반출하는 경우는 부정 처리합니다.
- 시험 중 부주의 또는 고의로 시스템을 파손한 경우는 수험자가 변상해야 하며, <수험자 유의사항>에 기재된 방법대로 이행하지 않아 생기는 불이익은 수험생 당사자의 책임임을 알려 드립니다.
- 문제의 조건은 MS오피스 2021 버전으로 설정되어 있으며 MS오피스 2016은 【 】에 표기되어 있습니다. 이와 관련하여 작성한 답안의 출력형태가 문제지와 다를 수 있습니다.
- 시험을 완료한 수험자는 답안파일이 전송되었는지 확인한 후 감독위원의 지시에 따라 문제지를 제출하고 퇴실합니다.

답 안 작 성 요 령

- 온라인 답안 작성 절차
  수험자 등록 ⇒ 시험 시작 ⇒ 답안파일 저장 ⇒ 답안 전송 ⇒ 시험 종료
- 슬라이드 크기는 A4 Paper로 설정하여 작성합니다.
- 슬라이드의 총 개수는 6개로 구성되어 있으며 슬라이드 1부터 순서대로 작업하고 반드시 문제와 세부조건대로 합니다.
- 별도의 지시사항이 없는 경우 출력형태를 참조하여 글꼴색은 검정 또는 흰색으로 작성하고, 기타사항은 전체적인 균형을 고려하여 작성합니다.
- 슬라이드 도형 및 개체에 출력형태와 다른 스타일(그림자, 외곽선 등)을 적용했을 경우 감점처리 됩니다.
- 슬라이드 번호를 작성합니다(슬라이드 1에는 생략).
- 2~6번 슬라이드 제목 도형과 하단 로고는 슬라이드 마스터를 이용하여 출력형태와 동일하게 작성합니다(슬라이드 1에는 생략).
- 문제와 세부조건, 세부조건 번호 ○ (점선원)는 입력하지 않습니다.
- 각 객체의 위치는 오른쪽의 슬라이드와 동일하게 구성합니다.
- 그림 삽입 문제의 경우 반드시 「내 PC\문서\ITQ\Picture」 폴더에서 정확한 파일을 선택하여 삽입하십시오.
- 각 슬라이드를 각각의 파일로 작업해서 저장할 경우 실격 처리됩니다.

전체구성   60점

(1) 슬라이드 크기 및 순서 : 크기를 A4 용지로 설정하고 슬라이드 순서에 맞게 작성한다.
(2) 슬라이드 마스터 : 2~6슬라이드의 제목, 하단 로고, 슬라이드 번호는 슬라이드 마스터를 이용하여 작성한다.
 - 제목 글꼴(돋움, 40pt, 흰색), 가운데 맞춤, 도형(선 없음)
 - 하단 로고(「내 PC₩문서₩ITQ₩Picture₩로고2.jpg」, 배경(회색) 투명색으로 설정)

슬라이드 1   표지 디자인   40점

(1) 표지 디자인 : 도형, 워드아트 및 그림을 이용하여 작성한다.

세부조건

① 도형 편집
 - 도형에 그림 채우기 :
 「내 PC₩문서₩ITQ₩Picture
 ₩그림3.jpg」, 투명도 50%
 - 도형 효과 :
 부드러운 가장자리 5포인트

② 워드아트 삽입
 - 변환 : 곡선, 위로
 - 글꼴 : 돋움, 굵게
 - 텍스트 반사 : 근접 반사,
 4pt 오프셋

③ 그림 삽입
 - 「내 PC₩문서₩ITQ₩Picture
 ₩로고2.jpg」
 - 배경(회색) 투명색으로 설정

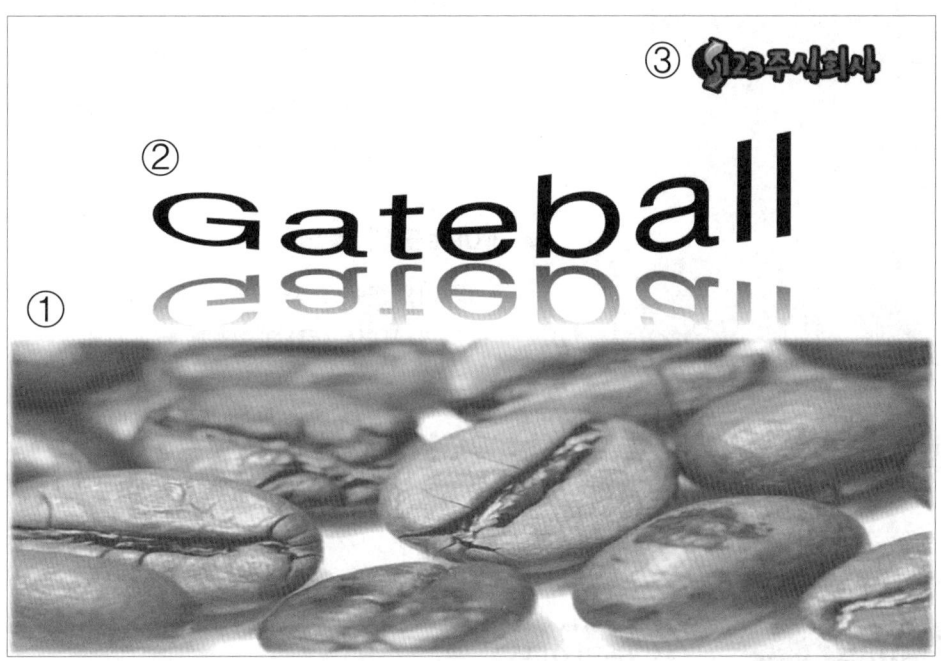

슬라이드 2   목차 슬라이드   60점

(1) 출력형태와 같이 도형을 이용하여 목차를 작성한다(글꼴 : 굴림, 24pt).
(2) 도형 : 선 없음

세부조건

① 텍스트에 하이퍼링크 적용
→ '슬라이드 6'

② 그림 삽입
 - 「내 PC₩문서₩ITQ₩Picture
 ₩그림4.jpg」
 - 자르기 기능 이용

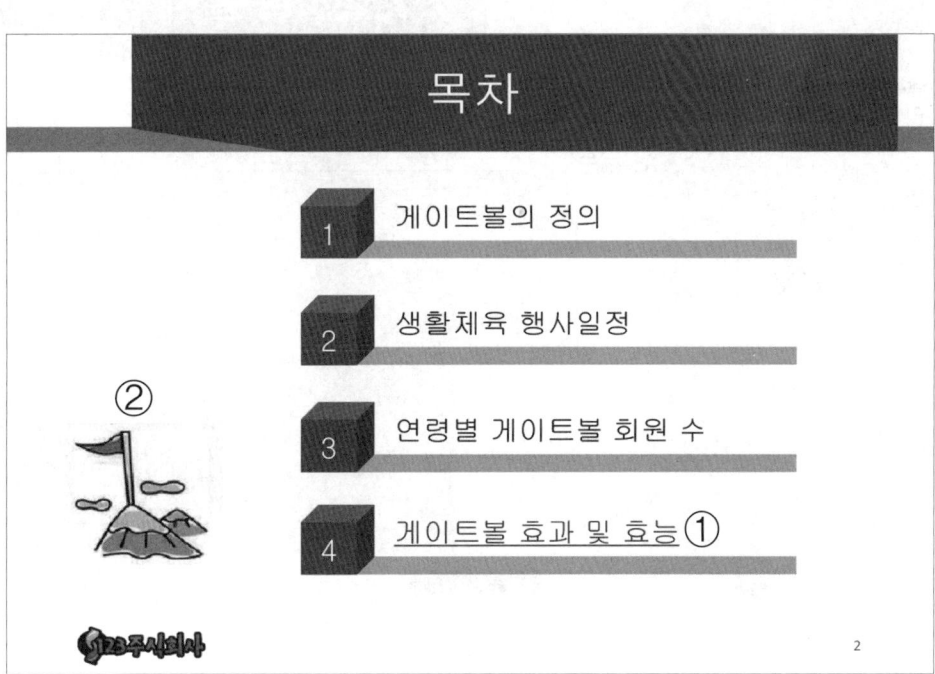

슬라이드 3   텍스트/동영상 슬라이드   60점

(1) 텍스트 작성 : 글머리 기호 사용(❖, ■)
    ❖ 문단(굴림, 24pt, 굵게, 줄간격 : 1.5줄), ■ 문단(굴림, 20pt, 줄간격 : 1.5줄)

세부조건
① 동영상 삽입 :
- 「내 PC₩문서₩ITQ₩Picture₩동영상.wmv」
- 자동실행, 반복재생 설정

1. 게이트볼의 정의

❖ **The Game**
- It is a game played between two teams, each with 5 players
- The winner is decided by the total number of points achieved during the 30-minute game

❖ **게이트볼의 정의**
- 게이트볼은 T자 모양의 막대기로 공을 쳐서 경기장 안의 게이트(문) 3군데를 통과시킨 다음 경기장 중앙에 세운 20cm 골폴에 맞히는 구기

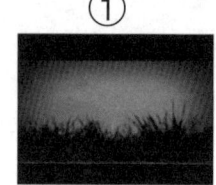

슬라이드 4   표 슬라이드   80점

(1) 도형과 표 작성 기능을 이용하여 슬라이드를 작성한다(글꼴 : 돋움, 18pt).

세부조건
① 상단 도형 :
  2개 도형의 조합으로 작성
② 좌측 도형 :
  그라데이션 효과(선형 아래쪽)
③ 테이블 디자인 :
  테마 스타일 1 - 강조 6

2. 생활체육 행사일정

	일자	장소	주관 및 내용
테니스 대회	2019. 02. 18~19	목동 테니스장	한국테니스협회 클럽, 동호회 개인전
배드민턴 대회	2019. 02. 20~21	문화체육관	한국배드민턴협회 5개 도시 초청 배드민턴 대회
게이트볼 대회	2019. 02. 25~26	신설동 게이트볼구장	한국게이트볼연맹 영지/수림/본클럽대항

슬라이드 5 차트 슬라이드 100점

(1) 차트 작성 기능을 이용하여 슬라이드를 작성한다.
(2) 차트 : 종류(묶은 세로 막대형), 글꼴(돋움, 16pt), 외곽선

세부조건

※ 차트설명
- 차트제목 : 궁서, 24pt, 굵게, 채우기(흰색), 테두리, 그림자(오프셋 오른쪽)
- 차트영역 : 채우기(노랑) 그림영역 : 채우기(흰색)
- 데이터 서식 : 2024년 계열을 표식이 있는 꺾은선형으로 변경 후 보조축으로 지정
- 값 표시 : 60대의 2024년 계열만

① 도형 삽입
- 스타일 : 미세효과 – 파랑, 강조1
- 글꼴 : 굴림, 18pt

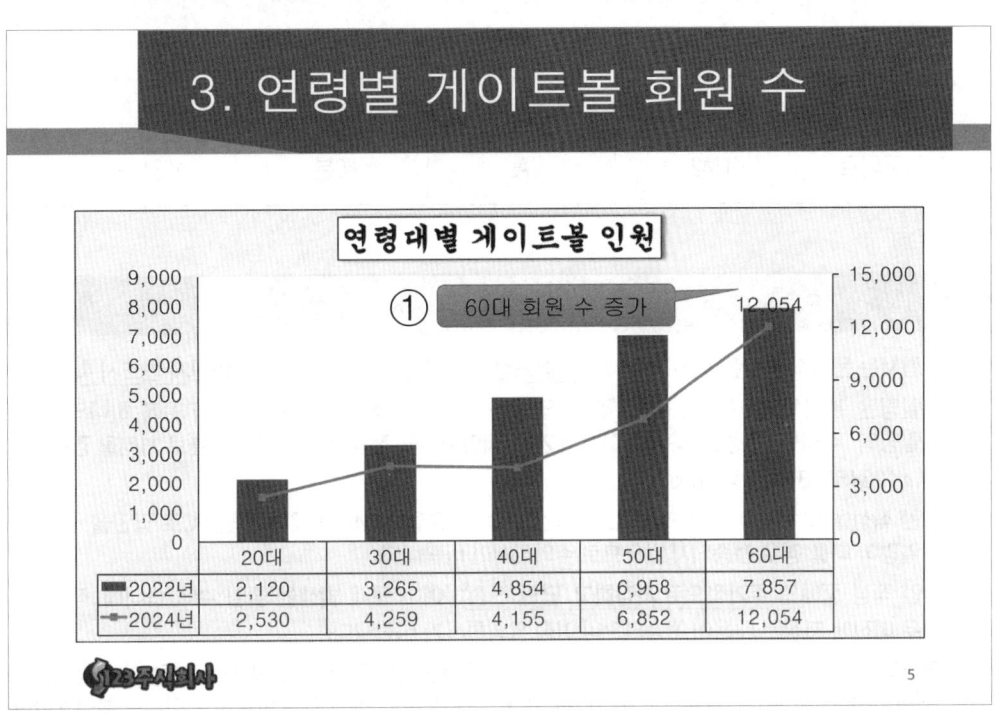

슬라이드 6 도형 슬라이드 100점

(1) 슬라이드와 같이 도형 및 스마트아트를 배치한다(글꼴 : 굴림, 18pt).
(2) 애니메이션 순서 : ① ⇒ ②

세부조건

① 도형 및 스마트아트 편집
- 스마트아트 디자인 : 3차원 광택 처리, 3차원 만화
- 그룹화 후 애니메이션 효과 : 시계 방향 회전(살 1개)

② 도형 편집
- 그룹화 후 애니메이션 효과 : 회전

6회 기출유형 모의고사

과목	코드	문제유형	시험시간	수험번호	성 명
파워포인트	1142	A	60분	12343006	

수험자 유의사항

- 수험자는 문제지를 받는 즉시 문제지와 **수험표상의 시험과목(프로그램)이 동일한지 반드시 확인**하여야 합니다.
- 파일명은 본인의 "수험번호-성명"으로 입력하여 답안폴더(내 PC\문서\ITQ)에 하나의 파일로 저장해야 하며, 답안문서 파일명이 "수험번호-성명"과 일치하지 않거나, 답안파일을 전송하지 않아 미제출로 처리될 경우 실격 처리합니다 (예 : 12345678-홍길동.pptx).
- 답안 작성을 마치면 파일을 저장하고, '답안 전송' 버튼을 선택하여 감독위원 PC로 답안을 전송하십시오. 수험생 정보와 저장한 파일명이 다를 경우 전송되지 않으므로 주의하시기 바랍니다.
- 답안 작성 중에도 **주기적으로 저장하고 '답안 전송'**하여야 문제 발생을 줄일 수 있습니다. 작업한 내용을 저장하지 않고 전송할 경우 이전에 저장된 내용이 전송되오니 이점 유의하시기 바랍니다.
- 답안문서는 지정된 경로 외의 다른 보조기억장치에 저장하는 경우, 지정된 시험 시간 외에 작성된 파일을 활용할 경우, 기타 통신수단(이메일, 메신저, 네트워크 등)을 이용하여 타인에게 전달 또는 외부 반출하는 경우는 부정 처리합니다.
- 시험 중 부주의 또는 고의로 시스템을 파손한 경우는 수험자가 변상해야 하며, 〈수험자 유의사항〉에 기재된 방법대로 이행하지 않아 생기는 불이익은 수험생 당사자의 책임임을 알려 드립니다.
- 문제의 조건은 MS오피스 2021 버전으로 설정되어 있으며 MS오피스 2016은【 】에 표기되어 있습니다. 이와 관련하여 작성한 답안의 출력형태가 문제지와 다를 수 있습니다.
- 시험을 완료한 수험자는 답안파일이 전송되었는지 확인한 후 감독위원의 지시에 따라 문제지를 제출하고 퇴실합니다.

답안 작성 요령

- 온라인 답안 작성 절차
  수험자 등록 ⇒ 시험 시작 ⇒ 답안파일 저장 ⇒ 답안 전송 ⇒ 시험 종료
- 슬라이드 크기는 A4 Paper로 설정하여 작성합니다.
- 슬라이드의 총 개수는 6개로 구성되어 있으며 슬라이드 1부터 순서대로 작업하고 반드시 문제와 세부조건대로 합니다.
- 별도의 지시사항이 없는 경우 출력형태를 참조하여 글꼴색은 검정 또는 흰색으로 작성하고, 기타사항은 전체적인 균형을 고려하여 작성합니다.
- 슬라이드 도형 및 개체에 출력형태와 다른 스타일(그림자, 외곽선 등)을 적용했을 경우 감점처리 됩니다.
- 슬라이드 번호를 작성합니다(슬라이드 1에는 생략).
- 2~6번 슬라이드 제목 도형과 하단 로고는 슬라이드 마스터를 이용하여 출력형태와 동일하게 작성합니다(슬라이드 1에는 생략).
- 문제와 세부조건, 세부조건 번호 ○ (점선원)는 입력하지 않습니다.
- 각 객체의 위치는 오른쪽의 슬라이드와 동일하게 구성합니다.
- 그림 삽입 문제의 경우 반드시 「내 PC\문서\ITQ\Picture」 폴더에서 정확한 파일을 선택하여 삽입하십시오.
- 각 슬라이드를 각각의 파일로 작업해서 저장할 경우 실격 처리됩니다.

전체구성   60점

(1) 슬라이드 크기 및 순서 : 크기를 A4 용지로 설정하고 슬라이드 순서에 맞게 작성한다.
(2) 슬라이드 마스터 : 2~6슬라이드의 제목, 하단 로고, 슬라이드 번호는 슬라이드 마스터를 이용하여 작성한다.
 - 제목 글꼴(돋움, 40pt, 흰색), 가운데 맞춤, 도형(선 없음)
 - 하단 로고(「내 PC\문서\ITQ\Picture\로고1.jpg」, 배경(회색) 투명색으로 설정)

슬라이드 1   표지 디자인   40점

(1) 표지 디자인 : 도형, 워드아트 및 그림을 이용하여 작성한다.

세부조건

① 도형 편집
 - 도형에 그림 채우기 :
  「내 PC\문서\ITQ\Picture
  \그림2.jpg」, 투명도 50%
 - 도형 효과 :
  부드러운 가장자리 5포인트

② 워드아트 삽입
 - 변환 : 수축, 위쪽
 - 글꼴 : 궁서, 굵게
 - 텍스트 반사 : 근접 반사, 터치

③ 그림 삽입
 - 「내 PC\문서\ITQ\Picture
  \로고1.jpg」
 - 배경(회색) 투명색으로 설정

슬라이드 2   목차 슬라이드   60점

(1) 출력형태와 같이 도형을 이용하여 목차를 작성한다(글꼴 : 굴림, 24pt).
(2) 도형 : 선 없음

세부조건

① 텍스트에 하이퍼링크 적용
 → '슬라이드 4'

② 그림 삽입
 - 「내 PC\문서\ITQ\Picture
  \그림4.jpg」
 - 자르기 기능 이용

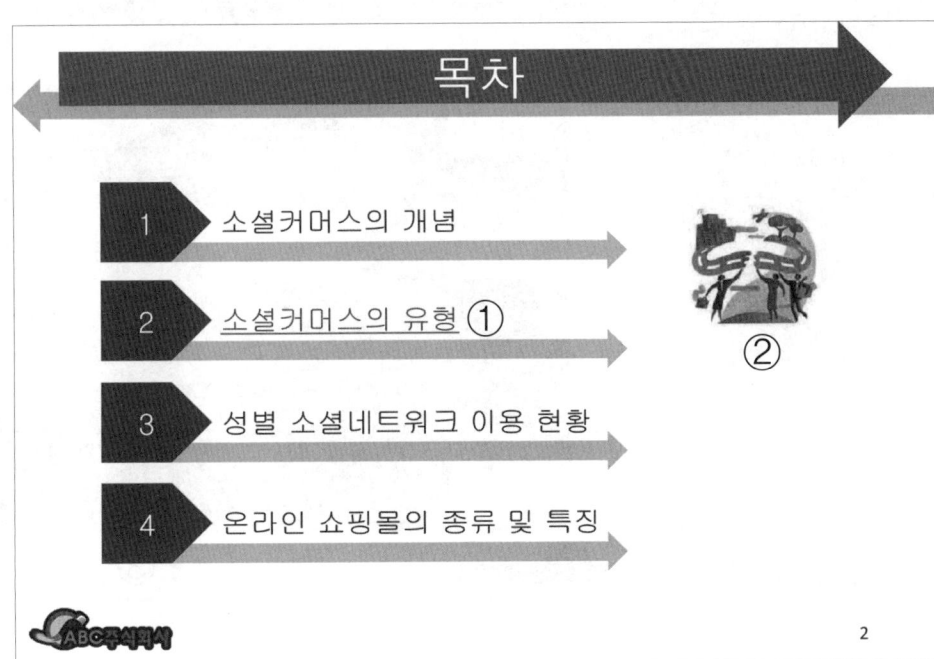

슬라이드 3 — 텍스트/동영상 슬라이드 (60점)

(1) 텍스트 작성 : 글머리 기호 사용(❖, ✓)
　　❖문단(굴림, 24pt, 굵게, 줄간격 : 1.5줄), ✓문단(굴림, 20pt, 줄간격 : 1.5줄)

세부조건
① 동영상 삽입 :
　- 「내 PC₩문서₩ITQ₩Picture₩동영상.wmv」
　- 자동실행, 반복재생 설정

1. 소셜커머스의 개념

❖ Social Commerce
　✓ Social media is becoming more a part of an overall integrated, multi-channel marketing strategy
　✓ The use of social by marketers reflects this more deeply engrained behavior

❖ 소셜커머스
　✓ 페이스북, 인스타그램 등 소셜미디어를 활용하는 전자상거래로 소비자의 인맥과 입소문을 활용하여 다양한 상품을 판매

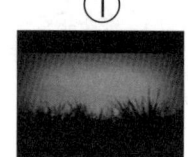

슬라이드 4 — 표 슬라이드 (80점)

(1) 도형과 표 작성 기능을 이용하여 슬라이드를 작성한다(글꼴 : 돋움, 18pt).

세부조건
① 상단 도형 :
　2개 도형의 조합으로 작성
② 좌측 도형 :
　그라데이션 효과(선형 아래쪽)
③ 테이블 디자인 :
　테마 스타일 1 - 강조 5

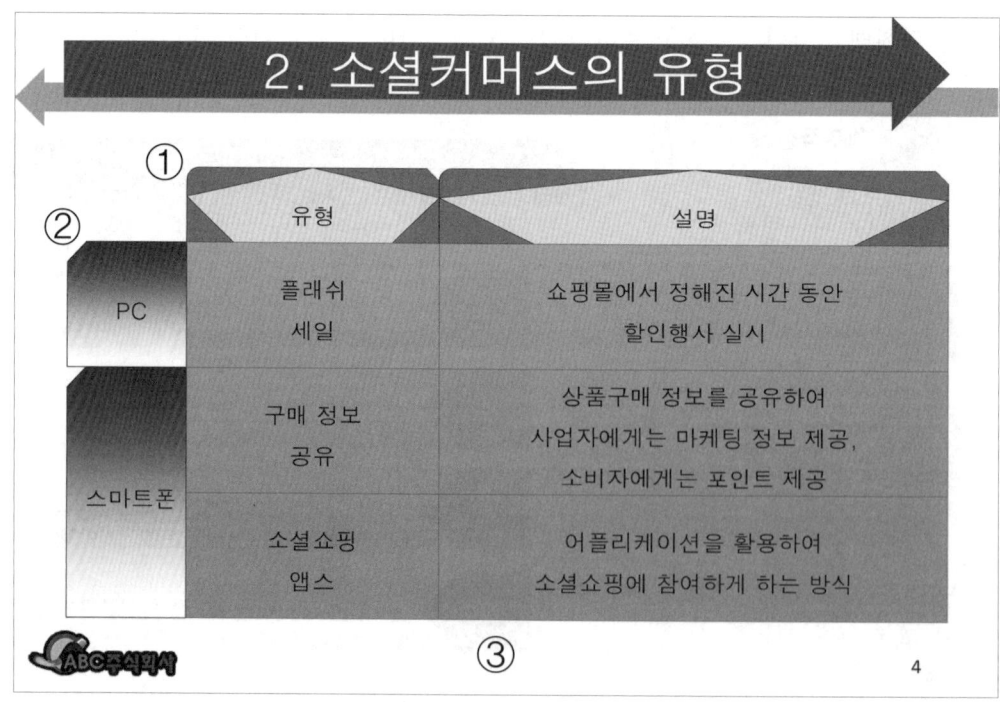

슬라이드 5 차트 슬라이드 100점

(1) 차트 작성 기능을 이용하여 슬라이드를 작성한다.
(2) 차트 : 종류(묶은 세로 막대형), 글꼴(돋움, 16pt), 외곽선

세부조건

※ 차트설명
· 차트제목 : 궁서, 24pt, 굵게,
  채우기(흰색), 테두리,
  그림자(오프셋 오른쪽)
· 차트영역 : 채우기(노랑)
  그림영역 : 채우기(흰색)
· 데이터 서식 : 여성 계열을
  표식이 있는 꺾은선형으로
  변경 후 보조축으로 지정
· 값 표시 : 인스타그램의 남성
  계열만

① 도형 삽입
- 스타일 :
  미세효과 - 파랑, 강조1
- 글꼴 : 굴림, 18pt

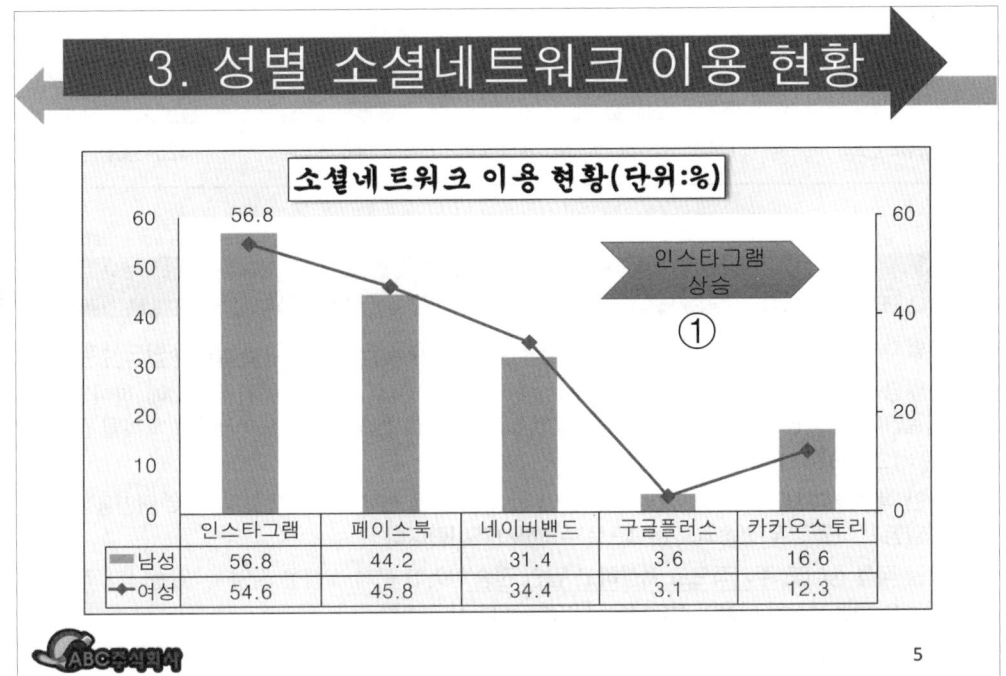

슬라이드 6 도형 슬라이드 100점

(1) 슬라이드와 같이 도형 및 스마트아트를 배치한다(글꼴 : 굴림, 18pt).
(2) 애니메이션 순서 : ① ⇒ ②

세부조건

① 도형 편집
- 그룹화 후 애니메이션 효과 :
  닦아내기(위에서)

② 도형 및 스마트아트 편집
- 스마트아트 디자인 :
  3차원 만화, 3차원 경사
- 그룹화 후 애니메이션 효과 :
  나타내기

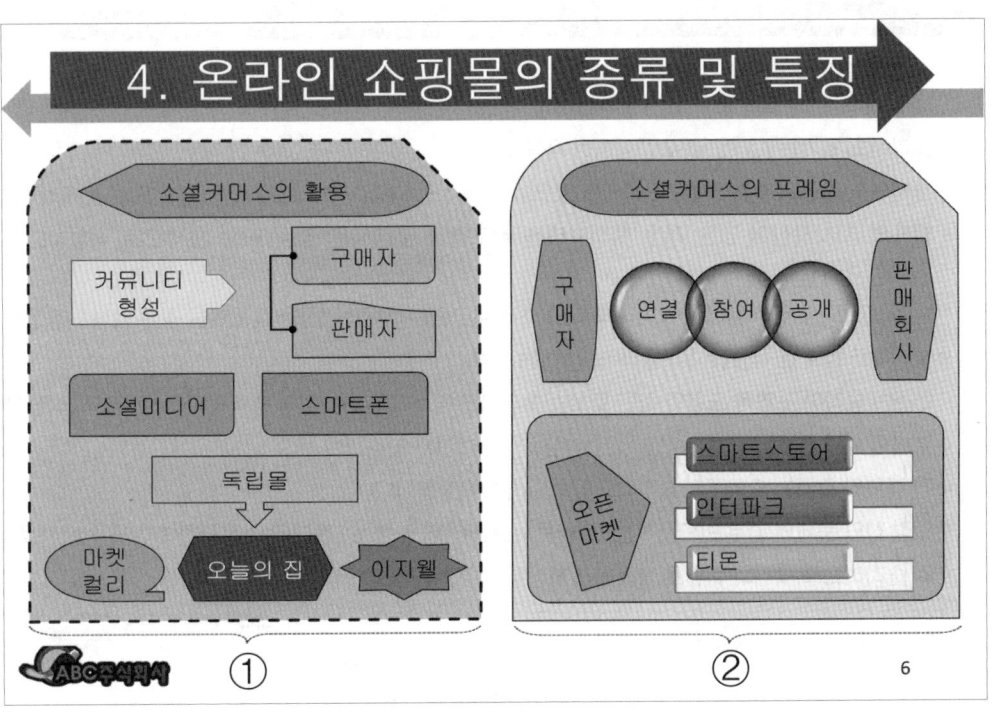

7회 기출유형 모의고사

과목	코드	문제유형	시험시간	수험번호	성명
파워포인트	1142	A	60분	12343007	

수 험 자 유 의 사 항

- 수험자는 문제지를 받는 즉시 문제지와 **수험표상의 시험과목(프로그램)이 동일한지 반드시 확인**하여야 합니다.
- 파일명은 본인의 "수험번호-성명"으로 입력하여 답안폴더(내 PC₩문서₩ITQ)에 하나의 파일로 저장해야 하며, 답안문서 파일명이 "수험번호-성명"과 일치하지 않거나, 답안파일을 전송하지 않아 미제출로 처리될 경우 실격 처리합니다
(예 : 12345678-홍길동.pptx).
- 답안 작성을 마치면 파일을 저장하고, '답안 전송' 버튼을 선택하여 감독위원 PC로 답안을 전송하십시오. 수험생 정보와 저장한 파일명이 다를 경우 전송되지 않으므로 주의하시기 바랍니다.
- 답안 작성 중에도 **주기적으로 저장하고 '답안 전송'**하여야 문제 발생을 줄일 수 있습니다. 작업한 내용을 저장하지 않고 전송할 경우 이전에 저장된 내용이 전송되오니 이점 유의하시기 바랍니다.
- 답안문서는 지정된 경로 외의 다른 보조기억장치에 저장하는 경우, 지정된 시험 시간 외에 작성된 파일을 활용할 경우, 기타 통신 수단(이메일, 메신저, 네트워크 등)을 이용하여 타인에게 전달 또는 외부 반출하는 경우는 부정 처리합니다.
- 시험 중 부주의 또는 고의로 시스템을 파손한 경우는 수험자가 변상해야 하며, 〈수험자 유의사항〉에 기재된 방법대로 이행하지 않아 생기는 불이익은 수험생 당사자의 책임임을 알려 드립니다.
- 문제의 조건은 MS오피스 2021 버전으로 설정되어 있으며 MS오피스 2016은【 】에 표기되어 있습니다. 이와 관련하여 작성한 답안의 출력형태가 문제지와 다를 수 있습니다.
- 시험을 완료한 수험자는 답안파일이 전송되었는지 확인한 후 감독위원의 지시에 따라 문제지를 제출하고 퇴실합니다.

답 안 작 성 요 령

- 온라인 답안 작성 절차
수험자 등록 ⇒ 시험 시작 ⇒ 답안파일 저장 ⇒ 답안 전송 ⇒ 시험 종료
- 슬라이드 크기는 A4 Paper로 설정하여 작성합니다.
- 슬라이드의 총 개수는 6개로 구성되어 있으며 슬라이드 1부터 순서대로 작업하고 반드시 문제와 세부조건대로 합니다.
- 별도의 지시사항이 없는 경우 출력형태를 참조하여 글꼴색은 검정 또는 흰색으로 작성하고, 기타사항은 전체적인 균형을 고려하여 작성합니다.
- 슬라이드 도형 및 개체에 출력형태와 다른 스타일(그림자, 외곽선 등)을 적용했을 경우 감점처리 됩니다.
- 슬라이드 번호를 작성합니다(슬라이드 1에는 생략).
- 2~6번 슬라이드 제목 도형과 하단 로고는 슬라이드 마스터를 이용하여 출력형태와 동일하게 작성합니다(슬라이드 1에는 생략).
- 문제와 세부조건, 세부조건 번호 ○ (점선원)는 입력하지 않습니다.
- 각 객체의 위치는 오른쪽의 슬라이드와 동일하게 구성합니다.
- 그림 삽입 문제의 경우 반드시 「내 PC₩문서₩ITQ₩Picture」 폴더에서 정확한 파일을 선택하여 삽입하십시오.
- 각 슬라이드를 각각의 파일로 작업해서 저장할 경우 실격 처리됩니다.

전체구성 (60점)

(1) 슬라이드 크기 및 순서 : 크기를 A4 용지로 설정하고 슬라이드 순서에 맞게 작성한다.
(2) 슬라이드 마스터 : 2~6슬라이드의 제목, 하단 로고, 슬라이드 번호는 슬라이드 마스터를 이용하여 작성한다.
 - 제목 글꼴(굴림, 40pt, 흰색), 가운데 맞춤, 도형(선 없음)
 - 하단 로고(「내 PC₩문서₩ITQ₩Picture₩로고1.jpg」, 배경(회색) 투명색으로 설정)

슬라이드 1   표지 디자인 (40점)

(1) 표지 디자인 : 도형, 워드아트 및 그림을 이용하여 작성한다.

세부조건

① 도형 편집
- 도형에 그림 채우기 :
 「내 PC₩문서₩ITQ₩Picture
 ₩그림3.jpg」, 투명도 50%
- 도형 효과 :
 (부드러운 가장자리 5포인트)

② 워드아트 삽입
- 변환 : 기울기, 위로
- 글꼴 : 돋움, 굵게
- 반사 : 전체 반사, 터치

③ 그림 삽입
- 「내 PC₩문서₩ITQ₩Picture₩
 로고1.jpg」
- 배경(회색) 투명색으로 설정

National Museum ②

③

슬라이드 2   목차 슬라이드 (60점)

(1) 출력형태와 같이 도형을 이용하여 목차를 작성한다(글꼴 : 굴림, 24pt).
(2) 도형 : 선 없음

세부조건

① 텍스트에 하이퍼링크 적용
 → '슬라이드 4'

② 그림 삽입
- 「내 PC₩문서₩ITQ₩Picture
 ₩그림5.jpg」
- 자르기 기능 이용

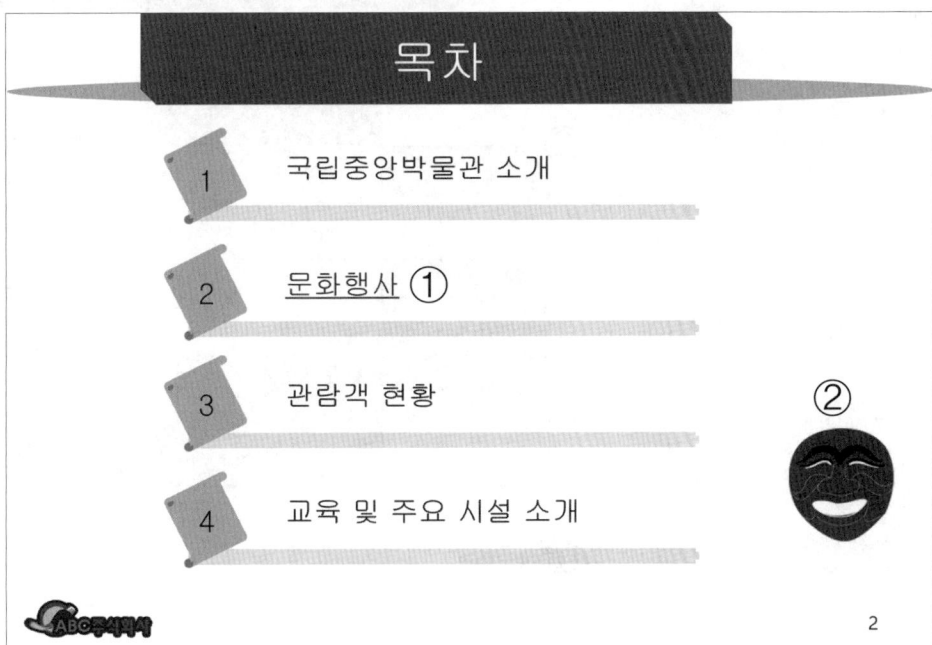

슬라이드 3 — 텍스트/동영상 슬라이드 (60점)

(1) 텍스트 작성 : 글머리 기호 사용(❖, ✓)
  ❖ 문단(굴림, 24pt, 굵게, 줄간격 : 1.5줄), ✓ 문단(굴림, 20pt, 줄간격 : 1.5줄)

세부조건
① 동영상 삽입 :
  - 「내 PC₩문서₩ITQ₩Picture₩동영상.wmv」
  - 자동실행, 반복재생 설정

1. 국립중앙박물관 소개

❖ **National Museum of Korea**
  ✓ The Children's Museum in the National Museum of Korea is an archeological museum
  ✓ You may actually touch relics made identical to the real relics housed in the National Museum of Korea

❖ **개요**
  ✓ 조선총독부박물관을 인수하여 1945년 12월 3일 개관
  ✓ 한국의 전통적 건축정신을 현대적으로 재해석
  ✓ 우리 문화재가 최적의 환경에서 안전하게 보존될 수 있도록 22개의 수장고를 운영

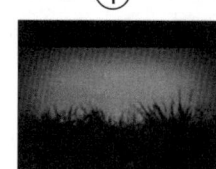

슬라이드 4 — 표 슬라이드 (80점)

(1) 출력형태와 같이 도형을 이용하여 목차를 작성한다(글꼴 : 돋움, 18pt).

세부조건
① 상단 도형 :
  2개 도형의 조합으로 작성
② 좌측 도형 :
  그라데이션 효과(선형 아래쪽)
③ 테이블 디자인 :
  테마 스타일 1 - 강조 6

2. 문화행사

구분	내용
주제	다양한 문화공연을 통해 문화향유의 기회 제공
행사 장소	국립중앙박물관 내 열린마당, 대강당, 소강당
문화행사	토요 문화 한마당 – 모든 장르의 공연
문화행사	브런치 콘서트 – 미술과 음악을 잇다
문화행사	월야청청 – 한가위 한마당
문화행사	이슬람의 보물 – 전시 및 영화 상영

좌측 도형: 개인 및 단체 / 입장료 무료

슬라이드 5 　 차트 슬라이드 　 100점

(1) 차트 작성 기능을 이용하여 슬라이드를 작성한다.
(2) 차트 : 종류(묶은 세로 막대형), 글꼴(굴림, 16pt), 외곽선

세부조건

※ 차트설명
- 차트제목 : 궁서, 24pt, 굵게, 채우기(흰색), 테두리, 그림자(오프셋 위쪽)
- 차트영역 : 채우기(노랑) 그림영역 : 채우기(흰색)
- 데이터 서식 : '여자' 계열을 표식이 있는 꺾은선형으로 변경 후 보조 축으로 지정
- 값 표시 : 10월의 여자 계열만
- 데이터 테이블 표시

① 도형 삽입
- 스타일 : 미세효과 – 파랑, 강조1
- 글꼴 : 굴림, 18pt

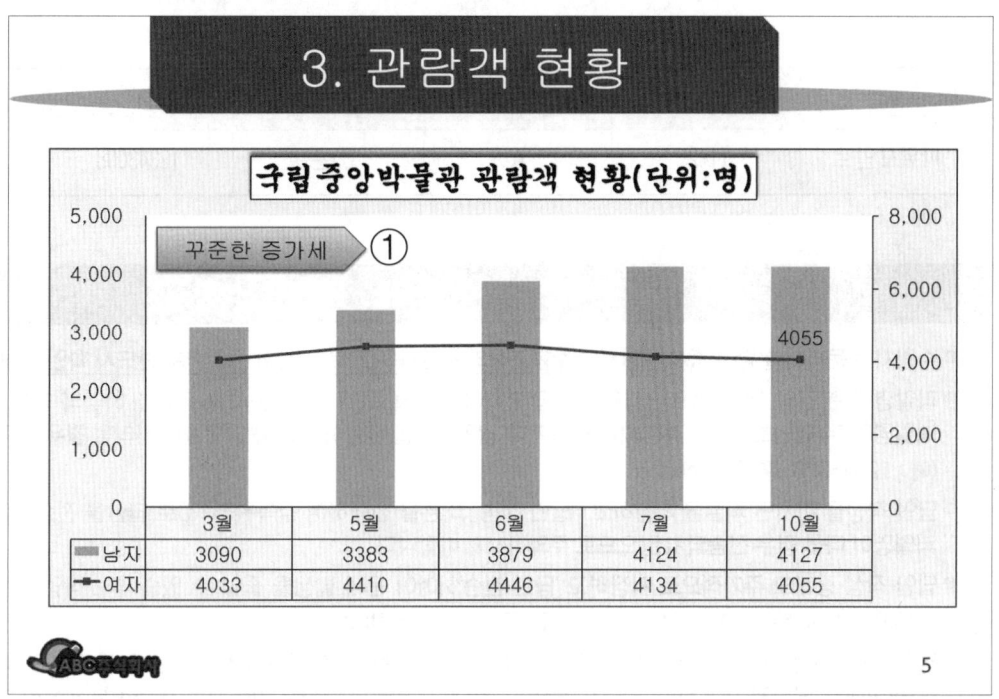

슬라이드 6 　 도형 슬라이드 　 100점

(1) 출력형태와 같이 도형을 이용하여 목차를 작성한다(글꼴 : 굴림, 18pt).
(2) 애니메이션 순서 : ① ⇒ ②

세부조건

① 도형 및 스마트아트 편집
- 스마트아트 디자인 : 3차원 만화, 3차원 벽돌
- 그룹화 후 애니메이션 효과 : 닦아내기(위에서)

② 도형 편집
그룹화 후 애니메이션 효과 : 바운드

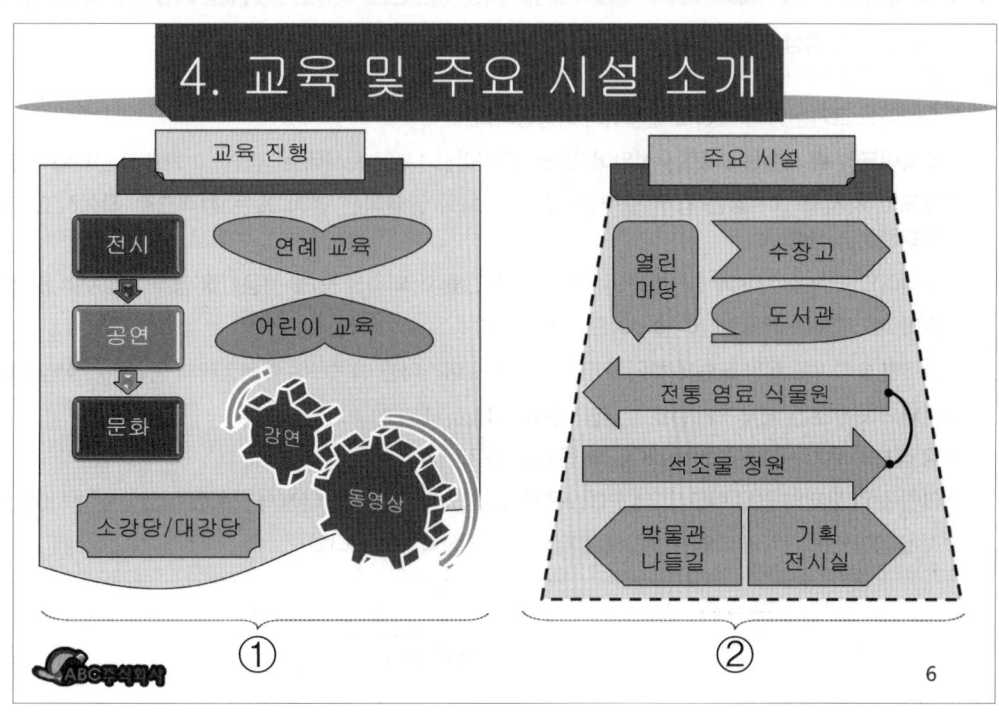

제8회 기출유형 모의고사

과목	코드	문제유형	시험시간	수험번호	성 명
파워포인트	1142	A	60분	12343008	

수험자 유의사항

- 수험자는 문제지를 받는 즉시 문제지와 **수험표상의 시험과목(프로그램)이 동일한지 반드시 확인**하여야 합니다.
- 파일명은 본인의 "수험번호-성명"으로 입력하여 답안폴더(내 PC₩문서₩ITQ)에 하나의 파일로 저장해야 하며, 답안문서 파일명이 "수험번호-성명"과 일치하지 않거나, 답안파일을 전송하지 않아 미제출로 처리될 경우 실격 처리합니다.
  (예 : 12345678-홍길동.pptx).
- 답안 작성을 마치면 파일을 저장하고, '답안 전송' 버튼을 선택하여 감독위원 PC로 답안을 전송하십시오. 수험생 정보와 저장한 파일명이 다를 경우 전송되지 않으므로 주의하시기 바랍니다.
- 답안 작성 중에도 **주기적으로 저장하고 '답안 전송'**하여야 문제 발생을 줄일 수 있습니다. 작업한 내용을 저장하지 않고 전송할 경우 이전에 저장된 내용이 전송되오니 이점 유의하시기 바랍니다.
- 답안문서는 지정된 경로 외의 다른 보조기억장치에 저장하는 경우, 지정된 시험 시간 외에 작성된 파일을 활용할 경우, 기타 통신 수단(이메일, 메신저, 네트워크 등)을 이용하여 타인에게 전달 또는 외부 반출하는 경우는 부정 처리합니다.
- 시험 중 부주의 또는 고의로 시스템을 파손한 경우는 수험자가 변상해야 하며, <수험자 유의사항>에 기재된 방법대로 이행하지 않아 생기는 불이익은 수험생 당사자의 책임임을 알려 드립니다.
- 문제의 조건은 MS오피스 2021 버전으로 설정되어 있으며 MS오피스 2016은【 】에 표기되어 있습니다. 이와 관련하여 작성한 답안의 출력형태가 문제지와 다를 수 있습니다.
- 시험을 완료한 수험자는 답안파일이 전송되었는지 확인한 후 감독위원의 지시에 따라 문제지를 제출하고 퇴실합니다.

답안 작성 요령

- 온라인 답안 작성 절차
  수험자 등록 ⇒ 시험 시작 ⇒ 답안파일 저장 ⇒ 답안 전송 ⇒ 시험 종료
- 슬라이드 크기는 A4 Paper로 설정하여 작성합니다.
- 슬라이드의 총 개수는 6개로 구성되어 있으며 슬라이드 1부터 순서대로 작업하고 반드시 문제와 세부조건대로 합니다.
- 별도의 지시사항이 없는 경우 출력형태를 참조하여 글꼴색은 검정 또는 흰색으로 작성하고, 기타사항은 전체적인 균형을 고려하여 작성합니다.
- 슬라이드 도형 및 개체에 출력형태와 다른 스타일(그림자, 외곽선 등)을 적용했을 경우 감점처리 됩니다.
- 슬라이드 번호를 작성합니다(슬라이드 1에는 생략).
- 2~6번 슬라이드 제목 도형과 하단 로고는 슬라이드 마스터를 이용하여 출력형태와 동일하게 작성합니다(슬라이드 1에는 생략).
- 문제와 세부조건, 세부조건 번호 ◌ (점선원)는 입력하지 않습니다.
- 각 객체의 위치는 오른쪽의 슬라이드와 동일하게 구성합니다.
- 그림 삽입 문제의 경우 반드시 「내 PC₩문서₩ITQ₩Picture」 폴더에서 정확한 파일을 선택하여 삽입하십시오.
- 각 슬라이드를 각각의 파일로 작업해서 저장할 경우 실격 처리됩니다.

전체구성 — 60점

(1) 슬라이드 크기 및 순서 : 크기를 A4 용지로 설정하고 슬라이드 순서에 맞게 작성한다.
(2) 슬라이드 마스터 : 2~6슬라이드의 제목, 하단 로고, 슬라이드 번호는 슬라이드 마스터를 이용하여 작성한다.
  - 제목 글꼴(굴림, 40pt, 흰색), 가운데 맞춤, 도형(선 없음)
  - 하단 로고(「내 PC₩문서₩ITQ₩Picture₩로고3.jpg」, 배경(연보라) 투명색으로 설정)

슬라이드 1 — 표지 디자인 — 40점

(1) 표지 디자인 : 도형, 워드아트 및 그림을 이용하여 작성한다.

세부조건

① 도형 편집
 - 도형에 그림 채우기 :
  「내 PC₩문서₩ITQ₩Picture
  ₩그림2.jpg」, 투명도 50%
 - 도형 효과 :
  부드러운 가장자리 5pt

② 워드아트 삽입
 - 변환 : 물결, 아래로
 - 글꼴 : 굴림, 굵게
 - 반사 : 근접 반사, 터치

③ 그림 삽입
 - 「내 PC₩문서₩ITQ₩Picture
  ₩로고3.jpg」
 - 배경(연보라) 투명색으로 설정

슬라이드 2 — 목차 슬라이드 — 60점

(1) 출력형태와 같이 도형을 이용하여 목차를 작성한다(글꼴 : 돋움, 24pt).
(2) 도형 : 선 없음

세부조건

① 텍스트에 하이퍼링크 적용
 → '슬라이드 5'

② 그림 삽입
 - 「내 PC₩문서₩ITQ₩Picture
  ₩그림4.jpg」
 - 자르기 기능 이용

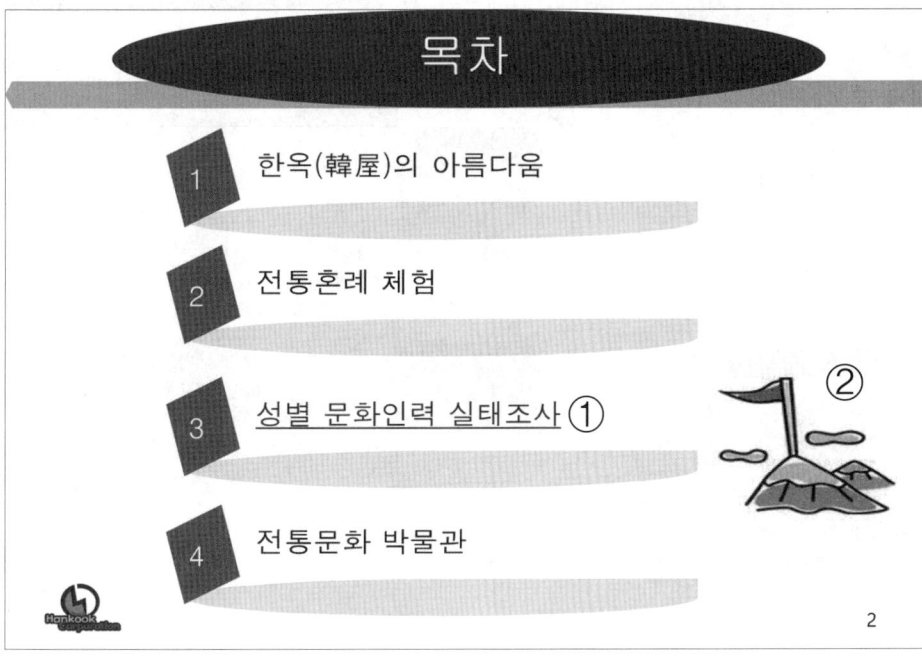

슬라이드 3 　 텍스트/동영상 슬라이드 　 60점

(1) 텍스트 작성 : 글머리 기호 사용(✓, ■)
　　✓문단(굴림, 24pt, 굵게, 줄간격 : 1.5줄), ■문단(굴림, 20pt, 줄간격 : 1.5줄)

세부조건

① 동영상 삽입 :
- 「내 PC₩문서₩ITQ₩Picture ₩동영상. wmv」
- 자동실행, 반복재생 설정

1. 한옥(韓屋)의 아름다움

✓ Traditional Korea-style house
- Lines and planes make simple but powerful and elegant beauty
- Buildings are unsymmetrical, atypical and their colours are natural so that they look unexaggerated

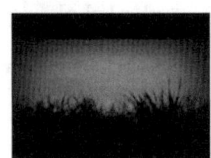
①

✓ 한옥의 종류
- 기와집 : 지붕 재료인 기와는 진흙으로 빚어 불에 구운 일종의 도기
- 초가집 : 볏짚은 여름철 햇볕을 감소시키고, 겨울철 집안 온기가 밖으로 빠져 나가는 것을 막아줌

슬라이드 4 　 표 슬라이드 　 80점

(1) 도형과 표 작성 기능을 이용하여 슬라이드를 작성한다(글꼴 : 굴림, 18pt).

세부조건

① 상단 도형 :
　2개 도형의 조합으로 작성

② 좌측 도형 :
　그라데이션 효과(선형 아래쪽)

③ 테이블 디자인 :
　테마 스타일 1 - 강조 5

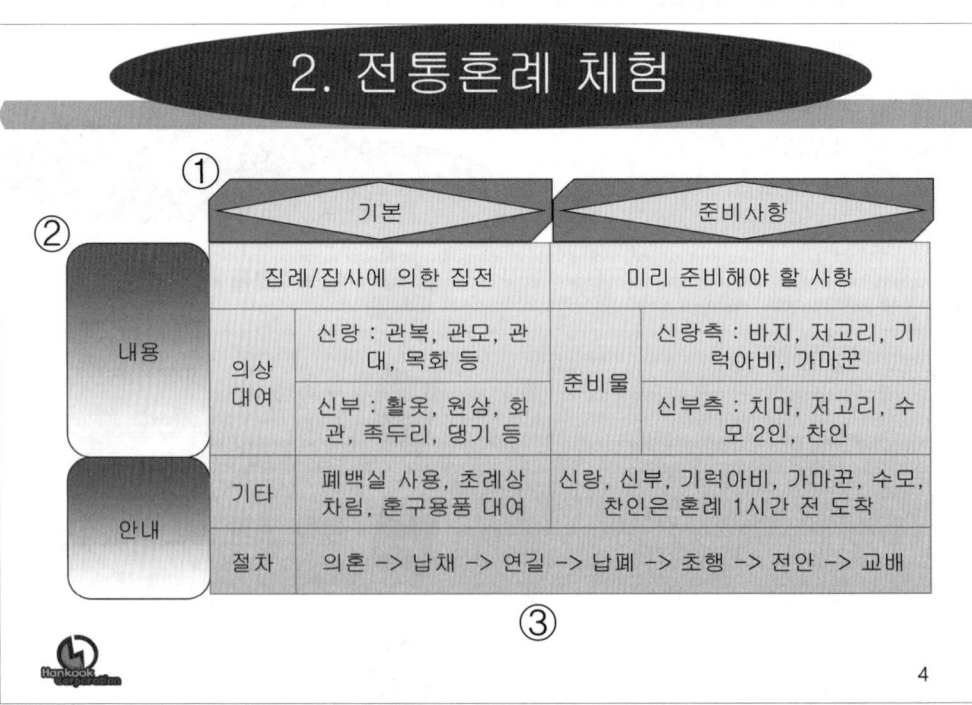

슬라이드 5 차트 슬라이드 100점

(1) 차트 작성 기능을 이용하여 슬라이드를 작성한다.
(2) 차트 : 종류(묶은 세로 막대형), 글꼴(돋움, 16pt), 외곽선

세부조건

※ 차트설명
- 차트제목 : 궁서, 24pt, 굵게, 채우기(흰색), 테두리, 그림자(오프셋 오른쪽)
- 차트영역 : 채우기(노랑) 그림영역 : 채우기(흰색)
- 데이터 서식 : '여자' 계열을 표식이 있는 꺾은선형으로 변경 후 보조축으로 지정
- 값표시 : 50대의 남자 계열만

① 도형 삽입
- 스타일 :
  미세효과 – 파랑, 강조1
- 글꼴 : 굴림, 18pt

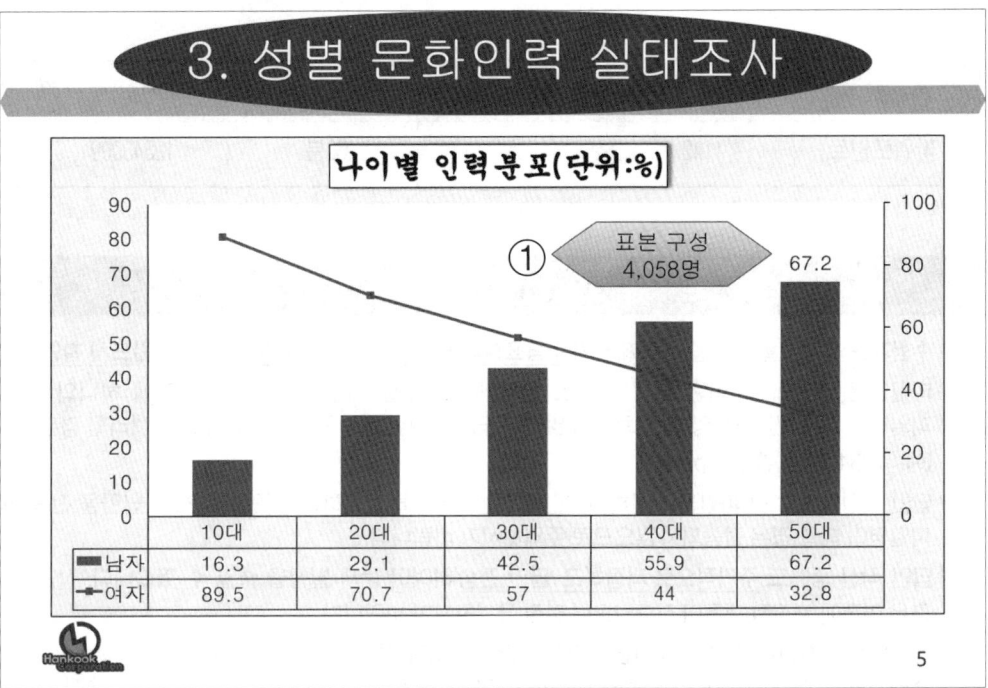

슬라이드 6 도형 슬라이드 100점

(1) 슬라이드와 같이 도형 및 스마트아트를 배치한다(글꼴 : 굴림, 18pt).
(2) 애니메이션 순서 : ① ⇒ ②

세부조건

① 도형 및 스마트아트 편집
- 스마트아트 디자인 :
  3차원 벽돌, 3차원 경사
- 그룹화 후 애니메이션 효과 :
  닦아내기(아래에서)

② 도형 편집
  그룹화 후 애니메이션 효과 :
  회전

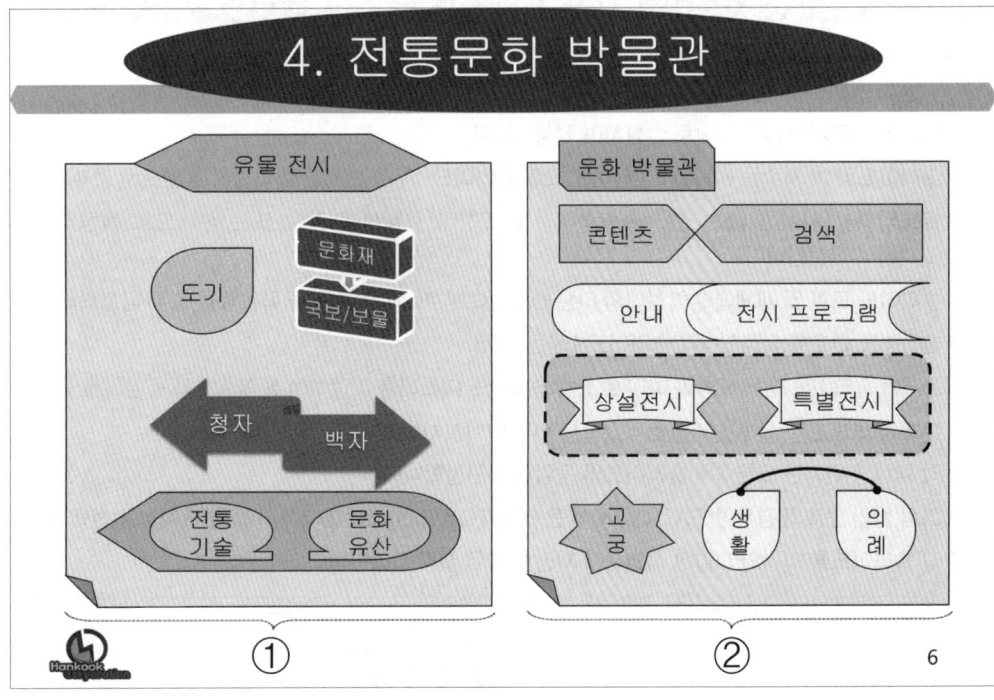

9회 기출유형 모의고사

과목	코드	문제유형	시험시간	수험번호	성 명
파워포인트	1142	A	60분	12343009	

수험자 유의사항

- 수험자는 문제지를 받는 즉시 문제지와 **수험표상의 시험과목(프로그램)이 동일한지 반드시 확인**하여야 합니다.
- 파일명은 본인의 "수험번호-성명"으로 입력하여 답안폴더(내 PC\문서\ITQ)에 하나의 파일로 저장해야 하며, 답안문서 파일명이 "수험번호-성명"과 일치하지 않거나, 답안파일을 전송하지 않아 미제출로 처리될 경우 실격 처리합니다
 (예 : 12345678-홍길동.pptx).
- 답안 작성을 마치면 파일을 저장하고, '답안 전송' 버튼을 선택하여 감독위원 PC로 답안을 전송하십시오. 수험생 정보와 저장한 파일명이 다를 경우 전송되지 않으므로 주의하시기 바랍니다.
- 답안 작성 중에도 **주기적으로 저장하고 '답안 전송'**하여야 문제 발생을 줄일 수 있습니다. 작업한 내용을 저장하지 않고 전송할 경우 이전에 저장된 내용이 전송되오니 이점 유의하시기 바랍니다.
- 답안문서는 지정된 경로 외의 다른 보조기억장치에 저장하는 경우, 지정된 시험 시간 외에 작성된 파일을 활용할 경우, 기타 통신수단(이메일, 메신저, 네트워크 등)을 이용하여 타인에게 전달 또는 외부 반출하는 경우는 부정 처리합니다.
- 시험 중 부주의 또는 고의로 시스템을 파손한 경우는 수험자가 변상해야 하며, <수험자 유의사항>에 기재된 방법대로 이행하지 않아 생기는 불이익은 수험생 당사자의 책임임을 알려 드립니다.
- 문제의 조건은 MS오피스 2021 버전으로 설정되어 있으며 MS오피스 2016은【 】에 표기되어 있습니다. 이와 관련하여 작성한 답안의 출력형태가 문제지와 다를 수 있습니다.
- 시험을 완료한 수험자는 답안파일이 전송되었는지 확인한 후 감독위원의 지시에 따라 문제지를 제출하고 퇴실합니다.

답 안 작 성 요 령

- 온라인 답안 작성 절차
 수험자 등록 ⇒ 시험 시작 ⇒ 답안파일 저장 ⇒ 답안 전송 ⇒ 시험 종료
- 슬라이드 크기는 A4 Paper로 설정하여 작성합니다.
- 슬라이드의 총 개수는 6개로 구성되어 있으며 슬라이드 1부터 순서대로 작업하고 반드시 문제와 세부조건대로 합니다.
- 별도의 지시사항이 없는 경우 출력형태를 참조하여 글꼴색은 검정 또는 흰색으로 작성하고, 기타사항은 전체적인 균형을 고려하여 작성합니다.
- 슬라이드 도형 및 개체에 출력형태와 다른 스타일(그림자, 외곽선 등)을 적용했을 경우 감점처리 됩니다.
- 슬라이드 번호를 작성합니다(슬라이드 1에는 생략).
- 2~6번 슬라이드 제목 도형과 하단 로고는 슬라이드 마스터를 이용하여 출력형태와 동일하게 작성합니다(슬라이드 1에는 생략).
- 문제와 세부조건, 세부조건 번호 ○ (점선원)는 입력하지 않습니다.
- 각 객체의 위치는 오른쪽의 슬라이드와 동일하게 구성합니다.
- 그림 삽입 문제의 경우 반드시 「내 PC\문서\ITQ\Picture」 폴더에서 정확한 파일을 선택하여 삽입하십시오.
- 각 슬라이드를 각각의 파일로 작업해서 저장할 경우 실격 처리됩니다.

전체구성 (60점)

(1) 슬라이드 크기 및 순서 : 크기를 A4 용지로 설정하고 슬라이드 순서에 맞게 작성한다.
(2) 슬라이드 마스터 : 2~6슬라이드의 제목, 하단 로고, 슬라이드 번호는 슬라이드 마스터를 이용하여 작성한다.
　　- 제목 글꼴(돋움, 40pt, 흰색), 가운데 맞춤, 도형(선 없음)
　　- 하단 로고(「내 PC₩문서₩ITQ₩Picture₩로고2.jpg」, 배경(회색) 투명색으로 설정)

슬라이드 1　표지 디자인 (40점)

(1) 표지 디자인 : 도형, 워드아트 및 그림을 이용하여 작성한다.

세부조건

① 도형 편집
- 도형에 그림 채우기 :
  「내 PC₩문서₩ITQ₩Picture
  ₩그림1.jpg」, 투명도 50%
- 도형 효과 :
  부드러운 가장자리 5포인트

② 워드아트 삽입
- 변환 : 갈매기형 수장, 위로
- 글꼴 : 돋움, 굵게
- 텍스트 반사 : 전체 반사,
  4pt 오프셋

③ 그림 삽입
- 「내 PC₩문서₩ITQ₩Picture
  ₩로고2.jpg」
- 배경(회색) 투명색으로 설정

슬라이드 2　목차 슬라이드 (60점)

(1) 출력형태와 같이 도형을 이용하여 목차를 작성한다(글꼴 : 굴림, 24pt).
(2) 도형 : 선 없음

세부조건

① 텍스트에 하이퍼링크 적용
→ '슬라이드 4'

② 그림 삽입
- 「내 PC₩문서₩ITQ₩Picture
  ₩그림5.jpg」
- 자르기 기능 이용

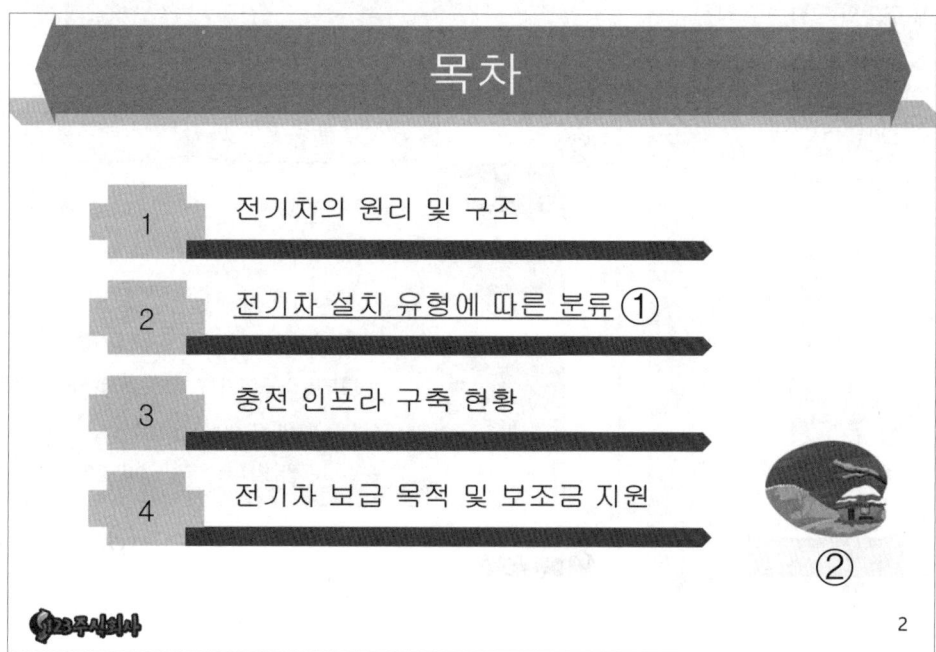

슬라이드 3 텍스트/동영상 슬라이드 60점

(1) 텍스트 작성 : 글머리 기호 사용(❖, ■)
　　❖문단(돋움, 24pt, 굵게, 줄간격 : 1.5줄), ■문단(돋움, 20pt, 줄간격 : 1.5줄)

세부조건
① 동영상 삽입 :
- 「내 PC₩문서₩ITQ₩Picture₩동영상.wmv」
- 자동실행, 반복재생 설정

1. 전기차의 원리 및 구조

❖ **Principles of Electric Cars**
- Electric cars are vehicles that produce drive by supplying electric energy from high voltage batteries to electric motors

❖ **전기차 내부 구조**
- 급속충전기는 충전까지 30분 정도 소요
- 배터리에서 공급되는 전기에너지만을 동력원으로 전기모터를 구동
- 제동 횟수가 많은 도심에서 에너지 효율성 극대화

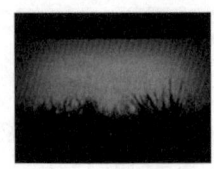
①

슬라이드 4 표 슬라이드 80점

(1) 도형과 표 작성 기능을 이용하여 슬라이드를 작성한다(글꼴 : 굴림, 18pt).

세부조건
① 상단 도형 :
　2개 도형의 조합으로 작성
② 좌측 도형 :
　그라데이션 효과
　(선형 아래쪽)
③ 테이블 디자인 :
　테마 스타일 1 - 강조 6

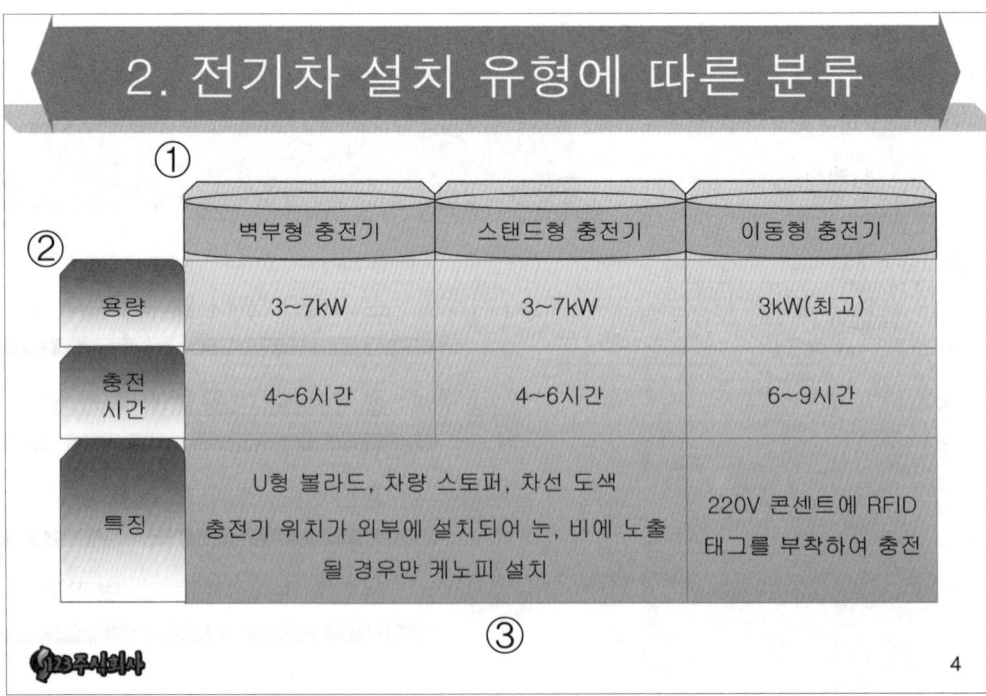

2. 전기차 설치 유형에 따른 분류

	벽부형 충전기	스탠드형 충전기	이동형 충전기
용량	3~7kW	3~7kW	3kW(최고)
충전 시간	4~6시간	4~6시간	6~9시간
특징	U형 볼라드, 차량 스토퍼, 차선 도색 충전기 위치가 외부에 설치되어 눈, 비에 노출될 경우만 캐노피 설치		220V 콘센트에 RFID 태그를 부착하여 충전

슬라이드 5 차트 슬라이드 100점

(1) 차트 작성 기능을 이용하여 슬라이드를 작성한다.
(2) 차트 : 종류(묶은 세로 막대형), 글꼴(굴림, 16pt), 외곽선

세부조건

※ 차트설명
- 차트제목 : 궁서, 24pt, 굵게, 채우기(흰색), 테두리, 그림자(오프셋 오른쪽)
- 차트영역 : 채우기(노랑) 그림영역 : 채우기(흰색)
- 데이터 서식 : 2024년 계열을 표식이 있는 꺾은선형으로 변경 후 보조축으로 지정
- 값 표시 : 전라권의 2024년 계열만

① 도형 삽입
- 스타일 : 미세효과 – 파랑, 강조1
- 글꼴 : 돋움, 18pt

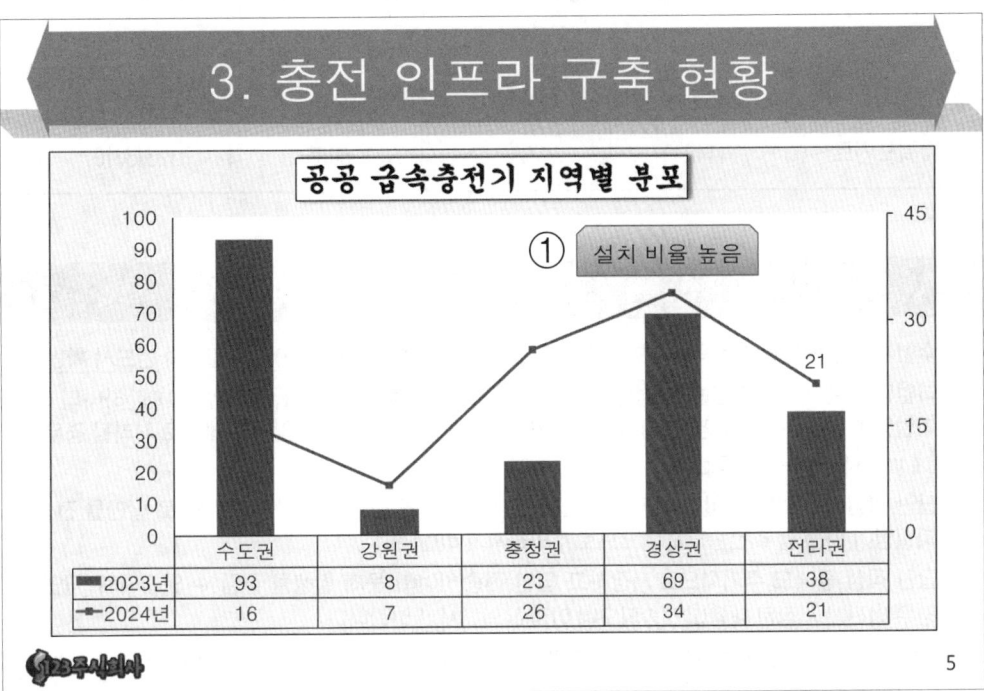

슬라이드 6 도형 슬라이드 100점

(1) 슬라이드와 같이 도형 및 스마트아트를 배치한다(글꼴 : 굴림, 18pt).
(2) 애니메이션 순서 : ① ⇒ ②

세부조건

① 도형 및 스마트아트 편집
- 스마트아트 디자인 : 3차원 경사, 3차원 만화
- 그룹화 후 애니메이션 효과 : 올라오기(서서히 위로)

② 도형 편집
- 그룹화 후 애니메이션 효과 : 실선 무늬(가로)

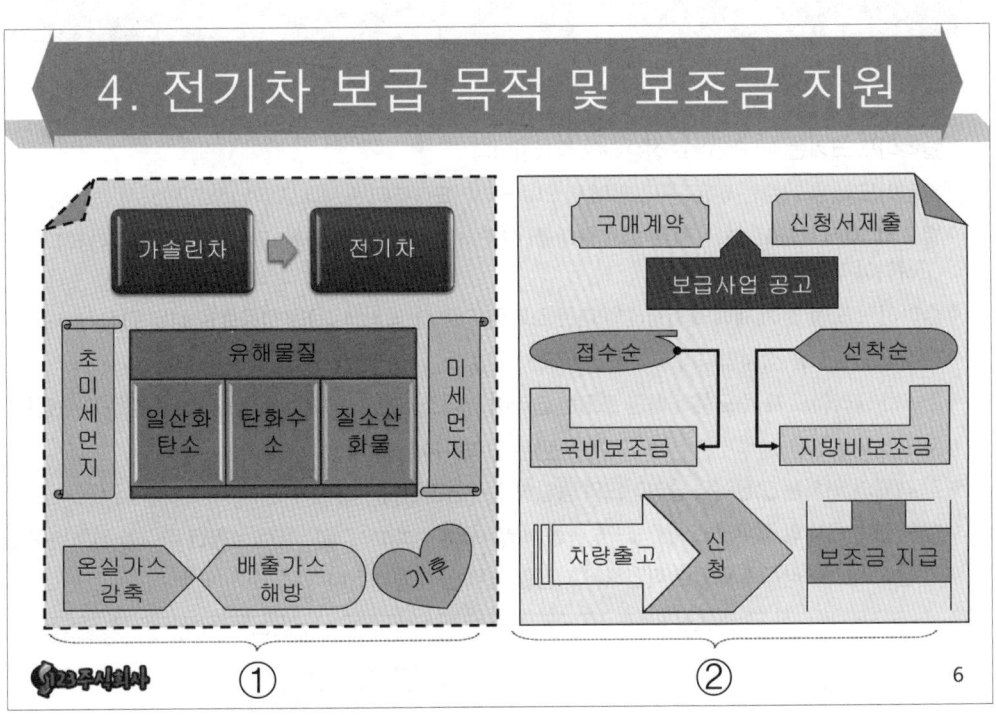

기출유형 모의고사

과목	코드	문제유형	시험시간	수험번호	성 명
파워포인트	1142	A	60분	12343010	

수험자 유의사항

- 수험자는 문제지를 받는 즉시 문제지와 **수험표상의 시험과목(프로그램)이 동일한지 반드시 확인**하여야 합니다.
- 파일명은 본인의 "수험번호-성명"으로 입력하여 답안폴더(내 PC\문서\ITQ)에 하나의 파일로 저장해야 하며, 답안문서 파일명이 "수험번호-성명"과 일치하지 않거나, 답안파일을 전송하지 않아 미제출로 처리될 경우 실격 처리합니다 (예 : 12345678-홍길동.pptx).
- 답안 작성을 마치면 파일을 저장하고, '답안 전송' 버튼을 선택하여 감독위원 PC로 답안을 전송하십시오. 수험생 정보와 저장한 파일명이 다를 경우 전송되지 않으므로 주의하시기 바랍니다.
- 답안 작성 중에도 **주기적으로 저장하고 '답안 전송'**하여야 문제 발생을 줄일 수 있습니다. 작업한 내용을 저장하지 않고 전송할 경우 이전에 저장된 내용이 전송되오니 이점 유의하시기 바랍니다.
- 답안문서는 지정된 경로 외의 다른 보조기억장치에 저장하는 경우, 지정된 시험 시간 외에 작성된 파일을 활용할 경우, 기타 통신 수단(이메일, 메신저, 네트워크 등)을 이용하여 타인에게 전달 또는 외부 반출하는 경우는 부정 처리합니다.
- 시험 중 부주의 또는 고의로 시스템을 파손한 경우는 수험자가 변상해야 하며, 〈수험자 유의사항〉에 기재된 방법대로 이행하지 않아 생기는 불이익은 수험생 당사자의 책임임을 알려 드립니다.
- 문제의 조건은 MS오피스 2021 버전으로 설정되어 있으며 MS오피스 2016은【 】에 표기되어 있습니다. 이와 관련하여 작성한 답안의 출력형태가 문제지와 다를 수 있습니다.
- 시험을 완료한 수험자는 답안파일이 전송되었는지 확인한 후 감독위원의 지시에 따라 문제지를 제출하고 퇴실합니다.

답안 작성 요령

- 온라인 답안 작성 절차
  수험자 등록 ⇒ 시험 시작 ⇒ 답안파일 저장 ⇒ 답안 전송 ⇒ 시험 종료
- 슬라이드 크기는 A4 Paper로 설정하여 작성합니다.
- 슬라이드의 총 개수는 6개로 구성되어 있으며 슬라이드 1부터 순서대로 작업하고 반드시 문제와 세부조건대로 합니다.
- 별도의 지시사항이 없는 경우 출력형태를 참조하여 글꼴색은 검정 또는 흰색으로 작성하고, 기타사항은 전체적인 균형을 고려하여 작성합니다.
- 슬라이드 도형 및 개체에 출력형태와 다른 스타일(그림자, 외곽선 등)을 적용했을 경우 감점처리 됩니다.
- 슬라이드 번호를 작성합니다(슬라이드 1에는 생략).
- 2~6번 슬라이드 제목 도형과 하단 로고는 슬라이드 마스터를 이용하여 출력형태와 동일하게 작성합니다(슬라이드 1에는 생략).
- 문제와 세부조건, 세부조건 번호 ○ (점선원)는 입력하지 않습니다.
- 각 객체의 위치는 오른쪽의 슬라이드와 동일하게 구성합니다.
- 그림 삽입 문제의 경우 반드시 「내 PC\문서\ITQ\Picture」 폴더에서 정확한 파일을 선택하여 삽입하십시오.
- 각 슬라이드를 각각의 파일로 작업해서 저장할 경우 실격 처리됩니다.

전체구성 — 60점

(1) 슬라이드 크기 및 순서 : 크기를 A4 용지로 설정하고 슬라이드 순서에 맞게 작성한다.
(2) 슬라이드 마스터 : 2~6슬라이드의 제목, 하단 로고, 슬라이드 번호는 슬라이드 마스터를 이용하여 작성한다.
　　- 제목 글꼴(돋움, 40pt, 흰색), 가운데 맞춤, 도형(선 없음)
　　- 하단 로고(「내 PC\문서\ITQ\Picture\로고2.jpg」, 배경(회색) 투명색으로 설정)

슬라이드 1　　표지 디자인 — 40점

(1) 표지 디자인 : 도형, 워드아트 및 그림을 이용하여 작성한다.

세부조건

① 도형 편집
- 도형에 그림 채우기 :
　「내 PC\문서\ITQ\Picture
　\그림2.jpg」, 투명도 50%
- 도형 효과 :
　부드러운 가장자리 5포인트

② 워드아트 삽입
- 변환 : 갈매기형 수장, 아래로
- 글꼴 : 굴림, 굵게
- 반사 : 근접 반사, 터치

③ 그림 삽입
-「내 PC\문서\ITQ\Picture
　\로고2.jpg」
- 배경(회색) 투명색으로 설정

슬라이드 2　　목차 슬라이드 — 60점

(1) 출력형태와 같이 도형을 이용하여 목차를 작성한다(글꼴 : 굴림, 24pt).
(2) 도형 : 선 없음

세부조건

① 텍스트에 하이퍼링크 적용
→ '슬라이드 6'

② 그림 삽입
-「내 PC\문서\ITQ\Picture
　\그림5.jpg」
- 자르기 기능 이용

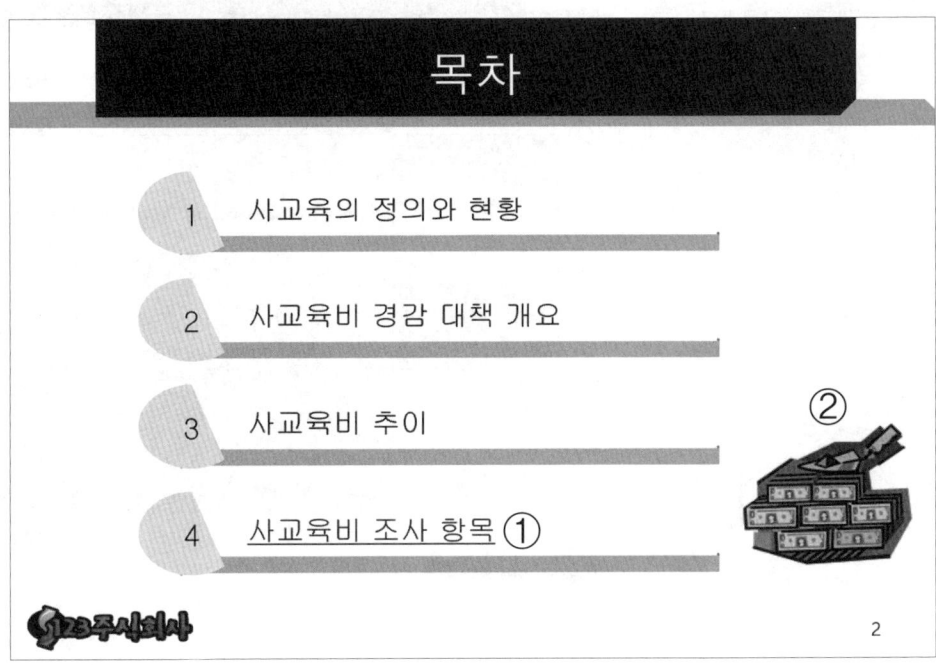

슬라이드 3　텍스트/동영상 슬라이드　60점

(1) 텍스트 작성 : 글머리 기호 사용(◆, ✓)
　　◆문단(굴림, 24pt, 굵게, 줄간격 : 1.5줄), ✓문단(굴림, 20pt, 줄간격 : 1.5줄)

세부조건
① 동영상 삽입 :
- 「내 PC₩문서₩ITQ₩Picture₩동영상.wmv」
- 자동실행, 반복재생 설정

1. 사교육의 정의와 현황

◆ Private education cost growth hits 5-year high in Feb
　✓ Prices of private education and other extracurricular activities grew at the fastest pace in about five years in February, data showed Wednesday, indicating the heavier burden that parents have to shoulder in educating their children

◆ 사교육의 정의
　✓ 공교육에 반대되는 개념으로, 국가가 관리하는 유아교육법 및 초, 중등교육법, 고등교육법의 적용을 받는 교육기관 밖에서 이루어지는 교육
　✓ 개인이 의사결정의 주체가 되어 이루어지는 교육

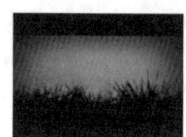
①

슬라이드 4　표 슬라이드　80점

(1) 도형과 표 작성 기능을 이용하여 슬라이드를 작성한다(글꼴 : 굴림, 18pt).

세부조건
① 상단 도형 :
　2개 도형의 조합으로 작성
② 좌측 도형 :
　그라데이션 효과(선형 아래쪽)
③ 테이블 디자인 :
　테마 스타일 1 - 강조 6

2. 사교육비 경감 대책 개요

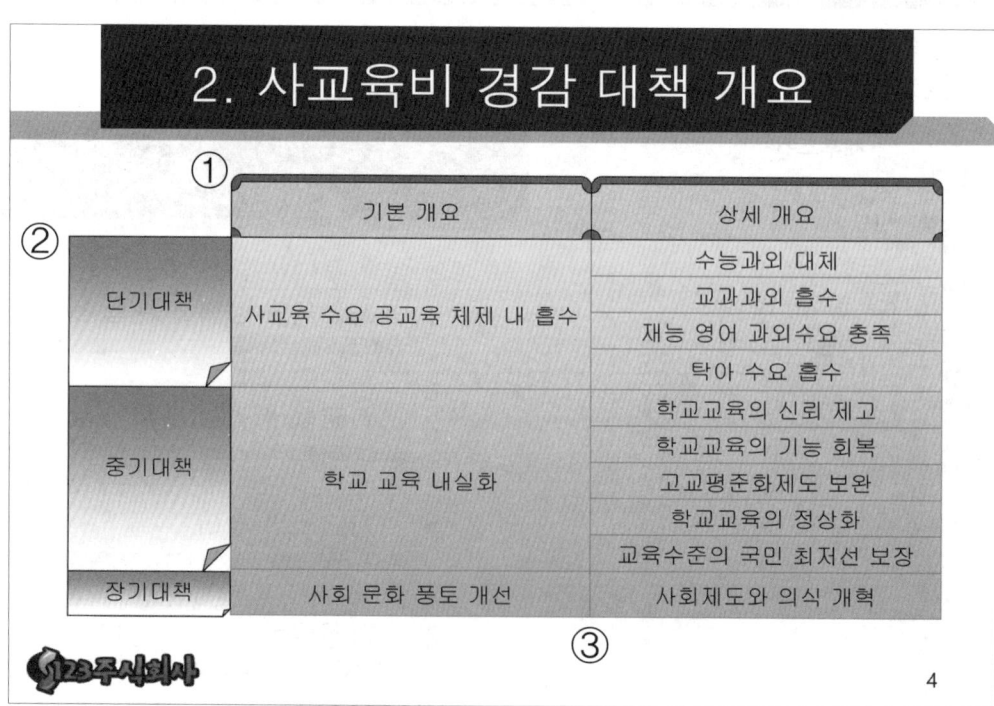

슬라이드 5 　 차트 슬라이드　　　100점

(1) 차트 작성 기능을 이용하여 슬라이드를 작성한다.
(2) 차트 : 종류(묶은 세로 막대형), 글꼴(돋움, 16pt), 외곽선

세부조건

※ 차트설명
- 차트제목 : 궁서, 24pt, 굵게, 채우기(흰색), 테두리, 그림자(오프셋 아래쪽)
- 차트영역 : 채우기(노랑) 그림영역 : 채우기(흰색)
- 데이터 서식 : 사교육비 계열을 표식이 있는 꺾은선형으로 변경 후 보조축으로 지정
- 값표시 : 2024년의 증감률 계열만

① 도형 삽입
- 스타일 :
  미세효과 – 파랑, 강조1
- 글꼴 : 돋움, 18pt

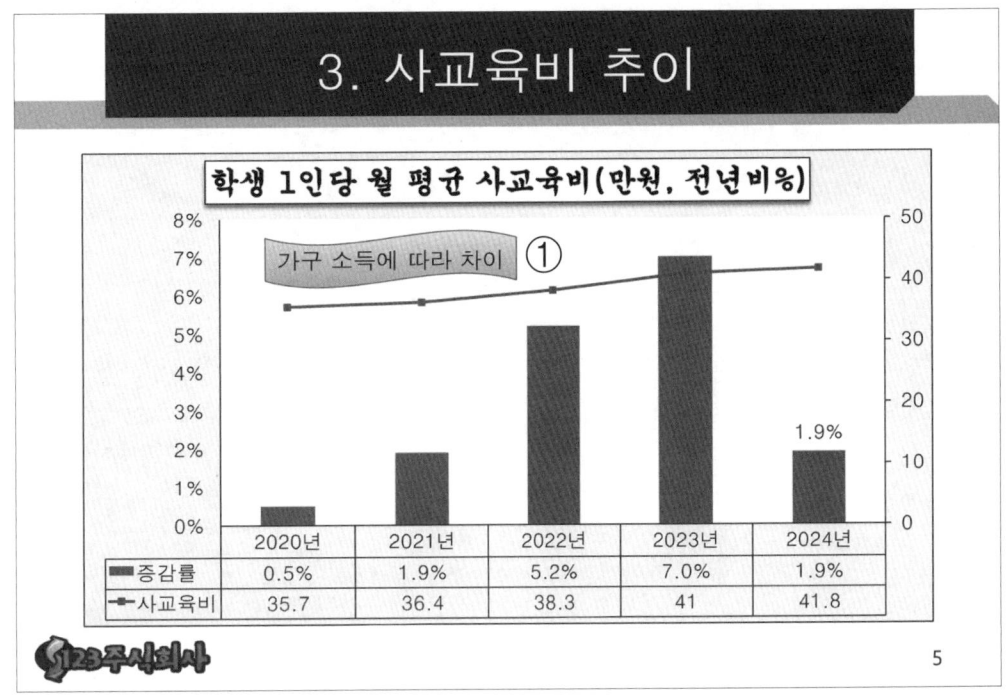

슬라이드 6 　 도형 슬라이드　　　100점

(1) 슬라이드와 같이 도형 및 스마트아트를 배치한다(글꼴 : 굴림, 18pt).
(2) 애니메이션 순서 : ① ⇒ ②

세부조건

① 도형 및 스마트아트 편집
- 스마트아트 디자인 :
  3차원 경사, 3차원 금속
- 그룹화 후 애니메이션 효과 :
  시계 방향 회전(살 1개)

② 도형 편집
- 그룹화 후 애니메이션 효과 :
  바운드

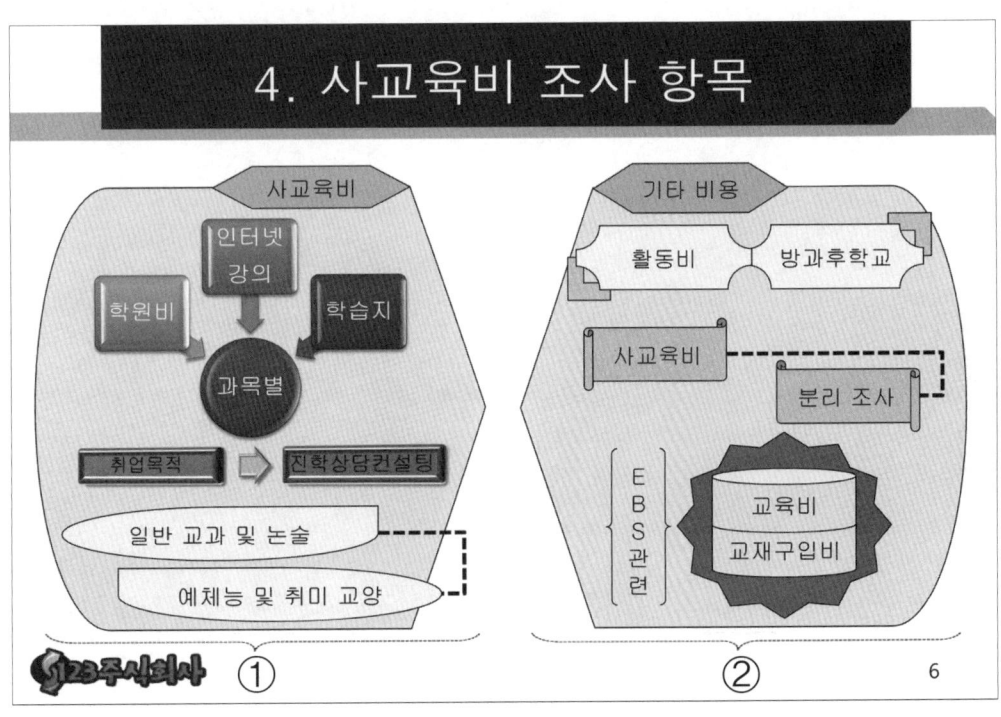

MEMO

MEMO

PART 3

기출문제

기출문제를 풀어봄으로써 최근 출제경향을 파악하고
수검자의 실력을 확인하도록 합니다.

※정답 파일과 동영상 강의는 [자료실]에서 다운로드하세요.

무료 동영상	제 1회	기출문제	무료 동영상	제 6회	기출문제
무료 동영상	제 2회	기출문제	무료 동영상	제 7회	기출문제
무료 동영상	제 3회	기출문제	무료 동영상	제 8회	기출문제
무료 동영상	제 4회	기출문제	무료 동영상	제 9회	기출문제
무료 동영상	제 5회	기출문제	무료 동영상	제 10회	기출문제

1회 기출문제

과목	코드	문제유형	시험시간	수험번호	성 명
파워포인트	1142	A	60분	12343021	

수 험 자 유 의 사 항

- 수험자는 문제지를 받는 즉시 문제지와 **수험표상의 시험과목(프로그램)이 동일한지 반드시 확인**하여야 합니다.
- 파일명은 본인의 "수험번호-성명"으로 입력하여 답안폴더(내 PC\문서\ITQ)에 하나의 파일로 저장해야 하며, 답안문서 파일명이 "수험번호-성명"과 일치하지 않거나, 답안파일을 전송하지 않아 미제출로 처리될 경우 실격 처리합니다 (예 : 12345678-홍길동.pptx).
- 답안 작성을 마치면 파일을 저장하고, '답안 전송' 버튼을 선택하여 감독위원 PC로 답안을 전송하십시오. 수험생 정보와 저장한 파일명이 다를 경우 전송되지 않으므로 주의하시기 바랍니다.
- 답안 작성 중에도 **주기적으로 저장하고 '답안 전송'**하여야 문제 발생을 줄일 수 있습니다. 작업한 내용을 저장하지 않고 전송할 경우 이전에 저장된 내용이 전송되오니 이점 유의하시기 바랍니다.
- 답안문서는 지정된 경로 외의 다른 보조기억장치에 저장하는 경우, 지정된 시험 시간 외에 작성된 파일을 활용할 경우, 기타 통신 수단(이메일, 메신저, 네트워크 등)을 이용하여 타인에게 전달 또는 외부 반출하는 경우는 부정 처리합니다.
- 시험 중 부주의 또는 고의로 시스템을 파손한 경우는 수험자가 변상해야 하며, <수험자 유의사항>에 기재된 방법대로 이행하지 않아 생기는 불이익은 수험생 당사자의 책임임을 알려 드립니다.
- 문제의 조건은 MS오피스 2021 버전으로 설정되어 있으며 MS오피스 2016은【 】에 표기되어 있습니다. 이와 관련하여 작성한 답안의 출력형태가 문제지와 다를 수 있습니다.
- 시험을 완료한 수험자는 답안파일이 전송되었는지 확인한 후 감독위원의 지시에 따라 문제지를 제출하고 퇴실합니다.

답 안 작 성 요 령

- 온라인 답안 작성 절차
  수험자 등록 ⇒ 시험 시작 ⇒ 답안파일 저장 ⇒ 답안 전송 ⇒ 시험 종료
- 슬라이드 크기는 A4 Paper로 설정하여 작성합니다.
- 슬라이드의 총 개수는 6개로 구성되어 있으며 슬라이드 1부터 순서대로 작업하고 반드시 문제와 세부조건대로 합니다.
- 별도의 지시사항이 없는 경우 출력형태를 참조하여 글꼴색은 검정 또는 흰색으로 작성하고, 기타사항은 전체적인 균형을 고려하여 작성합니다.
- 슬라이드 도형 및 개체에 출력형태와 다른 스타일(그림자, 외곽선 등)을 적용했을 경우 감점처리 됩니다.
- 슬라이드 번호를 작성합니다(슬라이드 1에는 생략).
- 2~6번 슬라이드 제목 도형과 하단 로고는 슬라이드 마스터를 이용하여 출력형태와 동일하게 작성합니다(슬라이드 1에는 생략).
- 문제와 세부조건, 세부조건 번호 ◌ (점선원)는 입력하지 않습니다.
- 각 객체의 위치는 오른쪽의 슬라이드와 동일하게 구성합니다.
- 그림 삽입 문제의 경우 반드시 「내 PC\문서\ITQ\Picture」 폴더에서 정확한 파일을 선택하여 삽입하십시오.
- 각 슬라이드를 각각의 파일로 작업해서 저장할 경우 실격 처리됩니다.

전체구성 (60점)

(1) 슬라이드 크기 및 순서 : 크기를 A4 용지로 설정하고 슬라이드 순서에 맞게 작성한다.
(2) 슬라이드 마스터 : 2~6슬라이드의 제목, 하단 로고, 슬라이드 번호는 슬라이드 마스터를 이용하여 작성한다.
 - 제목 글꼴(돋움, 40pt, 흰색), 가운데 맞춤, 도형(선 없음)
 - 하단 로고(「내 PC₩문서₩ITQ₩Picture₩로고2.jpg」, 배경(회색) 투명색으로 설정)

슬라이드 1 표지 디자인 (40점)

(1) 표지 디자인 : 도형, 워드아트 및 그림을 이용하여 작성한다.

세부조건

① 도형 편집
 - 도형에 그림 채우기 :
  「내 PC₩문서₩ITQ₩Picture
  ₩그림1.jpg」, 투명도 50%
 - 도형 효과 :
  부드러운 가장자리 5포인트

② 워드아트 삽입
 - 변환 : 팽창
 - 글꼴 : 돋움, 굵게
 - 텍스트 반사 :
  근접 반사, 4pt 오프셋

③ 그림 삽입
 - 「내 PC₩문서₩ITQ₩Picture
  ₩로고2.jpg」
 - 배경(회색) 투명색으로 설정

슬라이드 2 목차 슬라이드 (60점)

(1) 출력형태와 같이 도형을 이용하여 목차를 작성한다(글꼴 : 굴림, 24pt).
(2) 도형 : 선 없음

세부조건

① 텍스트에 하이퍼링크 적용
 → '슬라이드 4'

② 그림 삽입
 - 「내 PC₩문서₩ITQ₩Picture
  ₩그림5.jpg」
 - 자르기 기능 이용

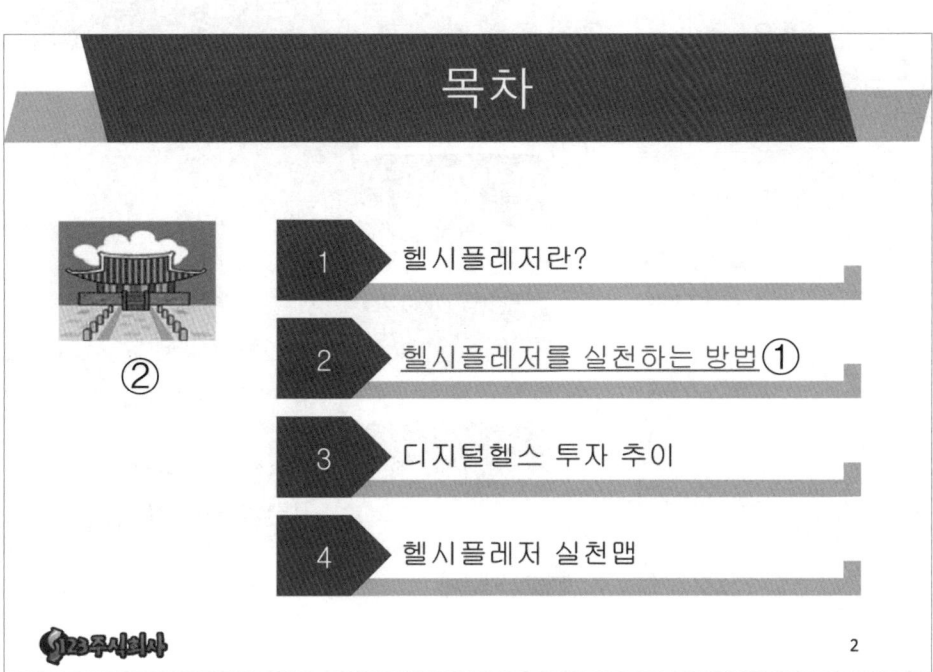

슬라이드 3 — 텍스트/동영상 슬라이드 (60점)

(1) 텍스트 작성 : 글머리 기호 사용(❖, ■)
　　❖문단(굴림, 24pt, 굵게, 줄간격 : 1.5줄), ■문단(굴림, 20pt, 줄간격 : 1.5줄)

세부조건
① 동영상 삽입 :
- 「내 PC₩문서₩ITQ₩Picture₩동영상.wmv」
- 자동실행, 반복재생 설정

1. 헬시플레저?

❖ **Healthy Pleasure**
- A compound word of HEALTH and PLEASURE
- A word that means the pleasure of health care instead of the painful past health care

❖ **헬시플레저**
- 건강과 기쁨이 합쳐진 단어로 건강 관리의 즐거움을 뜻하며 과거의 고통스러운 건강 관리 대신 즐겁고 재미있게 놀이처럼 즐길 수 있는 새롭고 편리한 건강 관리 방식을 의미

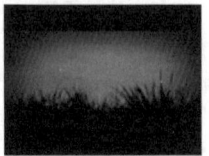

슬라이드 4 — 표 슬라이드 (80점)

(1) 도형과 표 작성 기능을 이용하여 슬라이드를 작성한다(글꼴 : 돋움, 18pt).

세부조건
① 상단 도형 :
　2개 도형의 조합으로 작성
② 좌측 도형 :
　그라데이션 효과(선형 아래쪽)
③ 테이블 디자인 :
　테마 스타일 1 - 강조 5

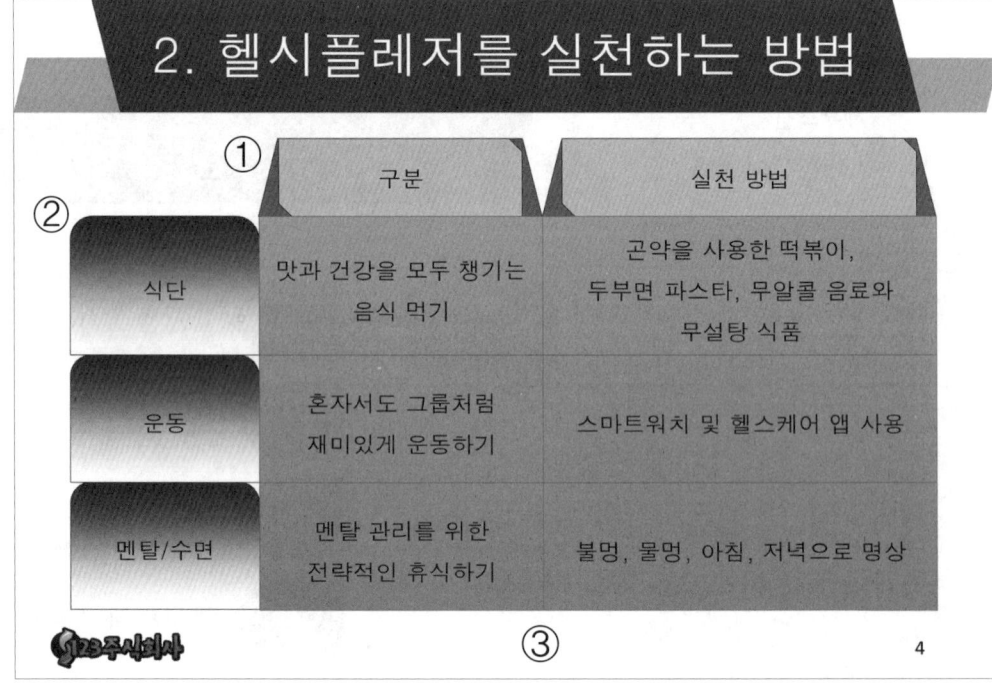

슬라이드 5 차트 슬라이드 100점

(1) 차트 작성 기능을 이용하여 슬라이드를 작성한다.
(2) 차트 : 종류(묶은 세로 막대형), 글꼴(돋움, 16pt), 외곽선

세부조건

※ 차트설명
· 차트제목 : 굴림, 20pt, 굵게, 채우기(흰색), 테두리, 그림자(오프셋 오른쪽)
· 차트영역 : 채우기(노랑) 그림영역 : 채우기(흰색)
· 데이터 서식 : 투자금액(억 달러) 계열을 표식이 있는 꺾은선형으로 변경 후 보조축으로 지정
· 값 표시 : 2023년의 딜 수(건) 계열만

① 도형 삽입
- 스타일 :
  미세효과 – 파랑, 강조1
- 글꼴 : 굴림, 18pt

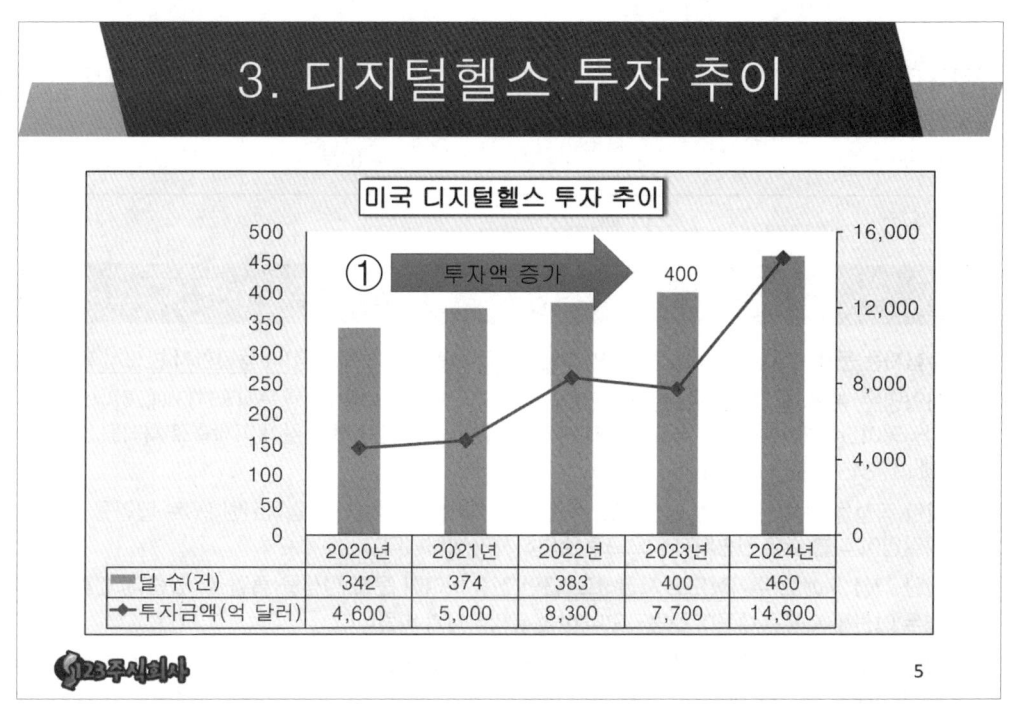

슬라이드 6 도형 슬라이드 100점

(1) 슬라이드와 같이 도형 및 스마트아트를 배치한다(글꼴 : 굴림, 18pt).
(2) 애니메이션 순서 : ① ⇒ ②

세부조건

① 도형 및 스마트아트 편집
- 스마트아트 디자인 :
  3차원 만화, 3차원 경사
- 그룹화 후 애니메이션 효과 :
  닦아내기(위에서)

② 도형 편집
- 그룹화 후 애니메이션 효과 :
  회전

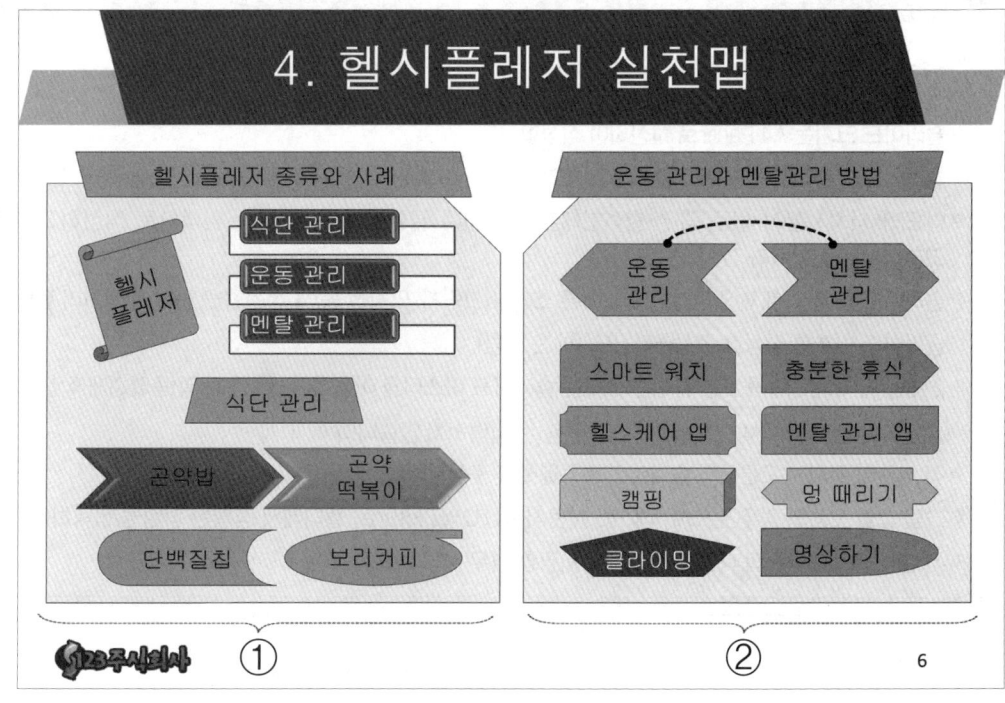

제2회 기출문제

Information Technology Qualification

과목	코드	문제유형	시험시간	수험번호	성 명
파워포인트	1142	A	60분	12343022	

수 험 자 유 의 사 항

- 수험자는 문제지를 받는 즉시 문제지와 **수험표상의 시험과목(프로그램)이 동일한지 반드시 확인**하여야 합니다.
- 파일명은 본인의 "수험번호-성명"으로 입력하여 답안폴더(내 PC₩문서₩ITQ)에 하나의 파일로 저장해야 하며, 답안문서 파일명이 "수험번호-성명"과 일치하지 않거나, 답안파일을 전송하지 않아 미제출로 처리될 경우 실격 처리합니다
  (예 : 12345678-홍길동.pptx).
- 답안 작성을 마치면 파일을 저장하고, '답안 전송' 버튼을 선택하여 감독위원 PC로 답안을 전송하십시오. 수험생 정보와 저장한 파일명이 다를 경우 전송되지 않으므로 주의하시기 바랍니다.
- 답안 작성 중에도 **주기적으로 저장하고 '답안 전송'**하여야 문제 발생을 줄일 수 있습니다. 작업한 내용을 저장하지 않고 전송할 경우 이전에 저장된 내용이 전송되오니 이점 유의하시기 바랍니다.
- 답안문서는 지정된 경로 외의 다른 보조기억장치에 저장하는 경우, 지정된 시험 시간 외에 작성된 파일을 활용할 경우, 기타 통신 수단(이메일, 메신저, 네트워크 등)을 이용하여 타인에게 전달 또는 외부 반출하는 경우는 부정 처리합니다.
- 시험 중 부주의 또는 고의로 시스템을 파손한 경우는 수험자가 변상해야 하며, 〈수험자 유의사항〉에 기재된 방법대로 이행하지 않아 생기는 불이익은 수험생 당사자의 책임임을 알려 드립니다.
- 문제의 조건은 MS오피스 2021 버전으로 설정되어 있으며 MS오피스 2016은【 】에 표기되어 있습니다. 이와 관련하여 작성한 답안의 출력형태가 문제지와 다를 수 있습니다.
- 시험을 완료한 수험자는 답안파일이 전송되었는지 확인한 후 감독위원의 지시에 따라 문제지를 제출하고 퇴실합니다.

답 안 작 성 요 령

- 온라인 답안 작성 절차
  수험자 등록 ⇒ 시험 시작 ⇒ 답안파일 저장 ⇒ 답안 전송 ⇒ 시험 종료
- 슬라이드 크기는 A4 Paper로 설정하여 작성합니다.
- 슬라이드의 총 개수는 6개로 구성되어 있으며 슬라이드 1부터 순서대로 작업하고 반드시 문제와 세부조건대로 합니다.
- 별도의 지시사항이 없는 경우 출력형태를 참조하여 글꼴색은 검정 또는 흰색으로 작성하고, 기타사항은 전체적인 균형을 고려하여 작성합니다.
- 슬라이드 도형 및 개체에 출력형태와 다른 스타일(그림자, 외곽선 등)을 적용했을 경우 감점처리 됩니다.
- 슬라이드 번호를 작성합니다(슬라이드 1에는 생략).
- 2~6번 슬라이드 제목 도형과 하단 로고는 슬라이드 마스터를 이용하여 출력형태와 동일하게 작성합니다(슬라이드 1에는 생략).
- 문제와 세부조건, 세부조건 번호 ○ (점선원)는 입력하지 않습니다.
- 각 객체의 위치는 오른쪽의 슬라이드와 동일하게 구성합니다.
- 그림 삽입 문제의 경우 반드시 「내 PC₩문서₩ITQ₩Picture」 폴더에서 정확한 파일을 선택하여 삽입하십시오.
- 각 슬라이드를 각각의 파일로 작업해서 저장할 경우 실격 처리됩니다.

전체구성 — 60점

(1) 슬라이드 크기 및 순서 : 크기를 A4 용지로 설정하고 슬라이드 순서에 맞게 작성한다.
(2) 슬라이드 마스터 : 2~6슬라이드의 제목, 하단 로고, 슬라이드 번호는 슬라이드 마스터를 이용하여 작성한다.
  - 제목 글꼴(돋움, 40pt, 흰색), 가운데 맞춤, 도형(선 없음)
  - 하단 로고(「내 PC₩문서₩ITQ₩Picture₩로고2.jpg」, 배경(회색) 투명색으로 설정)

슬라이드 1 표지 디자인 — 40점

(1) 표지 디자인 : 도형, 워드아트 및 그림을 이용하여 작성한다.

세부조건

① 도형 편집
 - 도형에 그림 채우기 :
  「내 PC₩문서₩ITQ₩Picture
  ₩그림1.jpg」, 투명도 50%
 - 도형 효과 :
  부드러운 가장자리 5포인트

② 워드아트 삽입
 - 변환 : 갈매기형 수장, 아래로
 - 글꼴 : 돋움, 굵게
 - 텍스트 반사 : 1/2 반사, 터치

③ 그림 삽입
 - 「내 PC₩문서₩ITQ₩Picture
  ₩로고2.jpg」
 - 배경(회색) 투명색으로 설정

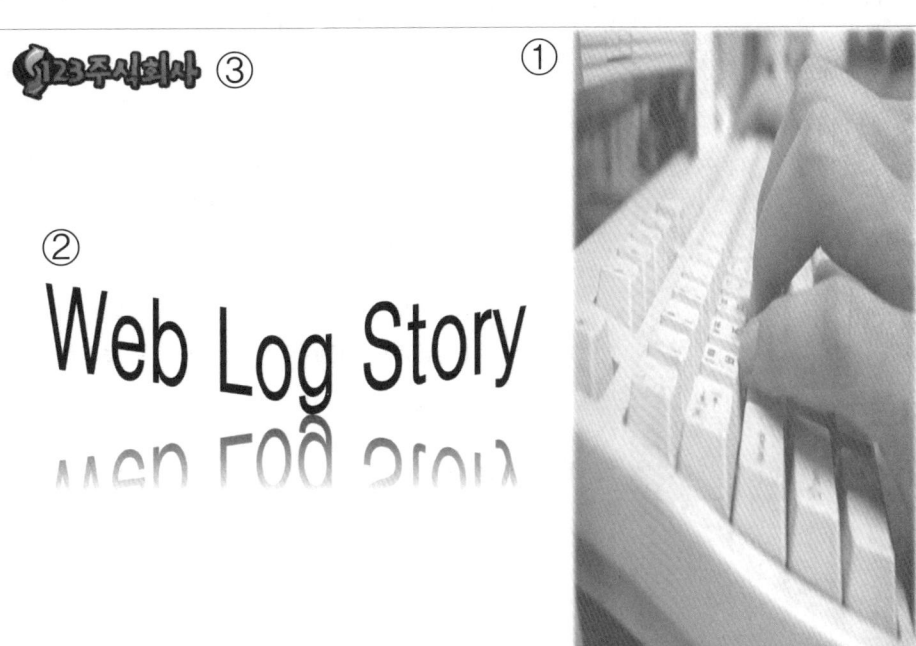

슬라이드 2 목차 슬라이드 — 60점

(1) 출력형태와 같이 도형을 이용하여 목차를 작성한다(글꼴 : 굴림, 24pt).
(2) 도형 : 선 없음

세부조건

① 텍스트에 하이퍼링크 적용
 → '슬라이드 6'

② 그림 삽입
 - 「내 PC₩문서₩ITQ₩Picture
  ₩그림5.jpg」
 - 자르기 기능 이용

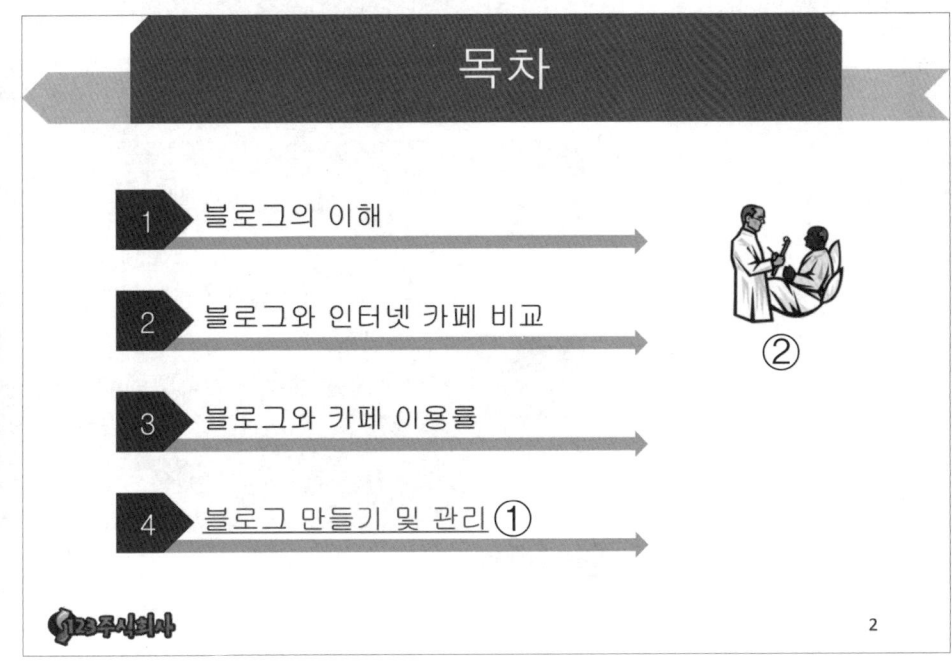

슬라이드 3 — 텍스트/동영상 슬라이드 (60점)

(1) 텍스트 작성 : 글머리 기호 사용(❖, ✓)
　　❖ 문단(굴림, 24pt, 굵게, 줄간격 : 1.5줄), ✓ 문단(굴림, 20pt, 줄간격 : 1.5줄)

세부조건
① 동영상 삽입 :
- 「내 PC\문서\ITQ\Picture\동영상.wmv」
- 자동실행, 반복재생 설정

1. 블로그의 이해

❖ **What is a Weblog?**
　✓ A weblog is a website that consists of a series of entries arranged in reverse chronological order
　✓ The information can be written by the site owner, gleaned from other Web site

❖ **블로그의 의미**
　✓ 자신의 관심사에 따라 자신의 일상이나 사회적인 이슈까지 글과 사진, 동영상 등을 자유롭게 올릴 수 있는 웹 사이트

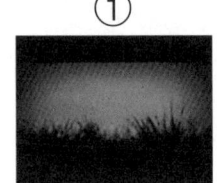

슬라이드 4 — 표 슬라이드 (80점)

(1) 도형과 표 작성 기능을 이용하여 슬라이드를 작성한다(글꼴 : 돋움, 18pt).

세부조건
① 상단 도형 :
　2개 도형의 조합으로 작성
② 좌측 도형 :
　그라데이션 효과(선형 아래쪽)
③ 테이블 디자인 :
　테마 스타일 1 - 강조 6

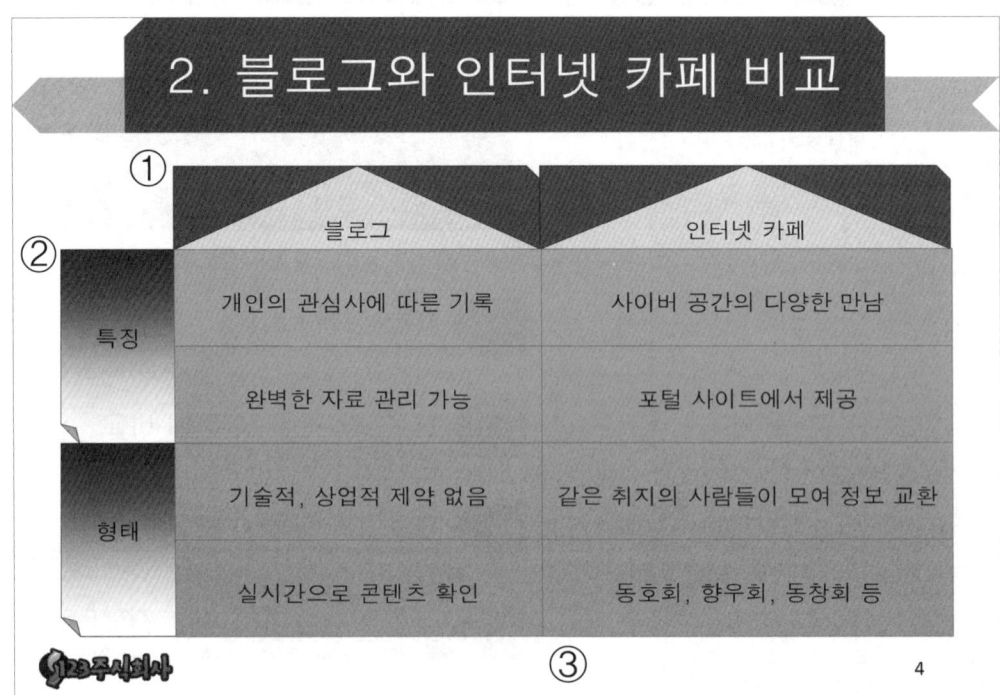

슬라이드 5   차트 슬라이드   100점

(1) 차트 작성 기능을 이용하여 슬라이드를 작성한다.
(2) 차트 : 종류(묶은 세로 막대형), 글꼴(돋움, 16pt), 외곽선

세부조건

※ 차트설명
- 차트제목 : 궁서, 24pt, 굵게, 채우기(흰색), 테두리, 그림자(오프셋 오른쪽)
- 차트영역 : 채우기(노랑)
  그림영역 : 채우기(흰색)
- 데이터 서식 : 사용시간 분포(%) 계열을 표식이 있는 꺾은선형으로 변경 후 보조축으로 지정
- 값 표시 : 30대의 평균 사용시간 계열만

① 도형 삽입
- 스타일 : 미세효과 - 파랑, 강조1
- 글꼴 : 굴림, 18pt

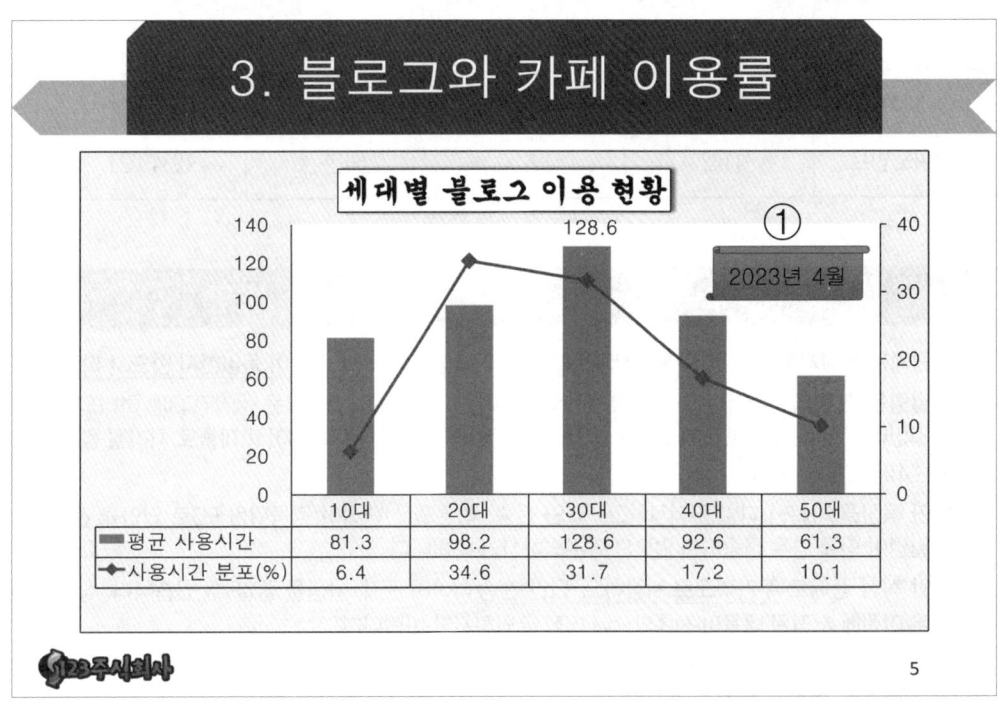

슬라이드 6   도형 슬라이드   100점

(1) 슬라이드와 같이 도형 및 스마트아트를 배치한다(글꼴 : 굴림, 18pt).
(2) 애니메이션 순서 : ① ⇒ ②

세부조건

① 도형 및 스마트아트 편집
- 스마트아트 디자인 : 3차원 경사, 3차원 만화
- 그룹화 후 애니메이션 효과 : 닦아내기(위에서)

② 도형 편집
- 그룹화 후 애니메이션 효과 : 바운드

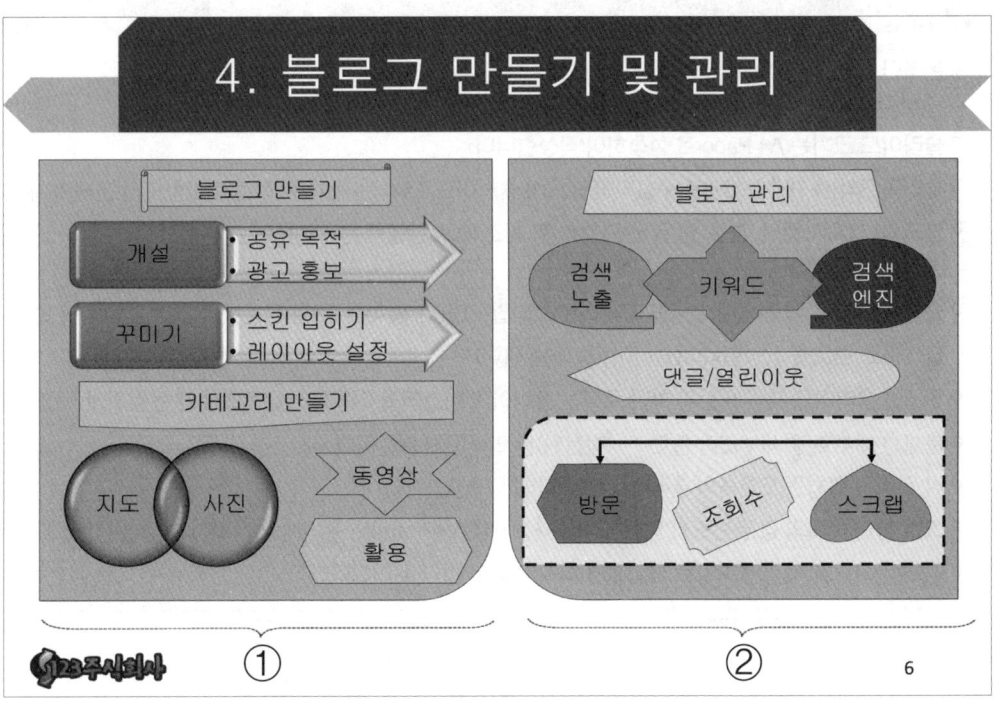

3회 기출문제

과목	코드	문제유형	시험시간	수험번호	성 명
파워포인트	1142	A	60분	12343023	

수험자 유의사항

- 수험자는 문제지를 받는 즉시 문제지와 **수험표상의 시험과목(프로그램)이 동일한지 반드시 확인**하여야 합니다.
- 파일명은 본인의 "수험번호-성명"으로 입력하여 답안폴더(내 PC\문서\ITQ)에 하나의 파일로 저장해야 하며, 답안문서 파일명이 "수험번호-성명"과 일치하지 않거나, 답안파일을 전송하지 않아 미제출로 처리될 경우 실격 처리합니다. (예 : 12345678-홍길동.pptx).
- 답안 작성을 마치면 파일을 저장하고, '답안 전송' 버튼을 선택하여 감독위원 PC로 답안을 전송하십시오. 수험생 정보와 저장한 파일명이 다를 경우 전송되지 않으므로 주의하시기 바랍니다.
- 답안 작성 중에도 **주기적으로 저장하고 '답안 전송'**하여야 문제 발생을 줄일 수 있습니다. 작업한 내용을 저장하지 않고 전송할 경우 이전에 저장된 내용이 전송되오니 이점 유의하시기 바랍니다.
- 답안문서는 지정된 경로 외의 다른 보조기억장치에 저장하는 경우, 지정된 시험 시간 외에 작성된 파일을 활용할 경우, 기타 통신 수단(이메일, 메신저, 네트워크 등)을 이용하여 타인에게 전달 또는 외부 반출하는 경우는 부정 처리합니다.
- 시험 중 부주의 또는 고의로 시스템을 파손한 경우는 수험자가 변상해야 하며, <수험자 유의사항>에 기재된 방법대로 이행하지 않아 생기는 불이익은 수험생 당사자의 책임임을 알려 드립니다.
- 문제의 조건은 MS오피스 2021 버전으로 설정되어 있으며 MS오피스 2016은【 】에 표기되어 있습니다. 이와 관련하여 작성한 답안의 출력형태가 문제지와 다를 수 있습니다.
- 시험을 완료한 수험자는 답안파일이 전송되었는지 확인한 후 감독위원의 지시에 따라 문제지를 제출하고 퇴실합니다.

답 안 작 성 요 령

- 온라인 답안 작성 절차
  수험자 등록 ⇒ 시험 시작 ⇒ 답안파일 저장 ⇒ 답안 전송 ⇒ 시험 종료
- 슬라이드 크기는 A4 Paper로 설정하여 작성합니다.
- 슬라이드의 총 개수는 6개로 구성되어 있으며 슬라이드 1부터 순서대로 작업하고 반드시 문제와 세부조건대로 합니다.
- 별도의 지시사항이 없는 경우 출력형태를 참조하여 글꼴색은 검정 또는 흰색으로 작성하고, 기타사항은 전체적인 균형을 고려하여 작성합니다.
- 슬라이드 도형 및 개체에 출력형태와 다른 스타일(그림자, 외곽선 등)을 적용했을 경우 감점처리 됩니다.
- 슬라이드 번호를 작성합니다(슬라이드 1에는 생략).
- 2~6번 슬라이드 제목 도형과 하단 로고는 슬라이드 마스터를 이용하여 출력형태와 동일하게 작성합니다(슬라이드 1에는 생략).
- 문제와 세부조건, 세부조건 번호 ○ (점선원)는 입력하지 않습니다.
- 각 객체의 위치는 오른쪽의 슬라이드와 동일하게 구성합니다.
- 그림 삽입 문제의 경우 반드시 「내 PC\문서\ITQ\Picture」폴더에서 정확한 파일을 선택하여 삽입하십시오.
- 각 슬라이드를 각각의 파일로 작업해서 저장할 경우 실격 처리됩니다.

전체구성 — 60점

(1) 슬라이드 크기 및 순서 : 크기를 A4 용지로 설정하고 슬라이드 순서에 맞게 작성한다.
(2) 슬라이드 마스터 : 2~6슬라이드의 제목, 하단 로고, 슬라이드 번호는 슬라이드 마스터를 이용하여 작성한다.
 - 제목 글꼴(돋움, 40pt, 흰색), 가운데 맞춤, 도형(선 없음)
 - 하단 로고(「내 PC\문서\ITQ\Picture\로고1.jpg」, 배경(회색) 투명색으로 설정)

슬라이드 1 표지 디자인 — 40점

(1) 표지 디자인 : 도형, 워드아트 및 그림을 이용하여 작성한다.

세부조건

① 도형 편집
 - 도형에 그림 채우기 :
  「내 PC\문서\ITQ\Picture\그림1.jpg」, 투명도 50%
 - 도형 효과 :
  부드러운 가장자리 5pt

② 워드아트 삽입
 - 변환 : 갈매기형 수장, 위로
 - 글꼴 : 굴림, 굵게
 - 텍스트 반사 : 근접 반사, 터치

③ 그림 삽입
 - 「내 PC\문서\ITQ\Picture\로고1.jpg」
 - 배경(회색) 투명색으로 설정

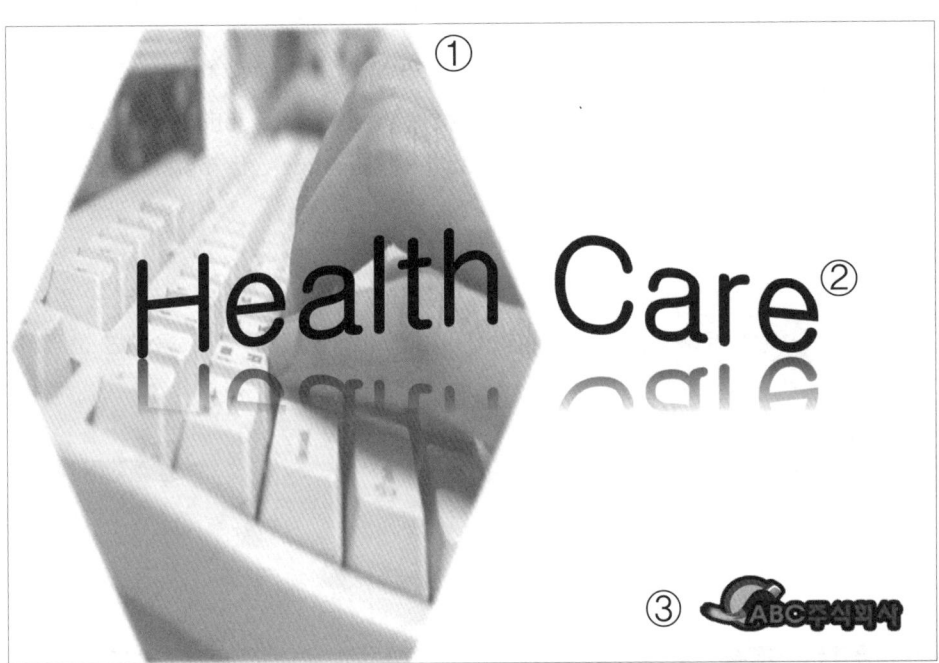

슬라이드 2 목차 슬라이드 — 60점

(1) 출력형태와 같이 도형을 이용하여 목차를 작성한다(글꼴 : 돋움, 24pt).
(2) 도형 : 선 없음

세부조건

① 텍스트에 하이퍼링크 적용
 → '슬라이드4'

② 그림 삽입
 - 「내 PC\문서\ITQ\Picture\그림5.jpg」
 - 자르기 기능 이용

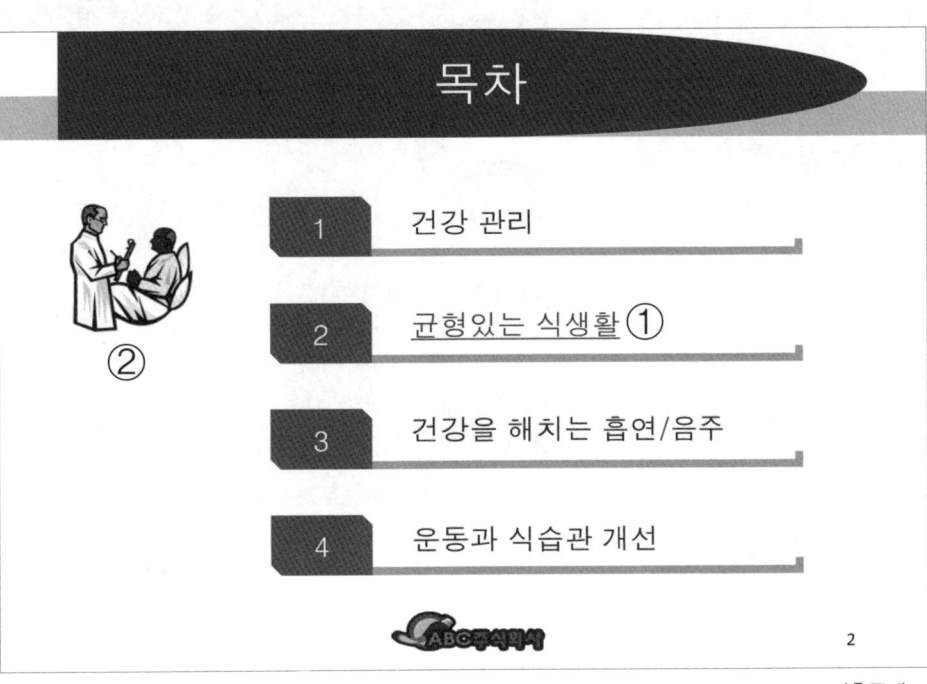

슬라이드 3 텍스트/동영상 슬라이드 60점

(1) 텍스트 작성 : 글머리 기호 사용(➢, ✓)
➢ 문단(굴림, 24pt, 굵게, 줄간격 : 1.5줄), ✓ 문단(굴림, 20pt, 줄간격 : 1.5줄)

세부조건
① 동영상 삽입 :
- 「내 PC\문서\ITQ\Picture\동영상. wmv」
- 자동실행, 반복재생 설정

1. 건강 관리

➢ **Health care**
  ✓ In general, health care refers to physical health
  ✓ Regular health care satisfies one's desire for health and makes one mentally happy

➢ **건강 관리**
  ✓ 일반적으로 신체적 건강을 가리키는 경우가 많으며 규칙적인 건강 관리는 자신의 건강을 향한 욕구를 충족시키는 동시에 정신적으로도 행복하게 함

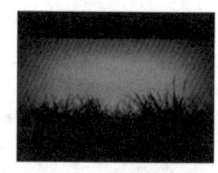

슬라이드 4 표 슬라이드 80점

(1) 도형과 표 작성 기능을 이용하여 슬라이드를 작성한다(글꼴 : 굴림, 18pt).

세부조건
① 상단 도형 : 2개 도형의 조합으로 작성
② 좌측 도형 : 그라데이션 효과(선형 아래쪽)
③ 테이블 디자인 : 테마 스타일 1 - 강조 5

2. 균형있는 식생활

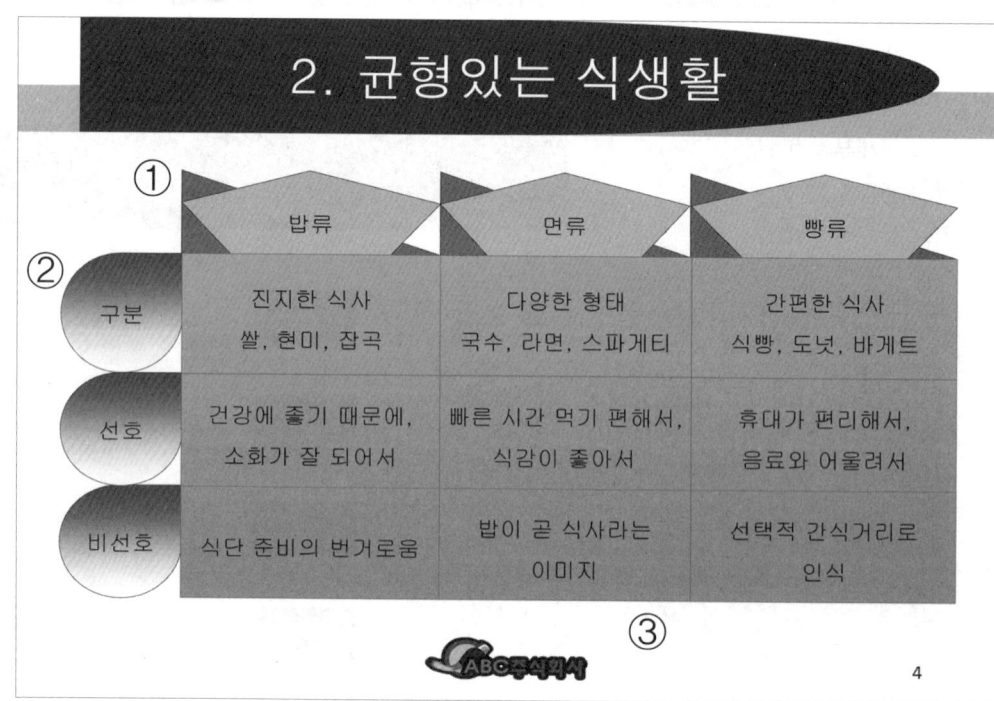

	밥류	면류	빵류
구분	진지한 식사 쌀, 현미, 잡곡	다양한 형태 국수, 라면, 스파게티	간편한 식사 식빵, 도넛, 바게트
선호	건강에 좋기 때문에, 소화가 잘 되어서	빠른 시간 먹기 편해서, 식감이 좋아서	휴대가 편리해서, 음료와 어울려서
비선호	식단 준비의 번거로움	밥이 곧 식사라는 이미지	선택적 간식거리로 인식

슬라이드 5 차트 슬라이드 100점

(1) 차트 작성 기능을 이용하여 슬라이드를 작성한다.
(2) 차트 : 종류(묶은 세로 막대형), 글꼴(돋움, 16pt), 외곽선

세부조건

※ 차트설명
- 차트제목 : 궁서, 24pt, 굵게, 채우기(흰색), 테두리, 그림자(오프셋 오른쪽)
- 차트영역 : 채우기(노랑) 그림영역 : 채우기(흰색)
- 데이터 서식 : 음주율 계열을 표식이 있는 꺾은선형으로 변경 후 보조축으로 지정
- 값 표시 : 20대의 음주율 계열만

① 도형 삽입
- 스타일 :
  미세효과 – 파랑, 강조1
- 글꼴 : 굴림, 18pt

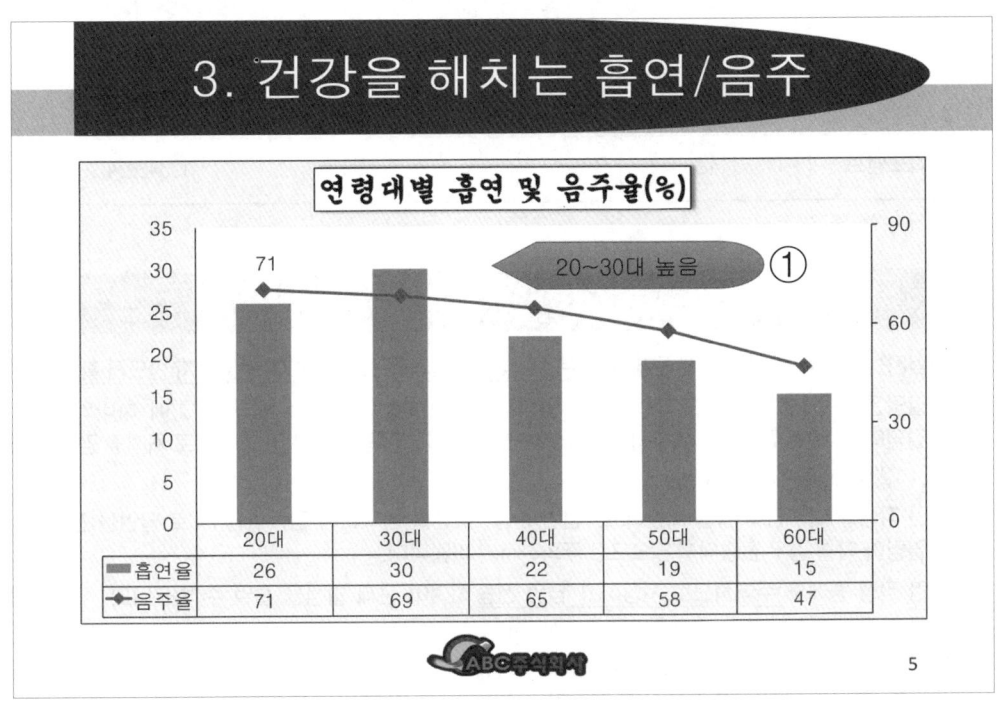

슬라이드 6 도형 슬라이드 100점

(1) 슬라이드와 같이 도형 및 스마트아트를 배치한다(글꼴 : 돋움, 18pt).
(2) 애니메이션 순서 : ① ⇒ ②

세부조건

① 도형 및 스마트아트 편집
- 스마트아트 디자인 :
  3차원 만화, 강한 효과
- 그룹화 후 애니메이션 효과 :
  닦아내기(위에서)

② 도형 편집
- 그룹화 후 애니메이션 효과 :
  회전

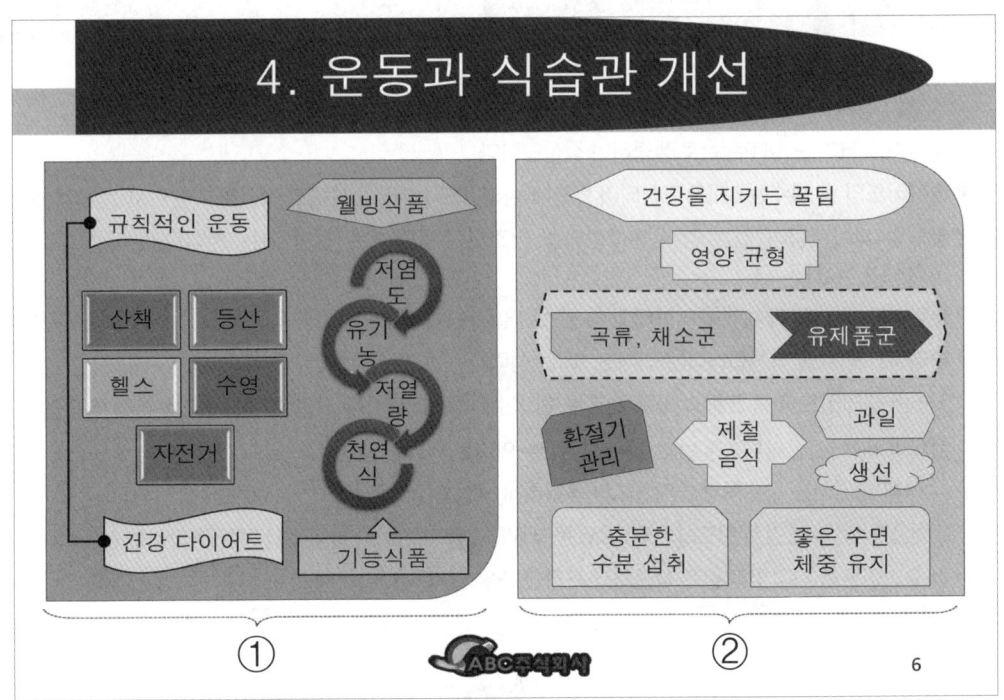

기출문제

과목	코드	문제유형	시험시간	수험번호	성 명
파워포인트	1142	A	60분	12343024	

수 험 자 유 의 사 항

- 수험자는 문제지를 받는 즉시 문제지와 **수험표상의 시험과목(프로그램)이 동일한지 반드시 확인**하여야 합니다.
- 파일명은 본인의 "수험번호-성명"으로 입력하여 답안폴더(내 PC₩문서₩ITQ)에 하나의 파일로 저장해야 하며, 답안문서 파일명이 "수험번호-성명"과 일치하지 않거나, 답안파일을 전송하지 않아 미제출로 처리될 경우 실격 처리합니다
(예 : 12345678-홍길동.pptx).
- 답안 작성을 마치면 파일을 저장하고, '답안 전송' 버튼을 선택하여 감독위원 PC로 답안을 전송하십시오. 수험생 정보와 저장한 파일명이 다를 경우 전송되지 않으므로 주의하시기 바랍니다.
- 답안 작성 중에도 **주기적으로 저장하고 '답안 전송'**하여야 문제 발생을 줄일 수 있습니다. 작업한 내용을 저장하지 않고 전송할 경우 이전에 저장된 내용이 전송되오니 이점 유의하시기 바랍니다.
- 답안문서는 지정된 경로 외의 다른 보조기억장치에 저장하는 경우, 지정된 시험 시간 외에 작성된 파일을 활용할 경우, 기타 통신 수단(이메일, 메신저, 네트워크 등)을 이용하여 타인에게 전달 또는 외부 반출하는 경우는 부정 처리합니다.
- 시험 중 부주의 또는 고의로 시스템을 파손한 경우는 수험자가 변상해야 하며, 〈수험자 유의사항〉에 기재된 방법대로 이행하지 않아 생기는 불이익은 수험생 당사자의 책임임을 알려 드립니다.
- 문제의 조건은 MS오피스 2021 버전으로 설정되어 있으며 MS오피스 2016은【 】에 표기되어 있습니다. 이와 관련하여 작성한 답안의 출력형태가 문제지와 다를 수 있습니다.
- 시험을 완료한 수험자는 답안파일이 전송되었는지 확인한 후 감독위원의 지시에 따라 문제지를 제출하고 퇴실합니다.

답 안 작 성 요 령

- 온라인 답안 작성 절차
수험자 등록 ⇒ 시험 시작 ⇒ 답안파일 저장 ⇒ 답안 전송 ⇒ 시험 종료
- 슬라이드 크기는 A4 Paper로 설정하여 작성합니다.
- 슬라이드의 총 개수는 6개로 구성되어 있으며 슬라이드 1부터 순서대로 작업하고 반드시 문제와 세부조건대로 합니다.
- 별도의 지시사항이 없는 경우 출력형태를 참조하여 글꼴색은 검정 또는 흰색으로 작성하고, 기타사항은 전체적인 균형을 고려하여 작성합니다.
- 슬라이드 도형 및 개체에 출력형태와 다른 스타일(그림자, 외곽선 등)을 적용했을 경우 감점처리 됩니다.
- 슬라이드 번호를 작성합니다(슬라이드 1에는 생략).
- 2~6번 슬라이드 제목 도형과 하단 로고는 슬라이드 마스터를 이용하여 출력형태와 동일하게 작성합니다(슬라이드 1에는 생략).
- 문제와 세부조건, 세부조건 번호 ◯ (점선원)는 입력하지 않습니다.
- 각 객체의 위치는 오른쪽의 슬라이드와 동일하게 구성합니다.
- 그림 삽입 문제의 경우 반드시 「내 PC₩문서₩ITQ₩Picture」 폴더에서 정확한 파일을 선택하여 삽입하십시오.
- 각 슬라이드를 각각의 파일로 작업해서 저장할 경우 실격 처리됩니다.

전체구성 — 60점

(1) 슬라이드 크기 및 순서 : 크기를 A4 용지로 설정하고 슬라이드 순서에 맞게 작성한다.
(2) 슬라이드 마스터 : 2~6슬라이드의 제목, 하단 로고, 슬라이드 번호는 슬라이드 마스터를 이용하여 작성한다.
- 제목 글꼴(굴림, 40pt, 흰색), 가운데 맞춤, 도형(선 없음)
- 하단 로고(「내 PC₩문서₩ITQ₩Picture₩로고2.jpg」, 배경(회색) 투명색으로 설정)

슬라이드 1 — 표지 디자인 — 40점

(1) 표지 디자인 : 도형, 워드아트 및 그림을 이용하여 작성한다.

세부조건

① 도형 편집
- 도형에 그림 채우기 : 「내 PC₩문서₩ITQ₩Picture₩그림1.jpg」, 투명도 50%
- 도형 효과 : 부드러운 가장자리 5포인트

② 워드아트 삽입
- 변환 : 삼각형, 위로
- 글꼴 : 돋움, 굵게
- 텍스트 반사 : 근접 반사, 4pt 오프셋

③ 그림 삽입
- 「내 PC₩문서₩ITQ₩Picture₩로고2.jpg」
- 배경(회색) 투명색으로 설정

슬라이드 2 — 목차 슬라이드 — 60점

(1) 출력형태와 같이 도형을 이용하여 목차를 작성한다(글꼴 : 돋움, 24pt).
(2) 도형 : 선 없음

세부조건

① 텍스트에 하이퍼링크 적용
→ '슬라이드 3'

② 그림 삽입
- 「내 PC₩문서₩ITQ₩Picture₩그림5.jpg」
- 자르기 기능 이용

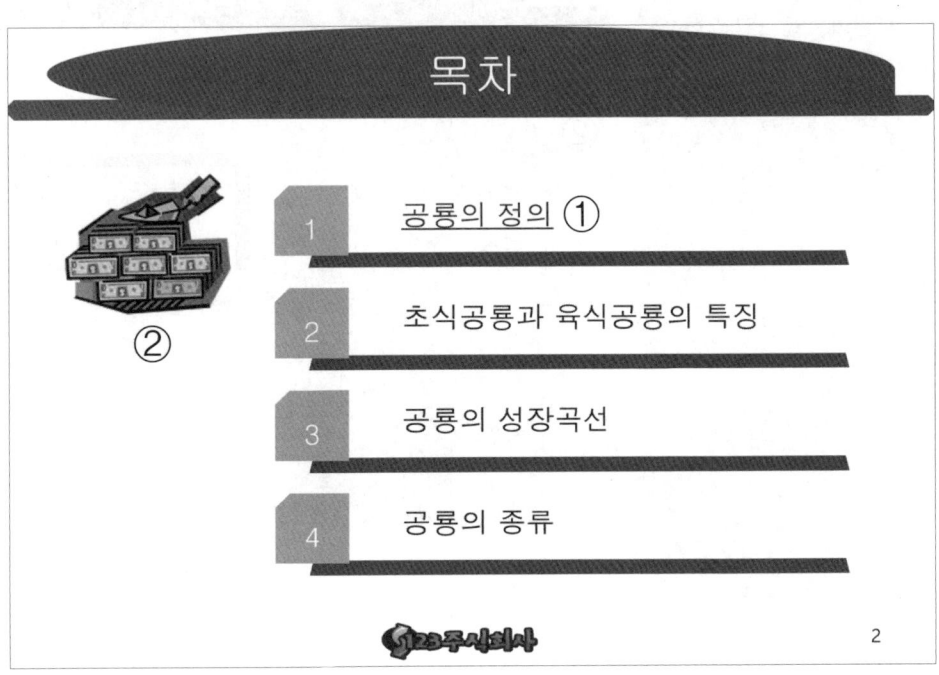

슬라이드 3   텍스트/동영상 슬라이드   60점

(1) 텍스트 작성 : 글머리 기호 사용(❖, ✓)
     ❖ 문단(굴림, 24pt, 굵게, 줄간격 : 1.5줄), ✓ 문단(굴림, 20pt, 줄간격 : 1.5줄)

세부조건
① 동영상 삽입 :
- 「내 PC₩문서₩ITQ₩Picture₩동영상.wmv」
- 자동실행, 반복재생 설정

1. 공룡의 정의

❖ **Characteristics of dinosaurs**
    ✓ Dinosaurs strong yet light-weight bones and long tails that helped their balance allowed these huge creatures to move around gracefully in upright postures

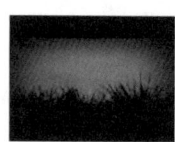
①

❖ **공룡의 정의**
    ✓ 중생대에 번성했던 육상 파충류의 한 집단으로 육지와 바다(어룡), 하늘(익룡)까지 진화를 거듭하면서 번성
    ✓ 모든 대륙의 다양한 환경에서 화석으로 발견

슬라이드 4   표 슬라이드   80점

(1) 도형과 표 작성 기능을 이용하여 슬라이드를 작성한다(글꼴 : 돋움, 18pt).

세부조건
① 상단 도형 :
   2개 도형의 조합으로 작성

② 좌측 도형 :
   그라데이션 효과(선형 아래쪽)

③ 테이블 디자인 :
   테마 스타일 1 - 강조 6

2. 초식공룡과 육식공룡의 특징

①

②

	한글 학명	특징
초식	람베오사우루스	콧구멍은 주둥이로부터 돌출되어 있고 손도끼 모양의 볏이 있음
초식	이구아노돈	앞다리의 길이는 뒷다리보다 짧으며 엄지발가락에 원추형의 스파이크가 있음
육식	데이노니쿠스	몸이 가볍고 민첩하며 큰 두뇌와 크고 민감한 눈을 갖음
육식	기가노토사우루스	2족 보행, 13~14m의 거대한 수각류

③

슬라이드 5 　 차트 슬라이드 　 100점

(1) 차트 작성 기능을 이용하여 슬라이드를 작성한다.
(2) 차트 : 종류(묶은 세로 막대형), 글꼴(돋움, 16pt), 외곽선

세부조건

※ 차트설명
· 차트제목 : 굴림, 24pt, 굵게, 채우기(흰색), 테두리, 그림자(오프셋 아래쪽)
· 차트영역 : 채우기(노랑) 그림영역 : 채우기(흰색)
· 데이터 서식 : 다스플레토사우루스 계열을 표식이 있는 꺾은선형으로 변경 후 보조축으로 지정
· 값 표시 : 25세의 다스플레토사우루스 계열만

① 도형 삽입
- 스타일 : 미세효과 – 파랑, 강조1
- 글꼴 : 굴림, 18pt

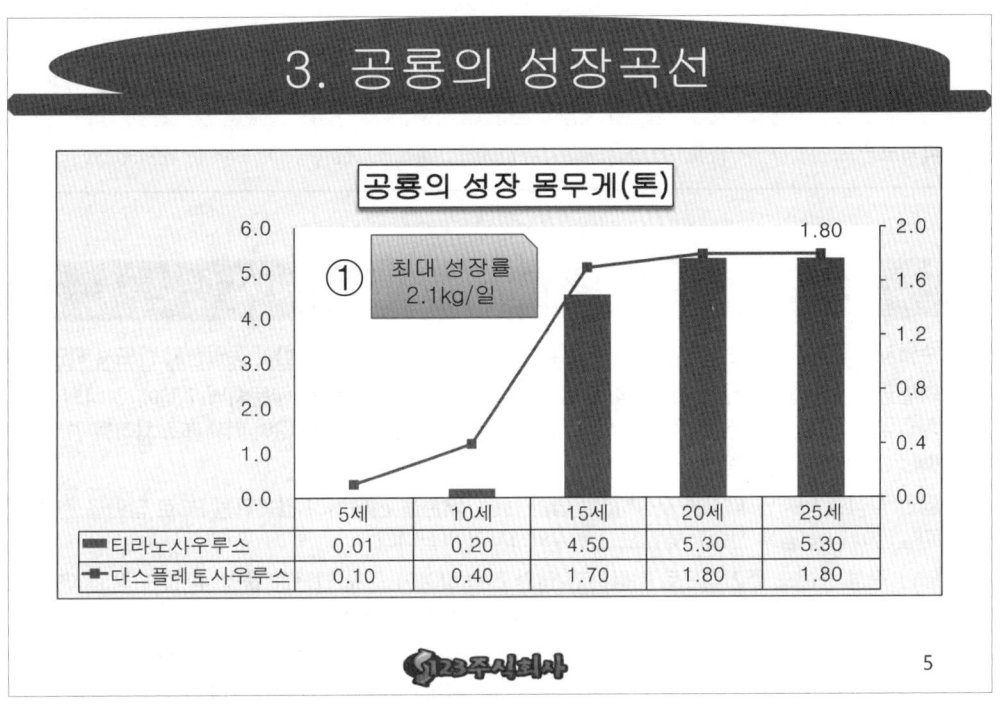

슬라이드 6 　 도형 슬라이드 　 100점

(1) 슬라이드와 같이 도형 및 스마트아트를 배치한다(글꼴 : 굴림, 18pt).
(2) 애니메이션 순서 : ① ⇒ ②

세부조건

① 도형 및 스마트아트 편집
- 스마트아트 디자인 : 3차원 경사, 3차원 만화
- 그룹화 후 애니메이션 효과 : 시계 방향 회전(살 1개)

② 도형 편집
- 그룹화 후 애니메이션 효과 : 실선무늬(세로)

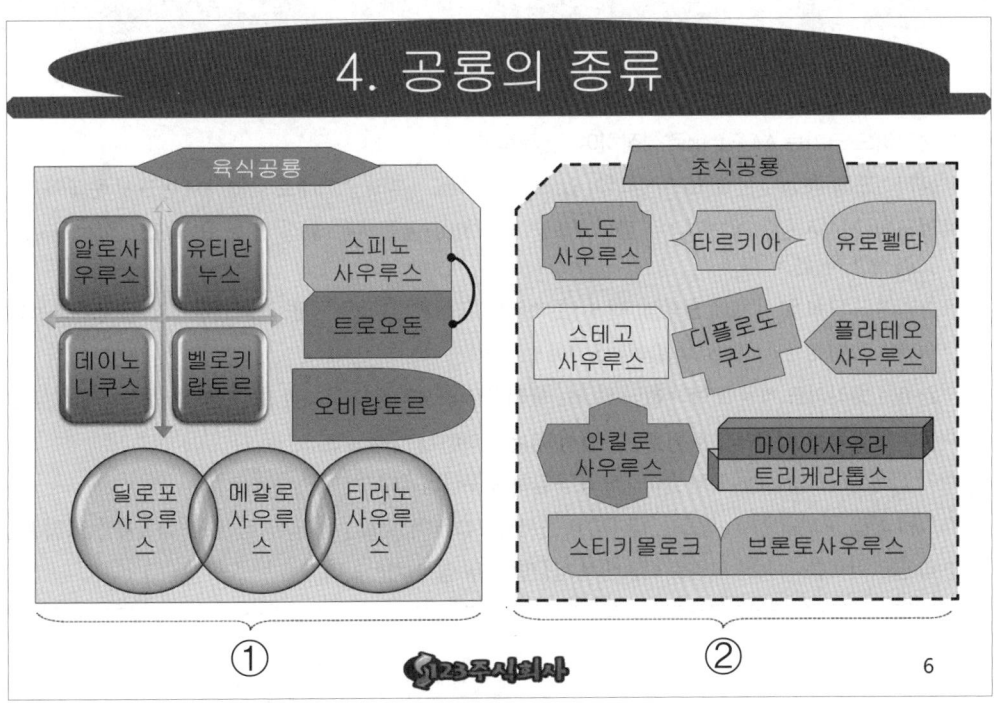

5회 기출문제

과목	코드	문제유형	시험시간	수험번호	성 명
파워포인트	1142	A	60분	12343025	

수 험 자 유 의 사 항

- 수험자는 문제지를 받는 즉시 문제지와 **수험표상의 시험과목(프로그램)이 동일한지 반드시 확인**하여야 합니다.
- 파일명은 본인의 "수험번호-성명"으로 입력하여 답안폴더(내 PC\문서\ITQ)에 하나의 파일로 저장해야 하며, 답안문서 파일명이 "수험번호-성명"과 일치하지 않거나, 답안파일을 전송하지 않아 미제출로 처리될 경우 실격 처리합니다 (예 : 12345678-홍길동.pptx).
- 답안 작성을 마치면 파일을 저장하고, '답안 전송' 버튼을 선택하여 감독위원 PC로 답안을 전송하십시오. 수험생 정보와 저장한 파일명이 다를 경우 전송되지 않으므로 주의하시기 바랍니다.
- 답안 작성 중에도 **주기적으로 저장하고 '답안 전송'**하여야 문제 발생을 줄일 수 있습니다. 작업한 내용을 저장하지 않고 전송할 경우 이전에 저장된 내용이 전송되오니 이점 유의하시기 바랍니다.
- 답안문서는 지정된 경로 외의 다른 보조기억장치에 저장하는 경우, 지정된 시험 시간 외에 작성된 파일을 활용할 경우, 기타 통신 수단(이메일, 메신저, 네트워크 등)을 이용하여 타인에게 전달 또는 외부 반출하는 경우는 부정 처리합니다.
- 시험 중 부주의 또는 고의로 시스템을 파손한 경우는 수험자가 변상해야 하며, <수험자 유의사항>에 기재된 방법대로 이행하지 않아 생기는 불이익은 수험생 당사자의 책임임을 알려 드립니다.
- 문제의 조건은 MS오피스 2021 버전으로 설정되어 있으며 MS오피스 2016은【 】에 표기되어 있습니다. 이와 관련하여 작성한 답안의 출력형태가 문제지와 다를 수 있습니다.
- 시험을 완료한 수험자는 답안파일이 전송되었는지 확인한 후 감독위원의 지시에 따라 문제지를 제출하고 퇴실합니다.

답 안 작 성 요 령

- 온라인 답안 작성 절차
  수험자 등록 ⇒ 시험 시작 ⇒ 답안파일 저장 ⇒ 답안 전송 ⇒ 시험 종료
- 슬라이드 크기는 A4 Paper로 설정하여 작성합니다.
- 슬라이드의 총 개수는 6개로 구성되어 있으며 슬라이드 1부터 순서대로 작업하고 반드시 문제와 세부조건대로 합니다.
- 별도의 지시사항이 없는 경우 출력형태를 참조하여 글꼴색은 검정 또는 흰색으로 작성하고, 기타사항은 전체적인 균형을 고려하여 작성합니다.
- 슬라이드 도형 및 개체에 출력형태와 다른 스타일(그림자, 외곽선 등)을 적용했을 경우 감점처리 됩니다.
- 슬라이드 번호를 작성합니다(슬라이드 1에는 생략).
- 2~6번 슬라이드 제목 도형과 하단 로고는 슬라이드 마스터를 이용하여 출력형태와 동일하게 작성합니다(슬라이드 1에는 생략).
- 문제와 세부조건, 세부조건 번호 ◯ (점선원)는 입력하지 않습니다.
- 각 객체의 위치는 오른쪽의 슬라이드와 동일하게 구성합니다.
- 그림 삽입 문제의 경우 반드시 「내 PC\문서\ITQ\Picture」 폴더에서 정확한 파일을 선택하여 삽입하십시오.
- 각 슬라이드를 각각의 파일로 작업해서 저장할 경우 실격 처리됩니다.

전체구성 — 60점

(1) 슬라이드 크기 및 순서 : 크기를 A4 용지로 설정하고 슬라이드 순서에 맞게 작성한다.
(2) 슬라이드 마스터 : 2~6슬라이드의 제목, 하단 로고, 슬라이드 번호는 슬라이드 마스터를 이용하여 작성한다.
  - 제목 글꼴(굴림, 40pt, 흰색), 가운데 맞춤, 도형(선 없음)
  - 하단 로고(「내 PC₩문서₩ITQ₩Picture₩로고2.jpg」, 배경(회색) 투명색으로 설정)

슬라이드 1 — 표지 디자인 — 40점

(1) 표지 디자인 : 도형, 워드아트 및 그림을 이용하여 작성한다.

세부조건

① 도형 편집
- 도형에 그림 채우기 : 「내 PC₩문서₩ITQ₩Picture₩그림3.jpg」, 투명도 50%
- 도형 효과 : 부드러운 가장자리 5포인트

② 워드아트 삽입
- 변환 : 기울기, 위로
- 글꼴 : 돋움, 굵게
- 텍스트 반사 : 근접 반사, 4pt 오프셋

③ 그림 삽입
- 「내 PC₩문서₩ITQ₩Picture₩로고2.jpg」
- 배경(회색) 투명색으로 설정

슬라이드 2 — 목차 슬라이드 — 60점

(1) 출력형태와 같이 도형을 이용하여 목차를 작성한다(글꼴 : 돋움, 24pt).
(2) 도형 : 선 없음

세부조건

① 텍스트에 하이퍼링크 적용 → '슬라이드 6'

② 그림 삽입
- 「내 PC₩문서₩ITQ₩Picture₩그림5.jpg」
- 자르기 기능 이용

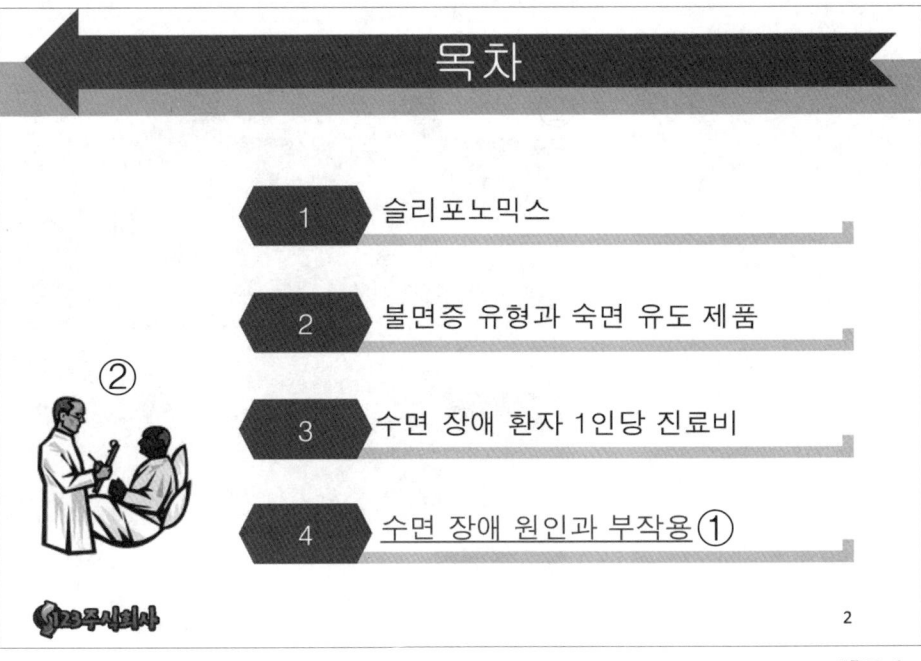

슬라이드 3　　텍스트/동영상 슬라이드　　60점

(1) 텍스트 작성 : 글머리 기호 사용(❖, ■)
　　　❖문단(굴림, 24pt, 굵게, 줄간격 : 1.5줄), ■문단(굴림, 20pt, 줄간격 : 1.5줄)

세부조건
① 동영상 삽입 :
- 「내 PC₩문서₩ITQ₩Picture₩동영상. wmv」
- 자동실행, 반복재생 설정

1. 슬리포노믹스

❖ Sleeponomics
- Sleeponomics is a compound word that combines 'sleep' and 'economy' and is a related industry that grows as it pays a lot of money for a good night's sleep

❖ 슬리포노믹스
- 수면과 경제를 합친 합성어로 숙면을 위해 많은 돈을 지불함에 따라 성장하는 관련 산업
- 수면상태를 분석하는 슬립테크와 함께 성장

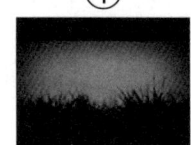

슬라이드 4　　표 슬라이드　　80점

(1) 도형과 표 작성 기능을 이용하여 슬라이드를 작성한다(글꼴 : 돋움, 18pt).

세부조건
① 상단 도형 :
　2개 도형의 조합으로 작성
② 좌측 도형 :
　그라데이션 효과(선형 아래쪽)
③ 테이블 디자인 :
　테마 스타일 1 - 강조 5

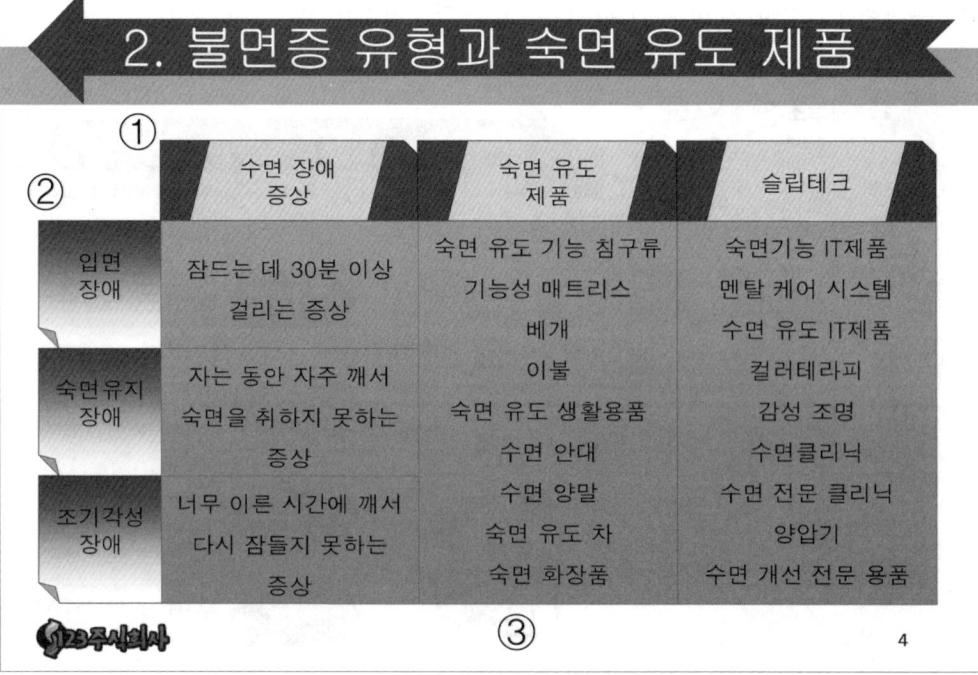

슬라이드 5　　차트 슬라이드　　100점

(1) 차트 작성 기능을 이용하여 슬라이드를 작성한다.
(2) 차트 : 종류(묶은 세로 막대형), 글꼴(돋움, 16pt), 외곽선

세부조건

※ 차트설명
· 차트제목 : 궁서, 24pt, 굵게, 채우기(흰색), 테두리, 그림자(오프셋 오른쪽)
· 차트영역 : 채우기(노랑)
  그림영역 : 채우기(흰색)
· 데이터 서식 : 1인당 진료비 계열을 표식이 있는 꺾은선형으로 변경 후 보조축으로 지정
· 값 표시 : 2020년의 1인당 진료비 계열만

① 도형 삽입
- 스타일 :
  미세효과 - 파랑, 강조1
- 글꼴 : 굴림, 18pt

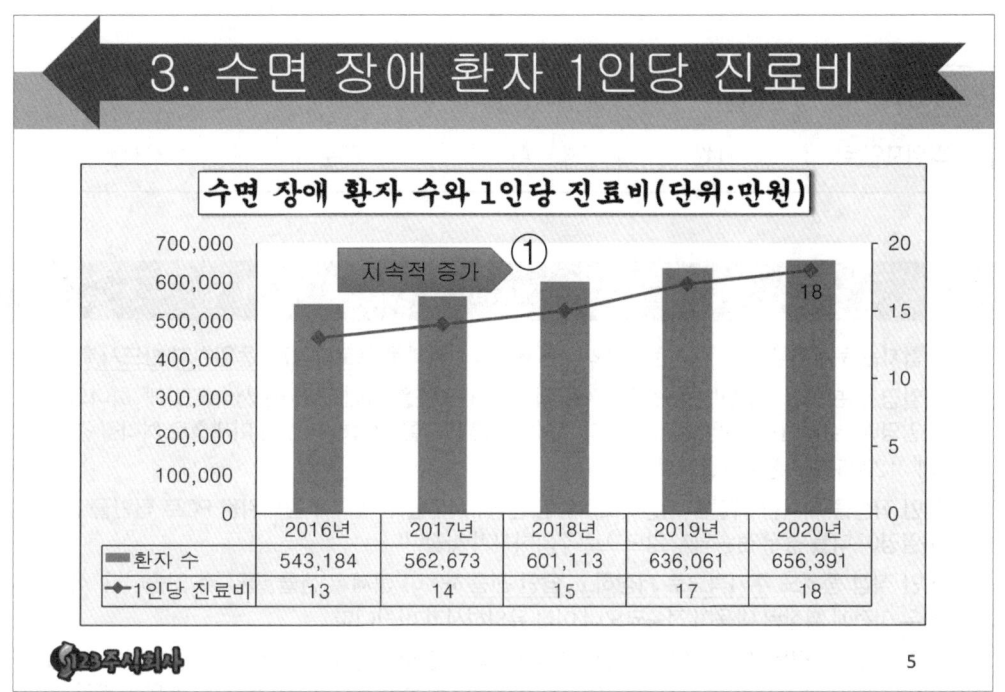

슬라이드 6　　도형 슬라이드　　100점

(1) 슬라이드와 같이 도형 및 스마트아트를 배치한다(글꼴 : 굴림, 18pt).
(2) 애니메이션 순서 : ① ⇒ ②

세부조건

① 도형 및 스마트아트 편집
- 스마트아트 디자인 :
  3차원 경사, 3차원 벽돌
- 그룹화 후 애니메이션 효과 :
  닦아내기(위에서)

② 도형 편집
- 그룹화 후 애니메이션 효과 :
  바운드

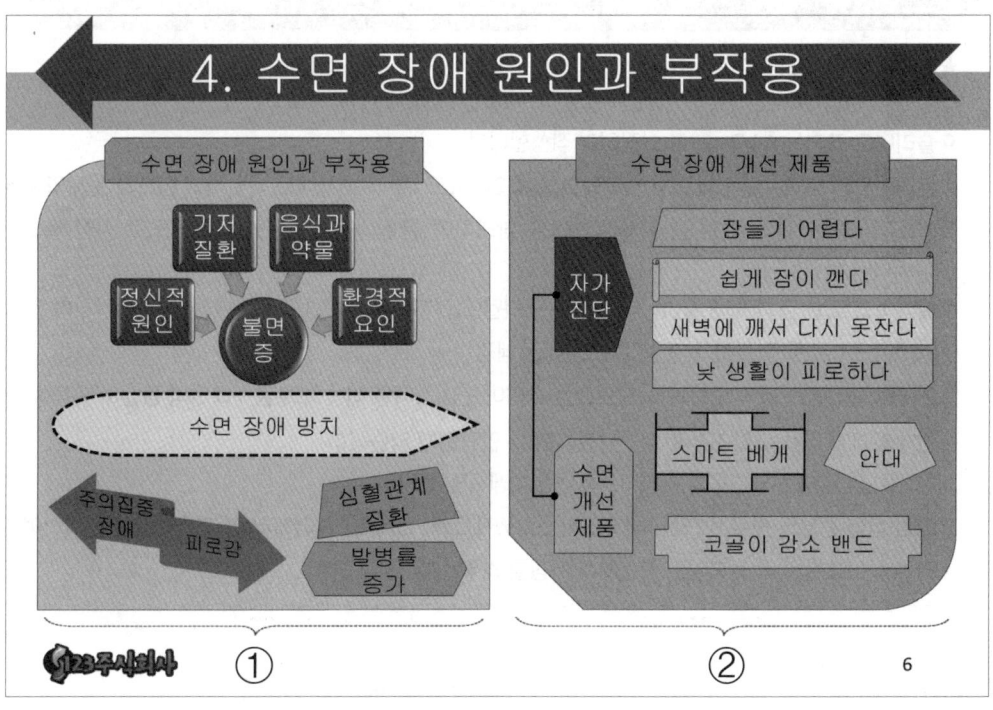

6회 기출문제

과목	코드	문제유형	시험시간	수험번호	성 명
파워포인트	1142	A	60분	12343026	

수 험 자 유 의 사 항

- 수험자는 문제지를 받는 즉시 문제지와 **수험표상의 시험과목(프로그램)이 동일한지 반드시 확인**하여야 합니다.
- 파일명은 본인의 "수험번호-성명"으로 입력하여 답안폴더(내 PC\문서\ITQ)에 하나의 파일로 저장해야 하며, 답안문서 파일명이 "수험번호-성명"과 일치하지 않거나, 답안파일을 전송하지 않아 미제출로 처리될 경우 실격 처리합니다. (예 : 12345678-홍길동.pptx).
- 답안 작성을 마치면 파일을 저장하고, '답안 전송' 버튼을 선택하여 감독위원 PC로 답안을 전송하십시오. 수험생 정보와 저장한 파일명이 다를 경우 전송되지 않으므로 주의하시기 바랍니다.
- 답안 작성 중에도 **주기적으로 저장하고 '답안 전송**'하여야 문제 발생을 줄일 수 있습니다. 작업한 내용을 저장하지 않고 전송할 경우 이전에 저장된 내용이 전송되오니 이점 유의하시기 바랍니다.
- 답안문서는 지정된 경로 외의 다른 보조기억장치에 저장하는 경우, 지정된 시험 시간 외에 작성된 파일을 활용할 경우, 기타 통신 수단(이메일, 메신저, 네트워크 등)을 이용하여 타인에게 전달 또는 외부 반출하는 경우는 부정 처리합니다.
- 시험 중 부주의 또는 고의로 시스템을 파손한 경우는 수험자가 변상해야 하며, 〈수험자 유의사항〉에 기재된 방법대로 이행하지 않아 생기는 불이익은 수험생 당사자의 책임임을 알려 드립니다.
- 문제의 조건은 MS오피스 2021 버전으로 설정되어 있으며 MS오피스 2016은【 】에 표기되어 있습니다. 이와 관련하여 작성한 답안의 출력형태가 문제지와 다를 수 있습니다.
- 시험을 완료한 수험자는 답안파일이 전송되었는지 확인한 후 감독위원의 지시에 따라 문제지를 제출하고 퇴실합니다.

답 안 작 성 요 령

- 온라인 답안 작성 절차
  수험자 등록 ⇒ 시험 시작 ⇒ 답안파일 저장 ⇒ 답안 전송 ⇒ 시험 종료
- 슬라이드 크기는 A4 Paper로 설정하여 작성합니다.
- 슬라이드의 총 개수는 6개로 구성되어 있으며 슬라이드 1부터 순서대로 작업하고 반드시 문제와 세부조건대로 합니다.
- 별도의 지시사항이 없는 경우 출력형태를 참조하여 글꼴색은 검정 또는 흰색으로 작성하고, 기타사항은 전체적인 균형을 고려하여 작성합니다.
- 슬라이드 도형 및 개체에 출력형태와 다른 스타일(그림자, 외곽선 등)을 적용했을 경우 감점처리 됩니다.
- 슬라이드 번호를 작성합니다(슬라이드 1에는 생략).
- 2~6번 슬라이드 제목 도형과 하단 로고는 슬라이드 마스터를 이용하여 출력형태와 동일하게 작성합니다(슬라이드 1에는 생략).
- 문제와 세부조건, 세부조건 번호 ◯ (점선원)는 입력하지 않습니다.
- 각 객체의 위치는 오른쪽의 슬라이드와 동일하게 구성합니다.
- 그림 삽입 문제의 경우 반드시「내 PC\문서\ITQ\Picture」폴더에서 정확한 파일을 선택하여 삽입하십시오.
- 각 슬라이드를 각각의 파일로 작업해서 저장할 경우 실격 처리됩니다.

전체구성 (60점)

(1) 슬라이드 크기 및 순서 : 크기를 A4 용지로 설정하고 슬라이드 순서에 맞게 작성한다.
(2) 슬라이드 마스터 : 2~6슬라이드의 제목, 하단 로고, 슬라이드 번호는 슬라이드 마스터를 이용하여 작성한다.
  - 제목 글꼴(돋움, 40pt, 흰색), 가운데 맞춤, 도형(선 없음)
  - 하단 로고(「내 PC\문서\ITQ\Picture\로고1.jpg」, 배경(회색) 투명색으로 설정)

슬라이드 1 　표지 디자인 (40점)

(1) 표지 디자인 : 도형, 워드아트 및 그림을 이용하여 작성한다.

세부조건

① 도형 편집
- 도형에 그림 채우기 :
  「내 PC\문서\ITQ\Picture\그림1.jpg」, 투명도 50%
- 도형 효과 :
  부드러운 가장자리 5포인트

② 워드아트 삽입
- 변환 : 삼각형, 아래로
- 글꼴 : 돋움, 굵게
- 텍스트 반사 : 근접 반사, 4pt 오프셋

③ 그림 삽입
- 「내 PC\문서\ITQ\Picture\로고1.jpg」
- 배경(회색) 투명색으로 설정

슬라이드 2 　목차 슬라이드 (60점)

(1) 출력형태와 같이 도형을 이용하여 목차를 작성한다(글꼴 : 굴림, 24pt).
(2) 도형 : 선 없음

세부조건

① 텍스트에 하이퍼링크 적용
→ '슬라이드 5'

② 그림 삽입
- 「내 PC\문서\ITQ\Picture\그림5.jpg」
- 자르기 기능 이용

슬라이드 3   텍스트/동영상 슬라이드   60점

(1) 텍스트 작성 : 글머리 기호 사용(➢, ✓)
  ➢ 문단(굴림, 24pt, 굵게, 줄간격 : 1.5줄), ✓ 문단(굴림, 20pt, 줄간격 : 1.5줄)

세부조건
① 동영상 삽입 :
- 「내 PC₩문서₩ITQ₩Picture₩동영상.wmv」
- 자동실행, 반복재생 설정

1. 환경 보전

➢ **Global Efforts**
  ✓ UNEP 8th special session of the governing council in korea/global ministerial meeting
  ✓ Environmental cooperation in northeast asia
  ✓ Tripartite Environment Ministers' Meeting (TEMM)

➢ **환경 보전의 의미**
  ✓ 인간이 안전하고 건강하며 미적, 문화적으로 쾌적한 생활을 영위할 수 있도록 환경 조건을 좋은 상태로 지키고 유지하며 대기, 수질 등의 환경을 오염으로부터 보호하는 것

①
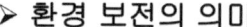

슬라이드 4   표 슬라이드   80점

(1) 도형과 표 작성 기능을 이용하여 슬라이드를 작성한다(글꼴 : 돋움, 18pt).

세부조건
① 상단 도형 :
  2개 도형의 조합으로 작성

② 좌측 도형 :
  그라데이션 효과(선형 아래쪽)

③ 테이블 디자인 :
  테마 스타일 1 - 강조 6

2. 환경교육 인증프로그램

①

②

	프로그램명	목적 및 내용
유아	해양환경체험 교육	해양환경 문제와 실태를 인식하고 체험을 통해 깨끗한 해양환경 구현
유아	나무 의사 되기	나무 해부학, 심장소리 듣기, 가지치기 및 영양주사 주기, 나뭇잎 손수건 만들기
초등학생	무안갯벌 생태학교	자연 친화적인 생태적 감수성 충전
초등학생	기후, 환경 진로체험교실	기후변화에 대한 심각성 이해와 기후변화 대응 인식 및 기후, 환경분야 직업 이해

③

슬라이드 5　차트 슬라이드　100점

(1) 차트 작성 기능을 이용하여 슬라이드를 작성한다.
(2) 차트 : 종류(묶은 세로 막대형), 글꼴(돋움, 16pt), 외곽선

세부조건

※ 차트설명
· 차트제목 : 궁서, 24pt, 굵게,
  채우기(흰색), 테두리,
  그림자(오프셋 오른쪽)
· 차트영역 : 채우기(노랑)
  그림영역 : 채우기(흰색)
· 데이터 서식 : 발전량(GWh)
  계열을 표식이 있는
  꺾은선형으로 변경 후
  보조축으로 지정
· 값 표시 : IGCC의 발전량(GWh)
  계열만

① 도형 삽입
- 스타일 :
  미세효과 – 파랑, 강조1
- 글꼴 : 굴림, 18pt

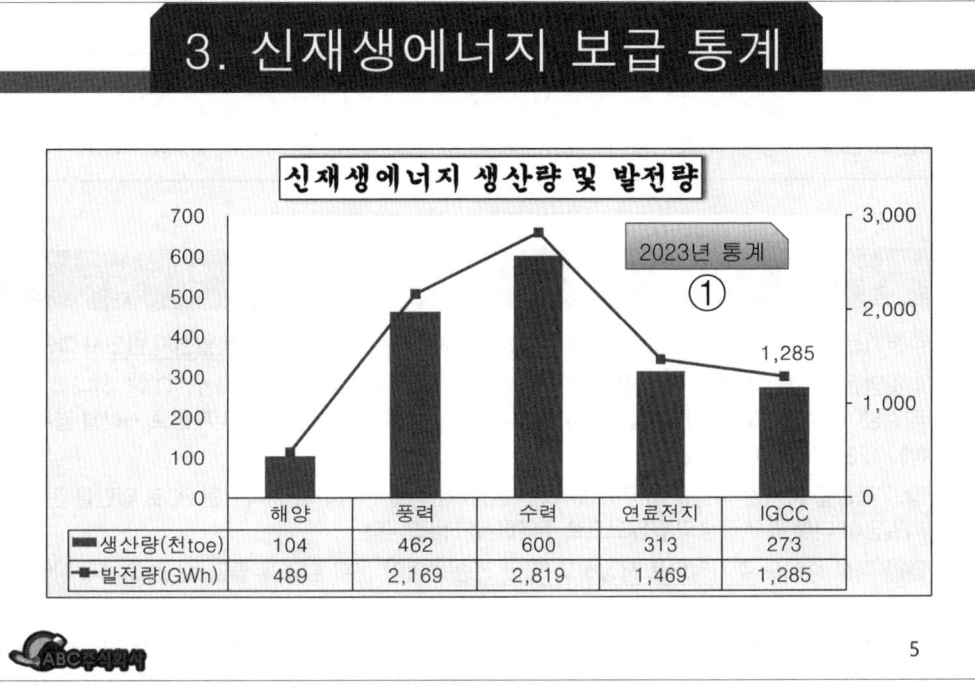

슬라이드 6　도형 슬라이드　100점

(1) 슬라이드와 같이 도형 및 스마트아트를 배치한다(글꼴 : 굴림, 18pt).
(2) 애니메이션 순서 : ① ⇒ ②

세부조건

① 도형 및 스마트아트 편집
- 스마트아트 디자인 :
  3차원 광택처리, 3차원 경사
- 그룹화 후 애니메이션 효과 :
  밝기 변화

② 도형 편집
- 그룹화 후 애니메이션 효과 :
  바운드

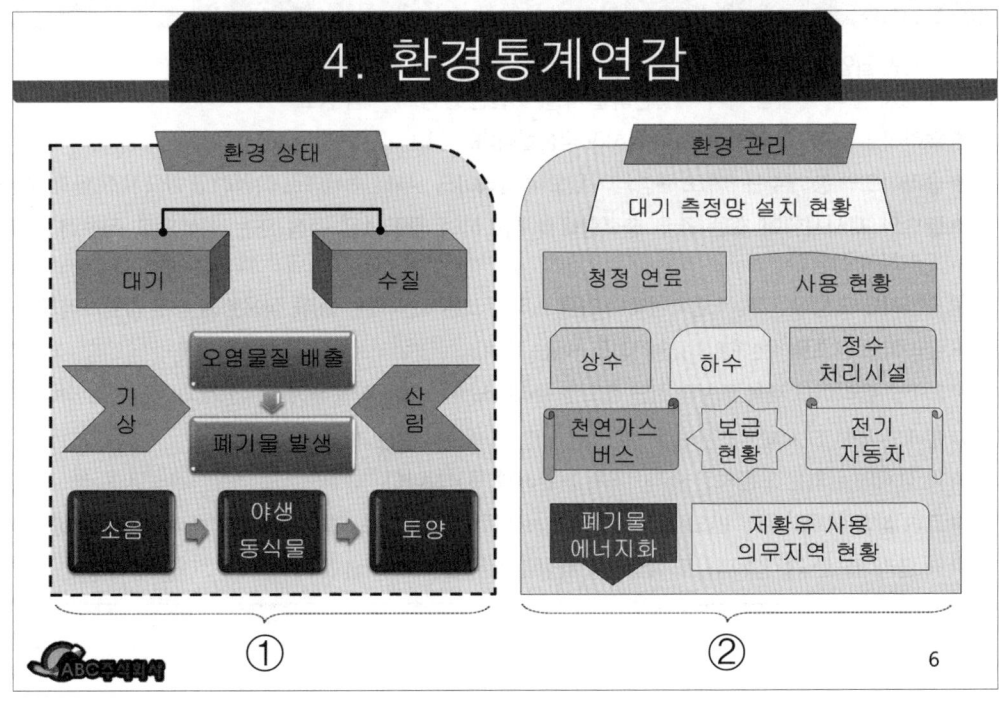

7회 기출문제

과목	코드	문제유형	시험시간	수험번호	성 명
파워포인트	1142	A	60분	12343027	

수 험 자 유 의 사 항

- 수험자는 문제지를 받는 즉시 문제지와 **수험표상의 시험과목(프로그램)이 동일한지 반드시 확인**하여야 합니다.
- 파일명은 본인의 "수험번호-성명"으로 입력하여 답안폴더(내 PC\문서\ITQ)에 하나의 파일로 저장해야 하며, 답안문서 파일명이 "수험번호-성명"과 일치하지 않거나, 답안파일을 전송하지 않아 미제출로 처리될 경우 실격 처리합니다 (예 : 12345678-홍길동.pptx).
- 답안 작성을 마치면 파일을 저장하고, '답안 전송' 버튼을 선택하여 감독위원 PC로 답안을 전송하십시오. 수험생 정보와 저장한 파일명이 다를 경우 전송되지 않으므로 주의하시기 바랍니다.
- 답안 작성 중에도 **주기적으로 저장하고 '답안 전송'**하여야 문제 발생을 줄일 수 있습니다. 작업한 내용을 저장하지 않고 전송할 경우 이전에 저장된 내용이 전송되오니 이점 유의하시기 바랍니다.
- 답안문서는 지정된 경로 외의 다른 보조기억장치에 저장하는 경우, 지정된 시험 시간 외에 작성된 파일을 활용할 경우, 기타 통신 수단(이메일, 메신저, 네트워크 등)을 이용하여 타인에게 전달 또는 외부 반출하는 경우는 부정 처리합니다.
- 시험 중 부주의 또는 고의로 시스템을 파손한 경우는 수험자가 변상해야 하며, <수험자 유의사항>에 기재된 방법대로 이행하지 않아 생기는 불이익은 수험생 당사자의 책임임을 알려 드립니다.
- 문제의 조건은 MS오피스 2021 버전으로 설정되어 있으며 MS오피스 2016은【 】에 표기되어 있습니다. 이와 관련하여 작성한 답안의 출력형태가 문제지와 다를 수 있습니다.
- 시험을 완료한 수험자는 답안파일이 전송되었는지 확인한 후 감독위원의 지시에 따라 문제지를 제출하고 퇴실합니다.

답 안 작 성 요 령

- 온라인 답안 작성 절차
  수험자 등록 ⇒ 시험 시작 ⇒ 답안파일 저장 ⇒ 답안 전송 ⇒ 시험 종료
- 슬라이드 크기는 A4 Paper로 설정하여 작성합니다.
- 슬라이드의 총 개수는 6개로 구성되어 있으며 슬라이드 1부터 순서대로 작업하고 반드시 문제와 세부조건대로 합니다.
- 별도의 지시사항이 없는 경우 출력형태를 참조하여 글꼴색은 검정 또는 흰색으로 작성하고, 기타사항은 전체적인 균형을 고려하여 작성합니다.
- 슬라이드 도형 및 개체에 출력형태와 다른 스타일(그림자, 외곽선 등)을 적용했을 경우 감점처리 됩니다.
- 슬라이드 번호를 작성합니다(슬라이드 1에는 생략).
- 2~6번 슬라이드 제목 도형과 하단 로고는 슬라이드 마스터를 이용하여 출력형태와 동일하게 작성합니다(슬라이드 1에는 생략).
- 문제와 세부조건, 세부조건 번호 ◌ (점선원)는 입력하지 않습니다.
- 각 객체의 위치는 오른쪽의 슬라이드와 동일하게 구성합니다.
- 그림 삽입 문제의 경우 반드시 「내 PC\문서\ITQ\Picture」폴더에서 정확한 파일을 선택하여 삽입하십시오.
- 각 슬라이드를 각각의 파일로 작업해서 저장할 경우 실격 처리됩니다.

전체구성 — 60점

(1) 슬라이드 크기 및 순서 : 크기를 A4 용지로 설정하고 슬라이드 순서에 맞게 작성한다.
(2) 슬라이드 마스터 : 2~6슬라이드의 제목, 하단 로고, 슬라이드 번호는 슬라이드 마스터를 이용하여 작성한다.
  - 제목 글꼴(돋움, 40pt, 흰색), 가운데 맞춤, 도형(선 없음)
  - 하단 로고(「내 PC₩문서₩ITQ₩Picture₩로고2.jpg」, 배경(회색) 투명색으로 설정)

슬라이드 1 — 표지 디자인 — 40점

(1) 표지 디자인 : 도형, 워드아트 및 그림을 이용하여 작성한다.

세부조건

① 도형 편집
 - 도형에 그림 채우기 :
   「내 PC₩문서₩ITQ₩Picture
   ₩그림3.jpg」, 투명도 50%
 - 도형 효과 :
   부드러운 가장자리 5포인트

② 워드아트 삽입
 - 변환 : 삼각형, 위로
 - 글꼴 : 돋움, 굵게
 - 텍스트 반사 :
   근접 반사, 4pt 오프셋

③ 그림 삽입
 - 「내 PC₩문서₩ITQ₩Picture
   ₩로고2.jpg」
 - 배경(회색) 투명색으로 설정

슬라이드 2 — 목차 슬라이드 — 60점

(1) 출력형태와 같이 도형을 이용하여 목차를 작성한다(글꼴 : 굴림, 24pt).
(2) 도형 : 선 없음

세부조건

① 텍스트에 하이퍼링크 적용
→ '슬라이드 5'

② 그림 삽입
 - 「내 PC₩문서₩ITQ₩Picture
   ₩그림5.jpg」
 - 자르기 기능 이용

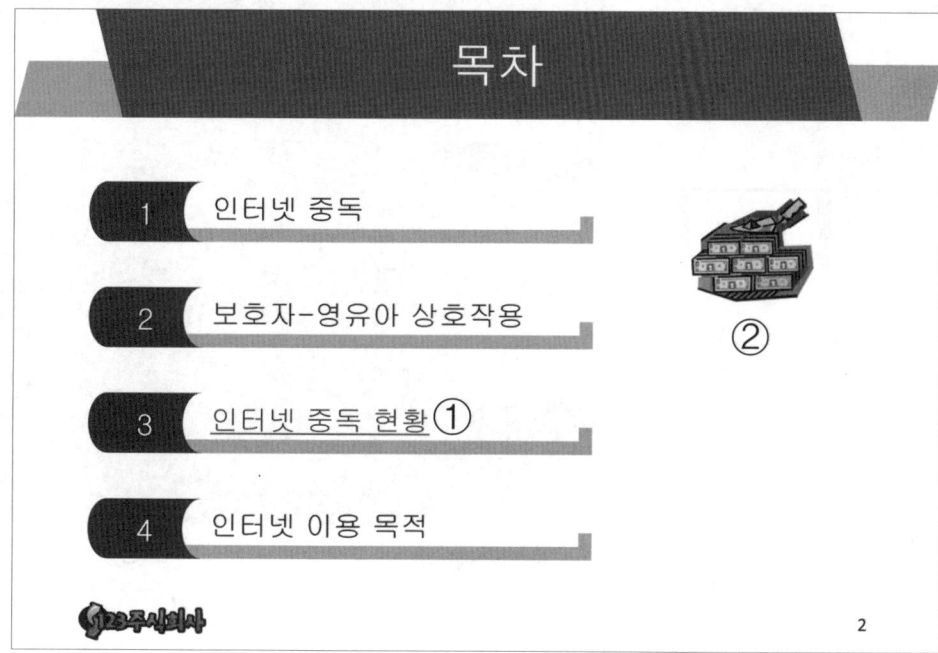

슬라이드 3 　 텍스트/동영상 슬라이드 　 60점

(1) 텍스트 작성 : 글머리 기호 사용(❖, ■)
　　❖문단(굴림, 24pt, 굵게, 줄간격 : 1.5줄), ■문단(굴림, 20pt, 줄간격 : 1.5줄)

세부조건
① 동영상 삽입 :
- 「내 PC₩문서₩ITQ₩Picture₩동영상.wmv」
- 자동실행, 반복재생 설정

1. 인터넷 중독

❖ **Internet Addiction Test**
　■ The Internet Addiction Test is the first validated and reliable measure of addictive use of the Internet
　■ How do you know if you're already addicted or rapidly tumbling toward trouble

❖ **인터넷 중독**
　■ 인터넷을 과다 사용하는 습관적 행위로 금단과 내성이 생겨 가정, 학교, 사회, 일상생활의 장애가 유발되는 상태

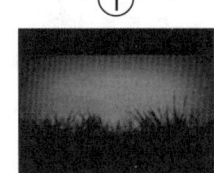

슬라이드 4 　 표 슬라이드 　 80점

(1) 도형과 표 작성 기능을 이용하여 슬라이드를 작성한다(글꼴 : 돋움, 18pt).

세부조건
① 상단 도형 :
　2개 도형의 조합으로 작성
② 좌측 도형 :
　그라데이션 효과(선형 아래쪽)
③ 테이블 디자인 :
　테마 스타일 1 - 강조 5

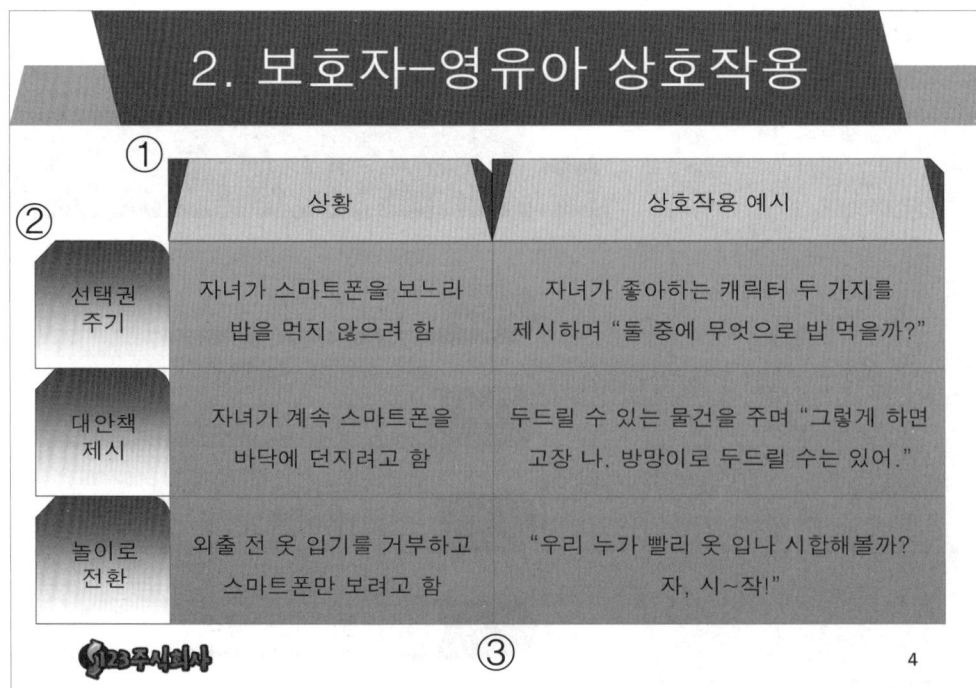

슬라이드 5   차트 슬라이드   100점

(1) 차트 작성 기능을 이용하여 슬라이드를 작성한다.
(2) 차트 : 종류(묶은 세로 막대형), 글꼴(돋움, 16pt), 외곽선

세부조건
※ 차트설명
- 차트제목 : 궁서, 24pt, 굵게, 채우기(흰색), 테두리, 그림자(오프셋 오른쪽)
- 차트영역 : 채우기(노랑) 그림영역 : 채우기(흰색)
- 데이터 서식 : 고위험 사용자 계열을 표식이 있는 꺾은선형으로 변경 후 보조축으로 지정
- 값 표시 : 16~19세의 잠재적 위험 사용자 계열만

① 도형 삽입
- 스타일 : 미세효과 – 파랑, 강조1
- 글꼴 : 굴림, 18pt

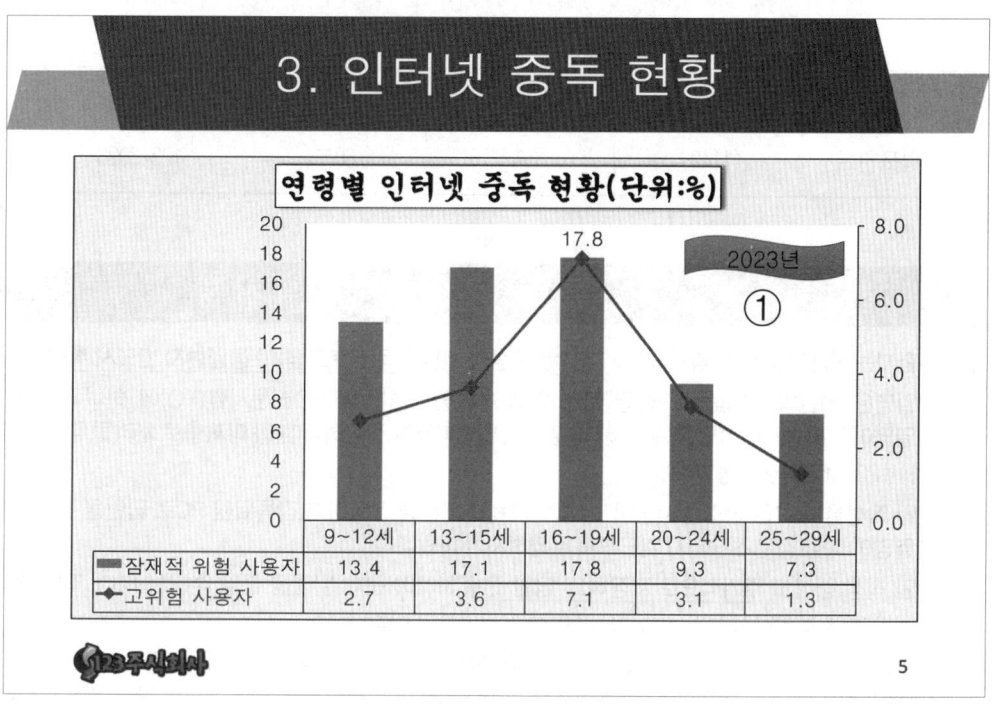

슬라이드 6   도형 슬라이드   100점

(1) 슬라이드와 같이 도형 및 스마트아트를 배치한다(글꼴 : 굴림, 18pt).
(2) 애니메이션 순서 : ① ⇒ ②

세부조건
① 도형 및 스마트아트 편집
- 스마트아트 디자인 : 3차원 광택 처리, 3차원 만화
- 그룹화 후 애니메이션 효과 : 닦아내기(위에서)

② 도형 편집
- 그룹화 후 애니메이션 효과 : 바운드

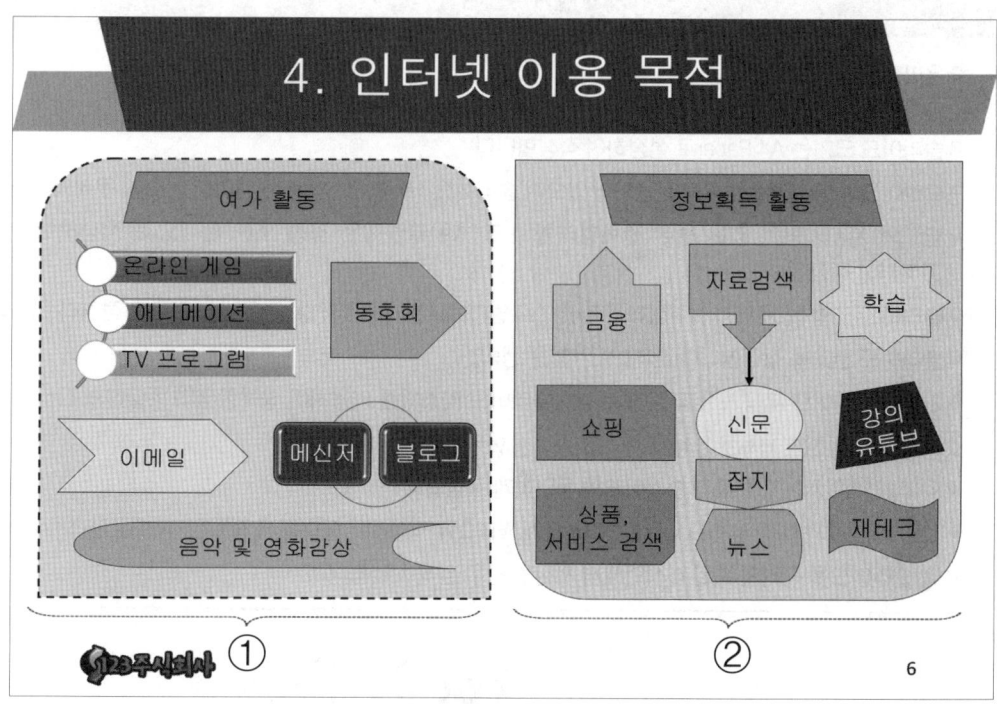

8회 기출문제

과목	코드	문제유형	시험시간	수험번호	성 명
파워포인트	1142	A	60분	12343028	

수험자 유의사항

- 수험자는 문제지를 받는 즉시 문제지와 **수험표상의 시험과목(프로그램)이 동일한지 반드시 확인**하여야 합니다.
- 파일명은 본인의 "수험번호-성명"으로 입력하여 답안폴더(내 PC\문서\ITQ)에 하나의 파일로 저장해야 하며, 답안문서 파일명이 "수험번호-성명"과 일치하지 않거나, 답안파일을 전송하지 않아 미제출로 처리될 경우 실격 처리합니다
  (예 : 12345678-홍길동.pptx).
- 답안 작성을 마치면 파일을 저장하고, '답안 전송' 버튼을 선택하여 감독위원 PC로 답안을 전송하십시오. 수험생 정보와 저장한 파일명이 다를 경우 전송되지 않으므로 주의하시기 바랍니다.
- 답안 작성 중에도 **주기적으로 저장하고 '답안 전송'**하여야 문제 발생을 줄일 수 있습니다. 작업한 내용을 저장하지 않고 전송할 경우 이전에 저장된 내용이 전송되오니 이점 유의하시기 바랍니다.
- 답안문서는 지정된 경로 외의 다른 보조기억장치에 저장하는 경우, 지정된 시험 시간 외에 작성된 파일을 활용할 경우, 기타 통신 수단(이메일, 메신저, 네트워크 등)을 이용하여 타인에게 전달 또는 외부 반출하는 경우는 부정 처리합니다.
- 시험 중 부주의 또는 고의로 시스템을 파손한 경우는 수험자가 변상해야 하며, <수험자 유의사항>에 기재된 방법대로 이행하지 않아 생기는 불이익은 수험생 당사자의 책임임을 알려 드립니다.
- 문제의 조건은 MS오피스 2021 버전으로 설정되어 있으며 MS오피스 2016은【 】에 표기되어 있습니다. 이와 관련하여 작성한 답안의 출력형태가 문제지와 다를 수 있습니다.
- 시험을 완료한 수험자는 답안파일이 전송되었는지 확인한 후 감독위원의 지시에 따라 문제지를 제출하고 퇴실합니다.

답안 작성 요령

- 온라인 답안 작성 절차
  수험자 등록 ⇒ 시험 시작 ⇒ 답안파일 저장 ⇒ 답안 전송 ⇒ 시험 종료
- 슬라이드 크기는 A4 Paper로 설정하여 작성합니다.
- 슬라이드의 총 개수는 6개로 구성되어 있으며 슬라이드 1부터 순서대로 작업하고 반드시 문제와 세부조건대로 합니다.
- 별도의 지시사항이 없는 경우 출력형태를 참조하여 글꼴색은 검정 또는 흰색으로 작성하고, 기타사항은 전체적인 균형을 고려하여 작성합니다.
- 슬라이드 도형 및 개체에 출력형태와 다른 스타일(그림자, 외곽선 등)을 적용했을 경우 감점처리 됩니다.
- 슬라이드 번호를 작성합니다(슬라이드 1에는 생략).
- 2~6번 슬라이드 제목 도형과 하단 로고는 슬라이드 마스터를 이용하여 출력형태와 동일하게 작성합니다(슬라이드 1에는 생략).
- 문제와 세부조건, 세부조건 번호 ○ (점선원)는 입력하지 않습니다.
- 각 객체의 위치는 오른쪽의 슬라이드와 동일하게 구성합니다.
- 그림 삽입 문제의 경우 반드시 「내 PC\문서\ITQ\Picture」 폴더에서 정확한 파일을 선택하여 삽입하십시오.
- 각 슬라이드를 각각의 파일로 작업해서 저장할 경우 실격 처리됩니다.

전체구성 · 60점

(1) 슬라이드 크기 및 순서 : 크기를 A4 용지로 설정하고 슬라이드 순서에 맞게 작성한다.
(2) 슬라이드 마스터 : 2~6슬라이드의 제목, 하단 로고, 슬라이드 번호는 슬라이드 마스터를 이용하여 작성한다.
   - 제목 글꼴(돋움, 40pt, 흰색), 가운데 맞춤, 도형(선 없음)
   - 하단 로고(「내 PC\문서\ITQ\Picture\로고2.jpg」, 배경(회색) 투명색으로 설정)

슬라이드 1   표지 디자인 · 40점

(1) 표지 디자인 : 도형, 워드아트 및 그림을 이용하여 작성한다.

세부조건
① 도형 편집
- 도형에 그림 채우기 :
  「내 PC\문서\ITQ\Picture
  \그림3.jpg」, 투명도 50%
- 도형 효과 :
  부드러운 가장자리 5포인트

② 워드아트 삽입
- 변환 : 수축, 위쪽
- 글꼴 : 돋움, 굵게
- 반사 : 전체 반사, 8pt 오프셋

③ 그림 삽입
- 「내 PC\문서\ITQ\Picture
  \로고1.jpg」
- 배경(회색) 투명색으로 설정

슬라이드 2   목차 슬라이드 · 60점

(1) 출력형태와 같이 도형을 이용하여 목차를 작성한다(글꼴 : 굴림, 24pt).
(2) 도형 : 선 없음

세부조건
① 텍스트에 하이퍼링크 적용
  → '슬라이드6'

② 그림 삽입
- 「내 PC\문서\ITQ\Picture
  \그림5.jpg」
- 자르기 기능 이용

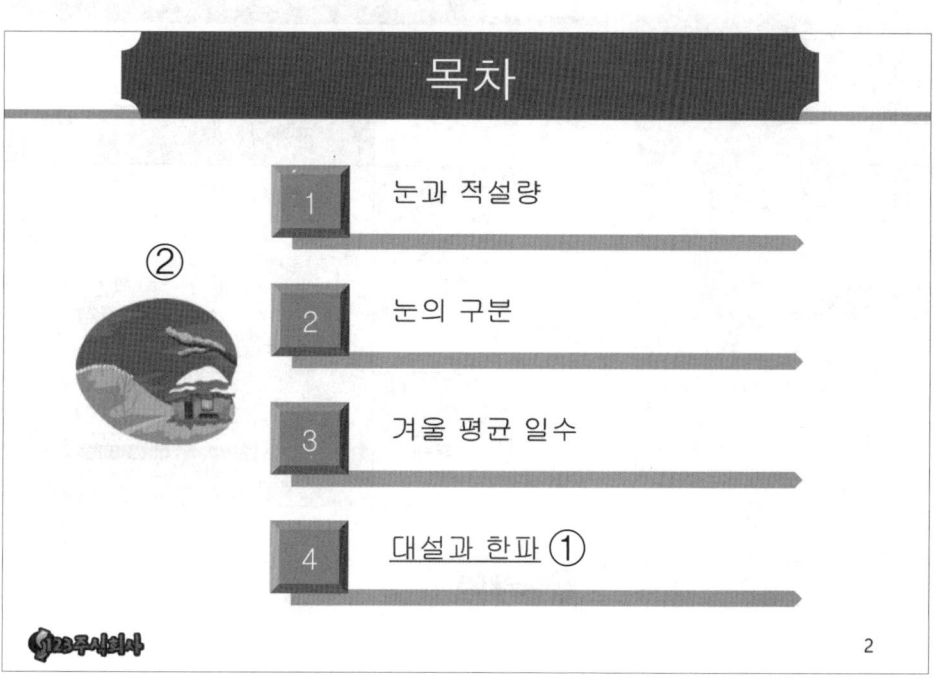

슬라이드 3 — 텍스트/동영상 슬라이드 (60점)

(1) 텍스트 작성 : 글머리 기호 사용(❖, ➢)
　　❖ 문단(돋움, 24pt, 굵게, 줄간격 : 1.5줄), ➢ 문단(돋움, 20pt, 줄간격 : 1.5줄)

세부조건

① 동영상 삽입 :
- 「내 PC₩문서₩ITQ₩Picture₩동영상.wmv」
- 자동실행, 반복재생 설정

1. 눈과 적설량

❖ Snow and Snowfall
　➢ The snow is precipitation in the form of flakes of crystalline water ice that fall from clouds
　➢ The snowfall in an area is the amount of snow that falls there during a particular period

❖ 눈과 적설량의 의미
　➢ 눈 : 공기 중의 수증기가 찬 기운과 만나 얼음 결정을 이루어 지상으로 떨어져 내리는 것
　➢ 적설량 : 눈이 내려 땅에 쌓인 양의 깊이를 직접 관측하는 것

슬라이드 4 — 표 슬라이드 (80점)

(1) 도형과 표 작성 기능을 이용하여 슬라이드를 작성한다(글꼴 : 돋움, 18pt).

세부조건

① 상단 도형 :
　2개 도형의 조합으로 작성

② 좌측 도형 :
　그라데이션 효과(선형 아래쪽)

③ 테이블 디자인 :
　테마 스타일 1 - 강조 6

2. 눈의 구분

구분		모양	형성
결정 크기	함박눈	굵은 얼음 결정	큰 눈송이 모양 바람이 잔잔할 때
	가루눈	미세한 얼음 결정	건조한 가루 모양 바람이 강할 때
	싸락눈		둥글거나 원뿔 모양 대기층이 불안정할 때
적설 형태	만년설	퇴적된 알갱이 모양의 얼음 결정	높은 산이나 고위도 지역 연중 남아 있는 적설
	관설		산 정상이나 나무 그루터기

슬라이드 5 차트 슬라이드 100점

(1) 차트 작성 기능을 이용하여 슬라이드를 작성한다.
(2) 차트 : 종류(묶은 세로 막대형), 글꼴(굴림, 16pt), 외곽선

세부조건

※ 차트설명
- 차트제목 : 궁서, 24pt, 굵게, 채우기(흰색), 테두리, 그림자(오프셋 아래쪽)
- 차트영역 : 채우기(노랑) 그림영역 : 채우기(흰색)
- 데이터 서식 : '최근 10년 평균' 계열을 표식이 있는 꺾은선형으로 변경 후 보조축으로 지정
- 값표시 : 서울의 30년 평균 계열만

① 도형 삽입
- 스타일 :
  미세효과 – 파랑, 강조1
- 글꼴 : 돋움, 18pt

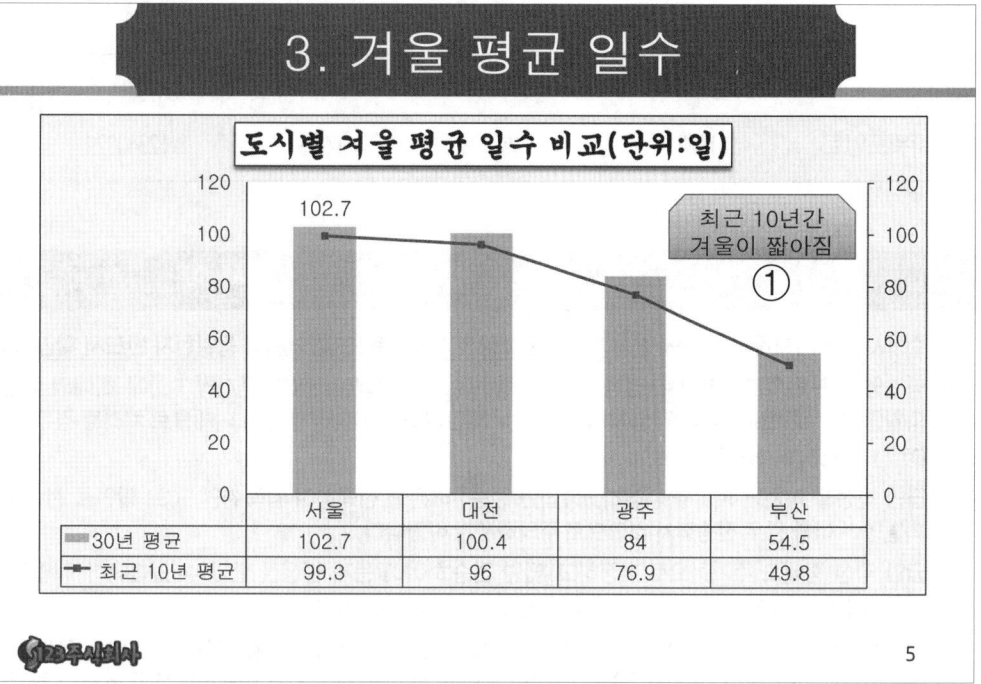

슬라이드 6 도형 슬라이드 100점

(1) 슬라이드와 같이 도형 및 스마트아트를 배치한다(글꼴 : 굴림, 18pt).
(2) 애니메이션 순서 : ① ⇒ ②

세부조건

① 도형 및 스마트아트 편집
- 스마트아트 디자인 :
  3차원 광택 처리, 3차원 만화
- 그룹화 후 애니메이션 효과 :
  시계 방향 회전(살 1개)

② 도형 편집
그룹화 후 애니메이션 효과 :
바운드

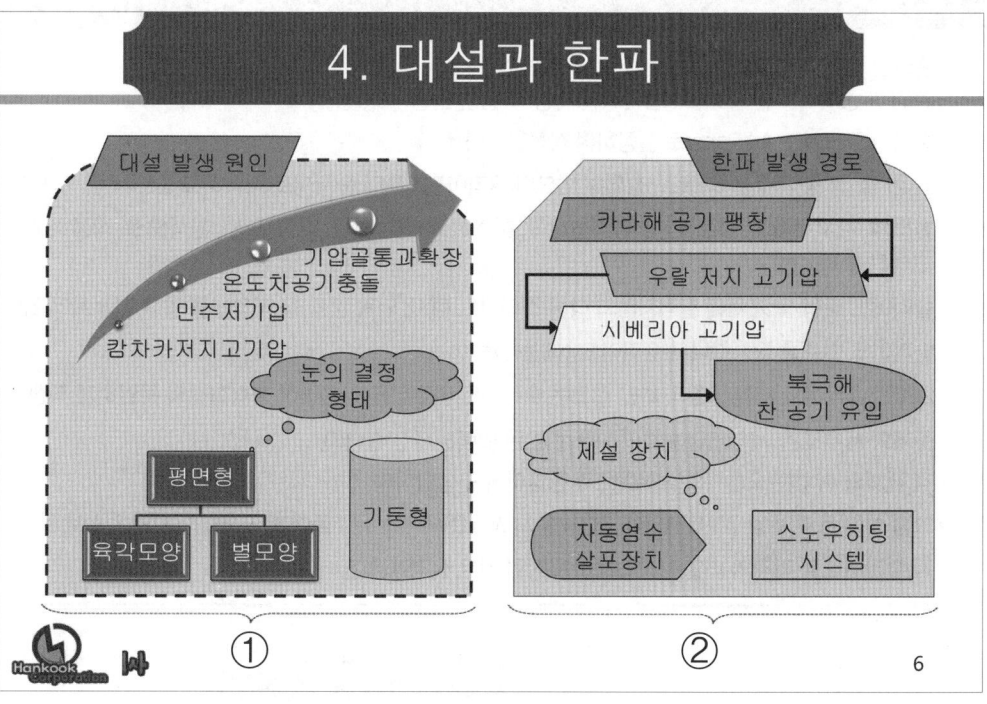

9회 기출문제

과목	코드	문제유형	시험시간	수험번호	성 명
파워포인트	1142	A	60분	12343029	

수험자 유의사항

- 수험자는 문제지를 받는 즉시 문제지와 **수험표상의 시험과목(프로그램)이 동일한지 반드시 확인**하여야 합니다.
- 파일명은 본인의 "수험번호-성명"으로 입력하여 답안폴더(내 PC\문서\ITQ)에 하나의 파일로 저장해야 하며, 답안문서 파일명이 "수험번호-성명"과 일치하지 않거나, 답안파일을 전송하지 않아 미제출로 처리될 경우 실격 처리합니다
  (예 : 12345678-홍길동.pptx).
- 답안 작성을 마치면 파일을 저장하고, '답안 전송' 버튼을 선택하여 감독위원 PC로 답안을 전송하십시오. 수험생 정보와 저장한 파일명이 다를 경우 전송되지 않으므로 주의하시기 바랍니다.
- 답안 작성 중에도 **주기적으로 저장하고 '답안 전송'**하여야 문제 발생을 줄일 수 있습니다. 작업한 내용을 저장하지 않고 전송할 경우 이전에 저장된 내용이 전송되오니 이점 유의하시기 바랍니다.
- 답안문서는 지정된 경로 외의 다른 보조기억장치에 저장하는 경우, 지정된 시험 시간 외에 작성된 파일을 활용할 경우, 기타 통신 수단(이메일, 메신저, 네트워크 등)을 이용하여 타인에게 전달 또는 외부 반출하는 경우는 부정 처리합니다.
- 시험 중 부주의 또는 고의로 시스템을 파손한 경우는 수험자가 변상해야 하며, <수험자 유의사항>에 기재된 방법대로 이행하지 않아 생기는 불이익은 수험생 당사자의 책임임을 알려 드립니다.
- 문제의 조건은 MS오피스 2021 버전으로 설정되어 있으며 MS오피스 2016은 【 】에 표기되어 있습니다. 이와 관련하여 작성한 답안의 출력형태가 문제지와 다를 수 있습니다.
- 시험을 완료한 수험자는 답안파일이 전송되었는지 확인한 후 감독위원의 지시에 따라 문제지를 제출하고 퇴실합니다.

답 안 작 성 요 령

- 온라인 답안 작성 절차
  수험자 등록 ⇒ 시험 시작 ⇒ 답안파일 저장 ⇒ 답안 전송 ⇒ 시험 종료
- 슬라이드 크기는 A4 Paper로 설정하여 작성합니다.
- 슬라이드의 총 개수는 6개로 구성되어 있으며 슬라이드 1부터 순서대로 작업하고 반드시 문제와 세부조건대로 합니다.
- 별도의 지시사항이 없는 경우 출력형태를 참조하여 글꼴색은 검정 또는 흰색으로 작성하고, 기타사항은 전체적인 균형을 고려하여 작성합니다.
- 슬라이드 도형 및 개체에 출력형태와 다른 스타일(그림자, 외곽선 등)을 적용했을 경우 감점처리 됩니다.
- 슬라이드 번호를 작성합니다(슬라이드 1에는 생략).
- 2~6번 슬라이드 제목 도형과 하단 로고는 슬라이드 마스터를 이용하여 출력형태와 동일하게 작성합니다(슬라이드 1에는 생략).
- 문제와 세부조건, 세부조건 번호 ◌ (점선원)는 입력하지 않습니다.
- 각 객체의 위치는 오른쪽의 슬라이드와 동일하게 구성합니다.
- 그림 삽입 문제의 경우 반드시 「내 PC\문서\ITQ\Picture」 폴더에서 정확한 파일을 선택하여 삽입하십시오.
- 각 슬라이드를 각각의 파일로 작업해서 저장할 경우 실격 처리됩니다.

전체구성 — 60점

(1) 슬라이드 크기 및 순서 : 크기를 A4 용지로 설정하고 슬라이드 순서에 맞게 작성한다.
(2) 슬라이드 마스터 : 2~6슬라이드의 제목, 하단 로고, 슬라이드 번호는 슬라이드 마스터를 이용하여 작성한다.
　　- 제목 글꼴(돋움, 40pt, 흰색), 가운데 맞춤, 도형(선 없음)
　　- 하단 로고(「내 PC\문서\ITQ\Picture\로고1.jpg」, 배경(회색) 투명색으로 설정)

슬라이드 1 표지 디자인 — 40점

(1) 표지 디자인 : 도형, 워드아트 및 그림을 이용하여 작성한다.

세부조건

① 도형 편집
- 도형에 그림 채우기 :
  「내 PC\문서\ITQ\Picture\그림1.jpg」, 투명도 50%
- 도형 효과 :
  부드러운 가장자리 5포인트

② 워드아트 삽입
- 변환 : 갈매기형 수장, 위로
- 글꼴 : 굴림, 굵게
- 반사 : 근접 반사, 터치

③ 그림 삽입
- 「내 PC\문서\ITQ\Picture\로고1.jpg」
- 배경(회색) 투명색으로 설정

슬라이드 2 목차 슬라이드 — 60점

(1) 출력형태와 같이 도형을 이용하여 목차를 작성한다(글꼴 : 돋움, 24pt).
(2) 도형 : 선 없음

세부조건

① 텍스트에 하이퍼링크 적용
→ '슬라이드 4'

② 그림 삽입
- 「내 PC\문서\ITQ\Picture\그림4.jpg」
- 자르기 기능 이용

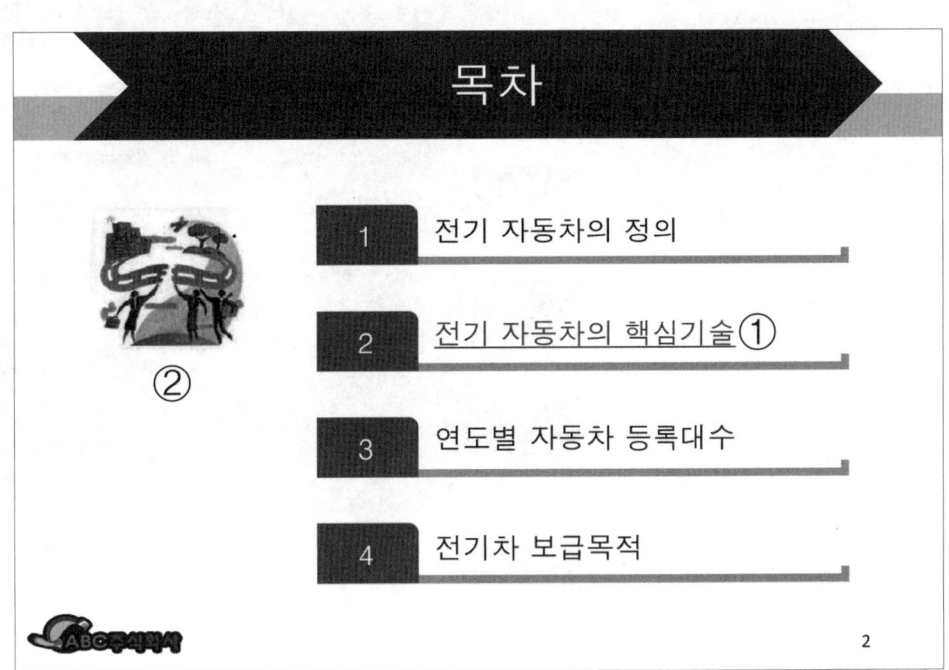

슬라이드 3 텍스트/동영상 슬라이드 60점

(1) 텍스트 작성 : 글머리 기호 사용(➢, ✓)
   ➢ 문단(굴림, 24pt, 굵게, 줄간격 : 1.5줄), ✓ 문단(굴림, 20pt, 줄간격 : 1.5줄)

세부조건
① 동영상 삽입 :
 - 「내 PC\문서\ITQ\Picture\동영상. wmv」
 - 자동실행, 반복재생 설정

1. 전기 자동차의 정의

➢ **Electric Vehicle**
  ✓ Refers to a car that uses an electric battery and an electric motor without using oil fuel and engine
  ✓ They can reach maximum acceleration in half the time of a normal car

➢ **전기 자동차**
  ✓ 외부 공급원으로부터 충전된 전기에너지를 이용하여 주행하는 전력기반 자동차로서, 전기에너지를 배터리에 저장하고 모터로 공급하여 구동력을 발생시킴

①

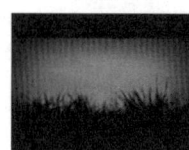

슬라이드 4 표 슬라이드 80점

(1) 도형과 표 작성 기능을 이용하여 슬라이드를 작성한다(글꼴 : 굴림, 18pt).

세부조건
① 상단 도형 :
   2개 도형의 조합으로 작성
② 좌측 도형 :
   그라데이션 효과(선형 아래쪽)
③ 테이블 디자인 :
   테마 스타일 1 - 강조 5

2. 전기 자동차의 핵심기술

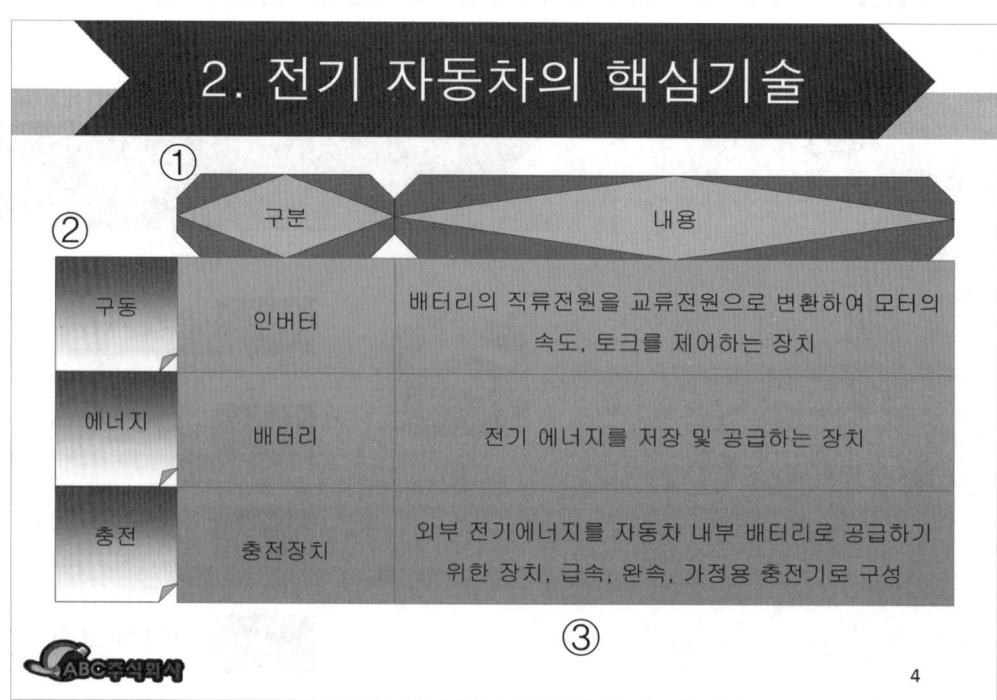

구분		내용
구동	인버터	배터리의 직류전원을 교류전원으로 변환하여 모터의 속도, 토크를 제어하는 장치
에너지	배터리	전기 에너지를 저장 및 공급하는 장치
충전	충전장치	외부 전기에너지를 자동차 내부 배터리로 공급하기 위한 장치, 급속, 완속, 가정용 충전기로 구성

슬라이드 5   차트 슬라이드   100점

(1) 차트 작성 기능을 이용하여 슬라이드를 작성한다.
(2) 차트 : 종류(묶은 세로 막대형), 글꼴(돋움, 16pt), 외곽선

세부조건

※ 차트설명
- 차트제목 : 궁서, 24pt, 굵게,
  채우기(흰색), 테두리,
  그림자(오프셋 오른쪽)
- 차트영역 : 채우기(노랑)
  그림영역 : 채우기(흰색)
- 데이터 서식 : 증가율(%) 계열
  을 표식이 있는 꺾은선형으로
  변경 후 보조축으로 지정
- 값 표시 : 2022년의
  등록대수(만대) 계열만

① 도형 삽입
- 스타일 :
  미세효과 – 파랑, 강조1
- 글꼴 : 굴림, 18pt

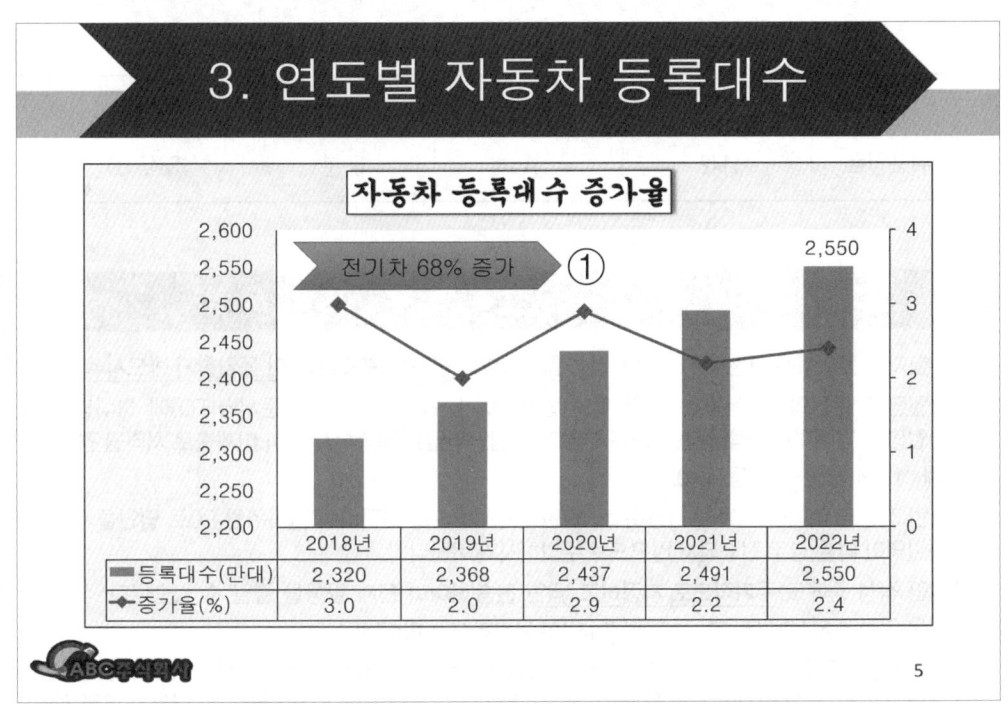

슬라이드 6   도형 슬라이드   100점

(1) 슬라이드와 같이 도형 및 스마트아트를 배치한다(글꼴 : 돋움, 18pt).
(2) 애니메이션 순서 : ① ⇒ ②

세부조건

① 도형 및 스마트아트 편집
- 스마트아트 디자인 :
  3차원 벽돌, 3차원 만화
- 그룹화 후 애니메이션 효과 :
  닦아내기(위에서)

② 도형 편집
- 그룹화 후 애니메이션 효과 :
  회전

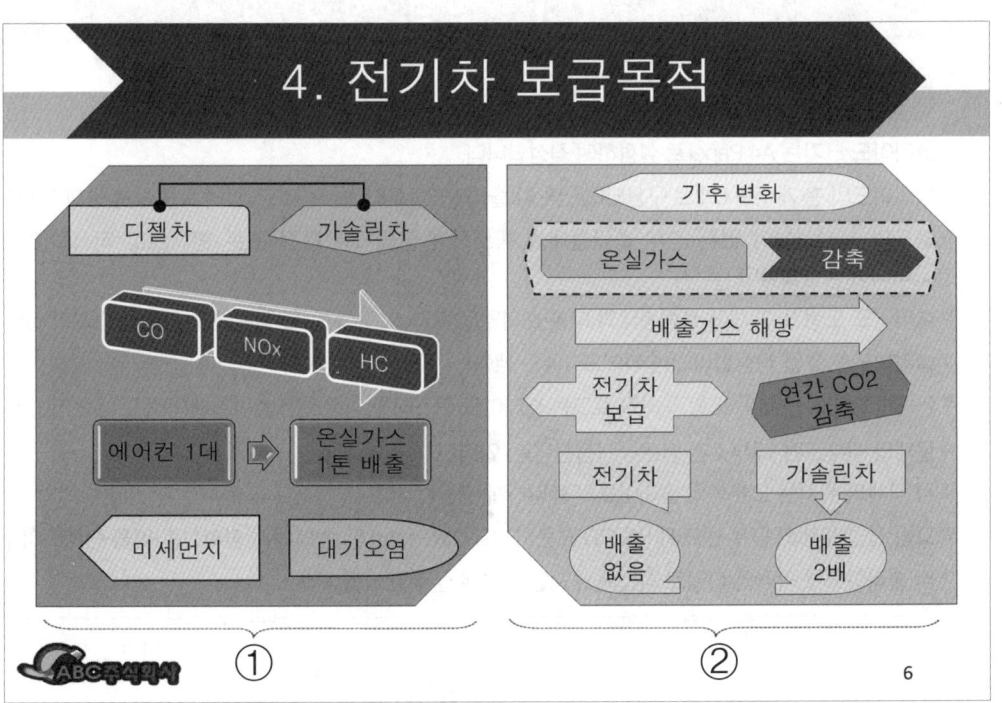

Part 3 기출문제   179

기출문제

과목	코드	문제유형	시험시간	수험번호	성 명
파워포인트	1142	A	60분	12343030	

수 험 자 유 의 사 항

- 수험자는 문제지를 받는 즉시 문제지와 **수험표상의 시험과목(프로그램)이 동일한지 반드시 확인**하여야 합니다.
- 파일명은 본인의 "수험번호-성명"으로 입력하여 답안폴더(내 PC\문서\ITQ)에 하나의 파일로 저장해야 하며, 답안문서 파일명이 "수험번호-성명"과 일치하지 않거나, 답안파일을 전송하지 않아 미제출로 처리될 경우 실격 처리합니다. (예 : 12345678-홍길동.pptx).
- 답안 작성을 마치면 파일을 저장하고, '답안 전송' 버튼을 선택하여 감독위원 PC로 답안을 전송하십시오. 수험생 정보와 저장한 파일명이 다를 경우 전송되지 않으므로 주의하시기 바랍니다.
- 답안 작성 중에도 **주기적으로 저장하고 '답안 전송'**하여야 문제 발생을 줄일 수 있습니다. 작업한 내용을 저장하지 않고 전송할 경우 이전에 저장된 내용이 전송되오니 이점 유의하시기 바랍니다.
- 답안문서는 지정된 경로 외의 다른 보조기억장치에 저장하는 경우, 지정된 시험 시간 외에 작성된 파일을 활용할 경우, 기타 통신수단(이메일, 메신저, 네트워크 등)을 이용하여 타인에게 전달 또는 외부 반출하는 경우는 부정 처리합니다.
- 시험 중 부주의 또는 고의로 시스템을 파손한 경우는 수험자가 변상해야 하며, <수험자 유의사항>에 기재된 방법대로 이행하지 않아 생기는 불이익은 수험생 당사자의 책임임을 알려 드립니다.
- 문제의 조건은 MS오피스 2021 버전으로 설정되어 있으며 MS오피스 2016은【 】에 표기되어 있습니다. 이와 관련하여 작성한 답안의 출력형태가 문제지와 다를 수 있습니다.
- 시험을 완료한 수험자는 답안파일이 전송되었는지 확인한 후 감독위원의 지시에 따라 문제지를 제출하고 퇴실합니다.

답 안 작 성 요 령

- 온라인 답안 작성 절차
  수험자 등록 ⇒ 시험 시작 ⇒ 답안파일 저장 ⇒ 답안 전송 ⇒ 시험 종료
- 슬라이드 크기는 A4 Paper로 설정하여 작성합니다.
- 슬라이드의 총 개수는 6개로 구성되어 있으며 슬라이드 1부터 순서대로 작업하고 반드시 문제와 세부조건대로 합니다.
- 별도의 지시사항이 없는 경우 출력형태를 참조하여 글꼴색은 검정 또는 흰색으로 작성하고, 기타사항은 전체적인 균형을 고려하여 작성합니다.
- 슬라이드 도형 및 개체에 출력형태와 다른 스타일(그림자, 외곽선 등)을 적용했을 경우 감점처리 됩니다.
- 슬라이드 번호를 작성합니다(슬라이드 1에는 생략).
- 2~6번 슬라이드 제목 도형과 하단 로고는 슬라이드 마스터를 이용하여 출력형태와 동일하게 작성합니다(슬라이드 1에는 생략).
- 문제와 세부조건, 세부조건 번호 ○ (점선원)는 입력하지 않습니다.
- 각 객체의 위치는 오른쪽의 슬라이드와 동일하게 구성합니다.
- 그림 삽입 문제의 경우 반드시 「내 PC\문서\ITQ\Picture」 폴더에서 정확한 파일을 선택하여 삽입하십시오.
- 각 슬라이드를 각각의 파일로 작업해서 저장할 경우 실격 처리됩니다.

전체구성 60점

(1) 슬라이드 크기 및 순서 : 크기를 A4 용지로 설정하고 슬라이드 순서에 맞게 작성한다.
(2) 슬라이드 마스터 : 2~6슬라이드의 제목, 하단 로고, 슬라이드 번호는 슬라이드 마스터를 이용하여 작성한다.
  - 제목 글꼴(돋움, 40pt, 흰색), 가운데 맞춤, 도형(선 없음)
  - 하단 로고(「내 PC₩문서₩ITQ₩Picture₩로고2.jpg」, 배경(회색) 투명색으로 설정)

슬라이드 1 표지 디자인 40점

(1) 표지 디자인 : 도형, 워드아트 및 그림을 이용하여 작성한다.

세부조건

① 도형 편집
 - 도형에 그림 채우기 :
  「내 PC₩문서₩ITQ₩Picture
  ₩그림1.jpg」, 투명도 50%
 - 도형 효과 :
  부드러운 가장자리 5포인트

② 워드아트 삽입
 - 변환 : 삼각형, 위로
 - 글꼴 : 돋움, 굵게
 - 반사 : 근접 반사, 4pt 오프셋

③ 그림 삽입
 -「내 PC₩문서₩ITQ₩Picture
  ₩로고2.jpg」
 - 배경(회색) 투명색으로 설정

슬라이드 2 목차 슬라이드 60점

(1) 출력형태와 같이 도형을 이용하여 목차를 작성한다(글꼴 : 굴림, 24pt).
(2) 도형 : 선 없음

세부조건

① 텍스트에 하이퍼링크 적용
 → '슬라이드 5'

② 그림 삽입
 -「내 PC₩문서₩ITQ₩Picture
  ₩그림4.jpg」
 - 자르기 기능 이용

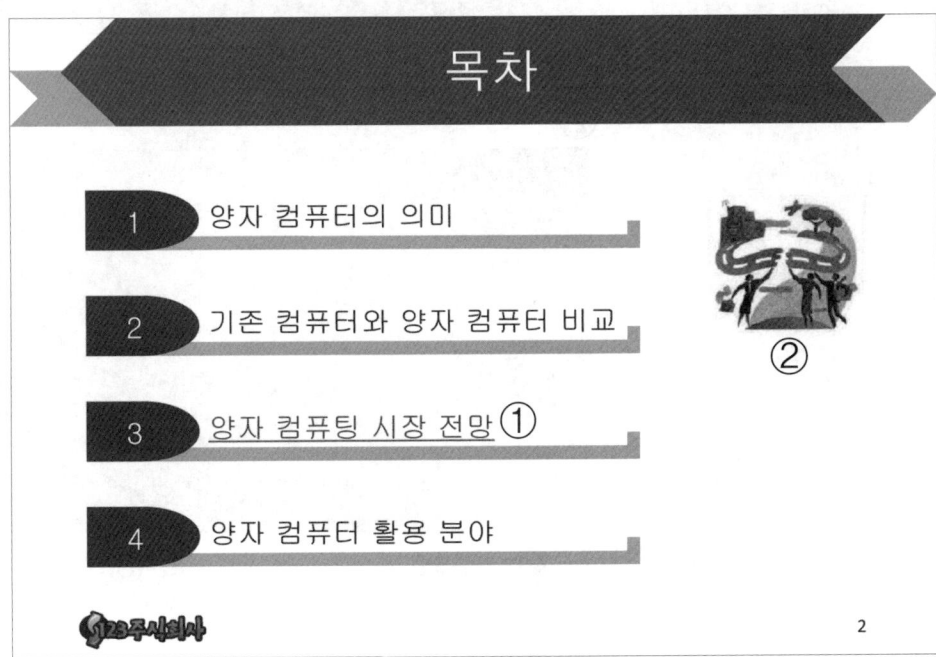

슬라이드 3 — 텍스트/동영상 슬라이드 (60점)

(1) 텍스트 작성 : 글머리 기호 사용(❖, ■)
  ❖ 문단(굴림, 24pt, 굵게, 줄간격 : 1.5줄), ■문단(굴림, 20pt, 줄간격 : 1.5줄)

세부조건
① 동영상 삽입 :
 - 「내 PC₩문서₩ITQ₩Picture₩동영상.wmv」
 - 자동실행, 반복재생 설정

1. 양자 컴퓨터의 의미

❖ **Quantum Computing**
 - Quantum computing is computing using quantum-mechanical phenomena, such as superposition and entanglement
 - A quantum computer is a device that performs quantum computing

❖ **양자 컴퓨터**
 - 중첩(0이면서 동시에 1인 상태), 얽힘 등 양자의 고유한 물리학적 특성을 이용하여 다수의 정보를 빠른 속도로 동시 처리할 수 있는 컴퓨터

①
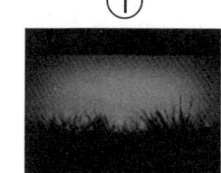

슬라이드 4 — 표 슬라이드 (80점)

(1) 도형과 표 작성 기능을 이용하여 슬라이드를 작성한다(글꼴 : 돋움, 18pt).

세부조건
① 상단 도형 : 2개 도형의 조합으로 작성
② 좌측 도형 : 그라데이션 효과(선형 아래쪽)
③ 테이블 디자인 : 테마 스타일 1 - 강조 5

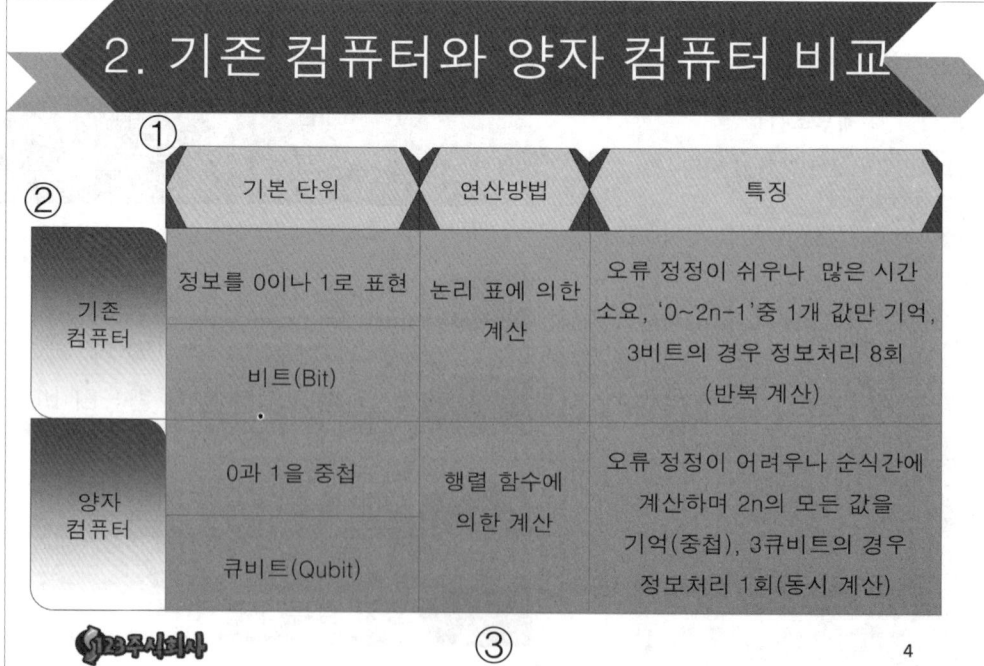

슬라이드 5 차트 슬라이드 100점

(1) 차트 작성 기능을 이용하여 슬라이드를 작성한다.
(2) 차트 : 종류(묶은 세로 막대형), 글꼴(돋움, 16pt), 외곽선

세부조건

※ 차트설명
- 차트제목 : 궁서, 24pt, 굵게, 채우기(흰색), 테두리, 그림자(오프셋 오른쪽)
- 차트영역 : 채우기(노랑)
  그림영역 : 채우기(흰색)
- 데이터 서식 : 국내시장 계열을 표식이 있는 꺾은선형으로 변경 후 보조축으로 지정
- 값 표시 : 2020년의 세계시장 계열만

① 도형 삽입
- 스타일 :
  미세효과 - 파랑, 강조1
- 글꼴 : 굴림, 18pt

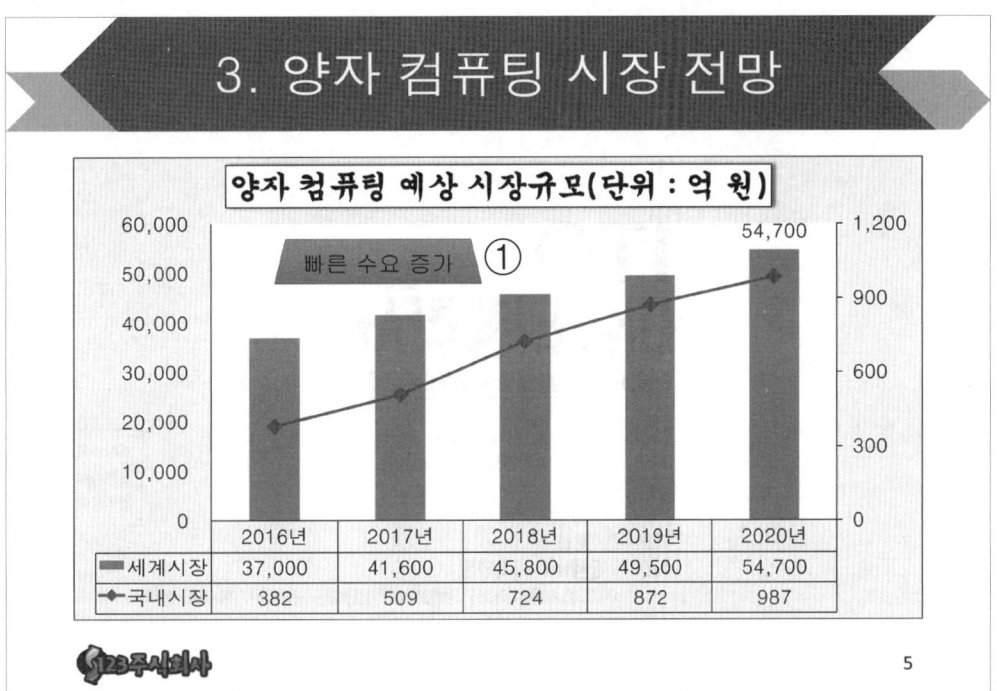

슬라이드 6 도형 슬라이드 100점

(1) 슬라이드와 같이 도형 및 스마트아트를 배치한다(글꼴 : 굴림, 18pt).
(2) 애니메이션 순서 : ① ⇒ ②

세부조건

① 도형 및 스마트아트 편집
- 스마트아트 디자인 :
  3차원 광택 처리, 3차원 만화
- 그룹화 후 애니메이션 효과 :
  닦아내기(위에서)

② 도형 편집
그룹화 후 애니메이션 효과 :
바운드

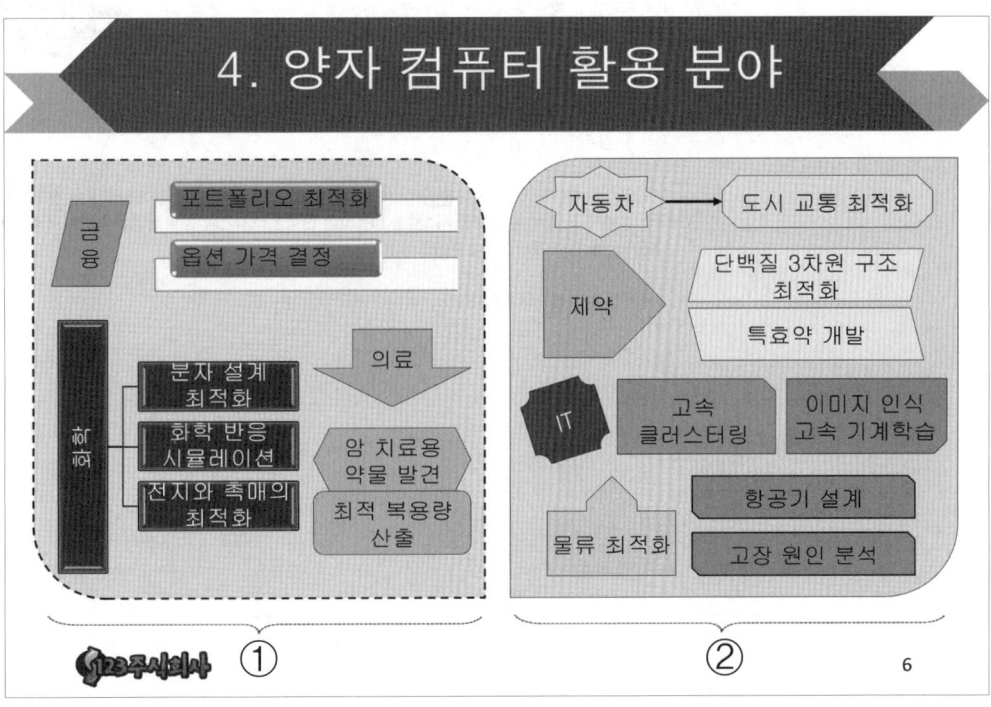

ITQ 마스터종합서
한글2022+엑셀2021+파워포인트2021

2024. 9. 4. 초 판 1쇄 발행
2025. 8. 20. 개정증보 1판 1쇄 발행

> 저자와의
> 협의하에
> 검인생략

지은이	한정수, 박윤정, IT연구회
펴낸이	이종춘
펴낸곳	(주)도서출판 성안당
주소	04032 서울시 마포구 양화로 127 첨단빌딩 3층(출판기획 R&D 센터) 10881 경기도 파주시 문발로 112 파주 출판 문화도시(제작 및 물류)
전화	02) 3142-0036 031) 950-6300
팩스	031) 955-0510
등록	1973. 2. 1. 제406-2005-000046호
출판사 홈페이지	www.cyber.co.kr
도서 내용 문의	fivejung05@hanmail.net, thismore@hanmail.net
ISBN	978-89-315-8367-0 (13000)
정가	34,000원

이 책을 만든 사람들

책임	최옥현
진행	최창동
본문 디자인	인투
표지 디자인	박원석
홍보	김계향, 임진성, 김주승, 최정민, 이해솜
국제부	이선민, 조혜란
마케팅	구본철, 차정욱, 오영일, 나진호, 강호묵
마케팅 지원	장상범
제작	김유석

성안당 Web 사이트

이 책의 어느 부분도 저작권자나 BM (주)도서출판 성안당 발행인의 승인 문서 없이 일부 또는 전부를 사진 복사나 디스크 복사 및 기타 정보 재생 시스템을 비롯하여 현재 알려지거나 향후 발명될 어떤 전기적, 기계적 또는 다른 수단을 통해 복사하거나 재생하거나 이용할 수 없음.

※ 잘못된 책은 바꾸어 드립니다.